HEYNE <
W0460690

FILM-
JAHRBUCH
2003

Herausgegeben von Lothar R. Just

WILHELM HEYNE VERLAG
MÜNCHEN

HEYNE ALLGEMEINE REIHE
Nr. 01/13788

BILDNACHWEIS

Alamode, ARD, Berlinale, Buena Vista, Columbia TriStar, Concorde, Constantin, Delphi, Edition Salzgeber, Filmwelt, Filmfest München, Int. Forum des Jungen Films, Kairos, Kinowelt, MFA, Movienet, Pandora, Pegasos, Piffl, Prokino, REM, SAT.1, Senator, Tobis, 20th Century Fox, UIP, Warner-Bros., Warner Home Video, ZDF

Umwelthinweis:
Dieses Buch wurde auf
chlor- und säurefreiem Papier gedruckt.

Originalausgabe 05/2003

Der Wilhelm Heyne Verlag ist ein Unternehmen
der Ullstein Heyne List GmbH & Co. KG
www.heyne.de
Printed in Germany 2003
Umschlagfotos: Vorderseite: kpa/mit freundlicher
Genehmigung New Line Productions/Warner Bros.,
Rückseite: Fanes Film/Constantin Film
Umschlaggestaltung: Atelier Nele Schütz, München
Herstellung: H + G Lidl, München
Satz: Fotosatz Völkl, Türkenfeld
Druck und Verarbeitung: Ebner & Spiegel, Ulm

ISBN 3-453-86990-7

Inhalt

Das Filmjahrbuch 2003

Herausgeber: Lothar Just
Mitarbeit: W. O. P. Kistner (Video), Rudolf Worschech (Festival, Filmpreise), Wolf Jahnke (In Memoriam), Eva Hesz-Just, Renate Methner, Angelika Schaffer.
Herstellung in Zusammenarbeit mit FilmData, EDV-Beratung Werner Treuchtlinger.

Kritiken

Die abgedruckten Texte und Kritiken stammen hauptsächlich aus den Zeitungen und Zeitschriften: AZ, München; epd-Film; Filmecho-Filmwoche; Schnitt – Das Filmmagazin; SZ, München; Der Tagesspiegel, Berlin; tip, Berlin; Zitty, Berlin. Wir danken den Redaktionen und Autoren, die uns erlaubten, ihre Kritiken und Interviews abzudrucken: Thomas Engel, Katharina Dockhorn, Angie Dullinger, Volker Gunske, W. O. P. Kistner, Reinhold Kleber, Margret Köhler, Michael Meyns, Ponkie, Martin Schwarz, Holger Twele und all denen, die namentlich unter den Kritiken stehen.

Danksagung

Die umfangreiche Arbeit an diesem Jahrbuch ist nicht zu leisten ohne vielseitige Hilfe. Deshalb einen herzlichen Dank an alle, die uns dabei unterstützten: Oliver Baumgarten, Elisabeth Berg, Unifrance, Redaktion Blickpunkt: Film, Redaktion und Verlag Filmecho-Filmwoche, Deutsches Institut für Filmkunde, Bodo Fründt, Freiwillige Selbstkontrolle der Filmwirtschaft (FSK), Filmbewertungsstelle Wiesbaden (FBW), Werner Gondolf, Ulrich Höcherl, Jakobine Just, Michael Mues, Hans-Joachim Neumann, Nikolaj Nikitin, Markus Roth, SPIO, Detlef Schaller, Hartmut Wiebe.
Ein weiterer Dank an alle Mitarbeiter in den Presseabteilungen der Verleih- und Videofirmen sowie in den Fernsehanstalten und allen, die mit Informationen und Material zum Gelingen dieses Jahrbuchs beitrugen.

Anzeigen

Seit 1979 erscheint das »Film-Jahrbuch«. Zum ersten Mal enthält es Anzeigen und die sind der Garant dafür, dass dieses Nachschlagewerk auch in diesem Jahr wieder erscheinen konnte. Im Jahr der Pleiten, Insolvenzen und Sparmaßnahmen, ist auch die Filmpublizistik nicht unberührt geblieben. Dass es trotzdem weiter geht, verdanken wir dem Zuspruch von Nutzern, dem Engagement der Mitarbeiter und Kritiker, neuen Partnern wie Rudolf Worschech, epd Film und dem verantwortlichen Lektorat des Heyne-Verlages.
Damit dieses Engagement wirksam werden konnte, ist auch das Verdienst der Inserenten. Sie wurden mit ihrer Anzeige zu Förderern des einzigen in Deutschland kontinuierlich erscheinenden Jahrbuchs über Film. Noch mal ein herzliches Dankeschön.

Namentlich geht der Dank an:
Hans Gerd Eschweiler, Bavaria Film
Joachim A. Birr, Bundesverband Video (BVV)
Jürgen Schau, Columbia TriStar
Friedemann Beyer, Friedrich-Wilhelm-Murnau-Stiftung
Vincent de la Tour und *Mychael Berg,* Twentieth Century Fox
Dr. Eberhard Mielke und *Johannes Klingsporn,* VGF

Ich hoffe, dass ihrem Beispiel für die nächste Ausgabe noch einige folgen werden.

Lothar R. Just

Perfekte
Infrastruktur
Programm-Highlights
Rosenheim
Cops
Internationale
Vermarktung
Unternehmen der Bavaria Film Gruppe: Bavaria Entertainment • Bavaria Film Interactive • Bavaria Filmverleih- und Produktion • Bavaria Kinder • Bavaria Media • Bavaria Production Services • Bavaria Sonor • Colonia Media • Eurotape Media Services • FTA Film- und Theater-Ausstattung • Askania Media • Satel Film • MotionWorks • Ottonia Media • Saxonia Entertainment • Saxonia Media • Odeon Film AG • EuroVideo • Drefa Immobilien Management • Maran Film • MCS Sachsen • MCS Sachsen-Anhalt • Media City Atelier • Media Mobil • Schwanstein Entertainment AG • Bavaria Film- und Fernsehstudios • Bayerische Filmhallen • Bayerisches Filmzentrum • CineMedia Film AG
BAVARIA FILM
Bavaria Film GmbH · Bavariafilmplatz 7 · 82031 Geiselgasteig · www.bavaria-film.de

DIE FILME DES JAHRES 2002 – INTERNATIONAL

SPRICH MIT IHR
Regie: Pedro Almodóvar

*

8 FRAUEN
Regie: François Ozon

*

ATANARJUAT
Regie: Zacharias Kunuk

*

BOWLING FOR COLUMBINE
Regie: Michael Moore

*

ELLING
Regie: Peter Naess

*

DIE ENTDECKUNG DES HIMMELS
Regie: Jeroen Krabbé

*

DER MANN OHNE VERGANGENHEIT
Regie: Aki Kaurismäki

MONSTER'S BALL
Regie: Marc Forster

*

MOONSON WEDDING
Regie: Mira Nair

*

MULHOLLAND DRIVE
Regie: David Lynch

*

DER PIANIST
Regie: Roman Polanski

DIE UMSTRITTENEN

BLACK HAWK DOWN
Regie: Ridley Scott

*

GOSFORD PARK
Regie: Robert Altman

*

LUCIA UND DER SEX
Regie: Jukio Médem

*

SPURWECHSEL
Regie: Roger Mitchell

FILMSZENE DEUTSCHLAND 2002

DIE FILME DES JAHRES

BELLA MARTHA
Regie: Sandra Nettelbeck
*
BELLARIA – SO LANGE WIR LEBEN!
Regie: Douglas Wolfsberger
*
BIBI BLOCKSBERG
Regie: Hermine Huntgeburth
*
DREI STERNE ROT
Regie: Olaf Kaiser
*
HALBE TREPPE
Regie: Andreas Dresen
*
HEAVEN
Regie: Tom Tykwer
*
RIVERS AND TIDES
Regie: Thomas Riedelsheimer
*
VAYA CON DIOS
Regie: Zoltan Spirandelli
*
DAS WEISSE RAUSCHEN
Regie: Hans Weingartner

DER UMSTRITTENE

STARBUCK HOLGER MEINS
Regie: Gerd Conradt

TV-MOVIES DES JAHRES

DIE HOFFNUNG STIRBT ZULETZT
Regie: Marc Rothemund
*
DIE MANNS
Regie: Breloer, Königstein
*
MEIN LETZTER FILM
Regie: Oliver Hirschbiegl
*
DER TOD IST KEIN BEWEIS
Regie: Dagmar Hirtz
*
TOTER MANN
Regie: Christian Petzold

PRODUZENTEN DES JAHRES

Peter Rommel – HALBE TREPPE
Uschi Reich – BIBI BLOCKSBERG
Andreas Bareiss, Gloria Burkhart, Peter Herrmann (TM)
EPSTEINS NACHT, DER FELSEN, DER TOD IST KEIN BEWEIS, NIRGENDWO IN AFRIKA

ENTDECKUNGEN

Matthias Brenner
in VAYA CON DIOS
*
Nadja Uhl in SCHERBENTANZ
und WAS TUN, WENN'S BRENNT?

STARKE FILMTITEL

FICKENDE FISCHE
*
DIE FRAU, AN DIE DR. FABIAN ZWEIFELTE
*
GROSSE MÄDCHEN WEINEN NICHT
*
HILFE, ICH BIN EIN JUNGE
*
DAS JAHR DER ERSTEN KÜSSE
*
JEANS

AM PRANGER

Das Wort: STREIFEN
Schönste Formulierung: »Der mit Digitalkamera gedrehte Streifen«

DIE SCHÖNSTE KRITIK

»Seligsprechung« von
Thomas Winkler über
VIEL PASSIERT – DER BAP FILM
von Wim Wenders
in: Die Zeit, 7.3.2002

Erläuterungen

Die Sternchenbewertung dient zur schnellen Einschätzung des Films. Der Film wird beurteilt im Vergleich zu anderen Filmen seines Genres. Das **+** hinter den Sternchen bedeutet, dass ein sattes Plus dazukommt. Die Sternchen besagen:

*	= Schrott, vergessen, ärgerlich	****	= sehenswert, sollte man sehen
**	= zwiespältig, uninteressant	*****	= Spitzenklasse, muss man sehen
***	= annehmbar, kann man sehen	□	= keine Bewertung

Auswahl Das Jahrbuch enthält Spiel- und Dokumentarfilme, die im Kalenderjahr 2002 im Kino, im Fernsehen, auf Video oder DVD auf den deutschen Markt kamen; ebenfalls TV-Movies und Mehrteiler im Fernsehen, jedoch keine Filme einer Serie wie z. B. »Tatort« oder »Bella Block«.
Deutsche Filme, die bereits im Vorjahr oder noch früher uraufgeführt wurden und bis Redaktionsschluss noch nicht gestartet sind, wurden ebenfalls aufgenommen. Das gilt auch für ausländische Filme, die bereits vom Verleih angekündigt wurden, aber noch nicht erschienen sind. Auch Filme, die im Paket als Filmreihen distributiert wurden oder in Sonderveranstaltungen liefen, wurden in manchen Fällen erwähnt.
Filme, die in Österreich und der Schweiz uraufgeführt wurden, sind nur in Ausnahmefällen publiziert, da es in beiden Ländern keine kontinuierlich erscheinende Filmzeitschrift mehr gibt, die alle Filmstarts dokumentiert und kritisiert.

Stab und Besetzung Regie, Drehbuch, Kamera, Musik und Schnitt werden in der Regel genannt. Die Schauspieler, soweit das festzustellen ist, mit ihren Rollen. Produktion, Herkunftsland und Entstehungsjahr sind in einem Eintrag zusammengefasst. Die unvollständigen Angaben bei Fernsehproduktionen sind bedingt durch die unzulänglichen Angaben der TV-Sender. Bei der Jahresangabe wird das Jahr der ersten öffentlichen Vorführung genannt. In Ausnahmen auch das Herstellungsjahr.

Längenangabe Die Angaben dazu sind häufig widersprüchlich. In den meisten Filmen ist die gemessene Länge der FSK wiedergegeben. Wenn die nicht vorlag, Längenangaben aus Festivalkatalogen oder internationalen Filmzeitschriften. Bei TV-Movies wird die Sendelänge angegeben.

Verleihangaben Es wird nur der Verleih in Deutschland genannt, danach folgt der Vertrieb Video, DVD für den deutschen Markt. Der Verleih »Freunde der deutschen Kinemathek« wird als »Freunde« wiedergegeben.

TV/Video Die Längenangaben beziehen sich häufig auf die Kinolänge des Films. In der Regel verliert ein auf Video oder im Fernsehen abgespielter Film pro 25 Minuten Laufzeit eine Minute. Weil Filme auf Video nicht immer sofort zu beurteilen sind, wurden auch noch welche aufgenommen, die gegen Ende des Jahres erschienen sind. Um möglichst vollständig zu sein, wurden auch nicht bewertete Filme mit aufgenommen.

Abkürzungen Nach Möglichkeit sind Abkürzungen vermieden worden, bis auf jene Zeitungsnamen, die allgemein bekannt sind:

AZ	= Abendzeitung München	FR	= Frankfurter Rundschau
FAZ	= Frankfurter Allgemeine Zeitung	SZ	= Süddeutsche Zeitung
NZZ	= Neue Züricher Zeitung		

Abkürzungen bei der FSK (Freiwillige Selbstkontrolle der Filmwirtschaft) – Freigabe: FBW = Filmbewertungsstelle Wiesbaden; o. A. = ohne Altersbeschränkung; ffr. = feiertagsfrei, nffr. = nicht feiertagsfrei.

Die Filmbranche: Jahresrückblick 2002

Januar

• Jürgen Fabritius (Ex-Arthaus Filmverleih) wird SENATOR Filmverleih-Geschäftsführer, scheidet aber bereits wieder im Dezember aus.

• Der Bundestag verabschiedet am 25. Januar mit großer Mehrheit das novellierte »Gesetz zur Stärkung der vertraglichen Stellung von Urhebern und ausübenden Künstlern« (UrhG).

• MTM – MEDIEN & TELEVISION gewinnt für *Nirgendwo in Afrika* und *Der Felsen* den Bayerischen Filmpreis; Sonder- und Publikumspreis für »Bully« Herbig *(Der Schuh des Manitu)*.

• *A Beautiful Mind* gewinnt vier Golden Globes, darunter als bester Film und für das beste Drehbuch. In der Kategorie Musical/Komödie siegt *Moulin Rouge*, dessen Darstellerin Nicole Kidman zudem ausgezeichnet wird.

• *Personal Velocity* und *Daughter From Danang* (Doku) gewinnen den Großen Preis der Jury in Sundance.

• In den USA sorgen *Harry Potter und der Stein der Weisen* und *Der Herr der Ringe 1* für das beste Gesamtwochenendeinspiel aller Zeiten.

• Mit etwa 150 Kopien weniger als *Harry Potter 1* gestartet, überschreitet *Der Herr der Ringe – Die Gefährten* nur zwei Tage nach dem Blockbuster-Konkurrenten die Fünf-Mio.-Besucher-Marke. Der Film erreicht nach 34 Tagen die Neun-Mio.-Besucher-Grenze: Goldene Leinwand mit zwei Sternen.

• Das Kriegsdrama *Black Hawk Down* von Ridley Scott setzte sich mit 33,6 Mio. Dollar Einspiel an die Spitze der US-Charts.

• Werner Klatten übernimmt 24,8 Prozent an EM TV & MERCHANDISING.

• Ulrich Deppendorf folgt Jörn Klamroth als Fernsehdirektor des WDR.

Februar

• Der VdF kritisiert neues UrhG als »mit heißer Nadel gestrickt«, Filmfinanzierung werde laut VdF »risikoreicher«.

• CONSTANTIN KINOHOLDING verklagt den Mathäser-Bauherrn DEUTSCHER HEROLD.

• Auf der ersten Berlinale unter Leitung von Dieter Kosslick gewinnen *Bloody Sunday* von Paul Greengrass und *Spirited Away* von Hayao Miyazaki den Goldenen Bären. Eröffnungsfilm ist Tom Tykwers *Heaven*.

• Die Insolvenz der KINOWELT MEDIEN AG beschäftigt Verwalter Wolfgang Ott.

• Die KIRCHGRUPPE gerät unter Druck: Von über 6 Mrd. Euro Bankverbindlichkeiten ist die Rede.

• Beim AMERICAN FILM MARKET werden die Probleme in Deutschland als »allgemein geschäftsschädigend« bezeichnet, Verkäufer rechnen mit 40 bis 50 Prozent weniger Umsatz.

• Die Kritikervereinigung FIPRESCI äußert sich besorgt über die Einmischung der Berlusconi-Regierung in die italienische Filmlandschaft.

• Bei der Verleihung der BAFTA-Awards erhält *Der Herr der Ringe – Die Gefährten* insgesamt vier Trophäen, darunter als bester Film und für die beste Regie. Als bester britischer Film wird *Gosford Park* geehrt.

• *Harry Potter 1* hat sich auf Rang zwei der ewigen weltweiten Bestenliste gezaubert. Mit mehr als 926 Mio. Dollar Einspiel übertraf der WARNER-Film *Star Wars: Episode 1*.

• *Asterix & Obelix: Mission Kleopatra* gelingt mit 2,96 Mio. Besuchern der erfolgreichste Kinostart aller Zeiten in Frankreich.

• BAVARIA FILM kündigt die Neuverfilmung von *Sissi* als TV-Mehrteiler an.

März

- Das Bundesjustizministerium bringt am 18. März einen »Referentenentwurf für ein Gesetz zur Regelung des Urheberrechts in der Informationsgesellschaft« heraus.
- Deutsche Kinobetreiber und COLUMBIA TRISTAR liegen im Clinch wegen zu hoher Filmmieten für Blockbuster von 53,5 Prozent an Mittelplätzen.
- Die KINOWELT MEDIEN AG hat ihre Multiplexkette veräußert. Kinos an zehn Standorten wurden von einer Frankfurter Investorengruppe gekauft.
- Das Drama um die KIRCHGRUPPE spitzt sich zu: Die Mediengruppe erklärt sich »grundsätzlich bereit«, die Kontrolle über den dahinsiechenden Pay-TV-Arm »Premiere World« abzugeben. Dessen Chef Georg Kofler legt dem Aufsichtsrat ein Sanierungskonzept vor.
- Bei der Oscar-Verleihung gewinnt *A Beautiful Mind* mit vier Auszeichnungen als bester Film und für die beste Regie sowie in den Kategorien adaptiertes Drehbuch und Nebendarstellerin. *Der Herr der Ringe* erhält vier Preise, darunter für Kamera, Make-up und Visual Effects.
- Der ehemalige Berlinale-Chef Moritz de Hadeln wird zum neuen Direktor der Mostra internazionale d'arte cinematografica, der Filmfestspiele Venedig, ernannt.
- DISNEY-Chef Michael Eisner klagt führende Softwarefirmen an, mit der Entwicklung entsprechender Technologien die Internet-Piraterie zu fördern.
- Der für acht Oscars nominierte Film *A Beautiful Mind* verdrängte den zweiwöchigen Spitzenreiter *Schwer verliebt* von Platz eins der deutschen Kinocharts.
- Mit 17,7 Mio. Dollar Einspiel gelang der Bernd-Eichinger-Produktion *Resident Evil* der beste US-Start eines deutsch produzierten Films überhaupt.
- *Ice Age* gelang mit einem Einspiel von 46,3 Mio. Dollar der beste Märzstart aller Zeiten.
- Der Einstieg von LIBERTY MEDIA in den deutschen Markt über den Erwerb der TELEKOM-TV-Kabelnetze scheitert an der kartellamtlichen Absage.
- Nach langem unwürdigem Hin und Her steht Markus Schächter als neuer ZDF-Intendant und Nachfolger Dieter Stoltes fest.

April

- Der ENTERTAINMENT MEDIA VERLAG übernimmt das Online-Filmportal KINO.DE.
- Friedrich-Carl Wachs verlässt die PRODUCERS' AG und wird stellvertretender Vorstandsvorsitzender der SENATOR ENTERTAINMENT AG, die er zum Jahresende wieder verlässt.
- Der Filmtheater-Kongress findet nach zwei Jahren wieder in Baden-Baden statt.
- Die KIRCH-Insolvenz wird zur größten Firmenpleite der Nachkriegsgeschichte.
- Der Werbemittler RMB DEUTSCHLAND stellt einen Insolvenzantrag; die FLEBBE-GRUPPE will sich wieder aufs Kerngeschäft konzentrieren.
- Christian Becker gründet zusammen mit der CONSTANTIN FILM AG die Münchner RAT PACK FILMPRODUKTION.
- UFA-Theater mit Drei-Mio.-Loch: HypoVereinsbank stellt die Kreditlinie ein.
- Boris Penth übernimmt die Nachfolge von Christel Drawer als Leiter des Festivals Max-Ophüls-Preis.
- AOL TIME WARNER verzeichnet mit einem Minus von 54,2 Mrd. Dollar im ersten Quartal den größten Verlust der gesamten US-Börsengeschichte.
- CANAL-PLUS-Generaldirektor Denis Olivennes erklärt seinen Rücktritt. CEO Pierre Lescure verlässt die Firma.
- Mit 32,5 Mio. Dollar Einspiel setzt sich *Blade 2* mit dem zweitbesten

Startergebnis des laufenden Kinojahres an die Spitze der US-Charts.

• Bereits nach dem dritten Wochenende ist *Ice Age* mit 4,4 Mio. Besuchern der in Deutschland am erfolgreichsten gestartete CGI-Film überhaupt.

• Wenige Wochen vor dem Deutschlandstart von *Spider-Man* richtet sich SONY bereits auf ein Sequel ein.

• Sytze van der Laan wechselt von FILMPOOL in die GF der STUDIO HAMBURG PRODUKTION.

• Mit einem Einspiel von 36,2 Mio. Dollar stellt *The Scorpion King* einen neuen Boxoffice-Rekord für den Monat April auf.

• TELE 5 kehrt auf die deutschen Bildschirme zurück. Geschäftsführer ist Jochen Kröhne, Gesellschafter TELE MÜNCHEN.

• ARTE feiert sein zehnjähriges Bestehen.

Mai

• Im Eilverfahren stimmt das Bundeskabinett der »Neuregelung des Jugendschutzgesetzes« zu. Wichtig für die Kinobranche ist das Verbot der gewerblichen Abgabe von Tabakwaren und alkoholischen Getränken und damit verbunden die Platzierung von Werbespots für solche Produkte.

• HIGHLIGHT COMMUNICATIONS übernimmt für rund 30 Mio. Euro den KIRCH-Beteiligungsanteil an der CONSTANTIN FILM AG in Höhe von 23 Prozent.

• Das Insolvenzverfahren um die KINOWELT MEDIEN AG und die KINOWELT LIZENZVERWERTUNG wird eröffnet.

• UNIVERSAL STUDIOS übernehmen den Independent GOOD MACHINE. Die Produktions- und Weltvertriebsfirma wird mit USA FILMS zusammengelegt; die künftig unter dem Namen FOCUS agierende Einheit leiten die GOOD-MACHINE-Chefs David Linde und James Schamus.

• Wieder hat es kein deutscher Film in den Wettbewerb von Cannes geschafft. Lediglich vier deutsche Koproduktionen sind im Palmen-Rennen dabei.

• *Der Pianist* von Roman Polanski gewinnt die Goldene Palme in Cannes, der Große Preis der Jury geht an *Der Mann ohne Vergangenheit*. Für die beste Regie werden Im Kwon-Taek *(Chihwaseon)* und Paul Thomas Anderson *(Punch-Drunk Love)* ausgezeichnet.

• *Spider-Man* hat am Startwochenende in den USA die magische 100-Mio.-Dollar-Marke durchbrochen und ein Drei-Tages-Einspiel von 114,8 Mio. Dollar verbucht. Damit hängte der Marvel-Comic-Held den bisherigen Rekordhalter *Harry Potter* ab.

• In Deutschland regiert *Blade 2*, der am Startwochenende auf überwältigende 715.290 Zuschauer kommt, aber bei knapp 1,8 Mio. am Ende ist.

• EM TV & MERCHANDISING bleibt in den roten Zahlen: Für das vergangene Jahr weist das Unternehmen einen Konzernfehlbetrag von 374 Mio. Euro aus.

• In Italien kündigen die Pay-TV-Sender TELEPIÙ (VIVENDI UNIVERSAL) und STREAM (NEWS CORP.) ihre Fusion an. Das Vorhaben verzögert sich jedoch aufgrund wettbewerbsrechtlicher Bedenken.

Juni

• HELKON und Peter Heinzemann gründen den SOLO FILMVERLEIH.

• RTL wird neuer Gesellschafter der Filmstiftung NRW.

• *Nirgendwo in Afrika* erhält fünf Preise beim Deutschen Filmpreis, Sonderpreis für »Bully« Herbig.

• Erstmals seit 30 Jahren sind die Werbeausgaben in Deutschland gesunken, auch Kinobetreiber müssen Verluste hinnehmen.

• Das Kinofest 2002 läuft. Über 3000 Leinwände nehmen in diesem Jahr teil und rund 1,7 Mio. Zuschauer kommen an vier Tagen in die Kinos. Nahezu alle Filme im Boxoffice erleben ein höheres Besucheraufkommen.

• Wolfram Tichys TIME-Gruppe meldet Insolvenz an.
• THX trennt sich von seiner Mutterfirma LUCASFILM. Die eigenständige Firma THX LTD., bei der LUCASFILM weiterhin Investor bleibt, ist fortan in die Bereiche Studio, Cinema, Home, Mobile und Games unterteilt.
• Gilles Jacob, Präsident des Festival de Cannes, wird zum Vizepräsident des CANAL-PLUS-Aufsichtsrats bestellt.
• Erstmals konnten in den USA an einem einzigen Wochenende mehr als 200 Mio. Dollar eingespielt werden. *Spider-Man* durchbrach als schnellster Film aller Zeiten am 23. Tag die 300-Mio.-Dollar-Schallmauer.
• *Spider-Man* setzt auch in Deutschland seine Erfolgsstory fort: Mit rund 1,4 Mio. Besuchern erzielte der Film das beste Juni-Startergebnis. Nach 16 Tagen gibt's die Goldene Leinwand vom HDF und Filmecho.
• *Scooby-Doo* setzt sich mit sensationellen 55,1 Mio. Dollar an die Spitze der US-Kinocharts und läuft als dritter Film der US-Sommersaison mit einem Startwochenendergebnis an, das höher als 50 Mio. Dollar war.
• Fernsehspielchefin Gabriela Sperl kündigt an, zum Jahresende den BAYERISCHEN RUNDFUNK zu verlassen, um sich selbstständig zu machen.

Juli

• UFA-Theater und Volker Riech liegen im Clinch wegen »kurzfristiger Einstellung von Mietzahlungen« an Riech.
• Halbjahresrekord in Deutschland: knapp 430 Mio. Euro Umsatz bei fast 75,3 Mio. Besuchern (EDI).
• Das 20. Filmfest München startet. Es ist das letzte von Festivalchef Eberhard Hauff, Nachfolger wird Andreas Ströhl, ehemals Goethe-Institut.
• Erstmals wird beim Filmfest der Förderpreis Deutscher Film von der HypoVereinsbank, von BAVARIA und dem Bayerischen Rundfunk vergeben.
• Beim TV-Festival in Monte Carlo reüssieren drei deutsche Produktionen: Goldene Nymphen gehen an Heinrich Breloer und Horst Königstein als Autoren von *Die Manns* (BAVARIA/ARD), Jürgen Tarrach als Hauptdarsteller in *Wambo* und an die WDR-Reportage *Der Aufstand der Taliban*.
• Thomas Middelhoff, Vorstandsvorsitzender der BERTELSMANN AG, tritt zurück. Sein Nachfolger wird Gunter Thielen.
• Nach langem Hin und Her tritt Jean-Marie Messier als VIVENDI-UNIVERSAL-Chef zurück. Als sein Nachfolger übernimmt Jean-René Fourtou die Führung des aus den Fugen geratenen Konzerns.
• AOL-Mitbegründer Robert Pittmann tritt von seinem Posten als COO bei AOL TIME WARNER zurück.
• FILM FOUR wird eingestellt. Die Verleih- und internationale Verkaufsdivision der Channel-4-Tochter wird aufgelöst, die Produktions- und Entwicklungsabteilung in die Infrastruktur des britischen Senders integriert.
• Die angeschlagene französische Verleih-, Produktions- und Kinogruppe BAC soll eine Finanzspritze von 13 Mio. Euro von dem belgischen Investor Michel Litwak erhalten. Doch die Börsenaufsicht verweigert die Genehmigung.
• *Minority Report* bringt mit 35,7 Mio. Dollar Einspiel am US-Boxoffice Tom Cruise den neunten Nummer-eins-Start in Folge ein.

August

• In München startet der Interessenverbund KINOVIELFALT MÜNCHEN die Kinotaler-Aktion.
• HELKON MEDIA AG meldet Insolvenz an.
• Die Gläubigerversammlung beschließt, dass die KINOWELT-Firmen an die Kölmel-Brüder gehen sollen.
• *Das Verlangen* von Ian Dilthey gewinnt auf dem 55. Internationalen Filmfestival Locarno den Goldenen Leoparden.

• Der große Regen kommt. Und mit ihm die große Katastrophe: Weite Gebiete in den Elbe-Regionen sind zerstört. Auch viele Kinobetreiber stehen vor dem Nichts. Die Branche beweist Solidarität – Soforthilfe in Höhe von 500.000 Euro von FFA und HDF.

• IMAX CORP. kündigt an, seine Angebotspalette dank der DMR-Technik, die 35-Millimeter-Spielfilme ins Imax-Format umwandelt, zu erweitern. *Apollo 13* wird als erster Spielfilm im Imax-Format gezeigt.

• Mit dem besten Julistart aller Zeiten geht *Austin Powers in Goldständer* in den USA an den Start.

• In einer Sondersitzung bringen die Leiter der Staats- und Senatskanzleien den neuen Jugendmedienschutz-Staatsvertrag auf den Weg. Demnach werden Rundfunk- und Medieninhalte künftig von FSF und FSM kontrolliert. Die Beaufsichtigung der Selbstkontrolle unterliegt der neuen Kommission für Jugendmedienschutz (KJM).

• Moritz de Hadeln gibt trotz kurzer Vorbereitungszeit ein Aufsehen erregendes Debüt als neuer Festivalleiter in Venedig mit namhaften Regisseuren und Stars. Der Goldene Löwe geht an Peter Mullans *Die unbarmherzigen Schwestern*. Aus Deutschland sind *Nackt* und *Führer Ex* im Wettbewerb vertreten. In der Jury unter Vorsitz von Gong Li sitzt auch Ulrich Felsberg.

• Die RTL GROUP übernimmt für 170 Mio. Euro die Fernseh- und Radioaktivitäten der HOLTZBRINCK-Gruppe. Hierzu zählt u. a. ein 47,3-prozentiger Anteil an N-TV.

September

• Die FFA analysiert die Flutkatastrophe: Rund 1,8 Mio Euro Schaden entstanden an deutschen Kinos.

• Der deutsche Kinomarkt verzeichnet einen Rückgang beim Sommer-Boxoffice um 15,9 Prozent auf 196,1 Mio. Euro (2001: 233,1 Mio. Euro, alle Zahlen nach Nielsen/EDI).

• 500 Fachbesucher bei der 2. Filmkunstmesse Leipzig der AG KINO.

• BAVARIA und STUDIO HAMBURG verlassen die Produzentenvereinigung FILM 20.

• Anlässlich des 100. Geburtstags von Leni Riefenstahl verleiht ihr die Spitzenorganisation der Filmwirtschaft die SPIO-Ehrenmedaille. Es hagelt Proteste aus der Branche.

• Gabriela Bacher verliert ihren Posten als Geschäftsführerin der STUDIO BABELSBERG MOTION PICTURES GMBH, den sie erst im September 2001 angetreten war.

• GRANADA MEDIA schließt ihre Produktionstochter GRANADA FILM.

• Das letzte Filmfest Hamburg unter der Leitung von Josef Wutz wird mit *Solino* eröffnet.

• COLUMBIA TRISTAR überschreitet am 8. September die Eine-Mrd.-Dollar-Einspielgrenze am internationalen Boxoffice.

• Nach *Spider-Man* schaffte es *Star Wars: Episode 2* als zweiter Film in diesem Jahr, die 300-Mio.-Dollar-Hürde am US-Boxoffice zu nehmen. Knapp sechs Wochen reichten *Men in Black 2*, um als dritter Film in diesem Jahr über fünf Mio. Besucher in die deutschen Kinos zu locken.

• Jérôme Clément wird zum ARTE-Präsidenten gewählt. Clément, der das Amt bereits von 1989 bis 1999 innehatte, tritt zum 1. Januar 2003 die Nachfolge von Jobst Plog an.

• Die DREFA MEDIA HOLDING, Tochtergesellschaft des MDR, übernimmt 16,64 Prozent der Gesellschafteranteile an der BAVARIA FILM GMBH. BAVARIA beteiligt sich im Gegenzug an acht DREFA-Unternehmen.

Oktober

• Christina Weiss löst Julian Nida-Rümelin ab und wird neue Kulturstaatsministerin in Berlin.

• Die UFA THEATER GMBH stellt einen Insolvenzantrag.

• DIE ACHTERBAHN AG *(Werner)* stellt einen Insolvenzantrag.

• STUDIO CANAL investiert 12,4 Mio. Euro in Frankreichs BAC MAJESTIC und rettet Frankreichs größten Independentverleih so vor der Insolvenz.

- *Bella Martha* hat nach acht Wochen knapp drei Mio. Dollar in den USA eingespielt.
- François da Silva wird zum neuen Leiter der Cannes-Nebenreihe Quinzaine des Réalisateurs ernannt.
- Mit einem Einspiel von 35,6 Mio. Dollar hatte die Komödie *Sweet Home Alabama* in den USA den besten Septemberstart aller Zeiten.
- Roberto Benignis *Pinocchio* gelingt ein phänomenaler Start in Italien: Mehr als sieben Mio. Euro spielte die Märchenverfilmung am Startwochenende ein.
- In Köln wird zum vierten Mal der Deutsche Fernsehpreis verliehen. Fünf Trophäen gehen an TEAMWORX, darunter die für den besten Fernsehfilm *Tanz mit dem Teufel* (Sat.1). Der Dreiteiler *Die Manns* (BAVARIA/ARD) wird in der Sonderkategorie »Fernsehereignis des Jahres« geehrt.
- Das US-Boxoffice verzeichnet mit 690,4 Mio. Dollar für Oktober einen neuen Rekord.

November

- Die SENATOR ENTERTAINMENT AG wechselt in den Geregelten Markt.
- Die DAS WERK AG stellt einen Insolvenzantrag, wenig später der SCOTIA FILMVERLEIH.
- TOBIS ohne STUDIO CANAL: TOBIS-Gesellschafter Kilian Rebentrost und PATHÉ kaufen ihre 60-prozentige SC-Mehrheitsbeteiligung zurück.
- Stewart Till wird neuer Verleihchef von UIP.
- *Nirgendwo in Afrika* ist Kandidat für eine Oscar-Nominierung als bester nichtenglischsprachiger Film.
- *Harry Potter 2* bricht bei den Previews mit einem Einspiel von 7,9 Mio. Pfund in Großbritannien den Rekord.
- Rap-Superstar Eminem erobert das US-Kino: Mit einem Einspiel von 51,2 Mio. Dollar hat *8 Mile* den besten Start eines Films mit einem Musiker in der Hauptrolle.
- *Harry Potter 2* fliegt mit 2,5 Mio. Besuchern am Startwochenende auf Platz eins der deutschen Kinostarts.
- In München beginnt der Prozess gegen Thomas und Florian Haffa, die ehemaligen Vorstandsmitglieder von EM TV.
- Die BAVARIA/ARD-Produktion *Die Manns* wird mit dem International Emmy Award ausgezeichnet.

Dezember

- Spielfilmvorstand Reinhard Klooss scheidet zum Jahresende aus dem Vorstand der ODEON FILM AG aus.
- *Nirgendwo in Afrika* wird für den Golden Globe nominiert.
- Beim 15. Europäischen Filmpreis in Rom gewinnt Almodóvars *Sprich mit ihr* fünf Preise, darunter als bester Film und für die beste Regie.
- Albert Wiederspiel wird Nachfolger des zum Jahresende scheidenden Josef Wutz als Leiter des Filmfests Hamburg. Die FILMFEST HAMBURG GMBH fungiert künftig als 100-prozentige Tochter der Filmförderung Hamburg.
- *Harry Potter und die Kammer des Schreckens* erreicht in Frankreich den besten Start eines US-Films aller Zeiten. Darüber hinaus ist er der erste Film überhaupt, der in Frankreich mit über 1000 Kopien gestartet wird.
- Im weltweiten Boxoffice stellt SONY PICTURES ENTERTAINMENT mit einem vorläufigen Jahreseinspiel von 2,75 Mrd. Dollar einen neuen Rekord auf. International zieht WARNER mit 1,31 Mrd. Dollar an SONY vorbei.
- Nach 40 Jahren kann James Bond eine Bestleistung vermelden. Mit 47,1 Mio. Dollar geht *Stirb an einem anderen Tag* in den USA an den Start und verdrängt *Harry Potter 2* auf Platz zwei. Auch der Start in Deutschland ist grandios: mit 8,9 Mio. Euro das beste Bond-Wochenende überhaupt.

Dank an die Branchenblätter BLICKPUNKT FILM und FILMECHO-FILMWOCHE, aus denen die meisten Informationen stammen.

Abendland 1

***+

Regie: Fred Kelemen
Darsteller: Verena Jasch (Leni), Wolfgang Michael (Anton), Urs Remond (Paul), Isa Hochgerner (Nina), Adolfo Assor, Thomas Baumann
Drehbuch: Fred Kelemen
Kamera: Fred Kelemen
Musik: Rainer Kirchmann
Schnitt: Fred Kelemen, Anja Neraal, Nicola Undritz Cope
Prod.: Mediopolis/Filmes Do Tejo/ Maborosi/WDR; D 1998; 140 Min.
UA: 5.9.1999, Int. Filmfestspiele Vendig
EA: Int. Hofer Filmtage 1999
Verleih: Pegasos, 13.6.2002

Der arbeitslose Anton wird in seiner Not zum Plünderer, streitet mit seiner Frau Leni, die sich daraufhin mit fremden Männern einlässt und eine ungarische Prostituierte kennen lernt, die Lenis geheime Sehnsüchte kennt. Am Morgen kehrt Leni zu Paul, der ihr gefolgt ist, zurück. Nichts hat sich geändert.

Kritik: Für »Verhängnis« hat Kelemen noch das Filmband in Silber bekommen, für seinen neuen Film sollte man ihm den Orden »Wider den tierischen Ernst« verleihen. Wie der Titel andeutet, geht es ums Ganze – ums Abendland, und zwar an der Grenze zur Jahrtausendwende. Der Film lädt sich auch das ganze Gewicht des Millenniums auf, bis jede Einstellung unter der Last dieses Vorhabens zu ersticken droht. Viele Einstellungen sind es nicht in den 140 Minuten des Films, aber jede einzelne wird bis zum letzten Tropfen Bedeutsamkeit ausgekostet. Verlorene Gestalten ziehen durch trostlose Landschaften, gegen die Tarkowskis Schauplätze wie ein feucht-fröhliches Paradies wirken.
Kelemen geht es aber an seinem unteren Ende der Gesellschaft gar nicht um Authentizität, sondern um die eigene Choreografie der Hoffnungslosigkeit. Wenn seine Nachtgestalten den Mund aufmachen, dann sagen sie Sätze, mit denen noch jeder Scherzkeks überfrachtet wäre. »Abendland« ist auf eine Weise arrogant und selbstgefällig, dass der ganze Weltschmerz am Ende nur noch ein Phantomschmerz ist. All das Leid entspringt einem Organ, das sich dieser Film längst amputiert hat: dem Herzen.

Michael Althen, SZ, 7.9.1999

Er ist arbeitslos, sie ist Büglerin. Die harten Bedingungen lasten auf ihrer Beziehung. Zu fahlem Glühbirnenlicht streitet und schlägt man sich. Daraufhin verbringt das junge Paar die kommende Nacht getrennt. Er trifft auf einen sterbenden Schwan, sie wankt durch zwielichtige Bars. Die Tristesse des Lebens legt sich auch auf Fred Kelemens Film. Bedeutungsschwer schweigen die Figuren in sich hinein, verharrt die Kamera minutenlang auf den verhärmten Gesichtern. Mit seinen Bildern, die penetrant Melancholie und Ausweglosigkeit zur Schau tragen, wird »Abendland« zur selbstgefälligen Elendsrevue.

Anke Leweke, tip, 26.9.2002

About a Boy oder Der Tag der toten Ente 2

ABOUT A BOY

****

Regie: Paul Weitz, Chris Weitz
Darsteller: Hugh Grant (Will), Toni Collette (Fiona), Rachel Weisz (Rachel), Nicholas Hoult (Marcus), Isabel Brook (Angie), Sharon Small (Christine)
Drehbuch: Peter Hedges, Chris Weitz, Paul Weitz, nach einem Roman von Nick Hornby
Kamera: Remi Adefarasain
Musik: Badly Drawn Boy
Schnitt: Nick Moore
Prod.: United Intl./Universal mit Tribeca Prods./Working Title/Kalima Prods.; GB/USA 2002; 101 Min.
Verleih: UIP, 22.8.2002
Vertrieb: Universal Video (Video, DVD)
FSK: ab 6 J., ffr. – **FBW:** Wertvoll

Geschichte der sich entwickelnden Freundschaft wider Willen zwischen

Filmposter

einem verantwortungslosen, charmanten Playboy und einem zwölfjährigen Jungen, der unter erheblichem familiärem und schulischem Druck steht.

Kritik: Paul & Chris Weitz, die Sex mit Apfelkuchen in »American Pie« salonfähig machten, verfilmten Nick Hornbys Bestseller als anrührende Komödie. Hugh Grant als reicher Faulpelz, der die Tantiemen seines Vaters verpulvert, und Nicholas Hoult als einsamer Junge sind ein gegensätzliches, aber liebenswertes Gespann. Der Erwachsene lernt ganz langsam, Verantwortung zu übernehmen und Konflikte auszutragen, findet nebenbei auch die Frau seines Lebens. Die Wandlung vom Saulus zum Paulus ist in einer lockeren Mischung aus Drama und Komödie mit emotionalem Tiefgang und feinsinnigem Humor verpackt.

Margret Köhler

(...) »About a Boy« ist eine Komödie, die gerade dadurch besticht, dass sie alle vorausschaubaren Wege zum Happy End vermeidet und mit dramaturgischen Eigenwilligkeiten aufwartet wie der sehr späten, fast beiläufigen Einführung einer Liebesromanze. Hugh Grant genießt es, sich selbst zu spielen entsprechend seiner Überzeugung, dass er zu nichts anderem fähig sei; dass er nur Oberflächlichkeit bieten könne, weil ihm, wie er in einem Interview erläuterte, die »Tiefe« wandlungsfähiger Schauspieler fehle.

Dass ausgerechnet den »American Pie«-Regiebrüdern Weitz mit so viel Gespür für unspektakuläre Londoner Originalschauplätze eine so britische Komödie gelang, ist ein verblüffender Beweis für ihr vielseitiges Talent.

Peter Steinhart,
Rheinische Post, 12.8.2002

8 Frauen — 3

8 FEMMES — ****

Regie: Francois Ozon
Darsteller: Catherine Deneuve (Gaby), Isabelle Huppert (Augustine), Emmanuelle Béart (Louise), Fanny Ardant (Pierrette), Virginie Ledoyen (Suzon), Danielle Darrieux (Mamy)
Drehbuch: Francois Ozon, Marina de Van, nach dem gleichnamigen Theaterstück von Robert Thomas
Kamera: Jeanne Lapoirie
Musik: Krishna Levy, Sebastien Charles (Choreography)
Schnitt: Laurence Bawedin
Prod.: Fidélité Prods./France 2 Cinema/ Mars Film mit Canal+/CNC; Frankreich 2001; 111 Min.
UA: Int. Filmfestspiele Berlin 2002
Verleih: Constantin, 11.7.2002
FSK: ab 12 J., ffr.
FBW: Besonders wertvoll

Sieben Frauen warten auf Fanny Ardant in ›8 Frauen‹

Zu Weihnachten trifft sich eine Großfamilie mit Bediensteten in einer verschneiten Villa. In der Nacht zuvor wurde der Hausherr ermordet. Jede der acht Frauen könnte die Täterin sein.

Kritik: Acht hochkarätige Aktricen des französischen Kinos in einer Krimikomödie, die als lustvoll aufgefächerte Divenparade und selbstironisches Spiel mit Star-Images in Szene gesetzt ist. Regisseur Francois Ozon lässt die Puppen tanzen und singen, kämpfen und küssen. Grandioser Höhepunkt ist der Ringkampf zwischen Catherine Deneuve und Fanny Ardant. Isabelle Huppert offenbart grotesk-komisches Talent, wenn sie sich als nervige, altjüngferliche Tante aufspielt. Virginie Ledoyen ist die Coolste von allen. Wenn die wunderschöne Emmanuelle Béart ihre hochgesteckten Haare löst, begreift man, dass der Eros eine mörderische Sache ist. Man versteht, warum der einzige Mann im einsamen Landhaus nur als Leichnam auftaucht.

Rolf Giesen, tip, 14/2002

Interview: *Herr Ozon, eigentlich wollten Sie das Theaterstück verfilmen, auf dem George Cukors »Die Frauen« basiert. Warum klappte das nicht?*

Die Rechte liegen bei Julia Roberts und Meg Ryan. Also habe ich mich nicht weiter festgebissen, sondern das Stück »8 Frauen« von Robert Thomas als Vorlage genommen. Ich fand es ziemlich amerikanisch und habe es kurzerhand »französisiert«. Seit Jahren wollte ich schon einen Film nur mit Frauen drehen, weil sie mich inspirieren und mehr wagen als Männer. Ich habe mehr Distanz zum anderen Geschlecht und erzähle dennoch lustvoller. Es entwickelt sich eine Art Komplizenschaft.

Welches Gefühl war es, Stars wie die Deneuve oder Isabelle Huppert zu dirigieren?

Ein Albtraum! Nein. Scherz beiseite, ich habe wahnsinnig viel gelernt. Natürlich war es ganz anders als bei »Unter dem Sand« mit Charlotte Rampling, da herrschte eine sehr intime Atmosphäre. Und genau diesem Film, an den erst niemand glaubte, verdanke ich »8 Frauen«. Plötzlich wollten die größten Schauspielerinnen mit mir arbeiten. Ich musste mir keine Sorgen ums Geld mehr machen – so, wie ich es mir immer erträumt hatte.

Wie haben Sie die Diven zusammenbekommen?

Deren Agenten winkten sofort ab, so eine ausgefallene Kombination sei nur in Amerika möglich. Irgendwann gingen mir die Kassandrarufe auf die Nerven und ich habe mich mit den Schauspielerinnen getroffen. Und welch ein Wunder: Jede sagte Ja.

Gab es Eifersüchteleien?

Es gibt immer Rivalitäten. Dennoch genossen es alle, gemeinsam an einem heiteren Film mitzuwirken. Mich überraschte die lockere Umgangsweise. Jede war mit der Rolle einverstanden. Salomonisch wurden Kostüme und die Farborientierung jeder Figur verteilt, jede hatte ihr eigenes Chanson und ihre eigene Tanznummer. Alle waren gleichberechtigt und wurden zuvorkommend behandelt. Das ist gut für Stimmung und Seele.

War es schwierig, die Damen zum Singen zu motivieren?

Überhaupt nicht. Sie hatten einen Riesenspaß dabei. Stars dieses Kalibers nehmen gerne ein Risiko auf sich – sie sind souverän und wissen, dass sie nichts zu verlieren haben.

In einer Szene küssen sich Fanny Ardant und Catherine Deneuve. Mussten Sie viel Überredungskunst aufwenden?

Die beiden nahmen das als pikantes Spiel und haben sich köstlich amüsiert. Einzige Bedingungen: Die Szene durfte nicht vulgär sein, sondern sollte Erotik ausstrahlen. Und das ist mir doch gelungen.

Ist Ihr Film als Hommage an Jacques Demy zu verstehen?

Ich liebe Jacques Demy, aber »8 Frauen« ist mehr von amerikanischen Musicalkomödien beeinflusst.

In Frankreich haben Sie schon fast Kultstatus.

Ich bin nicht der Typ, der schnell abhebt. Erfolg verwöhnt natürlich. Misserfolg gibt aber Kraft zum Kämpfen. Ich sehe dem ganzen Hype gelassen zu und kann darüber nur lachen, dass sich plötzlich so viele neue Freunde um mich scharen.

Francois Ozon im Interview mit Margret Köhler, AZ, 10.7.2002

Sie haben mit Chabrol, Polanski, Buñuel und Truffaut gedreht …

… und mit vielen anderen. Für mich ist vor allem die ganz persönliche Handschrift eines Regisseurs maßgebend. Wenn ich einem Projekt zusage, vertraue ich in erster Linie auf die Originalität des Regisseurs. Einen eigenen Stil zu haben ist für mich das höchste Qualitätssiegel. Alles andere kommt danach.

Catherine Deneuve im Interview mit Rufus Leu, Zitty, 15/2002

Eine Affäre 4

AN AFFAIR □

TV

Regie: E. J-Yong
Darsteller: Lee Jung-Jae (U-In), Lee Mi-Sook (So-Hyun), Song Young-Chan (Jun-Il), Kim Min (Ji-Hyun), Lee Se-Ho
Drehbuch: E. J-Yong
Musik: Cho Seong-Woo
Prod.: Korea 1998; 108 Min.
TV: 6.4.2002, Arte, 22.35, OmU

Psychogramm einer jungen Koreanerin, die ihrer Liebe wegen aus dem komplexen Geflecht gesellschaftlicher Konventionen ausbricht. *Pressetext*

Die Affäre Semmeling 5

***

TV

Regie: Dieter Wedel
Darsteller: Mario Adorf (Walter Wegener), Fritz Lichtenhahn (Bruno Semmeling), Antje Hagen (Trude Semmeling), Stefan Kurt (Sigi Semmeling), Heike Makatsch (Silke Semmeling), Robert Atzorn (Dr. Klaus Henning)
Drehbuch: Dieter Wedel
Kamera: Grzegorz Kedzierski, Jules van den Steenhoven
Musik: Michael Landau, Rainer Kühn
Schnitt: Norbert Herzner (1+5), Heidi Handorf (2+4), Eva Schnare (3), Benjamin Hembus (6)
Prod.: Bavaria Film mit Corona-Film für ZDF/ORF; D 2001; jeweils 95 Min.
TV: 2.1./4.1./7.1./9.1./12.1./14.1.2002, ZDF, jeweils 20.15

Nach 30 Jahren sind Trude und Bruno Semmeling nach den Problemen mit ihrem Eigenheimbau und ihrem Bergurlaub wieder da, sind aber den neuen Herausforderungen wieder nicht gewachsen. Sie und ihre Familie geraten in ein intrigantes Filz-, Steuer- und Machtgestrüpp deutscher Politiker, als ihr Sohn Sigi sich auf schmutzige Politik einlässt, nachdem seine Eltern den Winkelzügen des Finanzamts ausgesetzt werden.

After Midnight 6

MIDNIGHT 5 / TOMORROW BY MIDNIGHT ***+

Video

Regie: Rolfe Kanefsky
Darsteller: Alexis Arquette (Sidney), Tamara Craig Thomas (Kira), Karim Prince (Cosmo), William Vogt (Lee), Jennifer Lambert (Tori Farrell), Carol Kane (Polizeipsychologin)
Drehbuch: Rolfe Kanefsky
Kamera: Brad Rushing
Musik: Christopher Farnell, Jay Woelfel
Schnitt: Victor Kanefsky, Terence Duffy
Prod.: Hope Street/99 Film Prod.; USA 1999; 89 Min.
Vertrieb: VCL, 25.6.2002
FSK: ab 16 J.

Zwei Filmstudenten geraten in einer Videothek mit dem Besitzer in Streit, der in einem unvorstellbaren Ausmaß eskaliert. Das sichtlich geringe Budget dieses Thrillers wird mit Einfallsreichtum und einigen unerwarteten Wendungen ausgeglichen.

Afula Express 7

AFULA EXPRESS □

Regie: Julie Shles
Darsteller: Zvika Hadar (David), Esti Zackheim (Batia), Arie Moskona (Shimon), Orly Perl (Viki), Nathan Sahavi (Saleidini), Evelyn Kaplun (Natasha)
Drehbuch: Amit Lior
Kamera: Itzik Portal
Musik: Yuval Shafrir
Schnitt: Maor Keshet
Prod.: Norma Prod.; Israel 1997; 97 Min.
Verleih: Kommunales Kino, OmU, Oktober 2001

David, Autoelektriker aus der Kleinstadt Afula, beschließt, sein Kaff zu verlassen, um in Tel Aviv einen Kindheitstraum zu verwirklichen und Zauberer zu werden. Nur fehlt im jedes Talent, er ist der schlechteste Zauberer aller Zeiten. Schwierigkeiten und Konflikte sind unvermeidlich. (…)

Die Ahnungslosen 8

LE FATE IGNORANTI ***+

Regie: Ferzan Ozpetek
Darsteller: Margherita Buy (Antonia), Stefano Accorsi (Michele), Serra Yilmaz (Serra), Andrea Renzi (Massimo), Gabriel Garko (Ernesto), Erica Blanc (Veronica)
Drehbuch: Gianni Romoli, Ferzan Ozpetek
Kamera: Pasquale Mari
Musik: Andrea Guerra
Schnitt: Patrizio Marone
Prod.: R & C/Les Films Balenciaga; Italien/Frankreich 2000; 105 Min.
EA: 8.2.2001, Int. Filmfestspiele Berlin, »Wettbewerb«
Verleih: Alamode, 3.1.2002

Im Bohème-Milieu des römischen Arbeiterviertels Ostiense findet Antonia nach dem Tod ihres Mannes heraus, dass dieser jahrelang ein Doppelleben geführt hat. *Zitty, 4/2001*

Kritik: (…) »Die Ahnungslosen« erinnert an Filme von Pedro Almodóvar – Ozpeteks Figuren sind allerdings deutlich realistischer und die Kombination von Komik und Tragik gelingt Almodóvar allemal besser. Schön aber ist, dass Ozpetek einiges in der Schwebe lässt, nachdem er Antonias Leben so durcheinander gewirbelt hat. Es ist denn auch mehr als eine Ahnung von Vielfalt, die der Film am Ende vermittelt hat.

Martina Knoben, SZ, 5.1.2002

(…) Doch leider ist dies kein Werk Pedro Almodóvars, zu dem Story, Milieu und insbesondere viele Nebenfiguren passen würden, sondern eines von Ferzan Ozpetek (Hamam). Und der erzählt diese Geschichte nicht als schräge Tragikomödie, sondern bierernst, staubtrocken, mit vielen Dialogen und trübsinniger Musik. Gepflegtlangweiliges »Frau-sucht-sich-selbst-Drama«. *Jan Gimpel, Zitty, 1/2002*

(…) Naturgemäß ist Ozpeteks Bild eine Idealisierung, deren Schlagkraft nicht zuletzt auf den Klischees beruht, die sie bedient. Wahre Gemeinschaft, Vitalität und Herzlichkeit finden sich selbstredend bei den Armen, der Lover des Arztes steht natürlich sozial unter ihm (»Dumm küsst gut«), der Aids-Todkranke hat plötzlich Aussicht auf Heilung. Allerdings werden die Klischees so entwaffnend rücksichtlos geboten, sodass ein Teil des Lustgewinns beim Zusehen im Erleben der Arten liegt, wie mit ihnen gespielt wird. Wie in jeder gut erzählten Geschichte liegt der Reiz nicht im Vermeiden, sondern im kalkulierten Jonglieren mit Erwartungen.
Dass »Die Ahnungslosen« nicht in kitschiges Werben für homosexuelle Lebensformen und missionarisch-pädagogischen Ästheten-Eros abgleitet, liegt an der Besetzung der Hauptrolle. Margherita Buy bleibt unspektakulär präzise: Ihr Gesicht war auch schon in Piccionis »Nicht von dieser Welt« zu einem Hauptschauplatz der Handlung geworden. Ozpeteks Film stiftet ein erfrischendes, nachdenklich stimmendes Aroma: eine bittersüße Utopie, deren zurückhaltender Ausgang beinahe enttäuschend konservativ ist.

Simone Mahrenholz, Der Tagesspiegel, 4.1.2002

Air Panic
9

AIR PANIC
**

Video

Regie: Bob Misiorowski
Darsteller: Rodney Rowland (Neil), Kristanna Loken (Josie), Ted Shackelford (Capt. O'Kelly), Billy »Sly« Williams (Ray), Alexander Engberg (Cain), John Bishop (Walter)
Drehbuch: Jace Anderson, Adam Gierasch
Kamera: Rasool Ellore
Musik: Serge Colbert
Schnitt: Marc Jakubowicz
Prod.: Nu Image/Martien Holding A.V.V.; USA 2001; 87 Min.
Vertrieb: Highlight, 14.3.2002

Computerspezialist kommt durch eigene Nachforschungen der Ursache einer Absturzserie von Linienjets über dem Atlantik auf die Spur. Sujet brisant, Budget eklatant niedrig, Ausführung eher daneben – Action aus der unteren Schublade.

Ein Albtraum von 3 1/2 Kilo
10

□

TV

Regie: Uwe Janson
Darsteller: Jan Gregor Kremp (Jean Meyer), Désirée Nosbusch (Kathrin Meyer), Tijan Kranz-Yaffa (Emil), Nadja Tiller (Alberta Meyer), Jonathan Kinsler (Jérome Mahi), Gustav Peter Wöhler (Ingo Lübbers)
Drehbuch: Thomas Kirdorf
Kamera: Sonja Rom
Musik: Oliver Biehler
Schnitt: Anke Berthold
Prod.: Taurus Film für ZDF/Arte; D 2002; 87 Min.
TV: 23.8.2002, Arte, 20.45

Es geht um eine Ehe, die alles Glück der Welt gepachtet zu haben scheint – erst recht nach der Geburt eines gesunden Sohnes. Doch dann wird die Hautfarbe des kleinen Emil von Tag zu Tag dunkler. Die Bilderbuchehe droht zu zerbrechen, denn hier muss Untreue im Spiel sein. *Pressetext*

Alchemie der Liebe
11

QUELQUE CHOSE D'ORGANIQUE
***

TV

Regie: Bertrand Bonello
Darsteller: Romane Bohringer (Marguerite), Laurent Lucas (Paul), Charlotte Laurier (Sarah), David DiSalvio (Georges), Stephen J. Smith (Pauls Vater), Simon Hetu (Léo)
Drehbuch: Bertrand Bonello
Kamera: Josée Deshaies
Musik: Laurie Markovitch
Schnitt: Dominique Auvray
Prod.: Haut et Court/Cité-Amérique; Frankreich/Kanada 1998; 90 Min.
EA: 14.2.1999, Int. Filmfestspiele Berlin, »Panorama: art & essai«
TV: 13.2.2002, Arte, 23.30

Ein ganz normales Paar, so scheint es, im Montreal von heute. Paul arbeitet nachts als Wärter in einem während der Winterperiode geschlossenen Zoo. Er war schon einmal verheiratet. Seine neue Ehefrau Marguerite tut nichts, und das gefällt ihr. Seit fünf Jahren sind sie nun verheiratet … Zeit für Veränderungen.

(…) Geschichte einer großen Liebe, die sich allmählich ins Tragische verkehrt. *Zitty, 4/1999*

Algier – Und kein Entrinnen
12

ALGER-BEYROUTH – POUR MEMOIRE
□

TV

Regie: Merzak Allouache
Darsteller: Fabienne Babe (Laurence), Georges Corraface (Rachid), Hocine Choutri
Drehbuch: Merzak Allouache
Prod.: Frankreich/Libanon 1997; 90 Min.
TV: 30.11.2002, Arte, 0.10

Merzak Allouache, eine der herausragenden Figuren des marokkanischen Kinos, hat sich auf sensible Art des Themas Vergangenheitsbewältigung nach Terror und Gewalt angenommen. *Pressetext*

Ali
13

ALI
****

Regie: Michael Mann
Darsteller: Will Smith (Cassius Clay/ Muhammad Ali), Jamie Foxx (Drew »Bundini« Brown), Jon Voight (Howard Cosell), Mario van Peebles (Malcolm X), Ron Silver (Angelo Dundee), Jeffrey Wright (Howard Bingham)
Drehbuch: Stephen J. Rivele, Christopher Wilkinson, Eric Roth, Michael Mann, nach einer Story von Gregory Allen Howard

Kamera: Emmanuel Lubezki
Musik: Lisa Gerrard, Pieter Bourke
Schnitt: William Goldenberg, Stephen Rivkin, Lynzee Klingman
Prod.: Peters Ent/Forward Pass Prod. mit Lee Caplin/Picture Ent./Overbrook Films für Initial Ent./Columbia; USA 2001; 154 Min.
EA: 1.7.2002, Filmfest München
Verleih: 20th Century Fox, 15.8.2002
FSK: ab 12 J., ffr.
FBW: Besonders wertvoll

Die Weltmeisterschaftskämpfe gegen Sonny Liston (1964) und George Foreman (1974) bilden den dramatischen Rahmen für einen Ausschnitt aus der wechselvollen Lebensgeschichte des Boxidols Muhammad Ali alias Cassius Clay.
1964 wird der Schwarze Cassius Clay nach seinem Sieg über Sonny Liston Boxweltmeister im Schwergewicht. Vermeintlich auf dem Höhepunkt seiner Karriere fangen nun zehn harte Jahre für den Champion an. Als er sich öffentlich zum Islam bekennt und den Namen Muhammad Ali annimmt, rücken die Medien und die öffentlichkeit von ihm ab. Und dann verweigert er auch noch den Wehrdienst, weil er nicht gegen die nordvietnamesische Bevölkerung kämpfen möchte. Erst zehn Jahre später wird er politisch rehabilitiert und schließlich kann er auch seinen Weltmeistertitel im Boxkampf zurückholen.
Michael Mann konzentriert sich in seinem Biopic über »den größten Sportler des 20. Jahrhunderts« auf diese zehn entscheidenden Jahre. Obwohl die legendären Titelkämpfe mit Will Smith in der Titelrolle in glänzender Choreografie so packend nachgestellt sind, dass sich auch erklärte Gegner dieser Sportart einer gewissen Faszination kaum entziehen können, ging es Mann weniger um die sportlichen Leistungen dieses außergewöhnlichen Menschen, der seinerzeit von den Medien vor allem als »Großmaul« dargestellt wurde. Im Mittelpunkt steht vielmehr der weniger bekannte, politisch und sozial engagierte Ali, der sich allen Anfeindungen und gesellschaftlichen Erwartungshaltungen zum Trotz treu bleibt und für seine Überzeugungen und politischen Ideale inmitten einer von Rassismus, Gewalt und klaren Feindbildern geprägten Gesellschaft auch für einen hohen Preis zu kämpfen bereit ist.

Holger Twele

Kritik: (...) Was Smith sich für diese Rolle an Training, ja körperlicher Verwandlung auferlegte, ist gewiss ebenbürtig mit Robert De Niros legendärer Gewichtszunahme für »Raging Bull«. Aber schon mit diesem Vergleich eröffnet sich ein Dilemma, das Michael Manns Film, der uns mit einem Jahr Verspätung erreicht, in den USA zum Verhängnis wurde. »Raging Bull« mag ein Abgesang auf den Boxerfilm sein, aber er ist ein Boxerfilm. Der Film, den Oliver Stone nicht gedreht hat, wäre in jedem Fall eine Filmbiografie gewesen. Michael Mann wollte ganz offensichtlich keine der beiden Konventionen bedienen. Sein Film ist vielleicht kein Epos, aber er ist epochal: als Monument einer kühnen Verweigerung. Man kann sich gut vorstellen, dass eine Figur wie Ali Mut macht zu solchem Eigensinn. (...)

Daniel Kothenschulte, FR, 13.8.2002

(...) »Ali«, man muss es zugeben, geht die Luft aus und der Mut. Er ist nicht, was er sein könnte. Aber er ist noch in seinen schwächsten Momenten eine der unterhaltsamsten und energischsten Arbeiten aus Hollywood in dieser Saison. Und in seinen besten Momenten, die sich angesichts der Laufzeit schon zum ganz normalen Spielfilm addieren, ist er eine blitzgescheite Studie amerikanischer Gärungsprozesse. Man sollte »Ali« nicht versäumen – er erinnert uns, was ein Einzelner, wenn er nur keine Angst hat, in Bewegung setzen kann. *Thomas Klingenmaier, Rheinische Post, 15.8.2002*

(…) Dennoch ist »Ali« ein großer Film für Menschen, die sich für Zeitgeschichte interessieren, die gute Unterhaltung schätzen, die wissen wollen, wer dieser G.O.A.T. (Greatest of all Times, »Der Größte aller Zeiten«, Ali über Ali) war. Und Boxfans erleben Kunst: filmische, schauspielerische und erzähltechnische Kunst.

Adrian Prechtel, AZ, 14.8.2002

Ali G Indahouse 14

ALI G INDAHOUSE **

Regie: Mark Mylod
Darsteller: Sacha Baron Cohen (Ali G/Borat), Kellie Bright (Me Julie), Michael Gambon (Premierminister), Charles Dance (David Carlton), Rhona Mitra (Kate Hedges), Martin Freeman (Ricky C)
Drehbuch: Sacha Baron Cohen, Dan Mazer
Kamera: Ashley Rowe
Musik: Ali G, Nick Angel
Schnitt: Paul Knight
Prod.: WT2 mit FilmFour/Talkback/Working Title/Studio Canal; GB/Frankreich 2001; 88 Min.
Verleih: UIP, 5.9.2002
FSK: ab 12 J., ffr.

Wer »Erkan & Stefan« weit genug umkurvt, trifft irgendwann auf das Original – Ali G alias Sacha Baron Cohen. Regelmäßig erschüttert die bekannteste Bohnenstange des UK seine TV-Gemeinde mit grellem Charme und gnadenlosen Parodien. Jetzt zieht er mit einem Film nach, der vielleicht nur ein zweiter Aufguss seiner Gags sein mag – sei's drum. Denn wie das Wannabe-Gangsta-Großmaul plötzlich zum schrillen Politik-Clown und Retter der Welt wird, hat trotz aller Schwachstellen Charme. Unsynchronisiert versteht sich.

Cristina Moles Kaupp, tip, 18/2002

Kritik: (…) Das reicht für witzige Seitenhiebe im Sketch- oder Blackout-Format, ermüdet aber in Spielfilmlänge. Die magere Story befördert den pubertären Deppen Ali G bei einer Nachwahl ins britische Parlament und – dank einer misslungenen Politintrige – sogar in die in Alis Augen konservative Regierung. Dort darf der Hip-Hop-Tor dann auf einer Weltkonferenz die globale Politikerelite so lange mit Haschischtee traktieren, bis die immer ausgelassenere Runde abstimmt und den irakischen Diplomaten zum Kiosk sendet, um Süßigkeiten einzukaufen und sich zwei eigentlich verfeindete afrikanische Regierungschefs verliebt in die Arme fallen. Treffende Szenen gehen freilich leicht unter in einem endlosen Strom aus Fäkalhumor, sexistischen Sprüchen und Rebellenposen für geistig wenig Anspruchsvolle. Es ist fruchtlos, über diese Art von Komödie zu streiten. Ali-G-Fans werden sich vor Lachen kugeln, alle anderen werden in Verstörung den Kinosaal verlassen.

Bodo Fründt, SZ, 12.9.2002

(…) »Ali G Indahouse« ist eine miese Gaudi über den Aufstieg eines Herumhängers in die Politik, die nach jungswählerkompatiblen Köpfen für die Plakate sucht. Doch statt Politsatire gibt's eine Folge von Sperma-, Kotz- Kack- und Pinkelwitzchen, als sei Humor der Oberbegriff für menschliche Ausscheidungen. Wer 13 Jahre alt ist und auf der Suche nach etwas, das uns Altsäcken garantiert einen angeekelten Ächzer entlocken wird, kann hier sein Glück finden.

Thomas Klingenmaier,
Stuttgarter Zeitung, 5.9.2002

Ali Zaoua 15

ALI ZAOUA ****

Regie: Nabil Ayouch
Darsteller: Said Taghmaouil (Dib)
Drehbuch: Nabil Ayouch, Nathalie Saugeon
Kamera: Vincent Mathias, Renaat Lambeets
Musik: Krishna Levy
Schnitt: Jean-Robert Thomann
Prod.: Playtime/Remstar/Alexis/Ali'N; Marokko/Frankreich/Belgien 2000; 95 Min.
EA: Filmfestival Mannheim-Heidelberg
Verleih: Arsenal, OmU, 14.3.2002

Film über vier Straßenkinder in den Slums von Casablanca.

Kritik: (...) Der Film wirkt am authentischsten dort, wo er die doppelte Demütigung dieser Kinder zeigt: als von der Gesellschaft Verachtete und zugleich als vom Bandenchef als Diebe und Sexualobjekte Ausgebeutete. Ayouch verzichtet in diesen Szenen auf eine Ästhetisierung des Elends und zeigt durchaus, dass unter diesen Bedingungen Solidarität unter den Ärmsten nur begrenzt existieren kann. Im Kontrast dazu aber wirkt die Story über weite Strecken unangemessen märchenhaft. Die quasi dokumentarischen Bilder erzählten eine andere Geschichte als der Film selbst, die Bilder dementieren auf ihre Weise die Botschaft des Films. Die tatsächliche Flucht in klebstoffgetränkte Halluzinationen ist die Kehrseite von Ayouchs optimistischer Vision, dass die Fantasie eine Perspektive aus dieser Misere bieten könnte. (...)

Raimund Gerz, epd-Film, 3/2002

Alien Arsenal – Welt in Gefahr 16

ALIEN ARSENAL **

Video

Regie: David DeCoteau
Darsteller: Josh Hammond (Ralph), Danielle Hoover (Baxter), Jerrod Cornish (Monty), Michelle Nordin (Felicia), Krisztián Kovács (Flash), William Vogt (Lance)
Prod.: Full Moon Ent.; USA 1999; 90 Min.
Vertrieb: Screen Power Video
TV: 11.11.2001, SAT.1, 0.20, 9.5.2002
FSK: ab 12 J.

Zwei Außenseiter stoßen im Keller ihrer Schule auf eine Sammlung von funktionierenden Superhelden-Waffen, die sie sofort zum Einsatz bringen. Dümmliche Mischung aus Action, Science fiction und Komödie.

Allein gegen den Tod 17

RACE AGAINST TIME **

TV

Regie: Geoff Murphy
Darsteller: Eric Roberts (James Gebriel), Cary Elwes (Burke), Sarah Wynter (Alex), Chris Sarandon (Dr. Anton Stofeles), Diane Venora (Dr. Helen Steele), Michael Greyeyes (Johnny Black Eagle)
Drehbuch: Cary Solomon, Chuck Konzelman
Musik: Don Davis
Schnitt: Rick Shaine
Prod.: Turner Network TV; USA/Kanada 2000; 90 Min.
TV: 6.7.2002, ARD, 22.10

Der Thriller schlachtete Spenderorgane aus und verwechselte Spannung mit Ballermann-Action: Die Knarre ersetzt den Drehbuchautor.

Ponkie, AZ, 8.7.2002

Allein unter Nachbarn 18

LA COMMUNIDAD ***+

Regie: Alex de la Iglesia
Darsteller: Carmen Maura (Julia), Eduardo Antuna (Charly), Maria Asquerino (Encarna), Jesus Bonilla (Ricardo), Marta Fernandez Muro (Paquita), Paca Gabaldon (Hortensia)
Drehbuch: Jorge Guerricaecheverria, Alex de la Iglesia
Kamera: Kiko de la Rica
Musik: Roque Banos
Schnitt: Alejandro Lazaro
Prod.: Lola Films mit Antena3/Via Digital; Spanien 2000; 106 Min.
UA: Int. Filmfestspiele San Sebastián 2000
Verleih: Arsenal, 10.1.2002

Zu Besuch in ein ganz und gar nicht ehrenwertes Haus lädt Spaniens neuer Regiestar Alex de la Iglesia in dieser doppelbödigen Mischung aus Sozialgroteske, Kriminalkomödie und surrealer Horrorpoesie. Carmen Maura fällt unter brandstiftende Biedermänner und hat alle Mühe, im verwinkelten Intrigenreigen einer nur scheinbar unscheinbaren Hausgemeinschaft Übersicht, Geld und Leben zu behalten. *Blickpunkt Film, 51/2001*

Kritik: Alex de la Iglesia benötigt für seinen Horror keine Monster oder übernatürlichen Erscheinungen. Er blickt in Alltagsseelen und entdeckt dort hinreichend Wahnwitz und Teufelei. Man kann »La communidad« als Parabel auf eine in Habgier versinkende, aufs Skurril-Bösartige regredierende Gesellschaft lesen. Zuerst

aber ist der Film eine Landkarte der Obsessionen seines Regisseurs. Die Schwärze seines Humors hat spanisch-surrealistische Farbtupfer. Die Einheit des Ortes kommt ihm zugute: »Ich mag diese Geschichten«, sagt Iglesia, »in denen es an einem einzigen Ort – einer alten Villa, einem Schloss, einem Theater – ein Verbrechen, ein Geheimnis, einen versteckten Schatz und viele Personen gibt.«
»La communidad« war 2000 einer der erfolgreichsten Filme in Spanien und wurde mit drei »Goyas« ausgezeichnet. Carmen Maura – eine von Pedro Almodóvars »Frauen am Rande des Nervenzusammenbruchs« – erhielt als Julia beim Festival von San Sebastián den Darstellerpreis. Sie ist das Lebenszentrum des Films: wenn sie in ihrem rosa Kostüm durch die düsteren Räume stöckelt, wenn sie in den Geldscheinen badet, wenn sie mit einem Dolch bewaffnet zur Furie wird. *Rainer Gansera, SZ, 11.1.2002*

Menschen als Monster, dieser Ansatz zieht sich durch das gesamte Œuvre von de la Iglesia. Und er breitet auch eine erstaunliche Ansammlung von Typen aus, denen alles zuzutrauen ist. Und mittendrin die stets souveräne Carmen Maura als Makler-Luder. Doch so hübsch die Figurenzeichnung auch ist, schnell breitet sich Ödnis aus. Denn leider vernachlässigt die Regie in ihrem schwarzhumorigen Kammerspiel vollkommen das Tempo.
Martin Schwarz, Zitty, 2/2002

Alles nur Sex 19
SOME GIRL □
TV

Regie: Rory Kelly
Darsteller: Juliette Lewis (April), Marissa Ribisi (Claire), Michael Rapaport (Neal), Giovanni Ribisi (Jason), Jeremy Sisto (Chad), Pamela Segall Adlon (Jenn)
Drehbuch: Marissa Ribisi, Brie Shaffer
Kamera: Amy Vincent
Musik: Jim Goodwin, Dave Resnik
Prod.: USA 1998; 80 Min.
TV: 24.10.2002, ARD, 0.35

Die Freundinnen Claire und April haben unterschiedliche Auffassungen von der Liebe: Während Claire sich eine stabile Beziehung wünscht, geht es April auf den ersten Blick nur um Sex. Als Claire, wie sie glaubt, ihren Traummann kennen lernt, kommt es zum Konflikt. *Pressetext*

Along the Railway 20
TIE LU YAN XIAN □
Video

Regie: Du Haibin
Drehbuch: Du Haibin
Kamera: Du Haibin
Schnitt: Du Haibin
Prod.: China 2001; 98 Min.
UA: 5.10.2001, Int. Dokumentarfilmfestival Yamagata
EA: 9.2.2002, Int. Forum des Jungen Films, Berlin
Vertrieb: Video Freunde, ab September 2002

»Along the Railway« dokumentiert eine Gruppe heimatloser Kinder und Jugendlicher, die neben der Eisenbahnlinie von Baoji gemeinsam das chinesische Neujahrsfest feiern.

Altar des Satans 21
DEVIL'S PREY *
Video

Regie: Bradford May
Darsteller: Ashley Jones (Susan), Jennifer Lyons (Samantha), Elena Lyons (Fawn), Rashaan Nail (Joe), Matthew Paul Smith (Rave Shadow), Patrick Bergin (Pater Seth)
Drehbuch: Randall Frakes, C. Courtney Joyner
Kamera: Bradford May
Musik: Andrew Keresztes
Schnitt: Donn Aron
Prod.: American World/Triad; USA/GB 2001; 87 Min.
Vertrieb: Columbia TriStar, 6.8.2002
FSK: ab 16 J.

Fünf Teenies fallen okkulter Sekte in die Hände. Allerschlampigster Ausläufer der einstmals wabernden Teenie-Horror-Welle.

Am anderen Ende von Afrika 22

ABOUNA

□

TV

Regie: Mahamet-Saleh Haroun
Darsteller: Ahidjo Mahamat Moussa (Tahir), Hamza Moctar Aguid (Amine), Zara Haroun (Mutter), Mounira Khalil (stummes Mädchen), Koulsy Lamko (Vater), Garba Issa (Lehrer)
Drehbuch: Mahamet-Saleh Haroun
Musik: Diego Mustapha N'Garade
Prod.: Frankreich/Tschad 2002; 81 Min.
TV: 14.12.2002, Arte, 22.30, OmU

Geschichte von zwei Jungen, die plötzlich vaterlos sind. Viele Details und sanfte Dramatik geben dem Betrachter einen lebendigen Einblick in den Alltag im Tschad. *Pressetext*

Am Ende der Hochzeitsnacht 23

***

TV

Regie: Olaf Kreinsen
Darsteller: Karoline Eichhorn (Sophie), Kai Wiesinger (Martin), Birge Schade (Anja), Samuel Fintzi (Karel), Camilla Schiefler
Drehbuch: Stephan Kolditz
Kamera: Achim Poulheim
Schnitt: Barbara Hennings
Prod.: Network Movie für SAT.1; D 2002; 90 Min.
TV: 16.4.2002, SAT.1, 20.15

Die labile Sophie gerät an einen eisgekühlten Schriftsteller, der von ihrem Geld eine Grusel-Penthousewohnung kauft, in der auch robustere Gemüter in Kürze dem Glauben an eine Höllensekte oder einfach dem Mabuse-Wahn verfallen wären. (…) Dass die Sophie den Gatten erst »Am Ende der Hochzeitsnacht« als miesen Abzocker erkennt, der ausgerechnet mit ihrer besten Freundin sein neues Luxusleben plant, ist zwar nicht recht glaubhaft, fördert aber die Albtraumstimmung eines psychiatrischen Horrorfilms in der Spannweite zwischen Verfolgungswahn und krimineller Energie: eine raffinierte Teufelei – aber zugleich auch ein wenig lachhaft als Wimmerseelen-Thriller.
Ponkie, AZ, 18.4.2002

Am Ende des Tunnels 24

***+

TV

Regie: Dror Zahavi
Darsteller: Ulrike Kriener (Silke Frank), Armin Rohde (Albert Frank), Günther Maria Halmer (Andreas Auffermann), Clemens Jakubetz (Tobias Auffermann), Friederike Wagner (Yvonne Auffermann), Oliver Stern (Toni Dobler)
Drehbuch: Georg Weber
Kamera: Gero Steffen
Musik: Jörg Lemberg
Schnitt: Fritz Busse, Piet Schmelz, Margot Löhlein
Prod.: Multimedia für ZDF; D 2002; 88 Min.
UA: 2.7.2002, Filmfest München
TV: 28.10.2002, ZDF, 20.15

Die U-Bahn-Führerin Silke kann vor einer Selbstmörderin nicht mehr abbremsen – das Gesicht der Frau hinterlässt eine lähmende traumatische Spur. (…) Silkes Ehemann wird mit ihrem Psycho-Absturz nicht fertig. Sie verweigert professionelle Hilfe, sucht Kontakt zum Ehemann und zum zehnjährigen Sohn der Toten, gerät immer tiefer in ein schwarzes Loch (vor zehn Jahren verlor sie ihr eigenes Kind). – Die Tristesse des Films wirkt in ihrer Schlüssigkeit auch auf den Zuschauer wie ein Sog: Ein Film, den man kaum aushält. *Ponkie, AZ, 30.10.2002*

Am Ende der Wahrheit 25

***

TV

Regie: Michael Rowitz
Darsteller: Katharina Wackernagel (Katrin), Jennifer Nitsch (Franziska), Tim Bergmann (Staatsanwalt), Robert Giggenbach, Dennis Schmidt-Foss
Drehbuch: Manuela Brandenstein, Helmut Schweiker
Kamera: Dietmar Koelzer
Schnitt: Corinna Dietz
Prod.: Calypso für SAT.1; D 2002; 120 Min.
TV: 15.10.2002, SAT.1, 20.15

Der Thriller ist ein auf Tempo inszenierter, mit Sentimentaldrückern gespickter Verfolgungs-Heimtücker, in dem die Pilotenschwester und Kantinen-Gemüseputzerin Franziska dem Staatsanwalt Feuer unterm Hintern macht, damit er sich den Mörder- und

Erpresserladen vorknöpft. Simpel, oberflächlich, spannend.

Ponkie, AZ, 17.10.2002

Amadeus 26
AMADEUS *****+

Regie: Milos Forman
Darsteller: F. Murray Abraham (Antonio Salieri), Tom Hulce (W. A. Mozart), Elizabeth Berridge (Constanze), Simon Callow (Schikaneder), Roy Dotrince (Leopold Mozart), Christine Ebersole
Drehbuch: Peter Schaffer, nach seinem gleichnamigen Theaterstück
Kamera: Miroslav Ondricek
Musik: W. A. Mozart, gespielt von der Academy of St. Martin in the Fields unter der Leitung von Neville Marriner
Schnitt: Nena Danevic, Michael Chandler
Prod.: The Paul Zaentz Company; USA 1984/2001; 160 Min.
Verleih: Warner, 26.10.1984/28.2.2002 (WA, Director's Cut)
Vertrieb: Warner Video (Video, DVD)
FSK: ab 12, ffr.
FBW: Besonders wertvoll

In einer Irrenanstalt legt der kranke Hofkapellmeister Salieri eine ungewöhnliche Beichte ab und erzählt vom Aufstieg und dem frühen Ende seines Erzrivalen, des genialen Wolfgang Amadeus Mozart.

Kritik: (...) Regisseur Milos Forman und sein Produzent Saul Zaentz haben der neuen Fassung hinzugefügt einen vollkommen breiten Mozart, der bei einem reichen Gönner um eine letzte Chance bettelt, und wesentlich längere Ausschnitte aus Mozarts Opern. Nicht dass der Film nicht schon vorher perfekt war, aber für Musik- und Opernliebhaber bietet dieser Director's Cut eine neue Dimension.

Lut Göllner, Zitty, 5/2002

Interview: *Nimmt man aus einer Komposition, so heißt es in »Amadeus«, nur ein kleines Stück heraus, so zerstört man die Harmonie des gesamten Werks. Erreicht erst der Director's Cut eine Harmonie, die der Kinofassung von 1984 fehlte?*

Ich möchte meinen, dass beide Fassungen ihre eigene Harmonie haben. Mozart war auch deshalb absolut einzigartig, weil es in seinen Niederschriften keine Korrekturen und Änderungen gibt. Wenn man mich lassen würde, so könnte ich 100 Jahre an einem einzigen Film arbeiten, um Szenen und Dialoge immer wieder zu ändern. Als ich »Hair« geschnitten hatte, dauerte der Film drei Stunden, und ich hatte keine Ahnung, wie das Publikum reagieren würde. Man möchte ja die Zuschauer nicht gegen sich aufbringen, nur weil der Film zu lang ist, selbst wenn man selber stolz ist auf seinen Film.

Und deshalb war die erste Fassung von »Amadeus« kürzer?

Ja, ich hatte die retardierenden Szenen entfernt. Jetzt bin ich neugierig, wie der Film in der ursprünglich geplanten Fassung funktioniert. Wir haben nicht einzelne Sequenzen verlängert, sondern solche integriert, die gar nicht vorkamen. Nun hoffe ich auf ein zweites Leben meines Films.

Milos Forman im Interview mit H.G. Pflaum, SZ, 28.2.2002

Amazons and Gladiators 27
AMAZONS AND GLADIATORS **
Video

Regie: Zachary Weintraub
Darsteller: Patrick Bergin (Crassius), Jennifer Rubin (Ione), Richard Norton (Lucius), Nichole Hinz (Serena), Wendy Winburn (Gwyned), Melanie Gutteridge
Drehbuch: Zachary Weintraub
Kamera: Thomas Hencz, Bo B. Randulff (2nd unit)
Prod.: Weintraub/Kuhn Prod./MBP; USA/D 2001; 89 Min.
Vertrieb: Paramount Video, 21.2.2002
FSK: ab 16 J.

Der mordende Despot Crassius erhält zur Römerzeit die gerechte Strafe – von einer Häuptlingstochter, deren Eltern er einst meuchelte. Historien-Quatsch mit unbeholfenen Action-Beilagen.

American Outlaws
28
AMERICAN OUTLAWS
**

Regie: Les Mayfield
Darsteller: Colin Farrell (Jesse James), Scott Caan (Cole Younger), Ali Larter (Zee Mimms), Timothy Dalton, Gabriel Macht (Frank James), Gregory Smith (Jim Younger)
Drehbuch: Roderick Taylor, John Rogers
Kamera: Russell Boyd
Musik: Trevor Rabin
Schnitt: Michael Tronick
Prod.: Morgan Creek Prod.; USA 2001; 93 Min.
Verleih: Concorde, 15.8.2002
FSK: ab 12 J., ffr.

Nun verkommt auch der Wilde Westen zur Pappkulisse für Teenie-Pop-Späße. Ansatzweise ist das ja lustig, doch auf die Dauer macht sich Langeweile breit (...) Regisseur Les Mayfield und seine Drehbuchautoren Roderick Taylor und John Rogers offerieren eine kalorienarme Fast-Food-Variante. Jesse James mutiert dabei vom widerborstigen Rebellen zum Bürschchen ohne Biss, das sich letztlich nur noch nach bäuerlicher Behaglichkeit sehnt. Mag ja vielleicht sogar nah an die historische Wahrheit kommen, ist aber nicht sonderlich prickelnd. (...) Als Western zu soft, als Krach-Klamotte zu dröge.

Peter Claus, Zitty, 17/2002

Kritik: (...) »American Outlaws« macht aus den Figuren publicitygeile Popstars, die ihre 15 Minuten Ruhm einfordern. Der Film ist eine Abfolge cooler Gesten und lakonischer Oneliner, dargeboten von Darstellern, die auch als Unterwäschemodels durchgehen würden. Nie zuvor sah man in einem Western so attraktive Männer so oft so cool die Saloontür aufstoßen! »American Outlaws« ist mieser, uninspirierter, kommerzieller Pop ohne Sinn und Verstand – Formatradio im Kino.

Stuttgarter Zeitung, 17.8.2002

The American Way of Drive – Eine kalifornische Erfolgsgeschichte
29
***+
TV

Regie: Bertram Verhaag
Darsteller: Al Barnum
Kamera: Gerardo Milsztein
Schnitt: Gabriele Kröber
Prod.: Denkmal Film/Face the Press/BR/Arte; D 2002; 90 Min.
TV: 5.8.2002, Arte, 22.50

Dokumentarfilm über die Berufung des afroamerikanischen Unternehmers Al Barnum, der vom Chauffeur von Luxuslimousinen zum erfolgreichen Unternehmer aufsteigt, dann seine Spiritualität wieder entdeckt und sich dem sozialen Engagement für schwarze Kinder und Jugendliche widmet.

Anam
30
***+

Regie: Buket Alakus
Darsteller: Nursel Köse (Anam), Saskia Vester (Rita), Audrey Motaung (Didi), Taifun Bademsoy (Mehmet), Patrycia Ziolkowska (Mandy), Navid Akhavan
Drehbuch: Buket Alakus
Kamera: Markus Lamprecht
Musik: Mehmet Ergin
Schnitt: Ann-Sophie Schweitzer
Prod.: Wüste Filmprod. mit ZDF/Arte; D 2001; 86 Min.
UA: 1.7.2001, Filmfest München
Verleih: Nighthawks, 25.4.2002
FSK: ab 12 J., ffr.
FBW: Wertvoll

Als die traditionsbewusste türkische Putzfrau Anam erfährt, dass ihr Sohn Deniz ein Junkie ist, setzt sie alles daran, ihn aus der Szene zu befreien. Unterstützt wird sie von ihren schrägen Freundinnen aus der Putzkolonne. Über Mandy, die Freundin ihres Sohnes, versucht Anam an Deniz heranzukommen. Dabei verliert sie zuerst ihren Mann und dann ihr Kopftuch.

Kritik: (...) Der Hamburgerin Buket Alakus gelingt in ihrem Langfilmdebüt Unglaubliches: Sie verwebt die

Drogenproblematik mit emanzipatorischen Ansätzen, thematisiert mit verblüffender Leichtigkeit unaufgesetzt Fragen der Ausländerintegration, setzt diesem Strukturen des Sozialdramas hinzu und vermag es dann auch noch, all diese Ingredienzen mit großem Humor und ehrlichen Gefühlen zu erzählen. Diese Leichtigkeit und Natürlichkeit ist wahrhaft verblüffend und resultiert auf weiten Strecken aus Buket Alakus' Gespür für die ausgeglichen dosierte Emotionalität von Momenten. (...)

Oliver Baumgarten, Schnitt, 4/2001

(...) Buket Alakus ist ein echtes Hoffnungstalent: Deftig-spontane Dialoge, satirischer Multi-Kulti-Humor, Dramatik und unsentimentale Emotionen verbindet sie mit unprätentiöser Kraft.

Angie Dullinger, AZ, 25.4.2002

(...) Alle Register zieht die Regisseurin Buket Alakus in ihrem Spielfilmdebüt, um das Mutterbild möglichst bunt und kräftig zu bestrahlen. Ihr inszenatorischer Gestus will mal feurig sein wie ein Flamenco, mal schmerzhaft wie ein problemgesättigtes Milieustück, mal krass-komisch wie eine aufgedrehte Sitcom, dann wieder pathetisch wie ein archaisches Rachemelodram. Manches davon gelingt, manches wirkt zerfahren, überladen, allzu fixiert auf das Muttertier-Heiligenbild. (...)

Rainer Gansera, SZ, 26.4.2002

(...) Ein wirklichkeitsnahes Sozialdrama, das mit viel Humor und Gefühl den Zuschauer an der Seele packt. Und obwohl der Debütfilm von Buket Alakus mit drastischen Szenen und dick aufgetragenen Emotionen nicht spart, rutscht der Streifen nie ins falsche Pathos ab. (...) Gefühlskino, das dem Leben zum Verwechseln ähnlich sieht.

Dirk Pilz, Zitty, 9/2002

Eine andere Welt 31

DU BLEU JUSQU'EN AMERIQUE □

TV

Regie: Sarah Lévy
Darsteller: Samuel Jouy (Camille Balaise), Marion Cotillard (Solange), Claude Perron (Guérensky), Albert Dupontel (Prof. Helpos), Zabou Breitman (Anna), Féodor Atkine (Aimé)
Drehbuch: Sarah Levy
Musik: Ramon Pipin
Prod.: Frankreich 1999; 93 Min.
TV: 3.4.2002, Arte, 22.45, OmU

Camille Balaise kommt nach ihrem Tauchunfall in ein Rehabilitierungszentrum für Behinderte, das vom hitzigen Professor Helpos geleitet wird. Nach einem Initiationsritual tritt sie in die Gemeinschaft der Kranken ein, die jenseits der von der Medizin diktierten Regeln ihre eigenen Gesetze bestimmen. (...) *AZ TV Journal*

Andreas Hofer – Die Freiheit des Adlers 32

****

TV

Regie: Xaver Schwarzenberger
Darsteller: Tobias Moretti (Andreas Hofer), Franz Xaver Kroetz (Joachim Haspinger), Martina Gedeck (Maria Anna Jäger), Julia Stemberger (Anna Hofer), Günther Maria Halmer (General Kinkel), Gregor Bloéb (Franz Raffl)
Drehbuch: Felix Mitterer
Kamera: Xaver Schwarzenberger
Musik: Arthur Lauber, Werner Pirchner
Schnitt: Helga Borsche
Prod.: Satel/Almaro mit ORF/BR/RAI Bozen/Kirch Media; D/Österreich 2002; 120 Min.
UA: 29.6.2002, Filmfest München
TV: 27.10.2002, ORF2, 20.15; 28.12.2002, ARD

(...) Autor Felix Mitterer hat den Tiroler Bauernaufstand gegen die von Napoleon ermächtigte Bayernherrschaft wie eine historische Parabel von Ursache und Wirkung angelegt: wie Besatzerwillkür aus Unterdrückten Terroristen macht – und wie religiös-nationale Fundamentalisten Krieg und Verderben schüren.
Zur Schlüsselfigur als Antreiber und Hasshetzer wird der fanatische Feld-

pfaffe Haspinger (von Franz Xaver Kroetz als Brandstifter und Kreuzzügler dicht an die modernen Fanatiker gegen die »Ungläubigen« herangespielt). Der Fundamentalist mordet im Namen des Kreuzes. Der redliche Landwirt Hofer wird in diese Wut-und-Rache-Spirale hineingerissen und stirbt als tragische Figur. Eine historische Episode, der jedes Legendenpathos ausgetrieben wurde – mit brandaktuellen Verhaltensmustern (von Hamas bis Bin Laden).

Ponkie, AZ, 30.12.2002

Anleitung zur sexuellen Unzufriedenheit 33

**+

Regie: Bernhard Ludwig, Peter Hackl
Darsteller: Bernhard Ludwig
Drehbuch: Bernhard Ludwig
Kamera: Franz Riess
Musik: Pointer Sisters
Schnitt: Christian Leiss
Prod.: Buch & Regie Filmprod.; Österreich 2000; 95 Min.
Verleih: Mai 2000 (Österreich), Ott Film 1.8.2002
FSK: ab 12 J., ffr.

99 lange Minuten lang steht der Kabarettist und Psychologe Bernhard Ludwig in einer einzigen Kameraeinstellung auf einer Bühne und erzählt dem unsichtbaren Publikum einen vom Sex. 99 Minuten lang fragt man sich, ob der Mann wirklich eine so eingestaubte Vorstellung von der problematischen Beziehung zwischen Männern und Frauen hat, wie er vorgibt: Männer wollen immer, Frauen nie, Männer tragen im Bett Socken, Frauen schieben Migräne vor – und so weiter, bis man ganz verzweifelt »Aufhören! Bitte sofort zurück ins 21. Jahrhundert!« rufen möchte. Und die groß angekündigte Interaktivität durch Publikumsbeteiligung, die sich noch dadurch verstärken soll, dass Männer und Frauen im Kinosaal getrennt sitzen, bitte schön, ist natürlich auch nur ein schlechter Gag. Am besten ist ohnehin, man setzt sich gleich nach draußen. *Jenni Zylka, tip, 16/2002*

Kritik: (…) Lassen Sie sich nicht abschrecken: Über 99 Minuten zeigt das Regieduo Bernhard Ludwig und Peter Hackl allein den Kabarettisten im Bild. Doch diese Herausforderung meistert Ludwig, nur mit Filmstift und Flipchart ausgerüstet, souverän. Denn einfallsreich kann der Anhänger der »provokativen Verhaltenstherapie« nicht nur komplexe Sexualtheorien verständlich und anhand von pikanten Fällen anschaulich machen, sondern nimmt die Kinobesucher mit auf einen humorvollen Erkundungstrip in die Intimwelt beider Geschlechter. *Reinhard Kleber, Filmecho-Filmwoche, 33/2002*

Anna Wunder 34

***

Regie: Ulla Wagner
Darsteller: Alice Deekeling (Anna), Stephan Dellgrün (Rolli), Renée Soutendijk (Sophie), Götz Schubert (Franz), Filip Peeters (Fritz), Hans Peter Müller (Oskar)
Drehbuch: Ulla Wagner
Kamera: Jolanta Dylewska
Musik: Thomas Osterhoff
Schnitt: Lilo Gerber
Prod.: Pandora/C-Films mit WDR/Arte/DRS; D/Schweiz 2000; 94 Min.
EA: Int. Hofer Filmtage 2000
Verleih: Basis, 5.9.2002
FSK: ab 12 J., ffr.

Für viele Deutsche markieren die frühen 60er-Jahre den Beginn des Wirtschaftswunders. Die elfjährige Anna allerdings bekommt davon nur wenig mit. Sie lebt mit ihrem kleinen quengeligen Bruder und ihrer hoch verschuldeten, alkoholkranken Mutter in einem Dorf. In einer Mischung aus Stolz, Unvermögen und enttäuschter Liebe weist Annas Mutter jede echte Hilfe von außen ab, verführt andererseits reihenweise die Männer in den Kneipen. Nach ihrem Selbstmord macht sich Anna auf die Suche nach dem in Frankreich seit dem Krieg verschollenen Vater, den Annas Mutter für tot erklärt hatte. *Holger Twele*

Annas Sommer 35

****+

Regie: Jeanine Meerapfel
Darsteller: Angela Molina (Anna), Herbert Knaup (Max), Agis Emmanouil (Nikola), Dimitris Katalifos (Leon Kastelano), Maria Skoula (Anna Levi), Rosana Pastor (Malena)
Drehbuch: Jeanine Meerapfel
Kamera: Andreas Sinanos
Musik: Floros Floridis
Schnitt: Bernd Euscher
Prod.: Integral mit Malena/Fanis/FS Prod./El Emain und WDR/Arte/Canal+; D/Griechenland/Spanien 2001; 108 Min.
UA: Int. Hofer Filmtage 2001
Verleih: Basis, 10.1.2002
FSK: ab 12 J., ffr.
FBW: Besonders wertvoll

Anna verbringt den Sommer in ihrem Haus in Griechenland. Sie erinnert sich an ihre Familie, an die Toten und ihr Schicksal. Die Grenzen zwischen Gegenwart und Vergangenheit, zwischen Freude und Schmerz sind fließend.

Kritik: (...) Klingt reichlich kompliziert. Hoffnungslos überfrachtet, wird aber durch fließend-zwanglose Rückblenden so leichthändig ans Ufer dieser Filminsel gespült, dass man sich über die mediterrane Dramaturgie nur wundern kann. Denn das übervolle Drehbuch, das dann auch noch einen netten griechischen Geliebten – Nikola – einzubauen sucht, schwitzt vor Anstrengung. Aber die Ägäiswinde und Jeanine Meerapfels leichthändige Regie wehen alle unangenehmen Gerüche hinweg – außer Salzwasser, Käse, Wein und Knoblauch. (...) *Sebastian Feldmann, Rheinische Post, 11.1.2002*

(...) Am Ende des Sommers wird Anna die Insel alleine verlassen, nicht ohne die Besitzurkunden für das Haus in der Familientruhe versiegelt zu haben. Nur durch einen verborgenen Mechanismus ist diese Schatzkiste zu öffnen, durch die Abweichung vom leicht erwarteten Zugang: wie Annas Erinnerungen, wie Jeanine Meerapfels gelungenster Film.
Heike Kühn, FR, 11.1.2002

Der Anschlag 36

THE SUM OF ALL FEARS ***

Regie: Phil Alden Robinson
Darsteller: Ben Affleck (Jack Ryan), Morgan Freeman (DCI William Cabot), James Cromwell (Präsident Fowler), Liev Schreiber (John Clark), Bridget Moynahan (Dr. Cathy Muller), Alan Bates (Dressler)
Drehbuch: Paul Attanasio, Daniel Pyne, nach einem Roman von Tom Clancy
Kamera: John Lindley
Musik: Jerry Goldsmith
Schnitt: Neil Travis
Prod.: Mace Neufeld Prod. für Paramount; USA 2002; 124 Min.
Verleih: UIP, 8.8.2002
FSK: ab 12 J., ffr.
FBW: Besonders wertvoll

Eine neonazistische Vereinigung in Wien gelangt durch Zufall an eine »verlorene« Nuklearwaffe im Nahen Osten und kann diese Bombe mithilfe schlecht bezahlter russischer Wissenschaftler auch zünden. Man will damit einen Angriff auf das Super-Bowl-Finale in den USA starten und, offenbar ohne Rücksicht auf eigene Verluste, durch diesen Anschlag Russland und Amerika zu einem gegenseitigen atomaren Overkill zwingen. Der Chef des amerikanischen Geheimdienstes und sein bester Mitarbeiter setzen alles daran, um die nukleare Katastrophe zu verhindern.
Der amerikanische Präsident kann einem in diesem aufwändig verfilmten, starbesetzten Actiondrama wirklich Leid tun: Während er nur aus Gründen der Spannungssteigerung in seiner Air Force One so durchgeschüttelt wird, dass ihm Hören und Denken vergeht, hat sein russischer Kollege zwar durch Meuterei in der eigenen Armee nicht immer das Sagen, dafür aber den besseren Riecher und das größere Vertrauen in das Gute im Menschen. Zum Ausgleich dafür besitzen die Amerikaner die Fähigkeit, blitzschnell an jeden beliebigen Ort auf der Welt zu gelangen und als Hauptfiguren sogar eine gezündete Plutoniumbombe aus unmittelbarer Nähe zu überleben. Man

muss diesem klischeebeladenen Film nachsehen, dass er noch vor dem 11. September produziert wurde und auf einer Romanvorlage von Tom Clancy beruht. In filmdramaturgischer Hinsicht kommt er trotz seiner Darsteller und der genretypischen Spannung dennoch nicht über B-Picture-Niveau hinaus. *Holger Twele*

Kritik: (...) Jack Ryan ist in den Clancy-Verfilmungen »Patriot Games« und »Clear and present Danger« vom lakonischen Harrison Ford verkörpert worden. Nun wird er radikal verjüngt und von Ben Affleck gemimt. Das wirkt sehr symbolisch: Die Wächter der USA treten wieder jugendfrisch auf, haben noch einen langen Atem und sind trotzdem schon so besonnen wie die Alten. Und es wäre ja auch kein schlechter Besetzungsschachzug geworden, wenn Affleck nicht so hölzern agieren würde. Wenn der eindimensionale Afffleck den Terroristen im Kampf gegen die Uhr hinterherjagt, dringt eine sture und hahnenstolze Machbarkeitsgläubigkeit in Robinsons Film ein. Dann schrumpft das ganze ausgebreitete Bedrohungsszenario wieder zum Vertrauensspender, zum grimmigen Trost, dass die rechten Kerle zur rechten Zeit am rechten Ort sein und die entscheidenden Runden gewinnen werden, auch wenn sie gelegentlich einen bösen Schlag einstecken müssen.

Thomas Klingenmaier, Stuttgarter Zeitung, 8.8.2002

Ein Apartment zum Verlieben 37

IF YOU ONLY KNEW □ TV

Regie: David Snedeker
Darsteller: Jonathon Schaech (Parker Concord), Alison Eastwood (Samantha), James le Gros (Jack), Gabrielle Anwar (Kate), Frank Vincent (Gino), Lainie Kazan (Bess)
Drehbuch: Gary Goldstein
Kamera: Kristian Bernier
Musik: Bill Meyers
Prod.: USA 1999; 106 Min.
TV: 18.8.2002, ARD, 23.35

Beziehungskomödie, die auf bekannte Art mit Rollenklischees umgeht: Künstlerin nimmt Autor als Untermieter auf, weil sie unterstellt, dass er schwul ist. Der aber ist Hetero.

AZ TV Journal

Arac Attack – Angriff der achtbeinigen Monster 38

EIGHT LEGGED FREAKS ****+

Regie: Ellory Elkayem
Darsteller: David Arquette (Chris), Karin Wuhrer (Samantha), Scott Terra (Mike), Scarlett Johansson (Ashley), Doug E. Doug (Harlan)
Drehbuch: Jesse Alexander, Ellory Elkayem, nach einer Story von E. E., Randy Kornfield
Kamera: John Bartley
Musik: John Ottman
Schnitt: David J. Siegel
Prod.: Electric Ent./Warner/Village Roadshow/NPV Ent.; USA 2001; 99 Min.
Verleih: Warner, 15.8.2002
FSK: ab 12 J., ffr.

Eine typische US-Kleinstadt. Durch einen Zufall landet ein Giftmüllfass in einem Teich. In einem nahe gelegenen Forschungslabor mutieren daraufhin die Spinnen und beginnen die Stadt anzugreifen. Chris, der zurückgekehrte verlorene Sohn der Stadt, begreift die Gefahr. Gemeinsam mit der Polizistin Samantha rüstet er zur Verteidigung.
Der von Roland Emmerich produzierte Film folgt den bewährten Genremustern. Immer größere Spinnen bedrohen die Stadt, die Bewohner scharen sich hinter dem Helden, der mit List und Tücke das Unheil abwendet. So oder ähnlich funktionierten schon die wunderbaren Jack-Arnold-Filme. Erst im letzten Drittel, wenn man merkt, dass das fehlende Budget nicht mit genügend Fantasie ersetzt wurde, beginnt der Film etwas zu schwächeln. Über weite Strecken ein unterhaltsamer, witziger Monsterfilm.

Michael Meyns, Zitty, 17/2002

Kritik: (...) Der Film ist nicht nur Trash, sondern auch liebevolle Hommage an die Vorbilder. An die Horrorfilme Jack Arnolds und die Erneuerer des Genres, Romero und Carpenter. Elkayem zitiert sie. Unaufdringlich in kleinen Szenen, nicht mit selbstreferenziellen Dialogen. »Eight Legged Freaks« heißt der Film im Original. Das beinhaltet natürlich eine Frage, wer die wirklichen Freaks sind. Die mutierten Spinnen oder die kettenrauchenden Zweibeiner?

Florian Boser, AZ, 14.8.2002

Arachnid 39

ARACHNID ***+

Video

Regie: Jack Sholder
Darsteller: Chris Potter (Valentine), Alex Reid (Lauren), Neus Asensi (Susana), Ravil Isyanov (Capri), José Sancho (Dr. Leon), Luis Lorenzo (Reyes)
Drehbuch: Marc Sevi
Kamera: Carlos González
Musik: Francesco Gener
Schnitt: Jaume Vilalta
Prod.: Castelao Prod./Fantastic Factory; Spanien/USA 2001; 95 Min.
Vertrieb: e-m-s Video, 26.3.2002
FSK: ab 16 J.

Eine wissenschaftlich unterstützte Expedition auf der Suche nach einem abgestürzten Piloten gerät in das Reich der Riesenspinnen. Handwerklich akzeptabler B-Picture-Schmarrn.

Die armen Leute und der liebe Gott 40

LES SAVATES DU BON DIEU ***

TV

Regie: Jean-Claude Brisseau
Darsteller: Stanislas Merhar (Fred), Raphaele Godin (Sandrine), Emile Abossolo M'Bo (Maguette), Coralie Revel (Elodie), Paulette Dubost (Großmutter), Philippe Caroit (Playboy)
Drehbuch: Jean-Claude Brisseau
Kamera: Romain Winding, Laurent Fleutot
Musik: Jean Musy
Schnitt: Maria Luisa Garcia Martinez
Prod.: La Sorciere Rouge/Euripide mit Arte France Cinema/Rhone Alpes Cinema und Canal+; Frankreich 2000; 106 Min.
TV: 3.7.2002, Arte, 22.45, OmU

Autoschlosser Fred verteilt sein weniges Geld unter die Armen und Alten in seiner Wohnsiedlung. Seine Frau Elodie verlässt ihn deshalb und nimmt die Tochter mit. Wahnsinnig vor Schmerz macht er sich gemeinsam mit seiner Jugendfreundin Sandrine, die in ihn verliebt ist, auf die Suche nach Elodie. (...) *AZ TV-Journal*

Aschenputtels Geheimnis 41

CONFESSIONS OF AN UGLY STEPSISTER □

TV

Regie: Gavin Millar
Darsteller: Stockard Channing (Margarethe Fisher), Azura Syke (Iris), Trudie Styler (Zigeunerin), Emma Poole (Ruth), Jenna Harrison (Clara), Jonathan Pryce (Meister Schoonmacker)
Drehbuch: Gene Quintano, nach dem gleichnamigen Roman von Gregory Maguire und dem gleichnamigen Märchen der Gebrüder Grimm
Kamera: Gerard Simon
Musik: Cynthia Mary Millar
Prod.: Kanada/Luxemburg 2001; 89 Min.
TV: 25.12.2002, ARD, 12.05

Holland im 17. Jahrhundert: Die junge Iris zieht mit Mutter und Schwester Ruth bei dem reichen Tulpenzüchter Van den Meer ein, dessen Tochter Clara aus erster Ehe von fast übernatürlicher Schönheit ist. Schon bald hat Clara nicht mehr viel zu lachen, denn die neue Stiefmutter macht ihr das Leben schwer. *Pressetext*

Asterix und Obelix – Mission Kleopatra 42

ASTERIX & OBELIX: MISSION CLEOPATRE ***+

Regie: Alain Chabat
Darsteller: Gérard Depardieu (Obelix), Christian Clavier (Asterix), Jamel Debbouze (Numerobis), Monica Bellucci (Kleopatra), Claude Rich (Panoramix), Gerard Darmon (Amonbofis)
Drehbuch: Alain Chabat, nach dem Comic von René Goscinny, Albert Uderzo
Kamera: Laurent Dailland
Musik: Philippe Chany
Schnitt: Stephane Pereira
Prod.: Katharina/Renn Prods./TF1 Films/

Chez Wam/CP Medien/KC Medien mit Canal+/CNC; Frankreich/D 2001; 107 Min.
Verleih: Tobis, 7.3.2002
Vertrieb: BMG Video (Video, DVD)
FSK: ab 6 J., ffr.

Die Verfilmung des Comics von Uderzo und Goscinny ist der teuerste französische Film aller Zeiten. Angesichts der atemberaubenden Dekors, verschwenderischen Kostüme, riesigen Komparsenheere und der hochkarätigen Besetzung bedauert man nur, dass Regisseur Alain Chabat es versäumt hat, den Witz des Originals maßstabgetreu zu übersetzen.

Gerhard Midding, tip, 5/2002

Kritik: (...) Wer allerdings gerne Bud-Spencer-Filme schaut, Textildesign studiert oder noch in die Grundschule geht, dem sei »Mission Kleopatra« nicht ganz ausgeredet. Anreize wären dann die hohe Römer-Trefferquote, die Roben der Kleopatra sowie die kindlichen Verliebtheitsanfälle von Christian Claviers Asterix. Außerdem stellt sich Jamel Debbouze als Numerobis wieder ähnlich sehenswert schusselig an wie in »Die fabelhafte Welt der Amélie«, wo er den zartfühlenden Chicoréeverkäufer spielte. Und dass Gérard Depardieu einen fast originalgetreuen Obelix abgibt, war schon 1999 in »Asterix & Obelix gegen Cäsar« nicht zu übersehen. Trotz alledem: Ein Comic ist ein Comic, wird manchmal zum Zeichentrickfilm – aber selten zu einem guten Spielfilm.

Brigitte Böttcher, Der Tagesspiegel, 7.3.2002

Attila – Der Hunne 43

ATTILA THE HUN **

Video

Regie: Dick Lowry
Darsteller: Gerard Butler (Attila), Powers Boothe (Flavius Aetius), Simmone Jade MacKinnon (N'Kara/Ilidico), Tim Curry (Theodosius), Reg Rogers (Valentinian), Alice Krige (Placidia)
Drehbuch: Robert Cochran
Kamera: Steven Fierberg
Musik: Nick Glennie-Smith
Schnitt: Tod Feuerman
Prod.: Alphaville mit Attila/USA Cable Ent.; USA 2001; 170 Min.
UA: 30.1./31.1.2001, USA-TV, jeweils 21.00
Vertrieb: Universal Video, 21.11.2002
FSK: ab 12 J.

Fast dreistündige gemischte Schlachtschüssel um den legendären Helden, der im Jahre 400 seinen Feinden das Fürchten lehrte. Formelhafter Pseudo-Historien-Schinken ohne Substanz.

L'Auberge Espagnole 44

***+

Regie: Cedric Klapisch
Darsteller: Romain Duris (Xavier), Cecile Defrance (Isabelle), Judith Godreche (Anne-Sophie), Audrey Tautou (Martine), Kelly Reilly, Kevin Bishop
Drehbuch: Cedric Klapisch
Kamera: Dominique Colin
Schnitt: Francine Sandberg
Prod.: Ce Qui Me Meut/France 2 Cinema/Studio Canal/Bac Films/Mate mit Canal+/France 2/Via Digital; Frankreich/Spanien 2002; 115 Min.
Verleih: Frenetic (CH), 31.10.2002

Aus Karrieregründen beschließt der 27-jährige Xavier sein Studium in Barcelona zu beenden. Er lässt seine Freundin Martine zurück, um in eine siebenköpfige WG einzuziehen. Durch gruppendynamisches Chaos geläutert und bald schon bezaubert von der Sinnlichkeit südlichen Lebens, kehrt der gehemmte Xavier nach einem Jahr wie verwandelt nach Paris zurück.
Cedric Klapischs fröhliches Studentenleben zeigt sich zu Beginn noch frisch und mit witzigen Montageeinfällen versetzt, tappt jedoch zunehmend in alle offenen Klischeefallen, die man sich über feurige Spanier und vernachlässigte WG-Putzpläne denken kann.

Neue Zürcher Zeitung Online

Auch Engel wollen nur das Eine 45

***+

TV

Regie: Robert A. Pejo
Darsteller: Esther Schweins (Daphne), Thomas Heinze (Tom), Steffen Groth (Arthur), Anna Thalbach (Nelly), Severin Sonntag (Emil), Margret Völker (Helene)

›Auf allen Meeren‹: Ein Ölbild zur Erinnerung an die Kiew

Drehbuch: Markus Hoffmann
Kamera: Markus Fraunholz
Prod.: Roxy Film für SAT.1; D 2002; 120 Min.
TV: 12.11.2002, SAT.1, 20.15

Es hat zwar komödiantischen Reiz (und zuweilen geflügelten Witz), wenn sich ein tödlicher Auto-Crash in übersinnlichen Tätigkeiten fortsetzt und die Gestorbenen als unsichtbare Geister nun den Verkehr der Nachwelt regeln sollen. Aber auf der Himmel-und-Hölle-Schwebewolke sind die streitsüchtigen Engel, vormals das Liebespaar Daphne und Tom, nicht recht ausgelastet. Sie sollen ein widerborstiges Trödelpaar zusammenbringen. (…) Die Engel-Nachhilfe in Lifestyle-Sex für Arthur hat eher etwas von Baldriantee. (…)

Ponkie, AZ, 14.11.2002

Auf allen Meeren 45a

***+

Regie: Johannes Holzhausen
Drehbuch: Johannes Holzhausen
Kamera: Joerg Burger
Schnitt: Michael Palm
Prod.: Navigator/Dschoint Ventschr/ Peter Stockhaus Filmprod. mit ZDF/Arte/ ORF/DRS; Österreich/Schweiz/D 2001; 95 Min.
Verleih: Real Fiction, 17.10.2002
UA: 16.2.2002, Forum des Jungen Films, Berlin

Johannes Holzhausen erzählt in seinem leichtfüßigen, aber genau recherchierten Film von der Kiew, die aus Rost- und Altersgründen nach 28 Jahren aus dem Betrieb genommen wurde. Die Kiew war der erste sowjetische Flugzeugträger, ein Nationalsymbol und Vorzeigeschiff. Jetzt hat China das Militärschiff gekauft, den Hinterbliebenen fällt der Abschied denkbar schwer. Neben der chinesischen Abschleppcrew sucht Holzhausen ehemalige Kommandeure, Marinemaler und Matrosen auf: Sie alle haben ihr Herz an Bord gelassen. Eine traurige bis real-satirische Vergangenheitsbewältigung. *Dirk Pilz, Zitty, 4/2002*

Kritik: (…) Mit »Auf allen Meeren« ist Johannes Holzhausen ein Film von hohem künstlerischem Niveau gelungen, der eine tiefgründige Studie der postsowjetischen Mentalität liefert und auf seine Weise das viel beschworene »Ende der Geschichte« begreiflich macht.

Julia Kunifß, Schnitt, 2/2002

Bemerkungen: (...) Viele Jahre hat Holzhausen seinen Stoff recherchiert. Lange Zeit sah es nicht gut aus. Denn die russischen Militärbehörden stellten sich an wie alle Militärbehörden der Welt. Doch irgendwann hat es doch geklappt, und er durfte hinausfahren und das Objekt der Begierde auch offiziell drehen. Doch da waren die größten Teile des Films mit den Gesprächen schon im Kasten. 1995 schon entstand auch »Das letzte Ufer«, ein 58-Minuten-Video mit ähnlich gelagertem Thema. (...)

Silvia Hallensleben, epd-Film, 20/2002

Auf Herz und Nieren 46

**+

Regie: Thomas Jahn, Til Schweiger
Darsteller: Steffen Wink (Rico), Martin Glade (Sigi), Niels Bruno Schmidt (Dave), Thierry van Werveke (Glotze), Huub Stapel (Nemeth), Udo Kier (Doktor)
Drehbuch: Jürg Brändli
Kamera: Peter von Haller
Musik: Fetisch & Meister
Schnitt: Thomas Jahn, Til Schweiger
Prod.: Mr. Brown Ent./Senator; D 2001; 93 Min.
Verleih: Warner Bros., 29.8.2002
FSK: ab 16 J., ffr.

Seine Affinität zum Gangster- und Thrillerkino reibt Regisseur Thomas Jahn (»Knockin' On Heaven's Door«) dem Zuschauer auch diesmal permanent unter die Nase. Doch Jahn merkt nicht, dass Tarantino und Co. längst zu Tode zitiert wurden. Sein kruder Film um Freundschaft, viel Geld und skrupellosen Organhandel ist alles andere als eine gelungene schwarze Komödie. Die Figuren sind konturlos oder stereotyp, die Cameos erschreckend oder peinlich, und anders als »Knockin' On Heaven's Door« ist dieses Werk uncool, zäh und ohne Herz und Verstand. *tip, 18/2002*

Kritik: (...) Obwohl Produzent Schweiger und Regisseur Jahn im Schnitt gemeinsam versuchten, dem Plot so etwas wie eine Struktur zu verpassen, wirkt »Auf Herz und Nieren« nicht nur auf Genreebene, sondern auch stilistisch-hektische JumpCuts, Reißschwenks, körnige Schwarzweißbilder oder gebleichte Farben lassen keine Linie erkennen – wie ein Sammelsurium von Einzelteilen, die keine Bindung zueinander haben. So erinnert dieser Grusel-Thriller-Buddy-Movie-Spaß doch mehr an Thomas Jahns »Kai Rabe gegen die Vatikankiller« als an »Knockin' On Heaven's Door«. *Blickpunkt Film, 29.8.2002*

Die Auferstehung 47

RESURREZIONE

***

TV

Regie: Paolo Taviani, Vittorio Taviani
Darsteller: Timothy Peach (Dimitri Nechljudov), Stefania Rocca (Katja Maslova), Giulio Scarpati (Simonson), Marie Bäumer (Missy), Cécile Bois (Mariette), Antonella Ponziani (Véra)
Drehbuch: Paolo Taviani, Vittorio Taviani, nach dem gleichnamigen Roman von Leo Tolstoi
Kamera: Franco Di Giacomo
Musik: Nicola Piovani, gespielt vom Bulgarischen Symphonieorchester
Schnitt: Roberto Perpignani
Prod.: FilmTre für RAI TV/Pampa für France 2 Cinema/Bavaria Film; Italien/Frankreich/D 2001; 173 Min.
EA: 2.7.2002, Filmfest München
TV: 23.11.2002, ARD, 22.55

Der Selbstzerfleischungsreligiosität der russischen Seele hängen zwar die Bleigewichte des 19. Jahrhunderts und die feudalen Mühlsteine eines mittelalterlichen Leibeigenensystems um den Hals – doch wenn die Tavianis einen Tolstoj-Roman verfilmen, hat das in all seiner Gewissensschwere doch die Kraft eines Epos, dem man bis zum Ende folgt (späte ARD-Nacht). Sündenskrupel des Klassenhochmuts und der Feigheit als Schwelbrände der Revolution, mit starken Figuren und Bildern.

Ponkie, AZ, 25.11.2002

Aufnahme

48
***+
TV

Regie: Stefan Landorf
Drehbuch: Stefan Landorf
Kamera: Christof Oefelein
Musik: David Sanchez
Schnitt: Stefan Landorf
Prod.: Landorf-F/HFF München für ZDF; D 2001; 90 Min.
TV: 21.10.2002, ZDF, 0.05

Stefan Landorf, selbst approbierter Arzt, beschreibt in seinem Film den Krankenhausalltag als riesige Logistikmaschinerie. (…) *Pressetext*

Auge um Auge

49
DE TREIN VAN ZES URR TIEN
***
TV

Regie: Frank Ketelaar
Darsteller: Peter Paul Muller (Onno Staling), Roeland Fernhout (Alex Bickers), Rifka Lodeizen (Merel Dankmeijer), Halina Reijn (Mieke Volkers), Rudolf Lucieer (Kufus), Leopold Witte (Zoodsma)
Drehbuch: Frank Ketelaar
Kamera: Tom Erisman
Musik: Vincent van Warmerdam
Schnitt: René Wiegmans
Prod.: Niederlande 1999; 93 Min.
TV: 4.1.2002, Arte, 20.45

Ein schon lange arbeitsloser Kunsthistoriker steht in der Endrunde einer Bewerbung. Da erfährt er, dass ein Konkurrent die Stelle bekommen soll und ersinnt einen unvorstellbaren Plan. *Pressetext*

August

50
AUGUST: A MOMENT BEFORE THE ERUPTION
***

Regie: Avi Mograbi
Darsteller: Avi Mograbi, Adi Ezroni, Meital Dohan, Tchelet Semel
Drehbuch: Avi Mograbi
Kamera: Avi Mograbi, Eitan Harris, Philip Bellaiche
Schnitt: Avi Mograbi
Prod.: Avi Mograbi/Les films d'ici/Noga/ Makor Foundation für Israeli Films; Israel/ Frankreich 2002; 72 Min.
UA: Int. Filmfestspiele Berlin 2002, »Forum«
Verleih: Freunde, OmU, 27.6.2002

Der israelische Filmemacher Avi Mograbi vertritt im gegenwärtigen Israel sehr unpopuläre Meinungen. »August« spiegelt in seinen witzig-ironischen, fragmentarischen Alltagsszenen die politische und soziale Gewalt, die inneren Widersprüche und die kollektive Paranoia wider, die die israelische Gesellschaft erfasst zu haben scheinen. »Für wen filmst du?«, wird er im Film immer wieder aggressiv gefragt, wenn er mit seiner Handkamera durch die Straßen von Tel Aviv streift und in provokativen Settings Fußballfans, Soldaten, arabische Israelis, Umweltschützer oder Demonstranten filmen will. Ein Patchwork aus dokumentarischen Beobachtungen und theatralischer, solitärer Selbstinszenierung. Genauso neurotisch wie das ganze gesellschaftliche Umfeld, in dem er lebt.
tip, 13/2002

Kritik: (…) Wären es nur diese verwackelten Bilder einer missglückten Berichterstattung, »August« wäre ein eindrucksvoller Lagebericht aus Israel geworden. Aber Mograbi, der mit »Happy Birthday, Mr. Mograbi« 1999 eine selbstreflexiv-witzige Etüde über das Scheitern eines Projekts gedreht hat, will an diesen Erfolg anknüpfen und erfindet eine alberne Rahmenhandlung, deren Rollen (Ehefrau, Filmproduzent und Regisseur) er alle übernimmt. *Christina Tilmann, Der Tagesspiegel, 14.2.2002*

Eine außergewöhnliche Affäre

51
***
TV

Regie: Maris Pfeiffer
Darsteller: Hans-Werner Meyer (Jochen Wenzel), Tatjana Blacher (Ina Wenzel), Matthias Walter (Tom Leuthner), August Schmölzer, Bruno Cathomas, Sophie Pflüger
Drehbuch: Maris Pfeiffer
Kamera: Eckhard Jansen
Prod.: teamWorx; D 2002; 92 Min.
TV: 12.3.2002, SAT.1, 20.15

Das homosexuelle Outing eines Lehrers und Familienvaters ist zwar die seriöse und diskrete Inszenierung einer Seelenkrise, die besonders im Schulmilieu dauernder Beobachtung und Missbilligung ausgesetzt ist. Aber wie zwanghaft sich hier eine sexuelle Umorientierung entwickelt, das wirkt dann doch etwas plakativ. (…)

Ponkie, AZ, 14.3.2002

Austin Powers im Goldständer 52

AUSTIN POWERS IN GOLDMEMBER ***

Regie: Jay Roach
Darsteller: Mike Myers (Austin Powers/ Dr. Evel/Goldmember/Fat Bastard), Beyonce Knowles (Foxxy Cleopatra), Seth Green (Scott Evil), Michael York (Basil Exposition), Robert Wagner (Nummer zwei), Mindy Sterling (Frau Farbissina)
Drehbuch: Mike Myers, Michael McCullers, nach den Charakteren von Mike Myers
Kamera: Peter Deming, Paul Hughen (2nd unit)
Musik: George S. Clinton
Schnitt: Jon Poll, Greg Hayden
Prod.: Gratitude/Team Todd/Moving Pictures; USA 2002; 95 Min.
Verleih: Warner, 24.10.2002
FSK: ab 12 J., ffr. – **FBW:** Wertvoll

Superagent, -ekel und -man Austin Powers unternimmt eine Zeitreise in die 70er-Jahre und klärt seine komplizierten verwandtschaftlichen Verhältnisse.

Avalon 53

AVALON **

Video

Regie: Mamoru Oshii
Darsteller: Malgorzata Foremniak (Ash), Wladyslaw Kowalski (Spielmeister), Bartek Swiderski (Stunner), Dagriusz Biskupski (Bishop), Jerzy Gudejko (Murphy), Katarzyna Bargileowska (Empfangsdame)
Drehbuch: Kazunori Ito
Kamera: Grzegorz Kedzierski
Musik: Kenji Kawai
Schnitt: Barbara Nowak
Prod.: Bandai Visual/Nippon Herald Films/Deiz; Japan/Polen 2001; 106 Min.
Vertrieb: Kinowelt, 20.8.2002
FSK: ab 12 J.

Um in die höchste Dimension eines virtuellen Kriegsspiels vorzudringen, lässt sich Topspielerin auf einen gefährlichen Deal ein. Affektiert und artifiziell kommt dieser verblasene Sciencefiction-Cyberpunk-Mix daher, der nur Stammpublikum ansprechen dürfte.

Laura Tonke und Frank Giering in ›Baader‹

B-52

54

***+

Regie: Hartmut Bitomsky
Darsteller: Sprecher: Hartmut Bitomsky, Maureen Selwood, Jon Wagner
Drehbuch: Hartmut Bitomsky
Kamera: Volker Langhoff, Hugo Kroiss
Schnitt: Theo Bromin
Prod.: Cofilm/Big Sky/Fa5 mit Dschoint-Ventsch/WDR/SFB/SRG/Arte; D/USA 2001; 122 Min.
UA: 14.2.2001, Int. Forum des Jungen Films, Berlin
Verleih: Basis, 1.3.2001, 5.1.2002

Dokumentarfilm über die westliche Nachkriegs-Protestbewegung gegen den US-Bomber B-52.

Kritik: (...) Kein Militärflugzeug der Geschichte hat so viele Einsätze geflogen und so viele Bomben geworfen. »Der Kalte Krieg ist vorbei«, sagt Hartmut Bitomsky während seines fast zweistündigen Films, »aber seine Waffen sind noch da.« Dort, wo die B-52 jetzt ist, hat Bitomsky sie aufgesucht. Er hat Wartungshallen und Verschrottungsplätze besucht, hat Sammler getroffen, die mit Einzelteilen handeln, und Künstler, die aus dem Flugzeugschrott Installationen entwerfen. Und er hat den Bomber in den Erinnerungen der Menschen aufgespürt. Vietnam-Piloten hört der Streifen genauso zu wie vietnamesischen Armeeangehörigen. Konstrukteure schwärmen von der Leistungskraft, und ein Maler erklärt, was »Nose-Art« ist. Bitomsky, bekannt durch seinen Dokumentarfilm »Reichsautobahn«, hat einen Antikriegsfilm gedreht. Leider lässt sich sein Off-Kommentar mitunter zu überflüssigem Pathos hinreißen. Dennoch: eine Dokumentation, aufsehenerregend und informativ.

Dirk Pilz, Zitty, 18/2002

B comme Béjart

55

***

Regie: Marcel Schüpbach
Darsteller: Maurice Béjart
Drehbuch: Jean-Louis Porchet, Marcel Schüpbach
Kamera: Ehud Goren
Schnitt: David Monti
Prod.: CAB/TSR/RTBF/K2/Arte/Rhone-Alpes Cinema; Schweiz/Frankreich/Belgien 2002; 95 Min.
UA: 2.9.2002, Int. Filmfestspiele Venedig, »Special Event«
Verleih: Filmcooperative, 14.11.2002

Mit diesem Dokumentarfilm hat Marcel Schüpbach ein Porträt des Choreografen Maurice Béjart und von dessen Kunst geschaffen, das selber wie eine Choreografie daherkommt. Mit der Kamera hat er ihn und das Béjart Ballett Lausanne während der Entstehung des Stückes »Lumière« begleitet. Der Film steht der Schönheit des eingefangenen Tanzes nicht nach. Vielmehr rückt er diese mit stimmig eingesetzten eigenen Mitteln bemerkenswert in den Blick. Auch den Porträtierten zeigt Schüpbach so, wie ihn wenige – wohl nur jene, die gerade mit ihm arbeiten – zu sehen bekommen.

Neue Zürcher Zeitung Online

Baader

56

***+

Regie: Christopher Roth
Darsteller: Frank Giering (Andreas Baader), Laura Tonke (Gudrun Ensslin), Vadim Glowna (Kurt Krone), Birge Schade (Ulrike Meinhof), Michael Sideris (Kurt Wagner), Jana Palaske (Karin Rubner)
Drehbuch: Christopher Roth, Moritz von Uslar
Kamera: Bella Halben, Jutta Pohlmann
Musik: Bob Last
Schnitt: Barbara Gies, Christopher Roth
Prod.: 72 Film/Leading Edge; D 2002; 115 Min.
UA: 15.2.2002, Int. Filmfestspiele Berlin, »Perspektiven Deutscher Film«
Verleih: Prokino, 17.10.2002
FSK: ab 12 J., ffr.

Porträt des Terroristen als cooler Popheld. Regisseur Christopher Roth schiebt in seiner nicht unbedingt wahrheitsgetreuen Biografie »Baader« den ganzen Diskursmüll über die Rote Armee Fraktion nonchalant beiseite und stellt alles auf Anfang. Die späteren Topterroristen Andreas Baader und Gudrun Ensslin erscheinen plötzlich als hippe Outlaws, als Bonnie & Clyde auf Politmission, sexy und unversöhnlich zugleich. *tip, 10.10.2002*

Kritik: (...) Christopher Roth hat zwar Fakten des bundesdeutschen Terrorismus recherchiert, sie aber bewusst ausgeblendet und umgedeutet in eine stilistisch wüste Collage. Anders als seine um Authentizität bemühten Kollegen Volker Schlöndorff, Andreas Veiel, Christian Petzold setzt Roth auf Provokation.
Dokumentarische Sequenzen führen in eine äußerst eigenwillige Interpretation des Abdriftens der ersten Generation der RAF (Rote Armee Fraktion) in die Gewalt. Roth mixt unbekümmert Wahrheit, Legende, Anekdote und Lüge zusammen. Sein Baader (genial: Frank Giering) liebt die Pose mehr als die Politik. Er ist ein Gangster, den die Frauen lieben. (...)
Angie Dullinger, AZ, 17.10.2002

(...) »Baader«, um mit dem Film zu sprechen, legt sich selbst aufs Kreuz, und so ist es auch kein Zufall, dass die Hilflosigkeit von Regie, Drehbuch und Star ausgerechnet bei der von Moritz von Uslar betonten »Emotionalität der Figuren« am schönsten aufeinander trifft: Auf einem verlassenen Industriegelände – kalte Atmosphäre im deutschen Dezember – gesteht Karin Rubner Baader ihre Liebe. »Ich mag dich doch so gerne!«, sagt sie. Baader ist natürlich überfordert. »Was ist denn das für 'ne Sülze? Willst du vielleicht auch noch was zu Weihnachten haben von mir?« Schreit es, dreht sich um und ballert mit einer Maschinenpistole in die Luft.
Jan Distelmeyer, epd-Film, 10/2002

(...) über weite Strecken wird der Topterrorist bei Roth jedoch zu einem albernen sprücheklopfenden Polit-Macho stilisiert, ja zum Ende hin wird der waffengeile Berufsrevoluzzer sogar zum tragischen Helden mit unüberwindlicher Todessehnsucht glorifiziert. Parallel dazu vernachlässigt die Politfarce, die sich stilistisch deutlich an Krimimustern von Bonnie & Clyde bis Melville orientiert, die politische Dimension und deklassiert obendrein die theoretische Vordenkerin Meinhof zu einer unbedeutenden Mitläuferin. Ob man dies alles als irreführendes Geschichtsklitterung betrachtet, als cleveren filmischen PR-Gag oder radikal-respektloses Regietheater, mag jeder Zuschauer selbst entscheiden. *Reinhard Kleber, Filmecho-Filmwoche, 41/2002*

(...) In dem Ansatz, seine historischen Figuren ohne Rücksicht auf Fakten und Moral als Material für die Frage zu begreifen, welche Freiheit für den Einzelnen oder eine Gruppe überhaupt möglich ist, steht »Baader« in einer Reihe mit »Bonnie und Clyde« oder Rudolf Thomes wunderbarem »Rote Sonne« – einem unbewussten Vorgriff auf den Terrorismus, der schon dessen Scheitern enthält. Nichts dagegen hat er zu tun mit Andres Veiels bravem Konsensfilm Black Box BRD: »Baader« ist ein Dissensfilm, der darauf verzichtet, auch noch die RAF historisch einzugemeinden, der daran erinnert, dass Streit und Unklarheit manchmal besser sind als Versöhnung. Ein mutiger, intelligenter und – nicht zuletzt – unterhaltsamer Film. Gutes Kino eben.
Rüdiger Suchsland, FR, 17.10.2002

Interview: *Es gab zwischen 1967 und 1972 etliche Berührungspunke zwischen Film und linksradikalem Milieu: Christoph Wackernagel war Schauspieler bei Johannes Schaaf, Holger Meins machte erste Filme an der dffb. Daniel Cohn-Bendit drehte einen Film mit Godard.*

Damals haben sich die Polit- und Filmfreaks mit großer Faszination beäugt. Wenn die Feinnervigkeit von Regisseuren wie Fassbinder oder Klaus Lemke nicht die Oberhand gewonnen hätte, wären die möglicherweise genau in Baaders Richtungen gegangen.

In einer Szene setzen Sie Baader ins Kino, vor Lemkes »48 Stunden bis Acapulco«.

An dem Film ist nichts appelhaft. Aber er hilft, Baader in einer Zeit und einem Lebensgefühl zu verankern. Die Coolness und die Reinheit des Hollywood-Zitats in diesem Film müssten Baader schon beeindruckt haben. Sein Lieblingsfilm war der Italo-Western »Leichen pflastern seinen Weg«.

Das Ende des Films hat Ihnen in der Berlinale viel Kritik eingebracht. Baader stirbt bei Ihnen nicht 1977 in Stammheim, sondern 1972 im Kugelhagel der Polizei.

Es ist für mich fundamental wichtig gewesen, diese Geschichte 1972 enden zu lassen. Es ging um die erste Generation der RAF, um die Zeit vor der unwiderruflichen Entscheidung für den militärischen Weg, vor Hochsicherheitstrakt und vor Isolationshaft. Danach beginnt ein anderer Film. Bis dahin ließ Baaders Geschichte Raum für verschiedene Optionen. Unsere Option ist, obwohl unzutreffend, nicht aus der Luft gegriffen: Ein Typ gibt in der tristen BRD-Szenerie, die an »Derrick« und »Lass jucken, Kumpel« erinnert, einen Showdown, der aus einem Peckinpah-Film oder aus »Pierrot le fou« stammen könnte. Das war der Stoff, aus dem Baaders Gedanken waren: pathetische Anmaßung gegen reale Armseligkeit. Wir hätten das Ende behaglicher gestalten können, indem wir etwa den Schluss als Baaders Fantasie gedreht hätten, um im letzten Bild wieder in die Wirklichkeit zu springen: Verhöre, Stammheim etc. Aber wollten wir solch eine Behaglichkeit? Ich fürchte nein!

Christopher Roth im Interview mit Ralph Eue, Der Tagesspiegel, 17.10.2002

Bad Attack – Angriff der Fledermäuse 57

FANGS **

Video

Regie: Kelly Sandeflur
Darsteller: Whip Hubley (Dr. John Winslow), Tracy Nelson (Ally Parks), Corbin Bernsen (Carl Hart), Katie Stuart (Genny Winslow), Nicole Clendenen (Alexis Hart), Lukas Behnken (Logan)
Drehbuch: Jim Geoghan
Kamera: Lawrence Schweich
Musik: Tim Jones
Schnitt: Jim Miley
Prod.: PorchLight/Videal; USA 2001; 90 Min.
Vertrieb: EuroVideo, 16.5.2002
FSK: ab 12 J.

Tier-Horror der fast erträglichen Sorte: Genmanipulierte Fledermäuse halten eine bisher idyllische Stadt in Atem. Billig, aber zuweilen gegen den Klischeestrich gebürstet.

Bad Boys Hunting 58

WILDER ***

Video

Regie: Rodney Gibbons
Darsteller: Pam Grier (Det. Della Wilder), Rutger Hauer (Dr. Charney), Romano Orzari (Det. Lee), Eugene Clark (Marlowe King), John Dunn-Hill (Capt. Grandall), Serge Houde (Walker Grimes)
Drehbuch: Terry Abrahamson
Kamera: Bert Tougas
Musik: Michael Corriveau, Robert Marchand
Schnitt: Yvann Thibaudeau, Isabelle Lévesque
Prod.: Cinequest; Kanada 2000; 89 Min.
Vertrieb: VCL Video, 22.1.2002
FSK: ab 16 J.

Bei einer Serie von Morden führt die Spur zu den Mächtigen eines Pharmakonzerns. »Ein einfacher Thriller, der nur wenig Spannung aufbauen kann. Die Inszenierung ist bescheiden und erreicht auch formal gerade das Niveau einer Fernsehkrimiserie«, so Anselm Jungeblodt im Film-Dienst.

Bad Company – Die Welt ist in guten Händen 59

BAD COMPANY ***

Regie: Joel Schumacher
Darsteller: Anthony Hopkins (Gaylord Oakes), Chris Rock (Jake Hayes/Kevin Pope), Matthew Marsh (Dragan Adjanic), Gebriel Macht (Seale), Kerry Washington (Julie), Garcelle Beauvais-Nilon (Nicole)
Drehbuch: Jason Richman, Michael Browning, nach einer Story von Gary Goodman, David Himmelstein
Kamera: Dariusz A. Wolski
Musik: Trevor Rabin
Schnitt: Mark Goldblatt
Prod.: Touchstone/Jerry Bruckheimer Films; USA/Tschechien 2002; 117 Min.
Verleih: Buena Vista, 22.8.2002
Vertrieb: Touchstone (Buena Vista) Video (Video, DVD)
FSK: ab 16 J., ffr.

Ein CIA-Agent wird bei einem Einsatz ermordet, ein Fall mit weltweiten Folgen. Denn nur er hatte Kontakt zu einem Russenmafiosi, der eine Atombombe auf dem freien Markt verkaufen möchte. Damit der Bösewicht nichts merkt, heuert Einsatzchef Oakes den Zwillingsbruder des Toten an. Der Taugenichts Kevin wusste bis dato weder etwas von der nahen Verwandtschaft noch vom Agentengeschäft. In einem Crashkurs lernt er das nötige Know-how und muss die Menschheit retten, was ihm selbstverständlich gelingt.
Joel Schumacher mischt munter Zutaten von »Mission: Impossible« über »Armageddon« bis »Beverly Hills Cop« zu einem Mainstream-Agententhriller, bei dem es vorwiegend um die Verbindung von Action und Terrorismus geht. Angesichts der heutigen Weltlage wirkt das ziemlich gewagt. Nicht zufällig wurde der ursprüngliche Starttermin nach dem 11. September erst einmal verschoben. Ein Popcorn-Movie mit einigen pfiffigen Dialogen, das um jeden Preis unterhalten will und dessen Macher die politische Wirklichkeit als Folie benutzen. *Margret Köhler*

Kritik: (…) Verlorene Liebesmüh, denn spätestens nach dem Schnellkurs in Sachen Spionage gerät der Film völlig außer Rand und Band, bringt er diverse Spitzbuben so ins Spiel, dass man jeglichen Überblick verliert.
Reichlich Actionballerei, einige finster dreinblickende Schurken und ein Hannibal Hopkins in solider Form genügen eben nicht, um dem Betrachter mehr als ein müdes Grinsen zu entlocken.
Albert Baer, Rheinische Post, 22.8.2002

Bad Karma 60

BAD KARMA **+
Video

Regie: John Hough
Darsteller: Patsy Kensit (Maureen Hatcher/Agnes), Patrick Muldoon (Dr. Trey Campbell), Patrick Byrnes (Det. Arboles), Amy Locane (Carly), Aimee O'Sullivan (Teresa Campbell), Damian Chapa (Herr Miller)
Drehbuch: Randall Frakes, nach einem Roman von Douglas Clegg
Kamera: Jaques Haitkin
Musik: Harry Manfredini
Schnitt: Richard Trevor
Prod.: American World; USA 2001; 84 Min.
Vertrieb: Universal Video, Mai 2002
FSK: ab 18 J.

Exgeliebte von Jack the Ripper kehrt reinkarniert als Psychopathin zurück und meuchelt alles, was sich ihr und ihrem Psychodoktor in den Weg stellt. Preiswerter Horror mit ebensolchen Schaueffekten. Eine brutale Jack-the-Ripper-Variante zum Vergessen.
»Handwerklich solide, aber drastische und an den Haaren herbeigezogene Reinkarnationsgeschichte, die dem Jack-the-Ripper-Mythos eine weitere Variante hinzufügt, wobei die auffälligsten Merkmale Brutalität und Blutrünstigkeit sind. Das Aufschlitzen und Ausweiden der vielen Opfer wird ebenso wie die gewalttätigen Sexszenen nicht nur angedeutet, sondern vergleichsweise genüsslich ausgespielt.«
Frank Klubertz, Film-Dienst

Balto 2 – Auf der Spur der Wölfe 61

BALTO II – WOLF QUEST **
Video

Regie: Phil Weinstein
Darsteller: Sprecher der Originalfassung: Jodi Benson (Jenna), David Carradine (Nava), Lacey Chabert (Aleu), Mark Hamill (Niju), Maurice LeMarche (Balto)
Drehbuch: Dev Ross
Musik: Adam Berry
Schnitt: Ken Solomon
Prod.: Universal Studios; USA 2000; 75 Min.
Vertrieb: Universal Video, 21.3.2002
FSK: ab 6 J.

Halb Hund, halb Wolf – das ist Balto, ein heldenhafter Zeichentrickhund, der in der Fortsetzung des mäßig erfolgreichen Kinofilms von 1995 Nachwuchs bekommt. Leicht verkitschter Kinder-Zeichentrick mit Sentimentalitätsüberschuss.

Band of Brothers – Wir waren wie Brüder 62

BAND OF BROTHERS ***
Video

Regie: Phil Alden Robinson, David Frankel, Tom Hanks
Darsteller: Kirk Acevedo (Ssgt. Joseph Toye), Eion Bailey (Pvt. David Kenyon Webster), Michael Cudlitz (Sgt. Denver »Bull« Randleman), Damian Lewis (Maj. Richard D. Winters), Donnie Wahlberg (2nd Lt. C. Carwood Lipton), Ron Livingston (Capt. Lewis Nixon)
Prod.: USA/GB 2001; 121 Min.
Vertrieb: Warner Video, 21.11.2002
FSK: ab 16 J.

Realistisch anmutendes Kriegsdrama um jene Soldaten, die in den 40er-Jahren für die USA in den Zweiten Weltkrieg zogen. US-TV-Miniserie mit zehn Folgen, die von Tom Hanks und Steven Spielberg produziert wurde.

Battle Royale 63

BATTLE ROYALE *
Video

Regie: Kinji Fukasaku
Darsteller: Tatsuya Fujiwara (Shuya Nanahara), Aki Maeda (Noriko Nakagawa), Taro Yamamoto (Shougo Kawada), Masanobu Ando (Kazou Kiriyama), Kou Shibasaki (Mitsuko Souma), Chiaki Kuryama (Takako Chigusa)
Drehbuch: Kenta Fukasaku
Kamera: Katsumi Yanagishima
Musik: Masamichi Amano
Schnitt: Hirohide Abe
Prod.: Battle Royale/Toei Prod.; Japan 2000; 114 Min.
Vertrieb: Kinowelt Video, 23.7.2002
FSK: ab 18 J.

Japanische Gymnasiasten erwachen auf einer Insel, auf der sie zwangsbewaffnet und dazu aufgefordert werden, sich gegenseitig abzuknallen. Menschenverachtendes Action-Machwerk, das sich den Anschein der Satire geben möchte.

Der Baumflüsterer 64

HEARTWOOD ***
TV

Regie: Lanny Cotler
Darsteller: Jason Robards (Logan Reeser), Eddie Mills (Frank Burris), Hilary Swank (Sylvia Orsini), Randall Batinkoff (Johnny), Holly Near (Lucille Burris), Erin Beaux (Dixon Burris)
Drehbuch: Steve Cotler, Lanny Cotler
Kamera: Rob Sweeney
Musik: Ray Colcord
Prod.: USA 1998; 85 Min.
TV: 15.10.2002, ARD, 10.35

Die Sägemühle, von der die Bewohner der kalifornischen Kleinstadt Deroy leben, steht vor dem Aus. Ausgerechnet der junge Frank Burris, den alle für einen hoffnungslosen Fantasten halten, hat eine zündende Geschäftsidee.

A Beautiful Mind – Genie und Wahnsinn 65

A BEAUTIFUL MIND ****

Regie: Ron Howard
Darsteller: Russell Crowe (John Nash), Ed Harris (William Parcher), Jennifer Connelly (Alicia Larde Nash), Paul Bettany (Charles Herman), Adam Goldberg (Sol), Judd Hirsch (Helinger)
Drehbuch: Akiva Goldsman, nach einem Roman von Sylvia Nasar
Kamera: Roger Deakins
Musik: James Horner
Schnitt: Mike Hill, Dan Hanley

Prod.: DreamWorks/Universal/Imagine; USA 2001; 136 Min.
EA: Int. Filmfestspiele Berlin 2002
Verleih: UIP, 21.2.2002
Vertrieb: Universal Video (Video, DVD)
FSK: ab 12 J., ffr.
FBW: Besonders wertvoll

Die wahre Lebensgeschichte eines genialen amerikanischen Mathematikers, der schon am Anfang seiner Karriere an paranoider Schizophrenie erkrankte, dennoch seine Arbeit fortsetzte und 1994 mit dem Nobelpreis geehrt wurde.

Kritik: (...) »A Beautiful Mind« hat viel Sinn für Details, allerdings ist Ron Howards Film insgesamt recht hollywoodesk blank poliert, und die Tränen bei der schlussendlichen Nobelpreisverleihung an den schizophrenen Professor – diesen Nash gibt es wirklich in Amerika! – überschwemmen den Film, aber kaum unsere Herzen. Man bleibt zuletzt doch Zu-Schauer, gewinnt beinahe diesen typischen Arztblick auf den Patienten Nash-Russell. (...)

Kerstin Decker, Der Tagesspiegel, 12.2.2002

(...) Indem man das schizophrene Genie John Nash in die Schlagzeilen brachte, hoffte man – so wird unterstellt –, die Chancen des Films zu schmälern. Selbst hartgesottene Hollywoodianer sind von dem Vorgehen schockiert, das mit Andeutungen auf Matt Drudges berüchtigter Internetseite im Januar anfing und nun, eine Woche vor der Oscar-Nacht, den Höhepunkt erreichte. Man warf dem Film vor, er unterschlage die miesen Details in diesem – zugegeben – chaotischen Leben, homosexuelle Toiletten-Episoden, antisemitische Äußerungen, einen unehelichen Sohn. Vorwürfe, die Russell Crowe empörten – er fürchtet um seinen Oscar, den zweiten nach »Gladiator« im vorigen Jahr –, und er hat Sylvia Nasar, auf deren Buch der Film basiert, zu Gegenstatements bewogen. Am Sonntag stand Nash selbst Rede und Antwort – in einem Gespräch in der CBS-Serie »60 Minutes«: »I did have strange ideas during certain periods of time.« Der besagte Sohn aber entstammt einer vor-, nicht außerehelichen Affäre, und die antisemitischen Äußerun-

Russel Crowe als schizophrenes Mathe-Genie in ›A Beautiful Mind‹

gen tat er in einem eindeutig als schizophren diagnostizierten Zustand, da er sich »für Hiob oder einen Kettensklaven, den Herrscher der Antarktis oder gar den Messias« hielt.

Fritz Göttler, SZ, 19.3.2002

Beethoven 4 – Doppelt bellt besser 66

BEETHOVEN'S 4TH ***+

Video

Regie: David Mickey Evans
Darsteller: Judge Reinhold (Richard Newton), Julia Sweeney (Beth Newton), Matt McCoy (Reginald Sedgwick), Veanne Cox (Martha Sedgwick), Mark Lindsay Chapman (Simons)
Drehbuch: John Loy
Kamera: John Aronson
Musik: Philip Giffin
Schnitt: C. Timothy O'Meara, David L. Bertman
Prod.: Universal Studios/Home Ent.; USA 2001; 90 Min.
Vertrieb: Universal, 21.3.2002
FSK: o. A.

Der sabbernde, tollpatschige Bernhardiner Beethoven bringt erneut das Dauerchaos der Familie Newton zu neuen Höhepunkten. Diesmal mit Artgenosse Michelangelo, mit dem er auch noch vertauscht wird.

Befristeter Aufenthalt 67

I. T. – IMMATRICULATION TEMPORAIRE ****+

Regie: Gahité Fofana
Darsteller: Fatoumata Kante (Rama), Gahité Fofana (Mathias Lénault), Yves Guicherd Traoré (John Tra), Ibrahima Sano (Sylla), Alhassane, Alseny Bah
Drehbuch: Gahité Fofana
Kamera: Peter Chappell
Musik: Sékou Kouyaté
Schnitt: Yannick Kergoat
Prod.: F. G. F./Léo & Comp. mit Arte; Guinea/Frankreich 2001; 78 Min.
Verleih: Freunde, OmU, 7.3.2002

Roadmovie aus Afrika: Der junge Franzose Mathias, Sohn einer weißen Mutter, kommt nach Guinea, um seinen ihm unbekannten schwarzen Vater zu finden. Seine nicht besonders zielstrebige Suche per Bus, Auto oder Motorroller hält den Film in einer trägen Bewegung; die Bilder vom Alltagsleben lassen dabei spüren, dass Regisseur Fofana vom Dokumentarfilm kommt. Doch eigentlich erzählt »I. T.« vor allem von Stillstand und Trägheit. Mathias weiß nicht, was er will, und die Leute, die er trifft, sind mindestens ebenso orientierungslos. Die meiste Zeit sitzt man in Bars herum. Es passiert nichts, und niemand unternimmt etwas. Bonjour, Tristesse. *Lars Penning, tip, 4/2002*

Kritik: (…) Der Blick auf die Tristesse ihres Lebens wird nie voyeuristisch, die Reise in die Fremde landet nie beim exotischen Postkartenkitsch. Gahité Fofana versteht seinen Film nach eigenem Bekunden als das Porträt einer Jugend, »die sich ihrer verlorenen Situation bewusst ist, die es nur versteht, in den Tag hineinzuleben.« Dieses Porträt hat er mit Mitgefühl gespeist, aber ohne Sentimentalität. *Peter Claus, Zitty, 5/2002*

Behind me – Bruno Ganz 68

***

Regie: Norbert Wiedmer
Darsteller: Bruno Ganz, Robert Hunger-Bühler, Johann Adam Oest
Drehbuch: Norbert Wiedmer
Kamera: Norbert Wiedmer, Peter Guyer, Bruno Ganz
Musik: György Kurtág
Schnitt: Stefan Kälin
Prod.: PS Film/Biograph mit WDR/DRS/3sat; Schweiz 2002; 84 Min.
Verleih: Filmcoopi (CH), August 2002

Über einen Zeitraum von drei Jahren hat der Berner Filmemacher Norbert Wiedmer den Schauspieler Bruno Ganz begleitet. Zu sehen ist er in Filmausschnitten, vor allem aber auf der Probe zu Peter Steins monumentalem »Faust« sowie im Tonstudio, wo er den Zauber seiner Stimme beim Vortrag von Lyrik zum Klingen bringt. Mit Absicht zu kurz kommt das biografische Moment, und etwas frustrierend ist der Mangel an Information in Bezug auf die zahlreichen Persönlichkeiten

Sturz mit gestohlenem Fahrrad ›Beijing Bicycle‹

aus der Welt des Theaters, die unidentifiziert bleiben. Zum Vorschein gelangt ein Künstler, der seinem Metier in einer ingrimmigen Leidenschaft verbunden scheint. *Christoph Egger, Neue Zürcher Zeitung*

Beijing Bicycle 69

SHI QI SUI DE DAN CHE ****

Regie: Wang Xiaoshuai
Darsteller: Cui Lin (Guei), Li Bin (Jian), Zhou Xun (Qin), Gao Yuanyuan (Xiao), Li Shuang (Da Huan), Zhao Yiwei (Vater)
Drehbuch: Wang Xiaoshuai, Tang Danian, Peggy Chiao, Hsu Hsiao-ming
Kamera: Liu Jie
Musik: Wang Feng
Schnitt: Liao Ching-song
Prod.: Arc Light Films/Pyramide Prod.; China/Frankreich 2000; 113 Min.
EA: 17.2.2001, Int. Filmfestspiele Berlin
Verleih: Arsenal, 28.3.2002

Zwei Teenager suchen verzweifelt nach einem gestohlenen Fahrrad, das noch gar nicht bezahlt ist – wobei sich der Fall als viel komplizierter herausstellt, als beide ahnen können.
Moving Pictures at the Berlinale 2001

Kritik: (...) »Beijing Bicycle« ist trotz dieses Querschnitts durch die Pekinger Großstadtgesellschaft nicht als eine soziologische Analyse angelegt, vielmehr registriert der Film mit seinen tiefenscharfen Bildern und seinen langen Einstellungen einfach Zustände, die in ihrer Zusammenschau indes eine kritische Dimension gewinnen. Weniger überzeugend ist der Versuch, dem Film über eine Liebesgeschichte zusätzliche Dynamik zu verleihen, die für beide Protagonisten zwangsläufig in die persönliche Katastrophe führt. Die große Katastrophe aber, das macht der Film deutlich, zeichnet sich in nahezu klassischer Zuspitzung in der neuen chinesischen Sozialstruktur selbst ab: als Konfrontation der wenigen, die vom Boom der neuen Wirtschaftsräume im südöstlichen China profitieren, und der vielen, die von dieser Entwicklung abgeschnitten sind. *Raimund Gerz, epd-Film, 4/2002*

Bella Martha

70
***+

Regie: Sandra Nettelbeck
Darsteller: Martina Gedeck (Martha), Maxime Foerste (Lina), Sybille Canonica (Chefin), Katja Studt, August Zirner (Therapeut), Idil Üner
Drehbuch: Sandra Nettelbeck
Kamera: Michael Bertl
Musik: Keith Jarrett, Arvo Pärt
Schnitt: Mona Bräuer
Prod.: Pandora mit Kinowelt/T&C/Prisma/ Palomar/Kinowelt mit SRW/WDR/ORF; D/Österreich/Schweiz 2000; 107 Min.
UA: Int. Filmfestspiele Locarno 2001
EA: Filmfest Hamburg 2001
Verleih: Ott Film, 18.4.2002
Vertrieb: MC One (Sunfilm) Video (Video, DVD)
FSK: o. A., ffr. – **FBW:** Besonders wertvoll

Martha arbeitet als Chefköchin in einem kleinen französischen Restaurant. Außer Kochen hat sie nichts im Sinn. Mit Männern hat sie abge-

Poster artwork

schlossen, Kinder hat sie keine. Ihr Leben ändert sich schlagartig, als ihre Schwester stirbt und sie deren siebenjährige Tochter Lina bei sich aufnimmt. Dann taucht plötzlich auch noch ein zweiter Chefkoch auf, ein charmanter Italiener …

Kritik: (…) Allzu vorhersehbar ist leider die Lösung der anfangs geschickt aufgebauten Konflikte: Zauberer Mario gewinnt mit liebevollem Charme und Witz erst die Zuneigung der kleinen Lina, dann taut er mit Basilikum und Amore die erotisch erkaltete Martha auf. Gemeinsam fährt man vom Norden Deutschlands nach Bella Italia, wo Lina inzwischen mit der Familie des ausfindig gemachten Papas lebt. Plötzlich weiß Martha, was zählt im Leben. Happy End unterm Olivenbaum. *Angie Dullinger, AZ, 18.4.2002*

Interview: *Freuen Sie sich, nach zwei Fernsehfilmen endlich einen Kinofilm gemacht zu haben?*

Und wie. Schon die Produktionsbedingungen sind besser, man hat mehr Drehtage, mehr Möglichkeiten und mehr Freiheiten. Das Potenzial ist ein anderes. Obgleich man in Deutschland gut für das Fernsehen arbeiten kann, das Problem ist eben die kurze Drehzeit. Bei »Bella Martha« hatten wir 50 Drehtage und einen Rohschnitt von 186 Minuten.

Knapp zwei Jahre nach Ende der Dreharbeiten kommt Ihr Film endlich ins Kino. Eine nervige Durststrecke?

Für jemanden, der seinen ersten Kinofilm macht, war es eine lange Zeit und ziemlich unerträglich. Ich bin fast ein Jahr auf Festivals herumgetourt, inzwischen ist der Film gut ins Ausland verkauft, sogar in die USA und Japan. In Deutschland müssen wir eine neue Kinokultur entwickeln. Voraussetzung dafür ist, den eigenen Geschichten zu vertrauen.

Wie geht es weiter?

Ich schreibe ständig Exposés, meine Agentur in Los Angeles hat mir schon verschiedene Drehbücher angeboten und wirft mit Namen wie Meryl Streep, Julia Roberts oder Ben Stiller um sich. Aber das darf man nicht ernst nehmen, da ist oft viel Rauch um nichts dabei. Wenn man die Drehbücher liest und nachhakt, stellt sich meist alles anders dar. Man muss aufpassen, dass man nicht in die Falle tappt und den Kopf verliert. Ich habe mich auch schon mit den Zentropa-Leuten in Kopenhagen getroffen. Bei denen fühle ich mich als europäische Filmemacherin sicherer.

Sandra Nettelbeck im Interview mit Margret Köhler, Blickpunkt Film, 16/2002

Bellaria – So lange wir leben! 71

****

Regie: Douglas Wolfsperger
Darsteller: Karl Schönböck, Baroness Lips von Lipstrill, die Tenbuß-Zwillinge, Ernst Weizmann
Drehbuch: Douglas Wolfsperger
Kamera: Helmut Wimmer
Musik: Hans-Jürgen Buchner Haindling
Schnitt: Götz Schuberth
Prod.: Douglas Wolfsperger Filmprod./epo Film mit Arte, WDR; D/Österreich 2001; 100 Min.
UA: Max-Ophüls-Preis Saarbrücken 2002, »Eröffnungsfilm«
EA: 27.4.2002, Int. Dokumentar-Filmfestival München, Eröffnungsfilm
Verleih: Salzgeber, 11.4.2000 (Österreich), 7.11.2002
FBW: Besonders wertvoll (Österreich)

Das Cinema Paradiso heißt hier Bellaria und liegt in einer versteckten Wiener Vorstadtstraße. Zwischen Plüsch und Samt treffen sich regelmäßig die betagten Anhänger alter UFA-Filme, um gemeinsam zu lachen und zu weinen und sich mit Willy Fritsch oder Brigitte Horney an die eigene Jugend zu erinnern. Sie schauen sich die Firma x-mal an und sind immer wieder aufs Neue begeistert.
In diesem anrührenden Dokumentarfilm betrachtet Douglas Wolfsperger die nostalgischen Zuschauer wie

unter einem Sezierglas, nähert sich subtil ihrem Leben, ihren Wünschen und Träumen. Das Resultat besteht aus kleinen menschlichen Geschichten der Stammbesucher – vom Studienrat und dem Archivar, der Frau, die billig Konserven kauft und das Geld fürs Kino auf die Seite legt, oder von zwei älteren Zwillingsschwestern, die herumreisen, um ihre Idole distanz- und gnadenlos aufzuspüren. Wolfsperger geht in diesem Kuriosum liebevoll mit seinen Protagonisten um und verrät sie nie. *Margret Köhler*

Kritik: (...) Douglas Wolfsperger hat diese Originale mit ihren halb kuriosen, halb traurigen Lebensgeschichten und nicht minder bizarren Perspektiven derart sensibel und liebevoll porträtiert, dass es einem ebenso zum Lachen bringt, wie es einem das Herz öffnet. *Thomas Engel, Der Gildendienst, 6/2002*

(...) »Bellaria – So lange wir leben« ist ein Film zum Lachen und zum Weinen, eine »menschliche Komödie« und ein wundervolles Werk über das Kino, das Sehen, das Erinnern und den Tod – ein Meisterwerk. Und für alle, die diesen Trank des Vergessens kosten, lautet die überzeugende Botschaft einer Kinobesucherin: »Früher war mehr Glitzer als heute.«
Christoph Dompke, epd-Film, 11/2002

Belphegor – Das Phantom des Louvre 72

BELPHÉGOR: LE FANTOME DU LOUVRE **
Video

Regie: Jean-Paul Salome
Darsteller: Sophie Marceau (Lisa Belphégor), Michel Serrault (Verlac), Frédéric Diefenthal (Martin), Julie Christie (Glenda Spender), Jean-Francois Balmer (Bertrand Faussier), Patachou (Geneviève)
Kamera: Jean-Francois Robin
Musik: Bruno Coulais
Schnitt: Sylvie Landra
Prod.: Le Studio Canal+/Les Films Abun Sarde/Natexis/Studio Images7/TF1; Frankreich 2001; 93 Min.
EA: Fantasy Filmfest 2002
Vertrieb: UFA (BMG) Video, 17.9.2002
FSK: ab 12 J.

Mittels Lasertherapie wird eine im Louvre eingelagerte Mumie zu neuem Leben erweckt. Spekulative Fantasy-Horror-Mischung.

Berlin: Sinfonie einer Großstadt 73

****

Regie: Thomas Schadt
Drehbuch: Thomas Schadt
Kamera: Thomas Schadt
Musik: Iris ter Schiphorst, Helmut Oehring, gespielt vom SWR-Sinfonieorchester, Dirigent Roland Kluttig
Schnitt: Thomas Wellmann, Stefan Krumbiegel
Prod.: teamWorx/Odyssee Film mit Telepool/SWR/Arte/SFB; D 2002; 80 Min.
UA: 10.4.2002, Berlin, Staatsoper Unter den Linden
Verleih: Ott Film, 11.4.2002
FSK: o. A., ffr. – **FBW:** Wertvoll

75 Jahre nach der Premiere von Walther Ruttmanns Berliner Querschnittsfilm hat sich der Dokumentarfilmer Thomas Schadt auf die Suche begeben, um zu sehen, was aus Ruttmanns Stadt geworden ist. Langsamer als das Vorbild, dafür weniger am Oberflächenglanz als an den Spuren interessiert, die Menschen und Geschichte im Stadtbild hinterließen, gelingt es Schadt und dem Komponistenduo ter Schiphorst/Oehring Berlin und die Berliner in ihrer ganzen Widersprüchlichkeit auftreten zu lassen. Kein Film für Lokalpatrioten.
tip, 8/2002

Kritik: (...) Deshalb reagiert der Regisseur, Autor und Kameramann Thomas Schadt auf die Ruttmann'sche Beschleunigung mit dem Gegengift der Verlangsamung. Auch er filmt in Schwarzweiß auf Cinemascope, bevorzugt jedoch Standbilder, Stillleben, Luftaufnahmen. Berlin, immer wieder, als Totale von oben. Und unten gefrorene Augenblicke. Keine Handkamera, sondern eine Arriflex,

die sich auf spärliche Bewegungen beschränkt. Schadt vermeidet Überblendungen oder andere technische Tricks, erst recht den Schwindel erregenden Strudel, in den Ruttmann seinen Berlin-Reigen immer wieder hineinriss.
Impressionismus statt Expressionismus, Stilles statt Schrilles. Wo Ruttmann Tempo machte, macht Schadt lieber Stimmung: Morgenstunde, Siesta am Spätnachmittag, Saturday Night Fever. Und wo Ruttmann Schaufensterpuppen und die wackelnden Köpfe von Automatenfiguren als Inbilder der Entfremdung herzeigte, filmt Schadt Skulpturen, Flaneure oder Tiere im Zoo. Er macht alles richtig und riskiert dabei nichts.
Schadts Entschleunigung hat etwas Prätentiöses: Auch er sortiert seine Aufnahmen von Reichstagskuppel und Love-Parade, Kanzleramt und Karneval, Sony-Atrium und Großbäckerei, Demo und Disco, Paaren und Passanten im Rhythmus eines Tagesablaufs. Aber seine Berlin-Bilder bleiben, mit Verlaub, alle so nett. Menschelnd und doch leblos, im erlesen kadrierten Design einer Kunstpostkartensammlung. Wobei die Architekturaufnahmen noch am ehesten überzeugen. Kanzleramt, Paul-Löbe-Haus oder die gläsernen Bürofassaden am Potsdamer Platz erscheinen als Schauplätze der Macht und des Geldes, deren Personal sich wie Dekor ausnimmt.
Nicht dass Schadt das Bild der neuen Hauptstadt schönt. Der alte, von der amerikanischen Fox finanzierte wie der neue, vom SWR als ambitioniertes Fernsehprojekt produzierte Film stimmen melancholisch, verraten sie doch viel über Einsamkeit und Vereinzelung in einer Millionenstadt. Ruttmann unterlief diese Melancholie eher, Schadt hingegen legt Wert auf sie. Der Authentizität seiner Bilder haftet was Künstliches an. (...)

Christiane Peitz,
Der Tagesspiegel, 12.4.2002

(...) Schadts Problem ist, dass wir nicht nur mit Metropolenbildern übersättigt sind, sondern dass auch die alten Symbole der Stadt – Straßen, Plätze und Fabriken – sie für uns nicht mehr fassen. Wir begreifen die Großstadt nicht allein als Produktionsbündelung, sondern auch als Daten-, Informationsknoten, und dieses andere Lebensgefühl ist schwer in Bilder zu bringen und gegen die alten Stadtansichten auszubalancieren.
Schadt schaut gewiss anteilnehmender auf Menschen als Ruttmann, aber es bleibt ein Hauch von Panoptikum. Berlin scheint eher Füllhorn der Schicksale als Konfliktfeld vieler Sozial- und Kulturgemeinschaften, ein bei allen Szenen armer Leute doch eher romantisierender und oberflächlicher Blick. Eins aber ist sicher: So wie Schadt die Stadt sieht, möchten wir sie sehen. Anders wäre sie uns noch viel unheimlicher. *Thomas Klingenmaier,*
Rheinische Post, 22.6.2002

(...) Was bleibt, ist der Eindruck eines hoch ambitionierten, in Teilen dichten, wenn auch strukturell nicht durchgehend kohärenten Gesamtkunstwerks.
Alexander Menden, SZ, 12.4.2002

Interview: *Nach welchen Kriterien haben Sie die Motive ausgewählt?*

Es war eine Mischung aus Kennen und Kennenlernen. Vor dem ersten Drehtag hatten wir eine Liste mit Sehenswürdigkeiten und Events, die sich ständig verändert hat. Viel wichtiger als diese offiziellen Ansichtskarten der Stadt waren mir die Beobachtungen des Alltags. Man muss sich Berlin erlaufen. Wir sind deshalb oft mit dem Kamerawagen durch die Kieze gezogen. Ich kam mir manchmal vor wie Hansdampf in allen Gassen und hätte uferlos auf den Straßen drehen können. Manchmal hatte ich auch den Albtraum, in dem sich 500 Kameras mit dem Motiv Berlin um mich drehen.

Standen Ihnen überall die Türen offen?

Das Projekt hat sich schnell herumgesprochen, und die Verantwortlichen haben sich dem Anliegen nicht verschlossen. Einige wollten zunächst Geld für Drehgenehmigungen, das war dann eine Sache des Verhandlungsgeschicks. Bei den Treptowers oder dem Funkturm mussten wir uns zum Beispiel mächtig ins Zeug legen, aber am Ende waren alle sehr aufgeschlossen. Nur einmal sind wir mit unserer Kamera rausgeflogen. Moritz de Hadeln persönlich hat das Team vom Roten Teppich zur Eröffnung der Berlinale 2001 geschmissen.

Wie viel des gedrehten Materials können Sie zeigen?

Wir hatten ein Drehverhältnis von 1 zu 20. Aus rund 45.000 Metern Material ist ein 75-Minuten-Film geworden.

Thomas Schadt im Interview mit Katharina Dockhorn, Zitty, 8/2002

Besessen 74

POSSESSION ***+

Regie: Neil LaBute
Darsteller: Gwyneth Paltrow (Maud Balley), Aaron Eckhart (Roland Michell), Jeremy Northam (Randolph Henry Ash), Jennifer Ehle (Christabel LaMotte), Lena Headey (Blanche Glover), Toby Stephens (Fergus Wolfe)
Drehbuch: David Henry Hwang, Laura Jones, Neil LaBute, nach dem gleichnamigen Roman von Antonia S. Byatt
Kamera: Jean Yves Escoffier
Musik: Gabriel Yared
Schnitt: Claire Simpson
Prod.: Baltimore/Spring Creek mit Contagious Films; USA/GB 2002; 102 Min.
UA: 16.4.2002, Int. Filmfestspiele Locarno
Verleih: Warner Bros., 28.11.2002
FSK: ab 12 J., ffr. – **FBW:** Wertvoll

Die Arbeit an der Rekonstruktion der geheimnisvollen und tragischen Liebesbeziehung eines englischen Dichters im 19. Jahrhundert bringt ein junges Forscherpaar in der Gegenwart zusammen.

So sehen Actionfilme für Akademiker aus: Zwei Literaturwissenschaftler schnüffeln in Archiven, um die heimliche Liebe zweier Poeten aus dem 19. Jahrhundert nachzuweisen. Weil Recherche nur für Elfenbeinturm-Eremiten befriedigend wirkt, dürfen sich die Spurensucher auch selbst verlieben, verbindet sich Romanze mit Akademiker-Suspense. Ungewöhnlich wie der Stoff ist auch die Wahl des Regisseurs. Neil LaBute sezierte bisher bissig und geistreich den modernen Geschlechterkampf. Das gelingt ihm trotz zusätzlicher, ungewohnter Zeitebene auch hier. (...)

Peter Koberger, Blickpunkt Film, 45/2002

Kritik: (...) Etwas aufregender wird es eigentlich nur, wenn LaBute ins 19. Jahrhundert zurückblendet und die tragische Liebe des Dichters und der Malerin nachzeichnet. Hier gibt es mit Jeremy Northam und Jennifer Ehle nicht nur die besseren Darsteller, es gibt auch die besseren Bilder, die besseren Dialoge, die dringlicheren Konflikte – eine Tragödie zweier Avantgardisten, die zerstört werden von einer spießigen Umwelt. Leider verbringt der Film jedoch die meiste Zeit in der Gegenwart, bei zwei Spießern mit literarischem Abenteuerurlaub, denen ihre spießige Umwelt nicht viel anhaben kann.

Kai Mihm, epd-Film, 12/2002

(...) Regisseur Neil LaBute splittet seinen Krimi in zwei parallele Handlungsstränge mit verschiedenen Zeitebenen auf. Die Chancen für Hintergründiges zur ewig gültigen Geschlechterkampfproblematik nutzt LaBute dabei allerdings weit weniger als Antonia S. Byatts gleichnamige Romanvorlage. Und zwischen Eisklotz Paltrow und ihrem Möchtegernlover Eckhart stimmt die Chemie nur selten. Für uns Kinogänger bleibt eine gewisse Distanz zum Geschehen nicht aus.

Horst E. Wegener, Zitty, 25/2002

Das beste Stück 75

**
TV

Regie: Oliver Schmitz
Darsteller: Jan Sosniok (Mark Demski), Nina Bott (Sonja), Doreen Jacobi (Lara), Alexander Hörbe (Mario König), Wolf-Dietrich Berg, Maxi Mari Duck
Drehbuch: Sebastian Rix
Kamera: Peter Joachim Krause
Schnitt: Isabel Meier
Prod.: Janus Film für Pro7; D 2002; 120 Min.
TV: 17.10.2002, Pro7, 20.15

Filme über Penis-Panik müssen nicht so ärmlich degoutant sein – falls Witz und Ironie investiert werden. Aber in der Lebenshilfe-Soap ist das Gejammere um den zu klein Geratenen nur ein kleiner Spießer-Piepser für die Selbsthilfegruppe.

Ponkie, AZ, 19.10.2002

Bibi Blocksberg 76

****

Regie: Hermine Huntgeburth
Darsteller: Sidonie von Krosigk (Bibi Blocksberg), Katja Riemann (Barbara Blocksberg), Corinna Harfouch (Rabia), Ulrich Noethen (Bernhard Blocksberg), Maximilian Befort (Florian), Monica Bleibtreu (Walpurgia)
Drehbuch: Elfie Donnelly, nach Motiven von Henriette Piper
Kamera: Martin Langer
Musik: Biber Gullatz, Moritz Freise
Schnitt: Hansjörg Weißbrich
Prod.: Bavaria/Kiddinx Filmprod. mit BR/Odeon/Gustav Ehmck Filmprod. Prod.: Uschi Reich, Karl Blatz; D 2002; 106 Min.
Verleih: Constantin, 26.9.2002
FSK: o. A., ffr. – **FBW:** Besonders wertvoll

Bibi, Tochter einer Hexe und eines gestressten Buchhalters, erhält als Auszeichnung die Insignien einer richtigen Hexe. Die raffinierte und böse Rabia ist wütend und sinnt auf Rache.

Die zwölfjährige Hexe Bibi aus Neustadt hat zwei Kindern das Leben gerettet und soll daher vorzeitig in den Kreis vollwertiger Hexen aufgenommen werden. Dazu gehört eine wertvolle Kristallkugel, mit der man in Vergangenheit und Zukunft sehen kann. Nur die böse Hexe Rabia ist damit nicht einverstanden. Als sie auch noch ihre eigene Kugel an Bibi abgeben muss, in der ein gestohlenes Geheimnis liegt, versucht sie mit allen Mitteln, ihre Kugel zurückzubekommen. Das bringt Bibi und ihre Eltern in große Gefahr. Und dann sollen Bibi und ihre Mutter Barbara auch noch der Hexerei abschwören.

Holger Twele

Kritik: (...) Klar wie Kloßbrühe – »Bibi Blocksberg« fehlt der große Bombast »Harry Potter«. Aber viel Charme, Witz und die fantasievolle Regie von Hermine Huntgeburth machen das wett. Und auch die Besetzung trägt zum zauberhaften Vergnügen bei. Neben der talentierten Neuentdeckung Sidonie von Krosigk begeistert vor allem Corinna Harfouch, die als zickige Hexe Rabia im kunterbunten Kostüm und mit dick aufgepolstertem Hintern durch die Filmkulissen wackelt.

Albert Baer, Rheinische Post, 26.9.2002

(...) Ein Fall für Fans: verspielt und pfiffig, mit Liebe ausgeknobelt und mit viel Fantasie vom Besenreiter-Gewerbe in die Luft gezaubert.

Ponkie, AZ, 26.9.2002

Das Biest in dir – Ginger Snaps 77

GINGER SNAPS

**
Video

Regie: John Fawcett
Darsteller: Emily Perkins (Brigitte), Katharine Isabelle (Ginger), Kris Lemche (Sam), Mimi Rogers (Pamela), Jesse Moss (Jason), Danielle Hampton (Trina)
Drehbuch: Karen Walton, John Fawcett
Kamera: Thom Best
Musik: Michael Shields
Schnitt: Brett Sullivan
Prod.: Lions Gate/Copper Heart/Motion Int./Oddbod/TVA/The Movie Network/Téléfilm Canada/Water Pic.; Kanada/USA 2000; 104 Min.
Vertrieb: EuroVideo, 13.6.2002
FSK: ab 18 J.

Mit dem Einsatz der ersten Menstruation verwandelt sich Highschool-Girl

›Bibi Blocksberg‹: Der erfolgreichste deutsche Film 2002

in einen Werwolf. Wer diese Storyvorgabe interessant findet, wird bei diesem Horrorthriller auf seine Kosten kommen.

Birthday Girl 78
BIRTHDAY GIRL ***

Regie: Jez Butterworth
Darsteller: Nicole Kidman (»Nadja«/Sophia), Ben Chaplin (John Buckingham), Vincent Cassel (Alexej), Mathieu Kassovitz (Juri), Kate Evans (Clare), Stephen Mangan (Filialleiter)
Drehbuch: Tom Butterworth, Jez Butterworth
Kamera: Oliver Stapleton
Musik: Stephen Warbeck
Schnitt: Christopher Tellefsen
Prod.: FilmFour/HAL/Mirage/Portobello; GB/USA 2001; 93 Min.
UA: Int. Filmfestspiele Venedig 2001
Verleih: Concorde, 29.8.2002
FSK: ab 12 J., ffr.

Der sanftmütige englische Bankangestellte John ist es leid, auf die richtige Frau in seinem eintönigen Leben zu warten. So bestellt er sich über das Internet eine Braut aus Russland. Da die angereiste schöne Nadja jedoch kein Englisch spricht, will er sie zurückschicken. Weil sie aber seine sexuellen Fantasien erfüllt, bahnt sich eine für ihn befriedigende Beziehung an. Doch dann kommen Nadjas Cousin und ein Freund vorbei und zwingen John, seine Bank auszurauben.

Kritik: (…) Jez Butterworth scheint sich auch nicht unbedingt bei einem Genre aufhalten zu wollen – was »Birthday Girl« zusätzlich reizvoll macht, ist der unerwartete Wechsel zum jeweils nächsten Genre, das sich gerade anbietet. Man gerät in einen Thriller, in ein Roadmovie und dann doch wieder zurück zur Romanze, und das Tempo bleibt entspannt, der Plot überraschend. (…)

Doris Kuhn, SZ, 29.8.2002

(…) Was folgt, ist eine konventionelle Mischung aus Liebesdrama und Gangsterfilm, die als einziges Pfund mit ihren Schauspielern wuchern kann. Je weiter die Geschichte voranschreitet, desto stereotyper werden die Figuren und desto mehr verschwinden sie hinter den Darstellern, die eindeutig lebendiger wirken als ihre Charaktere. Was bleibt, sind wirklich gute Schauspieler.

Jörg Buttgereit, tip, 17/2002

Bis dass dein Tod uns scheidet

79
***
TV

Regie: Manfred Stelzer
Darsteller: Senta Berger (Edith Mosbach), Günther Maria Halmer (Gunnar Mosbach), Loretta Pflaum (Kyra Rosentreter), Hanna Burgwitz (Thea), Hanno Pöschl (Lothar), Roswitha Schreiner (Birgit)
Drehbuch: Michel Bergmann, Anke Apelt
Kamera: Frank Grunert
Musik: Lutz Kerschowski
Schnitt: Bernd Schriever
Prod.: Pro Film für ZDF; D 2001; 89 Min.
TV: 25.3.2002, ZDF, 20.15

In der Komödie bietet eine schlaue Computertante nach »wissenschaftlich« astrologischem Muster die Errechnung des individuellen Todesdatums an. Mit verschlossenem Zukunfts-Couvert lockt sie den altersgeängstigten Tauchsportexperten Gunnar auf den Molière-Pfad eines eingebildeten Kranken. Als Todeskandidat nervt er seine Frau Edith, die ohnehin genug Ärger hat mit der Umwandlung ihrer Frauenzeitschrift in ein Tussi-Blatt für Blöde. (…) Ein Qualitäts-Tango für alle, die sich nicht den Hintern liften lassen wollen.

Ponkie, AZ, 27.3.2002

Ein bisschen Liebe

LAISSE UN PEU D'AMOUR

80
□
TV

Regie: Zaida Ghorab-Volta
Darsteller: Andrée Damant (Monique), Aurélia Petit (Gisèle), Lise Payen (Sandra), Frederic Fort (Bernard), Daniela Léonardi (Cindy), Pierre Heita
Drehbuch: Zaida Ghorab-Volta
Schnitt: Gilles Volta
Prod.: Frankreich 1998; 94 Min.
TV: 24.10.1998, Berlin 1, 3.05; 16.11.2002, Arte, 22.30

Die 57-jährige Monique ist als Arbeiterin beschäftigt. Von einem Tag auf den anderen bietet ihr die Geschäftsleitung aufgrund der wirtschaftlichen Lage die Entlassung in den Vorruhestand an. Ihre fast erwachsenen Töchter Gisèle und Sandra sind selbst zu sehr damit beschäftigt, ihr eigenes Leben in den Griff zu bekommen, als dass sie sich besonders um ihre Mutter kümmern könnten.

Black and Blue – Du entkommst mir nicht

BLACK AND BLUE

81
***
Video

Regie: Paul Shapiro
Darsteller: Mary Stuart Masterson (Fran Benedetto), Anthony LaPaglia (Bobby Benedetto), Sam Robards (Mike), Will Rothhaar

(Robert Benedetto), Allegra Fulton (Patty Bancroft)
Drehbuch: Anna Quidlen, April Smith
Kamera: Alar Kivilo
Musik: Jonathan Goldsmith
Schnitt: Gib Jaffe
Prod.: Evolve Ent.; USA 1999; 86 Min.
Vertrieb: EuroVideo, 24.1.2002
FSK: ab 12 J.

Vom Ehemann misshandelte Hausfrau flieht mit ihrem Kind nach Florida, doch der Arm des Gatten reicht weit. Sensibles und in der Hauptrolle exzellent gespieltes US-TV-Drama für das weibliche Klientel.

Black Hawk Down 82

BLACK HAWK DOWN ***+

Regie: Ridley Scott
Darsteller: Josh Hartnett (Staff Sgt. Matt Eversman), Ewan McGregor (Ranger Spec. Grimes), Tom Sizemore (Ranger Lt. Col. Danny McKnight), Eric Bana (Delta Sgt. First Class »Hoot« Gibson, William Fichtner (Delta Sgt. First Class Jeff Sanderson), Ewen Bremner (Ranger Spec. Shawn Nelson)
Drehbuch: Ken Nolan, Steve Zaillian, nach einem Buch von Mark Bowden
Kamera: Slawomir Idziak
Musik: Hans Zimmer
Schnitt: Pietro Scalia
Prod.: Revolution Studios/Jerry Bruckheimer Films mit Scott Free; USA 2001; 142 Min.
Verleih: Senator, 10.10.2002
FSK: ab 14 J.

Eine amerikanische UN-Sondereinheit soll in einer Blitzaktion Vertraute des feindlichen Warlords Aldid aus der somalischen Hauptstadt Mogadishu entführen; die Aktion geht allerdings schief und führt zu einem stundenlangen Gemetzel zwischen amerikanischen Soldaten und Anhängern Aldids. Eine pathetisch inszenierte, mit imperialistischen Bildern durchzogene Selbstdarstellung der USA, die vor allem wegen der sich wiederholenden Handlungselemente die mühsam aufgebaute Spannung bald wieder verliert und daher mit Großaufnahmen von zerfleischten Soldaten zu schockieren versucht.
Alrun Fichtenbauer, Filmschau

Kritik: In »Black Hawk Down« fühlt sich der Zuschauer zweieinhalb Stunden lang wie eine Geisel. Ohrenbetäubender Lärm oder gefährliche Stille, zerfetzte Leiber, die Panik in den Augen der jungen Soldaten – all dieser Horror überträgt sich unmittelbar. (...) Scott zeigt das – trotz einiger Zugeständnisse an Hollywood-Mainstream – in einer Radikalität, die »Black Hawk Down« zu einem brisanten Antikriegsfilm und erhaben über den Verdacht amerikanischer Propaganda macht – gerade in der aktuellen Situation von Präsident Bushs gefordertem Militärschlag gegen den Irak. *Angie Dullinger, AZ, 10.10.2002*

(...) Vermutlich ist diese Schwäche Absicht. Ridley Scott weiß, was er tut, »Black Hawk Down« ist kein schlechter Film im alten Sinne des Wortes; er ist mit nicht zu überbietender Perfektion inszeniert. Konsequent knüpft er dort an, wo Spielberg bei »Saving Private Ryan« nach einer halben Stunde aufgehört hatte, und macht nach demselben Prinzip einen ganzen Film, der den Zuschauer mit allen Mitteln des Überwältigungskinos mitten ins Schlachtfeld schleudert. Wo Spielberg seinen moralischen Heroengestus aber nach dem experimentellen Anfang dann doch noch aus einer klassich gebauten Geschichte bezog, geht Scott einen Schritt weiter und mischt den Hyperrealismus mit naiver Heldenverehrung, die nicht einer Geschichte entspringt, sondern in jedem Moment, aus jeder Handlung, jedem Wort überdeutlich zu uns spricht. Alles zielt auf die Installierung der Protagonisten als modellhafte Idealgestalten – so überlebensgroß, dass ihnen jeder individuelle Zug, jeder private Moment verwehrt bleibt. Die Mischung aus Naturalismus und Sprechblasenrhetorik, die so entsteht, ist zumindest für uns Europäer nicht zu ertragen. (...)
Dietrich Brüggemann, Der Schnitt, 4/2002

Interview: *Sie haben eng mit dem Pentagon zusammengearbeitet. George Bush und Donald Rumsfeld zeigen sich zufrieden. Ist Ihnen das nicht unheimlich?*

Es ging mir darum, exakt zu schildern, wie so eine Aktion abläuft. Dazu benötige ich eine detaillierte Beratung. Die Schauspieler wurden in einem Ausbildungslager geschult, am Drehort erschienen Spezialisten, die das Ganze beinhart angingen wie eine militärische Übung.

Kritiker bezeichnen den Film als patriotisch und einseitig.

Unsinn. Ich halte »Pearl Harbor« für patriotisch. Außerdem bin ich Engländer. »Black Hawk Down« beruht auf recherchierten Fakten des Journalisten Mark Bowden, natürlich aus amerikanischer Sicht. Ich präsentiere keine zementierte Meinung oder Lösungen, sondern lasse Raum für Fragen. Auch für unbequeme.

Sie zeigen einen Feind ohne Gesicht. Ärgert Sie der Vorwurf des Rassismus?

Wer mir das vorwirft, hat nichts kapiert. Die US-Army kämpfte aus humanitären Gründen in Somalia, nicht aus ideologischen wie in Vietnam. Die Bevölkerung war am Verhungern, Lebensmittelsendungen wurden von den Horden des Clanführers Aldid abgefangen, da musste man etwas unternehmen. Wenn die UN nichts tut, müssen die USA den Weltpolizisten spielen. Oder halten Sie es für besser, dem Genozid zuzuschauen?

War die Operation ein moralischer Sieg?

In so einem Krieg kann niemand gewinnen. Der Blutzoll war zu hoch. Wenn Sie mich fragen: War es das wert?, sage ich klar Nein.

Ridley Scott im Interview mit Margret Köhler, AZ, 10.10.2002

The Black Morning Glory 83

DIE YING JING QING **

Video

Regie: Casey Chan
Darsteller: Lester Chit-Man Chan (Ken Wong), Sek-Ming Lau (Michael Fu Ka-Kit, Waise Lee (Tsao Wing), Michelle Reis (Michelle Lam Man-Ting/Fan Lin), Fung Woo (Onkel Wu), Wing Cho
Drehbuch: Joyee Cheung, Shirley Woo, Lee Kok-Wai
Kamera: Chu Kwok-Fai
Prod.: Gould Harbour/Era Pic.; Hongkong 1993; 87 Min.
Vertrieb: Marketing Video, 18.6.2002
FSK: ab 18 J.

Weil sie den Triaden Geldfälschutensilien gemopst hat, wird eine Profikillerin auf Modedesignerin Lam angesetzt. Konfuser Actionthriller mit Romantiktouch.

Black Souls / Kismet 84

KISMET ***

Video

Regie: Andreas Thiel
Darsteller: Steffen Wink (Jan), Fatih Akin (Tony), Jule Ronstedt (Christine), Axel Milberg (Richter Kraus), Christof Wackernagel (Taxifahrer), Ingolf Lück (Betrunkener)
Drehbuch: Kai Hensel
Kamera: Jan Fehse
Musik: FM Einheit/Gry
Schnitt: Jean-Marc Lesguillons
Prod.: Helkon Film Prod.; D 1999; 86 Min.
UA: Filmfest München 1999
Vertrieb: VCL Video, 21.2.2002
FSK: ab 16 J.

Ein Student, seine Exfreundin, ein junger Türke, ein Richter im Rotlichtmilieu – die Schicksale dieser Großstadtpflanzen verschränkt Regienovize Thiel mal mehr, mal weniger glaubhaft und reizvoll miteinander zu einem leicht irrtierenden, aber immerhin eigenwilligen Krimidrama.

Blade 2 85

BLADE II: BLOODHUNT ***+

Regie: Guillermo del Toro
Darsteller: Wesley Snipes (Blade), Kris Kristofferson (Whistler), Ron Perlman (Reinhardt), Norman Reedus (Scud), Leonor Varela (Nyssa), Thomas Kretschmann (Damaskinos)

Drehbuch: David S. Goyer, nach den Marvel-Comiccharakteren von Marv Wolfman, Gene Colan
Kamera: Gabriel Beristain
Musik: Marco Beltrami, Danny Saber
Schnitt: Peter Amundson
Prod.: Amen Ra Films mit Imaginary Forces; USA 2001; 116 Min.
Verleih: Warner, 2.5.2002
Vertrieb: Warner Video (Video, DVD)
FSK: ab 18 J., ffr.

Vampirjäger Blade muss sich bei seinem zweiten Auftritt mit seinen Erzfeinden, den Vampiren, verbünden, denn eine neue Spezies der Blutsauger macht auch vor der eigenen Gattung nicht Halt. Mehr Action- als Horrorfilm, setzt diese Fortsetzung ganz auf Rasanz, wobei mit Donnie Yen auch ein erfahrener Kampfchoreograf zur Verfügung stand. Einen ruhenden Pol immerhin bietet Kris Kristofferson als Blades Mentor.

Frank Arnold, tip, 9/2002

Bleeder 86

BLEEDER ***+

Regie: Nicolas Winding Refn
Darsteller: Kim Bodnia (Leo), Mads Mikkelsen (Lenny), Rikke Louise Andersson (Louise), Liv Corfixen (Lea), Zlatko Buric (Kitjo), Levino Jensen (Louise)
Drehbuch: Nicolas Winding Refn
Kamera: Morten Söborg
Musik: Peter Peter
Schnitt: Anne Österud
Prod.: Kamikaze Filmprod.; Dänemark 1999; 101 Min.
EA: Max-Ophüls-Preis Saarbrücken 2000

Eigentlich ist Leo ein gutmütiger Kerl. Sein Alltag wird von Bier und Horrorvideos bestimmt, sein Leben verläuft gleichförmig. Doch als er erfährt, dass er Vater wird, bricht der ganze Alltagstrott über ihm zusammen. Plötzlich wird Leo klar, dass er ein Versager ist. Durch die Schwangerschaft seiner Freundin Louise fühlt er sich in die Enge getrieben. Seine latente Gewaltbereitschaft kommt zum Ausbruch, macht auch vor Louises Bauch nicht Halt und endet in einer Katastrophe für alle Beteiligten.

Katalog Max-Ophüls-Preis

Blood Work 87

BLOOD WORK ***+

Regie: Clint Eastwood
Darsteller: Clint Eastwood (Terry McCaleb), Jeff Daniels (Buddy Noone), Anjelica Huston (Dr. Bonnie Fox), Wanda De Jesus (Graciela Rivers), Tina Lifford (Jaye Windston), Paul Rodriguez (Det. Arrango)
Drehbuch: Brian Helgeland, nach dem gleichnamigen Roman von Michael Connelly
Kamera: Tom Stern
Musik: Lennie Niehaus
Schnitt: Joel Cox
Prod.: Malpaso Prod.; USA 2001; 110 Min.
Verleih: Warner, 21.11.2002
FSK: o. A. – **FBW:** Besonders wertvoll

Nach einer Herztransplantation pensionierter FBI-Spezialist ermittelt auf eigene Faust gegen einen Serientäter und den Mörder seiner Organspenderin.

Kritik: (…) die Adaption von Michael Connellys Roman »Blood Work« macht die Romanfigur um eine Generation älter, aber bei der Raffung des Plots ist Eastwoods Film nicht allzu geschickt vorgegangen. Der Serienmörder treibt hier ein Katz-und-Maus-Spiel, das wie eine sehr bizarre Variante von »Tightrope« (»Der Wolf hetzt die Meute«) erscheint, bei dem Eastwood – ohne Kredit – auch Regie führte. Als sexsüchtiger Cop verfolgt er darin einen Killer, der mit unangenehmer Regelmäßigkeit Eastwoods jeweilige Gespielin ermordet. In »Blood Work« erscheint das Motiv seltsam verfremdet wieder, auch die simple Komik der Nebenfiguren steht der Analytik des Genres im Weg. Zu derbe ist der Killer entworfen und gespielt, seine Motive und die Geschichte seines Entlarvung zu albern. Ein wenig scheint es, als hätte Eastwood auf halbem Weg durch den Stoff sein Interesse verloren und sich diesmal mit der Untersuchung des Körpers des Polizisten zufrieden gegeben. »Blood Work« stellt exzentrische Fragen, doch die Antworten, die der Film gibt, sind überraschend schlicht.

Robert Weixlbaumer, tip, 24/2002

(...) Clint Eastwood ist in fast jeder Einstellung vor der Kamera zu sehen und drehte den ganzen Film in nur 38 Tagen. Sowohl als perfekter Schauspieler zu glänzen und parallel dazu eine so effiziente Regie- und Produktionsarbeit zu leisten, zeigt einmal mehr die hohe Professionalität und Leidenschaft des Multitalents. Clint Eastwood ist wieder mal in Höchstform – wandlungsfähig und authentisch. *Robert Huber, AZ, 21.11.2002*

Interview:
Hat man Ihnen bei Warner Brothers – dem Studio, das Ihre Produktionen finanziert – nie vorgeworfen, dass Ihre Erzählweise antiquiert sei und Sie, zumindest visuell-stilistisch, etwas mehr »mit der Zeit« gehen sollten?

Ich genieße schon seit langem eine Art »Interpendent«-Status bei Warner Bros. Man redet mir nicht rein. Ich kann mir auch als Storyteller keine Sorgen ums Studio machen – wird der Film Geld einspielen oder nicht? –, da würde ich das Pferd beim Schwanz aufzäumen. Ich erzähle Geschichten, alles andere darf mich nicht interessieren. Die Story ist der Star. Das vergessen heute die meisten. Mir kann der ganze digitale Zirkus, mit dem die MTV-Generation aufwächst, gestohlen bleiben – wenn er von der Geschichte, die ich erzähle, ablenkt. Das heißt: Ich verstehe die Faszination – das Bilderzaubern und rasseln mit Blendwerk –, aber der große Kontext, die Geschichte, um die es geht, brennt im Feuer der Special Effects einfach ab – Spielzeuge spielen Fabrik.

Wie gehen Sie also vor?

Ich verständige das Studio erst, wenn ich weiß, was ich will. Im Falle von »Blood Work« sah ich die Fahnen von Michael Connellys Roman. Ich konnte mich mit Connelly und Brian (Helgeland, dem Autor des Drehbuchs) beraten, Änderungen für den Film diskutieren. Ich entschied mich dafür, weil ich die Story mochte. Dass eine Rolle für mich dabei war, ist ein Plus, aber nicht ausschlaggebend. Dann ging ich zu Warner und sagte: »Here it is.« *Clint Eastwood im Interview mit Patrick Roth, SZ, 16.11.2002*

Blu Absinto 88

□

Regie: Carsten Strauch, Carolin Otterbach, Florian Mischa Böder, Andi Niessner, Florian Henckel-Donnersmarck, Peter Strauch
Darsteller: Dolly Buster (Sabrina Lössl), Jakob Hüfner, Andy Niessner, Philipp Kewenig, Jasmin Tabatabai, Lauritz von Lakum
Prod.: D/Österreich 1999; 133 Min.
Verleih: MOP, 15.8.2002

Kurzfilmcocktail bestehend aus den Max-Ophüls-Preisträgern der letzten Jahre: »Das Taschenorgan«, »Fuck the pigs!«, »Ich muss gehen«, »Björn oder die Hürden der Behörden«, »Dobermann«, »Pieces of my heart«, »Du und ich, wir können einander gehören«, »Stapelfahrer Klaus – der erste Arbeitstag«, »Gfrasta«, »Fake!«, »Für dich mein Herz« und »Freunde«.
Filmecho-Filmwoche, 29/2002

Namen und Filmtitel sind in identischer Reihenfolge genannt.

Blue Moon 89

***+

Regie: Andrea Maria Dusl
Darsteller: Josef Hader (Johnny Pichler), Viktoria Malektorovych (Shirley/Jana Peta), Detlev Buck (Ignaz Springer), Ivan Laca (Kovacic), Peter Aczel (Autohändler), Andrea Karnasoá (Vlasta)
Drehbuch: Andrea Maria Dusl
Kamera: Wolfgang Thaler
Musik: Christian Fennez, Peter Dusl, Yuri Naumov
Schnitt: Karina Ressler, Andrea Wagner
Prod.: Lotus Film; Österreich 2001; 90 Min.
Verleih: Ventura, 31.10.2002

Sie sind schon ein seltsames Paar: der stoische Geldbote Johnny Pichler aus Österreich und der gestrandete ostdeutsche Schuhverkäufer Ignaz, die das Schicksal aus dem vermeintlich sicheren europäischen Westen in die Ukraine verschlägt. Doch im Gegensatz zum bekannten Genremuster verweigert sich Andrea Maria Dusls Roadmovie dem gängigen Klischee eines Buddy-Films, verlässt die ausgetretenen Pfade, um sich nach einigen Irrwegen zielsicher zur grenzüberschreitenden Romanze zu entwickeln.

Steffen Heinke,
Filmecho-Filmwoche, 43/2002

Kritik: (…) Ganz beiläufig fängt dieses Roadmovie Stimmungsbilder des Ostens ein: die endlosen Plattenbauschluchten von Kiew, Marktplätze, auf denen Unmengen von Waagen auf Obst und Gemüse warten, den zaghaften Aufbau einer abgeblätterten Pracht. Detlev Buck spielt auch mit. Als Glücksritter und Haders zeit-

Schrift auf dem Weg nach Osten

weiliger Begleiter chargiert er wunderbar bis zur Schmierigkeit und bölkt lauthals durch die Gegend. Irgendwann endet alles in Odessa, im Hafenbecken, mit zwei Menschen, die aufeinander zuschwimmen, und wer will, findet in »Blue Moon« auch noch eine Anspielung auf »Panzerkreuzer Potemkin«.

Anke Leweke, Die Zeit, 31.10.2002

(…) Dass der Film nicht kitschig wird, liegt an seinem morbiden Humor. Wie romantisch er allerdings ist, spürt man erst nach dem Ende, und das sorgt für ein wohliges Gefühl im Bauch. Nicht das Schlechteste, was man über einen deutschsprachigen Film sagen kann.

Schnitt, 4/2002

Blumen für Polt

90
***
TV

Regie: Julian Roman Pölsler
Darsteller: Erwin Steinhauer (Simon Polt), Karin Kienzer (Karin Walter), Peter Simonischek (Karl Gappmayr), Monica Bleibtreu (Aloisia Habesam), Heinz Frölich (Horst Breitwieser), Erni Mangold (Frau Breitwieser)
Drehbuch: Julian Roman Pölsler, nach dem gleichnamigen Roman von Alfred Komarek
Kamera: Fabian Eder
Schnitt: Ulrike Pahl
Prod.: Teamfilm für ORF/Arte; Österreich 2002; 94 Min.
TV: 13.9.2002, Arte, 20.40

Das beschauliche Leben der Weinbauern und des Ortsgendarmen Simon Polt im Weinviertel gerät in Aufruhr, als der geistig behinderte Willi, ein Freund Polts, tot aufgefunden wird. Polt ermittelt gegen alle Widerstände, stößt dabei unter anderem auf eine Kinderbande und fördert Abgründiges zutage.

Blutige Indizien – Das Spiel mit dem Tod

91
THREE BLIND MICE
**
Video

Regie: Christopher Leitch
Darsteller: Brian Dennehy (Matthew Hope), Mary Stuart Masterson (Patricia Demming), Debrah Farentino (Josie Leeds), John Doman (Stephen Leeds), Glenn Plummer (Warren Chambers), Eddie Diaz (Off. Young)
Drehbuch: Anne Gerard, Adam Greenmann, nach dem gleichnamigen Roman von Ed McBain
Kamera: Alan Caso
Musik: Velton Ray Bunch, Eric Hester
Prod.: Viacom Prod.; USA 2001; 87 Min.
Vertrieb: Paramount Video, 10.10.2002
FSK: ab 12 J.

Drei ermordete Vietnamesen, ein pensionierter General und ein tödliches Geheimnis – Zutaten zu einem allenfalls soliden TV-Krimi mit zwei prominenten Hauptdarstellern.

Bobby

92
***
TV

Regie: Vivian Naefe
Darsteller: Veronica Ferres (Rosi Huber), Markus Knüfken (Johannes »Jojo« Kustermann), Bobby Brederlow (Bobby Kustermann), Steffen Groth (Marc Heiter), Hansa Czypionka (Klaus Wilde), Margret Völker (Hannelore »Nanni« Wilde)
Drehbuch: Dr. Gabriela Sperl, nach einer wahren Begebenheit
Kamera: Peter Döttling
Musik: Dieter Schleip
Schnitt: Christel Suckow
Prod.: teamWorx für BR/HR/ORF; D 2001; 90 Min.
TV: 30.1.2002, ARD, 20.15

(…) »Liebe und andere Katastrophen«, das war gute Unterhaltung, wollte auch nicht mehr sein, mit Rollen, die Senta Berger und Friedrich von Thun auf den Leib geschrieben waren. »Bobby« dagegen trägt einen schweren Anspruch vor sich her: Der Film will aufklären – darüber, dass ein schwules Paar hierzulande immer noch mit Vorurteilen kämpfen muss. Der Film will anklagen – dass deutsche Behörden spießig und unmenschlich sind. Das ist alles nicht neu, aber dennoch verdienstvoll. Das Problem: Der Film kennt keine Zwischentöne. Die Bösen – die Beamten in der Behörde und der Schwager – sehen hässlich aus, sind dumpf und gemein. Die Guten – die Schwulen und Veronica Ferres – sind hübsch und sympathisch. Natürlich ist da noch Bobby Brederlow, der in »Bobby« wieder so lustig und lebendig spielt wie in »Liebe und andere Katastrophen«. Doch seine wahre anrührende Geschichte ist in »Bobby« zum Sozialkitsch geraten. *Barbara Nolte, Der Tagesspiegel, 30.1.2002*

Border Patrol – Mörderische Jagd 93

BORDER PATROL **

Video

Regie: Mark Haber
Darsteller: Clayton Rohner (Cal Newman), Michael DeLorenzo (Chavez), Kenneth Ransom (Cunningham), Anthony Wong (Capt. Takeyama), Michael DeLorenzo, Summer Fisher
Kamera: Dan Burstall
Prod.: Australien 2000; 86 Min.
Vertrieb: Paramount Video, 12.12.2002
FSK: ab 12 J.

Gejagter Mörder schießt Polizisten nieder, stirbt und tötet als Geist weiter. Leidlich spannender Fantasy/Action-Thriller mit reichlich dämlichem Plot.

Die Bourne Identität 94

THE BOURNE IDENTITY ***+

Regie: Doug Liman
Darsteller: Matt Damon (Jason Bourne), Franka Potente (Marie Kreutz), Chris Cooper (Ted Conklin), Clive Owen (der Professor), Brian Cox (Wachmann Abbott), Adewale Akinnuoye-Agbaje (Nykwana Wombosi)
Drehbuch: Tony Gilroy, William Blake Herron, nach dem gleichnamigen Roman von Robert Ludlum
Kamera: Oliver Wood, Alexander Witt (2nd unit Regie und Kamera), Don Burgess, Dan Mindel
Musik: John Powell
Schnitt: Saar Klein
Prod.: Hypnotic/Kennedy-Marshall Prod. für Universal; Tschechien/USA 2002; 119 Min.
Verleih: UIP, 26.9.2002
FSK: ab 12 J., ffr. – **FBW:** Wertvoll

CIA-Agent, als Killer programmiert, verliert nach einem Angriff sein Gedächtnis und wird von seiner eigenen Organisation in Europa gnadenlos verfolgt.

Im Mittelmeer wird ein Mann mit Schusswunden, aber ohne Gedächtnis von Fischern gerettet. Auf der Suche nach seiner verlorenen Identität entdeckt der Held durch ein Schließfach in einer Züricher Bank, dass er CIA-Geheimagent mit dem Decknamen Bourne und mit Wohnsitz in Paris war. Mithilfe einer hübschen deutschen Herumtreiberin reist er dorthin, gerät aber prompt in eine Falle. Nach und nach finden beide heraus, dass Bourne den Auftrag hatte, einen mysteriösen afrikanischen Politiker umzubringen. Um die misslungene Operation zu vertuschen, haben CIA-Offiziere mehrere Killer beauftragt, den Agenten aus dem Weg zu räumen.
In seinem ersten Mainstreamfilm inszeniert Regisseur Doug Liman, der bisher mit hippen Indie-Filmen hervorgetreten ist, einen coolen Spionagethriller, der sich nur lose an die Romanvorlage von Robert Ludlum aus den 80er-Jahren anlegt und sich offenbar schwer tut, nach dem Kalten Krieg noch zeitgemäße dramatische Akzente zu setzen. *Reinhard Kleber*

Kritik: (...) Wenn man es also ein bisschen pathetisch formulieren wollte: Franka Potente schmuggelt in diesen Film ein bisschen von jenem menschlichen Maß hinein, das dem Thrillergenre in den letzten Jahren weitgehend verloren gegangen ist. *Rupert Koppold, Stuttgarter Zeitung, 26.9.2002*

(...) Regisseur Doug Liman, bekannt geworden durch seine Independentkomödien »Swingers« und »Go«, hat seine erste Big-Budget-Nummer in Höhe von 75 Millionen solide absolviert, auch wenn er ein bisschen zu oft auf Verfolungsjagden, Explosionen und Schusswechsel zurückgreifen muss, um den kleinen Rest Spannung zu erhalten. Denn auf Matt Damons Gesicht findet sich selten ein Moment der Verwirrung oder Unsicherheit. Es kuckt einfach nur pausbäckig

Filmposter zu ›Die Bourne Identität‹

und siegesgewiss in die europäische Landschaft. *Volker Gunske, tip, 26.9.2002*

Interview: *Wie kam es zu den Differenzen?*

Wegen des drohenden Schauspielerstreiks mussten wir mit der Arbeit anfangen, obwohl das Skript noch nicht fertig war. Ich hätte das Ganze auch so runterkurbeln können. Das hätte jedem das Leben einfacher gemacht.

Aber meine vorhergehenden Filme »Swingers« und »Go« waren sehr persönliche Geschichten gewesen. Und ich wollte keine 08/15-Studioproduktion machen, die das verraten hätte.

Gab es Momente, wo Sie Ihre gute Laune verließ?

Meistens dann, wenn ich mit Tony Gilroy arbeitete. Das lag nicht an ihm. Ich stand unter Dauerstress, weil ich mich nach einem zwölfstündigen Drehtag noch mit Studio und Skript auseinander setzen musste. Und jeder glaubte, ich würde ihm nicht genug Zeit geben. Am Set selbst ließ ich mir nie etwas anmerken, aber in der Zeit danach war ich für Tony nicht immer leicht zu genießen.

Doug Liman im Interview mit Blickpunkt Film, 38/2002

Bowling for Columbine 95

BOWLING FOR COLUMBINE ****

Regie: Michael Moore
Darsteller: Charlton Heston
Drehbuch: Michael Moore
Kamera: Brian Danitz, Michael McDonough
Musik: Jeff Gibbs
Schnitt: Kurt Engfehr (auch Co-Prod.), T. Woody Richman
Prod.: Dog Eat Dog Films/Salter Street/Vif/TiMe Film; USA/Kanada/D 2002; 120 Min.
Verleih: Prokino, 21.11.2002
FSK: ab 12 J., ffr.
FBW: Besonders wertvoll

Bekannt für seine satirischen, höchst unterhaltsamen und provokanten Dokumentationen, beleuchtet der amerikanische Filmemacher Michael Moore einmal mehr ein Phänomen der Supermacht: die Waffenversessenheit seiner Landsleute. Ausgehend von dem Massaker an der Columbine Highschool in Littleton/Colorado 1999 heftet sich Moore an die Fersen von Politikern, Lobbyisten und Popgrößen.

Kritik: (…) Wenn man in einem Film gelacht, geweint, zwischendurch den Atem angehalten hat und letztlich amüsiert aus dem Kino kommt und dabei anhaltend das Gefühl hat, dass sich etwas ändern muss – dann hat ein Regisseur alles erreicht. »Bowling for Columbine« ist so ein Erlebnis.

Adrian Prechtel, AZ, 21.11.2002

(…) Doch in »Bowling for Columbine« fügen sich eben alle Puzzleteile zum Bild des vermeintlich klugen Liberalen, der hier Dummheit, die das Land verwüstet, an den Eselsohren vor die Kamera zieht. Moores Suggestion, Amerikas Bewaffnung erwachse daraus, dass seine Bürger stets jene Gewalt fürchten, die ihr Land außenpolitisch anderen zufügt, ist so simpel und windschief, dass ihm die Pose des besserwissenden Schalks nicht zusteht. Hätte Moore geduldiger zugehört, hätte er nicht so wirkungsbewusst nach durchgeknallten Waffenfanatikern gesucht, er hätte uns und sich vielleicht ein wenig mehr verständlich machen können, warum Amerika bewaffnet ist. Und unter welchen Umständen es auf diese Waffen verzichten würde.

Thomas Klingenmaier, Stuttgarter Zeitung, 21.11.2002

(…) Moore hat sich mit den unterschiedlichsten Menschen unterhalten – von einem der beiden Attentäter von Oklahoma City über Mitglieder von Bürgerwehren bis hin zu Charlton Heston, dem Vorsitzenden der National Rifle Association (NRA). Dabei stellt er gern suggestive Fragen, die die Antworten schon vorgeben und die Befragten in Sicherheit wiegen. Erst viel zu spät bemerken sie, dass sie der pummelige Kerl mit der zu großen Jeans, der speckigen Lederjacke und der unverzichtbaren Baseballkappe aufs Glatteis geführt hat.
Besonders Charlton Heston bekommt Moores filmische Guerilla-Taktik zu spüren. In beispielloser Taktlosigkeit ließ der Schauspieler in Kansas City kurz nach dem Amoklauf

einen Kongress der NRA abhalten – trotz der inständigen Bitte des Bürgermeisters, die Veranstaltung abzusagen. Nun steht Heston Moore, der sich als NRA-Mitglied vorgestellt hat, Rede und Antwort – bis ihm dämmert, worum es hier geht. Als der Dokumentarfilmer ihm das Foto einer Sechsjährigen vorlegt, die von einem gleichaltrigen Jungen erschossen wurde, verlässt Heston in einer Mischung aus Demütigung und Zorn schweigend sein eigenes Haus. Und vielleicht hat Moore wieder sein Ziel erreicht: etwas zu bewirken, einen Menschen zu sensibilisieren.

Michael Ranze, epd-Film, 11/2002

Der Boxprinz 96

***

Regie: Gerd Kroske
Darsteller: Norbert Grupe
Drehbuch: Gerd Kroske
Kamera: Susanne Schüle
Musik: Archie Shepp, Charlie Parker
Schnitt: Karin Gerda Schöning
Prod.: Realistfilm mit WDR/SWR/SR; D 1999; 100 Min.
Verleih: Real Fiction, 24.1.2002

Wilhelm von Homburg absolvierte in den 60er-Jahren eine kurze, spektakuläre Boxkarriere. Jetzt schlägt er sich mit 60 Jahren als Kleindarsteller in Hollywood durch, wo ihn Gerd Kroske aufgespürt hat. Für seinen Dokumentarfilm befragte er Freunde, Zeitzeugen und von Homburg selbst. Der Respekt vor so viel ausgestellter Gewaltbereitschaft ist unübersehbar, und gerade dadurch erhält der Film eine rohe Authentizität. *tip, 2/2002*

Kritik: (...) Dem Filmemacher Gerd Kroske gelang ein spannendes Filmporträt einer Ausnahmegestalt des deutschen Sports. Er lässt viele Zeitzeugen zu Wort kommen, unter ihnen auch Werner Herzog (in dessen Film »Stroszek« Grupe mitspielte). Und auch der Boxprinz selbst gibt überraschend offen Auskunft. Mit Genugtuung erzählt er von seinem legendären Auftritt im Aktuellen Sportstudio, als Grupe in der Livesendung den Interviewer gnadenlos auflaufen ließ und einfach keinen Ton sagte. Eine gelungene Dokumentation über einen ganz besonderen Typen.

Martin Schwarz, Zitty, 2/02

The Boy Who Rushed 97

DECKO KOJEM SE ZURILO □

Regie: Biljana Cakic-Veselic
Drehbuch: Biljana Cakic-Veselic
Kamera: Biljana Cakic-Veselic, Boris Krtinic, Nebosa Slijepcevia, Pedrag Vekic
Schnitt: Uja Irgolc
Prod.: Factum Film; Kroatien 2001; 52 Min.
EA: 6.10.2001, Goethe-Forum München, »Neues aus Südost«

Der Dokumentarfilm erzählt von der Suche der Filmemacherin nach ihrem Bruder, der seit dem Krieg in Kroatien 1991 vermisst ist. In gewisser Hinsicht handelt es sich um eine Fortsetzung der Geschichte ihrer Großmutter, die ihr ganzes Leben lang auf die Rückkehr ihres Ehemannes gewartet hat, obwohl dieser im Zweiten Weltkrieg ums Leben gekommen ist.

Katalog Goethe-Forum

Boyz Klub 98

BOYZ KLUB **

Video

Regie: Lebrado Baracio
Darsteller: Chauncey Leopardi (Mario), Patrick Renna (Country), Jarrett Lennon (Ernie), Beau Bridges (Marios Vater), Tim Cavanaugh (Shag), Rachel Hunter
Drehbuch: Lebrado Baracio
Kamera: Chuy Elizando
Musik: Bob Christianson
Schnitt: Sherril Schlesinger
Prod.: Victoria Dawn Enterprises; USA 2001; 96 Min.
Vertrieb: VCL Video, September 2002
FSK: o. A.

Mario, vom Vater aufs Land geschickt und dort vom Vetter unterdrückt, gründet eine Basketballmannschaft. So hochgereckt der pädagogische Zeigefinger dieses Teenie-Melos auch sein mag, er ist so streichholzdünn wie die Story.

Brass on Fire 99

***

Regie: Ralf Marschalleck
Darsteller: Fanfare Ciocarlia
Drehbuch: Ralf Marschalleck
Kamera: Lars Barthel, Mario Köhler (Videocam)
Musik: Fanfare Ciocarlia
Prod.: Una Welt Film mit NDR/Arte/SFB; D 2002; 103 Min.
Verleih: Ventura, 19.9.2002
FSK: o. A., ffr.

Teils ethnografisches Porträt, teils Tourneebericht, stellt dieser Film die furiose Blasmusik und die Mitglieder der Zigeunerkapelle Fanfare Ciocarlia vor. Man gewinnt einen Eindruck vom ärmlichen Leben in ihrem rumänischen Heimatdorf, wo die Arbeitslosigkeit grassiert und die Volksmusikanten sich mehr schlecht als recht mit Auftritten bei Hochzeiten oder Taufen durchschlagen. Dann werden sie von einem Talentscout entdeckt und auf Konzertreise durch Europa und Japan geschickt, wo ihre mitreißenden Auftritte das Publikum buchstäblich vom Hocker reißen.

Ralph Umardt, tip, 19/2002

Kritik: (...) Wir bekommen in der Nachinszenierung der Kapellenkarriere eine leicht idyllische Armut zu Gesicht, aus der urwüchsige Lebensfreude entspringt. Welche Feindschaft in Rumänien zwischen Zigeunern und ihren Nachbarn herrscht, will dieser Film lieber nicht untersuchen. Ihm genügen fluchende und scherzende Männer, die ein gebrechliches Auto durch den tiefen Schlamm der Dorfstraße schieben, als Symbol für alle Widerstände. Als Videoclip zu Fanfare Ciocarlia funktioniert »Brass on Fire« prima. Als Meditation über den Widerspruch zwischen dem Berliner Publikum unten in der Halle und den Musikern oben auf der Bühne eher nicht.

Thomas Klingenmaier, Stuttgarter Zeitung, 19.9.2002

Breakaway – Ein knallharter Coup 100

CHRISTMAS RUSH **

Video

Regie: Charles Robert Carner
Darsteller: Dean Cain (Lt. Cornelius Morgan), Eric Roberts (Scalzetti), Bernard

Szene aus ›Brass on Fire‹

Browne (Wayne Unglesich), Jack Wallace (Santa), Aleks Paunovic (Petrovich), Ed Sutton (Det. Shanahan)
Drehbuch: Charles Robert Carner
Kamera: Michael Goi
Musik: John Debney, Louis Febre
Schnitt: Marc Leif
Prod.: Sony TV/TBS/Thomas Carter Comp.; USA 2002; 87 Min.
Vertrieb: Columbia TriStar, 17.12.2002
FSK: ab 16 J.

Heiliger Abend, ein Kaufhaus, ein Mann gegen eine Mörderbande – »Stirb langsam« im Discountformat, ein Actionthriller ohne Format.

Breaking Up 101

BREAKING UP ***

Video

Regie: Robert Greenwald
Darsteller: Russell Crowe (Steve), Salma Hayek (Monica), Abraham Alvarez
Drehbuch: Michael Cristofer
Kamera: Mauro Fiore
Musik: Mark Mothersbaugh
Schnitt: Suzanne Hines
Prod.: New Regency Prod.; USA 1997; 86 Min.
UA: 4.6.1996, Seattle Film Festival
Vertrieb: Screen Power Video, 30.10.2002
FSK: ab 12 J.

Dank (inzwischen) prominenter Namen darf diese Beziehungskomödie nach fünf Jahren Premiere auf Video und DVD feiern. Ums »Schlussmachen« geht's und ums Heiraten – und meistens macht's Spaß zuzusehen.

Brennen im Wind 102

BRUCIO NEL VENTO ***+

Regie: Silvio Soldini
Darsteller: Ivan Franek (Tobias), Barbara Lukesová (Caroline), Ctirad Götz (Janek), Caroline Baehr (Yolande), Cécile Pallas (Eve), Petr Forman
Drehbuch: Doriana Leondeff, Silvio Soldini, nach dem Roman »Hier« von Agota Kristof
Kamera: Luca Bigazzi
Musik: Giovanni Venosta
Schnitt: Carlotta Cristiani
Prod.: Albachiara mit RAI Cinema/Vega/ RTSI; Italien/Schweiz 2001; 118 Min.
EA: Int. Filmfestspiele Berlin 2002
Verleih: Prokino, 22.8.2002
FSK: ab 12 J., ffr.

Mit »Brot und Tulpen« schuf Silvio Soldini vor zwei Jahren eine herzerfrischend leichte und gleichzeitig melancholische Komödie. Sein neues Werk setzt dagegen auf Nachdenklichkeit. Nach dem Bestsellerroman von Agota Kristof erzählt er von der Welt des Exils, von Emigranten aus dem Osten, deren Träume an der rauen Wirklichkeit der Schweiz zerschellen. Ein italienischer Regisseur verfilmt das in Französisch geschriebene Buch einer Ungarin, die Handlung spielt in den Schweizer Bergen, mit Tschechisch sprechenden Schauspielern. Das hört sich nach Europudding an. Doch das solide Resultat straft Vorurteile Lügen. Soldini gelingt ein berührendes Drama über vom Schicksal Getriebene, Heimatlosigkeit und das zufällige Glück. (...) *Margret Köhler, AZ, 22.8.2002*

Kritik: (...) Präzise lotet Regisseur Silvio Soldini (»Brot und Tulpen«) zunächst die Alltagsmonotonie seines Eigenbrötlers Tobias aus, verliert sich aber zunehmend in melancholischen Rückblenden. Soldinis Quasi-Happy-End wirkt angesichts des minuziös herausgearbeiteten Fabrikarbeits- und Exilantenelends hoffnungsfroh unwirklich. Ein schwermütiges Drama.

Horst E. Wegener, Zitty, 18/2002

(...) Doch dramaturgische Geschlossenheit will sich bei diesem Film nicht einstellen. Die Schlüssigkeit und Stringenz einer überzeugenden Romanverfilmung, wie sie in »Brot und Tulpen« offenbar wurde, ist hier – dazu noch mit dem aufgeklebt wirkenden Schluss – nicht gegeben.

Thomas Engel, Der Gildendienst, 10/2002

Der Brief des Kosmonauten 103

***+

Regie: Vladimir Torbica
Darsteller: Luke Piyes (Ruslan Karimov), Frederick Lau (Heinrich Wormsbecher),

Oliver Bäßler (Gottfried Wormsbecher), Katja Medvedeva (Olga Wormsbecher), Ulrike Bliefert (Kommissarin), Vsevolod Tsurilo, Walera Kanischtscheff
Drehbuch: Vladimir Torbica
Kamera: Andreas Höfer
Musik: Vladimir Genin
Schnitt: Peter Przygodda
Prod.: Clasart; D 2002; 97 Min.
Verleih: Concorde, 22.8.2002
FSK: ab 6 J., ffr. – **FBW:** Wertvoll

Ein russlanddeutsches Ehepaar aus Sibirien kann mit seinem zehnjährigen Sohn Heinrich endlich nach Deutschland ausreisen. Der geplante Neuanfang in München gestaltet sich für die Familie alles andere als einfach, besonders Heinrich findet nur schwer Anschluss. Sein großer Traum ist es, später einmal Astronaut zu werden. Nach einem heftigen Streit mit seinem Vater, der ihn als Waisenkind nur adoptiert hatte, reißt er von zu Hause aus und versteckt sich in einer Gartenkolonie. Dort trifft er auf illegal eingewanderte junge Russen, die sich mit kleinen Gaunereien durchs Leben schlagen. Sie nehmen Heinrich zunächst gefangen, doch langsam entwickelt sich zwischen ihnen eine Freundschaft, die Heinrich helfen wird, besser mit der Realität zurechtzukommen.
Dem Spielfilmdebüt des in Belgrad geborenen HFF-Absolventen Vladimir Torbica gelingt es nicht nur, eine Brücke zwischen legalen Aussiedlern und illegalen Einwanderern aus Russland zu schlagen und Verständnis für ihre jeweilige Situation zu wecken, dank eines rundum überzeugenden Kinderdarstellers und mit einem warmherzigen Inszenierungsstil gelingt es ihm auch, bestehende Vorurteile zu relativieren. Mit seiner berührenden Coming-of-Age-Geschichte liefert er ein uneingeschränktes Plädoyer für das Recht auf eigene Träume und den Versuch ihrer Realisierung. Der positive Gesamteindruck wird lediglich durch die strikte Fernsehdramaturgie und leichte Drehbuchschwächen gemindert.

Holger Twele

Kritik: (...) Der Debütfilm von Vladimir Torbica schwankt zwischen Melancholie und Traurigkeit; er endet schließlich im Märchenhaften. Es gibt sehr schöne Momente, vor allem in der Freundschaft zwischen Heinrich und Ruslan, einem der Russen, doch insgesamt fehlt dem Film ein schlüssiges Drehbuch, eine persönliche Sprache und eine wirkliche Verbindlichkeit zwischen den Personen.

Heiko R. Blum, Rheinische Post, 23.8.2002

(...) Der Film ist von einer somnambulen Atmosphäre geprägt. Er ist unaufgeregt und unprätentiös. Und er strahlt, trotz der Schwere seines Stoffes, Leichtigkeit aus. Und Selbstbewusstsein. Genau das fühlt Heinrich, wenn er träumt, er gleite durchs All. Sicher und schwerelos an der Hand seines Freundes Ruslan, der zum Kosmonaut geworden ist.

Florian Boser, AZ, 22.8.2002

Bronx-Barbès 104

BRONX-BARBES □
TV

Regie: Eliane de Latour
Darsteller: Antony Koulehi Diate (Toussaint), Loss Sylla Ousseni (Nixon), Edwige Dogo (Mariam), Shang Lee Souleyman Kéré (Tyson), David Cyril Guen (Simpliste), Thomas Guei (Al Capone)
Drehbuch: Eliane de Latour mit Emmanuel Bourdieu
Musik: Philippe Miller
Prod.: Frankreich 2000; 107 Min.
TV: 27.11.2002, Arte, 22.30, OmU

Im Slum einer westafrikanischen Großstadt haben Toussaint und Nixon, zwei rebellische junge Männer, versehentlich einen Menschen getötet. Sie fliehen in die Bronx, ein Stadtviertel, das wegen seiner sozialen Autonomie »Ghetto« genannt wird. (...) *Pressetext*

Brot und Milch 105

KRUH IN MLEKO ****
TV

Regie: Jan Cvitkovic
Darsteller: Peter Musevski (Ivan), Sonja Savic (Sonja), Tadej Troha (Robi), Perica Radonjic-Pepi (Armando), Andraz Istenic, Matjaz Zuodar

Drehbuch: Jan Cvitkovic
Kamera: Toni Laznik
Musik: Drago Ivanus
Schnitt: Dafne Jemersic
Prod.: Vertigo/Emotionfilm mit TV Slovenia/ TPK; Slowenien 2001; 68 Min.
UA: Int. Filmfestspiele Venedig 2001
EA: Grenzland-Filmtage Selb 2002
TV: 11.12.2002, Arte, 22.45

Ivan wird vorzeitig aus dem Krankenhaus entlassen, wo sein Alkoholismus therapiert wurde. Zu Hause setzt seine Frau Sonja ein fröhliches Gesicht auf und hofft, dass sich in Zukunft alles zum Guten wendet. Aber Ivans gute Vorsätze halten nicht lange an. Als er am nächsten Tag beim Einkaufen zufällig seinen alten Freund Armando trifft, lädt dieser ihn in eine Kneipe ein. Das Wiedersehen muss schließlich gefeiert werden. Als sich im Gespräch herausstellt, dass Armando einmal ein Verhältnis mit Sonja hatte, erschüttert das Ivan so sehr, dass er einen Brandy nach dem anderen trinkt. Während Ivan sich betrinkt, taucht sein drogensüchtiger Sohn Robi ebenfalls in der Kneipe auf. Er setzt sich eine Heroinspritze – die Schwäche Ivans spiegelt sich in der jüngeren Generation. Sonjas Versuch, Ivan aus der Kneipe zu holen, schlägt fehl. Sie wird als Unruhestifterin verhaftet.
Gerade als alles verloren scheint, wechselt die Stimmung des Films in eine schwarze Komödie. Anstatt in totaler Depression endet der Film mit einem milden Lächeln.
Eine tragisch-komische Vision menschlichen Versagens, dessen Stil und authentisches Setting dem Regisseur Jan Cvitkovic letztes Jahr in Venedig den Preis für das beste Filmdebüt eingebracht hat.

Katalog Grenzland-Filmtage Selb 2002

The Brothers – Auf der Suche nach der Frau des Lebens 106

THE BROTHERS **

Video

Regie: Gary Hardwick
Darsteller: Morris Chestnut (Jackson Smith), D. L. Hughley (Derrick West), Bill Bellamy (Brian Palmer), Gabrielle Union (Denise Johnson), Tatyana Ali (Cherie Smith)
Drehbuch: Gary Hardwick
Kamera: Alexander Gruszynski
Schnitt: Earl Watson
Prod.: USA 2001; 101 Min.
Vertrieb: Columbia TriStar, 15.1.2002
FSK: ab 12 J.

Über die hormonellen Probleme von vier arrivierten Jugendfreunden – ein Komödiendrama mit einer Hand voll leidlich amüsanter Episoden zum Thema Geschlechterkampf.

Bruiser 107

BRUISER ***

Video

Regie: George A. Romero
Darsteller: Jason Flemyng (Henry Creedlow), Peter Stormare (Miles Styles), Leslie Hope (Rosemary Newley), Nina Garbiras (Janine Creedlow), Andrew Tarbert (James Larson), Tom Atkins (Det. McCleary)
Drehbuch: George A. Romero
Kamera: Adam Swica
Musik: Donald Rubinstein, The Misfits
Schnitt: Miume Jan Eramo
Prod.: Faceless mit Romero-Grunwald/ Le Studio Canal+; USA/Kanada/Frankreich 2000; 96 Min.
UA: 13.2.2000, Int. Filmfestspiele Berlin
Vertrieb: Sunfilm, 9.7.2002
FSK: ab 18 J.

Ewiger Verlierer erwacht eines Tages ohne Gesicht und unternimmt einen flächendeckenden Rachefeldzug. Interessant besetzter Horrorthriller, der sich selbst nicht allzu ernst nimmt.

Burning Paradise 108

HUO SHAO HONG LIAN SI *

Video

Regie: Ringo Lam
Darsteller: Willie Chi (Fong Sai Yuk), John Ching (Crimson), Chun Lam (Brooke), Carman Lee (Tou-Tou), Wong Kam-Young, Sheng Yang
Prod.: Hongkong 1994; 104 Min.
Vertrieb: Mo Asia, 5.3.2002
FSK: ab 18 J.

China im Mittelalter: Shaolinmönche werden dort in einer Knastburg zum Amüsement der Zuschauer zu Tode gebracht. Wer Blut und Sadismen liebt, wird bei diesem ebenso abgeschmackten wie hirnrissigen Fantasyspektakel auf seine Kosten kommen.

Calle 54 109
CALLE 54 ****
TV

Regie: Fernando Trueba
Darsteller: Mit: Paquito D'Rivera (Trompete, Klarinette), Eliane Elias (Klavier), Chano Dominquez (Klavier), Jerry Gonzales (Trompete, Flügelhorn)
Drehbuch: Fernando Truebe
Kamera: Jose Luis López-Linares
Musik: siehe: Darsteller
Schnitt: Carmen Frias
Prod.: Fernando Trueba PC/Cinétéve/SGAE/Arte France Cinéma; Spanien/Frankreich/Italien 2000; 105 Min.
EA: 1.7.2001, Filmfest München
TV: 18.12.2003, Arte, 22.45

In New Yorks 54. Straße (»Calle 54«) liegt das Sony Tonstudio, wo sich die besten Vertreter des Latin-Jazz trafen, um ihre Musik aufzunehmen. Hier in Manhattan filmte Fernando Trueba Bands und Solisten und fragte sie, warum gerade diese Musik ihre absolute Passion ist.

Candy 110
□
TV

Regie: Christopher Roth
Darsteller: Nicolette Krebitz (Candy), Jed Curtis (Elvis), Marek Harloff, Roman Knizka, Benno Fürmann, Vadim Glowna
Drehbuch: Martin Rauhaus, Christopher Roth
Kamera: Bella Halben
Prod.: FFP Ent. für NDR; D 1998; 85 Min.
TV: 9.5.2002, ARD, 23.30

Skurriler Krimi um die gerade aus der Haft entlassene Candy und drei Freunde, die Candys Leben neu ordnen wollen. *Pressetext*

The Cashier Wants to Go to the Seaside 111
BLAGAJNICA HOCE ICI NA MORE □

Regie: Dalibor Matanic
Darsteller: Dora Polic (Barica), Ivan Brkic (Sef), Milan Strljic (Inspektor), Nina Violic (Jadranka), Vera Zima (Stefica), Hana Hegedusic (Zeljka)
Drehbuch: Dalibor Matanic
Kamera: Branko Linta
Musik: Svadbas
Schnitt: Tomislav Pavlic
Prod.: Kroatisches TV (HRT); Kroatien 2000; 86 Min.
EA: 6.10.2001, Goethe-Forum München, »Neues aus Südost«

Baricas größter Wunsch ist es, mit ihrer kränklichen Tochter einige Tage zur Erholung an die Adriaküste zu fahren. Kurz bevor die Reise losgehen soll, wird ein gut aussehendes junges Mädchen in ihrem Supermarkt eingestellt … eine schwarze Komödie.
Katalog Goethe-Forum

The Cat's Meow 112
THE CAT'S MEOW □

Regie: Peter Bogdanovich
Darsteller: Kirsten Dunst (Marion Davies), Cary Elwes (Thomas Ince), Edward Herrmann (William Randolph Hearst), Eddie Izzard (Charlie Chaplin), Joanna Lumley (Elinor Glyn), Victor Slezak (George Thomas)
Drehbuch: Steven Peros, nach seinem gleichnamigen Stück
Kamera: Bruno Delbonnel
Schnitt: Edward Norris
Prod.: CP Medien/Dan Films; D/GB 2001; 110 Min.
UA: 3.8.2001, Int. Filmfestspiele Locarno, »Piazza Grande«
EA: Filmfest München 2002
Verleih: Kinowelt (geplant), noch nicht gestartet

Am 19. November 1924 geschah an Bord der Yacht »Oneida«, die dem Medientycoon William Randolph Hearst gehörte, ein Mord, der bis heute nicht restlos aufgeklärt ist.

(…) Verbürgt ist nur, dass der Filmproduzent Thomas Ince blutend und bewusstlos von der Jacht getragen wurde und kurz darauf starb. Hartnäckig hielt sich das Gerücht, Hearst habe ihn aus Eifersucht erschossen – übrigens versehentlich, da er eigentlich Charlie als Liebhaber seiner Freundin Marion Davies verdächtig-

te. Die Passagiere machten widersprüchliche Aussagen, obwohl sie der mächtige Zeitungsmagnat zum Schweigen verpflichtete. Chaplin bestritt, an Bord gewesen zu sein.
Als Journalist und Filmemacher war Bogdanovich seit jeher ein Meister der höflichen Annäherungen an die Mythen. Ganz in der Nachfolge John Fords entschied er sich im Zweifelsfalle immer dafür, die Legende zu drucken. Nur: Welche Legende wird es in diesem Fall sein? Natürlich will der versierte Geschichtenerzähler die Katze nicht aus dem Sack lassen. »Es gibt eine Erzählerin im Film, die Schriftstellerin Elinor Glyn«, antwortete er, »die eingangs sagt: ›Diese Geschichte wurde immer nur flüsternd erzählt. Dies ist das Flüstern, das man am häufigsten hörte.‹« (…)

Gerhard Midding, tip, 1/2001

Chain of Fools 113
CHAIN OF FOOLS ***

Regie: Traktor (Pontus Löwenhielm, Patrick von Krusenstierna)
Darsteller: Steve Zahn (Thomas Kresk), Salma Hayek (Serg. Meredith Colko), Jeff Goldblum (Avnet), Lara Flynn Boyle (Karen), Tom Wilkinson (Bollingsworth), Elijah Wood (Mickey)
Drehbuch: Bix Skahill
Kamera: Frederick Elmes
Musik: David A. Hughes, John Murphy
Schnitt: Harvey Rosenstock
Prod.: Bel Air Ent./City Block/Lord-Weaver Prod.; USA 2000; 94 Min.
Verleih: Tobis, 29.1.2002
FSK: ab 12 J.

Unverbesserlicher Chaot schlittert bei der Rettung eines Selbstmörders in einen Kriminalfall. Eine mit klingenden Namen aufgepeppte Krimogroteske mit nicht immer stimmigem, aber halbwegs originellem Plot.

Charlie und das Rentier 114
PRANCER RETURNS **
Video

Regie: Joshua Butler
Darsteller: John Corbett (Tom Sullivan), Stacy Edwards (Denise Holton), Michael O'Keefe (Mr. Klock), Jack Palance (Old Man Richards), Robert Clark (Ryan Holton), Gavin Fink (Charlie Holton)
Drehbuch: Greg Taylor
Kamera: Bruce Werrall
Musik: Randy Miller, Kristin Wilkinson
Schnitt: Sean Albertson
Prod.: Gypsy/Raffaella/USA Network/Via Genesis Prod.; Kanada/USA 2001; 90 Min.
Vertrieb: Universal Video, 14.11.2002

Durch Umzug isolierter Knabe entdeckt im Wald ein Rentierkitz – und glaubt, es gehöre zur Weihnachtsmanntruppe. Rührseliger Kitsch, durchsetzt von wenig Humor – ein konventioneller US-Familienfilm eben.

Charlotte Link: Der Verehrer 115
**
TV

Regie: Dagmar Damek
Darsteller: Florian Fitz (Wolfgang Dorn), Ursula Buschhorn (Leona Dorn), Edda Leesch (Eva), Bernhard Schir (Robert), Anja Kling, Johanna Klante
Drehbuch: Evelyn Holst, Dagmar Damek, nach dem gleichnamigen Roman von Charlotte Link
Kamera: Zivko Zalar
Prod.: Ziegler Film für ZDF; D 2002; 90 Min.
TV: 17.3.2002, ZDF, 20.15

Betrogene Ehefrau im Banne eines Klammer-Psychopathen: Der Psychothriller kann sich auf Dameks Sinn für Seelengrusel verlassen – doch die vielen nur angedeuteten Nebenstränge des Romans münden in simple Ehekrisenbewältigung in den Schöner-Wohnen-Etablissements von Society-Pappkameraden. Tragischer Standardquark der Herzschmerzriege.

Ponkie, AZ, 19.3.2002

Check-in to Desaster 116
□
TV

Regie: Uwe Frießner
Darsteller: Isabella Parkinson (Conny Neudorff), Jürgen Lehmann (Kris Brenner), André Hennicke (Müller), Adam Bousdoukos (Boogie), Ian Yule (Wim Vanderbourgh), Christopher Kriesa (Hans Krüger)
Drehbuch: Hansjörg Thurn
Kamera: Rodger Hinrichs

Prod.: CreaTV für Pro7; D/Südafrika 2002; 95 Min.
TV: 28.3.2002, Pro7, 20.15

Katastrophenthriller um einen Flugzeugabsturz und den anschließenden Überlebenskampf in der Wüste.

Chen Mo und Meiting 117
CHEN MO HE MEITING ****

Regie: Liu Hao
Darsteller: Wang Lingbo (Chen Mo), Du Huanan (Meiting)
Drehbuch: Liu Hao
Kamera: Li Bingquiang
Musik: Song Ge
Schnitt: Li Qing
Prod.: Liu Hao Film/zero Film/ZDF/Arte/Network Movie; China/D 2002; 78 Min.
UA: Int. Forum des Jungen Films Berlin 2002
Verleih: Pegasos, OmU, 28.11.2002

Beijing um die Jahrtausendwende. Chen Mo, früh verwaist und von seinem älteren Bruder aufgezogen, kommt vom Land in die Stadt, um hier das Geld zu verdienen, das er für die Augenoperation seines Bruders dringend benötigt. Meiting ist die Tochter einer während der Kulturrevolution zwangsumgesiedelten Familie. Sie kehrt zurück nach Beijing. Der Zufall lässt die beiden aufeinander treffen.

Kritik: (...) Liu Hao setzt die zarte platonische Liebesgeschichte zweier entwurzelter junger Menschen, die nicht nur versuchen, einander die Familie zu ersetzen, sondern auch um ihre soziale Existenz kämpfen, unspektakulär in Szene, lässt keinen Raum für Sentimentalitäten. In die frostige Kälte des Pekinger Winters hat der Regisseur diese Geschichte gepackt, in kühle Blau- und Grautöne, in der nur kurze Momente wahrer Gefühle Chen Mo und Meiting die Wärme schenken, nach der sie sich sehnen. Mit seiner Mischung aus leiser Melancholie und kargem Sozialdrama hat dieser chinesische Film das Berlinale-Publikum berührt und für sich eingenommen. *Bernd Jetschin, Filmecho-Filmwoche, 42/2002*

Chico 118
CHICO ****
TV

Regie: Ibolya Fekete
Darsteller: Eduardo Rózsa Flores (Ricardo), Sasa Anocic, Gyula Bodrogi, Sergio Hernández, Djordje Kukuljica, Richie Varga
Drehbuch: Ibolya Fekete
Kamera: Mátyás Erdély, Antonio Farias, Nyika Jaucsó
Schnitt: Anna Kornig
Prod.: Hunnia Filmstudio/Maxima/Roos Films mit ZDF/Arte; Ungarn/D/Kroatien/Chile 2001; 107 Min.
TV: 29.6.2002, Arte, 0.05, OmU

Als »ideologischen Abenteuerfilm« bezeichnet die ungarische Regisseurin ihren Film, eine Reise auf den revolutionären Irrwegen des letzten Jahrhunderts. Als Sohn eines überzeugten Kommunisten flüchtet der Titelheld vor dem Putsch in Chile nach Ungarn, arbeitet dort für Militär und Geheimdienst und endet schließlich als »Universal Soldier« der Revolution auf kroatischer Seite im Jugoslawienkrieg. Ohne verleumderische Tendenzen dekonstruiert Fekete, die den Preis für die beste Regie erhielt, die ideologischen Verklärungen des Kriegs und setzt den Balkankonflikt in Relation zur Weltgeschichte vorangegangener Jahrzehnte.

Martin Schwickert, Stuttgarter Zeitung, 16.7.2001

Kritik: Der Film erhält den Preis für seine überzeugende Darstellung, wie das Ideal der Freiheit stetigen geschichtlichen Veränderungen unterliegt, ohne dass es jemals ganz erreicht eingelöst wird. Der Film zeigt auf innovative Weise, dass einige Kriege und Revolutionen unvermeidlich sind und dass sich jeder Einzelne mit der Logik dieser Entwicklungen auseinander setzen muss. Die Jury empfiehlt den Film, weil er die spirituellen Dimensionen der menschlichen Existenz aufzeigt, die auch Bestand haben, wenn sich Ideologien und Regierungen ändern.

Begründung der ökumenischen Jury für den Preis bei den Int. Filmfestspielen in Karlóvy Vary 2001

Chronik eines Frühstücks 119
CRÓNICA DE UN DESAYUNO ****+

Regie: Benjamin Cann
Darsteller: Maria Rojo (Luz Maria), Angélica Aragón (Paloma), Bruno Bichir (Marcos), José Alonso (Pedro), Odiseo Bichir (Roberto), Fabiana Perzabal (Blanca)
Drehbuch: Sergio Smuckler, nach dem gleichnamigen Theaterstück von Jesus González Dávila
Kamera: Serguei Saldivar
Schnitt: Carlos Bolado, Benjamin Cann, Celina Moreno
Prod.: Mexiko 1999; 120 Min.
Verleih: Kinoinitiative, OmU, 27.6.2002

Chaotisch geht's zu in dieser mexikanischen Mittelstandsfamilie. Alle plärren wild durcheinander – jeder für sich und aneinander vorbei. Der Älteste weigert sich, erwachsen zu werden, die Tochter flüchtet, und der Jüngste probt schon mal den Kleinganoven in spe. Nur die Mutter hegt noch die Vision von Harmonie, zumal ihr Mann nach acht Jahren wieder heimgekehrt ist. Doch ein geordnetes Leben lässt sich nicht beschwören, wenn unterdrückte Leidenschaften brodeln. Also muss ein Transvestit seinen Schwanz verlieren, wartet ein Boxer auf sein Comingout, und dann steht da noch das rote Sofa in der sich minuziös verändernden Wohnung herum. Jede Menge Chiffren also für Geduldige, die monströse Persiflagen auf Soaps in wackeligen Bildern mögen.
Cristina Moles Kaupp, tip, 13/2002

Kritik: (...) »Chronik eines Frühstücks« ist ein Episodenfilm der surrealen Art. Die Handkamera führt ein aberwitziges Eigenleben, die Figuren sind groteske Wiedergänge bizarrer (Alb-)Träume. Der ganze Streifen irrt durch seine Geschichte wie eine Billardkugel über das Tuch. Ein exzentrischer Film voll bitterer Komik und Schwindel erregender Bilder.
Dirk Pilz, Zitty, 14/2002

Chutney Popcorn 120
CHUTNEY POPCORN ***

Regie: Nisha Ganatra
Darsteller: Nisha Ganatra (Reena), Jill Hennessy (Lisa), Nick Chinlund (Mitch), Madhur Jaffrey (Meenu), Ajay Naidu (Raju), Cara Buono (Janis)
Drehbuch: Susan Carnival, Nisha Ganatra
Kamera: Erin King
Musik: Karsh Kale
Schnitt: Jane Pia Abramowitz
Prod.: Mata Prods.; USA 1999; 92 Min.
EA: Int. Filmfestspiele Berlin 2000, »Panorama«
Verleih: TiMe, 4.1.2001 (angekündigt, nicht gestartet)

Zwischen Realismus und Komik hin- und herschwankende Dramödie um eine junge indische und lesbische Einwanderin in New York, die ihrer frisch verheirateten Schwester als Leihmutter aushelfen will und dabei zwischen alle mögliche Stühle fällt. Ein Film mit einem interessanten Thema, das er letztendlich leider nur halbherzig bewältigt. *Uli Buchner*

Kritik: (...) Nisha Ganatra, Kanadierin indischer Herkunft, hat für »Chutney Popcorn« das Buch mitgeschrieben, Regie geführt und die Hauptrolle gespielt. Der Film ist mit Tempo inszeniert, wenn sich auch die Lesben ein paar Mal zu oft in eine etwas altkluge Mädels-sind-wir-cool-Pose werfen. Trotzdem vergnügte Schauspieler, eine gut entwickelte Story und überzeugende Charaktere hat der Film allemal zu bieten. (...) *Susanne Nieder, Der Tagesspiegel, 15.2.2000*

Cinderella 2 – Träume werden wahr 121
CINDERELLA II: DREAMS COMETRUE ***+
Video

Regie: John Kafka
Darsteller: Die Originalstimmen und ihre Rollen: Jennifer Hale (Cinderella), Tress MacNeille (Anastasia), Rob Paulsen (Jaq/Baker/Herr Hugh), Corey Burton (Gus), Russi Taylor (Fairy/Mary Mouse/Beatrice/Daphne/Drizella), Holland Taylor (Prudence)
Drehbuch: Tom Rogers, Jill Blotevogel, Jule Selbo

Musik: Michael Tavera
Schnitt: Julie Anne Lau
Prod.: Walt Disney TV; USA 2000; 76 Min.
Vertrieb: Buena Vista Video, 28.2.2002
FSK: o. A.

Eine fidele Mäuseschar schreibt für Cinderella ein Buch mit den schönsten Geschichten. Süßlicher, selten einfallsreicher und noch seltener charmanter Zeichentrickfilm.

Claim – Der Betrug 122

CLAIM ***

Video

Regie: Martin Lagestee
Darsteller: Louise Lombard (Ellen Brachman), Billy Zane (Roberto Bealing), John Shrapnel (Lex Vandenberg), Mark Tandy (Peter van Hoojdonk), Stephen da Costa (Javier Ortega), Jorge Rivera Lopez (Juan Pasaron)
Drehbuch: Dick Maas, Gerard Soeteman, nach der Novelle »Claim« von Charles Den Tex
Kamera: Lex Wertwijn
Musik: Jurre Haanstra
Schnitt: Jurre Haanstra
Prod.: Cine/Claim/Lagestee Prod.; Argentinien/Niederlande 2001; 93 Min.
Vertrieb: BGM Video, Juli 2002
FSK: ab 12 J.

Rotterdamer Versicherungsdetektivin reist nach Buenos Aires, um dort den mysteriösen Untergang eines Frachtschiffs zu klären. Konventioneller, aber grundsolider Thriller, der seine Geschichte mit angenehmer Zurückhaltung erzählt.

Classic 123

KLASSIKO □

Regie: Kari Väänänen
Darsteller: Martti Suosalo, Janne Hyytiäinen, Matti Onnismaa, Pertti Sveholm
Drehbuch: Kari Väänänen, nach dem gleichnamigen Roman von Kari Hotakainen
Kamera: Timo Salminen
Musik: Iiro Rantala
Prod.: Sputnik Oy; Finnland 2001; 80 Min.
EA: 16.2.2001, Int. Forum des Jungen Films Berlin
Verleih: Freunde, Februar 2002

Der Film, von Aki Kaurismäkis Firma Sputnik Oy produziert, erzählt in parodistischem Stil die Geschichte eines ruhmbesessenen Schriftstellers und seines Doppelgängers, eines Autonarren. *Zitty, 4/2001*

Codename: Elite 124

THE ELITE *

Video

Regie: Terry Cunningham
Darsteller: Jürgen Prochnow (Awi), Maxine Bahns (Lena), Robin Givens (Ashe), Joel West (Wet), Keith Brewer (Keith), Derek Brewer (Drek)
Drehbuch: Terry Cunningham
Kamera: Jacques Haitkin
Musik: Sean Murray
Schnitt: Paul G. Volk, Howard Flaer, Florent »Donny« Retz
Prod.: Mediapro Pic.; USA 2001; 99 Min.
Vertrieb: Splendid, 22.3.2002
FSK: ab 18 J.

Terrorwaisen, zu Killermaschinen ausgebildet, treten gegen den Mörder ihrer Eltern an. So oder so ähnlich die haarsträubende Mär, die uns dieser Action-Rohrkrepierer auftischen will.

Collateral Damage 125

COLLATERAL DAMAGE **+

Regie: Andrew Davis
Darsteller: Arnold Schwarzenegger (Gordon Brewer), Elias Koteas (Peter Brandt), John Leguizamo (Felix Ramirez), Cliff Curtis (Claudio Perrini, »Der Wolf«), John Turturro (Armstrong), Francesca Neri (Selena Perrini)
Drehbuch: David Griffiths, Peter Griffiths, nach einer Story von Ronald Rose, the Griffiths
Kamera: Adam Greenberg, Craig Haagensen (2nd unit)
Musik: Graeme Revell
Schnitt: Dov Hoenig, Dennis Virkler
Prod.: Warner mit Bel-Air; USA/Mexiko 2001; 109 Min.
Verleih: Tobis, 21.2.2002
Vertrieb: BMG Video (Video, DVD)
FSK: ab 16 J., ffr.

Ein Film, der sowohl den Unmut kolumbianischer Aktivisten als auch den des Berufsverbands der neuen Helden Amerikas, der Feuerwehrleute, auf sich gezogen hat, kann eigentlich nicht ganz schlecht sein. Aber der Geschichte um einen Feuerwehrmann, der die Auslöschung seiner Familie an kolumbianischen Terroristen rächt, fehlt es entschieden an Elan. So hat das neue Schwarzenegger-Vehikel, das im Klima patriotischer Wehrertüchtigung eigentlich der Film zur Stunde hätte sein können, reichlich Patina angesetzt; offenbar schon beim Schreiben des Drehbuchs.

Gerhard Midding, tip, 4/2001

Kritik: (…) Das Filmstudio Warner Bros. verschob auf unbestimmte Zeit den für den 5. Oktober geplanten Start des Films »Collateral Damage«. Darin verlangt Arnold Schwarzenegger in der Hauptrolle eines Feuerwehrmannes aus Los Angeles nach Gerechtigkeit, nachdem seine Familie Opfer eines terroristischen Angriffs geworden ist. Am vergangenen Donnerstag zog das Studio die Fernsehwerbung für den fast 80 Millionen Dollar teuren Film zurück. Jetzt sollen auch die Reklametafeln verschwinden. »Wir wollen nicht unsensibel sein, wo die Nation trauert«, sagte der Filmproduzent Steven Reuther. (…)

Der Tagesspiegel, 17.9.2002

Interview: *Die oft gehörte These, in Hollywood werde nichts mehr so sein wie zuvor, ist also Blödsinn?*

Ich denke, Actionspektakel wird es immer geben. Nur bei Filmen, die direkt mit Terroranschlägen zu tun haben, werden gewisse Änderungen gemacht. Zum Beispiel bei »True Lies 2«, den ich demnächst drehen will. Da war das Drehbuch schon fertig – nun wurde einiges umgeschrieben. Generell wird die Story wichtiger. In den 80er-Jahren zählte nur die Größe der Waffen und Effekte, heute muss auch die Geschichte stimmen. Aber das hat mit den Ereignissen vom 11. September nichts zu tun. Das ist schon länger so.

In Variety hieß es, »Collateral Damage« solle besser nicht im Ausland gezeigt werden. Der Film sei das perfekte Beispiel für die Kurzsichtigkeit, Dummheit und Ahnungslosigkeit, die Hollywood sowieso immer vorgeworfen wird.

Jeder soll seine Meinung haben, das ist das Schöne. Ich bin nicht in diesem Geschäft, um gute Kritiken zu bekommen. Wer solche Aussagen nicht ertragen kann, sollte aufhören. Showgeschäft und Politik, das sind die beiden Felder, wo man die dickste Haut braucht.

Arnold Schwarzenegger im Interview mit Tobias Kniebe, SZ, 20.2.2002

.com for Murder 126

.COM FOR MURDER **

Video

Regie: Nico Mastorakis
Darsteller: Nastassja Kinski (Sondra Brummel), Nicollette Sheridan (Misty Brummel), Roger Daltrey (Ben), Huey Lewis (Matheson), Jeffrey Dean (Werther), Kim Valentine (Lynn)
Drehbuch: Nico Mastorakis, Phil Arr, nach der gleichnamigen Story von Nico Mastorakis
Kamera: Andreas Bellis
Musik: Ross Levinson
Schnitt: George Rosenberg
Prod.: Omega Ent.; USA 2001; 93 Min.
Vertrieb: Kinowelt Video, 6.8.2002
FSK: ab 16 J.

Im Internetchat trifft Sondra auf einen Herrn, der sich als Frauenkiller entpuppt. Weder spannender noch sonstwie ernst zu nehmender Pseudo-High-Tech-Krimi.

Commando Deep Sea 127

FROGMEN: OPERATION STORMBRINGER / U.S. SEALS 3: FROGMEN *

Video

Regie: Franklin A. Vallette
Darsteller: Tyler Christopher (Captain), Bentley Mitchum (Casper), John Simon Jones, Gary Murphy
Drehbuch: Steve Latshaw
Kamera: Don E. FauntLeRoy
Prod.: Nu Image; USA 2002; 90 Min.
Vertrieb: Sunfilm Video, 9.12.2002
FSK: ab 18 J.

Elitekämpfer tritt gegen Topterroristen an, die Superbombe mopsen wollen. Krachende Action – sonst aber auch wirklich nix.

Confidential 128

A GUN, A CAR, A BLONDE ***

Video

Regie: Stefani Ames
Darsteller: Jim Metzler (Richard/Rick Stone), Victor Love (Bobby/the Black Chinaman), Kay Lenz (Peep/Madge), Andrea Thompson (Nachbarin/Jade), John Ritter (Dunkcan/Barkeeper), Billy Bob Thornton (Syd/Monk)
Drehbuch: Tom Epperson, Stefani Ames
Kamera: Carlos Gaviria
Musik: Harry Manfredini, Frank Palmieri
Schnitt: Peter Zinner
Prod.: Vista del Mar/B. F. A. Cinema/Century Park; USA 1996; 103 Min.
Vertrieb: VCL Video, Dezember 2002
FSK: ab 12 J.

Gelähmt im Rollstuhl und von Schmerzen zermürbt flieht Richard in die Fantasie und wird zum Privatdetektiv Rick Stone.

Kritik: (…) Dabei sind Richards Fantasien deutlich überzeugender geraten. Denn während die Wirklichkeit ein wenig larmoyant und stellenweise mit recht groben Effekten gezeichnet wird, hat die Regie für die Hommage an die »schwarze Serie« einen durchaus amüsanten, respektvoll-ironischen Ton gefunden. Geschickt spielt der Film mit den Genreklischees und genüsslich werden die vertrauten Stilmittel – lakonische Dialoge, Kameraeinstellungen, Lichteffekte, Musik usw. – zitiert. Da mischen sich dann Spannung und nostalgisches Vergnügen auf unterhaltsame Weise.

Film-Dienst, 25/2002

Cotton Mary 129

COTTON MARY **

Video

Regie: Ismael Merchant
Darsteller: Greta Scacchi (Lily), Madhur Jaffrey (Mary), James Wilby (John), Neena Gupta (Blossom), Sakina Jaffrey (Rosie), Sarah Badel (Frau Evans)
Drehbuch: Alexandra Viets
Kamera: Pierre L'Homme
Musik: Richard Robbins
Schnitt: John David Allen
Prod.: Cotton Prod./Merchant Ivory Prod.; GB 1999; 122 Min.
UA: 5.11.1999, London Film Festival
Vertrieb: Columbia TriStar Home, 19.2.2002
FSK: ab 12 J.

Indien in den 50ern: Dunkelhäutiges Kindermädchen versucht, sich mit Macht im Hause ihrer englischen Herren zu etablieren. Ein mit angerissenen Psycho- und Sozialkonflikten voll gestopftes, inhaltlich wie handwerklich fragwürdiges Melodram.

Crawlers 130

THEY CRAWL *

Video

Regie: John Allardice
Darsteller: Daniel Cosgrove (Ted Gage), Tamara Davies (Gina O'Bannon), Dennis Boutsikaris (Prof. Jürgen), Ken Lerner (Coroner Glen), Mickey Rourke (Tiny Frakes), Tim Thomerson
Drehbuch: Curtis Joseph, David Mason
Kamera: Maximo Munzi
Musik: Neal Acree
Schnitt: Craig Kitson
Prod.: USA 2001; 90 Min.
EA: Fantasy Filmfest 2002
Vertrieb: Highlight Video, 29.8.2002
FSK: ab 16 J.

Diesmal sind's die Kakerlaken, die zum Angriff auf die Menschheit blasen. Für hartnäckige Tierhorrorfans …

Crazy Christmas – Weihnachten bei Santa Claus 131

TWICE UPON A CHRISTMAS **

Video

Regie: Tibor Takacs
Darsteller: Kathy Ireland (Kristin Klaus), Mary Donelly-Haskell (Rudolfa Klaus), John Dye (Bill Morgan), Ryf Van Rij (Glitch), Arturo Gil (Wahoo), James N. Kirk (Kyle Morgan)
Kamera: Ron Orieux
Musik: Guy Zerafa
Schnitt: Ellen Fine
Prod.: USA 2001; 90 Min.
Vertrieb: Paramount Video, 12.12.2002
FSK: ab 6 J.

Bereits zum zweiten Mal sagt die böse Tochter des Weihnachtsmanns heiligen Traditionen den Kampf an. Zuckerguss-Märchen für Kinder.

Crazy Time – Lernen fürs Leben 132

MY HORRIBLE YEAR! **

Video

Regie: Eric Stoltz
Darsteller: Mimi Rogers (Tante Marion), Allison Mack (Nik Faulkner), Karen Allen (Belinda Faulkner), Eric Stoltz (Onkel Charlie), J. Adam Brown (Zack Bomback), Jack Duffy
Drehbuch: P. J. McIlvaine
Kamera: David Perrault
Schnitt: Amy E. Duddleston
Prod.: Millbrook Farm Prod.; USA 2001; 88 Min.
Vertrieb: Paramount Video, 16.5.2002
FSK: ab 6 J.

Pubertätsprobleme einer 15-Jährigen, die in familiäre Turbulenzen gerät. Von Schauspieler Stoltz als Debüt betulich inszeniertes Teenie-Lustspiel ohne Substanz.

Cremaster 2 133

CREMASTER 2 ***+

Regie: Matthew Barney
Darsteller: Norman Mailer (Harry Houdini), Matthew Barney (Gary Gilmore), Anonymous (Baby Fay La Foe), Lauren Pine (Bessie Gilmore), Scott Ewalt (Frank Gilmore), Patty Griffin (Nicole Baker)
Drehbuch: Matthew Barney
Kamera: Peter Strietmann
Musik: Jonathan Bepler
Prod.: Glacier Field Prod.; USA 1999; 79 Min.
EA: Int. Filmfestspiele Berlin 2000, »Panorama«
Verleih: noch offen, noch nicht gestartet

(...) Stetig hat sich Matthew Barney in den bisher fertig gestellten Filmen von seinen exmperimentellen Anfängen mit Videoinstallationen und Splitscreen-Effekten dem filmischen Erzählen angenähert. Der Zyklus kreist um die Themen Selbstbeschränkung, Verwandlung, Fortpflanzung und thematisiert dabei immer auch die Prozesse der Kunst. Der titelgebende Muskel, der die männlichen Hoden je nach Kälte- oder Wärmeeinwirkung hochzieht, verbindet biologische und künstlerische Spannungsfelder. Erstmals schimmert jetzt hinter den suggestiven Szenenfolgen eine Erzählung auf, die sich an biografischer Historie orientiert, an der Geschichte des Mörders Gary Gilmore, der 22 Jahre seines Lebens hinter Gittern verbrachte und seine Hinrichtung selbst forderte. Dabei wirken die Szenen wie Punkte, zwischen denen der Betrachter im Kopf die erzählerischen Linien ziehen muss. *Anke Sterneborg, SZ, 16.2.2001*

Interview: *Sie nähern sich den organischen, biologischen und sexuellen Motiven Ihrer Filme auf eine kühle, analytische Weise.*

Das hat mit dem Licht zu tun, es gleicht dem im Operationssaal, in dem man verschiedene Aspekte eines Systems klar und isoliert sehen kann. Das ist ganz ähnlich wie die Lichtverhältnisse am frühen Morgen an bestimmten Orten der Welt, wahrscheinlich ist es das Licht, mit dem ich aufgewachsen bin, in Idaho.

Ein auffallend kaltes Licht.

Es ist für mich auch das Licht, in dem Kunst gezeigt werden sollte. Im Museum of Modern Art in New York ärgert es mich immer, die Bilder in diesem gelben Licht zu sehen – man kann die Farben gar nicht richtig sehen. Und mit dem Tageslicht, in dem sie normalerweise gemalt werden, hat das gar nichts zu tun!

Wenn Sie sich jetzt der Biografie des mehrfachen Mörders Gary Gilmore über die geografischen Stationen seiner Biografie nähern, ist das auf paradoxe Weise ein fast dokumentarischer Ansatz.

Die verschiedenen Genres, die sich das »Cremaster«-Projekt in all den Jahren angeeignet hat, ob das die Oper, das Ballett, das Musical, der Kavalleriewestern ist, sind völlig austauschbar. Die Arbeit braucht einfach nur einen Körper, in dem sie sich für eine begrenzte Zeit aufhalten kann.

Wie schwer ist es für Sie als Künstler, mit einem immerhin achtköpfigen Filmteam zu arbeiten?

Das erscheint mir viel natürlicher, als allein im Studio zu arbeiten. Das liegt schon daran, das ich mein ganzes Leben lang Football gespielt habe.

Matthew Barney im Interview mit Anke Sterneborg, SZ, 16.2.2001

Crime is King 134

3000 MILES TO GRACELAND ***

Regie: Demian Lichtenstein
Darsteller: Kurt Russell (Michael Zane), Kevin Costner (Murphy), Courteney Cox (Cybil Waingrow), Christian Slater (Hanson), Kevin Pollak (Federal Marshal Damitry), David Arquette (Gus)
Drehbuch: Richard Recco, Demian Lichtenstein
Kamera: David Franco
Musik: George S. Clinton
Schnitt: Michael Duthie, Miklos Wright
Prod.: Morgan Creek/Franchise Pic. mit Lightstone Ent.; USA 2000; 125 Min.
UA: 23.2.2001, N. Y.
Verleih: Warner Bros., 23.5.2002
Vertrieb: Warner Video (Video, DVD)
FSK: ab 18 J., ffr.

Fünf Bekloppte in Elvis-Kostümen marschieren bis an die Jackettkronen bewaffnet in ein Las-Vegas-Hotel ein, wo gerade ein Elvis-Imitatoren-Contest stattfindet. Es hebt an ein Gemetzel, Geballer und Geraube, wie es das »state of the art« der Videomassakerspiele so erlaubt. Die als Raub getarnte Blutorgie gelingt. Dann massakrieren sie sich gegenseitig. Das ist okay, weil man sich eh keinen Deut für irgendeinen der Typen interessiert.

tip, 11/2002

Kritik: (…) »Crime is King« ist eine Art gefriergetrocknete Nachgeburt von »Reservoir Dogs«. Tarantinos Regiedebüt hatte 1992 mit seinen extracoolen Dialogen und expliziter Gewaltdarstellung Hollywood als moralische Anstalt herausgefordert. Hier kann man nun studieren, was herauskommt, wenn diese Art von Kultkino zehn Jahre lang im Mainstream zermahlen wird. Der anarchische Charme bleibt auf der Strecke. Grobschlächtige Gewaltszenen verkommen zum Dekor. Übrig bleibt das, was man Tarantino damals zu Unrecht vorgeworfen hat: blanker, dummer Zynismus.

Martin Schwickert, AZ, 23.5.2002

Critical Mass – Wettlauf mit der Zeit 135

CRITICAL MASS **

Video

Regie: Ed Raymond (= Fred Olen Ray)
Darsteller: Treat Williams (Mike), Lori Loughlin (Janine), Udo Kier (Sampson), Blake Clark, Doug McKeon, Andrew Prine
Drehbuch: Sean McGinly
Kamera: Theo Angell
Musik: Neal Acree
Schnitt: Randy Carter
Prod.: Mass Prod.; USA 2000; 91 Min.
Vertrieb: VCL, 21.3.2002
FSK: ab 16 J.

Terroristen stürmen Kernkraftwerk, um Nuklearkatastrophe auszulösen, werden aber von mutigem Wachmann ausgebremst. Action in seiner blödesten Form.

Croatia 2000: A Winter to Remember 136

NOVO, NOVO VRIJEME ****

Regie: Rajko Grlic, Igor Mirkovic
Darsteller: Goran Bare, Drazen Budisa, Radimir Cacic, Zlatko Canjuga, Silvije Degen, Vlado Gotovac
Kamera: Mario Delic, Svebor Kranic, Goran Legovic, Igor Savatovic, Alan Stankovic, Slobodan Trninic, Maja Zrnic
Musik: Martija Dedic
Prod.: Kroatien 2001; 104 Min.
EA: 6.10.2001, Goethe-Institut München, »Neues aus Südost«

Der Film dokumentiert die dramatischen politischen Ereignisse nach dem Tod von Franjo Tudman aus der Perspektive von neun wichtigen Politikern. Er zeigt das turbulente Geschehen hinter den Kulisen bis zum Sieg von Stipe Mesic bei den Präsidentschaftswahlen in einer Zeit des Aufbruchs.

Die Schlacht am Delaware 1776 in ›The Crossing‹

Crocodile Hunter – Auf Crash-Kurs 137

CROCODILE HUNTER – COLLISION COURSE **

Regie: John Stainton
Darsteller: Steve Irwin (Steve Irwin), Terri Irwin (Terri Irwin), Magda Szubanski (Brozzie Drewitt), David Wenham (Sam Flynn), Lachy Hulme (Bob Wheeler), Aden Young (Ron)
Drehbuch: Hollöy Goldberg Sloan
Kamera: David Burr
Musik: Mark McDuff
Schnitt: Suresh Ayyar, Bob Blasall
Prod.: Best Picture Show/Cheyenne Ent.; USA 2002; 89 Min.
Verleih: 20th Century Fox, 17.10.2002
FSK: ab 6 J., ffr.

Das australische Ehepaar Steve und Terri Irwin bietet auf dem Discovery Channel eine Natursendung an, die einen Teil Grzimek mit neuen Teilen Rambo mixt. Irwin nimmt Kobras am Schwanz hoch, tätschelt Krokodile und kitzelt Riesenspinnen die Giftdrüsen. Der Erfolg des Schabernacks hat nun den Kinofilm »Crocodile Hunter« geboren. Auch der besteht aus Mutproben im Actionfernsehformat respektive aus praktischen Vorführungen all dessen, was man auf Fotosafaris unterlassen sollte. Ein unvorstellbar schief zusammengetölpeltes Krimigerüst um Agenten, die eine Satelliten-Blackbox in einem Krokobauch suchen soll, die Tierschau als Spielfilm verkleiden. (…)

Thomas Klingenmaier, Stuttgarter Zeitung, 19.10.2002

Crocodile II 138

CROCODILE 2: DEATH ROLL **

Video

Regie: Gary Jones
Darsteller: Heidi Noelle Lenhart (Mia), Steve Moreno (Brian), Jon Sklaroff (Sol), Chuck Walczak (Zach), James Parks (Squid), Martin Kove (Roland)
Drehbuch: Adam Gierasch, Jace Anderson, nach einer Story von Boaz Davidson
Kamera: Rasool Ellore
Musik: Bill Wandel
Schnitt: Alison Learned
Prod.: Nu Image; USA 2001; 90 Min.
Vertrieb: Highlight, 14.2.2002
FSK: ab 16 J.

Mit dilettantischen Bankräubern stürzt ein Flugzeug über sumpfigem Gelände ab. Die Überlebenden kämpfen nun mit hungrigen Riesenechsen. Alberner Tierhorror von der Stange.

The Crossing – Die entscheidende Schlacht 139

THE CROSSING ***

Video

Regie: Robert Harmon
Darsteller: Jeff Daniels (George Washington), Roger Rees (Hugh Mercer), Sebastian Roché (John Glover), Steven McCarthy (Alexander Hamilton), John Henry Canavan (Henry Knox), Ned Vukovic (William Stirling)
Drehbuch: Howard Fast, nach seinem gleichnamigen Roman
Kamera: René Ohashi
Musik: Gary Chang
Schnitt: Zach Staenberg
Prod.: Columbia TriStar/Arts & Ent./Chris-Rose Prod.; USA 1999; 88 Min.
Vertrieb: Columbia TriStar Video, 13.2.2002
FSK: ab 12 J.

Weihnachten 1776 tobt am Delaware River die Schlacht der US-Truppen gegen die Engländer. Der US-TV-Film schildert in historisch fragwürdiger Weise Washingtons Angriff auf einen hessischen Söldnertrupp. Auf Psychologie und Visualisierung ausgerichtetes Historiendrama.

Cuba Son 140

CUBA SON ****

Regie: Yves Billon
Darsteller: Camillo Azuquita et Los Jubiladoss
Kamera: Yves Billon
Musik: Los Jubilados
Prod.: Frankreich 2002; 90 Min.
Verleih: Kinoinitiative, 25.7.2002, Berlin

Los Jubilados nennt sich die Band, die im Mittelpunkt von »Cuba Son« steht. Die alten Herren spielen mit großem Ernst. Die Improvisationen des Son, aus dem sich der Salsa entwickelte, erfordern nicht nur rhythmisches und musikalisches Können, sondern der frei improvisierte Text auch Sprachwitz und Einfallsreichtum. Yves Billon beobachtet diesen künstlerischen Prozess, ohne selbst Kunst abliefern zu wollen. Das ist die überzeugende Qualität dieser Dokumentation, die aus 90 Minuten bester Musik besteht.

tip, 15/2002

Curiosity & The Cat 141

CURIOSITY AND THE CAT **+

Video

Regie: Christian Alvart
Darsteller: Konstantin Graudus (Henri Kappes), Nadeshda Brennicke (Paula), Klaus Zmorek (Flagg), Thomas D. (Kurt), Natascha Graf (Julie), Heibert Czerniak (Jellinsk)
Drehbuch: Christian Alvart
Kamera: Peter Przybylski
Musik: Michi Britsch, Wolfgang Thomas
Schnitt: Philipp Stahl
Prod.: Syrreal/Studio Babelsberg Int./ Mr. Brown/Jost Hering Filmprod.; D 1999; 79 Min.
UA: Max-Ophüls-Preis Saarbrücken 1999
Vertrieb: e-m-s Video, 28.5.2002
FSK: ab 16 J.

Inspirationsloser Maler spioniert Nachbarn aus, der ihm durch merkwürdige Aktivitäten auffiel. Sonderbarer Thriller, ambitioniert bis zur Stilwut inszeniert und nur gelegentlich überzeugend.

D-Tox – Im Auge der Angst 142

EYE SEE YOU / D-TOX ***+

Regie: Jim Gillespie
Darsteller: Sylvester Stallone (Jake Malloy), Charles S. Dutton (Chuck Hendricks), Polly Walker (Jenny Munroe), Kris Kristofferson (Dr. John Mitchell), Tom Berenger (Hank), Sean Patrick Flanery (Connor)
Drehbuch: Ron L. Brinkerhoff, Patrick Kelly, nach der Story »Jitter Joint« von Howard Swindle
Kamera: Dean Semler
Musik: John Powell
Schnitt: Steve Mirkovich
Prod.: Universal mit KC Medien/Capella; USA/D 2001; 95 Min.
Verleih: UIP, 17.1.2002
Vertrieb: Universal Video (Video, DVD)
FSK: ab 16 J., ffr.

FBI-Agent Jake Malloy wird zum Trinker, weil er nicht verhindern kann, dass ein Serienkiller die Anzahl seiner Kollegen rapide reduziert und sogar seine Verlobte meuchelt. Schließlich landet Jake bei einer Entziehungskur für harte Männer in einer öden ehemaligen Raketenabschussbasis. Leider nimmt Regisseur Jim Gillespie die Geschichte nicht ernst: Nach kurzer Zeit sind die Abhängigkeiten und psychischen Probleme der Patienten vergessen, weil der Killer im Betonsilo nach dem Prinzip von Agatha Christies »And Then There Were None« frohgemut weitermordet. Dabei springt der Film sowohl mit seinem Personal als auch mit der Logik eher rüde um. *tip, 2/2002*

Kritik: (...) Das Genre hat sich folgendermaßen verändert: Erst stellten die Cops fest, dass die Grenzen zwischen Gesetz und Verbrechen nicht nur fließend sind, sondern kaum mehr existieren. Dann erkannten sie, dass sie dem Psychokiller nur psychologisch beikommen konnten. Das bedeutete, dass sie sich in ihn hineinfühlen mussten, um ihn zu fangen, was immerhin einen ähnlichen Geisteszustand bedingte. Inzwischen sind sie so weit, dass sie mit dem geballten Bösen nicht mehr mithalten können. Sie geben auf. Sie verlegen ihr Wohnzimmer in die nächste Bar und vertrinken allen Besitz. Sie werden soziale Außenseiter, sie bringen sich gelegentlich um. Aber noch geben sie sich nicht völlig geschlagen. Sie kennen die letzte Möglichkeit amerikanischen Widerstands: die Therapiegruppe. Und so, wie Steven Seagal kürzlich in »Exil Wounds« sein Leben durch den Besuch einer Ragegroup aufmöbelte, so geht nun Sylvester Stallone auf Entzug. (...)
Aber am Ende von »D-Tox – Im Auge der Angst« ist Stallone wieder in bekannter Form. Er stellt den Feind nicht nur, er vernichtet ihn. In einer Szene wütendster Selbstjustiz lässt er kaum noch etwas übrig von seinem Gegner. Gesundet durch diese Tat, schreitet Sylvester einer neuerlichen Karriere als Polizist entgegen. Da sehnt man sich dann ein bisschen nach der nächsten Phase des Genres, denn die kann ja nur das »retirement« sein. Man wird mit alten Cops im Vorgarten sitzen, Fernseher laut, Enkel vorm Grill, und man wird mit ihnen Bier aus Dosen trinken und über Entziehungskuren spotten.
Doris Kuhn, SZ, 22.1.2002

Dagon 143

H. P. LOVECRAFT'S DAGON ***+
Video

Regie: Stuart Gordon
Darsteller: Ezra Godden (Paul), Francisco Rabal (Ezequiel), Raquel Merono (Bárbara), Macarena Gomez (Uxia), Brendan Price (Howard), Birgit Bofarull (Vicki)
Drehbuch: Dennis Paoli, nach einer Story von H. P. Lovecraft
Kamera: Carlos Suárez
Musik: Carlos Cases
Prod.: Fantastic Factory; Spanien/USA 2001; 95 Min.
Vertrieb: e-m-s Video, 23.4.2002
FSK: ab 18 J.

Als sich zwei Schiffbrüchige in ein spanisches Fischerdorf retten, müssen sie sich des Nachts mit den Mordanschlägen der Einwohner herumschlagen. Fantasy-Horror mit hohem Schundanteil.

Dämonisch 144

FRAILTY ****+

Regie: Bill Paxton
Darsteller: Bill Paxton (Vater), Matthew McConaughey (Adam Meiks), Powers Boothe (Agent Wesley Doyle), Matt O'Leary (Fenton Meiks, jung), Luke Askew (Sheriff Smalls)
Drehbuch: Brent Hanley
Kamera: Bill Butler
Musik: Brian Tyler
Schnitt: Arnold Glassman
Prod.: David Kirschner Prod. mit American Ent./Cinerental/Cinedelta; USA 2001; 99 Min.
UA: Fantasy Filmfest 2002, »Eröffnungsfilm«
Verleih: Solo Film, 12.12.2002

Ein Witwer und Vater von zwei Söhnen fühlt sich als »God's Hand«-Killer und ermordet nach einer (wie er meint) von Engeln gegebenen Liste andere Menschen mit der Axt. Seine beiden Söhne, der jüngere Adam und der ältere Fenton, müssen ihm bei der »Arbeit« helfen. Während der Jüngere gerne mit anpackt, informiert der Ältere den Sheriff, stößt aber mit seiner schauerlichen Geschichte auf Unglauben. Jahre später erzählt Fenton das Ungeheuerliche noch einmal einem FBI-Agenten und verstrickt sich in Widersprüche.
Das Regiedebüt von Schauspieler Bill Paxton ist ein vielschichtiger Psychothriller über den religösen Wahn eines Serienkillers, der seine Taten als von Gott gegebene Aufgabe sieht.

Margret Köhler

Kritik: (...) »Dämonisch« ist eine Mixtur aus Hinterwäldler-Thriller und einer eher mittelmäßigen Akte-X-Folge, ein recht solide konstruiertes Spannungsfilmchen, bei dem der Serienkillerstoff relativ unblutig aufbereitet, dafür aber mit biblischem Motivballast überfrachtet wird. Dass unterschwellig eine Paradiesvorstellung durchscheint, die ohne Frauen auskommt, ist sicher aufschlussreich, aber indem diese eher kleine Hollywoodproduktion die Abraham-und-Isaak- mit der Kain-und-Abel-Geschichte kreuzt, überschätzt sie die Möglichkeiten ihres Niveaus gewaltig. (...)

Thomas Basgier, Stuttgarter Zeitung, 12.12.2002

(...) Mit meisterhafter Intensität fängt Paxton den Horror ein, den der heranwachsende Fenton durchlebt, zerrissen zwischen der Liebe zu seinem Vater und der Angst um ein eigenes Leben. Ein komplexer Thriller mit überraschenden Twists, die immer wieder die vermeintliche Sicherheit und Objektivität des Zuschauers infrage stellen. Ist Daddy oder Gott das Monster? Oder doch der Erlöser ...?

Annette Kilzer, tip, 26/2002

Dance with Farm Workers 145

HE MIN GONG TIAO WU □
Video

Regie: Wu Wenguang
Drehbuch: Wu Wenguang
Kamera: Su Ming
Schnitt: Wu Wenguang
Prod.: Wu Documentary Studio; China 2002; 90 Min.
UA: 15.2.2002, Int. Forum des Jungen Films Berlin
Vertrieb: Freunde, ab März 2002

Dokumentation über eine unkonventionelle Performance, an der sowohl mehrere Künstler als auch 30 Landarbeiter aus den armen Regionen der Provinz Sichuan teilnehmen.

Dark Blue World 146

TMAVOMODRY SVET ***

Regie: Jan Sverák
Darsteller: Ondrej Vetchy (Frantisek Slama), Krystof Hadek (Karel Vojtisek), Tara Fitzgerald (Susan), Charles Dance (Wing-Comm. Bentley), Oldrich Kaiser (Machaty), David Novotny (Mrtvy)
Drehbuch: Zdenek Sverák
Kamera: Vladimir Smutny
Musik: Ondrej Soukup
Schnitt: Alois Fisarek

Prod.: Biograf/Portobello mit Helkon/Phoenix/Fandango/Tschechisches Fernsehen; Tschechien/GB/D/Dänemark/Italien 2000; 113 Min.
Verleih: Helkon, OmU, 2.5.2002
Vertrieb: Columbia TriStar Video (Video, DVD)
FSK: ab 12 J., ffr. – **FBW:** Wertvoll

Während des Zweiten Weltkriegs zerbricht die Freundschaft zwischen zwei tschechischen Piloten, die bei der Royal Air Force dienen, an der Liebesbeziehung zu einer Engländerin.

Kritik: Ein durchweg reaktionäres Machwerk: Mit »Dark Blue World« hat der gerade einmal 37-jährige Regisseur Jan Sverák, der nach seinem Welterfolg mit »Kolya« (1996) als Hoffnung des tschechischen Films galt, einen ausgesprochenen Altherrenfilm gedreht. Pathos und Opferbereitschaft quellen in der Geschichte um die Freundschaft und Rivalität zweier tschechischer Piloten zur Zeit des Zweiten Weltkriegs aus allen Fugen; zudem wirkt das Frauenbild (»Kriegers Nachtruhe«) reichlich fragwürdig, und die politische Tendenz ist inakzeptabel: Während der Nationalsozialismus eher als bedauerlicher Betriebsunfall erscheint (Motto: Es gab auch nette Nazis), findet man die wahren Unmenschen bei den Kommunisten, die den freiheitsliebenden Helden nach dem Krieg vorsorglich in einem Arbeitslager internieren.

tip, 9/2002

(…) Mit all diesen Komponenten aus technisch hervorragend gemachten Luftkampfaufnahmen (zwischen deutschen Messerschmitt-Flugzeugen und den englischen Spitfire), aus Geschichtsfilm, der ohne jeden Lehrbuchcharakter das ganze Spektrum von Krieg, Heimkehr und neuer Verfolgung erzählt, sowie mit Elementen aus Romanze und Freundschaft ist Jan Sverák ein sehenswerter Film gelungen. Wer »Pearl Harbor« nicht mochte: »Dark Blue World« ist eine differenzierte, spannende, intelligente und sogar noch poetische Antwort auf Hollywood-Kitsch.

Adrian Prechtel, AZ, 2.5.2002

Interview: *Ihr Film sorgte in Tschechien für heftige Diskussionen.*

Zehn Prozent der Bevölkerung sahen ihn. Die Zuschauer waren stolz und beschämt zugleich. Es hieß immer: Nur Russen hätten für die »gerechte Sache« gekämpft. Unsere Regierung fürchtete, die Freiheitskämpfer aus England könnten sich gegen den Kommunismus wenden. Man dulete keine Helden außerhalb des Systems.

Sind die Piloten inzwischen rehabilitiert?

Nach 1989 hatten wir erst einmal keine Zeit, uns mit der Vergangenheit zu beschäftigen. Der Sprung ins kalte Wasser des Kapitalismus beanspruchte alle Kräfte. Aber jetzt reden wir über das Unrecht, und die Veteranen erhalten zumindest eine Pension. Ein offizieller Dank oder eine Entschuldigung fehlt bis heute. In meinem Land hasst man Helden. Wenn jemand ein Held ist, heißt das doch im Umkehrschluss, du bist ein feiger Hund. Wir sind ein Volk auf Identitätssuche.

Warum gerade die Tschechen?

Wir haben uns immer angepasst und misstrauen unseren Fähigkeiten. Diese Haltung ist uns in Fleisch und Blut übergegangen. Wenn wir einen König wählen müssten, wir würden wahrscheinlich für einen Österreicher votieren. Wir sind eine komplizierte Nation, aber da steht ihr Deutschen uns ja in nichts nach.

Wie gewinnt man Identität?

Indem wir alte Wunden öffnen und nach den Ursachen suchen. Das schmerzt, hat aber eine heilende Wirkung. In Ihrem Land wollen die Menschen nicht an Krieg und Nazis erinnert werden, wir verdrängen die Zeit

›Dark Blue World‹: Vor dem Kampf ist das Leben noch schön

des Kommunismus und müssen die Frage der Schuld noch aufarbeiten.

Das Verhältnis zwischen Tschechen und Deutschen ist immer noch gespannt.

Wundert Sie das? Hitler hat Europa ins Unglück gestürzt, aber Deutschland zählt heute zu den Siegern. Wir aber waren geografisch auf der falschen Seite und wurden zum Satelliten Moskaus.

Jan Sverák im Interview mit Margret Köhler, AZ, 2.5.2002

Warum haben wir so lange auf Ihr Opus Nummer zwei warten müssen?

Sverák: Die meiste Zeit kostete die Finanzierung. Der entscheidende Beitrag kam dann von Werner Koenig und Helkon. Das Budget von sieben Millionen Dollar ist nichts, wenn man die Special Effects, die historischen Flugzeuge, die Meeraufnahmen bedenkt. Hätten wir den Film in England gedreht, hätte er fünfmal so viel gekostet.

Abraham: Werner Koenigs Beteiligung beläuft sich auf etwa 35 Prozent. Er liebte »Kolya« und hat uns vertraut. Deshalb als Dank an ihn das »in memoriam« am Ende des Films. Im Mai startet »Dark Blue World« mit 50 Kopien in England bei Columbia TriStar, für einen nicht englischen Film ist das sehr gut.

Die Flugzeug-Action sieht beeindruckend realistisch aus.

Sverák: Es gibt fast keine computergenerierten Bilder, mit Ausnahme der weit entfernt zu sehenden Flugzeuge. 200 Einstellungen haben wir im Computer hergestellt, manchmal waren es 40 Schichten, zum Beispiel die Luftfeuchtigkeit, die sich verändert, das Wackeln der Kamera. Wir haben reale Flugzeuge und große Modelle verwendet, alles aus solidem Holz, sodass die Kamera sie als wirkliche Gegenstände registriert. Wenn sie sehr nah vor der Kamera sind, sehen computergenerierte Flugzeuge nicht mehr real aus. In den amerikanischen Filmen fällt das auf: Einige Monster oder Flugzeuge sehen perfekt aus, aber irgendwie geisterhaft.

Jan Sverák und Eric Abraham im Interview mit Frauke Hanck, Blickpunkt Film, 15/2002

Dark Prince: The True Story of Dracula 147

DARK PRINCE: THE TRUE STORY OF DRACULA **
Video

Regie: Joe Chappelle
Darsteller: Rudolf Martin, Jane March, Roger Daltrey, Peter Weller
Drehbuch: Tom Baum
Kamera: Dermott D. Downs
Musik: Frankie Blue
Schnitt: Joe Rabig
Prod.: Kushner Locke/Pueblo; USA/Rumänien 2000; 88 Min.
Vertrieb: Sunfilm Video, 22.1.2002
FSK: ab 16 J.

Da ist sie also endlich, die »wahre Geschichte von Dracula«, dem Blutsauger aus den Karpaten. Das Bemühen um »historical correctness« wird durch Blutbäder deutlich geschmälert.

Dark Secrets 148

DARK SECRETS *
Video

Regie: Clark Brandon
Darsteller: William Smith (Robert), Marcia Swayze (Sunday), Ingrid Vold (Joanna), Frank von Zerneck jr. (Eddie), Jimmy Williams (Larry)
Drehbuch: Eric Mittleman
Kamera: John Lambert
Prod.: USA 1992; 73 Min.
Vertrieb: e-m-s Video, 28.5.2002
FSK: ab 18 J.

Attraktives Zimmermädchen verdreht Motelbesitzerfamilie in der Nevada-Wüste den Kopf. Lausiger Erotikthriller, konfus, billig, uninteressant. Hätte unentdeckt bleiben können.

Dark Species – Die Anderen 149

THE BREED **
Video

Regie: Michael Oblowitz
Darsteller: Adrian Paul (Aaron Gray), Bokeem Woodbine (Steve Grant), Ling Bai (Luca Westenra), James Booth (Fleming), Lo Ming (Seward), Péter Halàsz (Cros)
Drehbuch: Christos N. Gage, Ruth Fletcher
Kamera: Chris Squires
Musik: Steve Gurevich, Roy Hay
Schnitt: Emma E. Hickox, Matthew Booth
Prod.: Columbia TriStar/MPCA/Starzi Pic.; USA 2001; 87 Min.
Vertrieb: Columbia TriStar Video, 5.2.2002
FSK: ab 18 J.

Belanglose Videoversion von »Blade«: Untergrundvampire wollen von der Menschheit aufgenommen werden, doch ein Blutsauger sabotiert die Chose. Horror-Fiction, der Ausstattung frönt, Story und Figuren aber verblassen lässt.

Dass du ewig denkst an mich 150

ALL AROUND THE TOWN □
TV

Regie: Paolo Barzman
Darsteller: Kim Schraner (Laurie), Andrea Roth (Sarah), Michael Shanks (Justin Donnelly), Ron Lea (Moody), Ellen Dubin (Carla/Opal), Nastassja Kinski (Karen)
Drehbuch: Peter Mohane, nach dem gleichnamigen Roman von Mary Higgins Clark
Kamera: Richard Wincenty
Musik: Domenic Troiano
Prod.: USA 2002; 90 Min.
TV: 11.8.2002, ZDF, 21.55

Als die Studentin Laurie wegen Mordes aus Eifersucht an ihrem Englischprofessor vor Gericht steht, übernimmt ihre Schwester, die Rechtsanwältin Sarah, ihre Verteidigung. Laurie wurde als Kind für zwei Jahre entführt und hat daraufhin in ihrem Unterbewusstsein multiple Persönlichkeiten entwickelt. Der Psychiater Justin Donnelly will ihr helfen, aber da macht sich jemand Lauries Zustand zunutze.

Davon stirbt man nicht 151

***+
TV

Regie: Christine Hartmann
Darsteller: Suzanne von Borsody (Laura Melzer), Jürgen Prochnow (Everett Burns), Mathieu Carrière (Stefan Schürmann), Bernadette Heerwagen (Anna Melzer), Zora Holt (Dorian Waltz), Joram Voelklein (Anton)
Drehbuch: Renate Kampmann, frei nach der Idee von Donna Leon
Kamera: Carl Finkbeiner
Musik: Ludwig Eckmann
Prod.: D 2001; 86 Min.
TV: 31.10.2002, ARD, 21.05

Um sich mit ihrem Lehrer-Lover ungestört vergnügen zu können, überredet Millionärstochter Dorian die Internatsfreundin Anna, an ihrer Stelle nach Venedig zu fahren. Doch schon auf dem Weg dorthin wird Anna entführt. Suzanne von Borsody als Annas Clucken-Schwester und Jürgen Prochnow als Profi-Ermittler bildeten das Prominenzzentrum eines nicht eben vor Plausibilität strotzenden Konstrukts, das (mutmaßlich sehr) frei nach Motiven von Donna Leon entstanden sein soll und wie aus lauter Schwachstellen zusammengeschweißt wirkte. Passend zu diesem temperamentlosen Krimi: ein abstruses Finale.

W. O. P. Kistner, AZ, 2.11.2002

Day of Revenge – Verräterisches Spiel 152

LOVE AND TREASON ***

Video

Regie: Lewis Teague
Darsteller: Kim Delaney (Lt. Kate Timmons), Timothy Carhart (Johnny Blake), David Keith (Eli Dixon), Mark Holden (Major Harkey), Andrew Kavadas (Michael Hallibran), Paul McGillion
Drehbuch: Frank Torski, Susan Rhinehart
Musik: Basil Poledouris
Schnitt: Marshall Harves
Prod.: Paramount TV; USA 2000; 86 Min.
Vertrieb: Paramount Video, 16.5.2002
FSK: ab 16 J.

Lieutenant Kate kriegt Ärger mit Exmann, den sie einst als Verräter überführte: Er bricht aus und rächt sich ... Nur passagenweise passabler US-TV-Thriller.

Dead Awake – Der Tod schläft nie 153

DEAD AWAKE **

Video

Regie: Marc S. Grenier
Darsteller: Stephen Baldwin (Desmond Caine), Macha Grenon (W. D.), Michael Ironside (Skay), Edward Yankie (Det. Gary Belladonna), Janet Kider (Kimberly »Kick« Birmingham), Maxim Roy (Chaney Streeter)
Drehbuch: Terry Abrahamson
Kamera: David Franco
Musik: E. P. Bergen
Schnitt: Yvann Thibaudeau
Prod.: Locomotion Films; Kanada 2001; 94 Min.
Vertrieb: Columbia TriStar Video, 8.10.2002
FSK: ab 16 J.

Mann mit Schlafstörungen (tags träumt er, nachts rennt er ziellos umher) wird Zeuge eines Komplotts. Ein mit wirrer Handlung und bizarren Figuren ausgestatteter Thriller.

Dead End 154

DEAD END ***

Video

Regie: Iren Koster
Darsteller: William Snow (Todd Russell), Victoria Hill (Lori Petersen), Matthew Dyktynski (Ben Sykes), Peter Hardy (Det. David Wolcott), Michael Edward-Stevens (Special Agent Dwayne Seaver)
Drehbuch: Iren Koster
Kamera: Laszo Baranyai
Musik: Iren Koster, Allan Zavod
Schnitt: Brett Southwick
Prod.: BGB Film; Australien 1999; 95 Min.
Vertrieb: VCL Video, Juli 2002
FSK: ab 16 J.

Weil er einen Serienkiller nicht ergreifen kann, gibt Polizist Todd seinen Beruf auf und schreibt Bücher. Zehn Jahre später wird der Mörder wieder aktiv. Psychothriller der besonderen Sorte: ohne billige Effekte und dem (nicht immer gelungenen) Versuch von anspruchsvoller Figurenzeichnung.

Deadly Affair 155

DECEPTION *

Video

Regie: Byron Werner
Darsteller: Nero Campbell, Ursula Weiss, Amber Smith, Kevin L. Bright, Tony Perija, Drew Scott
Drehbuch: Stephen Johnston
Musik: Richard John Baker
Schnitt: Brian Huckeba
Prod.: USA 2000; 90 Min.
Vertrieb: Splendid Video, 16.9.2002
FSK: ab 18 J.

Sexregisseur beobachtet von fremdem Appartment aus die Aktivitäten seiner Nachbarn. Ein nur auf die erotischen Reize bedachter Krimi ohne Pfiff.

Deadly Shadows 156

INVISIBLE CIRCUS ***+

Video

Regie: Adam Brooks
Darsteller: Jordana Brewster (Phoebe), Christopher Eccleston (Wolf), Cameron Diaz (Faith), Blythe Danner (Gail), Patrick Bergin (Gene), Camille Belle (Phoebe, als Kind)
Drehbuch: Adam Brooks, nach dem Roman »Die Farbe der Erinnerung« von Jennifer Egan
Kamera: Henry Braham
Musik: Nick Laird-Clowes
Schnitt: Elizabeth King
Prod.: USA 2000; 92 Min.
Vertrieb: Kinowelt, 5.2.2002
FSK: ab 12 J.

Die Geschichte einer Schwesternliebe in den 60er- und 70er-Jahren mit einem abenteuerlichen Blick zurück auf die Hippie- und Protestzeit in Paris und Berlin.

Deadly Species 157

DEADLY SPECIES **

Video

Regie: Daniel Springen
Darsteller: Pete Penuel, Britt George, Brian Minyard
Prod.: USA 2002; 90 Min.
Vertrieb: marketing-film (Kinowelt) Video, 19.7.2002
FSK: ab 16 J.

Anthropologenpaar geht bei Expedition skrupellosem Geldgeber auf den Leim. Tierhorror-Schund aus der Retorte.

Death Valley – Im Tal des Todes 158

DANTE'S VIEW **

Video

Regie: Steven A. Adelson
Darsteller: Sheryl Lee (Sam), Guinevere Turner (June), Brett Harrelson (Jeremy), Grace Zabriskie (Geraldine), Ethan Suplee (Mason), Channon Roe (Steven)
Drehbuch: Liane Bonin
Kamera: Rick Gowing, John Joleaud
Musik: Richad John Baker
Schnitt: Matt Danciger
Prod.: USA 1998; 82 Min.
Vertrieb: MVW, 31.10.2002
FSK: ab 12 J.

Nach misslungenem Überfall flieht Gangsterbraut Sam in die Wüste und findet in düsterem Motel Unterschlupf. Der Spagat zwischen Roadmovie und tieferer Figurenzeichnung scheitert bei diesem Actionthriller kläglich.

The Deep End – Trügerische Stille 159

THE DEEP END ****

Regie: Scott McGehee, David Siegel
Darsteller: Tilda Swinton (Margaret Hall), Goran Visnjic (Alek Spera), Jonathan Tucker (Beau Hall), Peter Donat (Jack Hall), Josh Lucas (Darby Reese), Raymond Barry (Carlie Nagle)
Drehbuch: Scott McGehee, David Siegel, nach dem Roman »The Blank Wall« von Elisabeth Sanxay Holding
Kamera: Giles Nuttgens, Chris Moseley (Unterwasser)
Musik: Peter Nashel
Schnitt: Lauren Zuckerman
Prod.: Fox Searchlight Pic./i5 Films LLC; USA 2001; 101 Min.
UA: Sundance Filmfestival 2001; Int. Filmfestspiele Cannes 2001, »Quinzaine des Réalisateurs«
EA: 28.9.2001, Filmfest Hamburg
Verleih: 20th Century Fox, 21.2.2002
Vertrieb: Fox Video (Video, DVD)
FSK: ab 12 J., ffr.
FBW: Besonders wertvoll

Um ihren Sohn zu schützen, der vermeintlich seinen Liebhaber umgebracht hat, beseitigt die Mutter die Leiche und wird anschließend Opfer eines brutalen Erpressungsversuchs.

Kritik: (…) Weil sie den eigenen Sohn für den Mörder hält, versenkt sie die Leiche unbemerkt im See. Problem gelöst, Familie gerettet: Erpresser taucht auf … Ein brillant gefilmter und atmosphärisch stimmig inszenierter Thriller nach einem Noir-Roman aus den 40er-Jahren. Aber vor allem: eine Galavorstellung der Schauspielerin Tilda Swinton. *tip, 4/2002*

(…) Da treffen in dieser melancholischen Romanze trotz aller Gegensätze zwei verwundete Seelen aufeinander ohne Chance auf ein Miteinander. »The Deep End – Trügerische Stille« benötigt keine Hightech-Schockeffekte, um ein Gefühl inneren Horrors zu erzeugen. Und der alte Kniff, dass der Zuschauer mehr weiß als die Heldin, die offenen Auges ins Unglück läuft, sorgt für szusätzliche Sympathie und emotionale Spannung. Alfred Hitchcock, der 1959 den Roman »The Blank Wall« in seine Anthologie »My Favorites in Suspense« aufnahm, lässt grüßen. *Margret Köhler, Blickpunkt Film, 3/2002*

Interview: *Sieben Jahre nach »Suture« präsentiert das Autoren-, Regie- und Produzentenduo David Siegel und Scott McGehee den dunklen Thriller »The Deep End«.*

Sieben Jahre sind eine lange Zeit.

McGehee: Erinnern Sie uns nicht daran. Die ersten fünf Jahre waren ernüchternd. Nach dem Erfolg von »Suture« waren wir »everybody's darling« und hofften, es würden sich Türen öffnen. Fehlanzeige. Wir haben an drei verschiedenen Projekten laboriert. Aus Frust gründeten wir unsere Produktionsfirma i5 Films und produzierten zwei Spielfilme. Es war eine harte Zeit, wir hatten Pech, in Timing und Finanzierung den falschen Zeitpunkt erwischt.

Aber dann stieg bei »The Deep End« Fox Searchlight ein.

Siegel: Retter in der Not. Der Kontakt kam schon nach »Suture« in Sundance zustande, es gab sogar Gespräche über ein Projekt, aber unsere inhaltlichen Vorstellungen lagen zu weit auseinander. Hier lief dann alles problemlos, es ging nur ums Geld. Ich würde mich über eine weitere Zusammenarbeit freuen. Mit unserer Firma können wir nur Filme bis zu einer bestimmten Größenordnung stemmen, dann benötigen wir einen starken Partner.

Wie teilen Sie sich die Arbeit untereinander auf?

McGehee: Wir kleben nicht zusammen. Das Schreiben macht den meisten Stress. Wir sprechen die Szenen durch und jeder beginnt für sich, Vorstellungen zu entwickeln. Nach diesem Rohentwurf gibt es ein Brainstorming, bevor der eigentliche Schreibprozess und die Umsetzung in Bilder beginnen. Wir raufen uns aber immer zusammen.

Nach all dem Frust der vergangenen Jahre – wie beurteilen Sie das Film-Business?

McGehee: Früher habe ich gedacht, man könne das System knacken, jetzt bin ich skeptisch. Es herrscht ein Ungleichgewicht. Die großen Studios entfernen sich immer mehr von der Wirklichkeit, schrauben die Erwartungen immer höher, die Gagen steigen in astronomische Höhen, wobei ich glaube, dass daran weniger die Stars schuld sind als die Agenten. Irgendwann kracht das Ganze zusammen.

Aber wenn man Ihnen »Mission Impossible 3« anbietet, greifen Sie zu, oder?

Siegel: Warum nicht? Wir haben keine Angst vor einem Großprojekt über 100 Millionen Dollar. In unserer Schublade ruhen einige kostspielige Treatments, deren Realisierung uns eine Nummer zu groß ist, auch wenn kein Tom Cruise mitspielt. »The Deep End« kostete nur 3,5 Millionen, wir waren alle unterbezahlt, ein Zustand, der nicht ewig dauern sollte.

Wollen Sie in Zukunft weiter schreiben, produzieren und Regie führen?

Siegel: Ich kann mir zwar vorstellen, auch Bücher von anderen Autoren zu verfilmen. Aber wir sind Kontrollfreaks und werden deshalb unsere eigenen Filme selbst produzieren und verantworten.

David Siegel und Scott McGehee im Interview mit Margret Köhler, Blickpunkt Film, 32/2001

Deeply 160
DEEPLY ***

Regie: Sheri Elwood
Darsteller: Kirsten Dunst (Silly), Lynn Redgrave (Celia), Alberta Watson (Fiona McKay), Julia Brendler (Claire McKay), Brent Carver (Porter), Peter Donaldson
Drehbuch: Sheri Elwood
Kamera: Sebastian Edschmid, Dave Albiston (2nd unit)
Musik: Micki Meuser
Schnitt: Jon Gregory
Prod.: Vif Bellwood Stories/TiMe; Kanada/D 2000; 94 Min.
UA: Cannes Film Festival 2000
Verleih: Nighthawks, 4.7.2002 (Video 10.12.2002)
Vertrieb: mediacs BMG (Video, DVD)
FSK: ab 12 J.

Auf einer Insel macht Teenager Claire Bekanntschaft mit einer Autorin, die sie in Angst erregende Geheimnisse einweiht. Anspruchsvoller als üblich gestaltetes Fantasy-Drama.

Defender – Der Schutzengel 161
GUARDIAN *
Video

Regie: John Terlesky
Darsteller: Mario van Peebles (Det. Kross), James Remar (Det. Carpenter), Stacy Oversier (Selene), Daniel Hugh Kelly (Agent Taylor), Ice T (Max), Karina Lombard (Ketherine Kross)
Drehbuch: John Terlesky, Gary J. Tunnicliffe, Jeff Yagher
Kamera: Maximo Munzi
Musik: Joseph Stanley Williams
Schnitt: Daniel Duncan
Prod.: Cinetel/Guardian; USA 2000; 92 Min.
Vertrieb: Columbia TriStar Video, ab November2002
FSK: ab 18 J.

Ein Dämon streut die Droge »Chaos« aus und macht aus den Konsumenten mordlüsterne Monster. Langweiliger, breit getretener Horror-Quark.

Delbaran 162
DELBARAN ***+
TV

Regie: Abolfazi Jalili
Darsteller: Kaeem Alizadeh (Kaim), Rahmatollah Ebrahimi, Hossein Hashemian
Drehbuch: Abolfazi Jalili
Kamera: Mohammad Ahmadi
Prod.: Iran/Japan 2001; 96 Min.
TV: 5.6.2002, WDR, 23.15

Milieubeschreibung und Sozialdrama über den Überlebenskampf eines afghanischen Flüchtlingsjungen in einer iranischen Wüsten-Grenzstadt.

AZ TV Journal

Delta Force One – Verschollen in der Wüste 163
DELTA FORCE ONE: THE LOST PATROL **
Video

Regie: Joseph Zito
Darsteller: Gary Daniels (Capt. Wellford), Bentley Mitchum, Mike Norris, John Rhys-Davies, Michelle Kapeta
Drehbuch: Herschel F. Rubin
Kamera: Gideon Porath
Schnitt: Isaac Sehayek
Prod.: Fontline Ent.; USA 1999; 92 Min.
Vertrieb: Warner Video, 26.4.2002
FSK: ab 16 J.

Heldenhafter Captain steigt im Sinai gegen Milizenchef in den Ring, der Russenbomben hortet. Action-Schwachsinn, laut und dumm.

Der Liebe entgegen 164
***
TV

Regie: Martin Enlen
Darsteller: Esther Zimmering (Lisa Klein), Katja Studt (Karin Steiner), Anna Loos (Angelika Hauser), Clint Eruera (Mark Nahu), Charlotte Schwab (Lisas Mutter), Günter Junghans (Lisas Stiefvater)
Drehbuch: Burt Weinshanker
Kamera: Diethard Prengel
Musik: Dieter Schleip
Schnitt: Monika Abspacher
Prod.: Hofmann & Voges Ent. für ZDF; D 2002; jeweils 90 Min.
TV: 1.11./3.11./4.11.2002, ZDF, 21.15

Der Neuseelandauswanderer-Dreiteiler endet als pompöse Schicksalsschnulze mit Tod im Wochenbett, Auffindung alter unterschlagener Briefe, Maori-Folklore und Vater-Spuren im weiten Land: drei Mädchen im Kampf mit Vorurteilen, Denunziation, unglücklicher Liebe und bürokratischen Hindernissen, immer auf der Kippe vom Epos zum Kitschroman. (...) Viel Aufwand, wenig Nachwirkung.

Ponkie, AZ, 6.11.2002

Desert Saints 165

DESERT SAINTS **

Video

Regie: Richard Greenberg
Darsteller: Kiefer Sutherland (Banks), Melora Walters (Bennie), Leslie Stefanson (Marbury), Rachel Ticotin (Dora), Beth Grant (Lou), Jamey Sheridan (Scanlon)
Drehbuch: Richard Greenberg, Wally Nichols
Kamera: John Newby
Musik: Richard Marvin, Stan Ridgway
Prod.: Prufrock/Sagg Main Prod.; USA 2001; 85 Min.
Vertrieb: Warner, 14.6.2002
FSK: ab 12 J.

Profikiller macht mit attraktiver Anhalterin einen Deal, doch keiner der beiden spielt mit offenen Karten. Gut gespielter, aber dialoglastiger Krimi mit Roadmovie-Elementen.

The Devil's Backbone 166

EL ESPINAZO DEL DIABLO ***

Video

Regie: Guillermo Del Toro
Darsteller: Eduardo Noriega (Jacinto), Marisa Paredes (Carmen), Federico Luppi (Casares), Fernando Tielve (Carlos), Inigo Garcés (Jaime), Irene Visedo (Conchita)
Drehbuch: Guillermo Del Toro, Antonio Treshoras, David Munoz
Kamera: Guillermo Navarro
Musik: Javier Navarrete
Schnitt: Luis De La Madrid
Prod.: El Deseo/SA/Tequila Gang/Anhelo Prod.; Spanien/Mexiko 2001; 106 Min.
Vertrieb: Kinowelt, 19.11.2002
FSK: ab 12 J.

Zehnjähriger gerät 1939 in ein Waisenhaus, wo er sich nicht nur an die Hierarchie, sondern auch an unheimliche Phänomene gewöhnen muss. Recht ordentlich gelungenes Gruseldrama, das statt zu spekulieren sorgsam Spannung zu erzeugen versucht.

Devil's Playground – Tödlicher Fluch 167

STRANGE FREQUENCY 2 **

Video

Regie: Kevin Inch, Neill Feamly, Jeffrey Woolnough
Darsteller: Roger Daltrey, James Marsters, Patsy Kensit, Peter Strauss, Lindsay Sloane, Wendie Malick
Drehbuch: Carl V. Dupré, Dan Merchant, Dale Kutzera, Joseph Anaya, Steve Jones
Kamera: Philip Linzey, Randal Platt
Musik: Tyler Bates, Stephen Phillips
Schnitt: Joseph Butler, Tom Walls, Chris G. Willingham
Prod.: Broadway Video/Once and Future/Viacom; USA 2001; 81 Min.
Vertrieb: Paramount Video, 18.7.2002
FSK: ab 16 J.

Vier Fantasythriller-Episoden aus der vom Musiksender VH-1 produzierten Serie »Strange Frequency«. Nur für Genrefreunde ...

Diagnosis 168

DIAGNOSIS *

Video

Regie: Johannes Roberts, James Eaves
Darsteller: Jez Minns, Kate Copeland, Uri Geller
Prod.: USA 2001; 83 Min.
Vertrieb: marketing (e-m-s) Video, 27.12.2001
FSK: ab 18 J.

Wahnsinniger Mediziner in einer Nervenheilanstalt laboriert an einem Medikament, das Geisteskranke heilen soll – und scheitert daran sichtbar. Am schauerlichsten an diesem Horrortrip sind wieder mal Machart und Macher.

Die Dickköpfe 169

***

TV

Regie: Walter Bannert
Darsteller: Ottfried Fischer (Otto Mühldorfer), Harald Krassnitzer (Toni Brandtner), April Hailer (Stephanie Mühldorfer), Anna Brüggemann (Alexandra Brandtner), Hanno Koffler (Ricky Mühldorfer), Steffen Schroeder (Thomas Schmitz)

Drehbuch: Johannes Skocek, Mike Majzen
Kamera: Duli Diemannsberger
Prod.: Dor Film für SAT.1; D/Österreich 2002; jeweils 92 Min.
TV: 20.10./21.10.2002, SAT.1, jeweils 20.15

Versuch einer Effektverdoppelung: Als bayerischer Bierbrauer und Fußballsponsor zockt Otti Fischer die reiche Gattin und den österreichischen Verliererclub von Altfreund Toni ab und versaut nebenbei das Wasser mit seinem Flaschenputzer-Chemiedreck.
Umweltidylle, Fußballerromantik, Abstammungs-Possenspiel (wer ist der Vater vom Champion?) – ein lauwarmes Streithansl-Bier.

Ponkie, AZ, 22.10.2002

Die Diebin von Saint Lubin 170

LA VOLEUSE DE SAINT LUBIN ****

Regie: Claire Devers
Darsteller: Dominique Blanc (Francoise Barnier), Denis Podalydes (Anwalt), Michelle Goddet (Richter Davray), Fanny Florido (Sandra Barnier), Maryline Even, Chantal Neuwirth
Drehbuch: Claire Devers, Jean-Louis Benoit
Kamera: Hélène Louvart
Musik: Beatrice Thiriet, Arman Amar
Schnitt: Marie Castro-Vazquez, Monica Coleman
Prod.: Agat Films/La Sept Arte Prod.; Frankreich 1999; 81 Min.
EA: 11.2.2000, Int. Forum des Jungen Films Berlin
Verleih: Peripher, OmU, 23.5.2002, November 2000 (AU)

Claire Devers' Gerichtsfilm, entstanden im Rahmen der engagierten ARTE-Reihe »Gauche/Droite«, basiert auf einer wahren Begebenheit: Eine allein erziehende und an der Armutsgrenze lebende Mutter gerät in die Mühlen der Justiz und der öffentlichen Moral (und beinahe in die Fänge des Front National), nachdem sie für ihre Kinder Fleisch gestohlen hat. Rückhaltlos schlägt sich der Film auf die Seite seiner (von Dominique Blanc einfühlsam verkörperten) Heldin. So kann politisches Kino heute aussehen: nicht frei von unverblümter Thesenhaftigkeit – aber die Bilder sind stark genug, um die soziale Erregbarkeit der Regisseurin zu fassen.

Gerhard Midding, tip, 11/2002

Kritik: (...) Geschickt verbindet Devers individuelles Schicksal und Auswüchse der Sozialpolitik, ohne in ideologische Krakelerei zu verfallen. Über kleinere Klageklippen hilft die Präsenz der starken Hauptdarstellerin Dominique Blanc hinweg. Dass Rechtsprechung nicht unbedingt etwas mit Gerechtigkeit zu tun hat, sondern mit Recht haben, ist nicht neu. Selten aber wurde diese Erkenntnis so eindringlich vermittelt.

Margret Köhler, Blickpunkt Film, 11/2002

Weitere Kritik im Heyne Filmjahrbuch 2001.

Dilemma 171

****
TV

Regie: Tobias Ineichen
Darsteller: Eva Scheurer (Susanne Winter), Sarah Bühlmann (Mo), Veli Berisha (Arben), Martin Huber, Pit Arne Pietz, Ernst C. Siegrist
Drehbuch: Josy Meier
Kamera: Thomas Hardmeier
Schnitt: Michael Schärer
Prod.: Silvia Filmprod. mit SF DRS; Schweiz 2002; 89 Min.
TV: 18.11.2002, 3sat, 20.15

Das Krimi-Familiendrama summierte eine Reihe von Kurzschlusshandlungen (autoritärer Mutter-Druck, Tochter-Trotz, Ausländer-Ressentiment, Klassen-Zwang, Medienterror, Drogen-Misstrauen) zu einer Kettenreaktion tragischer Konflikte. Die Polizeivorsteherin will die Jetzt-erst-recht-Heirat ihrer Tochter mit einem Kosovaren verhindern. Als der bei einer Drogenrazzia angeschossen wird, manipuliert die Polizei Beweise – und jeder ist der Gefangene seiner eigenen Vorurteile. Ein Gesellschafts-Psychogramm von souveräner Präzision. *Ponkie, AZ, 20.11.2002*

Dinotopia 172
DINOTOPIA ***
TV

Regie: Marco Brambilla
Darsteller: Tyron Leitso (Karl Scott), Wentworth Miller (David Scott), Katie Carr (Marion), David Thewlis (Cyrus Crabb), Jim Carter (Mayor Waldo), Stuart Wilson (Frank Scott)
Drehbuch: Simon Moore, nach Büchern der Dinotopia-Serie von James Gurney
Kamera: Tony Pierce-Roberts
Musik: Trevor Jones
Schnitt: Oral Norrie-Ottey
Prod.: Hallmark/Mat I; USA/GB/D 2001; 115/105/110 Min.
TV: 5.11./6.11./10.11.2002, RTL, 20.15

So schlicht die Moral, so zauberhaft die Märchenfantasie in diesem Wunderland der Trickmonster und Kindergruselträume: Die Brüder Karl und David sind wie von den Brüdern Grimm erfunden – Karl ein denkfaules Großmaul nach Menschenart, David ein wissbegieriger Saurierschüler, freundlich und hilfsbereit. Prächtiger Dreiteiler fürs Familienglück. *Ponkie, AZ, 5.11.2002*

Disaster 173
DISASTER / CULT OF FURY **
Video

Regie: Jossy Wein
Darsteller: Marnie Alton (Tracy), John Simon Jones (Kenny), Bashar Rakhal (Gamer), Sonny Surowiec (Maxwell), Annie Nigh Ward, Marshall Teague
Kamera: Peter Belcher
Musik: Bill Wandel
Prod.: Nu Image; USA 2001; 89 Min.
Vertrieb: Highlight, 17.10.2002
FSK: ab 16 J.

Nochmal das »Stirb langsam«-Muster wiedergekäut: Sektenführer bringt Kasino samt Gästen in seine Gewalt. Unter ihnen: ein notorischer Einzelkämpfer. C-Action as usual.

Do it 174
****+

Regie: Sabine Gisiger, Marcel Zwingli
Drehbuch: Sabine Gisiger, Marcel Zwingli
Kamera: Helena Vagnières
Musik: Peter Bräker, Batz Bachmann, Dimitri de Perrot
Schnitt: Patrizia Wagner
Prod.: Dschoint Ventschr/DRS; Schweiz 2000; 97 Min.
UA: Int. Filmfestival Locarno 2000
Verleih: Kool, November 2000 (CH), 25.4.2002

»Do it« macht sich auf die Suche nach den Spuren der einzigen Schweizer Terroristen der 70er: Daniele von Arb und seine damaligen Genossen wählten echt schweizerisch die sparsame, saubere und im Nachhinein todkomische Variante des bewaffneten Kampfes. Der Film zeigt die jungen Wilden, die »Ungerechtigkeit und Unterdrückung aus der Welt schaffen« wollten und die darum mit »drei Velos und einem Töffle« (Moped) in ein Munitionsdepot einbrachen, um die Waffen zum Aufbau einer »europäischen Brigade« zur Verfügung zu stellen.
In seinem zweiten Leben ist Daniele übrigens Wahrsager und hat eine Praxis für mediale Zukunftsberatung. Aber man nimmt ihm noch nicht mal das richtig übel, zu sympathisch kann der Protagonist über seine Beweggründe damals und heute kichern.
Jenni Zylka, tip, 9/2002

Kritik: (…) Dass die filmische Biografie eines früheren »Schweizer Topterroristen« nicht zu einer staubtrockenen Geschichtsstunde wird, verhindert allein schon die heitere Gelassenheit, mit der die Protagonisten und Filmemacher die revolutionären Aktivitäten Revue passieren lassen. Vor allem jedoch die selbstironische Abgeklärtheit des Erzählers von Arb, der mit sich im Reinen zu sein scheint, ist es, die den Film auch unterhaltsam, ja sogar zuweilen amüsant macht. (…)
Reinhard Kleber, Filmecho-Filmwoche, 14/2002

Dogtown and Z-Boys 175
DOGTOWN AND Z-BOYS ***

Regie: Stacy Peralta
Darsteller: Sean Penn (Erzähler)
Drehbuch: Stacy Peralta, Craig Stecyk
Kamera: Pat Barrin, Peter Pilafian

Schnitt: Paul Crowdet
Prod.: Agi Orsi Prod./Vans off the Wall; USA 2001; 89 Min.
UA: Sundance Filmfestival 2001
Verleih: Ott Film, 15.8.2002
FSK: o. A., ffr.

Stacy Peralta stellt aus Originalaufnahmen ein Porträt des Zephyr-Skateboardteams aus den 70er-Jahren zusammen und zeichnet damit das Lebensgefühl der damaligen Jugendbewegung nach. Interviews mit Boardern und anderen Skatepionieren dieser Zeit, ein knackiger Soundtrack und Sean Penn als Erzähler runden die Doku ab. *Blickpunkt Film, 29/2002*

Dolph Lundgren – The Last Warrior 176

THE LAST PATROL **
Video

Regie: Sheldon Lettich
Darsteller: Dolph Lundgren (Nick Preston), Sherri Alexander (Sarah McBride), Joe Michael Burke (Lucky Simeoe), Rebecca Cross (Candy), Brook Susan Parker (Rainbow), Juliano Mer (Jesus)
Drehbuch: Stephen Brackley, Pamela K. Long
Kamera: David Gurfinkel
Musik: David Michael Frank
Schnitt: Martha Huntley, Isaac Sehayek
Prod.: Dogwood/Kohan/Silverline; USA 2000; 91 Min.
Vertrieb: Splendid Video, 20.9.2002
FSK: ab 16 J.

Super-Erdbeben richtet in USA größten Schaden an. Überlebende: ein paar aufrechte Bürger und die Insassen eines Hochsicherheitstrakts. Erste Action-Ausgeburt mit Lundgren, fünf weitere sind angekündigt …

Domésticas 177

DOMESTICAS ***

Regie: Fernando Meirelles, Nando Olival
Darsteller: Claudia Missura (Raimunda), Graziella Moretto (Roxane), Lena Roque (Créo), Olivia Araujo (Quitéria), Renata Melo (Cida), Robson Nunes (Jailto)
Drehbuch: Renata Melo, nach ihrem gleichnamigen Theaterstück
Kamera: Lauro Escorel
Musik: Andre Abujamra
Schnitt: Deo Teixera
Prod.: 02 filmes; Brasilien 2000; 90 Min.
Verleih: Kairos, OmU, April 2002 (CH), 3.10.2002

(…) Domésticas beschreibt eine andere Sub-Welt – und zwar die der brasilianischen Putzfrauen. Die Hausangestellten, die »Domésticas«, sind tagein, tagaus damit beschäftigt, anderen den Haushalt zu besorgen. Doch noch bevor die Haus- und Wohnungseigentümer von der Arbeit heimkehren, sind sie wie die fleißigen Heinzelmännchen wieder von der Bildfläche verschwunden. »Domésticas« ist ihnen (überwiegend weiblich) und ihren Geschichten gewidmet. Und da ihre soziale Welt sich nicht mit der ihrer Arbeitgeber überlagert, bleiben Letztere unsichtbar. (…)
Steffen Kniedel

Kritik: (…) Die vor Bild- und Sprachwitz sprühende Hommage fesselt nicht nur als fundierte Charakterstudie ohne Larmoyanz, sie bietet zudem intime Einblicke ins Milieu der Favelas, wo manche Desperados in Raub oder Prostituion den einzigen Ausweg aus der Armut sehen. Drehbuchautorin Renata Melo hat bei ihren Recherchen gut hundert Hausmädchen interviewt. Geschickt in die Spielhandlung eingebunden sind quasi dokumentarische Kommentare der Dienstmädchen, die sich direkt an den Zuschauer wenden, bis man sie am Ende selber gut zu kennen glaubt und ins Herz geschlossen hat.
Ralph Umard, tip, 26.9.2002

Ein Dorf sucht seinen Mörder 178

***
TV

Regie: Markus Imboden
Darsteller: Anna Brüggemann (Kathi Wirnshofer), Claudia Messner (Lisa Wirnshofer), Kai Scheve (Tom Wirnshofer), Monika Baumgartner (Traudel Geiger), Josef Bierbichler (Dr. Haake), Wolfgang Hübsch (Brennecke)
Drehbuch: Norbert Eberlein

Kamera: Jo Heim
Schnitt: Ursula Höf
Prod.: Cinecentrum für ZDF; D 2002; 90 Min.
TV: 15.4.2002, ZDF, 20.15

Das niederbayerische Provinz-Psychostück setzt die Klüngelei der Einheimischen um Macht und Profit in Beziehung zur Grundhaltung: Biersuff, Männer-Angeberei und verdrängte Geilheit heizen alte Familientragödien neu auf. Die behütete Hoftochter Kathi sieht nach der Ermordung ihrer Mitschülerin Lisa ihre naive Weltordnung zusammenbrechen: Die Mutter verdächtigt ihren jungen Freund, ein älterer Hausgast steht im Zwielicht, und jedem Einzelnen der besoffenen, zotenreißenden Wirtshaushorde ist alles zuzutrauen. (...)

Ponkie, AZ, 17.4.2002

Double Deception 179

DOUBLE DECEPTION **

Video

Regie: Shundo Ohkawa
Darsteller: Louis Mandylor (Luke Campbell), James Russo (Snake), Rei Kikukawa (Lisa Ozaki), Udo Kier (Vincent), Jonathan Levit (Frank Ford), Sunny Knox (Jodi Baker)
Drehbuch: Shundo Ohkawa
Kamera: Blain Brown
Musik: Jeremy Grody
Schnitt: Nina Kawasaki
Prod.: Pathfinder Pic.; USA 2001; 90 Min.
Vertrieb: marketing-film, 18.10.2002
FSK: ab 16 J.

Bösewichte wollen Industriellentochter entführen, erwischen aber nur Doppelgängerin, deren Lover sofort in Aktion tritt. Action-Geballer von der Vielfilmerstange.

Down 180

DOWN ***+

Regie: Dick Maas
Darsteller: James Marshall (Mark Newman), Naomi Watts (Jennifer Evans), Eric Thal (Jeffrey), Michael Ironside (Steinberg), Ed Herrmann (Milligan), Dan Hedaya (McBain)
Drehbuch: Dick Maas
Kamera: Marc Felperlaan
Schnitt: Bert Rijkelijkhuizen
Prod.: First Floor Features; Niederlande/ USA 2001; 111 Min.
EA: Fantasy Filmfest 2001
Verleih: AFM, 23.5.2002
Vertrieb: Universum (BMG Video) (Video, DVD)
FSK: ab 16 J., ffr.

18 Jahre nach seinem Durchbruch mit »Fahrstuhl des Grauens« hat der holländische Thrillerspezialist ein aufwändiges Remake gedreht, in dem das (fiktive) 102-stöckige New Yorker »Millennium Building« Schauplatz schauriger Todesfälle wird. Wieder ist der Fahrstuhl schuld, der ein Eigenleben führt – oder doch eigentlich jene skrupellosen Figuren, die ihn für biogenetische Experimente missbrauchten, wie ein Mechaniker und eine Journalistin schließlich aufdecken. Passables, gradliniges Spannungskino als Hommage an alte B-Filme.

Frank Arnold, tip, 11/2002

Kritik: (...) Diese Story klingt nun vielleicht nach jener Sorte spaßiger B-Movies, wie man sie heute höchstens noch auf dem Fantasy Filmfest zu sehen bekommt. Es sind denn auch weniger die schlechten Darsteller, die unsympathischen Charaktere und die unbeholfene Regie, die einem das Vergnügen verleiden – es ist vielmehr das Gefühl, dass Maas seinen Film ganz bewusst auf jenen »trashigen« B-Movie-Appeal hin inszeniert hat, augenzwinkernde Ironie inklusive. (...) *Kai Mihm, epd-Film, 3/2001*

Dream 181

DREAM □

TV

Regie: Mikael Hylin
Darsteller: Sinéad Cusack (Kathleen), Joe Absolom (Tommy), Philip Martin Brown (Martin), Brian Conley (Charlie Allen), Kelly Harrison (Emma), Kenneth MacDonald (Pete)
Drehbuch: Reidar Jönsson
Musik: Tot Taylor
Prod.: Schweden/GB 2001; 95 Min.
TV: 8.12.2002, Arte, 20.45

Kathleens Freund Tommy hat genaue Ziele für sein Leben: Emma heiraten, gemeinsam ein Haus bauen und Kinder haben, doch Emma träumt von einem spannenderen Leben. Um der Monotonie zu entkommen, nimmt sie gegen Tommys Willen an einem Schönheitswettbewerb teil.

AZ TV Journal

Dream Dream Dream 182

□

TV

Regie: Anne Alix
Darsteller: Manuel Blanc (Joachim), Franco Belviso (Franco), Kati Outinen (Tuula), Marina Kubakhidze (Nour), Sulevi Peltola (Jukka), Borgar Gardarsson (Peer)
Drehbuch: Anne Alix, Marie-Laure Berthelin
Musik: Hinrich Dagefoer, Stefan Wulff, Frank Wulff-Raven
Prod.: Frankreich/D 2000; 94 Min.
TV: 7.12.2002, Arte, 22.30, OmU

Zwei sich ziemlich fremde junge Männer und eine Schnapsidee: Bei Nacht und Nebel sind sie in einem uralten Benz aus Hamburg zum Nordkap aufgebrochen. Jetzt müssen sie den Heimweg antreten, quer durch Norwegen und Finnland. *Pressetext*

Drei Frauen, ein Plan und die ganz große Kohle 183

***

TV

Regie: Reinhard Schwabenitzky
Darsteller: Tina Ruland (Ramona), Meral Perin (Nuray), Elfi Eschke (Irmchen), Marco Rima (Freddy), Seyfi Ölmez (Attila), Matthias Herrmann (Klaus)
Drehbuch: Olaf Kraemer, Iris Uhlenbruch
Kamera: Helmut Pirnat
Schnitt: Ingrid Koller
Prod.: Objectiv Film für SAT.1; D 2002; 93 Min.
TV: 30.4.2002, SAT.1, 20.15

Zwei dämliche arbeitslose Machos lassen sich ihre Beute von drei fixen arbeitslosen Frauen abjagen, die die ironische Gauner- und Lotterbettkomödie mit naiver Moralistenlogik (Modell Steuerhinterzieher am Luxus-Badestrand im Ausland) würzen und die Antwort auf gewinngeile Aufsichtsräte sind. *Ponkie, AZ, 2.5.2002*

Drei Stern Rot 184

****

Regie: Olaf Kaiser
Darsteller: Rainer Frank (Christian Blank), Petra Kleinert (Dr. Pamela Wehmann), Meriam Abbas (Jana Siebenschuh), Dietmar Mössmer (Major Nattenklinger), Victor Schefe (Hauptmann Dreifalt), Henning Baum
Drehbuch: Holger Jancke
Kamera: Matthias Tschiedel
Musik: Rainer Kirchmann
Schnitt: Sabine Brose
Prod.: Hoferichter & Jacobs mit ZDF; D 2001; 88 Min.
UA: Int. Hofer Filmtage 2001
Verleih: Progress, 23.5.2002
FSK: ab 12 J., ffr.

Drei Stern Rot war in der DDR das Codewort für Republikflucht, die mit der gleichnamigen roten Leuchtrakete angezeigt wurde. Olaf Kaisers Film erzählt vom Schicksal des DDR-Bürgers und Grenzers Christian Blank. Sein Held sitzt in psychiatrischem Gewahrsam und erzählt einer Ärztin seine Lebensgeschichte. Immer wieder geht es um Zusammenstöße mit Autoritäten, etwa dem sadistischen Offizier Nattenklinger und anderen Machtinstanzen, die absurderweise alle in derselben Gestalt erscheinen. »Drei Stern Rot« wird selbst zum Grenzphänomen, indem er immer tiefer in den Bereich zwischen Überhöhung und sozialistischer Wirklichkeit, Tragödie und Groteske verstößt – die DDR als Borderline-Syndrom.

Anke Leweke, tip, 11/2002

Kritik: (…) Trotz zu vieler verwirrender Nebenstränge gelingt die Karikierung von Machtstrukturen und -menschen. Und wenn am Ende dieser überhaupt nicht harmlosen Komödie der arme Held den verhassten Nattenklinger gar in einem Wessi-Polizisten entdeckt, ahnt man Böses: Die Nattenklingers leben unter uns – bestens getarnt, aber immer noch aktiv.

Margret Köhler, Blickpunkt Film, 18/2002

(…) Christian, Ex-DDR-Grenzer, jetzt Filmschauspieler, spielt einen DDR-Grenzer, dreht durch und blendet zurück: wie ich zu den Grenztruppen kam und wie Major Nattenklinger mir das Leben zur Hölle machte. Grenztruppenrealität, zur Farce zugespitzt. Kaiser nimmt den Märchenton von »Sonnenallee« und »Helden wie wir« und eignet ihn sich an, um vom Realitätsverlust zu erzählen, der drangsalierte Menschen ereilt. Und davon, wie wir alle unter den Nattenklingers dieser Welt zu leiden haben. Manchmal genügt es, für eine Geschichte die richtige Tonart zu finden.

Christiane Peitz, Der Tagesspiegel, 29.10.2002

13 Geister 185

13 GHOSTS ***

Regie: Steve Beck
Darsteller: Tony Shalhoub (Arthur Kriticos), Embeth Davidtz (Kalina), Matthew Lillard (Rafkin), Shannon Elizabeth (Kathy), Alec Roberts (Bobby), JR Bourne (Ren Moss)
Drehbuch: Neal Marshall Stevens, Richard D'Ovidio, nach einer Story von Robb White
Kamera: Gale Tattersall
Musik: John Frizzell
Schnitt: Edward A. Warschilka, Derek G. Brechin
Prod.: Dark Castle Ent.; USA 2001; 91 Min.
Verleih: Columbia TriStar, 17.1.2002
FSK: ab 16 J., ffr.

Formal weiß dieses Remake des gleichnamigen William-Castle-Gruselfilms zu überzeugen: Das Haus aus Glas und Stahl, in dem die zwölf (!) Geister gefangen sind, ist ein wahres Meisterstück des Produktionsdesigns. Inhaltlich erweist sich der Film allerdings als grausam langweiliger Aufguss von »House on Haunted Hill« und »The Cube«.

Jörg Buttgereit, tip, 2/2002

Kritik: (...) Trotz interessanter Besetzung (F. Murray Abraham und Tony Shalhoub) und einem in visuellen Spezialeffekten geschulten Regisseur kann man diesem erbärmlich aufgemotzten Streifen höchstens Originalität in Sachen dumme Sprüche und lächerliche Kinomonster attestieren.

Stuttgarter Zeitung, 17.1.2002

(...) Dieses Werk gehört zu jener Sorte Filme, bei denen man hinterher nicht so genau darüber nachdenken sollte, was man soeben gesehen hat – äußerste Verwirrung ist die Folge. Stattdessen ergötze man sich weder an der zweitklassigen Besetzung noch an der debilen Geschichte, sondern einzig und allein am Look des Films. Denn das merkwürdige Haus, die mitunter recht blutigen Effekte und vor allen Dingen die Kellermonster sehen einfach klasse aus. Und das ist mehr, als man von anderen Horrorfilmen sagen kann. Ein visuell beeindruckender, sinnfreier Schocker.

Martin Schwarz, Zitty, 2/2002

Druids 186

VERCINGETORIX **

Video

Regie: Jacques Dorfmann
Darsteller: Christopher Lambert (Vercingetorix), Klaus Maria Brandauer (Julius Cäsar), Max von Sydow (Oberdruide Guttuart), Ines Sastre (Epona), Bernard-Pierre Donnadieu (Dumnorix), Maria Kavardjikova (Rhia)
Drehbuch: Rospo Pallenberg, Jacques Dorfman, Norman Spinrad
Kamera: Stefan Ivanov
Musik: Pierre Charvet
Schnitt: Marie Castro-Vasquez
Prod.: Eiffel Prod./TF1/Les Productions Druids; Frankreich/Kanada 2000; 119 Min.
Vertrieb: Splendid, 22.3.2002
FSK: ab 12 J.

Im Krieg der Römer mit den Galliern prallen zwei Lichtgestalten der Geschichte aufeinander: Cäsar und Vercingetorix. Die werden leider von Brandauer und Lambert verkörpert, die scheinbar führungslos durch diesen faden Historienschinken eiern, dem der Regisseur kein Format, keine Faszination, keine Dramatik abringen konnte.

Du bist mein Kind 187

□

TV

Regie: Helmut Förnbacher
Darsteller: Sabine Postel (Barbara Burckhardt), Rainer Grenkowitz (Peter Hofer), Wolf Roth (Philipp Burckhardt), Hansa Czypionka

(Klaus Sanders), Jana Güttgemanns (Anna), Pia Amendt (Laura)
Drehbuch: Alex Martin, Marion Reichert
Kamera: Meinolf Schmitz, Thomas Füllgrabe
Musik: Richard Blackford
Prod.: D 2002; 89 Min.
TV: 3.3.2002, ZDF, 20.15

Als die Kinder von Barbara Burckhardt und Gaby Hofer, die kurz nach der Entbindung starb, sieben Jahre alt sind, kommt zufällig heraus, dass sie vertauscht worden sind. Für Barbara ist klar: Sie muss ihre Tochter finden. Sie lebt, entdeckt Barbara schnell, bei Peter Hofer in der Nähe von Köln. Nun setzt sie vorsichtig alles daran, ihre richtige Tochter um sich zu haben.

Pressetext

Duell in der Nordwand 188

FINAL DESCENT □ TV

Regie: David W. Smith
Darsteller: Antonio Sabato jr. (David), Heidi Noelle Lenhart (Beth Martin), Jürgen Prochnow (Paul Martin), Patrick Muldoon (Viggo), Birgit Stein (Fran), Brent Chapman (Lance)
Drehbuch: Jeff Yonis, Rob Kerchner
Kamera: Tony Westman
Musik: Shuki Levy, Deddy Tzur, Inon Tzur
Schnitt: Alison Grace
Prod.: Capital Arts/Saban/Shavick/ Fox Familiy Channel; Kanada/USA 2000; 88 Min.
TV: 4.2.2002, ZDF, 22.15

Bergdrama mit Jürgen Prochnow als leidgeplagter, aber heldenhafter Vater.

Der Duft des Geldes 189

** TV

Regie: Karl Kases
Darsteller: Heiner Radau (Janosch Lenz), Bernd Herzsprung (Paul Kleeberg), Valerie Niehaus (Antonia), Mickey Hardt (Alexander Kleeberg), Susanne Schnapp, Mariella Ahrens
Drehbuch: Gabriele Kossack, Peter Süß
Kamera: David Sanderson, Timothy Beavers
Prod.: teamWorx für SAT.1; D 2002; 120 Min.
TV: 30.9.2002, SAT.1, 20.15

Das begabte Riechkind Janosch wird vom Parfümfabrikanten und seinem nasenlädierten Sohn als Starriecher engagiert. Aber Janoschs Mutter mag keine reichen arroganten Kerle, und so schleppt sich das Nasen-Stück als der obligate »Große SAT.1-Film« durch die parfümierte Landschaft: eine freundliche Langweiler-Duftwolke.

Ponkie, AZ, 2.10.2002

Dust 190

DUST ***

Regie: Milcho Manchevski
Darsteller: Adrian Lester (Edge), Joseph Fiennes (Elijah), David Wenham (Luke), Anne Brochet (Lilith), Nikolina Kujaca (Neda), Vera Farmiga (Amy)
Drehbuch: Milcho Manchevski
Kamera: Barry Ackroyd
Musik: Kiril Dzajkovski
Schnitt: Nic Gaster
Prod.: History Dreams/ena/Fandango Prod. mit Shadow Films/South Fork Pic.; GB/D/Italien/Mazedonien 2001; 127 Min.
UA: Int. Filmfestspiele Venedig 2001
Verleih: Highlight, noch nicht gestartet

In New York wird ein Einbrecher von einer 90-Jährigen ertappt, die ihm die Geschichte ihrer Vorfahren erzählt.

Kritik: »Dust« beruht auf einer persönlichen Entdeckung: Die letzten Cowboys des amerikanischen Westens sehen auf Fotos genauso aus wie die wilden Banden, die 1912 in Mazedonien den Aufstand wagten, nach Jahrhunderten türkischer Herrschaft. Also schickt Manchevski zwei Jungs aus Oklahoma in den historischen Balkankrieg: Luke ist ein Kopfgeldjäger auf der Suche nach Reichtum; Elijah ist ein betrogener Ehemann auf der Suche nach Rache. Sie geraten in Freiheitskämpfe und ethnische Gemetzel, die bei Türken und Mazedoniern schrecklichen Blutzoll fordern. Einmal kommt eine Schafherde ins Kreuzfeuer, ein andermal die halbe Ernte eines Dorfes. Da platzen riesige Wassermelonen neben Soldatenköpfen, und über das, was übrig bleibt, machen sich Tausende Fliegen her. Das

ist schwer zu ertragen, und es dient, wenn überhaupt, nur einem Ziel: den Parteien im aktuellen Mazedonienkonflikt noch einmal einzuschärfen, wie sinnvoll es ist, nach friedlichen Lösungen zu suchen.
Manchevski lebt in New York, aber er hat politische Bedeutung in Mazedonien, wo er als eine unbestechliche Stimme der Vernunft wahrgenommen wird. Dennoch sollte man »Dust« nicht nur aus dieser Perspektive sehen. Sonst wirkt der Film, mit seinen breitkrempigen Hüten, harten Sprüchen und Morricone-Klängen, beinah frivol. Als exzentrisches Melodram kommt er hingegen besser weg. Nur die Einbettung der Geschichte in die Gegenwart, die Manchevski bei »Before the Rain« so wunderbar gelöst hat, misslingt hier leider völlig.

Tobias Kniebe, SZ, 31.8.2001

Manchevski, inzwischen 42, ist der Wundermann, der vor sieben Jahren wie aus dem Nichts kommend mit seinem Film »Before the Rain« den »Goldenen Löwen« gewann. Damals war das einer der ersten Filme, die für den Balkankrieg Bilder fanden und bei Manchevski eben nicht reportagehafte, sondern expressiv überhöhte, die sich zu einer parabelhaften Erzählung verdichteten. Mazedonien lag damals noch fern von allen Kriegsfronten, und Manchevski, als Emigrant in New York lebend, erzählte in Interviews schon damals, er wolle als Nächstes in einem »ottomanischen Western« den Befreiungskampf seines Volkes gegen die Türkenherrschaft vor bald einem Jahrhundert heraufbeschwören.
Das hat wider Erwarten sieben Jahre gedauert, und zu den Fatalitäten der Historie gehört, dass Manchevskis romantisch-pathetisches Mazedonien-Epos »Dust« nun genau in dem Augenblick als Eröffnungsfilm in Venedig zur Premiere kommt, wo das wirkliche Mazedonien zum Schauplatz einer nächsten Kriegsrunde geworden ist. (...)
Manchevski selbst hat vor kurzem in einem (im »Guardian« wie in der »Süddeutschen Zeitung« veröffentlichten) politischen Manifest beklagt, wie die Nato im Balkan von Mal zu Mal und nun auch in Mazedonien in eine Doppelrolle als Brandstifter und Feuerwehr gestolpert sei.
Daran gemessen ist sein Film – eine Vergangenheit imaginierend, in der Gut und Böse noch klar unterscheidbar schienen – überwältigend naiv, nämlich pures und sogar im wüstesten Gemetzel höchst virtuoses Spektakelkino: »Dust« erzählt von zwei verfeindeten Brüdern irisch-dickschädeliger Herkunft, die mit ihren Schießkünsten im amerikanischen Westen brilliert haben und nun als Kopfgeldjäger im Balkan neue Herausforderungen suchen.
Das ist luxuriös und mit manchmal imponiersüchtiger Brillanz in Szene gesetzt, doch in einer Umgebung, wo man Fez oder Turban trägt, fallen die beiden Pistoleros mit dem hellen und dem dunklen Westernhut schon auf den ersten Blick als hundertprozentige Kinohelden auf. Manchevski trägt hohe, auch sehr literarische Ambitionen vor sich her, doch am überzeugendsten ist ihm eine Auferstehung des Spaghetti-Westerns in mazedonischer Tracht und Pracht gelungen.

Der Spiegel, 3.9.2001

Eastside – Auf welcher Seite stehst du? 191

EASTSIDE ***

Video

Regie: Lorena David
Darsteller: Mario Lopez (Antonio Lopez), Elizabeth Bogush (Claire Gabriel), Mark D. Espinoza (Horatio Lopez), Efrain Figueroa (Armando de la Rosa), Guslhan Rover (Guslhan), Maurice Compte (Toad)
Drehbuch: Eric P. Sherman, Ravi Chopra
Kamera: Lisa Wiegand
Musik: Armando Avila
Schnitt: Ned Kerwin
Prod.: Candelight/Kingsize Ent.; USA 2000; 91 Min.
Vertrieb: VCL Video, 28.11.2002
FSK: ab 16 J.

Der vorbestrafte Tony übernimmt die Schmutzarbeit eines Mafiaanwalts, kommt dabei aber mit seinem Privatleben in Kollision. Eher als Sozio-Krimi denn als Action-Kracher konzipiertes Drama mit glaubwürdigen Ansätzen.

Einfach frei 192

LIBRE □

TV

Regie: Jean-Pierre Sauné
Darsteller: Richard Bohringer (Philippe), Charles Correa (Hor), Mamadou Tali (Tierno), Siradiou Dia (Désiré), Adama Kouyaté (Geschichtenerzähler), N'Deye Sirra Biteye (Aston)
Drehbuch: Jean-Pierre Sauné, Michel Meyer
Prod.: Frankreich 2001; 94 Min.
TV: 3.5.2002, Arte, 20.40

Der Waise Hor will sein Glück in der Großstadt Dakar finden. Aber sein Entschluss führt den unerfahrenen Dorfjungen in die unbarmherzige Welt der Erwachsenen. Entgegen allen Widrigkeiten und mit dem Glauben an Ehrlichkeit und Freundschaft versucht er zu überleben. *Pressetext*

Eins, zwei, Pie – Wer die Wahl hat, hat die Qual 193

100 GIRLS **

Video

Regie: Michael Davis
Darsteller: Jonathan Tucker (Matthew), Katherine Heigl (Arlene), Larisa Oleynik (Wendy), Emmanuelle Chriqui (Patty), James DeBello (Rod), Jaime Pressly (Cynthia)
Drehbuch: Michael Davis
Kamera: James Lawrence Spencer
Musik: Kevin Bassinson, Jonathan McHugh, Erin Scully
Schnitt: Kevin D. Ross
Prod.: Dream Ent. Michael Finney Prod.; USA 2000; 90 Min.
Vertrieb: VCL Video, Januar 2002
FSK: ab 16 J.

Mithilfe ihres Slips will ein Junge seine unbekannte Erstgeliebte wieder finden. Zotige Teenie-Plotte der strunzblöden Sorte.

Eis Kalt 194

OUT COLD **

Regie: Brandon Malloy, Emmett Maloy
Darsteller: Jason London (Rick Rambis), Lee Majors (Jack Majors), Willie Garson (Ted Muntz), Zach Galifianakis (Luke), David Koechner (Stumpy), Flex Alexander (Anthony)
Drehbuch: Jon Zack
Kamera: Richard Crudo
Musik: Michael Andrews
Schnitt: Jeffrey Wolf
Prod.: Donners' Company; USA 2001; 94 Min.
Verleih: Constantin, 3.1.2002
Vertrieb: BMG Video (Video, DVD)
FSK: ab 12 J., ffr.

Ein reicher Immobilienhai will einen kleinen Skiort in Alaska aufkaufen und in ein High-Society-Skiressort umwandeln. Eine Gruppe Jugendlicher, die ihre Erfüllung im ungehinderten Snowboardspaß sieht, kann das mit vereinten Kräften verhindern. Ein billig wirkendes, durchaus verzichtbares Hollywood-Fließbandprodukt mit dünner Handlung und dümmlichen, pubertären Scherzen, das zeitweise wie ein Werbeprodukt für die Wintersportindustrie anmutet, aber nicht einmal mit seinen zahlreichen Snowboardszenen überzeugen kann. *Alrun Fichtenbauer*

Kritik: (...) Die Gebrüder Malloy haben in der Werbung und als Videoclipmacher Erfahrungen gesammelt. Mit »Eis Kalt« verfrachten sie ganz unverfroren die Teeniesommerkomödie in den Schnee – und lassen es oberhalb und unterhalb der Gürtellinie kräftig brettern.

Gerald Jung, Zitty, 1/2002

Eiskalte Lügen 195

CIVILITY – MALICIOUS INTENT **

Video

Regie: Caesar Cavaricci
Darsteller: Liam Waite (Cade Russo), William Forsythe (Andrew), Tom Arnold (Marty Edelman), Zack Ward (Billy), Pauley Perrette (Carolyn), Ed Lauter (Det. Erickson)
Drehbuch: Caesar Cavaricci
Kamera: Jeff Neuman
Musik: Brad Segal, Nic TenBroek
Schnitt: Tony Lombardo
Prod.: Pittsburgh Films; USA 1999; 82 Min.
Vertrieb: VCL Video, Dezember 2002
FSK: ab 18 J.

Kritik: (...) Story, Charaktere und Dialoge des routiniert fotografierten Thrillers wirken derart unglaubwürdig und aufgesetzt, dass sich beinahe vermuten ließe, bei »Eiskalte Lügen« könne es sich um eine misslungene Satire handeln. Wahrscheinlich aber ist, dass der Film unfreiwillig seine Anspruchlosigkeit dokumentiert.

Stefan Volk, Film-Dienst, 25/2002

Electric Dragon 80.000 Volt 196

ELECTRIC DRAGON 80.000 V ***

Regie: Sogo Ishii
Darsteller: Tadanobu Asano (Dragon Eye Morrison), Masatoshi Nagase (Thunderbolt Buddha)
Drehbuch: Sogo Ishii
Kamera: Norimichi Kasamatsu
Musik: Hiroyuki Onogawa
Schnitt: Syuichi Kakesu
Prod.: Suncent Cinemaworks/Taki Corp.; Japan 2000; 55 Min.
UA: Int. Filmfestspiele Berlin 2001
EA: Filmfest Hamburg 2001
Verleih: REM, OmU, 7.3.2002

Ein Gigantenkampf: Zwei Männer, zwei Mutanten, ziehen durch Tokio. Ein Blitz hat in jungen Jahren ihre Organismen unwiderruflich verändert. Sie sind Drachenwesen, alles läuft auf eine Konfrontation zwischen Dragon Eye Morrison und Thunderbolt Buddha hinaus. Sogo Ishis mittellanger Film/Clip steht selbst unter Strom, die Musik und die Ästhetik sind von Metal und Industrial beeinflusst, einer sehr spezifischen Kultur, die Nichteingeweihten auch ein wenig monoton erscheinen mag.

Bert Rebhandl, tip, 7/2002

11'09"01 197

11'09"01 – SEPTEMBER 11

Regie: Episode 1: Samira Makhmalbaf, Episode 2: Claude Lelouch, Episode 3: Youssef Chahine, Episode 4: Danis Tanovic, Episode 5: Idrissa Ouedraogo, Episode 6: Ken Loach, Episode 7: Alejandro González Inárritu, Episode 8: Amos Gitai, Episode 9: Mira Nair, Episode 10: Sean Penn, Episode 11: Shohei Imamura
Darsteller: Maryam Karimi, Emmanuelle Laborit, Jèrome Horry, Nour Elsherif, Ahmed Seif Eldine, Dzana Pinjo
Drehbuch: Episode 1: Samira Makhmalbaf, Episode 2: Claude Lelouch, P. Uytterhoeven, Episode 3: Youssef Chahine, Episode 4: Danis Tanovic, Episode 5: Idrissa Ouedraogo, Episode 6: Paul Laverty, Ken Loach, Vladimir Vega, Episode 7: Alejandro González Inárritu, Episode 8: Amos Gitai, Marie-José Sanselme, Episode 9: Sabrina Dhawan, Episode 10: Sean Penn, Episode 11: Daisuke Tengan
Kamera: Ebrahim Ghafori, Pierre William Glenn, Mohsen Nasr, Mustafa Mustafic, Luc Drion, Nigel Wiioughby, Peter Hellmich, Jorge Müller Silva, Shelly Townsend, Yoav Kosh, Declan Quinn, Samuel Bayer, Masakazu Oka
Musik: Alexandre Desplat (Titelmusik), Mohammad Rezadarvishi, Salif Keita, Manu Dibango, Guem Percussion, Vladimir Vega, Martin Hernandez, Gustavo Santaolalla, Osvaldo Golijov, Ali Maula Ali, Heitor Pereira
Schnitt: Mohsen Makhmalbaf, Stéphanne Mazalaigue, Rashida Abd Elsalam, Monique Ryssellinck, Julia Gregory, Jonathan Morris, Kim Bica, Robert Duffy, Kobi Netanel, Allyson C. Johnson, Jay Cassidy, Hajime Okayasu
Prod.: BIM/Galatée Films/Studio Canal+/ Séquence 19/Le Génerale de Prod.; Frankreich 2002; 130 Min.

›11'09"1‹: Frauen im Kosovo in der Episode von Danis Tanovic

UA: Int. Filmfestspiele Venedig 2002
EA: Int. Hofer Filmtage 2002
Verleih: Movienet, OmU, 28.11.2002

11 Regisseure und Regisseurinnen aus verschiedenen Ländern und Kulturen. 11 Sichtweisen und Assoziationen zu den tragischen Ereignissen des 11. September 2001. Die Regisseure hatten völlige Freiheit im Ausdruck. Die einzige Vorgabe lautete: »Ein Film, der 11 Minuten, 9 Sekunden und 1 Bild – 11'09"01 – dauert und sich um die Ereignisse des 11. September und ihre Folgen dreht«.

Kritik: (…) Die Sorge, die Vorgabe – jeder Beitrag musste mit 11 Minuten, 9 Sekunden und einem Einzelbild auskommen – könnte zu einem gnadenlos mechanisch ablaufenden Ergebnis führen, war unberechtigt. Im Gegenteil: Die im Kino erlebte Zeit wird so subjektiv wahrgenommen, dass die Episoden unterschiedlich lang wirken. Das geheime Leitmotiv fast aller Regisseure, der Hinweis auf die Opfer in oder aus dem eigenen Land, verbunden meist mit Querverweisen auf Verantwortung und Schuld der USA, erweckt fast den Eindruck eines starren Systems. (…)

H. G. Pflaum, SZ, 28.11.2002

(…) Man könnte einige Passagen weniger gelungen nennen – etwa die von Amos Gitai inszenierten –, doch erscheint angesichts des Themas und des damit verbundenen Leids der Verzicht auf Beckmesserei angebracht. Sowohl das Projekt als Ganzes als auch die Beiträge als solche, beigesteuert von elf Regisseuren, die wiederum aus elf unterschiedlichen Regionen der Erde stammen, bewegen den Betrachter und verdienen Respekt. *Thomas Engel, Der Gildendienst, 12/2002*

(…) Schock gegen Trauma, Massengrab gegen Zivilopfer, ethnische Säuberung gegen Militärdiktatur gegen das Elend der Dritten Welt: eine aktualisierte Historikerdebatte, gewissermaßen. Der Versuch, die Einzigartigkeit einer jeden Katastrophe in wenigen Minuten ins Bild zu rücken, führt zum Beweis des Gegenteils: Die Konturen verwischen – als Opfer sind die Menschen einander gleich. So gerät die kontrapunktische Reihung unvermutet zu einer fast zynischen Auf-, Ab- und Gegenrechnung. (…)

Christiane Peitz, Der Tagesspiegel, 28.11.2002

Elling 198
ELLING ****

Regie: Petter Naess
Darsteller: Per Christian Ellefsen (Elling), Sven Nordin (Kjell Bjarne), Per Christensen (Alfons Jörgensen), Jörgen Langhelle (Frank Asli), Marit Pia Jacobsen (Reidun Nordsletten), Hilde Olausson
Drehbuch: Axel Hellstenius, nach dem Roman »Blutsbrüder« von Ingvar Ambjörnsen
Kamera: Svein Krövel
Musik: Lars Lillo Stenberg
Schnitt: Inge-Lise Langfeldt
Prod.: Maipo Film- u.TV-Prod.; Norwegen 2001; 89 Min.
Verleih: Arsenal, 2.5.2002
Vertrieb: VCL Video (Video, DVD)
FSK: ab 16 J., ffr.

Elling ist ein seltsamer Kauz, ein Muttersöhnchen mit einer Heidenangst vor fremden Leuten. Nach zwei Jah-

Per Christian Ellefsen und Sven Nordin in ›Elling‹ von Petter Naess

ren Pspychiatrie wird er mit dem hünenhaften Kumpel Kjell Bjarne wieder ins pralle Leben ausgesetzt. Und während Riesenbaby Bjarne seine Herzensdame findet, schafft sich Elling langsam, aber hartnäckig eine neue Identität: Er wird Oslos anonymer Sauerkraut-Poet »E«. Eine wundersame Komödie, die die wahren Helden des Alltags zeigt – Menschen mit Macken und jeder Menge Mumm.

Cristina Moles Kaupp, tip, 9/2002

Kritik: Elling verkörpert geläufige Ängste, Ressentiments und Komplexe – und ermöglicht dem Zuschauer mit seinen trocken-lakonischen Kommentaren gleichzeitig, darüber zu lachen. Kauzig und liebenswert, schüchtern und skurril, ist Elling, die Identifikationsfigur für alle Erniedrigten und Verzweifelten. Per Christian Ellefsen, der schon in der Theaterfassung den Elling gab, spielt Elling als Kavalier alter Schule, dem das Misstrauen in jeder Stirnrunzel und der Schalk im Augenwinkel sitzt. Ein echter Typ – das ist viel mehr, als viele Angepasste von sich sagen können.
Regisseur Peter Naess, der auch die Theaterfassung inszenierte, muss kaum mehr tun, als seinen ungleichen Protagonisten entspannt das Feld zu überlassen. Gleichzeitig vermittelt sein Film die Hoffnung, dass sich reaktionäre Ansichten und Feindseligkeit ebenso heilen lassen wie die Angst vor dem täglichen Brötchenkauf. Eine Welt, in der Elling leben kann, ist eine bessere Welt. Mit dieser Botschaft mag »Elling« getrost reüssieren – und sei es nur, weil er die wundervolle Erfindung eines »Sauerkrautpoeten« enthält.

Christina Tilmann,
Der Tagesspiegel, 2.5.2002

Elsewhere 199

***

Regie: Nikolaus Geyrhalter
Drehbuch: Silvia Burner, Nikolaus Geyrhalter, Michael Kitzberger
Kamera: Nikolaus Geyrhalter
Schnitt: Wolfgang Widerhofer
Prod.: Nikolaus Geyrhalter Filmprod. mit BR/Arte unter der Schirmhrrschaft der Österreichischen Film Commission für UNESCO; Österreich/D/Schweiz 2001; 240 Min.
Verleih: Real Fiction, 24.10.2002

Zwei Männer sitzen zwischen den Eisbergen und beschweren sich über Brigitte Bardot. Eine Frau verbringt Stunden damit, für ihre Schweine zu kochen. Kinder spielen Nintendo im Regenwald. Kurze Momente von anderswo. Der Regisseur und sein Team reisten von der Sandwüste Namibias zu den Schneewüsten Grönlands und beobachteten Menschen mit unterschiedlichsten Lebensbedingungen.

Filmecho-Filmwoche, 41/2002

Kritik: (...) Regisseur Geyrhalter sieht zu und lässt reden. In »Elsewhere« stößt dieses Konzept einer »unschuldigen« Beobachtung deutlich an seine Grenzen: Geyrhalters Bilder sind Ansichtskarten mit einer Zeitdimension.

Bert Rebhandl, tip, 28/2002

Emily's Vermächtnis 200

THE GIVING TREE ☐

TV

Regie: Cameron Thor
Darsteller: Jonathon Schaech (James), Molly Ringwald (Penelope), Christina Applegate (Emily), Justin Lazard (T. J.), Moon Unit Zappa (Alex), Tiffany Salerno (Zoey)
Drehbuch: Timothy Puntillo
Kamera: Jacek Laskus
Musik: Barry Coffing
Prod.: USA 1998; 83 Min.
TV: 19.12.2002, ARD, 1.00

Zehn Jahre nach ihrem Schulabschluss treffen sich fünf Frauen und fünf Männer auf einer Berghütte wieder, wo sie früher gemeinsam die Ferien verbrachten. Doch das Treffen verläuft anders als erwartet. Als Emily, die immer im Zentrum der Gruppe stand und zu allen eine besondere Beziehung unterhielt, sich während der Zusammenkunft das

Leben nimmt, brechen alte und neue Wunden auf. (...) *Pressetext*

Das Ende vom Lied 201

AU BOUT DU ROULEAU ***

TV

Regie: Thierry Binisti
Darsteller: Richard Bohringer (Henry Gallien), Jacques Bonnaffé (Massy), Ronnie Lazaro (Phan), Spanky Manikan (Dao), Tony Mabesa (Han Hi), Rocky Martinez (La Mousse)
Drehbuch: Xavier Maurel, frei nach dem gleichnamigen Roman von Joseph Conrad
Musik: Luce Mouchelle, Laurent Valero
Prod.: Frankreich 2002; 90 Min.
TV: 29.11.2002, Arte, 20.45

Nur aus einem einzigen Grund übernimmt der alte Kapitän Gallien ein letztes Kommando auf dem Südchinesischen Meer. Er will seiner verschuldeten Tochter helfen, die in Frankreich inhaftiert ist. Dafür ist er sogar bereit, seine Kapitänsehre und Leib und Leben der Mannschaft zu gefährden: Er droht nämlich zu erblinden. *AZ TV Journal*

Endstation: Tanke 202

****

TV

Regie: Nathalie Steinbart
Darsteller: Tamara Simunovic (Margot), Florian Panzner (Marek), Oliver Bröcker (Kalle), Vadim Glowna (Neumann), Horst-Günter Marx, Hendrik Arnst
Drehbuch: Peter d'Ambrosio, Nathalie Steinbart
Kamera: Carl-Friedrich Koschnik
Musik: Wohlklang, Lovekrauts
Schnitt: Dirk Grau
Prod.: Octopus Media mit Linda Film/ Tellux/Cine Image für SWR/MDR; D 2001; 84 Min.
UA: Montreal 2001
EA: Int. Filmfestspiele Berlin 2002, »Perspektive Deutsches Kino«
TV: 14.11.2002, ARD, 23.00

Debütfilm von Nathalie Steinbart, in dem das Ossi-Ambiente (zornige Dörfler, von einem Wessi-Abzocker geleimt) wie in einem amerikanischen Tankstellenkrimi daherkommt: Der Wessi-Betrüger, auch noch mit einem entflohenen Sträfling verwechselt, muss die Lynchwut fürchten. Ein Dorf-Querkopf und grotesk-romantisches Liebespaar im Aussteigertraum: Kreuzung von Roadmovie und Wende-Illusionsfarce. Ein grimmig-ehrgeiziges Nachtstück.
Ponkie, AZ, 16.11.2002

Enigma 203

ENIGMA ***+

Regie: Michael Apted
Darsteller: Dougray Scott (Tom Jericho), Kate Winslet (Hester Wallace), Saffron Burrows (Claire Romilly), Jeremy Northam (Wigram), Nikolaj Coster Waldau (Puck), Tom Hollander (Logie)
Drehbuch: Tom Stoppard, nach dem gleichnamigen Roman von Robert Harris
Kamera: Seamus McGarvey
Musik: John Barry
Schnitt: Rick Shaine
Prod.: Intermedia/Senator mit MeesPierson Film CV/Jagged Films/Broadway Video Prod.; D/GB/USA 2001; 117 Min.
UA: 22.1.2001, Sundance Film Festival
Verleih: Senator, 24.1.2002
Vertrieb: Universal Video (Video, DVD)
FSK: ab 12 J., ffr.

Während des Zweiten Weltkriegs muss ein Mathematikgenie in Windeseile den neuen Code der deutschen U-Boot-Flotte knacken und gleichzeitig das Rätsel um seine verschwundene ehemalige Geliebte lösen. Ein spannender Film, der mit einigen netten Einfällen aufwarten kann und das klassische Kriegsfilmrepertoire um sympathische Details bereichert.
Alrun Fichtenbauer

Kritik: (...) »Enigma« ist ein ungewöhnlicher Film geworden, auf wunderbare Weise altmodisch – Apted bedient sich einer altertümlichen Trickkiste, um Spannung zu erzeugen, keine lauten Special Effects, sondern flüsternde Gänsehautatmosphäre, gepaart mit dem Charme einer Detektivgeschichte aus den 40er-Jahren – fast möchte man zusehen, wie Hester und Tom den nächsten Fall lösen, wenn sie am Ende herausgefunden haben, dass Claire zwischen die Geheimdienstfronten geraten ist, weil sie von einem Massenmord wusste, der nicht in die Kriegspropaganda gepasst hätte.

Susan Vahabzadeh, SZ, 23.3.2002

(…) Drehbuchautor Tom Stoppard hat dieses Personal zu einem eleganten Vexierspiel verbunden, das den Zuschauer über weite Strecken in Atem hält. Bei aller Lust an stilvoller Verwirrung und spielerischer Überbietung des Realen ist »Enigma« ein Film, der das Grauen unter der Oberfläche nie vergisst und nebenbei ein eindringliches, im Wesentlichen durchaus zutreffendes Bild von jenem Ort bietet, an dem die Nazis mitbesiegt wurden.

Rüdiger Suchsland, FR, 25.1.2002

Interview: *Der Produzent, Mick Jagger, und Tom Stoppard, der das Drehbuch geschrieben hat, haben »Enigma« jahrelang vorbereitet – an welchem Punkt kamen Sie dazu?*

Die erste Version des Skripts war schon fertig, als ich die Regie zusagte – und dann hat es noch fünf Jahre gedauert, den Film zu finanzieren. Einmal waren wir kurz davor, es zu schaffen. Es hat nicht geklappt, also habe ich den Bond-Film »Die Welt ist nicht genug« gedreht. Kate Winslet haben wir kurzfristig bekommen – weil sie schwanger war und ihre anderen Projekte nicht machen konnte. Ich wollte »Enigma« unbedingt verfilmen, ich wollte immer schon einen Film über den Zweiten Weltkrieg drehen, weil ich damals geboren wurde – und ich kann mich an die Nachkriegszeit noch lebhaft erinnern. Ich wollte die ausgelatschten Pfade verlassen – mir hat gefallen, dass es um einen Teil des Kriegs geht, von dem ich so gut wie nichts wusste. Je mehr ich über diese Geschichte erfahren habe, desto mehr hat sie mich fasziniert. Ich denke, mein Film ist höchstens der Anfang aller Geschichten, die man aus Bletchley Park erzählen könnte. Das Ganze wirkt ein bisschen wie ein Campus – und diese Leute mussten enorm begabt sein, um dort arbeiten zu dürfen, eine Gruppe von Exzentrikern.

Michael Apted im Interview mit Susan Vahabzadeh und Fritz Göttler, SZ, 24.1.2002

Die Entdeckung des Himmels 204

THE DISCOVERY OF HEAVEN ****

Regie: Jeroen Krabbé
Darsteller: Stephen Fry (Onno Quist), Greg Wise (Max Delius), Flora Montgomery (Ada Brons), Neil Newbon (Quinten Quist), Emma Fielding (Helga), Diana Quick (Sophia Brons)
Drehbuch: Edwin de Vries, nach dem gleichnamigen Roman von Harry Mulisch
Kamera: Theo Bierkens
Musik: Henny Vrienten
Schnitt: Nigel Galt, Kant Pan
Prod.: Mulholland Pic.; Niederlande/GB 2001; 132 Min.
Verleih: Schwarz-Weiss, 19.12.2002

Im Himmel ist der Teufel los: Um den Vertrag mit der im Chaos versinkenden Menschheit zu lösen, benötigt Gott die biblischen Tafeln mit den Zehn Geboten. Erzengel Gabriel und ein himmlischer Adlatus führen drei Menschen in Liebe zusammen – den Astrophysiker Max, den Altphilologen Onno und die junge Musikerin Ada. Deren Sohn ist ausersehen, die Gesetzestafeln zu finden und zurückzubringen.
Jeroen Krabbé gelingt die Verfilmung von Harry Mulischs gleichnamigen, eigentlich unverfilmbaren Romans. Das Schicksal spielt eine große Rolle in dieser fantastischen Mischung aus Dreiecksgeschichte, Abenteuerfilm und Kulturgroteske. Die Menschheit mag zwar orientierungslos und verloren sein, aber sie ordnet sich nicht himmlischen Mächten klaglos unter. Eine unterhaltende Reflexion mal auf realistischer, mal auf Meta-Ebene mit wunderbaren Schauspielern wie Stephen Fry über Glauben, Unglauben und Aberglauben. *Margret Köhler*

Kritik: (...) Aus der abenteuerlichen Geschichte von Menschen und Engeln ist eine gelungene Literaturverfilmung geworden.

Dietmar Kanthak, epd-Film, 12/2002

Enterprise: Aufbruch ins Unbekannte 205

ENTERPRISE 1.01: BROKEN BOW ***+ Video

Regie: James L. Conway
Darsteller: Scott Bakula (Capt. Archer), Jolene Blalock (TOPol), Connor Trinner (Chef-Ing. Tucker), Dominic Keating (Lt. Reed), Anthony Montgomery (Fähnrich Mayweather), Linda Park (Fähnrich Sato)
Drehbuch: Rick Berman, Brannon Braga
Kamera: Marvin V. Rush
Musik: Dennis McCarthy, Diane Warren
Schnitt: J. P. Farrell
Prod.: Paramount TV; USA 2001; 90 Min.
Vertrieb: Paramount, 4.4.2002
FSK: ab 12 J.

US-TV-Pilotfilm zur 2001-Staffel der Sciencefictionserie. Strictly for Fans.

Entscheidung auf Mauritius 206

** TV

Regie: Richard Engel
Darsteller: Christian Wolff (Prof. Reinhard Lutz), Jutta Speidel (Tina Kaiser), Lara Joy Körner (Sarah), Janina Hartwig (Dr. Simone Arl), Patrick Wolff, Daniel Friedrich
Drehbuch: Barbara Piazza
Kamera: Peter Badel
Musik: Michael Hofmann de Boer
Prod.: ndF für ZDF; D 2002; 85 Min.
TV: 17.2.2002, ZDF, 20.15

Das Liebesmelodram führt justament einen frisch gebackenen Nobelpreisträger zwecks Hochzeit mit Zweitgattin in ein Luxushotel, in dem seine Erstliebe (Jutta Speidel – wie immer die einzige natürliche Person im Umkreis von Pappkameraden) als Hotelmanagerin arbeitet. Schon stolpert der Professor Nobelpreisträger über seine unbekannte Tochter, welche wiederum von einem klammernden Exliebhaber und rabiaten Psychopathen aufs Meer entführt wird und väterlicher Rettung bedarf. Alles klar? Das Happy End klebt wie ein überdimensionaler Schokoriegel den Ausgang zu. *Ponkie, AZ, 19.2.2002*

El Entusiasmo – Der Enthusiasmus 207

EL ENTUSIASMO ****+

Regie: Ricardo Larrain
Darsteller: Maribel Verdu (Isabel), Carmen Maura (Maria), Alvaro Escobar (Fernando), Alvaro Rudolhpi (Guillermo), Gianfranco Lebrini (Miguel)
Drehbuch: Ricardo Larrain, Jorge Goldenberg
Kamera: Esteban Courtalon
Musik: Jorge Arriagada
Schnitt: Danielle Fillios
Prod.: Ricardo Larrain, Eduardo Campoy, Nathalie Trafford für Cine XXI/Paraiso/Cartel mit Trans Film/ZDF/Arte und Canal+/TVE Chile/Frankreich/D/Spanien 1999; 110 Min.
UA: 21.5.1999, Int. Filmfestspiele Cannes, »Directors Fortnight«
Verleih: August 2000 (AU), Kairos 15.8.2002

Kritik: (...) In seinem zweiten Spielfilm verknüpft Chiles berühmtester Regisseur Ricardo Larrain die Geschichte einer Liebe mit der Situation seines Landes, das nicht mehr Diktatur und noch keine Demokratie ist. In dem neu entstandenen Machtvakuum finden Abenteurer wie Fernando ihr bevorzugtes Spielfeld. Der Umtriebige will in der Wüste einen gigantischen Vergnügungspark für US-Touristen errichten, wobei die Regie keinen Hehl daraus macht, wie wenig sie von Fernandos windigen Plänen hält. Während Fernando im Rausch der falschen Glücksversprechen bald überschnappt, reagiert Guillermo mit Resignation. Isabels kleiner Sohn spricht dem Regisseur wohl aus der Seele, wenn er immer wieder die Frage nach den Idealen von früher stellt – nach der Utopie eines unabhängigen Lebens, die beide Männer aufgegeben haben. Melancholisches Gesellschaftsporträt.

Jan Gimpel, Zitty, 15/2002

Epsteins Nacht 208

***+

Regie: Urs Egger
Darsteller: Maria Adorf (Jochen Epstein), Bruno Ganz (Adam Rose), Günter Lamprecht (Groll/Giesser), Otto Tausig (Karl Rose), Annie Girardot (Hannah Liebermann), Nina Hoss (Paula)
Drehbuch: Jens Urban
Kamera: Lukas Strebel
Schnitt: Hans Funk
Prod.: MTV/Constantin mit Dschoint Ventschr/DRS/Filmhaus Wien/ORF; D/Schweiz/Österreich 2001; 85 Min.
Verleih: Constantin, 7.11.2002
FSK: o. A., ffr.
FBW: Besonders wertvoll

Drei jüdische Freunde, die sich seit der Kindheit kennen, begegnen anlässlich des christlichen Weihnachtsfestes und 40 Jahre nach Kriegsende zufällig ihrem Peiniger aus dem KZ wieder.

Kritik: (…) Dem Schweizer Regisseur Urs Egger ist Großes gelungen: »Epsteins Nacht« ist ein klassischer, spannender Psychokrimi, der geschickt auch ein Tabuthema aufgreift. Die Schuld und das Schuldgefühl der Opfer, die, um ihr Leben zu retten, selbst Verrat begingen, denunzierten, andere opfern mussten. »Epsteins Nacht« hat auch nichts mit einem pädagogischen Schulgeschichtsstundenfilm gemein, sondern ist ein packendes Werk über die Abgründe des deutsch-jüdischen Verhältnisses. Dass Egger die überragenden Schauspieler Mario Adorf, Günter Lamprecht, Bruno Ganz und Otto Tausig zur Verfügung standen, macht den Film zu einem Erlebnis.

Adrian Prechtel, AZ, 7.11.2002

(…) »Epsteins Nacht« indessen ist kein Film, der irgendeine Regel überschreiten würde. Positiv betrachtet: Urs Egger hat eine sehr redliche Arbeit inszeniert. Kritisch formuliert heißt das: Er scheut jedes inhaltliche oder ästhetische Risiko. »Epsteins Nacht« führt im Grunde kaum über das hinaus, was Wolfgang Staudte vor mehr als einem halben Jahrhundert schon erzählt hat: Die Mörder sind unter uns. Und sie sind es noch immer, auch wenn Urs Eggers Geschichte einer ganzen Reihe von Rückblenden bedarf. (…) *H. G. Pflaum, epd-Film, 12/2002*

(…) So wird selbst die Geschichte in der Geschichte, die Legende von der Freundschaft, die damals im Lager das Leid und den Tod anderer in Kauf nehmen musste, zum Rührstück verniedlicht. Adorf und Ganz, der heimliche Beschützer und der vom Alter ausgebremste Traumtänzer, das könnte ein großes Leinwandpaar sein. Der Film nimmt ihnen den Freiraum dafür – wegen ein paar Rückblenden mehr.

Christiane Peitz, Der Tagesspiegel, 7.11.2002

Die Darsteller geben ihren Figuren jene Facetten, die eine Drehbuchgestalt zum Leben erweckt, und ziehen den Zuschauer in ein packendes und dicht inszeniertes Drama um Schuld und Rache. Mehr Mut zu großen Kinobildern hätte dem Film allerdings gut getan. Ergreifende Vergangenheitskonfrontation.

Martin Schwarz, Zitty, 23/2002

Erkan & Stefan und die Mächte der Finsternis 209

***

Regie: Axel Sand
Darsteller: Stefan Lust (Stefan), Erkan Maria Moosleitner (Erkan), Bettina Zimmermann (Tana), Julia Thurnau (Pamela), Simone Dericks (Trixi), Corinna Harfouch (Frau Schmächtig)
Drehbuch: Philipp Weinges, Günter Knarr, Erkan Maria Moosleitner, Stefan Lust
Kamera: Stephan Schuh
Musik: Ralf Wegenmeier
Schnitt: Jochen Retter
Prod.: Hofmann & Voges/Goldkind Film mit Constantin Film; D 2002; 85 Min.
Verleih: Constantin, 20.6.2002
FSK: ab 12 J., ffr.

Erkan & Stefan, das berühmt-berüchtigte Proll-Comedyduo, stolpert in

altbekannter Manier durch die Gegend, klopft die üblichen radebrechenden Slangsprüche und tritt in seinem zweiten Kinoabenteuer »gegen die Mächte der Finsternis« an. Zur Belohnung winkt den angehenden Weltenrettern im Trainingsanzug eine Liebesnacht mit dem »rattenscharfen Bunny« Tana (durchaus ein Blickfang: Bettina Zimmermann).
Wer auf ein Minimum an Handlung, zumeist platte Gags (wie ein Wettrennen zwischen zwei Handys und einem Vibrator) sowie das altbekannte, krasse Kauderwelsch von Erkan & Stefan (bei dem es nicht nur jeden Grammatiklehrer graust) steht, kommt bei Axel Sands Film auf seine Kosten. Andere sollten schnellstens das Weite suchen. *Albert Baer, Rheinische Post, 21.6.2002*

Kritik: (...) Gemeinsam besteht das Trio in der Folge allerlei aberwitzige Abenteuer, wobei die Freundschaft von Erkan und Stefan zwischenzeitlich »brontalen« Belastungsproben ausgesetzt ist. Die Handlung des Films, pfiffig verpackt als Verdoppelung einer Computerspieldramaturgie, vollzieht sich ohne explizite Höhepunkte. Sie ist mal komisch, mal geschmacklos, häufig beides, aber immer selbstironisch und durchaus liebevoll in Szene gesetzt, bis schließlich die Welt gerettet ist und die Freunde endlich »Level Sex« des Spiels erreicht haben. (...)

Ulrich Kriest, Stuttgarter Zeitung, 20.6.2002

Ernst sein ist alles 210

THE IMPORTANCE OF BEING EARNEST ****

Regie: Oliver Parker
Darsteller: Rupert Everett (Algy), Colin Firth (Jack), Frances O'Connor (Gwendolen), Reese Witherspoon (Cecily), Judi Dench (Lady Bracknell), Tom Wilkinson (Dr. Chasuble)
Drehbuch: Oliver Parker nach einem Theaterstück von Oscar Wilde
Kamera: Tony Pierce-Roberts
Musik: Charlie Mole

Verwirrung im viktorianischen England. ›Ernst sein ist alles‹ von Oliver Parker

Schnitt: Guy Bensley
Prod.: Miramax/Ealing Studios mit Film Council/Newmarket Capital Group/Fragile Films; GB/USA 2002; 94 Min.
Verleih: Concorde, 12.9.2002
FSK: o. A., ffr.

Zwei elegante Lebemänner im viktorianischen England versuchen ihre amourösen Ambitionen mithilfe eines fiktiven Doppelgängers zu tarnen und verstricken sich dabei in ihrem eigenen Lügengeflecht. Die amüsante, aber etwas brav geratene Verfilmung von Oscar Wildes Bühnenlustspiel unterhält vor allem durch geschliffenen Sprachwitz und den Charme der Hauptdarsteller Colin Firth und Rupert Everett.

Ralph Umard, tip, 19/2002

Kritik: (...) Nun ist es ganz sicher einfach, den Wilde'schen Dialogen zu verfallen, schwieriger scheint es indes, diese angemessen filmisch umzusetzen. So wirkt, was bei Wilde treffend und leicht ist, in Parkers Film oft allzu nahe liegend und bemüht. Parker erzeugt beispielsweise Tempo, indem er den Film mit einer Verfolgungsjagd durch ein London beginnen lässt, in dem auch Jack the Ripper um die nächste Ecke schauen könnte. Der Gejagte ist der bewährte Rupert Everett, der hier einmal mehr den verantwortungsfreien Dandy spielt. Die exzessive Ausweitung der Handlungsorte zerdehnt andererseits das Spiel, und das Hinzufügen einiger sehr albern-kitschiger Traumszenen unterminiert überdies den trockenen Humor der Vorlage. (...)

Katja Lüthge, FR, 14.9.2002

(...) »Ernst sein ist alles« ist ein brillant besetztes Ensemblestück, das Oliver Parker mit viel Tempo und spielerischer Leichtigkeit für gehobene Kinounterhaltung aufbereitet hat. Kameramann Tony Pierce-Roberts schafft es zudem, das Bühnenstück visuell mit genretypischen Landschafts- und Kostümbildern à la »Zimmer mit Aussicht« oder »Howards End« für die Kinoleinwand zu öffnen. Und Charlie Mole findet mit seiner Musik dazu sehr angenehme, dem Stil und Rhythmus des Films angepasste Klangbilder.

Bernd Jetschin, Filmecho-Filmwoche, 33/2002

Interview: *Die Geschichte der zwei Aristokraten, die sich als andere ausgeben, um zwei Leben gleichzeitig führen zu können, läuft fast wie eine kitschige Boulevardkomödie ab.*

Ja, kitschig wäre es, wenn James Ivory sie verfilmt hätte. Er badet gerne im Kitsch. Worauf vor allem die Frauen stehen. Oliver Parker lässt der Geschichte die Ironie und Künstlichkeit, sodass sie augenzwinkernd Spaß macht.

Also reine Unterhaltung? Was hat diese viktorianische Geschichte mit uns zu tun?

Wir sind heute vielleicht aufgeklärter, rationaler. Aber man muss doch nur den Rollenterror aus Werbung, Psycho- und Lifestylemagazinen anschauen, dem wir heute nachlaufen. Unsere Oberfläche sieht liberaler und lässiger aus. Aber unsere inneren Zwänge sind genauso krass. Perfektes Benehmen nach außen ist heute durch den Zwang zur Lässigkeit ersetzt. Alles nur ein Wechsel der Fassade.

Die Dialoge vermitteln den Eindruck, dass die damalige Gesellschaft sehr kultiviert war.

Sicher, die Oberschicht hat unheimlich viel Zeit und Kraft darauf verwendet, gebildet, elegant, formvollendet zu sein. Und verglichen damit, sind wir heute an einem kulturellen Tiefpunkt. Keiner schreibt mehr Briefe, Bücher werden kaum noch gelesen, und Coolsein geht über jedes Maß an Höflichkeit. Aber vergleichen kann man das alles nicht, denn der Film spielt ja in einer ganz dünnen Oberschicht. Diese Oberschicht fehlt heute als Orientierung, sodass es keinen richtigen Maßstab mehr für Bildung und Eleganz gibt.

Vielleicht gibt es heute eine Art intelligenter Coolness, die den Ton bestimmt. Bestsellerautor Nick Hornby schreibt zum Beispiel moderne Dialoge.

Hornby ist ein schlechtes Beispiel, weil er letztlich flach bleibt. Oscar Wilde dagegen ist in seiner schillernden Intelligenz und Kreativität, Dialoge zu schreiben, irgendwie einzigartig.

Ist Woody Allen ein moderner Wiedergänger von Wilde?

Nein, weil er zu stark um sich kreist. Man merkt ihm an, dass er zu der Generation gehört, die auf der Psycho-Couch groß geworden ist. Das Einzige, was er uns zeigen kann, ist, wie unglaublich egoistisch und egozentrisch wir heute sind.

Rupert Everett im Interview mit Adrian Prechtel, AZ, 12.9.2002

Es gibt nur einen Jimmy Grimble 211

THERE'S ONLY ONE JIMMY GRIMBLE ***+
Video

Regie: John Hay
Darsteller: Lewis McKenzie (Jimmy Grimble), Robert Carlyle (Eric Wirral), Ray Winstonne (Harry), Gina McKee (Donna), Jane Lapotaire (alte Frau), Samia Ghadie (Sara)
Drehbuch: Rik Carmichael, John Hay, Simon Mayle
Kamera: John de Borman
Musik: Simon Boswell
Schnitt: Oral Norrie Ottey
Prod.: Arts Council of England/Impact/ Pathé/Sarah Radclyffe Prod./Le Studio Canal+; GB 2000; 101 Min.
Vertrieb: mediacs Video, 27.5.2002
FSK: ab 6 J.

Ein fußballbegeisterter 15-jähriger Schüler mit fehlendem Selbstbewusstsein wird von seiner Umwelt gehänselt und gedemütigt, bis er zum Star der Schülermeisterschaften in Manchester aufsteigt. Dabei erkennt er, dass nicht magische Fußballschuhe Grund für seinen Erfolg sind, sondern er dies seinen eigenen Fähigkeiten und seinem neu entdeckten Selbstwertgefühl zu verdanken hat. Mitreißender Jugendfilm zwischen realistischer Alltagsbeschreibung und märchenhafter Überhöhung, der aus einem vertrauten Sujet ebenso unterhaltsame wie Erkenntnis vermittelnde Funken zu schlagen versteht.

Film-Dienst, 12/2002

Eugénie Grandet 212

EUGENIE GRANDET □
TV

Regie: Jean-Daniel Verhaeghe
Darsteller: Alexandra London (Eugénie Grandet), Jean Carmet (Vater Grandet), Jean-Claude Adelin (Charles Grandet), Dominique Labourier (Mutter Grandet), Claude Jade (Lucienne des Grassins), Pierre Vernier (Monsieur des Grassins)
Drehbuch: Pierre Moustiers, Jean-Daniel Verhaeghe, nach dem gleichnamigen Roman von Honoré de Balzac
Musik: Michel Portal
Prod.: Frankreich 1994; 83 Min.
TV: 24.11.2002, Arte, 20.40

Saumur an der Loire im 19. Jahrhundert: Die junge Eugénie lebt noch bei ihren Eltern. Als unverheiratete Erbin eines großen Vermögens ist sie Objekt von Intrigen und Habgier der ansässigen Familien. Doch dann taucht ihr Vetter Charles auf, in den sie sich verliebt – und der sie bitter enttäuscht, nachdem sie ihm ihr Vermögen schenkte. *AZ TV Journal*

Evil Obsession – Fatale Begierde 213

EVIL OBSESSION **
Video

Regie: Richard W. Munchkin
Darsteller: Corey Feldman (Homer), Kimberley Stevens (Margo), Mark Derwin (Damon), Brion James (Stavinski), Stacie Randall (Liz), Una Damon (Samantha)
Drehbuch: Tom Constantine
Kamera: Michael Goi
Musik: Robert O. Ragland
Schnitt: Tony Mark
Prod.: Century Partners; USA 1996; 86 Min.
Vertrieb: MVW, 26.9.2002
FSK: ab 18 J.

Aktrice und Models finden reihenweise den Tod in L. A., bis Detektiv Damon in ein Wespennest sticht. Läppischer Erotikkrimi.

Evilution – Die Bestie aus dem Cyberspace! 214

HOW TO MAKE A MONSTER **
Video

Regie: George Huang
Darsteller: Clea DuVall (Laura Wheeler), Steven Culp (Drummond), Tyler Mane (Hardcore), Jason Marsden (Bug), Karim Prince (Sol), Colleen Camp (Faye Clayton)
Drehbuch: George Huang
Kamera: Steven Finestone
Musik: David Reynolds
Prod.: Creature Features Prod.; USA 2001; 86 Min.
Vertrieb: Columbia TriStar Video, 9.4.2002
FSK: ab 16 J.

Die drei abgefahrensten Computerpiraten des Universums denken sich ein Game-Monster aus. Das gerät natürlich außer Kontrolle. Um Originalität bemühter, aber selten erfolgreicher Sciencefiction-Horror.

Die Explosion – U-Bahn-Ticket in den Tod 215

**
TV

Regie: Marc Hertel
Darsteller: Gregor Törzs (Jon Gerom), Sophie Schütt (Claudia Rettner), Tobias Schenke (Marco), Thomas Wüpper (Kaden), Walter Kreye (Gorbi), Sabine Orleans (Irmela)
Drehbuch: Philipp Weinges, Günter Knarr
Kamera: Markus Hausen
Schnitt: Esther Bartz
Prod.: teamWorx für SAT.1; D 2001; 92 Min.
TV: 22.1.2002, SAT.1, 20.15

Die hyperaktive Reporterin gerät bei der Verfolgung eines vermeintlichen Autodiebs mit dem Obdachlosen Gorbi, der Krankenschwester Irmela und dem Jungkläffer Marco mitten in die erste Explosion des U-Bahn-Attentäters unter dem Rhein-Tunnel. (…) Spannung? Ach was. Ein x-mal abgefummelter Action-Putzlappen für den Schnellwisch »großer SAT.1-Film«. *Ponkie, AZ, 24.1.2002*

Extreme Days 216

EXTREME DAYS **
Video

Regie: Eric Hannah
Darsteller: Dante Basco (Corey Ng), Ryan Browning (Bryan Davidson), A. J. Buckley (Will Davidson), Derek Hamilton (Matt McKeague), Cassidy Rae (Jessie Jacobs), John Rosenfeld (Mitch)
Drehbuch: Eric Hannah, Craig Detweiler
Kamera: Michael G. Wojciechowski
Musik: Klaus Badelt, Toby McKeehan
Schnitt: Andrew S. Eisen
Prod.: champs/Impact/Norann/Tricor/Truth Soul Armor; USA 2001; 90 Min.
Vertrieb: mediacs Video, 29.10.2002
FSK: ab 12 J.

Auch das gibt's: Action-Komödien zum Thema Extremsport. Fünf Teenager auf dem Weg zu einer Beerdigung machen da so ihre Erfahrungen.

Extreme Force 217

EXTREME FORCE / **
SECRED SEAL Video

Regie: Michel Qissi
Darsteller: Hector Echavarria (Marcos DeSantos, Fitz (Pearl), Louis Iocaviello (Präsident Khun), Adam Leadbeater (Vat Kallac), Nikki (Lemke (Bianca), Tracy Frenkel
Drehbuch: Jonathan Davenport, Michel Quissi
Musik: Kays Al-Atrakchi
Schnitt: Tim Gregoire
Prod.: Buenavida Producciones; USA 2000; 90 Min.
Vertrieb: marketing-film Video, 29.11.2002
FSK: ab 16 J.

Spitzendieb soll vor der Frührente das mongolische Nationalheiligtum klauen. Kampfsport-Action für Allesgucker.

Die fabelhaften Schwestern 218

□
TV

Regie: Michael Steinke
Darsteller: Esther Schweins (Marla), Tina Ruland (Karin), Cosma Shiva Hagen (Effi), Uwe Friedrichsen (Albert), Marek Erhardt (Schönborn), Heinz Werner Kraehkamp (Heiner)
Drehbuch: Charles Lewinsky
Kamera: Dieter Sasse
Musik: Robert Schulte Hemming
Prod.: Polyphon; D 2001; 90 Min.
TV: 6.1.2002, ZDF, 20.15

Gegen permanenten Geldmangel jobben Karin, Marla und Effi als singende »Andrew Sisters« in Clubs. Als sie das Angebot erhalten, in einem Hotel auf Bali als »Fabulous Sisters« aufzutreten, winkt das große Geld. Doch das Hotel ist eine Bruchbude und der Auftraggeber ist pleite. (...)
AZ TV Journal

Fahr zur Hölle, Schwester! 219

**+
TV

Regie: Oskar Roehler
Darsteller: Iris Berben (Claire), Hannelore Elsner (Rita), Anton Rattinger (Postbote), Wolfgang Joop (Goldschmidt), Eva Hassmann (Frau Lennard), Catherine Flemming (Mutter)
Drehbuch: Natalie Scharf
Kamera: Carl-Friedrich Koschnick
Musik: Martin Todsharow
Schnitt: Gergana Voigt
Prod.: Moovie – the art of entertainment für RTL; D 2002; 91 Min.
UA: 3.7.2002, Filmfest München
TV: 9.10.2002, RTL, 20.15

Hannelore Elsner als wandelnde Altkleidersammlung und Iris Berben als deren schwarze Racheschwester im Rollstuhl chargierten, sekundiert von mimischen Blindgängern wie Ex-Modemacher Wolfgang Joop und Oberweitenwunder Eva Hassmann, was das Trash-Zeug hielt. Die mit Splatter-Elementen flirtende Regie, die einem auch die »Psycho«-verdächtige Mutterleiche im Keller nicht ersparte, blieb so oberflächlich effektversessen wie das auf die Stirn tätowierte »Fuck« bei der Elsner. Ein Scherz zu »Halloween«? Wir lachen ein andermal. *W. O. P. Kistner, AZ, 11.10.2002*

Familie 220

FAMILIA

***
TV

Regie: Fernando León de Aranoa
Darsteller: Juan L. Galiardo (Santiago), Amparo Munoz (Carmen), Agata Lys (Sole), Elena Anaya (Luna), Cheta Lera (Ventura), Juan Querol (Carlos)
Drehbuch: Fernando León de Aranoa
Kamera: Alfredo Mayo
Schnitt: Nacho Ruiz-Capillas
Prod.: Elias Querejeta P. C./Esicma; Spanien 1996; 102 Min.
EA: 14.2.1997, Int. Filmfestspiele Berlin, »Panorama«
TV: 14.3.2002, Arte, 20.45

Ein Junggeselle mietet sich für einen Tag eine Familie. Das führt zu komischen wie tragischen Situationen.

Family 221

FAMILY

***
TV

Regie: Sami Martin Saif, Phie Ambo-Nielsen
Kamera: Phie Ambo-Nielsen
Prod.: Dänemark 2001; 90 Min.
EA: Dokumentarfilmfestival München 2002
TV: 13.8.2002, WDR, 23.30

Der Filmemacher Sami Saif, 28, fühlt sich plötzlich einsam als jemenitischer Immigrant in Dänemark. (...) Sami auf der Suche nach dem vermeintlich letzten Rest an Blutsverwandtschaft, einem Mann, an den er kaum eine Erinnerung besitzt, Freundin Phie Ambo-Nielsen hinter der Kamera immer hautnah dabei. (...) Aber dann, o Wunder, findet der Film im Jemen schließlich zu jener feinen Balance zwischen Humor und Traurigkeit, die ihm zuletzt beim Münchner Dokumentarfilmfestival so viel Sympathie einbrachte. Sami entdeckt zwar nicht seinen Erzeuger, dafür aber einen kaum überschaubaren Klan, der sich ihm als Familie offenbart. (…)

Arnold Hohmann, SZ, 13.8.2002

Family Affairs – Gier nach Glück 222

***+

TV

Regie: Matthias Steurer
Darsteller: Götz Otto (Dave), Christiane Krüger (Adéle Saum), Gesche Tebbenhoff (Marie-Louise), Michael Rast (Wolf), Sylke Hannassy (Leonie Saum), Heinz Trixner
Drehbuch: Regine Bielefeldt
Kamera: Stefan Ditner
Musik: Peter Wilden
Schnitt: Veronika Zaplata
Prod.: d.i.e. film für SAT.1; D 2002; 92 Min.
TV: 7.10.2002, SAT.1, 20.15

Erbschleicher-Sippenschlacht, auf Serienformat spekulierend: Das aufgeblasene Patchworkmuster hetzt Vaters giftige Erstgattin mit angeheirateter Intrigantenbande gegen Vaters Zweitehentochter Leonie, die Vaters heruntergewirtschafteten Schmuckkonzern retten will. Man wohnt im Schloss, die Verwandtschaft ist fies und die SAT.1-Gier nach Quotenglück grenzenlos.

Ponkie, AZ, 9.10.2002

Die Farben der Nacht 223

TUTTI I COLORI DEL BUIO **

Video

Regie: Sergio Martino
Darsteller: George Hilton, Edwige Fenech (Jane), Ivan Rassimov, Dominique Boschero, Maria Cumani, Quasimodo
Drehbuch: Ernesto Gastaldi, Santiago Moncada, Sauro Scavolini
Kamera: Giancarlo Ferrando
Musik: Bruno Nicolai
Schnitt: Eugenio Alabiso
Prod.: C. C. Astro/Lea Cine/National Cine; Italien/Spanien 1972; 90 Min.
Vertrieb: marketing Video, 28.1.2002
FSK: ab 18 J.

Nach Fehlgeburt durch Unfall gibt sich Unternehmersgattin okkultistischen Zirkeln hin. Haarsträubende, aber zuweilen überraschend gewitzte Mixtur aus Horror- und Thrillermotiven.

Fatal Blade – Messerscharf 224

GEDO *

Video

Regie: Talun Hsu
Darsteller: Gary Daniels (Richard Fox), Hiroki Matsukata (Suematsu), Seiko Matsuda (Saemi), Kiyoshi Nakajo (Domoto), Sean Cory, Joe D'Angerio
Drehbuch: Bill Zide, Nao Sakai
Kamera: Michael Goi
Musik: Robert Douglas
Schnitt: Richard Byard
Prod.: Amsell Ent.; USA/Japan 2000; 95 Min.
Vertrieb: Columbia TriStar Video, 21.5.2002
FSK: ab 18 J.

In L. A. herrscht wieder mal Krieg: Die Unterwelt tritt gegen Yakuza-Kämpfer an. Statt Story Action-Stakkato, statt Spannung Schlagetot-Dramaturgie.

Faust – Love of the Damned 225

FAUST: LOVE OF THE DAMNED *

Video

Regie: Brian Yuzna
Darsteller: Mark Frost (John Jaspers/Faust), Isabel Brook (Jade de Camp), Jeffrey Combs (Lt. Dan Margolies), Monica Van Campen (Claire), Leslie Charles (Newscaster), Jennifer Rope (Blue)
Drehbuch: David Quinn, Miguel Tejada Flores (zusätzliche Dialoge), nach dem Comic von Tim Vigil, David Quinn
Kamera: Jacques Haitkin
Musik: Yavier Capellas
Schnitt: Luis de la Madrid
Prod.: Castelao/Fantastic Factory/TVV/Via Digital; USA/Spanien 2000; 98 Min.
Vertrieb: Best Ent. (M. I. B.) Video, 29.1.2002
FSK: ab 18 J.

Der Titel deutet es an, die Synopsis bestätigt es: Goethes Epos in einer Comic-Fantasy-Horror-Verfilmung. Geht's noch?

Feiertag 226

□

Regie: Detlef Bothe
Darsteller: Dietmar Mössmer (Sam), Safia de Monney (Gala), Detlef Bothe (Ingo), Mavie Hörbiger (Sissy), Niels Bruno Schmidt (Diggy), Zoe Schneider (Zora)
Drehbuch: Detlef Bothe
Kamera: Alex Traumann, Detlef Bothe
Musik: Mona Davis

Schnitt: Markus Herm
Prod.: Detlef Bothe; D 2002; 82 Min.
UA: 1.7.2002, Filmfest München

In einem verschneiten Tiroler Skiort kollidieren drei junge Touristenpärchen mit einem Ureinwohner. Es geht um Einsamkeit, Angst, Liebe, Sex.

Der Felsen

227
***

Regie: Dominik Graf
Darsteller: Karoline Eichhorn (Katrin), Antonio Wannek (Malte), Sebastian Urzendowsky (Kai), Ralph Herforth (Jürgen), Peter Lohmeyer (Robert), Caroline Schreiber
Drehbuch: Markus Busch, Dominik Graf, nach einer Idee von Klaus Maas, Peter Hollweg
Kamera: Benedict Neuenfels
Musik: Dieter Schleip
Schnitt: Hana Müllner
Prod.: MTM/Kinowelt/Bavaria/Horus Films mit ZDF; D 2002; 127 Min.
UA: Int. Filmfestspiele Berlin 2002
Verleih: Concorde, 25.7.2002
FSK: ab 16 J., ffr. – **FBW:** Wertvoll

Ein Urlaub auf Korsika gerät für Katrin zum Albtraum: Ihr Geliebter verlässt sie, sie stürzt sich in sexuelle Abenteuer und verhilft einem jugendlichen Mörder zur Flucht aus einem Lager.

Die vernichtenden oder kopfschüttelnden Kommentare mancher Kritiker während der Berlinale klingen noch in den Ohren. Davon darf man sich nicht irritieren lassen. »Der Felsen« ist einer der spannendsten, wagemutigsten deutschen Filme seit langem. Faszinierendes Porträt einer Frau, die auf Korsika von ihrem Liebhaber verlassen wird und in einen Sog des Taumelns gerät. Jede Verästelung ihrer Verzeiflung findet ihr Echo in furiosen Videokamerabildern, die dokumentarische Rohheit und stilisierte Traumqualität zu einer mitreißenden Komposition verflechten.

Rolf Giesen, tip, 15/2002

Kritik: (...) Aus finanzieller Not machte Graf eine kreative Tugend, drehte auf Mini-DV und erfüllte unfreiwillig Dogmakriterien, die verlangen, auf künstliches Licht, Requisiten

Kameramann Benedikt Neuenfels und Dominik Graf

Karoline Eichhorn und Antonio Wannek in ›Der Felsen‹

und Ähnliches zu verzichten. Das schafft Authentizität. Die grobkörnigen, of verwackelten, verwaschenen Bilder schwanken zwischen kontemplativer Gelassenheit und Hektik, stören die Sehgewohnheiten des Publikums, wirken bisweilen wie dilettantische Urlaubsvideos. Dennoch transportieren sie kongenial die Verstörung der Hauptfigur in diesem experimentellen Inselmelodram. (...)

Angie Dullinger, AZ, 25.7.2002

(...) Wie Jakob mit dem Engel, ringt Graf mit dem Genre, doch schafft er es nicht, sich von Althergebrachtem überwältigen zu lassen, um verlierend fürs Neue gesegnet zu werden. Als wäre diese Spiegelfechterei nicht traurig genug, drängt sich dem Betrachter ein vollends unentschlossenes Experiment auf. Auf der Bildebene boykottieren die mit digitaler Videokamera aufgenommenen Wackelbilder, was die Tonspur an aufdringlicher Gewissheit behauptet. Der Kampf von Bild und Ton könnte die Zerreißprobe für eine mit sich selbst ringende Erzählform sein. Das Gezoome und Gezerre der Kamera, die das Seelengeschlinger einer nur äußerlich beherrschten Protagonistin auf die Leinwand speit, ist der Tribut ans Kunstvorhaben.

Die superleichte Kamera tut, was sie immer tut. Ihr fehlenes Gewicht verführt zu ebenso raschen wie sinnlosen Perspektivenwechseln, an denen sich berauscht, wer die Beweglichkeit der neuen Technik dem psychologischen Movens einer Szene vorzieht. Wirklich verheerend sind indessen die betulich raunenden Off-Stimmen eines Erzählers und einer Erzählerin. (...)

Heike Kühn, FR, 25.7.2002

Interview: *Wie kam es zur Entscheidung, »Der Felsen« auf Mini-DV zu drehen?*

Ursprünglich wollten wir auf 35 mm drehen. Dann merkten wir: Das Geld langt nicht. Kameramann Benedict Neuenfels kam mit der Idee der Mini-DV-Kamera. Um quasi die Not zur Tugend zu machen. Schon beim »Skorpion« (1997) habe ich zusammen mit ihm versucht, mich vom großen Apparat des Filmemachens zu lösen. Dieser Apparat ist hierzulande immer mächtiger und hinderlicher geworden. Wie eine von Waffen starrende Maschinerie mit einer aufgeblasenen filmischen Rhetorik, die schreit: Haben wir nicht einen tollen Kran? Können wir nicht die ganze Stadt für den Dreh absperren lassen? Mit dieser Art Kommandounternehmen komme ich nicht klar. Sie versperrt mir den direkten Kontakt zu den Darstellern. Der Herstellungsapparat will, dass sich der Regisseur vor den Ausspiegelungsmonitor setzt und sich von dort möglichst selten wegbewegt. Doris Dörrie hat das einmal mit einer Operation verglichen, bei welcher der Operateur vor dem Monitor sitzt, Fernanweisungen gibt und selbst gar nicht mehr den OP betritt. Das ist eine Form der Regiearbeit, die ich nicht mehr hinnehmen will. In Korsika schien der Augenblick günstig, zu sagen: Jetzt wagen wir das, in diesem fantastischen Licht, weit weg von zu Hause, und drehen mit dieser Ferienkamera.

Dominik Graf im Interview mit Rainer Gansera, SZ, 1.2.2002

Ferien mit einer Leiche 228

HODET OVER VANNET ***
TV

Regie: Nils Gaup
Darsteller: Lene Elise Bergum (Lene), Svein Roger Karlsen (Einar), Morten Abel (Björn), Reidar Sörensen (Gaute), Jon Skolmen (Polizist)
Drehbuch: Geir Eriksen, Eirik Ildahl
Kamera: Erling Thurmann-Andersen
Musik: Kjetil Bjerkestrand
Schnitt: Malte Wachman
Prod.: Filmkameratene/Svensk; Norwegen 1994; 95 Min.
TV: 26.7.1999, VOX, 20.15

Auf einem einsamen Eiland machen die attraktiven Lene, eine Frau mit obskurer Vergangenheit, und ihr spießiger Gatte Urlaub. Der Besuch von Lenes Exlover Gaute kommt da nicht nur überraschend, sondern er endet auch dramatisch: Gaute stirbt an einem Herzanfall und seine Leiche will partout nicht verschwinden.

W. O. P. Kistner, AZ, 26.8.2002

Fesseln der Lust 229

SEXUAL PREDATOR / LAST CRY **
Video

Regie: Robert Angelo, Robert Spera
Darsteller: Richard Grieco (J. C. Gale), Angie Everhart (Beth), Kevin Fry (Joe), Ray Valenti (Garcia), Julian Christopher (Taylor), Elizabeth Barondes (Caroline)
Drehbuch: Ed Silverstein
Kamera: David Trulli
Musik: Michael Visla
Schnitt: Randy Vandegrift
Prod.: Magic Hour Pic.; USA 2001; 85 Min.
Vertrieb: Columbia TriStar Video, 12.3.2002
FSK: ab 18 J.

Bewährungshelferin lässt sich mit perversem Mörder ein, der ihre Freundin bei SM-Sex meuchelte. Läppischer Erotikthriller.

Feuer, Eis & Dosenbier 230

**

Regie: Mathias Dinter
Darsteller: Axel Stein (Josch), Rick Kavanian (Türlich), Eva Habermann (Heidi), Christoph M. Ohrt (Tronald Dump), Jonas Gruber (Geißen-Peter), Herbert Fux (Öhi)
Drehbuch: Mathias Dinter, Martin Ritzenhoff
Kamera: Stephan Schuh
Musik: Ralf Wengenmayr
Schnitt: Alexander Dittner
Prod.: Hofmann & Voges Ent. mit Goldkind Film; D 2001; 83 Min.
Verleih: Warner, 21.2.2002
Vertrieb: Warner Video (Video, DVD)

Josch und Türlich flüchten vor der Bundeswehr in die Berge um Ischgl, wo sie Türlichs Großvater beim Kampf gegen einen reichen Amerikaner, der seinen Berg sprengen und stattdessen einen Plastikberg bauen will, unterstützen. Ihrer Vorliebe für ungehemmten Alkohol- und Drogenkonsum und möglichst spärlich bekleidete Frauen kommt der in Ischgl herrschende »Fun« sehr entgegen.

Kritik: (…) Dieser Mix aus Après-Ski-Pflichtprogramm (saufen, Sex haben wollen, reihern), Teensex-Klamauk, 007-Persiflage (Bond-schurkisch: Christoph M. Ohrt) und »Heidi«-Anklängen appelliert ganz klar ans Humorverständnis der mit »Dumm und Dümmer«-Nonsens, Werner-Fäkalzoten oder »Harte Jungs«-Slapstick groß gewordene Kino-Youngster hierzulande. Ein Flachwitz-Späßchen zum Abgewöhnen.

Horst E. Wegener, Zitty, 5/2002

(…) Diese dümmliche und brachialpubertäre Skihasen-Klamotte entwickelt sich gegen Ende zur kalkuliert-trashigen Bond-Parodie à la Austin Powers, die aber kaum spannender und witziger ist als eine Abfahrt vom Idiotenhügel. *tip, 4/2002*

Feuerteufel – Die Rückkehr 231

FIRESTARTER – REKINDLED **

Video

Regie: Robert Iscove
Darsteller: Marguerite Moreau (Charlie McGee), Malcolm McDowell (John Rainbird), Dennis Hopper (James Richardson), Danny Nucci (Vincent Sforza), Skye McCole Bartusiak (Charlie als Kind), John Dennis Johnston
Drehbuch: Philip Eisner, nach dem Roman »Feuerteufel« von Stephen King
Kamera: David R. Boyd
Musik: Randy Miller
Schnitt: Casey O. Rohrs
Prod.: USA Films/Traveler's Rest/Little Guns; USA 2002; 160 Min.
Vertrieb: Universal, 24.10.2002
FSK: ab 16 J.

Geheimdienstchef will mithilfe telepathisch Hochbegabter die Weltherrschaft erlangen. Stephen Kings 1984 verfilmter Stoff als US-TV-Miniserie ist ein solider Fantasy-Horror ohne Tiefgang.

Fickende Fische 232

****

Regie: Almut Getto
Darsteller: Tino Mewes (Jan), Sophie Rogall (Nina), Annette Uhlen (Lena Borcherts), Hans Martin Stier (Hanno Borcherts), Ferdinand Dux (Opa Borcherts), Angelika Milster (Angel)
Drehbuch: Almut Getto
Kamera: Andreas Höfer
Musik: Tom Deininger, Sten Servaes
Schnitt: Ingo Ehrlich
Prod.: Icon mit WDR/BR; D 2001; 105 Min.
UA: Max-Ophüls-Preis Saarbrücken 2002
EA: Int. Filmfestspiele Berlin 2002, »Perspektive deutsches Kino«
Verleih: Ott Film, 15.8.2002
FSK: ab 12 J., ffr.
FBW: Besonders wertvoll

Liebesgeschichte zwischen einem introvertierten, schüchternen 16-Jährigen, der unter seiner Aids-Erkrankung leidet, und einer quirligen, erlebnishungrigen und selbstständigen 15-Jährigen.

Kritik: (…) Unsicherheit, Angst vor dem ersten Sex, aber auch der Absolutheitsanspruch der jungen Liebe … Die Coming-of-Age-Filme haben einen eigenen Rhythmus, eine eigene Melancholie. Und ein Hauch von Tragödie ist auch dabei, eine Spur Shakespeare.

Martina Knoben, SZ, 5.8.2002

(…) Ihrem scheinbar spekulativ ausgeklügelten Titel zum Trotz (je ordinärer, desto kassenträchtiger) beweist die Regisseurin, dass es ihr durchaus um andere Qualitäten zu tun ist, nämlich ums unaufdringliche Beobachten jugendlicher Nöte, um behutsame Empathie. Einzig die fernsehseriennahe Schlichtheit der parallelisierten Handlungsstränge – hier der scheue Knabe in seiner wohl behüteten Verletzlichkeit, dort das altklug-pomeranzenhafte Mädchen in seiner verlotterten Hinterhofwelt – gefährdet bisweilen die Poesie der großen Metaphern, die Erzählung von Wucht und Verletzungskraft erster Liebe, hin und her geworfen zwischen Euphorie und Bitternis, immer aber revoltierend gegen jede Art von Finale, das Ende des Liebens, das Ende des Lebens. Und selten hat ein Film seinen eigenen konventionellen Ansatz unangestrengter überwunden wie diese poetische Blubbermär von den fickenden Fischen.

Ruprecht Skasa-Weiß, Stuttgarter Zeitung, 15.8.2002

(...) Zugegeben: Der Titel des Films ist derb (und beruht auf einer Dialogfrage, die im Film Nina Jan stellt). Doch was uns Regisseurin Almut Getto in ihrem Debüt auftischt, gehört mit zum Besten, was das deutsche Kino jüngst hervorgebracht hat. Wie »Grazy« oder »Herz im Kopf« porträtiert auch »Fickende Fische« (beim Max-Ophüls-Festival in Saarbrücken preisgekrönt) ernst zu nehmend, aber zugleich locker-leicht die Gefühlsverwirrungen junger Leute.
Weit weg von einem kitschigen Melodram oder einer düsteren Sozialtragödie, stattdessen in satten Sommerfarben und mit einem bei aller Tragik optimistischen Ton erzählt die Regisseurin auf wunderbare Weise von einer Teenagerbeziehung, die sich schließlich mit dem Tod messen muss.
Vor allem die Jungdarsteller Tino Mewes und Sophie Rogall überzeugen, bringen in dieser gefühlvollen, aber nie sentimentalen Lovestory eine Präsenz auf die Leinwand, von der manch gestandener Schauspieler nur träumen kann. *Albert Baer, Rheinische Post, 18.8.2002*

Interview: *Warum haben Sie diesen drastischen Titel gewählt?*

Beim Verfassen des Drehbuchs wusste ich schon, dass Nina Jan irgendwann fragen würde, ob seine Fische eigentlich ficken. Mir gefällt, dass der Titel zwei Dinge zusammenbringt, die eigentlich nicht zusammenpassen. Und doch gibt es eben auch fickende Fische – wenn auch nur selten. Der Titel spiegelt auf verschiedenen Ebenen, worum es in dem Film geht: Wir assoziieren HIV und Jugendliche nicht miteinander, wir bringen jugendliche Unschuld und eine tödliche Krankheit nicht zusammen – und doch kommt es vor.

Wie haben Sie den Unterhaltungsanspruch des Kinos mit der Ernsthaftigkeit des Stoffs vereinbart?

Bei der Umsetzung des Stoffs habe ich mich an den englischen Filmen orientiert. Die Engländer behandeln ernsthafte Themen und verlieren trotzdem nicht den Humor. Meiner Meinung nach liegen Dramatik und Komik oft sehr nah beieinander. Wenn es nicht so gut läuft, ist Galgenhumor umso wichtiger. *Almut Getto im Interview mit Jenny Bleek, Zitty, 17/2002*

The 51st State 233

THE 51ST STATE ***
Video

Regie: Ronny Yu
Darsteller: Samuel L. Jackson (Elmo McElroy), Roben Carlyle (Felix DeSouza), Emily Mortimer (Dakota Phillips), Sean Pertwee (Det. Virgil Kane), Rhys Ifans (Iki), Mat Loaf (The Lizard)
Drehbuch: Stel Pavlou
Kamera: Hang-Sang Poon
Musik: Headrillaz (= Casper Kedros, Darius Kedros)
Schnitt: David Wu
Prod.: Alliance Atlantis/Artists/Momentum/Focus Film; USA/Kanada/GB 2001; 89 Min.
Vertrieb: Highlight Video, 19.12.2002
FSK: ab 16 J.

US-Chemiker flieht mit Drogenrezept nach England – verfolgt von den Killern seines Expartners. Brutalitäten wie galligen Humor nicht verschmähender Actioner mit soliden Darstellerleistungen.

Final Punch 234

THE CIRCUIT *
Video

Regie: Jalal Merhi
Darsteller: Olivier Gruner (Dirk Longstreet),

Bryan Genesse (Vixton Hack), Gail Harris, Chino XL
Prod.: Kanada 2001; 90 Min.
Vertrieb: Highlight, 18.7.2002
FSK: ab 16 J.

Der kleine Bruder von Uni-Professor wird entführt, um den Ex-Kampfsportler wieder in die Arena zu zwingen. Stupider Haudrauf-Actioner.

Final Stab – Du bist tot! 235

FINAL STAB *
Video

Regie: David DeCoteau
Darsteller: Jamie Gannon (Charlie), Melissa Renée Martin (Angela), Erinn Carter (Kristin), Laila Reece Landon (Julie), Bradley Stryker (Patrick), Chris Boyd (Doug)
Drehbuch: Matthew Jason Walsh nach einer Story von David DeCoteau und Matthew Jason Walsh
Musik: John Massari
Schnitt: Harry James Picardi
Prod.: Cinema Home Video/City Heat Prod.; USA 2001; 78 Min.
Vertrieb: Sunfilm Video, 13.8.2002
FSK: ab 18 J.

Die böse Kristin lockt ihre Schwester auf eine »Mörderparty«, auf die sich selbstverständlich auch ein echter Killer verirrt. Allerbilligster Teenie-Horror der abgeschmackten Art.

Finnlandia 236

□

Regie: Eleni Ampelakiotou, Gregor Schnitzler
Darsteller: Lea Mornar, Marc Hosemann, Erdal Yildiz, Robert Michael Geisler
Drehbuch: Eleni Ampelakiotou, Karl-Heinz Zubrod
Kamera: Slavomir Laziak, Ali Gozkaya
Musik: Wilhelm Stegmeier
Schnitt: Eleni Ampelakioton, Gregor Schnitzler
Prod.: Luna/Blue Light/Dublin 4/Woodpecker/dffb für WDR/Arte/HR; D/Irland/Finnland 1998; 118 Min.
Verleih: Arthaus, noch nicht gestartet

Eine junge Frau durchlebt in ihren Erinnerungen noch einmal die letzten Wochen mit ihrem Lebensgefährten und versucht rückblickend ihren Anteil an seinem tragischen Tod zu begreifen. *Spio*

Fish and Elephant 237

JIN NIAN XIA TIAN □

Regie: Li Yu
Darsteller: Pan Yi, Shi Tou, Zhang Quianqian, Zhang Jilian, Xi Wei
Drehbuch: Li Yu
Kamera: Fei Xiaoping
Musik: He Wei
Schnitt: Li Yu
Prod.: Cheng Yong Prod.; China 2001; 96 Min.
EA: 7.2.2002, Int. Forum des Jungen Films Berlin
Verleih: Freunde, ab April 2002

»Fish and Elephant« ist das mit Laien gedrehte Spielfilmdebüt von Li Yu und gleichzeitig der erste chinesische Spielfilm über die Liebe zwischen zwei Frauen.

Flickering Lights 238

BLINKENDE LYGHTER ***

Regie: Anders Thomas Jensen
Darsteller: Sören Pilmark (Torkild), Ulrich Thomsen (Peter), Mads Mikkelsen (Arne), Nicolaj Lie Kaas (Stefan), Sofie Gräböl (Hanne), Ole Thestrup (Alfred Jäger)
Drehbuch: Anders Thomas Jensen
Kamera: Eric Kress
Musik: Jeppe Kaas, Bent Fabricius-Bjerre
Schnitt: Anders Villadsen
Prod.: August Film/M&M/SVT Drama mit Danmarks Radio; D/Dänemark/Schweden 2000; 109 Min.
Verleih: Arsenal, OmU, 6.6.2002
Vertrieb: VCL Video (Video, DVD)

Sein letzter Job bringt ihn in den Besitz von vielen Millionen Kronen, die einem Gangster gehören. In Begleitung dreier Jugendfreunde bricht er mit der unverhofften Beute in einem alten Ford Transit nach Barcelona auf – verfolgt von Polizei, verfeindeten Banden und (Ex-)Freundinnen. Aber statt im sonnigen Spanien landen sie in einem verfallenen Waldgasthof an der dänisch-deutschen Grenze.

Kritik: (...) In seinem Erstling gelingt Jensen die Schilderung schillernder Figuren und kurioser Situationen, die sich wohltuend von US-Fließbandproduktionen abheben. Wenngleich sich die Atmosphäre des Films aus Brüchen zusammensetzt, kann man diesem – im wahrsten Sinne merkwürdigen – Werk auch Faszination attestieren. *W. O. P. Kistner, AZ, 6.6.2002*

Flucht durch den Dschungel 239
LES OREILLES SUR LE DOS □ TV

Regie: Xavier Durringer
Darsteller: Béatrice Dalle (Monica), Gérald Laroche (Jacques Coussemacq), Eric Savin (Van Gaals), Bruno Lopez (Chico), Jean-Pierre Leonardini (Georges der Engländer), Belkis Alvillares (Sinaia)
Drehbuch: Xavier Durringer, Jean-Philippe Stefani, nach dem gleichnamigen Roman von Georges Arnaud
Musik: Béatrice Thiriet
Prod.: Frankreich 2001; 90 Min.
TV: 8.11.2002, Arte, 20.45

Regierungstruppen und Polizei jagen eine Gruppe von Söldnern durch die grüne Hölle Südamerikas. Größter Feind der Flüchtigen sind jedoch weder die Verfolger noch die Natur. Misstrauen und Eifersucht machen die Flucht zum Horrortrip.

Flucht durch Nizza 240
UNE FEMME PIEGEE □ TV

Regie: Laurent Carceles
Darsteller: Marion Cotillard (Florence Lacaze), Jean-Marie Winling (Insp. Alvez), Cédric Chevalme (Antoine Lacaze), Stéphanie Lagarde (Agnès), Laurent Hennequin (Bruno Galet), Natacha Amal (Alexandra Cartier)
Drehbuch: Anne Landois
Kamera: Ion Marinescu
Musik: Renaud Barbier, Frédéric Porte
Schnitt: Diane Logan
Prod.: Alizeés Films/MG Métropde TV; Frankreich 2000; 87 Min.
TV: 24.6.2002, ZDF, 22.15

Eine junge Ehefrau wird in einen Mordfall verstrickt und von der Polizei als Hauptverdächtige betrachtet. Als selbst ihr Ehemann nicht mehr an ihre Unschuld glaubt, entzieht sie sich der Verhaftung, um auf eigene Faust den Täter zu finden.

Flucht nach Korsika 241
LES DERACINES □ TV

Regie: Jacques Renard
Darsteller: Georges Corraface (Frank Seban), Luce Mouchel (Irène Seban), Julia Maraval (Nicole Seban), Kévin Fernandes (Pierre Seban), Isaac Sharry (René Seban), Robert Castel (Opa Albert)
Drehbuch: Serge Lascar
Prod.: Frankreich 2001; Jeweils 90 Min.
TV: 17./18.5.2002, Arte, jeweils 20.45

Eine französisch-algerische Familie wagt nach der Vertreibung aus Algerien einen Neuanfang auf Korsika. Dabei stoßen sie auf der französischen Insel sowohl auf Vorurteile der Einheimischen als auch auf unvorhergesehene Schwierigkeiten untereinander. *Pressetext*

The Fluffer 242
THE FLUFFER ***+

Regie: Wash West, Richard Glatzer
Darsteller: Scott Gurney (Johnny Rebel), Roxanne Day (Babylon/Julie), Michael Cunio (Sean McGinnis), Taylor Negron, Adina Porter, Tim Bagley
Drehbuch: Wash West
Kamera: Mark Putnam
Musik: John Vaugn, The Bowling Green
Schnitt: John Binninger
Prod.: USA 2000; 98 Min.
EA: Int. Filmfestspiele Berlin 2002, »Panorama«
Verleih: Salzgeber, OmU

Im Panorama laufen manchmal Filme, die – abgesehen davon, dass sie schwul oder lesbisch sind – wenig taugen. »The Fluffer« zum Beispiel. Der Film stellt die sonst eher vernachlässigte Berufsgruppe der Pornodarsteller vor. So wie bei seriösen Filmen eine Maskenbildnerin das Rouge erneuert, müssen bei Pornofilmen so genannte Fluffer den Star »aufrichten«. Sean wird Fluffer, um seinem Idol Johnny Rebel näher zu sein. Der dreht zwar schwule Pornos, ist aber heterosexuell. Kann Sean mit dessen Freundin Babylon konkurrieren? Der Film von Richard Glatzer und Wash West beginnt flott und charmant. Doch sobald er sich um Tiefgang bemüht, wirkt er so amateurhaft wie die von ihm karikierten Pornos. *Frank Noack, Der Tagesspiegel, 12.2.2002*

Kritik: (…) Das Potenzial seines Stoffes nutzt »The Fluffer« kaum gewinnbringend, und auch dem heimischen US-Markt wird ästhetisch zu viel Tribut gezollt – keine Geschlechtsteile, keine expliziten Liebeszenen. Trotz seiner klinisch sauberen Oberfläche weiß »The Fluffer« sein Publikum allerdings zu erschüttern, nicht zuletzt dank der niederschmetternden Zeichnung seiner Hauptfiguren, denen letztlich nur die Möglichkeit bleibt, ihre Einsamkeit zu akzeptieren.
Marcus Weingärtner, tip, 10.10.2002

Der Fluss 243
HE LUI ****

Regie: Tsai Ming-liang
Darsteller: Lee Kang-sheng (Xiao-kang), Miao Tien (Vater), Lu Hsiao-ling (Mutter), Chen Chao-jung (junger Mann), Chen Shiang-chyi (Xiao-kangs Liebschaft), Lu Shiao-lin (Geliebter der Mutter)
Drehbuch: Tsai Ming-liang, Yang Pi-ying, Tsai Yi-chun
Kamera: Liao Peng-jung
Schnitt: Cchen Sheng-chang
Prod.: Central Motion Pic.; Taiwan/China 1996; 115 Min.
EA: Int. Filmfestspiele Berlin 1997
Verleih: Peripher, OmU, 14.3.2002
FSK: ab 16 J., ffr.

Tragikomische Geschichte einsamer Großstadtmenschen in Taipeh. Der Vater kämpft täglich gegen das Wasser, das von der Decke in sein Zimmer läuft, sucht anonymen Sex in den Badehäusern, während die Mutter eine Affäre mit einem Pornofilmer hat. Der Sohn, der eine kurze Filmkarriere als Wasserleiche hinter sich hat, leidet unter ständigen Schmerzen im Genick, versucht jedoch trotzdem, sein Moped unter Kontrolle zu halten.
Ming-liangs Filmjuwel für Arthouse-Kinos ist dialogarm und extrem ruhig gefilmt und entfaltet vor allem durch kleine Gesten und Verhalten seiner Protagonisten melancholische, absurde Komik. So minimal die Kamerabewegung ist, so minimal wird der Schnitt bemüht.
Blickpunkt Film, 7/2002

Kritik: Nach fünf Jahren kommt Tsai Ming-liangs preisgekrönter Film »Der Fluss« endlich in die deutschen Kinos. Ein exzentrischer, mitleidender Blick auf die Menschen der Moderne. (…)
Anke Leweke, tip, 6/2002

Fontaine de Vaucluse 244
□

Regie: Wolfgang Lehmann, Florian Krautkrämer
Musik: Thomas Gerwin
Prod.: Lehmann-Krautkrämer Filmprod.; D 2001; 65 Min.
UA: European Media Art Festival Osnabrück 2001, Duisburger Filmwoche 2001
Verleih: noch kein Verleih

Dokumentarfilm über Fontaine de Vaucluse, einem kleinen Ort in der Provence in Südfrankreich, nahe Avignon.

The Forsaken – Die Nacht ist gierig 245
THE FORSAKEN **
Video

Regie: J. S. Cardone
Darsteller: Kerr Smith (Sean), Brendan Fehr (Nick), Izabella Miko (Megan), Johnathon Schaech (Kit), Phina Oruche (Cym), Simon Rex (Pen)
Drehbuch: J. S. Cardone
Kamera: Steven Bernstein
Musik: Johnny Lee Schell, Tim Jones
Schnitt: Morman Buckley Ace
Prod.: Sandstom Films/Screen Gems; USA 2001; 87 Min.
EA: Fantasy Filmfest 2001
Vertrieb: Columbia TriStar Video, 15.1.2002
FSK: ab 18 J.

Filmstudent geht mit Anhalter, der sich als Vampirjäger zu erkennen gibt, auf Blutsaugerjagd. Inhaltlich seichte, optisch glatte Teenie-Horror-Plotte.

444 for the Road – Der Weg ist das Ziel 246

THE UNKNOWN CYCLIST ***

Video

Regie: Bernard Salzman
Darsteller: Lea Thompson (Melissa Cavatelli), Vincent Spano (Frank Cavatelli), Danny Nucci (Gaetano Amador), Stephen Spinella (Doug Stein), Michael J. Pollard (Gabe Sinclair), Lainie Kazan (Rachel)
Drehbuch: Matthew Carliste, Betsy Pool, Howie Skora
Kamera: Bernard Salzman
Musik: Sidney Forest
Schnitt: Irit Raz
Prod.: Watermark Films; USA 1998; 96 Min.
Vertrieb: e-m-s Video, 26.2.2002
FSK: ab 12 J.

Homophober Cop wird von den drei Hinterbliebenen eines Aids-Opfers auf einer Fahrradtour zu Toleranz und Menschlichkeit bekehrt. Ein bisschen »too much« Gutmensch-Getue, aber unterm Strich ganz unterhaltsames Komödiendrama.

Francisca (... auf welcher Seite stehst du?) 247

FRANCISCA (... DE QUE LADO ESTÁS?) ***+

Regie: Eva López-Sánchez
Darsteller: Ulrich Noethen (Helmut Busch/Bruno Müller), Fabiola Campomanes (Adela), Juan Rios (José), Arcelia Ramirez (Lucia), Julio Bracho (Sema), Gustavo Sánchez Parra (Luis)
Drehbuch: Eva López-Sánchez, Jorge Goldenberg mit Mayra Segura, Pierre Salvadori
Kamera: Javier Morón
Musik: Jacobo Lieberman, Leo Heiblum
Schnitt: Santiago Torre, Sigfrido Barjau
Prod.: Odeon/SurFilms/José Maria Lara Prod./Via Digital/IMCINE; Mexiko/D/Spanien 2001; 85 Min.
EA: Int. Filmfestspiele Berlin 2002, »Panorama«
Verleih: Pegasos, OmU, 20.6.2002

Eva López-Sánchez erzählt einen auf archaische Grundmuster reduzierte Fabel von Revolution, Liebe und Verrat. Schauplatz ist ein Land in Mittelamerika, in das Anfang der 70er-Jahre revolutionäre Begeisterung hineinschwappt. Auch der Ex-Stasi-IM Bruno schwappt in das Land und wird sogleich in antirevolutionäre Spitzeldienste gezwungen. Mit gottergebener Leichenbittermiene schleicht Ulrich Noethen als Bruno durch die Reihen jener, die er bespitzeln soll. Er versucht das Unmögliche: seine Freunde nur ein bisschen zu verraten. Eine luftdicht verpackte Tragödie.

Sönke Lars Neuwöhner, tip, 13/2002

Kritik: (...) Trotz aller Melodramatik und allen Pathos ist der Film sehenswert – als Parabel auf das Scheitern hilfloser Idealisten. Und als weiteres Dokument junger Zeitgeschichte.

Angie Dullinger, AZ, 20.6.2002

(...) Kommunismus und Faschismus, das macht Eva López-Sánchez' aufbegehrender Film deutlich, sind sich einig in der Rücksichtslosigkeit, mit der Ideale und Individuen instrumentalisiert und missbraucht werden. Dennoch gibt es im zweiten Teil des Films einen Hang zum heldenhaften Aktionismus. Auf der Flucht aus Mexiko, die Bruno und Adela nach Jahren der Unversöhnlichkeit gemeinsam antreten, bringt die glühende Kommunistin noch im Vorübergehen den Indios das ABC des Marxismus-Leninismus bei. Auch der pathetische Rachetod, der Bruno zum Schluss ereilt und ihn in Helmut, den Feigling, zurückverwandelt, kostet den Film viel an ästhetischer Integrität. (...)

Heike Kühn, FR, 19.6.2002

(...) Im Vorspann erinnert Eva López-Sánchez mit Dokumentaraufnahmen von den Massakern gegen demonstrierende Studenten in Mexiko 1968 an diese Brutalität, mit der das damalige Regime die Anfänge eines offenen Bürgerkriegs unterdrückte.
Mit lapidar-eindringlichen Bildern beschwört sie sodann dieses politische und soziale Klima in der Großstadt wie auf dem Lande. Sie misstraut allerdings der Faszinationskraft ihrer wortkargen Alltagsszenen vom Stress eines Untergrundkampfes und verstümmelt sie

durch allzu schnelle Schnitte, als wäre sie von der Angst gepeinigt, ein auf Action eingerichtetes Publikum nicht bei Laune halten zu können. (...)

Peter Steinhart, Rheinische Post, 20.7.2002

Frankenstein 2000 248

RITORNO DELLA MORTE *

Video

Regie: Joe D'Amato (= Aristide Massaccesi)
Darsteller: Richard Harsh, Cinzia Monreale, Donald O'Brien, Richard Harsh
Musik: Piero Montanari
Prod.: Italien 1992; 93 Min.
Vertrieb: Laser Paradise Video, 21.1.2002
FSK: ab 18 J.

Drei Vergewaltiger, ein zu Unrecht Beschuldigter, ein Selbstmord – daraus mischt der einschlägig bekannte Regisseur den ungenießbarsten Italo-Horror des letzten Jahrzehnts.

Die Frau, die an Dr. Fabian zweifelte 249

***+

Regie: Andreas Rogenhagen
Darsteller: Robert Glatzeder (Paul), Dieter Pfaff (Willi), Lilia Lehner (Lena), Alexander Strobele (Ingo), Steffen Schult (Super), Traute Hoess (Maria)
Drehbuch: Andreas Rogenhagen
Kamera: Andreas Höfer
Musik: Ingo Kraus
Schnitt: Guido Krajewski
Prod.: Lichtblick mit Arte/WDR; D 2001; 91 Min.
Verleih: Venusfilm, 15.8.2002

Kritik: (...) Das liest sich vielleicht etwas zu unspektakulär für einen Kinobesuch, doch Rogenhagens Film hat neben dem Komödiantischen, den allesamt überzeugenden Darstellern und den leisen Zwischentönen in der Milieuzeichnung auch filmisch seinen Reiz. Immer wieder gibt es Miniaturen, in denen einzelne Figuren versuchen, Zeichen zu lesen, sich ein Bild zu machen – und wir Zeugen einer nachvollziehbaren Fehllektüre werden.

Stuttgarter Zeitung, 15.8.2002

(...) Natürlich reicht eine so schöne Idee immer noch für einen überdurchschnittlichen Fernsehfilm. Dass es aber zu mehr nicht kam, stimmt umso trauriger und ruft das alte Lamento von den verpassten deutschen Kinochancen in Erinnerung. Zunächst einmal: Wo steht eigentlich geschrieben, dass Erstlingsfilme (für den Grimme-Preisträger Rogenhagen ist es der erste Spielfilm) am Existenzminimum produziert werden müssen? Das 16-mm-Material mag für manche Dokumentarfilmzwecke genügen, und vielleicht hätte man die Körnigkeit auch noch ertragen, wenn denn ein dokumentarischer Stil angestrebt wäre. Aber schon die ungelenk inszenierte Anfangsszene macht die Differenz zum Anspruch einer turbulenten Komödie offenkundig: Das Gerangel, das da in einer schlecht bis gar nicht für den Film dekorierten Wohnung abgedreht wurde, soll uns gleich mitten in die tarantineske Kleingangsterwelt einführen. Doch Rogenhagen ist schon überfordert, eine Szene mit drei Mitwirkenden aufzulösen: Die entscheidende Handlung ist ebenso wenig zu sehen, wie man ein Gefühl für die stimmungstragenden Schauplätze bekommt. Katastrophal ist dann das Actionfinale, wenn der Held zwei Polizisten überwältigt, ohne dass der Zuschauer irgendetwas gesehen hätte. Aber auch in den intimeren Momenten scheitert Rogenhagen gerade an den poetischen Höhepunkten seines Drehbuchs, die sich in seinem naturalistischen Filmstil einfach nicht vermitteln lassen. Und wer sich mit Genre-Stereotypen befasst wie den »komischen Kleingangstern«, muss auch die formalen Standards des zitierten Kinos beherrschen. (...)

Daniel Kothenschulte, FR, 21.8.2002

Die Frauenversteher – Männer unter sich 250

***

TV

Regie: Jan Josef Liefers
Darsteller: Jan Josef Liefers (Martin), Kathrin Angerer (Susanne), Anna Loos

(Linda), Aleksandar Jovanovic (Toby), Oscar Ortega Sánchez (Mark), Simon Schwarz (Ralf)
Drehbuch: Jan Josef Liefers, Stefan Barth
Kamera: Clemens Messow
Musik: Jan Josef Liefers
Prod.: Studio Hamburg für SAT.1; D 2002; 93 Min.
TV: 21.5.2002, SAT.1, 20.15

Verhaltensetüde für Beziehungskrüppel, die der wahren Liebe begegnen. (...) Das Chaos-Gehüpfe der unberechenbaren Gefühle kann, je nach Laune, als Dopingdrink oder Schlummertrunk benutzt werden.
Ponkie, AZ, 23.5.2002

Freche Biester 251
SLAP HER, SHE'S FRENCH ***+

Regie: Melanie Mayron
Darsteller: Piper Perabo (Genevieve LePlouff), Jane McGregor (Starla Grady), Trent Ford (Ed Mitchell), Michael McKean (Herr Duke), Alexandra Adi (Ashley Lopez), Nicky Aycox (Tanner Jennings), Jesse James (Randolph Grady)
Drehbuch: Lamar Damon, Robert Lee King
Kamera: Charles Minsky
Musik: David Michael Frank
Schnitt: Marshall Harvey
Prod.: Constantin/Intermedia/Bandiera/Key Films/IMF 2 Prod.; USA/GB/D 2001; 93 Min.
Verleih: Constantin, 7.2.2002
Vertrieb: UFA (BMG Video) (Video, DVD)
FSK: ab 12 J., ffr.

Eine französische Austauschschülerin kommt der Ober-Chearleaderin Starla als Prestigeobjekt gerade recht: Immerhin mühte sie einmal ein berühmter TV-Star werden und daher jetzt schon mit Beliebtheit unter ihren Mitmenschen punkten. Leider entpuppt sich die Französin als böse Rächerin, die Starlas Leben Schritt für Schritt an sich reißt. *Alrun Fichtenbauer*

Kritik: (...) Ein wenig wirkt der Film wie eine Weichspülvariante von »Sugar & Spice«, der vor einigen Monaten bei uns lief. Witz und Ironie sind im Ansatz erkennbar, doch es fehlt jeder Biss und jede Bosheit. Trotz einiger Seitenhiebe auf den American Dream und seiner für Europäer befremdlich wirkenden Auswüchse erscheint das Ganze zu banal und belanglos.
Zitty, 4/2002

(...) In ihrer zweiten Regiearbeit nach der Pubertätskomödie »Der Babysitters-Club« befasst sich Mayron abermals mit typischen Problemen von Heranwachsenden: Hier ist es vor allem das Streben nach Anerkennung in der Clique und gesellschaftlichem Renommee. Leider beschränkt sich die Regie gerade bei dem durch die Austauschschülerin angeregten reizvollen Thema des Kontrastes zwischen amerikanischer und französischer Kultur auf das Breittreten dürftiger Klischees.
Dass der Ausgang der Story früh absehbar ist, vermag die dialoglastige Inszenierung nur teilweise auszugleichen durch satirische Seitenhiebe auf Auswüchse des American Way of Life bis hin zu einer aufgedonnerten Mutter, die ihre täglichen Alkoholrationen heimlich in harmlosen Eisteekannen verbirgt. *Reinhard Kleber, Filmecho-Filmwoche, 3/2002*

Freddy Got Fingered 252
FREDDY GOT FINGERED □

Regie: Tom Green
Darsteller: Tom Green (Gord Brody), Rip Torn (Jim Brody), Marisa Coughlan (Betty), Eddie Kaye Thomas (Freddy Brody), Harland Williams (Darren)
Drehbuch: Tom Green, Derek Harvie
Kamera: Mark Irwin
Musik: Mike Simpson
Schnitt: Jacqueline Cambas
Prod.: Regency Enterprises/New Regency; USA 2001; 87 Min.
Verleih: 20th Century Fox, nicht gestartet

Laut Tom Green – Regisseur, Co-Drehbuchautor und Protagonist in Personalunion – handelt es sich bei seiner kruden Schockkomödie um den »blödesten und ekelerregendsten Film überhaupt«. Kritiker geben ihm Recht, was von dem tabulosen Zeremonienmeister anarchischer Albernheiten als Kompliment aufgefasst werden dürfte.

Kritik: (...) Hier werden Knochen gebrochen und (nicht nur) Wunden geleckt. Im Unterschied zu Monty Python, die einem dabei manchmal schon in den Sinn kommen, sind seine Exzesse allerdings nach Gummihandschuhen schreiend echt. Provokation und Schock sind vorprogrammiert, aber ist das ganze lustig? So lustig wie eine Behinderte, die sich die Beine mit Rohrstock auspeitschen lässt, oder ein frisch ausgehöhlter Hirschkadaver und jener uralte Vater-Sohn-Konflikt, der den losen Handlungsrahmen bildet. (...) *Andreas Fuchs, Filmecho-Filmwoche, 17/2001*

Die Freunde der Freunde 253

****

TV

Regie: Dominik Graf
Darsteller: Sabine Timoteo (Billie), Matthias Schweighöfer (Gregor), Florian Stetter (Arthur), Jessica Schwarz (Pia), Tanja Schleiff (Veronika), Tabea Heynig (Marion)
Drehbuch: Markus Busch, Dominik Graf, nach Motiven der gleichnamigen Erzählung von Henry James
Kamera: Hanno Lentz
Musik: Sven Rossenbach, Florian van Volxem
Schnitt: Christel Suckow
Prod.: Bavaria Film für WDR; D 2001; 96 Min.
UA: 6.7.2002, Filmfest München
TV: 23.10.2002, ARD, 20.15

Im Internat begegnen sich der Abiturient Gregor, die geheimnisvolle Billie und der Womanizer Arthur. Gregor verliebt sich in Billie und erhofft sich von seinem Schulfreund Arthur Rat, wie er sie für sich gewinnen kann. Doch Billie entzieht sich allen Plänen Gregors und verschwindet so plötzlich, wie sie in Gregors Leben aufgetaucht war. Erst Monate später begegnet Gregor seiner großen Liebe wieder und ahnt nicht, welche verhängnisvollen Folgen das Wiedersehen für ihn und Arthur haben wird. *Pressetext*

Kritik: (...) Auf dem Münchner Filmfest bekam »Die Freunde der Freunde« den TV Movie Award: Es sei Graf gelungen, die Unerreichbarkeit von Liebe, als jugendliches Thema eingestuft, präzise zu inszenieren. Wie meistens, wenn Graf etwas vorlegt, gibt es Menschen, die das besonders schlecht finden. Und wer Filme nur erträgt, wenn diese Filme in Ruhe zu sich kommen, wird mit »Die Freunde der Freunde« Probleme haben. Man las bereits, dass die Handlung krude, die Dialoge unverständlich und die Regie schlampig sei. Eine ziemlich finstere und dazu falsche Einordnung. (...) *Christopher Keil, SZ, 23.10.2002*

Diese Verbindung einer Liebesgeschichte voller Sehnsucht, Romantik und Unerreichbarkeit mit einer glasklaren Gespenstergeschichte fasziniert mich. Dabei treten in James' völlig zeitloser »Gothic Tale« keine Spukgestalten auf. Das Übersinnliche spielt sich bei ihm unter der Oberfläche ab, im zwischenmenschlichen Bereich, der unausgesprochen bleibt. Dies mit Bildern und Assoziationen zu füllen ist überaus spannend. *Dominik Graf in Katalog Filmfest München*

Friends in High Places 254

FRIENDS IN HIGH PLACES ***

Regie: Lindsey Merrison
Kamera: Lars Barthel
Musik: U Sei Kala Hsaöng, Waing Ensemble
Schnitt: Stewart Young
Prod.: Lindsey Morrison Film mit Dschoint Ventschr/Arte/WDR/DRS; D/Schweiz 2001; 86 Min.
EA: Int. Filmfestspiele Berlin 2002, »Panoroma«
Verleih: Kinoinitiative, 19.12.2002

(...) Die englische, in Berlin lebende Dokumerntarfilmerin Lindsey Merrison erschließt mit »Friends in High Places« eine im Westen weitgehend unbekannte Volksreligion, indem sie den Nat-Kult einfach als das nimmt, was er nach außen hin ist: ein faszinierendes Schauspiel mit weit reichenden Implikationen. *Bert Rebhandl, tip, 26/2002*

From Hell 255

FROM HELL ***

Regie: Allen Hughes, Albert Hughes
Darsteller: Johnny Depp (Fred Abberline), Heather Graham (Mary Kelly), Ian Holm (Sir William Gull), Jason Flemyng (Netley), Robbie Coltrane (Peter Godley), Lesley Sharp (Kate Eddowes)
Drehbuch: Terry Hayes, Rafael Yglesias, nach dem Comicroman von Alan Moore und Eddie Campbell
Kamera: Peter Deming
Musik: Trevor Jones
Schnitt: Dan Lebental, George Bowers
Prod.: Underworld Pic.; USA 2001; 122 Min.
Verleih: 20th Century Fox, 28.2.2002
Vertrieb: Fox Video (Video, DVD)
FSK: ab 16 J., ffr. – **FBW:** Wertvoll

Im viktorianischen London begeht Jack the Ripper seine Ritualmorde an Prostituierten. Im Opiumrausch entwickelt ein Kriminaler eine brisante Verschwörungstheorie.

Kritik: (...) Da löste schon die Meldung Misstrauen aus, dass jene Brüder Hughes die Verfilmung dieses Mammutwerkes inszenieren, die mit »Menace II Society« und »Dead Presidents« auf Zeitgenössisches abonniert schienen. Zu Unrecht: Zwar wurden einige der vielschichtigen Handlungsstränge gekappt, zwar erinnert der Streifen mit seinen knalligen Kameratricks und Soundeffekten eher an MTV als an Alan Moore, aber die ärmliche und brutale Atmosphäre Whitechapels hat kein Ripperfilm bisher so perfekt eingefangen. Und auch die Auswahl der Schauspieler – Johnny Depp, Robbie Coltrane, Ian Holm – spricht für die Regiebrüder. Ein spannender und atmosphärisch beeindruckender Film, der die Grenzen des Genres sprengt.

Lutz Göllner, Zitty, 5/2001

(...) Je häufiger sich jedoch die Wege von Abberline und Kelly kreuzen, desto mehr entscheidet sich »From Hell«, die Gewichtung der Vorlage zu verlassen. Besteht eine wesentliche Stärke des Comics darin, alle Figuren und auch die ausführlich geschilderten Taten des Rippers immer wieder an den historischen Kontext und ganz konkret an die Struktur der Stadt zurückzubinden, scheut sich der Film vor dieser radikalen Verdichtung. Stattdessen fällt die Adaption der Hughes-Brüder zusehends auseinander. Die Jagd nach dem Mörder wird wie zur Zielgruppenabsicherung durch eine dramatische Liebesgeschichte angereichert. Opium und Absinth kommen zum stilisierten Einsatz. (...)

Jan Distelmeyer, Die Zeit, 28.2.2002

(...) Die Brüder Albert und Allen Hughes, schwarze Filmemacher aus Detroit, bekannt durch Ghettofilme wie »Menace II Society«, wirken zunächst wie eine gänzlich unwahrscheinliche Wahl für diesen Stoff. Sie liefern aber den Beweis, dass praktisch jeder vom Ripper-Virus infiziert werden kann: Im Alter von sieben sahen sie eine TV-Dokumentation über den Fall, präsentiert von der »Star Trek«-Legende Leonard Nimoy, fürchteten sich beinah zu Tode – und sind seither nicht mehr davon losgekommen. (...)

Tobias Kniebe, SZ, 28.2.2002

Frontline – Zwischen den Fronten 256

TITANIC TOWN ***+
Video

Regie: Roger Mitchell
Darsteller: Julie Walters (Bernie McPhelimy), Ciaran Hinds (Aidan McPhelimy), Nuala O'Neill (Annie McPhelimy), James Loughran (Thomas McPhelimy), Barry Loughran (Brendan McPhelimy), Elizabeth Donaghy (Sinead McPhelimy)
Drehbuch: Anne Devlin, nach dem Roman von Mary Costello
Kamera: John Daly
Musik: Trevor Jones
Schnitt: Kate Evans
Prod.: Pandora Cinema/BBC Films mit Britsh Screen und Arts Council für Nothern Ireland's Lottery Fund für Company Pictures; Irland/GB 1998; 100 Min.
Vertrieb: VCL Video, Februar 2002
FSK: ab 12 J.

1972 tritt eine irische Hausfrau in Belfast gegen den Politterror an und verhandelt mit den Bürgerkriegsparteien. Damit gerät sie zwischen sämtliche Stühle. Packendes Politdrama nach einer wahren Begebenheit und mit einer hervorragenden Hauptdarstellerin.

Führer Ex 257

***

Regie: Winfried Bonengel
Darsteller: Christian Blümel (Heiko Degener), Aaron Hildebrand (Tommy Zierer), Jule Flierl (Beate), Luci van Org (Elisabeth Degener), Harry Baer (Friedhelm Kaltenbach), Dieter Laser (Eduard Kellermann)
Drehbuch: Winfried Bonengel, Ingo Hasselbach, Douglas Graham
Kamera: Frank Barbian
Musik: Loek Dikker, gspielt vom Filmorchester Babelsberg
Schnitt: Monika Schindler
Prod.: Next Film Studio mit Canal+/MBP Filmprod.; D 2002; 107 Min.
UA: 31.8.2002, Int. Filmfestspiele Venedig
EA: Int. Hofer Filmtage 2002
Verleih: Tobis, 5.12.2002
FSK: ab 12 J., ffr. – **FBW:** Wertvoll

Zwei Jugendliche träumen in der Noch-DDR von Freiheit und landen wegen versuchter Republikflucht im Knast, wo sie physischen Qualen und Demütigungen ausgesetzt sind und von Rechtsextremisten indoktriniert werden.

Kritik: (…) Mit dem Thema blieb Bonengel verheiratet: »Führer Ex« erkundet dasselbe Terrain noch einmal, als Spielfilm nun und aus DDR-Perspektive, sehr frei angelehnt an die Aussteigerbiografie von Ingo Hasselbach. Der Widerspruch zum Titel ist keine Geschichte über den Ausstieg aus der Neonazi-Szene, sondern eine Erzählung über den Einstieg. Doch das provokative Potenzial, mit dem Bonengel spekuliert haben mag, ist gleich null, ebenso wie das Formbewusstsein des Films. Erzählt wird vom sympathischen, blonden Flauschejungen Heiko, der bei Mama wohnt und seinen Freund mit Glatze und Domestosjeans aus dem DDR-Knast zurückkommen sieht. Nach einer gescheiterten Republikflucht landet er selbst dort und damit in einem kleinen, hölzernen Jail-Movie im Film.
Das Interessanteste an »Führer Ex« ist tatsächlich das Motiv der psychischen Deformation, der die jungen Häftlinge im Gefängnisalltag ausgesetzt sind. Am Ende der Haft ist der junge Mann tief in der Szene verwurzelt und träumt als lokaler Berliner Führer Anfang der 90er-Jahre davon, mit vierzig Wirtschaftsminister des »Vierten Reichs« zu werden. Wie alles ist auch diese Entwicklung und ihr ernüchterndes, blutiges Ende unelegant inszeniert und geplottet, und auch das Talent der beiden Jungdarsteller rettet wenig.

Robert Weixlbaumer, tip, 25/2002

(…) Zu überzeugen vermag der Film auch da, wo ausführlich und realistisch der DDR-Gefängnisalltag geschildert wird. Der größte Mangel zeigt sich in der Überzeichnung des Nazi-Milieus, wo Geschrei und Brutalität wesentlich stärker sind als der »gewöhnliche Faschismus« beziehungsweise das plausible Aufzeigen von dessen ideologischer Basis. Hier hätte es Besseres und mehr zu sagen gegeben. Der Mangel macht den Film weniger interessant, als er hätte sein müssen.

Thomas Engel,
Der Gildendienst, 12/2002

(…) Vom DDR-Revoluzzer zum Nazi-Pappkameraden – spätestens wenn ein liebliches Hippiekind mit Engelshaar und Hula-Hoop-Reifen von einer Walze wild gewordener Glatzen überrannt wird, ahnt man, dass Bonengel solche Vereinfachungen nicht gezielt betreibt, sie unterlaufen ihm schlichtweg aus Überforderung. Da will einer erklärtermaßen von Werdegängen und Wandlungen erzählen, überlässt den jeweiligen Bewusstseinsstand seiner Figuren aber einfach den Kostümen und einer un-

Gefängnisalltag in ›Führer Ex‹ mit Harry Baer, Christian Blümel und Aaron Hildebrand

entschlossen zuschauenden Kamera. Im Rückblick erscheint »Führer Ex« wie ein Bildersumpf, in dem die politischen Vorzeichen allmählich versinken.

Katja Nicodemus, Die Zeit, 5.12.2002

(...) Die Außenwelt dieser Story, deren Architektur sozusagen, wirkt stimmig, von den Fassaden der Häuser über die Straßenschilder bis zu jenen Turnschuhen, auf die der mutigere Heiko gleich zu Beginn versehentlich pinkelt. Die Möblierung der Innenwelt der Protagonisten aber will Bonengel nicht gelingen. Zwar lässt der Film, anders als damals »Beruf Neonazi«, keinen Zweifel an seiner Distanz zur rechtsradikalen Szene, aber die Erklärungen dafür, wie man in diese hineingerät, fallen entweder sehr plump und sprunghaft aus, oder es wird ganz auf sie verzichtet.

Rupert Koppold, Rheinische Post, 4.9.2002

Full Blast – Eine tödliche Party

258

FULL BLAST **

Video

Regie: Eric Mintz
Darsteller: Traci Lords (Lindsay Lord), David Carradine (Maceó), Channon Roe (Razor), Curt Ellis (Georgetown), Greg Fortescue (Noah), Danny Jacobs (Curt)
Drehbuch: Eric Mintz
Kamera: W. Mott Hupfel
Schnitt: Adram P. Scott
Prod.: Quality Motion Pic; USA 1997; 91 Min.
Vertrieb: VCL Video, 28.11.2002
FSK: ab 16 J.

Der Auftritt in ihrer Heimatstadt gerät für Popsternchen dank Einmischung der Unterwelt zu einem Desaster. Dieses unentschlossene Krimi-Drogen-Musik-Drama ist auch nicht sehr weit davon entfernt …

Fulltime Killer 259

CHUEN JIK SAT SAU / CHUNCHIK SATSAU ***+

Regie: Johnnie To, Wai Ka-Fai
Darsteller: Andy Lau (Tok), Takashi Sorimachi (O), Kelly Lin (Chin), Simon Yam (Lee), Kelly Lin (Chin), Cherrie Ying (Gigi)
Drehbuch: Wai Ka-Fai, Joey O'Bryan, nach dem Roman »Fulltime Hit Men« von Edmond Pang
Kamera: Cheng Siu Keung
Musik: Alex Khaskin, Guy Zetrafa
Schnitt: David Richardson
Prod.: Milkey Way/Teamwork Motion Pic.; Hongkong 2001; 100 Min.
EA: Int. Filmfestspiele Berlin 2002
Verleih: UDI (Central), 21.11.2002

Zwei Auftragskiller, ein stoischer Japaner und ein eher arroganter Chinese, wollen ihre Kräfte messen und liefern sich, nachdem sie sich in dieselbe Frau verliebt haben, einen tödlichen Endkampf. Postmoderne Genregeschichte mit zahlreichen Verweisen auf die Filmgeschichte, die ein Fenster zum panasiatischen Gedankenraum aufstößt und zugleich selbstreflektierend die Grenzen des Genres auslotet. Für Fans ein sowohl visueller als auch intellektueller Genuss.

Rüdiger Suchsland, Film-Dienst, 20/2002

Kritik: (…) »Fulltime Killer« ist so etwas wie eine balistische Elegie, in der die »motion« der Schusswechsel und die »emotion« der Blickduelle zusammenfallen. Johnnie To und Wai Ka-Fai erweisen damit dem Hongkong-Kino der späten 80er- und frühen 90er-Jahre ihre Reverenz, als dieses Kino mit einem aufregenden Mix aus Unschuld und »sophistication«, aus Subtilität und Spektakel die internationale Filmwelt überraschte. (…)

Hans Schifferle, epd-Film, 10/2002

Die fünfte Frau 260

DEN FEMTE KVINNAN ****
TV

Regie: Birger Larsen
Darsteller: Rolf Lassgard (Kommissar Kurt Wallander), Anki Lidén (Yvonne Ander), Marie Richardson (Maja Thysell), Lars Melin (Martinsson), Christer Fant (Svedberg), Klas Gösta Ohlsson (Nyberg)
Drehbuch: Klas Abrahamsson, Birger Larsen, nach dem gleichnamigen Roman von Henning Mankell
Kamera: Eric Kress, Jacob Viit Kusk
Musik: Frans Bak
Schnitt: Jacob Thuesen, Pernille Bech Christensen
Prod.: SVT Swedish TV mit Network Movie/ ZDF Enterprises; D/Schweden 2000; jeweils 120 Min.
TV: 29./30.12.2002, ZDF, 21.50, 22.00

In der südschwedischen Provinz richtet ein Serienkiller in kurzer Zeit drei Opfer bestialisch zu. Die erste Leiche wird in einer Pfahlgrube aufgespießt, die zweite nackt an einen Baum gebunden und die dritte im See ertränkt – alles Männer, die ihre Frauen misshandelten. Kommissar Wallander will den vierten Mord verhindern, steht aber zunächst vor einem Rätsel.

Gangland L. A. 261
GANGLAND *
Video

Regie: Art Camacho
Darsteller: Costas Mandylor (Jared), Sasha Mitchell (Derek), Vincent Klyn (Lucifer), Kathleen Kinmont (Alexis), Tim Thomerson (Dr. Adams), Ice-T (Officer Dunn)
Drehbuch: David DeFalco
Kamera: Andrea V. Rossotto
Musik: Thomas Morse
Schnitt: Katherine Pienaar
Prod.: Dominion; USA 2000; 82 Min.
Vertrieb: MC-One Video, 28.12.2001
FSK: ab 18 J.

Nach Atomkrieg regieren Brutalo-Banden die USA, die sich Antiseuchenserum sichern wollen. Allerbilligste Endzeit-Action auf Kindergartenniveau.

Gangster 262
***
TV

Regie: Volker Einrauch
Darsteller: Frank Giering (Vincent), Laura Tonke (Mona), Dietmar Mues (Kubel), Saskia Vester (Irmeli), Andreas Schmidt (Erbse), Rufus Beck (Kevin)
Drehbuch: Lothar Kurzawa
Kamera: Stefan Spreer
Musik: Rainer J. G. Uhl
Schnitt: Nana Meyer
Prod.: Josefine Filmprod. mit WDR/Arte; D 1998; 90 Min.
UA: Int. Hofer Filmtage 1999
EA: Max-Ophüls-Preis Saarbrücken 2000
TV: 15.3.2002, Arte, 20.45

In einer nächtlichen Pokerrunde auf dem Kiez verliert der Kleingangster Vincent seine Geliebte Mona an den Zuhälter Siggi. Um zu verhindern, dass Siggi ihnen die Bude einrennt, muss Vincent 60.000 Mark auftreiben. Doch das ist nicht alles: Mona darf von der Geschichte nichts erfahren, da sie gerade ihrem Vater, Hauptkommissar Kubel, klarzumachen versucht, dass Vincent ein neues Leben begonnen hat. Doch den Pfad der Tugend muss Vincent wohl schnell wieder verlassen, wenn er die Geschichte ins Reine bringen will.

Gefährliche Nähe und du ahnst nichts 263
□
TV

Regie: Hartmut Schoen
Darsteller: Hans-Michael Rehberg (Prof. Dr. Max Buchheim), Claudia Michelsen (Peggy Bachmann), Henry Hübchen (Frank Häussler), Tobias Moretti (Harry Möllemann), Felix Eitner (Michel Broeder), Johannes Brandrup (Christian Buchheim)
Drehbuch: Hartmut Schoen
Kamera: Peter Doettling
Musik: Matthias Frey
Schnitt: Vessela Martschewski
Prod.: Multimedia/Cinecentrum Berlin für ZDF/Arte; D 2002; jeweils 88 Min.
TV: 9./10.8.2002, Arte, 20.40, 20.50; 1./2.1.2003, ZDF, 21.45, 22.15

Ein renommierter Wissenschaftler, der im Auftrag des Militärs Genforschung betreibt, hat plötzlich Zweifel an seiner geheimen »Mission« und wird deshalb zur Zielscheibe des militärischen Abschirmdienstes MAD. Im zweiten Teil wird der Einsatz des MAD gegen Professor Buchheim immer brisanter: Der Biologe ist mit seiner »heißen Ware« geflüchtet, und die Agentin Peggy Bachmann verliert zunehmend die Kontrolle über das Geschehen. *Pressetext*

Die Gefangene 264
LA CAPTIVE ***+

Regie: Chantal Akerman
Darsteller: Stanislas Merhar (Simon), Sylvie Testud (Ariane), Olivia Bonamy (Andree), Liliane Rovère (Francoise), Francoise Bertin (Großmutter), Aurore Clement (Lea)
Drehbuch: Chantal Akerman, Eric de Kuyper, inspiriert vom Roman »La prisonniere« von Marcel Proust
Kamera: Sabine Lancelin
Schnitt: Claire Atherton
Prod.: Gemini/Arte France/Paradise mit Canal+/CNC/Gimages 3; Frankreich/Belgien 2000; 108 Min.
UA: 15.5.2000, Int. Filmfestspiele Cannes, »Directors Fortnight«
Verleih: Alamode, 9.5.2002

Eine stets sanfte und scheinbar gefügige Frau löst bei ihrem manischen

Liebhaber wachsende Unsicherheit aus, indem sie sich durch ein Gespinst beiläufiger Lügen seinen Kontrollversuchen und seiner Eifersucht auf die Liebe unter Frauen entzieht.

Chantal Akermans Anverwandlung von Marcel Prousts Roman in ihre surreale Bilderwelt. Mit politisch korrekten Rollenmodellen kommt man diesem imaginären Pariser Ambiente nicht bei. Motive aus ihren früheren Filmen kehren hier elegant melancholisch wieder. Es geht um absolutes Verlangen, klaustrophobische Enge, obsessive Leidenschaft. Anstelle von Prousts opulenter Detailfreude entdeckt man hier ein minimalistisches Experiment über die Unvereinbarkeit der Welt der Frauen und der Männer.
Claudia Lenssen, tip, 10/2002

Kritik: (...) Visuell lässt Chantal Akerman diese ohnehin sehr stilisierte Geschichte sehr artifiziell, sehr steif daherkommen, lange, unbewegte Einstellungen und Kadragen sind es, die Kamerafrau Sabine Lancelin verwendet, keine Fahrten, keine Schwenks. Und manchmal wirkt die Wohnung Simons in etlichen Szenen wie einem alten Gemälde entnommen, das aus einer anderen Zeit stammt.
Thilo Wydra, Filmecho-Filmwoche, 17/2002

(...) Bei Akerman bleiben nur das Gelieren der Gefühle und das Ranzige der feinen Sitten, die Fülle der Gedanken und Details fehlt nun: Der Film wirkt so leer, als seien Diebe da gewesen. *Thomas Klingenmaier, Stuttgarter Zeitung, 10.8.2002*

Gefühle im Sturm 265

**
TV

Regie: Anna Justice
Darsteller: Muriel Baumeister (Stefanie von Nauenstedt), Pierre Besson (André), Francis Fulton-Smith (David)
Drehbuch: Gerlinde Wolf
Kamera: Andreas Doub
Schnitt: Florentine Bruck
Prod.: Aspekt Telefilm für Degeto Film; D 2001; 90 Min.
TV: 7.6.2002, ARD, 20.20

Wie unter einer zeitlos weltfremden Glasglocke posierte das Melodram mit dem Trivial-Inventar von Nobelgroschenromanen. Man wohnt im Adelsschloss, langweilt sich halbtot, und die mürrische Gattin zelebriert den Ehebruch mit dem Hallodri-Schwager als Lifestyle-Design. Öde rieselt der Kalk. *Ponkie, AZ, 10.6.2002*

Gegenoffensive 266

LA SURFACE DE REPARATION ☐
TV

Regie: Bernard Favre
Darsteller: Remo Girone (Bojko Blavic), Patrick Raynal (Präsident), Jovanka Sopalovic (Ariéta), Jean-Philippe Delpech (Marc Pressman), Marie Payen (Chrystelle Blavic)
Drehbuch: Bernard Favre, Michel Deutsch
Prod.: Frankreich 2001; 94 Min.
TV: 22.3.2002, Arte, 20.45

Weg eines jugoslawischen Fußballtrainers aus der französischen Provinz zurück zu seiner Familie in Jugoslawien und damit in ein gefährliches Krisengebiet. *Pressetext*

Das Geheimnis des singenden Hundes 267

LE PAYS DU CHIEN QUI CHANTE ☐
TV

Regie: Yann Dedet
Darsteller: Katsuko Nakamura (Yoshiko Mahiru), Gen Shimaoka (Tôyô Mahiru), Dominique Piard (Jean Ferroz), Jules Dedet-Granel (Sylvain Ferroz), Francois Piard (Maurice Perret), Louis Benoit (Neffe)
Drehbuch: Camille Brottes, Stéphane Bouquet
Musik: Gilles de Van
Prod.: Frankreich 2002; 90 Min.
TV: 6.12.2002, Arte, 20.40

Das Forscherehepaar Mahiru aus Japan kommt für Recherchen in die Berge des französischen Jura. In der entlegenen Region entdecken sie das Land, in dem sie den Rest ihres Lebens verbringen können.

Die geheimnisvolle Minusch 268

MINOES ****

Regie: Vincent Bal
Darsteller: Theo Maassen (Tibe), Carice van Houten (Minusch), Sarah Bannier (Bibi), Pierre Bokma (Herr Ellemeet), Marisa van Eyle (Frau Ellemeet), Olga Zuiderhoek (Frau van Dam)
Drehbuch: Tamara Bos, Burny Bos, Vincent Bal, nach dem gleichnamigen Roman von Annie M. G. Schmidt
Kamera: Walther van den Ende
Musik: Peter Vermeersch
Schnitt: Peter Alderliesten
Prod.: CV Minoes mit Bos Bros./Avro TV; Niederlande 2001; 86 Min.
Verleih: Warner, 8.8.2002
FSK: o. A., ffr. – **FBW:** Besonders wertvoll

Von Entlassung bedrohter Lokalreporter erhält unerwartet Unterstützung von der reizenden Minusch, die vorgibt, eine verwandelte Katze zu sein, und den Informationsvorsprung ihrer Artgenossen nutzt.

Minusch, eine unvorsichtige Katze, verwandelt sich nach der Einnahme einer Flüssigkeit ungewollt in eine junge Frau. In dieser Gestalt verhilft sie einem unerfahrenen Journalisten zu ersten beruflichen Erfolgen und rettet die Stadt mithilfe eines kleinen Mädchens und den anderen Katzen des Ortes vor den skrupellosen Machenschaften eines einflussreichen Fabrikanten.
Ein modernes Märchen, das nach dem bekannten Kinderbuch der Schriftstellerin Annie M. G. Schmidt von Vincent Bal etwas altmodisch, ohne technische Spielereien und dennoch spannend und filmisch anspruchsvoll inszeniert wurde. Die Idee, menschliche Probleme einmal aus der Sicht von Katzen zu beleuchten, ist weitgehend gelungen und auch die sprechenden Katzen stehen in ihrer sympathischen Charakterisierung anderen derart »begabten« Tieren (zum Beispiel »Ein Schweinchen namens Babe«) in nichts nach. *Holger Twele*

Kritik: Der pfiffige Charme dieser kätzischen Parabel von Pressefreiheit, Geldmacht und Zivilcourage liegt im putzigen holländischen Winkelgassen-Lokalkolorit: keine niedliche Miezen-Sülze, sondern eine krallenfeste kleine Provinzsatire im Märchengewand einer Spielzeugschachtelwelt. (...)
Ponkie, AZ, 8.8.2002

(...) Dass manche Tricks nicht auf der Höhe der Technik sind und der Reporter in seiner armseligen Poetenkammer selbst für einen Berufsanfänger allzu tölpelhaft gezeichnet wird, gleicht der Charme der warmherzigen Inszenierung locker aus. Zumal aktuelle Probleme wie Umweltverschmutzung, Korruption und Manipulation auf angenehm unspektakuläre Weise in die Handlung eingebaut werden.
Reinhard Kleber, Filmecho-Filmwoche, 30/2002

Geliebte Diebin 269

☐
TV

Regie: Thomas Roth
Darsteller: Bettina Zimmermann (Jill Mohnhaupt), Thure Riefenstein (David Assmann), Renate Krößner (Britta Böge), Jürgen Tarrach (Georg Assmann), Mario Irrek (Marvin), Inga Busch (Maike)
Drehbuch: Timo Berndt
Kamera: Gerhard Schirlo
Prod.: Cinemakers Film für Pro7; D 2002; 92 Min.
TV: 11.4.2002, Pro7, 20.15

Die Galeristin und Schachspielerin Jill Mohnhaupt will die Figuren des ältesten Schachspiels der Welt benutzen und stiehlt tollkühn die Figuren zusammen. Als der Versicherungsagent David Assmann ihr auf die Spur kommt, ist bald Liebe im Spiel, und der Agent verwandelt sich zum Kollaborateur.

Genug 270

ENOUGH ***

Regie: Michael Apted
Darsteller: Jennifer Lopez (Slim), Billy Campbell (Mitch), Juliette Lewis (Ginny), Dan Futterman (Joe), Fred Ward (Jupiter), Bill Cobbs (Jim Toller)

Drehbuch: Nicholas Kazan
Kamera: Rogier Stoffers, Simon Crane (2nd unit)
Musik: David Arnold
Schnitt: Rick Shaine
Prod.: Irwin Winkler Prod. für Sony Pic.; USA 2002; 114 Min.
UA: 24.5.2002, N. Y.
Verleih: Columbia TriStar, 19.9.2002
FSK: ab 12 J., ffr.

Eine Latina sieht rot! Als ihr Mann sie betrügt und schließlich sogar handgreiflich wird, will sich die Exkellnerin Slim von ihrem Mann trennen, doch der hält leider gar nichts von Scheidung. Also flieht sie mit ihrer Tochter, doch es scheint nur einen Weg zu geben, dem Angetrauten erfolgreich zu entkommen: Slim beschließt, ihn zu töten ... Sonst sieht man es ja ganz gerne, wenn Jennifer Lopez in ihren Filmen handgreiflich wird (in der Art, in der ihr Steven Soderbergh etwa in »Out of Sight« resoluten Sexappeal verpasste). Doch was sie als Martial-Arts-Heldin hier unterm Deckmantel eines feministischen Rachethrillers über die wenig subtilen Waffen der Frauen abliefert, ist sowohl hanebüchen als auch unter ihrer Würde.

Annette Kilzer, tip, 19/2002

Kritik: (...) Spätestens als Männe bei der Suche nach einem Heim an einer fremden Tür läutet und dem Hausbesitzer angedroht hat, er könne jetzt entweder viel Geld oder viel Terror haben, aber er werde sein Anwesen auf jeden Fall verkaufen, sind die Figuren ins Cartoonzackig-Zeichenhafte abgeglitten. Und wenn Lopez später mit ihrem Kind aus dem Haus flieht und die Privatdetektive ihres Mannes die Verfolgung aufnehmen, reiht Apted nur noch Standardszenen aneinander, die auch aus einem Politthriller stammen könnten.
Die arme Kellnerin bekommt vom Drehbuch sogar einen reichen leiblichen Vater zugeschanzt, der das Privattraining bei einem Nahkampfmeister finanziert. Der Film akzeptiert mit Lopez' Schlagausbildung die Regeln der Gewalt: Recht ist immer das, was man sich ungestraft nehmen kann.

Thomas Klingenmaier, Stuttgarter Zeitung, 19.9.2002

(...) Musik- und Kinostar Jennifer Lopez wirkt in ihrer Hauptrolle ebenso wenig überzeugend wie Bill Campbell als Mitch und Juliette Lewis als Ginny. Den Figuren fehlt einfach jedes Profil, und die Fülle an Klischees führt dazu, dass man sich über die an sich interessante Geschichte am Ende nur ärgert. *Heiko R. Blum, Rheinische Post, 19.9.2002*

(...) An der Art, wie da soziales Gefälle ins Spiel kommt, merkt man, dass der Regisseur Michael Apted sich immer noch dem Dokumentarischen verpflichtet fühlt. Daran, wie er das Dokumentarische dramatisch nutzt, merkt man, dass er die Regeln des Genrekinos sehr gut kennt und akzeptiert. Was diese Regeln verlangen, sind unter anderem drastische Kürze, exemplarische Knappheit – bis ins Groteske. Das macht vielen Kritikern einiges Kopfzerbrechen, also legen sie ihre hohen psychologischen und ästhetischen Standards an und denunzieren den Film im Namen einer verqueren Logik. Man fragt sich, was sie eigentlich von einer Geschichte erwarten, in der in den ersten zehn Minuten ein smarter amerikanischer Traumprinz eine Cafeteria-Cinderella von seinem Arbeitsplatz wegheiratet.

Fritz Göttler, SZ, 18.9.2002

Germanikus 271

□

Regie: Hanns Christian Müller
Darsteller: Gerhard Polt (Germanikus), Gisela Schneeberger (Tusnelda), Moritz Bleibtreu (Kaiser Titus), Rufus Beck (Präfekt), Anke Engelke (Frau in Sänfte), Sylviane Aissatou Thiam (Saba)
Drehbuch: Hanns Christian Müller, Gerhard Polt, Franco Ferrini, Hans Weth
Kamera: Fred Schuler
Musik: Wolfgang Hammerschmid

Prod.: Vision/B. A./Arcipelago; D/Italien 2001
Verleih: Constantin, 31.3./15.8.2002 geplant (nicht gestartet)

Germanien 374 n. Chr.: Ein arbeitsscheuer, bequemer Sumpf-Bavare wird von römischen Sklaven-Jägern nach Rom verbracht und am selben Tag noch an die neureiche Römerin Tusnelda verscherbelt, Inhaberin einer Gladiatorenschule, aus der es ihm gelingt zu fliehen. Gerade entkommen, landet er im nächsten Unglück: Als Vorkoster am Kaiserhof wird er als Kaisermörder verfolgt, gefasst und in die Arena gesteckt. Mithilfe der schwarzen Sklavin Saba besteht er den ungleichen Kampf gegen einen Tiger am Ende doch siegreich, wird dafür gegen seinen Willen zum neuen Kaiser ausgerufen, gibt als solcher den Anstoß zum Fall des Römischen Reiches und flieht erneut – mit Saba als Kaiserin verspricht er sich in seinem Heimatort Sumpfing ganz neue Perspektiven … *Pressetext*

Ein Geschenk der Liebe 272

**
TV

Regie: Dagmar Damek
Darsteller: Francis Fulton-Smith (Philip), Gaby Dohm (Renate), Hazel Franke (Maxi), Annika Pages, Andrea Lüdke, Claudine Wilde
Drehbuch: Christiane Sadlo
Prod.: D 2001; 90 Min.
TV: 26.12.2001, Nord 3, 22.00

Die Melodram-Idylle gruppierte liebende Frauenpersonen um sperrige Traummann-Darsteller und eine romantische Heide-Immobilie mit Hund. *AZ, 24.5.2002*

Geschichte meines Lebens in Fotografien 273

HISTOIRE DE MA VIE RACONTÉE PAR MES PHOTOGRAPHIES □

Regie: Boris Lehman
Kamera: Antoine-Marie Meert, Jean-Marc Vevoort
Musik: Charlemagne Palestine
Schnitt: Daniel de Valck, Ariane Mellet
Prod.: Dovfilm/La Fondation Boris Lehman; Belgien 1994–2001; 210 Min.
UA: 12.2.2002, Int. Forum des Jungen Films Berlin
Verleih: Freunde, Juni 2002

Ohne wirklich Fotograf zu sein, hat Boris Lehman viel fotografiert und besitzt viele Fotos. Die meisten von ihnen – fast alle, es sind schätzungsweise einige hunderttausend – liegen in Schachteln, in Umschlägen, in Kommoden. Geschützt vor Lichteinfall und Staub. Gefangen. Erstarrt, Gefangene auf Zeit, wie tot oder als würden sie warten. Mit 50 Jahren hat Boris Lehman beschlossen, einen Film über diese Fotos zu machen.

Kritik: (…) Dreieinhalb Stunden sind nicht zu viel für ein ganzes Leben. Nur – dieses bleibt hier merkwürdig fern. Vielleicht ist das Absicht. Vielleicht steht der Regisseur auch der Annäherung selbst im Wege, indem er sein Künstler-Ego zwischen uns und das Leben setzt. Was auch als Essay über das Verhältnis von Fotografie und Erinnerung gedacht war, ist über große Strecken eine One-Man-Show. (…) *Silvia Hallensleben, Der Tagesspiegel, 14.2.2002*

Die geschlossenen Türen 274

AL ABWAB AL MOGHLAKA □
TV

Regie: Atef Hetata
Darsteller: Ahmed Asmi (Mohammed), Sawsan Badr (Fatma), Mahmoud Hemeida (Mansour), Manal Afifi (Zeinab)
Drehbuch: Atef Hetata
Prod.: Frankreich/Ägypten 2000; 106 Min.
TV: 6.2.2002, Arte, 22.40, OmU

Ein junger Ägypter zerbricht an den sozialen und religiösen Widersprüchen seines Landes und schließt sich den Fundamentalisten an. Als es zum Konflikt mit seiner westlich orientierten Mutter kommt, greift er zur Waffe. *AZ TV Journal*

Ghettokids 275

****

TV

Regie: Christian Wagner
Darsteller: Ioannis Tsialas (Christos), Urjeton »Toni« Osmani (Maikis), Barbara Rudnik (Hanna Solinger), Günther Maria Halmer (Xaver Friedmann), Renate Becker (Erna Solinger), Julia Dietze (Kathi Solinger)
Drehbuch: Gabriela Sperl
Kamera: Jürgen Jürges
Musik: Fabian Römer
Schnitt: Patricia Rommel
Prod.: TV60Film mit BR/Arte; D 2002; 88 Min.
UA: 4.7.2002, Filmfest München
TV: 4.10.2002, Arte, 20.40; 27.11.2002, ARD, 20.15

An einer Schule im Münchner Hasenbergl, einem sozialen Brennpunkt der Stadt, unterrichtet Hanna Migrantenkinder. Angesichts der Jugendlichen, die ihr Taschengeld mit Klauen, Dealen und Prostitution aufbessern, resigniert Hanna bald, denn sie dient nur als Zielscheibe für deren Spott. Als sich der griechische Junge Christos hilfesuchend an sie wendet, schöpft sie neuen Mut und engagiert sich stärker als zuvor. *SZ TV-Beilage*

Ghost in Love 276

JAGUIMO

**

Video

Regie: Lee Kwang-hoon
Darsteller: Lee Sung-jae (Hero), Kim Hee-seon (Kantorates), Cha Seung-won (La Han-su), Yu Hye-jeong, Jang Jin-Young, Lee Yeong-ja
Drehbuch: Li Hong-zhou
Kamera: Park Hyeon-cheol
Musik: Oh Jin-woo
Schnitt: Lee Hyeon-mi
Prod.: Cinema Service; Südkorea 1999; 91 Min.
Vertrieb: e-m-s Video, 23.4.2002
FSK: ab 16 J.

Per Liebeskummer-Suizid ins Jenseits gelangte junge Dame macht vom dortigen Racheprogramm Gebrauch. Äußerst fragwürdiges Fantasy-Grusel-Ekel-Gemisch.

Der Glanz von Berlin 277

***+

Regie: Judith Keil, Antje Kruska
Darsteller: Ingeborg Martinsson, Delia Pereira-López, Gisela Weiss
Drehbuch: Judith Keil, Antje Kruska
Kamera: Marcus Winterbauer
Musik: Armin Janda, Peter Witzel
Schnitt: Inge Schneider
Prod.: Egoli Tossell Film mit ZDF »Das Kleine Fernsehspiel«; D 2001; 84 Min.
UA: Int. Hofer Filmtage 2001
Verleih: Salzgeber, 16.5.2002

Die Dokumentation begleitet drei Putzfrauen im Alltag bei ihrer Arbeit in Berliner Häusern und erzählt von ihren gescheiterten und verwirklichten Träumen.

Kritik: (...) Die Filmemacherinnen begegnen ihren Protagonistinnen mit Respekt und Freundschaft und lassen sie so zu Alltagsheldinnen erblühen, die offen auch über Schicksalsschläge und Enttäuschungen sprechen.
Angie Dullinger, AZ, 16.5.2002

(...) Die so auf der Leinwand ganz selten zu goutierende Herzenswärme des Films haben die beiden zuallererst ihren drei hinreißenden Hauptfiguren zu verdanken. Die drei so unterschiedlichen Putzfrauen Ingeborg Martinsson, Delia Pereira-López und Gisela Weiss schütten vor der Kamera ihr Herz aus und geben einen mal amüsanten, mal nachdenklichen Einblick in ihren mitunter recht harten Alltag. (...) *Martin Schwarz, Zitty, 8/2002*

(...) »Der Glanz von Berlin« ist im Rahmen des »Kleinen Fernsehspiels« des ZDF entstanden und vielleicht auch daher von einer unverkennbaren Fernsehästhetik bestimmt. In diesem Fall ist es fraglich, ob der Paradigmenwechsel vom Bildschirm zur Leinwand funktioniert, nur allzu gut kann man sich den Film bei Arte und ZDF in der Post-Primetime-Schiene vorstellen. Die Leinwand hingegen mag für ihn denn doch etwas zu groß sein. Auch vermag es der 84-Minüter nicht ganz, seinen dramaturgischen Spannungsbogen von Anfang bis Ende durchgehend zu halten. Da entstehen redundante Momente, wiederholen sich die Dinge, hätten ihm manchmal mehr Konzentration und Kürze besser angestanden. (...) *Thilo Wydra, Filmecho-Filmwoche, 19/2002*

Der Glöckner von Notre Dame 2 278

THE HUNCHBACK OF NOTRE DAME II **

Video

Regie: Bradley Raymond
Darsteller: Sprecher im Original: Tom Hulce, Kevin Kline, Demi Moore, Haley Joel Osment
Drehbuch: Jule Selbo, Flip Kobler, Cindy Marcus
Musik: Carl Johnson
Schnitt: Colleen Halsey, Peter Londsdale
Prod.: Walt Disney TV; USA 2000; 68 Min.
Vertrieb: Buena Vista Video, 24.1.2002
FSK: o. A.

Fürs US-TV produzierter, quietschbunter Zeichentrickfilm, in der Quasimodo eine Geliebte zuwächst und die Legende weitergesponnen wird, ohne ihr interessante Seiten abringen zu können.

Das Glück sitzt auf dem Dach 279

□

TV

Regie: Claus Strobel
Darsteller: Antoine Monot jr. (Kurt Reckmann), Eva Hassmann, Florian Lukas, Hermann Lause, Andreas Hoppe, Martin Feifel
Drehbuch: Claus Strobel
Kamera: Constantin Kesting
Prod.: Dom Film für BR/NDR; D 2000; 90 Min.
TV: 10.10.2002, BR, 21.45

Ein Verlierertyp will seiner Braut unbedingt mit einem Cabrio imponieren. Als er auf die falsche Taube setzt, ist das Geld für das Auto futsch. Doch er hat ja noch eine Taube, den »schnellen Erich«, dafür eingehandelt. Und der soll jetzt, wenn er schon nicht schnell fliegt, wenigstens als Drogenkurier sein Geld wert sein.
AZ TV Journal

Glückstag 280

LUCKY DAY □

TV

Regie: Penelope Buitenhuis
Darsteller: Amanda Donohoe (Nora), Gregor Toerzs (Jack), Tony Lo Bianco (Marinello), Karen Leblanc (Kristen), Andrew Gillies (Dexter Moore), Gino Marrocco (Bill)
Drehbuch: Peter Mohan, nach einer Erzählung von Mary Higgins Clark
Kamera: Richard Wincenty
Musik: Domenic Troiano
Prod.: USA 2002; 90 Min.
TV: 4.8.2002, ZDF, 22.00

Der Kurierfahrer Bill, ein Freund des Ehepaars Nora und Jack, wird ermordet im Central Park aufgefunden. Nora recherchiert und findet in Jacks Safe ein Lotterie-Glückslos, das Bill gehörte, und stößt auf eine heimliche Geliebte von Jack.

Godzilla VS. Destoroyah 281

GOJIRA TAI DESUTOROIA *

Video

Regie: Takao Okawara
Darsteller: Takuro Tatsumi (Dr. Kensaku Ijuin), Yoko Ishino (Yukari Yamane), Yasufumi Hayashi (Kenichi Yamane), Megumi Odaka (Miki Saegusa), Sayaka Osawa (Meru Ozawa), Saburo Shinoda (Prof. Fukazawa)
Drehbuch: Kazuki Omori
Musik: Akira Ifukube
Prod.: Toho Prod.; Japan 1995; 97 Min.
Vertrieb: Kinowelt Video, 28.5.2002
FSK: ab 12 J.

Zwei Monster bekriegen sich in Japans Hauptstadt. Schäbiger und schon leicht angestaubter Mix aus Sciencefiction, Action und Horror. Lächerlich.

Godzilla VS. Mechagodzilla II 282

GOJIRA TAI MEKAGOJIRA *

Video

Regie: Takao Okawara
Darsteller: Masahiro Takashima (Kazuma Aoki), Ryoko Sano (Azusa Gojo), Megumi Odaka (Miki Saegusa), Yusuke Kawazu (Prof. Omae), Kenji Sahara (Minister Takayuki Segawa), Akira Nakao (Comm. Takakaki Aso)
Drehbuch: Wataru Mimura
Kamera: Yoshinori Sekiguchi

Musik: Akira Ifukube
Schnitt: Miho Yoneda
Prod.: Toho Prod.; Japan 1993; 101 Min.
Vertrieb: Kinowelt Video, 28.5.2002
FSK: ab 12 J.

Das grüne Monster bekommt einen großen Bruder und kämpft gegen Baby-Godzillas.

Godzilla VS. Spacegodzilla 283

GOJIRA TAI SUPESUGOJIRA *

Video

Regie: Kensho Yamashita
Darsteller: Jun Hashizume (Lt. Koji Shinjo), Megumi Odaka (Miki Saegusa), Zenkichi Yeneyama (Lt. Kyoshi Sato), Akira Emoto (Major Akira Yuki), Towako Yoshikawa (Dr. Chinatsu Gondo), Yosuke Saitô (Dr. Sumu Okubo)
Drehbuch: Hiroshi Kashiwabara
Kamera: Masahiro Kishimoto
Musik: Takayuki Hattori
Prod.: Toho Prod.; Japan 1994; 102 Min.
Vertrieb: Kinowelt Video, 28.5.2002
FSK: ab 12 J.

Godzilla, Baby-Godzilla und noch ein Fantasygodzilla treten gegen ein Weltraummonster an. Alles wie gehabt.

Goebbels und geduldig 284

***+

TV

Regie: Kai Wessel
Darsteller: Ulrich Mühe (Harry Geduldig/ Joseph Goebbels), Dagmar Manzel (Grete Zipfel), Eva Mattes (Magda Goebbels), Dieter Pfaff (Eugen Haase), Katharina Thalbach (Hertha Haase), Jürgen Schornagel (Adolf Hitler)
Drehbuch: Peter Steinbach
Kamera: Rudolf Blahacek
Musik: Ralf Wienrich
Schnitt: Bernd Lorbiecki
Prod.: SWR; D 2001; 90 Min.
UA: 29.6.2002, Filmfest München
TV: 20.11.2002, ARD, 20.15

Reichspropagandaminister Josef Goebbels wird auf dem Lande mit dem Häftling Geduldig verwechselt, der die Gelegenheit nutzt, um die Flucht nach vorne anzutreten. Gescheiterter Versuch einer Satire auf die Nazi-Tyrannei. *SZ TV-Beilage*

Goethe light 285

****+

Regie: Thomas Frickel
Darsteller: Christo Aprilov (Goethe), Cornelia Niemann (Frau Niemann), Erich Schaffner (Herr Schaffner), Konrad Kujau
Drehbuch: Thomas Frickel
Kamera: Thomas Frickel
Musik: Dietmar Staskowiak
Schnitt: Thomas Frickel
Prod.: HE-Film; D 2002; 92 Min.
Verleih: HE-Film, 13.6.2002

Fünf Jahre nach seiner facettenreichen Realsatire »Deckname Dennis« über eine Spionagereise zur Mentalität der Deutschen legt Thomas Frickel eine neue Arbeit vor, die wiederum auf der Grenzlinie zwischen Dokumentarfilm und Fiktion balanciert. Am Beispiel des Goethe-Rummels zum 250. Geburtstag des Dichters 1999 leuchtet er süffisant die Untiefen des deutschen Kulturbetriebs aus.

Kritik: (...) Indem »Goethe light« Aufstieg und Fall der Weimarer Verleihagentur mit dokumentarischer Geste begleitet, rührt er nicht nur die Schaumkronen auf den Untiefen deutscher Kulturvermarktung auf, sondern schreibt auch eine satirische Chronik der kuriosen Feiern des Goethe-Jahres. Da Frickel zum Glück konsequent auf Ironie und nicht auf verbissene Kulturkritik setzt, verzeiht man ihm gerne manche Länge seiner amüsanten Doku-Fiction. Umso mehr, als die bissige Breitseite gegen die Light-Kultur weit über den konkreten Anlass hinaus wirkt. *Reinhard Kleber, Filmecho-Filmwoche, 23/2002*

(...) Frickel, der Experte für komische Konstellationen des Alltags (»Diktatoren in Gundelfingen«, 1994) macht aus dieser skurrilen Story eine szenische Reflexion, die zum Glück vom Bierernst der professionellen Kulturkritik weit entfernt ist. Dennoch offenbaren seine heiteren Beobachtungen viel vom Stellenwert der Kultur in der heutigen Gesellschaft wie auch vom Verhältnis von Politik und Kultur. (...)

Raimund Gerz, epd-Film, 6/2002

The Golden Bowl 286

THE GOLDEN BOWL ***

Regie: James Ivory
Darsteller: Uma Thurman (Charlotte Stant), Jeremy Northam (Prinz Amerigo), Kate Beckinsale (Maggie Verver), Nick Nolte (Adam Verver), Anjelica Huston (Fanny), James Fox (Bob Assingham), Madeleine Potter (Lady Castledan)
Drehbuch: Ruth Prawer Jhabvala, nach dem gleichnamigen Roman von Henry James
Kamera: Tony Pierce Roberts
Musik: Richard Robbins
Schnitt: John David Allen
Prod.: Merchant Ivory Prods. mit Miramax Films; USA/Frankreich/GB 2000; 134 Min.
UA: 14.5.2000, Int. Filmfestspiele Cannes
Verleih: Movienet, 25.4.2002
FSK: ab 6 J., ffr.

Eine pikante Situation: Maggie, die Tochter eines amerikanischen Millionärs, heiratet den verarmten italienischen Fürsten Amerigo, ohne zu ahnen, dass dieser ein Verhältnis mit ihrer besten Freundin Charlotte hatte, das nach der Eheschließung wieder auflebt. Die titelgebende goldene Schale ist das Sinnbild für Maggies Ehe: ein nahezu perfektes Kunstwerk mit einem kleinen, unsichtbaren Sprung. Regisseur James Ivory ist mit der eleganten Verfilmung des Henry-James-Romans »The Golden Bowl« ein Kostümfilm ohne Plüsch gelungen, ein Schauspielerfilm, der seinen ausgezeichneten Darstellern den nötigen Raum zur Entfaltung ihrer Charaktere lässt. *tip, 9/2002*

Kritik: (...) Das moralische Dilemma der Personen in ihrer Zerrissenheit und Liebeskraft lässt aber eigenartig kühl. Trotz der Ensembleleistung und delikater Dialoge. In einem schönen Ambiente leidet's sich besser – aber nicht unbedingt berührender: Elegie für Ästheten.

Angie Dullinger, AZ, 25.4.2002

(...) Da schimmern die Stoffe, reflektieren die Fensterscheiben goldenes Licht, quellen die Gärten über vor Blumenpracht. Nicht umsonst definieren sich die Figuren über ihr Verhältnis zur Kunst – das Schwelgen in artifizieller Schönheit erweist sich nur zu oft als Flucht vor der Wirklichkeit. Die Bilderwucht des Films versucht der Wortmächtigkeit des Romans Paroli zu bieten – und gerät damit in die Gefahr vordergründiger Opulenz. Die Akteure aber halten das labile Gleichgewicht wunderbar in der Schwebe. Eine grandios komische Anjelica Huston als Mitwisserin und Kupplerin bündelt den Blick auf die explosive, ungesunde Konstellation. Die Hartnäckigkeit, mit der die blasse Kate Beckinsale als Maggie um ihre Ehe kämpft, spiegelt sich in der Härte, mit der Nick Nolte als Vater die seine riskiert, um seine Tochter zu rächen. Beide müssen sich schließlich zwischen Ehe und Vater-Tochter-Liebe entscheiden. Wo der eine gewinnt, kann der andere nur verlieren.
Seine quälende Spannung zieht der Film daraus, dass es kein Falsch und kein Richtig gibt, dass jeder im Recht ist und doch Unrecht tut. Alles wird erklärlich und nichts entschuldbar. Henry James übte sich im kalten Blick auf heiße Emotionen – Ivory ist es gelungen, ihn im schnellen, emotionalen Medium Film zu bewahren.

Christina Tilmann,
Der Tagesspiegel, 25.8.2002

(...) »The Golden Bowl« nun unternimmt ebenfalls den Versuch, am Doppelschicksal beider miteinander verstrickter Paare die gesellschaftliche Verlogenheit aufzuzeigen. Doch Ivory vermag es dieses Mal nicht so recht, mit seinem bei Henry James entliehenen Pesonal zu bewegen. Seine Figuren bleiben distanziert; angesichts dessen, was da alles unter der Oberfläche brodelt, überrascht dies. (...) *Thilo Wydra,*
Filmecho-Filmwoche, 15/2002

Interview: *Fällt es Ihnen in Europa leichter, Ihre Unabhängigkeit zu bewahren?*

Ismail Merchant und ich haben oft mit Hollywood zusammengearbeitet, oder die Studios haben uns nachträglich die Filme abgekauft. Trotzdem kann mich niemand zwingen, bestimmte Schauspieler zu wählen oder auf den Final Cut zu verzichten. Ich lasse mir nichts vorschreiben. Wir werden als unabhängige Filmemacher von Hollywood unterstützt – eine ungewöhnliche, einzigartige Position.

Wie suchen Sie Ihre Stoffe aus?

Mir geht es um Geschichten, die von den Gefühlen der Menschen erzählen und etwas eigenartig und seltsam sind – in denen zum Beispiel alte Männer auf junge Frauen treffen! Nur wenn ich in einem Roman oder Drehbuch Szenen entdecke, die ich ganz detailliert auf der Leinwand lebendig werden lassen kann, habe ich Lust, daraus einen Film zu machen. Oft sind diese Szenen an eine starke Figur gebunden. In welcher Zeit die Handlung spielt – das kümmert mich dabei eigentlich nicht.

James Ivory im Interview mit Marcus Rothe, SZ, 26.4.2002

Der goldene Fluss 287

O RIO DO OURO ***
TV

Regie: Paulo Rocha
Darsteller: Isabel Ruth (Carolina), Lima Duarte (António), Joana Bárcia (Mélita), António Capelo (Joaquim), Filipe Cochofel (Joao), Joao Cardoso (Zé dos Ouros)
Drehbuch: Paulo Rocha, Claudia Tomaz, nach der Originalidee von Paulo Rocha
Kamera: Elso Roque
Musik: José Mário Branco
Schnitt: Jose Edgar Feldman
Prod.: IPACA/Skylight/Suma Filmes; Portugal/Frankreich/Brasilien 1998; 97 Min.
TV: 16.1.2002, Arte, 22.45, OmU

Eine nicht mehr junge Frau, die doch noch heiratet, löst eine furchtbare Tat aus, als sie merkt, dass sie erst wegen ihres Abenteuers mit einem Zigeuner ihren Mann und dann noch den Geliebten verliert. *AZ TV Journal*

Good Advice 288

GOOD ADVISE ***+

Regie: Steve Rash
Darsteller: Charlie Sheen (Ryan Turner), Angie Harmon (Page Henson), Denise Richards (Cindy Styne), Jon Lovitz (Barry Sherman), Rosanna Arquette (Cathy Sherman), Estelle Harris (Iris)
Drehbuch: Daniel Margusis, Robert Horn
Kamera: Daryn Okada
Musik: Teddy Castellucci
Schnitt: Danny Saphire
Prod.: Passion Films/Myriad/Evolution/Kingman Films; USA 2001; 89 Min.
Verleih: Ott Film (UIP), 11.7.2002
Vertrieb: Sunfilm Video (Video, DVD)
FSK: ab 6 J., ffr.

Broker Ryan verliert alles. Auch seine Freundin, Autorin der Kummerkastenkolumne »Ask Cindy!«. In seiner Not übernimmt Ryan ihren Posten – und landet wider Erwarten einen Erfolg. Als sich nicht nur die Leser, sondern auch die Chefredakteure vermehrt fragen, wer Cindy wirklich ist, gerät Ryan in die Bredouille.

Kritik: (...) Irgendwann in diesem Film verkündet eine der Hauptfiguren: »Es hätte nicht schlimmer kommen können.« Das mag ein wenig übertrieben sein – doch dass sich die Komödie um einen hartherzigen Börsenmakler, der sich nach Verlust seines Arbeitsplatzes als einfühlsame »Kummerkastentante« bei einer Zeitung etabliert, als überaus lahme und witzlose Angelegenheit präsentiert, ist schon schlimm genug. Denn mit Ausnahme des löblichen Jon Lovitz in der Rolle eines von seinem Beruf begeisterten Schönheitschirurgen chargieren sich alle Beteiligten als leblose Karikaturen durch den Film – und die deutsche Synchronisation trägt zur freiwilligen Erheiterung des Publikums auch nichts bei. *tip, 14/2002*

Gosford Park 289
GOSFORD PARK ****

Regie: Robert Altman
Darsteller: Eileen Atkins (Frau Croft), Bob Balaban (Morris Weissman), Alan Bates (Jennings), Charles Dance (Lord Stockbridge), Michael Gambon (Sir William McCordle), Richard E. Grant (Kristin Scott Thomas)
Drehbuch: Julian Fellowes, nach einer Idee von Robert Altman und Bob Balaban
Kamera: Andrew Dunn
Musik: Patrick Doyle
Schnitt: Tim Squyres
Prod.: Sandcastle 5 Prod. mit Chicagofilms/Medusa; USA/GB 2001; 137 Min.
UA: 24.10.2001, London Film Festival; 10.2.2002, Int. Filmfestspiele Berlin
Verleih: Ott Film, 13.6.2002
FSK: ab 12 J., ffr.
FBW: Besonders wertvoll

In Gosford Park, dem Landsitz reicher, gelangweilter Briten, trifft sich eine Jagdgesellschaft, deren mitgebrachte Dienerschaft die eingespielte Rangordnung des Hauspersonals ins Wanken bringt. Der Hausherr wird ermordet, ein kauziger Inspektor untersucht, die unangenehmen Wahrheiten über den oberen Stand kommen ans Licht, die diffizile Rangordnung gerät in Bewegung – Altmans Synthese aus Agatha Christie und Jean Renoir. Ein singender Hollywoodstar, auf Recherche unterwegs und zu Gast im Landsitz Gosford Park, schafft zwischenzeitlich Waffenstillstand im Klassenkrieg.

Claudia Lenssen, tip, 12/2002

Kritik: (...) Doch »Gosford Park« geht weit über die erste Besichtigung und Interpretation der Verhältnisse hinaus. Der Film zeigt nicht nur Machtgebrauch, Entmündigung und Demütigung sowie die Fortsetzung der herrschaftlichen Rivalitäten in der Küche. Er führt also nicht nur vor, wie da ein ständig federschnappender Apparat der Kommandos, Rituale und Zeremonien eine Militarisierung der Zivilgesellschaft betreibt, auf dass das Pausieren und Zu-sich-Finden der

Kristin Scott Thomas (Mitte) als Mittelpunkt der Gesellschaft in ›Gosford Park‹

Diener fast wie Hochverrat wirken würde, weil man gegen einen vagen Gegner – Chaos, Unordnung und neue Zeit – im Kampf steht. (…)

Thomas Klingenmaier, Stuttgarter Zeitung, 13.6.2002

(…) Robert Altman ist der Mann, der einen solchen Höllen- und Totentanz inszenieren kann. Er choreografiert das wie ein gleichermaßen reizendes und dekandetes Ballett, wobei die verbale Befeuerung des Spektakels, die aus schierer Ironie besteht, das Vergnügen des Zuschauers und Zuhörers noch beträchtlich zu steigern vermag.

Thomas Engel, Der Gildendienst, 3/2002

(…) Ein wenig geht es zu wie bei Agatha Christie. Auch bei ihr plätschert die Handlung dahin – und ist doch spannend, da man weiß, dass bald etwas geschehen muss. Die Ruhe vor dem Sturm kann durchaus für Gänsehaut sorgen. Wie bei Christie ist bei Altman das Opfer vorhersehbar, es ist der Hausherr Sir William McCordle, ein Widerling, den niemand ausstehen kann. Anders als bei Agatha Christie gerät die Auflösung des Verbrechens zur Nebensache, dafür besitzen die Charaktere mehr Tiefe. (…) *Frank Noack, Rheinische Post, 15.6.2002*

Interview: *Gefallen Sie sich in der Rolle des Hollywood-Außenseiters?*

Damit muss ich zurechtkommen, obgleich ich gerne auf die Partys gehe. Ich empfinde mich wie ein Einbeiniger, der sein Handicap irgendwann akzeptiert und damit gut durchs Leben kommt. In Hollywood hätte ich »Gosford Park« nicht verwirklichen können, dort gibt es nur einen Meister, das Geld. Aber was nützt es mir, auf Kassenerfolg zu schielen, wenn ich dabei Magenschmerzen bekomme? Ich muss mir treu bleiben.

Was halten Sie von Preisen und Festivals?

Preise sind kostenlose Werbung für meinen Film, also her damit! Und Festivals, besonders die kleineren, sind ein sehr wichtiges Forum. Da wird der Film den kleinmütigen Buchhaltern und Bankern entrissen und erreicht das Publikum, das selbst ein Urteil fällen kann. Die einzige Überlebenschance für viele Filme.

Möchten Sie nicht manchmal die Filmerei nach 40 Jahren an den Nagel hängen?

Ich liebe mein Metier und genieße jede Sekunde. Allein die Vorstellung, auf dem Altenteil zu sitzen und nichts zu tun, macht mich krank.

Robert Altman im Interview mit Margret Köhler, AZ, 13.6.2002

Die Göttin von 1967 290

THE GODDESS OF 1967 ***

Regie: Clara Law
Darsteller: Rose Byrne (blinde Frau), Rikiya Kurokawa (Japaner), Nicholas Hope (Großvater), Elise McCredie (Marie)
Drehbuch: Eddie Ling-Ching Fong, Clara Law
Kamera: Dion Beebe
Musik: Jen Anderson
Schnitt: Kate Williams
Prod.: Still Life/New South Wales Film/ TV Office Life Pic.; Hongkong/Australien 2000; 118 Min.
UA: 2.9.2000, Int. Filmfestspiele Venedig
EA: Int. Hofer Filmtage 2001
Verleih: Kairos, OmU, Dezember 2000 (CH), 4.4.2002

Ein junger Japaner hat via Internet sein Traumauto, einen Citroen DS (Deesse = Goddess), gefunden und reist nach Australien, um den Wagen abzuholen. An der abgemachten Adresse trifft er eine blinde Frau, die sich von ihm an einen abgelegenen Ort chauffieren lässt. Dies ist die Ausgangslage des bizarren Roadmovies, das mit betörenden Bildern des Outbacks fasziniert, aber nie richtig in Fahrt kommt. Die Story ist so überladen, dass der Film den Eindruck einer innovativen, aber mühseligen Stilübung hinterlässt.

epd-Film, 12/2000

Kritik: (…) Clara Law entwickelt eine Geschichte, die in ihren besten Szenen direkt ins Herz trifft. Doch sie übersieht dabei, dass sowohl die aufgesetzten Kunstbildsequenzen als auch das überfrachtete Schicksal ihrer Hauptperson ihren Film erdrücken und ihm die anfänglich schwebende und frische Erzählweise rauben. Überfrachtetes, bildgewaltiges, streckenweise ergreifendes Roadmovie.

Zitty, 8/2002

Die göttlichen Geheimnisse der Ya-Ya Schwestern 291

DIVINE SECRETS OF THE YA-YA SISTERHOOD ***

Regie: Callie Khouri
Darsteller: Sandra Bullock (Sidda), Ellen Burstyn (Vivi), Fionnula Flanagan (Teensy), James Garner (Shep Walker), Cherry Jones (Buggy), Ashley Judd (Vivi)
Drehbuch: Callie Khouri, Mark Andrus, nach den Storys »Divine Secrets of the Ya-Ya Sisterhood« und »Little Altars Everywhere« von Rebecca Wells
Kamera: John Bailey
Musik: T Bone Burnett, David Mansfield
Schnitt: Andrew Marcus
Prod.: Gaylord/All Girl/Sisterhood Prod.; USA 2002; 115 Min.
UA: 23.4.2002, Tribeca Film Festival, »Special Screenings«
Verleih: Warner, Dezember 2002
FSK: ab 12 J., ffr. – **FBW:** Wertvoll

Sidda Lee Walker verbucht als Theaterautorin in New York große Erfolge und ist froh, ihrer exzentrischen Mutter Vivi in Lousiana entkommen zu sein. Als das Time Magazine in einem Porträt über Sidda andeutet, Vivi habe als Mutter versagt, reagiert diese völlig entrüstet, und es kommt zu einem Streit, der nicht nur die Mutter-Tochter-Beziehung gefährdet: Sidda verliert auch den Mut, den Mann zu heiraten, der seit sieben Jahren darauf wartet.

Kritik: (…) In Rückblenden werden uns Streiche, Liebeleien und Zank dieser Ya-Ya-Schwestern aus den 40ern, 50ern und 60ern serviert, und dabei achtet Khouri zulasten von Schwung, Schärfe und Klarblick auf Süßliches, Behagliches, Possierliches. Schwarze Bürger stapfen wie vor 50 Jahren als liebende Mami, Augen rollende Dienstboten und kopfbreit grinsende Musiker durch den Film. Im Gegenzug ist der Klangteppich des weißen Lebens schwarzer Rhythm 'n' Blues, der allen Abenteuern der weißen Dämchen unterlegt wird. Khouri, Drehbuchautorin von »Thelma & Louise«, suggeriert auf der Tonspur die perfekte Integration der Rassen, während sie im Bild die Trennung von Schwarz und Weiß zelebriert: So wird Kitsch zum Ärgernis.

Thomas Klingenmaier, Rheinische Post, 4.11.2002

Grateful Dawg 292

GRATEFUL DAWG ****

Regie: Gillian Grisman
Darsteller: Jerry Garcia, David Grisman, Jim Kerwin, Joe Craven (Grateful Dead)
Kamera: Gillian Grisman, John Brittingham, Justin Kreutzmann, Rand Crook, Dave Dennison, Garret Freburg, Barney Colangelo, Jesse Block, Marcie Baeza
Schnitt: Josh Baron
Prod.: Acoustic Disc; USA 2000; 80 Min.
UA: 14.10.2000, Mill Valley Film Festival
Verleih: Columbia TriStar, 4.7.2002
FSK: o. A., ffr.

Die beiden Musiker Jerry Garcia und David Grisman verbindet seit 1964 eine tiefe Freundschaft. Später gründeten sie eine der beliebtesten Bluegrass-Bands. Gezeigt werden Ausschnitte aus Auftritten, Studioaufnahmen und privaten Jam-Sessions. Durch die Interviews mit Familienmitgliedern und Freunden entsteht ein intimes Porträt.

Kritik: (…) Nicht so sehr die Virtuosen an den Saiten als ihr Sound steht hier im Vordergrund. Wer genau zuhört, spürt die irischen Einflüsse, die spanischen, den Blues und bisweilen sogar den Reggae, verpackt im Gewand des Bluegrass. Die Regisseurin Gillian Grisman, Tochter des Mandolinevirtuosen David, stieß auf uralte Bänder und fing an zu recherchieren. Heraus kam eine feinfühlige Dokumentation, die sich auf die Anfänge der beiden Musiker konzentriert. Angereichert durch bislang unveröffentlichte Studioaufnahmen, Mitschnitte von Jam-Sessions und Interviewausschnitte ist es ein sehr persönliches und sehenswertes Zeitdokument.

Georg von Grote, tz, 1.8.2002

Greenfingers – Harte Jungs und zarte Triebe 293

GREENFINGERS ****

Regie: Joel Hershman
Darsteller: Clive Owen (Colin Briggs), Helen Mirren (Georgina Woodhouse), David Kelly (Fergus Wilks), Warren Clarke (Governor Hodge), Danny Dyer (Tony), Adam Fogerty (Raw)
Drehbuch: Joel Hershman
Kamera: John Daly
Musik: Guy Dagul
Schnitt: Justin Krish
Prod.: Boneyard/Fireworks/Xingu Films; GB/USA 2000; 91 Min.
UA: Int. Hofer Filmtage 2001; 11.9.2000, Toronto Film Festival, »Special Presentation«
Verleih: AFM, 14.2.2002
FSK: ab 6 J., ffr.

Mit diesem Resozialisierungslustspiel knüpft Joel Hershman an das britische Erfolgsrezept der letzten Jahre an: Ein bunt gemischtes Figurenensemble hat unverhofft in einem absonderlichen Beruf oder Hobby Erfolg, überwindet dabei bedrängende soziale Miseren und entdeckt überdies noch wahre Liebe und Freundschaft. »Greenfingers« ist ein Klon von »Ganz oder gar nicht«, nur eben mit grünem Daumen. (...)

Gerhard Midding, Berliner Zeitung, 12.2.2002

Helen Mirren, Clive Owen und David Kelly in ›Greenfingers‹

Kritik: (...) Die auf eine wahre Begebenheit beruhende Komödie kommt ungemein konfliktarm daher: Friede, Freude, Gartenbeet. Doch das macht gar nichts, ganz relaxed lehnt sich der Zuschauer zurück und genießt einen pfiffigen kleinen Film mit viel Charme, amüsanten Nebenfiguren und so manchem netten Gag. Den für britische Komödien üblichen sozialkritischen Touch sucht man hier freilich vergebens. Ein sympathischer Film über die Wucherungen im modernen Gefängnissystem.

Martin Schwarz, Zitty, 4/2002

Grenzenloses Glück 294

OSHER LELO GVUL □

Regie: Igal Bursztyn
Darsteller: Ariel Zilber (Baruch Spinoza), Yael Almog (Clara Marie); als Nachbarn, Freunde und Feinde: Ibrahim Abu-Jummah, Bilal Abu-Satilah, Ofra Weingarten, Yair (Koya) Rubin
Drehbuch: Igal Bursztyn
Kamera: Jorge Gurvitz
Musik: Yoav Sarig, Izi David
Schnitt: Era Lapid
Prod.: Sharir Filmagic; Israel 1996; 85 Min.
Verleih: Kommunales Kino, OmU, ab Oktober 2001

Das Leben des jüdischen Philosophen Baruch Spinoza, übertragen aus dem Amsterdam des 17. Jahrhunderts ins heutige Holon, in die Suburbs von Tel Aviv. Der Spinoza unserer Tage sitzt vor seinem Computer und versucht in das Geheimnis des immer währenden Glücks einzudringen. Er verkriecht sich in seiner kleinen Vorortwohnung, und hier, in Abgeschiedenheit und Ruhe, ist Spinoza dem Glück der Menschheit auf der Spur. Der alltägliche Kampf ums Überleben hat für ihn keine Bedeutung, und der Lärm seiner Nachbarn ist ihm lediglich eine Störung seiner Forschungsarbeit. Dann erreicht ihn jedoch ein Ruf nach Heidelberg, und voller Erwartungen macht er sich auf den Weg, um dort zu lehren. Aber seine akademische Karriere bereitet ihm nicht die Freude, die er sich erhofft hatte. Als er bei seiner Rückkehr von seinen Nachbarn mit Begeisterung empfangen wird, als er sieht, wie sie aus seinen Texten zitieren, seine Philosopie in ihren Alltag integrieren, versteht er endlich, dass er sie ebenso braucht wie sie ihn.

Große Diebe, kleine Diebe 295

CIEN ANOS DE PERDON ***+

Regie: Alejandro Saderman
Darsteller: Orlando Urdaneta (Horacio), Daniel Lugo (Valmore), Aroldo Betancourt (Rogelio), Mariano Alvarez (Vicente), Elluz Peraza (Lucia), Flavio Caballero (Juan Carlos)
Drehbuch: Carlos Gonzales, Luis Zelkowicz, Henry Herrera, Alejandro Saderman
Kamera: Hernan Toro
Musik: Julio D'Escrivan
Schnitt: Giuliano Ferrioli
Prod.: Alejandro Saderman Prod./CNAC/Post House/Lichtblick/TNT; Venezuela/D/USA 1998; 102 Min.
UA: 16.9.1998, Film Festival Toronto
EA: 27.6.1999, Filmfest München
Verleih: Kairos, 21.3.2002

Vier brave venezolanische Bürger planen einen Bankraub, weil sie nicht wissen, wie sie angesichts der Wirtschaftskrise ihren Lebensstandard aufrechterhalten sollen. Als sie ihren Coup in die Tat umsetzen wollen, müssen sie feststellen, dass die Buchhalter der staatlichen Bank schon ganze Arbeit geleistet und die Konten leer geräumt haben. Mit Ironie und Sympathie für die verarmende Mittelklasse Lateinamerikas inszenierte düstere Schelmenkomödie, die ihre universelle Geschichte als volkstümliches Lehrstück erzählt und dabei zwischen heiteren und rührenden Momenten oszilliert.

Wolfgang Hamdorf, Film-Dienst, 6/2002

Kritik: Für nichtvenezolanische Zuschauer ist das Geschehen nicht ganz so aufregend, orentiert sich der Film doch sehr stark an britischen Sozialkomödien. Man kann das System nicht besiegen, aber man kann ihm die Zähne zeigen, so lautet die Botschaft. Bei viel Sympathie für das Anliegen kann man über ein paar Längen hinwegsehen. Die packenden Momente dominieren.

Frank Noack, Rheinische Post, 1.6.2002

Große Mädchen weinen nicht

296

****

Regie: Maria von Heland
Darsteller: Anna Maria Mühe (Kati), Karoline Herfurth (Steffi), Josefine Domes (Tessa), Tilbert Strahl-Schäfer (Klaus), Nina Petri (Ann), Gabriela Maria Schmeide (Ingrid)
Drehbuch: Maria von Heland
Kamera: Roman Osin
Musik: Niclas Frisk, Andreas Mattson
Schnitt: Jessica Congdon
Prod.: Columbia TriStar/Egoli Tossel Film; D 2002; 92 Min.
UA: Filmfest Hamburg 2002, »Tesa-Filmfest«
Verleih: Columbia TriStar, 4.10.2002
FSK: ab 12 J., ffr. – **FBW:** Wertvoll

Kati hat alle Probleme, die man mit 17 haben kann: Ihre Eltern sind mit ihr überfordert, und mit den Jungs läuft es auch nicht so recht. Ihre Freundin Steffi hingegen lebt unbeschwert mit liberalen Eltern und hat einen tollen Freund. Doch dann kommt raus, dass Steffis Vater eine Affäre hat. Die beiden Freundinnen versuchen mehr darüber herauszufinden.

Kritik: (…) Authentizität kann man dem Film nicht absprechen. Zumindest nicht in den Bedürfnissen und Befürchtungen von Kati und Steffi. Die Recherchen haben sich gelohnt, doch leider konnt sich die Regisseurin von einigen Geschichten nicht trennen. Ein alkohol- und drogeninduzierter Absturz, schmierige Zuhältertypen, eine Schulkameradin, die sich ihr Taschengeld durch Pornodrehs aufbessert. Viel harter Stoff für eineinhalb Stunden, der den bausteinhaften Charakter des Films offenbart. *Florian Boser, AZ, 24.10.2002*

(…) »Große Mädchen weinen nicht« motzt die Alltagsalbträume von Teenagern mit hipper MTV-Ästhetik auf. Anna Maria Mühe beeindruckt in ihrer ersten Rolle als Kati mit couragiertem und sensiblem Spiel. Sonst aber trägt der Film arg dick auf. Obwohl der reale Durchschnittspubertierende genauso viele Konflikte zur gleichen Zeit bewältigen muss wie Kati und Steffi: Coitus interruptus beim ersten Mal, die erste Koksline in zwielichtigen Lokalitäten, sich von »reifen Männern« angrapschen lassen und zusehen, wie die Ehe der Eltern den Bach runtergeht? »Reality bites«, schon klar. Aber in dieser geballten Ladung? Und das alles, um nach gehabtem Psycho-Inferno genau dort zu landen, wo die meisten Familientherapiesitzungen enden: Versteht euch, Leute, habt euch wieder lieb!

Claudia Cosmo, Der Tagesspiegel, 24.10.2002

Ground Zero … Wenn die Erde bebt!

297

GROUND ZERO

**

Video

Regie: Richard Friedman
Darsteller: Jack Scalia (Michael Brandeis), Janet Gunn (Kimberley Stevenson), Scott Terra (Justin Stevenson), Martin Hewitt (Robert Stevenson), Vladimir Kulich (Bateman)
Drehbuch: Richard Friedman
Kamera: Mark Woods
Musik: Jeff Marsh
Schnitt: Joy S. Zimmerman
Prod.: Wishing Stars Prod./Videal; USA 1999; 93 Min.
Vertrieb: EuroVideo, 11.4.2002
FSK: ab 12 J.

Atomsprengkopfhandel plus Erdbebenkatastrophe plus Menschenkopfjäger plus Liebesdrama ist US-TV-Thrillerchen unterm Durchschnitt.

Hainburg – Liebe und Widerstand

298
***+
TV

Regie: Wolfgang Murnberger
Darsteller: Barbara Redl (Veronika), Gunther Gillian (Jakob Nussbaumer), Simon Hatzl (Markus), Gerti Drassl (Carina), Vitus Wieser
Drehbuch: Wolfgang Murnberger
Kamera: Helmut Wimmer
Prod.: Dor Film; Österreich 2001; 94 Min.
TV: 18.12.2001, ORF; 19.11.2002, 3sat, 20.15

Winter 1984: Besetzung der Hainburger Au. Die 20-jährige Studentin Veronika und ihr Freund Markus sind engagierte Kraftwerksgegner. Der Gendarm Nussbaumer wird zum Einsatz gegen die Demonstranten befohlen. In der Au trifft er auf Veronika und verliebt sich in sie. Im Sommer 2001 verursacht die 16-jährige Carina einen Verkehrsunfall. Auf dem Gendarmerieposten Hainburg trifft sie auf den Inspektor Nussbaumer. Was sie nicht weiß: Nussbaumer ist Carinas Vater. *AZ TV Journal*

Hair Shirt – Verrückt nach Corey

299
HAIR SHIRT
**
Video

Regie: Dean Paras
Darsteller: Dean Paras, Katie Wright, Neve Campbell, Rebecca Gayheart, David DeLuise, Christian Campbell
Drehbuch: Dean Paras, Nate Tuck, Katie Wright
Kamera: Igor Jadue-Lillo
Musik: Nathan Barr
Schnitt: John Axelrad, Samuel Craven, Dean Paras
Prod.: Lunatic Prod.; USA 1998; 84 Min.
Vertrieb: Sunfilm Video, 20.2.2002
FSK: ab 12 J.

Scheinbar unverbesserlicher Frauenheld bekommt von Seifenoperndiva eine Abreibung. Beziehungskomödie von unendlicher Belanglosigkeit.

Halbe Treppe

300
****

Regie: Andreas Dresen
Darsteller: Axel Prahl (Uwe), Steffi Kühnert (Ellen), Gabriela Maria Schneider (Katrin), Thorsten Merten (Christian), Julia Zische
Drehbuch: Andreas Dresen
Kamera: Michael Hammon
Musik: 17 Hippies
Schnitt: Jörg Hauschild
Prod.: Peter Rommel; D 2001; 111 Min.
UA: 12.2.2002, Int. Filmfestspiele Berlin
Verleih: Delphi
FSK: ab 12 J., ffr.
FBW: Besonders wertvoll

Authentisch wirkender, ungemein ehrlicher Blick auf alltägliche Ehe- und Beziehungsprobleme in einer tristen deutschen Großstadt.

Kritik: (...) Die Absturzgefahr, die Arbeit am Abgrund, mit der die Filmemacher von »Halbe Treppe« argumentieren, wirkt da ein wenig kokett. Improvisation war die Parole, aber mit Improvisation im wörtlichen Sinne hat der Film nichts zu tun – wenig Unvorhergesehenes, kaum Unvorhersehbares gibt es da. Und manchmal greift man auf bewährte Schwankelemente zurück – wenn Katrin Ellen und Chris in der Badewanne erwischt zum Beispiel. Verblüffend, irritierend nur wenige Augenblicke – wenn eine Rauferei droht in Uwes überfülltem Imbisszelt und man für Sekunden eine tiefe Verstörung spürt. Der Film verzichtet auf Inszenierung, er will die Wirklichkeit rein von jedem melodramatischen Moment – und kommt in manchen Szenen fast wie eine 50er-Jahre-Komödie daher. (...)
Fritz Göttler, SZ, 2.10.2002

(...) Nicht weniger wichtig ist, dass Dresen mutig mit extrem kleinem Team und ganz ohne Drehbuch arbeitete, mit vergleichsweise wenig Geld

Poster zu ›Halbe Treppe‹

und in kurzer Drehzeit mehr improvisierte als konzipierte. Das Anrührende und Niedliche, das sich zugleich in diesem Film verbirgt, sollte uns seine Ernsthaftigkeit nicht verkennen lassen: Dresens Projekt führt in eine größere Richtung. Es ist die Rückkehr des Autorenkinos im besten Sinne, der er zuarbeitet. Der Anfang ist gemacht.

Rüdiger Suchsland, FR, 5.10.2002

Interview: *Die Arbeit mit der digitalen Videokamera – ein Abschied von alten Kinobildern?*

Kinobilder erzählen mir etwas über andere, eröffnen mir einen inneren Raum. Der muss sich nicht über äußere Opulenz erschließen. In einer Imbissbude in Frankfurt/Oder in Cinemascope zu drehen und mit einer Riesencrew einzufallen – da wäre das ganze Leben rausgeflogen. Es ist sinnvoller, mit der kleinen Kamera dokumentarisch an die Leute heranzugehen. Allerdings saß ich am Ende vor 70 Stunden Material.

Andreas Dresen im Interview mit Margret Köhler, AZ, 2.10.2002

Halloween: Resurrection 301

HALLOWEEN: RESURRECTION **

Regie: Rick Rosenthal
Darsteller: Jemie Lee Curtis (Laurie Strode), Brad Loree (Michael Myers), Busta Rhymes (Freddie Harris), Bianca Kajlich (Sara Moyer), Sean Patrick Thomas (Rudy), Daisy McCrackin (Donna)
Drehbuch: Larry Brand, Sean Hood, nach den Charakteren von Debra Hill und John Carpenter geschaffen
Kamera: David Geddes
Musik: Danny Lux
Schnitt: Robert A. Ferretti
Prod.: Nightfall Prod.; USA 2002; 89 Min.
Verleih: Highlight, 7.11.2002

24 Jahre nach seinem Kinodebüt wird Serienkiller Michael Myers mit der modernen Medienwelt konfrontiert: Als uneingeladener Überraschungsgast einer Reality-TV-Show im Internet richtet er ein Blutbad unter den sechs spätpubertären Kandidaten an, die von interaktiven Zuschauern per E-Mail Überlebenstipps erhalten. Regisseur Rosenthal (»Halloween II«) verbindet gängige Schockeffekte mit Filmzitaten aus Klassikern wie »Peeping Tom« und der Amateurfilmkameraästhetik von »Blair Witch Project« zu einem leidlich unterhaltsamen Horrorspiel, bei dem Hip-Hop-Star Busta Rhymes als Kung-Fu-kundiger Doppelgänger des maskierten Mörders Verwirrung stiftet.

Ralph Umard, tip, 7.11.2002

Kritik: (...) Ohne Interesse an den Figuren beschränkt sich die Regie darauf, schlampig inszenierte Suspense- und Splatterszenen aneinander zu reihen. Um die hohle Form ein wenig mit Bedeutung zu füllen, tritt ein Professor auf, der über Jung'sche Archetypen und »den Schatten in uns allen« doziert. Dazu ein bisschen Nachhilfe in feministischer Filmtheorie (»Die Kameras sind alle so phallisch!«) und eine Mordszene, die sich als Hommage an Michael Powells »Peeping Tom« versteht.
Diesmal wird Michael mit Starkstrom der Garaus gemacht. Und weil er am Ende erwartungsgemäß erneut die Augen öffnet, wird es der Drehbuchautor des neunten Teils nicht ganz so schwer haben.

André Götz, epd-Film, 11/2002

Hand in Hand 302

***
TV

Regie: Maria Teresa Camoglio
Darsteller: Nadja Bobyleva (Merle), Andreas Christ (Jakob), Leslie Malton (Petra Andresen), Felix von Manteuffel (Felix Andresen), Sophie Rois, Martin Wuttke
Drehbuch: Brigitte Blobel, Maria Teresa Camoglio
Kamera: Michael Bertl
Prod.: Hessischer Rundfunk; D 2001; 90 Min.
TV: 15.5.2002, ARD, 20.15

In grauen, pastellfarbigen Tönen brachte Maria Teresa Camoglio ihr »Teenagerdrama« auf den Bildschirm. Mit angenehmer Zurückhaltung skizzierte sie die Liebe zwischen Merle und Jakob, zwei 16-Jährige, deren scheinbar heile Familienwelt in Trümmern liegt. Das war phasenweise sentimental, auch mitunter ein wenig kitschig, aber immer sehenswert, weil sensibel, stimmig und intelligent, wenngleich auch sehr konventionell inszeniert und von den Darstellern in einem quasidokumentarischen Stil glaubwürdig verkörpert.

W. O. P. Kistner, AZ, 17.5.2002

Hanna – wo bist du? 303

***+

TV

Regie: Ben Verbong
Darsteller: Hannes Jaenicke (Heinz Strom), Renée Soutendijk (Erika Strom), August Zirner (Paul Mertens), Bernadette Heerwagen (Monika Strom), Paula Kalenberg (Hanna Strom), Armin Dillenberger (Gruner)
Drehbuch: Beth Serlin, nach der Idee von Ben Verbong, Sytze van der Laan und einer authentischen Begebenheit
Kamera: Kay Gauditz
Musik: Ulrich Reuter
Prod.: Filmpool; D 2001; 89 Min.
TV: 18.3.2002, ZDF, 20.15

Der Psychokrimi setzt einen Kripo-Mann auf die Motiv-Fährte eines Psychopathen, der die jüngere Tochter des Dorfmetzgers entführt hat, um Macht auszukosten. Eigentlich das übliche Pensum eines modernen Kripo-»Profilers«, der aus der Täterpsyche die Tat wie ein Puzzle zusammensetzt. Aber der Film entwickelt eine besondere, zeit- und weltferne Atmosphäre der Gefährdung. (...) Ein seltsamer Film, weit weg vom Aktionismus gewöhnlicher Krimis.

Ponkie, AZ, 20.3.2002

Hannas Baby 304

***

TV

Regie: Diethard Klante
Darsteller: Johanna Klante (Hanna Schreier), Heikko Deutschmann (Dr. Georg Schreier), Hans-Peter Hallwachs (Dr. Manfred Schreier), Florian Martens (Wolfgang Knauer), Renate Krössner (Kerstin Bach), Hans Peter Korff (Dr. Koch)
Drehbuch: Diethard Klante
Kamera: Johannes Kirchlechner
Musik: Jochen Schmidt-Hambrock
Schnitt: Jutta Brandstaedter
Prod.: ndF München für ZDF; D 2002; 89 Min.
UA: 29.6.2002, Filmfest München
TV: 19.7.2002, Arte, 20.40; 17.2.2002, ZDF

»Hannas Baby« ist eine Dopingfolge in der dritten Generation: Hanna, Tochter einer ehemaligen DDR-Spitzensportlerin, deren Bruder mit einem Klumpfuß zur Welt kam, steht als Schwangere im Fadenkreuz der Pharmafirma, in der alte DDR-Sportfunktionäre die aktuellen IOC-Dopinglisten manipulieren. Das Delikt ist so katastrophal wie glaubhaft. Im Film wird es noch unnötig dämonisiert. (...) Also als Sportmedizinkrimi durchaus nicht abwegig. Nur um ein paar Umdrehungen zu viel. Fünfte Kolonne und schriller Grusel.

Ponkie, AZ, 22.7.2002

Kritik: (...) Zwischen Familiendrama und Pharmathriller irrt diese Geschichte umher. Und auch wenn hier kurz von gedopten Radsportlern die Rede ist, so wirklich aktuell und spannend wirkt das Ganze eigentlich nicht.

Uwe Deecke, Stuttgarter Zeitung, 19.7.2002

Happiness is a Warm Gun 305

***

Regie: Thomas Imbach
Darsteller: Linda Olsansky (Petra Kelly), Herbert Fritsch (Gert Bastian), Angelika Waller (Omi), Stefan-Hyun Wanner (Tashi), Ingrid Sattes (Polizistin), Sir Henry (Musiker)
Drehbuch: Thomas Imbach, Peter Purtschert, Jürg Hassler
Kamera: Jürg Hassler, Thomas Imbach
Musik: Sir Henry, Peter Bräker
Schnitt: Thomas Imbach, Jürg Hassler
Prod.: Bachim Film mit ZDF/SF DRS Prod.: Thomas Imbach; Schweiz 2001; 92 Min.
EA: Int. Filmfestspiele Berlin 2002, »Perspektive Deutsches Kino«
Verleih: Real Fiction, 3.10.2002

1992 erschießt Ex-Bundeswehrgeneral Gert Bastian sich und seine Partnerin, die Grüne und Friedenskämpferin Petra Kelly. Während die Kugel in ihren Kopf eindringt, erwacht Petra in einem Transit eines Flughafens und ringt dort gemeinsam mit Bastian und anderen Weggefährten um den Sinn dieses Schusses und die Geschichte ihrer Liebe.

Kritik: (...) So irrt Kelly bei ihm mit einer Schläfenwunde durch Flughafengänge und liefert sich in teils exzentrischer Überhöhung mit Bastian kuriose Rededuelle. Linda Olsansky

liefert dabei als schillerende »Untote« eine frappierende Darstellerleistung, an die Herbert Fritsch in der allerdings undankbareren Rolle als disziplinierter Exgeneral und Totschläger nicht heranreicht. Bei einigen Zeitraffern driftet die ambitionierte Inszenierung zwar gelegentlich ins Verspielte ab, Imbachs Fantasmagorie über eine symbiotische Liebesbeziehung liefert mit ihren provokanten Interpretationen aber allemal viel Stoff zum Diskutieren. Das Zuschauerverständnis und -vergnügen dürfte proportional mit dem Wissensstand des Publikums über die zeitgeschichtlichen Hintergründe steigen.
Das ambitionierte schweizerisch-deutsche Psychogramm lohnt den Kinobesuch jedoch nicht nur wegen der Interpretationsansätze zum Verhältnis zwischen diesen beiden Ikonen der bundesdeutschen Friedensbewegung. Aufgrund ihres ästhetischen Wagemuts zählt Imbachs Charakterstudie auch zu den eigenwilligsten deutschen Regiearbeiten der letzten Jahre und ist daher auch für das cineastische Stammpublikum ein Muss.

Reinhard Kleber, Filmecho-Filmwoche, 37/2002

(…) Das trifft leider auch auf den Film zu: Vor lauter Surrealität hat er seine Linie verloren, klammert sich an eine fixe Idee und ist hauptsächlich ein wirrer Strudel aus Vor- und Rückblenden. Linda Olsansky und Herbert Fritsch in den Hauptrollen brillieren zwar, scheinen aber auch nicht zu wissen, was das Ganze eigentlich soll. Eine Politfantasie, die sich im Nirgendwo verliert.

Dirk Pilz, Zitty, 21/2002

(…) Für Thomas Imbach steht fest, dass Kelly am Abzug der Pistole mitgezogen hat – im übertragenen Sinne. Der doppelte Todesfall sei das unvermeidliche Resultat ihrer Beziehung. Darum ist »Happiness is a Warm Gun« auch keine kriminalistische Spurensuche, sondern ein verschärftes Nachdenken über Petra K. und Gert B. Doch, ein würdiger Film zum zehnten gemeinsamen Todestag.

Volker Gunske, tip, 26.9.2002

Happy Times 306

XINGFU SHIGUANG ****

Regie: Zhang Yimou
Darsteller: Benshan Zhao (Zhao), Jie Dong (Wu Ying), Dong Lihua (Stepmother), Fu Biao (Little Fu), Li Yuejian (Li), Niu Ben (Old Niu)
Drehbuch: Gui Zi, nach dem Roman »Shifu, You'll Do Anything for a Laugh« von Mo Yan
Kamera: Hou Yong
Musik: San Bao
Schnitt: Zhai Ru
Prod.: Guangxi/Zhuhai Zhenrong/Beijing New Picture; China 2001; 96 Min.
EA: 7.2.2002, Int. Filmfestspiele Berlin, »Außer Konkurrenz«
Verleih: 20th Century Fox, 5.12.2002
FSK: ab 6 J., ffr.
FBW: Besonders wertvoll

»Happy Times« ist zartes Märchen und ätzende Satire, erzählt im Schatten des Modernisierungsumbruchs in Beijing von einem blinden Mädchen, das von der geldgierigen Stiefmutter verstoßen wird und glücklicherweise in die Obhut kauzig-fürsorglicher Rentner gerät. *Rainer Gansera, SZ, 18.11.2002*

Kritik: (…) Die ganze Scharade hat nichts Sexuelles. Zhang Yimou inszeniert hier mit absurder Heiterkeit einen Aufstand der Abgehängten gegen die Kälte der neuen Zeit. Er inszeniert aber auch ein famoses Bild für eine verunsicherte Generation: Da ist eine Frau, die andauernd klare Informationen über die Welt und seine Rolle in ihr erhält, aber wenn sie diese Informationen glaubt, dann verirrt sie sich immer tiefer in der Lüge. Daraus entwickelt Zhang Yimou dann noch ein Bild des Selbstbewusstseins und der Hoffnung, aber wie er das macht, sollte man sich unbedingt selbst anschauen. Dies ist, im Dezember lässt sich das mit Gewissheit sagen, einer der schönsten und rührendsten Filme des Jahres. *Thomas Klingenmaier, Stuttgarter Zeitung, 5.12.2002*

(...) Der hübsche kleine Film überzeugt durch seinen leisen Humor und die detaillierte Charakterisierung der Hauptfiguren mit ihrem entwaffnenden Charme. Dazu vergisst der Regisseur nicht, den Einfluss des Kapitals im heutigen China anzusprechen: Die heimische Eiscreme gibt es billig, die teuer importierte Edelware ist für Otto Normalverbraucher unerschwinglich. Kurzweiliges Porträt sympathischer Menschen.

Martin Schwarz, Zitty, 25/2002

Happy Too 307
HAPPY TOO ***

Regie: Thomas Imbach
Drehbuch: Thomas Imbach
Kamera: Jürg Hassler, Thomas Imbach
Musik: Peter Bräker
Schnitt: Thomas Imbach, Jürg Hassler
Prod.: Bachim Film; Schweiz 2001; 60 Min.
Verleih: Real Fiction, September 2002

Videofilm über Reflexionen zu den Dreharbeiten von Thomas Imbachs »Happiness is a Warm Gun«. Der seelische Stress, der für Darsteller und Team mit der Erarbeitung der Figuren Petra Kelly und Gert Bastian einhergeht, entlädt sich in Konflikten und Aggressionen, wobei unklar bleibt, ob die Ausbrüche vor permanent anwesender Videokamera glaubhaftes Dokument oder lediglich kokette Selbstdarstellung sind.

Hardball 308
HARDBALL ***

Regie: Brian Robbins
Darsteller: Keanu Reeves (Conor O'Neill), Diane Lane (Elizabeth Wilkes), John Hawkes (Ticky Tobin), D. B. Sweeney (Matt Hyland), Mike McGlone (Jimmy Fleming), Sterling Elijah Brim (Sterlin)
Drehbuch: John Gatins
Kamera: Tom Richmond
Musik: Mark Isham
Schnitt: Ned Bastille
Prod.: Paramount; USA 2001; 107 Min.
Verleih: UIP, 9.5.2002
Vertrieb: Paramount Video (Video, DVD)
FSK: ab 12 J., ffr.
FBW: Wertvoll

Aus finaniellen Gründen muss ein Zocker und Hehler im Ghetto von Chicago das Training eines Kinderbaseballteams übernehmen.

Kritik: (...) Das Großstadtmärchen bietet nicht mehr als Hollywooddramaturgie vom Fließband, didaktisch wertvoll, politisch korrekt und reichlich uninspiriert. Alle Stereotypen werden bedient, wobei der Film zumindest den Pluspunkt erringt, dass er nicht vorgaukelt, mit dem sportlichen Sieg seien auch alle anderen Probleme der Kids vom Tisch.
Doch ein solcher Ansatz ist ein bisschen wenig, um die Aufmerksamkeit für die konventionelle Story wirklich zu wecken und zu fesseln.

Katharina Dockhorn, Filmecho-Filmwoche, 18/2002

Harry Potter und die Kammer des Schreckens 309
HARRY POTTER AND THE CHAMBER OF SECRETS ****

Regie: Chris Columbus
Darsteller: Daniel Radcliffe (Harry Potter), Robert Grint (Ron Weasley), Emma Watson (Hermine Granger), Richard Harris (Albus Dumbledore), Kenneth Branagh (Gilderoy Lockhart), John Cleese (Nick)
Drehbuch: Steve Kloves, nach dem gleichnamigen Roman von J. K. Rowling
Kamera: Roger Pratt, Michael Brewster (2nd unit)
Musik: John Williams
Schnitt: Peter Honess
Prod.: Heyday Films/1492 Pictures für Warner Bros.; USA 2002; 159 Min.
Verleih: Warner Bros., 14.11.2002
FSK: ab 6 J., ffr. – **FBW:** Wertvoll

In der Fortsetzung der Harry-Potter-Serie beginnt Harry Potters zweites Ausbildungsjahr in der Hogwarts-Schule für Hexerei und Zauberei: Mit seinen Freunden Ron Weasley und Hermine Granger erlebt der Zauberlehrling neue Abenteuer, als sie gemeinsam jene finstere Macht aufspüren wollen, die in der Schule Angst und Schrecken verbreitet.

Kritik: (...) Der Regisseur Chris Columbus hat alles mobilisiert, was den Schülertraum von Nickelbrillen-Harry in ein wunderbares Zauberkunststück verwandelt – und vergebens intrigiert Lucius Malfoy als Anhänger der »reinrassigen« Zauberzunft gegen die Muggel-verseuchten Mischmenschen, die man am besten durch Versteinerung in alle Ewigkeit unschädlich macht. Die Fundamentalisten der rein(rassig)en Lehre und ihre Dobby-Sklaven sind eben auch in Zauberkreisen die Pest.

Ponkie, AZ, 14.11.2002

(...) Dass trotz der Rekordlänge von 159 Minuten ein kurzweiliger Kinderthriller herausgekommen ist, liegt nicht zuletzt an der Spielfreude aller Beteiligten. Der kürzlich verstorbene Richard Harris wirkt in seiner (letzten) Rolle als Schulleiter Dumbledore sogar derart charismatisch, dass es mehr als fraglich erscheint, ob das Potter-Filmteam diese Lücke je wird schließen können. Was wiedrum keine gute Nachricht ist.

Sven S. Poser, tip, 24/2002

(...) Die Struktur des Films wiederholt mehr oder weniger die des Vorgängers »Harry Potter und der Stein der Weisen«. Und doch ist »Harry Potter und die Kammer des Schreckens« der viel bessere Film. Er muss sich nun nicht mehr damit abplagen, alle Schauplätze und Figuren einzuführen und zu erklären, hat viel mehr Zeit, sich der Story zu widmen. Und er schafft es, zumindest für die älteren Zuschauer, eine Balance zwischen Spannung und Witz zu finden. »Ist jetzt Panik erlaubt?«, fragt Ron seinen Freund Harry, als die Lage mal wieder aussichtlos scheint. (...)

Rupert Koppold,
Rheinische Post, 13.11.2002

(...) Ansonsten: Die Situationskomik nimmt ab, der reale Schrecken zu. Teil zwei der Saga ist gewalttätiger, schneller und aufregender als der erste. Die FSK sollte man also – ganz muggelig – selbst in die Hand nehmen. Ab neun Jahren und keinen Albtraum drunter!

Konrad Heidkamp, Die Zeit, 14.11.2002

Harte Brötchen 310

***+
TV

Regie: Tim Trageser
Darsteller: Katharina Thalbach (Christa Zerrback), Uwe Ochsenknecht (Theo Zerrback), Herbert Knaup (Jörg Erdmann), Anna Thalbach (Sonja), Gerda Katharina Kramer (Christas Mutter), Regine Zimmermann (Dany)
Drehbuch: Sylvia Leuker
Kamera: Eckhard Jansen
Musik: Stefan Stoppock
Schnitt: Anja Pohl
Prod.: teamWorx für BR; D 2002; 90 Min.
UA: 4.7.2002, Filmfest München
TV: 17.7.2002, ARD, 20.15

Frustrierte Kioskbesitzerin, vom verstorbenen Gatten via TV-Bildschirm beobachtet und mit Ratschlägen versorgt, hadert mit ihrem Schicksal, bis sie sich in den allerletzten Minuten der von Kaugummi-Dramaturgie und Kohlenpott-Klischees (Taubenschwarm vor und über Kraftwerkkulisse) erfüllten Inszenierung zum Handeln entschließt. – Ein paar liebenswerte Passagen, durchweg darstellerisches Premiumpersonal, aber zwerchfellschonende Pointen, weit und breit kein rechter Spannungsbogen. Ein Schmunzelmärchen, ein mit reichlich Schmalz bestrichenes Knäckebrot ohne die rechte Würze.

W. O. P. Kistner, AZ, 19.7.2002

Kritik: (...) Doch die Präzision, mit der die Menschen und ihr Alltag erfasst worden sind, verliert sich zuweilen in der Inszenierung. (...) Die Schwäche des Films ist deshalb sein Anspruch, ohne dass man schlecht unterhalten würde. (...)

Christopher Keil, SZ, 17.7.2002

Harvard Man 311

HARVARD MAN

***+
Video

Regie: James Toback
Darsteller: Adrian Grenier (Alan), Sarah

Michelle Gellar (Cindy Bandolini), Eric Stoltz (Teddy), Joey Lauren Adams (Chesney), Rebecca Gayheart (Kelly), Ray Allen (Vince Capararo)
Drehbuch: James Toback
Kamera: David M. Ferrara
Musik: Ryan Shore
Schnitt: Suzy Elminger
Prod.: Kushner-Locke-Company; USA 2001; 94 Min.
EA: 1.7.2001, Filmfest München
Vertrieb: Sunfilm Video, Juni 2002
FSK: ab 16 J.

Ein witziger Thriller über Verrücktheit, Gier, Experimente mit Drogen und Sex – und die Abgründe der berühmtesten Universität der Welt. (...) *Katalog Filmfest München*

Kritik: (...) Sein »magnum opus«, die lange geplante, einst mit Leonardo DiCaprio vorbereitete Verfilmung seiner Campus-Exzesse, als das Leben von einer dämonischen Lust am Risiko und einer gnadenlosen Sucht danach, Sieger zu sein, bestimmt wurde.
SZ, 30.6.2001

Interview: Ich war ein Sportler in Harvard und bin immer ein besessener Leser gewesen. Ich hatte ein intellektuelles Kindermädchen, ihr Vater hätte Wirtschaftsminister unter Franz Josef werden können, aber er weigerte sich, zum Katholizismus zu konvertieren. Sie war Cellistin im Wiener Symphonieorchester gewesen, ein Flüchtling. Ich wurde von ihr gefüttert von vier an, Mahler musikalisch, dazu Kierkegaard, Heidegger, Wittgenstein – ich kannte sie alle mit 14. Und sie sind alle im »Harvard Man«.
James Toback im Interview mit Fritz Göttler, SZ, 10.8.2001

Als ich für fünf Jahren versuchte, »Harvard Man« bei Propaganda Films unterzubringen, war deren Chef Steve Golin der Erste, der diese Hollywood-Arithmetik mir gegenüber zugab: »Schau, James, du machst einen Film für fünf Millionen Dollar, er kriegt großartige Kritiken, wird als bester Film des Jahres genannt und spielt 44 Millionen Dollar ein. Du wärest hocherfreut – aber ich nicht. Ich will Filme machen, die 130 Millionen Dollar einspielen, die in den Top Ten landen. Ich mache lieber einen Film, der 85 Millionen Dollar kostet und 100 einspielt als deinen Film für fünf Millionen Dollar, der dann vielleicht 40 einspielt.«
James Toback im Interview mit Frank Arnold, während des Filmfests München

Das Haus am Meer 312
LIFE AS A HOUSE ***

Regie: Irwin Winkler
Darsteller: Kevin Kline (George Monroe), Kristin Scott Thomas (Robin), Hayden Christensen (Sam), Jena Malone (Alyssa Beck), Mary Steenburgen (Coleen Beck), Mike Weinberg
Drehbuch: Mark Andrus
Kamera: Vilmos Zsigmond
Musik: Mark Isham
Schnitt: Julie Monroe
Prod.: Winkler Films; USA 2001; 125 Min.
Verleih: Warner, 27.6.2002
FSK: ab 6 J., ffr. – **FBW:** Wertvoll

Ein Architekt Ende 40 hat schon bessere Zeiten gesehen. Seit der Trennung von seiner Frau lebt er in einem heruntergekommenen Haus, legt sich mit seinen Nachbarn an und wirft irgendwann seinen Job hin. Erst als er von seiner unheilbaren Krankheit erfährt, gibt er seinem Leben eine Wende. Er reißt das alte Haus ab und beginnt ein Traumhaus zu errichten, überzeugt nach einigen Auseinandersetzungen auch seinen Sohn, ihm dabei zu helfen. Sogar seine Exfrau packt mit an und zwischen den beiden flammen alte Gefühle wieder auf.
Irwin Winkler zeichnet eine von amerikanischer Denkweise geprägte Idylle. Die Menschen sind gut, und wenn es einem schlecht geht, sind die anderen für ihn da: »We are family.« Das wird zwar von hochkarätigen Schauspielern wie Kevin Kline oder Kristin Scott Thomas bestens vermittelt, aber der emotionale Kitsch erschlägt die an

sich bewegende Geschichte über Krankheit, Tod und Lebensträume.

Margret Köhler

Kritik: (…) »Das Haus am Meer« wartet zwar mit einer ziemlich dürftigen Geschichte auf, und dennoch gelingen ihm Momente aufrichtiger Emotionalität ohne falsches Pathos. Das liegt vor allem an einem: an der vorzüglichen Kameraarbeit von Altmeister Vilmos Zsigmond. Im Grunde ist er es, der den Film vor dem Absturz in die Triefigkeit rettet, denn er visualisiert genau jene Distanz zu den Charakteren, die erst den Raum schafft für die Entfaltung wahrer Gefühle.

Thomas Basgier, Stuttgarter Zeitung, 4.7.2002

Hawaiian Gardens 313

**+

Regie: Percy Adlon
Darsteller: André Eisermann (Baldur »Baldi« Graf), Valeria Hernandez (Rosa), Richard Bradford (Shulzov), Shareen Mitchell (Shirin), Tzi Ma (Mr Hu'o'ng), Gerhard Gschwind (Striezel)
Drehbuch: Percy Adlon, Eleonore Adlon
Kamera: Rudolpho Paul
Musik: Bob Telson
Schnitt: Jochen Künstler
Prod.: Pelemele/Leora Films mit BR; D 2001; 105 Min.
UA: 6.7.2001, Filmfest München
EA: 27.10.2001, Hofer Filmtage
Verleih: Zoomfilm, 1.11./6.12.2001 (nicht gestartet)
TV: 2.5.2002, BR

Baldi ist ein Copyright-Pirat mit einer Internetfirma im Bayerischen Wald. Von dort aus vermarktet er Stoffe, die er unbekannten Schriftstellern abluchst. In Los Angeles trifft Baldi Shulzov, den Autor des Romans »Dogshit«. Er soll sein nächstes Opfer werden. Doch Shulzovs junge Freundin Rosa zieht alsbald Baldi in seinen Bann und will ihn zum besseren Menschen machen. *Blickpunkt Film, 45/2001*

Der pseudopoetische, völlig aus der Luft gegriffene Titel steht im krassen Gegensatz zu dem, den diese »bayrisch-kalifornische Intrige« für ihren Kinoeinsatz verpasst bekommen sollte: »Dog$hit« – ja, mit einem Dollarzeichen statt einem S. Genutzt hat's nix, denn das von Percy Adlon mit Digitalkamera ins wacklig-verwaschene Bild gesetzte und dadurch ebenso verschwommene wie verblasene Machwerk kann nie ins Kino. (…)

W. O. P. Kistner, AZ, 3.5.2002

The Heart of the Warrior 314

EL CORAZÓN DEL GUERRERO ***

Video

Regie: Daniel Monzon
Darsteller: Fernando Ramallo (Ramon), Neus Asensi (Sonia), Joel Joan (Beldar), Javier Aller (El Acólito), Santiago Segura (Netheril/Carlos José), Adriá Collado (Adolfo del Pozo)
Drehbuch: Daniel Monzon
Kamera: Carles Gusi
Musik: Roqwue Banos
Schnitt: Iván Aledo
Prod.: Spanien 1999; 110 Min.
Vertrieb: e-m-s Video, 27.12.2002
FSK: ab 16 J.

Computerspielfreak verliert die Bodenhaftung und beginnt die Jagd auf einen angeblichen Zauberer durch die Straßen von Madrid. Fantasy made in Spain – da stimmt die Story, die Regie und selbst Erotik und Ambiente bieten Reize.

Hearts in Atlantis 315

HEARTS IN ATLANTIS ***

Regie: Scott Hicks
Darsteller: Anthony Hopkins (Ted Brautigan), Anton Yelchin (Bobby Garfield), Hope Davis (Liz Garfield), David Morse (Bobb Garfield), Mika Boorem (Carol Gerber), Alan Tudyk (Mone Man)
Drehbuch: William Goldman, nach dem Roman »Atlantis« von Stephen King
Kamera: Piotr Sobocinski
Musik: Mychael Danna
Schnitt: Pip Karmel
Prod.: Castle Rock/Village Roadshow/NPV; USA 2001; 101 Min.
UA: 28.9.2001, N.Y.
Verleih: Warner, 14.2.2002
Vertrieb: Warner Video (Video, DVD)
FSK: o. A., ffr. – **FBW:** Wertvoll

Bei der Beerdigung seines Freundes erinnert sich ein Mann an eine bestimmte Zeit seiner Kindheit, an Erlebnisse, Gefühle und Erfahrungen an der Schwelle zum Erwachsenwerden.

Kritik: (…) Nostalgie, Sixties, New England, das erinnert doch sofort an Stephen King, der neben seinen Horrorgeschichten schon immer ein Faible für Sitatuionen hatte, in denen aus Kindern Erwachsene werden. Einmal entstand aus solch einer Geschichte auch ein wunderbarer Film. »Stand by me« heißt er und ist das große Vorbild, dessen Nähe »Hearts in Atlantis« sucht, aber nie erreicht. Überzeugte das Vorbild mit viel Zeitkolorit, vielschichtigen Charakteren und unaufdringlichen Lebensweisheiten, ist dieses Werk nett gemeint, aber zähflüssig und unterlegt mit einem Soundbrei, der jede Emotion mit großem Getöse erschlägt.

Michael Meyns, Zitty, 4/2002

(…) »Hearts in Atlantis« ist die zweitschönste aller Stephen-King-Verfilmungen, nur Rob Reiners »Stand by me« ist noch besser. (…) Es ist ein sentimentaler Film, schon wahr. Aber wer an seine Kindheit ohne Sentiment und ohne Verlustgefühle denkt, ist womöglich noch zu jung. Wer aber in den Spiegel schaut und sich erinnert, sieht die Scheibe zittern.

Holger Kreitling, Die Welt, 14.2.2002

Interview: Das ist mein erster Film, der reine Fiktion ist. Trotzdem habe ich bei der Drehbucharbeit mit William Goldman Wert darauf gelegt, die übernatürlichen Elemente, die das Buch auch hat, zu kappen. Ich wollte die Geschichte stärker in einer menschlichen, realen Welt verwurzeln und habe darum beispielsweise auch die mysteriösen schwarzen Männer stärker mit dem FBI in Verbindung gebracht. Insofern gibt es schon noch eine Verbindung zu meinen dokumentarischen Anfängen.

Scott Hicks im Interview mit Anke Sterneborg, SZ, 14.2.2002

Heaven 316

HEAVEN ****

Regie: Tom Tykwer
Darsteller: Cate Blanchett (Philippa), Giovanni Ribisi (Filippo), Remo Girone (Vater), Stefania Rocca (Regina), Alessandro Sperduti (Ariel), Mattia (Major Pini)
Drehbuch: Krzysztof Kieslowski, Krysztof Piesiewicz
Kamera: Frank Griebe
Musik: Stücke von Arvo Part
Schnitt: Mathilde Bonnefoy
Prod.: Miramax/X Filme Creative Pool mit Mirage/Noé Prod.; D/USA 2001; 97 Min.
UA: 6.2.2002, Int. Filmfestspiele Berlin, »Eröffnungsfilm«
Verleih: X Verleih, 28.2.2002
Vertrieb: X Filme (Warner) Video (Video, DVD)
FSK: ab 12 J., ffr.
FBW: Besonders wertvoll

Philippa legt eine Bombe, und vier Menschen sterben. Der Rauschgiftdealer, dem der Anschlag galt, bleibt unverletzt. Beim Verhör verliebt sich der Carabinieri Filippo in die Mörderin. Er hilft, den verbrecherischen Dealer zu töten, und begibt sich mit Philippa auf eine aussichtlose Flucht. Tom Tykwers Film geht auf ein unrealisiertes Drehbuch von Krzysztof Kieslowski zurück. Ein konzentriert erzählter Film, der ohne jede Effekthascherei auskommt. *tip, 5/2002*

Kritik: (…) Der Film ist die Geschichte dieser Flucht, die aus ebenso viel Stagnation bestehen wird wie Bewegung, die eine Mischung aus Warten und Hoffen ist – und einer Ahnung schließlich, dass es eine Lösung, eine Erlösung nur geben kann, wenn man die Kräfte der Imagination ins Spiel bringt. Es ist in seiner Märchenhaftigkeit eine Geschichte, wie sie nur zwischen den Welten realisiert werden konnte, zwischen Hollywood und Europa, in Koproduktion von Miramax und der Berliner X-Filme-Produktion. (…)

Fritz Göttler, SZ, 7.2.2002

(…) Zum ersten Mal hat der Regisseur nun die Grenzen seines Heimat-

Poster zu ›Heaven‹

landes überschritten. Und sein »Heaven« ist im Grunde auch schon Hölle und Fegefeuer, wie die anderen beiden Teile der geplanten Trilogie heißen sollten. Statt wie in »Der Krieger und die Kaiserin« in die Tiefen des Wassers zu springen, heben seine Helden jetzt mit dem Hubschrauber ab in den Himmel und die Wolken, die zugleich das höchste Glück der Liebe und die herzzerreißendste Tragödie des Todes bedeuten. Ein wunderschönes Bild, in dem die ganze weiße Wolkenweite dem Kino gehört, ein einziger Traum von einem Himmel ohne Horizont, ein Bild von einer Welt ohne Grenzen und voller Möglichkeiten.

Anke Sterneborg, SZ, 21.2.2001

Interview: *Sie arbeiten lange am Schnitt.*

Es geht darum, Filme kompakt zu gestalten, ihnen die Geschwätzigkeit wegzunehmen – aber ihnen dabei nichts zu nehmen von der Konsequenz ihrer Visionen. Mathilde Bonnefoy, unsere Cutterin, ist da ein Geschenk des Himmels. Das ist ein Gefühl, das man vor guten Skulpturen hat – das war mal ein Granitblock, und nun ist das ein so einfaches Ding, das so unglaublich komplex ist. Ich sehe mich als Kind des postmodernen Kinos. Aber ich verweigere mich der Unterstellung, dass meine Bilder eine Willkürlichkeit haben. Man hat jedem Bild gegenüber eine Verantwortung – und ich könnte Amok laufen, wenn man mir bei »Heaven« Postkartenbilder vorwirft.

Tom Tykwer im Interview mit Susan Vahabzadeh und Fritz Göttler, SZ, 21.2.2001

»Heaven« ist Ihre erste internationale Produktion. Im Vorspann werden deutsche, französische, britische, amerikanische Produzenten genannt, darunter auch die berüchtigte Harvey Weinstein von Miramax. Sofort bekommt man Mitleid mit Ihnen.

Das liest sich schlimmer, als es tatsächlich war. Das Buch ist von 1996. Zu dem Zeitpunkt, als wir von X-Filme in das Projekt eingestiegen sind, gab es bereits sechs Produzenten, die im Laufe der Jahre damit zu tun gehabt hatten und die auf ihre Nennung nicht verzichten wollten, weil sie bereits eine Menge Schweiß und Tränen investiert hatten. Aber das zentrale gestalterische Dreieck für »Heaven« bestand aus X-Filme als ausführendem Produzenten, Miramax als majoritärem Finanzier und Mirage, der Firma von Sydney Pollack und Anthony Minghella, die quasi für Miramax die Produktion betreuten, als eine Art Mittlerunternehmen. Miramax denkt durchaus selbstkritisch. Die wissen, dass sie eine gefräßige Maschine sind, und schalten deshalb jemanden wie Anthony Minghella (den Regisseur von »The English Patient« und »The Talented Mr. Ripley, M. W.) dazwischen, der eine eindeutig europäische Sensibilität ins Spiel bringt, aber gleichzeitig weiß, was es heißt, wenn Miramax einen Film in die amerkanischen Kinos prügeln will.

Das gilt nicht nur für Hollywoodproduktionen, sondern auch für eine Menge deutsche Filme.

Allerdings. Hierzulande ist meine Fassungslosigkeit fast noch größer, mit welcher Infamie beträchtliche Summen – auch an öffentlichem Geld – für Filme aufgewendet werden, deren Substanz gleich null ist und die nicht einmal eine kommerzielle Perspektive versprechen.

Haben Sie in den USA eine Lektion gelernt, die hierzulande von Nutzen wäre?

Nein. Man stellt eher fest, dass das Wasser, mit dem gekocht wird, überall gleich lauwarm ist. Es gibt technologische Differenzen und unterschiedliche Marktstrukturen, aber der Prozentsatz von wirklich starkem Material ist auf der ganzen Welt etwa gleich. Er liegt im einstelligen Bereich. *Tom Tykwer im Interview mit Merten Worthmann, Die Zeit, 7/2002*

Wo bleibt da das Private?

Ohne familiäre, soziale Nähe kann ich nicht arbeiten. Ich brauche den Kontakt zu meinem Team, zu unserer Firma X-Filme, ein bisschen Normalität im Stress. Franka (Potente) hat Verständnis. Wenn sie demnächst in

Wer führt denn hier Regie? Tom Tykwer mit Giovanni Ribisi am Set von ›Heaven‹

Vancouver dreht, mit Kollegen wie Elijah Wood und Melanie Griffith, werde ich sie besuchen und auf sie warten, bis sie von der Arbeit kommt. Und die Seele baumeln lassen, bevor ich ein neues Projekt angehe.

Tom Tykwer im Interview mit Angie Dullinger, AZ, 20.2.2002

Heftig und begeistert 317

HEFTIG OG BEGEISTRET / HÄFTIG OCH BEGEISTRAD ****

Regie: Knut Erik Jensen
Drehbuch: Knut Erik Jensen
Kamera: Aslaug Holm, Svein Krovel
Schnitt: Aslaug Holm
Prod.: Barentsfilm/Giraff//Norsk Film; Norwegen/Schweden 2001; 105 Min.
Verleih: MFA

Im äußersten Norden Norwegens, an der stürmischen Barentsee liegt das kleine Fischerdorf Berlevag. Hier hat Isak Dinesen/Karen Blixen den Roman »Babettes Fest« angesiedelt und den Ort damit weltberühmt gemacht. Doch nun ist Berlevag auf dem besten Wege, neue Berühmtheit zu erlangen durch die 30 Mitglieder seines Männerchores unter der Leitung von Oddo Marino Frantzen.

Heidi 318

***+

Regie: Markus Imboden
Darsteller: Paolo Villagio (Alpöhi), Aaron Arens (Peter Geissler), Marianne Denicourt (Dete Caduff), Cornelia Gröschel (Heidi Caduff), Nadine Fano (Clara Caduff), Andrea Eckert (Fr. Dubreuil)
Drehbuch: Jasmine Hoch, Martin Hennig, frei nach dem gleichnamigen Kinderbuch von Johanna Spyri
Kamera: Peter Indergand
Musik: Niki Reiser, Scream
Schnitt: Bernhard Lehner

Prod.: Vega Avventura mit TSR/EDI/Succès Cinema/Telepool; Schweiz/Frankreich 2000; 100 Min.
EA: Int. Filmfestspiele Berlin 2001, »Kinderfilmfest«
Verleih: MFA, 21.2.2002
FSK: o. A., ffr.

Der Roman von Johanna Spyri aus dem Jahr 1880 ist inzwischen 17-mal verfilmt worden. Nun legt der Schweizer Regisseur Markus Imboden eine freie Neuinterpretation des Stoffes vor und überrascht mit einem erfrischenden Kinderfilm, der sich um großen Abstand zu einschlägigen Alpendorfklischees bemüht und dank einer durchgreifenden Modernisierung des Figurenarsenals und der Handlung zeitgemäß unterhält.

Reinhard Kleber, Filmecho-Filmwoche, 5/2002

Kritik: (…) Ähnlich wie in der modernen Version von »Emil und die Detektive« halten auch hier die modernen Kommunikationsmittel Einzug in die klassische Kinderbuchwelt: Der Geißenpeter heißt hier Peter Geissler, war schon mal in Amerika und mobilisiert Hilfe per Spendenaufruf im Internet. Am Ende werden sich alle, Großstadtpflanzen und Landeier, im Wirtshaus im Dorf wieder sehen – und dann sind sie, Heidi sei Dank, alle ein bisschen klüger geworden.

Anke Sterneborg, SZ, 26.2.2002

(…) Regisseur Markus Imboden hat den Kinderbuchklassiker aber mit einer tollen Besetzung und ohne peinliche Pseudo-Hipness oder übertriebene Alpenromantik ins neue Jahrtausend gehievt. Das Ergebis hat Charme, ist rührend bis rührselig und überraschend unterhaltsam – Harmoniegarantie inklusive. *tip, 4/2002*

Heirate nie einen Cowboy 319
NOTHING TOO GOOD FOR A COWBOY □ TV

Regie: Kari Skogland
Darsteller: Chad Willett (Rich Hobson), Ted Atherton (Panhandle Phillips), Falconer Abraham (Robert McDaniels), Zachary Bennett (Ed Gross), Marion Bennett (Kit Baldwin), Ryan Gosling (Tommy Allen)
Drehbuch: David Barlow, Charles Lazer, nach den Büchern von Richmond P. Hobson jr.
Kamera: Danny Nowak
Musik: Micky Erbe, Maribeth Solomon
Prod.: Kanada 1997; 88 Min.
TV: 7.1.2002, ARD, 10.30

Der Aussteiger Rich Hobson und der Cowboy Panhandle Phillips versuchen in der Wildnis Kanadas eine Ranch aufzubauen. Der Ausbruch des Zweiten Weltkriegs scheint ihr Unternehmen zum Scheitern zu verurteilen. Und als Rich auch noch seine Traumfrau, eine Societyschönheit, in die Berge bringt, kommt es zu heftigen Turbulenzen.

Heiraten für Fortgeschrittene 320
CRUSH ***

Regie: John McKay
Darsteller: Andie MacDowell (Kate), Imelda Staunton (Janine), Anna Chancellor (Molly), Kenny Doughty (Jed), Bill Paterson (Rev. Gerald Marsden), Caroline Holdaway
Drehbuch: John McKay
Kamera: Henry Braham
Musik: Kevin Sargent
Schnitt: Anne Sopel
Prod.: Pipedream mit Film Council/Senator/Industry Ent.; GB 2001; 111 Min.
Verleih: Senator, 5.9.2002
FSK: ab 12 J., ffr.

Die drei Singles Kate, Molly und Janine treffen sich regelmäßig, um bei Gin und Keksen über Männer und deren Marotten zu lamentieren. Dann verliebt sich die Schuldirektorin Kate in den 25-jährigen Jed, einen früheren Schüler. Während sie im »siebten Himmel« schwebt, fallen die beiden anderen »aus allen Wolken« und spinnen eine Intrige mit schwerwiegenden Folgen.
Zwischen romantischer Komödie und herzzerreißendem Drama findet John McKay einen Weg, den Zwiespalt zwischen freiem Leben und den Normen einer traditionell orientierten Gesell-

schaft aufzuzeigen. Eine heitere und gleichzeitig melancholische Betrachtung über die Unmöglichkeit der Liebe, aber auch über den Entschluss, sich irgendwann nicht mehr hemmenden Konventionen zu unterwerfen.

Margret Köhler

Ein Freundinnenstammtisch, bei dem regelmäßig alle amourösen Missgeschicke auf den Tisch kommen, die 40-Jährigen so widerfahren. Dann verliebt sich Kate in ihren ehemaligen Schüler Jed. Dass der ihr treu ist, können die zurückgelassenen Schwestern nicht glauben. Sie stellen ihm eine Falle, und am Ende ist Jed tot und Kate schwanger. Das dotterige Licht, die backige Musik und das gichtige Dialogdeutsch tun ihr Übriges, um dem Film auch den Restcharme auszutreiben. *tip, 18/2002*

Kritik: (...) Aber eine Folge von Überblendungen, Trauerbildern, netten Arrangements von Melancholie in gehobenem Wohnambiente heilt alle Wunden. So manipulativ, auf optischen Schick bedacht und vom Wohlleben fasziniert, so wenig an echten Dialogen interessiert und so tüddelig von viertelswitzigen Plänkeleien hingerissen, inszeniert McKay seine Schnulze, dass man den Figuren keine Sekunde nahe kommt. Meist wirkt der Film wie ein Ferienhausprospekt fürs ländliche England; wenn die Figuren nicht alles hätten, wer weiß, vielleicht hätten sie dann was.

Thomas Klingenmaier, Stuttgarter Zeitung, 5.9.2002

Heiße Wut 321

RAGE ☐ TV

Regie: Newton I. Aduaka, Matthew L. Pellowski
Darsteller: Fraser Ayers (Jamie/Rage), John Pickard (Thomas/T.), Shaun Parkes (Godwin/G.), Shango Baku (Marcus), Wale Ojo (Pin), Alison Rose (Rages Mutter Helen)
Drehbuch: Newton I. Aduaka, Matthew L. Pellowski
Musik: Ninja Tune, Big Dada, Jazz Fudge, Son Records, Redhed
Prod.: GB 2000; 91 Min.
TV: 9.7.2002, Arte, 23.00, OmU

Der Film handelt von drei Jugendlichen im heutigen London, wo sich verschiedene Kulturen vermischen und gegenseitig beeinflussen und der amerikanische Straßenstil total in ist. Rage, Godwin und Thomas haben einen Traum, sie wollen eine Hip-Hop-CD aufnehmen. Aber das kostet Geld – und sie haben keines.

Pressetext

Heist – Der letzte Coup 322

THE HEIST ****

Regie: David Mamet
Darsteller: Gene Hackman (Joe Moore), Danny DeVito (Bergman), Sam Rockwell (Jimmy Silk), Rebecca Pidgeon (Fran), Ricky Jay (Pincus), Delroy Lindo (Bobby Blane)
Drehbuch: David Mamet
Kamera: Robert Elswit
Musik: Theodore Shapiro
Schnitt: Barbara Tulliver
Prod.: Franchise/Indelible Pic.; USA 2001; 107 Min.
Verleih: Warner, 31.1.2002
Vertrieb: Warner Video (Video, DVD)
FSK: ab 12 J., ffr.

Meisterdieb Joe Moore hat seinen Job immer gut gemacht. So gut, dass er bei der Polizei nie aktenkundig wurde. Bis er eines Tages bei einem Einbruch von einer Überwachungskamera gefilmt wird. Das nutzt sein durchtriebener Hehler Bergman aus, um den gealterten Ganoven, der vom Ruhestand mit seiner jungen, aber undurchsichtigen Ehefrau träumt, noch zu einem riskanten Coup zu zwingen. Mit seinem Team soll Joe eine Ladung Gold stehlen. (...)
Sein jüngstes Kinostück pendelt launig zwischen moderner Gangsterballade und altmodischer Räuberpistole, gewürzt mit intelligent pointierten Dialogen. Vor allem die raffiniert inszenierten Raubüberfälle müssen sich vor Einbruchsklassikern wie »Rififi« und »Topkapi« nicht vestecken. Und

die Darsteller, allen voran Hollywood-Haudegen Hackman, haben sichtlich ihren Heidenspaß an dem Intrigenspiel, das Mamet wieder einmal aus dem Hut zaubert und in dem jeder jeden reinlegt.

Albert Baer, Rheinische Post, 5.2.2002

Kritik: (...) »Heist« ist ein spannender, klassischer Krimi, der auf die Sympathie für den Ganovenhelden Moore setzt, den Gene Hackman mit sichtlichem Genuss spielt. Hinter Moores »Arbeit« scheinen moralische Grundsätze zu stehen: möglichst wenig Gewalt, dafür mehr intelligente Planung und keine Toten und Verletzten! Und »Heist« hat neben der witzigen Eleganz der Dialoge und trotz aller anfänglichen Durchschaubarkeit einige überraschende Wendungen auf Lager. *Adrian Prechtel, AZ, 31.1.2002*

(...) Mamet dreht hier andauernd alles um, wie einst in »Haus der Spiele«. Jedes Geschehen kann Teil eines Täuschungsmanövers sein. Das ist unterhaltsam, aber in seiner Undurchschaubarkeit auch durchschaubar. Ginge es also um den Plot und seine Zickzackmanöver, wäre dies nur ein Popcornfilm für Leute mit Grips. Aber es geht auch darum, wie wir uns mit Worten durchs Leben kämpfen, wie das Duell der Sarkasmen das gegenseitige Gurgelaufschlitzen ersetzen oder aufschieben soll. »The Heist« ist ein Film über die Kunst, das letzte Wort zu behalten. Und hat zum Thema so schöne Dialoge wie diesen: »Willst du nicht meine letzten Worte hören?« – »Das habe ich gerade.«

Thomas Klingenmaier, Stuttgarter Zeitung, 31.1.2002

Hell's Kitchen 323

ONE EYED KING **

Video

Regie: Robert Moresco
Darsteller: Jim Breuer (Paddy), Armand Assante (Holly), William Baldwin (Frankie), Connie Britton (Helen), Jason Gedrick (Dennis), Josh Hoipkins (Chuck)
Drehbuch: Robert Moresco
Kamera: Francois Dagenais
Musik: James McVay
Schnitt: Robert A. Ferretti
Prod.: Cineville/Cutting Edge Ent./Julius R. Nasso Prod.; USA 2001; 105 Min.
Vertrieb: Kinowelt Video, 21.5.2002
FSK: ab 16 J.

Fünf Freunde haben es nach Jahren nicht geschafft, sich aus dem verrufenen New Yorker Viertel, das diesem nichts sagenden Krimidrama den Titel gab, abzusetzen.

Hellraiser V: Inferno 324

HELLRAISER V: INFERNO **

Video

Regie: Scott Derrickson
Darsteller: Craig Sheffer (Det. Joseph Thome), Nicholas Turturro (Det. Tony Nenonen), James Remar (Dr. Gregory), Doug Bradley (Pinhead), Nicholas Sadler (Bernie)
Drehbuch: Paul Harris Boardman, Scott Derrickson
Kamera: Nathan Hope
Musik: Walter Werzowa
Schnitt: Kirk M. Morri
Prod.: Dimension/Neo Art & Logic/Miramax; USA 2000; 96 Min.
Vertrieb: Kinowelt Video, 7.5.2002
FSK: ab 18 J.

Mordserie, bei der den Opfern Finger abgehackt werden, ruft den brillanten, aber sadistischen Detective Joseph auf den Plan. Blutiger Horrorthriller ohne Tiefgang.

Hemso – Der Kumpel 325

HEMSO ***

Regie: Ömer Ugur
Darsteller: Okan Bayülgen (Cebrail), Mehmet Ali Erbil (Yasar), Demet Sener (Tatiana), Sümer Tilmac (Hamit), Oziem Yildiz (Mariana)
Drehbuch: Ömer Ugur, Resul Ertas
Musik: Arto Tuncboyacyyan
Prod.: Arzu Film; Türkei 2001; 102 Min.
Verleih: Filmwelt, 24.1.2002
FSK: ab 16 J., ffr

Die Geschichte einer Blutfehde. Cebrails Vater wurde vor 20 Jahren von dem Sohn eines Familienfeindes erschossen. Mittlerweile ist Cebrail ein junger Mann, der seinen Vater auf die gleiche Art und Weise rächen will. Von seinem Großvater lernt er das Schießen.

Kritik: (...) Der Regisseur Ömer Ugur lässt keinen Zweifel, wo seine Sympathien liegen. Besetzt mit der ersten Garde türkischer Fernsehstars, zeigt »Hemso« die Rituale des alten Lebens nicht als Beweis von Stärke, sondern als Furcht vor der Moderne. Und ist doch selber archaisch: Cebrail mit der Waffe in der Hand, das ist ihm durchaus ein Bild von Mannestum. Er zweifelt nur, ob ein Mann sich vom Großvater befehlen lassen sollte, auf wen er zu schießen hat.

Thomas Klingenmaier, Stuttgarter Zeitung, 26.1.2002

Henker – Der Tod hat ein Gesicht 326

****

Regie: Jens Becker
Drehbuch: Jens Becker, Gunnar Dedio
Kamera: Aicke Fricke, Axel Schneppat
Musik: Andreas Hoge
Schnitt: Roland Possehr
Prod.: Looks Medienprod. mit SFB/BR/ORB; D 2001; 84 Min.
Verleih: Progress, 7.3.2002
FSK: ab 16 J., ffr. – **FBW:** Wertvoll

Die Geschichte der sieben letzten Henker Europas, von der Kindheit bis zum Moment des Henkens.

Eine spannende Dokumentation, für die Regisseur Jens Becker sechs Männer vor die Kamera geholt hat, denen eines gemeinsam ist: Sie alle haben im Auftrag staatlicher Autoritäten andere Menschen getötet. In Parallelmontagen lässt Becker die Henker aus ihrem Leben berichten: von der Technik ihres Handwerks und der Bezahlung, wie sie zu ihrer Aufgabe kamen, und von den Auswirkungen, die diese Tätigkeit im familiären Bereich hatte. Dass sich Becker und sein Koautor Gunnar Dedio dabei eines moralisierenden Kommentars enthalten, ist nur konsequent: Die Henker selbst sind Kommentar genug und werden vom Film doch niemals denunziert.

Lars Penning, tip, 4/2002

Kritik: (...) So funktioniert der Film manchmal wie ein Coffee-Table-Book des Hinrichtungswesens, in dem man zwischen den Bildern nur wieder findet, was man schon vorher wusste: dass das Töten eine schaurige Profession ist, die auf ihre Betreiber abfärbt. Eine gewisse Feinsinnigkeit schließt das bekanntlich nicht aus. »Der Tod hat ein Gesicht« heißt es im Untertitel. Der Film zeigt allenfalls die Maske. *Silvia Hallensleben, Der Tagesspiegel, 8.3.2002*

Der Herr der Ringe – Die zwei Türme 327

THE LORD OF THE RINGS: THE TWO TOWERS ****

Regie: Peter Jackson
Darsteller: Elijah Wood (Frodo), Ian McKellen (Gandalf), Liv Tyler (Arwen), Viggo Mortensen (Aragorn), Sean Astin (Sam), Cate Blanchett (Galadriel)
Drehbuch: Fran Walsh, Philippa Boyens, Stephen Sinclair, Peter Jackson, nach dem gleichnamigen Roman von J. R. R. Tolkien
Kamera: Andrew Lesnie
Musik: Howard Shore
Schnitt: Mike Horton, Jabez Olssen
Prod.: Wingnut Films-Prod.; USA 2002; 180 Min.
Verleih: Warner, 18.12.2002
FSK: ab 12 J., ffr.
FBW: Besonders wertvoll

In den Bergen von Emyn Muil begegnen Frodo und Sam dem geheimnisvollen Gollum, der verspricht, sie nach Mordor zu bringen. Gemeinsam müssen sich die Gefährten der gewaltigen Macht stellen, die von den zwei Türmen ausgeht: Orthanc in Isengard, wo der korrupte Zauberer Saruman eine bedrohliche Armee von 10.000 Kriegern heranzüchtet.

Kritik: (...) Dass man, nach dreistündigem Metzeln und Gemetzeltwerden

Geldregen für die Branche zum Jahresende: ›Der Herr der Ringe‹

im Königreich Rohan rund um die Gefährten Frodo, Sam, Aragorn und Zwerg Gimli dennoch nicht total abgeschlafft im Sessel hängt, hat zweierlei Ursachen. Das ist einmal die unvergleichlich romantische Schönheit Neuseelands – und zum anderen die Besessenheit des Neuseeländers Peter Jackson, den Film seines Lebens abzuliefern. In seinem gruselwild zerklüfteten Fabelreich wird jede Zauberei zur Mystik, jeder digitale Trick zum dekorativen Schauermärchen, jede Schädelspaltertat zum Kult des Bösen. (…) Die Schwäche des zweiten Teils als Brücke zum dritten ist freilich das Gewirr der verschiedenen Einzelgeschichten, die nebeneinanderherlaufen und sich im Schlachtengetümmel verlieren: Unentwegt wälzen sich mörderische Metzelmassen in neue Zombie-Höllenschlünde für die große Blutsuppe. *Ponkie, AZ, 18.12.2002*

Herr Schmidt und Herr Friedrich 328

****

Regie: Ulrike Franke, Michael Loeken
Darsteller: Wilfried Friedrich, Kurt »Kuddel« Schmidt
Drehbuch: Ulrike Franke, Michael Loeken
Kamera: Jörg Adams
Schnitt: Timothy McLeish, Dagmar Filoda
Prod.: Filmprod. Loeken Franke mit NDR; D 2001; 72 Min.
UA: Int. Dokumentar Filmfestspiele 2001, The New Festival New York 2001
EA: Dokumentarfilmfest München 2001
Verleih: GMfilms, 12.12.2003
FBW: Besonders wertvoll

Ein schwules Paar in der deutschen Provinz: Herr Schmidt aus dem Westen und Herr Friedrich aus dem Osten haben in Bentheim zusammengefunden. Hier leben sie seit 25 Jahren, und zwar so, wie es sich zwischen Reihenhäusern und Rabatten gehört. (...) Ulrike Frankes und Michael Loekens Dokumentation ist eine Studie über die Liebe zweier Männer, die die perfekte Ehe zelebrieren und in deren Zentrum das Triviale steht. Eine Reise in die deutsch-deutsche Vergangenheit eines Paares, das ohne Häme und Voyeurismus durch seinen melancholischen Alltag begleitet wird.
Marcus Weingärtner, tip, 25/2002

Kritik: (...) Die Filmemacher beschränken sich auf die Rolle der sympathisierenden, aber distanzierten Beobachter, die weder persönlich noch als Off-Kommentatoren in Erscheinung treten. Ihre Aufnahmen sind nie voyeuristisch, und sie enthalten sich auch jeder ironischen Brechung, die sich angesichts dieses Lebens inmitten kulturindustrieller Surrogate vielleicht hie und da angeboten hätte. Der Film erinnert vielmehr daran, dass sich gerade im Kitsch die Sehnsucht nach einem gelungenen Leben artikuliert. »Herr Schmidt und Herr Friedrich« lehrt uns mit einfachen filmischen Mitteln, dass es doch ein halbwegs richtiges Leben im falschen geben kann.
Raimund Gerz, epd-Film, 12/2002

Hersey Cok Güzel Olacak – Alles wird gut 329

HERSEY COK GÜZEL OLACAK ***

Regie: Ömar Vargi
Darsteller: Cem Yilmaz, Mazhar Alanson, Ceyda Düvenci, Selim Nasit Özcan
Drehbuch: Ömar Vargi, Cem Yilmaz, Hakan Haksun
Kamera: Garry Turnbull
Musik: Mazhar Alanson
Prod.: Filma Cass; Türkei/Ungarn 1998; 107 Min.
Verleih: Maxximum (Filmwelt), 23.5.2002
FSK: ab 12 J., ffr.

Die Geschichte zweier Brüder, die aufgrund eines Missverständnisses zum Ziel der Drogenmafia werden. Eine irrwitzige Verfolgungsjagd durch die Straßen Istanbuls bis hin zur Ägäis-Traumstadt Bodrum. Der Film war der erfolgreichste Film der 99er Kinosaison der Türkei. Mit mehr als 1,5 Millionen Zuschauern ist er bereits ein Meilenstein der türkischen Komödie.

Interview: Mit leichter Hand inszeniert, begeistert der höchst unterhaltsame Film durch eine konzentrierte Bildführung sowie den organischen Rhythmus. *Film-Dienst*

Herz 330

**+

Regie: Horst Sczerba
Darsteller: Laura Tonke (Gisela Kenter), Florian Fitz (Georg Kenter), Mehmet Kurtulus (Cem Rüya), Pamela Knaack (Dora Michaelis), Uwe Bohm (Marcel Brandner), Michael Roll (Martin Kullmann)
Drehbuch: Horst Sczerba
Kamera: Carl F. Koschnick
Musik: Dirk Raulf, Gerd Köster (Titelsong »Perlentaucher«)
Schnitt: Marcel Peragine

Prod.: X Filme Creative Pool; D 2001; 100 Min.
Verleih: X Verleih, 28.3.2002
FSK: ab 12 J., ffr.

Horst Sczerba wandelt mit seinem neuen Film auf den Spuren von Robert Altman. Statt einer Geschichte erzählt er mehrere sich überlappende, statt einem oder zwei Hauptdarstellern agiert hier ein ganzes Ensemble. Mittelpunkt des Reigens um Liebe, Laster und Leid ist die Tauchschule von Marcel. Hier trifft sich regelmäßig eine Hobbytaucherclique: der Dolmetscher Cem, der Kommissar Georg, der Notarzt Martin und Dora, Betreiberin eines Sonnenstudios. Sie alle haben ihr Päckchen zu tragen: …
So kunterbunt wie die Geschichten ist auch der Eindruck, den »Herz« hinterlässt: mal warm und intensiv, mal nervig, mal hart am Rande des Kitsches. Sczerba schafft es, trotz der episodenhaften Struktur einen Fluss in seine Inszenierung zu bekommen. Zudem kann er mit vielen unverbrauchten Gesichtern aufwarten. So kann sich in diesem Mikrokosmos jeder seinen Liebling herauspicken.

Martin Schwarz, Zitty, 7/2002

Kritik: (…) Horst Sczerba, der hier auch das Drehbuch schrieb, vermag es aber nicht wirklich, Figuren anzulegen, deren Biografien interessieren, deren Schicksale den Zuschauer bewegen. Spröde und hölzern kommt sein filmischer Reigen daher, und nur stellenweise vermag er zwischenmenschliche Spannung aufzuzeigen. Dabei spielen in »Herz« neben den bekannteren Namen diverse unverbrauchte Gesichter mit, die mit keinerlei Erwartungshaltung belegt sind, von keinerlei Schubladendenken belastet. Doch diese Chance nutzt Sczerba nur sehr bedingt. *Thilo Wydra, Filmecho-Filmwoche, 12/2002*

(…) Und so geht es weiter. Verstiegene Konflikte, überdrehte Akteure und effektverliebte Bilder. Bleiben die seltsamen Tauchabenteuer im Rhein. Dort rosten Laternen und Geländer vor sich hin, als hätte sie Sczerba als Metaphern für den Trip ins Unbewusste platziert. Nur, seine Taucher erkennen nichts in dieser Brühe. Sie süchteln weiter nach der Schwerelosigkeit, die ihren Herzen fehlt.

Cristina Moles Kaupp, Der Tagesspiegel, 4.4.2002

Herz im Kopf 331

***+

Regie: Michael Gutmann
Darsteller: Tom Schilling (Jakob), Alicja Bachleda-Curus (Wanda), Anna von Berg (Petra), Marcello Mahr (Patrick), David Scheller (Ben), Clara Gutmann (Clara)
Drehbuch: Michael Gutmann
Kamera: Klaus Eichhammer, Pascal Hoffmann
Schnitt: Monika Abspacher
Prod.: Claussen + Wöbke Filmprod.; D 2002; 91 Min.
UA: Int. Hofer Filmtage 2001
Verleih: Constantin, 6.6.2002
Vertrieb: BMG Video (Video, DVD)
FSK: ab 6 J., ffr.
FBW: Wertvoll

Nach dem Tod seiner Mutter und dem Abbruch der Schule taucht der 18-jährige Jakob unerwartet bei seiner hochschwangeren Schwester auf, jobbt hier und da und verliebt sich in ein polnisches Au-pair-Mädchen.

Kritik: (…) Gutmann vermeidet beharrlich alle Zugeständnisse an den gegenwärtigen Phänotyp des Genres, die Teenieklamotte. Es gibt keine zotigen Witze, aber auch keine Sexszenen. Wie in alten Zeiten werden als Liebesgaben noch Ringe verschenkt und im Streit den Gebern vor die Füße geworfen, während Belle & Sebastian im Soundtrack jenen angenehmen Post-Folk-Rock zaubern, die uns Dreißigjährigen so gut gefällt. Vielleicht werden Teenager diesen Film erst in 15 Jahren lieben, aber dann wird er ihnen aus der Seele gesprochen sein. Denn das ist das Wunderbare und auch ein wenig Traurige an jugendlichen Liebesfilmen, wenn sie denn gelungen sind. Sie altern nicht, ganz im Gegensatz zu uns, bis ihr Glücksversprechen schließlich eine Glückserinnerung geworden ist.

Daniel Kothenschulte, FR, 11.6.2002

(...) Nun tut es gut, endlich mal einen Teeniefilm ohne die üblichen Fäkalscherzchen zu sehen. Allerdings kommt dieses Werk zu betulich daher, dass man sich nach etwas mehr Drive sehnt. Die Schauspieler sind gut, die Charakterisierungen präzise. Was fehlt, ist der Pepp.

Martin Schwarz, Zitty, 12/2002

(...) Verblüffend präzise ist Gutmanns Wahrnehmung der sozialen Räume und Landschaften. Er entlockt den Originalschauplätzen ihre Unwirtlichkeitsessenz, macht die Enge der Sozialwohnung handgreiflich spürbar, skizziert mit wenigen Strichen die Sterilität der Einfamilienhaus-Vorortsiedlungen, wo in umzäunten Gärtchen banale Poolpartys gefeiert werden. Die stärksten Bilder zeigen, dass sich an solchen Orten das fragile Lebensgefühl Jakobs nie ganz besänftigen lässt. Jakob wird immer etwas von dem Empfinden, nur so auf Durchreise zu sein, mit sich herumtragen. (...)

Rainer Gansera, SZ, 7.6.2002

Herz oder Knete 332

**+
TV

Regie: Michael Rowitz
Darsteller: Gudrun Landgrebe (Adele Weiß), Günther Maria Halmer (Carl Morus), Marie Zielcke (Linda Weiß), Ingo Naujocks (Christian Morus), Julian Weigend (Dieter Morus), Claudia Mehnert (Maria)
Drehbuch: Daniel Maximilian, Thomas Pauli, nach dem gleichnamigen Roman von Annegrit Arens
Kamera: Dietmar Koelzer
Musik: Kay Skerra, Gabriela Carasusan
Prod.: D 2001; 90 Min.
TV: 12.4.2002, ARD, 20.15

Kritik: Namhafte Darsteller wetzen sich an den dürftigen Dialogen der Liebeswirren den guten Ruf ab, und nichts wird ausgelassen, um dem Triumph der Gefühle über die Knete zu huldigen: Nicht das Schwulen-Genöle und nicht die Sehnsucht der Putze, das Abitur nachzumachen. (...)

Ponkie, AZ, 15.4.2002

Die Herzbuben 333

THE SPARKLER
□
TV

Regie: Darren Stein
Darsteller: Jamie Kennedy (Trent), Steven Petrarca (Joel), Freddie Prinze jr. (Brad), Sandy Martin (Ed), Park Overall (Melba May), Veronica Cartwright (Dottie)
Drehbuch: Catherine Eads, Darren Stein
Kamera: Rodney Taylor
Musik: David E. Russo
Prod.: USA 1998; 84 Min.
TV: 6.1.2002, ARD, 23.35

Als sie ihren Mann beim Seitensprung ertappt, wagt die 39-jährige Melba May endlich den Ausbruch aus ihrem spießigen Wohnwagenpark. Auf den Spuren von drei jungen Männern, die von der Hausfrau gar nichts wissen wollen, reist sie nach Las Vegas. Und hier scheint sich ihr Glück endlich zu wenden. (...) *Pressetext*

Herzen in Fesseln 334

***
TV

Regie: Ulrich Stark
Darsteller: Gaby Dohm (Susanna Hagen), Katharina Müller-Elmau (Judith Hagen), Rainer Grenkowitz (Dr. Georg Stahl), Hansa Czypionka (Mario Vernhagen), Matthias Walter (Florian Veitl), Katja Hiller (Anne Söden)
Drehbuch: Monica Simon
Kamera: Wolf Siegelmann
Musik: Birger Heymann
Schnitt: Simone Keller
Prod.: Askania Media für ARD; D 2002; 90 Min.
TV: 28.6.2002, ARD, 20.15

In dem Mutter-Tochter-Krieg darf sich Gaby Dohm als mütterliche Ego-Zicke von geradezu teuflischer Inbrunst austoben. Das elegante Karrierereweib ist mit einem jüngeren Archäologenkollegen verbandelt und findet ihn justament mit ihrer Tochter im Bett. Stürzt darauf im Herzensschock die Treppe hinunter und ist fortan querschnittsgelähmt. Die gewissensgequälte Tochter lässt sich die nächsten zehn Jahre als Krankenpflegerin schikanieren, und als der Geliebte wieder auftaucht, wirft die herrschsüchtige Mutter sofort wieder die Klammergriffel nach ihm aus und degradiert die Tochter zur grauen Dienstbotenmaus. Ein Psychostück und Sadospiel von Rachehass, unausgesprochenen Vorwürfen, Besitzgier und Verlustangst. (…)

Ponkie, AZ, 1.7.2002

Hey, Happy! 335

HEY, HAPPY! ***

Regie: Noam Gonick
Darsteller: Jeremie Yuen (DJ Sabu), Craig Aftanis (Happy), Clayton Godson (Spanky O'Niel), John Simone (Ricky G.), Dita (Darnel), Chelsey Perfanick (Chelsea)
Drehbuch: Noam Gonick
Kamera: Paul Suderman
Musik: The Ray Makers (Song)
Schnitt: Bruce Little
Prod.: BDBG/Big Daddy Beer Guts; Kanada 2000; 75 Min.
UA: Sundance Filmfestival 2001
Verleih: GM, 17.10.2002

In Randbezirken der kanadischen Provinzmetropole Winnipeg herrscht Endzeitstimmung, eine Flutkatastrophe droht. Die lokale Ravergemeinde lässt bei Partys mit Sex und Drogen noch einmal die Sau raus. Ein schwuler DJ hat einen linkischen Ufologen namens Happy zu seinem 2000. Sexpartner erkoren, doch ein finsterer Frisör entführt Happy mithilfe eines fetten Amazonentrios und macht ihn zum Sexsklaven. Es kommt zum Eifersuchtsdrama vor der tristen Kulisse alter Industrieanlagen und Mülldeponien. Ein bizarrer Undergroundfilm mit zum Teil eindringlichen Bildern, skurrilen Typen und einem Soundtrack zwischen Hip-Hop und Easy Listening.

Ralph Umard, tip, 10.10.2002

Hide and Seek 336

CORD ***

Video

Regie: Sidney J. Furie
Darsteller: Daryl Hannah (Anna), Jennifer Tilly (Helen), Vincent Gallo (Frank), Bruce Greenwood (Jack), Johanna Black (Emily), Sharon Bajer (Dr. Webster)
Drehbuch: Joel Hladecek, Yas Takata
Kamera: Curtis Petersen
Musik: Robert Carli
Schnitt: Saul Pincus
Prod.: GFT/Paquin Ent.; USA 2000; 94 Min.
Vertrieb: Kinowelt, 19.3.2002
FSK: ab 18 J.

Kinderloses Paar entführt schwangere Managergattin, um an deren Kind zu kommen. Überraschend spannender Psychothriller mit gutem Ensemble.

High Crimes – Im Netz der Lügen 337

HIGH CRIMES ***+

Regie: Carl Franklin
Darsteller: Ashley Judd (Claire Kubik), Morgan Freeman (Grimes), James Caviezel (Tom Kubik), Amanda Peet (Jackie), Tom Bower (Mullins), Adam Scott (Embry)
Drehbuch: Yuri Zeltser, Cary Bickley, nach dem gleichnamigen Roman von Joseph Finder
Kamera: Theo van de Sande
Musik: Graeme Revell
Schnitt: Carole Kravetz-Aykanian
Prod.: New Regency/Manifest/Monarch Pic.; USA 2001; 115 Min.
Verleih: 20th Century Fox, 24.10.2002
FSK: ab 12 J., ffr. – **FBW:** Besonders wertvoll

Zwölf Jahre nach einem Massaker an Zivilisten in El Salvador wird ein ehemaliger amerikanischer Elitesoldat wegen Mordes angeklagt. Seine Frau übernimmt die aussichtlos erscheinende Verteidigung.

Kritik: Die Autoren und der Regisseur haben es hier verstanden, thematischen Tiefgang, einen plausiblen dramatischen Aufbau, Thrillerelemente, schauspielerische Glanzlichter und Sozial- beziehungsweise Militarismuskritik sinnvoll zu verbinden. (…)

Thomas Engel, Der Gildendienst, 5/2002

Hilfe, ich bin ein Junge! 338

***

Regie: Oliver Dommenget
Darsteller: Sarah Hannemann (Emma), Nick Seidensticker (Mickey), Philipp Blank (Oskar), Felix Benjamin Maue (Marek), Franz Paul Stiller (Attila), Pinkas Braun (Tartov)
Drehbuch: Astrid Ströher
Kamera: Georgij Pestov
Musik: Jens Langbein, Robert Schulte Hemming
Schnitt: Monika Schuchard
Prod.: Studio Hamburg mit NDR/BR; D 2000; 95 Min.
Verleih: MFA, 17.10.2003
FSK: o. A., ffr. – **FBW:** Wertvoll

Oliver Dommenget hat sich für seinen ersten Kinderfilm allerhand vorgenommen: Streberin Emma wechselt Haut und Rolle mit ihrem faulen Schulkameraden Mickey. Pinkas Braun aus den ollen Wallace-Filmen agiert als verschlagener Zauberer. Und Emmas Schwimmtrainer will den Sieg um jeden Preis. Die überfrachtete Mixtur zerfällt immer wieder in ihre Einzelteile. Sich in die Rolle des anderen Geschlechts zu versetzen, wird auf platte Äußerlichkeiten reduziert – Faulheit kontra Ehrgeiz. Die interessante Frage, wo Jungs vielleicht weibliche und Mädchen vielleicht männliche Seiten haben, wird nicht mal angetippt. Stattdessen entwickelt sich lediglich ein vermeintlich spannender Wettlauf, um die Verwandlung rückgängig zu machen. Und die Fixierung der Mutter, ihrer Tochter Emma die selbst verpasste Sportkarriere aufzuzwingen, wird ebenso zum Klischee wie die Figur des Trainers Hopp, der es auf Mutterherz und Tochter-Triumph abgesehen hat. Ein konfuses Werk weder für noch über Kinder.

Manfred Hobsch, Zitty, 22/2002

Hilfe, ich habe ein Date! 339

THE THIRD WHEEL **

Video

Regie: Jordan Brady
Darsteller: Ben Affleck (Michael), Matt Damon (Kevin), Wayne Federman (Duane), Luke Wilson, Denise Richards, Jay Lacopo
Kamera: Jonathan Brown
Musik: Lisa Coleman, Wendy Melvoin
Schnitt: Sam Citron, Paul Seydor
Prod.: HSI Tomorrow/Liveplanet/Pearl Street Prod.; USA 2001; 83 Min.
Vertrieb: Kinowelt Video, 4.6.2002
FSK: o. A.

Tollpatschiger Liebeskranker verabredet sich mit seiner Traumfrau, die seit kurzem wieder zu haben wäre. An diesem arg harmlosen Teeniefilmchen verwundern nur die Namen der Schauspieler: Matt Damon und Ben Affleck.

Hillbrow Kids 340

□

TV

Regie: Michael Hammon, Jacqueline Görgen
Kamera/Schnitt: M. Hammon, J. Görgen
Prod.: D/Südafrika 1999; 95 Min.
TV: 31.7.2001, Arte, 20.45

Das Leben der Straßenkinder von Johannesburg: Aus den Townships, die nach dem Ende der Apartheid fortbestehen, gehen die halbwüchsigen Jungen in die große Stadt, um sich dort durchzuschlagen. »Wenn ich ein Fahrrad habe, gehe ich zurück«, sagt einer und nennt ein Ziel, das mit Betteln, kleinen Jobs und kleinen Verbrechen schwer zu erreichen ist. »No glue«, ermahnen die reichen Weißen, wenn sie eine Spende aus ihren Autos reichen, »keinen Klebstoff schnüffeln.« Eine lose strukturierte Dokumentation mit zum Teil erschütternden Momenten.

Bert Rebhandl, tip, 25/2002

Der Himmel von Hollywood 341

THE HOLLYWOOD SIGN ***

Regie: Sönke Wortmann
Darsteller: Burt Reynolds (Kage Mulligan), Rod Steiger (Floyd Benson), Tom Berenger (Tom Greener), Jacqueline Kim (Paula Carver), Al Sapienza (Rodney), David Proval (Charlie)
Drehbuch: Leon de Winter, nach seinem gleichnamigen Roman
Kamera: Wedigo von Schultzendorff
Musik: Peter Wolf
Schnitt: Edgar Burcksen
Prod.: Multifilm/Pleswin Ent./Senator/Blue Rider; USA/D/NL 2001; 93 Min.

EA: Int. Hofer Filmtage 2001
Verleih: Senator, 10.1.2002 (nicht gestartet)

Die Handlung weist einige überraschende Wendungen auf, mündet in einem Film-im-Film-Plot und schließt damit die Klammer zur Eingangssequenz, die ebenfalls auf einem Filmset begann: Denn da muss Sönke Wortmann aus dem ständig misslingenden Versuch Kages, eine Actionszene als Polizist hinzulegen, komödiantisches Kapital schlagen. Doch in dieser wie auch in anderen Szenen gelingt es dem Regisseur selten, de Winters hintergründigen Humor aus den Charakteren herauszukitzeln. Vor allem Tom Berenger weist sich den komödiantischen Anforderungen nicht gewachsen. Rod Steiger rettet sich mit Roputine und Burt Reynolds schafft es immerhin, auch einige tragische Töne anzustimmen. Aber da es ihnen an Gegenspielern fehlt – fast alle Nebenrollen sind eher blass besetzt –, wartet man oft vergeblich auf schauspielerische Kabinettstückchen und wirklich innovative Regieeinfälle.

Rolf Rüdiger Hamacher, Filmecho-Filmwoche, 50/2001

Kritik: (...) Bitterer Humor und subversiver Witz, Liebe zu den Figuren und die unbändige Lust am Filmemachen sind die Zutaten für diese böse Persiflage auf das Leben in Hollywood, das sich hier nicht in schicken Villen, sondern in schäbigen Hotels abspielt. Die Helden sind nicht jung, schön und knackig, sondern alt, kränkelnd und faltig, leiden unter den »Dritten« und so manch anderem Zipperlein. Sie kämpfen nicht um Millionengagen, sondern um das schlichte Überleben. »Der Himmel von Hollywood« verfolgt nicht einen exemplarischen Lebenslauf, sondern entsteht an der Schnittstelle völlig unterschiedlicher Existenzen.

Margret Köhler, Blickpunkt Film, 46/2001

Himmelreich auf Erden 342

***
TV

Regie: Torsten C. Fischer
Darsteller: Christiane Paul (Julie Stiller), Frederic Welter (Baba Rutzmoser), Wotan Wilke Möhring (Roland), Günther Maria Halmer (Max), Monika Baumgartner (Mutter Rutzmoser), Fred Stillkrauth (Vater Rutzmoser)
Drehbuch: Günter Schütter
Kamera: Theo Bierkens
Musik: Dieter Schleip
Schnitt: Hansjörg Weißbrich
Prod.: teamWorx für ZDF; D 2001; 100 Min.
TV: 2.12.2002, ZDF, 20.15

Der eigenwillige, oft bizarre Film der unmöglichen Beziehungen ist tragische Farce und rührender Seelenterror – mit den zynisch-grotesken Bilderfetzen aus einem niederbayerischen Blut-und-Boden-Drama und modernen psychotherapeutischen Sackgassen. (...) Zwischen Komik, Bitterkeit und Schock scheitert Julies Sozialarbeiteranspruch.

Ponkie, AZ, 4.12.2002

Ein himmlisches Weihnachtsgeschenk 343

**
TV

Regie: Karin Hercher
Darsteller: Klausjürgen Wussow (Eduard Wagner), Michael Lesch (Robert Wagner), Ursula Buschhorn (Katharina Wagner), Michael Roll (Jochen Wagner), Wolf-Niklas Schykowski (Jacob Wagner), Alexandra Kamp (Sabine Pitzel)
Drehbuch: Marlis Ewald
Kamera: Zivko Zalar
Musik: Martin Holländer
Schnitt: Ines Rehder
Prod.: Lisa Film/Graf Film für ARD; D/Österreich 2002; 90 Min.
TV: 14.12.2002, ARD, 20.15

Mit leuchtenden Augen steht der kleine Jacob vor dem Weihnachtsmann und wünscht sich einen Opa vom Christkind. Wie es der Zufall will, ist der Mann mit dem Rauschebart tatsächlich sein verschollener Großvater. *SZ TV-Beilage*

Hinter der Sonne – Behind the Sun 344

ABRIL DESPEDACADO – BEHIND THE SUN ***

Regie: Walter Salles
Darsteller: José Dumont (Vater), Rodrigo Santoro (Tonho), Rita Assemany (Mutter), Ravi Ramos Lacerda (Pacu), Luis Carlos Vasconcelos (Salustiano), Flavia Marco Antonio (Clara)
Drehbuch: Karin Ainouz, Walter Salles, Sergio Machado, nach dem Roman »Der zerrissene April« von Ismail Kadaré
Kamera: Walter Carvalho
Musik: Beto Villares, Ed Cortes, Antonio Pinto
Schnitt: Isabelle Rathery
Prod.: VideoFilmes/Haut et Court/Bac/ Arthur Cohn Prod./Dan Valley Film/ Bac Films; Brasilien/Frankreich/Schweiz 2001; 92 Min.
Verleih: Buena Vista, 11.4.2002
Vertrieb: Buena Vista Video (Video, DVD)
FSK: o. A., ffr. – **FBW:** Besonders wertvoll

Die freie Adaption von Ismail Kadarés Roman »Der zerrissene April« übersiedelt den Stoff aus Albanien in die brasilianische Provinz. Im verwahrlosten Dekor des frühen 20. Jahrhunderts richtet sich eine Familie in einer sinnlosen Blutfehde zugrunde, bis ein Zirkusfräulein den eigentlich todgeweihten Helden auf romantischere Ideen bringt. Salles, schon in »Central Station« kein Feind von schlichtem Kitsch, zwingt hier den Zuschauer mit ungeduldigen Pathoshammerschlägen in die Knie, um ihn danach mitleidlos weiter mit tonnenschweren Zeichen und wilden, kunstgewerblichen Manierismen zu bombardieren.

Robert Weixlbaumer, tip, 8/2002

Kritik: (...) Walter Salles hat ein Märchen im Sinn gehabt, von Sehnsucht nach Klarheit und Unschuld zeugen seine Bilder. Ein Märchenbuch ist es, das dem Jungen die Augen öffnet, die Geschichte einer Meerjungfrau. Aber die Geschichte verändert sich, sie bekommt, wenn man sie aus dem Grau der albanischen Berge in die brasilianischen Badlands transferiert, neue Farben und Konturen. Die konkreten Bezüge schwinden beim Transfer, das historische Geflecht. Der Film wird global und sucht die Allgemeingültigkeit und ist in diesem Sinne lang als Oscar-Favorit gehandelt worden – bis die Academy dann doch den serbischen »No Man's Land« prämierte. (...) *Fritz Göttler, SZ, 11.4.2002*

(...) Auch Salles neuer Kinofilm handelt von dem Widerspruch zwischen Tradition und Moderne. Und neben der Schilderung eines intimen Familiendramas spürte Salles in der Geschichte von Ismail Kadaré jenem mythisch-epischen Urstoff nach, der von klassisch-existenzialistischen Fragen wie Schicksal oder Vorherbestimmtheit des Menschen handelt und seiner Chance zur Freiheit und Selbstbestimmung. – Optisch durchaus ein Genuss, stofflich allerdings eher fremd, wird es der berühmte Funke voraussichtlich schwer haben überzuspringen. Salles findet in »Hinter der Sonne« längst nicht zu der erzählerischen Kraft, mit der er zum Beispiel in »Central do Brasil« weltweit das Publikum begeistern konnte. *Bernd Jetschin, Filmecho-Filmwoche, 14/2002*

Hinterlassenschaften 345

***+
TV

Regie: Steffi Kammermeier
Darsteller: Andreas Nicke (George Thaller), Jule Ronstedt (Franziska Gallweber), Fred Stillkrauth (Franz Thaller), Christa Berndl (Magdalena Gallweber), Robert Giggenbach, Lilly Forgach
Drehbuch: Steffi Kammermeier
Kamera: Christian Reitz
Musik: Rudolf Gregor Knabl
Schnitt: Ulla Möllinger
Prod.: Cinema 88 für BR; D 2002; 90 Min.
TV: 30.5.2002, ARD, 18.30

Stilsicher besetztes bayrisches Hopfenbauern-Erbschaftsdrama: Geballte Giftschwaden von Geschwistereifersucht, Habgier und Bauernsturheit, authentisch im tragischen Urkonflikt der Generationen.

Ponkie, AZ, 1.6.2002

Hirtenreise ins dritte Jahrtausend 346

***+

Regie: Erich Langjahr
Drehbuch: Erich Langjahr
Kamera: Erich Langjahr
Musik: Hans Kennel
Schnitt: Erich Langjahr
Prod.: Langjahr Film; Schweiz 2002; 124 Min.
UA: April 2002
EA: Int. Leipziger Festival für Dokumentar- und Animationsfilm 2002
Verleih: Eigenverleih, November 2002

Wie lebt es sich als Hirte auf Wanderschaft im Schweizer Mittelland? Für den dritten Teil seiner Trilogie zum Bauernleben hat der Innerschweizer Erich Langjahr mit der Kamera über längere Zeit zwei Hirtenfamilien begleitet, darunter den Hirten Thomas Landis, der im Winter eine Herde durchs Mittelland führt. »Hirtenreise« ist eine geduldige, behutsame Annäherung an eine selten gewordene Lebensform geworden, die geprägt ist von großer Nähe zwischen Menschen und Tieren. Ein visuell eindrucksvoller, langsamer, aber durchaus auch unterhaltsamer Film.

Neue Zürcher Zeitung Online

Die Hochzeitsfalle 347

BUYING THE COW

**
Video

Regie: Walt Becker
Darsteller: Jerry O'Connell (David Collins), Bridgette Wilson (Sarah), Ryan Reynolds (Mike Hanson), Bill Bellamy (Jonesy), Alyssa Milano (Amy), Jon Tenney (Andrew Hahn)
Drehbuch: Walt Becker, Peter Nelson
Kamera: Nancy Schreiber
Musik: Andrew Gross
Schnitt: Tony Lombardo
Prod.: Destination Films; USA 2000; 85 Min.
Vertrieb: Columbia TriStar, 5.12.2002
FSK: ab 12 J.

Heiraten oder nicht? Das treibt David und Freundin Sarah um: Er will Auszeit, sie stellt Ultimatum. Mehr oder weniger harmlose, wenngleich nicht völlig hirnlose Teeniekomödie.

Der Hof 348

KIEMAS

***+
TV

Regie: Valdas Navasaitis
Darsteller: Donatas Banionis (der alte Mann), Ricardas Vitkaitis (Lorencas), Albinas Keleris (Vladas), Tatjana Liutajeva (Elvyra), Rasa Samuolyte (Veronika)
Drehbuch: Valdas Navasaitis, Jean-Francois Stevenin, Babon Rappeneau
Kamera: Rymvydas Leipus
Musik: Philippe Sarde
Schnitt: Mingaile Murmulaitiene
Prod.: Uljana Kim/Les Films De L'Observatoire/Valdas Navasaitis; Litauen/Frankreich 1999; 90 Min.
EA: 28.6.1999, Filmfest München
TV: 27.3.2002, Arte, 00.05

Ein altes Apartmenthaus wird zum Symbol menschlichen Daseins: Im Erdgeschoss wohnt ein Alkoholiker mit seiner Frau und der 16-jährigen Tochter. (...) Auf dem gleichen Stockwerk lebt ein alter Schuhmacher, der bloß die Gesellschaft seiner Katze hat, im ersten Stock ein junges Paar. (...) Nichts von dem, was hier gesagt oder getan wird, entgeht der Aufmerksamkeit einer Gruppe von Kindern, die den Hof als Spielplatz benutzen.

Katalog Filmfest München

Hoffnung stirbt zuletzt 349

****
TV

Regie: Marc Rothemund
Darsteller: Anneke Kim Sarnau (Corinna), Axel Prahl (Eddy), Wotan Wilke Möhring (Jens), Barbara Philipp (Iris), Frank Siekel (Robert), Irmelin Beringer (Michaela)
Drehbuch: Fred Breinersdorfer
Kamera: Martin Langer
Schnitt: Hans Funck
Prod.: TV60 Film für NDR; D 2001; 89 Min.
UA: Int. Hofer Filmtage 2001
TV: 3.4.2002, ARD, 20.15

Nach einjähriger »Warteschleife« bekommt Corinna ihre erste Chance als Polizistin – ausgerechnet in einem verrufenen Revier Hamburgs. Als sie im privaten Kontakt die Distanz zu ihrem Vorgesetzten vermissen lässt, seine sexuellen Avancen aber abwehrt, startet der eine Mobbingattacke, bei der es letztlich nicht mehr nur um Corinnas Job, sondern um die Vernichtung ihres Daseins geht. (...) Heftiges Drama ohne falsche Töne.

W. O. P. Kistner, AZ, 5.4.2002

Kritik: (...) Ein guter Film um ein heikles Thema. Marc Rothemund hat das stimmige Drehbuch von Fred Breinersdorfer mit einer denkbar großen Einfühlungskraft und Zurückhaltung umgesetzt, die Inszenierung drängt sich niemals auf, geht in Momenten der Nähe auf gesunde Distanz. Keine Schönfärberei, keine inszenatorischen Plattitüden, und niemals wird sie verraten, kompromittiert, die einsame Jungpolizistin. Ein Film direkt aus dem Leben, mit einer ungeheuren Wucht, die lange nachhält. *Thilo Wydra, Filmecho-Filmwoche, 46/2001*

Honor & Duty – The Substitute IV 350

THE SUBSTITUTE 4: FAILURE IS NOT AN OPTION **
Video

Regie: Robert Radler
Darsteller: Treat Williams (Karl Thomasson), Angie Everhart (Jenny), Patrick Kilpatrick (Brack), Bill Nunn (Luther), Tim Abell (Devlin), Grayson Fricke (Ted Yeager)
Kamera: Richard M. Rawlings
Musik: Stephen Edwards
Schnitt: Lou Angelo
Prod.: Artisan Ent.; USA 2000; 87 Min.
Vertrieb: Highlight Video, 14.3.2002
FSK: ab 18 J.

Exsöldner tritt gegen Neonazis an Kadettenschule an. Enttäuschender Actionkrimi mit allzu simpler Rezeptur.

Horrorvision 351

HORRORVISION **
Video

Regie: Danny Draven
Darsteller: Jake Leonhard (Dez), Maggie Rose Fleck (Dazzy), Josh Covitt (Synth), James Black (Bradbury), Brinke Stevens (Toni), Ariauna Albright
Drehbuch: Scott Phillips
Kamera: Mac Ahlberg
Schnitt: David R. Cane
Prod.: Full Moon/Tempe Ent.; USA 2001; 75 Min.
Vertrieb: Marketing (e-m-s Video), 25.3.2002
FSK: ab 18 J.

Virtueller Dämon verschanzt sich hinter Internet-Homepage bis ihm ein Computerpirat den Garaus macht oder so. Dümmlicher Sci-Fi-Cyber-Horror mit hohem Gähnfaktor.

The House Next Door 352

THE HOUSE NEXT DOOR **
Video

Regie: Jocy Travolta
Darsteller: A. J. Cook (Lori Peterson), Theresa Russell (Helen Schmidt), James Russo (Carl Schmidt), Matthew Harrison (Tom Peterson), Sea Young (Monica), Jennifer Carmichael
Drehbuch: John Benjamin Martin
Kamera: Pieter Stathis
Musik: John Sereda
Schnitt: Pamela Benwick, Richard Benwick
Prod.: Sunfilm/Trinity Home Ent.; USA 2001; 95 Min.
Vertrieb: Sunfilm, Video 26.11.2002
FSK: ab 16 J.

Kaum in die Provinz gezogen, schon wittert Lori bei den Nachbarn Übles und ermittelt auf eigene Faust. Reichlich absehbares Krimispiel mit guten Namen, aber wenig Spannung.

Hundepension 353

PANSION ZU KUCHETA □

Regie: Stephan Komandarew
Darsteller: Ilka Safirowa, Nikolaj Binew, Petar Antonow
Drehbuch: Yurij Datchew
Kamera: Vladimir Michailow
Musik: Stephan Valdobrew
Prod.: Marten Visual Design Studio/ Boyana Film; Bulgarien 2000; 80 Min.
EA: 9.2.2001, Int. Forum des Jungen Films Berlin
Verleih: Freunde, März 2002

Komödie um eine ehemalige Opernsängerin, die in ihrer heruntergekommenen Villa am Meer extravagante Shows inszeniert.

101 Reykjavik 354

101 REYKJAVIK ***+

Regie: Baltasar Kormákur
Darsteller: Victoria Abril (Lola Milagros), Hilmir Snaer Gunason (Hlynur), Hanna Maria Karlsdottir (Berglind, Mutter von Hlynur), Baltasar Kormakur (Throestur), Olafur Darri Olafsson (Marri)
Drehbuch: Baltasar Kormákur, nach dem gleichnamigen Roman von Hallgrimur Helgason
Kamera: Peter Steuger
Musik: Damon Albarn, Einar Örn Benediktsson
Schnitt: Skule Eriksen, Sigvaldi J. Kárason
Prod.: 101 Ltd. mit Filmhuset/Zentropa/ Liberator/Troika Prod.: Baltasar Kormakur, Thorfinnur Omarsson, Ingvar Thordarson; Island/Dänemark/Frankreich/Norwegen/ D 1999; 89 Min.
UA: Int. Filmfestspiele Locarno 2000
Verleih: Juli 2001 (CH), Kinowelt, 6.6.2002

Hlynur ist immer mittenmang, ein zynischer Endzwanziger, Tagedieb und Mamas Liebling. Nur dass sie ihm eines Tages ihre Liebe zu Lola gesteht, mit der Hlynur eben den Sex seines Lebens hatte. Doch es kommt noch dicker: Lola ist schwanger, er wird Vater. Was nun? Kormákurs Regiedebüt entpuppt sich als abgedrehte tabulose Komödie mit poppigem Soundtrack und sympathischen Charakteren – seine Liebeserklärung an Reykjavik.

Cristina Moles Kaupp, tip, 13/2002

Kritik: (…) Mit der schwarzen Komödie zeichnet der Regisseur Baltasar Kormákur ein Bild des isländischen Alltags, das nichts mehr mit den touristischen Klischees der Elfen und Geysire zu tun hat. Kaum einmal wagt sich der Film ins Freie, und wenn er es doch tut, toben Schneestürme, oder man fährt endlos durch zersiedelte Vororte. Die Wohnungen sind eng, voll gestellt, voller Provisorien, Höhlen gleich. Wer einen Job hat, arbeitet bei der Müllabfuhr oder in einem Bestattungsinstitut.
Die umfassende Tristesse erinnert an das Finnland der Filme Kaurismákis, die Alltagskultur besteht aus importierten Versatzstücken: Die Musik stammt aus England, die Pornos aus Deutschland, die Flamencotrainerin aus Spanien. Als der überforderte und narzisstische Hlynur pathetisch seinen Selbstmord inszenieren will, versagt auch noch die sonst so zuverlässige Kälte Islands. So geht er dann als Knöllchenschreiber zur Polizei. Viel Hoffnung macht das nicht.

Ulrich Kriest, Stuttgarter Zeitung, 20.6.2002

Hundstage 355

***+

Regie: Ulrich Seidl
Darsteller: Maria Hofstätter (Hitchhiker), Christine Jirku (Lehrerin), Victor Hennemann (Liebhaber), Georg Friedrich (Lucky), Franziska Weiss (Claudia), Rene Wanko (Mario)
Drehbuch: Ulrich Seidl, Veronika Franz
Kamera: Wolfgang Thaler
Schnitt: Andrea Wagner, Christof Schertenlieb
Prod.: Allegro Film mit ORF/ZDF/Arte; Österreich 2001; 121 Min.
UA: 2.9.2001, Int. Filmfestspiele Venedig
Verleih: Alamode, 1.8.2002

Bei hochsommerlichen Temperaturen versammelt Seidl in seinem ersten reinen Spielfilm sein Ensemble zum albtraumhaften Reigen. Durchschnittsmenschen in der intimen Hölle ihres Alltags, bei physischen und emotionalen Gewaltexzessen, im Leerlauf ihrer Tage. An der südlichen Peripherie von Wien werden diese Figuren (dargestellt von Laien und Profischauspielern) zu einem unlieblichen Panorama der österreichischen Moderne zusammengeführt, in dem strenges Formbewusstsein auf wilde Improvisation trifft.

Robert Weixlbaumer, tip, 16/2002

Kritik: (…) Der Film beeindruckt durch den Exzess an Schonungslosigkeit, mit der Seidl die Spießerhölle an der Peripherie Wiens schildert, und liefert sich dann doch zu sehr an Szenarien des Hasses und des Ekels aus.

Ein bizarres Gruppenbild des alltäglichen Horrors, mit Bewohnern des Niemandslandes zwischen Einkaufszentren, Reihenhaussiedlungen und Swingerclub. In aller Ausführlichkeit wird geprügelt, geschrien, gekotzt, gestöhnt und wieder geprügelt. Endlos ausgespielt werden Situationen der Demütigungen und sadomasochistische Arrangements, bis der vermeintliche Wille zu dokumentierender Wahrhaftigkeit zum selbstgefällig zelebrierten Sadismus wird. Seidl ist sezierender Beobachter und Zeremonienmeister dieser Exzesse – ihm fehlt die Anteilnahme, die Pasolinis »Meinen Körper in den Kampf werfen!« ausdrückt. (…)

Rainer Gansera, SZ, 4.9.2001

(…) Tatsächlich sind viele dieser kalt ausgedachten und heiß ausgespielten Szenen fesselnd – und lassen den Zuschauer, der sich auf sie eingelassen hat, lange nicht los. Aber sie sind die tragenden Elemente eines Films, der zwei Stunden nicht viel mehr als sein »Spießer sind Scheiße«-Transparent vor sich her trägt und nicht davor zurückscheut, hierfür auch echte Spießergesichter vor die Kamera zu zerren. »Hundstage« ist kein Meisterwerk, sondern allenfalls eine meisterlich zynische Denunziation: Sozialvoyeurismus durch die Hintertür, und das auf Kunstfilmniveau. Die Wahrhaftigkeit, die Ulrich Seidl bruchlos vom Dokumentarfilm in den Spielfilm übertragen haben will, wird man in »Hundstage« vergebens suchen.

Jan Schulz-Ojala,
Der Tagesspiegel, 31.7.2002

(…) Dem Realismus aber hat sich der Dokumentarist Seidl denkbar weit entfernt: Zu künstlich ist das Ambiente, zu gepflegt sind die Manierismen der Figuren. Aber Seidl überzeichnet nicht stark genug, um ins Groteske zu verzerren, sondern er versieht sie mit einem Schuss Hyperrealismus, sodass sie ein wenig zu groß, zu nah, zu bunt, zu laut, zu obszön wirken. Ein ganz klein wenig nur; aber der Effekt ist erschütternd.
Ein Film wie Seidls »Hundstage« ist hierzulande weit und breit nicht in Sicht. Auch keine Sozialgrotesken wie die von Michael Haneke (»Die Pianistin«) oder Wolfgang Murnberger (»Komm, süßer Tod«). Derbe Komödien auf Kosten von wem auch immer haben in Deutschland weiterhin Konjunktur. In Österreich dagegen gibt es grantelnden Schmäh, der immer auch die Anerkennung der eigenen Defizite beinhaltet. Und das ist fast schon wieder ein Klischee.

Daniela Sannwald, FR, 2.8.2002

Interview: *Herr Seidl, ist schwarzer Humor und Bösartigkeit ein Markenzeichen österreichischer Regisseure?*

Nicht a priori. Ich bin auch nicht bösartig, meine Filme zeigen das Morbide unserer Welt, sind auf der anderen Seite auch lustig.

Bei »Hundstage« lacht man mit schlechtem Gewissen, weil man über die Leute lacht.

Das ist Ihr Problem. Was ich zeige, mag lächerlich sein. Aber es gibt im Leben eines jeden Menschen solche Situationen. Mich interessiert genau diese Grenze zwischen der Lustigkeit und dem Punkt, wo uns das Lachen völlig vergeht und kalt ums Herz wird.

Was treibt Laien und Profis dazu, alle Hemmungen vor der Kamera abzuwerfen?

Ich bin sehr gründlich beim Casting und verbringe auch sehr viel Zeit mit meinen Darstellern, schaffe eine Vertrauensbasis. Es müssen halt Menschen sein, die wirklich so weit gehen wollen. Ich mache viele Probeaufnahmen, aber ein Risiko bleibt immer.

Ulrich Seidl im Interview mit
Margret Köhler, AZ, 1.8.2002

Hysteria: Die Def Leppard Story 356

HYSTERIA. THE DEF LEPPARD STORY **

Video

Regie: Robert Mandel
Darsteller: Orlando Seale (Joe Elliot), Nick Bagnale (Pete Willis), Karl Geary (Steve Clark), Adam MacDonald (Rick Savage), Esteban Powell (Phil Collen), Tat Whalley (Rick Allen)
Drehbuch: Carolyn Shelby, Christopher Ames
Kamera: Eric Cayla
Musik: Christopher Lennertz
Schnitt: Neil Grieve
Prod.: LS/Viacom; USA/Kanada 2001; 85 Min.
Vertrieb: Paramount Video, 13.6.2002
FSK: ab 12 J.

Die Biografie der britischen Heavy-Metal-Band, ihre Triumphe und ihre tragischen Niederlagen. Oberflächliches TV-Drama für die Fangemeinde der Gruppe.

I love Beijing
357

XIARI NUANYANGYANG
****+

Regie: Ning Ying
Darsteller: Lei Yu (Dezi), Baytao Zuo (Lin Fang), Tao Hong (Zhao Yuan), Gai Yi, Liu Miao
Drehbuch: Ning Dai, Ning Ying
Kamera: Gao Fei
Musik: Zhu Xiaomin
Schnitt: Ning Ying
Prod.: Eurasia Communications/Happy Village; China 2001; 97 Min.
EA: Int. Filmfestspiele Berlin 2001
Verleih: Kairos, OmU, 20.6.2002

Der Taxifahrer Dezi ist ein Mann ohne Eigenschaften: Er durchquert die chinesische Hauptstadt Beijing mit offenen Augen, liest Frauen auf und lässt sie wieder hinter sich. Regisseurin Ning Ying zeichnet das Bild einer Stadt, die sich epochal verwandelt, während ihr Held sich durch existenzielle Einsilbigkeit auszeichnet, die irgendwann zu einer moralischen Entscheidung drängt.

Bert Rebhandl, tip, 13/2002

Kritik: (...) Mit der Figur des Taxifahrers zeichnet die chinesische Regisseurin Ning Ying das Porträt einer desillusionierten Generation. Dezi ist von Konsum, Vergnügungen und Hektik umgeben, aber innerlich leer und indifferent. Er weiß nicht, woran er glauben soll und worauf er hoffen kann. Statt für diesen Charakter jedoch eine treffliche Geschichte zu erfinden, geht es dem Film mehr um eine zuweilen recht simpel formulierte Kritik der Verhältnisse. Weniger filmisch als soziologisch ansprechendes Generationenporträt aus China.

Jennifer Bleek, Zitty, 13/2002

Ice Age
358

ICE AGE
***

Regie: Chris Wedge
Darsteller: Deutsche Stimmen: Arne Elsholtz (Manfred), Otto Waalkes (Sid), Thomas Fritsch (Diego), Christian Brückner (Soto)
Drehbuch: Michael Berg, Michael J. Wilson, Peter Ackerman, nach einer Story von Michael J. Wilson
Musik: David Newman, Justin Skomarovsky
Schnitt: John Carnochan
Prod.: Blue Sky Studios; USA 2001; 81 Min.
Verleih: 20th Century Fox, 21.3.2002
Vertrieb: Fox Video (Video, DVD)
FSK: o. A., ffr. – **FBW:** Besonders wertvoll

Kurz vor der Eiszeit begeben sich drei unfreiwillige Weggefährten – ein Mammut, ein Faultier und ein Tiger – auf die Suche nach den Eltern eines Findelkindes.

Kritik: (...) Im Grunde könnte man »Ice Age« durchaus als Schnee-Western sehen – eine kleine Schar Cowboys und Outlaws verteidigen das Menschenkind gegen die Angriffe der Tiger-Indianer. Auch die Eiszeit-Westerner Manny und Sid – Mammut und Faultier – können nie wirklich sicher sein, ob sie ihren Scout, dem Säbelzahntiger Diego, wirklich vertrauen können. Wie alle guten Zeichentrickfilme bietet auch »Ice Age« hinter der Kinderunterhaltung eine komplexe Erwachsenenebene, hinter der sensationellen Körperakrobatik eine diskrete Doppelbödigkeit. (...)

Anke Sterneborg, SZ, 25.3.2002

Ich bin Sam
359

I AM SAM
****+

Regie: Jessie Nelson
Darsteller: Sean Penn (Sam Dawson), Michelle Pfeiffer (Rita), Dakota Fanning (Lucy), Dianne Wiest (Annie), Loretta Devine (Margaret Calgrove), Richard Schiff (Turner)
Drehbuch: Kristine Johnson, Jessie Nelson
Kamera: Elliot Davis
Musik: John Powell
Schnitt: Richard Chew
Prod.: New Line/Bedford Falls/Red Fish/ Blue Fish Films Prod.; USA 2001; 132 Min.
Verleih: Warner Bros., 9.5.2002
FSK: ab 6 J., ffr. – **FBW:** Wertvoll

Ein allein erziehender, geistig behinderter Vater, der seine kleine Tochter abgöttisch liebt, kämpft mit Unterstützung einer arrivierten Anwältin um das Sorgerecht.

Sam hat das geistige Niveau eines Siebenjährigen, ein harmloser Freak, an dessen Mimik sich Sean Penn perfekt abarbeitet. Die Story indes steht auf einem anderen Blatt. Denn Sam wird Vater und muss für seine kleine Lucy alleine sorgen. Unterstützt von seinen Freunden, die das Kaleidoskop von Behinderungen und harmlosen Neurosen vervollständigen, gelingt ihm das wunderbar. Alle sind happy, bis der Staat dem Vater das Kind wegnehmen will. Ein Rührstück de luxe, das allenfalls die Geduld des Zuschauers auf die Probe stellt.

Cristine Moles Kaupp, tip, 10/2002

Kritik: Das emotionsgeladene Melodram über den Kampf eines geistig behinderten Vaters um das Sorgerecht für seine kleine Tochter präsentiert sich als hochklassiges Schauspielerkino. Auch wenn die Inszenierung von Jessie Nelson manchmal etwas dick aufträgt und ins Rührselige abdriftet, glänzen die Schauspieler, allen voran Sean Penn in der schwierigen Titelrolle, mit brillanten Leistungen. (...)
Leider beeinträchtigt die wenig plausible Ausgangskonstellation eines Behinderten, der angeblich ohne jede behördliche Kontrolle sieben Jahre lang ein Kind aufziehen darf, die negative Zeichnung der pflichtbewussten Behördenvertreter und die zwar allgemeine Harmonie bescherende, aber unrealistische Schlusslösung den Gesamteindruck. Die hochdramatischen Ereignisse werden von flotten Coverversionen alter Beatles-Songs begleitet: Schließlich ist Sam ein so überzeugter Fan, dass er seine einzige Tochter sogar nach dem Beatles-Song »Lucy in the Sky with Diamonds« nennt. *Reinhard Kleber, Filmecho-Filmwoche, 18/2002*

Ich bring dich hinter Gitter 360

**
TV

Regie: Daniel Helfer
Darsteller: Herbert Knaup (Jakob Schaller), Karin Giegerich (Staatsanwältin), Uwe Kockisch (Kommissar Friedrich Dorn), Axel Prahl (Günther Szerba), Nele Jonca (Rebecca Schaller), Charlotte Mellahn (Sina)
Drehbuch: Michael Illner
Prod.: Akzente Film für SAT.1; D 2001; 92 Min.
TV: 29.1.2002, SAT.1, 20.15

Der Dutzendthriller jagt den Gerichtsmediziner, den Kripokommissar und die Staatsanwältin durch eine horrend unglaubwürdige Lustmördergeschichte in einem haarsträubend unrealistischen Milieu. Auch die Gruselelemente sind da verlorene Liebesmüh, und die seltsamen Motive sind das nächtliche Leichentuch-Lupfen in der Pathologie nicht wert.

Ponkie, AZ, 31.1.2002

Ich hab es nicht gewollt – Anatomie eines Mordfalles 361

***+
TV

Regie: Norbert Kückelmann
Darsteller: Franziska Walser (Gutachterin Dr. Gerlach), Axel Sichrowsky (Armin Speer), Fabian Busch (Rechtsanwalt Pohl), Anna Brüggemann (Melanie Probst), Christian Doermer (RA Röhmer), Jörg Hube (Richter Voss)
Drehbuch: Norbert Kückelmann, Dagmar Kekulé, Thomas Petz
Kamera: Igor Luther
Musik: Markus Urchs
Schnitt: Sigrun Jäger-Amado
Prod.: FFAT für ZDF/Arte; D 2002; 88 Min.
UA: 30.6.2002, Filmfest München
TV: 26.7.2002, Arte, 20.45

Dieser Prozessfilm um einen Mädchenmörder ist in seiner nüchternen, differenzierenden Genauigkeit ohne jede Sensationslust – doch sein Thema ist ebenjene mediengeschürte, emotionale Sensationswut, die mit jedem neuen Kindermord wächst. (...) So bewegt sich der Film auf dem schmalen Grat der Wahrheitsfindung: Ein junger Anwalt wird Pflichtverteidiger für den psychisch gestörten Mädchen-

mörder und widersetzt sich dem Schnellverfahren von Richter und Staatsanwalt. Der engagierte Rechtsanwalt verlangt eine neue Gutachterin (kühl und rational: Franziska Walser).
Kückelmann erlaubt sich keine populistischen Thrillereffekte, spart auch komplizierte juristische Finessen nicht aus. Der Film verlangt Konzentration und kommt genau auf den Punkt: Der Täter bekommt lebenslänglich statt Psychiatrie – nutzt einen Arztbesuch zur Flucht und wird zur tickenden Zeitbombe. Das Problem ist aktuell!

Ponkie, 27.11.2002

Ich habe dich nicht um eine Liebesgeschichte gebeten 362

CARRÉMENT À L'OUEST ***

Regie: Jacques Doillon
Darsteller: Lou Doillon (Fred), Caroline Ducey (Sylvia), Guillaume Saurrel (Alex), Camille Clavel (Francois, der Student), Xavier Villeneuve (Yavier)
Drehbuch: Jacques Doillon
Kamera: Caroline Champetier
Schnitt: Catherine Quesemand
Prod.: Diba Films mit France 3 Cinema/ Canal+; Frankreich 2001; 97 Min.
UA: Int. Filmfestspiele Cannes 2001
Verleih: Neue Visionen, OmU, 15.8.2002

Der Drogendealer Alex schlägt einen seiner Kunden zusammen, als dieser seine Schulden nicht gleich bezahlen will. Dessen Freundin Fred(erike) macht sich kurze Zeit später an Alex heran, zunächst offenbar nur, damit dieser Sylvia, ein von der Liebe enttäuschtes Mädchen, in einem Club anspricht, um sie zu verführen. Ohne dass es zu einer wirklichen dauerhaften Begegnung zwischen den drei jungen Menschen käme, entspinnt sich ein seltsamer Beziehungsreigen, in dem verschiedene Formen der Liebe durchgespielt werden.
Vielleicht hätte Doillon statt des kleinkriminellen Drogenmilieus besser ein anderes Exterieur für sein Kammerspiel wählen sollen, in dem es um typische Jugendgefühle, um Sehnsüchte, Machtansprüche und die Auslotung der eigenen Grenzen in Liebe und Partnerschaft geht. Sein stärkster Film ist es jedenfalls nicht. Aber seine drei Darsteller, darunter die eigene Tochter (Mutter: Jane Birkin, die Red.), wirken natürlich und glaubwürdig und es macht Spaß, ihrem sensiblen Spiel zuzusehen.

Holger Twele

Kritik: (...) Jacques Doillon setzt in langsamem Erzählrhythmus die sperrige Geschichte wie ein Puzzle zusammen, in dem flüchtige Gesten mehr aussagen als Wortgeklingel. Was zuerst wie ein oberflächliches, manchmal gar nerviges Palaver wirkt, entpuppt sich sukzessive als präzise Beobachtung einer Generation von verlorenen Einzelgängern, die nicht erwachsen werden will, trotz aller Freiheiten nicht mit Emotionen umgehen kann, aus Angst vor Enttäuschung auf das Abenteuer Leben ganz verzichtet. (...) *Margret Köhler, Blickpunkt Film, 31/2002*

Ich liebe das Rauschen des Meeres 363

PREFERISCO IL RUMORE DEL MARE ****+

Regie: Mimmo Calopresti
Darsteller: Silvio Orlando (Luigi), Michele Raso (Rosario), Paolo Cirio (Matteo), Fabrizia Sacchi (Serena), Mimmo Calopresti (Don Lorenzo), Andrea Occhipinti (Massimo)
Drehbuch: Mimmo Calopresti, Francesco Bruni
Kamera: Luca Bigazzi
Musik: Franco Piersanti
Schnitt: Massimo Fiocchi
Prod.: Bianca Film/Mikado/Arcapix mit RAI/Canal+; Italien/Frankreich 2000; 84 Min.
Verleih: Kairos, OmU, 11.7.2002

Ein melancholisches Stimmungsbild des urbanen, alltäglichen, republikanischen Italien: Der großbürgerliche Unternehmer Luigi greift nicht ein, wenn die Geschäfte illegal werden, er hält sich seine Geliebte vom Leib, er ist impulsiv und apathisch zugleich. Luigi produziert Opfer, zuerst seinen Sohn Matteo, dann dessen Freund Rosario, der aus Kalabrien stammt und seine Eltern in einem Mafiahinterhalt verloren hat. Die herbstliche Stimmung in Turin bildet den Hintergrund zu diesem Drama, in dem die Konflikte wie durch Milchglas gefiltert scheinen.

Bert Rebhandl, tip, 14/2002

Kritik: (...) »Ich liebe das Rauschen des Meeres« ist ein höchst sehenswerter und in seiner Tonart ungewöhnlicher Film. Das einzig Sentimentale ist der Titel, eine Gedichtzeile. Dramaturgisch wäre allenfalls einzuwenden, dass ein Wechsel des Erzähltempos (das sich nur steigert beim Bruch zwischen Luigi und seinem Schwiegervater) den Film zugänglicher gemacht hätte. Silvio Orlando als Luigi ist hervorragend, und die ganz unterschiedlichen Darsteller der beiden Jungen sind höchst eindrucksvoll. Sie blicken sozusagen nach innen und lassen ganz behutsam spüren, welches Schicksal sich in ihrem Innern abspielt. »Ich liebe das Rauschen des Meeres« hat sich den schwierigsten und schönsten Gegenstand vorgenommen: die Psychologie des Menschen.

Ulrich von Thüna, epd-Film, 7/2002

Ich schenk dir einen Seitensprung

364
**
TV

Regie: Dominikus Probst
Darsteller: Markus Knüfken (Erik Krapp), Muriel Baumeister (Sofie Meisner), Dominique Horwitz (Leo Gruber), Henriette Heinze (Tina Winter), Ekaterina Medvedeva (Natascha Gruschenkowa), Josef Heynert (Ludwig Stamm)
Drehbuch: Thomas Letocha, Andreas Föhr
Kamera: Peter Ziesche
Musik: Enjott Schneider
Prod.: D 2002; 86 Min.
TV: 18.10.2002, ARD, 20.15

Die lahme Tändeltour des Paar-Wechselns hatte weder Dialog- noch Bilder-Witz, und der Hochzeits-Trab von Feuerwehrmann Erik, der als Buße für eine Faschingssünde seiner Schmoll-Sofie das Recht auf Revanche schenkt, lockt Freund Leo in echte Liebesnöte. Die Darsteller schlagen sich tapfer, aber das nutzt auch nichts.

Ponkie, AZ, 21.10.2002

Ich werde reich und glücklich

365
***+
TV

Regie: Doris Metz
Drehbuch: Doris Metz
Kamera: Sophie Maintigneux, Hans Albrecht Lusznat
Musik: Gerd Wilden jr.
Schnitt: Gaby Kull-Neujahr
Prod.: Kick Film mit SWR/BR; D 2002; 90 Min.
UA: Int. Hofer Filmtage 2002
TV: 4.12.2002, ARD, 23.00

Der Film begleitet drei Frauen und drei Männer auf ihrer Suche nach dem Erfolg – über acht Monate hinweg. Herausgekommen sind bizarre, anrührende und beklemmende Geschichten von Menschen, die Gewinner sein wollen und sich dabei selber immer mehr verlieren. Die Filmemacherin taucht mit ihren Protagonisten ein in die Welt der Erfolgssüchtigen und vermittelt Einblicke in den Seelenzustand einer Gesellschaft, die es sich angewöhnt hat, Geld mit Glück gleichzusetzen.

Kritik: (...) Wie sein System griff, zeigt der Dokumentarfim von Doris Metz. Acht Monate lang begleitete sie drei Frauen und drei Männer auf ihrer Jagd nach Erfolg und enthält sich geschickt jeden Kommentars. Beredter sind Bilder, Schnitte und die Selbstkritik der Porträtierten. Wie sie sich und ihren Platz in der Gesellschaft beschreiben, macht bisweilen sprachlos – so ehrlich und persönlich sind die Antworten. Letztlich war dann doch nicht alles machbar. Höller landet wegen persönlicher Bereicherung im

Gefängnis. Auch Scheitern bildet weiter. *Cristina Moles Kaupp, tip, 24/2002*

Ikarus

366
***

Regie: Bernhard Weirather
Darsteller: Nina Proll, Monika Bleibtreu, Simon Schwarz, Merab Ninidze, Kathrin Resetarits, Wolf Bachofner
Drehbuch: Agnes Pluch, Bernhard Weirather
Kamera: Helmut Pirnat
Musik: Wolfgang Tockner
Schnitt: Andreas Kopriva
Prod.: Allegro Film mit ORF; Österreich 2002; 83 Min.
Verleih: Filmladen (Österreich), 19.4.2002

Nach dem Tod ihres Großvaters kehrt Lena für ein paar Tage in ihren Heimatort zurück. Den Servicejob auf einem großen Schiff, um den sie dort von manchen beneidet wird, hat sie schon lange nicht mehr; sie hat sich in Wien durchgeschlagen und ist seit kurzem arbeits- und wohnungslos. Aber auch »zu Hause« kann sie nicht mehr Fuß fassen, man hat sich dort längst ohne sie arrangiert. (...)
In Anlehnung an den Stil neuerer österreichischer Produktionen gewinnt man Einblicke in Familien- und Beziehungskonstellationen, die die zur Schau getragene dörfliche Idylle in ihrer Verlogenheit schnell demaskieren. Das Thema ist nicht neu, wenig überraschend sind daher diverse Abgründe, die sich im Laufe des Films auftun. Trotz Starbesetzung wirken die Bilder wenig kraftvoll. Vieles wird zu deutlich ausgesprochen. Interessante Ansätze, aber leider kein Meilenstein in der österreichischen Kinogeschichte.

Alrun Fichtenbauer, Filmschau

Im Bann der Dämonen

367
TET GRENNE
□
TV

Regie: Christian Grandman
Darsteller: Alex Descas (Richard), Christian Joseph Mathurin (Roland), M'bembo (Muriel), Thérence Brouta (Teddy), Mostéfa Djadjam (Tafo), CCH Pounder (Sally)
Drehbuch: Christian Grandman, Roland Brival
Prod.: Frankreich 2000; 85 Min.
TV: 25.5.2002, Arte, 22.30

Guadeloupe in der Karibik: Eine arme, zerrüttete Familie, die in einer Vorstadt von Pointe-à-Pitre lebt, kann ihren täglichen Überlebenskampf nur schwer bewältigen und flüchtet sich daher zunehmend in eine Scheinwelt.

Pressetext

Im Bann des Bösen

368
DELUSIONAL
*
Video

Regie: Miles Feldman
Darsteller: Richard Neil, Steve Baker, Victoria Collier
Prod.: USA 2000; 93 Min.
Vertrieb: MVW Video, 17.12.2002
FSK: ab 16 J.

Weil er Morde voraussehen kann, wird Familienvater zum Hauptverdächtigen in einer mysteriösen Mordserie. Mit billigstem Videomaterial heruntergekurbeltes Horrorthrillerchen.

Im Chaos der Gefühle

369
***+
TV

Regie: Diethard Klante
Darsteller: Franziska Walser (Anne Steinberger), Edgar Selge (Christian Steinberger), Anna Schudt (Margarete Boschinsky), Rudolf Kowalski (Dr. Fritz Carl), Gundi Ellert (Beate Carl), Ernst Jacobi (Arzt)
Drehbuch: Diethard Klante
Kamera: Johannes Hollmann
Musik: Cong Su
Schnitt: Carola Hülsebus
Prod.: SWR; D 2001; 89 Min.
UA: 6.7.2002, Filmfest München
TV: 28.8.2002, ARD, 20.15

Der Mann haut ab – rausgeschmissen von seiner tief gekränkten Ehefrau, die eben von seiner Liaison mit einer jungen Kollegin erfahren hat. (...) »Im Chaos der Gefühle« trudeln sie schon lange, allerdings im großen Schweigen über ihre Entfremdung nach 15 Ehejahren. Dieses Schweigen erfährt jetzt eine dramatische, symbolträchtige Überhöhung durch die Aphasie (nach einem Schlaganfall) des Mannes. Störung des Sprachzentrums, damit der menschlichen Kommunikation. (…) Und ein Kampf um die verlorene Liebe, voller Wut, Gram, Vorwürfe, Selbstkritik, Mitleid – und zärtlichem Humor. Ohne die bedrängende, aber niemals aufdringliche Intensität der beiden großartigen Protagonisten Franziska Walser und Edgar Selge wäre es ein wortreiches (medizinisch exaktes) Spiel um die Wortlosigkeit geblieben. *Sigrid Hardt, AZ, 30.8.2002*

Im Fadenkreuz – Allein gegen Alle 370

BEHIND ENEMY LINES ***+

Regie: John Moore
Darsteller: Owen Wilson (Burnett), Gene Hackman (Reigart), Gabriel Macht (Stackhouse), Charles Malik Whitfield (Rodway), Joaquim de Almeida (Piquet), David Keith (O'Malley)
Drehbuch: David Veloz, Zak Penn, nach einer Story von James und John Thomas
Kamera: Brendan Galvin
Musik: Don Davis
Schnitt: Paul Martin Smith
Prod.: Davis Ent. Company; USA 2001; 105 Min.
UA: 30.11.2001
Verleih: 20th Century Fox, 31.1.2002
FSK: ab 16 J., ffr. – **FBW:** Wertvoll

In dem konventionellen Kriegsfilm schildert der Regisseur sehr klischeehaft die Odyssee eines abgeschossenen US-Piloten hinter feindlichen serbischen Linien, angesiedelt im Balkankonflikt der Gegenwart.

Kritik: (…) Der junge US-Pilot Chris Burnett und sein Kopilot verlassen eigenmächtig die festgelegte Flugzone. Der aus Übermut und Langeweile begangene Rechtsbruch wird nachträglich dadurch legitimiert, dass der Jet ein Massengrab entdeckt und fotografiert. Burnett wird abgeschossen, überlebt, flieht durch Balkanwälder, entkommt immer wieder höchst knapp den Feinden. Hilfe durch den väterlichen General verhindert der schlimmste Bösewicht von allen, ein spanischer NATO-Kommandeur, der den General – tatsächlich! – ans Völkerrecht zu erinnern wagt. Und daran, dass ein amerikanischer Soldat nicht aller Maßstab in einem internationalen Konflikt sein könnte: »Alles, was Sie im Kopf haben, ist Ihr verdammter Pilot.« Die Folge: Auch Gene Hackman hält sich nicht mehr an die Vorschriften und kommt, wie einst die Kavallerie, gerade noch zur rechten Zeit, um seinen blond gelockten Boy zu retten, ein Dutzend Serben zu töten und wieder wegzufliegen. Fazit: Politiker sind korrupt, Europäer unfähig, und Ehre gibt es nur im US-Militär. Man darf fürchten, dass dieses Szenario nicht nur in den USA für bare Münze genommen wird. Auch hier heißt es: »Keiner wird im Stich gelassen«, auch hier ist das Militär die treu sorgende »mother«.

Rüdiger Suchsland, FR, 31.1.2002

Wie war das mit der Weigerung der USA, ihre Soldaten bei Fehlverhalten dem internationalen Strafgerichtshof zu überantworten?

Im Sog der Gier 371

WEAPONS OF MASS DISTRACTION *** Video

Regie: Stephen Surjik
Darsteller: Gabriel Byrne (Lionel Powers), Ben Kingsley (Julian Messenger), Mimi Rogers (Ariel Powers), Jeffrey Tambor (Alan Blanchard), Paul Mazursky (Dr. Cummings), Kathy Baker (Margo Powers)
Drehbuch: Larry Gelbart
Kamera: Alar Kivilo
Musik: Don Davis
Schnitt: Zach Staenberg
Prod.: HBO; USA 1997; 92 Min.
Vertrieb: MC-One Video, 18.4.2002
FSK: ab 16 J.

Ein kritischer, wenngleich nicht zur Gänze überzeugender Blick hinter die Kulissen des oberen Managements dieser Tage: Zwei Medienmogule bekriegen sich um ein Footballteam. Businesssatire von mildem Witz mit starker Besetzung.

Im toten Winkel – Hitlers Sekretärin 372

BLIND SPOT – HITLER'S SECRETARY ****

Regie: André Heller, Othmar Schmiederer
Darsteller: Traudl Junge
Kamera: Othmar Schmiederer
Schnitt: Daniel Pöhacker
Prod.: DOR FILM/Heller Werkstatt; Österreich 2001; 91 Min.
UA: 7.2.2002, Int. Filmfestspiele Berlin, »Panorama«
EA: Int. Forum des Jungen Films Berlin 2002
Verleih: Piffl, 2.5.2002
FSK: ab 12 J., ffr. – **FBW:** Wertvoll

Von 1943 bis Kriegsende war Traudl Junge die Privatsekretärin Adolf Hitlers. Ihre Arbeitsstätten während der letzten Kriegsjahre waren das Führerhauptquartier Wolfsschanze in Ostpreußen, der Berghof am Obersalzberg sowie die Reichskanzlei und der Führerbunker in Berlin. Nach jahrzehntelangem Schweigen äußert sich Hitlers Sekretärin erstmals öffentlich ausführlich vor einer Kamera. Traudl Junge geht hart mit sich ins Gericht, reflektiert über das verführerische Potenzial der Führerfigur Hitler und gibt atemberaubende Einblicke in den »inner circle« der nationalsozialistischen Elite. Ein Zeitdokument, das seinesgleichen sucht.

Volker Gunske, tip, 18/2002

Kritik: (...) Die Dokumentation ist ein Film über die Banalität des Bösen. Das Wort »Jude« ist in den zweieinhalb Jahren, die Junge in der unmittelbaren Umgebung Hitlers zugebracht hat, kein einziges Mal gefallen. Stattdessen hat der Diktator beim Mittagessen, bei dem er sich mit seinen Sekretärinnen vom Kriegführen entspannen wollte, gerne von seiner Schäferhündin »Blondi« geplaudert, die auf Befehl jaulend »wie Zarah Leander« singen konnte. Das meiste, was die ehemalige Schreibkraft zu berichten hat, sind derlei Arabesken der Zeitgeschichte. Anekdoten ohne tieferen Erkenntnisgewinn. Nicht das, was hier erzählt wird, sondern wie es erzählt wird, macht den Film zum Ereignis. Traudl Junge, deren Erinnerungen jetzt auch als Buch im Claassen Verlag erschienen sind, ringt mit ihren Worten und mit sich selber, Selbstanklagen unterbrechen immer wieder ihren Redefluss. »Im toten Winkel« ist auch das Drama einer heute 82-jährigen Frau, die mit ihrem Leben nicht fertig wird. (...) *Christian Schröder, Der Tagesspiegel, 12.2.2002*

(...) Es ist kein Film für Historiker, auch keiner für Politglatzen und andere Bekloppte. Wer nach neuen Erkenntnissen sucht oder auf Stoff für Heldenverehrung hofft, wird enttäuscht. Aber wie die Allmacht aus der Nähe aussieht, damals wie heute, darüber bekommt man von Traudl Junge eine Menge erzählt. Bis hin zu den kleinen Dingen, die, wie Heller sagt, bedeutungslos sind und doch so viel deuten. Wie das Rauchen vor Hitlers Augen.

Werner A. Perger, Die Zeit, 7.2.2002

Bemerkungen: Der Bewertungsausschuss würdigt den zeitgeschichtlichen Gehalt und die Bedeutung der Aussagen von Traudl Junge, der ehemaligen Sekretärin Hitlers, die nach fast 60 Jahren Schweigen und kurz vor ihrem Tod bereit gewesen ist, sich freiwillig vor einer Filmkamera zu offenbaren. Er würdigt ferner die Zurückhaltung des Interviewpartners André Heller und die Entscheidung seines Teams, die Aussagen für sich sprechen zu lassen und nicht durch andere historische Dokumente zu ergänzen, zu erweitern oder auch nur bildlich zu belegen. *FBW-Gutachten*

Im Zeichen der Libelle 373

DRAGONFLY ***

Regie: Tom Shadyak
Darsteller: Kevin Costner (Dr. Joe Darrow), Joe Morton (Hugh Campbell), Susanna Thompson (Emily Darrow), Ron Rifkin

(Charlie Dickinson), Kathy Bates (Mrs. Belmont), Linda Hunt (Schwester Madeline)
Drehbuch: David Seltzer, Brandon Camp, Mike Thompson, nach einer Story von Brandon Camp und Mike Thompson
Kamera: Dean Semler
Musik: John Debney
Schnitt: Don Zimmerman
Prod.: Spyglass/Gran Via/Shady Acres Prod. für Universal; USA 2001; 103 Min.
Verleih: Buena Vista, 11.4.2002
Vertrieb: Buena Vista Video (Video, DVD)
FSK: ab 12 J., ffr.

Komödienregisseur Shadyak hat das Genre gewechselt und wandelt mit einer grundsolide inszenierten Kreuzung aus altmodischem Liebes- und gepflegtem Gruselfilm unter anderem auf »The Sixth Sense«-Pfaden. Dabei erreicht er zwar nicht dessen Unheimlichkeit, liefert aber ein geradezu nostalgisch gestimmtes Glaubensbekenntnis an die ewige Liebe. Dr. Joe Darrow muss nicht nur mit dem Tod seiner Frau fertig werden, sondern auch damit, dass die Verstorbene offenbar versucht, mit ihm Kontakt aufzunehmen. Obwohl der Mediziner an seinem Verstand zweifelt, versucht er die jenseitigen Zeichen zu deuten und macht sich auf den Weg zum Amazonas: Dort wartet eine Überraschung.

tip, 8/2002

Kritik: (...) Leider hat auch das Autorentrio keine übermäßigen Anstrengungen vollbracht, um die dramatische Entwicklung übers Mittelmaß hinauszuheben. So bietet die Rolle des melancholischen Rationalisten Joe dem Darsteller Costner nur wenig Entfaltungsmöglichkeiten, und auch Bates' Figur einer skeptischen, aber hilfreichen Nachbarin bleibt ziemlich eindimensional. Immerhin zieht die Inszenierung am Schluss dank Actioneinlagen im Dschungel und einer überraschenden Schlusspointe noch mal an.

Reinhard Kleber, Filmecho-Filmwoche, 14/2002

(...) Joe hat in seiner Liebe versagt, als Mann – an diesem Stigma der Verletzlichkeit bastelt Kevin Costner, der auch als Darsteller nie den Filmemacher verleugnet, seit vielen Jahren. Sein neuer Film ist ein weiterer Schritt auf dem Weg zu dem, was die amerikanische Kritik als die »selfcrucification« des Kevin Costner ansieht – der radikale Versuch, das lässig-lässige Starimage loszuwerden. Vom Taumel des Masochismus lebt, immer noch, das amerikanische Kino.

Fritz Göttler, SZ, 15.4.2002

Im Zeichen des Stiers 374

THE TIME OF HER TIME ***
Video

Regie: Francis Delia
Darsteller: Linden Ashby (Sergius O'Shaughnessy), Leslie Bega (Denise Gondelman), Larry Drake (Dr. Joyce), Melvin van Peebles (Thompson), A. J. Tannen (Arthur), Alison Dunbar
Drehbuch: Francis Delia, frei nach Norman Mailer
Kamera: Henner Hofmann
Musik: Randy Miller
Schnitt: Maria Montoreano
Prod.: Hard Work Prod.; USA 1999; 97 Min.
Vertrieb: VCL Video, 21.3.2002
FSK: ab 12 J.

Heftige Lovestory zwischen Avantgardeautor und 19-jährigem weiblichem Freigeist Ende der 50er. Ambitionierte, aber preisgünstig anzusehende Norman-Mailer-Adaption – anspruchsvolles Erotikdrama.

In den Fußstapfen meines Vaters 375

JE REGLE MON PAS SUR LE PAS DE MON PERE ***+
TV

Regie: Remi Waterhouse
Darsteller: Jean Yanne (Bertrand), Guillaume Canet (Sauveur), Laurence Cote (Sandra), Yves Renier (Richard)
Drehbuch: Remi Waterhouse, Eric Vicault
Kamera: Patrick Blossier
Musik: Marc Beacco
Schnitt: Mireille Leroy
Prod.: Epithete/M6/Polygram Audiovisuel mit Canal+/Sofygram 3; Frankreich 1998; 84 Min.
EA: 28.6.1999, Filmfest München
TV: 17.4.2002, WDR, 23.15

Als Sauveurs Mutter stirbt, hinterlässt sie ihm 500 Franc und den Namen seines Vaters. Er lässt alles liegen und stehen, um seinen Vater zu finden. Sein Vater Bertrand, ein heruntergekommener 60-Jähriger, hat schon immer von zwielichtigen Machenschaften gelebt. Immer unterwegs war er, ein fahrender Betrüger. Zuerst gibt sich Sauveur ihm nicht direkt zu erkennen. Doch klammheimlich windet er sich doch in dessen Leben ein. Er will den Mann kennen lernen von dem ihm seine Mutter immer erzählt hat.

Katalog Filmfest München

In einem Land vor unserer Zeit – Der erste Schnee 376

LAND BEFORE TIME 8: THE BIG FREEZE **

Video

Regie: Charles Grosvenor
Drehbuch: John Loy
Musik: Michael Tavera, Billy Martin, Michele Brouman (Songs)
Schnitt: Danik Thomas
Prod.: Universal; USA 2001; 76 Min.
Vertrieb: Universal Video, 2.10.2002
FSK: o. A.

Schnee bringt Chaos zu den Dinos, denn die Nahrung reicht nicht aus. Achte (!) Folge der Zeichentrick-Kinderserie, so hochmoralisch wie abgedroschen.

In the Bedroom 378

IN THE BEDROOM ****

Regie: Todd Field
Darsteller: Sissy Spacek (Ruth Fowler), Tom Wilkinson (Matt Fowler), Nick Stahl (Frank Fowler), Marisa Tomei (Natalie Strout), William Mapother (Richard Strout), William Wise (Willis Grinnel)
Drehbuch: Robert Festinger, Todd Field, nach dem Roman »Killings« von André Dubus
Kamera: Antonio Calvache
Musik: Thomas Newman
Schnitt: Frank Reynolds
Prod.: Miramax/Good Machine/GreeneStreet Films; USA 2000; 131 Min.
UA: 19.1.2001, Sundance Film Festival
Verleih: UIP, 2.5.2002
FSK: ab 12 J., ffr.
FBW: Besonders wertvoll

»Bedroom« werden die Käfige genannt, mit denen die Hobbyfischer an der amerikanischen Ostküste Hummer fangen. Stecken die Tiere in der Falle, gehen sie aufeinander los. »In the Bedroom«, oscarnominiertes und mehrfach preisgekröntes Familiendrama des Autorenfilmers und Schauspielers Todd Field, erzählt langsam

Sissy Spacek und Marisa Tomei ›In the Bedroom‹

und erbarmungslos präzise davon, wie die Gewalt unter einigen typischen Heile-Welt-Bewohnern dieses amerikanischen Herzlandes eskaliert und der liebevolle Zusammenhalt unter Angehörigen und Freunden in alles andere als erlösende Gegengewalt mutiert. *Claudia Lenssen, tip, 9/2002*

Kritik: Selten sind jene amerikanischen Filme, die so nuanciert ihre Charaktere entfalten, die Atmosphäre und Stimmung wichtiger nehmen als Knalleffekte. »In the Bedroom« konzentriert sich auf den Rhythmus des alltäglichen Lebens im Küstenstädtchen Camden, um ihm ein emotionales und moralisches Drama einzuschreiben, das in seiner Konsequenz zwischen griechischer Tragödie und »film noir« angesiedelt ist. Die Figuren sind keine Statisten eines Effektspektakels, keine Marionetten eines festgezurrten Thrillerplots, sie brüten ihre leidenschaftlichen Gefühle und schrecklichen Taten wie unbemerkt aus, bleiben geheimnisvoll und unberechenbar. (...)
Für die Bluttat interessiert sich der Film nicht, er wendet sich den Konsequenzen zu. Mit mikroskopischer Genauigkeit fasst er das Ehepaar Fowler ins Auge: die Augenblicke lähmender Hiflosigkeit, verzweifelter Trauer, das schleichende Gift der Vorwürfe. Hier erreicht »In the Bedroom« eine Intensität, ähnlich der in Nanni Morettis »Das Zimmer meines Sohnes«. Am Ende aber macht der souverän komponierte Film noch eine unerwartete Wendung – ins Reich der Phantome.
Rainer Gansera, SZ, 2.5.2002

Interview: *War es schwierig, die Produzenten von dieser düsteren Geschichte zu überzeugen?*

Einen Film finanziert zu bekommen ist immer schwer, insbesondere ein Debüt. Ich habe den Produzenten, mit denen ich verhandelte, immer gesagt, dass sie froh sein könnten, wenn der Film die sehr kleine Summe einspielen würde, die sie investieren. Dass ich diesen Film mache, weil ich muss. Ted Hope von Good Machine hat mich immer unter dem Tisch getreten und gefragt, ob ich verrückt sei, doch ich wollte falsche Erwartungen im Keim ersticken.

Sie spielten in »Eyes Wide Shut« den Pianisten. Wie weit verdanken Sie Ihren Sinn für Perfektion Kubrick?

Ich habe seinen Perfektionismus immer bewundert. Es hat sich und alle um ihn zum Äußersten getrieben, nur um alles genauso zu bekommen, wie er es wollte. Das hat mir als Regisseur das Gefühl gegeben, mich nicht entschuldigen zu müssen, wenn ich mich nicht mit halben Sachen zufrieden geben wollte.

Gibt es noch andere Erkenntnisse, die sie von Kubrick mitnahmen?

Darüber können wir einen ganzen Tag reden. Vor allem habe ich gelernt, dass man das Publikum nicht mit allen möglichen Effekten und 20 Kameraeinstellungen in einer Szene beeindrucken soll. Man muss seiner Geschichte vertrauen und alle Energie auf die Leute vor der Kamera konzentrieren. Und nicht auf seine eigenen Eitelkeiten, dieses »Hey man, look, I'm directing!«.

Ist die Regie ein einsamer Job im Vergleich zur Schauspielerei?

Die größte Intimität sollte zwischen Regisseur und Schauspieler herrschen, denn diese Solidarität hält alle anderen auf Abstand. Als Regisseur wird man zu einer Art Vater, und die Schauspieler, egal wie alt sie sind, werden zu Kindern. Das ist eine Familie, und mit der legt sich niemand an.
Todd Field im Interview mit Anke Sterneborg, SZ, 2.5.2002

Innocence – Erste Liebe, zweite Chance 379

INNOCENCE ****

Regie: Paul Cox
Darsteller: Julia Blake (Claire), Charles Tingwell (Andreas Borg), Terry Norris (John), Robert Menzies (David), Marta Dusseldorp (Monique), Chris Haywood (Minister)

Drehbuch: Paul Cox
Kamera: Tony Clark
Musik: Paul Grabowski
Schnitt: Simon Whittington
Prod.: Illumination Films/mit Cine Te; Australien 2000; 92 Min.
UA: Sydney Film Festival 2000
EA: Int. Hofer Filmtage 2001
Verleih: TiMe, OmU, 17.1.2002

Nach mehr als 40 Jahren beschließt Andreas, ein verwitweter Musiker, wieder Kontakt zu seiner Jugendliebe Claire aufzunehmen, die mit John verheiratet ist. Schnell beginnen die beiden eine Affäre, wie sie sie als junge Menschen hatten. Doch die sehr reale Aussicht auf Krankheit und Tod und die verletzten Gefühle Johns verkomplizieren die Dinge. *Blickpunkt Film, 15/2001*

Kritik: Es gibt Filme, die die Aufmerksamkeit des Betrachters schlucken – »Innocence« schafft das Gegenteil. Er wirft sie immer wieder zurück, was nicht nur daran liegt, dass er in einem Tempo erzählt, das Zeit für eigene Reflexion lässt. Die drei Hauptdarsteller geben dem Film Tiefe und Seele, retten die Geschichte auch vor einer gewissen Banalität und mancher Peinlichkeit. Letztlich geht es Cox nicht um die erste große Liebe oder gar um Sex im Alter, es geht ihm um die Liebe als Schlüssel zum Glücklichsein überhaupt. Eine wunderschöne Sequenz am Ende zeigt, wie Andreas für Claire Orgel spielt – ein orgiastisches Erlebnis, Ekstase und Übergang.

Martina Knoben, SZ, 28.1.2002

Die Insel 380
SEOM ****

Regie: Kim Ki-Duk
Darsteller: Jung Suh (Hee-Jin), Kim Yoosuk (Hyun-Shik), Park Sung-Hee (Eun-A), Cho Jae Hyun (Mang-Chee), Jang Hang-Seon
Drehbuch: Kim Ki-Duk
Kamera: Sik-hwang Suh
Musik: Yoonjeon Sang
Schnitt: Kyeong Min-Ho
Prod.: Myung Film Company; Korea 2000; 86 Min.
UA: Int. Filmfestspiele Venedig 2000
Verleih: REM, OmU, 17.1.2002

An einem verwunschenen Ort trägt sich diese Erzählung zu: im aufziehenden Nebel, am Wasser eines namenlosen Sees in Südkorea. Hier arbeitet die schöne Hee-Jin, Herrin über das Gelände: Sie vermietet die Baracken an Fischer und sexuelle Abenteurer. Regisseur Kim Ki-Duk taucht mit seinen Helden, einem selbstmörderischen jungen Killer und der jungen Frau, in ein gewalttätiges Märchen ab, das mit Eifersucht und Selbstzerstörung, mit Angelhaken und Fäkalien, mit Tier- und Menschenfleisch zu tun hat. Die Schönheit dieses finsteren, seltsam stillen Schockers ist unbestreitbar, aber nicht geeignet für jeden Magen.

Stefan Grissemann, tip, 2/2002

Kritik: (…) Das Band zwischen beiden wird so erst fest geknüpft. In der Folge beginnt der leidenschaftliche Kampf der Geschlechter, den der Regisseur mit extremen Bildern auf die Leinwand bringt. Eifersucht und Abhängigkeit werden in blutige Rituale übersetzt.
Bei allem Entsetzen, das diese Bilder evozieren – es geht hier nicht um den Horror als Selbstzweck. Die körperlichen Qualen, die die Protagonisten erleiden, sind immer als Kunstgriffe, als Chiffren für die seelischen Torturen erkennbar, die nur von der menschlichen Leidenschaft ausgelöst werden können. (…)

Lasse Ole Hempel, FR, 22.1.2002

(…) Der Film läuft wieder und macht weiter mit seinen ausgesuchten Unappetitlichkeiten und der Geschichte einer obsessiven Liebe, die als Vorwand dient für eine Abfolge von Sadismen, die sukzessive immer fieser werden. Viele Zuschauer (vor allem Frauen) verlassen unter Protest den Saal. Am Ende sind die Reaktionen geteilt: Buhs und Beifall halten sich die Waage. Die einen fragen, zu Recht verwundert und empört, wie das Festival einen solch zynisch-spekulativen Film zum Wettbewerbsbeitrag ma-

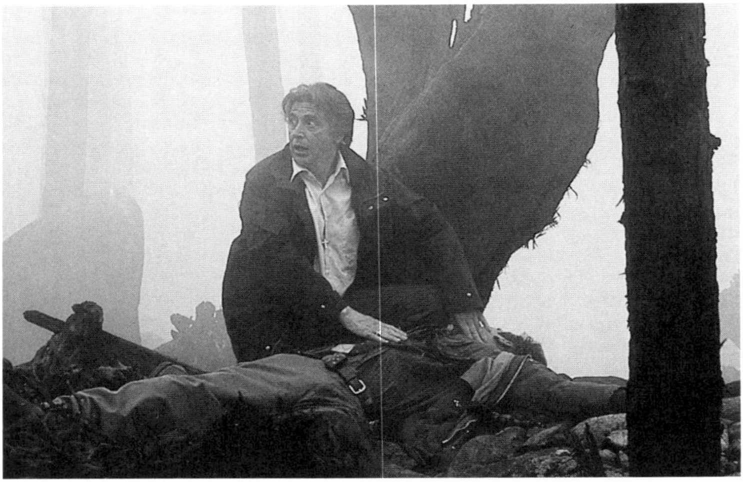

Müde und desillusioniert: Al Pacino in ›Insomnia‹

chen konnte, die anderen murmeln etwas von »Radikalität, Provokation, Konsequenz«. Der Regisseur selbst nennt seinen Film »vulgär und destruktiv« und rechnet mit jenen, die seinen Zynismus zum künstlerischen Wagnis erklären. Es lohnt nicht, »Seom« zum Skandalfilm zu machen, denn allzu offensichtlich hat er es genau darauf abgesehen.

Rainer Gansera, SZ, 2.9.2000

Insomnia 381

INSOMNIA ****

Regie: Christopher Nolan
Darsteller: Al Pacino (Will Dormer), Robin Williams (Walter Finch), Hilary Swank (Ellie Burr), Maura Tierney (Rachel Clement), Martin Donovan (Hap Eckhart), Nicky Katt (Fred Duggar)
Drehbuch: Hillary Seitz, nach dem Film »Insomnia« von Erik Skjoldbjaerg, Buch Nikolaj Frobenius
Kamera: Wally Pfister
Musik: David Julyan
Schnitt: Dody Dorn
Prod.: Alcon/Witt/Thomas Section Eight Prod. für Warner Bros.; USA 2002; 118 Min.
UA: 3.5.2002, Tribeca Film Festival, »Special Screenings«
Verleih: Warner Bros., 10.10.2002
FSK: ab 16 J., ffr. – **FBW:** Wertvoll

Bei der Aufklärung eines Mordfalls in Alaska wird ein erfahrener Cop aus L. A. von seiner eigenen Vergangenheit eingeholt, sodass aus dem Verfolger ein Verfolgter wird.

Kritik: (...) Christopher Nolan wäre eigentlich ein idealer Mann für zunehmende optische Verfremdungen. Sein voriger Film, »Memento«, erzählte eine bizarre Geschichte auf bizarre Weise: Der Thriller lief rückwärts. Doch nun erzählt Nolan unerwartet konservativ. Es gibt ein paar wahn- und erinnerungszerblitzte Momente, ein paar schnelle Schnitte völliger Desorientierung, eine schöne Szene, in der dem völlig übermüdeten Cop mit dem sprechenden Namen Dormer alle kleinen Geräusche wahnwitzig in den Ohren dröhnen. Aber der Film wagt es nicht, die subjektive Perspektive des zunehmend ins Delirium des Schlafentzugs fallenden Dormer lange einzunehmen, er versucht den Verfall des Cops in der Draufsicht zu zei-

gen. Und auch sonst könnte man viel einwenden gegen »Insomnia«. Dass etwa der Mörder mit dem Polizisten ein Katz-und-Maus-Spiel beginnt und ihn zum unwilligen Komplizen macht, ist ein Klischee des Serienkillerfilms, dem »Insomnia« zu Unrecht noch großen Schockwert zutraut.
Doch über solche Schwächen tragen den Film die Energie der Darsteller und die Prägnanz der Kamera hinweg. Sie erinnern uns daran, dass hinter der Mörderjagd das Versteckspiel des Polizisten vor sich selbst abläuft, dass Licht und Dunkelheit eins geworden sind. Das wird niemanden überzeugen, dem Kinothriller zu formelhaft sind – aber wer solche Genrespiele mag, bekommt hier ein intensives Beispiel geboten. *Thomas Klingenmaier, Stuttgarter Zeitung, 10.10.2002*

Intrigen 382
INTERN ***
Video

Regie: Michael Lange
Darsteller: Dominique Swain (Jocelyn Bennett), Benjamin Pullen (Paul Rochester), Peggy Lipton (Roxanne Rochet), David Deblinger (Richard Sinn), Joan Rivers (Dolly Bellows), Kathy Griffing (Cornelia Crisp)
Drehbuch: Caroline Doyle, Jill Kopelman
Kamera: Rodney Charters
Musik: James Harry
Schnitt: Anita Brandt-Burgoyne
Prod.: GiV'en Films/Moonstone Ent.; USA 1999; 86 Min.
Vertrieb: VCL, 22.1.2002
FSK: ab 12 J.

Flott und mit vielen Stars in Winzrollen garnierte Modeweltsatire um eine Fotopraktikantin, die sich tollkühn in die zahlreichen Intrigenstrudel stürzt.

Iris 383
IRIS ***+

Regie: Richard Eyre
Darsteller: Judi Dench (Iris Murdoch), Jim Broadbent (John Bayley), Kate Winslet (die junge Iris), Hugh Bonneville (der junge John), Penelope Wilton (Janet Stone), Samuel West (der junge Maurice)
Drehbuch: Richard Eyre, Charles Wood, nach den Büchern »Elegy for Iris« und »Iris and Her Friends« von John Bayley
Kamera: Roger Pratt
Musik: James Horner

Kate Winslet und Hugh Bonneville als die jungen Verliebten in ›Iris‹

Schnitt: Martin Walsh
Prod.: Fox Iris/BBC/Intermedia /Miramax/ Mirga Ent.; GB/USA 2001; 91 Min.
EA: 12.2.2002, Int. Filmfestspiele Berlin
Verleih: Buena Vista, 16.5.2002
Vertrieb: Buena Vista Video (Video, DVD)
FSK: ab 6 J., ffr. – **FBW:** Besonders wertvoll

Die ungewöhnliche Liebes- und Lebensgeschichte der Schriftstellerin Iris Murdoch und des Literaturprofessors John Bayley.

Kritik: (…) Wie wenig man mächtige Werkzeuge braucht, um durchschlagende Wirkung zu erzielen, zeigen wieder einmal die Engländer – mit »Iris« von Theaterveteran Richard Eyre. Sicherlich hat auch dieser Film ein starkes Anliegen: Verständnis für eine Krankheit zu erzeugen, die häufig nur als Verwirrung des Alters wahrgenommen wird, aber für die Betroffenen und ihre Umgebung eine schleichende Tragödie ist: Alzheimer. Zunächst aber geht es einfach um die Liebe zwischen zwei Menschen, die durchaus als seltsame Vögel vorgestellt werden. Da ist Iris Murdoch, Philosophin und Romanautorin, wiederum eine reale Figur, und John Bayley, ihr Mann, der sie 40 Jahre begleitet hat, bis zu ihrem Tod. (…)
Wenn Judi Dench ihren Roman nicht mehr erkennt, als sie ihn gedruckt in Händen hält; wenn sie immer mehr kindliche Züge zeigt, eine Schutzbedürftigkeit und Zartheit, die niemanden kalt lassen kann – da erkennt man ihre ganze Meisterschaft. So begleiten wir sie voll Mitgefühl bis zum Ende – und stellen erst hinterher fest, wie einfach, zurückhaltend und wirkungsvoll dieser Film seine Botschaft überbracht hat.
Tobias Kniebe, SZ, 14.2.2002

(…) Eine der seltsamsten, der größten und würdevollsten Liebesgeschichten der Weltliteratur ist das. Eyre hat ihr trotz der Genauigkeit, mit der er sie sichtbar macht, nicht so recht über den Weg getraut. Er versucht, mit aller Macht der tatsächlich lauernden Sentimentfalle zu entkommen, die Würde seiner Figuren möglichst weitgehend zu wahren, möglichst nie in den Ruch des leichtfertigen Tabubruchs zu kommen, und schafft Distanz, wo er nur kann. Er hüpft – mal mit offensichtlichen Übergängen, mal mit eher willkürlichen – zwischen seinen Zeitebenen hin und her, bricht immer wieder den Erzählfluss, bevor er zu sehr zu Herzen gehen könnte. Er schachtelt Traumsequenzen in seine Geschichte, deren Ziel und Zusammenhang sich nur mühsam erschließt. Er fährt unendlich viel Text auf. Das liegt zwar erstens bei einer Schriftstellerbiografie nahe und ist zweitens der Murdoch-Prosa wegen kein Schaden, führt aber am Ende dahin, wo weder Eyre noch Bayley hinwollten, an den Fuß eines Iris-Murdoch-Denkmals.
Elmar Krekeler, Die Welt, 1.2.2002

Iron Ladies 384
SA TREE LEX ***+

Regie: Yongyooth Thongkonthun
Darsteller: Jesdaporn Pholdee (Chai), Sahaparp Virakamintr (Mon), Ekachai Buranapanich (Wit), Jojo Mioxshi (Nong), Chaichan Nimpoolsawasdi (Jung), Kokkorn Benjatikul (Pia)
Drehbuch: Visuthichai Bunyakarnjana, Jira Malikul, Yongyooth Thongkonthun
Kamera: Jira Malikul
Musik: Amornpong Methakunawut
Schnitt: Sunit Asvinikul
Prod.: Tai Ent.; Thailand 2001; 104 Min.
EA: 10.2.2001, Int. Filmfestspiele Berlin, »Panorama«
Verleih: Salzgeber, OmU, 20.6.2002
Vertrieb: Salzgeber Video (Video, DVD)

Transen in Volleyballmontur sind auch im Queer-Kino etwas Besonderes – aber dieses Team mit Lidstrich, extrascharfen Nägeln und perfekter Teint-Foundation hat es tatsächlich so gegeben: Die Iron Ladies gewannen 1996 in Thailand die nationale Volleyballmeisterschaft. Ein spektakulärer Triumph, nun als sympathische Komödie inszeniert, die eine Lanze brechen will für alle, die mit ihren Genen hadern und mit dem heterosexuellen Lifestyle.
Cristine Moles Kaupp, tip, 13/2002

Is It Clear, My Friend? 385
JE LI JASNO, PRIJATELJU? □

Regie: Dejan Acimovic, Lucija Serbedzija
Darsteller: Milan Plestina (Martin), Ivan Brkic, Radko Polic, Filip Nola, Mustafa Nadarevic, Rade Serbedzija
Drehbuch: Dejan Acimovic
Kamera: Slobodan Trninic
Musik: Goran Bregovic
Schnitt: Tvrko Grgic, Andrija Zafranovic
Prod.: Da Film; Kroatien 2000; 97 Min.
EA: 6.10.2001, Goethe-Forum München, »Neues aus Südost«

Eines Nachts wird der Buchhalter Martin für ein Verbrechen eingesperrt, das er nicht begangen hat. Seine Mitinsassen sind Diebe, Geisteskranke, politische Gefangene und albanische Separatisten. Das Zusammenleben im Gefängnis hat alle Unterschiede zwischen ihnen ausgelöscht. Der Film, der in einem der schlimmsten jugoslawischen Gefängnisse der 80er-Jahre spielt, basiert auf einer wahren Begebenheit.
Presseheft Goethe-Forum

Ist das Leben nicht wunderbar? 386
SIVOT E PREKRASEN, NALI? ***

Regie: Svetoslav Draganov
Drehbuch: Svetoslav Draganov
Kamera: Plamen Bakardjiev, Svetoslav Draganov
Prod.: Bulgarien 2001; 74 Min.
Verleih: GM films, OmU, 25.4.2002

Liebevolle Dokumentation über einen schwulen bulgarischen Frisör, der sich trotz aller Widrigkeiten des Alltags nicht von seinen Träumen abbringen lässt. Alex' unverdrossenes Anrennen gegen die Unbill des Alltags steht auch als Gleichnis auf den Lebenswillen unter eigentlich unlebbaren Bedingungen.
Claus Löser, tip, 9/2002

Kritik: (…) Leider lässt uns Regisseur Svetoslav Draganov dabei keine Gelegenheit, ein eigenes Verhältnis zu ihnen zu entwickeln. Besonders die Kamera nimmt uns mit Zooms, Fisheye-Aussichten und anderen Mätzchen so hart an die Kandare, dass sich bald Widerstand regt. Doch vielleicht sollten wir der Sache wegen des jungen Regisseurs dennoch eine Chance geben. Uneingeschränkte Begeisterung kann dieser Film sicher nicht auslösen. Doch unsere kritische Solidarität hat zumindest Alex verdient.
Sylvia Hallersleben, Der Tagesspiegel, 25.4.2002

Italienisch für Anfänger 387
ITALIENSK FOR BEGYNDERE ****

Regie: Lone Scherfig
Darsteller: Anders W. Berthelsen (Andreas), Anette Stövelbaek (Olympia), Peter Gantzler (Jörgen Mortensen), Ann Eleonora Jörgensen (Karen), Lars Kaalund (Hal-Finn), Sara Indrio Jensen (Giulia)
Drehbuch: Lone Scherfig
Kamera: Jörgen Johansson
Schnitt: Gerd Tjur
Prod.: Zentropa mit DR/TV-Byen; Dänemark 2000; 118 Min.
EA: 9.2.2001, Int. Filmfestspiele Berlin, »Wettbewerb«
Verleih: Arthaus, Juli 2001 (AU), 17.1.2002

Eine Komödie mit hinreißendem Humor, voller Situationskomik und Weisheit, voll menschlicher Wärme und durchsetzt von noch mehr durchtriebenem Geist. Drei Männer und drei Frauen, höchst eigenständige Charaktere mit eigenen Biografien, gehen gegen ihr Alleinsein vor und kommen, so weit sie eben können: Sie beschließen, an einem Italienischkurs für Anfänger teilzunehmen. *Multimedia*

Kritik: (…) Aber Lone Scherfig meint es gut mit ihren verhuschten, enttäuschten Figuren: Sie lässt eine alkoholkranke Mutter und einen tyrannischen Vater sterben und dadurch zwei Schwestern, die in der Kindheit getrennt waren, zueinander finden. Sie schenkt dem über den Tod seiner Frau verzweifelten Pfarrer eine neue Gemeinde und die Aussicht auf eine neue Beziehung. Sie sorgt dafür, dass die Libido des Portiers wieder erwacht und spendiert der jungen italienischen Kellnerin einen älteren, soliden Ehemann. Sie verschafft der Frisörin ein bescheidenes Erbe, das gerade zum Kauf des Salons reicht, und dem gefeuerten Restaurantmanager einen neuen Job. Schließlich schickt sie den ganzen Italienischkurs nach Venedig, denn, so weiß die Regisseurin, in Italien können selbst Skandinavier leidenschaftlich sein. (…)

Daniela Sannwald, FR, 19.1.2002

(…) »Italienisch für Anfänger« stellt diese Figuren nicht aus, er stellt sie vor, auch jene Seiten, die sie anderen nicht zu offenbaren wagen. Er zeigt uns fremde Menschen, aber er flüchtet sich nicht in die schönen Klänge einer fremden Sprache. Wir verstehen Wort für Wort, dass man so auch von uns erzählen könnte.

Thomas Klingenmaier, Stuttgarter Zeitung, 17.1.2002

Interview: *Dänische Produzenten bezeichnen Dogma oft als eine der gelungensten Marketingideen der Filmgeschichte und als Entschuldigung für preiswerte Filme. Was verbinden Sie mit dem Begriff?*

Es war schwer, Dogma als Programm zu etablieren, doch jetzt sind die Leute verrückt nach den Filmen. Kein Festival der Welt hätte doch sonst eine kleine romantische Low-Budget-Komödie aus Dänemark in den Wettbewerb genommen! An einem bestimmten Punkt der Karriere ist es für einen Filmemacher gut, einen Film nach Regeln zu drehen, um das eigene Handwerk zu überprüfen. Doch keiner von uns betrachtet die zehn Regeln wirklich als Dogma. Als ich meinen Vertrag unterschrieb, war klar, dass ich machen kann, was ich will, wenn ich im Budget bleibe.

Lone Scherfig im Interview mit Katharina Dockhorn, Zitty, 2/2002

Anette Stövelback, Anders W. Berthelsen und Ann Eleonora Jörgensen in ›Italienisch für Anfänger‹

Jagd auf den Schatz der Riesen 388

JACK AND THE BEANSTALK: THE REAL STORY **
TV

Regie: Brian Henson
Darsteller: Matthew Modine (Jack Robinson), Mia Sara (Ondine), Richard Attenborough (Weiser Riese), Jon Voight (Siggy), Vanessa Redgrave (Gräfin Wilhelmina), Daryl Hannah (Thespee)
Drehbuch: James V. Hart, Brian Henson, Bill Barretta
Kamera: John Fenner
Musik: Rupert Gregson-Williams
Schnitt: Victoria Boydell
Prod.: Hallmark/Jim Henson Prod.; USA 2001; 2 x 88 Min.
TV: 1./3.9.2002, RTL, 20.15

Ein wundersamer Gruselmix von der Gans, die goldene Eier legte, einem altenglischen Schloss-Familienfluch und einem Riesenbohnengewächs, an dem sich der Nachkomme der Fluchsippe ins Land der Gerechtigkeit rankt. Lieb und wacker.
Ponkie, AZ, 3.9.2002

Der Jäger 389

AVCI ****+
TV

Regie: Erden Kiral
Darsteller: Jale Arikan (Zala), Ahmet Ugurlu (Osman Bey), Fikret Kuskan (Jäger), Tomris Öguzalp (Nine), Erol Demiröz (Dede)
Prod.: Türkei 1998; 80 Min.
TV: 31.3.2000, Arte, 23.35

Während eine Hochzeitsgesellschaft nach altem Brauch zu einer sagenumwobenen Stelle auf einem See rudert, erzählt der blinde Großvater die türkische Sage von der Unterdrückung der Menschen durch den Islam.

Jäger und Gejagte 390

THE HUNT □
TV

Regie: Piers Haggard
Darsteller: Amanda Holden (Sarah Campbell), Adrien Lukis (Hugh Whitton), Samantha Bond (Patricia Whitton), Philip Glenister (Rob Campbell), Sara Stephens (Fiona Mackie), Judy Parfitt (Lady Diana Whitton)
Drehbuch: Adrian Hodges
Musik: Hal Lindes
Prod.: GB 2001; 104 Min.
TV: 24.5.2002, Arte, 20.45

Um die verwirrenden Gefühle zwischen einer Naturschützerin und einem adeligen Müßiggänger, beide anderweitig verheiratet, dreht sich diese Liebesgeschichte, inszeniert vor dem Hintergrund der in England noch immer vorhandenen Klassenunterschiede.
Pressetext

Das Jahr der ersten Küsse 391

***

Regie: Kai Wessel
Darsteller: Oliver Korittke (Tristan, erwachsen), Max Mauff (Tristan, jung), Diane Siemons-Willems (Kerstin), Thomas Drechsel (Specki), Luana Bellinghausen (Simone)
Drehbuch: Sathyan Ramesh
Kamera: Hagen Bogdanski
Musik: Gery Arling, Richard Cameron
Schnitt: Tina Freitag
Prod.: D-Film/Buena Vista; D 2002; 98 Min.
Verleih: Buena Vista, 13.10.2002
FBW: Wertvoll

Nach 16 Jahren Gemeinsamkeit und dem überraschenden Tod seiner Frau erinnert sich ein Mann (Anfang 30) an die entscheidenden Jahre der Pubertät und die Erfahrungen und Erlebnisse in der Schulclique.

Kritik: (...) Der Ensemblefilm von Kai Wessel pinselt mit Liebe zum Detail Dekor und Zeitkolorit einer deutschen Provinzjugend in den 80ern. Auch wenn die Inszenierung ähnlich ungelenk ist wie das Spiel mancher Jungdarsteller, schlägt der Film doch den Brechstangenwitz der meisten Teenagerkomödien mühelos um Längen.
Karim Zendagui, Rheinische Post, 3.10.2002

Langsam verlieren die sentimentalen Rückblicke auf ferne Jugendtage ihren Reiz. Kreisen sie doch stets um das Gleiche: Pubertät, Pickel und Probleme mit dem anderen Geschlecht. So auch in »Das Jahr der ersten Küsse«, doch trotz sympathischer Schauspieler und einiger guter Ansätze reihen sich die Episoden hier beliebig aneinander und werden ständig ausgebremst. Ärgerlich, dass selten die Anschlüsse stimmen, die Figuren an Gewicht verlieren und Oliver Korittke als Erzähler nur hohlwangig am Fenster steht.

Cristina Moles Kaupp, tip, 26.9.2002

Jalla! Jalla! 392

JALLA! JALLA! ****

Regie: Josef Fares
Darsteller: Josef Fares (Roro), Torkel Petersson (Mans), Tuva Novotny (Lisa), Laleh Pourkarim (Yasmin), Sofi Ahlström Helleday (Jenny), Leornard Terfelt (Paul)
Drehbuch: Josef Fares
Kamera: Aril Wretblad
Musik: Daniel Lemma
Schnitt: Andreas Jönsson, Michal Leszczylowski
Prod.: Sonet/Memfis/Film i Vast; Schweden 2000; 88 Min.
Verleih: Arthaus, Juli 2001 (AU), 7.3.2002
Vertrieb: Kinowelt Video (Video, DVD)
FSK: ab 12 J., ffr.

Eine der liebevollsten und witzigsten Komödien des Jahres: Zwei Freunde, die irgendwo in der schwedischen Provinz beim Gartenbauamt arbeiten, werden plötzlich mit großen Veränderungen in ihrem Leben konfrontiert. Mans hat anhaltende Potenzprobleme, der aus dem Libanon stammende Roro soll verheiratet werden. Beide Erzählstränge entwickeln sich zu umwerfender Komik und schließen sich, in der Verschränkung von Liebesgeschichten und multikultureller sozialer Wirklichkeit, zu einem Happy-End vor einem familiären Desaster zusammen. Der Witz dieses Debüts des 24-jährigen schwedisch-libanesischen Regisseurs entstammt einer Erfahrungswelt, die das Innen wie das Außen seiner tapferen, in den tückischsten Konventionen verstrickten Figuren beleuchten kann. Genaue Beobachtung, berührender Ideenreichtum und schönes Timing: ein für sich einnehmendes Kino. *Multimedia*

Kritik: (...) Plötzlich wird klar, dass Roro und Mans zur großen Familie skandinavischer Helden gehören, die wir aus Filmen wie »Fucking Amal« und »Zusammen!« von Lukas Mooodysson oder »Italienisch für Anfänger« von Lone Scherfig kennen. Sie schlagen sich von Moment zu Moment durchs Leben und finden die wahre Liebe erst auf Umwegen. Und mit kräftiger Unterstützung des Zufalls. *Anke Sterneborg, SZ, 16.3.2002*

James Bond: Stirb an einem anderen Tag 393

JAMES BOND 007: DIE ANOTHER DAY ***+

Regie: Lee Tamahori
Darsteller: Pierce Brosnan (James Bond), Halle Berry (Jinx), Toby Stephens (Gustav Graves), Rosamund Pike (Miranda Frost), Rick Yune (Zao), Judi Dench (M.)
Drehbuch: Neal Purvis, Robert Wade
Kamera: David Tattersall, Jonathan Taylor (2nd unit)
Musik: David Arnold
Schnitt: Christian Wagner
Prod.: Albert R. Broccoli's Eon Prods.; USA/GB 2002; 133 Min.
Verleih: 20th Century Fox
FSK: ab 12 J., ffr. – **FBW:** Wertvoll

James Bonds neuester Auftrag führt ihn nach Nordkorea, um den größenwahnsinnigen Colonel Moon zu stoppen. Durch Verrat scheitert aber Bonds Mission und zum ersten Mal leidet ein Bond richtig Qualen und ist wenig heldenhaft. Zeitweilig ohne Lizenz bleibt 007 seinem skrupellosen Gegner auf der Spur, die über Hongkong, Kuba, London bis ins ewige Eis Islands führt.

Doch auch der amerikanische Geheimdienst hat Agenten ausgesandt – allen voran die verführerische Jinx. Zum Glück kann sich 007 immer auf Q's technische Tricks und Superwaffen verlassen.

Poster zu ›James Bond: Stirb an einem anderen Tag‹

Kritik: (…) Zu Beginn wird James Bond übel mitgespielt: Nach einem Verrat verbringt er 14 Monate in der Folterhaft Nordkoreas, nur um nach seiner Freilassung noch engagierter die Übeltäter zu jagen. Die heißen Gustav Graves und Zao und planen wie üblich die Zerstörung der Welt. An Bonds Seite tritt eine hinreißende Dame namens Jinx (zu Deutsch: Unheilbringer), gemeinsam retten sie den Globus.

Wer von einem Bond-Film intellektuelle Spielereien erwartet, ist buchstäblich »im falschen Film«. Das vierte Werk mit Pierce Brosnan als 007 ist kurzweiliges Popcornkino auf technisch hohem Niveau, spart nicht mit der nötigen Ironie und hat mit Halle Berry und Rosamund Pike zwei wirklich scharfe Frauen zu bieten. Ach ja: Madonna taucht auch auf. Im Übrigen empfehlen wir die Originalfassung, die Synchronisation ist nicht so doll. Reingehen, staunen, vergessen.

Martin Schwarz, Zitty, 25/2002

James Dean 394

JAMES DEAN ***

Video

Regie: Mark Rydell
Darsteller: James Franco (James Dean/ Erzähler), Michael Moriarty (Winton Dean), Valentina Cervi (Pier Angeli), Christopher Lee (»East of Eden«-Assistent)
Drehbuch: Israel Horovitz
Kamera: Robbie Greenberg
Musik: John Fizzell
Schnitt: Antony Gibbs
Prod.: Five Mile Diver mit Gerber/Marvin Worth/Splendid TV; USA 2001; 92 Min.
Vertrieb: Splendid Video, 16.9.2002
FSK: ab 6 J.

Eine nicht unbedingt an autobiografischen Genauigkeiten interessierte verfilmte Lebensgeschichte der Legende. Psychologisch nicht tief schürfend, aber für Fans ein sehenswertes Drama.

Jay & Silent Bob schlagen zurück 395

JAY AND SILENT BOB STRIKE BACK ***

Regie: Kevin Smith
Darsteller: Jason Mewes (Jay), Kevin Smith (Silent Bob), Ben Affleck (Holden), Jeff Anderson (Randal), Jason Lee (Brodie/ Banky), Brian O'Halloran (Dante)
Drehbuch: Kevin Smith
Kamera: Jamie Anderson
Musik: James L. Venable
Schnitt: Kevin Smith, Scott Mosier
Prod.: Miramax/Dimension/View Ashaw; USA 2001; 104 Min.
Verleih: Highlight, 18.4.2002
Vertrieb: Highlight Video (Video, DVD)
FSK: ab 12 J., ffr.

Jay und Silent Bob müssen feststellen, dass sie ungefragt als Vorlage für zwei erfolgreiche Comicfiguren benutzt wurden, deren Abenteuer jetzt auch noch verfilmt werden. Flugs machen sie sich auf den Weg nach Hollywood, um den Film zu sabotieren.
An diesem Rundumschlag auf die amerikanische Kinoindustrie von Kevin Smith hat sich Hollywood-Prominenz rege beteiligt und sich sowohl über sich selbst als auch über bekannte Filme und ganze Genres lustig gemacht. (...)

Alrun Fichtenbauer, Filmschau

Kritik: (...) Wie Pingpongbälle springen die Einfälle zwischen den verschiedenen Ebenen von Fiktion und Wirklichkeit hin und her und verlieren allerdings bei jedem Aufprall Energie: Richtig originell und komisch ist das selten; der Plot kann seine Trägheit ungefähr genauso schlecht abschütteln wie die beiden Helden Jay und Bob. Die Witze bleiben auf »American Pie«-Zoten-Niveau, und die Blockbuster-Filmzitate und Seitenhiebe auf das produzierende Miramax-Studio sind immer ein bisschen zu offensichtlich, um wirklich vergnüglich zu sein. Es ist Zeit, erwachsen zu werden – das gilt für den inzwischen 31-jährigen Regisseur ebenso wie für seine spätpupertären Helden, die diesmal immerhin schon den ersten echten Kuss abkriegen.

Anke Sterneborg, SZ, 24.4.2002

Jazz Seen 396

***+

Regie: Julian Benedikt
Darsteller: William Claxton, Peggy Moffitt
Drehbuch: Julian Benedikt
Kamera: Matthew J. Clark
Musik: Till Brönner
Schnitt: Andrew Hulme
Prod.: EuroArts Ent. mit North by Northwest Ent./Bravo Television mit ZDF/Arte und Bravo TV; GB/D 2000; 77 Min.
UA: Filmfest Stutgart/Ludwigsburg 2001
EA: 18.4.2002, Freiburg, Friedrichsbau-Lichtspiele
Verleih: Salzgeber, 25.4.2002
FSK: o. A., ffr.

Wie im Vorgänger »Blue Note« setzt Regisseur Julian Benedikt auch in seinem Porträt des Fotografen William Claxton auf die Überredungskunst des Jazz und schert sich wenig um erzählerische Logik. Claxtons Stil wird nur in Ansätzen kenntlich, da die staunenswerte Galerie von prominenten »talking heads« (unter anderen Dennis Hopper, Helmut Newton und Cassandra Wilson) nur mehr Komplimente in Kaskaden beitragen muss; nicht immer steht ihre Zeugenschaft in einem erkennbar zwingenden Zusammenhang zum Thema. Dieses kommt Benedikt im losen Spiel der Assoziationen ärgerlich oft abhanden. Wenn Jazzvirtuosen improvisieren, gelingt es ihnen wenigstens, den Faden wieder aufzugreifen.

Gerhard Midding, tip, 9/2002

Kritik: (...) So ist dieser Film, untermalt von Till Brönners unterkühltem New-West-Coast-Jazz, weit mehr als nur eine kurzweilige Künstlerbiografie: Hier wird nichts weniger betrieben als eine 80-minütige Einweisung in Stil und Geschmack – musikalisch und fotografisch.

Hans-Joachim Neumann, Zitty, 9/2002

Jeans 397

**+

Regie: Nicolette Krebitz
Darsteller: Oskar Melzer (Oskar), Mark Hosemann (Marc), Angie Ojciec (Angie), Jana Pallaske (Nina), Mavie Hörbiger (Mavie), Katja Weilandt
Drehbuch: Nicolette Krebitz
Kamera: Bella Halben
Musik: Edition Terranova
Schnitt: Sara Schilde
Prod.: Exercise 4; D 2001; 94 Min.
UA: Int. Hofer Filmtage 2001
Verleih: X Verleih, 5.12.2002

(...) Im Wesentlichen geht es hier um Oskar und Marc. Der eine ist ein Frauenaufreißer, der andere wäre gerne einer. Die beiden sind mangels Mietzahlungen aus ihrer Wohnung geflogen und nisten sich bei Angie ein. Das war es aber auch schon an Handlungsgerüst in diesem digital gedrehten Werk. Die äußerst bewegliche Kamera taucht ein ins Berlin der jungen und schönen Menschen, die offenbar gerne in den Tag hineinleben. Die improvisiert wirkenden Szenen haben mitunter durchaus ihren Charme, wirken aber recht beliebig. Das episodenhafte Ganze – mal joggt Coco durch den Wald, mal läuft Marc mit einer alten Frau Schlittschuh – hinterlässt trotz einiger schöner Momente eher den Eindruck einer Fingerübung. (...)

Martin Schwarz, Zitty, 25/2002

Kritik: (...) Ihr (Nicolette Krebitz) Ziel scheint es gewesen zu sein, das in der Werbung bildlich und verbal unablässig zitierte »Lebensgefühl« der Spaßgeneration zu skizzieren. Und bei manchen Einfällen und in einigen hübschen oder »coolen« Szenen, die Talent verraten, ist ihr dies sicherlich auch geglückt. Doch sind das Kleinsituationen, Spots, »Highlights« höchstens. Mit kreativem Ernst, mit einem strukturierten Stück, mit den Gesetzen der Dramaturgie, mit einer fortlaufenden, schlüssigen Handlung, mit einsichtiger künstlerischer Ökonomie hat es – noch – nicht viel zu tun.

Thomas Engel,
Der Gildendienst, 12/2002

Jeder ist ein Star 398

LEDEREEN BEROEMD ***+

Regie: Dominique Deruddere
Darsteller: Josse de Pauw (Jean Vereecken), Eva van der Gucht (Marva), Werner de Smedt (Willy van Outreve), Thekla Reuten (Debbie), Victor Löw (Michael), Gert Portael (Chantal)
Drehbuch: Dominique Deruddere
Kamera: Willy Stassen
Musik: Raymond von het Groenuewoud
Schnitt: Ludo Trock
Prod.: Otomatic/Get reel/Les Films des Tourneelles; Belgien/NL/Frankreich 2000; 97 Min.
UA: April 2000, Brüssel; Int. Filmfestspiele Venedig 2000
Verleih: TiMe, 7.2.2002
FSK: ab 6 J., ffr.

Mit dem richtigen Brustpanzer kann jeder Madonna sein, denn ›Jeder ist ein Star‹

Mit Unterstützung ihres Vaters soll die 17-jährige Marva endlich ein Schlagerstar werden. Also entführt er Debbie, die erfolgreichste Schlagersängerin des Landes, um durch Erpressung ihres Managers Michael Marva zum Star zu machen. Doch die Verkaufszahlen von Debbies Platten steigen und Michael fasst einen Plan.

Kritik: (...) Es ist schon erstaunlich und beinahe rührend, mit welchem Ernst und sogar Pathos der belgische Regisseur Dominique Deruddere seine groteske, manchmal hanebüchene Geschichte erzählt. Die Aschenputtel-Story ist an den Haaren herbeigezogen. Aber sie funktioniert dennoch, weil die Figuren einem ans Herz wachsen. Die Logik kommt abhanden, aber das Gefühl stimmt. Als sei dies ein Film aus britischen Landen, wird den Kleinbürgern und Proleten auf sympathisch witzige Weise gehuldigt. Ein richtiger Gute-Laune-Film.

Zitty, 4/2002

Jedermann's Fest 399

**+

Regie: Fritz Lehner
Darsteller: Klaus Maria Brandauer (Jan Jedermann), Juliette Greco (Yvonne Becker), Sylvie Testud (Sophie), Redbad Klynstra (Daniel), Alexa Sommer (Isabelle), Veronika Lucanska (Cocaine)
Drehbuch: Fritz Lehner
Kamera: Gernot Roll, Wolfgang Treu
Musik: Peter Ponger
Schnitt: Tanja Schmidbauer, Juno Sylva Englander
Prod.: Wega Film mit Studio Babelsberg/ Star Prod./ORF/WDR; Österreich/D/Frankreich 1996 (2001); 173 Min.
UA: 9.2.2002, Victoria Film Festival
EA: 4.7.2002, Filmfest München 2002
Verleih: Progress, 21.11.2002

Bemerkungen: Der berühmte Wiener Modeschöpfer Jan Jedermann be-

kommt vom Tod eine letzte Frist zugestanden, um seine bisher großartigste Modenschau mit einem rauschenden Fest zu feiern. Aber anstelle des erwarteten Triumphs erfährt er seine Einsamkeit. In Fritz Lehners Film vom reichen sterbenden Menschen spielt zwar Klaus Maria Brandauer, der bereits in Salzburg den Jedermann verkörpert hat, die Hauptrolle, aber die Anlehnung an das Theaterstück von Hoffmannsthal ist nur durch die allgemeine Thematik gegeben. Der katholisch-religiöse Hintergrund wird ersetzt durch Machtstrukturen ohne metaphysischen Ausweg, und die Machtsphäre Jedermanns wird vom finanziellen auf den medialen Bereich verlegt. Während Jedermann verzweifelt, stellen sich die Models, die mit ihm feiern, nur eine Frage: Wer wird sein neues Gesicht?
In symbolisch und ästhetisch aufgeladenen Bildern wird beeindruckende drei Stunden lang eine schöne, aber hohle Welt ausgebreitet.

Filmschau

Kritik: Wer Jugendstil und Dekadenz mit schwulstigen Ornamenten und opulenten Kulissen übersetzt, der verfilmt Hugo von Hofmannsthals Drama »Jedermann«, wie das Fritz Lehner getan hat: bunt, grotesk und sinnlos. Für den Regisseur ist Jan Jedermann nicht mehr als ein erfolgssüchtiger Egomane, der seiner Verschwendungssucht frönt, bis ihm der Tod in die Quere kommt. Das Mammutwerk strotzt vor kitschigen Bildern und großen Gesten. Brandauer als Jedermann läuft zu exzentrischer Hochform auf. Singend, tanzend und schreiend spielt er die anderen Akteure an die Wand und nimmt dem Drama jegliche Relevanz.

Christiane Lang, tip, 24/2002

(…) Fritz Lehner setzt ähnlich wie Pedro Almodóvar auf die Symbolkraft ästhetisierender Bilder. Doch beschränkt er sich nicht auf eine melancholisch-sentimentale Bildsprache, sondern erschafft eine analytische Allegorik: Das Leben ist eine ewige Bühne. Jedermann will etwas gelten, um jeden Preis. Denn wer will schon ein Jedermann sein?

Claudia Cosmo, Der Tagesspiegel, 31.10.2002

Die Anzeichen, dass der Film ein Torso bleibt, mehren sich, denn die Fronten haben sich verhärtet. Während Produzent Veit Heiduschka im Juli selbst zwei Tage nachdrehte, fordert Lehner weitere drei Wochen Nachdreharbeiten, deren Kosten sich laut Heiduschka auf 15 Millionen Schilling belaufen würden. Einen Kompromiss lehnte Lehner, der zum Schneideraum keinen Zutritt mehr hat, ab und verklagte Heiduschka wegen Urheberrechtsverletzungen.

Blickpunkt Film, 38/98

Jeepers Creepers 400
JEEPERS CREEPERS ***+

Regie: Victor Salva
Darsteller: Gina Philips (Trish), Justin Long (Darryl), Jonathan Breck (The Creeper), Patricia Belcher (Jezelle Gay Hartman), Brandon Smith (Serg. Davis Tubbs), Eileen Brennan (Katzenlady)
Drehbuch: Victor Salva
Kamera: Don E. Fauntleroy
Musik: Bennett Salvay
Schnitt: Ed Marx
Prod.: American Zoetrope/Cinerenta/Cinebeta; USA/D 2001; 89 Min.
Verleih: Ott Film, 3.1.2002
FSK: ab 16 J., ffr.

In den Ferien auf dem Weg vom College nach Hause fahren Bruder und Schwester durch einen verlassenen Landstreifen irgendwo in Florida. Ein verrosteter alter Lastwagen jagt sie dabei nicht nur von der Straße, sondern sein Fahrer schmeißt auch ein paar große Pakete mit blutbefleckten Laken in den Gulli neben einer verfallenen Kirche.
Das ist der Anfang für einen Albtraum, der zwar nicht gerade subtil,

aber auch nicht unbedingt mit der Kreissäge zu Werke geht. Von kreischenden Krähen über komisch dreinblickende Einheimische und eine durchaus überforderte Polizeimacht bis zum hellsehenden Medium sind die nötigen Elemente allesamt vertreten. Mit seinem Verzicht auf den dicken Monster- und Teensurvivor Countdown, aber mit einem im wahrsten Sinne des Wortes offenen Blick auf eine Fortsetzung gelingt es, selbst dem Filmende noch eine Alternative aufzusetzen. *Andreas Fuchs, Filmecho-Filmwoche, 12/2001*

Kritik: (…) Vor allem die erste Stunde lässt einem das Blut in den Adern gefrieren, bis der Film in den letzten 30 Minuten eher konventionelle Gruselpfade beschreitet – was der Klasse dieses Horrorschockers aber keinen Abbruch tut.
Albert Baer, Rheinische Post, 4.1.2002

Das Jesus Video 401

***
TV

Regie: Sebastian Niemann
Darsteller: Matthias Koeberlin (Steffen), Naike Rivelli (Sharon), Manou Lubowski (Yehoshua), Robinson Reichel (Roland Jung), Heinrich Giskes (Prof. Wilford), Hans Diehl (Scarfaro)
Drehbuch: Martin Ritzenhoff, nach dem gleichnamigen Bestseller von Andreas Eschbach
Kamera: Gerhard Schirlo
Prod.: Rat Pack für Pro7; D 2002; jeweils 90 Min.
TV: 5./6.12.2002, Pro7, jeweils 20.15

(…) Dabei widerfuhr dem Ausgrabungsassistenten Steffen so ziemlich alles, was ein Knochenausgräber zu fürchten hat – von der bedrohlich aufgerichteten Kobra bis zu den Folterknechten der Interessenklüngel religiöser, geheimdienstverbandelter und gewinngeiler Fanatiker. Die Inquisitionsbedürfnisse von Fundamentalisten aller Art nicht zu vergessen. Alle trachten ihm nach dem Leben, weil er die Kamera eines Zeitreisenden aus der Zukunft sucht. Das belebt zwar die Fantasie aufs Beste, ist aber auf eine exotische Verfolgungskiste reduziert. *Ponkie, AZ, 7.12.2002*

Kritik: (…) Dennoch lässt der Zweiteiler eines nicht aufkommen: Langeweile. Mehr Verfolgungsjagden, Schießereien, Folterszenen und Gefühlsprobleme hätte man auch in einen Hollywoodstreifen nicht einbauen können. Und alles, um Jesus mit einem Sony-Gerät ins Fernsehen zu bringen. *Kurt Sagatz, Der Tagesspiegel, 5.12.2002*

Jet Li Contract Killer – Im Auftrag des Todes 402

SAT SAU CHI WONG **
Video

Regie: Tung Wei
Darsteller: Jet Li (Fu), Eric Tsang (Ngok Lo), Simon Yam (Kwan), Gigi Leung (Kiki), Keiji Sato (Eiji), Paul Rapovski
Drehbuch: Hing-Ka Chan, Kam Fu Cheng, Vinent Kok
Kamera: Arthur Wong
Musik: Teddy Robin Kwan, T. Two
Schnitt: Ka-Fai Cheung
Prod.: China Star Ent./Flea Market/ Win's Ent.; Hongkong 1998; 95 Min.
Vertrieb: Columbia TriStar, 17.12.2002
FSK: ab 18 J.

Ehemaliger Elitesoldat und Möchtegern-Profikiller will die 100 Millionen Dollar, die ermordeter Industrieller für die Ergreifung seines Mörders ausgelobt hat. Action ohne Pause, Langeweile ohne Ende.

Jimmy Neutron – Der mutige Erfinder 403

JIMMY NEUTRON **+

Regie: John A. Davis
Drehbuch: John A. Davis, J. David Stem, David N. Weiss, nach einer Story von Steve Oedekerk
Musik: John Debney
Schnitt: Ion Michael Price, Gregory Perler
Prod.: O. Ent./Nickelodeon Prod.; USA 2001; 90 Min.
Verleih: UIP, 18.4.2002
Vertrieb: Paramount Video (Video, DVD)
FSK: o. A., ffr.

Jimmy Neutron ist ein kleines Genie und ein großer Abenteurer. Gemeinsam mit seinen Freunden und seinem Roboterhund durchkreuzt er die üblen Machenschaften außerirdischer Elternentführer. Dabei müssen sie vor allen Dingen aufpassen, dass ihnen nicht eine von Jimmys Erfindungen um die Ohren fliegt. Sie bewahren die Welt vor dem Untergang und sind doch pünktlich zu Hause zum Abendessen.

Kritik: (...) »Jimmy Neutron« ist eine Produktion, die alle Generationen erreichen will, dadurch zwischen die Stühle gerät und kein eigenes Profil erzielt: Die Geschichte ist eher etwas für die Kleineren, der 50er-Jahre-Look der Requisiten richtet sich an nostalgische Eltern, der Soundtrack mit Musik beispielsweise von Britney Spears, den Backstreet Boys oder Aaron Carter bedient die Teens unter den Zuschauern mit erneuten Zugeständnissen an die Eltern. So bietet der Film eine Kompilation, die es allen Recht machen will und dadurch keinen eigenen Charakter entwickelt. Die Produktion setzt auf einen gewissermaßen vorbestimmten Erfolg, denn die Invasion der Jimmy-Neutron-Produkte ist von der Produktionsfirma Nickelodeon schon auf allen Ebenen entwickelt: als Fernsehserie, Videospiel, Actionfigur, Comic usw. Aber auch der perfektesten Planung haben sich die Konsumenten schon so manches Mal entzogen.

Katrin Hoffmann, epd-Film, 4/2002

Jochen – Ein Golzower aus Philadelphia 404

***+

Regie: Barbara Junge, Winfried Junge
Drehbuch: Barbara Junge, Winfried Junge
Kamera: Hans Eberhard Leupold, Harald Klix
Musik: Gerald Rosenfeld
Schnitt: Barbara Junge
Prod.: À Jour/ORB/NDR; D 2001; 120 Min.
UA: Int. Filmfestspiele Berlin 2002, »Forum«
Verleih: Progress, 21.2.2002
FSK: o. A., ffr.

In der jüngsten Ausgabe seiner Kinder-von-Golzow-Langzeitbeobachtung treibt Winfried Junge halb freiwillig, halb unfreiwillig seine nun schon jahrzehntelang dauernde Selbstdemontage einen Schritt weiter. Jochen aus Philadelphia (bei Storkow), der 1961 zum ersten Mal vor Jungs Kamera geriet, verbog sich weder vor staatlichen Autoritäten noch vor Jungs offiziöser Kamera. Den Dokumentaristen mit den immer ratloseren Fragen lässt er früh schon selbstbewusst scheitern und erteilt ihm schließlich nach der Wende ein finales Filmverbot. Missraten, unterhaltsam und durchaus erhellend ist dieser 17. Golzow-Film.

Robert Weixlbaumer, tip, 4/2002

Kritik: (...) Ein Held zweiter Wahl? Eher eine späte Kurskorrektur. Und eine Situation, die Anlass bietet zum Nachdenken über die unausgesprochene Verabredung auch des Dokumentarfilms bezüglich der Attraktivität seiner Helden. Schade, dass »Jochen« diese Fragen nicht weiter thematisiert. Und auch die Reibungen zwischen Filmemachern und Gefilmten werden zwar dokumentiert, reflektiert werden sie nie. So endet der Film in einem Dauerclinch: Jochen ist heimat- und arbeitslos, auf das Häuschen haben Alteigentümer Ansprüche angemeldet. Das reicht, findet Jochen, Schluss mit der Filmerei. Barbara und Winfried Junge sind nicht die Menschen, die solche Wünsche umstandslos akzeptieren.

Silvia Hallensleben, Der Tagesspiegel, 14.2.2002

John Q – Verzweifelte Wut 405

JOHN Q

***

Regie: Nick Cassavetes
Darsteller: Denzel Washington (John Q. Archibald), Robert Duvall (Grimes), James Woods (Dr. Turner), Anne Heche (Rebecca Payne), Eddie Griffin (Lester), Kimberly Elise (Denise Archibald)

Drehbuch: James Kearns
Kamera: Rogier Stoffers
Musik: Aaron Zigman
Schnitt: Dede Allen
Prod.: Burg/Koules Prod. für New Line; USA 2001; 116 Min.
Verleih: Warner, 18.4.2002
Vertrieb: Warner Video (Video, DVD)
FSK: ab 12 J., ffr. – **FBW:** Wertvoll

Geschichte eines verzweifelten Familienvaters, der die Belegschaft einer Notfallstation als Geiseln nimmt, um für seinen todkranken Sohn eine Herztransplantation zu erzwingen.

Kritik: (...) Die Schauspieler in diesem Film sind Opfer eines schlecht durchdachten, überfrachteten Drehbuchs, das die Figuren, vom faulen Sicherheitsmann bis zum aufmüpfigen Punk, zu Stereotypen degradiert. Besonders Anne Heche als herzlose Krankenhausdirektorin kann einem Leid tun. Sie muss gar eine Zigarette rauchen, um sich als Bösewicht auszuweisen. Der überaus dämliche Polizeichef fungiert nur als Klischee für ein skrupelloses System, in dem es um Machterhaltung, aber nicht um das Wohl des Einzelnen geht. (...)

Michael Ranze, epd-Film, 6/2002

»John Q« gehört zu einer ganz seltsamen Sorte Film: Er ist entweder igendwie daneben oder großartig, je nachdem, welche Haltung und welche Stimmung und wie viel Sinn für Humor man ins Kino mitbringt.
»John Q«, der vierte Film von Nick Cassavetes, Sohn des großen John, ist ein Krankenhaus-Geiseldrama und widmet sich einem großen, ungelösten, negierten amerikanischen Problem: der medizinischen Versorgung von Leuten, die kein Geld haben. Ein großartiger Film ist das dann, wenn man Cassavetes zugesteht, dass er sich einen Spaß erlaubt und das Thema trotzdem ernst nimmt. (...)

Susan Vahabzadeh, SZ, 20.4.2002

John Singletons Baby Boy 406

BABY BOY **

Video

Regie: John Singleton
Darsteller: Tyrese Gibson (Jody), Snoop Dogg (Rodney), Ving Rhames (Melvin), Omar Gooding (Sweetpea), A. J. Johnson (Juanita), Taraji P. Henson (Yvette)
Drehbuch: John Singleton
Kamera: Charles Mills
Musik: David Arnold
Schnitt: Bruce Cannon
Prod.: New Deal Prod.; USA 2001; 125 Min.
Vertrieb: Columbia TriStar, 9.4.2002
FSK: ab 16 J.

Aktuelle Familien- und Sozialisationsprobleme aus dem Schwarzenghetto. Ermüdende Gesellschaftsstudie, deren hehre Absichten umgekehrt proportional zum Unterhaltungswert stehen.

Joint Security Area 407

GONG DONG GYEONGBI GUYEOK JSA ****

Regie: Park Chan-Wook
Darsteller: Lee Byeong-Heon (Sgt. Lee Soo-Hyeok), Lee Young-Aeh (Major Sophie E. Lang), Song Kang-Ho (Sgt. Oh Keyong-Pil), Kim Tae-Woo (Nam Sung-Jin), Shin Ha-Kyun (Jung Woo-Jin), Christoph Hofrichter (General Botta)
Drehbuch: Park Chan-Wook
Kamera: Kim Sung-Bok
Musik: Choh Yung-Wook, Bang Jub-Seok
Schnitt: Kim Sang-Bum
Prod.: Myung Film; Korea 2000; 110 Min.
UA: 12.2.2001, Int. Filmfestspiele Berlin
Verleih: REM, 4.7.2002
Vertrieb: Sunfilm Video (Video, DVD)
FSK: ab 16 J., ffr.

Nichts symbolisiert die Teilung Koreas so sehr wie die so genannte »Brücke ohne Wiederkehr« in der entmilitarisierten Zone zwischen den beiden Staaten. Als eines Nachts zwei nordkoreanische Grenzsoldaten erschossen werden, löst der Vorfall eine militärische Kettenreaktion aus. Über das Ereignis kursieren unterschiedliche Varianten. Nord- und Südkorea geben sich gegenseitig die Schuld und rufen die Aufsichtsbehörde der neutralen Staaten (NNSC) zur Auf-

Militärische Kettenreaktion in Korea: ›Joint Security Area‹

klärung an. Major Sophie Jean, eine Schweizerin koreanischer Abstammung, stößt auf eine Mauer des Schweigens. In einer langen Rückblende entwickelt sich die wahre Begebenheit.
Park Chan-Wook schildert Menschen, die das ihnen vermittelte Feindbild überwinden, die tagsüber bei Manövern aneinander vorbeischleichen oder sich auch schon mal anspucken und nachts sich gemeinsam die Zeit mit Spielen und Witzen vertreiben, Fotos von der Familie zeigen und einfach Freunde sind, bis ein Fehlalarm das Fünkchen Hoffnung auf Frieden zerstört. Der Film protokolliert die Absurdität militärischer Aktionen und das Leid des in einer Tötungsmaschinerie gefangenen Individuums eindringlich. Fazit: Ideologie und Politik erlauben am 38. Breitengrad keine Menschlichkeit. *Margret Köhler*

Kritik: (...) »Joint Security Area« ist großes Entertainment mit Hirn, nichts für Freunde abgedrehter asiatischer Kinoästhetik, aber von beeindruckender Intelligenz, Wärme und Kraft, ein Film, den es zu Zeiten der deutschen Teilung nie gegeben hätte.
Anatol Weber, Schnitt, 3/2002

(...) Subtil und komisch sind die Nuancen der Annäherung und der Angst, des Misstrauens und wachsenden Vertrauens, die der Film als das Erwachen einer von Propaganda und Vorurteilen eingelullten Menschlichkeit inszeniert. Dennoch endet die Freundschaft für beinahe alle Beteiligten in einer Katastrophe, weil ein Fanatiker in die Idylle platzt und den Traum tötet. Eine Aussöhnung, die nur im Verborgenen aufblühen kann, das ist die bitterste Erkenntnis der längst nicht mehr neutralen koreanischen Schweizerin, spielt nur den Hardlinern beider Seiten in die Hände. *Heike Kühn, epd-Film, 7/2002*

Joseph – König der Träume 408

JOSEPH: KING OF DREAMS **

Video

Regie: Robert Ramirez, Rob LaDuca
Darsteller: Originalstimmen: Ben Affleck (Joseph), Mark Hamill (Judah), mit den deutschen Stimmen von: Benno Fürmann, Matthias Pagani, Angelika Milster, Hans Teuscher
Drehbuch: Eugenia Bostwick-Singer, Raymond Singer, Joe Stillman, Marshall Goldberg
Musik: Daniel Pelfrey, John Bucchino (Songs)
Prod.: DreamWorks Home Ent./Universal Home Video; USA 2000; 74 Min.
Vertrieb: EuroVideo, 14.11.2002
FSK: o. A.

Die biblische Story von Joseph, der von seinen eifersüchtigen Brüdern an Sklavenhändler verhökert wird. Reichlich kitschig, aber fürs jugendliche Zeichentrickpublikum womöglich genießbar.

Josephine

409
□

Regie: Rajko Grlic
Darsteller: Giancarlo Esposito (Spike), Miroslav Vladyka (Jan), Maria Schrader (Al), Andrea Bozó (Ninel), Silas Carson (Diamond), Shahiha Ganstmeier (Pepi)
Drehbuch: Koraljka Mestrovic
Kamera: Slobodan Trninic
Schnitt: Marco Pav Douria
Prod.: Indigo/Becker & Häberle/MBP/Birdie/Pantera; D/GB 2000
UA: Filmfestival Motovun 2002
Verleih: Senator (noch nicht gestartet)

Jan ist Käsespezialist dank seines hervorragenden Geruchssinns. Als er arbeitslos wird, sucht sein Sohn die von seinem Vater verehrte Josephine Baker. Er landet auf der Reeperbahn in Hamburg, wo er eine Tänzerin als Freundin findet.

Julie – Im Feuer der Unschuld

410
SUPERSTITION
□
TV

Regie: Kenneth Hope
Darsteller: Sienna Guillory (Julie), Mark Strong (Antonio Gabrieli), Charlotte Rampling (Frances Matteo), Frances Barber (Isabella Flores), David Warner (Richter Padovani), David Schofield (Roberto Fallaci)
Drehbuch: Kate Dennis, Paul Hoffman, nach einer Story von Stephen Volk
Kamera: Stephen Smith
Musik: John Ewbank
Schnitt: Kevin Whelan
Prod.: Delux/Movie Masters/Woodline Prod.; GB/Niederlande 2000; 90 Min.
TV: 23.9.2002, ZDF, 22.15

Die 19-jährige Engländerin Julie arbeitet als Kindermädchen bei dem reichen italienischen Ehepaar Cenci. Als dessen Baby bei einem mysteriösen Feuer ums Leben kommt, wird Julie, die verzweifelt ihre Unschuld beteuert, der fahrlässigen Tötung und Brandstiftung angeklagt.

Julius Caesar

411
***
Video

Regie: Uli Edel
Darsteller: Jeremy Sisto (Gaius Julius Caesar), Richard Harris (Lucius Cornelius Sulla), Christopher Walken (Marcus Portius Cato), Chris Noth (Gnaeus Pompeius Magnus), Valerina Golino (Calpurnia), Heino Ferch (Vercingetorix)
Drehbuch: Peter Pruce, Craig Warner
Kamera: Fabio Cianchetti
Musik: Carlo Siliotto
Prod.: ARD/Degeto/DeAngelis Group/Victory Media/Five Mile River Films/Turner Network TV; D/Niederlande 2002; jeweils 90 Min.
Vertrieb: Universal Video (Video, DVD)
TV: 27./28.12.2002, ARD, jeweils 20.15

(...) Das multinationale Filmprojekt begleitet den Titelhelden von seiner Vertreibung aus Rom durch den Diktator Lucius Cornelius Sulla über den Werdegang zum mächtigsten Feldherrn seiner Zeit bis zu seiner Ermordung. (...) *Pressetext*

Kritik: (...) Das Wirken des Edelrömers wurde reduziert auf die überlieferten Senatorensprüche, die Konkurrenz-Feldherrnintrigen und die Affäre Cleopatra. Das, was Lateinschüler so hassen (»De bello Gallico«), blieb auf den Fall Vercingetorix beschränkt: Heino Ferch blickte stoisch in den Abgrund der Niederlage bei Alisia, Jeremy Sisto als Cäsar sah manchmal ein bisschen aus wie Günther Jauch, aber das macht ja nichts. Dekorative Sandalenkino, fern frecher Asterix-Scherze. (...)
Ponkie, AZ, 30.12.2002

K-19: Showdown in der Tiefe 412

K-19: THE WIDOWMAKER ***

Regie: Kathryn Bigelow
Darsteller: Harrison Ford (Alexei Vostrikov), Liam Neeson (Mikhail Polenin), Peter Sarsgaard (Vadim Radtchenko), Joss Ackland (Marschall Zelentstov), John Shrapnel (Admiral Bratyeev), Donald Sumpter (Dr. Savran)
Drehbuch: Christopher Kyle, nach einer Story von Louis Nowra
Kamera: Jeff Cronenweth, Gary Capo (2nd unit)
Musik: Klaus Badelt
Schnitt: Walter Murch
Prod.: National Geographic/Palomar Pic./ First Light/IMF für Paramount/Intermedia; USA/GB/D 2002; 138 Min.
Verleih: Constantin, 5.9.2002
FSK: ab 12 J., ffr.

Auf dem Höhepunkt des Kalten Krieges wird der von seinen Untergebenen verehrte Kapitän Mikhail Polenin von Kapitän Alexei Vostrikov ersetzt und muss in der militärischen Rangfolge unter jenem arbeiten. Der als Schinder verschriene Neue soll das Atom-U-Boot in die Gewässer vor der US-Küste zwischen Washington und New York führen. Gemeinsam ist den unterschiedlichen Männern nur die Liebe zur Kriegsmarine. Unterwegs droht wegen eines Defekts im Kühlsystem die Reaktorschmelze. Bei einer möglichen Katastrophe würden nicht nur automatisch die Raketen abgefeuert, eine Nuklearexplosion in der Nähe einer Nato-Basis könnte zum Auslöser des dritten Weltkriegs führen.

Diese total misslungene Verfilmung einer wahren Geschichte aus dem Jahre 1961 strotzt nur so vor Klischees. Kathryn Bigelow zeigt drastisch, wie die Matrosen einer nach dem anderen geopfert werden und an atomarer Strahlung zugrunde gehen. Die holzschnittartige Zeichnung der Hauptfiguren lässt keine emotionale Nähe zu, Harrison Ford als Vostrikov irritiert durch eine wenig variantenreiche Mimik. *Margret Köhler*

Kritik: (...) »K-19« hat keinen Erfolg gehabt, als er im Juni in den amerikanischen Kinos gestartet wurde, es war, als wäre Amerika bereits in seinen Gedanken, in seinem Gedenken mit einer anderen Heldenfeier beschäftigt. Als wollte es nichts zu tun haben mit dieser Form des Abenteuers, die dem Horror näher ist als der Action. Als hätte es keinen Blick für die Details, von der dieser Film sehr reich ist und die Kathryn Bigelow mit Walter Murch, dem Montagegenie des amerikanischen Kinos, so dicht zusammengewebt hat. Es ist ein anachronistisches Kino, das ethnografisch, nicht dramatisch funktioniert. Als die K-19 vom Stapel lief, flog ein Vogel durch die Totale, eine winzige, befreiende Bewegung in einem starren, machtstrotzenden Bild – eine fantastische Bigelow-Einstellung.

Fritz Göttler, SZ, 5.9.2002

(...) Gern möchte man Kathryn Bigelow angesichts der realen Schicksale eine gewisse respektvolle Befangenheit zugute halten, der pathetische Heldengesang ist aber nicht wirklich nachzuvollziehen. Der Film reiht sich vielmehr mühelos in eine Serie überflüssiger Kriegsfilme ein, die dem ehrenhaften Einzelnen eine verantwortungslose und korrupte Führung gegenüberstellen. (...)

Katja Lüthge, FR, 6.9.2002

K-Pax – Alles ist möglich 413

K-PAX ***+

Regie: Iain Softley
Darsteller: Kevin Spacey (Prot), Jeff Bridges (Dr. Mark Powell), Mary McCormack (Rachel Powell), Alfre Woodard (Claudia Villars), David Patrick Kelly (Howie), Saul Williams (Ernie)
Drehbuch: Charles Leavitt, nach dem gleichnamigen Roman von Gene Brewer

Kamera: John Mathieson
Musik: Edward Shearmur
Schnitt: Craig McKay
Prod.: Intermedia; USA 2001; 120 Min.
Verleih: Constantin (Universum Film), 17.10.2002
FSK: ab 12 J., ffr.
FBW: Besonders wertvoll

In einer psychiatrischen Anstalt versucht ein Arzt mit detektivischer Methode, die Lebensgeschichte eines Patienten zu entschlüsseln, der vorgibt, von einem anderen Planeten zu stammen.

Kritik: (...) Fragen über Fragen. Nur Kevin Spacey lässt seine Zuschauer nicht im Stich: Ob als Alien oder Erdbewohner, Patient oder Therapeut, Helfender oder Hilfsbedürftiger – er ist grandios, und das ist schließlich das Wichtigste. *Frank Noack, Der Tagesspiegel, 17.10.2002*

(...) Der Außenseiter, Verrückte oder Außerirdische, der der Gesellschaft den Spiegel vorhält und so deren Normen und Regeln hinterfragt, diese Geschichte gibt es nicht zum ersten Mal zu bestaunen. Aber wenn sie, wie es Regisseur Softley hier tut, mit so viel inszenatorischer Eleganz und höchst intelligentem Wortwitz erzählt wird, dann hat auch das Altbekannte seinen neuen Reiz.
In einer passenden Mixtur aus Figurencharakterisierung, Melodramatik und Spannung fächert Softley die Story um den angeblichen Sternenmann auf, die vor allem über die Dialogsequenz ihre Ausstrahlung entwickelt und auf Action gänzlich verzichtet. »K-Pax« kommt daher wie ein intellektuell anregendes Seminar über die Kraft des Glaubens und die Auseinandersetzung mit dem Ungewissen – vorgetragen von zwei souveränen Referenten.
Denn dass der Film so überzeugend von der Leinwand strahlt, liegt vor allem an den beiden hervorragenden Hauptdarstellern, die einander perfekt ergänzen. Als wären sie mit ihren Figuren eins, so glänzend geben Spacey und Bridges in diesem sanften Sciencefictiondrama ihre schauspielerischen Visitenkarten ab, füllen ihre Rollen mit Leben. Auch wenn der Film längst nicht in so hohen philosophischen Sphären schwebt, wie er es gerne hätte – Jeff Bridges und Kevin Spacey wäre man bei ihrem unterhaltsamen Duell gerne noch länger gefolgt. *Albert Baer, Rheinische Post, 17.10.2002*

Karunam 414
KARUNAM □

Regie: Jayaraaj Rajasekharan Nair
Darsteller: Vavachan, Eliyamma, Biju Menon, Bijumenon
Drehbuch: Madambu
Kamera: M. J. Radhakrishnan
Musik: Sunny Stephen
Schnitt: Sreekar, Streeker Prasad
Prod.: Harvest Films Navodaya; Indien 2000; 77 Min.
EA: 17.2.2001, Int. Forum des Jungen Films Berlin
Verleih: Freunde, März 2002

Die Geschichte von zwei alten Leuten, die in einem indischen Dorf vergeblich auf die Rückkehr ihres Sohnes aus den USA warten. *Zitty, 4/2001*

Kate & Leopold 415
KATE & LEOPOLD ***

Regie: James Mangold
Darsteller: Meg Ryan (Kate McKay), Hugh Jackman (Leopold), Liev Schreiber (Stuart Bessler), Breckin Meyer (Charlie McKay), Natasha Lyonne (Darci), Bradley Whitford (J. J. Camden)
Drehbuch: James Mangold, Steven Rogers, nach einer Story von Steven Rogers
Kamera: Stuart Dryburgh
Musik: Rolfe Kent
Schnitt: David Brenner
Prod.: Konrad Pic. Prod. für Miramax; USA 2001; 119 Min.
Verleih: 20th Century Fox, 25.4.2002
Vertrieb: Warner Video (Video), Splendid (Warner) (DVD)
FSK: o. A., ffr. – **FBW:** Wertvoll

Leopold, Duke von Albany, ein ebenso intelligenter wie charmanter Mann

Hugh Jackman und Meg Ryan

aus dem Jahre 1870, gelangt durch einen Zeitsprung in das 21. Jahrhundert nach New York. Dort lernt er die bezaubernde Kate McKay kennen, eine moderne Frau, die nach beruflichem Aufstieg strebt. Beide glauben nicht an die Liebe, bis sie sich ineinander verlieben. Doch Jahrhunderte trennen sie. Romantische Komödie.
Filmecho-Filmwoche, 14/2002

Kritik: (...) Nichts gegen romantische Liebe und Nostalgie, aber bei diesem an den Haaren herbeigezogenen Plot hapert es gewaltig, trotz märchenhafter Komponente. Schöne Big-Apple-Bilder, eine niedliche Meg Ryan und der zart-virile Hugh Jackman können da nichts mehr retten. Vorbilder wie »Schlaflos in Seattle« oder »E-Mail für Dich« bleiben von Regisseur James Mangold unerreicht.
Margret Köhler, AZ, 25.4.2002

(...) Die Figuren agieren inkonsequent und sind teilweise nur wenig durchdacht in die Handlung integriert (der als Vehikel für Leopold benötigte Stuart beispielsweise wird den restlichen Film über einfach im Krankenhaus geparkt), es gibt lästige Anschlussfehler und ins Nichts verlaufende Handlungsstränge. (...) So kommen leider weder Fans von Zeitreisegeschichten noch solche von amerikanischem Liebeskitsch auf ihre Rechnung. *Alrun Fichtenbauer*

Die Katzenfrau 416

***
TV

Regie: Martin Enlen
Darsteller: Ulrich Reinthaller (Leo Andresen), Erika Marozsan (Elsa), Simon Schwarz (Arthur Steurer), Sonsee Ahray Floetmann (Hannah Andresen), Deborah Kaufmann (Caroline), Mareike Carrière (Frau Weber)
Drehbuch: Peter Probst
Kamera: Gerhard Schirlo
Musik: Dieter Schleip
Prod.: D 2001; 88 Min.
TV: 10.1.2002, ARD, 21.00

Ein deutscher Biedermann und Ethiklehrer mit Weib, Kind und Eigenheim wird bei einem Pädagogenkongress in Verona von einem Sündenluder in Versuchung geführt. Ein Zirkuspanther dient als Aha-Symbol. Die Schwarzhaarige mit lüsternem Plüschblick mimt geiles Chaos und mysteriöse Aura, kriegt allerdings das Hexenimage höchstens wie eine Parfümverkäuferin vom Drogeriemarkt hin. (...) *Ponkie, AZ, 12.1.2002*

Kick it Like Beckham 417

BEND IT LIKE BECKHAM ***+

Regie: Gurinder Chadha
Darsteller: Parminder Nagra (Jess Bhamra), Keira Knightley (Jules Paxton), Jonathan Rhys Meyers (Joe), Anupam Kher (Herr Bhamra), Archie Panjabi (Pinky Bhamra), Shaznay Lewis (Mel)
Drehbuch: Gurinder Chadha, Guljit Bindra, Paul Mayeda Berges
Kamera: Jong Lin
Musik: Craig Pruess
Schnitt: Justin Krish
Prod.: Kintop/Bend It Films/Roc Media/Road Movies Prod.; GB/D 2002; 112 Min.
UA: Int. Filmfestspiele Locarno 2002
Verleih: Highlight, 3.10.2002
FSK: ab 6 J., ffr.
FBW: Besonders wertvoll

Die 17-jährige Jess ist ein Fußballtalent, aber ihre indischstämmigen

Eltern haben für die sportlichen Ambitionen ihrer Tochter kein Verständnis, sondern möchten sie mit einem Inder verheiraten, und außerdem soll sie Jura studieren. Bei einem ihrer geheimen Fußballspiele im Park trifft Jess auf Jules, die sie zu einem Training im Club überredet. Der Ball gerät ins Rollen.

Kritik: (...) Schon mit dem britischen Sozialdrama »Bhaji on the Beach« und »What's Cooking?« hat die indischstämmige Regisseurin gezeigt, dass sie die Integrationsprobleme von ethnischen Minderheiten in westlichen Gesellschaften mit einem vorzüglichen Sinn für Humor zu spannenden Kinoerlebnissen verschmelzen kann. In ihrem dritten Film gelingt es ihr besonders gut, die Denkschablonen und Vorurteile der indischen Familie zu karikieren, ohne jedoch in billige Häme zu verfallen. Bei aller Kritik an überkommenen Vorstellungen schimmert immer die Sympathie für die fürsorgliche Liebe der Eltern zu ihren Töchtern durch, die in

Poster zu ›Kick it Like Beckham‹

der britischen Gegenwart nach einem eigenen, selbstbestimmten Weg jenseits von arrangierten Ehen suchen. (...) *Reinhard Kleber, Filmecho-Filmwoche, 27/2002*

(...) Komödien funktionieren nur, wenn es um alles oder um rein gar nichts geht. Den wenigsten Drehbuchautoren ist es gegeben, eine Komödie zu schreiben, bei der es um ein Nichts geht, um ein so charmantes, existenzielles Nichts etwa wie das »Frühstück bei Tiffany«. »Bend it like Beckham«, wie der Film im Original in besserem Englisch heißt, kriegt beim Lachen die Kurve und beglückt jedes soziologische Seminar: Alles, ganz leicht.
Heike Kühn, FR, 4.10.2002

(...) Dieser Sprachfirlefanz ist aber noch gar nichts gegen die Synchronisation. Die bügelt alle Dialekte, Soziolekte und Akzente des Originals zum Einheitshochdeutsch platt. Man fragt sich, was da am Werke war: bloße Lustlosigkeit oder die Hysteriestufe politischer Korrektheit, die einen Migranten mit Akzent für eine ausländerfeindliche Denunziation hält. So ist nun das letzte bisschen Kratzbürstigkeit aus »Kick it like Beckham« hinausgespült: Das Match des Jahres stellen wir uns anders vor.
Stuttgarter Zeitung, 2.10.2002

The Killer Next Door 418
THE KILLER NEXT DOOR **
Video

Regie: Todd Turner
Darsteller: Billy Dee Williams, Danica McKellar, Tobin Bell, Jeffrey Charlton, Charles Lawlor
Prod.: Stage and Frame Prod.; USA 2001; 90 Min.
Vertrieb: marketing-film Video, 20.9.2002
FSK: ab 16 J.

Bildschirm frei für den nächsten überflüssigen Recyclingthriller: Studentin beobachtet ihre neuen Nachbarn bei der Leichenentsorgung, aber niemand will ihr glauben ...

Kilometer 0 419
KILOMETRO CERO ***

Regie: Juan Luis Iborra, Yolanda Garcia Serrano
Darsteller: Concha Velasca (Marga), Carlos Fuentes (Pedro), Merce Pons (silvia), Tristan Ulloa (Mario), Silke (Amor), Jesus Cabrero (Miguel)
Drehbuch: Juan Luis Iborra, Yolanda Garcia Serrano
Kamera: Angel Luis Fernández
Musik: Joan Bibilioni
Schnitt: José Sacede
Prod.: Universal/Cuarteto; Spanien 2000; 108 Min.
Verleih: Pro-Fun, OmU, Dezember 2002

Madrid an einem heißen Sommertag: Eine Hand voll Menschen verabreden sich miteinander, treffen aber durch allerlei widrige Umstände nicht den, den sie treffen wollten. Liebevoll, teilweise hinreißend inszenierte Geschichten um hetero- und homosexuelle Liebe, um Verwechslungen und Missverständisse bei »blind dates«, in die sich nie falsche Töne einschleichen.

Kritik: (...) Ein hübscher sommerlicher Beziehungsreigen mit Tragik und Witz, Spannung und Romantik.
Jan Gympel, Zitty, 25/2002

Kira 420
EN KAERLIGHEDSHISTORIE ****+

Regie: Ole Christian Madsen
Darsteller: Stine Stengade (Kira), Lars Mikkelsen (Mads), Sven Wollter (Kiras Vater), Peacheslatrice Petersen (Kay), Camilla Bendix (Charlotte), Lotte Bergström (Michelle)
Drehbuch: Ole Christian Madsen, Morgens Rukov
Kamera: Jörgen Johansson
Musik: Oyvind Ougaard, César Berti
Schnitt: Sören B. Ebbe
Prod.: Nimbus Film/Zentropa mit DRTV; Dänemark 2001; 92 Min.
EA: Filmtage Mannheim-Heidelberg 2001
Verleih: Arsenal, OmU, 24.10.2002

Kira kehrt nach einem Aufenthalt in der Psychiatrie nach Hause zu ihrem Mann und ihren beiden kleinen Söhnen zurück. Ihre Heimkehr gestaltet sich schwierig. Inmitten eines bürgerlichen Lebens, das ihr eigentlich vertraut sein sollte, bewegt sie sich merkwürdig deplatziert und fremd. Immer wieder gerät sie in peinliche Situationen, provoziert Skandale.

Kritik: Die Brüchigkeit und Labilität von heutigen Beziehungen sowie die damit verbundenen psychischen Probleme beschäftigen auch den dänischen Film »Kira«, der die bürgerliche Ehe als seelischen Balanceakt inszeniert. Auch der siebte Dogma-Film hält sich an die Regeln, bleibt bei der Einheit von Handlung, Ort und Zeit, setzt dokumentarische Mittel ein und bemüht sich um Authenzität in diesem Beziehungsdrama, das die Grenzen gesellschaftlicher Konventionen auslotet. (…) *Bernd Jetschin, Filmecho-Filmwoche, 41/2002*

(…) Kira wurde – vermutlich durch ein postnatales Trauma – aus ihrer »normalen« psychischen Bahn geworfen, und nun macht sie dem Ehemann, den Kindern, den Gästen und überhaupt ihrem sozialen Umfeld sowie sich selber das Leben schwer. Sie verliert die Konzentration, verweigert sich ihrem Mann, vernachlässigt die Kinder, flippt aus, geht fremd, kurz: Sie ist unerträglich, erträgt sich selbst nicht.
Was alles dramatisch und filmisch gut aufbereitet wäre, geschähe es nicht in einer oft unmotivierten, spröden, wenig spannenden, dramaturgisch zerdehnten und nur selten originellen Form, wie das hier der Fall ist. (…)
Thomas Engel, Der Gildendienst, 10/2002

Kiss my Act 421

KISS MY ACT ***
Video

Regie: Duane Clark
Darsteller: Camryn Manheim (Samantha), Scott Cohen (Michael True), Alexondra Lee (Jennie), Dabney Coleman (Henry), Christopher Styer, Marlee Martlin (Casey)
Drehbuch: Kevin Hench
Kamera: Rodney Charters
Musik: David Russo
Schnitt: Charles McClelland
Prod.: Berger Queen/Columbia TriStar; USA 2001; 87 Min.
Vertrieb: Columbia TriStar Video, 19.3.2002
FSK: ab 6 J.

Übergewichtige Bardame Samantha souffliert hübscher Blondine intelligente Liebesworte für deren Angebeteten, den freilich auch Samantha – wenngleich von Ferne – liebt. Liebenswerte Romantikkomödie, ein »Cyrano de Bergemc« mit vertauschten Geschlechterrollen, einfach gestrickt, aber effektiv.

Kissing Jessica 422

KISSING JESSICA STEIN ***

Regie: Charles Herman-Wurmfeld
Darsteller: Heather Juergensen (Helen Cooper), Jennifer Westfeld (Jessica Stein), Scott Cohen (Josh Meyers), Tovah Feldschuh (Judy Stein), Jackie Hoffman (Joan), Michael Mastro (Martin)
Drehbuch: Heather Juergensen, Jennifer Westfeldt
Kamera: Lawrence Sher
Musik: Marcelo Zarvos
Schnitt: Kristy Jacobs Maslin, Greg Tillman
Prod.: Brad Zions-Eden Wurmfeld Prod. mit Cineric/Michael Elden Prods.; USA 2001; 97 Min.
EA: Filmfest München 2002
Verleih: 20th Century Fox
FSK: ab 6 J., ffr. – **FBW:** Wertvoll

Jessica und Helen lernen sich durch eine Kontaktanzeige kennen und sind zum ersten Mal mit der Möglichkeit konfrontiert, eine Frau zu lieben. Das Filmdebüt des Theaterregisseurs Charles Herman-Wurmfeld ist eine jener Independentkomödien, die sich selbst fortgesetzt auf die Schulter klopfen, weil sie ein kontroverses, gleichwohl politisch korrektes Thema verhandeln. Milieu und Humor erinnern nicht von ungefähr an Woody Allens Filme, nur ist hier dessen neurotisches Parlando hysterischer Schwatzhaftigkeit gewichen.
Gerhard Midding, tip, 15/2002

Kritik: (...) In der Feng-Shui-gestylten gemeinsamen Wohnung schnappt die Beziehungsfalle zu. Helen will wilden und vor allem lauten Sex, Jessica nur ab und an kuscheln. Das Ende ist wenig überraschend happy. Jeder hat was dazugelernt, das nahe Gute gefunden. Und wenn Jessica anruft, lässt Helen Termine sausen. Dann sitzen sie wieder im Straßencafé, reden und lachen. Auch Männer können ihren Spaß daran haben.

Angie Dullinger, AZ, 25.7.2002

(...) Mittlerweile präsentieren sich solche Coming-out-Komödien nicht mehr auf Lesbenfestivals, sondern schwimmen im Mainstream, und es ist keine absurde Vorstellung, dass Hollywood ein teures Star-Remake vorlegen könnte. Optimisten haben immer gehofft, das Amüsierkino werde sich einmal so weit öffnen, Pessimisten haben stets befürchtet, das Independentkino könnte so gefällig werden.

Thomas Klingenmaier, Stuttgarter Zeitung, 25.7.2002

(...) Was vielleicht noch vor zehn Jahren für einen gewissen prickelnden Touch gesorgt hätte, wirkt heute in Zeiten von Homo-Ehe und Coming-out-Storys schon wieder lau. Auch wenn die Protagonisten ständig reden und umhergehen, wird wenig gesagt. Die Emotionen schäumen so hoch wie das Sahnehäubchen in der Espressotasse. Und wenn es wirklich mal knistert, kommt die fürsorglich besorgte Mama ins Spiel.
Die endlosen Dialoge, das übertriebene theaterartige Spiel der Schauspieler und die insgesamt statische Inszenierung erinnern eher an eine durchschnittliche Boulevardaufführung als an eine packende Kinoromanze.

Bernd Jetschin, Filmecho-Filmwoche, 22/2002

Interview: Wir haben unsere Rechte zurückgekauft und selbst koproduziert. Mit neuem Team und dem neuen Regisseur Charles Herman-Wurmfeld – und mit weniger als einer Million Dollar. Dafür hatten wir dann mehr Kontrolle und konnten den Film unabhängig realisieren.

Heather Juergensen im Interview mit Margret Köhler, AZ, 25.7.2002

Klaras Hochzeit 423

**+
TV

Regie: Christian Görlitz
Darsteller: Christiane Hörbiger (Klara Drost), Dietrich Mattausch (Gerhart Kogge), Omero Antonutti, Stefano Viali (Antonio), Emanuela Garuccio (Anela), Inge Keller
Drehbuch: Johannes Reben
Prod.: ndF für SWR/ORF; D 2001; 90 Min.
TV: 25.4.2002, ARD, 21.00; 17.2.2002, ORF2, 20.15

Das Ausweichquartier verhieß zwar als Brüsseler EU-Satire (Subventionsbetrug!) mit den EU-Beamten Christiane Hörbiger und Dietrich Mattausch abgefeimten Witz, blieb ihn dann aber leider schuldig: Das Gewurstel von erotischen und bürokratischen Spinnerideen wurde von Papierdialogen ruiniert und fiel ins tiefe Loch der missratenen Skurrilscherze. *Ponkie, AZ, 19.2.2002*

Klassenfahrt 424

***

Regie: Henner Winckler
Darsteller: Steven Sperling (Ronny), Sopie Kempe (Isa), Bartek Blaszczyk (Marek), Maxi Warwel (Martina), Jakob Panzek (Steven), Fritz Roth (Lehrer)
Drehbuch: Henner Winckler, Stefan Kriekhaus
Kamera: Janne Busse
Schnitt: Bettina Bohler
Prod.: Schramm Film Koerner & Weber/ZDF; D 2001; 86 Min.
UA: 8.2.2002, Int. Forum des Jungen Films Berlin
Verleih: Peripher, 26.9.2002
FSK: ab 12 J., ffr.

Eine deutsche Schulklasse fährt an die polnische Ostsee, langweilt sich dort aber ohne Ende. Der einzige begleitende Lehrer schwankt zwischen Desinteresse und Strafaktionen aus heite-

rem Himmel, während seine etwa 16-jährigen SchülerInnen die Zeit mit Spiel und Alkoholexzessen totschlagen. Unterdessen verliebt sich einer der Jungen, der von fast allen wegen seiner schroffen, ablehnenden Art gemieden wird und selbst keine Anstrengung unternimmt, sich besser zu integrieren, in eine Mitschülerin. Es kommt jedoch zu keiner offenen Begegnung zwischen den beiden. Bei einem Discobesuch lernen sie einen jungen Polen kennen, der sich ganz offen um das Mädchen bemüht. Eifersüchtig sucht der Deutsche seinen vermeintlichen Nebenbuhler auszustechen, wobei es nach einer Wette zu einem tödlichen Unfall kommt.
Erste unsichere Liebesgefühle, Eifersucht, Außenseitertum und ganz allgemein Probleme, mit den eigenen Gefühlen und allem Fremden angemessen umzugehen, zeichnen dieses eindringliche Debütwerk fern der meisten Teenieklamotten und Schülerfilme aus. Die weitgehende Sprachlosigkeit der Figuren und die bewusst spröde gehaltene Inszenierung machen es dem Zuschauer allerdings nicht immer leicht, manche Verhaltensweisen nachzuvollziehen. Aber auch das macht die Unsicherheit vor dem Fremden bis hin zu seiner Ausgrenzung aus, und dafür findet der Film eindringliche Bilder, die nebenbei auch eine Menge über die unterschiedliche soziale Realität von deutschen und polnischen Jugendlichen erzählen. *Holter Twele*

Kritik: (...) An diesem seinem eigenen atmosphärischen Unterdruck erstickt der Film letzten Endes auch. Irgendwann kommt der Punkt, wo es nicht mehr reicht, einfach immer weiter zu schweigen. Was empfindet Ronny? Wie tickt er? Man würde ja gern etwas nachvollziehen, aber da, wo man eine Motivation, ein Zentrum vermuten möchte, ist nichts. Steven Sperling, irgendwie unsichtbar gefesselt und geknebelt, hilft seiner Figur auch nicht weiter. Lebensangst, Isolation, Ausweglosigkeit, höchstens die Perspektive, sein Leben lang ein kleines Licht unter lauter kleinen Lichtern zu sein – all diese Motive oszillieren um einen Mittelpunkt, der ungreifbar bleibt. Welchen? Sagt er nicht. *Schnitt, 3/2002*

Kleeblatt küsst Kaktus 425

□
TV

Regie: Thomas Nennstiel
Darsteller: Christine Neubauer (Maria Schreiber), Max Tidof (Carsten Simon), Gunda Ebert (Bettina Korp), Christina Drechsler (Charlotte), Frederik Lau (Clemens), Charlene Michelle Lux (Antje)
Drehbuch: Oliver Keune, nach der Vorlage von Enrico Jakob und Andrea Schramek
Kamera: James Jacobs
Prod.: Metropol Film für ZDF; D 2002; 90 Min.
TV: 20.10.2002, ZDF, 20.15

Maria Schreiber, allein erziehende Mutter dreier Kinder, soll von Grundstücksspekulanten Carsten Simon aus ihrem Haus vertrieben werden. Um bei der Presse Eindruck zu schinden, lässt Simon Maria und ihre Kinder vorübergehend bei sich einziehen, womit turbulente Wochen für alle Beteiligten beginnen. *Pressetext*

Der kleine Eisbär – Neue Freunde, neue Abenteuer 426

***
Video

Regie: Thilo Graf Rothkirch
Drehbuch: Joseph Schnelle, Bert Schrickel, Regine Lassen, nach den Büchern von Hans de Beer
Musik: Nigel Clarke, Michael Csanyi-Wills, Detlef A. Schitto
Schnitt: Erik Stappenbeck
Prod.: Rothkirch/Cartoon Film mit Warner Bros./WDR; D 2002; 77 Min.
Vertrieb: Warner Video, 5.12.2002
FSK: o. A.

Eiligst nachgeschobenes »Sequel« zum Millionenerfolg mit neuen Geschichten vom Eisbären Lars, den es diesmal in die Stadt und in den Tigerwald verschlägt. Für Kinder jeden Alters geeigneter Zeichentrickfilm.

Der kleine Mann 427

***

TV

Regie: Matthias Steurer
Darsteller: Oliver Korittke (Robert Reich), Valentina Sauca (Nora Steiner), Oliver Nägele (Zachi), Franziska Schlattner (Lulu), Herb Andress (Stromberg), Pippi Söllner (Celine)
Drehbuch: Thomas Kirdorf
Kamera: Alexander Fischerkoesen
Musik: Joe Mubare (Koordination)
Schnitt: Ulla Mölinger
Prod.: d.i.e. film für BR; D 2002; 88 Min.
UA: 29.6.2002, Filmfest München
TV: 24.7.2002, ARD, 20.15

(...) Rob schmachtet ein Vierteljahrhundert seine Sandkastenfreundin Nora von fern an, lässt sich als Freund missbrauchen und startet ihretwegen schließlich sogar einen (wenig witzig inszenierten) Selbstmordversuch. Durch diverse alberne Bocksprünge schleppte sich der Plot über die 90-Minuten-Marke. (...) Bis Rob endlich »unverletzbar« und ein »kleiner glücklicher Mann« wurde, verstrichen viele Chancen, dem Ganzen wirklich Charme zu verpassen.

W. O. P. Kistner, AZ, 26.7.2002

Kleine Missgeschicke 428

SMA ULYKKER ***

Regie: Annette K. Olesen
Darsteller: Jesper Christensen, Karen-Lise Mynster (Hanne), Jorgen Kiel (John), Maria Würgler Rich (Marianne), Jannie Faurschou (Eva), Henrik Prip (Tom)
Drehbuch: Kim Fupz Aakeson
Kamera: Morten Söborg
Musik: Jeppe Kaas
Schnitt: Nicolaj Monberg
Prod.: Zentropa/TV2/Dänisches Filminstitut; Dänemark 2001; 104 Min.
EA: Int. Filmfestspiele Berlin 2002
Verleih: Senator, 26.9.2002
FSK: ab 12 J., ffr.

Nach dem Tod der Mutter rückt die Familie in Kopenhagen zusammen: Witwer John ist ein Spaßvogel, der seinen Kummer durch Arbeit betäubt, Nesthäkchen Marianne bemuttert den Papa und sucht per Anzeige einen Partner, während die ältere, extravagante Schwester Eva sie des Inszests verdächtigt. Bruder Tom, ein erfolgreicher Architekt, kriegt Familie und Beruf nicht unter den Hut und der nach einem Arbeitsunfall ständig vor dem Fenrseher hängende Onkel entdeckt, dass seine Frau aus Frust fremdgeht. Harmonie und heile Welt bröckeln, jeder versucht auf seine Weise, das aus den Fugen geratene Leben wieder in den Griff zu bekommen.

Kritik: (...) Annette K. Olesen inszenierte diese Tragikomödie nicht nach Dogma-Regeln, sondern orientiert sich am direkten Stil des Briten Mike Leigh: Das Projekt beginnt ohne Skript, die Schauspieler erfinden Figuren und reichern sie mit eigenen Erfahrungen an. Aus Improvisationen und Rollenspielen destilliert sich die endgültige Handlung. »Kleine Missgeschicke« ist ein Feel-good-Movie mit Widerhaken, trockenem Humor und viel Gefühl. Am Ende mag man diese skurrile Mischpoke und fühlt sich in deren Chaos wie zu Hause.

Margret Köhler, AZ, 27.9.2002

(...) Interessanter Ansatz, dürftige Ausführung. Wir sehen Schauspieler, die sich bei der Suche nach ihrer Rolle in die Unter- oder Übertreibung flüchten. Wir werden mit Konflikten konfrontiert, die an den Haaren herbeigezogen scheinen, die mangels Konzept vor Gestelztheit strotzen. Und da sich auch keine Bilder einprägen, ein visueller Minimalismus vorherrscht, hat man »Kleine Missgeschicke« schnell wieder vergessen.

Thomas Basgier, Stuttgarter Zeitung, 26.9.2002

(...) Das ist mit so viel Sympathie für jede Figur erzählt und mit so viel Witz in Szene gesetzt, dass man den traurigen Auslöser für die großen und kleinen Missverständnisse bald vergisst und sich mit den Helden über jeden erreichten Fortschritt in ihrer persönlichen und psychischen Entwicklung freut.

Karin Hoffmann, epd-Film, 10/2002

(…) Allein, es geht Olesen nicht um einen Dogma-Film ohne das charakteristische Gepränge. Vielmehr bedeutet sie nur die Dramaturgie des Seelenstriptease aus und lässt als beschämenden Höhepunkt auch noch die Politik des Verdachts in die Realismushölle Einzug halten: Missbraucht der nette Familienvorstand vielleicht seine jüngste Tochter? Bekommt das Nesthäkchen nur deshalb keinen ab, weil es im Griff väterlicher Gewalt ist? Eine Zeit lang wird so getan als ob, ein Abgrund tut sich auf – und dann soll alles doch nur ein Missverständnis gewesen sein. Auf eine solche Unverfrorenheit kann so richtig ernstlich wohl nur jemand verfallen, der die Realität auf seiner Seite glaubt. *Michael Kohler, FR, 26.9.2002*

Knallharte Jungs 429

**

Regie: Granz Henman
Darsteller: Tobias Schenke (Flo), Axel Stein (Red Bull), Diana Amft (Maja), Rebecca Mosselman (Silke), Tom Lass (Dirk), Nicky Kantor (Schumi)
Drehbuch: Granz Henman
Kamera: Gernot Roll
Musik: Enjott Schneider, Fetisch
Schnitt: Ueli Christen
Prod.: Constantin Film; D 2001; 90 Min.
Verleih: Constantin, 14.3.2002
Vertrieb: MC One (Sunfilm) Video (Video, DVD)
FSK: ab 12 J., ffr.

Kritik: (…) Filme wie »Knallharte Jungs«, die mit primitiven Fäkalscherzen, abgestandenen Kalauern und einer gehörigen Portion sexistischer Blödheit auf Geld spekulieren, bieten Anlass, über die Gemeinsamkeiten von Unterhaltungsgewerbe, Dealern und Zuhälterei nachzudenken. Denn wo eine Fernsehstation oder ein Kinofilm ins Publikum sendet, da gibt es auch Empfänger, denen dann wie in »Knallharte Jungs« buchstäblich die Scheiße aus den Ohren fliegt.
Doch wen kümmert's, welche ästhetischen Verwüstungen er da womöglich in Teenagerseelen anrichtet? Axel Milberg, zum Beispiel, nicht. Der einstige Star der Münchner Kammerspiele, der inzwischen sein Gesicht an jede zweite deutsche Kinoproduktion verleiht, hat auch hier seinen obligatorischen Kurzauftritt: Allergisch ist er gegen Hundehaare, und es fließt ihm literweise Sekret aus der Nase, das er Umstehenden ins Gesicht bläst. Getroffen: Das pubertäre Publikum tobt. *Bodo Fründt, SZ, 19.3.2002*

Der Koch und die Killerin 430

SIPSI 32 / BEYOND HYPOTHERMIA ***+

Regie: Patrick Leung
Darsteller: Wu Chien-Lien (Ching, Killerin), Lau Ching-Wan (Long, Suppenkoch), Shirley Wong (Tante Mei), Han Sang-Woo (Triadenkiller)
Drehbuch: Roy Szeto
Kamera: Arthur Wong
Musik: Ben Cheung
Schnitt: Wong Wing Ming
Prod.: Milkyway Image; Hongkong 1996; 85 Min.
EA: Filmfest Hamburg 1997
Verleih: Rapid Eye Movies, 6.11.1997

Ching ist eine eiskalte Killerin. Beim Töten lässt ihr Gesicht keine Regung erkennen. Durch die Freundschaft mit dem liebenswerten Suppenkoch Long taut die Schöne auf. Mit gnadenlosen und zärtlichen Gesten inszeniert John-Woo-Schüler Patrick Leung den Wandel seiner mordenden Heldin. Aus der Romanze zwischen Koch und Killerin spricht herzergreifende Sentimentalität. Umso schonungsloser schlagen die Actionszenen zu. In dieser abgefahrenen Mischung aus Film noir, Action und Melodram werden die Einschläge der Kugeln so ausgiebig und schonungslos zelebriert, dass man sich unwillkürlich ans eigene Bein fasst. *Annette Leweke, tip, 24/97*

Kollaps 431

***+

TV

Regie: Rolf Schübel
Darsteller: Sebastian Koch (Konrad Lange), Wanja Mues (Hannes Straub), Dorka Gryllus

(Aljasa), Ihsan Ay (Shadi), Karaman Yavuz (Kommandant), Karl Fischer (Axel Widmer)
Drehbuch: Ruth Thoma, Rolf Schübel
Kamera: Holly Fink
Musik: Detlef F. Petersen
Schnitt: Ursula Höf
Prod.: Multimedia für WDR; D 2002; 89 Min.
UA: 1.7.2002, Filmfest München
TV: 2.10.2002, ARD, 20.15

Der Hamburger Journalist Konrad Lange recherchiert in Vorderasien für eine Reportage über Kriegswaisen und begleitet die kurdischen Geschwister Aljasa und Shadi mit seinem Fotografen zu ihrem verlassenen Elternhaus, obwohl er als Einziger um die Gefahr durch Heckenschützen weiß. Shadi wird angeschossen, Konrad kann ihn nicht retten. In der Redaktion wird Lange als Held gefeiert, er muss sich aber seinem Gewissen stellen und gerät in einen existenziellen Konflikt, als Aljasa nach Deutschland kommt.

Kritik: (...) Dass die Handlung zerfällt, kann er nicht verhindern. Der Journalist Lange quält sich und andere schon sehr mit Schuld und Sühne. »Wir haben immer überlegt, wie weit man gehen kann«, sagt ihm sein Freund, der Fotograf. Zu weit diesmal, findet Schübel. Lange kann am Ende nur in der Psychiatrie mit sich fertig werden. So etwas gibt es. »Kollaps« hätte das nicht gebraucht. Die Amerikaner jedenfalls haben mit dem Genre deutlich mehr Erfahrung. Gottlob.

Christopher Keil, SZ, 2.10.2002

Kolle – Ein Leben für Liebe und Sex 432

**
TV

Regie: Susanne Zanke
Darsteller: Sylvester Groth (Oswalt Kolle), Annett Renneberg (Christiane), Petra Zieser (Marlies Kolle), Bernd Stegemann (Lenz Schäfer), Matthias Matschke (Dr. Fritz Ascher), Peter Rühring (Dr. Schubert)
Drehbuch: Eva Zahn, Volker A. Zahn
Kamera: Tamas Ujlaki
Musik: Andreas Schilling
Schnitt: Andrea Mertens
Prod.: Cologne für WDR; D 2002; 90 Min.
TV: 29.5.2002, ARD, 20.15

(...) Andererseits tapste das Ganze dann doch dramaturgisch betulich auf der Stelle: Kolle beim Whiskysaufen mit Produzent und Rechtsbeistand, Kolle in privaten amourösen (bisexuell!) Turbulenzen, Kolle als leidenschaftlicher Verfechter enthemmter(er) Sexualität – die Annäherung an seine Person geriet fragmentarisch und durch die Priorität, die dem Zeitkolorit eingeräumt wurde, letztlich auch oberflächlich. (...) Ein ziemlich unbefriedigendes Sittengemälde.

W. O. P. Kistner, AZ, 31.5.2002

König, Dame, Bube 433

L' EXAMEN DE MINUIT
***
TV

Regie: Danièle Dubroux
Darsteller: Julie Depardieu (Séréna), Francois Cluzet (Antoine), Serge Riaboukine (Roland), Danièle Dubroux (Marianne), Bruno Sermonne (Hubert de la Brivaille), Pascal Richou (Jérôme)
Drehbuch: Danièle Dubroux, Pascal Richou
Kamera: Bertrand Mouly
Musik: Jean-Marie Senia, Les Passe Montagne
Schnitt: Morgane Spacagna
Prod.: Gemini/Mandragoa mit Canal+/CNC/Rhone-Alpes Cinema; Frankreich 1998; 103 Min.
TV: 21.3.2002, Arte, 20.45

Porträt von vier Personen, die in der jungen Séréna einen gemeinsamen Bezugspunkt haben. Am Ende versucht jeder, seine Lebenskrise zu überwinden. *Pressetext*

Die Königin der Verdammten 434

QUEEN OF THE DAMNED
***

Regie: Michael Rymer
Darsteller: Stuart Townsend (Lestat), Aaliyah (Akasha), Marguerite Moreau (Jesse Reeves), Vincent Perez (Marius), Paul McGann (David Talbot), Lena Olin (Maharet)
Drehbuch: Scott Abbott, Michael Petroni, nach dem Roman »The Vampire Chronicles« von Anne Rice

Kamera: Ian Baker, Ian Jones (2nd unit)
Musik: Richard Gibbs, Jonathan Davis
Schnitt: Dany Cooper
Prod.: Village Roadshow/NPV/Material Prod. für Warner Bros.; USA 2001; 101 Min.
UA: 10.2.2002, Hollywood Black Film Festival
Verleih: Warner, 4.4.2002
Vertrieb: Warner Video (Video, DVD)
FSK: o. A. – **FBW:** Wertvoll

Vampir Lestat beschließt nach Jahrzehnten des Schlafes, Rockstar und so richtig berühmt zu werden. Mit seiner Vampiridentität hält er nicht hinterm Berg, was bei seinen Fans wohliges Gruseln auslöst, von der Presse allerdings als PR-Gag abgestempelt wird. Durch die breite Berichterstattung wird die junge Vampirforscherin Jesse auf Lestat aufmerksam, aber auch andere Vampire, die Lestat bei seinem ersten Lifeauftritt töten wollen, da er den wichtigen Vampirgrundsatz der Geheimhaltung verletzt hat. Eine größere Bedrohung stellt allerdings Akasha dar, die Königin der Vampire, die Lestats Musik aus einer jahrtausendelangen Starre geweckt hat.

Kritik: (...) Rymers Film handelt vom Erwachen der Sehnsucht. In seinen Spezialeffekten feiert der Film eine Eruption des Unterschwelligen, des Schlummernden. Die Mittel der Transgression, das sind vor allem die Musik und die großen Gesten. Rymer erzählt keine richtige fortlaufende Geschichte, sondern präsentiert eine Vampirshow über Lestat, Superstar. Dieser Verzicht auf ausgefeilte Narration gibt Rymer Freiheit, er kann schwelgen in einer Revue der Clips und Flicker, in großen Auftritten und pompösen Showdowns zwischen London, L. A. und zwischen Death Valley, die manchmal kindisch und »campy« sind, dann wieder experimentell und magisch.
Die Vampirromane und das Vampirkino haben eine Wurzel im viktorianischen Melodram, das zwischen Prüderie und Leidenschaft schwankt. Es ist also berechtigt, wenn Rymer jetzt Anne Rice verfilmt als Rock-'n'-Roll-Videoclip-Oper, als Pop-Melo auf jeglicher Ebene. (...)
Hans Schifferle, SZ, 9.4.2002

(...) Trotz vieler Ungereimtheiten ein nett gefilmter Vampirfilm ohne große Ansprüche.
Gerald Jung, Zitty, 8/2002

Körner und Köter 435

***
TV

Regie: Hans Werner
Darsteller: Max Tidof (Georg Körner), Nina Franoszek (Karin Körner), Ruth Drexel (Ilse Millner), Hendrik Duryn (Harald Ebeling), Nina Gummich (Luise Körner), Alissa Jung (Larissa Körner)
Drehbuch: Sarah Schnier
Prod.: Janus für SAT.1; D 2002; 92 Min.
TV: 23.9.2002, SAT.1, 20.15

Georg Körner kann sein Glück kaum fassen: Seine Großtante Emilie hat ihm eine Villa im Wert von mehreren Millionen Euro vererbt! Den Umzug von Köln nach Potsdam nimmt auch seine Frau gern in Kauf. Doch die Freude wird durch einen Haken im Testament getrübt: Tantes Hund Paulchen, eine 40-Kilogramm-Dogge, ist Miterbe. *AZ TV Journal*

Krampack – Nico und Dani 436

KRAMPACK ***+

Regie: Cesc Gay
Darsteller: Fernando Ramallo (Dani), Jodi Vilches (Nico), Marieta Orozco (Elena), Esther Nubiola (Berta), Chisco Amado (Julian), Ana Garcia (Sonia)
Drehbuch: Cesc Gay, Tomas Aragay, nach einem Theaterstück von Jordi Sanchéz
Kamera: Andreu Rebés
Musik: Joan Diaz, Jordi Prats, Riqui Sabates
Schnitt: Frank Gutiérrez
Prod.: Messidor Films; Spanien 2000 90 Min.
UA: Int. Filmfestspiele Cannes 2000; Filmfestspiele Toronto 2000
Verleih: Pro-Fun, OmU, 31.10.2002

(...) »Krampack« erzählt die Geschichte von Nico und Dani, zwei

Freunden um die 16, die einen Sommer in Danis Strandhaus ohne Anwesenheit der Eltern verbringen. Natürlich gibt es da noch zwei Mädchen: Elena, die sich für Nico interessiert, und Berta, die sich eher von Dani angezogen fühlt. Das Problem besteht nun darin, dass sowohl Nico Elenas Interesse erwidert, Dani sich eher für Nico interessiert. (…) Die Krise und die sexuellen Entdeckungen Danis, die diskrete Art und Weise, in der Nico trotz der Verwirrung um die Annäherungen seines Freundes die Freundschaft aufrechtzuerhalten versucht, die Reaktionen der Mädchen und der Erwachsenen, die durch die Geschichte kreisen, formen die verschiedenen Eckpunkte, die Gay setzt. Das Wunderbare ist, dass er niemals dazu neigt, dem Film ein dramatisches Pathos aufzuladen, niemals die an sich komplexen Vorgänge mit unnötigen Reflexionen unterstreicht und den Stoff auch nicht anhand verklärender Nostalgie angeht. (…)

Diego Lerer, Schnitt, 4/2002

Kritik: (…) Doch einerlei, ob 16-Jährige heutzutage tatsächlich so locker mit Homosexualität umgehen (und auch so viel kiffen) wie hier – dies anzunehmen gibt dem Film die Möglichkeit, auf relativ leichthändige Art zu erzählen, wie zwei Heranwachsende sich während eines Sommers etwas mehr darüber klar werden, wer sie sind und was sie wollen. Eine zarte, ein wenig bittersüße Romanze.

Jan Gympel, Zitty, 24/2002

Der Kranichmann

437
□
TV

Regie: Michael Karen
Darsteller: Susan Anbeh (Karla Fisher), Bernhard Schir (Tom), Jonathan Beck (Finn), Maria Bachmann (Bettina), Denver Vraagom (Luis), Wayne Harrison (Danny)
Drehbuch: Natalie Scharf
Kamera: Peter Joachim Krause
Musik: Siggi Müller
Schnitt: Behruz Torbati
Prod.: Objectiv Film für ZDF/ORF; D 2002; 91 Min.
UA: 6.7.2002, Filmfest München
TV: 17.11.2002, ZDF, 20.15

Karla Fishers Sohn Finn ist von seinem Vater vor Jahren entführt worden. Per Internet bittet sie um Hilfe. Ein Tourist will den Jungen in Südafrika gesehen haben. Sie findet Finn bei dem Kranichforscher Tom, der verwaiste Jungtiere aufzieht und ihnen das Fliegen beibringt. Zum Thema Finn schweigt er hartnäckig. (…)

AZ TV Journal

Die Kreuzritter

438
CROCIATI
**
Video

Regie: Dominique Othenin-Girard
Darsteller: Johannes Brandrup (Richard), Thure Riefenstein (Andrew), Alessandro Gassman (Peter), Uwe Ochsenknecht (Corrado), Franco Nero (Ibn Azul), Armin Mueller-Stahl (Alessio)
Drehbuch: Andrea Porporati
Prod.: Italien/D 2001; 195 Min.
Vertrieb: Screen Power Video (Video, DVD)
TV: 16.9.2002, SAT.1, 21.2.2002
FSK: ab 16 J.

Dreieinviertelstündiger Historienschinken über Mantel-und-Degen-Mordintrigen in Fürstenhäusern und mutigen Rittern wie Knappen. Prominente bis semiprominente Namen verleihen diesem Routineepos ein wenig Glanz.

Kritik: (…) Leo Kirch und seinem Regisseur Dominique Othenin Girard schwebte offensichtlich ein ringparabolischer »Nathan der Weise« vor, und deshalb musste ausgerechnet der unvergessene Django Franco Nero den friedliebenden Scheich Ibn Azul machen. Uwe Ochsenknecht schaut magenkrank unter einer zotteligen Perücke hervor, Armin Mueller-Stahl blickt käppibewehrt, aber so grundgütig, als müsse er mit seinem Auftritt für eine größere Verfehlung Abbitte leisten. Die übrige Besetzung wird ebenfalls drei Kreuze geschlagen haben, als die Dreharbeiten endlich vorbei waren.

Willi Winkler, SZ, 18.9.2002

Kriegerin des Lichts 439

WARRIOR OF LIGHT ****

Regie: Monika Treut
Darsteller: Yvonne Bezerra de Mello, Alvaro Bezerra de Melic, Isabel Loefgen, Lucia Cavalcanti
Drehbuch: Monika Treut
Kamera: Elfi Mikesch
Musik: Jack Motta
Schnitt: Andrew Bird
Prod.: Hyena Films; D 2001; 90 Min.
UA: Int. Filmfestspiele Berlin 2002
Verleih: Filmwelt, 28.2.2002

Monika Treuts Porträtfilme, zuletzt »Gendernauts«, waren bislang Trips in die Grenzbereiche sexueller Identitäten. Jetzt in »Kriegerin des Lichts« folgt sie einer energischen brasilianischen Oberschichtlady in deren gespaltene Welt. Es geht um Hilfen und Perspektiven für die Kinder der Ärmsten in den Favelas von Rio de Janeiro. Yvonne Bezerra de Mello initiiert und managt dort unbürokratisch arbeitende Kinderhäuser, um den Kreislauf von Armut, Unwissenheit und Vernachlässigung zu durchbrechen. *Claudia Lenssen, tip, 4/2002*

Kritik: (…) Mit politischem Redlichkeitskino, das klammheimlich seine Lust am Pittoresken feiert, hat »Kriegerin des Lichts« dagegen nichts gemein. Kamerafrau Elfi Mikesch und Monika Treut beweisen ein gutes Gespür für jedes Zuviel. Keine zu nahen Einstellungen, keine Emotionalisierungen, kein Bild, das zum Misereor-Tütchen gerät. Die Kamera schaut einfach zu, diskret, aber beharrlich. (…)

Birgit Glombitza, Die Zeit, 28.2.20002

Kubaner küssen besser 440

** TV

Regie: Thorsten Schmidt
Darsteller: Andrea Cleven (Doreen), Christian Kahrmann (Henning), Daniela Preuss (Peggy), Marie Gruber (Mutter), Julio Quesada (Ruben), Christel Peters (Tante Rosa)
Drehbuch: Jürgen Egger, Alexander Rümelin
Kamera: Bernhard Jasper
Prod.: Rat Pack für Pro7; D 2002; 92 Min.
TV: 21.11.2002, Pro7, 20.15

Die Ansätze solcher Kleinkrämerkomödien sind meist ganz hübsch (Brautverwandtschaft als Klotz am Bein) – aber dann labern sie sich in diese ewigen Hochzeits-Touristen-Familienschmonzetten hinein, die Reiseprospekte und Sentimentalhumor paaren. Diesem Kubaner-Joke fällt auch nichts Besseres ein.

Ponkie, AZ, 23.11.2002

Kühe vom Nebel geschwängert 441

***

Regie: Rosa von Praunheim
Darsteller: Abel vom Acker, Manfred Keil, David Zimmy, Dragan Vasic, Floria Teipen, Sven Hoffmann
Drehbuch: Rosa von Praunheim
Kamera: Alexandra Kordes (Spiel), Lorenz Haarmann, Rene Krumenacher (Doku)
Musik: Jürgen Kramlowsky
Schnitt: Mike Shephard
Prod.: Rosa von Praunheim Filmprod.; D 2002; 86 Min.
UA: Int. Hofer Filmtage 2002
Verleih: Basis, 24.11.2002

Nachdem uns Geburtstagskind Rosa von Praunheim (er wird am 25. November 60) dokumentarisch die Mitglieder vom Obdachlosentheater Ratten 07 vorgestellt hat, lässt er die schrägen Männer und Frauen auch gleich loslegen. Im Spielfilmteil des rund 90-minütigen Werks werden die Obdachlosen von einer Esoteriktante auf ein Schloss in Mecklenburg-Vorpommern eingeladen, wo sie alsbald ihr lebenslustiges Unwesen treiben.
Der mit Digitalkamera gedrehte Streifen lebt, neben den schönen Landschaftsaufnahmen, von der Präsenz der improvisierenden Schauspieler, bei denen einfach mit allem zu rechnen ist. In den derben Späßen ist allerdings immer auch eine gewisse

Aggressivität zu spüren. Lebenslustige, nicht immer geschmackssichere Spielerei. *Martin Schwarz, Zitty, 24/2002*

Kurt Weill

442
***

Regie: Sven Düfer
Drehbuch: Sven Düfer
Kamera: Christian Schulz
Musik: Henning Schmied, Milva, Udo Lindenberg
Schnitt: Halina Daugird
Prod.: Theviko/SFB/HFF, Konrad Wolf; D 2001; 97 Min.
Verleih: Salzgeber, 31.1.2002
FSK: o. A., ffr.

Kurt Weill – kaum einer hat den Rhythmus der 20er-Jahre so genau eingefangen wie er. Jüdische Traditionen, Jazzrhythmen und Gershwin-Melodien verbinden sich zu einem unverwechselbaren Werk innerhalb der modernen Musik. Der Regisseur Sven Düfer macht sich zusammen mit interessanten Zeitzeugen wie Milva und Udo Lindenberg auf die Suche nach Lebensspuren des großen Komponisten.

Kritik: (...) Vor allem aber kann sich Düfner nicht entscheiden, was eigentlich sein Thema ist. Der Titel »Kurt Weill« signalisiert einen umfassenden Anspruch. Düfner interessiert sich nicht nur für den »privaten« Weill, seine turbulente Beziehung zu der Sängerin Lotte Lenya, die er zweimal heiratete. Er will Weills Musik auch aus den »bisher vernachlässigten jüdischen Wurzeln« verstehen, zugleich mittels ihrer Interpreten eine »gegenwärtige Herangehensweise« vorführen und obendrein über den »Anpassungsdruck im kapitalistischen Kulturbetrieb« reflektieren (Zitate: Presseheft), doch wird er diesen Ansprüchen allenfalls in Ansätzen gerecht. *Raimund Gerz, epd-Film, 7/2002*

(...) Leider hat Düfer sein Komponistenporträt mit hilflosen Versuchen gespickt, Musikvideos für Weill-Songs zu arrangieren. Kein Dok-Filmer muss das Clip-Genre beherrschen – doch Düfer macht, was er einfach nicht kann. Das Orwo-Filmmaterial krisselt auratisch, über Udo Lindenbergs Bauch spannt das Nadelstreifenjackett und an der Tür des ehemaligen Lenya-Weill-Domizils Pension Hassfort öffnet ein typisch Berliner Goldkettchenträger.
Durch diese Schnipsel zwischen gestern und heute führt tapfer stapfend Weill-Biograf Jürgen Schebera. Für seinen trockenen Stil unter Lesern gefürchtet, entfalten seine knappen Kommentare im Film knarzigen Humor. Doch wer war Weill, dieser kleine Mann hinter den starken Brillengläsern? Zeitzeugen tauchen auf, ohne dass ihr Verhältnis zum New Yorker Exilanten deutlich würde. Die Tonspur kreist immer wieder um die »Dreigroschenoper«, vom Revolutionär des Musical Theatre dagegen hört man zu wenig. (...)
Ulrich Ameling, Der Tagesspiegel, 31.1.2002

The Lady of the Assassins 443
LA VIRGEN DE LOS SICARIOS ***

Regie: Barbet Schroeder
Darsteller: German Jaramillo (Frenando), Anderson Ballesteros (Alexis), Juan David Restrepo (Wilmar), Manuel Busquets (Alfonso)
Drehbuch: Fernando Vallejo, nach seinem gleichnamigen Roman
Kamera: Rodrigo Lalinde
Musik: Jorge Arriagada
Schnitt: Elsa Vasquez
Prod.: Les Films du Losange/Le Studio Canal Plus/Vertigo Films/Tucan/Cinematograficas; Frankreich/Kolumbien 2000; 101 Min.
UA: 1. 9. 2000, Int. Filmfestspiele Venedig
Verleih: Juni 2001 (CH), Kinoinitiative, 18.6.2002

Zwei Jahre vor seinem US-Krimi »Mord nach Plan«, der eben in unseren Kinos angelaufen ist, inszeniert Barbet Schroeder diese Adaption eines autobiografisch gefärbten Romans von Fernando Vallejo. Mit Schroeders Hollywoodarbeiten der letzten Jahre hat »Our Lady of the Assassins« nichts gemein, nur ein paar formale Zitate erinnern fern an Film noir und »Vertigo«.
Die Erzählung führt ins Herz der kolumbianischen Finsternis, in die Straßen von Medellin, worin der alternde Schriftsteller Fernando seinen Lebensüberdruss in homosexuellen Beziehungen mit minderjährigen Gangsterkids zelebriert. Es ist ein breites Panorama der Gewalt, voller blutiger Amokläufe und gesteigerter Selbstverletzung, das die High-Definition-Videokamera auf ihren Wegen durch die anarchische Stadt entdeckt. Aber der Regisseur erscheint in diesem überformten Universum ein wenig deplatziert – ein voyeuristischer Fremder, wie sein distanzierter Held, der sich zwischen Nostalgie und erschüttertem Wirklichkeitsgefühl verliert.

Robert Weixlbaumer, tip, 15/2002

Die Lady und der Herzog 444
L' ANGLAISE ET LE DUC ****+

Regie: Eric Rohmer
Darsteller: Lucy Russell (Grace Elliott), Jean-Claude Dreyfus (Herzog Philippe d'Orléons), Francois Marthouret (Dumouriere), Léonard Cobiant (Champcenetz), Caroline Morin (Nanon), Alain Libolt (Herzog von Biron)
Drehbuch: Eric Rohmer, nach den Memoiren »Journal of My Life During the French Revolution« von Grace Elliott
Kamera: Diane Baratier
Schnitt: Mary Stephen
Prod.: Compagnie Eric Rohmer/Pathé Image Prod.; Frankreich 2001; 125 Min.
EA: Int. Filmfestspiele Berlin 2001
Verleih: Tobis, 21.3.2002

Die Geschichte einer hübschen Adeligen aus England, die im revolutionären Frankreich lebte. Sie hatte eine leidenschaftliche Beziehung zu Philippe, dem Herzog von Orléans, seines Zeichens ein Verfechter revolutionärer Ideen. Der Dame gelang es, den Herzog zu überzeugen, einen Geächteten freizulassen, aber sie konnte ihn nicht davon abhalten, für die Hinrichtung des Königs zu stimmen.

Kritik: (...) Regie-Altstar Eric Rohmer blickt hinter Fakten, Fälschungen und Fiktionen. Statt kinoüblichem Schwelgen in realistisch anmutender Ausstattung betont er die Künstlichkeit der Szenerie. Alles ist Kulisse, die Akteure sind Figuren auf der Bühne der Weltgeschichte. Daraus ergibt sich ein hoher ästhetischer Reiz. Rohmer zeigt Graces Überlebenskampf nicht als üppiges Historiendrama. Die einzelnen Kapitel der Handlung hat er als theatralische Miniaturen inszeniert: Blicke, Gesten und nicht ausgesprochene Worte sind entscheidend. So gelingt eine höchst subtile und eindringliche Reflexion des Zusammenspiels von individueller und gesellschaftlicher Entwicklung. Ganz nebenbei offeriert Rohmer auch einen feingeistigen Kommentar zu den jüngeren Schrecken der Menschheitsgeschichte. Kluges Schauspielerkino aus Frankreich.

Peter Claus, Zitty, 7/2002

Interview: *Was heißt für die Regie-Ikone Rohmer eigentlich Kino?*

Kino ist Unterhaltung wie früher die Jahrmärkte, ist gemeinsames Erleben. Ich peile zwar nicht den Megaerfolg an der Kinokasse an, möchte aber ein bestimmtes Publikum erreichen, das mir die Treue hält. Nur von Förderung zu leben wäre mir zuwider; ich liebe meine Unabhängigkeit.

Bedauern Sie das Ende der »guten, alten Zeiten« mit Ihren Nouvelle-Vague-Weggefährten?

Wenn ich es schaffe, schaue ich mir jeden neuen Film von Rivette oder Godard an. Aber Kassandrarufe will ich nicht hören. Das wahre Kino geht nicht unter, auch das Resultat meiner Arbeit ändert sich nicht. Ich nutze nur neue technische Entwicklungen. Der Wandel im Kino war seit Mitte des 20. Jahrhunderts nicht so gravierend wie in den ersten 50 Jahren seines Bestehens. Rückblick heißt manchmal Stillstand. Ich bedaure nichts, das wäre ja furchtbar!

Eric Rohmer im Interview mit Margret Köhler, AZ, 3.4.2002

Lagaan: Once Upon a Time in India 445

LAGAAN: ONCE UPON A TIME IN INDIA ****+

Regie: Ashutosh Gowariker
Darsteller: Aamir Khan (Bhuvan), Gracy Singh (Gauri), Rachel Shelley (Elizabeth Russell), Paul Blackthorne (Capt. Andrew Russell), Suhasini Mulay (Yashodamai), Kulbhushan Kharbanda (Rajah Puran Sing)
Drehbuch: Kumar Dave, Sanjay Dayma, Ashutosh Gowariker
Kamera: Anil Mehta
Musik: A. R. Rahman
Schnitt: Ballu Saluja
Prod.: Amir Khan Prod.; Indien 2001; 224 Min.
Verleih: Columbia TriStar, OmU, 25.7.2002

Konnte man bisher die indischen Gefühlsdramen mit ihren schmachtfetzigen Gesangs- und Tanzeinlagen lediglich auf Festivals oder in Sonderreihen entdecken, startet jetzt zum ersten Mal eine Hollywoodproduktion ganz regulär in unseren Kinos. Ein Vorzeigeprodukt bereits mit Blick auf den westlichen Markt gedreht und dennoch alles andere als eine Hollywood-light-Variante. Die restlos übergeschnappte Story nimmt uns mit ins Indien der Kolonialzeit zu tapferen barfüßigen Helden, schmachtenden Frauen mit kullerigen Augen und snobistischen Briten in kuriosen Shorts. Ausgelassen werden hier sämtliche Gefühlsschleusen geöffnet, und mit einem nervenaufreibenden Kricketspiel schreibt »Lagaan« mal eben auch gleich die Kolonialgeschichte um. *Anke Leweke, tip, 15/2002*

Land of Truth, Love & Freedom 446

ZEMLJA ISTINE, LJUBAVI I SLOBODE □

Regie: Milutin Petrovic
Darsteller: Djordje Andjelic (Djordje), Vanja Govorko (Klinikchef), Boris Milivojevic (Boris), Dalibor Andonov, Predrag Bambic, Lana Budimilic
Drehbuch: Petar Jakonic, Milutin Petrovic, Sasa Radojevic
Kamera: Predrag Ambic, Andreja Leko
Schnitt: Petar Jakonic, Milutin Petrovic
Prod.: Sean Aloysius O'Fearna & Sons; Jugoslawien 2000; 77 Min.
EA: 7.10.2001, Goethe-Forum München, »Neues aus Südost«

Belgrad während der Bombardierung durch die NATO im Frühjahr 1999. Sogar in der psychiatrischen Abteilung gibt es nur Kerzenlicht. Eine junge Ärztin kümmert sich um Boris, einen jungen TV-Redakteur, der den Beschuss der serbischen Fernsehstation überlebt hat. Er fantasiert sich einen wilden Film von Killern, Prostituierten und anderen Outsidern zusammen. Wie kann er aber aus seiner Psychose herauskommen? Nur die

Wahrheit führt zur Liebe und zur Freiheit. *Katalog Goethe-Forum*

Landspeed 447

LANDSPEED **

Video

Regie: Christian McIntire
Darsteller: Billy Zane (Michael Sanger), Pamela Gidley (Linda Fincher), Ray Wise (Brian Sanger), Scott Wiper (Capt. Steve Saragosta), Greg Travis (Clayton Winfree), Val Lauren (Sarb Parikh)
Drehbuch: Michael Baldwin
Kamera: Todd Barron
Musik: Richard McHugh
Schnitt: Christian McIntire, Ken Peter
Prod.: Landspeed/Unified Film; USA 2001; 90 Min.
Vertrieb: e-m-s Video, 24.9.2002
FSK: ab 16 J.

Industriemagnat bietet 50 Millionen Dollar für das Rennteam, das als Erstes die doppelte Schallmauer auf Rädern durchbricht. Kaum mehr als routinierte Fließbandunterhaltung.

Lantana 448

LANTANA ****

Regie: Ray Lawrence
Darsteller: Anthony LaPaglia (Leon Zat), Geoffrey Rush (John Knox), Barbara Hershey (Dr. Valerie Somers), Kerry Armstrong (Sonja Zat), Rachael Blake (Jane O'May), Vince Colosimo (Nik D'Amato)
Drehbuch: Andrew Bovell, nach seinem Theaterstück »Speaking in Tongues«
Kamera: Mandy Walker
Musik: Paul Kelly
Schnitt: Karl Sodersten
Prod.: Jan Chapman Films Prod. mit NSW/TV Office; Australien/D 2001; 121 Min.
UA: 8.6.2001, Sydney Film Festival, »Opening Night«
EA: 30.6.2002, Filmfest München
Verleih: Alamode, 7.11.2002

Tatort Sydney: Die Therapeutin Valerie verschwindet eines Nachts nach einer Autopanne. Bei der Klärung des Falles ergeben sich Querverbindungen zu verschiedenen Menschen, die alle irgendwie etwas mit der Sache zu tun haben (scheinen). Im Mittelpunkt der Handlung steht die Beziehung zwischen Valerie und ihrem Mann, die sich seit dem Tod der Tochter wie Fremde begegnen, den Schmerz verdrängen und sich in Alltagsroutine und hohle Worte flüchten.
Dieser Thriller bewegt sich zwischen der Rigorosität von Altmans »Short Cunts« und der Radikalität von Andersons »Magnolia«, die einzelnen Personen kommen nicht ungeschoren davon in dem Gewirr von Lebenslügen und Lebensentwürfen. Ray Lawrence erzählt von Gestrauchelten, die nicht nur Glück und Liebe verlieren, sondern auch ein Stückchen von sich selbst, ein wenig Selbstwertgefühl. Am Ende tragen alle ihre Blessuren davon. *Margret Köhler*

Kritik: (…) Kein Film also der aktuellen infantilen Hollywoodträume von unzerstörbaren Helden und männlicher Welterrettung – immer sekundiert von einer dekorativen weiblichen Eskorte. Sondern ein Film für Erwachsene, in gewissem Sinne »europäisch« – für Leute also, die über sich und ihr Leben noch reflektieren mögen. *Bodo Fründt, SZ, 7.11.2002*

(…) Der australische Fernsehregisseur Ray Lawrence hat Andrew Bovells Theaterstück »Speaking in Tongues« in eine australische Vorstadt und den angrenzenden Busch verlegt, trotzdem ist es ein Kammerstück geblieben und entfaltet seinen Reiz in den ausgefeilten Dialogen und vor allem in den Gesichtern seiner Akteure. Von Anfang an stehen die weiblichen Hauptfiguren im Vordergrund, sie problematisieren die Fragestellung »Vertrauen«, sie leiden am »Betrug« der Männer, die sich auf ganz verschiedene Art und Weise aus der Verantwortung ziehen. So verlagert sich die Inszenierung von Anfang an nach innen, zur Aufarbeitung der Vergangenheit, zu den »Szenen einer Ehe«, die weniger ausagiert denn reflektiert werden, nur vor dem inneren Auge des Zuschauers entstehen.
Marli Feldvoß, epd-Film, 11/2002

Interview: Es gibt nur fünf künstliche Ausleuchtungen im Film, der Rest ist Natur. Nach 20 Jahren kann man es als Zeitdokument betrachten. Da zählen Stil, Licht, Ausstattung. Make-up und Kostüme nicht mehr. Ich wollte, dass die Emotion der Geschichte im Vordergrund steht. Der Film hat zwar Stil, aber nichts Beschönigendes.

Ray Lawrence im Interview mit Blickpunkt Film, 27/2002

Sind Sie glücklich mit der Arbeit?

Manchmal finde ich eine große Rolle, aber der Stoff ist nicht besonders gut. Manchmal ist die Rolle nicht großartig, aber ich will einfach in diesem Film sein. Und manchmal gibt es eine große Rolle in einem großen Film. Mein Sohn hat mich mal gefragt, ob ich ein »movie star« bin. Ich habe gesagt, ich bin »an actress who sometimes stars in movies«.

Barbara Hershey im Interview mit Susan Vahabzadeh und Fritz Göttler, SZ, 7.11.2002

L.A.P.D. – To Protect and to Serve 449

L. A. P. D.: TO PROTECT AND TO SERVE **

Video

Regie: Ed Anders
Darsteller: Michael Madsen (Lt. Alexander), Marc Singer (»Cowboy« Sam Steel), Wayne Crawford (Sgt. Sextram), Charles Durning (Stuart Steele), Steve Bacic (Wade), Dennis Hopper
Drehbuch: Rob Neighbors, BJ Davis, nach einer Story von Gene Goldsman, John Meyer
Kamera: Michael Balfrey
Musik: Ian Putz
Schnitt: Grace Yuen, Karen Porter
Prod.: To Protect & Serve Prod./Maurice Smith Prod./Rock Ent.; USA/Kanada 2000; 94 Min.
Vertrieb: EuroVideo, 14.2.2002
FSK: ab 16 J.

Zwei Polizisten, zwei Freunde – zwei am Scheideweg: Der eine wird korrupt, der andere nicht. Angeblich authentischer, grobschlächtiger Polizeikrimi jenseits jeglicher Inspiration.

The Laramie Project 450

THE LARAMIE PROJECT ***

Video

Regie: Moisés Kaufman
Darsteller: Christina Ricci (Romaine Patterson), Steve Buscemi (Doc O'Conner), Laura Linney (Sherry Johnson), Summer Phoenix (Jen Malmskog), Peter Fonda, Jameane Garofalo
Drehbuch: Moisés Kaufman, Tectronic Theatre, nach dem Theaterstück von Moisés Kaufman
Kamera: Terry Stacey
Musik: Peter Golub
Schnitt: Brian A. Kates
Prod.: Cane-Gabay, Good Machine Prod.; USA 2001; 91 Min.
Vertrieb: mediacs Video, 8.10.2002
FSK: ab 12 J.

Der authentische Fall des homosexuellen Studenten, der in einer US-Kleinstadt ausgeraubt und getötet wurde als Mischung aus nachgestellter Dokumentation und Spielszenen – nicht immer gelungen, aber häufig packend und nachdenklich stimmend.

The Last Brickmaker in America 451

THE LAST BRICKMAKER IN AMERICA **

Video

Regie: Gregg Champion
Darsteller: Sidney Poitier (Henry Cobb), Jay O. Sanders (Mike), Piper Laurie (Mrs. Potter), Cody Newton (Danny Potter), Beraie Casey
Drehbuch: Richard Leder
Kamera: Gordon C. Lonsdale
Musik: Joseph Conlan
Schnitt: Gib Jaffe
Prod.: Nasser Ent.; USA 2001; 85 Min.
Vertrieb: Paramount Video, 14.3.2002
FSK: o. A.

Verwitweter Ziegelbrenner soll für Schulbibliothek tätig werden, doch skrupelloser Bauunternehmer funkt dazwischen. Ein alter Star, eine altbackene Story, das altbekannte Ergebnis: nichtssagend-sentimentales Melodram.

Late Night Shopping 452

LATE NIGHT SHOPPING ****

Regie: Saul Metzstein
Darsteller: Luke De Woolfson (Sean), James

Lance (Vincent), Kate Ashfield (Jody), Enzo Cilenti (Lenny), Heike Makatsch (Madeline), Shauna MacDonald (Gail)
Drehbuch: Jack Lothian
Kamera: Brian Tufano
Musik: Alex Heffes
Schnitt: Justine Wright
Prod.: Ideal World/Film Four mit Glasgow Film Office/Scottish/Senator Prod.: Angus Lamont; Elinor Day (Koprod.); GB 2000; 88 Min.
EA: 12.2.2001, Int. Filmfestspiele Berlin, »Panorama«
Verleih: Senator (nicht gestartet)

Vier Mittzwanziger, drei Männer und eine Frau, die sich mit stupiden, unbefriedigenden Nachtjobs durchs Leben schlagen, hängen nach getaner Arbeit in einem Café rum und reden. (...) Denn es ist selten, dass ein Film, noch dazu von einem Debütregisseur, so unangestrengt über Beziehungen, Liebe, Jobs, den Sinn des Lebens erzählt, so lebensnahe Figuren versammelt und dazu noch einen visuellen Stil innehat, der nicht auf prätentiöse Spielereien zurückgreifen muss, um interessante, coole Bilder zu zeigen. (...) *Michael Meyns, Zitty, 4/2001*

Lauf, Jonas, lauf 453

COURS TOUJOURS □ TV

Regie: Dante Desarthe
Darsteller: Clément Sibony (Jonas), Rona Hartner (Nina), Isaac Sharry (Paco), Marie Desgranges (Julie), Gilbert Lévy (Maurice), Emmanuelle Devos (Sophie)
Drehbuch: Dante Desarthe, Fabrice Guez, Agnès Desarthe
Kamera: Laurent Machuel
Musik: Krishna Levy, David Lascot
Schnitt: Martine Rousseau
Prod.: Les Films du Bois Sacre/MK2/Arte France Cinema; Frankreich 1999; 84 Min.
TV: 21.2.2002, Arte, 20.45

Am dritten Tag nach der Beschneidung seines Sohnes muss Jonas die Vorhaut vergraben, so will es der Rabbi. Aber der gestresste Vater hat erst einmal andere Sorgen. Es beginnt eine Odyssee durch ein Paris voller junger Christen, die auf den Besuch des Papstes warten.

Launen eines Flusses 454

LES CAPRICES D'UN FLEUVE ***

Regie: Bernard Giraudeau
Darsteller: Bernard Giraudeau (Jean-Francois de la Plaine), Richard Bohringer (Kommand. de Blanet), Thierry Frémont (Pierre Combaud), Raoul Billerey (Abbe Fleuriau), Roland Blanche (Mr. Denis), Aissatou Sow (Amelie)
Drehbuch: Bernard Giraudeau
Kamera: Jean-Marie Drejou
Musik: René Marc Bini
Schnitt: Annick Baly
Prod.: Les Films de la Saga/Flach Film/Le Studio Canal+/France 2; Frankreich/Italien/D 1996; 110 Min.
UA: 16.11.1995, Sarasota Filmfestival
EA: Filmfest Hamburg 1996
Verleih: Progress, 24.10.2002

Im Jahre 1787 gärt in Frankreich bereits die unvermeidliche Revolution. Angeklagt, einen Freund des Königs ermordet zu haben, wird Jean-Francois de la Plaine des Königsreichs verwiesen. Er lässt seine geliebte Louise in Frankreich zurück und geht an die afrikanische Westküste ins Exil, wo er eine winzige Kolonie am Ufer eines launenhaften Flusses regiert.

Kritik: (...) Ruhig erzählter, detailreich ausgestatteter und prächtig bebilderter Abenteuerfilm, dessen Plädoyer für Toleranz und Verschiedenheit allerdings von einer verspielten Inszenierung überlagert wird.
Michael Staiger, Film-Dienst, 22/2002

Leave Me Alone / Lass mich in Ruhe 455

WO BU YAO NI GUAN □ Video

Regie: Hu Shu
Kamera: Hu Shu
Schnitt: Hu Shu
Prod.: China 2001; 70 Min.
UA: 27.12.2001, Kumming, Yannan
EA: 15.2.2002, Int. Forum des Jungen Films Berlin
Vertrieb: Freunde, ab September 2002

Dokumentarfilm über drei junge Mädchen, die als Prostituierte arbeiten.

Leben danach – Worte von Frauen 456

VIVRE APRÈS – PAROLES DE FEMMES ****+

Regie: Laurent Bécue-Renard
Darsteller: Jasmina Dedic, Senada-Hajrija Mumic, Sedina Salcinovic, Fika Ibrahimefendic, Fatima Babic
Kamera: Fikreta Ahmetovic, Camille Cottagnoud, Renaud Personnaz, Saskia Jol
Musik: Kudsi Erguner Voyage Nocturne
Schnitt: Charlotte Boigeol
Prod.: IMAJ Prod. Tales From The Ney/ CMP Records/CNC mit KUIV/Canal+ 2000; Frankreich 2000; 82 Min.
EA: 12.2.2001, Int. Forum des Jungen Films Berlin
Verleih: Freunde, ab März 2002

Dokumentarfilm über drei junge Frauen aus der Gegend von Tuzla, für die während des Bosnienkriegs ihre Welt zerbrach und die danach Schwierigkeiten hatten, ihr Leben fortzusetzen. *Zitty, 4/2001*

Vier Jahre voller Trauer, Leben und Liebe. *Laurent Bécue-Renard*

Leben nach Microsoft 457

*** TV

Regie: Corinna Belz, Regina Schilling
Drehbuch: Corinna Belz, Regina Schilling
Kamera: Wolfgang Lehner
Musik: Andreas Schilling
Schnitt: Christoph Tetzner
Prod.: Zero Film; D 2001; 72 Min.
UA: 25. Duisburger Filmwoche, Dokumentarfilmfestival München 2002
TV: 28.10.2002, ZDF, 0.00, »Das kleine Fernsehspiel«

Der Film erzählt – still, präzise, ohne didaktische Ausrufezeichen – lauter stille Tragödien. Tragödien aus der Welt jenes amerikanischen Kapitalismus, in dem die Identität eines Menschen ausschließlich aus seiner Arbeitsleistung besteht. Walt und seine Kollegen sind lebendige Tote. Und die Gedenkplatten auf dem Campus zu Ehren der Windows-Produkte nehmen sich aus wie Grabplatten in Erinnerung an verlustreiche Kriege.
Christiane Peitz, Der Tagesspiegel

The Legend of Gingko 458

DAN JEOK BI YEON SU: EUN HAENG NAMU ** Video

Regie: Park Je-hyeon
Darsteller: Kim Seok-hun (Can), Seol Kyeong-gyu (Jeog), Choi Jin-sil (Bi), Yoon-jin Kim, Mi-suk Lee, Hyeong-jin Kong
Kamera: Yeong-cheol Kim
Prod.: Kang Je-Kyu Film; Südkorea 2001; 115 Min.
Vertrieb: e-m-s Video, 28.10.2002
FSK: ab 18 J.

Zwei verfeindete Stämme bekriegen sich im wahrsten Sinne bis aufs Blut. Fantasy-Action, aufwändig zwar, aber weder in der Machart noch in der Story von Originalität geprägt.

Leo Sternbach – Eine Liebe zur Chemie 459

**** TV

Regie: Rolf Lyssy
Drehbuch: Alex Bänninger (Konzept)
Kamera: Elia Lyssy
Schnitt: Rainer M. Trinkler
Prod.: Schweiz 2002; 30 Min.
TV: 3.9.2002, 3sat, 23.25

Leo Sternbach sicherte dem Schweizer Chemieunternehmen Roche für Jahre einen unglaublichen wirtschaftlichen Erfolg. Über 230 amerikanische Patente tragen seinen Namen. Die Universitäten von Wien und Frankfurt am Main verliehen ihm den Ehrendoktor – Leo Sternbach: Erfinder von Librium und Valium. Mit den Tranquilizern veränderte er die Welt. (…)
Seine Biografie von Abbazia (Opatia) über Villach, Krakau, Wien, Zürich und Basel nach Nutley ist auch die Biografie eines antisemitisch Geächteten und Verfolgten. *Pressetext*

Leo und Claire 460

***

Regie: Joseph Vilsmaier
Darsteller: Michael Degen (Leo Katzenberger), Suzanne von Borsody (Claire Katzenberger), Franziska Petri (Irene Scheffler), Alexandra Maria Lara (Käthe), Rüdiger Vogler (Max Katzenberger), Axel Milberg (Hausmeister)

Drehbuch: Reinhard Klooss, Klaus Richter, nach dem Roman »Der Jude und das Mädchen« von Christiane Kohl
Kamera: Joseph Vilsmaier, Mike Bartlett (Steadycam)
Musik: Gert Wilden
Schnitt: Hans Funck
Prod.: Perathon/Odeon; D 2000; 103 Min.
UA: 27.8.2001, Montreal Film Festival
Verleih: Odeon, 18.4.2003
Vertrieb: Euro Video (Video, DVD)
FSK: ab 12 J., ffr.
FBW: Besonders wertvoll

Die auf wahren Begebenheiten beruhende Geschichte des lebenslustigen jüdischen Schuhhändlers Katzenberger, der das Opfer von Neid, Missgunst und Intrigen wurde und 1942 in Nürnberg wegen angeblicher Rassenschande hingerichtet wurde.

Kritik: (...) Vilsmaier will von großen Gefühlen, erschütternden Dramen und vom barbarischen Unrechtsstaat erzählen, doch Dramaturgie und Inszenierung kommen wie ein müder Abklatsch der »Lindenstraße« daher. In keiner Sekunde geht es um Leben oder Tod des Leo Katzenberger, sondern immer nur um die Erschütterung eines Regisseurs, der vom eigenen Kitsch und von der eigenen Moral ergriffen ist. *Volker Gunske, tip, 8/2002*

(...) Und in dem Moment, wo der Film sich endlich vom Hinterhof löst und an den historischen Schauplatz des Prozesses wechselt, den Nürnberger Schwurgerichtssaal 600, fällt der Ballast von der Geschichte ab. Da taucht plötzlich Jürgen Schornagel auf, ein Fernsehveteran und verdienter Nebendarsteller aus der Vilsmaier-Familie, und zeigt als Unrechtsrichter Rothaug eines der erschreckendsten Nazi-Porträts, die wir bisher im Kino gesehen haben. Mit ihm wird alles plötzlich erkennbar: das Grauen der Zeit, der Wahnsinn, die Methode. Und »Leo und Claire« erreicht am Ende doch noch das Ziel seiner Macher – ein Film zu sein, der die Erinnerung an das Unrecht wach hält.
Tobias Kniebe, SZ, 18.4.2002

Vilsmaier-Filme verlässt man oft hin und her gerissen. Immer wieder gelingen dem langjährigen Kameramann Bilder von Wahrhaftigkeit und Einfühlungsvermögen, im nächsten Moment aber lässt er wieder kein Klischee aus. (...) Trotzdem ist »Leo und Claire« ein glaubwürdiges und oft eindringliches Porträt der Alltagstäter und der Absurdidät des Rassenwahns geworden. *Adrian Prechtel, AZ, 18.4.2002*

Letzte Ausfahrt Hollywood 461
THE LAST PRODUCER ***+
Video

Regie: Burt Reynolds
Darsteller: Burt Reynolds (Sonny Wexler), Ann-Margret (Mira Wexler), Benjamin Bratt (Damon Black), Charles Durning (Syd Wolf), Greg Germann (Reuben Tallridge), Rod Steiger (Sherri Ganse)
Drehbuch: Clyde Hayes
Kamera: Nick McLean
Musik: Peter Manning Robinson
Schnitt: Jennifer Jean Carcaras, Tod Feuerman
Prod.: Bigel/Mailer Films/LP Prod.; USA 2000; 84 Min.
Vertrieb: Laser Paradise Video, 25.3.2002
FSK: ab 6 J.

Burt Reynolds larmoyanter Blick aufs verrottete Hollywood in einem simplen Melodram: Er spielt Altproduzenten, der an der Verwirklichung seines lang gehegten Filmkunsttraums gehindert wird.

Das letzte Kino der Welt 462
EL VIENTO SE LLEVO LO QUE ****

Regie: Alejandro Agresti
Darsteller: Vera Fogwill (Soledad), Angela Molina (Dona Maria), Fabian Vena (Pedro), Jean Rochefort (Edgar Wexley), Klises Dumont
Drehbuch: Alejandro Agresti
Kamera: Mauricio Rubinstein
Musik: Paul Michael van Brugge
Schnitt: Alejandro Brodersohn
Prod.: DMVB Films; Argentienien/Frankreich/NL 1998; 84 Min.
UA: Int. Filmfestival San Sebastian 1998
Verleih: flax film, OmU, 16.5.2002

Cineasten sind in Rio Pico unter sich. Denn das Dorf im Süden Patagoniens hat in den 70er-Jahren nichts als einen alten Filmprojektor zur Zerstreuung anzubieten, der die filmsüchtige Gemeinde allabendlich bei Laune hält. Allerdings verirren sich die Filme erst nach langer Odyssee hierher und sind derart ramponiert, dass keiner sie richtig zum Laufen bringt. Und so adaptieren die Dörfler die scheinbaren Macken ihrer Stars. Kein Wunder, dass sich die junge Soledad aus Buenos Aires zuächst im Irrenhaus wähnt, doch dann erliegt sie den verrückten Träumereien der Bewohner. Eine skurrile argentinische Komödie über Liebe, abgehalfterte Leinwandhelden und ein spät zündendes Dorfgenie. *Cristina Moles Kaupp, tip, 10/2002*

Kritik: (...) Getragen von einem schrulligen Humor und einem schier grenzenlosen Verständnis für menschliche Verschrobenheiten, wirkt das scheinbar zeitlose Dorfdrama – von einigen Längen im Mittelteil abgesehen – leichtfüßiger, als es tatsächlich ist. Vor allem das charismatische Dorfgenie Tardini, der aus eigener Kraft, aber um Jahrzehnte zu spät die Grundlagen der Relativitätstheorie, die Psychoanalyse und den Kommunismus erfindet, reichert die cineastische Burleske mit philosophischen Reflexionen an. Er bekommt denn auch am härtesten die Macht der brutalen Militärdiktatur zu spüren, als er seine Ideen in die Hauptstadt zu tragen versucht. (...) *Reinhard Kleber, Filmecho-Filmwoche, 19/2002*

Letzte Runde 463
LAST ORDERS ****+

Regie: Fred Schepisi
Darsteller: Michael Caine (Jack Dodds), Bob Hoskins (Ray), Tom Courtenay (Vic), David Hemmings (Lenny), Ray Winstone (Vince), Helen Mirren (Amy)
Drehbuch: Fred Schepisi, nach einem Roman von Graham Swift
Kamera: Brian Tufano
Musik: Paul Grabowsky
Schnitt: Kate Williams
Prod.: Winschester Films/Scala Prod./MBP; GB/D 2001; 110 Min.
Verleih: Columbia TriStar, 31.10.2002
FSK: ab 6 J., ffr.
FBW: Besonders wertvoll

Ein Männerquartett macht sich auf den Weg, um die Asche des gemeinsamen Freundes am Meer zu verstreuen. Die Fahrt wird eine Reise in die Vergangenheit, aus der sich die Lebensläufe und Beziehungen erklären.

Kritik: (...) Der australische Regisseur Fred Schepisi hat ein feines Gespür für Literaturadaptionen und vertraut seinen hervorragenden britischen Akteuren, die Swifts Witz und Weisheit vergnügt ausspielen. Obwohl sich Schepisi bisweilen in Rückblenden verliert, ist ihm ein unprätentiöses kleines Meisterwerk gelungen. (...) *Angie Dullinger, AZ, 31.10.2002*

(...) Die kurzen, pointierten Dialoge klingen fast beiläufig und banal und transportieren doch die ewig großen Fragen, nach Zufall und Schicksal, nach richtig und falsch, nach der Verantwortung für sich und für andere. Am Ende steht die Frage, wie es gelingen kann, sein eigenes Leben zu leben, ohne dass dies auf Kosten anderer geht – auf Kosten des Lebenspartners, der Kinder, der Eltern: sich um sich selbst kümmern, aber auch um die anderen. Unwidersprochen bleibt zugleich Jacks Vermutung, das Leben sei letztlich nur ein Glücksspiel, in dem der blinde Zufall regiert. (...) *Detlef Kühn, epd-Film, 11/2002*

Die letzte Station 464
□
TV

Regie: Bogdan (= Dumitrescu) Dreyer
Darsteller: Sergio Rubini (Nelu), Valentin Kritescu (Nelus Vater), Marion Kracht (Greta Miciu), Darel Visan (Antoni Balan), Alexandru Bindea (Florin Popa), Iulia Boros (Maria Popa)
Drehbuch: Leo Benvenuti, Massimo Bavastro, Piero De Bernardi, Bogdan Dreyer
Kamera: Doru Mitran
Musik: Adrian Enescu

Schnitt: Adina Georgescu-Obroca
Prod.: Zuta/Filmex Romania/CDI mit Arte/HR/BR; D/Rumänien 1999; 86 Min.
UA: Max-Ophüls-Festival Saarbrücken 2000
EA: 20.6.1999, Warner Bros. Cinema Rom
TV: 2.3.2001, Arte, 23.45; 8.12.2001, HR, 22.45; 13.12.2001, BR, 23.35
FSK: ab 12 J., ffr.

Nelu hat große Pläne, aber keine Kohle. Deshalb kehrt er seinem Heimatdorf den Rücken und nimmt in Bukarest einen Job als Leichenbestatter an. Schnell stellt er fest, dass das Geschäft mit dem Tod äußerst lukrativ ist – und auch praktische Vorteile hat: Als sein Vater stirbt, fährt er mit der Leiche im Gepäck zurück in sein Dorf, um die Trauerfeier zu organisieren.

TV-Movie, Cine-Nachttipp, 2.3.2001

Ein letzter Kuss 465

L'ULTIMO BACIO ****

Regie: Gabriele Muccino
Darsteller: Stefano Accorsi (Carlo), Giovanna Mezzogiorno (Giulia), Stefania Sandrelli (Anna), Marco Cocci (Alberto), Pierfrancesco Favino (Marco), Sabrina Impacciatore (Livia)
Drehbuch: Gabriele Muccino
Kamera: Marcello Montarsi
Musik: Paolo Buonvino
Schnitt: Claudio Di Mauro
Prod.: Fandango mit Medusa; Italien 2001; 115 Min.
Verleih: Tobis, 24.1.2002
Vertrieb: BMG Video (Video, DVD)
FSK: ab 12 J., ffr.
FBW: Besonders wertvoll

Fünf Freunde Ende 20 wollen sich vorm Erwachsenwerden, vor familiären Bindungen drücken und planen, nach Afrika abzuhauen. Eine Frau über 50 bricht aus ihrem zur gefühllosen Routine erstarrten Eheall-tag aus, um noch einmal die große Liebe zu erleben. Auf unverkrampft unterhaltsame Art, heiter und tief greifend, handelt dieser Kinohit aus Italien vom Antagonismus der Geschlechter und der Angst vorm Altwerden. *Ralph Umard, tip, 2002*

Kritik: (…) Das Geheimnis dieses Films, der in Italien zum Überraschungshit wurde und fünf »David-di-Donatelle-Preise« (die italienischen Äquivalente zum Oscar) errang, liegt in dem Tonfall abgeklärter Ironie. Durch alle Szenen scheint eine leise Komik, und die agierenden Personen scheinen sich ihrer absurden Aktionen durchaus bewusst. So ist »Ein letzter Kuss« ein sehr europäischer Autorenfilm geworden – für Erwachsene und solche, die es werden wollen.

Bodo Fründt, SZ, 24.1.2002

Liberty Stands Still 466

LIBERTY STANDS STILL ***

Video

Regie: Kari Skogland
Darsteller: Linda Fiorentino (Liberty Wallace), Wesley Snips (Joe), Oliver Platt (Victor Wallace), Martin Cummins (Russell Williams), Jonathan Scarfe (Bill Tollman), Ian Tracey (MacMunro)
Drehbuch: Kari Skogland
Kamera: Denis Maloney
Musik: Michael Convertino
Schnitt: Jim Munro
Prod.: Lions Gate/Cinerenta/Pearl Pic.; USA 2001; 96 Min.
UA: 18.1.2002, Palm Springs Festival
Vertrieb: Kinowelt, 8.10.2002
FSK: ab 16 J.

Ein Mann namens Joe entführt die Frau eines Waffenhändlers, um aus Rache eine grausame Inszenierung ablaufen zu lassen. Die Leistungen der beiden Hauptdarsteller verhindern, dass dieser Psychothriller in geschwätzigen Leerlauf abkippt.

Lick an Apple Like a Pussy: The Movie … 467

**+

Regie: Carl Andersen
Darsteller: Malga Kubiak, Antje M. Pohsegger
Kamera: Carl Andersen
Schnitt: Carl Andersen
Prod.: Carl Andersen Filmprod.; D 2002; 96 Min.
Verleih: Eigenverleih, 25.7.2002

Der Berliner Filmemacher Carl Andersen (»Mondo Weirdo«) entwickelt in seiner neuesten Arbeit zentrale Themen seines subventionsfreien

Œuvres weiter: Repräsentation von Sexualität, Arbeit im Underground, Kino als selbstreflexiver Spiegel der Filmarbeit »... lick an apple ...« beobachtet die polnisch-schwedische Undergroundfilmerin Malga Kubiak (in Avantgardekreisen bekannt für ihre expliziten XXX-Film-Performances) beim fiktiven Casting für einen körperbetonten Kunstfilm. Die Schauspieler wehren sich gegen die sexuellen Zumutungen, die Regisseurin verzweifelt, die amateurische Kamera schaut dogmainspiriert dabei zu und sucht nach einer Form. Billig, synthetisch-natürlich, reizvoll für versierte Andersen-Fans.

Robert Weixlbaumer, tip, 15/2002

Kritik: (...) Absurde Dialoge in gebrochenem Englisch, entsetzte Schauspieler, eine verzweifelte Regisseurin. Offen bleibt, was Stoff für viele Debatten ist: Wie viel Authentizität braucht Wahrhaftigkeit? Eine ebenso kluge wie komische Reflexion über Kino, Schauspielerei und die Wahrheit der Kunst. *Dirk Pilz, Zitty, 15/2002*

Liebe auf den 2. Blick 468

LOVE AT SECOND SIGHT **

Video

Regie: Matze Kahle, Skip Lackey
Darsteller: Gabrielle Miller, Skip Lackey, Lori Triolo
Prod.: USA/D 2000; 93 Min.
Vertrieb: Cultmovies (Mo Asia) Video, 20.6.2002
FSK: ab 12 J.

Erfolgreiche Brokerin und erfolgloser Autor versuchen, sich zusammenzuraufen. Unentschlossen vor sich hin plätschernde Tragikomödie.

Liebe darf alles 469

**

TV

Regie: Karl Kases
Darsteller: Gudrun Landgrebe (Anna Lenz), Miroslav Nemec (Richard Stein), Hans-Werner Meyer (Uwe Springer), Maria Bachmann (Regina Weber), Dietmar Schönherr (Arnold), Christel Peters (Charlotte Lenz)
Drehbuch: Gudula Ambrosi, David Ungureit
Prod.: Granada für SAT.1; D 2002; jeweils 90 Min.
TV: 2./3.4.2002, SAT.1, jeweils 20.15

Eines jener synthetischen Salon-Melodramen, in denen heftig große Gefühle gemimt werden: Der Ehebruch-Crash pflegt Lüste in besseren Kreisen (man ist Chirurg) und klemmt Gudrun Landgrebe zwischen Miroslav Nemec und Hans-Werner Meyer. *Ponkie, AZ, 4.4.2002*

Die Liebe der Charlotte Gray 470

CHARLOTTE GRAY ***

Regie: Gillian Armstrong
Darsteller: Cate Blanchett (Charlotte Gray), Billy Crudup (Julien Levade), Michael Gambon (Levade), Rupert Penry-Jones (Peter Gregory), Anton Lesser (Renech), Lewis Crutch (Andre Dugruan)
Drehbuch: Jeremy Brock, nach einem Roman von Sebastian Faulks
Kamera: Dion Beebe
Musik: Stephen Warbeck
Schnitt: Nicholas Beauman
Prod.: Ecosse Films/Pod Film Prod. mit Film Four/Senator; GB/Australien/D 2001; 121 Min.
Verleih: Senator, 26.12.2002
FSK: ab 12 J., ffr.

In diesem Film geht einfach nichts zusammen. Während sich die Kamera an der schönen französischen Landschaft und den wechselnden Kostümen der attraktiven Protagonistin erfreut, behauptet das Drehbuch, eine dramatische Geschichte aus dem Zweiten Weltkrieg zu erzählen. Vichy-Regime, Kollaboration, Deportation, Résistance – alles wird in erlesene Bilder gepackt und sorgfältig abgehakt.
Verzweifelt versucht Cate Blanchett als Titelheldin Charlotte Gray eine Verbindung zwischen Story und Umsetzung herzustellen. Als ihr Fliegerfreund über Frankreich abgeschossen wird, beschließt sie, für den britischen Geheimdienst in der Nähe der Absturzstelle zu arbeiten. Sie kümmert sich um zwei jüdische Jungen und verliebt sich in einen kommunistischen Widerstandskämpfer.

Cate Blanchett zwischen den Fronten in ›Die Liebe der Charlotte Gray‹

Auch wenn man ihrem Spiel die gebührende Trauer und Verzweiflung anmerkt, agiert Blanchett angesichts dieser visuellen Phrasendrescherei letztlich ins Leere. Denkt man sich den Hintergrund weg, geht Gillian Armstrongs Film bestenfalls als Schauspielerinnenstudie durch. Am Ende blüht in einer ausschweifenden Kamerafahrt der Lavendel so wunderbar lila, als sei der Zweite Weltkrieg nur ein böser Albtraum gewesen.

Anke Leweke, tip, 26/2002

Kritik: (...) Liebe in Zeiten des Krieges sollte eine ideale Basis sein, aber hier holpert und stolpert die Dramaturgie gewaltig. Bei der schwierigen Balance zwischen Kriegsdrama, Romanze und schmerzhafter Selbstfindung begibt sich die Regisseurin auf dünnes Eis und bricht gehörig ein. Aber wenn dann Cate Blanchett um das Gute ringt und mit Feuer im Herzen und Mut der Verzweiflung im sinnlich umschleierten Blick an das Prinzip Hoffnung glaubt, verzeihen wir gern den einen oder anderen Schnitzer.

Margret Köhler, AZ, 24.12.2002

Liebe ist ein Roman

471

□

TV

Regie: Olaf Götz
Darsteller: Sigmar Solbach (Marcus Weinmann), Ursula Buschhorn (Natalie Sommer), Christine Mayn (Schwester Antonia), Christina Nikola Greb (Sonja Haker), Bernd Bettermann (Björn Peters), Ole Puppe (Michael)
Drehbuch: Ulrike Münch, Hans Münch
Kamera: Gernot Köhler
Prod.: Phoenix-Film; D 2001; 85 Min.
TV: 25.12.2002, ZDF, 20.15

Der Autor Marcus Weinmann lebt seit dem Tod seiner Frau zurückgezogen auf einer norwegischen Insel. Als die Berliner Journalistin Natalie Sommer ihn dort aufspürt, ist er wenig erbaut. Natalie aber lässt nicht locker und recherchiert, bis sie sein Geheimnis ergründet hat.

Liebe und Verrat

472
***+
TV

Regie: Mark Schlichter
Darsteller: Wotan Wilke Möhring (Benno Deukert), Alexandra Maria Lara (Marie Kreuzer), Heinz Hoenig (Heinz Grosny), Richy Müller (Dieter Rehberg), Karl Kranzkowski (Manfred Carow), Axel Prahl (Daniel Bullrich)
Drehbuch: Sascha Arango, Klaus Hüttmann
Kamera: Peter Steuger
Musik: Jan Tilman Schade, Klaus Wagner
Prod.: Modern Media für ZDF; D 2001; 90 Min.
TV: 25.2.2002, ZDF, 20.15

Eigentlich alles, was massenhaft abgewetzt ist: Der naive Boxer, sein treues Liebchen und sein betrügerischer Manager. Der reine Tor und die Charaktersau im Milieu der kriminellen Zocker. Jederzeit abrufbar in Hollywoodklassikern von Boxlegenden. Trotzdem ist dieses Boxermelodram mit dem Allerweltstitel so hervorragend inszeniert, dass auch Verächter des Brutalsports dem Konzept folgen wie einer explosiven Schurkenoper. (…) *Ponkie, AZ, 27.2.2002*

Kritik: (…) In der Rolle des Abzockers tobt sich Heinz Hoenig so richtig aus. Seine Partner agieren dagegen seltsam verhalten: Richy Müller taut nur in Gegenwart seines »Semmeling«-Partners Hoenig auf. Und Alexandra Maria Lara darf zwar zeigen, was sie kann, muss aber ansonsten hauptsächlich großäugig schauen. Sie alle kommen nicht recht in Schwung, wie die ganze Geschichte. Vielleicht eine neue Art, vom Boxen zu erzählen, aber nicht die spannendste. *Iris Ockenfels, Der Tagesspiegel, 25.2.2002*

Liebe, Lügen, Leidenschaften

473
**
TV

Regie: Marco Serafini
Darsteller: Maximilian Schell (Franz Steininger), Rosemarie Fendel (Elisabeth Steininger), Christian Kohlund (Albert Steininger), Barbara Wussow (Alpha Steininger), Denise Zich (Valerie Landau), Philipp Brenninkmeyer (Robert Fox)
Drehbuch: Christiane Sadlo
Kamera: Uli Kudicke
Musik: Riz Ortolani
Prod.: Lisa Film; D/Österreich 2001; jeweils 90 Min.
TV: 3./4./5.1.2002, ZDF, jeweils 20.15

Kurz vor dem 50-jährigen Firmenjubiläum seines Wäschemodenkonzerns erfährt Franz Steininger die Diagnose, dass er unheilbar krank ist.
Nach seinem Tod führen Alpha und sein Sohn Albert das Familienunternehmen weiter. Die beiden, die privat ein Paar zu werden scheinen, verfolgen geschäftlich unterschiedliche Ziele.
Wie fast immer bei Mehrteilern viel zu langatmig. *AZ TV Journal*

Die Liebenden vom Hotel Osman

474
□
TV

Regie: Idil Üner
Darsteller: Idil Üner (Ili), Fatih Akin (Achmed), Gürsel Erdogan (Hotelbesitzer)
Drehbuch: Idil Üner
Kamera: Andrew Bird
Schnitt: Andrew Bird
Prod.: D 2001; 15 Min.
TV: 15.10.2002, 3sat, 21.40

Mit Witz inszeniert die Schauspielerin Idil Üner eine sehr lebendige Geschichte, die die Konflikte junger Deutschtürken in ihrem Herkunftsland thematisiert.

Liebesau – die andere Heimat

475
***+
TV

Regie: Wolfgang Panzer
Darsteller: Katharina Thalbach (Greti Fechner), Anna Thalbach (Greti Fechner, jung), Jörg Schüttauf (Karli Schönstein), Matthias Koeberlin (Karli Schönstein, jung)
Drehbuch: Peter Steinbach
Kamera: Edwin Horak
Prod.: UFA Filmprod. für ZDF; D 2002; jeweils 90 Min.
TV: 2./4./7./8.4.2002, ZDF, jeweils 20.15

Chronik über den Alltag der Menschen in einem ostdeutschen Dorf vor dem Hintergrund deutsch-deutscher Ereignisse von den 50er-Jahren bis zum Mauerfall.

(...) Der Film ist ein dörfliches Milieubild-Ost mit Bauernkäuzen und Partei-Großmäulern, mit alten Ressentiments um »Republikflüchtlinge«, mit Ehebitternis und Nachbarshäme, Jugendhoffnung auf die Russenfreunde, Vater-Sohn-Kumpanei und LPG-Tauziehen um Eigennutz, Kollektivfaulheit und Funktionärssprüche. Sorgsame Detailpinselei aus Familienfragmenten anno 1953.

Ponkie, AZ, 4.4.2002

(...) Doch hier blieb es nur anekdotisch, im skurrilen Abseits, grotesk in den Kartoffelsaat- und Hühnerzuchtfolgen der Reisefreiheit. Die vier Filme waren eindrucksvoll – aber sie fraßen sich nicht ein ins Gedächtnis.

Ponkie, AZ, 10.4.2002

Ein Liebhaber zu viel ist noch zu wenig 476

□
TV

Regie: Wolf Gremm
Darsteller: Tina Ruland (Anna Schröder), Helmut Zierl (Rainer Schröder), Marijam Agischewa (Bettina Fachmin), Herbert Herrmann (Lars Fachmin), Peter Sattmann (Martin Krüger), Oliver Clemens (Max Wilkins)
Drehbuch: Wolf Gremm, nach dem gleichnamigen Roman von Gaby Hauptmann
Kamera: Claus Peter Hildenbrand
Musik: Tamás Kahane
Prod.: Ziegler Film, D 2002; 90 Min.
TV: 1.11.2002, ARD, 20.15

Die frustrierte Anna erwartet vom Seitensprung mit Lars, Ehemann ihrer besten Freundin Bettina, neuen Schwung. Dabei werden sie Zeugen eines Mordes. Anna ist sofort klar, dass die Polizei den Falschen verhaftet hat, doch sie kann den Irrtum nicht aufklären, ohne sich selbst als Ehebrecherin zu entlarven. (...)

AZ TV Journal

Liebling, bring die Hühner ins Bett 477

**
TV

Regie: Matthias Tiefenbacher
Darsteller: Barbara Rudnik (Beate Teuffel), Axel Milberg (Steffen Teuffel), Thomas Thieme (Gerd Jänicke), Astrid Meyerfeld (Petra Jänicke), Falk Rockstroh (Bernhard Möller), Jana Güttgemans (Sophie Teuffel)
Drehbuch: Reiner Kaufmann, Sue Schwerin von Krosigk, Lothar Kursawa
Kamera: Christian Poschmann
Prod.: UFA TV; D 2002; 90 Min.
TV: 11.12.2002, ARD, 20.15

Von der Berliner City ins brandenburgische Provinznest Krummenwalde verschlägt es, der Karriere wegen, Beate samt Mann und zwei Kindern. (...) Angesichts des schwachen Stöffchens, an dem ein Trio von Autoren klöppelte, blieb den Darstellern nur die Unterfütterung durch ironische Distanz und das berühmte Augenzwinkern. (...) Bis alle Familienmitglieder mental im ländlichen Milieu angekommen und von diesem angenommen waren, vergingen 90 Minuten – allerdings nicht wie im Flug, sondern eher wie schlecht zu Fuß.

W. O. P. Kistner, AZ, 13.12.2002

Lies – Lust und Lügen 478

GOJITMAL ***

Regie: Jang Sun-Woo
Darsteller: Lee Sang-Hyun (J.), Kim Tae Yeon (Y.), Jeon Hye Jin (Woori), Choi Hyun-Joo (G.), Han Kwon-Taek (Y.'s Bruder)
Drehbuch: Jang Sun-Woo, nach dem Roman »Tell Me a Lie« von Jang Jung-Il
Kamera: Kim Woo-Hyung
Musik: Dal Palan
Schnitt: Park Gok-Ji
Prod.: Shincine mit Korea Films; Südkorea 1999; 115 Min.
UA: 4.9.1999, Int. Filmfestspiele Venedig
Verleih: X Verleih, 10.10.2002

Ein Mann mittleren Alters und eine minderjährige Schülerin treffen sich zu einem Blind Date, um ihre sexuellen Fantasien auszuleben – ausgerechnet in Andong, dem Geburtsort des sittenstrengen Konfuzianismus in Korea. Bei weiteren Begegnungen in anonymen Hotelzimmern schlägt der Mann das Mädchen mit Stöcken und Stahlruten. Als er dazu übergeht, sich seinerseits prügeln zu lassen, entwickelt er sich zum obsessiven Geißler, der ohne Schmerz keinen Beischlaf mehr vollziehen kann. (...) Die Flagellantenliebschaft ist zumeist schlicht und nüchtern an Originalschauplätzen dargestellt, Interviews mit den Akteuren und Bilder von der Filmcrew bei der Arbeit verleihen dem Geschehen eine pseudodokumentarische Note, der Zuschauer wird so immer wieder auf Distanz gebracht. Letzendlich zeigt »Lies« die Liebe als libidinöse Zwangsvorstellung, die zu Lebenslügen führt.

Ralph Umard, tip, 10.10.2002

Kritik: Im Fall des südkoreanischen Wettbewerbsbeitrags »Gojitmal« (Lügen) von Jang Sun-Woo probieren eine 18-Jährige und ein knapp 40-Jähriger ihre nackten Körper, als trügen sie einen Kampf in genau bemessenen Runden aus. Und wie sie einander mit Ruten und Gerten, Holzbrettchen und Keulen traktieren, um in der Qual ihre Lust zu steigern, so fühlt sich der Zuschauer fast zwei Stunden lang traktiert, in denen er mehr erwarten dürfte als ein verfilmtes Handbuch für Sadomasochisten.

Hans-Dieter Seidel, FAZ, 10.9.1999

(...) Sex als letzte Rebellion gegen die Gitterstäbe der Gesellschaft. Dies provokativ zu zelebrieren ist ein Anspruch des Regisseurs. Er tut es in verstörenden Sexszenen zwischen der minderjährigen Y. und dem knapp 40-jährigen J., die sich bis hin zu erniedrigenden Sadomasotechniken steigern.
Die Ebene der Reflexion, die am Anfang angedeutet wird, erreicht der Regisseur allerdings nicht. Die interesantesten Szenen sind die eingeschobenen Gespräche, in denen die Darsteller, übrigens Laien, aus der Rolle fallen und sich zu den Dreharbeiten äußern. Was zunächst wie ein Casting wirkt, erweist sich aber als ebenso stilisiertes Spiel, in dem die Geschlechterrollen fixiert sind. (...)

Sandra Buchta, AZ, 10.10.2002

(...) Auch die Setzung des Signals »Achtung: Kunstfilm!« ignorieren wir. Die Film-im-Film-Geschichte oder der »schmutzige«, pseudodokumentarische Stil: Bluff. Hier will einer nur mit aller Gewalt Skandal machen. Wobei die Provokation nicht nur darin liegen soll, dass sich zwei nackte Menschen (selten wurde Sexualität so hässlich gefilmt!) sehr systematisch und sehr ausdauernd blutig hauen. Nein, diese beiden Schwerarbeiter in Sachen Sex und Sadismus werden auch noch als glücklich vorgeführt.
Aber wir sehen hier weniger einem koreanischen Schulmädchenreport als einer sehr privaten Männerfantasie zu. Übrigens versucht sich der Regisseur in seinem Film, in dem Y. und J. selig lächelnd nach immer größeren Schlagwerkzeugen suchen, auch noch an einer besonderen Art des Humors. Und das ist vielleicht das Dümmste, was er machen kann. Weil der Film damit auch noch seine letzten Provokationsreste verspielt und nur noch ein bisschen lächerlich wirkt.

Rupert Koppold,
Rheinische Post, 11.10.2002

Life without Dick – Verliebt in einen Killer! 479

LIFE WITHOUT DICK **

Video

Regie: Bix Skahill
Darsteller: Sarah Jessica Parker (Colleen), Rosemary Garris (Audience), Harry Connik jr. (Daniel), Johnny Knoxville (Dick), Craig Ferguson (Jared), Ten Garr (Mme. Hugonaut)
Drehbuch: Bix Skahill
Kamera: James Glennon
Musik: David Nessim Lawrence
Schnitt: Peter Fandetti
Prod.: Happy Dagger/Immortal Film; USA 2001; 92 Min.
Vertrieb: Columbia TriStar, 16.7.2002
FSK: ab 12 J.

Aus Versehen erschießt Colleen ihren Ehemann Dick, auf den eigentlich Profikiller Daniel angesetzt war. Nicht sonderlich witzige oder spannende Krimikomödie mit ansehnlicher Besetzung.

Like Father 480

LIKE FATHER ***

Regie: The Amber Prod. Team (= Richard Grassick, Ellin Hare, Sirkka-Liisa Kouttinen, Murray Martin)
Darsteller: Joe Armstrong (Joe Elliot), Ned Kelly (Arthur Elliot), Jonathan Dent (Michael Elliot)
Drehbuch: The Amber Prod. Team
Kamera: The Amber Prod. Team
Musik: Joe Armstrong
Schnitt: The Amber Prod. Team
Prod.: Amber Film/BBC; GB 2001; 97 Min.
Verleih: Kairos, 12.9.2002

Graue Gesichter, schäbige Häuser, frustrierte Seelen: Ein englisches Sozialdrama nimmt seinen Lauf. Die alten Baracken der Grubenarbeiter sollen verschwinden, damit der Tourismus in die kleine Industriestadt einziehen kann. Für Arthur Elliot, der sein Leben unter Tage verbracht hat, bricht eine Welt zusammen. Er kämpft verbissen und gibt sein kleines Stück Land nicht auf, selbst als sein Sohn zum Verräter wird. Das Lieblingsthema des Filmerkollektivs Amber Production ist die raue Wirklichkeit englischer Industriestädte. Sie arbeiten viel mit Laienschauspielern vor Ort, skurrilen Typen, deren Leben kein Zuckerschlecken ist. Leider haben die Filmer diesmal ihren Schauspielern zu wenig vertraut und kitschige, versöhnliche Wendepunkte in die realen Lebensgeschichten eingebaut.

tip, 19/2002

Kritik: (…) Das Amber Production Team, das sich als Kollektiv versteht und individuelle Stabangaben ablehnt, hat sich mit diesem Film allerhand vorgenommen. Zur Debatte stehen nicht nur die Umbrüche in einer postindustriellen Gesellschaft, welche die hergebrachten Lebensformen auf den Kopf stellen. Thematisiert werden vielmehr auch Probleme der Adoleszenz der Partnerschaft und des Alterns, die Verlusterfahrung beim Tod eines Kindes. Den Hintergrund bilden zudem, mit Weitwinkelaufnahmen über zersiedelten Küstenlandschaften eindrucksvoll dokumentiert, Probleme des Umweltschutzes. Kontroverse Themen also, wohin man schaut, und es gelingt dem Regiekollektiv nicht, für all das einen zentralen Fokus zu finden – mit der Folge, dass vieles angedeutet, aber das meiste nicht weiterverfolgt wird. Vielmehr führt die Masse der Themen sehr schnell zu einer emotionalen Überforderung des Zuschauers. Diese resultiert nicht zuletzt daraus, dass der Film nach der relativ präzisen Kennzeichnung des sozialen Umfelds zunehmend pathetischer wird. In seinem Schlusstableau sind dann die drei Generationen in der Not versöhnt, buchstäblich ineinander verklammert, während aus dem Off Joes feierliche und laute Hymne alle Probleme hingewegzublasen scheint.

Raimund Gerz, epd-Film, 10/02

Like Mike 481

LIKE MIKE **+

Regie: John Schultz
Darsteller: Lil Bow Wow (Calvin Cambridge), Morris Chestnut (Tracey Reynolds), Jonathan Lipnicki (Murph), Brenda Song (Reg Stevens), Jesse Plemons (Ox), Julius Charles Ritter (Marlon)
Drehbuch: Michael Elliot, Jordan Moffet, nach einer Story von Michael Elliot
Kamera: Shawn Maurer
Musik: Richard Gibbs
Schnitt: Peter Berger, John Pace
Prod.: Heler Highwater/Josephson Ent. mit NBA; USA 2002; 100 Min.
Verleih: 20th Century Fox, 12.12.2002
FSK: ab 6 J., ffr.

Für den 14-jährigen Calvin ist das Leben im Waisenhaus kein Zuckerschlecken. Der Heimleiter Bittleman drangsaliert ihn ebenso wie eine Bande von Raufbolden, und Adoptiveltern findet er auch keine. Doch dann bekommt er ein Paar alte Basketballschuhe geschenkt, die vielleicht früher einmal Michael Jordan gehörten. Plötzlich gelingen ihm die schwierigsten Körbe …

Kritik: (…) Bemerkenswert an dieser von der amerikanischen Basketballliga NBA mitproduzierten Komödie ist die Besetzung der Nebenrollen: Neben Crispin Glover findet man da Jonathan Lipnicki (der kleine aus »Jerry Maguire« und »Stuart Little«), Robert Forster (aus »Jackie Brown«) und diverse NBA-Stars, darunter auch das deutsche Wunderkind Dirk Nowitzki. Dennoch hält sich der Spaß in Grenzen: Zu blass bleibt Hauptdarsteller Lil Bow Wow, um wirklich zu berühren. Zu süßlich, zu moralisierend, zu altbacken.

Michael Meyns, Zitty, 26/2002

Lilly unter den Linden 482

**+
TV

Regie: Erwin Keusch
Darsteller: Suzanne von Borsody (Lena Wollmann), Cornelia Gröschel (Lilly Engelhart), Roland Schäfer (Rolf Wollmann), Louisa Herfert (Katrin Wollmann), Tobias Unkauf (Till Wollmann), Daniel Morgenroth (Pascal Plotin)
Drehbuch: Anne C. Voorhoeve
Kamera: Rudolf Blahacek
Musik: Rainer Oleak
Schnitt: Annemarie Bremer
Prod.: Polyphon für MDR; D 2002; 90 Min.
TV: 13.11.2002, ARD, 20.15

Nach dem Unfalltod des Vaters und dem Krebstod der Mutter flieht die 13-jährige Neowaise Lilly 1988 aus der Bundesrepublik in die DDR. Dort, in Jena, lebt ihre Tante Lena (Suzanne von Borsody, die nonchalant über teilweise arg gestelzte Dialoge stolzierte) mit Mann und zwei Kindern, die ihre liebe Mühe haben, mit dem unerwarteten Familienzuwachs umzugehen – formal wie emotional.
Ein netter Versuch, ein deutsch-deutsches Schicksal aufzuzeigen, der allerdings ziemlich mit der eigenen Spannungslosigkeit zu kämpfen hatte. Die beiden Hauptdarstellerinnen lieferten bestes Handwerk ab, ebenso Kameramann Rudolf Blahacek, der visuell einmal mehr den Unterschied zwischen Kitsch und Kunst demonstrierte. Regisseur Erwin Keusch ließ viele Wartburgs und Trabanten durchs Bild kutschieren, der Ofen wurde selbstverständlich mit einer Ausgabe von »Neues Deutschland« befeuert und auch sonst herrschte ein wenig saumselige DDR-Verklärung vor, was das Ganze in die Nähe eines Edelschnülzchens ohne nennenswerten Tiefgang rückte.

Lilo & Stitch 483

LILO & STITCH ***

Regie: Christopher Sanders, Dean DeBlois
Darsteller: Die Originalsprecher und ihre Charaktere: Daveigh Chase (Lilo), Christopher Michael Sanders (Stitch), Tia Carrere (Nani), David Ogden Stiers (Jumba), Kevin McDonald (PLeakley), Ving Rhames (Cobra Bubbles)
Drehbuch: Christopher Sanders, Dean DeBlois, nach einer Originalidee von Christopher Sanders
Musik: Alan Silvestri
Schnitt: Darren Holmes
Prod.: Walt Disney; USA 2002; 84 Min.
Verleih: Buena Vista, 4.7.2002
FSK: o. A., ffr. – **FBW:** Wertvoll

Lilo ist ein kleines aufmüpfiges Mädchen, das mit ihrer Schwester zusammenlebt und durch ihre Widerborstigkeit allen auf die Nerven geht. Als sie einen intergalaktischen Hund aus dem Tierheim holt, fühlt sie eine Seelenverwandtschaft zu dem blauen, seltsamen Wesen, das sich erst als ziemlicher Kotzbrocken erweist und nur ganz langsam menschliche Verhaltensweisen annimmt. Doch dann werden Lilo und Stitch beste Freunde. Unheil droht vom anderen Stern: Verfolger sind Stitch auf den Fersen.
Dean DeBlois und Christopher Sanders gelingen mit diesem Animationsfilm, einer Mischung aus traditioneller

Handzeichnung und modernster digitaler Technik, die anrührende Geschichte von zwei Außenseitern, die gemeinsam gegen die Schwierigkeiten des Alltags kämpfen. Dabei wird keine heile Welt gezeichnet, sondern die Probleme einer Rumpffamilie ohne Eltern. Natürlich siegt bei einem Disney-Film am Ende die Harmonie. Und die heißt hier »Ohana«, das Lebensgefühl von Hawaii und der ausgeprägte Sinn für Zusammenhalt und Familie bei den Einheimischen.

Margret Köhler

Kritik: (...) Es ist im Grunde ausgesprochen traurig, wenn sich selbst der einstige Kitschpapst der Welt nicht mehr traut, kitschig zu sein – zumindest ohne auf 40-jährige Patina von Schlagern zurückzugreifen, hier freilich auf animiertem Vinyl.
Das Disney-Studio schlingert seit Jahren führerlos dahin, wechselt seinen Stil von Film zu Film. Nirgendwo auf der Welt gibt es größere Ressourcen in der klassischen Animation, die auch hier vor den herrlichen Aquarellhintergründen dieses Films immer wieder aufgeboten werden. Dass »Lilo & Stitch« mit großem Erfolg weltweit angelaufen ist, ändert daran nichts. Es ist ein liebevoll animierter und unterhaltsamer Film, dem Studio, das ihn geschaffen hat, aber ist er unwürdig. Elvis, der gewiss schlechtere Filmauftritte auf Hawaii erlebte, hätte wie immer die richtigen Worte gehabt: Return to Sender.

Daniel Kothenschulte, FR, 4.7.2002

Lithium 484
LITHIUM □
TV

Regie: David Flamholc
Darsteller: Agnieszka Kosón (Hanna Schulman), Johan Widerberg (Martin), Fredrik Dolk (Dan Tingström), Björn Granath (Henrik Laurentsson), Pierre Boutros (Jens), Yvonne Lombard (Hasse)
Drehbuch: David Flamholc
Musik: Kenneth Cosimo
Prod.: Schweden 1998; 122 Min.
TV: 15.8.2002, Arte, 20.45

In Stockholm setzt ein Serienkiller Frauen in Angst, während die Polizei im Dunkeln tappt. Hanna, die ehrgeizige Assistentin einer Boulevardzeitung, glaubt an ihre große Chance und ermittelt auf eigene Faust, ohne sich an journalistische Regeln zu halten. Bald kann sie die Situation nicht mehr kontrollieren. *Pressetext*

Little Senegal 485
LITTLE SENEGAL ***+

Regie: Rachid Bouchareb
Darsteller: Sotigui Kouyate (Alloune), Sharon Hope (Ida), Roschdy Zem (Karim), Karim Koussein-Traoré (Hassan), Adetoro Makinde (Amaralis), Adja Diarra (Biram)
Drehbuch: Olivier Lorelle, Rachid Bouchareb
Kamera: Benoît Chamaillard, Youcef Sahraoui
Musik: Safy Boutella
Schnitt: Sandrine Deegen
Prod.: 3B Prod./Taunus Film/Tassili Films mit Open City/France 2/Canal+; Frankreich/D/Algerien 2000; 98 Min.
EA: 15.2.2001, Int. Filmfestspiele Berlin
Verleih: Alamode, 4.7.2002

»Little Senegal« nennen die New Yorker eines ihrer Viertel, das vorrangig von Einwanderern aus Afrika bewohnt wird. Als der frisch pensionierte Alloune aus dem Senegal sich seinen Lebenstraum erfüllt und nach den Linien seines Stammbaums in Nordamerika sucht, sieht er sich mit der Ignoranz seiner vermeintlichen Verwandten konfrontiert. Allen Feindseligkeiten begegnet er entwaffnend, vermag zuletzt sogar, seine verlorenen Vettern für das genealogische Projekt einzuspannen. Rachid Boucharebs Film ist vor allem wegen des wechselseitigen Kulturtransfers zwischen Afrika, Amerika und Europa von Reiz, der als unaufhörliche Völkerwanderung transparent wird.

Claus Löser, tip, 14/2002

Kritik: (...) »Little Senegal« führt Allounes Reise aber nicht zu Momenten der melancholischen Besinnlichkeit. Sondern hinein in eine Gesellschaft, die mit neuen Einwandererschüben kämpft und in der die Urenkel der Sklaven sich selbst als Amerikaner und die Neuankömmlinge aus Afrika als lästige Fremdlinge begreifen. »Little Senegal« ist ein überraschender Film, einer mit wachen Augen und ohne fertige Urteile, einer, der unpolemisch Verknüpfungen zwischen der Entwurzelung einst und jetzt knüpft, zwischen Sklaverei und Migration. Ganz großes Kino also, das in zarten Bildern die Wunden und Narben der Welt dokumentiert. *Thomas Klingenmaier, Stuttgarter Zeitung, 4.7.2002*

Ljubow und andere Albträume 486

LJUBOW I DRUGIE KOSHMARI □

Regie: Andrej Nekrassow
Darsteller: Olga Konskaja, Angelika Newolina, Ksenia Nasarowa
Drehbuch: Andrej Nekrassow
Kamera: Michael Göbel, Anatoli Lapshow, Viktor Zubarew
Musik: Gaetano Carri, Alexander Marchenko
Prod.: Dreamscanner/Taunus Film; Russland/D 2000; 97 Min.
EA: 8.2.2001, Int. Forum des Jungen Films Berlin
Verleih: Freunde, März 2002

(…) Alex ist ein Abenteurer. Er entkommt mit knapper Not der Rache eines eifersüchtigen Geschäftsmannes, um anschließend beinahe von einer Attentäterin erschossen zu werden, die eigentlich den Geschäftsmann töten sollte. Ljubow ist eine wilde Einzelgängerin. (…) Dann wird sie jedoch in einen Mord verwickelt und erlebt Tod und Verwüstung nach einer Explosion, was sie derart traumatisiert, dass sie bereit ist, sich zu ändern. Da lernt sie Alex kennen. *Katalog Goethe-Forum*

Ljudmilas Stimme 487

LJUDMILAS RÖST □

Regie: Gunnar Bergdahl
Darsteller: Ljudmila und Anatolij Ignatenko
Kamera: Anders Bohman
Musik: Pelle Bolander, Björn Knutsson
Schnitt: Annette Lykke-Lundberg
Prod.: Fantom Film Prod.; Schweden 2001; 75 Min.
UA: 2.10.2001, Stockholm
EA: Int. Forum des Jungen Films Berlin 2002
Verleih: Freunde, ab Oktober 2002

Ein Film über Liebe und Erinnerung und darüber, dass die Vergangenheit im Leben immer gegenwärtig ist. Vor zwanzig Jahren gab es in Schweden einen Volksentscheid zu der Frage »Atomkraft ja oder nein«. Damals war das eine Frage von Leben und Tod, von Zukunft oder Katastrophe. Heute haben wir unsere Atomkraftanlagen und versuchen, Tschernobyl und was damit zusammenhängt, zu vergessen. *Gunnar Bergdahl*

Long Time Dead – Du bist der Nächste! 488

LONG TIME DEAD **

Video

Regie: Marcus Adams
Darsteller: Joe Absolom (Rob), Lara Belmont (Stella), Melanie Gutteridge (Annie), Lukas Haas (Webster), James Hillier (Spence), Alec Newman (Liam)
Drehbuch: Eitan Arrusi, Daniel Bronzite, Chris Baker, Andy Day
Kamera: Nic Morris
Musik: Don Davis
Schnitt: Lucia Zucchetti
Prod.: Working Title/Universal Focus mit Le Studio Canal+/WT2; GB 2001; 94 Min.
EA: Fantasy Filmfest 2002
Vertrieb: Universal, 24.10.2002
FSK: ab 16 J.

Nach einer Raveparty beschwört eine Gruppe Jugendlicher einen Feuerdämon. Britischer Abkömmling der immer noch grassierenden Teenie-Horrorwelle auf bescheidenem Niveau.

Lost and Delirious 489

LOST & DELIRIOUS ***

Video

Regie: Lea Pool
Darsteller: Piper Perabo (Pauline Oster), Jessica Pare (Victoria Moller), Mischa Barton (Mary Bradford), Jackie Burroughs (Fay Vaughn), Mimi Kuzyk (Eleanor Bannet), Graham Greene (Joe Menzies)

Drehbuch: Judith Thompson, nach dem Roman »The Wives of Bath« von Susan Swan
Kamera: Pierre Gill
Musik: Yves Chamberland
Schnitt: Gaétan Huot
Prod.: Citè Amérique mit Dummett Films; Kanada 2001; 100 Min.
UA: 21.1.2001, Sundance Filmfestival, »Premieres«
EA: Int. Filmfestspiele Berlin 2001, »Panorama«
Vertrieb: Universal Video, 24.10.2002
FSK: ab 16 J.

Die Internatsschülerinnen Victoria und Pauline führen eine heimliche Beziehung. Als die beiden eines Tages von einer Mitschülerin zusammen im Bett erwischt werden, bahnt sich eine Katastrophe an. Aus Angst beendet Victoria die Beziehung und beginnt widerwillig eine Affäre mit einem Jungen. Pauline erträgt die Trennung nicht. Allmählich wird sie zu einer Bedrohung für sich selbst und andere.

Kritik: Irgendwie wirkt der Film so, als ob die Mädchenpopband All Saints gebeten wurde, bei einer billigen Fernsehproduktion mitzumachen: Wunderschöne Modelgrazien bevölkern ein Mädcheninternat. Zwischen Paulie und Victoria spielt sich eine Liebesgeschichte ab, die durch widrige Umstände in einem fürchterlich geschauspielerten Shakespeare-Rache-Drama-Act samt Falke und Schwert kulminiert. Schade, dass ein Thema wie sexuelle Identitätssuche bei jungen Hüpfern so unfreiwillig kitschig und künstlich behandelt wird.

tip, 11/2002

Lost Haeven 490

THE DANGEROUS LIVES OF ALTAR BOYS ****
Video

Regie: Peter Care
Darsteller: Kieran Culkin (Tim Sullivan), Jena Malone (Margie Flynn), Emile Hirsch (Francis Doyle), Vincent D'Onofrio (Vater Casey), Jodie Foster (Schwester Assumpta), Jake Richardson (Wade)
Drehbuch: Jeff Stockwell, Michael Petroni, nach einer Story von Chris Fuhrman
Kamera: Lance Acord
Musik: Marco Beltrami, Joshua Homme
Schnitt: Chris Peppe
Prod.: Egg Pic. mit Trilogy Ent.; USA 2001; 101 Min.
UA: 18.1.2002, Sundance Film Festival, »Premieres«
Vertrieb: Splendid Video, 17.6.2002
FSK: ab 12 J.

Rebellisches Teeniequartett erregt Mitte der 70er den Missmut der katholischen Internatsleitung mit aufmüpfigem Comicbuchpamphlet. Blendend inszeniertes Soziodrama, das allein schon wegen Jodie Fosters Darstellung einer stockkonservativen Nonne ins Kino gehört hätte.

Lost Voyage 491

THE LOST VOYAGE **
Video

Regie: Christian McIntire
Darsteller: Judd Nelson (Aaron Roberts), Janet Gunn (Dana Elway), Jeff Kober (Dazinger), Mark Sheppard (Ian Fields), Richard Gunn (Randall Banks), Scarlett Chorvat (Julie Largo)
Drehbuch: Nach einer Story von Christian McIntire und Patrick Phillips
Kamera: Todd Barron
Schnitt: Christian McIntire
Prod.: United Film; USA 2001; 91 Min.
Vertrieb: e-m-s Video, 13.8.2002
FSK: ab 16 J.

Vor der US-Küste taucht ein Geisterschiff auf, das 25 Jahre zuvor spurlos verschwunden war. Lascher Horrorkrimi, der sattsam bekannte Motive lustlos variiert.

Love Affairs 492

LONDINIUM ***
Video

Regie: Mike Binder
Darsteller: Mike Binder (Ben Greene), Colin Firth (Allen Portland), Mariel Hemmingway (Carly Portland), Irène Jacob (Fiona Delgrazia), Stephen Fry (Psychiater), Stephen Marcus (Davey), Christopher Lawford (Davis)
Drehbuch: Mike Binder
Kamera: Sue Gibson
Musik: Matthew Ladarola
Schnitt: Christopher S. Baird
Prod.: Sunlight; USA 2000; 85 Min.
Vertrieb: VCL Video, September 2002
FSK: ab 12 J.

In London treffen sich vier Mittdreißiger aus der Medienbranche und stürzen in amouröse Verwicklungen. Mit ein paar netten Gags durchsetzte Liebeskomödie, die hauptsächlich von den gut aufgelegten Darstellern lebt.

Love the Hard Way 493
LOVE THE HARD WAY ****

Regie: Peter Sehr
Darsteller: Adrien Brody (Jack), Charlotte Ayanna (Claire), Jon Seda (Charlie), Pam Grier, August Diehl (Dan)
Drehbuch: Peter Sehr, Marie Noelle, nach literarischen Vorlagen von Wang Shou
Kamera: Guy Dufaux
Musik: Darien Dahoud, Susan Jacobs
Schnitt: Christian Nauheimer
Prod.: P'Artisan/VIF mit Open City Films/ Blow Up; D 2001; 104 Min.
UA: Int. Filmfestspiele Locarno 2001
Verleih: Ott Film (noch nicht gestartet, März 2003 geplant)

Ein Liebesfilm, so dunkel, dass die Seele vor Kälte erstarrt. Aber gleichzeitig so anrührend schön, dass ein Quäntchen Hoffnung bleibt: Peter Sehr erzählt von der kräftezehrenden Beziehung zwischen einem Kriminellen und einer Studentin in New York, von weiblicher Selbstaufgabe und unendlicher Einsamkeit in der Transitzone des Lebens. »Love the Hard Way« wurde in Englisch gedreht. Die Frage, ob deutscher oder internationaler Film, ist müßig, die Antwort lautet: ein außergewöhnlicher Film. *Margret Köhler, Blickpunkt Film, 6/2002*

Lovely Rita 494
***+

Regie: Jessica Hausner
Darsteller: Barbara Osika (Rita), Christoph Bauer (Fexi), Peter Fiala (Chauffeur), Wolfgang Kostal (Ritas Vater), Karina Brandlmayer (Ritas Mutter), Gabriele Wurm-Bauer (Fexis Mutter)
Drehbuch: Jessica Hausner
Kamera: Martin Gschlacht
Schnitt: Karin Hartusch
Prod.: Essential Filmprod./Coop99/Prisma Film mit ZDF/Arte; Österreich 2000; 80 Min.
UA: Int. Filmfestspiele Cannes 2001, »Un Certain Regard«
EA: 1.7.2001, Filmfest München
Verleih: Alamode, Nov. 2001 (AU), 25.4.2002

Porträt eines jungen Mädchens, das an Familie, Schule, sich selbst leidet: eine Erzählung vom halb modernen Österreich der Gegenwart und einem grundsätzlichen Unglück, das auch in den neobiedermeierlichen Arrangements des Kleinbürgertums steckt: existenzielle Einsamkeit. Die Verliebtheit in einen Busfahrer bringt Rita keine Erleichterung, am Ende müssen zwei Menschen sterben. Bresson und Haneke stehen Pate für diese Filmbiografie, die kitschfrei ist, streng und spannend.
Robert Weixlbaumer, tip, 9/2002

(...) »Lovely Rita« von Jessica Hausner ist ein leiser Film. Momentaufnahmen aus dem Alltag eines 15-jährigen Mädchens in der österreichischen Provinz, eine Serie von Standbildern fast. Kein Erzählfluss, sondern ruppig montierte Szenen. Wenn dieser Film eine Geschichte wäre, bestünde sie aus knappen Hauptsätzen. Dabei legt sich das Schweigen zwischen Rita und den Eltern, Rita und den Klassenkameradinnen in der Nonnenschule, Rita und dem Busfahrer, den sie durch beharrliche Blicke in den Rückspiegel auf sich aufmerksam macht, wie ein Albdruck auf die Bilder. Eine zähe, bleierne, manchmal schreiende Stille. (...)
Ebenso wie Rita ihre Affäre mit dem Busfahrer für Liebe hält, verwechselt sie auch hier Freundschaft mit Leidenschaft. Sie entführt den Jungen aus dem Krankenhaus, wird erneut eingefangen, bestraft. Und wehrt sich am Ende – ein einziges Mal, in einem abrupten, mörderischen Akt. Als habe Michael Haneke das Drehbuch zu Ende geschrieben. Das ist schade, denn zwischen Hanekes Fatalismus und Hausners Unerbittlichkeit ist ein himmelweiter Unterschied. Nein, man mag diese Rita nicht, ahnt aber doch, was sie umtreibt. So viel Empathie würde Haneke seinen Helden nicht entgegenbringen. *Christiane Peitz, Der Tagesspiegel, 24.4.2002*

Lovers & Friends – Eigentlich lieben wir uns ... 495

**

TV

Regie: Christoph Schrewe
Darsteller: Niki Greb, Florian Fitz, Sólveig Arnarsdóttir, Julia Richter, Sandra Leonhard, Max Herbrechter
Drehbuch: Don Bohlinger, James Dutcher
Prod.: Filmpool für Pro7; D 2002; 120 Min.
TV: 26.9.2002, Pro7, 20.15

(...) Die Muntermacherdroge versucht, dem Problemstau durch wildes Kameraturnen beizukommen: Spermaängste, Impotenz, Schwangerschafts-Ratespiel (welcher war's?). Hippie-WG '02. Aseptisch.

Ponkie, AZ, 2.10.2002

Lovers Lane 496

LOVERS LANE

*

Video

Regie: Jon Steven Ward
Darsteller: Erin J. Dean (Mandy Anderson), Sarah Lancaster (Cloe), Riley Smith (Michael Lamson), Anna Faris (Janelle), Diedre Kilgore (Dee-Dee), Carter Roy (Jimmy)
Drehbuch: Geof Miller, Rory Veal
Kamera: Lon Magdich
Musik: B. C. Smith
Schnitt: John Dagnen
Prod.: USA 1999; 85 Min.
Vertrieb: MVW, 28.5.2002
FSK: ab 18 J.

Mehrfachmörder entweicht aus Klinik und beginnt die Kinder seiner einstigen Opfer zu meucheln. Stupider Klone-Horror-Thriller.

Lucia und der Sex 497

LUCIA Y EL SEXO

****+

Regie: Julio Medem
Darsteller: Paz Vega (Lucia), Tristán Ulloa (Lorenzo Alvarez), Najwa Nimri (Elena), Daniel Freire (Carlos/Antonio Castillo), Elena Anaya (Belén Lozano), Javier Cámara (Pepe)
Drehbuch: Julio Medem
Kamera: Kiko de la Rica
Musik: Alberto Iglesias
Schnitt: Ivan Aledo
Prod.: Alicia/Canal+ Espana/Sociedad/Sogepaq/TVE/Studio Canal+; Spanien/Frankreich 2001; 128 Min.
Verleih: Movienet, OmU, 5.9.2002
FSK: ab 16 J., ffr.

Paz Vega sucht ihre große Liebe

Die junge Lucia arbeitet als Kellnerin in einem Restaurant in Madrid. Sie verliert ihre große Liebe, den Schriftsteller Lorenzo, und macht sich auf die Suche nach ihm. Ihre Spurensuche führt sie auf eine Insel, fernab im Mittelmeer, ein gleichsam symbolisches Paradies, wo Wunden heilen können und die Liebenden nach vielen Irrwegen zueinander finden.

Filmecho-Filmwoche, 34/2002

Kritik: (...) Auch wenn die Auflösung der tragischen Verwicklungen und das optimistische Ende mit der vorherigen Raffinesse der Erzählstruktur nicht mithalten können, so bezaubern doch die Poesie der Inszenierung und die erstklassig geführten Schauspieler, unter denen allein Tristán Ulloa als egozentrischer Literat zu blass bleibt. *Reinhard Kleber, Filmecho-Filmwoche, 35/2002*

(...) Entsprechend unmöglich ist eine angemessene Inhaltsangabe. Die nackten Fakten sagen zu wenig: Lucia verliert ihre große Liebe, den Schriftsteller Lorenzo. Sie sucht ihn auf einer Insel, auf der sich seine Vergangenheit verbirgt. Zu ihr gehört eine Frau, die noch immer an seinem Herzen nagt, ein Todesfall und ein Kind. Alles in diesem Film lebt dabei von der Atmosphäre, dem Blick der Kamera und einem Geheimnis, das nie ganz gelüftet wird.
Julio Medem ist nach »Die Liebenden des Polarkreises« wieder ein bemerkenswert vielschichtiges Werk gelungen. Es ist wie ein Strudel: Wer sich von ihm erfassen lässt, wird in eine faszinierende Tiefe gerissen. Anspruchsvolles Kino, das nie intellektuell bemüht wirkt.
Dirk Pilz, Zitty, 19/2002

Lushins Verteidigung 498
THE LUZHIN DEFENCE ***

Regie: Marleen Gorris
Darsteller: John Turturro (Lushin), Emily Watson (Natalia), Geraldine James (Vera), Stuart Wilson (Valentinov), Christopher Thompson (Stassard), Fabio Sartor (Turati)
Drehbuch: Peter Berry, nach dem gleichnamigen Roman von Vladmir Nabokov
Kamera: Bernard Lutic
Musik: Alexandre Desplat
Schnitt: Michael Reichwein
Prod.: Renaissance Films/Clear Blue Sky/Magic Média/ICE3/Latina Cinema/Magic Media, France 2 Cinema; GB/Frankreich 2001; 106 Min.
Verleih: Columbia TriStar, 5.9.2002
FSK: ab 12 J., ffr.

Ende der 20er-Jahre des 20. Jahrhunderts in einem italienischen Kurort: Eine aristokratische Russin sucht für ihre Tochter Natalia einen reichen Mann in der feinen Gesellschaft. Doch die eigensinnige junge Frau fühlt sich magisch angezogen von Alexander Lushin, einem verwirrt wirkenden Schachgenie, und nimmt nach einigem Zögern seinen Heiratsantrag an. Als dessen früherer Mentor und Manager auftaucht und ihm ein Comeback als Schachspieler vermiest, verliert Lushin immer mehr die psychische Balance. Es kommt trotz Natalias Zuneigung zur Katastrophe.
Das Leben von Emigranten nach dem Ersten Weltkrieg inszeniert Marleen Gorris als Müßiggang an zeitlosen Orten. Die ambitionierte Literaturverfilmung beeindruckt durch Ausstattung und Charakterzeichnung. Trotz dichter Atmosphäre bleiben die Emotionen fern, zu spät legt das Drama an Tempo und Gefühl zu.
Margret Köhler

Das entrückte, spielbesessene Schachgenie Lushin entdeckt während der Weltmeisterschaft 1929 in Norditalien die Liebe und geht im Zwiespalt widerstreitender Leidenschaften zugrunde. Der Film basiert auf dem gleichnamigen Buch von Vladimir Nabokov, das vor allem eine Innenansicht von Lushins Persönlichkeit bietet. *Ralph Umard, tip, 18/2002*

Kritik: (...) Sie bleibt bei ihrer Verfilmung einer Erzählung von Vladimir Nabokov in der Beobachterhaltung des unsichtbaren und so bis in fremde Schlafzimmer vordringenden Hotelgastes. Das wäre sinnvoll, wenn sie statt Lushins Innenwelt das Siechenstadium der abdankenden, vom Faschismus verdrängten Elite ringsum porträtieren wollte. Aber die Hotelgesellschaft bleibt jenseits der beeindruckenden Hauptdarsteller verschwommen, die Komparsen sind schlecht geführt, sie liefern im Hintergrund hilflose Pantomime.
Diese angeblich erdrückende Umgebung kann dem Schauspieler John Turturro keinen glaubhaften Widerstand entgegensetzen, der löst sich von ihr und spielt den Schwachen so fiebrig intensiv, dass er stärker wirkt als alle anderen. Eine Partie Schach

gegen sich selbst – das ist keine Herausforderung für einen Weltmeister.

Thomas Klingenmaier, Stuttgarter Zeitung, 5.9.2002

Lust für Frankenstein 499

LUST FOR FRANKENSTEIN *

Video

Regie: Jesus Franco
Darsteller: Michelle Bauer (Goddess), Lina Romay (Moira Frankenstein), Analia Ivars (Abigail), Carlos Subterfuge (Dr. Frankenstein), Amber Newman, Robert King
Drehbuch: Jesus Franco
Kamera: Raquel Cabra
Musik: Jesus Franco, Brian D. Horrorwitz, Randy Manos, Mikel Sagues
Schnitt: Kevin Collins, Lina Romay
Prod.: One Shot Prod.; Spanien/USA 1998; 84 Min.
Vertrieb: X-Rated, 25.6.2002
FSK: ab 16 J.

Sexvampirin freundet sich mit der Tochter ihres »Erfinders« an. Ungenießbares Spätwerk des spanischen Horrormeisters aus Hämoglobin und Hormonen.

Made 500
MADE **
Video

Regie: Jon Favreau
Darsteller: Jon Favreau (Bobby), Vince Vaughn (Ricky), Sean Combs (Ruiz), Famke Janssen (Jessica), Faizon Love (Horrace), David O'Hara (Welshman)
Drehbuch: Jon Favreau
Kamera: Chris Doyle
Musik: John O'Brien, Lyle Workman
Schnitt: Curtiss Clayton
Prod.: Artisan/Cardiff Giant Prod.; USA 2001; 94 Min.
Vertrieb: Highlight Video, Januar 2002
FSK: ab 12 J.

Zwei sehr unterschiedliche Freunde erhoffen sich von einem Kurierauftrag für die Mafia ein Plätzchen an der Sonne. Interesse mag sich für diese allenfalls nette Gangsterkrimi-Komödienroutine nicht so recht einstellen.

Mademoiselle 501
MADEMOISELLE ***+

Regie: Philippe Lioret
Darsteller: Sandrine Bonnaire (Claire), Jacques Gamblin (Pierre), Isabelle Candelier (Alice), Zinedine Soualem (Karim), Jacques Boudet (Gilles), Patrick Mercado (Nounours)
Drehbuch: Philippe Lioret, Christian Sinninger
Kamera: Bertraind Chatry
Musik: Pierre Adenot
Schnitt: Mireille Leroy
Prod.: Alicéleo/France2/Rhone-Alpes mit Cofimage 12/Gimages 4/Canal+; Frankreich 2000; 85 Min.
Verleih: Alamode, 21.2.2002

Sie ist Pharmareferentin, verheiratet und Mutter von zwei Kindern, er ist Schauspieler und ebenfalls gebunden. Ein verpasster Bus, ein vergessenes Hochzeitsgeschenk und ein paar triviale Zufälle sorgen dafür, dass die beiden sich trotzdem näher kommen. Eine Verständigung »auf den ersten Blick«, ein paar intensive Stunden, aber auch das – melancholische – Bewusstsein, dass die bestehenden Bindungen nicht einfach weggeworfen werden können. Ein schöner Liebesfilm, in dem sich originelle Ideen, verblüffender Witz und eine bemerkenswerte Sensibilität die Waage halten.

Thomas Engel, Der Gildendienst, 3/2002

Kritik: (...) Philippe Liorets Film ist ebenso ungekünstelt wie unaufdringlich. Keine tragischen Helden oder leidenschaftlichen Ausbrüche, aber eine Wehmut, die trotz aller Banalität ans Herz geht. *Mani Beckmann, Zitty, 4/2002*

The Majestic 502
THE MAJESTIC ***

Regie: Frank Darabont
Darsteller: Jim Carrey (Peter Appleton), Martin Landau (Harry Trimble), Laurie Holden (Adele Stanton), David Ogden Stiers (Doc Stanton), James Whitmore (Stan Keller), Jeffrey DeMunn (Ernie Cole)
Drehbuch: Michael Sloane
Kamera: David Tattersall
Musik: Mark Isham
Schnitt: Jim Page
Prod.: Castle Rock/Village Roadshow/NPV Ent./Darkwood Prod.; USA 2001; 153 Min.
Verleih: Warner, 30.5.2002
Vertrieb: Warner Video (Video, DVD)
FSK: ab 6 J., ffr. – **FBW:** Besonders wertvoll

Jim Carrey macht Ernst. In Frank Darabonts »The Majestic« spielt er einen B-Picture-Drehbuchautor, den man in Hollywood anno 1951 für einen Kommunisten hält (natürlich unbegründet). Er wird gefeuert, verunfallt, gerät ohne jede Erinnerung in ein neues Leben und eine neue Kleinstadt, verliebt sich, revitalisiert ein altes Kino und wird von seiner Vergangenheit eingeholt. US-Pathos, 153 Minuten lang. Ein Drama.

Stefan Grissemann, tip, 12/2002

Kritik: (...) Wie schon in »The Truman Show« spielt Jim Carrey den Naivling, der durch die immer heile Welt marschiert. Was sich in Peter Weirs bissiger Mediensatire als virtuelle Fernsehkulisse entpuppte, erhebt hier aber historischen Realitätsanspruch. Denn Darabont ist es ernst mit seinem nostalgischen Märchen, das die Magie alter Zelluloidträume aufdringlich beschwört, die politischen Auswüchse der McCarthy-Ära gegen die moralische Integrität des wahren Amerikas aufwiegt und das dunkelste Kapitel in der Geschichte Hollywoods auf verlogen-versöhnliche Weise entsorgt.

Martin Schwickert, AZ, 29.5.2002

(…) Ein Seufzer entfährt einem nach dem schwülstigen Happy End am Schluss einer unglaubhaften, die Geschichte verklärenden Story, bei der sich Darabont viel, oft zu viel Zeit lässt. Er bettet die Handlung in eine zärtliche Reminiszenz an die guten alten Tage des Kintopps und der glanzvollen Filmpaläste ein, die den Kinobesuch noch zu einem Ereignis für die ganze Familie machten.

Katharina Dockhorn, Filmecho-Filmwoche, 22/2002

Der Makler 503

TERROR TRACT / HOUSE ON TERROR TRACT **
Video

Regie: Lance W. Dreesen, Clint Hutchison
Darsteller: In der Reihenfolge der Episoden: John Ritter (Bob Carter), Rachel York (Sarah Freemont); Carmine Giovinazzo (Frank Sarno), Fredric Lehne (Louis Freemont); Bryan Cranston (Ron Gatley), David Deluise (Allen Doyle), Allison Smith (Mary Ann Doyle), Will Estes (Sean Goodwin)
Drehbuch: Clint Hutchison
Kamera: Ken Blakey
Musik: Brian Tyler
Schnitt: Scot Scalise
Prod.: Giant Leap Ent.; USA 2000; 97 Min.
Vertrieb: Universal, 22.8.2002
FSK: ab 18 J.

Drei Häuser, drei Gruselstorys – zusammengehalten von einem Makler, der einem jungen Paar die Horrorhütten offeriert. Halbwegs passable Gruselepisoden im Dreierpack.

Malunde – Eine Freundschaft wider Willen 504

***+

Regie: Stefanie Sycholt
Darsteller: Jan Roberts (Kobus), Kagiso Mtetwa (Wonderboy), Musa Kaiser (Breakfast), Wilmien Russouw (Diane Malan), Grethe Fox (Eslelle), Dolly Rathebe
Drehbuch: Stefanie Sycholt
Kamera: Jürgen Jürges
Musik: Anette Focks
Schnitt: Ulrike Tortora
Prod.: Traumwerk mit BR/Arte/WDR; D/Südafrika 2000; 118 Min.
EA: 5.7.2001, Filmfest München
Verleih: Ott Film, 24.10.2002
FSK: ab 6 J., ffr. – **FBW:** Wertvoll

Jan Roberts erster Kontakt mit Wonderboy Kagiso Mtetwa

Südafrika nach der Apartheid: Ein weißer Kriegsveteran, der der alten Ordnung nachtrauert, und ein schwarzer, gewiefter Straßenjunge tingeln gemeinsam, der Not gehorchend, mit dem Truck durch ein Land im Umbruch. Aus Misstrauen wird Freundschaft über Rassen- und Altersgrenzen hinweg. Die optimistische Botschaft dieses melancholisch-anrührenden Roadmovies ohne falsche Schönfärberei heißt: Versöhnung ist möglich.

Margret Köhler, AZ, 5.7.2001

Kritik: (...) Manche Szenen erscheinen in ihrer Versöhnlichkeit zu bemüht und in ihrer Anlage zu betulich. Und doch ist es der Regisseurin gelungen, soziale Wirklichkeit widerzuspiegeln und in die Form eines Unterhaltungsfilms zu kleiden. Zu diesem Konzept gehört es auch, den Film hoffnungsfroh und optimistisch enden zu lassen: Dass Schwarze und Weiße in Südafrika irgendwann zueinander finden, steht für Stefanie Sycholt außer Frage.

Michael Ranze, epd-Film, 11/2002

The Mangler 2 505

THE MANGLER 2 *

Video

Regie: Michael Hamilton-Wright
Darsteller: Lance Henriksen (Headmaster Bradeen), William Sanderson (Dan Channa), Chelse Swain (Joe Newton), Philippe Bergeron (Lecours), Dexter Bell (Will Walsh), Daniella Evangelista (Emily Stone)
Drehbuch: Michael Hamilton-Wright, nach den Charakteren von Stephen King
Kamera: Norbert Kaluza
Musik: Daryl Bennett
Schnitt: Anthony A. Lewis
Prod.: Banana Brothers/Barnholtz Ent.; Kanada 2001; 100 Min.
Vertrieb: VCL Video, 24.9.2002
FSK: ab 16 J.

Während »The Mangler« ein noch wenn auch bescheidener Stephen-King-Horror war, zehrt dieser vom Namen: Ebenso blutiger wie billiger Grusler um eine schwer erziehbare Göre, die die Technik gegen die Menschen aufbringt.

Mani Matter – Warum syt dir so truurig? 506

***+

Regie: Friedrich Kappeler
Drehbuch: Friedrich Kappeler
Kamera: Pio Corradi
Musik: Polo Hofer, Mani Matter, Stephan Eicher, Züri West, Dodo Hug
Schnitt: Mirjam Krankenberger
Prod.: Catpics/SF DRS; Schweiz 2002; 92 Min.
UA: Oktober 2002
Verleih: Columbus, CH, November 2002

Friedrich Kappelers Dokumentarfilm über den 1972 im Alter von 36 Jahren einem Verkehrsunfall zum Opfer gefallenen Berner Chansonnier versteht sich weniger als Biografie denn als Annäherung an die vielschichtige Persönlichkeit Mani Matters, der seine hauptberufliche Tätigkeit als Rechtskonsulent der Stadt Bern nie aufgeben mochte. Wie auf einer spannenden Forschungsreise entdeckt er in den Gesprächen mit der Familie, im Dialog mit Freunden und Weggefährten immer wieder neue Facetten des Liedermachers.
Die Gespräche werden mit zahlreichen Originalaufnahmen von Matters Auftritten sowie mit Interpretationen zeitgenössischer Musiker ergänzt, die den Einfluss Mani Matters dokumentieren.

Neue Züricher Zeitung Online

Der Mann ohne Vergangenheit 507

MIES VAILLA MENNEISYYTTÄ / THE MAN WITHOUT A PAST ****

Regie: Aki Kaurismäki
Darsteller: Markku Peltola (M.), Kati Outinen (Irma), Juhani Nimelä (Nieminen), Kasija Pakarinen (Kaisa Nieminen), Sakari Kuosmanen (Anttila), Annikki Tähti
Drehbuch: Aki Kaurismäki
Kamera: Timo Salminen
Musik: Marko Haavisto & Poutahaukat
Schnitt: Timo Linnasalo
Prod.: Sputnik/YLE/TV1/Pandora mit Arte/ZDF/Network Movie/Pyramid; Finnland/D/Frankreich 2002; 97 Min.
UA: Int. Filmfestspiele Cannes 2002
Verleih: Pandora, 14.11.2002

Ein Mann wird bei seiner Ankunft in Helsinki fast zu Tode geprügelt. Als er im Krankenhaus erwacht, kann er sich an seine Vergangenheit nicht mehr erinnern. Er strandet in einer verschworenen Gemeinschaft von Außenseitern und Ausgestoßenen und kriegt trotz aller Schwierigkeiten sein neues Leben in den Griff. Am Ende findet er nicht nur seine verloren geglaubte Identität wieder, sondern auch noch die große Liebe – ausgerechnet in der Heilsarmee.

Aki Kaurismäkis romantisch-spröde Lovestory voller Witz, Wehmut und Herzenswärme brilliert durch lakonischen Humor. Der in einer Grauzone zwischen Wirklichkeit und Märchen angesiedelte Film zeigt, dass Solidarität möglich ist, auch oder gerade in der Gesellschaft von Chancenlosen. Das Überlebensprinzip heißt Hoffnung. *Margret Köhler*

Artwork zu ›Der Mann ohne Vergangenheit‹

Kritik: (…) Kaurismäki ist es gelungen, seine Geschichte gänzlich frei zu halten von Elendspoesie und sie in einen Schwebezustand zu versetzen zwischen Trauer und Komik, Melodram und Realismus; dabei findet er zu einer sehr eigenen und eigenwilligen Tonart, zu der auch der hinreißende Einsatz der Musik gehört, oder die Farbdramaturgie, die vor allem in den Nachtaufnahmen ein märchenhaftes Gegengewicht setzt zu der Kälte des Tageslichts. Nicht weniger wichtig ist die Choreografie, mit der er seine Figuren wie Traumwandler in Bewegung bringt und sie gegen die Wirklichkeit abgrenzt.

Was er ihm denn schuldig sei, fragt der Namenlose einmal einen Elektriker, der für ihn an seinem Lagerplatz die Stromleitung angezapft hat. »Siehst du mich mal in der Gosse mit dem Gesicht nach unten, dann dreh mich um!« Aki Kaurismäki erzählt eine schmerzhafte und doch traumhaft schöne Geschichte über die Angst vor dem Absturz und über die Hoffnung, dass dann vielleicht Menschen zugegen sind, die das Schlimmste verhindern. *H. G. Pflaum, SZ, 14.11.2002*

(…) Als Zuschauer genießt man es, das Kino nicht deprimiert verlassen zu müssen. Diesmal hat Kaurismäki einen Film geschaffen, der diese einzigartige Atmosphäre schafft, wie man sie aus Edward-Hopper-Bildern kennt: die Einsamkeit und Kälte der Großstadt, in der Menschen nach Wärme suchen – und sie im »Mann ohne Vergangenheit« auch finden.

Adrian Prechtel, AZ, 14.11.2002

(…) Auch andere Passagen im »Mann ohne Vergangenheit« sind dem Kino der großen Gesten und der übervollen Gefühle entlehnt, um sie in bewährter Verdichtung und mit präzisem Minimalismus an der Hässlichkeit des Kaurismäki-Universums zu brechen. Die Geste etwa, mit der sich Kati Outinen nach Markku Peltolas Ab-

Aki Kaurismäki am Set von ›Der Mann ohne Vergangenheit‹

schiedskuss an die Wange fasst, wie sie im Helldunkel des Melodradamas »Du hast mir einen Kuss gestohlen« sagt. Im gleichen Ton wird sie später seine lausige Kochkunst loben: »Die Erbsen waren gut.« Und dann wird Peltola sich verlegen am Kopfverband kratzen und sich noch eine Zigarette drehen. (…)

Birgit Glombitza, epd-Film, 11/2002

(…) Genauer gesagt, es laufen, wie meist bei Kaurismäki, mehrere andere Filme, ein Kino der simultanen Durchdringung unterschiedlichster Stoffe und Themen bahnt sich seinen faszinierenden Weg in die Zuschauerköpfe. Ein Film erzählt von der Liebe. Da er sein Gedächtnis verloren hat, einem Neugeborenen gleich auf Erden wandelt, begegnet M. erstmals der Zuneigung, was stets große Tiefe verheißt, auch wenn es sich in kleinen und hilflosen Gesten erschöpft. Ein zweiter Film widmet sich der Heilsarmee, ein dritter handelt von einem Herrn und seinem Hund. Ein vierter huldigt dem Rhythm 'n' Blues, ein fünfter schildert einen rührenden Banküberfall und preist die Vorteile der Amnesie. Versteht sich, dass auch

der Genuss des Rauchens exzessiv gewürdigt wird.
Sämtliche dieser verschlungenen Episoden weisen einen gemeinsamen Nenner auf, unterm Strich steht eine Vision, das erste Gebot der kaurismäkischen »Utopie«, bereits verkündet in »Das Mädchen aus der Streichholzfabrik« (1989) und »Wolken ziehen vorüber« (1996), nun auf den Punkt gebracht: Die Würde des Menschen ist unabhängig von seiner materiellen Ausstattung.
M., dieser Mann ohne Vergangenheit, ist wahrlich kein Mann ohne Eigenschaften. Er strandet in einem Containerdorf am Hafen, am untersten Rand der Gesellschaft, er besitzt nichts und ist trotzdem reich. Denn er zeigt sich fähig zum Glücklichsein, zum Glück ohne Konsum. (…)

Thomas Basgier,
Stuttgarter Zeitung, 14.11.2002

Interview: *Herr Kaurismäki, was zieht Sie immer wieder zu Kaputtniks und Chancenlosen?*

Irgendeiner muss doch erzählen, in welchem Schlamassel Menschen stecken und wie sie dennoch Würde bewahren. Ich komme selbst aus armen Verhältnissen und weiß, wie die Gesellschaft mit diesen Leuten umspringt. Warum sollte ich einen Film über verwöhnte Muttersöhnchen drehen? Deren Probleme, das richtige Outfit zum Angeben zu finden, gehen mir auf den Keks. Bei solchen Schwatzköpfen würden mir keine Dialoge einfallen.

Sie sind für unkonventionelle Arbeitsmethoden berüchtigt.

Ich habe zwar nicht den Ruf, aber ich bin sehr präzise. Die Hauptaufgabe eines Regisseurs ist es, abends durch die Kneipen zu ziehen und zu schauen, ob die Schauspieler nicht zu viel trinken, damit sie am nächsten Morgen frisch sind. Aber ernsthaft: Es gibt zwei Arten zu arbeiten. Entweder improvisiere ich alles in der letzten Minute und/oder ich schreibe das Drehbuch bis ins kleinste Detail. Hier war

Markus Peltola (links) in ›Der Mann ohne Vergangenheit‹

jeder Dialog, jede Einstellung vorgegeben.

Sie überraschen mit einem optimistischen Ende.

Ich erzähle eine Art Märchen mit Happy Eend. Das suchen wir doch alle im richtigen Leben – vergebens. Es reicht ja, wenn ich selbst in Hoffnungslosigkeit ersaufe. Dabei träume ich in einem Winkel meines Herzens, dass jeder glücklich sein sollte – eine Illusion.

Warum wollten Sie vor drei Jahren mit Filmen aufhören?

Ich befand mich in einer Krise. Aber zum Sterben war es mit 42 noch zu früh. Und da ich zu faul bin, den Job zu wechseln, und ich auch nichts anderes kann, mache ich weiter meine Filme. Für den Bau ist es jetzt zu spät.

Aki Kaurismäki im Interview mit Margret Köhler, AZ, 14.11.2002

Der Mann von nebenan 508

***
TV

Regie: Dror Zahavi
Darsteller: Axel Milberg (Willi Mattuschek), Lisa Martinek (Kate), Clemens Jakubetz (Samuel), Andrea Sawatzki, Eva Hassmann, Barbara Magdalena Ahren
Drehbuch: Peter Probst, nach dem gleichnamigen Roman von Amelie Fried
Kamera: Martin Kukula
Musik: Paul Vincent Gunia, Oliver Gunia
Schnitt: Fritz Busse
Prod.: TV60Film; D 2001; 92 Min.
TV: 19.3.2002, SAT.1, 20.15

Willi Mattuschek, spießiger und schräger Frührentner, macht seiner neuen Nachbarin Kate und ihrem Sohn das Leben schwer. Sie verbündet sich mit drei Nachbarinnen, die alle Mattuschek hassen: Malise, Rita und Inge. Ein zermürbender Nervenkrieg beginnt. (...) *AZ TV Journal*

Kritik: (...) Der Krimi entwickelt zwar in der Weiberwut gegen den boshaften Nachbarn skurrilen Schwung, schafft aber die Kurve nicht vom Thriller zur Groteske.

Ponkie, AZ, 21.3.2002

Mann, oh Mann, oh Mann! 509

***
TV

Regie: Peter Weck
Darsteller: Friedrich von Thun (Josef Heiss), Julia Stemberger (Barbara Heiss), Oliver Stokowski (Andreas Reiner), Max Tidof (Roman Feldhofer), Ilse Neubauer (Frau Zander), Angelika Ullemeyer (Sekretärin Roman)
Drehbuch: Cornelia Willinger-Zaglmann
Kamera: Klaus Merkel
Musik: Wolfgang Hammerschmid
Schnitt: Melania Singer
Prod.: Arbor TV für Degeto Film; D 2002; 89 Min.
TV: 20.12.2002, ARD, 20.15

Ein flotter Vierer (drei Herren, eine Lady) im Wechselbad der Gefühle: Die schöne Barbara lässt sich von ihrem Spinner-Tierarzt scheiden, treibt es dann mit seinem Freund Andreas und kriegt ein Kind von ihm – um danach bei Roman, Freund Nummer zwei, klebenzubleiben. Und weil die drei Männer sich als fabelhafte Gemeinschaftsväter erweisen, entsteht die problemfreie Großfamilie: Babywartung, Küchendienst und Erotik in glücklichere Allianz vereint. Das harmlose Nichts lebt außerdem von der Tierarzt-Macke, alle Delfine dieser Welt zu retten, und von einer Liebesnest-Berghütte, die nur per Fahrrad erreichbar ist.

Manzan Benigaki 510

MANZAN BENIGAKI ☐

Regie: Ogawa Shinsuke, Peng Xiaolian
Kamera: Tamura Masaki, Jong Lin
Musik: Jomon Daiko
Schnitt: Peng Xiaolian
Prod.: The Kaminoyama Delicacy Benigaki Documentary Film Prod./Planet Bibliothèque de Cinéma; Japan 1984/2001; 90 Min.
UA: 4.10.2001, Int. Dokumentarfilmfestival Yamagata
EA: Int. Forum des Jungen Films Berlin 2002
Verleih: Freunde, Juni 2002

Vor fast 18 Jahren begann Ogawa Shinsuke einen Film über die rote Kakipflaume zu drehen, eine ungewöhnliche japanische Frucht, die immer seltener angebaut wird. Er erlebte die Fertigstellung seines Werkes nicht mehr. An seiner statt hat es nun die chinesische Regisseurin Peng Xiaolian unternommen, die Arbeit Ogawas zu vollenden. Sie konnte sich dabei auf die von ihm hinterlassenen Originalaufnahmen und Schnittanweisungen stützen und filmte zusätzliches Material. So ist ein umfassender Einblick in die Welt dieser kleinen, auf seltsame Weise charmanten Frucht und der Menschen, die im Gebiet von Kamioyama leben, gelungen.

Katalog Forum

Marie-Line 511

MARIE-LINE ***

Regie: Mehdi Charef
Darsteller: Muriel Robin (Marie-Line), Fejria Deliba (Meriem), Valérie Stroh (Bergere), Yan Epstein (Léonard), Gilles Treton (Paul), Mbembo (Lagos)
Drehbuch: Mehdi Charef
Kamera: Alain Levent
Musik: Bernardo Sandoval
Schnitt: Kenout Peltier
Prod.: Le Chauve-Souris/Le Studio Canal+/ La Sofica Sofinergie5/Le Centre National de la Cinématografie/Le Fonds d'Action Scoiale/Canal+; Frankreich 2000; 100 Min.
Verleih: Alamode, 24.1.2002

Marie-Line ist Leiterin einer Putzkolonne, die zur Hälfte aus illegalen Einwanderinnen besteht. Blitzlichtartig beleuchtet Charef das Leben dieser Frauen, bis schließlich aus den fragmentarischen Szenen sympathische Charaktere in ihren jeweiligen schwierigen Lebensumständen entstehen. Dabei gönnt sich der Film die ein oder andere Sentimentalität und riskiert, lehrstückhaft zu sein, bleibt aber im Großen und Ganzen auf dem bekanntlich harten Boden proletarischer Realität. *tip, 2/2002*

Kritik: (…) Der Regisseur von »Marie-Line«, Mehdi Charef, hat 1985 mit »Tee im Harem des Archimedes« ein packendes, bei aller Melancholie widerborstiges Porträt zweier jugendlicher Migranten in einem Pariser Vorstadtghetto gedreht. Damals aber hat Charef seine Botschaft nie plakativ aufgetragen. Zwar gelingen ihm auch jetzt immer wieder sehr berührende und sehr wahre Momente. Doch es scheint, als hätte Charef das Vertrauen in das Vorstellungsvermögen seines Publikums verloren. Hier trägt er sein Plädoyer wider den alltäglichen Rassismus wie ein Banner vor sich her. *Dorothee Schöpfer, Stuttgarter Zeitung, 24.1.2002*

Marlene Dietrich – Her own Song 512

MARLENE DIETRICH – HER OWN SONG ***+

Regie: J. David Riva
Darsteller: Burt Bacharach, Beate Klarsfeld, Hildegard Knef, Marja Riva, Hanna Schygulla (Marlenes Stimme), Volker Risch (Erzähler)
Drehbuch: Karin Kearns
Kamera: Adolfo Bartoli, Uli Kudicke
Musik: Gernot Rothenbach
Schnitt: Katharina Schmidt
Prod.: Gemini/APG/Apollo Media/Talent Network Media mit ORB/Turner/UA; D/USA 2002; 100 Min.
Verleih: Salzgeber, OmU, 21.3.2002
FSK: ab 6 J., ffr.

Kritik: (…) David Riva hat Marlene Dietrichs Engagement im Zweiten Weltkrieg zum Zentrum seiner Geschichte gemacht und fleißig jeden Schnipsel Film, jedes Foto, jede Bandaufnahme zusammengetragen, die darüber zu finden sind – Auftritte vor Truppen, Anekdoten aus der Hollywood Canteen, Interviews, die Dietrich später gegeben hat über ihre Haltung zum Dritten Reich. Es gibt einen großartigen Bandmitschnitt vom ersten Telefongespräch, das sie 1945, nach Kriegsende, mit ihrer Mutter geführt hat. Ein wunderbarer Moment, in dem für einen Augenblick die ganze Dietrich-Show in sich zusammenfällt, weil sie in diesem Telefonat tatsächlich das Kind ist. Aber im Grunde bewegt Riva sich da nicht auf Neuland: Seine Perspektive ist nicht neu – selbst diese Aufnahme ist im Fernsehen schon gesendet worden, wie vieles, was in diesem Film reizvoll ist. (...)

Susan Vahabzadeh, SZ, 21.3.2002

(...) Doch was die Inhalte angeht, wird Riva weit weniger intim. Er stärkt das bekannte Image der unangepassten Schönen. Richtig, eine unerschrockene Antifaschistin war sie auch noch. Aber warum erwähnt Riva mit keinem Wort, dass die Dietrich auch Frauen liebte? Warum lässt er seine Mutter, Marlenes Tochter Maria Riva, nur von ihr schwärmen – obwohl diese aus der schwierigen Beziehung nie ein Geheimnis gemacht hat? Jemand hätte Riva sagen sollen, dass man aus einem Mythos keinen Mythos machen muss. *Zitty, 7/2002*

The Mars Canon 513

KASEI NO KANON □

Regie: Kazama Shiori
Darsteller: Kuno Makiko (Kinuko), Kohinata Fumiyo (Kouhei), Nakamura Mami (Hijiri), Kee (Manabe)
Drehbuch: Ogawa Tomoko, Oikawa Shotaro
Kamera: Ishii Isao
Musik: Abe Masaya
Schnitt: Shimamura Yasaji
Prod.: Argo Pic.; Japan 2001; 121 Min.
UA: 31.10.2001, Tokio
EA: 12.2.2002, Int. Forum des Jungen Films Berlin
Verleih: Freunde, ab September 2002

Die 29-jährige Kinuko unterhält eine Beziehung zu dem 43-jährigen Büroangestellten Kouhei. Jeden Dienstagabend gehen sie zusammen essen und verbringen anschließend die Nacht im Hotel. In der übrigen Woche lebt Kouhei mit seiner Familie zusammen. Eines Tages lernt Kinuko den Straßenpoeten Manabe und die junge Hijiri kennen, die es nicht richtig findet, dass Kinuko ein Verhältnis mit einem verheirateten Mann hat. Sie sucht Kinuko auf und widmet sich bald hingebungsvoll der Pflege ihrer neuen Freundin. Dann zieht sie in die Nachbarwohnung ein ...

Katalog Forum

Martha Argerich, Conversation Nocturne 514

***+

Regie: Georges Gachot
Darsteller: Martha Argerich
Drehbuch: Georges Gachot
Kamera: Matthias Kälin
Schnitt: Ruth Schläpfer
Prod.: Idéale Audience mit Arte/BR; Schweiz 2002; 57 Min.
UA: April 2002
Verleih: Eigenverleih, CH, November 2002

Eine einzige Kamera, nachts, in einem Hotel. Keine Scheinwerfer. Nie gab Martha Argerich, die Ausnahmepianistin, bisher ein Interview vor der Kamera, doch dem Filmemacher Georges Gachot hat sie aus einer Eingebung heraus diese Chance geschenkt. Das nächtliche Gespräch bewegt wegen der Ehrlichkeit, mit der Argerich über ihr Leben und vor allem über die Musik nachdenkt. Gachot inszeniert es nicht, sondern lässt einfach ihre Persönlichkeit wirken. Mit Archivaufnahmen, zwei Proben und einem Konzert wird der Film sparsam ergänzt.

Neue Züricher Zeitung Online

Maximum Speed – Renn um dein Leben! 515

□
TV

Regie: Sigi Rothemund
Darsteller: Erdogan Atalay (Markus Schneider), Bojana Golenac (Laura), Guntbert Warns (Stephan Hartmann), Iris Böhm (Petra Sänger), Johannes Gabriel (Faller), Gunnar Teuber (Gruber)
Drehbuch: Boris von Sychowski
Kamera: Dragan Rogulj
Prod.: Action Concept für RTL; D 2001; 90 Min.
TV: 16.5.2002, RTL, 20.15

Markus Schneider, der Kurierbote auf Rollerblades, transportiert unwissentlich Drogen. Als zwei kokainsüchtige Broker vor seinen Augen erschossen werden, flieht er auf seinen Blades vor der korrupten Polizei.

McCord – The President's Man II 516

THE PRESIDENT'S MAN: A LINE IN THE SAND *
Video

Regie: Eric Norris
Darsteller: Chuck Norris (Joshua McCord), Judson Mills (Deke Slater), Jennifer Tung (Que McCord), Roxanne Hart (Lydia Mayfield), Joel Swetow (Abdul Rashid), Alex Dodd (Masood)
Drehbuch: John Lansin, Bruce Cervi, nach den Charakteren von Bob Gookin
Kamera: Rick Anderson
Musik: Kevin Kiner
Schnitt: David Katham
Prod.: Norris Brothers/Washo Brothers; USA 2002; 90 Min.
Vertrieb: BMG Video, 10.12.2002
FSK: ab 16 J.

Islamistischer Terrorist droht den USA mit Nuklearschlag, womit abermals die Stunde des Eliteausbilders McCord schlägt. Chauvinistischer Action-Schrott.

Mean Machine – Die Kampfmaschine 517

MEAN MACHINE ***

Regie: Barry Skolnick
Darsteller: Vinnie Jones (Danny Meehan), Jason Statham (»Monk«), David Kelly (»Doc«), David Hemmings (Gefängnisdirektor), Vas Blackwood (»Massive«), Jason Flemyng (Bob)
Drehbuch: Charlie Fletcher, Chris Baker, Andrew Day, basierend auf »The Longest Yard« (1974) von Tracy Keenan Wynn, nach einer Story von Albert S. Ruddy
Kamera: Alex Barber
Musik: John Murphy
Schnitt: Eddie Hamilton, Dayn Williams
Prod.: Ska Films Prod. für Paramount; USA/GB 2001; 99 Min.
Verleih: UIP, 19.9.2002
FSK: ab 12 J., ffr. – **FBW:** Wertvoll

Straffällig gewordener ehemaliger Fußballstar muss im Gefängnis eine Mannschaft aufbauen, die im Interesse des korrupten Direktors gegen die Elf der Wärter verlieren soll.

Kritik: (…) Jones mimt den Ex-Nationalspieler Danny Meehan, der vom Liebling der Nation zum Buhmann wurde. Der Grund: Ihm wurde angelastet, bei einem Länderspiel gegen Deutschland durch einen verursachten Elfmeter manipuliert zu haben. Das Fahren im Vollrausch und der Angriff auf einen Polizisten brachten ihm schließlich drei Jahre Haft ein. Nun soll er eine Mannschaft mit Knackis trainieren, die dann gegen die gut trainierte Wärtermannschaft antreten soll. Den Rest kann man sich zusammenreimen. Macht aber gar nichts, denn Jones dominiert die Szenerie souverän, zudem ist der Film kurzweilig inszeniert und bis in die Nebenrollen gut besetzt. Knackige Mixtur aus Fußball- und Gefängnisfilm. *Martin Schwarz, Zitty, 20/2002*

Megiddo 518

MEGIDDO: THE OMEGA CODE 2 **
Video

Regie: Brian Trenchard-Smith
Darsteller: Michael York (Stone Alexander), Noah Huntley (Stone Alexander, 21-jährig), Gavin Fink (Stone Alexander, 6 Jahre), Michael Biehn (David Alexander)
Drehbuch: John Fassano, Stephan Blinn
Kamera: Bert Dunk
Musik: Peter Bernstein
Schnitt: John Lafferty
Prod.: Gener8xion Ent. für Trinity Broadcasting; USA 2001; 104 Min.
Vertrieb: VCL Video, 28.11.2002
FSK: ab 16 J.

Der Teufel beherrscht Europa, sein guter Bruder die USA. Mehr sei von diesem knatterdämlichen Fantasy-Actioner – von einem christlichen Medienverlag produziert – nicht verraten …

Mehr als nur Sex 519

□
TV

Regie: Claudia Garde
Darsteller: Anneke Kim Sarnau (Clara), Thomas Sarbacher (Paul), Claudio Caiolo

(Leo), Patrizia Moresco (Doro), Leonard Lansink (Heinz), Gisela Schneeberger (Colette)
Drehbuch: Güzin Kar
Kamera: Til Maier
Schnitt: Claudia Wolscht
Prod.: Aspekt Telefilm für ZDF; D 2002; 89 Min.
TV: 6.5.2002, ZDF, 20.15

Clara führt ein erfülltes Leben mit ihrem Freund Paul, der Professor für Völkerkunde ist und mit dem sie neuerdings die Wohnung teilt. Sie leitet engagiert mit ihrer Freundin Doro ein gut gehendes Unternehmen für Hochzeitsorganisation und hofft auf einen Heiratsantrag von Paul, denn im Gegensatz zu ihrer Alt-Hippie-Mutter Colette sehnt sie sich nach Sicherheit im Leben.

Mein Bruder, der Vampir 520

***

Regie: Sven Taddicken
Darsteller: Roman Knizka (Josch), Hinnerk Schönemann (Mike), Marie-Luise Schramm (Nic), Julia Jentsch (Nadine), Barbara Stoll (Marlies), Gottfried Breitfuss (Rudi)
Drehbuch: Matthias Pacht
Kamera: Daniela Knapp
Musik: Putte
Schnitt: Jens Klüber
Prod.: Gambit/TeamWorx mit SWR/BR; D 2001; 93 Min.
UA: Int. Hofer Filmtage 2001
Verleih: Pegasos, 26.9.2002
FSK: ab 12 J., ffr.
FBW: Besonders wertvoll

Aus der Perspektive einer 14-Jährigen erzählt der Film von typischen Pubertätsnöten und Hormonwallungen dreier Geschwister: Die sich cool gebende Jüngste als Icherzählerin plant ihr »erstes Mal« generalstabsmäßig und möchte das unwiderholbare Ereignis mit dem Auserkorenen auch gleich auf Video bannen. Der Älteste ist geistig behindert. Er möchte mit seinen 29 Jahren endlich auch einmal »bumsvögeln«, hat sich dafür aber ausgerechnet die Freundin seines jüngeren Bruders auserkoren. Niemand kann ihn offenbar von seinem so unschuldig wie konsequent verfolgten Plan abbringen.

In seiner mal äußerst sensibel, mal eher derb erzählten, fantasievollen Komödie geht der Ludwigsburger Filmschulabsolvent Sven Taddicken erfrischend unbekümmert mit den Schwierigkeiten des Erwachsenwerdens und der ersten Liebeserfahrung Jugendlicher um. Das Gleiche gilt für die Einbindung dieser populären Thematik in die eher unpopuläre Welt eines geistig Behinderten. Taddicken geht mit seinen Figuren zwar nicht immer behutsam um, er vermeidet es aber, sie jemals der Lächerlichkeit preiszugeben. *Holger Twele*

Kritik: (...) Mitteilenswert bleibt, dass hier die Personen von einer absurden Situation in die nächste stolpern, ohne dass ihnen Drehbuch und Regie aus einer einzigen Situation heraushelfen würden. So entwickelt sich, was als flache Komödie begann, zur oberflächlichen Groteske, die nichts erhellt, sondern ihren Charakteren alles Menschliche raubt und sie zu lächerlichen Karikaturen verzerrt.

Thomas Basgier, Stuttgarter Zeitung, 26.9.2002

(...) Mal lustig, mal tieftraurig erzählt der erst 26-jährige Regisseur von den Fallstricken der Gefühle, kann sich aber nicht entscheiden, ob Komödie oder Drama. Das Resultat: Genre-Hopping.

Margret Köhler, AZ, 27.10.2002

(...) Das ist gewiss keine restlos gelungene Filmkomödie. Doch es gefällt und verdient Anerkennung, wie überzeugend mögliche Peinlichkeiten und Ärgernisse vermieden werden, zumal es hier letztlich um Jugendsexualität und Behindertensex geht. Dabei wird nichts weggehuscht, sondern mit Respekt behandelt. Und die behutsame Sprache und Bildsprache des Films nehmen für ihn ein. (...)

Heiko R. Blum, Rheinische Post, 26.9.2002

Mein kleines Kind 521

****

Regie: Katja Baumgarten
Darsteller: Katja Baumgarten
Drehbuch: Katja Baumgarten
Kamera: Gisela Tuchtenhagen
Schnitt: Katja Baumgarten
Prod.: D 2002; 88 Min.
UA: Int. Filmfestspiele Berlin, »Perspektiven Deutsches Kino«
Verleih: Eigenverleih, 8.8.2002

Im fünften Monat schwanger, erfährt die Filmemacherin Katja Baumgarten, dass das Baby, das sie erwartet, schwer behindert sein wird. Sie entschließt sich trotzdem, das Kind zur Welt zu bringen. Der Film beschreibt die Entscheidungsgründe und folgt dem Verlauf der Schwangerschaft bis zur Hausgeburt des Sohnes, der kurz darauf stirbt. Die sehr persönliche Schilderung dieser Monate leitet einen grundsätzlichen Diskurs über Schulmedizin ein, der von der Ausgangsfrage ablenkt. Eine über weite Strecken bewegende Dokumentation einer extremen Lebenssituation.

tip, 16/2002

Kritik: (…) Die Regisseurin hatte das Glück, mit Gisela Tuchtenhagen befreundet zu sein – eine bessere Kamerafrau hätte sie kaum finden können. Tuchtenhagens Bildern ist es zu verdanken, dass der Film nie voyeuristisch oder peinlich wird. Katja Baumgarten hat das Material bemerkenswert analytisch – nicht sentimental oder pathetisch – montiert. So ist »Mein kleines Kind« auch ein Film über den bösen Blick geworden, der Ärzte und Wissenschaftler: Wo die Mutter in den Ultraschallaufnahmen ein strampelndes, lebendiges Kind gesehen hatte, hatte der Arzt nur die Anomalien gesehen.

Martina Knoben, SZ, 14.2.2002

Mein letzter Film 522

****

Regie: Oliver Hirschbiegel
Darsteller: Hannelore Elsner (Marie), Wanja Mues (junger Mann)
Drehbuch: Bodo Kirchhoff
Kamera: Rainer Klausmann
Schnitt: Martina Matuschewski
Prod.: Multimedia Film; D 2002; 95 Min.
UA: 1.7.2002, Filmfest München
Verleih: Ott Film
FSK: o. A., ffr. – **FBW:** Besonders wertvoll

Die Schauspielerin Marie will ein neues Leben anfangen. Während sie ihre Sachen packt, zieht sie ein Resümee, rechnet mit ihrem Entdecker, Regisseur und langjährigen Ehemann ab und lässt diverse Lieben und Leidenschaften Revue passieren – vom Politiker bis zum Fussballtrainer. Ein junger Kameramann hält ihre flammenden Ausführungen fest. Am Ende streift sie die Vergangenheit ab wie eine alte Haut.
»Mein letzter Film« ist zuallererst die außergewöhnliche Performance von Hannelore Elsner. Sie spielt diese Frau in den besten Jahren mit fast archaischer Wucht und lässt den Schmerz über geplatzte Träume und erfrorene Gefühle ahnen. Dabei reißt sie mutig alte Wunden wieder auf, gibt den Blick frei auf die Zerstörung der Seele und demonstriert gleichzeitig eine unbändige Kraft, den eigenen Weg zu verfolgen, nicht aufzugeben. Das Buch zu diesem unerbittlichen Kammerspiel stammt von Bodo Kirchhoff, Garant für einen brillanten und scharfzüngigen Monolog.

Margret Köhler

Kritik: (…) Alles steht und fällt mit Hannelore Elsner, die seit »Die Unberührbare« immer mehr mit Rollen bedacht wird, die ihr wirklich gerecht werden. Und natürlich stellt sich hier alsbald die Frage, inwieweit Marie nicht auch Hannelore Elsner ist. Wenn sie da von ihrer großen Rolle spricht, denkt man unweigerlich an den Roehler-Film, wenn sie von der Vorabendserie spricht, in der sie hier zwar eine Pastorin spielte, kommt einem die ARD-»Kommissarin« in den Sinn. Doch ob Drehbuchautor Bodo Kirchhoff beim Verfassen dieses ellenlan-

Hannelore Elsner in ›Mein letzter Film‹

gen One-Woman-Monologs tatsächlich an Elsners authentische Vita gedacht hat, bleibt offen. Und das ist auch gut so, trägt dieses offene Moment doch mit zur inneren Spannung dieses Kammerspiels bei, das, von wenigen Schnitten einmal abgesehen, übrigens auch die Einheit von Raum und Zeit einhält. (…)

Thilo Wydra, Filmecho-Filmwoche, 47/2002

Interview: *Wünschen Sie sich manchmal, dass in Deutschland größere Budgets zur Verfügung stehen?*

»Die Unberührbare« war ein Low-Budget-Film. »Rot und Blau«, den ich gerade mit Rudolf Thome gemacht habe, ist sehr schön geworden, und der hatte ein noch kleineres Budget: Man kann sehr schöne Filme mit sehr wenig Geld machen.

Hannelore Elsner im Interview mit Anke Sterneborg, SZ, 28.11.2002

Mein Stern 523

****

Regie: Valeska Grisebach
Darsteller: Nicole Gläser (Nicole), Christopher Schöps (Christopher), Monique Gläser (Monique), Jeanine Gläser (Jeanine), Anika Jahn (Freundin), Christina Sandke (Mutter)
Drehbuch: Valeska Grisebach
Kamera: Bernhard Keller
Schnitt: Anja Salomonowitz
Prod.: HFF »Konrad Wolf«/UMDK mit ZDF/3sat; D/Österreich 2001; 65 Min.
UA: 15.2.2001, Int. Forum des Jungen Films Berlin
Verleih: Peripher, 3.1.2002
FSK: ab 6 J., ffr.

Nicole ist 15, als sie den gleichaltrigen Christopher kennen lernt. Sie werden ein Paar. Da Nicoles Mutter Nachtschichten übernommen hat, können sich die beiden ungestört bei Nicole treffen. Doch zu lieben ist gar nicht so einfach.

Kritik: (…) Die Auftritte der Erwachsenen bleiben außerhalb des Spannungsfelds des Films und sind seine einzigen schwachen Momente. Valeska Grisebachs Blick wird von einer dokumentarischen Neugierde gespeist – ein Blick, der bruchlos übersetzt wird in das Raffinement einer »mise en scène«, die sich ganz auf die Wellenbewegungen der Gefühlsturbulenzen konzentriert. So entsteht eine außergewöhnliche Liebesgeschichte: vital und herzzerreißend wie Jacques Doillons Vorstadtfilme, exemplarisch und kristallklar wie Eric Rohmers »Moralische Erzählungen«.

Rainer Gansera, SZ, 4.1.2002

Mein Vater 524

MON PERE

☐ TV

Regie: José Giovanni
Darsteller: Bruno Cremer (Joe), Vincent Lecoeur (Manu), Rufus (Grinval), Michelle Goddet (Emilie), Nicolas Abraham (Maître Hequet), Maria Pitarresi (Dorine Dorval)
Drehbuch: José Giovanni, nach seinem autobiografischen Buch »In seinem Herzen waren unauffindbare Gärten«
Kamera: Alain Choquart
Musik: Surghjenti
Prod.: Frankreich 2001; 114 Min.
TV: 25.9.2002, WDR, 23.15

In dem Drama erzählt José Giovanni – über 40 Jahre später – die Geschichte seines Vaters und seine eigene Geschichte; die Geschichte eines zum Tode Verurteilten, der von seinem Vater gerettet wird. *AZ TV Journal*

Meine Frau, die Schauspielerin 525

MA FEMME EST UNE ACTRICE ***

Regie: Yvan Attal
Darsteller: Charlotte Gainsbourg (Charlotte), Yvan Attal (Yvan), Terence Stamp (John), Noemie Lvovsky (Nathalie), Laurent Bateau (Vincent), Ludivine Sagnier (Géraldine)
Drehbuch: Yvan Attal
Kamera: Remy Chevin
Musik: Brad Mehldau
Schnitt: Jennifer Augé
Prod.: Renn/Katharina/TF1/Canal+/NCN; Frankreich 2001; 93 Min.
Verleih: Concorde, 17.10.2002
FSK: ab 12 J., ffr.

Das Ehepaar Yvan und Charlotte liebt sich. Nur packt den Sportjournalisten die Eifersucht, wenn er sieht, wie seine Frau als Schauspielerin auf der Leinwand einen anderen küsst. Als sie sich dann in England mit dem charmanten Oldie Terence Stamp vor der Kamera räkelt, führt er sich auf wie ein Volltrottel. Erst nachdem er selbst in einer Studententheatergruppe mitspielt, begreift er, was es heißt, als Schauspieler etwas vorzutäuschen. Yvan Attal dreht die Geschichte einer Ehe mit seiner eigenen Frau Charlotte Gainsbourg, Ähnlichkeiten mit lebenden Personen sicher nicht ausgeschlossen. Geschickt zeigt er den Unterschied auf zwischen grauer Theorie und Praxis, wenn es um Liebe und Besitzdenken geht, zwischen Fiktion und Wahrheit, zwischen Schauspielerei und Normalität. Diese »romantic comedy à la francaise« ist mehr als nur eine Liebeserklärung an Charlotte Gainsbourg, ist auch ein Blick auf Männer- und Frauenwelten, auf den subtilen Geschlechterkampf im Alltag. *Margret Köhler*

Kritik: (...) Gegenüber ihrem streitsüchtigen Ehemann, der wie eine tickende Zeitbombe durch die Welt läuft, ist die schlaksige, aparte Charlotte dagegen stets duldsam und nett. Als charmantem Ideal und Projektionsfläche männlicher Begierden gesteht ihr Attal kaum Konturen zu, während er selbst mit sichtlichem Vergnügen eine One-Man-Show als eifersüchtiger Clown gibt. Einer, der es liebt, verliebt zu sein: Seine filmische Liebeserklärung an seine Lebenspartnerin ist zuerst Tribut an den eigenen schauspielerischen Narzissmus. Und so lässt sich diese luftige Komödie durchaus auch als (unbewusste?) Retourkutsche an seine berühmtere Partnerin, die noch dazu durch ihre prominenten Eltern Serge Gainsbourg und Jane Birkin geadelt ist, lesen.
Birgit Roschy, epd-Film, 10/2002

Meine Schwester das Biest 526

SHE, ME & HER (AT) **+

Regie: Reinhard Schwabenitzky
Darsteller: Sandra Pires (Maggie/Lisa Thompson), Ben Cross (David Greenbaum), Elfi Eschke (Kathi Blümlein), Nicholas Newman (Tony Kosminski), Ron Williams (Jerry Silver), Marco Rima (Eddy)
Drehbuch: Fred Schiller, Reinhard Schwabenitzky
Kamera: Martin Stingl
Musik: Hannes M. Schalle, Georg Friedrich v. Händel, Friedemann Katt
Schnitt: Ingrid Koller
Prod.: Star Film/Globe Movie/Deluxe/Georg Linder Prod. mit ORF; Österreich/D/Luxemburg/USA 2002; 102 Min.
Verleih: Rekord, 1.8.2002
FSK: ab 12 J., ffr.

Zwei Schwestern träumen vom Starruhm. Die eine ist lieb und talentiert, die andere hinterhältig und ohne Begabung, dafür beide im Aussehen nicht zu unterscheiden. Es kommt, wie es kommen muss, die talentlose Böse will die talentierte Gute um Liebhaber und hart erarbeiteten Erfolg bringen, was selbstredend schief geht.

Eine zusammengestoppelte Hollywood-Kulisse, bei der österreichische Sprossenfenster-Reihenhäuschen für L. A.-Appeal sorgen, tapfer durch die Szene stapfende Darsteller und ein an billige Möbelkaufhäuser erinnerndes »production design« verleihen dem Film einen bescheiden Trash-Charme.
tip, 16/2002

Kritik: (...) Reinhard Schwabenitzky, dessen Filme sich sonst durch frivole Ironie und wienerischen Humor auszeichnen, scheint in den Pseudo-Hollywood-Kulissen seiner Wurzeln beraubt, und auch seine vital-originelle Ehefrau Elfi Eschke als deutsches Dienstmädchen Kathi Blümlein kann trotz Dirndl und Breakdance das Werk nicht aufwerten. Dämlicher Karrieretrip auf Teufel komm raus.
Manfred Hobsch, Zitty, 15/2002

Meine Schwester Maria 527

****

Regie: Maximilian Schell
Darsteller: Mit: Maria Schell, Maximilian Schell, Falko Skrabal, Gerhard Hannak, Harry Stuhlhofer, Elke Münzer
Drehbuch: Maximilian Schell, Gero von Boehm
Kamera: Piotr Jaxa
Musik: Toni Stricker, Oliver Schell
Schnitt: Charlotte Müllner
Prod.: MFG/epo-film/DschointVentschr mit BR/ORF/SF DRS/Arte; D/Österreich/Schweiz 2001; 90 Min.
Verleih: Rekord, 30.5.2002
FBW: Sehenswert (Österreich)

»Erinnerung ist das Wichtigste im Leben. Die kann einem niemand mehr nehmen.« So resümiert Maria Schell ihre glanzvolle Traumkarriere, die über 70 Filme umfasste, sie nach Amerika und Hollywood an die Seite unzähliger Stars führte. Nach Depressionen und Selbstmordversuch lebt die inzwischen 76-Jährige heute zurückgezogen in den Kärtner Bergen, eingesponnen in ihre eigene Welt aus Erinnerungen. Ihr Bruder Maximilian spricht mit ihr, zeigt respekt- und liebevoll, wie sie heute lebt, und erinnert an ihre Sternstunden als Schauspielerin. Weder Dokumentar- noch klassischer Porträtfilm, sondern vielmehr ein sehr persönliches filmisches Tagebuch einer Geschwisterbeziehung.
Richard Richter, Filmschau

Kritik: (...) Maximilian Schell führt die demenzkranke Schwester im Schwebezustand zwischen Realitätsverlust und Erinnerungen vor, holt sie mit der Rolle ihres Lebens scheinbar zurück, überzuckert den bizarr vorgezogenen Nachruf jedoch mit eitlem Kunstwillen. Eine sentimentale Selbstbeweihräucherung.
Claudia Lenssen, tip, 11/2002

Kein Zweifel, dass dieser Familienblick auf eine von Alter und Krankheit gezeichnete Frau, die einmal ein Weltstar war, wie eine unerlaubte Indiskretion berührt. Denn anders als Maximilian Schells großartiges Altersporträt der unsichtbaren Marlene Dietrich, die ihn bei hellwachem Verstand in ihrer Pariser Wohnung wie ein preußischer General herumkommandierte, ist Schells Film über seine Schwester, die Schauspielerin Maria Schell – einst das berühmte »Seelchen« des deutschen Nachkriegsfilms und strahlend junger Hollywoodstar an der Seite Yul Brynners und Gary Coopers –, ein Dokument des grausamen Verfalls. (...)
Die Bedeutung von Auf- und Abstieg erschließt sich indessen nur den Filmkennern: Die Biografie entsteht in den Spurenelementen aus Filmgeschichte und deutscher Nachkriegsgeschichte – erweitert durch den zunehmenden Realitätsverlust, Depressionen, die Schulden, die sie an den Rand des Ruins treiben, das Finanzchaos, das der Bruder ordnen muss. Die Assoziationsebene des Films führt in eine melancholische, bitter-romantische Elegie der Vergänglichkeit.
Ponkie, AZ, 29.5.2002

(...) Eine behutsam-sensible Collage über die Tragödie eines Idols.
Manfred Hobsch, Zitty, 12/2002

Meine Schwestern – A ma Soeur! 528

A MA SOEUR! ***+

Regie: Catherine Breillat
Darsteller: Anais Reboux (Anais), Roxane Mesquida (Elena), Libero de Rienzo (Fernando), Romain Coupil (Vater), Arsinee Khanjian (Mutter), Laura Betty (Fernandos Mutter)
Drehbuch: Catherine Breillat
Kamera: Vorgos Arvanitis
Musik: Jean Minondo
Schnitt: Pascale Chavance
Prod.: Flach/CB Films; Frankreich/Italien 2000; 93 Min.
EA: Int. Filmfestspiele Berlin 2001
Verleih: Mai 2001 (CH), Salzgeber, 19.9.2002

Die knapp 13-jährige Anais ist mit sich und der Welt unzufrieden. Sie leidet an ihrem deutlichen Übergewicht, an ihren oft abwesenden und wenig aufmerksamen Eltern und vor allem an ihrer gut zwei Jahre älteren, hübschen Schwester Elena, die sie liebt und bewundert, aber auch hasst. Elena macht in den Sommerferien am Meer gerade ihre ersten Liebeserfahrungen mit dem anderen Geschlecht, während Anais als störend weggeschickt wird. Zum Ausgleich beobachtet sie später in der Rolle eines Voyeurs ihre ältere Schwester und den smarten italienischen Studenten beim Geschlechtsakt. Als die sonst eher desinteressierte Mutter herausfindet, dass Elena von ihrem Freund einen gestohlenen Ring geschenkt bekam, bricht sie wutentbrannt den Urlaub ab und macht sich mit ihren beiden Töchtern auf den Heimweg, der sich zum Albtraum entwickelt.
Weibliche Sexualität im Unterschied zur männlichen und allgemein das Verhältnis zwischen den Geschlechtern stehen auch in diesem Film von Catherine Breillat im Mittelpunkt. Der verstörende und bewusst provozierende Film handelt von Gewinnern und Verlierern, Eingeweihten und Ausgeschlossenen in der Liebe, von Sehnsucht und Verachtung, Zärtlichkeit und Gewalt. *Holger Twele*

Kritik: (...) In einem ganz anderen Sinn als die berüchtigten Teeniekomödien handelt »A ma Soeur!« deshalb ausführlich von den peinlichen Gefühlen, die zur Sexualität gehören wie der Streit mit den Eltern zur Pubertät.
Und noch in einem Punkt unterscheidet sich »A ma Soeur!« radikal von gängigen Coming-of-Age-Geschichten: Der Film hat ein unerwartet spektakuläres und verstörendes Ende. Ohne den gewaltsamen Schluss ließe er sich wahrscheinlich leicht als verständige Abhandlung über die weibliche Pubertät zur Seite legen. An diesem Ende jedoch – das manche sehr abstoßend finden – zeigt sich nicht zuletzt die besondere Eigenwilligkeit Breillats, ihr Bestehen darauf, auf keinen Fall harmlos zu sein.
Barbara Schweizerhof, epd-Film, 9/2002

Meine Tochter ist keine Mörderin 529

***
TV

Regie: Sherry Hormann
Darsteller: Nina Petri (Regina Sommer), Maria Simon (Stefanie Ernst-Adams), Petra Wright (Dorothea Ernst), William Sanford (Sheldon Adams), Danielle Paige (Wanda Adams), James Russo (Bernard Quinn)
Drehbuch: Rodica Döhnert
Kamera: Hanno Lentz
Musik: Martin Todsharow
Schnitt: Mona Bräuer
Prod.: DoRo Fiction Film für SAT.1; D 2002; 95 Min.
UA: 29.6.2002, Filmfest München
TV: 22.10.2002, SAT.1, 20.15

Stefanie wird des Mordes an ihrem Sohn bezichtigt. In Kalifornien droht ihr für dieses Verbrechen die Todesstrafe. Sie selbst kann sich nur noch schemenhaft an das Geschehene erinnern, doch alle Indizien sprechen gegen sie. Einzig ihre Mutter Regina ist von Stefanies Unschuld überzeugt. Akribisch versucht sie, den Tathergang zu rekonstruieren.
SZ TV-Beilage

Melekler Evi – Haus der Engel 530
MELEKLER EVI ***

Regie: Ömer Kavur
Darsteller: Talat Bulut (Ahmet Alaoglu), Hande Ataizi (Arzuhan Öztürk), Aytac Arman (Bahattin Öztürk), Tarik Pabuccuoglu (Ibrahim Tasci), Arslan Kacar (Sehmuz), Haldun Boysan (Timur)
Drehbuch: Ömer Kavur, Feride Cicekoglu, Erol Hizarci
Kamera: Ali Utku
Musik: Cahit Berkay
Prod.: Alfa Film/Objektiv Filmstudio; Türkei/Rumänien/Ungarn 2000; 109 Min.
UA: 6.2.2002, Nürnberg Cinecitta
Verleih: Interforum, OmU, 7.2.2002

Ein türkischer Kriegsfotograf wird in seiner ostanatolischen Heimat Zeuge eines Mordes, den er aus professionellem Reflex fotografiert. Fortan steht er auf der Abschussliste eines Gangsterclans. Film noir unter glühender Sonne, der sich selbstbewusst der Chiffren des Genres bedient, dabei jedoch eine beinahe schläfrige Grundstimmung einbringt. Der reduzierte visuelle Stil des Films, der Verbindungen zwischen Verbrechen und Politik thematisiert, wird durch eine kitschige Sphärenmusik unterlaufen, wobei ein Bruch zwischen optischer und tonaler Ebene entsteht.

Karin Laub, Film-Dienst, 3/2002

Kritik: (...) Nein, großes Kino repräsentiert er nicht: zu dünn die Charaktere, zu konstruiert die Handlung, zu stereotyp die visuelle Sprache. Aber dass »Haus der Engel« als Hommage an die Hollywoodstreifen der 40er-Jahre nicht funktioniert, liegt hauptsächlich daran, dass er die vorgegebene Erzählstruktur nur als Vorwand nimmt. Er schildert nämlich, sehr verklausuliert, noch ein ganz anderes Klima: das gesellschaftliche in der Türkei. Ein Land, in dem die Unterscheidung zwischen Wahrheit und Lüge, zwischen Gut und Böse, zwischen staatlicher und krimineller Gewalt äußerst schwer zu fallen scheint. Will man die Interpretation zuspitzen, dann gerät Ahmet, der Kriegsreporter, aus Bosnien kommend, direkt auf ein anderes Schlachtfeld. (...)

Thomas Basgier, Stuttgarter Zeitung, 7.2.2002

Men in Black II 531
MEN IN BLACK II ***

Regie: Barry Sonnenfeld
Darsteller: Tommy Lee Jones (Kay), Will Smith (Jay), Rip Torn (Zed), Lara Flynn Boyle (Serleena), Rosario Dawson (Laura Vasquez), Tony Shalhoub (Jeebs)
Drehbuch: Robert Gordon, Barry Fanaro, nach einer Story von Robert Gordon, basierend auf Malibu Comic von Lowell Cunningham
Kamera: Greg Gardiner; Keith Peterman, Kim F. Marks, Florian Ballhaus (2nd unit)
Musik: Danny Elfman
Schnitt: Steven Weisberg, Richard Pearson
Prod.: Amblin Ent. mit MacDonald/Parkes Prods.; USA 2002; 88 Min.
Verleih: Columbia TriStar, 18.7.2002
FSK: ab 12 J., ffr.

Agent Jay muss seinen alten Partner Kay von seinem geblitzdingsten Gedächtnisverlust erlösen und zusammen mit einem sprechenden und singenden Nerv-Alien-Hündchen auf die Suche nach einem bösen außerirdischen Wesen gehen, das sich in null Komma nichts aus einem niedlichen Gänseblümchen erst in einen riesigen, üblen Pflanzenkraken und dann in ein Unterwäschemodel verwandeln kann. Außer ohne Sinn und Verstand kommt Sonnenfelds »Men in Black«-Fortsetzung übrigens auch ohne Leichen aus. Zwar werden in einer Tour Menschen geblitzdingst und Außerirdische mit Spacekanonen gekitzelt, aber Blut spritzt hier nicht. Alles sehr vergnüglich, alles sehr sinnlos.

Jenni Zylka, tip, 15/2002

Interview: *Sie haben gesagt, dass Sie die Arbeit mit Oliver Stone und Tony Richardson besonders schätzten. Was ist nötig, um Sie für einen Regisseur zu begeistern?*

Ich begeistere mich nicht, ich interessiere mich für sie. Ich mag Regisseure, die über Kameraobjektive Bescheid wissen, die die Mechanik des dramatischen Erzählens verstehen, und ich ziehe Regisseure vor, die viele Bücher gelesen haben und über ein lebendiges Wissen über Kunst und Architektur verfügen. Die nicht paranoid sind. Großzügige Menschen sind immer bessere Regisseure als kleingeistige.

Tommy Lee Jones im Interview mit Anke Sterneborg, SZ, 15.7.2002

Mexico City 532

MEXICO CITY **

Video

Regie: Richard Shepard
Darsteller: Stacy Edwards (Mitch Cobb), Jorge Robies (Pedro), Robert Patrick (Botschafter Mills), Johnny Zander (Sam), Roberto Sosa (Head Thug), Antonio Zavala
Drehbuch: Richard Shepard
Kamera: Sarah Cawley
Musik: Rolfe Kent
Schnitt: Adam Lichtenstein
Prod.: Abandon/Curb Ent./Paddy Wagon Prod.; USA/Mexiko 2000; 84 Min.
Vertrieb: Warner Video, 24.5.2002
FSK: ab 12 J.

In der titelgebenden Metropole kommt US-Touristin Mitch ihr Bruder Sam abhanden. Die Polizei zeigt sich verdächtig wenig kooperativ ... Hübsch fotografiert, leider aber wenig glaubwürdiger City-Krimi.

Milch der Zärtlichkeit 533

LE LAIT DE LA TENDRESSE HUMAINE ***+

Regie: Dominique Cabréra
Darsteller: Patrick Bruel (Laurent), Marilyne Canto (Christelle), Dominique Blanc (Claire), Serge Lopez (Serge), Bruno Salvador (Démi), Antoine Bonnaire (Cedric)
Drehbuch: Dominique Cabréra, Gilles Marchant Cécile Vargaftig
Kamera: Hélène Louvart
Musik: Béatrice Thiriet
Schnitt: Francine Sandberg
Prod.: Les Films Pelléas/Les Films du Fleuve/Glem Films/RTBF; Frankreich/Belgien 2001; 95 Min.
Verleih: Peripher, OmU, 7.11.2002

Christelle, Fabrikarbeiterin und Mutter dreier Kinder, erleidet eine Wochenbettdepression. Sie lässt ihr Baby liegen und flüchtet sich ein paar Tage zur Nachbarin. Sie schweigt, schläft, stiert in den Fernseher. Kein Glück, nirgends: der Ehemann, die Eltern, die Arbeitskollegen, die Nachbarin, deren verheirateter Freund – alle begleitet der Schatten eines verpassten Lebens.

Filmecho-Filmwoche, 41/2002

Kritik: (...) Der realistische Blick auf die Wechselbeziehung von Arbeitswelt und Privatleben ist als eindringlicher, »zärtlicher« Schauspielerfilm inszeniert, doch verliert er sich in den zahllosen, fragmentarisch angerissenen Nebengeschichten allzu sehr in der Spiegelung seiner Leitmotive, durch eine an Michael Nyman erinnernde Filmmusik zur hymnischen Allegorie gelegentlich überhöht. Übrigens wird auch gesungen, mit zartem, schüchternem Schmelz.

Claudia Lenssen, tip, 7.11.2002

Ein Millionär zum Frühstück 534

**

TV

Regie: Josh Broecker
Darsteller: Sophie Schütt (Stella), Markus Meyer (Nicholas), Peggy Lukac (Stellas Mutter), Florentine Lahme (Inga), Bruno Cathomas, Hannes Hellmann
Drehbuch: Natalie Scharf
Kamera: Peter Joachim Krause
Musik: Wilbert Hirsch
Schnitt: Sabine Widegreen
Prod.: Granada TV für SAT.1; D 2001; 90 Min.
TV: 23.4.2002, SAT.1, 20.15

Die Zudringlichkeiten der gemieteten Dekorationsdame Stella werden vom sauertöpfisch-eigenbrötlerischen Kreuzfahrtmillionär Nicholas nur widerstrebend akzeptiert. Aber so zäh kann der gar nicht sein, dass sie ihn nicht doch herumkriegte: ein Fall von unternehmerischer Globalisierungsbrutalität mit Humanläuterung durch die Wut einer schönen, entlassungsgeschädigten Arbeitnehmerin.

Harmloser Oberflächen-Hopser, steril und ein bisschen läppisch.

Ponkie, AZ, 25.4.2002

Minority Report 535

MINORITY REPORT ***

Regie: Steven Spielberg
Darsteller: Tom Cruise (John Anderton), Colin Farrell (Danny Witwer), Samantha Morton (Agatha), Max von Sydow (Dr. Lamar Burgess), Lois Smith (Dr. Iris Hineman), Peter Stormare (Dr. Solomon Eddie)
Drehbuch: Scott Frank, Jon Cohen, nach der Kurzgeschichte »The Minority Report« von Philip K. Dick
Kamera: Janusz Kaminski
Musik: John Williams
Schnitt: Michael Kahn
Prod.: DreamWorks/Cruise/Wagner/Blue Tulip/Ronald Shusett/Gary Goldman Prod.; USA 2002; 144 Min.
Verleih: 20th Century Fox

Im Jahre 2054 werden in Washington D. C. Kriminelle gejagt, bevor diese ihre Taten überhaupt verübt haben. Ein Angehöriger der Spezialeinheit gerät eines Tages selbst unter Verdacht und wird für ein zukünftiges Verbrechen gejagt, während er mit allen Mitteln versucht, seine Unschuld zu beweisen.

Kritik: (...) Am kältesten in »Minority Report« ist die Überwachungstechnik – die verbirgt sich, das ergibt einen tieferen kapitalistischen Sinn, in Werbetafeln, die den direkten Kontakt zum Kunden via Augenscanning suchen. Aber das ist Beiwerk, Spielbergs Welt von 2054 ist genauso schlecht und verrottet wie eh und je, es gibt Slums und Armut und Drogen, die Menschen unterliegen den gleichen psychologischen Zwängen und den gleichen Verletzbarkeiten. Die Verbrechensbekämpfung doktert nur an den Symptomen herum. Aber es muss ja nicht so kommen – denn jeder Vision der Zukunft wohnt immer noch eine andere Möglichkeit inne.

Susan Vahabzadeh, SZ, 1.10.2002

(...) Hätte Spielberg nur etwas mehr riskiert: Im Spannungsfeld aus dem Wunsch nach absoluter Sicherheit, Verbrechenshysterie, geheimdienstartigen Manipulationen, Propaganda hätte sich ein aufregendes Psychogramm aufbauen lassen, das viel über unsere moderne Gesellschaft ausgesagt hätte. So aber ist »Minority Report« nur ein futuristischer Actionfilm geworden, der Tom Cruise spannend ins Bild setzt.

Adrian Prechtel, AZ, 2.10.2002

(...) An Dreyers Jeanne d'Arc erinnert Agatha, eine kahl geschorene, psychisch gestörte, medial hoch begabte Frau, die Anderton auf seiner Flucht begleitet. Es gibt Momente von feierlichem Ernst – und dann wieder die hemmungslose Lust an Computereffekten. Der Geist von George Orwell ist ebenso präsent wie der Geist von Agatha Christie. Einmal holt sich Anderton Rat von einer weißhaarigen Dame, die wie Miss Marple aussieht. Nichts gegen Zitierwut, nichts gegen eine Vielfalt von Stimmungen. Aber es muss ein harmonisches Ganzes dabei herauskommen, und das ist hier nicht der Fall. Immerhin kann man sich an unzähligen Details erfreuen, und das Tempo stimmt auch. Das ist keine Selbstverständlichkeit bei 144 Minuten. *Frank Noack, Rheinische Post, 3.10.2002*

The Miracle of the Cards – Craig gibt 536

THE MIRACLE OF THE CARDS **
Video

Regie: Mark Griffiths
Darsteller: Thomas Sangster (Craig Shergold), Catherine Oxenberg (Marion Shergold), Peter Wingfield (Ernie Shergold), Jeremy Guilbaut (Steve Shergold), Jennifer Charmichael (Sharon Shergold), Kirk Cameron (Josh)
Drehbuch: Lee Wilson
Kamera: Henry M. Lebo
Musik: Ken Harrison
Schnitt: Roger Mattiussi
Prod.: Legacy Filmworks; USA/Kanada 2001; 86 Min.
Vertrieb: Paramount Video, 12.12.2002

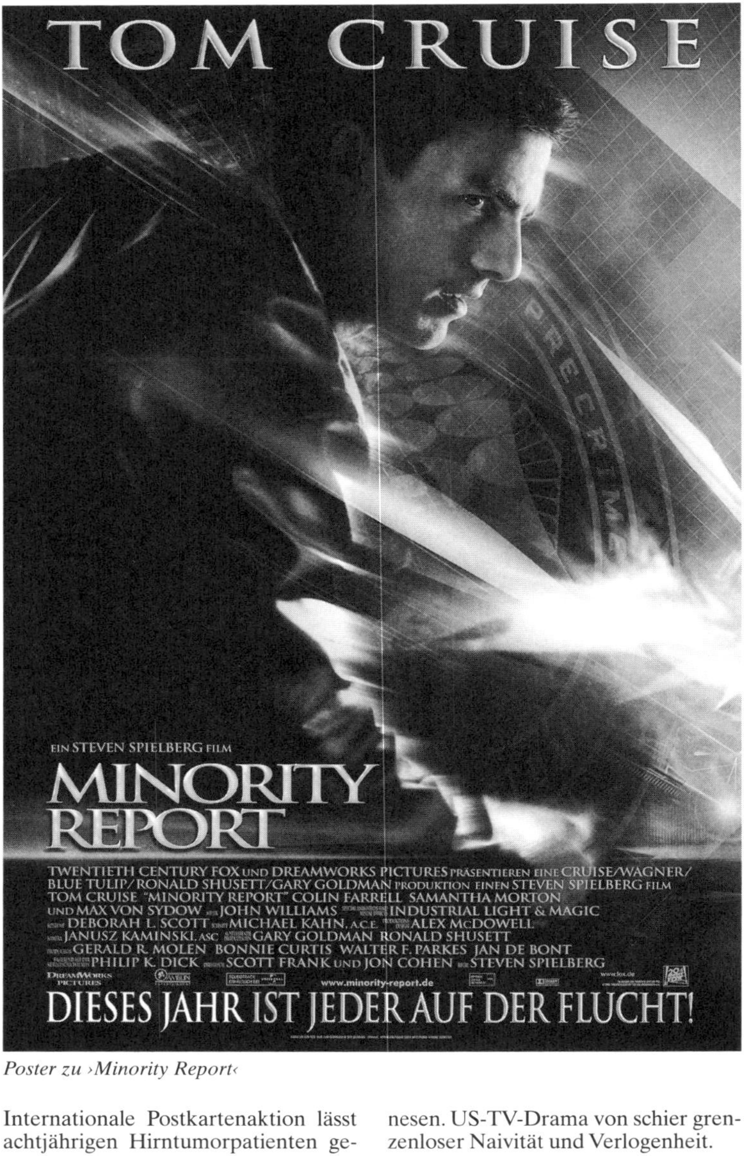

Poster zu ›Minority Report‹

Internationale Postkartenaktion lässt achtjährigen Hirntumorpatienten genesen. US-TV-Drama von schier grenzenloser Naivität und Verlogenheit.

Mirakel – Ein Engel für Dennis P. 537
MIRAKEL ***

Regie: Natasha Arthy
Darsteller: Stefan Pagels Andersen (Dennis P.), Sidse Babett Knudsen (Mutter Mona Petersen), Stephania Potalivo (Karen Elise), Peter Frödin (Klassenlehrer Sandström), Sebastian Jessen (Mick), Thomas Bo Larsen (Vater/Engel), Sevic Zeev Perl
Drehbuch: Kim Fupz Aakeson
Kamera: Eric Kress
Musik: Käre Bjorkö, Frithjof Toksvig; Kim Fupz Aakeson, Natasha Arthy, Steffen Brandt, Kaare Bjerkö (Songtexte)
Schnitt: Kasper Leick
Prod.: Nimbus Film mit Zentropa Ent.3; Dänemark 2000; 75 Min.
Verleih: AFM, 13.12.2001/17.1.2002
FSK: ab 6 J., ffr.

In ihrem ersten langen Spielfilm erzählt die dänische Regisseurin Natasha Arthy in teilweise grellbunten Farben von den Abenteuern des zwölfjährigen Dennis, der nach einer Begegnung mit einem Schutzengel seine Alltagsprobleme einfach wegzaubern kann. (…)
Die flotte Mixtur aus Musical und Comedy greift auf amüsante und zuweilen freche Weise typische Probleme der Pubertät sowie Konflikte zwischen den Generationen auf. Die häufig eingebauten turbulenten Musik- und Tanznummern sollen die Schreckensvisionen des Jungen visualisieren, wirken jedoch mit ihren bonbonfarbenen Dekors und ihren Ausflügen in die Welt der Fantasie so überzogen, dass der Realitätsbezug zuweilen verloren zu gehen droht. (…) *Reinhard Kleber, Filmecho-Filmwoche, 48/2001*

Kritik: (…) Wunder allein machen leider nicht glücklicher: In ihrem Debüt lässt Natasha Arthy ihre Darsteller tanzen, das ist anfangs wirklich witzig (besonders die Bond-Parodie). Irgendwie tritt die Story dann allerdings etwas auf der Stelle, wenn die Unwahrscheinlichkeiten überhand nehmen. Trotzdem: ein kunterbunter Kinderfilmspaß.
Manfred Hobsch, Zitty, 21/2002

Mission Kaschmir – Der blutige Weg der Freiheit 538
MISSION KASHMIR ***+
Video

Regie: Vidhu Vinod Chopra
Darsteller: Sanjay Dutt (Inayat Khan), Hrithik Roshan (Altaaf), Preity Zinta (Sufiya Parvez), Puru Rajkumar (Malik Ul Khan), Sonali Kulkarni (Neelima), Jackie Shroff (Hilal Kohistani)
Drehbuch: Vikram Chandra, Vidhu Vinod Chopra, Atul Tiwari
Kamera: Vinod Pradhan
Musik: Vishal Bharadwaj, Sandeep Chowta, Shankar Mahadevan, Loy Mendonsa, Ehsaan Noorani
Schnitt: Rajkumar Hirami
Prod.: Indien 2000; 151 Min.
Vertrieb: Columbia TriStar, 24.9.2002
FSK: ab 16 J.

Überlanges, von Musicaleinlagen durchbrochenes Rache- und Glaubensepos von fast sehenswerter Kitschigkeit plus Actionthriller-Ausflügen: Polizist adoptiert den Jungen, bei dem er den Tod der Eltern verschuldete.

Mistakes – Tödliche Fehler 539
CAUSE OF DEATH **
Video

Regie: Marc S. Grenier
Darsteller: Patrick Bergin (Taylor Lewis), Maxim Roy (Missy Baldwin), Joan Severance (Angela Carter), Michael Ironside (Jonas Phifer), Cas Anvar (Leonard Sheck), Larry Day (Luke Carter)
Drehbuch: Les Weldon
Kamera: Yves Bélanger
Musik: Jeremy De Villiers jr.
Schnitt: Yvann Thibaudeau
Prod.: Cinequest Films; Kanada 2000; 90 Min.
Vertrieb: VCL Video, 24.1.2002
FSK: ab 16 J.

Der Tod eines Unternehmers lässt Staatsanwalt, obwohl ihm dessen Frau als Täterin quasi auf dem Tablett serviert wird, neue Wege gehen. Allerweltsthriller mit dubiosen Ambitionen.

Mysterious Museum – Rollerblade Knights 540

SEARCH FOR THE JEWEL OF POLARIS = MYSTERIOUS MUSEUM ** Video

Regie: David Schmoeller
Darsteller: Brianna Brown (Kim), Megant Lusk (Casey), Andrew James »A. J.« Trauth (Ben), Michael Lee Gogin (Palmay), John Duerler (Monty), Adrian Neil (Falco)
Drehbuch: Adam Wohl
Kamera: Gabriel Kosuth
Musik: Carl Dante
Schnitt: Steven Nielson
Prod.: Full Moon Ent.; USA/Rumänien 1999; 91 Min.
Vertrieb: Screen Power Video, 11.4.2002
FSK: ab 6 J.

Im Mittelalter fahndet ein finsterer Oberräuber nach Zauberstein und landet dabei unverhofft in der Gegenwart. Konfuser Teenie-Märchen-Action-Popcorn-Quatsch.

Mit dem Rücken zur Wand 541

ALWAYS OUTNUMBERED *** Video

Regie: Michael Apted
Darsteller: Laurence Fishburne (Socrates Fortlow), Bill Cobbs (Right Burke), Natalie Cole (lula Brown), Bill Duke (Blackbird Wills), Laurie Metcalf (Halley Grimes), Cicely Tyson (Luvia)
Drehbuch: Walter Mosley, nach Mosleys Buch »Always Outnumbered, Always Outgunned«
Kamera: John Bailey
Musik: Michael Franti
Schnitt: Rick Shaine
Prod.: Palomar mit HBO; USA 1998; 100 Min.
UA: 21.3.1998, HBO
Vertrieb: mediacs (BMG) Video (Video, DVD)
TV: 2.1.1999, Premiere, 18.15, 29.10.2002
FBW: ab 12 J.

Socrates Fortlow, eben aus dem Knast entlassen, versucht das Unmögliche: ein ehrliches Leben zu führen. Thriller mit realem sozialem Umfeld und dramaturgischer Dichte.

Mit oder ohne – Was Männer haben sollten 542

AN EVERLASTING PIECE **** Video

Regie: Barry Levinson
Darsteller: Barry McEvoy (Colm), Brian F. O'Byrne (George), Anna Friel (Bronagh), Pauline McLynn (Gerty), Ruth McCabe (Mrs. O'Neill), Laurence Kinlan (Mickey)
Drehbuch: Barry McEvoy
Kamera: Seamus Deasy
Musik: Hans Zimmer
Schnitt: Stu Linder
Prod.: Mark Johnson, Louis DiGiaimo, Jerome O'Connor, Barry Levinson, Paula Weinstein; Morgan O'Sullivan, James Flynn, Tiffany Daniel, Louis DiGiaimo jr. für DreamWorks/Columbia/Bayahibe mit Baltimore/Spring Creek; USA 2000; 99 Min.
Vertrieb: Columbia TriStar Video, 11.6.2002
FSK: ab 12 J.

Nicht vom tumben Titel schrecken lassen: Die Geschichte von zwei Frisören, die sich mit Toupets einen schwunghaften Handel in Nordirland erhoffen. Skurrile, liebenswerte und entwaffnend komische Komödie.

Moments of Danger 543

STAR OF JAIPUR ** Video

Regie: Chris McIntyre
Darsteller: James Kohli (Privatdetektiv Sanji Ray), Linda Gray (Lt. Trask), George Lazenby (John Steele), Michael Horse (Col. James Ironwood), Erika Weinstein (Katarina), Riz Fairchild
Drehbuch: Chris McIntyre
Musik: Steve Hulse
Prod.: Pittburgh Pic.; USA 1998; 96 Min.
Vertrieb: VCL Video, 22.5.2002
FSK: ab 16 J.

Indischer Detektiv kommt in Manhattan einem gigantischen Komplott von Terroristen auf die Spur, die einen Giftgasanschlag auf New York planen. 1998 gedreht und wegen aktueller Ereignisse jetzt veröffentlicht – dennoch ein spekulatives Werk, höchst preiswert und uninspiriert in Szene gesetzt.

Momo 544
MOMO ALLA CONQUISTA DEL TEMPO ****

Regie: Enzo d'Alo
Darsteller: Die Originalstimmen: Erica Necci, Giancarlo Giannini, Diego Abatantuono, Sergio Rubini
Drehbuch: Enzo d'Alo, Umberto Marino, nach dem gleichnamigen Roman von Michael Ende
Musik: Gianna Nannini
Schnitt: Simona Paggi
Prod.: CGG/Taurus/TFC; Italien/D 2001; 81 Min.
Verleih: MFA, 3.1.2002
FSK: o. A., ffr. – **FBW:** Wertvoll

Michael Endes Erfolgsroman – eine Parabel über die Zeit – in einer Zeichentrickversion für Kinder.

Kritik: (...) Das Mädchen Momo, das seine Lebenswelt gegen den Zugriff der grauen Männer verteidigen muss, sieht aus wie die Heldin eines japanischen Manga-Comics. Das ist ein Zugeständnis an den globalen Fernsehmarkt und die neuzeitliche Kinderzimmerkultur der Pokémons. Aber wie das Animationsteam die Pastellfarben rund um Momo mit den Stein- und Staubtönen der grauen Herren konfrontiert, das ist suggestiv und erzählt schon den Kleinen von nicht überbrückbaren Gegensätzen.
Die Zeit für »Momo« – den Film, aber auch das Buch – sollte man Kindern schenken. Bevor sie futsch ist, weg, aufgesaugt, ein für alle Mal geklaut.
Thomas Klingenmaier, Stuttgarter Zeitung, 5.1.2002

Monsoon Wedding 545
MONSOON WEDDING ****

Regie: Mira Nair
Darsteller: Naseeruddin Shah (Lalit Verma), Lillete Dubey (Pimmi Verma), Shefali Shetty (Ria Verma), Vijay Raaz (P.K. Dubey), Tilotama Shome (Alice), Vasundra Das (Aditi Verma)
Drehbuch: Sabrina Dhawan
Kamera: Declan Quinn
Musik: Mychael Danna
Schnitt: Allyson C. Johnson
Prod.: Dehli DotCom/IFC/Mirabai/Paradis/Pandora; Indien/Frankreich 2001; 119 Min.
UA: Int. Filmfestspiele Venedig 2001
Verleih: Prokino, 18.4.2002
Vertrieb: Universal Video (Video, DVD)
FSK: o. A., ffr.

Aditi, Tochter einer wohlhabenden Punjabi-Familie, hat der traditionell arrangierten Eheschließung mit einem ihr fast unbekannten Inder aus Houston zugestimmt, weil dieser ihr eine Zukunft in den USA verspricht. Das Herz der Heldin aber klebt (noch) an einer aussichtlosen Affäre mit einem indischen Medienmogul. Mit viel Sinn für die Kuriosa des indischen Alltags erzählt »Monsoon Wedding« von den hysterisch-turbulenten drei Tagen bis zur Hochzeit, während der allerlei neue Liebesbeziehungen geknüpft und alte Rechnungen beglichen werden. *tip, 8/2002*

Kritik: (...) Handys und Autos sind ebenso selbstverständlich wie die Hochzeitsriten und die alten Lieder: vorehelichen Sex gibt es neben dem Ehearrangement. Und all den Trubel und die Spannungen einer Hochzeit, die überall auf der Welt ähnlich sind, führt »Monsoon Wedding« in einem ausgelassenen, versöhnlichen, rauschenden Tanz zu mitreißender indischer Popmusik zusammen.
Adrian Prechtel, AZ, 18.4.2002

(...) »Monsoon Wedding« ist, eigentlich, eine Komödie. Weil alle Hochzeiten Komödien sind, was die Umstände ihrer Vorbereitungen betrifft. Die humoristischen Effekte sind dabei so fraglich wie bei allen Hochzeit-auf-Italienisch-oder-Norwegisch-Filmen. Eine besondere Rolle fällt dem Hochzeitsausstatter zu, einem besonders nervigen, schlitzohrigen Typus, der nur schwer erträglich wäre, würde sich dieser überzeugte Junggeselle, dem noch nie ein Mädchen gefiel, nicht rettungslos in die Haushaltshilfe von Pimmi und Lalit verlieben. Wobei sich der emanzipatorische Effekt aller Un-

terschichten-Lieben einstellt: Nur die Arbeiterklasse entscheidet frei, wen sie heiratet, die Oberschicht wird verheiratet.
Dass Mira Nair, um den Themenkreis westlicher Topoi zu erschöpfen, auch noch das Thema Kindesmissbrauch ins Spiel bringt – wir sehen ein bisschen Thomas Vinterbergs »Das Fest« auf einer indischen Hochzeit –, mag ein wenig verstimmen. (…)

Interview: *Wie haben Sie mit der Unmenge von Schauspielern gearbeitet?*

Drei Wochen dauerten die Proben mit 67 Schauspielern, ein Lehrer gab uns jeden Morgen Yogastunden, damit wir unser Gleichgewicht wahrten. Eine Woche vor Drehbeginn sind wir zusammen in das Haus gezogen, in dem gefilmt wurde, um die reale Atmosphäre zu empfinden, ein Gemeinschaftsgefühl zu entwickeln. Ich finde es schrecklich, wildfremde Schauspieler aufeinander zu hetzen. Rückblickend war es Stress, denn vor Fertigstellung des Drehbuchs habe ich mich mit meinem Produzenten auf 30 Drehtage geeinigt, eigentlich viel zu kurz.

Lief dennoch alles glatt?

Schwierig war es, bekannte Schauspieler wie Naseeruddin Shah so lange bei der Stange zu halten, weil sie anderweitige Verpflichtungen hatte. Um Zeit zu sparen, drehten wir beispielsweise die großen Tanzszenen mit 200 Beteiligten an nur einem Tag. Das Schlimmste: Vier wichtige Szenen, die wir nicht nachdrehen konnten, wurden bei der Verschiffung zerstört. Ich stand vor dem Nervenzusammenbruch. Gott sei Dank sprang die Versicherung für die exorbitanten Kosten des digitalisierten Reparaturverfahrens ein.

Sie pendeln zwischen Manhattan, Indien und Uganda, wo Ihr Mann lebt. Inspiriert Sie dieser ständige Ortswechsel?

Mir gefällt dieses Kontinent-Hopping. Die USA sind zu sehr auf sich bezogen, ich benötige die weite Sicht auf die Welt. Da mich mein Familie unterstützt, kann ich frei herumzigeunern und Filme drehen, wo ich will, und bleibe hoffentlich auch mir selbst dabei treu.

Mira Nair im Interview mit Margret Köhler, Blickpunkt Film, 38/2001

Die Monster AG 546

MONSTERS, INC. ****

Regie: Peter Docter, Lee Unkrich, David Silverman
Darsteller: Originalstimmen und ihre Charaktere: John Goodman (James P. Sullivan, »Sulley«), Billy Crystal (Mike Wazoewski), Mary Gibbs (Boo), Steve Buscemi (Randall Boggs), James Coburn (Henry J. Waternoose)
Drehbuch: Andrew Stanton, Daniel Gerson, nach einer Story von Peter Docter, Jill Culton, Jeff Pidgeon, Ralph Eggleston
Musik: Randy Newman
Schnitt: Jim Stewart
Prod.: Pixar Animation Studios für Walt Disney; USA 2001; 92 Min.
Verleih: Buena Vista, 31.1.2002
Vertrieb: Buena Vista Video (Video, DVD)
FSK: ab 6 J., ffr. – **FBW:** Wertvoll

Monster aus der Tier-, Fabel- und Fantasiewelt produzieren Strom, in dem sie Schreckensschreie von Kindern in Energie verwandeln. Der Konkurrenzkampf der Monster untereinander und das Auftauchen eines »echten« Kindes stört das System.

Kritik: (…) Erneut beweisen die Computertüftler aus Hollywood, dass man keine echten Lebewesen braucht, um den Zuschauer emotional mitzureißen. So ist »Die Monster AG« ein wunderbarer Spaß für die ganze Familie voller liebenswürdiger Details, mit hoher Gagdichte, atemberaubendem Tempo und wunderbaren Animationen. Den anarchistischen Humor eines »Shrek« sucht man hier freilich vergebens. Dafür sind die Monster viel zu brav. Dennoch: Hier ist Kurzweil angesagt.

Martin Schwarz, Zitty, 3/2002

Halle Berry und Billy Bob Thornton in ›Monster's Ball‹

(...) Mit diesem komischen, intelligenten und sehr humanen Monsterfilm sind die Disney-Studios der Herausforderung des Shrek also nicht ausgewichen, sondern haben sie angenommen. Nein, sie haben den großartigen Konkurrenten nicht besiegt, aber sie haben in diesem Wettstreit ein Unentschieden erreicht. Oder liegt die Monster AG nun doch ein klein bisschen und sozusagen haarscharf vorne? *Rupert Koppold, Rheinische Post, 1.2.2002*

Monster's Ball 547

MONSTER'S BALL ****

Regie: Marc Forster
Darsteller: Billy Bob Thornton (Hank Grotowski), Heath Ledger (Sonny Grotowski), Halle Berry (Letitia Musgrove), Peter Boyle (Buck Grotowski), Sean Combs (Lawrence Musgrove), Mos Def
Drehbuch: Milo Addica, Will Rokos
Kamera: Roberto Schaefer, Francis James (2nd unit)
Musik: Asche and Spencer
Schnitt: Matt Chesse
Prod.: Lee Daniels Ent.; USA 2000; 113 Min.
UA: 11.11.2001, AFI Film Festival, L. A.
EA: Int. Filmfestspiele Berlin 2001
Verleih: Tobis, 5.9.2002
FSK: ab 12 J., ffr.
FBW: Besonders wertvoll

Hank, Spross einer weißen Südstaatenfamilie, ist Wärter im Staatsgefängnis von Georgia. Letitia, Afroamerikanerin und am Rande des Existenzminimums lebend, ist die Witwe eines dort hingerichteten Sträflings. Nach zwei Familientragödien kreuzen sich die Wege der beiden, und sie versuchen aneinander Halt zu finden. »Monster's Ball« ist eine von Verzweiflung und Verletzungen getriebene Geschichte zwei verlorener Seelen, die auf Botschaften jeglicher Art verzichtet. Der Film ist ganz bei seinen Figuren. Billy Bob Thornton und Halle Berry füllen dabei die Leinwand mit einer Intensität, die es nur selten im Kino gibt.

Volker Gunske, tip, 18/2002

Kritik: Der 1970 in Ulm geborene Marc Forster, Absolvent einer New Yorker Filmhochschule, hat mit »Monster's Ball« – so wird die letzte Nacht eines Delinquenten in der Todeszelle genannt – ein unprätentiöses Meisterwerk geschaffen. Der immer noch vitale Rassismus in den US-Südstaaten, die Todesstrafe, Schuld und Sühne, aber auch Hoffnung und Liebe sind die Themen. In diesem Treibhausklima ständig überhitzter Gefühle werden die Protagonisten von Schicksalsschlägen heimgesucht, die unglaubwürdig konstruiert erschienen, würde Forster nicht kompromisslos klug Sentimentalitäten und hehre Botschaften vermeiden. (…)

Angie Dullinger, AZ, 5.9.2002

(…) Der Junge überlebt den Unfall nicht, und wie in Befolgung eines merkwürdigen psychologischen Trägheitsgesetzes zieht Letitia bei Hank ein. Fremd bleiben sie sich dort, sie sitzen auf der Couch, steif, unsicher. Bis wie bei einem Vulkan die Leidenschaft herausbricht, ihre klammen Körper übereinander herfallen. Es ist eine Szene, die immer noch Skandal macht, aber Billy Bob Thornton und Halle Berry spielen sie mit selbst entblößender Bedingungslosigkeit. Mit den Mitteln des großen Hollywoodkinos entstehen hier Gefühle, so roh und verletzlich und unmittelbar wie sonst nur in Dogma-Filmen. Für diesen ebenso schmerzlichen wie euphorischen Moment wurde Halle Berry mit dem ersten Hauptrollen-Oscar für eine schwarze Schauspielerin belohnt – für den amerikanischen Verleih musste dann allerdings die Szene »weiße Haut berührt schwarze Haut« um ein paar Sekunden wieder getrimmt werden.

Anke Sterneborg, SZ, 9.9.2002

Interview: *Das Drehbuch hat relativ lange gelegen, obwohl sich prominente Regisseure dafür interessiert haben …*

Das war eine Frage des Budgets. Oliver Stone wollte es für 15 Millionen Dollar machen, Sean Penn mit de Niro für zehn Millionen. Darum haben sie einen jungen Regisseur gesucht, der diese ja eher schwierige Story für weniger als zehn Millionen umsetzen kann. Bei uns waren es weniger als fünf Millionen, was auch daran liegt, dass die Schauspieler, statt ihre üblichen Honorare zu erhalten, am Gewinn beteiligt sind.

Marc Forster im Interview mit Anke Sterneborg, SZ, 11.2.2002

Die Sexszenen mit Billy Bob Thornton wurden in den USA gekürzt. Haben sie Ihre Angst vor der Entblößung des Körpers, die sie bei »Passwort: Swordfish« hatten, überwunden?

Das waren zwei völlig unterschiedliche Situationen, aus denen sich verschiedene Sichtweisen ergeben, wie ich meinen Körper zur Schau stelle. In »Monster's Ball« sind die Szenen integraler Bestandteil der Handlung, sodass mir Hemmungen nie in den Sinn kamen. Wir haben die Szene am 19. von 21 Drehtagen aufgenommen und zuvor alle emotional schwierigen Sequenzen gemeistert. Ich bin dann ganz locker rangegangen. Die körperliche Liebe ist für die beiden wie ein Kuss des Lebens. Sie werden in diesem Moment wieder geboren.

War es schwer für Sie, nach diesem Film wieder zu einem Popcorn-Werk wie dem neuen Bond-Film zurückzukehren?

Das war eine ganz bewusste Entscheidung. Ich will beide Seiten der Medaille. Hollywood hat bisher für mich bestimmt, für welche Rollen ich vorsprechen darf. Das hat sich jetzt geändert. Denn ich möchte alles verkörpern, was meine Persönlichkeit als Frau ausmacht: Schönheit, Intelligenz und Kraft. Ich schätze meine Weiblichkeit sehr hoch ein.

Halle Berry im Interview mit Katharina Dockhorn, Zitty, 19/2002

Montag Morgen 548

LUNDI MATIN ****

Regie: Otar Iosseliani
Darsteller: Jacques Bidou (Vincent), Arrigo Mozzo (Carlo), Anne Kravz-Tamavsky (Josephine), Narda Blanchet (Vincents Mutter), Dato Tarielashvili (Nicolas), Anna Lamour-Flori (Berthe)
Drehbuch: Otar Iosseliani
Kamera: William Lubtchansky
Musik: Nicolas Zourabichvili

Schnitt: Otar Iosseliani
Prod.: Pierre Grisé Prods./Rhone-Alpes Cinema/Mikado mit CNC/Canal+/ Gimages 4/Cofimage 12; Frankreich/ Italien 2001; 123 Min.
UA: 14.2.2002, Int. Filmfestspiele Berlin
Verleih: Kairos, 12.12.2002

Vincent hat genug vom Alltagseinerlei. Eines Tages setzt er sich in den Zug und fährt nach Venedig. Dort scheint alles besser zu sein – bis er auf genau die gleiche Routine stößt. Also zieht er weiter. Acht Monate später kommt er in sein Heimatdorf zurück.

Kritik: (…) Das ist Iosselianis Stil und Stärke: dass er die Besonderheiten und Marotten der Menschen herausfindet und hübsch skizziert; dass er alles zwar nicht mit einer stringenten Handlung und kunstvollen Dramaturgie, dafür aber mit originellem Understatement und trockenem Humor zu verbinden weiß.
Auch in »Montag Morgen« erweist er sich wieder als Meister des Skurrilen. Leicht hingetupft sind seine Sketche und Szenen wie auf einem impressionistischen Gemälde des 19. Jahrhunderts. Kein großes Drama – die Spannung ergibt sich nur aus den skurrilen Einfällen –, aber weitgehend ein stilles Vergnügen.

Thomas Engel, Der Gildendienst, 3/2002

Von kleinen und großen Ausbruchsversuchen erzählt fortan Iosselianis »Montag Morgen«, von Alligatoren im Vorgarten, voyeuristischen Pfarrern, Rentnern in Rollstühlen und Sportwagen – und von Vincents Auszeit in Venedig. Natürlich wird das eine oder andere Glas dabei eine nicht unwesentliche Rolle spielen, längst hat sich dieser Film mit der italienischen Trinkhaltung verbündet – im Wein liegt die geistige Wahrheit, und am Ende gibt es die lang ersehnte Zigarette zu zweit.

Anke Leweke, tip, 25/2002

Monte Cristo 549

THE COUNT OF MONTE CHRISTO ***

Regie: Kevin Reynolds
Darsteller: Jim Caviezel (Edmond Dantes), Guy Pearce (Fernand Mondego), Dagmara Dominczyk (Mercédes), Richard Harris (Abbé Faria), Luis Guzman (Jacopo), James Frain (Villefort)
Drehbuch: Jay Wolpert, nach dem gleichnamigen Roman von Alexandre Dumas
Kamera: Andrew Dunn
Musik: Edward Shearmur
Schnitt: Stephen Semel, Chris Womack
Prod.: Touchstone mit Spyglass; GB/USA 2001; 131 Min.
Verleih: Constantin, 9.5.2002
Vertrieb: BMG Video (Video, DVD)
FSK: ab 12 J., ffr.

Durch die Intrige seines missgünstigen Freundes Fernand wird Edmond Dantes zu Festungshaft verurteilt, aus der er erst nach Jahren fliehen kann. Als mysteriöser Graf von Monte Cristo sinnt er auf Rache. »Monte Cristo« ist die 19. und eigentlich vollkommen unnötige Neuverfilmung des berühmten Romans von Alexandre Dumas, bei der Regisseur Kevin Reynolds eine zeitgemäße Bearbeitung des Stoffes umgeht und alle Erwartungen, die ein solches klassisches Abenteuer schürt, konsequent erfüllt. Doch gerade deshalb bleibt diese aufwendig ausgestattete, aber bieder erzählte Rächerstory auf uninteressante Weise altmodisch. *tip, 10/2002*

Mord an Bord 550

□
TV

Regie: Edzard Onneken
Darsteller: Barbara Wussow (Burkharda Meier), Axel Pape (Fred Hahn), Stefan Jürgens (Hartwin), Edith Hancke (Frau Edel), Klaus Sonnenschein (Herr Edel), Annekatrin Bürger (Frau Zopf)
Drehbuch: Ina Siefert, Andy Hoetzel, nach dem gleichnamigen Roman von Hera Lind
Kamera: Benjamin Dernbrecher
Musik: Maurus Ronner
Schnitt: Bernd Euscher
Prod.: Ziegler Film für Degeto; D 2002; 88 Min.
TV: 29.11.2002, ARD, 20.15

Dank einer Namensverwechslung erhält die naive Friseurin Burkharda Meier ein Engagement als Sängerin auf einem Luxusliner. Als ein lästiger Passagier droht, den Schwindel aufzudecken, geht er über Bord.

SZ TV-Beilage

Mord nach Plan 551

MURDER BY NUMBERS ***+

Regie: Barbet Schroeder
Darsteller: Sandra Bullock (Cassie Mayweather), Ryan Gosling (Richard Haywood), Michael Pitt (Justin Pendleton), Agnes Bruckner (Lisa Mills), Chris Penn (Ray), R. D. Call (Capt. Rod Cody)
Drehbuch: Tony Gayton
Kamera: Luciano Tovoli
Musik: Clint Mansell
Schnitt: Lee Percy
Prod.: Castle Rock für Warner Bros.; USA 2002; 120 Min.
Verleih: Warner, 27.6.2002
Vertrieb: Warner Video (Video, DVD)
FSK: ab 18 J., ffr.
FBW: Wertvoll

Zwei Oberschüler studieren kriminologische Handbücher und töten danach eine junge Frau, um den perfekten Mord zu verüben, als Ausdruck absoluter Freiheit und eigener Überlegenheit. Die hochmütigen Täter wollen beweisen, dass sie schlauer sind als die Polizei, und müssen sich von Sandra Bullock in der Rolle der ermittelnden Kripobeamtin eines Besseren belehren lassen. Weniger überzeugend, wie Regiseur Schroeder die Geschichte ihrer eigenen Vergangenheitsbewältigung inszeniert.

Kritik: (...) Beim schwierigen Katz-und-Maus-Spiel verheddern sich manchmal die Erzählstränge. Zwar weiß man nach kurzer Zeit über die wahren Täter Bescheid, dennoch köchelt die Spannung konstant, weil sich durch Rückblenden immer neue Tatvarianten eröffnen. Es gibt starke Momente und intelligente Detailbeobachtung, aber Verbeugung vor dem Mainstream und kopflastige Psychologie – das kann nicht gut gehen. Durch eine in allen Facetten aufspielende Sandra Bullock und die Jungs Michael Pitt und Ryan Gosling werden Trivial-Klippen aber umschifft.

Margret Köhler, AZ, 27.6.2002

(...) Es liegt nahe, sich bei diesem Film mit der Oberfläche eines gut gelungenen, aber letztlich durchschnittlichen, weil allzu schematisch erzählten Thrillers aufzuhalten. Doch man würde Barbet Schroeder arg unterschätzen, wollte man alles auf ein Porträt kalifornischer Langeweile oder gar ein philosophisches Proseminar reduzieren. (...)

Rüdiger Suchsland, FR, 3.7.2002

(...) »Mord nach Plan« bleibt eigentlich ein Frauenfilm; Sandra Bullock (in diesem Fall war sie, mit Schroeder gemeinsam, auch Produzentin) verfolgt offensichtlich auch irgendeinen Plan: Sie scheint auf der Suche zu sein nach einem sehr widespenstig-verletzlichen Frauenbild. In den letzten drei Jahren hat sie eine Säuferin (»28 Days«), einen Unglücksraben (»Forces of Nature«) und einen Trampel (»Miss Undercover«) gespielt. Es ist, als spiele sie gegen ihre eigenen Ängste an – so wie Cassie eigentlich nicht die altklugen Jungs besiegen muss, sondern vor allem sich selbst.

Susan Vahabzadeh, SZ, 4.7.2002

Mörderherz 552

TV

Regie: Christian Görlitz
Darsteller: Günther Maria Halmer (Daniel Elsner), Julia Stemberger (Lisa Elsner), Gabriele Dossi (Helen), Ulrich Matthes (Dr. Graf), Rüdiger Wandel (Dr. Kirchner), Imogen Kogge
Drehbuch: Christian Görlitz, nach dem gleichnamigen Roman von Brigitte Blobel
Kamera: Hans Grimmelmann
Musik: Jörg Lemberg
Schnitt: Klaus Dudenhöfer
Prod.: Neue Filmprod. TV mit Arte für SWR; D 2002; 90 Min.
UA: 4.7.2002, Filmfest München
TV: 27.9.2002, Arte, 20.40

Nach erfolgreicher Herztransplantation will Daniel Elsner unbedingt alles über den Organspender wissen: Der junge Mann starb bei einem Motorradunfall unweit des Ortes, an dem sich ein grausamer Mord ereignete. Schlägt in seinem Körper das Herz eines Mörders? Was als Spurensuche beginnt, wird zu einer abgründigen Verstrickung in ein fremdes Leben.

AZ TV Journal

Mörderinnen 553

***

TV

Regie: Pepe Danquart
Darsteller: Cornelia Schmaus (Christa Teske), Katja Studt (Lilly), Katja Kolm (Christa, jung), Carin Abicht (Christas Mutter), Giannina Stoltenberg (Lilly)
Drehbuch: Brendan Somers
Kamera: Ciro Cappelari
Musik: Detlef Petersen
Prod.: Multimedia; D 2000; 88 Min.
TV: 16.3.2001, Arte, 20.45; 24.6.2002, ZDF, 20.15

Ein seltsam bizarrer Psychoschocker: Im Angstdrama »Mörderinnen« sitzt die Serienmörderin Christa Teske viele Jahre im Panzer des Schweigens in der Psychiatrie – während draußen die Tochter einer Ermordeten, die als Kind das Massaker an ihrer Mutter mit ansehen musste, auf den Tag wartet, an dem Frau Teske rauskommt.
Doch wie sich die beiden schwer gestörten Frauen dann absurd aufeinander zubewegen, kein einziges der erwarteten Standardgefühle ausleben können und völlig einsam bleiben in ihren Erfahrungen der »Bestialität«, das hat eher die literariche Dimension von Wahnvorstellungen – projiziert auf Alltagssmalltalk und seine tiefenpsychologische Symbolik. Ein schwerblütiger Weg durch seelische Einbahnstraßen.

Ponkie, AZ, 21.6.2002

Morella 554

THE CLONING OF MORELLA / MORELLA

**

Video

Regie: James Glenn Dudelson
Darsteller: Angela Jones (Dr. Patricia Morella/Sarah Lynden), Nicholas Guest (Dr. Edgar Lyndon), Khrystyne Haje (Insp. Farrow), Lisa Darr (Jenny Lynden), Robert Lipton (Dr. Peter Rivera)
Drehbuch: Ana Clavell, nach einer Erzählung von Edgar Allan Poe
Kamera: Jesse Weathington
Musik: Chris Anderson, Carl Schurtz
Schnitt: Ana Clavell
Prod.: Allott; USA 1996; 90 Min.
Vertrieb: e-m-s Video, 26.3.2002
FSK: ab 16 J.

Nach Brand in Genlabor kommen die dort betriebenen, ungeheuer ungeheuerlichen (Selbst-)Versuche ans Licht. Ödes Sciencefiction-Gedöns.

Der Morgen nach dem Tod 555

***

TV

Regie: Sibylle Tafel
Darsteller: Gregor Törzs (Thomas Winter), Deborah Kaufmann (Sarah), Karina Krawczyk (Janine/Viola), Steffen Schroeder (Adam), Arnulf Schumacher (Dr. Essling), Uwe Bertram (Dr. Roland)
Drehbuch: Sibylle Tafel, nach der Vorlage von Marc Holzmann
Kamera: Wolfgang Aichholzer
Schnitt: Brigitta Tauchner
Prod.: Roxy Film für Pro7; D 2001; 94 Min.
UA: 3.7.2002, Filmfest München
TV: 7.11.2002, Pro7, 20.15

In seinem kreativen Schriftstellerloch als Freizeit-Fallschirmspringer tappt der Herr Bestsellerautor wie in Trance durch seine Absturzvisionen, und man ahnt schon dunkel, dass böse Weiber dahinter stecken. Sie gaukeln ihm vor, er habe die eine ermordet und die Leiche vergraben – und basteln damit an seinem Abhängigkeitstrauma. Psycho-Nebel und Regennächte: Hirnsausen bei Schriftstellers.

Ponkie, AZ, 9.11.2002

Moro no Brasil 556

MORO NO BRASIL

****

Regie: Mika Kaurismäki
Darsteller: Tavares da Gaita, Setka, Joao do Pifano, Silverio Pessoa, Jacinto Silva, Canbina Brasileira
Drehbuch: Mika Kaurismäki
Kamera: Jacques Cheuiche

Schnitt: Karen Harley
Prod.: Magnatel/Arte/TV Cultura/Yle TV1/ Marianna Film/Lichtblick; D/Brasilien/ Finnland 2002; 105 Min.
Verleih: movienet, 21.2.2002

Reisebericht aus Brasilien, der Ursprünge und Spielarten südamerikanischer Musikkultur dokumentiert und dabei Straßenmusikanten und Instrumentenbauer, Komponisten und Tanzkapellen vorstellt. Besonders materiell unterprivilegierten Brasilianern dient ihre Musik, die eng mit Tanz, Trance und Ritualen verbunden ist, nicht bloß zur Unterhaltung, sondern auch als Überlebenshilfe und zur Wahrung der Selbstachtung.
Ralph Umard, tip, 4/2002

Interview: Ich habe aufgenommen, was mir gefällt. Die Auswahl war dann die schwierigste Etappe, schließlich kann ich nur einen kleinen Ausschnitt des musikalischen Reichtums zeigen. Die gesamte brasilianische Musik in einen Film zu pressen ist ungefähr so, als wenn man alle musikalischen Traditionen Europas im Schnelltempo durchläuft. Also habe ich mich für den Nordosten und Rio entschieden. Nach dreimonatiger Drehzeit hatte ich 100 Stunden Material für einen 100-Minuten-Film. Ich habe dann versucht, auf eine Reise durch die Musikgeschichte zu gehen. Der Film beginnt mit den Indianern. Ihre Musik veränderte sich mit der Ankunft der Portugiesen und Schwarzen, die ihre eigenen Rhythmen, Tänze und Instrumente mitbrachten. Um diese Linie durchzuhalen, musste ich selbst Musik von meinen besten Freunden rausschmeißen.
Mika Kaurismäki im Interview mit Katharina Dockhorn, Zitty, 5/2002

Mortal Transfer 557
MORTEL TRANSFERT ***

Regie: Jean-Jacques Beineix
Darsteller: Jean-Hugues Anglade (Michel Durand), Hélène de Fougerolles (Olga Kubler/Prostituierte), Miki Manojlovic (Erostrate), Valentina Sauca (Hélène Maier), Robert Hirsch (Armand Zlibovic), Yves Rénier (Max Kubler)
Drehbuch: Jean-Jacques Beineix, nach dem gleichnamigen Roman von Jean-Pierre Gattegno
Kamera: Benoît Delhomme
Musik: Reinhardt Wagner
Schnitt: Yves Deschamps
Prod.: Cargo/Odeon mit Canal+; Frankreich/D 2000; 122 Min.
UA: 10.1.2001, Paris
EA: 12.2.2001, Int. Filmfestspiele Berlin, »Panorama«
Verleih: Concorde, 31.1.2002
FSK: ab 18 J., ffr.

Der Psychoanalytiker weiß nicht mehr, was er tun soll, als seine hübsche Lieblingspatientin plötzlich tot auf der Couch liegt. *Zitty, 4/2001*

Kritik: (...) Auch dieses jüngste Werk (nach achtjähriger Kinoabstinenz) legt die Schwächen des Regisseurs bloß: Beineix' Stil besteht darin, keinen zu besitzen. Er schwankt unentschlossen zwischen einem Mysterykrimi und einer Thrillerburleske, vergreift sich mehrfach lustvoll im Ton seiner Inszenierung, vermag aber dennoch eine grundsätzliche Spannung aufrechtzuerhalten. Auf Beineix' Geniestreich werden wir noch warten müssen, doch dieser Film beweist zumindest, dass er dazu in der Lage wäre. *W. O. P. Kistner, AZ, 31.1.2002*

(...) Leider verliert Beineix, der auch das Drehbuch geschrieben hat, vor lauter guten Einfällen zeitweise die Geschichte aus den Augen. Max Kubler, Durands Geliebte Hélène, sein rätselhafter Supervisor, ein Nekrophiler auf dem Friedhof, der Weihnachtsmann – bis zur Aufdeckung der perfiden Verschwörung ist man selber schon ganz gaga. Was der Meister damit sagen will, wird einem in der letzten halben Stunde ziemlich schnurz. Aber immerhin: Der Anfang ist und bleibt ein Kracher.
Susanna Nieder, Der Tagesspiegel, 31.1.2002

Interview: *Muss ein Filmemacher etwas verrückt sein?*

Wer kreativ ist, ist meist auch neurotisch. Ich habe allerdings nichts mit dem Psychoanalytiker im Film gemein. Es geht nicht um meine Fantasmen, sondern um den schmalen Grat zwischen Normalität und Wahnsinn, die sich gegenseitig bedingen. Wahnsinn bedeutet permanentes Risiko. Ich finde es immer erstaunlich, wie schnell man von einem Extrem in das andere rutschen kann. Das ist wie Tiefseetaucherei, man darf nicht allzu lange unten bleiben.

Was halten Sie von einem Leben im Mittelmaß?

Manchmal träume ich davon, mittelmäßiger zu sein, ein ganz normales Leben zu führen. Leider nur Wunschdenken. Neurosen und Wahnsinn gehören zum Mythos der Künstler. Ganz schön gefährlich, denn nur die Arbeit existiert real, da muss man sich hineinknien. Ich brauchte acht Jahre, um das zu verstehen.

Plagen Sie Selbstzweifel?

Und wie! Nach der ersten Vorführung von »Betty Blue« war ich völlig fertig, meine Cutterin musste mich mit Champagner abfüllen und mir gut zureden. Dabei lief der Film sehr gut. Je mehr Erfolg ein Film hat, umso schlimmer wird es. Da verlässt mich auch der Rest von Humor.

Jean-Jacques Beineix im Interview mit Margret Köhler, AZ, 31.1.2002

Mothers of Life 558
ELÄMÄN ÄIDIT □

Regie: Anastasia Lapsui, Markku Lehmuskallio
Drehbuch: Anastasia Lapsui, Markku Lehmuskallio
Kamera: Markku Lehmuskallio
Musik: Uskao Maritäinen; Anastasia Lapsui (Lieder)
Schnitt: Anastasia Lapsui, Markku Lehmuskallio
Prod.: Giron Filmi; Finnland 2002; 74 Min.
UA: 11.2.2002, Int. Forum des Jungen Films Berlin
Verleih: Freunde, September 2002

»Mothers of Life« ist ein Film über eine Mutter und eine Tochter, Mjusena und Tatjana, zwei starke Frauen, die von Hütte zu Hütte ziehen, von Familie zu Familie, um einen Platz zu finden, an dem sie bleiben können. Schließlich findet Tatjana eine Arbeit in einem staatlich geführten Landwirtschaftsbetrieb. Ihre Mutter Mjusena schließt sich ihr an. Sie haben ihre Unabhängigkeit verloren und sind zu Dienstboten geworden.

Anastasia Lapsui, Markku Lehmuskallio, Katalog Forum, 2002

The Mothman Prophezeihungen 559
THE MOTHMAN PROPHECIES ***

Regie: Mark Pellington
Darsteller: Richard Gere (John Klein), Laura Linney (Connie Parker), Will Patton (Gordon Smallwood), Lucinda Jenney (Denise Smallwood), Debra Messing (Mary Klein), Alan Bates (Alexander Leek)
Drehbuch: Richard Hatem, nach dem Roman »The Mothman Prophecies« von John A. Keel
Kamera: Fred Murphy
Musik: Tomandandy
Schnitt: Brian Berdan
Prod.: Lakeshore Ent.; USA 2001; 119 Min.
Verleih: Concorde, 25.4.2002
Vertrieb: Euro Video (Video, DVD)
FSK: ab 12 J., ffr.

Starreporter John Klein hat seine Frau verloren und jagt nun in der Kleinstadt Point Pleasant unheimliche Mottenmänner, die Vorboten schrecklicher Ereignisse sein sollen. Trotz vieler Klischees und einiger Längen ein solider Gruselthriller voll düsterer Bilder, in dem Ladykracher Richard Gere gar nicht erst zum Schmusen kommt. Dafür darf er im Finale die blonde Kleinstadtpolizistin Connie Parker aus einer prima Katastrophe retten.

Jörg Buttgereit, tip, 9/2002

Kritik: (…) Damit wäre ein Großteil der gelungenen Gere-Filme schon aufgezählt. Er mag Buddhist sein, aber das einzige Wesen, das er wirklich liebt, ist er selbst – und das merkt man leider in jeder Einstellung. So richtet er schließlich auch diesen Film zugrunde – da hilft die visuelle Brillanz von Mark Pellington, der den sehr guten »Arlington Road« vorgelegt hatte, am Ende wenig. (…)
Tobias Kniebe, SZ, 25.4.2002

(…) Zwei Aspekte verhindern den Totalabsturz dieses cineastischen Unfugs: Richard Gere ist ein charismatischer Schauspieler, der durch sein Spiel noch jeden Film zusammenhalten kann. Und der Regisseur erspart es sich, das thematisierte Mottenmonster jemals zu zeigen. Damit kommt er um peinliche Effekte herum. *Adrian Prechtel, AZ, 25.4.2002*

(…) Regisseur Mark Pellington trat bislang mit dem U2-Konzertfilm »Achtung Baby« und dem zähen Agenten-Paranoia-Stück »Arlington Road« in Erscheinung. Hier darf er den solide mimenden Gere durch diverse Gänsehautszenen jagen, die unerklärlich bleiben wie in vielen Gruselfilmen neueren Zuschnitts. Weil unsere rationalistische Welt nicht mehr so gut auf Monster anspricht, bleibt die Ursache des Grauens gern mal ungeklärt, wirkt dafür aber umso eisiger – wie etwa bei »The Sixth Sense« mit Bruce Willis. (…)
Ralph Geisenhanslüke, Der Tagesspiegel, 25.4.2002

Mr. Accident 560
MR. ACCIDENT **

Regie: Yahoo Serious
Darsteller: Yahoo Serious (Roger Crumpkin), Helen Dallimore (Sunday Valentine), David Field (Duxton Chevalier), Grant Piro (Lyndon), Jeanette Cronin (Constable Rikki), Garry McDonald (Kelvin Chevalier)
Drehbuch: Yahoo Serious
Kamera: Steve Arnold
Musik: Nerida Tyson-Chew
Schnitt: Simon Martin
Prod.: Goldwyn/Serious Prod.; USA/Australien 2000; 85 Min.
Verleih: Tobis, 8.10.2002
Vertrieb: BMG Video (Video, DVD)
FSK: ab 6 J.

Tollpatsch Roger versucht die Pläne eines skrupellosen Eierfabrikanten durch gezielte Sabotage zu unterminieren. Australische Trottelklamotte der derben Natur.

Mr. Bones 561
MR. BONES **

Regie: Gray Hofmeyr
Darsteller: Leon Schuster (Bones), David Ramsey (Vince Lee), Faizon Love (Pudbedder), Jane Benney (Laleti), Robert Whitehead (Zach Devlin), Fem Belling (Dora)
Drehbuch: Leon Schuster, Greg Latter, nach einer Story von Leon Schuster
Kamera: Buster Reynolds
Musik: Julian Wiggins
Schnitt: Carl Morgan, Johan Lategan
Prod.: Videovision Ent. mit Distant Horizon; Südafrika 2001; 110 Min.
Verleih: Constantin, 4.7.2002

Bones, der weiße Medizinmann der Kuvukis, wird beauftragt, den verlorenen Sohn des Stammesältesten zu finden. Sie Suche führt ihn nach Sun City, dem Party- und Spielerparadies im afrikanischen Dschungel: Dort glaubt er in dem amerikanischen Supergolfer Vince Lee den Häuptlingssohn zu erkennen. Kurzerhand kidnappt Bones diesen und sorgt für ein unglaubliches Chaos.

Kritik: (…) Die krude Geschichte mit dem südafrikanischen Star Leon Schuster mixt Regisseur Gray Hofmeyr mit Aufnahmen aus seiner Heimat, vielen Special Effects, noch mehr durchgeknallten Gags und Fäkalien in jeder erdenklichen Form. In Südafrika ein Boxoffice-Hit, tritt die überbordende Komödie nun hier an, um Fans von »Dumm und Dümmer« oder »American Pie« das Fürchten zu lehren. Nur für hartgesottene Humorfreunde. *Zitty, 17/2002*

Mr. Deeds 562
MR. DEEDS ***+

Regie: Steven Brill
Darsteller: Adam Sandler (Longfellow Deeds), Winona Ryder (Babe Bennett), Peter Gallagher (Chuck Cedar), Jared Harris (Mac McGrath), Allen Covert (Marty), Erick Avara (Cecil Anderson)
Drehbuch: Tim Herlihy, nach einer Story von Clarence Budington, Kelland, inspiriert von »Mr. Deeds Goes to Town« von Frank Capra
Kamera: Peter Lyons Collister
Musik: Teddy Castellucci
Schnitt: Jeff Gourson
Prod.: Happy Madison Prod. mit Out of the Blue Ent.; USA 2002; 96 Min.
Verleih: Columbia TriStar, 15.8.2002
FSK: ab 6 J., ffr.

Der Komiker Adam Sandler wandelt als Pizzabäcker Longfellow Deeds auf den Spuren von Gary Cooper aus dem Frank-Capra-Klassiker »Mr. Deeds geht in die Stadt« von 1936. Während Cooper noch die wirtschaftlichen Interessen mit purer Menschlichkeit besiegen durfte (er benutzte seine Millionen, um Farmern zu helfen), kann Sandler zwar Arbeitsplätze retten, aber nicht die Erbschaft. Dafür gewinnt er Winona Ryder. Ein Hollywoodmärchen als harmlose Sommerkomödie.
Manfred Hobsch, Zitty, 17/2002

Kritik: (...) »Mr. Deeds« ist also ein Film, der nicht nur zeigt, dass die Zeiten für Frank-Capra-Filme vorbei sind, sondern auch ein Film, der an nichts mehr glaubt – außer an die Vermarktungschance seiner eigenen Widerwärtigkeit. Insofern ist das dann also doch ein Film, der noch hofft.
Rupert Koppold, Stuttgarter Zeitung, 15.8.2002

Mr. Undercover 563
CORKY ROMANO ***

Regie: Rob Pritts
Darsteller: Chris Kattan (Corky Romano), Peter Falk (Pops Romano), Peter Berg (Paulie Romano), Chris Penn (Peter Romano), Richard Roundtree (Howard Shuster), Vinessa Shaw (Kate Russo)
Drehbuch: David Garrett, Jason Ward
Kamera: Steve Bernstein
Musik: Randy Edelman
Schnitt: Alan Cody
Prod.: Corky Prod./Touchstone/Walt Disney; USA 2001; 83 Min.
Verleih: Buena Vista, 24.1.2002
Vertrieb: Touchstone (Buena Vista) Video (Video, DVD)
FSK: ab 12 J., ffr.

Corky ist die Familienschande der Romanos, einer ehrwürdigen Mafiafamilie. Doch der schrille Tollpatsch ist ausersehen, belastendes Beweismaterial aus der Asservatenkammer des FBI zu stehlen und Daddy so vorm Knast zu retten. Hauptdarsteller Chris Kattan kommt aus der »Saturday Night Live«-Comedy-Schmiede des US-Fernsehens, sein stets stolpernder und stotternder Duseldepp mit Herz eher aus der Klamottenkiste des Kinos. *Annette Kilzer, tip, 2/2002*

(...) Jener Corky Romano, verstoßener Sohn einer mafiösen Rumpffamilie, der von seiner Sippe als Supermaulwurf ins FBI eingeschleust wird, liefert den überzeugenden Beweis dafür, dass im Kino Dämlichkeit manchmal ansteckend sein kann. Aber keine Sorge, als Zuschauer hat man nichts zu befürchten. Denn der Corky-Darsteller Chris Kattan immunisiert einen mit seinen Grinsattacken und seinen spastischen Ausfällen, die er als Slapstickeinlagen tarnt, gegen jegliche Bereitschaft, die Blödeleien des Films wenigstens als trashverdächtigen Unterhaltungsramsch zu goutieren. *Thomas Basgier, Stuttgarter Zeitung, 24.1.2002*

Kritik: (...) Zum Glück aber stand hier Kattan Pate für die Possenreiterei. Denn viele der teilweise abgestandenen Gags zünden nur, weil gerade er sie zum Besten gibt. Als ständig stolpernder und stotternder Duseldepp macht Kattan eine wirklich komische Figur. Und lenkt damit den Betrachter von der Talentlosigkeit ab, die hier wohl ansonsten am Filmset geherrscht hat. *Albert Baer, Rheinische Post, 26.1.2002*

Mulholland Drive 564
MULHOLLAND DRIVE ****

Regie: David Lynch
Darsteller: Laura Elena Harring (Rita/Camilla), Ann Miller (Coco Lenoix), Justin Theroux (Adam Kesher), Robert Forster (Harry McKnight), Dan Hedaya (Vincenzo Castiglione), Naomi Watts (Betty/Diane)
Drehbuch: David Lynch
Kamera: Peter Deming
Musik: Angelo Badalamenti
Schnitt: Mary Sweeney
Prod.: Les Films Alain Sarde/Studio Canal+/Asymmetrical; USA 2001; 52 Min.
UA: 15.5.2001, Int. Filmfestspiele Cannes
Verleih: Concorde, 3.1.2002
FSK: ab 16 J., ffr.

Kritik: (…) Keine »Streight Story« wie beim letzten Lynch, sondern ein endlos ineinander verflochtenes Band von Bildern und Bedeutungen, surrealer und vertrackter noch als »Lost Highway«. So schön anzusehen, dass man hofft, es möge niemals enden, und so verworren, dass der Film vielleicht nur als Endlosschleife funktioniert. Wer je den Mulholland Drive entlanggefahren ist, wird nicht überrascht sein: Keine Straße in Los Angeles ist so kurvenreich wie diese, gewundener und verschwiegener noch als die dunkelsten Passagen des Sunset Boulevards.

Tobias Kniebe, SZ, 18.5.2001

(…) Das ist alles hübsch anzusehen, mal witzig, mal großartig, nur kann es eben seine Existenz als Pilotfilm nicht verhehlen: Einzelne Figuren werden nur eingeführt. Nach gut zwei Stunden ändert der Film komplett die Tonart. Alles zuvor Gesehene wird infrage gestellt, eine weitere Ebene öffnet sich: von einer Frau, die sich eine idealisierte Version ihres Lebens erträumt. Ein zwiespältiger Film, der dennoch typisch Lynch ist.

Michael Meyns, Zitty, 1/2002

(…) Verständlich, dass der amerikanische Fernsehsender ABC nach diesem Pilotfilm auf eine Serie namens »Mulholland Drive« verzichtete. Aber auch im Kino – der französische Produzent Alain Sarde spendierte für sieben Millionen Dollar zusätzliche Drehwochen und die Endfertigung – geht die Rechnung am Ende nicht auf. Kino braucht es zwar nicht immer »streight«, aber »Mulholland Drive« treibt das Abenteuer zu weit: Der Film ist Rausch und Aspirin in einem, er verzaubert und ernüchtert zugleich. (…)

Jan Schulz-Ojala, Der Tagesspiegel, 3.1.2001

(…) Keine Symbole – auch Lynch begnügt sich, das Disparate zusammenzustellen, er sucht die Reibung des Materials. Selten ist man so ins Vibrieren gekommen im Kino der letzten Monate wie bei Naomi Watts und Laura Elena Harring, die zerbrechlich und robust in einem sind. Und in Ann Miller, der wackeren Tapdancerin der 40er, haben sie eine mehr als gute Fee. Dazu spuken Erinnerungen ans europäische Kino durch den Film – in jeder zweiten Kritik taucht, als Referenzfilm, »Persona« auf von Ingmar Bergman mit Liv Ullmann und Bibi Andersson. (…)

Fritz Göttler, SZ, 2.1.2002

(…) Woher kommen nur die vielen angerissenen Szenen, Plots und Geschichten in diesem Film? Nein, sie können nicht nur im Kopf einer jungen, blonden Frau erzeugt werden. Sie scheinen vielmehr aus dem Untergrund von L. A. selbst aufzusteigen. So als hätten sich in der Kinohauptstadt der Welt über die Jahrzehnte so viele Erzählungen abgelagert und eingeschrieben, dass diese nun wieder und wieder und wie unter Zwang reproduziert werden müssen. Und in David Lynchs Reproduktion formt sich dieses Material zu einer Art Bild- und Storyarchiv des kollektiven amerikanischen Unterbewusstseins. (…)

Rupert Koppold, Stuttgarter Zeitung, 28.12.2001

Interview: *Mr. Lynch, die Geschichte von »Mulholland Drive« ist logisch*

Laura Elena Harring und Naomi Watts in ›Mulholland Drive‹

kaum noch erklärbar. Hatten Sie überhaupt ein Drehbuch?

Meine Arbeit läuft anders: Ich habe zuerst visuelle Einfälle, entweder fallen sie mir einfach so ein oder ich werde angeregt in meinem Leben. So war es auch bei »Mulholland Drive«. Ich bin eines Nachts wirklich über diese Straße gefahren, oberhalb von Los Angeles in den Bergen von Santa Maria. Alles fügte sich in meinem Kopf zum perfekten Bild: die mystische Dunkelheit, die symbolischen Gegenstände, die unheimliche Atmosphäre. Es entstanden sofort ganz konkrete Vorstellungen, wie bestimmte Szenen in meinem Film auszusehen haben. Erst dann entwickelte ich die Handlung um die Bilder herum und kümmerte mich um die Schlüssigkeit der Charaktere.

Die Figuren wirken ganz klar definiert, fast typisch, wenig individuell. Wie haben Sie Ihre klassischen Schönheiten ausgesucht?

Ich wusste nichts über Laura Elena Harring und Naomi Watts. Nicht einmal, dass letztere Soap-Star war. Aber sie waren die Typen, die ich brauchte: blond, angelsächsisch und unglaublich amerikanisch die eine, und der dunkle, mondäne, hispano-amerikanische Typ die andere. Sie bilden Gegensätze, sind aber in ihrer klassischen Weiblichkeit und Schönheit wieder sehr verwandt.

Wie soll man mit den unheimlich verwirrenden Handlungssträngen umgehen?

Ich glaube, man muss meine visuellen und akustischen Einfälle auf sich wirken lassen und in ihren Sog geraten. Und zum Schluss soll man aus dem Kino kommen und im Idealfall meine Bilder nicht mehr loswerden. Nicht, weil sie so grausam sind, sondern weil sie eine überwältigende Intensität erreichen wollen. Das gilt vor allem für Räume und Atmosphäre. Ich zeige auch Gefühle ganz intensiv und vielleicht typisch amerikanisch. Aber ich schließe nicht plump die Tür hinter diesen Bildern, ich lasse Interpretationsspielraum: Das ist das Spiel mit dem Zuschauer, dass er – wie vielleicht auch ich und die Figuren selbst – nicht genau weiß, was ist Wahrheit, was ist Schein.

Warum ist der Film als Fernsehserie bei ABC nicht wie geplant zustande gekommen?

Die Typen bei ABC haben die Pilotszenen für die Serie gehasst. Ich habe dann einen Film daraus gemacht und musste keine einzige zusätzliche Szene drehen: Es ist eine neue Vision entstanden, die aus all den Teilen zusammengesetzt wurde. Und nicht nur mich macht mein Werk euphorisch.

David Lynch im Interview mit Adrian Prechtel, AZ, 31.1.2002

Hat Lynch die Gabe, jemanden auf charmante Art schlecht zu behandeln?

Watts: Ja, er beleuchtet deine dunklen Seiten. Er sitzt dann wie ein Vampir da, dem das Wasser im Mund zusammenläuft, und wartet darauf, dich auszusaugen. Normalerweise schrecke ich davor zurück, aber bei David habe ich mich diesem Spiel ausgeliefert. Mir hat's gefallen. Und ich bin vielleicht offener geworden. Für David würde ich alles machen!

Harring: Viele Menschen halten Lynch für seltsam und verdreht, aber ich fand ihn völlig normal und hatte das Gefühl, ihn schon seit langem zu kennen. Wir haben stundenlang über mich, meine Erfahrungen in Indien als Sozialarbeiterin und die indische Philosphie geredet. Als er mir die Musik zum Film vorspielte, konnte ich die Stimmung schon spüren, obwohl ich das Drehbuch noch gar nicht gelesen hatte. Aber ausschlaggebend für Lynch war wohl, dass ich auf dem Weg zum Treffen einen Autounfall hatte!

Naomi Watts und Laura Elena Harring im Interview mit Marcus Rothe, SZ, 3.1.2002

Mutant Aliens 565

MUTANT ALIENS **

Video

Regie: Bill Plympton
Drehbuch: Bill Plympton
Kamera: John Donnelly
Musik: Hank Bones, Maureen McElheron
Schnitt: Anthony Arcidi
Prod.: Plymptoons; USA 2001; 83 Min.
Vertrieb: Anolis, 24.9.2002
FSK: ab 16 J.

Freundliche Aliens retten Astronauten das Leben, der nach 20 Jahren auf die Erde zurückkehren kann. Splatter neben Satire, Witz neben Schrott – ein Sciencefiction-Comic von MTV fürs eigene Publikum …

Die Mutter 566

****+

TV

Regie: Matti Geschonnek
Darsteller: Martina Gedeck (Vera Zardiss), Harald Krassnitzer (Jürgen Zardiss), Lena Lauzemis (Anne), Nadja Bobyleva (Rena), Gudrun Ritter (Helene), Ulrich Matschoss (Dolf)
Drehbuch: Hannah Hollinger, nach dem gleichnamigen Roman von Petra Hammesfahr
Kamera: Rudolf Blahacek
Musik: Hans Peter Ströer
Schnitt: Heidi Handorf
Prod.: Allmedia mit WDR; D 2002; 90 Min.
TV: 30.10.2002, ARD, 20.15

Das notdürftig arrangierte Lebensidyll der Ärztin Vera stellt sich nach dem mysteriösen Verschwinden ihrer halbwüchsigen Tochter als brüchig und trügerisch heraus und trübt sich schubweise in Richtung Albtraum ein: Vera wird durch den Verlust bewusst, wie erdrückend eng das Geflecht aus allseitigen Abhängigkeiten, Vergangenheitshypotheken, reflexartigen Schuldzuweisungen und lebenslangen Vorwürfen in dem nur scheinbar straff und effizient organisierten Familienverband inzwischen geworden ist. – Mit dem Verzicht auf ein Happy End setzte der Regisseur den adäquaten Schlusspunkt zu seiner Inszenierung, die sich mit allen Fasern gegen sämtliche Schablonen glatter, gängiger Mainstreammelodramen stemmte. (…)

W. O. P. Kistner, AZ, 2.11.2002

Kritik: (…) Ein dunkles Meisterwerk ist Regisseur Matti Geschonnek mit diesem Psychodrama gelungen, in dem kein Wort, kein Bild in Pathos abrutscht, kein Gefühl zu dick aufgetragen ist, in dem der Zerfall einer »glücklichen Familie« so leise, so schnell, so scheinbar unspektakulär vonstatten geht wie sonst nur im Leben. *Mechthild Zschau, Der Tagesspiegel, 30.10.2002*

Mutter 567

****

Regie: Miklòs Gimes
Drehbuch: Miklòs Gimes
Kamera: Pio Corradi
Musik: Des Laszlo
Schnitt: Gion-Reto Killias
Prod.: T&C Film mit DRS; Schweiz 2002; 95 Min.

UA: September 2002
Verleih: Columbus, CH, November 2002 (CH)

Die 81-jährige Witwe eines 1958 als führender Kopf des Ungarnaufstands von 1956 hingerichteten Journalisten erzählt ihrem Sohn, dem Züricher Journalisten und Filmautor Miklòs Gimes, die Geschichte ihres bewegten Lebens zwischen den Brennpunkten des politischen Geschehens in Ungarn und dem Exil in der Schweiz, wohin sie nach dem Aufstand mit ihrem Kind geflohen ist. Der geschickt mit zeitgenössischen Aufnahmen durchmischte Film vermittelt erlebte Geschichte – teils aus nächster Nähe, teils mit dem analytischen Blick aus heutiger Sicht.

Neue Züricher Zeitung Online

Mutter auf der Palme 568

***

TV

Regie: Dror Zahavi
Darsteller: Saskia Vester (Helen Behringer), Florian Martens (Karl), Tanja Maier (Julia), Clemens Jakubetz (Marvin), Friederike Wagner (Gitta), Eva Mannschott (Inga)
Drehbuch: Nani Malo
Prod.: D 2002; 93 Min.
TV: 3.12.2002, SAT.1, 20.15

(…) Als Saskia Vester als treu sorgende Mutti, deren 40. Geburtstag von Mann und Kindern vergessen wurde, die Schnauze voll hat vom dienenden Mutti-Leben, kraxelt sie ins Kinder-Baumhaus und ruft den Streik aus. Und wir wissen schon im Voraus, wie die Läuterung des Macho-Gatten und der Gören ihren Lauf nimmt. (…) Da auch die Nachbarinnen Gefallen am Aufstand finden, haben wir hier eine späte Emanzipationskomödie light für die konservative Softgesellschaft. (…) *Ponkie, AZ, 5.12.2002*

My Brother Tom 569

MY BROTHER TOM ***+

Regie: Dom Rotheroe
Darsteller: Jenna Harrison (Jessica), Ben Whishaw (Tom), Honeysuckle Weeks (Sarah), Michael Erskine (Ian), Adrian Rawlins (Jack), Judith Scott (Jessicas Mutter)
Drehbuch: Dom Rotheroe, Alison Beeton-Hilder
Kamera: Robby Müller
Musik: Annabelle Pangborn
Schnitt: David Charap
Prod.: W. O. W. Prod. mit Trijbits Prod. für Film Four; GB 2001; 109 Min.
Verleih: Piffl, OmU, 10.10.2002

Ein Schulmädchen, das von seinem Lehrer halb verführt, halb vergewaltigt wird. Ein fast gleichaltriger Junge, den sein Vater regelmäßig sexuell missbraucht. Eltern und Priester, die nichts davon wahrnehmen oder nichts wahrnehmen wollen: Als Problemfilm, inszeniert innerhalb der realistischen Traditionen des britischen Kinos, wäre die Story von »My Brother Tom« schwerlich auszuhalten. Dom Rotheroe, bekannt geworden durch seinen Dokumentarfilm »A Sarajewo Diary« und dessen Fortsetzung »From Bad to Worse«, wusste sehr genau, dass er diese riskant zugespitzte Geschichte nicht mit den in den Spielfilm transponierten Mitteln des Dokumentaristen erzählen durfte. Er sucht einen Mittelweg zwischen Fantastik und Hypernaturalismus. Das Beste, was man über das Ergebnis von Rotheroes Spielfilmdebüt sagen kann: Es ist irritierend, ebenso unbequem wie ungewöhnlich und vor allem radikal gegen alle Erwartungen.

(…) Gegenüber seinen beiden Protagonisten – sie sind und bleiben im Grunde die einzig Unschuldigen – nimmt Rotheroe eine weit klarere Haltung ein als gegenüber seiner Geschichte, bei deren Erzählung er sich befremdende Momente des Voyeurismus erlaubt und sich unterschwellig an der Provokation durch den »Skandal« zu delektieren scheint. Bezeichnend sind die Interviews des Regisseurs, in denen er herzlich wenig über die Figuren und ihre Konflikte äußert, dafür aber umso ausgiebiger und bereitwilliger auf die Arbeit mit der kleinen DV-Kamera (Robby Müllers Bilder verströmen eine irritierende Poesie) und den beiden jungen Schauspielern eingeht – als wäre alles Erzählte nur ein Anlass für die Ausübung von filmischem Handwerk.

H. G. Pflaum, epd-Film, 10/2002

My First Mister 570

MY FIRST MISTER ***

Regie: Christine Lahti
Darsteller: Albert Brooks (Randall, »R«), Leelee Sobieski (Jennifer, »J«), Desmond Harrington (Randy), Carol Kane (Mrs. Benson), Mary Kay Place (Schwester Patty), Michael McKean (Bob)
Drehbuch: Jill Franklyn
Kamera: Jeffrey Jur
Musik: Steve Porcaro
Schnitt: Wendy Greene Bricmont
Prod.: Total Film Group mit Film Roman/ Firelight/Apollo Media; USA 2000; 109 Min.
UA: 18.1.2001, Sundance Film Festival
Verleih: Filmwelt, 25.7.2002
FSK: ab 12 J., ffr.

Beeindruckend schön gespielter Außenseiter-findet-Freund-fürs-Leben-und-Rückkehr-in-die-Gesellschaft-Kitsch: Jennifer, eine 19-jährige Gruftiemaus ohne Zukunftsaussichten, befreundet sich mit ihrem neuen Arbeitgeber, dem spießigen, aber verständnisvollen Herrenmodengeschäftsbesitzer Randall. Durch die Beziehung der beiden lernt Jennifer alles über Einsamkeit, Freundschaft und Familie, und auch Randall findet als Jennifers väterlicher Helfer aus seiner selbst gewählten Isolation. Zum Schluss geht alles in einer harmonischen Familienblase auf – und die Piercings sind auch zugewachsen. Trotzdem nett.

Jenni Zylka, tip, 15/2002

Kritik: (...) Und dann kommen die beiden einander näher, und der Tonfall des Films verwandelt sich allmählich zu einer sensiblen Auffächerung der Gefühle. Weder um Sex noch um eine Lolita-Story geht es, sondern darum, wie zwei Einzelgänger, zwei verlorene Seelen zueinander Vertrauen gewinnen – zeige deine Wunden, das ist der Zauberschlüssel. Randall gesteht die Ängste, die ihn lähmen, Jennifer zeigt ihm ihren von Narben der Selbstverstümmelung übersäten Unterarm. Jede Begegnung ist ein Drahtseilakt des Aufeinanderzugehens, und wenn Jennifer dann ihr Punk-Outfit ablegt, ist das keine Bekehrung, sondern ein Aufblühen.

Rainer Gansera, SZ, 18.8.2002

(...) Schlecht gespielte und inszenierte Tragikomödie, die sich nicht entscheiden kann, ob sie die ausgestellten gesellschaftlichen Werte karikieren oder deren Spießigkeit feiern will.

Jörg Gerle, Film-Dienst, 15/2002

My Sweet Home 571

***

Regie: Filippos Tsitos
Darsteller: Harvey Friedman (Bruce), Nadja Uhl (Anke), Mario Mentrup (Kneipenbesitzer), Monika Hansen (Ankes Mutter), Michael Schweighöfer (Taxifahrer), Neil D'Souza (Ino)
Drehbuch: Filippos Tsitos
Kamera: Hanno Lentz
Musik: No Smoking Band, Nelle Karaiilic, Dejan Sparavalo
Schnitt: Petar Markovic, Nebojsa Stanojevic
Prod.: Twenty Twenty Vision/Pandora Film/ Ideefixe mit ZDF/Arte/DFFB; D/Griechenland 2000; 83 Min.
UA: 16.2.2001, Int. Filmfestspiele Berlin, »Wettbewerb«
Verleih: Pegasos, 2.5.2002
FSK: ab 12 J., ffr.

Tsitos' Spielfilmdebüt ist eine interkulturelle Tragikomödie um einige Spinner, die bei einer Party am Vorabend einer deutsch-amerikanischen Hochzeit aufkreuzen.

Moving Pictures at the Berlinale 2001

Kritik: (...) Lauter Minidramen, die der Regisseur nicht zu einer Geschichte zusammenbringt. Tsitos wollte wohl das Unbehaustsein der Menschen in der Anonymität der Großstadt zeigen: Niemand ist dort, wo er sein will. Die Tristesse vereint die Enttäuschten zu einem exaltiert-alkoholumnebelten Tanz auf dem Vulkan. Das Stilmittel Chaos funktioniert hier aber nicht.

Angie Dullinger, AZ, 16.5.2002

(…) Mit »My Sweet Home«, seinem DFFB-Abschlussfilm, bemüht sich Filippos Tsitos ehrlich um die Idee eines kosmopolitischen Berlin und bleibt doch im Klischee vom Multikulti-Kreuzberg stecken. *tip, 10/2002*

(…) Desorientierte Menschen, Solidarität unter Gestrandeten, gebrochene Folkloren: »My Sweet Home« ist eine ziemlich konstruierte Geschichte, die permanent mit Stereotypen arbeitet, ohne auch nur eine der Figuren ernst zu nehmen, und auch nicht eben durch schauspielerische Leistungen glänzt. Merkwürdig auch, dass der kleinste gemeinsame Nenner nicht die deutsche Sprache ist, sondern ein Englisch, das jedem auffallend akzentfrei über die Lippen kommt. Ein Debütfilm wie dieser gehört auf die kleineren Festivals wie Saarbrücken oder Hof. Oder eben doch auf den Fernsehschirm, für den er konzipiert wurde. Auf der Berlinale jedenfalls hat er keinen Stich gegen die Konkurrenz und eigentlich auch nichts zu suchen.
Berliner Morgenpost, 17.2.2001

Interview: *Was aber wäre, wenn heute (Berlinale-Premiere) eineinhalb Stunden lang keiner an der richtigen Stelle lacht?*

Dann werde ich sicher sehr traurig sein. Preise sind gut fürs Ego, die Karriere. Ich mache den Film aber für den Saal. Und wenn der nicht reagiert, fragst du dich natürlich, ob das alles einen Sinn hat, was du da machst.

33 Drehtage, 2,4 Millionen Mark Produktionskosten. Haben Sie »My Sweet Home« für den Kinomarkt gedreht?

Natürlich. Der Film hat bereits einen Verleih, er ist für die deutschen Kinos bestimmt.

Mutig. Bei einheimischen Produktionen ist auf das deutsche Publikum kein Verlass. Wo sehen Sie Ihre Chance?

Je lokaler der Film, desto besser. Das Besondere an deutschen oder anderen europäischen Produktionen ist das, was uns unterscheidet, und nicht das, was amerikanisch aussieht. Wir sollten uns verkaufen, nicht verkleiden.
Filippos Tsitos im Interview mit Eberhard Schade, SZ, 16.2.2000

Mysterious Encounters 572
STRANGE FREQUENCY 3 **
Video

Regie: Brenton Spencer
Darsteller: Frank Whaley, Charisma Carpenter, Sebastian Bach, Illeona Douglas, Roger Daltrey, Sebastian Bach
Prod.: VH1/Viacom; USA 2001; 81 Min.
Vertrieb: Paramount Video, 14.11.2002
FSK: ab 12 J.

Drei nicht sonderlich aufregende Horrorepisoden aus der Produktion des Musiksenders VH1.

Naam Djai – Der Fluss des Herzens

573
***

Regie: Marco Wilms
Drehbuch: Marco Wilms
Kamera: Marco Wilms, Marc Lubosch
Musik: Thai
Schnitt: Marcel Buckan
Prod.: Manfred Durniok Film; D 1999; 65 Min.
EA: Max-Ophüls-Preis Saarbrücken 2000
Verleih: Eigenverleih, 7.11.2002

Die flanierende Recherche eines jungen deutschen Studenten nach einer Frau, die er in der Nachtbar eines Vergnügungsviertels von Bangkok kennen gelernt hat, verfolgt Marco Wilms in seinem Essayfilm mit der Videokamera (und den übermächtigen Vorbildern Chris Marker und Raymond Depardon im Rücken). Der Filmerzähler versucht die Frauen, ihre Ausbeutung und Selbstausbeutung, zu verstehen, denen der leicht konturlose Filmheld auf seiner Reise durch Thailand begegnet. Erst spät im Film gelingt es Wilms, den Klischees geschickter auszuweichen, die auf diesem Weg lauern.
Gehobene TV-Reportagen-Lyrik, Videoimpressionismus, ein manchmal penetrant allwissender Erzähler, Doku-Essay-Fiktion und die Frage, wie viel an der ambitionierten Erzählung wohl autobiografisch sein mag, treffen hier recht ungeordnet aufeinander. Als Videoprojektion zu sehen.
Robert Weixlbaumer, tip, 7.11.2002

Nabbie's Liebe

574
NABBIE NO KOI
****
TV

Regie: Yuji Nakae
Darsteller: Naomi Nishida (Nanako), Tomi Hirayoshi (Nabbie), Seijin Noborikawa (Keitatsu), Sussumu Taira (Sun Ra), Jun Murakami (Fukunosuke), Ashley MacIsaac (O'Connor)
Drehbuch: Yuji Nakae, Motoko Nakae
Kamera: Kenji Takama
Musik: Kenichiron Isoda, Cameron Allen, Tadashi Fujita, Seijin Noborikawa, Michael Nyman
Schnitt: Ryuji Miyajima
Prod.: Office Shirous & Yes Vision; Japan 1999; 92 Min.
EA: 12.2.2000, Int. Forum des Jungen Films Berlin
TV: 12.12.2002, WDR, 23.15

Nanako kündigt ihren Job in Tokio und kehrt auf die Insel zurück, wo sie zu Hause ist. Eines Tages beobachtet sie einen Herrn in westlicher Kleidung in leidenschaftlicher Umarmung vor einem Grabstein. *Zitty, 4/2000*

Kritik: (...) Mit seinen leuchtenden Farben und scharfen Konturen, seiner schönen Landschaft und seinen kleinen Geheimnissen ist »Nabbie no koi« ein Sommerferienfilm, der all die verborgenen Sehnsüchte nach Eis am Stiel und Nordsee, nach Gekicher im Strandkorb und Inselbahn weckt. Ein Film, der heiter und glücklich stimmt und uns – Festland hin oder her – als Insulaner aus dem Kino entlässt.
Daniela Sannwald, Der Tagesspiegel, 13.2.2000

Nacht im Harem

575
HAREM SUARE
***
TV

Regie: Ferzan Ozpetek
Darsteller: Marie Gillain (Safiye), Alex Descas (Nadir), Lucia Bose (Old Safiye), Valeria Golino (Anita), Malick Bowens (Midhat), Christophe Aquilon (Sumbul)
Drehbuch: Gianni Romoli, Ferzan Ozpetek
Kamera: Pasquale Mari
Musik: Pivio De Scalzi, Aldo De Scalzi
Schnitt: Mauro Bonanni
Prod.: Medusa Film/R&C Prod./Les Films Balenciaga/AFS Film mit Medusa Film/Cofimage 10/Canal+; Italien/Frankreich/Türkei 1999; 110 Min.
UA: 7.5.1999, Int. Filmfestspiele Cannes
TV: 17.11.2002, Arte, 22.15

Safiye, die auf dem Sklavenmarkt in Kairo von einem Pascha gekauft wird, gerät als »Geschenk« in den Harem des Sultans. Schnell steigt das aus Italien stammende Mädchen in dessen Gunst, weil sie ihm, dem Opernliebhaber, die Libretti des italienischen Musiktheaters übersetzt. Bald nimmt Safiye die erste Stelle unter den Haremsfrauen ein – und sie beteiligt sich am Ränkespiel im Harem. Ihre eigentliche Liebe gilt jedoch dem jungen Haremswächter Nadir, einem schwarzen Eunuchen.

Nachtfahrt 576

ROUES LIBRES □ TV

Regie: Sidiki S. Bakaba
Darsteller: Adama Dahico (Fofana), Sidiki S. Bakaba (Kommissar Blazo), Placide Bayoro (Guele), Daouda Traoré (Patcheco), Michel Gohou (Rock)
Drehbuch: Sidiki S. Bakaba, Ayala Bakaba
Musik: Meiway
Prod.: Frankreich 2001; 85 Min.
TV: 18.5.2002, Arte, 23.05, OmU

Eine Nachtfahrt durch die Straßen einer westafrikanischen Großstadt führt geradewegs ins Chaos: Mittendrin drei behinderte Kidnapper und ein Taxi mitsamt dem Fahrer Fofana, der gar nicht weiß, wie ihm geschieht.

Pressetext

Nachts im Park 577

**+

Regie: Uwe Janson
Darsteller: Michael Degen (Hauptkommissar Krahn), Heino Ferch (Steffen Hennings), Heike Makatsch (Katharina Lumis), Pasquale Aleardi (Bernhard Rosenblum), Julien Lambroschini (Kommissar Dremmler), Matthias Schweighöfer (Polizei-Ass. Hansen)
Drehbuch: Jens Urban
Kamera: Hagen Bogdanski
Musik: Oliver Biehler
Schnitt: Ingo Ehrlich
Prod.: Tradewind/Fama/Avrora Movie mit MMC-Independet/SF DRS/SRG SSR/ Teleclub; D/Schweiz 2001; 90 Min.
Verleih: Highlight, 14.3.2002
Vertrieb: Home Ent. Highlight (Video, DVD)
FSK: ab 16 J., ffr.

Herzchirurg Hennings wird dabei erwischt, wie er im Garten seiner Kollegin Dr. Lumis voryeuristische Spielchen treibt. Weil ein brutaler Frauenmörder sein Unwesen treibt, gerät der Arzt prompt in Verdacht.

Kritik: (…) Heino Ferch, im Film ein Herzchirurg, wird verdächtigt, ein Serienmörder zu sein. Das ist er natürlich nicht, als Unhold stellt sich am Ende ein durchgeknallter Kriminaler heraus. Ansonsten ähnelt der Film vielen deutschen Nachtaufnahmen- und Industrieruinen-Tatort-Krimis, in denen sich psychologische Exoten tummeln und in denen hysterisches Gebrüll als Dramatik gelten soll.

Thomas Engel, Der Gildendienst, 2/2002

(…) Mal ziellos mäandernd, dann wieder verblüffend punktgenau und treffsicher reiht Uwe Janson, der seit seinem Spielfilmdebüt »Verfolgte Wege« nur noch fürs Fernsehen gearbeitet hat, aberwitzige Momente und poppige Lifestyleszenerien aneinander, führt die Balance des modernen Actionkinos vor zwischen dem Schrecklichen und dem Absurden. Da ergießt sich ein blutroter Farbeimer kurz nach dem tödlichen Schuss über eine Leiche, und die herumschwingende Abrissbirne landet im riesigen Gebäudekomplex zielstrebig auf dem Bösewicht, der zwischen den braven Helden steht. (…)

Anke Sterneborg, SZ, 16.3.2002

(…) Das Ganze sollte wohl schräg werden und schrill, aber den Figuren fehlt Tiefe, den Situationen Glaubwürdigkeit, den Gags Unverbrauchtheit, der Inszenierung Eleganz und die für derlei banale Stoffe zuweilen rettende Distanz. Es wird viel geschrien und aufeinander eingeschlagen. Die Kamera fetzt durch die Dekoration, Menschen werden, wenn schon nicht von Abrissbirnen zermalmt, so doch wenigstens von Autos zerquetscht – alles in dem Glauben, zeitgenössisches Kino müssen wenn es kommerziell erfolgreich sein will, seelen- wie zügellos, rüde, brachial und von übermäßiger Lautstärke sein.
Da geht man doch besser nachts in den Park als abends ins Kino.

W. O. P. Kistner, AZ, 14.3.2002

Nachtschicht 578

****

TV

Regie: Alexander Riedel
Drehbuch: Alexander Riedel
Kamera: Alexander Riedel, Sorin Dragoi, Christof Oefelein
Musik: Benedikt Schiefer
Schnitt: Gabi Kull-Neujahr
Prod.: Pelle Film; D 2002; 83 Min.
UA: Int. Dokumentarfilm Festival München 2002
TV: 4.11.2002, ZDF, 0.10

Angesichts der Veränderungen im Zeitungsgewerbe durch neue Techniken bedeutet die Dokumentation fast eine historische Zäsur: Hier werden die letzten Verlagsarbeiter des Süddeutschen Verlags, die nun ihre Arbeitsplätze verlieren und in Frührente gehen müssen, ins Ende ihres Berufslebens begleitet. (…)

Ponkie, AZ, 6.11.2002

Nackt 579

***

Regie: Doris Dörrie
Darsteller: Heike Makatsch Emilia), Benno Fürmann (Felix), Alexandra Maria Lara (Annette), Jürgen Vogel (Boris), Nina Hoss (Charlotte), Mehmet Kurtulus (Dylan)
Drehbuch: Doris Dörrie, nach ihrem Buch »Happy«
Kamera: Frank Griebe
Musik: Liquid Loop; Ivan Hajek (Titelmusik)
Schnitt: Inez Regnier, Frank Müller
Prod.: Constantin/Fanes Film mit Megaherz; D 2002; 101 Min.
Verleih: Constantin, 19.9.2002
FSK: ab 12 J., ffr.
FBW: Besonders wertvoll

Emilia und Felix waren einmal glücklich zusammen und leiden jetzt beide unter ihrer Trennung. Annette und Boris harmonieren immer noch bestens miteinander, trauen ihrem Glück aber nicht ganz und stellen es spielerisch auf die Probe. Charlotte und Dylan sind durch die Börse plötzlich zu Reichtum gekommen und beginnen mit ihrem durchgestylten neuen Lebensstil nicht nur sich selbst, sondern auch ihre Freunde zu verlieren. Die miteinander befreundeten Paare treffen sich wieder einmal zu einem samstäglichen Abendessen, auf dem alte Rivalitäten und Affinitäten aufbrechen. Als Emilia behauptet, die meisten Männer könnten mit verbundenen Augen nicht einmal ihre eigenen Frauen erkennen, führen sie das Experiment selbst durch und sehen sich unvermittelt mit der nackten Wahrheit über ihre Beziehungen konfrontiert.
Nach ihrem eigenen Buch »Happy« hat Doris Dörrie diese geistreiche und unterhaltsame Komödie über Glücksgefühle und Werthaltungen unter jungen Menschen von heute gedreht. Sie wirft dabei einen mal ironisch-bissigen, mal humorig-liebevollen Blick auf einige als typisch herausgestellte Liebesbeziehungen mit all ihren Höhen und Tiefen. Weitgehend überzeugende Darsteller und lebensechte Dialoge sorgen für ein unterhaltsames Kammerspiel, das zwar viel nackte Haut zeigt, aber nie zu tief unter die Haut gehen möchte. *Holger Twele*

Kritik: (…) Gerade als programmatische Konsumkritik bleibt Dörries Film eine scheinheilige Angelegenheit, weil er mit der durchgestylten Welt, deren Oberflächenreize er subkutan unterwandern will und die er zu kritisieren vorgibt, letztlich doch identisch ist. Wir folgen einer Kamera, die sich an den japanischen Schiebetüren eines Luxushauses genauso aufreizt wie an der zeichenhaft zusammengestellten Seventies-Ausstattung einer Szenewohnung. Wir sehen Figuren, die mit ihren elektronischen Palmkalendern und Markenklamotten wie verwachsen scheinen und eine Sprache sprechen, in der sich Partypalaver mit Versatzstücken aus der Illustrierten-Partnerberatung (»Interessierst du dich noch für meine Seele?«) mischt. Statt die Abgründe hinter den rhetorischen Schutzpanzern aufzuspüren, stopft Dörrie alles, was nur irgendwie nach Abgrund aussieht, mit Allerweltserkenntnissen und seichten Glücksbegriffen zu. So ist sie selbst die größte Verdrängerin ihrer gesellschaftlichen Diagnose. (…)

Katja Nicodemus, Die Zeit

(…) Jetzt ist auch Doris Dörrie, deren Erfolgsfilm »Männer« (1985) Genre bildende Folgen hatte, an ihre Grenzen gestoßen. Dabei ist ihr neuer Film »Nackt« keineswegs missglückt, sondern einfach nur irgendwie nett.

Das beginnt bei den Dialogen: Sie sind souverän und wortgewandt geschrieben, und die Schauspieler haben ihre erkennbare Freude an dem, was ihnen das Drehbuch zu sagen gibt. Nur klingt das wie im Boulevardtheater, immer ein wenig zu literarisch und kunstvoll, und der Schritt zum Bonmot bleibt klein. Diese Sprache mag auf der Bühne – Dörries Stück ist im Diogenes Verlag erschienen – ihre Wirkung haben, im Kino klingt sie domestiziert und wie ein Filter, der keinen Missklang zulässt, obwohl hier ununterbrochen von Dissonanzen die Rede ist. (...)

H. G. Pflaum, SZ, 29.9.2002

(...) Da diese höchst artifizielle Versuchsanordnung für Passanten und Paare aber eine Art stilisiertes Modell abgibt für Gefühlfsexperimente, also gleichsam aus dem Tiefkühlfach für modisches Dekor geholt wird, ist der bewährte Dörrie-Effekt – der geschlamperte Tiefenbohrer-Charme des Chaotischen – hier nicht zu haben: »Nackt« ist ein geistreich perfektioniertes Kunstprodukt, in dem der Inhalt nicht ganz für die hochgestochene Form reicht. (...)

Ponkie, AZ, 19.9.2002

Nackte Zeugin 580

BARE WITNESS

*

Video

Regie: Kelley Cauthen
Darsteller: Daniel Baldwin (Det. Killian), Angie Everhart (Carly Marsh), Catalina Larranaga (Julie Spencer), Evan MacKenzie (Ian Hunter), Mark Sivertsen (Gav Reed), Lauren Reina (Marina)
Drehbuch: Anthony L. Green, Evan Spiliotopoulos
Kamera: Kazuo Minami
Musik: Michael Vista
Schnitt: Randy Vandegrift
Prod.: Hemisphere/Mainline; USA 2001; 85 Min.
Vertrieb: Columbia TriStar Video, 20.8.2002
FSK: ab 18 J.

Der gewaltsame Tod eines Callgirls bringt Politiker ins Schwitzen. Biederbraver Erotikthriller von belämmerter Qualität.

Nancy and Frank – A Manhattan Love Story 581

**

Regie: Wolf Gremm
Darsteller: Hardy Krüger jr. (Frank Wagner), Frances Anderson (Nancy Ferencz), Robert Wagner (Curtis Sherman), Gottfried John (Paul v. Bernwarth), Jamie Harris (Anatoly Makarov), Denise Witbanks (Shermans Sekretärin)
Drehbuch: Jonathan Brett, Wolf Gremm, nach dem Roman »Hinter dem Horizont« von Hans Werner Kettenbach
Kamera: Egon Werdin
Musik: Jack White
Schnitt: Karola Mittelstädt
Prod.: Ziegler Film/Cinefrank/Cinerenta mit WDR; D/USA 2000; 95 Min.
Verleih: Nighthawks, 11.7.2002
FSK: ab 6 J., ffr.

Nancy arbeitet als Hostess, studiert Biologie, um mit Orang-Utans im Urwald zu leben, und verdreht Männern in schlecht sitzenden Anzügen den Kopf. Frank ist einer von ihnen, und weil er jung und etwas hartnäckiger ist als die anderen Hirsche, verliebt sich Nancy in ihn. Das will Sherman verhindern, der Franks Vorgesetzten besticht, um den Nebenbuhler aus der Stadt zu vertreiben. Wolf Gremms Manhattan-Lovestory taugt noch nicht einmal zur Trashstudie. Vor allem die Nachsynchronisation der grenzdebilen Dialoge (mit radebrechendem Fantasieakzent) sind in Kombination mit der Filmmusik von Jack White (»Schöne Maid«) reine Folter.

tip, 14/2002

Kritik: (...) Krampfhaft soll Nancy zum erotischen Epizentrum aufgebaut werden, dabei gibt die Figur allenfalls ein schemenhafts Abziehbild einer Femme fatale ab. Auch Hardy Krüger jr. wäre besser in der deutschen Vorabendserien-Landschaft geblieben. Aufgeblasen zum Kinfoformat verblasst der Weltenbummlersohn zum Null-Aura-Mimen. Zugegeben: Das Drehbuch lässt wenig Spielraum. Die Dialoge sind so steif wie nass gewordene Zementsäcke. Daran beißt sich auch ein Gottfried

John in der Rolle des alkoholsüchtigen Filialleiters die Zähne aus.
Martin Schwickert, AZ, 11.7.2002

(...) Und irgendwann erfreuen einen die New Yorker Panoramen mehr als die vorgebliche Lovestory, in der Erotik durch »Schöner Wohnen« substituiert ist. »Hinter dem Horizont« heißt die Romanvorlage zum Film. Und dort irgendwo verbirgt sich der Film, von dem Wolf Gremm geträumt hat. *Bodo Fründt, SZ, 15.7.2002*

(...) Leider ist diese Liebesgeschichte voller Hindernisse so aufregend, als würde man einer Tapete beim Trocknen zugucken. Beim Versuch, eine reizvolle Romanze auf die Beine zu stellen, hat sich Herr Gremm verhoben. Viel Geschwätz statt großer Gefühle; nichts sagende Postkartenbilder von New York; ein Hauptdarstellerpaar, bei dem es nicht so recht funken will, und ein paar ausgebrannte Altstars (neben Hollywood-Oldie Robert Wagner wackelt der grimmige Gottfried John durchs Bild) zeigen wieder einmal, dass das Filmmachen eine Kunst für sich ist.
Albert Baer, Rheinische Post, 12.7.2002

Natasha 582
NATASA □

Regie: Ljubisa Samardzic
Darsteller: Tijana Kondic (Natasha), Nikola Djuricko (Marko), Anica Dobra (Sandra), Davor Janjic (Kiza), Dragan Bjelogrlic (Aca), Neda Arneric (Biljana)
Drehbuch: Srdan Koljevic, Dorde Milosavljevic
Kamera: Radoslav Vladic
Musik: Zoran Eric
Schnitt: Marko Glusac
Prod.: Cinema Design Belgrad; Jugoslawien 2001; 92 Min.
EA: 7.10.2001, Goethe-Forum München, »Neues aus Südost«

Im Mittelpunkt steht die 17-jährige Natasha, deren Vater, ein Polizeiinspektor, bei einem Attentat ums Leben gekommen ist. Ein Jahr später, als das korrupte System auseinander fällt, begibt sie sich auf einen unsinnigen Rachefeldzug. Wild entschlossen, die Wahrheit herauszufinden, merkt sie nicht, dass sich ihr kindisches Spiel zu einem grausamen und gefährlichen Abenteuer entwickelt.
Katalog Goethe-Forum

The Navigators 583
THE NAVIGATORS ***+

Regie: Ken Loach
Darsteller: Dean Andrews (John), Thomas Craig (Mick), Joe Duttine (Paul), Steve Huison (Jim), Venn Tracey (Gerry), Andy Swallow (Len)
Drehbuch: Rob Dawber
Kamera: Mike Eley, Barry Ackroyd
Musik: George Fenton
Schnitt: Jonathan Morris
Prod.: Parallax/Road Movies/Tornasol/Alta mit Channel Four/ARD/Degeto/WDR/Arte; GB/D/Spanien 2001; 92 Min.
UA: Int. Filmfestspiele Venedig 2001
EA: Int. Hofer Filmtage 2001
Verleih: Neue Visionen, 10.10.2002
FSK: ab 6 J., ffr.

Der Film verfolgt das Schicksal einer Gruppe von Gleisbauarbeitern in der englischen Grafschaft South Yorkshire während der Privatisierung der britischen Eisenbahn. Als Harpic, Leiter des Bahndepots, Paul, Mick und den anderen Männern ihre neuen Arbeitsbedingungen verkündet, halten sie »leistungsbezogene Bezahlung« und unbezahlten Urlaub für einen schlechten Scherz. Doch schon bald sehen sie sich vor die Wahl gestellt: Entweder sie lassen sich auf das Risiko einer Abfindungszahlung und ein Leben als Gelegenheitsarbeiter ein oder sie arbeiten unter den neuen Bedingungen für die neue Firma ...
Katalog Hof

Kritik: (...) Der unverwüstliche »Lefty« Ken Loach hat mit »The Navigators« der engen Doppelgeschichte von Kino und Eisenbahn ein würdiges, aktuelles Kapitel hinzugefügt. Seine Sympathien gehören, wie immer, den Schwachen. Weil er ein

souveräner Filmemacher ist, gerät seine leidenschaftliche Attacke gegen den Neoliberalismus niemals zur moralinsauren Polemik. Mit viel Humor und wunderbaren menschlichen Details entwickelt er eine lebenspralle Geschichte. Loach at his best.

Claus Löser, tip, 21/2002

The Neighbor's Wife 584

MIDNIGHT VENDETTA **

Video

Regie: Jim Wynorski
Darsteller: Kari Wuhrer (Ann), Jeff Trachta (Scott), Barbara Crampton (Nicole), Melissa Stone (Darla), Seth Adam Jones (David), Jay Richardson (Mr. Slider)
Kamera: Andrea V. Rossotto

Prod.: USA 2000; 89 Min.
Vertrieb: MVW Video, 28.11.2002
FSK: ab 16 J.

Nach dem Freitod ihres gemobbten und entlassenen Gatten schleicht sich die Witwe in die Familie des Verantwortlichen ein. Der übliche Psychothriller-Schmarrn, eine peinliche Kopie von »Die Hand an der Wiege«.

Neues von Pettersson & Findus 585

PETTERSSON & FINDUS: KATTONAUTEN ***

Regie: Albert Hanan Kaminski
Drehbuch: Torbjörn Jansson
Prod.: Happy Life/Svensk Filmindustri/ TV-Loonland; Schweden/D 2002; 79 Min.
Verleih: MFA, 3.10.2002
FSK: o. A., ffr. – **FBW:** Wertvoll

Der pfiffige Kater Findus und sein Herrchen, der kauzige Eigenbrötler Pettersson, erleben eine Reihe neuer Abenteuer.

Kritik: (...) Was für die jüngsten Zuschauer spannend (aber nie gruselig) erzählt wird, ist auch für Erwachsene unterhaltsam, weil immer wieder skurrile Details eingestreut werden. Kleine grüne Männchen, die sich in Petterssons Haus einnisten, sprechende Pilze und fliegende Untertassen. Mit katerlicher Anarchie und kindlicher Fantasie behauptet sich klassischer Zeichentrick auch im digitalen Zeitalter.

Sandra Buchta, AZ, 2.10.2002

99 Euro-Films 586

*

Regie: Mark Schlichter »Privat«, Sebastian Beer »TM«, RP Kahl »Ich schwöre«, Michael Klier »Ein Mann boxt sich durch«, Frieder Schlaich »Die schöne Fremde«, Daniel Petersen »So billig«, Miriam Dehne »Loreley S.«, Matthias Glasner »Die Selbsttötung der Sara W.«, Peter Lohmeyer »Leila läuft«, Esther Gronenborn »Balkan Rhapsody«, Martin Walz »Ein kurzer Film über das Hüpfen«, Nicolette Krebitz »Mon Cherie«
Darsteller: Alexandra-Maria Lara, Richy Müller, Oliver Korittke, Roman Knizka, Marie-Lou Sellem, Minh-Khai Phan-Thi
Musik: Eastpole (Titelsong)
Prod.: Filmfest Oldenburg mit Cine+/Trick wilk/NordMedia Fonds; D 2001; 79 Min.
UA: Filmfest Oldenburg 2001
EA: Int. Filmfestspiele Berlin, »Perspektive deutsches Kino«
Verleih: Independent Partners, 12.5.2002

Das Filmfest Oldenburg hat zwölf Kurzfilme in Auftrag gegeben, die für das lächerliche Budget von 99 Euro herzustellen waren. Gedreht wurde digital und undogmatisch. Es gibt Beiträge, die Pointen haben, und solche, die nur Stimmungen erzeugen. Das Niveau ist unterschiedlich, die meisten Filme sind eher Andeutungen, die Rolle ist in erster Linie kurzweilig. *Bert Rebhandl, tip, 9/2002*

Kritik: (...) Der befreite und manchmal extrem aufgedrehte Spaß, den die Filmemacher bei ihren Episoden hatten, ist jedem Bild anzusehen, und ob einem dieses (für Macher und Zuschauer) fast kathartische Projekt nun zusagt oder nicht, so bleibt nach »99 Euro-Films« doch erleichtert festzustellen: Es gibt ein deutsches Independentkino.

Oliver Baumgarten, Schnitt, 2/2002

(...) Der insgesamt allenfalls mittelmäßig visuelle Einfallsreichtum – ausgerechnet einem Stilisten wie Matthias Glasner fällt bitterlich wenig zum Mini-DFV-Format ein – bei überwiegender Dialoglastigkeit lässt vermuten, dass auch mit einer größeren Summe nicht mehr zustande gekommen wäre. Dass aber die Misere im deutschen Kino keine der finanziellen Mittel ist, haben wir schon vorher gewusst.

Thomas Warnecke, Schnitt, 2/2002

19 587

19 ***+

Regie: Kazushi Watanabe
Darsteller: Kazushi Watanabe (Yokohama, der Anführer), Dajiro Kawaoka (Usami),

Takeo Noro (Chiba, der Fotograf), Ryo Shinmyo (Kober)
Drehbuch: Kazushi Watanabe
Kamera: Masakazu Oka
Musik: Knockers Records, Octabeer
Schnitt: Yoshio Sugano, Kazushi Watanabe
Prod.: GAGA Comm.; Japan 2001; 83 Min.
Verleih: Piffl, 5.12.2002

Der junge Student Usami wird ohne ersichtlichen Grund von drei Männern in einem Auto gestoppt und zu einer Reise ans Meer gezwungen, die eine beunruhigende Ähnlichkeit mit einem Familienausflug bekommt: Einkaufsbummel, Restaurantbesuch und Strandausflüge. Zwischen Usami und den einzelnen Mitgliedern der seltsamen Reisegruppe entwickeln sich intensive Beziehungen.

Kritik: (…) Watanabes eigenwilliges Debüt, in dem er als Gangsterboss Yokohama selbst mitspielt, führt seine Protagonisten durch ein menschenleeres, unwirkliches Japan, als befänden sich die Akteure in einer eigenen Zeitschleife, die sich vom Rest der Welt abgekoppelt hat. Der Soundtrack umspült die ausgewaschenen 16-mm-Bilder mit Gitarrenriffs, die mal gereizte, mal lethargische Stimmungslagen ins nächste Bild verschleppen und dabei an Neil Youngs Arrangements für Jim Jarmusches »Dead Man« erinnern. Seinen silbrigen Look, der einzelne Farben manchmal wie Faustschläge aus dem monochromen Bildhintergrund hervorplatzen lässt, erhielt der Film durch eine komplizierte Nachbearbeitung. In seinen schwächeren Passagen folgt Watanabe einfach der Gruppe und ihren Gebärden, ihrer Sehnsucht nach Coolness und Abenteuer und lässt seine stilisierten Bilder in effektsicherer Schönheit sterben. In seinen gelungenen jedoch erzählt das Roadmovie mehr vom Stillstand als von der Bewegung. (…)

Birgit Glombitza, Die Zeit, 5.12.2002

The New Guy 588

THE NEW GUY **

Regie: Ed Decter
Darsteller: DJ Qualls (Dizzy), Eliza Dushku (Danielle), Zooey Deschanel (Nora), Lyle Lovett (Bear), Jerod Mixon (Kirk), Illeana Douglas (Kiki Pierce)
Drehbuch: David Kendall
Kamera: Michael D. O'Shea
Musik: Ralph Sall
Schnitt: David Rennie
Prod.: Bedlam/Revolution Studios/Frontier; USA 2002; 93 Min.
Verleih: Senator, 31.10.2002

Eine wilde Sammlung von pubertären Irrungen und Fäkalhumor. Sämtliche Archetypen des Genres sind vertreten, an der Spitze der dürre Underdog, der zur bissigen Bulldogge wird. Im US-Original, das mit »sexuellem Inhalt, Sprache, krudem Humor und kleinen Hinweisen auf Drogen« wieder einmal perfekte PG-13-Unterhaltung verspricht, heißt das »from bitch to bull«.

Filmecho-Filmwoche, 20/2002

Kritik: (…) Im Mittelpunkt der haarsträubenden Handlung steht der Totalversager Dizzy, der nach einem peinlichen Auftritt nicht nur von der Schule geworfen wird, sondern auch noch im Knast landet. Dort trifft er auf Luther, einen schweren Jungen, der ihm wertvolle Tipps gibt, wie der ewige Verlierer an seiner neuen Highschool mit der nötigen Coolness Eindruck schinden und sich mit komplett neuem Outfit zum angesagten Typen wandeln kann.
So weit, so schlicht. Dass dieser Unfug auf das Konto der »Verrückt nach Mary«-Autoren geht, mag man kaum glauben. Mit abgestandenen Witzchen, albernen Parodien auf Filmklassiker wie »Braveheart« oder »Patton« sowie Großaufnahmen von Cheerleader-Unterwäsche will Decter sein Filmchen über 93 Minuten retten. Diese Zeit sollte der Zuschauer intelligenter nutzen. *Albert Baer, Rheinische Post, 2.11.2002*

New Rose Hotel 589
NEW ROSE HOTEL ***
Video

Regie: Abel Ferrara
Darsteller: Christopher Walken (Fox), Willem Dafoe (X.), Asia Argento (Sandii), Yoshitaka Amano (Hiroshi), Annabella Sciorra (Madame Rosa), Gretchen Mol (Hiroshis Frau)
Drehbuch: Abel Ferrara, Christi Zois, nach der gleichnamigen Story von William Gibson
Kamera: Ken Kelsch
Musik: Schoolly D.
Schnitt: Anthony Redman, Jim Moll
Prod.: Edward R. Pressmann mit Quadra Ent.; USA 1998; 92 Min.
UA: 8.9.1998, Int. Filmfestspiele Venedig
EA: 1.7.1999, Filmfest München
Vertrieb: VCL Video, 25.6.2002 (September 2000 in Programmkinos)
FSK: ab 16 J.

Mithilfe einer wohl proportionierten Prostituierten versuchen zwei Glücksritter einen japanischen Wissenschaftler für einen US-Konzern abzuwerben. Trotz prominenter Namen schwer verdaulich – ob als Sciencefictionkrimi oder als Erotikplöttchen.

Kritik: (...) Ein Film von faszinierender Doppelbödigkeit, der in seiner angedeuteten Sciencefictionatmosphäre und mit kaum zu überblickenden Rollenspielen in einer fragmentarischen Erzählweise das Ende individueller Freiheit beschwert.
Ulrich Kriest, Film-Dienst, 17/2002

Mehr Kritiken im Heyne Filmjahrbuch 2001

Nicht noch ein Teenie-Film 590
NOT ANOTHER TEEN MOVIE **

Regie: Joel Gallen
Darsteller: Chyler Leigh (Janey Briggs), Chris Evans (Jake Wyler), Jaime Pressly (Priscilla), Eric Christian Olsen (Austin), Mia Kirshner (Catherine Wyler), Deon Richmond (Malik)
Drehbuch: Michael G. Bender, Adam Jay Epstein, Andrew Jacobson, Phil Beauman, Buddy Johnson
Kamera: Reynaldo Villalobos
Musik: Theodore Shapiro
Schnitt: Steven Welch
Prod.: Original Film Prod.; USA 2001; 88 Min.
Verleih: Columbia TriStar, 4.4.2002
Vertrieb: Columbia TriStar Video (Video, DVD)
FSK: ab 12 J., ffr.

Der Highschool-Crack Jake wettet, dass er die Vogelscheuche Janey zur Abschlussball-Königin verwandeln kann. Doch just, als sich die beiden ineinander verliebt haben, kommt Janey hinter Jakes Wette und sucht sich einen neuen »König«. Doch Jake kämpft um ein Happy End ...

Kritik: (...) Dieses auf der nach unten offenen Richterskala der Geschmacklosigkeit ganz tief angesiedelte Elborat mit hoher Zotenquote scheitert kläglich am Versuch, andere Teeniefilme zu parodieren oder Spurenelemente einer Satire aufzuweisen. »Knallharte Jungs« oder »American Pie« wirken dagegen wie subtile, kopflastige Komödien. Das übliche Personal von den Cheerleader-Zicke bis zu männlichen Jungfrauen mit Macho-Gestus ist so abgelutscht wie Eis am Stil. Nach dieser sexistischen Kalauer-Dröhnung mit Dialogen in Fäkaliensprache bleibt nur die Bitte: Nicht noch ein Teeniefilm!
Margret Köhler, AZ, 4.4.2002

Nimm dich in Acht 591
MARY HIGGINS CLARK'S ☐
YOU BELONG TO ME TV

Regie: Paolo Barzman
Darsteller: Lesley-Anne Down (Susan), Barclay Hope (Aidan), Daniel Morgenroth (Dr. Richards), Lori Hallier (Carolyn), Tony De Santis (Det. Shea), Elizabeth Walsh (Victoria Clausen)
Drehbuch: Irina Diether, nach dem Roman von Mary Higgins Clark
Kamera: Richard Wincenty
Musik: Domenic Troiano
Prod.: USA 2002; 90 Min.
TV: 21.7.2002, ZDF, 22.15

Die New Yorker Psychologin Susan Chandler gibt in ihrer Radiosendung Ratschläge und forscht unerledigten

Kriminalfällen nach. Sie bekommt interessante Hinweise durch Anrufer, aber auch der psychopathische Mörder, der sich auf die Ermordung allein stehender Frauen spezialisiert hat, hört zu.

Nina Hagen = Punk + Glory 592

□

Regie: Peter Sempel
Darsteller: Nina Hagen, Cosma Shiva Hagen, Eva-Maria Hagen, Lemmy, Angelyne Billboardqueen, Blixa Bargeld
Kamera: Tamara Goldsworthy, Peter Sempel, Jonas Scholz, Jörg Grönitz, Claus Santos, Frank Blasberg
Musik: Nina Hagen, F. M. Einheit
Schnitt: Peter Sempel
Prod.: Black Sun Flower; D 1998; 112 Min.
UA: 11.2.1999, Int. Filmfestspiele Berlin, »Panorama: art & essai«
Verleih: 3001, 4.4.2002

Porträt Nina Hagens: von Klassik bis Punk, von Pop über Chansons bis zu indischer Folklore, von der »schrillen Diva« bis zur leisen Nina.

Zitty, 4/1999

Nix wie raus aus Orange County 593

ORANGE COUNTY ***

Regie: Jake Kasdan
Darsteller: Colin Hanks (Shaun Brumder), Jack Black (Lance), Catherine O'Hara (Cindy Beugler), Schuyler Fisk (Ashley), John Lithgow (Bud Brumder), Harold Ramis (Don Durkett)
Drehbuch: Mike White
Kamera: Greg Gardiner
Musik: Michael Andrews
Schnitt: Tara Timpone
Prod.: Paramount Pic.; USA 2002; 82 Min.
Verleih: UIP, 25.7.2002
Vertrieb: Paramount Video (Video, DVD)
FSK: ab 12 J., ffr. – **FBW:** Wertvoll

Der Teenager Shaun Brumder lebt in Orange County, Kalifornien. Er kommt gut mit seiner Familie klar, hat nette Freunde und eine süße Freundin. Seine Leidenschaft gilt einzig und allein dem Surfen, bis er eines Tages auf das Buch »Straight Jacket« von Marcus Skinner stößt. Shaun distanziert sich vom sorglosen Highschoolleben, beschließt, Schriftsteller zu werden, und bewirbt sich an der renommierten Standford-Universität.

Kritik: (...) Zugegeben, im Vergleich zu all den hirnlosen Teeniekomödien aus Hollywood kommt »Nix wie raus aus Orange County« ein wenig einfallsreicher daher. In der ersten Filmhälfte zeichnet Nachwuchsregisseur Jake Kasdan ein skurriles Provinzporträt, das vor allem durch sein Nebenfigurenensemble überzeugt. Catherine O'Hara gibt eine wunderbar grenzdebile Morgenmantelmatriarchin ab, und Jack Black überzeugt in kunstvoll ausgeleierten Unterhosen als dauerverkaterter Taugenichts. Aber nachdem Kasdan das Kabinett der abgedrehten Provinzler vorgestellt hat, geht seinem Film die Luft aus.
Die Handlung entwickelt sich zum Lebensberatungskurs. Colin Hanks, Sohn von Tom Hanks, fehlt es an Leinwandcharisma. Nichts Hintergründiges findet sich in dem Gesicht des allzu netten Jungen. Auch Shuyler Fisk, Tochter von Sissy Spacek, kann diese Auralücke nicht schließen.

Martin Schwickert, AZ, 25.7.2002

No One Can Hear You 594

NO ONE CAN HEAR YOU **

Video

Regie: John Laing
Darsteller: Kelly McGillis, Barry Corbin, Tom Huntington, Jaime Passier-Armstrong, Kate Elliott, Craig Parker
Musik: Bruce Lynch
Prod.: USA 2001; 90 Min.
Vertrieb: Sunfilm Video, 9.12.2002
FSK: ab 16 J.

Unbekannte(r) schlachten in US-Provinznest ganze Familien ab, was dort Tradition hat. US-TV-Horror-Billigheimer mit einem Plus: Kelly McGillis. Warum bekommt sie nur keine ordentlichen Rollen?

No Vacancy 595
NO VACANCY ***
Video

Regie: Marius Balchunas
Darsteller: Christina Ricci (Lillian), Timothy Olyphant (Luke), Lolita Davidovich (Constance), Ryan Bollman (Pete), Robert Wagner (Mr. Tangerine), Patricia Velasquez (Romano)
Drehbuch: Marius Balchunas
Kamera: Denis Maloney
Musik: Alex Wurman
Schnitt: Dennis M. Hill
Prod.: Independent Artists; USA 1999; 90 Min.
Vertrieb: Highlight Video, 7.2.2002
FSK: ab 16 J.

Im Pink Hotel von Reynaldo geben sich die skurrilsten Typen ein Stelldichein. Ein munteres Erstlingswerk, eine Episodenkomödie mit einigen Independentgrößen und einem überraschenden Finale – locker-leichte Komödienkost.

Nogo 596
NOGO ***

Regie: Sabine Hiebler, Gerhard Ertl
Darsteller: Meret Becker (Maria), Oliver Korittke (Joe), Jasmin Tabatabai (Lisa), Jürgen Vogel (Tom), Mavie Hörbiger (Rosa), Michael Ostrowski (Sam)
Drehbuch: Sabine Hiebler, Gerhard Ertl
Kamera: Helmut Wimmer
Musik: Sofa Surfers
Schnitt: Britta Nahler
Prod.: Dor Film mit ORF; Österreich 2001; 86 Min.
UA: 27.1.2002, Rotterdam Film Festival
Verleih: filmladen, Österreich, Februar 2002

Die Beziehungsgeschichten dreier Pärchen treffen sich an einer einsamen Tankstelle. In großteils ansprechend ausgestatteten Einstellungen wird in drei Teilen die innere Verfassung des jeweiligen Couples inszeniert. Das eine Duo versteckt sich vor der Welt, das zweite muss mit einer ernsthaften Krankheit fertig werden, das dritte verwickelt sich zufällig in einen Überfall. Die Auswahl der Beziehungsmetaphern, allen voran die Tankstelle, bleibt leider auch am Ende des Films weniger einleuchtend als seltsam. *Filmschau*

Nomaden der Lüfte – Das Geheimnis der Zugvögel 597
LE PEUPLE MIGRATEUR ****+

Regie: Jacques Perrin, Michel Debarts, Jacques Cluzaud
Drehbuch: Jacques Perrin, Stephane Durand mit Jean Dorst, Guy Jarry, Francis Roux
Kamera: Olli Barbe, Michel Benjamin, Sylvie Cacedo, Laurent Charbonnier, Luc Drion, Laurent Fleutot, Philippe Garguil, Dominique Gentil, Bernard Lutic, Thierry Machado, Stephane Martin, Fabrice Moindrot, Ernst Sasse, Michel Terasse, Thierry Thomas
Musik: Bruno Caoulais
Schnitt: Marie-Josephe Yoyotte, Colette Bettran-Pauline Cazalis, Catherine Mauchain
Prod.: Galatee Films/France 2 + 3 Cinema/ Bac Films/Les Prods. de la Gueville/ Pandora/Wanda Vision/Eyescreen/ Les Prods. JMH/TSR mit Canal+/CNC/ Pandora/WDR/; Frankreich/D/Spanien/ Italien/Schweiz 2001; 98 Min.
UA: 28.2.2002, Int. Filmfetspiele Berlin, »Sondervorführung«
Verleih: Kinowelt, 4.4.2002
Vertrieb: Arthaus (Kinowelt) Video (Video, DVD)
FSK: o. A., ffr.
FBW: Besonders wertvoll

Eine unvergleichbare Fülle von weltweit eingefangenen Flug- und Bewegungsstudien komponiert zu einem abendfüllenden Dokumentarfilm über Vögel und Natur.

Kritik: (...) In den schwächeren Momenten gleicht der Film der Arbeit eines eifrigen Sammlers, der hier noch schnell eine Sonnenfinsternis mitnimmt, dort die Fontäne eines kochenden Geysirs, hier ein paar Mustangs und dort einen berstenden Eisberg oder den Blick aus einem Observatorium auf vorüberfliegende Vögel. So groß muss die Fülle des Stoffs gewesen sein, dass selbst das Begleitmaterial Motive erwähnt, die im Film gar nicht mehr vorkommen. (...) *H. G. Pflaum, SZ, 5.4.2002*

In 100 Minuten rund um die Erde – aus Vogelperspektive. Dieses wundersame, einzigartige Kinoerlebnis vermittelt der französische Regisseur und Produzent Jacques Perrin in »Nomaden der Lüfte«. Ein künstlerischer und logistischer Kraftakt, der ganz unangestrengt, fast kontemplativ daherkommt und dessen Material inzwischen auch der Wissenschaft dient. (…)
Die Bilder sprechen für sich. Angenehm zurückhaltend der Kommentar, knapp und präzise die Information, nur ab und an stört der bemühte Soundtrack im Ethnomix, weil er das Flügelrauschen übertönt. Dramaturgisch fasst Perrin sein Wunderwerk in den Ablauf der Jahreszeiten, vom Aufbruch heimischer Zugvögel in den Süden bis zu deren Wiederkehr. Ein Film, den niemand versäumen sollte.

Angie Dullinger, AZ, 4.4.2002

(…) Also berauschen wir uns an den perfekten Aufnahmen und versuchen, die überambitionierte Musik auszublenden, die assoziativ Vogelgeräusche in die Komposition aufnimmt und mal mit Streichern, mal mit vollem Orchester oder auch Chorgesängen loslegt. Also konzentrieren wir uns auf die Bilder und vergessen alles, was wir über Umweltskandale wissen – denn die Erde sieht aus der Vogelperspektive einfach fantastisch aus!

Karin Hoffmann, epd-film, 4/2002

Interview: *Welche Technik benutzten Sie bei den Aufnahmen?*

Wir mussten bei null anfangen. Wir waren drei Regisseure, aber wichtiger waren die 14 Kameramänner und die Piloten. Auf ihnen lastete die größte Verantwortung. Ein für uns entworfenes Ultraleichtflugzeug ermöglichte dem Kameramann Perspektiven im 360-Grad-Winkel. Um nahe an die Vögel zu kommen, montierten wir Kompaktkameras auf Modellflugzeuge mit Fernsteuerung mit einer Reichweite von bis zu 80 Kilometern. Um die Vögel zu orten, wurden die aus der Vogelschule stammenden mit Minisendern versehen. Wir arbeiteten auch mit einem ferngesteuerten Minihubschrauber und Deltadrachen.

Wie lange dauerte die Realisierung?

Von der Planung bis zum fertigen Film vier Jahre. Für eine Filmminute benötigten wir schon mal zwei Monate in einem Land. Sechs Teams reisten durch die Weltgeschichte. Wir waren vom Perfektionismus besessen. Wenn das Wetter und damit das Licht sich nicht so entwickelte, wie wir es uns vorstellten, sagten wir: »Okay, kommen wir nächstes Jahr wieder« – ein Luxus. Mir ging es darum, den magischen Moment einzufangen. Da darf man nicht ungeduldig sein.

Das Budget soll 23 Millionen Euro betragen haben.

Viel mehr, aber Geld messe ich nicht so viel Bedeutung bei. Bei so einem Projekt zu sparen wäre Wahnsinn. Meine Devise lautet: Nicht jammern, sondern handeln. Air France verweigerte uns die Unterstützung, dann haben wir unser Glück bei Lufthansa versucht, mit Erfolg. Als Produzent will ich hören, wie viel Geld noch fehlt, nicht, wie viel schon ausgegeben ist. Ich weiß um meine Schulden, aber mit meinen Argumenten kann ich auch den skeptischsten Banker überzeugen.

Steht der Produzent Perrin dem Regisseur im Weg?

Ich bin gern Schauspieler, Produzent und Regisseur. Produzieren ist ein kreativer Job, ich wähle ja auch das Projekt aus, treibe es voran und habe die Fäden in der Hand.

Jacques Perrin im Interview mit Margret Köhler, Blickpunkt Film, 7/2002

Not a Girl 598
CROSSROADS ***+
Video

Regie: Tamara Davis
Darsteller: Britney Spears (Lucy), Anson Mount (Ben), Zoe Saldana (Kit), Taryn Manning (Mimi), Kim Cattrall (Caroline), Dan Aykroyd (Pete)
Drehbuch: Shonda Rhimes
Kamera: Eric Edwards
Musik: Trevor Jones
Schnitt: Melissa Kent
Prod.: Zomba Films mit MTV Films für Paramount; USA 2001; 94 Min.
Vertrieb: BMG Video, 28.3.2002
FSK: ab 6 J., ffr.

Kritik: (…) Dieser bis in die letzte Szene auf Träume von Mädchen zwischen 12 und 16 durchkalkulierte Schmonzes scheut vor keinem Klischee zurück. Das All-American-Girl ohne Ecken und Kanten bekommt, was es will; der Gerechtigkeit halber muss es aber vorher ein bisschen leiden (Mutter weist sie ab). Popidol Britney Spears mag »Not a Girl« sein, ist aber auf jeden Fall »Not an actress« in diesem auf quälende 90 Minuten ausgedehnten Videoclips mit neuen Songs und alten Popklassikern.
Margret Köhler, AZ, 28.3.2002

(…) Männer können Schweine sein, aber das Leben hält immer wieder ein dickes Kotelett für dich bereit. Diese rundum sorglos gepamperte Weisheit erwerben Britney und Hanni und Nanni in ihrem Film, der so rebellisch ist wie die Forderung nach mehr Taschengeld. *Ralph Geisenhanslüke, Der Tagesspiegel, 28.3.2002*

Die Novizin 599
****+
TV

Regie: Anno Saul
Darsteller: Kathrin Kühnel (Mona Thiele), Barbara Focke (Sr. Benedicta), Stephan Kampwirth (Pfarrer Martin), Nicolas von Wackerbarth (Marco Bentert), Maren Gingeleit (Lissy Thiele-Meyer), Minh-Khai Phan-Thi (Sr. Anna-Marie)
Drehbuch: Akiko Hitomi
Kamera: Nathalie Wiedemann
Musik: Marcel Barsotti
Schnitt: Tobias Haas
Prod.: Telefilm Saar für ZDF/Arte; D 2002; 89 Min.
UA: 5.7.2002, Filmfest München
TV: 1.11.2002, Arte, 20.40; 16.12.2002, ZDF, 20.15

Die Jurastudentin Mona soll einmal die Kanzlei ihres Vaters übernehmen. Doch während eines Ferienjobs im Kloster Engelbach ist sie fasziniert vom Leben der Nonnen.
SZ TV-Beilage

Kritik: (…) Da mag die junge Hauptdarstellerin Kathrin Kühnel ein noch so klassisches Madonnengesicht ins Spiel bringen und die Kontraste moderner Karriereplanung (als Juristin in Vaters Kanzlei) und luxuriöser Lebensgenüsse an der Seite eines Erfolgsmenschen in der Klosterstille bewusst erleben: Im Grunde bleibt nur die Gemütslage eines Stressurlaubs übrig, wie ihn businessgeplagte Manager bisweilen in klösterlicher Ruhestellung suchen. (…) Flotte Sinnsprüche kontra Glaubenskraft – Reaktionen einer übersättigten Genussgesellschaft.
Ponkie, AZ, 18.12.2002

Novocaine – Zahn um Zahn 600
NOVOCAINE **
Video

Regie: David Atkins
Darsteller: Steve Martin (Dr. Frank Sangster), Helena Bonham Carter (Susan Ivey), Laura Dem (Jean Noble), Elias Koteas (Harlan Sangster), Scott Caan (Duane Ivey), Keith David (Det. Lunt)
Drehbuch: nach einer Story von Paul Felopulos und David Atkins
Kamera: Vilko Filac
Musik: Steve Bartek, Danny Elfman
Schnitt: Melody London
Prod.: Artisan/Numb Gums Prod.; USA 2001; 95 Min.
Vertrieb: Highlight Video, 13.6.2002
FSK: ab 12 J.

Durch die leidenschaftliche Affäre mit einer drogenabhängigen Patientin gerät Zahnarzt unter Mordverdacht. Ambitionierte, aber leider unausgegorene Thrillerkomödie mit ansehnlicher Besetzung.

Nur der Mond schaut zu 601

QUI PLUME LA LUNE? □ TV

Regie: Christine Carrière
Darsteller: Jean-Pierre Darroussin (Lucien, Vater), Garance Clavel (Suzanne), Marion Ducamp (Suzanne als Jugendliche), Laetitia Ferreira (Suzanne als Kind), Elsa Dourdet (Marie)
Drehbuch: Christine Carrière
Kamera: Pierre David, Pascal Lagriffoul, Gilles Porte
Musik: Yann Tiersen (Songs)
Schnitt: Raymonde Guyot
Prod.: C. R. R. A. V./CNC/Ciné Valse/ Le Studio Canal+/Studio Images5/Arte France Cinema; Frankreich 1999; 96 Min.
TV: 7.2.2002, Arte, 20.40

Die mutterlosen Schwestern Suzanne und Marie verwöhnen ihren verwitweten, depressiven Vater Lucien mit viel Aufmerksamkeit. Im Teenageralter der beiden Mädchen kommt es jedoch zu Konflikten, und die Beziehung zwischen Vater und Töchtern wird schwieriger.

Nur mit Dir 602

A WALK TO REMEMBER ***

Regie: Adam Shankman
Darsteller: Shane West (Landon Carter), Mandy Moore (Jamie Sullivan), Al Thompson (Eric), Peter Coyote (Reverend Sullivan), Daryl Hannah (Cynthia Carter), Clayne Crawford (Dean)
Drehbuch: Karen Janszen, nach dem Roman »Zeit im Wind« von Nicholas Sparks
Kamera: Julio Macat
Musik: Mervyn Warren
Schnitt: Emma E. Hickox
Prod.: Di Novi/Pandora; USA 2002; 105 Min.
Verleih: Solo Film, 31.10.2002
FSK: ab 6 J., ffr.

Für den draufgängerischen Teenager Landon und seine coole Highschool-Clique ist das Leben ein einziger Spaß. Bis eines Tages bei einem Aufnahmeritual ein Mitstudent schwer verletzt wird. Zur Strafe wird Landon vom Schuldirektor zur gemeinnützigen Arbeit und zur Teilnahme am Schultheater verdonnert. Dort lernt er auch die Priestertochter Jamie kennen, ein unscheinbares Mauerblümchen, in das er sich Hals über Kopf verliebt. Wenn Jamie schließlich seine Gefühle erwidert, entdeckt Landon, dass sie ein trauriges Geheimnis vor ihm hütet. (...)
Die Story ist vorhersehbar, die Regie konturlos, und die Darsteller sind so farblos, als wären sie beim Grundkurs Mimik auf den letzten Plätzen gelandet. Dass die Vorlage zum Film – nämlich »Zeit im Wind« – aus der Feder des Bestsellerautors Nicholas Sparks stammt, macht den ganzen Kitschkram auch nicht besser. Und dass Herr Shankman die keusche Geschichte aus den 50er-Jahren in die heutige Zeit verlegt hat, bringt auch nicht viel. Denn der züchtige Fifties-Muff ist auch in der Moderne geblieben. *Albert Baer, Rheinische Post, 31.10.2002*

»O« 603
»O« ***

Regie: Tim Blake Nelson
Darsteller: Mekhi Phifer (Odin James), Martin Sheen (Duke Goulding), Josh Hartnett (Hugo Goulding), Andrew Keegan (Michael Casio), Julia Stiles (Desi Brable), Rain Phoenix (Emily)
Drehbuch: Brad Kaaya
Kamera: Russell Lee Fine
Musik: Jeff Danna
Schnitt: Kate Sanford
Prod.: Miramax; USA 2001; 95 Min.
Verleih: Concorde, 24.1.2001
FSK: ab 16 J., ffr.

Liebe, Ranküne und tödliche Intrigen in der Highschool. Odin ist der einzige schwarze Schüler, außerdem der Star des Basketballteams, weshalb er geradezu vergöttert wird, vor allem von den Mädels. Aber auch beim »Duke«, dem Basketballtrainer, hat Odin einen Schlag weg. Das wurmt den intriganten Sohn des Trainers, der alles daransetzt, Odins Existenz zu zerstören. Tim Blake Nelson wollte Shakespeares »Othello« ins heutige Amerika übersetzen. Rein äußerlich mag ihm das gelungen sein. Nur fehlt den juvenilen Tragöden Tiefe, dem Regisseur die Geduld, um eine solche zu entwickeln, und der Geschichte jegliche innere Spannung und Glaubwürdigkeit.

tip, 2/2002

Kritik: (…) Der Regisseur Tim Blake Nelson (als Schauspieler einer der Kettensträflinge in »O Brother, Where Art Thou«) führt hier echte Bosheit in ein Kintopp ein, in dem es sonst um Abschlussballintrigen geht. Aber um sich auf »Othello« zu berufen, ist das zu wenig: Da hätte Nelson wenigstens mit Shakespeares Versen arbeiten oder ein viel sündenschwüleres Südstaatendrama inszenieren müssen.

Stuttgarter Zeitung, 24.1.2002

Ocean's Eleven 604
OCEAN'S ELEVEN ***+

Regie: Steven Soderbergh
Darsteller: George Clooney (Danny Ocean), Matt Damon (Linus), Andy Garcia (Terry Benedict), Brad Pitt (Rusty Ryan), Julia Roberts (Tess Ocean), Casey Affleck (Virgil Malloy)
Drehbuch: Ted Griffin, nach dem Drehbuch von Harry Brown, Charles Lederer und einer Story von George Clayton Johnson und Jack Golden Russell
Kamera: Peter Andrews
Musik: David Holmes
Schnitt: Stephen Mirrione
Prod.: JW/Section Eight Prod.; USA 2001; 116 Min.
Verleih: Warner, 10.1.2002
Vertrieb: Warner Video (Video, DVD)
FSK: ab 12 J., ffr. – **FBW:** Wertvoll

Gerade aus dem Knast entlassen, sammelt ein charismatischer Gauner die besten Spezialisten um sich, um den raffiniertesten Kasinoraub in Las Vegas zu organisieren.

Kritik: (…) Für den raffiniertesten Raub der Geschichte hat der coole Danny Ocean elf Spezialisten versammelt – darunter das Kartenspielerass Rusty und den Taschendieb Linus. Mit ihnen will er drei Las-Vegas-Kasinos um 150 Millionen Dollar erleichtern. Dass diese Spielhöllen dem eleganten und skrupellosen Tycoon Terry gehören, der mehr als ein Auge auf Dannys Exfrau Tess geworfen hat, macht den Coup noch pikanter.
Zwar haben Clooney & Co. nicht das cool-beschwipste Charisma von Sinatra und Konsorten. Trotzdem glänzt und unterhält diese Neuverfilmung an allen Ecken. Lässige Stars, solides Maß an Spannungspoker und spritzige Dialoge verknüpft Soderbergh zu einem süffigen Kino-Cocktail, der in jeder Sekunde mißreißende Dynamik ausstrahlt. *Albert Baer,*
Rheinische Post, 11.1.2002

(…) Sein anspruchsvolles Werk »Traffic« völlig außer Acht lassend, besinnt sich Soderbergh von der ersten Sekunde an auf seine Qualitäten als humorvoller Krimiregisseur, die er mit »Out of Sight« gezeigt hat. Vor dem grinsenden Zuschauer läuft ein zwar sattsam bekanntes, aber mit viel Ironie und coolen Sprüchen garniertes Big-Caper-Movie ab, bei dem kein Auge trocken bleibt. Dazu gibt es mit Clooney, Roberts, Pitt eine wuchtige Besetzung mit Spaß am Spiel und einen pfiffigen Soundtrack. Wenn man so glänzend unterhalten wird, nimmt man auch die dreistesten Drehbucheinfälle gelassen hin.

Martin Schwarz, Zitty, 2/2002

Ode to the Poet 605

ODA PRESERNU ☐

Regie: Martin Srebotnjak
Darsteller: Martin Srebotnjak (Miha), Barbara Cerar (Petra), Gregor Cusin (Edo), Brane Grubar (Sekretär), Barbara Zefran (Dana), Gasper Tic (Preseren)
Drehbuch: Martin Srebotnjak
Kamera: Ven Jemersic
Musik: Alojz Srebotnjak
Schnitt: Dafne Jemersic
Prod.: Vertigo/E-Motion Film Prod. mit VPK; Slowenien 2001; 100 Min.
UA: 12.7.2001, Karlovy Vary Film Festival, »East of the West«
EA: 5.10.2001, Goethe-Forum München »Neues aus Südost«

Nachdem alle anderen die Einladung ausgeschlagen haben, erhält der Außenseiter und Dichter Miha den Befehl, anlässlich der Feierlichkeiten zum 200. Geburtstag von France Preseren eine epische Ode an den großen verstorbenen Dichter zu schreiben. Was für ein Mensch war Preseren, was trank er, welche Frauen mochte er? Eine Komödie darüber, wie Slowenien Preseren feierte, wie man im Jahr 2000 Gedichte schreibt und wie staatliche Kulturbeamte agieren.

Katalog Goethe-Forum

Offene Grenzen 606

LIBRE CIRCULATION ☐ TV

Regie: Jean-Marc Moutout
Darsteller: Romain Lagarde (Romain), Agata Buzek (Malgosia), Riszard Turbiasz (Rudy), Adam Dzienis (Marek), Jean-Paul Rouvray (Alain), Yves Degen (Solitaire)
Drehbuch: Olivier Gorce, Jean-Marc Moutout
Musik: Joseph Racaille
Prod.: Frankreich 2001; 88 Min.
TV: 10.5.2002, Arte, 20.40

Der arbeitslose Romain nimmt den Auftrag an, als Fernfahrer eine Ladung Computer von Paris nach Polen zu transportieren. Aus dem scheinbar einfachen Job wird ein chaotischer Trip in eine fremde Welt. Als der Lkw geklaut wird, hat er nur noch einen Ausweg: dass ihm die schöne Polin Malgosia als Dolmetscherin zur Seite steht. *Pressetext*

On the Edge 607

ON THE EDGE ****

Regie: John Carney
Darsteller: Cillian Murphy (Jonathan Breech), Jonathan Jackson (Toby), Tricia Vessey (Rachel Row), Stephen Rea (Dr. Figure), Paul Hickey (Mikey Breech), Camille O'Sullivan (Mikeys Frau)
Drehbuch: John Carney, Daniel James
Kamera: Eric Alan Edwards
Musik: John Carney
Schnitt: Dermot Diskin
Prod.: Hell's Kitchen/Blank Page/Universal; Irland/USA 2000; 86 Min.
EA: Filmfest Hamburg 2001
Verleih: UIP, OmU, 6.6.2002
FSK: ab 12 J., ffr.
FBW: Besonders wertvoll

Dramen über Jugendliche, deren Erwachsenwerden von tristen Umständen geprägt ist, haben Konjunktur im Autorenkino. Dieser kleine, psychologisch genaue Film aus Irland von John Carney geht mit dem Thema besonders feinfühlig um, lässt Hoffnung zu – und lakonischen Humor. (...) Ein gedankentiefer, schöner Film über die Chance, Tristesse und Krankheit zu besiegen.

Angie Dullinger, AZ, 6.6.2002

Kritik: (...) Ein düster-depressives, vielleicht sogar hysterisches Psychodrama hätte der irische Independentfilm werden können. Oder eine Gro-

teske im Stil von »Einer flog über das Kuckucksnest«. Doch Regiedebütant John Carney hatte andere Absichten, tischt uns ein melancholisches Porträt über den so sinnlichen wie schmerzvollen Prozess des Erwachsenwerdens auf an einem ungewöhnlichen Handlungsort.
Dabei gelingt es ihm vortrefflich – unterstützt durch überzeugende Darsteller –, von seelischen Abgründen zu erzählen, ohne zu tief in sie hinabzustürzen. Weniger vordergründig und psychologisch stimmiger als etwa der Hollywoodfilm »Durchgeknallt«, kommt der über weite Strecken feinfühlig inszenierte Film daher, wenn auch der schwarze Humor, mit dem Carney die Geschichte unterlegt, zuweilen seltsam unpassend anmutet.

Albert Baer, Rheinische Post, 29.6.2002

On the Line 608

ON THE LINE ***+

Regie: Eric Bross
Darsteller: Lance Bass (Kevin Gibbons), Joey Fatone (Rod), Emmanuelle Chriqui (Abbey), GQ (Eric), James Bulliard (Randy), Al Green (als Al Green)
Drehbuch: Eric Aronson, Paul Stanton
Kamera: Michael Bernard
Musik: Stewart Copeland
Schnitt: Eric A. Sears
Prod.: Tapestry mit A Happy Place; USA 2001; 86 Min.
Verleih: AFM, 28.11.2002

Als Kevin in der Hochbahn von Chicago der schönen Abbey über den Weg läuft, ist es um ihn geschehen. Doch der Glückliche wird wie so oft Opfer seiner Schüchternheit, und es bleibt bei einem kurzen, aber intensiven Gespräch. Kein Name, keine Telefonnummer und schon gar keine Verabredung. Mit einer folgenschweren Plakataktion nehmen Kevin und seine Freunde die Suche nach Abbey auf.

Kritik: (...) Da der Ausgang der Irrungen und Wirrungen schon nach einer Viertelstunde absehbar ist, hält sich die Spannung in Grenzen. Auch die Gags und der bisweilen rüde Dialogwitz gehen in der temporeichen, aber oft allzu kurzatmigen Inszenierung nicht über das durchschnittliche Humorniveau gängiger Teeniekomödien hinaus. Dafür sorgen die flotten Popsongs des Soundtracks, zu dem neben »N'Sync« selbst auch Britney Spears und »Trickside« Beiträge leisten, für beschwingte Stimmung in den Mainstreamkinos.

Reinhard Kleber, Filmecho-Fimwoche, 47/2002

One Night The Moon 609

ONE NIGHT THE MOON ****+

Regie: Rachel Perkins
Darsteller: Paul Kelly (Vater), Kaarin Fairfax (Mutter), Memphis Kelly (Kind), Kelton Pell (Albert, der Spurensucher), Ruby Hunter (Alberts Frau)
Drehbuch: John Romeril, Rachel Perkins
Kamera: Kim Batterham
Musik: Mairead Hannan, Paul Kelly, Kev Carmody
Schnitt: Karen Johnson
Prod.: MusicArtsDance Films mit ABC/AFC/NSW/FTO/SAFC/OA; Australien 2001; 57 Min.
UA: 1.6.2001, Sidney
EA: 16.2.2002, Int. Filmfestspiele Berlin
Verleih: Freunde, 19.12.2002

Australien im Jahre 1932. Eines Nachts klettert ein kleines Mädchen aus dem Fenster, fasziniert von dem wunderschönen Mond. Als ihre Eltern, Siedler im australischen Hinterland, nach ihr sehen wollen, ist sie nirgends zu finden. Sie suchen die ganze Nacht vergeblich nach ihr und schalten am nächsten Morgen die Polizei ein. *Filmecho-Filmwoche*

(...) Getragen von einer melancholischen Folkmusik, erzählt der Film eine auf dem fünften Kontinent überaus bekannte, auf historischen Tatsachen beruhende Geschichte: Eine kleine Farmerstochter verläuft sich in der Wildnis, doch ihr Vater verweigert dem besten Spurensucher der Polizei aus rassistischen Gründen die Mitwirkung an der Suche. Als die Mutter den

Aboriginal schließlich doch noch hinzubittet, ist es zu spät: Er findet nur noch die Leiche des Kindes. (...)

Lars Penning, tip, 26/2002

One Way Out 610

ONE WAY OUT **

Video

Regie: Allan A. Goldstein
Darsteller: James Belushi (Harry Woltz), Jason Bateman (John Farrow), Angela Featherstone (Gwen Buckley), Guylaine St. Onge, Jack Langeijk, Romano Orzari
Drehbuch: John Salvati
Kamera: Sylvain Brault
Schnitt: Benjamin Duffield
Prod.: Chariot Comm.; Kanada/USA 2002; 95 Min.
Vertrieb: EuroVideo, 17.10.2002
FSK: ab 16 J.

Der mit Spielschulden belastete Detective Harry lässt sich auf ein Komplott ein, bei dem alles schief läuft. Ohne Belushi wäre dieser preiswert hergestellte Actionthriller keinen Pfifferling wert.

Open Your Eyes / Virtual Nightmare 611

ABRE LOS OJOS ****

Regie: Alejandro Amenábar
Darsteller: Eduardo Noriega (César), Penélope Cruz (Sofia), Chete Lera (Antonio), Fele Martínez (Pelayo), Najwa Nimri (Nuria), Gerard Barray (Serge Duvernois)
Drehbuch: Alejandro Amenábar, Mateo Gil
Kamera: Hans Burmann
Musik: Alejandro Amenábar, Mariano Marín
Schnitt: Elena Sainz de Rozas
Prod.: Sogetel/Las Producciones del Escorpión/Les Films Alain Sarde/Lucky Red/Sogepaq/Canal+ Espana/Eurimages; Spanien/Frankreich/Italien 1997; 114 Min.
EA: 13.2.1998, Int. Filmfestspiele Berlin, »Panorama«
Verleih: Helkon, 28.6.2001 (Video), 24.1.2002
FSK: ab 16 J.

Gemeinsam mit Cameron Crowes Remake »Vanilla Sky« kommt auch »Abre los ojos«, das Original des jungen spanisch-chilenischen Regisseurs Alejandro Amenábar, wieder ins Kino: ein kühler Thriller über die Angst und die Unfähigkeit, sich der Realität zu stellen. Im Gegensatz zu »Vanilla Sky« wirkt »Open Your Eyes« fast abstrakt: kein Pop, keine glitzernden Oberflächen, kaum Sympathie für die Figuren. So erscheint der Absturz des Helden César, der seine glatte Schönheit durch die bei einem Autounfall erlittenen Verstümmelungen verliert, noch tiefer, und selbst Sofia, von der César glaubt, sie könne sein Leben verändern, kommt kühl und maskenhaft daher. Anders als Cameron Crowe inszeniert Amenábar die Liebesgeschichte nicht als Möglichkeit, sondern als erkennbare Illusion: Die größere Distanz macht seinen Film zu einem intellektuellen Vergnügen. *tip, 2/2002*

Kritik: (...) Amenábar verweigert konsequent eine eindeutige Antwort und überlässt die Deutung, wann Cécars Traum und später sein Albtraum beginnen, dem Zuschauer. Er gibt keinerlei optische Hilfestellungen, wann die Grenzen zwischen Raum und Zeit verschwinden, wann César seine Augen nach dem Schlaf öffnet und wann er träumt. Psychologen und Freudianer werden ihre Freude an den Deutungen um dieses vielschichtige Psychodrama haben, das illustriert, dass nichts auf dieser Welt perfekt ist. Vor allem nicht das Glück.

Katharina Dockhorn, Filmecho-Filmwoche, 2/2002

Operation Rubikon 612

***+

TV

Regie: Thomas Berger
Darsteller: Maria Schrader (Sophie Wolf), Hilmar Thate (BKA-Präsident Wolf), Martin Feifel (Fahnder Vandreyke), Justus von Dohnanyi (Jan Pieper), Heikko Deutschmann (Dr. Niklas Grimm), Christian Redl (Innenminister Langheinrich)
Drehbuch: Andreas Pflüger
Kamera: Torsten Breuer
Prod.: Provobis; D 2002; 101 Min.
TV: 22./23.5.2002, Pro7; jeweils 20.15

Staatsanwältin Sophie Wolf leitet zum ersten Mal einen Einsatz des Bundeskriminalamts. Der Deal des Waffenschiebers Czarny mit dem Drogenkartell soll vereitelt werden. Als Mitarbeiterin des Bundesinnenministeriums und Tochter des BKA-Präsidenten hat Sophie es schwer, sich bei den Fahndern durchzusetzen. Der Einsatz endet prompt in einem Desaster. (...) *Katalog Fernsehfilm-Festival Baden-Baden*

Osmosis Jones 613
OSMOSIS JONES ***
Video

Regie: Piet Kroon, Tom Sito; Bobby Farelly, Peter Farrellyj (Animation) D: Bill Murray (Frank Demotello), Chris Elliott, Elena Franklin, Danny Murphy, Molly Shannon
Drehbuch: Marc Hyman
Kamera: Mark Irwin
Musik: Randy Edelmann
Schnitt: Lois Freeman-Fox, Stephan R. Schaffer, Sam Seig
Prod.: Conundrum/Warner; USA 2001; 92 Min.
Vertrieb: Warner, 18.7.2002
FSK: ab 6 J.

Berufsrisiko: Ausgerechnet die Infektion mit einem Affenvirus stellt den Organismus von Zoowärter Frank auf eine harte Probe. Mischung aus Realfilm und Zeichentrick, der Franks Inneres darstellt. Amüsant und schräg konzipierte Komödie.

Othello 614
OTHELLO □
TV

Regie: Geoffrey Sax
Darsteller: Eamonn Walker (John Othello), Keeley Hawes (Dessie Brabant), Christopher Eccleston (Ben Jago), Richard Coyle (Michael Cass), Rachael Stirling (Lulu, Dessies Freundin)
Drehbuch: Andrew Davies, frei nach der gleichnamigen Tragödie von William Shakespeare
Kamera: Daf Hobson
Musik: Debbie Wiseman
Schnitt: Nick Arthurs
Prod.: LWT/WGBH mit Canadian Broadcasting Corporation; GB/USA/Kanada 2001; 98 Min.
TV: 16.12.2002, WDR, 23.15

Andrew Davies übersetzt Shakespeares Tragödie »Othello« in ein zeitgenössisches Umfeld: die Londoner Polizei zwischen Rassenkonflikten und politischen Intrigen, irgendwann Anfang des 21. Jahrhunderts.
Pressetext

The Others 615
THE OTHERS ***+

Regie: Alejandro Amenábar
Darsteller: Nicole Kidman (Grace), Christopher Eccleston (Charles), Fionnula Flanagan (Mrs. Mills), Elaine Cassidy (Lydia), Eric Sykes (Mr. Tuttle), Alakina Mann (Anne) James Bentley
Drehbuch: Alejandro Amenábar
Kamera: Javier Aguirresarobe
Musik: Alejandro Amenábar
Schnitt: Nacho Ruiz Capillas
Prod.: Miramx Films mit Cruise-Wagner Prod./Las Producciones des Escorpion/ Le Studio Canal+/Sogecine; Spanien/ USA 2001; 101 Min.
UA: 19.7.2001, Int. Filmfestspiele Venedig
Verleih: Senator, 10.1.2002
Vertrieb: Universal Video (Video, DVD)
FSK: ab 12 J., ffr.

Kritik: (...) Der unerbittlich eskalierende Krieg zwischen Mutter und Tochter, in dem sich die junge Witwe als erschreckend unduldsame Tyrannin erweist, bringt zusätzliche Spannung in dieses einsame Herrenhaus, in dessen Park sich der Nebel nie lichtet. Und der Pfarrer, den die streng katho-

Nicole Kidman und James Bentley in ›The Others‹

lische Grace gegen zunehmende Gefühle unerklärlicher Bedrohungen zu Hilfe rufen will, verflüchtigt sich zu einer unerreichbaren Wunschfigur.
Mit traumwandlerischer Sicherheit steigert Amenábar seine Geschichte zu immer unheimlicheren Wendungen. Er schafft es, aus kleinsten, ganz ohne Computerhilfe entstandenen Effekten – einer unerklärlich geöffneten Tür, ein paar Schrittgeräuschen aus Räumen, die eigentlich verlassen sein sollten – eine Atmosphäre bedrohlicher Unsicherheit zu schaffen, eine Auflösung vermeintlicher Klarheit in einem Albtraum von Vieldeutigkeiten, in denen sich der Zuschauer ebenso verirrt wie die Figuren. (...)

Peter Steinhart,
Rheinische Post, 11.1.2002

(...) Ein Spukdrama, eine »neogothic novel«. Nicht im schottischen oder Londoner Nebel angesiedelt, sondern (merkwürdigerweise) auf der sonst eher als südlich, freundlich, golfstromumflossen geltenden Kanalinsel Jersey. Vielleicht aber sieht der britische Süden einfach so aus: im Kopf des spanischen Regisseurs Alejandro Amenábar, der ein Liebhaber des stillen Horrors und der düsteren Seelenstücke ist. Und Hollywoods neuer Wunderjunge. Es ist erst sein dritter Film, doch hat er in den USA schon gut 100 Millionen Dollar eingespielt und die Produzenten und Schauspieler reißen sich um den in Chile geborenen 29-jährigen Amenábar, der »The Others« wie ein Altmeister inszeniert. Als hätte sein Landsmann Luis Buñuel noch einmal die Hand aus dem Grabe gehoben. Jede Einstellung ist bis ins kleinste Zwielicht-Schattenspiel exquisit durchdacht, jedes Arrangement im schlossähnlichen, nebelumwaberten viktorianischen Anwesen, das die blonde Kriegerwitwe Grace mit ihren zwei Kindern alleine bewohnt, wirkt von ausgesucht eleganter Morbidität. (...)

Peter von Becker,
Der Tagesspiegel, 10.1.2002

Interview: *Was macht Ihnen Spaß am Horrorfilm?*

Sagen wir lieber Mysteryfilm, denn es geht mir nicht um platten Horror, sondern um dunkle Geheimnisse, die den Zuschauer verunsichern und Urängste in ihm wecken. Ausschlaggebend ist der psychologische Aspekt, die menschliche Seite. Deshalb interessieren mich Special Effects nur bedingt. Wenn nachts eine Tür knarrt, fährt doch jedem der Schreck in die Glieder. Was brauche ich da technische Sperenzchen?

Sie gelten als akribischer und präziser Arbeiter.

Ich habe genaue Vorstellung, stütze mich auf ein ausgefeiltes Storyboard und plane besessen bis ins Detail. Aber ich stelle mich gegenüber Ratschlägen nicht taub. Laisser-faire am Set gibt's bei mir nicht. Ich liebe langweilige Dreharbeiten, wo nichts passiert. Künstlicher Hype und sinnlose Action stören nur Team und Schauspieler.

Wie kam es zu dem Projekt?

Das Drehbuch habe ich in Spanisch geschrieben und wollte in Südamerika drehen. Dann entschieden wir uns, in den USA auf Englisch zu drehen, und kontaktierten einige Produktionsfirmen. Tom Cruise, der die Rechte für das Remake von meinem zweiten Film »Virtual Nightmare – Open Your Eyes« besitzt und in dem Remake »Vanilla Sky« spielt, zeigte Interesse. Miramax stieg ein, die Finanzierung ging flott vonstatten. Allerdings verzögerte sich der Dreh um ein halbes Jahr, weil Nicole Kidman noch mit »Moulin Rouge« und »Birthday Girl« beschäftigt war.

War Tom Cruise als ausführender Produzent mehr als nur Geldgeber?

Es ging ihm darum, mir alle Möglichkeiten für einen guten Film zu bieten. Er war Qualitätsgarant und verfügt über großes Wissen, kennt die Praxis des Filmemachens aus dem Effeff. Zwar schaute er mir nicht ständig über die Schulter, aber wir haben alles durchdiskutiert vom Bildformat bis zum Einsatz verschiedener Linsen.

Wie verliefen die Testscreenings?

Die sind ein wichtiger Seismograf für Stimmungen und verhindern Betriebsblindheit. Die Leute mochten die Sexszene nicht, die habe ich geändert.

Alejandro Amenábar im Interview mit Margret Köhler, Blickpunkt Film, 49/2001

Otzenrather Sprung 616

****
TV

Regie: Jens Schanze
Drehbuch: Jens Schanze
Kamera: Börres Weiffenbach
Schnitt: Jens Schanze, Raimund Barthelmes
Prod.: HFF München mit ZDF/3sat; D 2001; 63 Min.
UA: 28.8.2001, Otzenrath
EA: Int. Dokumentarfilmfestival München
TV: 18.11.2001, 3sat

Der Dokumentarfilm begleitet die Einwohner dreier Dörfer im rheinischen Braunkohlerevier während der Vorbereitung auf die kollektive Umsiedlung.

Kritik: Jens Schanze zeichnet den Zusammenprall individueller und politisch-ökonomischer Interessen am Beispiel der Umsiedlung dreier Dörfer im rheinischen Braunkohlerevier. Subtil nähert er sich den Betroffenen, die erst um ihr soziales Umfeld kämpfen, sich dann den Gegebenheiten fügen (müssen). Ein außergewöhnlicher »Heimatfilm« über den Verlust von Heimat und Tradition.

Jury FFF-Förderpreis Dokumentarfilm

Out of Control – Gefahr aus nächster Nähe 617

THE HOSTAGE NEGOTIATOR **
Video

Regie: Keoni Waxman
Darsteller: Michael Bowen (Frank Foley), Gail O'Grady (Theresa Foley), Brian Bloom (Danny McBaine), Don S. Davis (Alexander Daniels), Jason Schombing (Victor Blake)
Drehbuch: Mark Lee
Kamera: Laszlo George
Musik: Frankie Blue
Schnitt: Peter Svab
Prod.: Nasser Ent.; USA 2001; 87 Min.
Vertrieb: Paramount Video, 7.2.2002
FSK: ab 12 J.

FBI-Agentin mit Händchen für unblutige Beendigung von Geiselnahmen gerät aus privaten Gründen ins Schleudern. US-TV-Krimi, der fast alle Gesetze der Dramaturgie und Spannungserzeugung missachtet.

Outside the Law – Von Verrätern gejagt 618

NEVER SAY DIE **
Video

Regie: Jorge Montesi
Darsteller: Cynthia Rothrock (Julie Cosgrove), Seamus Dever (Rick Nichell), Dan Lauria, Stephen Macht, Jessica Stier, Jeff Wincott
Drehbuch: Rob Gilmer
Kamera: Peter Benison
Schnitt: Lisa Robison
Prod.: Alexander/Enright & Associates Prod.; USA 2001; 87 Min.
Vertrieb: Columbia TriStar Video, 10.9.2002
FSK: ab 18 J.

CIA-Agentin stößt auf Korruption bei ihren Vorgesetzten, die sie daraufhin ins Visier nehmen. Kampfsportaction für Nimmermüde und kritiklose Zuschauer.

Pakt der Wölfe 619
LE PACTE DES LOUPS ***+

Regie: Christophe Gans
Darsteller: Samuel Le Bihan (Gregoire de Fronsac), Mark Dacascos (Mani), Emilie Dequenne (Marianne de Morangias), Vincent Cassel (Jean-Francois de Morangias), Monica Bellucci (Sylvia), Jeremie Renier (Thomas d'Apcher)
Drehbuch: Stephane Cabel, nach einer Story von Stephane Cabel
Kamera: Dan Laustsen
Musik: Joseph Lo Duca
Schnitt: David Wu, Sebastien Prangere
Prod.: Studio Canal+/Davis Films mit TF1 mit Natexis Banques Populaires Images/ Studio Image Soficas; Frankreich 2000; 143 Min.
Verleih: Helkon, 14.2.2002
Vertrieb: Helkon (Columbia TriStar) Video (Video, DVD)
FSK: ab 16 J., ffr.

Christophe Gans führt uns in das vorrevolutionäre Frankreich des 18. Jahrhunderts: Eine Bestie, halb Wolf, halb Teufel, wütet in der Provinz, und zwei Freunde ziehen aus, dem Geheimnis dieses Monsters auf die Spur zu kommen. Die glorreichen zwei stammen geradewegs aus dem Katalog für Kinohelden: Der eine ist ein aufgeklärter Naturkundler und Philosoph, der andere ein Irokese mit Kung-Fu-Kenntnissen. Gans erzählt eine opulente Rätselmär von Verschwörung und Aberglauben, von Macht und Maskeraden. Ein surrealistischer Kostümfilm mit rasanten Martial-Arts-Einlagen, ein Monstermärchen mit Anleihen aus Western und Eastern. Leider zerfällt die Geschichte in der zweiten Hälfte im Galopp, und aus dem einen Monster werden zahllose Monstrositäten, eine unglaubwürdiger als die andere. *tip, 4/2002*

Kritik: (...) Auch wenn am Ende das Ungeheuer ein bisschen enttäuscht und damit der ganze Plot nachträglich in sich zusammenfällt – Christophe Gans' Eröffnungsfilm des Fantasy Filmfests 2001 bietet satte 143 Minuten fulminanten Mummenschanz in einer im besten Sinne des Wortes fantastischen Mischung aus Historienfilm, Actionreißer, Verschwörerdrama, Western und Gruselklamotte.
Gerald Jung, Zitty, 17/2001

(...) Christophe Gans' Film avancierte in seinem Ursprungland zum enormen Kassenhit. In seiner unbekümmert-dreisten Mischung aus »Im Namen der Rose« und »Fantomas«, Jean-Jacques Rousseau und James Bond, aus Esoterik und Erotik entzieht sich der Film allen Kategorien seriöser Bewertung. Die Plotkonstruktion ist ebenso kompletter Unsinn wie die Tatsache, dass sich der edle Indianer Mani als Beherrscher fernöstlicher Kampftechniken erweist.
Akzeptiert man die genreimmanenten Brüche und Ungereimtheiten stillschweigend, dann vermag diese Produktion im Rahmen ihrer Möglichkeiten sogar zu unterhalten. Wahrlich erschütternd ist allerdings die Tatsache, die Hauptdarstellerin des einzigartigen Sozialdramas »Rosetta« der Gebrüder Dardenne als überschminkte Provinzprinzessin erleben zu müssen. *Claus Löser, Berliner Zeitung, 14.2.2001*

Interview: *»Pakt der Wölfe« ist nicht der Film, den wir aus Frankreich gewohnt sind: Es handelt sich um bildgewaltiges, effektgeladenes Genrekino. War es schwer, das auf die Beine zu stellen?*

Es war ungeheuer leicht. Pierre Lescure, der Chef von Canal Plus, rief alle Verantwortlichen in der Branche an und sagte: Ich will diesen Film. 18 Monate nachdem ich das Buch bekommen hatte, startete »Pakt der Wölfe« im Kino.

Woher dieser plötzliche Sinneswandel?

Es war einfach Zeit für einen solchen Film. Hier hat sich eine neue Generation von Filmemachern und Produzenten herausgebildet. Leute wie Jean-Pierre Jeunet, Mathieu Kassowitz und ich, wir bilden eine neue Welle. Wir wollen das Publikum verführen.

Bei 5,2 Millionen Franzosen ist Ihnen das gelungen. Was war Ihr Rezept?

Man muss verstehen, dass das Publikum sehr konservativ ist. Es will einen Mantel-und-Degen-Film mit schönen Frauen, Kostümen und Burgen. Das alles habe ich ihm gegeben. Aber außerdem habe ich meine eigenen verrückten Ideen draufgelegt. Ich habe mir Elemente aus allen verschiedenen Kulturen geliehen, um so eine universelle, mythologische Geschichte zu erzählen. Ich habe unter anderem Hexereimotive eingebaut, oder auch den Indianer Mani mit seiner magischen Weltsicht. Auf diese Weise habe ich die französische Geschichte neu konstruiert, so wie Jeunet in »Amélie« Paris neu konstruiert hat.

Warum haben Sie geglaubt, dass so ein unglaublicher Mischmasch funktionieren kann?

Weil unsere eigene Kultur aus diesem Mischmasch besteht. Ich selbst bin mit deutschen Krimis, japanischen Monsterfilmen und Spaghetti-Western aufgewachsen. Das junge Publikum kennt zwar noch Ritter – aber nicht mehr aus den europäischen Sagen, sondern aus Hongkong-Filmen, Videospielen oder japanischen Manga-Comics.

Christophe Gans im Interview mit Blickpunkt Film, 4/2002

Panic Room 620

PANIC ROOM ***+

Regie: David Fincher
Darsteller: Jodie Foster (Meg Altman), Kristen Stewart (Sarah Altman), Forest Whitaker (Burnham), Dwight Yoakam (Raoul), Jared Leto (Junior), Patrick Bauchau (Stephen Altman)
Drehbuch: David Koepp
Kamera: Conrad W. Hall, Darius Khondji
Musik: Howard Shore
Schnitt: James Haygood, Angus Wall
Prod.: Hofflund/Polone Prod. mit Indelible Pic.; USA 2002; 112 Min.
Verleih: Columbia TriStar, 18.4.2002
Vertrieb: Columbia TriStar Video (Video, DVD)
FSK: ab 16 J., ffr.

Mutter und halbwüchsige Tochter werden in ihrer ersten Nacht im frisch erworbenen New Yorker Townhouse von drei Einbrechern heimgesucht. Die Flucht in den stahlummantelten, fensterlosen »safe room« im Schlafzimmer verschafft nur eine kurze Atempause, denn was die Gangster wollen, »ist in dem Raum«. Mit sadistischer Lust an mathematischer Kombinatorik lässt Fincher seine Figuren immer wieder die Rollen und Räume tauschen. Ein kurzweiliger Suspensethriller (mit leichten Logikschwächen), inspiriert von Edgar Allen Pes »tales of terror« und zahllosen Thrillern des US-Kinos – immer willens, sie an Dynamik und visueller Verspieltheit zu überbieten.

Robert Weixlbaumer, tip, 8/2002

Kritik: (…) Mit »Panic Room« bestätigt Fincher, dass er – noch vor Michael Mann und Steven Soderbergh – der heute aufregendste Mainstreamregisseur in Hollywood ist. Seine Timings sind punktgenau, die Atmosphäre treibt er ins äußerst Kalte und Hitzige zugleich. Fast unmerklich wirft er die Spannungsköder aus, und wir fühlen die Falle erst, als sich der Haken längst verfangen hat. Fincher weiß, wann er den Ton abdrehen muss, um ihn dann ins Subjektiv-Unermessliche zu steigern. Und wieder einmal hat er Howard Shore die dunkle Nachtmusik zu einem seiner filmischen Nocturnes komponieren lassen. »Panic Room« ist ein Film, dessen Intensität Angst macht – und damit natürlich: Angst-Lust. (…)

Julian Hanich, Der Tagesspiegel, 16.4.2002

Interview: *Sie sind bekannt dafür, ein Kontrollfreak zu sein, machen aber Filme über Leute, die die Kontrolle verlieren.*

Alle Dramen handeln vom Kontrollverlust und vom Versuch, die Dinge wieder ins Lot zu bringen. Als Regisseur versuche ich, das Maß an Dingen, die falsch laufen können, so stark wie möglich zu begrenzen – was unmöglich ist, wie dieser Film bewiesen hat.

Wird die Arbeit durch Computertechnik – da gleitet die Kamera sogar durch ein Schlüsselloch und den Griff einer Kaffeekanne – eigentlich leichter?

Nein, im Gegenteil. Die Szene über die Sie sprechen, dauert im Film zweieinhalb Minuten. Normalerweise dreht man so viel in zwei Tagen. Wir haben in sieben Tagen neun unterschiedliche Kamerapositionen und etwa 2000 Einzelbilder gedreht, davor zwei Monate Planung gebraucht, und danach neun Monate, um das zusammenzusetzen: Nein, daran ist nichts leicht, und diese zweieinhalb Minuten haben alles in allem, mit Dreh und Potproduction, etwa 1,5 Millionen Dollar gekostet. Aber man darf sich nicht beschränken. In der Realität wäre diese Fahrt eben gar nicht möglich gewesen.

David Fincher im Interview mit Anke Sterneborg, SZ, 18.4.2002

Aber ich habe gelesen, dass Sie nach dem 11. September 2001 als Spezialist in Sachen Terrorismus kontaktiert wurden.

Ach so, ja, das war eine Gruppe von Leuten aus Hollywood, die gebeten wurden, Theorien über mögliche Szenarien zu entwickeln. Aber es kam nichts dabei heraus. Das Problem, wenn man Hollywood zu dieser Art von Ideen befragt, ist, dass wir dort gelernt haben, den Bösewicht zu simplifizieren. Es ist sehr schwierig für Leute, die in Hollywoodstrukturen denken, sich die Rache eines idealistischen Führers vorzustellen, weil es nicht in ihre Welt passt, in der es immer um materielle Werte geht, gewöhnlich um Geld. Das andere wäre mehr eine Art Held, nach Hollywoodregeln. Also, das war eine sehr schwierige Geschichte. (Lacht.)

David Fincher im Interview mit Der Tagesspiegel, 18.4.2002

Paranoid Nightmare 621

PARANOID *

Video

Regie: Ash Smith
Darsteller: Shanda Besler (Sarah Falls), Brandon O'Dell (Norman Hanson), Summer Sloan LaPann (Courtney Turner), Frank Brennan (Sheriff Stocks), Cliff Robertson (Polizist), Michael Short (Michael Mancinni)
Kamera: Keith Holland
Prod.: Alpha Film Group; Australien 2000; 87 Min.
Vertrieb: e-m-s Video, 28.1.2002
FSK: ab 18 J.

Beschwipste Kids beobachten Serienkiller, doch keiner will ihnen glauben. Teeniehorror vom Grausligsten.

Party Animals 622

NATIONAL LAMPOON'S VAN WILDER **

Regie: Walt Becker
Darsteller: Ryan Reynolds (Van Wilder), Tara Reid (Gwen Pearson), Tim Matheson (Vance Wilder sen.), Kal Penn (Taj Mahal Badalandabad), Teck Holmes (Hutch), Daniel Cosgrove (Richard Bagg)
Drehbuch: Brent Goldberg, David T. Wagner
Kamera: James Bagdonas
Musik: David Lawrence
Schnitt: Dennis M. Hill
Prod.: Artisan Ent./Myriad Pic. mit InMotion/WMF V/Tapestry Films; USA 2001; 92 Min.
Verleih: Constantin, 25.7.2002
FSK: ab 12 J., ffr.

Die Jungs sind notgeil, die Mädels blond, sie tragen keine Höschen und haben große Titten. Den Humor von Collegekomödien darf man hingegen mit gutem Gewissen als eher flachbrüstig beschreiben und die Variationsmöglichkeiten dieses Genres als nicht allzu vielfältig. Wer sich jedoch über brennende Inder, Oben-ohne-Nachhilfe, furzende Studenten und Hundesperma im Sandwich prächtig amüsiert, dem besorgen es die »Party Animals« zuverlässig. Menschen, denen die Witzfähigkeit von Körpersekreten eher verschlossen bleibt, können sich allerdings nur wundern.

tip, 15/2002

Kritik: (…) Dass neben niedrigsten Geschmacklosigkeiten und permanenter Vulgärsprache (die mit einem lässigen Jugendjargon gar nichts zu tun hat) auch noch idiotisch rassistische Stereotypen transportiert werden, verwundert da nicht mehr. Wilders Assistenten sind der coole Schwarze, der ständig Drogen raucht, und der verklemmte, geile Inder, der als Kuli angeheuert wird. Natürlich muss ein Film nicht politisch korrekt sein, darf auch mit plattem Humor amüsieren und für Teenies gemacht sein. »Party Animals« aber bedeutet das Ende jeglichen Witzes und Geistes. (…)

Adrian Prechtel, AZ, 25.7.2002

Die Passage 623

***

Regie: Imma Harms, Thomas Winkelkotte
Drehbuch: Imma Harms, Thomas Winkelkotte
Kamera: Imma Harms, Thomas Winkelkotte
Schnitt: Imma Harms, Thomas Winkelkotte
Prod.: autofoxus videowerkstatt/Arte/ZDF; D 2002; 71 Min.
Verleih: Autofocus, 30.5.2002

»In dem Moment, wo es nach Müll aussieht, wird auch weiter damit so umgegangen«, sagt die Frau, die eine so genannte »Freebox« betreut, einen zusehends heruntergekommenen Schrank, aus dem sich Bedürftige unentgeltlich Sachen nehmen können, die andere Leute nicht mehr haben wollen. »Die Passage« ist ein Film über unsere Müll- und Recyclinggesellschaft, der immer dann spannend ist, wenn er Menschen und ihre Gedanken zum Thema Wegwerfen vorstellt. Leider wäre die kommentarlose Dokumentation auch gern »essayistisch« – doch minutenlang dabei zuzusehen, wie anonyme Menschen in ebenso anonymen Abfall herumwühlen, ist dann tatsächlich nur wenig aufregend. *tip, 11/2002*

Passion for Murder – Mord aus Leidenschaft 624

DEADLOCK: A PASSION FOR MURDER *

Video

Regie: Richard W. Munchkin
Darsteller: Douglas Jeffery (Nick), Shauna O'Brien (Kirsty), Bobby Johnston (Evan), De'Ann Power (Lisa), David Elliott (Paul), William Knight (Beckman)
Drehbuch: Steve Tymon
Kamera: Michael Goi
Musik: Max Baxter, Miriam Cutler
Schnitt: Tony Mark
Prod.: Century Films/Royal Daks Ent.; USA 1996; 82 Min.
Vertrieb: MVW Video, 28.6.2002
FSK: ab 16 J.

Der Herausgeber eines Herrenmagazins entgeht knapp einem Mordanschlag. übelst zusammengezimmertes Softsex-Filmchen.

Pest – Die Rückkehr 625

***

TV

Regie: Niki Stein
Darsteller: Tim Bergmann (Clemens Lindenthal), Antje Schmidt (Dr. Verena Franke), Thomas Sarbacher (Dr. Peter Brügger), Jan Gregor Kremp (Bruder Tankred), Marie Christine Steegmann (Yasmina), Jutta Masurath (Marianne Wöllner)
Drehbuch: Michael Bergmann, Douglas Welbat, Marc Terjung, Niki Stein
Kamera: Arthur Ahrweiler
Prod.: Zeitsprung Film für RTL; D 2000; jeweils 120 Min.
TV: 24.2./26.2.2002, RTL, jeweils 20.15

Die Pest bricht aus – nicht im Mittelalter, sondern im Köln des frühen 21. Jahrhunderts. Unvorsichtige Wissenschaftler haben die Seuche in Umlauf gebracht. Während der Seuchenexperte Clemens Lindenthal schon frühzeitig auf die Gefahren der Pest aufmerksam macht und die Abriegelung der betroffenen Gebiete fordert, versuchen die Stadtverantwortlichen, die Bevölkerung im Unklaren zu lassen. Doch als der erste Lungenpesttote in der Kölner Fußgängerzone zusammenbricht, kommt es zu allgemeiner Panik. (…) *Pressetext*

Peter Pan: Neue Abenteuer in Nimmerland 626

PETER PAN – RETURN TO NEVERLAND ***

Regie: Robin Budd, Donovan Cook
Drehbuch: Temple Mathews, Carter T. Crocker, nach den Charakteren von J. M. Barrè
Musik: Joel NcNeely
Schnitt: Anthony F. Rocco
Prod.: Walt Disney TV; USA 2002; 72 Min.
Verleih: Buena Vista, 19.9.2002
FSK: o. A., ffr. – **FBW:** Wertvoll

Die Nachfahren von Walt Disney haben den Bogen raus: Nach fast 50 Jahren wagen sie sich an eine Fortsetzung des Zeichentrickklassikers Peter Pan (1953) und beschwören erfolgreich die Kraft der Fantasie. Die ist auch nötig im kriegsgezeichneten London der 40er-Jahre: Wendy ist inzwischen Mutter zweier Kinder, denen sie von Peter Pan erzählt. Der kleine Danny liebt die Geschichten, nur Jane mag nicht (mehr) daran glauben. Eines Nachts entführt Piratenkapitän Hook Wendy und ihren Bruder ins Nimmerland. Nun können nur noch Peter Pan und Fee Naseweis helfen. Und das Mädchen Jane muss lernen, Verantwortung zu übernehmen. Ob sie dabei ihr kindliches Gemüt bewahren kann?
Im Grunde ist es bei diesem cleveren Sequel wie bei anderen Fortsetzungen: Die gleiche Geschichte wird noch einmal bebildert. Zum Glück gibt es die erstaunlich ernsthafte Rahmenhandlung mit ihrem Plädoyer gegen den Krieg. Und Peter Pan bleibt natürlich Peter Pan, ein Junge, der nicht erwachsen wird. Zauberhafte Flugstunden in die Märchenwelt.

Manfred Hobsch, Zitty, 20/2002

Kritik: (…) Mit »Peter Pan – Neue Abenteuer im Nimmerland« segelt Disney erfolgreich zu den Ursprüngen seiner eigenen Jugend zurück.

Karim Zendagui, Rheinische Post, 19.9.2002

(…) Das Disney-Universum ist um einen Fixstern ärmer. Aus Nimmerland, man mag's beklagen, wurde Kummerland. *Thomas Basgier, Stuttgarter Zeitung, 19.9.2002*

(…) »Neue Abenteuer in Nimmerland« ist eine Direct-to-Video-Produktion, die ausnahmsweise den Weg auf die Leinwand geschafft hat, wo sie zugleich für die DVD des Originalfilms wirbt. Seit Vizepräsident Roy Disney die Parole ausgegeben hat, »Warum sollte Schneewittchen nicht Kinder haben«, gehen die unwiederholbaren Klassiker in Serie. Im Hauptstudio in Burbank will kaum ein Zeichner etwas damit zu tun haben. Dieser Film entstand bei »Walt Disney Television Animation«, hauptsächlich in Australien und Fernost. (…)

Daniel Kothenschulte, FR, 21.9.2002

Die Pferdefrau 627

**
TV

Regie: Gabi Kubach
Darsteller: Eva Herzig (Christine Grasser), Francis Fulton-Smith (Markus König), Franz Buchrieser (Georg Grasser), Ursula Karusseit (Ilse König), Luca Zamperoni (Robert König), Alexander Lutz (Alexander Moser)
Drehbuch: Gabriele Kister
Kamera: Hans Selikorsky
Musik: Stefan Melbinger
Prod.: Saxonia/Satel für MDR//ORF; D/Österreich 2002; 90 Min.
TV: 25.9.2002, ARD, 20.15

Gedeckter deutscher Pferdeapfelkuchen mit österreichischem Schlagobers-Schmäh. (…) Bei der frisch gebackenen Wiener Tierärztin Christine geht's Schlag auf Schlag: Erst Examen bestanden, dann schwanger. Dann entpuppt sich der Freund als Idiot, dann Fehlgeburt, dann unfruchtbar. Daraufhin die Flucht zum vor 15 Jahren abgehauenen Vater in die Gegend von Dresden. Inklusive der Begegnung mit dem künftigen Gatten, den Christine erst für einen bösen Pferdeschinder hält, war das ganze Sze-

Adrien Brody als ›Der Pianist‹ in den Ruinen Warschaus

nario schon in rund 30 Minuten erledigt. (...) Zielpublikum weiblich und so um die 14.

W. O. P. Kistner, AZ, 27.9.2002

Der Pianist 628

THE PIANIST ****

Regie: Roman Polanski
Darsteller: Adrien Brody (Wladyslaw Szpilman), Frank Finlay (der Vater), Maureen Lipman (die Mutter), Ed Stoppard (Henryk), Jessica Kate Meyer (Halina), Emilia Fox (Dorota)
Drehbuch: Ronald Harwood, nach den Memoiren von Wladyslaw Szpilman
Kamera: Pawel Edelman
Musik: Wojciech Kilar; Janusz Olejniczak (Solopianist)
Schnitt: Herve de Luze
Prod.: Roman Polanski Prod./Heritage/ Studio Canal/Canal+/Studio Babelsberg/ Runteam Ltd.; Frankreich/D/Polen/GB 2002; 149 Min.
UA: Int. Filmfestspiele Cannes 2002
Verleih: Tobis
FSK: ab 12 J., ffr.
FBW: Besonders wertvoll

Auf Tatsachenberichten beruhende Überlebensgeschichte eines gefeierten jüdischen Pianisten im Warschauer Ghetto.

Kritik: (...) Polanski, der als Kind aus dem Krakauer Ghetto flüchtete und dessen Mutter von den Nazis ermordet wurde, folgt Szpilman von einem Versteck im Warschauer Ghetto über eine Odyssee durch verschiedene Wohnungen bis zu seinem letzten Schlupfwinkel im Warschau der letzten Kriegstage. In dieser untergegangenen Stadt, für deren Zerstörung Polanski Bilder von ungeheurer Trost- und Hoffnungslosigkeit findet, ist es ausgerechnet ein deutscher Hauptmann, der den Musiker in seinem Versteck mit Nahrung versorgt – und so gewissermaßen dem letzten Warschauer Juden das Leben rettet. Es gibt in diesem Film keine Abschweifungen, keine Brechungen und Revolten des Materials. Es ist ein filmisches Gebet für den Menschen. Und die Haltung des Künstlers darin können wir wohl als eine selbstbewusste Form der Demut bezeichnen. (...)

Georg Seesslen, Die Zeit, 24.10.2002

(...) »Der Pianist« ist, wie auch »Schindlers Liste«, ein Referenzfilm für die Darstellung dieses entsetzlichen Kapitels der deutsch-polnischen Geschichte. Und das cineastische Anliegen eines Zeitzeugen.

Adrian Prechtel, AZ, 24.10.2002

(...) Polanski kann mehr, als das Pathos in Schranken zu halten. »Der Pianist«, episch erzählt, doch entgegen der Regeln der leichten Konsumierbarkeit oft wortlos geschnitten, ist auch innerhalb von Polanskis Werk, das Experimente und auf den Kopf gestellte Genres bevorzugt, ein wundersam anderes Meisterwerk. Aber auch dieser Film (er)kennt die Absurdität, wenn es ans Eingemachte geht. »Haben Sie etwas zu essen?«, fragt der deutsche Offizier den halbtoten Wladyslaw, und der hält eine Dose mit Gurken hoch, die sich in einer chaplinesken Szene all seinen Versuchen, sie mit einem Schürhaken einzuschlagen, widersetzt hat. Das Wundersamste im Leben kann ein Dosenöffner sein. Aber es bedarf eines großen Regisseurs, um das zu zeigen.

Heike Kühn, FR, 23.10.2002

Regisseur Roman Polanski

Pig Farm 629

THE PIG FARM *

Video

Regie: Michael Lee Barlin
Darsteller: Richard Alan Johnston (Rusty), Jason Hildebrandt (Joy), Aaron Waiton (Derek), Karen Oberlin, Peter Linari, David Orange
Drehbuch: Michael Lee Barlin
Kamera: Spencer Snygg
Musik: Louis Loria
Schnitt: David Hilbert, Mick Reed
Prod.: Stranger Than Pictures; USA 2001; 80 Min.
Vertrieb: e-m-s Video, 27.12.2001
FSK: ab 18 J.

Mafia-Handlanger verfährt sich mit Leiche im Kofferraum und landet bei Schweinezüchter, der die brisante Fracht verfüttert. Unappetitlicher Ekel-Horror-Reißer der zynischen Sorte.

Piñero 630

PINERO ***

Regie: Leon Ichaso
Darsteller: Benjamin Bratt (Miguel Pinero), Talisa Soto (Sugar), Giancarlo Esposito (Miguel Algarin), Nelson Vasquez (Tito Goya), Michael Irby (Reinaldo Povod), Michael Wright (Edgar)
Drehbuch: Leon Ichaso
Kamera: Claudio Chea
Musik: Kip Hanrahan
Schnitt: David Tedeschi
Prod.: Miramax/GreeneStreet/Lower East Side; USA 2001; 100 Min.
Verleih: Highlight (Central), 18.7.2002
Vertrieb: Highlight Video (Video, DVD)
FSK: ab 16 J., ffr.

Miguel Piñero war Dieb, Sing-Sing-Insasse, drogenabhängiger Schriftsteller, Schauspieler, einer der Urväter des Rap, Gründer des Nuyorican Poets Café. Der 1988 verstorbenen Latino-Ikone hat Regisseur Leon Ichaso mit seinem flimmernden, sprunghaften Bio-Pic ein filmisches Denkmal gesetzt. Benjamin Bratt verkörpert darin brillant den egomanischen, listig-verschlagenen, arroganten, zärtlichen und selbstzerstörerischen Künstler, der heute mit jenen Freunden feiert, die er morgen schon bestiehlt.

Sönke Lars Neuwöhner, tip, 15/2002

Kritik: (…) Im Stakkatorhythmus und im wirren Wechsel von Schwarzweiß- und Farbszenen, Video- und Filmmaterial, dokumentarisch wirkenden und halluzinierenden Sequenzen lässt Ichaso die Stationen einer tragischen Künstlerexistenz Revue passieren. Dem Zuschauer verlangt der hektische Stilmix einiges an Konzentration ab.

Angie Dullinger, AZ, 18.7.2002

(…) Wirbel und Hektik sind nämlich auch eine Ausflucht, um die Hauptfigur nicht skeptisch betrachten zu müssen. Manche Themen werden nur gestreift, die Stricherdienste Pineros etwa, die ihm zeitweise den Drogenkonsum sichern. Andere werden ihrer politischen Dimension beraubt. Miguel Piñero war ein Knastschreiber, dessen Stück »Short Eyes« hinter Gittern uraufgeführt wurde, ihm Aufmerksameit in New Yorker Kulturkreisen verschaffte und schließlich sogar verfilmt wurde. Aber Pineros neuer Zugang zu Medien, Partys und Bühnen resultierte in nicht viel mehr als ein paar Rollen in Fernsehserien wie »Kojak«: Der authentische Vertreter des Lebens auf der Straße sollte die fiktionalen Bilder von der Subkultur der Drogen kurz mal beglaubigen. (…) *Thomas Klingenmaier, Stuttgarter Zeitung, 18.7.2002*

Pipe Dream – Lügen haben Klempnerbeine 631

PIPE DREAM ***

Video

Regie: John Walsh
Darsteller: Martin Donovan (David), Mary-Louise Parker (Toni Edelman), Rebecca Gayheart (Marliss Funt), Kevin Carroll (RJ Marting), Peter Jacobson (Arnie Hufflitz), Guinevere Turner (Diane Beltrami)
Drehbuch: Cynthia Kaplan, John Walsh
Kamera: Peter Nelson
Musik: Alex Lasarenko
Schnitt: Malcolm Jamieson
Prod.: Curb Ent./Digital Classics; USA 2002; 93 Min.
Vertrieb: Mc One GmbH, 9.10.2002
FSK: ab 12 J.

Klempner David gibt sich als Regisseur aus und organisiert ein Casting. Doch das läuft aus dem Ruder: Plötzlich sitzt er wirklich auf dem Regiestuhl. Liebenswerte, satirisch angehauchte Romantikkomödie.

Pluto Nash 632

THE ADVENTURES OF PLUTO NASH ***

Video

Regie: Ron Underwood
Darsteller: Eddie Murphy (Pluto Nash), Rosario Dawson (Dina Lake), Randy Quaid (Bruno), Joe Pantoliano (Mogan), Jay Mohr (Tony Francis), Luis Guzman (Felix Laranga)
Drehbuch: Neil Cuthbert
Kamera: Oliver Wood
Musik: John Powell
Schnitt: Paul Hirsch, Alan Heim
Prod.: Castle Rock mit NPV/Village Roadshow Prod.; USA 2002; 96 Min.
Vertrieb: Warner Video, 26.9.2002

Wir schreiben das Jahr 2080. Ungefähr. Der Exsträfling und Schmuggler Pluto Nash ist glücklicher Besitzer eines gut gehenden Klubs in einer amerikanischen Mondkolonie. Als ein interstellarer Glücksspieltycoon Nashs Laden übernehmen will, um ihn in ein Kasino zu verwandeln, kommt es jedoch zu Turbulenzen … Das von Ron Underwood inszenierte futuristische Eddie-Murphy-Vehikel kam mit Verspätung heraus und konnte sich in den USA gegen die Sommerblockbuster nicht durchsetzen. *epd-Film*

Pokémon: Mewtu kehrt zurück 633

POKÉMON: MEWTWO'S RETURN *

Video

Regie: Masamitsu Hidaka, Michael Haigney
Drehbuch: Takeshi Shudo
Kamera: Takaya Mizutani
Musik: Shinji Miyazaki, Ralph Schuckett
Schnitt: Toshio Henmi
Prod.: TV Tokyo/TV Tokyo Medianet/ Shogakukan Prod./4 Kids Prods.; Japan/USA 2001; 58 Min.
Vertrieb: Warner, 18.7.2002
FSK: ab 6 J.

Pokémon-Truppe macht sich auf die Reise durch das Tal der Reinheit, um einen Stamm geklonter Pokémons aufzusuchen. Veritabler Kindertrash mit einem Vorteil: weniger als eine Stunde lang.

Pollock 634

POLLOCK ****+

Regie: Ed Harris
Darsteller: Ed Harris (Jackson Pollock), Marcia Gay Harden (Lee Grasner), Amy Madigan (Peggy Guggenheim), Jennifer Connelly (Ruth Kligman), Jeffrey Tambor (Clement Greenberg), Bud Cort (Howard Putzel)
Drehbuch: Barbara Turner, Susan J. Emshwiller, nach dem Buch »Jackson Pollock: An American Saga« von Steven Naifeh, Gregory White Smith
Kamera: Lisa Rinzler
Musik: Jeff Beal
Schnitt: Kathryn Himoff
Prod.: Brant-Allen Prod. mit Zeke Films/ Ed Harris/Fred Berner Films; USA 2000; 122 Min.
UA: 6.9.2000, Int. Filmfestspiele Venedig, »Cinema of the Present«
Verleih: Columbia TriStar, 6.6.2002
FSK: ab 12 J., ffr.

Der Schauspieler Ed Harris hat als Regisseur und Hauptdarsteller Pollocks Leben verfilmt: eindringliche Hommage, ohne Glorifizierung, aufrichtig tastende Annäherung an das Faszinosum einer tragischen Künstlerexistenz. *tip, 12/2002*

Kritik: (...) Das kann man auch von dem wunderbaren Schauspieler Ed Harris sagen, der sich als Regisseur und Hauptdarsteller seinen Traum eines Films über den Maler Jackson Pollock erfüllt hat. In »Pollock« gräbt er sich in den frühen Meister des Action-Painting hinein und kommt natürlich dem Geheimnis der Kunst so wenig auf die Spur wie auch schon Julian Schnabel in »Before Night Falls« – aber wenn die Liebe und Sympathie eines Mannes für seinen Gegenstand so spürbar werden wie hier, dann überwältigt das die Zuschauer auch dort, wo es dem Film letztlich an intellektueller Klarheit fehlt. (...)

Michael Althen, SZ, 8.9.2000

(...) Manche Episoden, wie die angeblich zufällige Erfindung der Tropfbilder, sind fürs Entertainment ein bisschen zu anekdotisch geraten. Sehr eindringlich dagegen die exaltierten Kurzauftritte der vor allem erotisch interessierten Mäzenin Peggy Guggenheim und der Wandel des häuslichen Pollock-Ambientes von der Bruchbude zu gepflegter Bürgerlichkeit. über die Bedeutung der radikalen Kunst von Jackson Pollock lernt man in diesem Film allerdings wenig. Harris hat die Biografie des Malers zum Psycho-Brennpunkt aufgeheizt.

Gert Gliewe, AZ, 6.6.2002

Pommery und Putenbrust 635

***

TV

Regie: Manfred Stelzer
Darsteller: Mareike Carrière (Luise Fischbach), Karl Kranzkowski (Gideon), Armin Rohde (Frieder), Katharina Thalbach (Carina), Eva Hassmann (Jasmin), Pierre Besson (Robert)
Drehbuch: Thommie Bayer, Manfred Stelzer, nach dem gleichnamigen Roman von Dagmar Hansen
Kamera: Martin Kukula
Musik: Lutz Kerschowski
Schnitt: Bernd Schriever
Prod.: Ziegler Film; D 2002; 88 Min.
TV: 22.12.2002, ZDF, 20.15

Alljährlich fährt die Lehrerin Luise Fischbach mit ihrem Mann und den

Kindern Weihnachten in den Skiurlaub. In diesem Jahr aber lädt sie, aufgerüttelt von einem Schüleraufsatz, erstmals seit Jahren Mutter, Schwester und Bruder zu einem großen Familien-Weihnachtstreffen ein.

Kritik: (...) Wie die Horrorbande (Schwester, Schwager, Bruder, Schwägerin, zickige Ego-Mutter) den Standardkrieg um Eheknatsch und Erbschaftshäme austrägt, führt die ZDF-Gemütskomödie als prallen Rohrkrepierer vor. (...)

Ponkie, AZ, 24.12.2002

Ponder Heart – Liebe mit Folgen 636

PONDER HEART ***

Video

Regie: Martha Coolidge
Darsteller: Peter MacNicol (Onkel Daniel), JoBeth Williams (Edna Earle Ponder), Angela Bettis (Bonnie Dee Peacock), Boyce Holleman (Großvater Ponder), Jennifer Lewis (Narcissa Wingfield), Victor Slezak (Ovid Springer)
Drehbuch: Gail Gilchriest, nach dem gleichnamigen Roman von Eudoa Welty
Kamera: Johnny E. Jensen
Musik: Grant Geissman, Van Dyke Parks
Prod.: Alt Films; USA 2001; 91 Min.
Vertrieb: Paramount Video, 14.11.2002
FSK: ab 6 J.

Daniel erbt ein Vermögen und entwickelt sich dadurch zum wandelnden Wohltäter, was seine Familie argwöhnisch beäugt und Maßnahmen ergreift. Gediegene Literaturverfilmung mit großartigem Darstellerensemble.

Pootie Tang 637

POOTIE TANG **

Video

Regie: Louis C. K.
Darsteller: Lance Crouther (Pootie Tang), J. B. Smoove (Trucky), Jennifer Coolidge (Ireenie), Reg E. Cathey (Dirty Dee), Robert Vaughn (Dick Lecter), Wanda Sykes (Biggie Shorty)
Drehbuch: Louis C. K.
Kamera: Willy Kurant
Musik: Prince Paul, QD3
Schnitt: Doug Abel
Prod.: 3 Arts/Alphaville mit HBO/MTV; USA 2001; 78 Min.
Vertrieb: Paramount Video, Dezember 2002

Ausgerechnet gegen Rapper und Frauenschwarm Pootie tritt der fiese Lecter an und raubt ihm seinen magischen Gürtel. Unausgegorene, gänzlich banale Komödie mit Musikeinlagen.

Der Pornograph 638

LE PORNOGRAPHE ***

Regie: Bertrand Bonello
Darsteller: Jean-Pierre Léaud (Jacques), Jeremie Renier (Joseph), Dominique Blanc (Jeanne), Catherine Mouchet, Thibault Montalembert (Richard), André Marcon (Louis)
Drehbuch: Bertrand Bonello
Kamera: Josée Deshaies
Musik: Laurie Markovitch
Schnitt: Fabrice Rounaud
Prod.: Haut et Court/In Extremis Images/ Téléfilm Canada; Frankreich/Kanada 2001; 108 Min.
Verleih: November 2001, Österreich, Alamode, 14.11.2002

Als junger Mann war Jacques Laurent in den 70er-Jahren ein sehr erfolgreicher Regisseur von Pornofilmen. Als er 1984 sein Metier aufgab, ließ er einen unvollendeten Streifen, »L'Animal«, zurück. Finanzielle Gründe zwingen ihn knapp 25 Jahre später dazu, wieder Pornos zu drehen. Vor einigen Jahren fand sein Sohn Joseph heraus, womit sein Vater sein Geld verdient, und war empört.

Kritik: (...) Entlang einer klassischen Vater-Sohn-Geschichte erzählt Bertrand Bonello von den Gesetzen des Begehrens. In einer Schlüsselszene des Films, den Dreharbeiten zu einer Sexszene, gerät Laurent mit einem jungen Produzenten in Streit. Laurent meint, der Zuschauer müsse fühlen, dass die Figuren sich lieben, sonst sei die Szene für ihn nicht glaubhaft. Im Vergleich zu thematisch ähnlich gelagerten Filmen aus Frankreich wie »Intimacy« oder »Romance« stimmt der Film ein fast schon altmodisches Hohelied auf die Liebe an. Wirklich überraschend aber ist Jean-Pierre Léaud in der Hauptrolle. Durch die feine Ironie und Melancholie in seinem Spiel erweist sich der einstige Star der Nouvelle Vague als Besetzungscoup. Intelligentes Schauspielerkino.

Jennifer Bleek, Zitty, 24/2002

(...) »Le Pornographe« ist ein seltsamer Film. Weder gut noch schlecht, weder falsch noch richtig, weder überzeugend noch völlig kalt lassend. Und er zeigt Jean-Pierre Léaud, Francois Truffauts langjähriges Alter Ego aus den Antoine-Doinel-Filmen (»Sie küssen und sie schlugen ihn«), in dieser merkwürdigen Rolle, in der er wie ein Fremdkörper durch den ganzen Film schleicht. Vielleicht das allein schon sehenswert genug?

Thilo Wydra, Filmecho-Filmwoche, 44/2002

Preis der Schönheit 639

**+
TV

Regie: Vera Loebner
Darsteller: Christian Quadflieg (Dr. Gregor Rauch), Claudine Wilde (Frauke Nimrath), Christine Neubauer (Lena Rauch), Dieter Mann (Albrecht Nimrath), Rufus Beck (Hanno Müller), Karin Gregorek (Theresa)
Drehbuch: Rolf Gumlich
Kamera: Thomas Merker
Prod.: Novafilm für NDR; D 2000; 90 Min.
TV: 24.4.2002, ARD, 20.15

Bestherziger Schönheitschirurg verpfuscht eitler TV-Moderatorin die Visage, woraufhin ihr mächtiger Männe einen medialen Vernichtungsfeldkrieg gegen den Mediziner startet. So landet der geschundene Arzt nach kurzem Abstecher in der Pennergosse eine halbe Stunde vor Schluss in den Armen einer rassigen Italienerin, deren Rücksiedrlungspläne (kleine Toskanapension mit zwei Palmen vor der Tür) katalysatorisch auf seine geistige Genesung wirken. (...) Eine ebenso spekulative wie naive Kombination aus pseudokritischem Medienmärchen und verlogenem Arztroman in vorwiegend gelacktem Ambiente, mit Dialogen und Figuren aus dem Leitfaden für den Hobbyredakteur und den Freizeitautor. (...)

W. O. P. Kistner, AZ, 26.4.2002

Problemzone Mann 640

***
TV

Regie: Felix Dünnemann
Darsteller: Steffen Groth (Vic), Elena Uhlig (Cleo), Michael Brandner (Manni), Gudrun Landgrebe (Linda), Liz Baffoe (Yvonne), Aykut Kayacik
Drehbuch: Julia Wawrzyniak
Kamera: Bella Halben
Schnitt: Dagmar Pohle
Prod.: Letterbox für SAT.1; D 2001; 92 Min.
TV: 26.3.2002, SAT.1, 20.15

Dieses Befindlichkeits-Komödienmelodram demonstriert die unerotische Freudlosigkeit der fanatischen Bodyanbetung am jungen Fitnesstrainer Vic, der seinen auf Erfolg und Ansehen erpichten Eltern Leistung und Erfolg beweisen will. Dazu schreibt der Muskelkerl ein Buch und benutzt als Modell ein Mutter-&-Tochter-Paar: Die keimfrei gestylte Kosmetik- und Fitnessgans im Rollstuhl – und die kreative »dicke« Tochter, die auf das Getue pfeift. (...)

Ponkie, AZ, 28.3.2002

Project Assassin 641

PROJECT: ASSASSIN
**
Video

Regie: Andy Hurst, Robin Hill
Darsteller: Michael Hanson, Kit Corcoran, Sasha McGann
Prod.: New Blood/Red Cloud Film; GB/D 1997; 89 Min.
Vertrieb: UAP Video, 15.12.2001
FSK: ab 18 J.

Via Telekinese auf Mordmaschine programmierter Killer schlüpft in WG unter. Hanebüchener Billigthriller von hoher Überflüssigkeit.

Promises 642

PROMISES
□

Regie: Justine Shapiro, B. Z. Goldberg, Carlos Bolado
Drehbuch: Justine Shapiro, B. Z. Goldberg

Kamera: Yoram Millo, Ilan Buchbinder
Schnitt: Carlos Bolado
Prod.: The Promises Film Project;
Israel 2001; 106 Min.
Verleih: mec, OmU, 24.10.2002

Als B. Z. Goldberg und Justine Shapiro zwischen 1997 und 1998 in Jerusalem und in der Westbank Kinder zwischen neun und dreizehn Jahren interviewten, herrschte in Isarel noch eine gewisse Post-Oslo-Euphorie. So basiert »Promises« wohl auf der ergreifend einfachen, aber ach so schwer zu realisierenden Idee, dass die Grundvoraussetzung für ein friedliches Zusammenleben der Abbau von Vorurteilen ist und die Bereitschaft und Fähigkeit, miteinander zu reden. (…) Obwohl der hoch gelobte Film, der in den USA sogar für den Oscar nominiert wurde, etwas aufdringlich mit friedenspädagogischen Ansprüchen einhergeht, endet er nicht mit falschen Hoffnungen erweckenden, idealisierenden Realitätsbeschönigungen, sondern ist von brutaler Ehrlichkeit. Und deshalb ist der Film absolut sehenswert. (…)

Barbara Lorey, tip, 24.10.2002

Prop und Berta 643
PROP OG BERTA ****+

Regie: Peter Fly, Janis Cimmermanis
Drehbuch: Mikael Olsen, nach Geschichten von Bent Solhof
Kamera: Peteris Trups
Musik: Halfdan E., Susi Hyldgaard
Schnitt: Per Fly
Prod.: Zentropa/Memphis Film/Cinematogranske Filminstitut; Dänemark/Schweden/Norwegen 2001; 73 Min.
EA: Filmfest München 2002
Verleih: AFM, 5.12.2002

Ein klassisch inszenierter Puppentrickfilm für die Kleinen, eine Geschichte von Gut und Böse. Eine gemeine Hexe im Wald tyrannisiert das nahe gelegene kleine Dorf und ärgert vor allem den liebenswürdigen Herrn Prop, der gerade ins Nachbarhaus am Waldrand eingezogen ist. Aber Prop und seiner sprechenden Kuh Berta gelingt es, die Hexe zu besiegen und sie in eine freundliche alte Frau zu verwandeln.

Handwerklich perfekt umgesetzt, überfordert »Prop und Berta« die Kinder nicht, weder durch irgendwelche gruseligen Hexereien noch durch aufwändige Kameraarbeit. Eine statische Kameraposition und bedächtig eingesetzte Schnitte prädestinieren den Film zum Einstieg für kleinere Kinder in die Kinokultur, was allerdings auch bedeutet, dass Ältere sich eher langweilen werden. Die Story von Herrn Prop ist in Dänemark schon lange bekannt, sie ist schlüssig, leicht verständlich und wird abgerundet durch witzige Lieder, die den Handlungsablauf nochmals vertiefen.

Ein Trickfilm, für den die Produktionsfirma von Lars von Trier ein in Russland ausgebildetes Animationsteam engagierte, das mit viel Sorgfalt ans Werk ging, was sich unter anderem an den detailliert ausgearbeiteten Puppen, die recht knuddelig daherkommen, bemerkbar macht. Im Grunde ist es ein waghalsiges Unternehmen – in Zeiten des computeranimierten Trickfilms gehört viel Mut dazu, einen reinen Puppentrickfilm zu produzieren.

Katrin Hoffmann, epd-Film, 12/2002

Protection 644
PROTECTION **
Video

Regie: John Flynn
Darsteller: Stephen Baldwin (Sal), Peter Gallagher (Ted), Katie Griffin (Gina), Aron Tager (Lujak), Deborah Odell (Laura), Vlasta Vrana (Shimanski)
Musik: Richard Marvin
Prod.: Alliance Atlantis/Faulkner-Bibo/Le Monde Ent.; Kanada 2001; 92 Min.
Vertrieb: Sunfilm Video, 12.6.2002
FSK: ab 16 J.

Im Rahmen des Mafia-Zeugenschutzprogramms taucht der kriminelle Sal mit Familie in einer Provinzstadt unter, beginnt dort aber illegale Geschäfte zu machen. Banaler Thriller aus Kanada.

Protokoll eines Sexsüchtigen 645

DIARY OF A SEX ADDICT *

Video

Regie: Joseph Brutsman
Darsteller: Rosanna Arquette (Grace), Nastassja Kinski (Dr. Bordeaux), Michael des Barres (Sammy), Ed Begley jr. (Dr. Spencer), Joey House (Tawney), Eva Jenickova (Tatiana)
Drehbuch: Anthony Peck, Joseph Brutsman
Kamera: Nathan Hope
Musik: Doug Smith
Schnitt: Greg Tillman
Prod.: Evolution Ent.; USA 2001; 93 Min.
Vertrieb: Columbia TriStar Video, 26.2.2002
FSK: ab 18 J.

Gastronom mit Anhang verschafft sich wahllos hormonelle Erleichterung, bis eine Therapie unausweichlich wird. Pseudopsychologischer, spekulativer Blödsinn mit Valiumensemble.

Proximity – Außerhalb des Gesetzes 646

PROXIMITY **

Video

Regie: Scott Ziehl
Darsteller: Rob Lowe (William Conroy), James Coburn (Jim Corcoran), Kelly Rowan (Anne Conroy), Jonathan Banks (Price), Terrence »T. C.« Carson (Yaskin), Joe Santos (Clive Plummer)
Drehbuch: Ben Queen, Seamus Ruane
Kamera: Adam Kane
Musik: Stephen Cullo
Prod.: Zinc für Warner Bros.; USA 2001; 91 Min.
Vertrieb: Helkon Video, 6.8.2002
FSK: ab 16 J.

Exanwalt landet wegen Totschlags im Knast, kann fliehen und kommt nun einer Verschwörung braver Bürger auf die Schliche. Konfuser, aber nicht allzu billig inszenierter Thriller mit Actioneinschüben.

Prüfstand 7 647

***

Regie: Robert Bramkamp
Darsteller: Inga Busch (Bianca), Matthias Fuchs (Gen. Dornberger), Peter Lohmeyer (Wernher von Braun), Hanjo Berressem (Dr. Spectro), Robert Forster (Fährmann), Helmut Höge (Journalist)
Drehbuch: Robert Bramkamp, nach Motiven des Romans »Die Enden der Parabel« von Thomas Pynchon
Kamera: Jakobine Metz
Musik: Max Knoth
Schnitt: Anja Neraal
Prod.: Next Film/VCC Perfect mit HFF »Konrad Wolf«/ZDF/3Sat; D 2001; 114 Min.
UA: Int. Hofer Filmtage 2001
Verleih: Salzgeber, 23.5.2002
FSK: ab 16 J., ffr.

Bianca kehrt nach 60 Jahren des kosmischen Exils auf die Erde zurück. Am 3. Oktober 1942 war sie in der Brennkammer der ersten, erfolgreich von Peenemünde aus in das All geschossenen »Wunderwaffe« V 2 (alias A 4) geboren worden. Nun sucht sie nach Vater und Mutter, nach ihren Tanten und Geschwistern. Ihre Suche führt sie mit Wissenschaftlern, Historikern und Schriftstellern zusammen. Robert Bramkamp erweist sich mit diesem Dokumentar- und Spielfilmpuzzle erneut als einer der intellektuellsten deutschen Filmemacher. Ausgehend von den Metamorphosen des Raketenmythos untersucht er die damit verknüpften Hintergründe und Projektionen. *Claus Löser, tip, 13/2002*

(...) »Prüfstand 7« versucht, Dokumentation und Fiktion miteinander zu verbinden, doch das Ergebnis ist nicht überzeugend. Die Odyssee dieses Raketengeistes Bianca interessiert auch deswegen nicht sonderlich, weil Schauspielerin Inga Busch kaum geführt wird und regelrecht durch die Bilder stolpert. Gewiss, experimentieren ist immer gut, aber muss aus der offensichtlichen Finanznot (das Budget beläuft sich auf zirka 260.000 Euro) die »Tugend« gemacht werden, das experimentelle Moment zu überspitzen? Überdies sind die Passagen, die man dem Roman »Die Enden der Parabel« des hyperöffentlichkeitsscheuen US-Autors Thomas Pynchon entnommen hat, nicht eher hölzern, ohne fließende Übergänge in den Gesamtkontext eingebunden.

Insgesamt passt »Prüfstand 7« besser in die Spätschiene eines öffentlich-rechtlichen Senders (ZDF und 3sat koproduzierten). Für die breitformatige Leinwand sind seine »Geschichte« und seine Bilder mitunter einfach nicht groß genug. *Thilo Wydra, Filmecho-Filmwoche, 20/2002*

Psycho Beach Party 648

PSYCHO BEACH PARTY ***+

Regie: Robert Lee King
Darsteller: Lauren Ambrose (Florence Forrest), Thomas Gibson (Kanaka), Dannie Wheeler (Berdine), Charles Busch (Capt. Monica Stark), Beth Broderick (Mrs. Forrest), Matt Keeslar (Lars)
Drehbuch: Charles Busch, nach seinem Off-Broadway-Stück
Kamera: Arturo Smith
Musik: Ben Vaughn
Schnitt: Susanne Hines
Prod.: CinemaVault/Strand/New Oz Prod./ Red Horse Films; USA 2000; 95 Min.
Verleih: 3001, 7.2.2002

Grausame Morde schreckt die vom rebellischen Geist der »surfin' sixtees« beseelte Jugend Malibu Beachs auf. Die Polizei vermutet einen Psychopathen und meint, ihn in einem schüchternen Mädchen zu erkennen, das sich in Abständen in eine furienhafte S/M-Queen verwandelt. Betont auf einen hippen Trashlook setzende Low-Budget-Produktion, die zwar ihre Vorbilder aus den 60er-Jahren nicht erreicht, ein vergnügungswilliges Publikum dennoch befriedigen sollte.

Jörg Gerle, Film-Dienst, 3/2002

Purple Storm – Ein tödlicher Auftrag 649

CHI YU FUNGBO **
Video

Regie: Teddy Chen
Darsteller: Daniel Wu (Ma Li), Joan Chen (Shirley), Theresa Lee
Prod.: Hongkong 1999; 112 Min.
Vertrieb: M. I. B., 5.11.2002
FSK: ab 18 J.

Ohne Gedächtnis und Bewusstsein findet Hongskongs Polizei den Sohn eines Topterroristen auf. Vattern will ihn natürlich befreien. Zynisch-gewaltverherrlichender Actionreißer.

Pythons 2 650

PYTHONS 2 *
Video

Regie: Lee McConnel
Darsteller: William Zabka (Greg Larson), Alex Jolig (Matthew Coe), Dana Ashbrook (Dwight Stoddard), Simmone Mackinnon (Nadia), Marcus Aurelius (Col. Jefferson), Mike Mitchell
Drehbuch: Jeff Rank
Prod.: Python/The Sci-Fi Channel/ UFO Films; USA 2001; 86 Min.
Vertrieb: e-m-s Video, 23.7.2002
FSK: ab 16 J.

Weltenbummler Mike lässt sich auf Kurierauftrag ein, bemerkt aber zu spät, dass es sich dabei um den Transport einer riesigen Schlange handelt. Selten dämlicher Tierhorror-Thriller.

Qualverwandt oder Wenn der Pfleger

651
***

Regie: Lothar Lambert
Darsteller: Michael Sittner, Daniela Ziemann, Ulrike S.
Drehbuch: Lothar Lambert
Kamera: Albert Kittler
Schnitt: Lothar Lambert
Prod.: D 2002; 78 Min.
Verleih: Eigenverleih, 21.3.2002

In seinem neuesten Werk dient die Arbeit eines frisch entlassenen Knastbruders in der häuslichen Krankenpflege als roter Faden für ein Panoptikum mehr oder minder Gestörter. Wobei, wie es sich für Underground gehört, auch Sex, Nuditäten und allerlei Obsessionen eine Rolle spielen – die Lambert aber als natürliche menschliche Bedürfnisse zeigt. Und ausziehen dürfen sich bei ihm nicht nur gelackte Hochglanzschönheiten – im Gegenteil. Eine situations- und tragikomische Reise durch Berlin als Biotop exzentrischer Existenzen.

Jan Gympel, Zitty, 7/2002

R

Race to Space – Mission ins Unbekannte 652

RACE TO SPACE **

Video

Regie: Sean McNamara
Darsteller: James Woods (Wilhelm von Huber), Anabeth Gish (Donni McGuiness), Alex D. Linz (Billy von Huber), William Devane (Roger Thornhill), William Atherton (Ralph Stanton), Mark Moses (Alan Shepard)
Drehbuch: Eric Gardner, Steve H. Wilson
Kamera: Christian Sebaldt
Musik: John Coda
Schnitt: Greg Hobson
Prod.: Brookwell/McNamara Ent. mit Century Ent./Telepool; USA 2000; 104 Min.
Vertrieb: VCL Video, 21.3.2002
FSK: ab 12 J.

Familientaugliches Drama um Ex-Nazi-Forscher, der in den 60ern mit Sohn den USA zu Diensten steht. Von einigen Darstellerleistungen abgesehen, uninteressantes Drama.

Random – Nichts ist wie es scheint 653

ON THE EDGE **+

Video

Regie: Jana Sue Memel »On the Edge«, Helen Mirren »Happy Birthday«, Mary Stuart Masterson »The Other Side«, Anne Heche »Reaching Normal«
Darsteller: Jolene Blalock, Scott Lowell, Stephen Tobolowsky, John Goodman, Sydney Tamila Poitier, Beverly D'Angelo
Drehbuch: John W. Herrera, Crispin Whitteil (nach der Kurzgeschichte »Placement Test« von Keith Laumer), Mary Stuart Masterson (nach der Kurzgeschichte »Lifeboat on a Burning Sea« von Bruce Holland Rogers), Anne Heche, nach der Kurzgeschichte »Command Performance« von Walter M. Miller jr.
Kamera: Jeff Levy, Michael Barrett, James Whitaker, Nancy Schreiber
Musik: Jason Frederick, Guy Dagul, David Renik, Jim Goodwin
Schnitt: James Fletcher, Fabriel Wrye, Melissa Kent
Prod.: Chanticleer/Paramount; USA 2001; 94 Min.
Vertrieb: Paramount Video, 13.6.2002
FSK: ab 12 J.

Drei renommierte Schauspielerinnen liefern mit diesem lauwarmen Episodenfilm aus der Fantasyecke ihren Einstand als Regisseurinnen. Das macht die Chose nur sehr bedingt interessanter ...

Raptor 654

RAPTOR *

Video

Regie: Jay Andrews (= Jim Wynorski)
Darsteller: Eric Roberts (Sheriff Tanner), Corbin Bernsen (Dr. Hyde), Melissa Brasselle (Barbara), Harrison Page (Ben), Lorissa McComas (Lola Tanner)
Drehbuch: Jay Andrews, Michael B. Druxman, Frances Doel
Kamera: Andrea Rossotto
Musik: James Horner
Schnitt: Max K. Atkins
Prod.: New Concorde; USA 2001; 96 Min.
Vertrieb: marketing Video, 25.3.2002
FSK: ab 16 J.

Geklonte Killersaurier treten auf dem Highway an, um sich an Touristen satt zu fressen. Armselig zusammengestopselter Tierhorror.

Rare Birds – Selten schräge Vögel! 655

RARE BIRDS ***

Video

Regie: Sturla Gunnarsson
Darsteller: William Hurt (Dave), Andy Jones (Phonce), Molly Parker (Alice), Vicky Hynes (Deb), Greg Malone (Buster Bartlett), Michael Chiasson (Dr. Jack Tomlinson)
Drehbuch: Edward Riche, nach seinem gleichnamigen Roman
Kamera: Jan Kiesser
Musik: Jonathan Goldsmith
Schnitt: Jeff Warren
Prod.: Big Pic./Pope/Rare Prod.; Kanada 2001; 99 Min.
Vertrieb: Arthaus Video, 5.11.2002
FSK: ab 6 J.

Mit einem Zentner Kokain will der Nachbar eines bankrotten Kneipiers den Laden wieder flott bekommen. Ausgelassene Komödie mit glänzenden Darstellern und hohem Einfallsfaktor!

Rat Race – Der nackte Wahnsinn 656
RAT RACE ***

Regie: Jerry Zucker
Darsteller: Rowan Atkinson (Enrico Pollini), John Cleese (Donald Sinclair), Whoopi Goldberg (Vera Baker), Cuba Gooding jr. (Owen Templeton), Seth Green (Duane Cody), Jon Lovitz (Randy Pear)
Drehbuch: Andy Breckman
Kamera: Thomas Ackerman, Mickey Gilbert (2nd unit)
Musik: John Powell
Schnitt: Tom Lewis
Prod.: Alphaville/Zucker Prod.; Kanada/USA 2001; 112 Min.
Verleih: Senator, 29.8.2002
FSK: ab 6 J., ffr.

Kritik: (...) In »Rat Race« jagt Jerry Zucker Spielkasinozocker von Las Vegas aus durch die Wüste und wagt sich mit einigen Stars gelegentlich sogar auf die Schotterpiste des schwarzen Humors. Doch der große Cleese wirkt hölzern, und Atkinson liefert eine miese Kopie von Roberto Benignis quasselndem Südländer aus »Down by Law«. Weil auch das Kino ein Rennen ist, muss »Rat Race« von der Strecke gewinkt werden.

Thomas Klingenmaier, Stuttgarter Zeitung, 29.8.2002

Rats – Mörderische Brut 657
RATS **
Video

Regie: Tibor Takacs
Darsteller: Sara Downing (Samantha/Jennifer), Balley Chase (Johnny Falls), Michael Zelniker (Ernst), Ron Perlman (Dr. William Winslow), Michael Hagerty (Michael), Amy Parks (Maureen)
Kamera: Barry Gravelle
Schnitt: Ellen Fine
Prod.: Nu Image; USA 2001; 88 Min.
Vertrieb: Columbia TriStar Video, 24.9.2002
FSK: ab 18 J.

Eine Suchtklinik dient als Fassade für Experimente, bei denen Ratten zu Killermonstern mutieren. Passabel ausgestalteter, aber inhaltlich indiskutabler Tierhorror, gedreht in Osteuropa für den dekadenten Westen.

Ein Rattendasein 658
SADBATA KATO PLACH □

Regie: Iwan Pawlow
Darsteller: Iwailo Christow, Christo Garbow, Valentin Tanew, Iwan Radoew, Sofie Duez, Werica Nedesha
Drehbuch: Konstantin Pawlow
Kamera: Swetla Ganewa
Musik: Bojidar Petkow
Schnitt: Dimitar Yurukow
Prod.: Act-Pick/Pegas; Bulgarien/Mazedonien 2001; 75 Min.
UA: 5.11.2001, Sofia
EA: 15.2.2002, Int. Forum des Jungen Films Berlin
Verleih: Freunde, Oktober 2002

Der Film von Pawlow erinnert bisweilen an das Werk des Georgiers Otar Iosseliani: Dialogarm und unpsychologisch entwirft der Film das Bild einer absurden Welt rätselhafter Gesetzmäßigkeiten, in der das Chaos zur akzeptierten Norm wird.

Berlinale Journal

Real Deal 659
THE REAL DEAL **
Video

Regie: Tom Burruss
Darsteller: Daniel Baldwin (Vine Vassar), Angie Everhart (Samantha Vassar), Costas Mandylor (Instrukteur), Lillo Brancato (Samy Saxo), Joseph D. Reitman (Freddy), Michael Madsen (Baker Jacks)
Drehbuch: Jai Stefan
Kamera: Howard Wexler
Musik: Jeremy Rubolino
Schnitt: Clark Eddy
Prod.: MC-One; USA/D 2002; 86 Min.
Vertrieb: MC One (Sunfilm) Video, 27.11.2002
FSK: ab 16 J.

Assi eines Kotzbrockens von Filmproduzenten bekommt eines Tages die Möglichkeit zur Rache. Mit ironischen Anklängen versehener Doppelboden-Thriller.

Rebellen in Daresalam 660
DARESALAM □
TV

Regie: Issa Serge Coelo
Darsteller: Haikail Zakaria (Djimi), Abdoulaye Ahmat (Koni), Youssouf Djaoro (Tom), Gérard Essomba (Adoum), Sidiki Bakaba (Felix)

Drehbuch: Issa Serge Coelo, Ismael Ben Cherrif, Pierre Guillaume
Kamera: Jean-Jacques Mrejen
Musik: Khalil Chahine
Schnitt: Catharine Schwartz
Prod.: Parenthése Films mit La Sept/Arte/DCN; Frankreich/Burkina Faso 2000; 100 Min.
EA: Int. Filmfestspiele Berlin, »Panorama«
TV: 11.5.2002, Arte, 22.55, OmU

Der Film erzählt von den Folgen für die Menschen in afrikanischen Ländern, die sich nach einer missglückten Entkolonialisierung auf verschiedenen Kriegsseiten bei den nachfolgenden Konflikten unversöhnlich gegenüberstehen. *Pressetext*

Reise in die Polarnacht 661

JIM LA NUIT ***
TV

Regie: Bruno Nuytten
Darsteller: Fatoumata Sissoko (Géraldine, »Jim«), Chems Eddine Dahmani (Habib), Caroline Gillain (Marie), Sotigui Kouyaté (Großvater), Pierre Mermaz (Doktor Aslan), Marie Henriau (Psychiaterin)
Drehbuch: Bruno Nuytten
Musik: Barnabé Said Albert
Prod.: Pierre Javau Prod. mit Arte; Frankreich 2001; 90 Min.
TV: 15.11.2002, Arte, 20.40

Die junge Afrikanerin Jim lebt bei liebevollen Adoptiveltern in der Nähe von Paris. Eines Tages hört sie auf zu essen und zieht sich von allen zurück. In ihrer Fantasie reist sie nach Island, wo sie wilde Eisbären und die Sängerin Björk sucht. *Pressetext*

Reise ins Glück 662

EN ATTENDANT LE BONHEUR □
TV

Regie: Abderrahmane Sissako
Darsteller: Matta Ould Mohamed Abeid (Abdallah), Khatra Ould Abdel Kader, Mohamed Mahmoud Ould Mohamed, Fatimetou Mint Ahmeda, Nana Diaketa
Drehbuch: Abderrahmane Sissako
Prod.: Frankreich 2001; 90 Min.
TV: 1.6.2002, Arte, 22.30, OmU

Ein kleiner verträumter Fischerort, an der Atlantikküste in Mauretanien gelegen, ist zum Treffpunkt vieler Flüchtlinge geworden. Sie hoffen darauf, von hier aus in eine neue Zukunft aufbrechen zu können.

Die Reise nach Kafiristan 663

***

Regie: Fosco Dubini, Donatello Dubini
Darsteller: Jeanette Hain (Annemarie Schwarzenbach), Nina Petri (Ella Maillart), Matthew Burton (Joseph Hackin), Rania Kurdi (Ria Hackin), Ozlen Soydan (Jale), Abdul Karim Qawasmi (Sheik)
Drehbuch: Fosco Dubini, Donatello Dubini, Barbara Marx
Kamera: Matthias Kälin
Musik: Wolfgang Hamm
Schnitt: Christel Maye
Prod.: Dubini Filmprod./Tre Valli/Contact mit ZDF/Arte/VPRO; D/Schweiz/Niederlande 2001; 105 Min.
UA: Int. Filmfestspiele Locarno 2001
Verleih: Real Fiction, 28.11.2002

Im Jahr 1939 machen sich die Schriftstellerin Annemarie Schwarzenbach und die Fotografin Ella Maillart von Genf aus gemeinsam mit ihrem Ford De Luxe auf den Weg durch die Wüste nach Kabul. Jede der beiden Frauen verfolgt dabei ein eigenes Projekt …

Kritik: (…) Die beiden Schweizer erliegen gern der Faszination prominenter Lebensspuren, suchen darin geniale Unruhe oder mysteriöse Seelentiefe. Und so beschwört »Die Reise nach Kafiristan« elegisch die Bande zwischen den beiden Frauen, ihre Ängste und Leidenschaften. Wenn nur nicht die druckreifen Dialoge und schöngeistige Weltsicht gar so anämisch daherkämen und das umfangreiche Mobiliar, mit dem die Frauen reisen, auf den langen Autofahrten merkwürdig unsichtbar bliebe. Da fehlt dann doch ein bisschen Erdung.
Cristina Moles Kaupp, tip, 24/2002

(…) Den Kölner Brüdern Fosco und Donatello Dubini ist ein reicher, vielschichtiger, epischer Film gelungen, der auch die Konfrontation mit den Ideen eines Rassismus berührt, der die Menschen ausgrenzen will. Es ist eine leidenschaftliche Auseinandersetzung mit den Kulturen der Fremde, und immer wieder erreicht den Zuschauer die Faszination dieser unendlich schönen Landschaften, der Städte, der Gebäude und der Menschen, und so atmet der Film eine Weite und die Suche nach der Schönheit, nach der Begegnung. *Heiko R. Blum, Rheinische Post, 12.12.2002*

(…) »Die Reise nach Kafiristan« heißt ihr Film, und geworden ist daraus eine prätentiöse, schwülstige, in jedem Detail unglaubwürdige Geschichte mit unerträglich literarischen Dialogen; da helfen auch Matthias Kälins in Jordanien und Usbekistan aufgenommenen schönen leeren Wüstenlandschaften nicht mehr.

Christoph Egger, NZZ, 10.8.2001

(…) Doch was manchem als intellektuelle Herausforderung erscheint, als Reiz des Spröden und Distanzierten, als »wunderschön karg«, als meditativ und traumwandlerisch, als behutsame Regie, das kann auch anders eingeschätzt werden: als verkopft, leblos, langweilig. Allzu oft erscheint es, als hätten die Brüder Dubini sich bei den Regieanweisungen für ihre Hauptdarstellerinnen Nina Petri (überaus hölzern als Ella Maillart) und Jeanette Hain (überaus orientierungslos als drogensüchtige Annemarie) nur auf einen Satz beschränkt: »Bitte jetzt den Text aufsagen.« (…)

Detlef Kühn, epd-Film, 12/2002

Interview: *In Ihrem Film geht es um historische Personen, Orte und Ereignisse, und er hat, auch wenn er ein Spielfilm ist, einen dokumentarischen Hintergrund. Sie selber sind von Haus aus Dokumentarfilmer. Erscheint es Ihnen nicht problematisch, mit solchen Fiktionalisierungen zu arbeiten: mit der im Spielfilm üblichen Lüge, einen Ort als einen anderen auszugeben?*

Nein, gar nicht, weil wir auch als Dokumentaristen nicht so puristisch gearbeitet haben. In unserem Dokumentarfilm »Das Verschwinden des Ettore Majorana« gibt es eine Szene, in der Ettore Majorana in Rom aus dem Fenster schaut. Gedreht haben wir diesen Blick aus dem Fenster aber in Neapel. Unsere Dokumentarfilme haben einen leicht fiktionalen Touch, und unsere Spielfilme haben einen leicht dokumentarischen Touch. Wir gehören nicht zu den Dokumentarfilmern, für die darstellender Ort und dargestellter Ort immer identisch sein müssen. Wir sind da bewegungsfreier und essayistischer. Wir verstehen unsere Filme als Montagefilme, in denen es nicht um durchgängie Inszenierungen geht, sondern um ein Zusammenfügen von Stückwerk. Auch »Die Reise nach Kafiristan« hat keine verdichtete Spielfilmdramaturgie mit Anfang, Höhepunkt und Ende. Vielmehr halten wir uns an eine epische Dramaturgie, die kleine Stückchen aneinander fügt, die durchaus auch austauschbar sind.

Donatello Dubini im Interview mit Peter Kremski, Filmbulletin

Die Reisen des Santiago Calatrava 664

***+

Regie: Christoph Schaub
Drehbuch: Christoph Schaub, Martin Witz
Kamera: Matthias Kälin
Musik: George Crumb, Morton Feldman, John Cage
Schnitt: Fee Liechti
Prod.: T&C/SF DRS; Schweiz 1999; 80 Min.
Verleih: Pegasos, Januar 2000 (CH), 25.4.2002

Ein Stararchitekt gibt Auskunft: über seine Herkunft, seine Arbeit und seine Betrachtungen über die Natur, die ihn zu grandiosen Gebäuden inspiriert haben. So beeinflusste das Auge den Bau des Planetariums in Valencia, finden sich erstarrte Bewegungsmuster menschlicher Körper in den Trägern zahlreicher Brücken und Bahnhöfe. Statik allein stellt Calatrava jedoch nicht zufrieden, er baut auch bewegliche Räume, die nicht nur von unterschiedlichen Lichtstimmungen zehren, sondern auf die Möglichkeit von Veränderung verweisen. Ein gut fundierter Dokumentarfilm über den mühevollen Weg von der Idee über die Baustelle zum fertigen neuen Raum.

Cristina Moles Kaupp, tip, 9/2002

Weitere Kritiken sind nachzulesen im Heyne Filmjahrbuch 2001.

The Remnant 665

THE REMNANT *

Video

Regie: Rick Jordan
Darsteller: Jeff Marlowe (Kevin Dougherty), Rick Jordan (Jesse Lownds), Teresa Castracane (Alison Davis), Roxzane T. Mims (Sam Maddox), Joe Estevez (Chief Tyler), Milton Bernard Brown, Lora Earnhardt
Drehbuch: Matt Jordan
Kamera: John Lazear
Prod.: Iceman Prod.; USA 2001; 101 Min.
Vertrieb: e-m-s Video, 30.7.2002
FSK: ab 18 J.

Mordserie an Polizisten gibt den überlebenden Kollegen Rätsel auf. Rätselhaft auch, was Joe Estevez, Charlie Sheens Bruder, in diesem bescheuerten Horror-Schrott zu suchen hat.

Reporter in der Krise 666

NEWSMAN ***+

TV

Regie: Yvan Butler
Darsteller: Jacques Roman (Hugo), Roger Jendly (Dr. Louis Duffreux), Viviana Aliberti (Rina), Nozha Khoudara (Leila), Anne Richard
Drehbuch: Yvan Butler, Michel Croce-Spinelli
Kamera: Thomas Hardmeier
Schnitt: Catherine Merglen-Sieber
Prod.: Ciné Manufacture mit TSR/Arte; Schweiz 2001; 88 Min.
TV: 13.4.2002, Arte, 22.35, OmU

Psychogramm eines Journalisten, der in Afrika und Kambodscha mit den alltäglichen Folgen politischer Absurdität und der Situation humanitärer Helfer in Krisengebieten konfrontiert, seine eigene Lebenskrise zu bewältigen versucht. *Pressetext*

Reptilian 667

2001 YONGGARY *

Video

Regie: Shim Hyung-rae
Darsteller: Harrison Young (Dr. Wendel Hughes), Donna Philipson (Holly Davis), Dan Cashman (Lt. Gen. George Murdock), Bruce Cornwell (Mr. Mills), Dennis Howard (Maj. Gen. Jack Thomas), Matt Landers (Maj. Gen. Don »Boom Boom« Howell)
Musik: Chris Desmond, Sung-woo Jo
Schnitt: Steve Swersky
Prod.: Yonnggu-Art/Zero Nine Ent.; Südkorea/USA 1999; 95 Min.
Vertrieb: Columbia TriStar, 29.1.2002
FSK: ab 16 J.

Außerirdische Strahlen erwecken Urzeitechse zum Leben. Dino-Horror zum Abgewöhnen.

Requiem 668

REQUIEM ***

Video

Regie: Hervé Renoh
Darsteller: Patrick Dell'Osola (Christian), Moussa Maaskri (Marcus), Jo Prestia (Gippé), Julie-Anne Roth (Carla), Marc Chapiteau (Poupousse), Jean-Louis Loca (Rafik)
Drehbuch: Hervé Renoh
Kamera: Gilles Arnaud
Schnitt: Jean de Garrigues
Prod.: Film Office/Mars Film mit Ecriture/Fidélité/Canal+/Image4; Frankreich 2002; 92 Min.
EA: Fantasy Filmfest 2002
Vertrieb: Kinowelt Video, 24.9.2002
FSK: ab 18 J.

Exgangster und Jetzt-Mönch bekommt Besuch von seinen alten, von ihm verpfiffenen Kumpanen, die aus dem Hochsicherheitstrakt fliehen konnten. Heftiger Thriller mit derben Typen – langweilig wird's nie.

Requiem for a Dream 669

REQUIEM FOR A DREAM ***

Regie: Darren Aronofsky
Darsteller: Ellen Burstyn (Sara Goldfarb), Jared Leto (Harry Goldfarb), Jennifer Connelly (Marion Silver), Marlon Wayans (Tyrone C. Love), Christopher McDonald (Tabby Tibbons), Louise Lasser (Ada)
Drehbuch: Hubert Selby jr., Darren Aronofsky, nach einem Roman von Hubert Selby jr.

Kamera: Matthew Libatique
Musik: Clint Mansell, Streichquartette gespielt vom Kronos Quartett
Schnitt: Jay Rabinowitz
Prod.: Artisan/Thousand Words; USA 2000; 102 Min.
UA: 14.5.2000, Int. Filmfestspiele Cannes, »Außer Wettbewerb«
EA: 1.7.2001, Filmfest München
Verleih: Highlight, Oktober 2001 (Österreich)
Vertrieb: Highlight Video (Video, DVD)
FSK: ab 16 J.

Sara nimmt Diätpillen, um für einen Auftritt in einer Fernsehshow hübsch zu sein; ihr Sohn Harry steigt zusammen mit seinem Freund Tyrone ins Drogengeschäft ein, um seiner Freundin Marion einen Designershop finanzieren zu können. Für jede der vier Figuren endet ihre Drogensucht mit einem Desaster. Mit vielen formalen Spielereien wird eine immer bedrückendere Atmosphäre erzeugt, die Einsamkeit der Figuren, die an der Erfüllung ihrer Träume scheitern, ist greifbar. Seine Konstruiertheit merkt man dem Film allerdings an.

Alrun Fichtenbauer, Multimedia, 4.10.2001

Kritik: (...) Am Anfang steht die Euphorie, am Ende das Elend – Aronofsky hat die Geschichte in drei Jahreszeiten aufgeteilt, Sommer, Herbst, und ein Winter, der für alle drei das Ende ist: Harry hat seinen Körper zerstört, Sara ihren Verstand, und Marion, von ihrer Familie im Stich gelassen, verdient sich das Geld für die nächste Spritze als Nutte – bekämpft ihren Ekel dann wieder nur mit einem Rausch. Der Traum, das ist, wenn sie sich alle zusammenrollen in einer Embryonalstellung, als könnten sie sich irgendwann noch einmal in sich selbst wohl fühlen. (...)

Susan Vahabzadeh, SZ, 7.2.2002

(...) Aronofsky ist ein mutiger Regisseur, der gern Neues ausprobiert, mit den Mitteln spielt und sich weniger für das Erzählen interessiert als für eine Atmosphäre. Mal setzt er einen Splitscreen ein, mal lässt er die Bilder schneller laufen. Über die Geräuschspur wird diese nervöse Grundstimmung noch gesteigert, nur kurz zwischendurch lässt einen der beruhigend minimalistische Soundtrack des Kronos Quartett aufatmen. So liegt es nahe, diesen zwingenden, ungeschönten Film über vier Menschen, die längst ihre Spur verloren haben, die sich von Tagtraum zu Lebenslüge im Tunnelblick durch ihr Leben hangeln, hin zu einem vorhersehbaren Nichts, mit einem Drogentrip zu vergleichen. (...) *Rüdiger Suchsland, FR, 8.1.2002*

Resident Evil 670
RESIDENT EVIL **

Regie: Paul W. S. Anderson
Darsteller: Milla Jovovich (Alice), Michelle Rodriguez (Rain), Eric Mabius (Matt), James Purefoy (Spene), Martin Crewes (Kaplan), Heike Makatsch (Lisa)
Drehbuch: Paul W. S. Anderson
Kamera: David Johnson
Musik: Marco Beltrami
Prod.: Constantin/New Legacy Film mit Davis Films/Impact Pic.; D/USA/GB 2001; 100 Min.
Verleih: Constantin, 21.3.2002
Vertrieb: Universum Film (BMG Video) (Video, DVD)
FSK: ab 16 J., ffr.

Kritik: (...) Eine traumhafte Atmosphäre beschwört Paul Anderson gleich zu Anfang seines neuen Films, der auf dem Videospiel von Shinji Mikami und Yoshiki Okamoto beruht. »Resident Evil«, in Potsdam, Berlin und London gedreht, ist ein Sci-Fi-Puzzle über Traum und Wirklichkeit und diesen filmischen Moment des Erwachens, in dem Erkenntnis und Geheimnis, Angst und Hoffnung ein seltsames Spannungsverhältnis eingehen. (...)

Hans Schifferle, SZ, 21.3.2002

Das neueste Werk aus dem Hause Eichinger beruht auf einem brutalen Computerballerspiel – kann es eine bessere Werbung geben? Das Pro-

blem des Actionsfilms ist nun, dass er sich auch nicht eine Sekunde von der Dramaturgie der »Vorlage« lösen kann. Also rein ins erste Level: Die Heldin Alice begibt sich gemeinsam mit einem Sondereinsatzkommando in das unterirdische Labyrinth »The Hive«, in der ein Megakonzern illegale Forschungen mit tödlichen Viren betreibt. Und schon bald hat es die martialische Crew mit tödlichen Fallen, Zombiemenschen, Zombiehunden und anderem unappetitlichen Gesocks zu tun.
Nichts gegen Ekeleffekte im Kino, aber wenn sie so beliebig aneinander gereiht werden wie hier, vergeht auch dem eingefleischten (!) Splatterfan der Appetit. Dass Regisseur Anderson anders kann, hat er mit »Event Horizon« bewiesen. Stellt sich die Frage, wie sich Mimen wie Milla Jovovich, Michelle Rodriguez und sogar Heike Makatsch in einen solchen Schund verirren konnten. Sinnfrei und brutal.

Martin Schwarz, Zitty, 7/2002

Interview: *Warum haben Sie in Deutschland gedreht?*

Horrorfilme entfalten eine viel größere Wirkung, wenn sie an echten Locations gedreht werden. Sie wirken echter. »Resident Evil« spielt fast ausschließlich im Untergrund. Also suchten wir weltweit nach dem richtigen Drehort, in den USA, Großbritannien, Frankreich. Aber nichts kam an Berlin ran, wo das U-Bahn-System gerade von Grund auf überholt wird. Da gab es irre Sachen, eine regelrechte Undergroundstadt, die aber noch nicht ganz fertig war. Und diesen Look aus Stahl und Beton hatte ich mir von Anfang an erträumt, weil er mich an diverse japanische Architekten erinnerte. Als wir uns weiter umsahen, fanden wir auch das Studio Adlerhof für die Innendrehs und nutzten es als erste Großproduktion. Ich habe mittlerweile überall gearbeitet, in Hollywood oder den Pinewood Studios, aber das war die beste Studiohalle, in der ich jemals gedreht habe.

Macht das Lust auf mehr Arbeit in Europa?

Unbedingt, ich sehe mich nicht als britischen, sondern europäischen Filmemacher und würde gern weiter große europäische Filme drehen. Nicht von ungefähr habe ich immer Luc Besson und Jean-Jacques Beineix bewundert.

Paul W. S. Anderson im Interview mit Blickpunkt Film, 7/2002

Return to a Better Tomorrow 671

XIN YING XIONG BEN SE *

Video

Regie: Jing Wong
Darsteller: Ekin Cheng (Tong Chun), John Ching (Chiu), Paul Chun (Fred Simon), Paul Chu (Onkel), Ben Lam (Lui Wei), Andy Lau
Drehbuch: Jing Wong
Prod.: Honkong 1994; 104 Min.
Vertrieb: Cultmovies Video, 23.12.2002
FSK: ab 18 J.

Triadenneuling Big Lobster muss in Hongkong einiges an Lehrgeld zahlen. Brutales Gangsterepos, der seine billige Geschichte ganz in den Dienst zynischer Schlag-mich-tot-Choreografie setzt.

Revelation 672

REVELATION **

Video

Regie: Stuart Urban
Darsteller: Terence Stamp (Magnus Martel), James D'Arcy (Jake Martel), Natasha Wightman (Mira), Liam Cunningham (Pater Ray Connolly), Heathcote Williams, Derek Jacobi
Drehbuch: Stuart Urban, nach einer Idee von Frank Falco
Kamera: Sam McCurdy
Musik: Edmund Butt
Schnitt: Julian Rodd
Prod.: Cyclops Vision/Miracle/Romulus films; GB 2001; 106 Min.
Vertrieb: Kinowelt, 5.11.2002
FSK: ab 16 J.

Eine Reliquie aus den Händen Christi wird zum Zankapfel zwischen Gut und Böse. Inhaltlich unverhüllt dürftiges Fantasy-Action-Abenteuer.

Riders 673
RIDERS ***+

Regie: Gérard Pirès
Darsteller: Stephen Dorff (Slim), Natasha Henstridge (Karen), Bruce Payne (Magruder), Steven Berkoff, Cle Bennet, Steven McCarthy
Drehbuch: Mark Ezra, Gérard Pirès
Kamera: Tetsuo Nagata
Musik: Andy Gray
Schnitt: Vernique Lange
Prod.: Mandarin/Transfilm/Spice Factory Prod. mit Future Film/Telefilm Canada; Frankreich/Kanada/GB 2002; 83 Min.
EA: Fantasy Filmfest 2002
Verleih: Solo Film, 19.9.2002
FSK: ab 16 J., ffr.

Nach seinem Crashspektakel »Taxi« lässt Regisseur Gérard Pirès auch in »Riders« seiner Vorliebe für kräftig krachende Action freien Lauf. Die äußerst übersichtliche Handlung um ein Bankräuberquartett, das erst die Polizei und dann auch noch skrupellose Mafiosi auf dem Hals hat, scheint dabei wieder nur ein lästiger Vorwand für teils aufwändige Verfolgungsjagden, riskante Funsporteinlagen und bollerige Explosionen zu sein. Nach dem Prinzip »Höher, schneller, flacher« alternieren so beeindruckend dämliche Dialoge, erschreckendes Machogehabe und zahllose Blechschäden an fast allem, was hier fährt, schwimmt oder fliegt.
tip, 19/2002

Kritik: (…) Auch den Druck, der auf der Gruppe lastet, setzt Pirès nicht um, es gibt keine Ausfälle, höchstens einmal verbale Panik – alles funktioniert eben wie am Schnürchen. Sehr schnell hat man kapiert, dass zumindest Slim es schaffen wird, und dann schlägt das Mechanische dieses Films schnell in Gleichgültigkeit um. Es ist das Versprechen des Actionfilms, Emotion in Bewegung zu verwandeln. Aber da gehört eben auch ein Gefühl für die Figuren dazu.
Rudolf Worschech, epd-Film, 9/2002

Ripper – Briefe aus der Hölle 674
RIPPER: LETTER FROM HELL *
Video

Regie: John E. Eyres
Darsteller: A. J. Cook (Molly Keller), Bruce Payne (Marshall Kane), Claire Keim (Chantal Etienne), Ryan Northcott (Jason Korda), Emmanuelle Vaugier (Andrea Carter), Derek Hamilton (Eddie Sackman)
Drehbuch: Pat Bermel, nach einer Story von John Curtis und Evan Taylor
Kamera: Thomas M. Harting
Musik: Peter Allen, Jonathan Miller
Schnitt: Amanda L. Kripaul
Prod.: Ripper Prod.; Kanada/GB 2001; 109 Min.
Vertrieb: Universal Video, 7.11.2002
FSK: ab 16 J.

Serienkiller-Fast-Opfer besucht Profilerseminar und erstellt das Täterprofil eines sadistischen Mörders: Jack the Ripper. Hoffnungslos doofe Horrorplotte.

Ritter Jamal – Eine schwarze Komödie 675
BLACK KNIGHT ***+

Regie: Gil Junger
Darsteller: Martin Lawrence (Jamal Walker), Tom Wilkinson (Sir Knolte), Marsha Thomason (Viktoria), Vincent Regan (Parcival), Greg Cooper (Rebellenanführer), Kevin Conway (König Leo)
Drehbuch: Darryl Quarles, Peter Gaulke, Gerry Swallow, frei nach dem Roman »Ein Yankee aus Connecticut an König Artus' Hof« von Mark Twain
Kamera: Uli Steiger
Musik: Dandy Edelman
Schnitt: Michael R. Miller
Prod.: Regency/New Regency/Runteldat/The Firm; USA 2001; 95 Min.
UA: 21.11.2001, N. Y.
Verleih: 20th Century Fox, 8.8.2002
FSK: ab 12 J., ffr.

Kritik: (…) In der Blödelkomödie spielt der schwarze US-Komiker Martin Lawrence einen Mann, der sich wirklich im Mittelalter verliert, der in einem Freizeitpark in einen Burggraben fällt und Jahrhunderte zurückpurzelt. Der Regisseur Gil Junger, der bisher nur Fernsehserien gedreht hat, versucht sich hier an einer Variation über Mark Twains »Ein Yankee aus Connecticut an König Artus' Hof«. Nur wird der Witz nie wirklich schneidend, auch wenn Jamals Anspruch auf Respekt mit dem Rassismus vergangener Zeiten kollidiert. Junger und Lawrence albern derart flau dahin, als drohe eine Geldstrafe, sollte einem Menschen über 14 ein Lacher entfahren. *Thomas Klingenmaier, Stuttgarter Zeitung, 8.8.2002*

Rivers and Tides 676

****

Regie: Thomas Riedelsheimer
Darsteller: Andy Goldsworthy
Drehbuch: Thomas Riedelsheimer
Kamera: Thomas Riedelsheimer
Musik: Fred Frith
Schnitt: Thomas Riedelsheimer
Prod.: Mediopolis Film/Skyline/WDR/Arte; D/GB/Finnland 2000; 90 Min.
UA: 13.2.2001, Int. Forum des Jungen Films Berlin
EA: Dokumentarfilm Festival München 2001
Verleih: Piffl, 7.3.2002

Den Herzschlag der Natur will der britische Land-Art-Künstler Andy Goldsworthy in seinen Werken spüren. Markenzeichen sind kegelförmige Skulpturen, Steinmauern, die sich durch Landschaften schlängeln, und fragile Arrangements aus Holz, Blättern, Eis oder Steinen. Kunst, die mitunter keinen Windhauch übersteht und gerade deswegen unglaublich fasziniert. »Rivers and Tides« begleitet Goldsworthy geduldig ein Jahr lang rund um die Welt und spiegelt viel von der fast schon zenmeisterlichen Haltung des Künstlers wider.
Cristina Moles Kaupp, tip, 4/2002

Kritik: (…) Der Film »Rivers and Tides« zeigt genau das und neben wunderbaren, ruhigen Landschaftsbildern und Detailaufnahmen auch die Geduld und physische Ausdauer, mit der Goldsworthy seine gelegentlich sehr anstrengende Arbeit verfolgt. »Rivers and Tides«, ein variantenreiches, bildschönes Dokument seiner Arbeit, die sich teils verflüchtigt und teils nicht ins Museum passt, ist ein Glück für Goldworthy und das Überleben seiner Arbeit. (…)
Petra Kipphoff, Die Zeit, 7.3.2002

(…) Im Zusammenspiel mit der ästhetisch adäquaten Filmsprache und der kontrapunktisch eingesetzten Musik Fred Friths entstand ein Glücksfall fürs dokumentarische Kino.
Claus Löser, Film-Dienst, 5/2002

Road to Perdition 677

ROAD TO PERDITION ****

Regie: Sam Mendes
Darsteller: Tom Hanks (Michael Sullivan), Paul Newman (John Rooney), Jude Law (Maguire), Jennifer Jason Leigh (Annie Sullivan), Stanley Tucci (Frank Nitti), Daniel Craig (Connor Rooney)
Drehbuch: David Self, nach einer Bildergeschichte von Max Allan Collins, illustriert von Richard Piers Rayner
Kamera: Conrad L. Hall, David John Golia (2nd unit)
Musik: Thomas Newman
Schnitt: Jill Bilcock
Prod.: DreamWorks/20th Century Fox/ Zanuck Co.; USA 2002; 117 Min.
Verleih: 20th Century Fox, 5.9.2002
FSK: ab 16 J., ffr. – **FBW:** Wertvoll

Amerika, 30er-Jahre, die Zeit der Prohibition: Tom Hanks spielt den irischen Hitman Sullivan, der im Auftrag seines Ziehvaters Rooney Dinge und Leute erledigt. Doch eines Tages steht er selbst auf der Liste: Seine Frau und einer seiner Söhne werden erschossen. Sullivan schnappt sich den verbliebenen Sohn und macht sich auf die Reise durch den kalten Mittleren Westen, schutzsuchend, hilfesuchend, rachesuchend. Sam Mendes ist eine äußerst sehenswerte, in die Tiefe des Vater-Sohn-Verhältnisses lotende Film-noir-Tragödie gelungen, mit exzellenten Schauspielern und großartiger Kameraarbeit von Conrad L. Hall.
Sönke Lars Neuwöhner, tip, 18/2002

Kritik: (…) Mendes wollte aber keinen nachahmenden Gangsterfilm drehen, und so verschiebt er die Frage

zwischen Gut und Böse, Polizei und Gangstern auf eine andere Ebene. Die Frage ist nun: Wie kann ein Killer ein guter Vater sein und, vor allem, wie geht ein Sohn damit um, wenn er plötzlich von der Schmutzarbeit seines Vaters erfährt?

Um diesen Konflikt auszuloten, fehlt es an psychologischer Tiefe. Mendes findet pathetische Phrasen wie »Jeder Vater ist für seinen Sohn ein Held« oder den Schlusssatz des Sohnes »Wenn man mich fragt, ob Michael Sullivan gut war oder schlecht, sage ich: ›Er war mein Vater.‹« Eine derartige moralische Unentschiedenheit hätte spannend sein können; so bleibt »Road of Perdition« nur ein großartig besetzter, klassisch epigonaler Gangsterfilm. *Adrian Prechtel, AZ, 5.9.2002*

(...) Mendes enthält sich jeglicher moralischen Wertung des Tuns von Sullivan und seinen Kumpanen, die in einer aus den Fugen geratenen Welt versuchen, ihre Schäflein ins Trockene zu bringen. Sie glauben an das Paradies auf Erden und wissen, dass sie die Hölle erwartet, auch wenn sie jeden Tag zur Kirche gehen. Nur die Unschuld der Kinder kann zu einem Ausweg aus dem Teufelskreis führen.
Dass diese Dimensionen der vielschichtigen Story den Zuschauer auch fesseln, ist Tom Hanks zu verdanken, der inmitten eines bis in kleinste Nebenrollen grandios besetzten Ensembles gegen sein Image als Normalbürger eingesetzt wurde und dem Antihelden eine Tiefe gibt, wie man sie selten in einem Gangsterfilm erlebt hat. Er kratzt den Mensch im Killer hervor, wenn er mit einer Miene den Abzug betätigt, die alle Zweifel an seinem Tun und der Gerechtigkeit der Welt ausdrückt. *Katharina Dockhorn, Filmecho-Filmwoche, 35/2002*

Interview: *Sie sind der erfolgreichste Star Hollywoods. Ist das nicht manchmal auch eine Last?*

Ich bin mir völlig sicher, dass irgendwann mal wieder ein Flop kommen muss. Filme sind wie binäre Zahlen. Entweder der Film ist eine Null oder eine Eins. Bislang hatte ich genügend Einser, aber ich schiele nicht nach dem Geld, sondern gehe auch Risiken ein, wenn mir die Geschichte gefällt. Ich bin ein Produkt Hollywoods, aber letztlich entscheidet das Publikum, welchen Marktwert man hat. Als ich mein Regiedebüt »That Thing You Do« herausbrachte, habe ich alles für den Film getan. Ich war in Talkshows, gab auf der ganzen Welt Interviews, aber es half alles nichts. Der Film kam nicht gut an, während andere Filme mit mir zu Hits wurden.

Tom Hanks im Interview mit Markus Tschiedert, AZ, 5.9.2002

Roadkill 678

ROAD KILL *
Video

Regie: Matthew Leutwyler
Darsteller: Jennifer Rubin (Blue), Erik Palladino (Alex), Billy Jayne (Lars), Tony Denison (Mr. Z.), Jon Polito (Jelly), Richard Portnow
Drehbuch: Matthew Leutwyler, nach einer Erzählung von Peter Rudy
Kamera: Steve Gainer
Musik: Sheri Saba, Nicole Sandler
Schnitt: Mark Bonilla
Prod.: RicMar Prod. mit Faultline; USA 1998; 93 Min.
UA: 14.3.1999, Film Festival Santa Barbara
Vertrieb: e-m-s Video, 20.8.2002
FSK: ab 16 J.

Zwei Filmstudenten begegnen Profikillerin und versuchen das beruflich auszuwerten. Gewalttätiger Thriller mit zynischem Humor.

Robotic Angel 679

METROPOLIS ***+

Regie: Rintaro
Darsteller: Toshio Furukawa, Scott Weinger
Drehbuch: Katsuhiro Ōtomo, nach der Comicvorlage »Metropolis« von Osamu Tezuka
Musik: Toshiyuki Honda
Prod.: Metropolis Committee Prod./Toho/ Madhouse; Japan 2001; 107 Min.
Verleih: REM, OmU, 31.10.2002

Diese Kinoadaption von Osamu Tesukas Comicbuchklassiker »Metropolis« verknüpft die tragische Liebesgeschichte eines Androidenmädchens und eines japanischen Jungen mit dramatischen Machtkämpfen in einem utopischen Stadtstaat. Das Leben in Metropolis ist automatisiert, die meisten Arbeiten werden von Robotern erledigt. Ein Privatdetektiv aus Tokio fahndet mit seinem jungen Neffen nach einem Wissenschaftler, der ille-

gal ein künstliches Mädchen konstruiert. bei ihrer Suche werden sie in Intrigen zwischen der Regierung und dem reichsten Mann des Staates, Herzog Red, verwickelt. Red plant, das in seinem Auftrag erschaffene Retortenwesen als neue Herrscherin zu installieren, die er nach Belieben steuern kann. Reds Putsch ist erfolgreich, doch seine androide Prinzessin gerät außer Kontrolle. (…)
Neben der antitechnokratischen Kulturkritik und der futuristischen Projektion zeitgenössischer sozialer beziehungsweise politischer Misstände geht es in »Robotic Angel« zentral um die Frage nach dem Wesen der menschlichen Natur – ein Thema, das schon andere japanische Animationsfilmer wie Satoshi Kon oder Mamoru Oshii beschäftigte, deren ambitionierte Arbeiten (»Perfect Blue« beziehungsweise »Ghost in the Shell«) auch in deutschen Kinos zu sehen waren. *Ralph Umard, epd-Film, 10/2002*

Kritik: (…) Wegen der deutschen Rechtesituation darf der Film hierzulande nicht »Metropolis« heißen, sondern bekommt den guten deutschen Titel »Robotic Angel« aufgepropft. Akira trifft Astroboy in Metropolis, wird dabei vom Bladerunner gejagt – und Ray Charles swingt dazu. Eine faszinierende Mischung, die wieder einmal zeigt, dass sich Zeichentrickfilme nicht nur an Kinder wenden müssen. Wer sich von melodramatischen Dialogen und der einfachen Charakterisierung nicht abschrecken lässt, der kann einen rasanten Actionfilm erleben. *Lutz Göllner, Zitty, 23/2002*

Rock Star 680
ROCK STAR ***

Regie: Stephen Herek
Darsteller: Mark Wahlberg (Chris Cole), Jennifer Aniston (Emily Poule), Dominic West (Kirk Cuddy), Timothy Spall (Mats), Timothy Olyphant (Rob), Dagmara Dominczyk (Tania)
Drehbuch: John Stockwell
Kamera: Ueli Steiger
Musik: Trevor Rabin
Schnitt: Trudy Ship
Prod.: Bel Air Ent./Maysville/Metal; USA 2001; 106 Min.
Verleih: Tobis, 3.1.2002
FSK: ab 12 J., ffr.
FBW: Wertvoll

Kurz nach »Glitter« und »Almost Famous« gewährt ein weiteres Filmdrama vermeintliche Enthüllungsblicke hinter die Kulissen des Rockmusikgeschäfts. Stephen Hereks »Rock Star« über den märchenhaften Aufstieg eines Nobody zum Rockidol - begibt sich zwar nicht in die sentimentalen Untiefen von »Glitter«, erreicht aber auch nicht die analytische Klarsicht und Authentizität von »Almost Famous«.
Reinhard Kleber, Filmecho-Filmwoche, 50/2001

Kritik: (…) Die Geschichte klingt wie aus dem Schnittmusterbuch, hat aber eine reale Vorlage, Judas Priest, die sich inzwischen von »Rock Star« distanziert haben, verpflichteten vor sechs Jahren einen Mann namens Tim Owens. Der darf noch immer die Hallen voll schreien, Chris aber, gespielt von Mark Wahlberg, muss das Geschäfts- und Geschlechtsgebaren im Rockzirkus so klischiert kennen lernen, wie es das Drehbuch vorschreibt. Darin ist der – puh! – Sumpf von Sex, Drogen & Stretch-Limos gar nicht gut für den Jungen aus der kleinen Stadt. (…) *Ralph Geisenhauslüke, Der Tagesspiegel, 3.1.2002*

(…) Nein, einen entlarvenden Blick hinter die Kulissen der Musikbranche hat »Rock Star« gerade nicht zu bieten. Mit seiner teils aufdringlichen, teils hilflosen Backstageoptik kneift er stets dann, wenn es ernst werden könnte. Und nicht ohne Grund platziert er seine Geschichte nicht im Heute, sondern in der Mitte der 80er-Jahre. Er ist eben selbst ein Teil jenes gegenwärtigen Räderwerks, das die globale Unterhaltungsmaschinerie in

Gang hält: Die Fans sollen schon von ihren Idolen träumen dürfen – zumindest davon, wie es sein wird, ihnen einmal ganz nahe zu kommen. Aber schauen sich selbige Fans diesen Film dann an, werden sie sehen, was das wirklich bedeutet: Alles nur Fassade.

Thomas Basgier, Stuttgarter Zeitung, 3.1.2002

Rohat – Sonne, die die Nacht vertreibt 681

□
TV

Regie: Juliane Hohl
Darsteller: Sandra Nedeleff (Annika), Yüksel Yolcu (Hassan), Justine Hauer (Jasmina), Oliver Sauer (Nils), Peter Uwe Spinner (Felix), Yvonne Schramm (Mutter)
Drehbuch: Ulrike Stegmann
Musik: Marcus Vetter
Prod.: D 2001; 50 Min.
TV: 31.10.2002, ARD, 23.50

Die 34-jährige Annika verlässt ihren Mann Nils, weil sie sich in den 27-jährigen Türken Hassan verliebt hat. Als Hassan unschuldig unter Mordverdacht gerät, müssen sie untertauchen, bis ihr Versteck auffliegt und Hassan flieht.

Rollerball 682

ROLLERBALL **

Regie: John McTiernan
Darsteller: Chris Klein (Jonathan Cross), Jean Reno (Alexi Petrovich), LL Cool J (Marcus Ridley), Rebecca Romijn-Stamos (Aurora), Neveen Andrews (Sanjay), Oleg Taktarov (Denekin)
Drehbuch: Larry Ferguson, John Pogue, nach einer Kurzgeschichte und dem Originaldrehbuch von Wiliam Harrison
Kamera: Steve Mason
Musik: Eric Serra
Schnitt: John Wright
Prod.: Mosaic Media Group/Yorktown/Helkon/MGM4; USA 2001; 98 Min.
Verleih: Helkon, 28.3.2002
Vertrieb: Helkon (Columbia TriStar) Video (Video, DVD)
FSK: ab 18 J.

Remake des Sciencefiction-Klassikers von Norman Jewison aus dem Jahre 1975. Rollerball ist eine Funsportart, bei der Elemente von Skateboard- und Steherrennen, Basketball, Boxen, Raufen und Entertainment gemixt wurden. Die Regeln werden jeden Abend neu festgelegt – je nach der Einschaltquote im Fernsehen.

Filmecho-Filmwoche, 12/2002

Kritik: (...) In John McTiernans »Rollerball«, dem gerade anlaufenden Remake von Norman Jewisons antiutopischem Sciencefiction von 1975, ist auch der letzte Rest Systemkritik ausgemerzt worden: Aus dem beklemmenden Entwurf einer Zukunft, in der ein Konglomerat von Wirtschaftskonzernen die Welt beherrscht, wird ein ödes Actionabenteuer, das einen standhaften Amerikaner in die Barbarei des postkommunistischen Kasachstan führt.

Jan Distelmeyer, Die Zeit, 21.3.2002

(...) Der konfuse Schnitt und der fehlende Rhythmus sind es nicht allein: Die Kulissen wirken erbärmlich, die Wahl eines verwahrlosten Russlands als Schauplatz wie eine kreative Kapitulation, die Akteure einschichtig. Ängstlich wird darauf geachtet, dass nur ja nichts vertieft wird, um das angepeilte juvenile Kinopublikum nicht in geistige Verwirrung zu stürzen.
Die Bösen sind so böse, dass sie ständig Grimassen schneiden müssen, polternd lachen und ihre Dialoge knurren. Jean Reno hat schon viel Blödsinn mitgemacht (wie die Klamotte »Die Zeitritter«), aber hier liefert er nur noch Schmiere ab. Und die Guten? Die sterben entweder früh oder legen die Bösen im albernen Handstreich aufs Kreuz.

W. O. P. Kistner, AZ, 28.3.2002

Roter Drache 683

RED DRAGON ****

Regie: Brett Ratner
Darsteller: Anthony Hopkins (Hannibal

Lecter), Edward Norton (Will Graham), Ralph Fiennes (Francis Dolarhyde), Harvey Keitel (Jack Crawford), Emily Watson (Reba McClane), Mary-Louise Parker (Molly Graham)
Drehbuch: Ted Tally, nach dem gleichnamigen Roman von Thomas Harris
Kamera: Dante Spinotti
Musik: Danny Elfman
Schnitt: Mark Helfrich
Prod.: Dino de Laurentiis Prod. mit MGM; USA 2002; 125 Min.
UA: 4.10.2002, N. Y.
Verleih: UIP, 31.10.2002
FSK: ab 16 J.
FBW: Wertvoll

(...) Nach Lecters Verhaftung hat der seelisch angeschlagene Graham den Dienst quittiert. Auf Drängen des FBI-Chefermittlers Crawford befasst er sich mit einem neuen Fall, einem Serienmörder, der in Polizeikreisen »die Zahnfee« genannt wird. Graham ist ein »Profiler«: Er nutzt Intuition und wissenschaftliche Methodik, um sich ein Bild des Täters zu machen. Wo liegt dessen geheimes Begehren, wenn er mordet? Jäger und Gejagter – so will es die Mythologie des Subgenres – müssen sich ähneln. Im Geiste begeht Graham die Taten der »Zahnfee« noch einmal, indem er sie rekonstruiert. Um die Witterung aufzunehmen, bittet er Lecter um Rat, nicht ahnend, dass Lecter längst in Kontakt mit der »Zahnfee« steht. (...)

André Götz, epd-Film, 11/2002

Kritik: (...) Die Liebesgeschichte zwischen dem Massenmörder und der unschuldigen Blinden macht den Hauptreiz des Films aus und lässt ein paar geringe Schwächen vergessen. Hopkins kann seinen Auftritt aus »Das Schweigen der Lämmer« nur wiederholen, ohne der Figur neue Nuancen hinzuzufügen. Richtig schwach ist Edward Norton. Als Familienvater, der befürchten muss, dass Dolarhyde seine Liebsten massakrieren wird, versagt er auf ganzer Linie. Norton wirkt ehrgeizig und intelligent – aber absolut kalt und unsympathisch. Eine Identifikation mit ihm verhindern sein schiefer Mund und eine zu große Portion Pomade im Haar. Der Schaden bleibt gering. »Roter Drache« ist ein erstklassiger Thriller.

Frank Noack, Rheinische Post, 31.10.2002

Interview: *Was bedeutet Erfolg für Sie?*

Hier zu sitzen, die ganzen Jahre überlebt zu haben, gesund zu sein, morgens aufstehen und leben zu können und das tun zu können, wozu ich Lust habe. Dazu gehört auch das Reisen nach Europa. Das gefällt mir.

Haben Sie ein interessantes Leben?

Ich lese gerne, gehe spazieren. Es ist nichts Besonderes daran. Ich habe einen Job, bei dem ich in verschiedene Rollen schlüpfe. Wie jeder andere stehe ich morgens auf, beschäftige mich den Tag über und schlafe dann in der Nacht. Das Leben ist einfach gestrickt.

Andere Schauspieler wollen Einfluss darauf haben, wie sie ihre Rolle interpretieren.

Das sind Egoisten. Ich will mein Leben einfach halten: Man bietet mir Drehbücher an, und ich sage Ja oder Nein. Aber so beteiligt zu sein wie Tom Cruise oder Dustin Hoffman würde mich verrückt machen. Ich kannte einen Schauspieler, der schrieb so lange an einem Drehbuch mit, bis er starb und keine einzige Szene gedreht war.

Anthony Hopkins im Interview mit Leif Kramp, AZ, 31.10.2002

Roter Satin 684

SATIN ROUGE ****

Regie: Raja Amari
Darsteller: Hiam Abbas (Lilia), Maher Kamoun (Chokri), Hend El Fahem (Salma), Monia Hichri (Folla), Nadra Lamloum (Hela), Faouzia Badr
Drehbuch: Raja Amari
Kamera: Diane Baratier

Musik: Nawfel El Manaa
Schnitt: Pauline Dairou
Prod.: Nomadis Images/ARD Prod. mit Canal+; Tunsesien/Frankreich 2002; 91 Min.
EA: 10.2.2002, Int. Filmfestspiele Berlin, »Forum«
Verleih: Alamode, OmU, 16.5.2002

Lilia aus Tunis ist um die 40, Witwe, Mutter einer Tochter, Hausschneiderin. Um die vorsichtigen Versuche, sich auch außerhalb der eigenen vier Wände Terrain zu ertasten, geht es in Raja Amaris Regiedebüt »Roter Satin«. Eher zufällig findet sich die Heldin plötzlich in einem verqualmten NachtKlub wieder, wo Männer mit den Finger schnipsen und Frauen ihren stolzen Bauch im Takt der Musik kreisen lassen. Auch Lilia wird ihr spießiges Schürzenkleid gegen den roten Satin eintauschen und loslegen, über den Tanz schließlich zu einer eigenen Vorstellung von sich selbst gelangen. Es ist eine Befreiung der kleinen Schritte, und gerade diese undramatische Gangart bringt einem Amaris Film so nahe.

Anke Leweke, tip, 10/2002

Kritik: (…) Geschickt verbindet Raja Amari zwei gegensätzliche Welten – die biedere des Tageslichts mit strengen Regeln und die verruchte der Nacht mit verbotenen Reizen – und scheut auch vor direkten Liebeszenen nicht zurück. Lustvoll kratzt sie an jener scheinheiligen Doppelmoral, die Frauen auf einen festen Platz in der Gesel!schaft und Witwen zum körperlichen Neutralismus zwingt, kleine Fluchten nur im Geheimen erlaubt. Hier lebt eine Frau ihre widersprüchlichen Gefühle aus. (..)

Margret Köhler, AZ, 16.5.2002

(…) Im Kern ist »Roter Satin« eine Aschenputtelgeschichte, eine Hommage an die Lust, zu leben und zu lieben, eine Ermutigung, Sehnsüchte wahr werden zu lassen.

Rainer Gansera, SZ, 18.5.2002

Rotlicht – Die Stunde des Jägers 685

**+
TV

Regie: Sigi Rothemund
Darsteller: Helmut Zierl (Tom Rehberg), Alexandra Wilke (Anna Schäfer), Saskia Vester (Maren Richter), Uwe Kokisch (Werner Horn), Arndt Schwering-Sohnrey (Oliver Jürgens), Axel Pape (Sandro)
Drehbuch: Sönke Lars Neuwöhner, Sven S. Poser, Jonas Winner
Kamera: Claus Peter Hildenbrand
Musik: Axel Donner
Schnitt: Birgit Gasser
Prod.: Ziegler Film für ZDF; D 2002; 90 Min.
TV: 30.9.2002, ZDF, 20.15

Ein durchschnittlich spannender Kriminalreißer um Kinderprostitution und verdeckte Ermittler, die von einer Puffchefin aufs Kreuz gelegt werden. Der Krimi präsentiert sich als solide Kreuzung aus Actionthriller und Polizisten-Seelendrama: Schnell gesehen – schnell vergessen.

Ponkie, AZ, 2.10.2002

Route 666 686

ROUTE 666
*
Video

Regie: William Wesley
Darsteller: Lou Diamond Phillips (Jack La Roca), Lori Petty (U. S. Marschall Steph), Steven Williams (Fred), L. Y. Jones (Sheriff Bob Conaway), Dale Midkiff (PT. U. S. Marschall), Alex McArthur
Drehbuch: Scott Fivelson, Thomas Weber, William Wesley
Kamera: Philip Lee
Schnitt: Howard Flaer
Prod.: Lions Gate Films; USA/Kanada 2001; 86 Min.
Vertrieb: Kinowelt, 3.9.2002
FSK: ab 18 J.

Zwei FBI-Agenten bekommen es in der Wüste von Arizona mit auferstandenen Kettensträflingen zu tun. Ziemlich hirnverbrannter Horrortrash.

Die Royal Tenenbaums 687

THE ROYAL TENENBAUMS
****

Regie: Wes Anderson
Darsteller: Gene Hackman (Royal Tenenbaum), Anjelica Huston (Etheline Tenenbaum), Ben Stiller (Chas Tenenbaum),

Gwyneth Paltrow (Margot Tenenbaum), Luke Wilson (Richie Tenenbaum)
Drehbuch: Wes Anderson, Owen Wilson
Kamera: Robert Yeoman
Musik: Mark Mothersbaugh
Schnitt: Dylan Tichenor
Prod.: American Empirical für Touchstone Pic.; USA 2001; 110 Min.
UA: New York Film Festival 2001
EA: 13.2.2002, Int. Filmfestspiele Berlin
Verleih: Buena Vista, 14.3.2002
Vertrieb: Buena Vista Video (Video, DVD)
FSK: ab 12 J., ffr.
FBW: Besonders wertvoll

Wie ein Buch in Kapitel aufgeteilt, deren Anfänge tatsächlich immer als bedruckte Seite gezeigt werden, erzählt die Komödie die Geschichte der Familie Tenenbaum: Die Tenenbaums leben schon lange getrennt, und ihre Kinder wurden von der Mutter erzogen. Alle drei Wunderkinder finden sich nach vielen Jahren und trotz hoher Begabung und anfänglichen Erfolgen letztlich gescheiterten Lebenswegen wieder im Hause der Mutter ein, wo auch der Vater mit der Vergangenheit Frieden schließen will. Exzentrisch und unfähig, mit ihren Gefühlen umzugehen, spielen sie miteinander ihre Spielchen, allen voran der verstoßene Vater, der die Herzen seiner Kinder mit allen Tricks zurückgewinnen will.
Die Erzählstruktur ist zwar interessant, aber die Charaktere wirken sehr aufgesetzt und sind eigentlich nur in der hochkarätigen Starbesetzung erträglich. Wer es nicht von vornherein lustig findet, dass zum Beispiel der eine Familienzweig, Sohn Chas und seine Kinder, sich nicht nur ähnlich sehen, sondern auch ständig identische rote Trainingsanzüge tragen, sollte wohl eher einen anderen Film auswählen. *Cai Mosich, Filmschau*

Kritik: (…) In diesem Film gibt es von allem zu viel: die Eltern haben zu viel Charisma, die Kinder zu viel Talent, das Haus enthält zu viel Welt und das Begehren zu viel Geschichte. Wes Anderson produziert unablässig melancholischen Mehrwert. Seine Figuren tragen allesamt eine Liebe in sich, der es am geeigneten Objekt mangelt. In einer Familie wie den Tenenbaums, die ihre eigenen Kategorien setzt, wird die Liebe leicht inzestuös. Der Patriarch macht alles falsch, gleich, ob er weggeht oder wiederkommt. Die Adoptivgeschwister möchten am Familienroman der Tenenbaums teilhaben, aber sie geraten nur in den Bann eines Stillstands, aus dem nur die Erinnerung an frühere Irrfahrten herausführt. (…)
Bert Rebhandl, FAZ, 14.2.2002

(…) Der texanische Regisseur Wes Anderson, seit »Rushmore« als intellektueller Wunderknabe gepriesen, wird seinem Ruf mit diesem brillanten Familienporträt mehr als gerecht. Anderson ist ein Stilist von überbordernder Fantasie und skurrilem Humor. Den Tenenbaum'schen Neurosen-Reigen in einem märchenhaft verfremdeten New York entwickelt er in ordentliche Kapitel unterteilt. Cineastische und literarische Querverweise (unter anderem auf Woody Allen oder Salinger), ein erlesener Soundtrack und suggestiv komponierte Bilder ergeben hintersinniges Entertainment. (…) *Angie Dullinger, AZ, 14.3.2002*

Interview: *Das traurigste Thema in den »Tenenbaums« ist der frühe Erfolg der Sippe, der später in Depressionen endet. Sie werden in Amerika groß gefeiert – fürchten Sie, dass es bald bergab geht?*

Tja. Man braucht eigentlich nur ein Filmlexikon durchzublättern. Jeder Regisseur, wirklich jeder, ist irgendwann nicht mehr auf der Höhe seines Schaffens, sondern im Gegenteil: ganz unten. Dreht grauenhafte Filme und denkt trotzdem, er sei noch so gut wie früher. Spielberg vielleicht ausgenommen. Und Kubrick auch nicht, weil der immer so lange gewartet hat, bis jeder Film ein Ereignis wurde. Aber die anderen …

Werden Sie merken, wenn es so weit ist?

Wahrscheinlich nicht. Man kann es nicht merken. Und das ist ein Aspekt des Filmemachens, den ich schon beängstigend finde.

Wes Anderson im Interview mit Tobias Kniebe, SZ, 13.3.2002

Ruang Talok 69 688

RUANG TALOK 69 ***+

TV

Regie: Pen-ek Ratanaruang
Darsteller: Lalita Panyopas (Tum), Tasanawalai Ongartittichai (Jim), Black Phomtong (Kanchit, Gangsterboss), Sritao, Arun Wannardbodeewong (Mr. Tong)
Drehbuch: Pen-ek Ratanaruang
Kamera: Chankit Chamniwikaipong, Rewat Preelerd
Schnitt: Patamanadda Yukol
Prod.: The Film Factory/Five Star; Thailand 1999; 114 Min.
UA: 29.1.2000, Int. Filmfestival Rotterdam
EA: 10.2.2000, Int. Forum des Jungen Films Berlin
TV: 13.11.2002, WDR, 23.15

Geschichte um eine gerade entlassene Sekretärin, die vor ihrer Tür ein Nudelpäckchen findet und wegen dieses Päckchens mit zwei Gangstern eines Thai-Boxklubs aneinander gerät.

Zitty, 4/2000

Die Rückkehr 689

***

TV

Regie: Christoph Stark
Darsteller: Harald Schrott (Tommi Eicher), Lisa Martinek (Sarah), Deborah Kaufmann (Nicole), Agathe Taffertshofer (Karin Eicher), Branko Samarovski (Herbert Eicher), Jonathan Dümcke (Sascha)
Drehbuch: Andreas Linke, Christoph Stark, nach der Vorlage von Christoph von Tomkewitsch und Jan Bullerdiek
Kamera: Jochen Stäblein
Musik: Chris Heyne
Schnitt: Sandy Saffeels
Prod.: teamWorx für ZDF; D 2001; 89 Min.
UA: 1.7.2002, Filmfest München
TV: 14.10.2002, ZDF, 20.15

Ein Heimatmelodram im fränkischen Hopfenbauernland, nicht gerade glaubwürdig, aber originell: ein Frankfurter Börsenyuppie wird von seiner Bauernmutter ins Heimatdorf zurückgelockt, weil der Hof unter den Hammer kommt und der Altbauer gegen den treulosen Hallodri-Sohn wettert. Da wechselt der Film in ein Sparkassen-Hopfenbauernidyll, mit Entdeckung eines unehelichen Kindes und neuen ländlichen Fußball-Vaterfreuden. Unkonventionell und ein bisserl spinnert.

Ponkie, AZ, 16.10.2002

Ruf der Berge 690

PREMIER DE CORDEE ***

TV

Regie: Pierre-Antoine Hiroz, Edouard Niermans
Darsteller: Frédéric Gorny (Zian Servettaz), Didier Bienaimé (Georges Bonzon), Silvia De Santis, Giuliano Gemma, Anita Zagaria, Thibault de Montalembert
Drehbuch: Jacques Ertaud, Louis-Charles Sirjacq, Marc Syrigas, nach den Romanen »Premier de cordee«, »La grande crevasse«, »Retour a la montagne« von Roger Frison-Roche
Kamera: Jacky Mahrer
Musik: Gabriel Yared
Schnitt: Yann Dedet
Prod.: Gaumont TV/MDI/France 2 Cinema/ Rhone-Alpes Cinema/RAI/TSR/JMH; Frankreich/Italien/Schweiz 1998; 94 Min.
TV: 28.7.2002, Arte, 20.45

Ende der 30er-Jahre in Chamonix, dem eleganten Ferienort: Die Servettaz sind schon seit Generationen Bergführer. Gegen den Willen seiner Familie will auch Zian Servettaz in die Fußstapfen seines Vaters Joseph treten. Bei der Besteigung der Drus – eine der schwierigsten Felsnadeln des Massivs – besteht ein reicher Industrieller aus Mailand trotz eines herannahenden Gewitters auf den Aufstieg zum Gipfel. (…) *AZ TV Journal*

Rufmord – Jenseits der Moral 691

THE CONTENDER ****

Regie: Rod Lurie
Darsteller: Joan Allen (Senator Laine Hanson), Gary Oldman (Shelly Runyon), Jeff Bridges (Präsident Jackson Evans),

Sam Elliott (Kermit Newman), Christian Slater (Reginald Webster), William L. Petersen (Gouverneur Jack Hathaway)
Drehbuch: Rod Lurie
Kamera: Denis Maloney
Musik: Larry Groupé
Schnitt: Michael Jablow
Prod.: Battleground/SE8/Cinerenta/Cinecontender; USA/GB/D 2000; 126 Min.
EA: 3.7.2001, Filmfest München
Verleih: Helkon, 27.6.2002
Vertrieb: Columbia TriStar Video (Video, DVD)
FSK: ab 12 J., ffr.
FBW: Besonders wertvoll

Der amerikanische Präsident nominiert eine Senatorin für die Vizepräsidentschaft, die die Konservativen im Kongress mit einer Schmutzkampagne zu verhindern versuchen.

Kritik: (…) »Rufmord – Jenseits der Moral« ist ein packender Politthriller, der zu einer Zeit entstand, als noch Demokrat Bill Clinton an der Macht war und Sexskandale fast schon zur Tagesordnung gehörten. Dass der Film erst nach zwei Jahren in die deutschen Kinos kommt, nimmt dem Stoff aber nichts von seiner Brisanz als aufschlussreiches Dokument seiner Zeit. (…) *Markus Tschiedert, AZ, 27.6.2002*

(…) Dass Lurie seine Sympathien offen verteilt, dass er mitten in einem Film über die Kunst der Lüge pathetische Reden als Momente ergreifender Wahrheit verkaufen will, ist äußerst ungeschickt. Dass »Rufmord« trotzdem Spaß macht, liegt an der Lust der Schauspieler, Politiker jenseits der Nachrichtenkamera zu zeigen. Vor allem Gary Oldman als Inquisitor, der Anstand preist und vor Lust an der Existenzvernichtung bebt, liefert ein Kabinettstück.
Aber auch Lurie lädt unschuldige Gesten mit bösen Bedeutungen auf. Evans etwa spielt gern den Unkomplizierten, der Politik beim Essen macht und dessen Speiseofferten wie Versöhnungsangebote daherkommen. Doch nach kurzer Zeit merkt man, dass er seinen Gegnern das Maul stopft. Politik, lernen wir hier, ist jener

Gary Oldman (links) Darsteller und Produzent von ›Rufmord‹

Teil des Lebens, in dem nichts mehr unschuldig, in dem alles Werkzeug im Dienst eines Interesses ist.

Thomas Klingenmaier, Stuttgarter Zeitung, 27.6.2002

Interview: *Rod Lurie, der Autor und Regisseur Ihres Films, soll sich als Filmkritiker einst einige Feinde gemacht haben.*

Uns hat seine Kritikervergangenheit wenig interessiert. Jeder hat ein Recht auf seine Meinung. Er soll Danny DeVito ziemlich wütend gemacht haben. Entscheidend war für mich – ich habe den Film auch mitproduziert – dass ich endlich mal wieder ein intelligentes Drehbuch in der Hand hatte! Man geht ja heutzutage auf die Knie, wenn ein Drehbuch intelligent ist.

Was verstehen Sie darunter?

Sehen Sie sich mal »All The President's Men« wieder an. Da gibt's eine Szene, in der Robert Redford sechs Minuten lang am Telefon sitzt, ohne einen Schnitt! Das wäre heute revolutionär. Heute schreien dir irgendwelche Studiohengste sofort zu: »Wir müssen näher ran an ihn!« Oder: »Wir lassen 'nen Helikopter drüberfliegen. Lärm her!« Wenn Sie mich fragen, wir sind mitten in einem verdammt dunklen Zeitalter, was die Kunst anbelangt. Und da war »Rufmord« eine Verschnaufpause im Morast! Wo sind heute Filme wie »The Parallax View« oder »Dog Day Afternoon«? Das waren Filme, die was zu sagen hatten. Du musstest nicht Purzelbäume überm Abgrund schlagen, um die Zuschauer bei Laune zu halten. Wir leben in einer Entertainmentära. Jeder will berühmt sein. Jeder, der die so genannte richtige Drehbuchsoftware in seinem PC hat, Scriptor oder Final Draft, glaubt, er habe schon ein Drehbuch. Bang! Du drückst eine Taste, und schon hast du Action.

Sie sind ja selbst Filmemacher – und verwenden Final Draft, stimmt's?

Aber ich kann schreiben! Und Lurie kann es eben auch. Es war gut, dass er auf seinen Meinungen beharrte. Ärgerlich manchmal, aber man hatte immer das Gefühl, er weiß, wie der Film aussehen wird. Ich fand ihn in einer der früheren Fassungen noch besser als jetzt.

Da kam Spielbergs Dreamworks dazwischen und machte Lurie dann einige Schnittvorschläge, stimmt das?

So viel ich weiß, ja. Die haben allerdings nichts über Luries Kopf hinweg entschieden. Aber ich fand, der Film war vorher Luries seltsamer Art, die Dinge zu sehen, noch näher. Er war kauzig und merkwürdig. Unbedingter Gefallsucht fällt unser Bestes zum Opfer, meine ich. Ich nörgle, ich weiß. Den meisten Leuten gefällt der Film jetzt besser.

Gary Oldman im Interview mit Patrick Roth, SZ, 26.6.2002

Runaway Jane – Allein gegen Alle 692

JANE DOE **

Video

Regie: Kevin Elders
Darsteller: Teri Hatcher (Jane Doe), Rob Lowe (David Doe), Alex Karzis (Lucky), Christina Cox (Peter), David Hemblen (Phelps), Trevor Blumas (Michael Doe)
Drehbuch: Kevin Elders
Musik: Brian Tyler
Schnitt: Alain Jakubowicz
Prod.: USA Networks/New City/Winchester Films; USA 2001; 90 Min.
Vertrieb: Starmedia Video, 30.12.2002
FSK: ab 16 J.

Kindsentführung entpuppt sich als Komplott gegen einen Agenten, seine Exfrau und deren Sohn. Handwerklich fragwürdiger Actionthriller ohne die Spur von Originalität.

Rush Hour 2 693

RUSH HOUR 2 ***

Regie: Brett Ratner
Darsteller: Jackie Chan (Inspektor Lee), Chris Tucker (Detektiv James Carter), John

Lone (Ricky Tan), Zhang Ziyi (Hu Li), Roselyn Sanchez (Isabella), Harris Yulin (Agent Sterling)
Drehbuch: Jeff Nathanson, nach Charakteren von Ross LaManna
Kamera: Matthew F. Leonetti
Musik: Lalo Schifrin
Schnitt: Mark Helfrich
Prod.: New Line Cinema/Spyglass; USA 2001; 90 Min.
Verleih: Warner, 7.2.2002
Vertrieb: Warner Video (Video, DVD)
FSK: ab 12 J., ffr.
FBW: Wertvoll

Farbiger amerikanischer Cop und sein Kollege aus Hongkong werden aus ihren Urlaubsträumen gerissen und müssen eine international agierende Bande von Schmugglern und Geldfälschern jagen.

Kritik: (…) Früher hat Jackie Chan die Schwerkraft abgeschaltet, heute kämpft er gegen sie. Diese Plackerei macht »Rush Hour 2« noch freudloser als den Vorgänger. Wieder hat Chan den schwarzen US-Komiker Chris Tucker als Partner, und wieder liefert der als US-Cop einen unablässigen Schall trister Blödeleien und rassistischen Gezeters. (…)

Thomas Klingenmaier, Stuttgarter Zeitung, 7.2.2002

(…) »Rush Hour 2« ist nicht mehr als Allerweltskino nach Schema F.

Michael Meyns, Zitty, 4/2002

Interview: *Der erste Film kostete 32 Millionen Dollar, dieser hier war dreimal so teuer. Wird sich das Einspiel ebenfalls verdreifachen?*

Ich bekomme meinen Anteil im Voraus. Daher ist mir das egal.

Brett Ratner im Inverview mit Blickpunkt Film, 35/2001

Ruy Blas 694

RUY BLAS ***

TV

Regie: Jacques Weber
Darsteller: Gérard Depardieu (Don Sallust), Carole Bouquet (Königin von Spanien), Jacques Weber (Don Cesar von Bazan), Xavier Gallais (Ruy Blas), Jacques Sereys (Don Guritan)
Drehbuch: Jean-Claude Carrière, nach dem gleichnamigen Roman von Victor Hugo
Prod.: Frankreich 2002; 109 Min.
TV: 12.12.2002, Arte, 20.45, OmU

Der durchtriebene spanische Grande Don Sallust will die verheiratete Königin kompromittieren, indem er sie von seinem jungen Diener Ruy Blas verführen lässt. Der ist jedoch schon lange heimlich in sie verliebt. *Pressetext*

Ein Sack voll Geld

695
□
TV

Regie: Hajo Gies
Darsteller: Wolfgang Stumph (Wolfgang Paschke), Christina Plate (Patricia Paschke), Jaecki Schwarz (Stefan Staudinger), Gunter Berger (Uwe Hagenbach), Michael Brandner (Rolli Wisotzki), Thorsten Wolf (René Henning)
Drehbuch: Rolf-René Schneider
Kamera: Lothar E. Stickelbrucks
Musik: Andreas Schäfer
Schnitt: Gabriele Hagen
Prod.: Polyphon für MDR; D 2002; 90 Min.
TV: 4.12.2002, ARD, 20.15

Ausgerechnet an Weihnachten verliert Zusteller Paschke den Job. Die Raten für das Haus sind aber trotzdem fällig, und nach einer feucht-fröhlichen Weihnachtsfeier ist auch noch der Führerschein weg. Dafür liegt auf dem Rücksitz seines Wagens ein Gabensack randvoll mit Geld. Damit sind Paschkes Probleme aber mitnichten gelöst, ganz im Gegenteil.
SZ TV-Beilage

Safecrackers oder Diebe haben's schwer

696
WELCOME TO COLLINWOOD ***

Regie: Anthony Russo, Joseph Russo
Darsteller: Sam Rockwell (Pero), William H. Macy (Riley), Luis Guzman (Cosimo), Michael Jeter (Toto), George Clooney (Jerzey), Isalah Washington (Leon)
Drehbuch: Anthony Russo, Joseph Russo
Kamera: Lisa Rinzler, Charles Minsky
Musik: Mark Mothersbaugh
Schnitt: Amy Duddleston
Prod.: Section Eight mit Pandora/H5B5; USA 2002; 87 Min.
UA: Int. Filmfestspiele Cannes 2002, »Quinzaine des réalisateurs«
EA: Filmfest München 2002
Verleih: Solo Film, 28.11.2002
FSK: ab 6 J., ffr.

Der Kleinkriminelle Cosimo plant den Coup seines Lebens, einen »Bellini« wie man in Clevelands Unterwelt sagt. Da er allerdings im Gefängnis sitzt, muss seine Freundin erst den passenden Komplizen finden, doch statt eines Profis hat sie plötzlich fünf schusselige Ganoven am Hals, die alle

Die ›Safecrackers‹ bei der Übungsstunde

vom großen »Bellini« profitieren wollen. *Filmecho-Filmwoche, 37/2002*

Kritik: (...) Der Film ist, verglichen mit den Vorgängern, nur in Maßen lustig, weil es ihm an augenzwinkerndem Humor fehlt. Doch glücklicherweise hat Produzent Steven Soderbergh seinen Freund und Partner George Clooney als Rollstuhl fahrenden Panzerknackerprofi eingebracht, der aus seiner kleinen Rolle viel herausholt. *Heiko R. Blum, Rheinische Post, 28.11.2002*

Sag einfach Ja! 697

□
TV

Regie: Karen Müller
Darsteller: Tina Ruland (Vera Oberleithner), Henning Baum (Hans Lohmann), Michaela May (Margot Oberleithner), Michael Lott (Mike), Veronika Fitz (Effi Lohmann), Gerd Olschewski (Hubert Lohmann)
Drehbuch: Saskia Lechtenbrink, Justin Stauber, nach der Vorlage von Axel Staeck
Kamera: Markus Fraunholz
Musik: Andreas Dicke
Prod.: D 2001; 86 Min.
TV: 17.5.2002, ARD, 20.15

Nach 15 Jahren glücklichem Zusammenleben, ohne Trauschein, versucht die Schwiegermutter das zu ändern.

Sag kein Wort 698

DON'T SAY A WORD ****+

Regie: Gary Fleder
Darsteller: Michael Douglas (Dr. Nathan Conrad), Sean Bean (Patrick B. Koster), Brittany Murphy (Elisabeth Burrows), Skye McCole Bartusiak (Jessie Conrad), Guy Torry (Martin J. Dolen), Jennifer Esposito (Det. Sandra Cassidy)
Drehbuch: Anthony Peckham, Patrick Smith Kelly, nach einem Roman von Andrew Klavan
Kamera: Amir Mokri, Tom Priestley (2nd unit)
Musik: Mark Isham
Schnitt: William Steinkamp, Armen Minasian
Prod.: Regency/Village Roadshow/Epsilon Motion/NPV/Kopelson Ent./Furthur Films; USA 2001; 114 Min.
UA: 30.11.2001, N.Y.
Verleih: 20th Century Fox, 17.1.2002
Vertrieb: 20th Century Fox Video (Video, DVD)
FSK: ab 16 J., ffr. – **FBW:** Wertvoll

Aufklärung eines spektakulären Raubüberfalls durch einen Psychiater, der von Gangstern erpresst und bedroht wird.

Ein Wettrennen gegen die Zeit und Wahrscheinlichkeit: Nur wenige Stunden hat Psychiater Nathan Conrad, um einer rätselhaften Patientin eine Zahlenkombination zu entlocken, andernfalls werden brutale Entführer seine Tochter töten. Die durchaus viel versprechende Prämisse fällt bald einem haltlos überkonstruierten Plot zum Opfer, in dem die Psychiatrie nur ein Drehbuchkniff bleibt. *Gerhard Midding, tip, 2/2002*

Kritik: (...) Der Film ist Ende September vorigen Jahres in die amerikanischen Kinos gekommen, erfolgreich, der erste New-York-Thriller nach dem 11. September. Er hat auch das erste Signal gesetzt, dass die Erregung, die Thrillerspannung im Kino nicht sterben wird. (...) »Don't Say A Word« ist ein brutaler Film, und besonders brutal muss er gewirkt haben beim amerikanischen Start. In den Tagen, da die New Yorker vom Rückzug träumen, sich Geborgenheit und Schutz erhoffen hinter ihren Wohnungstüren, sehen sie hier eine Familie, der ebendiese Sicherheit der eigenen vier Wände zerstört wird. Der Frieden ist unmöglich – für immer? (...) *Fritz Göttler, SZ, 17.1.2002*

(...) Gary Fleders neuer Film ist über weite Strecken spannend und weist, durchaus beabsichtigt, eine Reihe wahrhaft Hitchcock'scher Momente auf. Und Michael Douglas, der Dr. Conrad als arrivierten Akademiker spielt, hinter dessen kultivierter Fassade eine Art »Dirty Harry« zum Vorschein kommt, lässt mit seinem präzisen Spiel die mitunter mangelnde Präzision des Drehbuchs vergessen.

Daniela Sannwald, Der Tagesspiegel, 17.1.2002

(…) Dieses »bad plotting« ist um vieles ärgerlicher als die zum Teil heftige Gewalt, die amerikanische Kritiker dem Film bei seinem Start kurz nach dem 11. September übel nahmen.
Nahezu im Minutentakt wartet Fleder mit Lieblosigkeiten und Konstruktionsfehlern auf, die beim Zuschauer zumindest in der Summe einen Unmut aufkommen lassen, neben dem das gute Spiel der beiden Hauptdarsteller schließlich gar nicht mehr ins Gewicht fällt.

Matthias Heybrock, FR, 18.1.2002

Samsara – Geist und Leidenschaft 699

SAMSARA ***

Regie: Pan Nalin
Darsteller: Shawn Ku (Tashi), Christy Chung (Pema), Neelesha BaVora (Sujata), Tenzin Tashi (Karma), Jamayang Jinpa (Sonam), Lhakpa Tsering
Drehbuch: Pan Nalin, Tim Baker
Kamera: Rali Raltchev
Musik: Cyril Morin
Schnitt: Isabel Meier
Prod.: Pandora/Paradis/Ocean Films/ Fandango Prod.; D/Frankreich/Italien/ Indien 2001; 146 Min.
Verleih: Kinowelt, 29.8.2002
FSK: ab 12 J., ffr – **FBW:** Wertvoll

Nach dreijähriger Meditation wird der junge Lama Tashi vom alten Mönch Apo und dessen Schüler Sonam aus der Trance wieder in die Wirklichkeit geholt. Doch statt sich geistiger Themen zu widmen, entdeckt der junge Mann die Sexualität. Immer weiter entfernt er sich von seinen einstigen Prinzipien. Erst ein Feuer, das seinen gesamten Besitz vernichtet, führt zur Katharsis und zur Lebenskorrektur.
Im fernen Ladakh geht es um den Widerstreit zwischen Askese und irdischen Gelüsten, um Grundwerte und philosophische Lebensfragen, auf die der aus Indien stammende filmische Autodidakt Pan Nalin für die westliche Zivilisation überraschende Antworten findet. Er nimmt den Zuschauer mit auf eine spirituelle Reise in eine fremde Welt, an deren Ende die Frage steht, was denn besser sei: sich tausend Bedürfnisse zu erfüllen oder eines zu besiegen.

Margret Köhler

Kritik: (…) Ungewöhnlich bei dieser deutschen Produktion, für diese Art der naiven Filmerzählung, ist, dass irgendwann inmitten allen männlichen Strebens nach Erleuchtung auch die Frau ihre Stimme erheben darf, die Tashi bedenkenlos samt Kind ihrem Schicksal überlassen möchte. Doch dann lässt die Regie diese Bilder, die kritische Stimme, buchstäblich vom Winde verwehen. Ende offen.
Weniger offen die Frage, ob dieselbe holzschnittartige Story mit Bergbauern in den Dolomiten angesiedelt so erfolgreich wäre wie hier vor der Bilderbuchkulisse des Himalaya – für die es in unserer westlichen Überflussgesellschaft eine merkwürdige Klientel aus Menschen gibt, die es keine drei Tage im Lotussitz aushielten. In dieser schlichten Parabel, deren Bilder wenig sagen, aber viel illustrieren, werden sie kaum Antworten finden. (…) *Bodo Fründt, SZ, 2.9.2002*

(…) Es ist ja nicht so, dass dieser Film grässlich anzuschauen wäre. Die wohl gestalteten Hauptdarsteller, die schöne Kulisse und für den Tierfreund Pferde und der niedliche Hund Kala, der übrigens während der Dreharbeiten verschwunden sein soll, sorgen für Augenschmaus. Insgesamt entsteht aber der Eindruck, dass »Samsara«, gerade auch wegen seiner sehr schwierigen Produktionsbedingungen – Kälte, Höhenluft, politische Situation des Gebiets zwischen Indien, China und Pakistan –, vor allem einem Zweck diente: der aufwändigen

Selbsterfahrung einer internationalen Filmcrew. *Katja Lüthge, FR, 31.8.2002*

Santa Claudia 700

***
TV

Regie: Andi Niessner
Darsteller: Deborah Kaufmann (Claudia Berens), Thomas Limpinsel (Michael Mansfield), Christoph Hagen Dittmann, Herbert Feuerstein, Alexander Lutz
Drehbuch: Markus Gull, Peter Ahorner
Kamera: Axel Sand
Schnitt: Andreas Herzog
Prod.: Arbor TV für Pro7; D 2002; 95 Min.
TV: 12.12.2002, Pro7, 20.15

Das Arbeitnehmer-Schnulzerl mit Aschenputtel-Happy-End gönnte der allein erziehenden Kaufhausdekorateurin den reichen Kaufhausbesitzer, und ihr heimlicher Weihnachtsmann-Nebenjob dient dem sozialen Gleichgewicht und der Charakterbildung: Herz geht vor Geld. Oder etwa nicht? Klingeling. *Ponkie, AZ, 14.12.2002*

Santa Claus 2 – Eine noch schönere Bescherung 701

SANTA CLAUSE 2: THE MRS. CLAUSE ***

Regie: Michael Lembeck
Darsteller: Tim Allen (Scott Calvin), Elizabeth Mitchell (Carol), Spencer Breslin (Curtis), David Krumholtz (Bernard), Eric Lloyd (Charlie Calvin), Judge Reinhold (Neil Miller)
Drehbuch: Ken Daurio, Don Rhymer, Cinco Paul, Ed Decter, John Strauss, nach den Charakteren von Benvenuti, Steve Rudnick
Kamera: Adam Greenberg
Musik: George S. Clinton
Schnitt: David Finfer
Prod.: Outlaw Prod./Walt Disney/Boxing Cat Films; USA 2002; 100 Min.
Verleih: Buena Vista, 21.11.2002

Weihnachtsmann Tim Allen wird diesmal von drei Problemen geplagt. Zum einen muss er in 28 Tagen verheiratet sein, sonst ist es aus mit Weihnachten, zum anderen legt sein Sohn auffälliges Verhalten an den Tag. Und schließlich nutzt sein geklonter Stellvertreter die Abwesenheit, um ein strenges Regiment einzuführen. Vor der obligatorischen Rettung in letzter Minute gibt es immerhin eine hinreißende Szene, in der Tim Allen eine triste Lehrerfeier in einen Haufen übermütig spielender Kinder verwandelt. Dafür muss er nur die verschütteten Kindheitswünsche in jedem befriedigen – jetzt haben wir also das Rezept zum Glücklichsein. *Frank Arnold, tip, 24/2002*

Kritik: (…) Wenn fünf Drehbuchautoren eine Story zweier weiterer Autoren bearbeiten, wird man schon hellhörig. Die Skepsis wird rasch bestätigt, versucht das überladene Skript doch, gleich mehrere Handlungsstränge vom Vater-Sohn-Konflikt über die Partnersuche bis zum überirdischen Konkurrenzkampf unter einen Hut zu bringen. Leider kollidieren die Handlungselemente jedoch öfter miteinander als die düsentriebschnellen Rennschlitten des echten Weihnachtsmanns und seines eitlen Klons. (…)
Reinhard Kleber, Filmecho-Filmwoche, 46/2002

Santa Smokes – Ein Engel in New York 702

SANTA SMOKES **+
TV

Regie: Chris Valentin, Till Schauder
Darsteller: Till Schauder (Johnny Jones), Kirsty Jean Hulslander (Angel), Richard Glover (Jason), Melissa Friedmann (Sue), Rynel Johnson (Mr. Johnson), Crawford Mills (Gordon)
Drehbuch: Chris Valentin, Till Schauder
Kamera: Chris Valentin
Musik: Uwe Shenk, Roland Baisch
Schnitt: Till Schauder
Prod.: Valentin & Terror Films mit Pictur planet/HFF München/the House; D/USA 2002; 80 Min.
UA: 29.6.2002, Filmfest München
TV: 28.11.2002, ARD, 23.00

Als Nikolaus im Weihnachtsrummel zu stehen ist nicht exakt das Engagement, von dem der Schauspieler Johnny geträumt hat. Schuld sind nach seiner Meinung all die Menschen im Konsumwahn, und sie sollen dafür büßen. Doch noch bevor Johnny eine Dummheit anstellen kann, begegnet ihm ein leibhaftiger Engel.

SZ TV-Beilage

Satan Was a Lady 703
SATAN WAS A LADY ***+

Regie: Doris Wishman
Darsteller: Honey Lauren (Cleo Irane), Glyn Styler (Ed Baines), Edge (John King), Hans Lohl (Brett King), Carlos Velazquez (Jake), Laudet Torres (Lotte)
Drehbuch: Doris Wishman
Kamera: Willem Van Vark
Musik: René Coman, Glyn Styler, Jeff Treffinger
Schnitt: Pablo Coig, Nelson Olivieri
Prod.: Boomshadow/Satan Was a Lady; USA 2001; 90 Min.
Verleih: Kinoinitiative, 21.11.2002

Doris Wishman, die ungekrönte Königin des frühen amerikanischen Sexploitation-Kinos, die uns so herrlich abwegige Nudistenfilme wie »Nude on the Moon« (1961) oder Sex & Crime-Trash wie »Teuflische Brüste« (1973) bescherte, ist am 10. August 2002 verstorben. Ihr genaues Alter hat sie nie verraten, sie muss aber so um die 80 Jahre alt gewesen sein. Mit Tränen in den Augen haben wir jetzt Gelegenheit, Wishmans letztes Machwerk »Satan Was a Lady« zu bewundern, das erst kurz vor ihrem Tod fertig gestellt wurde. Ihr schmuddeliges Drama um eine Domina, die einen geldschweren Kunden mit kompromittierenden Fotos erpresst und so in einen Strudel der Gewalt gerät, ist durchweg mit unbeholfen agierenden Laiendarstellern besetzt und entwickelt mit eingestreuten melancholischen Songeinlagen eine rührende Holzhammer-Poesie. Wishmans später Trivialkunstfilm ist ein naives Stück Nostalgiekino, das sich den Moralvorstellungen der 60er-Jahre verpflichtet fühlt und nur von Menschen mit gutem schlechtem Geschmack richtig verstanden werden wird.

Jörg Buttgereit, tip, 26/2002

Scardanelli 704
***

Regie: Harald Bergmann
Darsteller: Amalie Bizer (Marie Nathusius, jung), Walter Schmidinger (Leser der Gedichte), Raimund Groß (Wurm), John Chambers (Ernst Specht)
Drehbuch: Harald Bergmann
Kamera: Rolf Coulanges, Matthias Maaß
Schnitt: Harald Bergmann, Juliane Lorenz
Prod.: Harald Bergmann Filmprod./SWR-Media; D 2000; 112 Min.
UA: Oktober 2000, Tübingen, Open Air Hölderlinturm
Verleih: Academy Films, ab Juli 2002

Letzter Teil einer Hölderlin-Trilogie, der sich mit dem Zusammenbruch des Dichters, seiner Internierung in Tübingen und seinen letzten 30 Lebensjahren als Pflegefall befasst. Ruhig inszeniert, zeigt der Film in erlesener Schwarzweißfotografie eine Reihe großartig gespielter Alltagsepisoden, denen die Gedichte Hölderlins zugrunde liegen. Unterbrochen wird die Handlung durch (farbige) Interviews mit Zeitzeugen. Der Regisseur liefert reizvolle Deutungsangebote, wobei er den Dichter und seine Texte nahe bringt, ohne sich aufzudrängen.

Ulrich Kriest, Film-Dienst, 15/2002

Der Schatzplanet 705
TREASURE PLANET ****

Regie: John Musker, Ron Clements
Drehbuch: Barry Johnson, nach dem Roman von Robert L. Stevenson
Musik: James Newton
Prod.: Walt Disney; USA 2002; 95 Min.
Verleih: Buena Vista, 5.12.2002
FSK: ab 6 J., ffr. – **FBW:** Besonders wertvoll

Der legendäre Schatz des Piraten Flint regt die Fantasie und den Tatendrang eines Jungen an, der eine abenteuerliche und gefahrvolle Reise durchs Universum antritt.

Kritik: (…) Ron Clements und John Musker leisten ganze Arbeit in dieser Verbindung aus kindgerechtem Märchen und Star-Wars-Saga. »Der Schatzplanet« ist (bis auf die nervigen Songs) Zeichentrickunterhaltung

Maria Singer (Mitte) und ihre Getreuen in ›Die Scheinheiligen‹

zum Staunen, trotz überzogener Sentimentalität, wenn Jim im Smutje den Ersatzvater findet. Dass der Disney-Konzern traditionell vor Weihnachten einen Familienfilm auf den Markt wirft, dient auch dem Geschäft in Spielzeugläden. Aber statt des Videospiels kann man Kindern auch den Buchklassiker schenken – als Kontrastprogramm.

Margret Köhler, AZ, 5.12.2002

Scheidung mit Hindernissen 706

**

TV

Regie: Karola Hattop
Darsteller: Sandra Speichert (Katrin Paulke), Michael von Au (Marc Paulke), Johanna Christine Gehlen (Sandra), Johanna von Koczian (Elisabeth), Ivan Desny (Herbert), Peer Jäger
Drehbuch: Michael Wallner, Aglef Püschel
Kamera: Lothar Elias Stickelbrucks
Schnitt: Claudia Fröhlich
Prod.: MDF für Degeto/MDR; D 2001; 90 Min.
TV: 14.6.2002, ARD, 20.20

Der ARD-Schlummerboulevard zur Wochenenderbauung will uns mit possierlichen Pappkameraden erheitern, die Sitten und Gebräuche voriger Jahrhunderte auf Handybasis wieder aufwärmen. So schwänzelten die Schauspieler in der Papperlapapp-Komödie aufgeregt umeinander herum, bis sie endlich zu wissen glaubten, was sie auf keinen Fall wollen mögen sollten. *Ponkie, AZ, 17.6.2002*

Die Scheinheiligen 707

****

Regie: Thomas Kronthaler
Darsteller: Maria Singer (Magdalena Trenner), Johannes Demmel (Johannes), Wolfgang Fischer (Polizist Bene), Alfred Jascke (Polizist Django), Andreas Lechner (Pfarrer Anton Selbertinger), Michael Emina (Theophile)
Drehbuch: Thomas Kronthaler
Kamera: Micki Stoiber
Musik: Martin Unterberger, Stefan Auer
Schnitt: Bernd Schlegel
Prod.: Bosporus Connection/HFF München; D 2000; 75 Min.
UA: 2.7.2001, Filmfest München
Verleih: Movienet, 11.4.2002
FSK: ab 6 J., ffr.

Kritik: (…) Als radikale Veräppelung alles Bajuwarischen aber ist das gar nicht gemeint, auch dann nicht, wenn sich Westernmotive zwischen Bulldog und Marterl schieben. Dies ist eher der Rückeroberungsversuch der Heimatbilder aus der plastikversiegelten Idylle der Volksmusiksendungen, erinnert ein wenig an den älblerischen Heimatfilm »Daheim sterben die Leut« und schwächelt nur hie und da, wenn das Spiel mit Kinozitaten die Oberhand über die schwierige Heimatliebe gewinnt. (…)

Thomas Klingenmaier, Stuttgarter Zeitung, 27.6.2002

(…) Manchmal versucht Regisseur Kronthaler ein wenig zu viel des Guten und will die gesamte Problemlage Bayerns gewollt komisch in seinen Film packen. Dann merkt man, dass ihm die Fußstapfen von Herbert Achternbusch noch zu groß sind. Aber die Richtung stimmt schon mal: »Die Scheinheiligen« ist unterwegs zum subversiven bayrischen Heimatfilm.

Alexandra Seitz, tip, 15/2002

Eine skurrile Wiederbelebung der Heimatsatire, mit treffsicher derbem Witz dem Profittheater der McDonald's-Gastronomie am Irschenberg nachempfunden. Mit erstklassigen Schauspielern (Maria Singer als Altbäuerin, die ihr Land nicht hergibt für die Hendlbrater) und einem Sakristei-Hieb aus der Fälscherwerkstatt der Herrgottschnitzer. Die Dorfpolizisten Bene und Django sind Westernkerle, Hand am Colt. Saftiger Bayern-Joke.

Ponkie, AZ, 2.7.2001

Interview: *Ismael Feichtl, ein Student der HFF, hat den Film produziert. Ist das nicht sehr riskant, ein Projekt dieser Größenordnung alleine zu produzieren?*

Das ist es natürlich, aber Ismael ist ein organisatorisches Naturtalent und ihm ist es immer gelungen, rechtzeitig eine Lösung für ein akutes Problem zu schaffen. Außerdem hat er eine sehr feine Ader für Stimmungen im Team und wenn es mal ein bisschen geknirscht hat, gab es sofort einen »Kummertropfen« für die hart arbeitende Technik. Ismael hat mir während der ganzen Drehzeit immer den Rücken frei gehalten und das war sehr angenehm.

Thomas Kronthaler, Interview im Presseheft

Scherbentanz 708

****

Regie: Chris Kraus
Darsteller: Jürgen Vogel (Jesko), Nadja Uhl (Zitrone), Margit Carstensen (Käthe, alt), Peter Davor (Ansgar), Andrea Sawatzki (Käthe, jung)
Drehbuch: Chris Kraus, nach seinem gleichnamigen Roman
Kamera: Judith Kaufmann
Musik: Jan Tilman Schade
Schnitt: Renate Merck
Prod.: av communication mit SWR/Arte/BR; D 2002; 102 Min.
UA: 3.7.2002, Filmfest München
Verleih: Movienet, 31.10.2002
FSK: o. A., ffr. – **FBW:** Wertvoll

Im Leben gescheiterter, krebskranker junger Mann kehrt in den Kreis seiner hoffnungslos morbiden Familie zurück, um von seiner dem Wahnsinn verfallenen Mutter eine Knochenmarkspende zu erhalten.

Kritik: (…) Der sprachlich manchmal bizarre Roman »Scherbentanz« von Chris Kraus wurde vom Autor selbst verfilmt und erhält so eine eigensinnige Authentizität: monströs die Familie von angepassten Nazis, in der die verachtete Mutter, die plattdeutsche Lieder sang, mit dem Beil auf ihre Buben losging. Monströs der Überdruck in der Symbolwut. (…)

Ponkie, AZ, 31.10.2002

(…) Aus der irrlichternden Zone zwischen Albtraum und Erwachen holt Chris Kraus, der seinen von autobiografischen Impulsen gespeisten Roman selbst in Szene setzte, seine Bilder. Auch wenn sich die Erzählstränge bisweilen verheddern und manche melodramatische Stilisierung halbherzig bleibt – niemals zweifelt man an der existenziellen

Wahrheit der Figuren. Fassbinder-Star Margit Carstensen verleiht der irren Alten heiligmäßigen Furor. Als Engel der Hoffnung glänzt Nadja Uhl. Peter Davor als Ansgar, zwischen Vater-Gehorsam und Bruder-Solidarität, behauptet sich mühelos neben Jürgen Vogel, dessen kurz angebundene Art Jeskos Verzweiflung perfekt akzentuiert. *Rainer Gansera, SZ, 4.11.2002*

(...) Doch in den Zuspitzungen liegt auch ein Problem. Die Kamera von Judith Kaufmann etwa zeigt uns Vogel gleich anfangs einsam, als nicht abgeholten Neuankömmling in Herrenrock und Jackett. Und das ist, wie mancher Gefühlsausbruch hier, ein klein wenig zu vertrauenslos. Wir verstünden die Rolle der Figuren auch ohne solche Hinweise. Eine gewisse Lust am Zerfall erinnert an dänische Filme der letzten Jahre, als hätten wir hier Dogma für Reiche vor uns: die gleiche Gier nach Wirklichkeit, die aber eine klassisch ordnende Filmapparatur als Saugrüssel nutzt. Chris Kraus' »Scherbentanz« ist eine kompromisslose Studie emotionaler Verheerung, aber manchmal verwechselt sein Film leider noch den Willen zum Schock mit dem Mut zur Wahrhaftigkeit. *Thomas Klingenmaier, Stuttgarter Zeitung, 31.10.2002*

Interview: *Haben Sie den Roman und das Drehbuch parallel geschrieben?*

Sie sind beide parallel entstanden – ich habe immer schon Prosa geschrieben. Ich habe Schwierigkeiten, Plots zu entwerfen. Ich liebe Menschen. Mein Ausgangspunkt sind Figuren, aus deren Perspektive – oft eine Ich-Perspektive – die Geschichte in Gang kommt. Bei »Scherbentanz« ist das eine sehr persönliche, autobiografische Geschichte.

Welche Vorbilder haben Sie?

Dem Roman habe ich ein Burroughs-Zitat vorangestellt. Das deutet auf meine Vorliebe für die Beat-Poeten, Kerouac etc. Aber ich mag auch Böll, seine Sprache, seine Ironie. Und ganz besonders John Irving. Dass ich schreibe, habe ich Irving zu verdanken. 1988, als es mir ziemlich dreckig ging, bin ich auf seinen »Garp« ge-

Jürgen Vogel in ›Scherbentanz‹

stoßen – der ja auch eine Art Anleitung zum Schriftstellerwerden ist.

Chris Kraus im Interview mit Rainer Gansera und Fritz Göttler, SZ, 4.11.2002

Schiffsmeldungen 709

THE SHIPPING NEWS ****

Regie: Lasse Hallström
Darsteller: Kevin Spacey (Quoyle), Julianne Moore (Wavey Prowse), Judi Dench (Agnis Hamm), Cate Blanchett (Petal), Pete Postlethwaite (Tert Card), Scott Glenn (Jack Buggit)
Drehbuch: Robert Nelson Jacobs, nach dem gleichnamigen Roman von E. Annie Proulx
Kamera: Oliver Stapleton
Musik: Christopher Young
Schnitt: Andrew Mondsheim
Prod.: Irwin Winkler Prod. für Miramax; USA 2001; 111 Min.
EA: Int. Filmfestspiele Berlin 2002
Verleih: Concorde, 28.3.2002
FSK: ab 12 J., ffr.

Nach einem Leben voller Demütigungen und Tiefschläge beginnt Quoyle ein neues Leben an der nebeligen Küste Neufundlands. Langsam lernt er, mit der Vergangenhit umzugehen und sein Schicksal selbst in die Hand zu nehmen.

Kritik: (...) Leicht hätte sich diese Geschichte, die von einer späten, fast schon zu späten Entwicklung berichtet, in Klischees vom Sohn, der ins rettende Land der Ahnen heimkehrt, verlieren können. Doch was Quoyle, vor ihren Gräbern stehend, über seine Vorfahren zu hören bekommt, ist alles andere als aufbauend. Doch nicht einmal die Wahrheit über seinen Vater, die er von Agnis erfährt, wirft den Mann aus der Bahn. »Schiffsmeldungen« erzählt von einer Therapie, in der dem Leben selbst die Rolle des Therapeuten zukommt. Der Weg aus der Stadt aufs Land führt in keine Idylle, sondern in eine unwirtliche und harte Welt, deren äußere Bewältigung sich vor die inneren Konflikte stellt. Folgerichtig beginnt Quoyles psychische Rettung mit einer physischen Veränderung – eine Entwicklung, die der Roman klarer erfasst als der Film, in dem Kevin Spacey trotz seiner schauspielerischen Leistung wohl schwerlich als Idealbesetzung gelten kann. Am Ende sehen wir den Mann in seinem Boot souverän durch die Wellen kurven. Und die neue Frau, zu der er irgendwann endgültig heimkehren wird, heißt Wavey.

H. G. Pflaum, SZ, 28.3.2002

(...) Regisseur Lasse Hallström gibt seinen Charakteren viel Zeit, sich zu entwickeln, und dem Publikum die Chance, sie ins Herz zu schließen. Das ist spannend und gar nicht sentimental. Ein wunderbarer Film.

Angie Dullinger, AZ, 28.3.2002

(...) Lasse Hallström beweist erneut sein Händchen für Literaturverfilmungen. Nach dem Bestseller von Annie Proulx zaubert er eine einfühlsame, leise humorvolle und beeindruckend fotografierte Geschichte auf die Leinwand. Sein Film beweist Liebe zum Detail, ist atmosphärisch dicht und präsentiert eine glänzend agierende Besetzung. Eine unterkühlt schöne Liebeserklärung an Neufundland. *Zitty, 7/2002*

Schlappschuss 2 – Die Eisbrecher 710

SLAP SHOT 2 – BREAKING THE ICE **
Video

Regie: Steve Boyum
Darsteller: Stephen Baldwin (Sean Linden), Jessica Steen (Jessie Dage), Gary Busey (Richmond Claremont), David Hemmings (Martin Fox), David Paetkau (Gordie Miller), Steve Carlson
Drehbuch: Nancy Dowd, Broderick Miller
Kamera: Joel Ransom
Prod.: USA 2002; 99 Min.
Vertrieb: Universal, 22.8.2002
FSK: ab 12 J.

Mit allen Tricks versucht der Trainer einer ausgelutschten Eishockeytrup-

pe dieser wieder Kampfgeist zuzuführen. In lustloser Kurbelroutine erstickte Sportkomödie mit völlig vorhersehbarer Story, vom Original meilenweit entfernt.

Schlesiens wilder Westen 711

****

Regie: Ute Badura
Prod.: D 2002; 93 Min.

(...) Subtil interessiert sich Badura für das Heimatgefühl der Polen und der Deutschen, für ihre Erinnerung aus der Ferne und ihre Erfahrung von Ohnmacht. Es ist ein ruhiger, abgeklärter, auch ohne Kommentar überaus einfühlsamer Film, der nie versucht, diese Geschichte zu instrumentalisieren. Badura nimmt die Irritation der Polen über die Besuche der alten Deutschen ernst, die leisen Vorurteile auf beiden Seiten, die Traumata der polnischen und der deutschen Vertriebenen. Das gelingt auch so gut, weil »Schlesiens wilder Westen« im Grunde immer von Kindern erzählt, die mit ihren Erinnerungen alt geworden sind und nun erkennen: »Ewig kann man sich nicht sehnen.«

Robert Weixlbaumer, tip, 7.11.2002

Schleudertrauma 712

***

TV

Regie: Johannes Fabrick
Darsteller: Tim Bergmann (Ben Kohrt), Martin Kurz (Jonathan), Natalia Wörner (Corinna), Alexandra Maria Lara (Doreen), Laura Tonke (Anja, Karens Schwester)
Drehbuch: Stefan Kolditz
Kamera: Holly Fink
Schnitt: Barbara Hennings
Prod.: teamWorx für SWR; D 2002; 90 Min.
UA: 2.7.2002, Filmfest München
TV: 12.7.2002, Arte, 20.40

Ein Klassenkampfmelodram: Werftarbeiter verschuldet Unfalltod seiner Frau und will den Sohn nicht den reichen Schwiegereltern überlassen. Denk- und Gefühlsblockaden – das Kind in der Zwickmühle.

Ponkie, AZ, 15.7.2002

Schluss mit Mudder 713

*

Video

Regie: B. Eicher, R. Sandmann
Darsteller: Siemon Moora (Kermet/Kerker Dünger), Andie Jackson (Tony), Erina Langauer (Gülten), Martin Sprenger (Hans Walter), Imam Cagla (Ramon), Georg Hagen (Manne)
Drehbuch: R. Sandmann
Kamera: Markus Stotz
Schnitt: Thomas Weidlich
Prod.: Videodrome Production; D 2002; 87 Min.
Vertrieb: Videodrome Prod., 22.11.2002
FSK: ab 16 J.

Deutsch-türkisches Gangsterduo aus dem Schwäbischen bekriegt sich. Megaschrott auf der ganzen Linie – ein Beispiel dafür, dass auch ohne die geringste Spur von Hirn Filme entstehen können.

Schneemann sucht Schneefrau 714

□

TV

Regie: Marco Serafini
Darsteller: Katja Weitzenböck (Tessa Mayr-Thorwald), Fritz Karl (Joe Müller), Constantin Gastmann (Felix Thorwald), Roxanne Borski (Julia Müller), Ulrike Arnold (Maria Heller), Silvan-Pierre Leirich (Oskar Wellenbring)
Drehbuch: Markus Mayer
Kamera: Uli Kudicke
Musik: Andreas Slavik
Prod.: Kirch Media mit ZDF/ORF/Dor Film; D/Österreich 2002; 89 Min.
TV: 15.12.2002, ZDF, 20.15

Am Tag, als er sich in Tessa verliebt, erhält Joe auch seine Kündigung. Was er nicht weiß: Tessa ist seine Chefin, die ihn gefeuert hat. Die Kinder der beiden versuchen nun, die Angelegenheit wieder ins Lot zu bringen.

SZ TV-Beilage

Schule des Lebens 715

GREGOIRE PEUT MIEUX FAIRE

□

TV

Regie: Philippe Faucon
Darsteller: Anthony D'Haene (Grégoire), Ali Allouche (Ishem), Lynda Benahouda (Naima), Salima Guedja (Leila), Blanche Finger (Direktorin), Martine Boudet (Erdkundelehrerin)
Drehbuch: Philippe Faucon, Soraya Nini, Annie Volson
Prod.: Frankreich 2001; 69 Min.
TV: 28.6.2002, Arte, 20.45

Auf einem Gymnasium in Marseille erleben zwei Klassenkameraden völlig unterschiedlich, was Schule bedeuten kann. Entsprechend werden sie von dieser Zeit geprägt. *Pressetext*

Eine Schwalbe macht den Sommer 716

UNE HIRONDELLE A FAIT LE PRINTEMPS

****

Regie: Christian Carion
Darsteller: Michel Serrault (Adrien), Mathilde Seigner (Sandrine), Jean-Paul Roussillion (Jean), Marc Berman (Stéphane), Francoise Bette (Sandrines Mutter)
Drehbuch: Christian Carion, Eric Assous

Kamera: Antoine Heberle
Musik: Philippe Rombi
Schnitt: Andrea Sedlackova
Prod.: Nord-Quest Prod./Artémis/Cofimage 12/Le Studio Canal+; Frankreich 2000; 104 Min.
Verleih: Prokino, 1.8.2002
FSK: o. A., ffr.
FBW: Besonders wertvoll

Eine beruflich erfolgreiche Frau bricht ihre Zelte in Paris ab, studiert Landwirtschaft, erwirbt einen Hof mit Milchwirtschaft von einem verbitterten alten Bauer, der sich zurückzieht, ihr aber als einziger Nachbar bis auf weiteres erhalten bleibt.

Kritik: (...) Es passiert nichts Sensationelles in Christian Carions schönem Film, und doch geschieht viel – was das gesellschaftliche Thema des bäuerlichen Generationenwechsels oder der Landflucht und was ganz einfach die menschliche Existenz angeht: jene einer jungen Frau, die mutig ein hartes, aber schönes Leben aufbaut, und jene eines alten Mannes, der in einer rührenden Szene den Herrgott fragt, ob sich hinsichtlich der Verlängerung seines Lebens noch etwas machen ließe. Dass aber so viel geschieht, ist weitgehend das Verdienst der beiden großartigen Hauptdarsteller.

Thomas Engel, Der Gildendienst, 5/2002

(...) »Eine Schwalbe macht den Sommer« – in Frankreich ein großer Erfolg – ist modern und altmodisch zugleich. Dieser realistisch-komödiantische Film ist von einem Geist des Aufbruchs, der Freiheit und der Selbstverwirklichung getragen. Er ermutigt, Träume zu verwirklichen. Er führt aber auch zu einer Besinnung auf althergebrachte Werte wie Respekt, Fürsorge und Bereitschaft zu harter Arbeit Er zeigt Hochachtung vor der schweren bäuerlichen Existenz und wirbt unübersehbar für eine Annäherung zwischen den Generationen . (...) *Detlef Kühn, epd-Film, 6/2002*

(...) Der Zusammenprall von Tradition und Moderne, Machodenken und Emanzipationsbestreben, die Flucht ins Ungewisse inszeniert Christian Carion als perfekte Mischung von behutsamer Charakterstudie und doppelbödigem Heimatfilm mit autobiografischem Hintergrund. So ist der knorrige Alte Abbild seines eigenen Vaters.
Natur satt, trockener Humor, stimmige Atmosphäre, grandiose Darsteller – diese Schwalbe macht den Kinosommer erst richtig schön.

Margret Köhler, AZ, 1.8.2002

Schwarze Tafeln 717

TAKHTE SIAH ****

Regie: Samira Makhmalbaf
Darsteller: Baham Ghobadi (Said), Said Mohamadi (Reeboir), Behnaz Jafari (Halaleh), Rafat Moradi, Mohammad Karim Rochmati, Hayas Rostami
Drehbuch: Samira Makhmalbaf, Mohsen Makhmalbaf
Kamera: Ebrahim Ghafori
Musik: Mohamad Reza Daryishi
Schnitt: Mohsen Makhmalbaf
Prod.: Makhmalbaf Film House/Fabrica Cinema mit Raicinema/T-Mark; Iran/Italien 2000; 85 Min.
UA: 11.5.2000, Int. Filmfestspiele Cannes 2000
EA: 30.6.2000, Filmfest München
Verleih: Juni 2001 (CH), 17.1.2002, Kairos, OmU

Samira Makhmalbafs Film erzählt vom Alltag eines Exodus, von der Bevölkerung der kurdischen Dörfer, die auf der Flucht vor Soldaten durch die Berge irrt. Den Flüchtlingen folgt eine Hand voll Lehrer, die mit schwarzen Schiefertafeln versuchen, etwas Bildung ins unwegsame Gelände zu transportieren. Daraus entsteht eine aberwitzige Reflexion über die Grundlagen der Zivilisation: das Wort und die Schrift. Nebenbei erleben die Tafeln in Makhmalbafs Film ihre eigene Geschichte: Zerstückelt dienen sie einmal zum Schienen eines Beins, dann als Sonnenschutz, als Wandersatz, schließlich als Bahre für

Auf der Reise mit den schwarzen Tafeln

Verletzte und sogar als Mitgift für die Braut eines Lehrers. Über all dem schwebt ein so verhaltener wie ansteckender Optimismus.

Anke Leweke, tip, 2/2002

Kritik: (…) Die Tochter des berühmten Regisseurs Mohsen Makhmalbaf beschreibt ein Stückchen Menschlichkeit, die Überwindung von inneren und äußeren Grenzen. Kinder und Kurden sind die Schwachen, immer auf der Flucht. Nicht ganz erreicht »Schwarze Tafeln« die Intensität ihres Debütfilms »Der Apfel«. Inszenatorische Schwächen und Längen stellen die Geduld auf die Probe, aber der poetische Grundton dieser bildgewaltigen Ode mit Dokumentarcharakter macht dieses Manko wieder wett.

Margret Köhler, AZ, 12.2.2002

(…) Schon mit realistischen Augen gesehen, ist »Schwarze Tafeln« ein überwältigender Film, weil er ohne jeden Funken Larmoyanz vom blanken Grauen erzählt: von Greisen, die ihre Heimat verloren haben, von Kindern, die nie ein Zuhause kennen lernten, von der Hand voll Erwachsener, die das Brot verdienen könnten, den Boden bestellen könnten und doch selbst ziellos umherwandern; abhängig von anderen tauschen sie einen Buchstaben gegen ein Stück Brot, eine Tafel gegen ein paar Nüsse. Angesichts des Elends ist Bildung keine Währung, wo es nichts mehr gibt, zählen nicht einmal ein Paar arbeitsfähige Hände. Aber »Schwarze Tafeln« gewinnt noch einmal, denn hinter diesem Realismus liegt ein metaphorischer, filmischer Diskurs: Mitten aus den Bildern scheinen die Lehrer wie flügge gewordene Vögel abheben zu wollen, Greise dagegen können nicht mehr pinkeln, Kinder traben mit Schmuggelware über Abgründe, eine Frau kennt nur noch die Liebe zu ihrem Kind, weil sie alle anderen Menschen verloren hat. (…)

Veronika Rall, epd-Film, 1/2002

Schweigen ist Gold 718

***+

TV

Regie: Sabine Landgraeber
Darsteller: Mavie Hörbiger (Jenny), Roman Knizka (Ben), Horst Krause (Oskar Büchler), Peter Sattmann (G.W. Brogster), Susanna Simon (Franz), Leslie Malton (Julia)
Drehbuch: Regine Kühn
Kamera: Uli Kudicke
Musik: Andreas Dicke
Schnitt: Rosemarie Drinkorn
Prod.: nova film für NDR; D 2000; 90 Min.
TV: 5.6.2002, ARD, 20.20

Linkischer Bankraubanfänger Ben nimmt bei einem Übungsüberfall einen Krimiautor samt 16-jähriger Tochter Jenny als Geiseln. Jenny verguckt sich in Ben und verhilft ihm nicht nur zur Flucht, sondern stachelt ihn, der von einem »ganz normalen Leben« träumt, in ihrer blanken Abenteuerlust zu immer neuen Raubzügen an.
Gewaltausbrüche, Tür-auf-Tür-zu-Dramaturgie, Auweia-Gags, hysterisch überdrehte Darsteller, penetrante Zufallshäufung – Regine Kühn und Sabine Landgraeber ließen wenige untaugliche Mittel aus, einen fiesen Bastard aus Boulevard, Krimi und Romantikdrama über die Hürden zu heben. Stil und Ton blieben ebenso uneinheitlich wie die Story. (…)

W. O. P. Kistner, AZ, 7.6.2002

Schwer verliebt 719

SHALLOW HAL ***

Regie: Bobby Farrelly, Peter Farrelly
Darsteller: Gwyneth Paltrow (Rosemary), Jack Black (Hal), Jason Alexander (Mauricio), Joe Viterelli (Steve Shanahan), René Kirby (Walt), Susan Ward (Jill)
Drehbuch: Sean Moynihan, Bobby Farrelly, Peter Farrelly
Kamera: Russell Carpenter
Musik: Ivy
Schnitt: Christopher Greenbury
Prod.: Conundrum Ent.; USA 2001; 114 Min.
Verleih: 20th Century Fox, 14.2.2002
FSK: ab 6 J., ffr.

Hal interessiert sich nur für Frauen, die groß, schlank und jung sind, rundum erregend eben. Aber es gibt einen Ausweg aus der Stupidität des Sexismus: Hal wird hypnotisiert, gegen seinen Willen, aber zu seinem Besten. Von nun an sieht er in jeder Frau nur noch die innere Schönheit. Umgehend verliebt er sich in Rosemary, die zwar realitär gute 400 Pfund auf die Waage bringt, aber zugleich – warum auch nicht – die liebenswerteste unter den vielen liebenswerten Figuren in »Schwer verliebt« ist. Gwyneth Paltrow absolviert, neben dem famosen Jack Black, ihre Doppelrolle (einmal korpulent, einmal schlank) mit Souveränität und Selbstverständlichkeit, und die Farrelly-Brüder inszenieren die Romanze jenes entwaffnenden Pärchens ebenso: abgeklärt, uneitel, mit viel smart arrangierter Blödheit.

Stefan Grissemann, tip, 4/2002

Kritik: (…) Und Gwyneth Paltrow darf mit Lust gegen ihr Image anspielen, ja dekonstruiert es geradezu. Bei den wenigen Einstellungen, in denen sie als Fettleibige zu sehen ist, haben die Spezialeffektler allerdings derart kräftig zugelangt, dass sie auch als Michelin-Männchen durchginge.

Peter Zander, Die Welt, 14.2.2002

(…) Kurz nur flackert hier die alte Lust am blödelnden Tabubruch auf. Schenkelklopfhumor und Zeigefingerdidaktik ergeben hier eine äußerst unangeneme Melange. Ausgerechnet mit dem verhärmten Luxuskörper von Gwyneth Paltrow gegen die Diskriminierung der Fettsüchtigen ins Feld zu ziehen – das ist genau jene scheinheilige Hollywood-Doppelmoral, gegen die die Farrellys früher einmal mit ihrem Kino des schlechten Geschmacks angetreten sind.

Martin Schwickert, AZ, 14.2.2002

Scooby-Doo 720

SCOOBY-DOO ***

Regie: Raja Gosnell
Darsteller: Freddie Prinze jr. (Fred), Sarah

Michelle Gellar (Daphne), Matthew Lillard (Shaggy), Linda Cardellini (Velma), Rowan Atkinson (Mondavarious), Isla Fisher (Mary Jane)
Drehbuch: James Gunn, basierend auf den Charakteren der Hanna-Barbera-Prods.
Kamera: David Eggby
Musik: David Newman
Schnitt: Kent Beyda
Prod.: Mosaic Media Group Prod.; USA 2002; 86 Min.
UA: 14.6.2002, N. Y.
FSK: ab 6 J., ffr.

In der Trickserie »Scooby-Doo, Where Are You?« jagten Fred, Shaggy, Velma und Daphne zusammen mit dem tollpatschigen, sprechenden Hund Scooby-Doo schon Ende der 60er übernatürliche Kreaturen. Den unbeholfen-trashigen Charme dieser Zeichentrickvorlage hat die Realfilmversion »Scooby-Doo« leider nur ganz selten. Der digitalen Dogge sieht man ihre Herkunft aus dem Rechner fast immer an, und der Plot wäre selbst für eine 25-Minuten-Episode reichlich dünn gewesen. Der Rest ist eine Mischung aus dem Retro-Look der Serie und aufgeblasenem, effektüberladenem Family-Entertainment.

tip, 16/2002

Kritik: (...) Aber sonst ist wohl alles wie immer. (Was auch immer das bedeuten mag.) Etwas ratlos schaut der erwachsene Zuschauer etwa dem Rülps- und Furzwettbewerb zwischen Mensch und CGI-Kreatur zu. So ist »Scooby-Doo« ein Film, dessen Existenz man einfach nur hinnehmen kann. William Hanna ist nach einem langen, wohl glücklichen Leben letztes Jahr verstorben. Ganz mildtätig gedenken wir seiner als dem Vater der frühen »Tom und Jerry«-Cartoons.

Katja Lüthge, FR, 2.8.2002

Scorcher 721
SCORCHER **
Video

Regie: James Seale
Darsteller: Mark Dacascos (Ryan Beckett), Rutger Hauer (Präsident Nelson), John Rhys-Davles (Sallin), Mark Rolsteon (Kellaway), Rayne Marcus (Faith), Tamara Davies (Julie McGrath)
Drehbuch: Steve Latshaw, Rebecca Morrison, Graham Winter
Kamera: Maximo Munzi
Musik: Bill Brown
Schnitt: Mark S. Manos
Prod.: Cinetel Films; USA 2002; 82 Min.
Vertrieb: Highlight, 19.9.2002
FSK: ab 16 J.

Mithilfe der Zündung einer Giga-Atombombe versucht Expertin einer dramatischen Klimaveränderung Herr zu werden. Billig-Actioner auf Ökobasis.

The Scorpion King 722
THE SCORPION KING ***+

Regie: Chuck Russell
Darsteller: The Rock (Mathayus), Michael Clarke Duncan (Balthazar), Steven Brand (Memnon), Kelly Hu (Cassandra), Bernard Hill (Philos), Grant Heslov (Arpid)
Drehbuch: Stephen Sommers, William Osborne, David Hayter, nach einer Story von Jonathan Hales, St. Sommers
Kamera: John R. Leonetti
Musik: John Debney
Schnitt: Michael Tronick, Greg Parsons
Prod.: Alphaville/Stephen Sommers/ Misher Prod.; USA 2002; 86 Min.
Verleih: UIP, 25.4.2002
Vertrieb: Universal Video (Video, DVD)
FSK: ab 12 J., ffr.

Der bekannte Star-Wrestler »The Rock« spielt seine erste Hauptrolle in diesem Prequel zu »Die Mumie«. Es wird viel gelästert werden über die versteinerten Ausdrucksmöglichkeiten des massigen Muskelbergs. Das naive Over-Acting des »Felsens« und seiner Muskelkollegen verleiht dem Film seinen rührend prolligen Charme. Schade hingegen ist die begrenzte Risikobereitschaft der Produzenten, die keinen Tropfen Blut zulassen in einem Schlachtgetümmel, das genauso doof und abgesprochen wirkt wie die Kämpfe der Wrestler. Viel Muckies, wenig Spannung.

Jörg Buttgereit, tip, 9/2002

666 – Traue keinem, mit dem du schläfst! 723

**+

Regie: Rainer Matsutani
Darsteller: Jan Josef Liefers (Faust), Armin Rohde (Mephisto II), Sonsee Ahray Floetmann (Jennifer), Thure Riefenstein (Axel), Hanns Zischler (Fürst der Finsternis), Mariella Ahrens (Connie)
Drehbuch: Rainer Matsutani
Kamera: Hans-Günter Bücking, Dieter Deventer
Musik: Henning Lohner
Schnitt: Hana Müllner
Prod.: Engram/Constantin; D 2001; 84 Min.
Verleih: Constantin, 21.2.2002
Vertrieb: BMG Video (Video, DVD)
FSK: ab 12 J., ffr. – **FBW:** Wertvoll

Als Frank Faust wegen chronischer Erfolglosigkeit von seiner großen Liebe Jennifer verlassen wird, taucht plötzlich mit viel Qualm und Rauch und Brimborium ein dicklicher junger Mann in seinem Leben auf, der ihm einen höllischen Pakt anbietet: Franks Seele gegen den großen Erfolg, der Jennifer zurückgewinnen soll. So kommt es, dass Frank plötzlich an der Seite zahlreicher Promis durch München flaniert. Nicht nur, weil die sich von Boris Becker über Verona Feldbusch bis zu Produzent Bernd Eichinger ungelenk selbst spielen, ist diese ganz und gar unlustige »Faust«-Parodie ein noch größeres Debakel als das deutsche Pisa-Studien-Ergebnis. Das ist umso tragischer, weil Goethes Drama um den studierten Seelenverkäufer die deutsche Seele doch ganz trefflich charakterisiert.

Annette Kilzer, tip, 4/2002

Kritik: (…) In »666« spielt jeder sich selbst oder sein Klischee. So nimmt sich der Film auf angenehme Weise selbst nicht ganz ernst, und man kann entspannt die Verwechslungskomödie genießen wie das Blättern durch die bunten Seiten der Regenbogenpresse. (…)

Adrian Prechtel, AZ, 21.2.2002

Seitensprünge in New York 724

SIDEWALKS OF NEW YORK ***

Regie: Edward Burns
Darsteller: Edward Burns (Tommy), Rosario Dawson (Maria), Dennis Farina (Carpo), Nadia Dajani (Hilary), Kathleen Doyle (Katy), Heather Graham (Annie), David Krumholtz (Ben)
Drehbuch: Edward Burns
Kamera: Frank Prinzi
Musik: Django Reinhardt »Naguine«
Schnitt: David Greenwald
Prod.: Artists Prod./Marlboro Road Gang/New Market Capitol Group; USA 2001; 100 Min.
Verleih: Kinowelt, 2.5.2002
Vertrieb: Arthaus (Kinowelt) Video (Video, DVD)
FSK: ab 12 J., ffr.

Menschen in Manhattan jenseits der 30. Manche sind Single, manche zu zweit, doch selten glücklich. Interviewt von einem anonymen Fragesteller, plaudern sechs Männer und Frauen von ersten sexuellen Abenteuern und über das stille Älterwerden. Und dann sieht man sie hektisch ineinander rennen und alte Bande lösen. Typische Großstadtgeschichten, die Woody Allen mit mehr Biss präsentiert hätte. Regisseur Burns, hier wieder auch als Schauspieler aktiv, gibt sich indes mit überzeichneten und vernachlässigten Charakteren zufrieden.

Cristina Moles Kaupp, tip, 11/2002

Kritik: (…) Burns ist sich treu geblieben: Auch sein jüngstes Werk erzählt sensibel von Liebe, von Abhängigkeiten und Obsessionen, von den schieren Verzweiflungen hormon- und liebesnotgeplagter Zeitgenossen. Von Ferne grüßt leise Arthur Schnitzlers Theaterklassiker »Der Reigen«, wenn Burns seine Protagonisten auf den Liebeslaufsteg schickt. Seine Dialoge lehnen sich eng an die europäischer, im Speziellen französischer Vorbilder an, doch teilt uns der Macher am Ende seines Films demonstrativ mit, dass dieser »voller Stolz in den USA« gedreht wurde. (…)

W. O. P. Kistner, AZ, 29.5.2002

(…) Das klingt, klingt nach einem total durchkonstruierten, auf äußerliche inszenatorische Effekte aufgebauten Film – ist es jedoch nicht. Bildsprache und Soundtrack fungieren jeweils als ein Teil, der zu einer perfekten Inszenierung beiträgt, und die hervorragenden Schauspieler sind der andere Moment, durch den »On the Edge« zu einem Erlebnis wird. Trotz aller Tragik die hier verhandelt wird.

Katrin Hoffmann, epd-Film, 6/2002

Überhaupt schaut man dem Ensemble gerne zu. Wenn der Film ein Problem hat, dann ist es seine streckenweise Langatmigkeit. Zwei Stunden dauert er, das ist etwas zu lang für das, was er zu sagen hat. Gelegentlich nehmen die Worte überhand, da möchte man mehr Taten sehen oder mal über was anderes nachdenken als über Beziehungen. »Es gibt doch noch andere Dinge, die zählen«, sagt Annie. Doch dann fallen ihr keine vernünftigen Beispiele ein.

Susanne Nieder, Der Tagesspiegel, 23.5.2002

Sellale – Der Wasserfall 725

SELLALE ***

Regie: Semir Aslanyürek
Darsteller: Hülya Kocyigit (Semra), Tuncel Kurtiz (Meister Selim), Aykut Oray (Jusuf), Ali Sürmeli (Süleyman), Enis Astanyürek (Cemal), Canan Hosgor (Cemilie)
Drehbuch: Semir Aslanyürek
Kamera: Hayk Kirakosyan
Musik: Sunay Ozgur
Schnitt: Senad Preseva, Mustafa Prseva
Prod.: Sellale Prod./Ecco Patems; Türkei 2001; 120 Min.
Verleih: Filmwelt, 12.9.2002
FSK: ab 12 J., ffr.

Das Leben eines türkischen Dorfes südlich von Antakya ist Anfang der 60er-Jahre so sehr von politischen Debatten dominiert, dass es in heillosem Chaos versinkt, bis das Militär dem Treiben ein Ende macht. Parabelhafte Tragikomödie, deren episodisch strukturierte Erzählweise durchaus kurzweilig unterhält, auch wenn viele Anspielungen nicht verstanden werden. Die durchgängige Typologisierung und das melodramatische Ende untergraben allerdings jeden tieferen Zugang,

Josef Lederle, Film-Dienst, 22/2002

Sex zu Dritt 726

TROIS **
Video

Regie: Rob Hardy
Darsteller: Gretchen Palmer (Jade Owens), Kenya Moore (Jasmine Davis), Gary Dourdan (Jermaine Davis), Soloman K. Smith (Terrance/Eric), Thomas Jefferson Byrd (Thomas), Chrystale Wilson (Tammy)
Drehbuch: Rob Hardy, William Packer, nach einr Story von Will Power, Valencia Walker
Kamera: Charles Mills
Musik: Steven Gutheinz
Schnitt: Griff Thomas
Prod.: Rain forest/TRF Prod.; USA 2000; 88 Min.
Vertrieb: Columbia TriStar Video, 16.7.2002
FSK: ab 16 J.

Der flehentlich ersehnte flotte Dreier mit Ehefrau und Gespielin endet desaströs: Die Damen entdecken Gefühle füreinander, der Herr ist raus. Mehr oder weniger verunglückter Mix aus Erotik, Krimi und Komödie.

Sexy Beast 727

SEXY BEAST ****

Regie: Jonathan Glazer
Darsteller: Ray Winstone (Gary »Gal« Dove), Ben Kingsley (Don »Malky« Logan), Ian McShane (Teddy Bass), Amanda Redman (Deedee), Cavan Kendall (Aitch), Julianne White (Jackie)
Drehbuch: Louis Mellis, David Scinto
Kamera: Ivan Bird
Musik: Roque Banos
Schnitt: John Scott, Sam Sneade
Prod.: Recorded/FilmFour mit Fox Searchlight/Kanzaman; GB/Spanien 2000; 88 Min.
EA: 21.9.2000, Int. Filmfestspiele Toronto
Verleih: Senator, 27.6.2002
FSK: ab 16 J., ffr.

Gary »Gal« Dove ist ausgestiegen. Früher war er der raffinierteste Safeknacker in ganz London. Nachdem er dafür seine Zeit im Gefängnis abge-

Ben Kingsley und Ray Winstone in ›Sexy Beast‹

sessen hat, genießt er nun das Leben mit seiner Frau Deedee. Doch die Schatten der Vergangenheit holen ihn ein. Sein ehemaliger Boss will ihn zwingen, bei einem spektakulären Bankraub mitzumachen, und hetzt ihm einen Profikiller auf den Hals.

Kritik: (…) In der Tradition britischer Gangstermovies entwirft der ehemalige Werbefilmer Jonathan Glazer sein schwarzhumoriges Genrestück. Auch wenn die Spannung nach dem Ausscheiden der Kingsley-Figur ein wenig einknickt, überzeugt Glazers Spielfilmdebüt durch seine rund herum stilsichere Inszenierung. (…)
Martin Schwickert, AZ, 27.6.2002

(…) Ben Kingsley wurde für seine ungeheuerliche Darstellung des penetranten Killers mit Preisen überschüttet. Sein »Anti-Gandhi« ist so überraschend und beängstigend, dass er dem feisten Hauptdarsteller Ray Winstone glatt die Show stiehlt. Ein Retro-Gangsterthriller der feinen englischen Art, ironisch gebrochen und mit wahnwitzigen Dialogen.
Jörg Buttgereit, tip, 13/02

Interview: Ich lerne meine Rollen bei Spaziergängen durch die Landschaft, in der Nähe meines Landhauses. Ich lausche den Sätzen im Drehbuch, den Rhythmen, und versuche sie zu beleben. Als ich Don Logan vor mich hin sprach, merkte ich, wie sich meine Schultern veränderten, meine Bewegungen, meine Haltung. Don hatte von meiner Körpersprache Besitz ergriffen. Es hängt vielleicht mit Beobachtungen zusammen, die man vor Jahren einmal gemacht hat, die längst verschüttet sind. Es geht nicht um Imitation. Es geht um Intuition.
Ben Kingsley im Interview mit Tobias Kniebe, SZ, 22.6.2002

Shadow of the Dragon 728
SHADOW FURY
*
Video

Regie: Makato Yokayama
Darsteller: Sam Bottoms (Mitchell Madson), Masa Funaki (Takeru), Alexandra Kamp-Groeneveld (Dr. Louise Forster), Cassandra Grae (Sasha), Bas Rutten (Kismet), Fred Williamson (Sam)
Drehbuch: Eric Koyanagi
Kamera: Blain Brown
Musik: Shinnosuke Sorimachi
Schnitt: Nina Kawasaki

Prod.: Pathfinder; USA/Japan 2002; 83 Min.
Vertrieb: Kinowelt Video, Februar 2002
FSK: ab 16 J.

Geklonter Superkiller entkommt Anschlag, begegnet Callgirl, verliebt sich – und will fortan nicht mehr morden. Von unglaublich naiver Weltsicht geprägter Sciencefiction-Quatsch.

Shadows of Death: Im Fadenkreuz der Mafia 729

IN THE SHADOWS **

Video

Regie: Ric Roman Waugh
Darsteller: Matthew Modine (Eric O'Byrne), James Caan (Lance (Husten), Joey Lauren Adams (Clarissa), Cuba Gooding jr. (Draven), Lillo Brancato (Jimmy), Ray Angeloff (Sal)
Drehbuch: Ric Roman Waugh
Kamera: Chuck Cohen
Musik: Adam Gorgoni
Schnitt: Martin Hunter
Prod.: Lions Gate/Cutting Edge; USA 2000; 101 Min.
Vertrieb: Warner Video, 24.5.2002
FSK: ab 16 J.

Mafia-Killer verliebt sich im Filmmilieu Hollywoods in die Tochter seines geplanten Opfers. Trotz klingender Namen: ein Actionkrimi aus der Retorte.

Shanghai Panic 730

WUO MEN HAI PA □

Video

Regie: Andrew Cheng
Darsteller: Mianmian (Kika), Li Zhina, Yang Yuting
Drehbuch: Andrew Cheng, nach der Erzählung »We are panic« von Mianmian
Kamera: Andrew Cheng
Musik: Zhao Ke
Schnitt: Andrew Cheng
Prod.: A. C. mit Western Dragon Prod.; China/Australien 2002; 87 Min.
UA: 14.2.2002, Int. Forum des Jungen Films Berlin
Vertrieb: Freunde, ab September 2002

Die Odyssee einer jugendlichen Clique durch die Drogenklubs Shanghais nach und mit der Autorin Mianmian.

Shark Skin Man And Peach Hip Girl 731

SAMEHADA OTOKO TO MOMOJIRI ONNA ***

Regie: Katsuhito Ishii
Darsteller: Tadanobu Asano (Samehada), Sie Kohinata (Toshiko), Ittoku Kishibe (Tanuki), Susumu Terashima (Sawada), Kimie Shingyogi (Mitsuko), Shingo Tsurumi (Mitsuru)
Drehbuch: Katsuhito Ishii, nach einer Manga-Vorlage von Minetaro Mochizuki
Kamera: Hiroshi Machida
Musik: Dr. Stangelove
Schnitt: Yumiko Doi
Prod.: Tohokushinsha Film; Japan 1998; 108 Min.
UA: 16.9.1998, Toronto Film Festival
Verleih: REM, OmU, August 2001

Als sich ein Gangsterduo entschließt, die Beute eines Banküberfalls nicht beim örtlichen Yakuza-Clan abzuliefern, ruft das eine Horde komplett durchgeknallter Profikiller sowie den schlechtest angezogenen Privatschnüffler der Filmgeschichte auf den Plan. Die abgedrehte Mangaverfilmung wird all jene aus dem Stand befriedigen, die mit japanischem Kino in allererster Linie knallbunte Popkonglomerate assoziieren. Film als Ausdruck an der Lust zum Lärmen, mehr Punkt als Rock 'n' Roll, einfach ein Höllenspaß. *tip, 17/2001*

Shooters – Loser haben keine Chance 732

THE SHOOTERS **

Video

Regie: Colin Teague, Glenn Durfort
Darsteller: Adrian Dunbar (Max Bell), Andrew Howard (J.), Louis Dempsey (Gilly), Gerard Butler (Jackie jr.), Jason Hughes (Charlie Franklin), Matthew Rhys (Eddie)
Drehbuch: Louis Dempsey, Andrew Howard, Gary Young
Kamera: Tom Erisman
Musik: Kemal Ultanur
Schnitt: Kevin Whelan
Prod.: GB 2000; 95 Min.
Vertrieb: MC One, 25.9.2002
FSK: ab 18 J.

Das übliche Szenario: Aus dem Gefängnis entlassener Kleingauner rutscht in einen Coup, der aus dem Ruder läuft. Pseudorealistisches Gaunermelodram.

Showtime 733

SHOWTIME ***

Regie: Tom Dey
Darsteller: Robert DeNiro (Mitch), Eddie Murphy (Trey), Rene Russo (Chase Renzi), William Shatner (William Shatner), Melvin Rodriguez, Julian Dulce Vida Frankie R. Faison
Drehbuch: Keith Sharon, Alfred Gough, Miles Millar, nach einer Story von Jorge Saralegui
Kamera: Thomas Kloss
Musik: Alan Silvestri
Schnitt: Billy Weber
Prod.: Village Roadshow/NPV/Material-Prod./Tribeca; USA 2001; 95 Min.
Verleih: Warner, 11.4.2002
Vertrieb: Warner Video (Video, DVD)
FSK: ab 12 J., ffr. – **FBW:** Wertvoll

Ein guter, aber humorloser Cop in Los Angeles wird von seinen Vorgesetzten gezwungen, einer TV-Reality-Show zuzuarbeiten und einen Partner zu akzeptieren, der ihm auf die Nerven geht.

Kritik: (...) Dialogwitz gehört zu den Stärken von »Showtime«. Regisseur Tom Dey verlässt sich meistens auf DeNiros genervte Schweigsamkeit. Manchmal ist das richtig – wenn Shatner und Murphy beispielsweise versuchen, DeNiro Schauspielunterricht zu geben, trägt sein Pokerface die Szene; jede vorstellbare Reaktion wäre ein schlechterer Gag als gar keine. Aber für eineinhalb Stunden Kino sind eine merkwürdige Konstellation und Situationskomik dann doch ein bisschen dünn. Die Selbstironie, in der Eddie Murphy und vor allem William Shatner hier ein Vollbad nehmen, ist allerdings schwer zu überbieten; man wird »T. J. Hooker« von nun an mit anderen Augen sehen müssen. Wahrscheinlich war die Serie in Wirklichkeit die größte Cop-Comedy-Show aller Zeiten.

Susan Vahabzadeh, SZ, 13.4.2002

The Shrink is in – Wahnsinn auf zwei Beinen! 734

THE SHRINK IS IN **

Video

Regie: Richard Benjamin
Darsteller: Courteney Cox (Samantha), David Arquette (Henry), David James Elliott (Michael), Viola Davis (Robin), Carol Kane (Dr. Rosenberg)

Robert DeNiro und Eddie Murphy als ungleiches Paar.

Drehbuch: Joanna Johnson
Kamera: Kenneth MacMillan
Musik: David Lawrence
Schnitt: Jacqueline Cambas
Prod.: Shrink Prod.; USA 2000; 87 Min.
Vertrieb: Helkon (Columbia TriStar) Video, 5.2.2002
FSK: ab 12 J.

Depressive Patientin schlüpft in die Rolle ihrer Psychiaterin und lernt in einem »Patienten« den Mann fürs Leben kennen. Statt subtiler Psychokomödie eher plumper Klischee-Klamauk.

1746 – Die Schlacht in den Highlands 735

CHASING THE DEER **

Video

Regie: Graham Holloway
Darsteller: Brian Blessed (Maj. Elliot), Iain Cuthbertson (Tullibardine), Matthew Zajac (Alistair Campbell), Fish (Angus Cameron), Brian Donald (Campbell, alt), Sandy Welch (Cameron, alt)
Drehbuch: Jerome Vincent, Bob Carruthers, Steve Gillham, nach einer Idee von Michele Ayson
Kamera: Alan M. Trow
Musik: John Wetton
Schnitt: Patrick Moore
Prod.: Cromwell Prods. mit Lamancha Prods.; GB 1997; 97 Min.
Vertrieb: e-m-s Video, 26.2.2002
FSK: ab 16 J.

Eine eher marginale Episode aus der schottischen Historie: Die Jakobiterrevolution 1746. Ränke, Schwüre, Schlachten – ein nicht mehr taufrisches Geschichtsspektakel.

Sieh dich nicht um 736

PRETEND YOU DON'T SEE HER □

TV

Regie: René Bonnière
Darsteller: Emma Samms (Lacey Farrell), Hannes Jaenicke (Blake), Beau Starr (Detektiv), Stewart Bick (Ken Lynch), Laura Press (Chantal), Reiner Schöne (Jimmy Greco)
Drehbuch: Donald Hounam, nach dem gleichnamigen Roman von Mary Higgins Clark
Kamera: Richard Wincenty
Musik: Domenic Troiano
Schnitt: Robert K. Sprogis
Prod.: Filmtine/Grosso-Jacobson Comm./ Lucky Day; USA/GB/Kanada 2002; 90 Min.
TV: 28.7.2002, ZDF, 22.05

New Yorker Immobilienmaklerin wird Zeugin des Mordes an einer Kundin. Sie wird in das Zeugenschutzprogramm aufgenommen und muss unter falschem Namen in einer fremden Stadt leben. Eines Tages stellt sie fest, dass der Mörder ihr auf den Fersen ist.

Signs – Zeichen 737

SIGNS ***

Regie: M. Night Shyamalan
Darsteller: Mel Gibson (Graham Hess), Joaquin Phoenix (Merrill Hess), Cherry Jones (Off. Caroline Paski), Rory Culkin (Morgan Hess), Abigail Breslin (Bo Hess), Patricia Kalember (Colleen Hess)
Drehbuch: M. Night Shyamalan
Kamera: Tak Fujimoto, Patrick Capone (2nd unit)
Musik: James Newton Howard
Schnitt: Barbara Tulliver
Prod.: Blinding Edge für Touchstone; USA 2001; 107 Min.
Verleih: Buena Vista, 12.9.2002
FSK: ab 12 J., ffr. – **FBW:** Wertvoll

Farmer Graham Hess entdeckt in seinen Feldern 200 Meter große Kreise. Die mysteriösen Zeichen entpuppen sich als Botschaft von Außerirdischen, die nichts Gutes im Schilde führen. Der Pater familias und ehemalige Reverend, der nach dem schrecklichen Unfalltod seiner Frau dem Glauben abgeschworen hat, weiß, was er zu tun hat: die Seinen schützen. Im Keller des trauten Heims überleben sie den Angriff der Killeraliens, und – wie kann es anders sein? – der Mann findet den Glauben an Gott wieder.
Nach »The Sixth Sense« und »Unbreakable« serviert M. Night Shyamalan erneut eine Reise in die Welt des Übersinnlichen, diesmal allerdings bar jeglicher Meta-Ebene oder Zwischentöne. Die Mischung aus Pathos, Peinlichkeiten und Plattitüden ist aber nicht mehr als ein manchmal zum unfreiwilligen Lachen animierender Aufguss des Genres Mysterythriller, der die Konflikte der Hauptfigur nur streift und sich primär mit billigen Effekten begnügt. *Margret Köhler*

Kritik: (…) Seit »The Sixth Sense« gilt Shyamalan als Hollywood-Fachkraft für übersinnliche Phänomene. Das Ende dieses Films war grandios, weil es einen Weg fand, das Irrationale rational zu erklären. Auch »Signs« endet überraschend, aber leider weniger grandios: mit grünen Männchen. Fast scheint es, als ob die Gummimonster aus den B-Movies von Jack Arnold sich in eine A-Produktion veirrt hätten. Nur dass man diesmal nicht darüber lachen kann. *Christian Schröder, Der Tagesspiegel, 12.9.2002*

Interview: *Als es »The Sixth Sense« unter die zehn erfolgreichsten Filme aller Zeiten schaffte, forderten sie dasselbe von »Unbreakable«, und von »Signs« erwarten Sie sich nun nichts weniger als ›ein kulturelles Phänomen«. Warum der Erfolgsdruck?*

Meine ersten zwei Filme – »Praying With Anger« und »Wide Awake« – waren unabhängig, biografisch und sehr bescheiden konzipiert. Was in Produzententerminologie übersetzt alles Schwächen sind, deretwegen ich unter Finanziers litt wie der austauschbarste Spieler im Team. So will ich nie wieder geschwächt werden, also besteht mein Ehrgeiz seither darin, Filme für das denkbar größte Publikum zu machen. Seit »The Sixth Sense« werden mir all diese enormen, inzestuösen Hollywoodfilme angeboten, die sich ähneln wie ein Ei dem anderen. Lauter potenzielle Superhits – aber ich denke gar nicht daran, meine Zeit zu verschwenden. Ohne Originalität und Integrität in den Stoffen habe ich in den Projekten keine eigene Stimme. Es würde mich schon killen, wenn ich mich selbst beim Kopieren ertappte. So war es sicher ein folgenschwerer Fehler, dass ich in der US-Kampagne für »Unbreakable« zuließ, mit dem Satz »vom Sixth-Sense-Regisseur« werben zu lassen. Das lockte die Leute in die Irre, und da sie von der Branche ständig zum Wiederkäuen verführt werden, erwarteten sie eine indirekte Fortsetzung. Die gab es nicht. »Unbreakable« blieb missverstanden. Hinzu kam mein Fehler, einen Film in der alleinigen Stimmungslage von Schwermut zu inszenieren, ohne dem Publikaum je den Druck von der Brust zu nehmen.

Allzu abwegig ist aber der Gedanke nicht, Ihre letzten drei Filme als Teile einer Serie zu sehen, in der Sie superpopuläre Genrestoffe fast auf psychologische Kammerspiele reduzieren.

Es stimmt, dass »Signs« der letzte Film einer Trilogie ist, in der ich B-Movie-Geschichten eine A-Movie-Behandlung verabreiche: mit erstklassigen Schauspielern, Dialogen und absolut ernsthafter Herangehensweise. Es störte mich schon immer, dass Genrekino nur den Pyromanen überlassen bleibt. Statt lächerliche Pappkameraden in den Krieg gegen Raumschiffe zu schicken wie in »Independence Day«, könnte es doch emotional viel interessanter sein, die Isolation einer Familie zu zeigen, die vielleicht oder vielleicht auch nicht von fremden Lebensformen bedroht wird.

M. Night Shyamalan im Interview mit Roland Huschke, tip, 19/2002

Machte Ihr Regisseur, Night Shyamalan, Sie auf Bezüge zu Hitchcock aufmerksam?

Das tat er. Night sprach öfter von »The Birds«. Der Film hatte ihn, als er noch ein Kind war, tief erschüttert. Damals ging die Erfahrung von dem, was Suspense war, in Fleisch und Blut über. Er konnte nie vergessen, dass ihn der Film bis in den innersten Kern verunsichert hatte.

Auch in der Auswahl der Einstellungen, die er sich für seine Sequenzen ausdenkt, erinnert er an den Meister.

Night kommt total vorbereitet zur Arbeit. Und, bei Gott, er versteht was von Kommunikation. Er hat uns alle auf diesen Film eingeschworen. Wir

wussten genau, was er will. Er ging zwei Wochen lang jede Einzelheit des Drehbuchs mit mir durch.
In der herrlich inszenierten Sequenz im Keller zum Beispiel. Da wechselt er die Kameraposition mit jedem neuen Aufscheinen der Taschenlampe ...
Das stand alles schon fest. Night zeichnet für jede Szene des Films Storyboards, die dem Filmarchitekten, dem Kameramann, den Schauspielern auch visuell verständlich machen, was er vermitteln will. Das heißt auch, dass er genau weiß, welche Shots er für die fertig geschnittene Sequenz benötigt. Er filmt am Drehort nicht endlos aus unzähligen Winkeln ab, was wir spielen. Weil er schon vorher genau weiß, wo er schneiden und wie er dann anschließen wird. Seine Präzision – das muss ich als Schauspieler sagen – färbte auf alle, die an diesem Film mitarbeiteten, ab. Man vertraute seinem Urteil, das oft genauso verrückt detailliert war.

Mel Gibson im Interview mit Patrick Roth, SZ, 12.9.2002

Die Simpsons – Treehouse of Horror 738

THE SIMPSONS – HOUSE OF SCREAMS **
Video

Regie: Matt Groening
Prod.: USA 2002; 88 Min.
Vertrieb: 20th Century Fox, 17.10.2002
FSK: ab 12 J.

Der Diebstahl eines Donuts durch Homer Simpson löst eine Kettenreaktion aus – eine von drei »Halloween«-Episoden der satirischen US-TV-Comicserie.

Skippy 739

SKIPPY *
Video

Regie: Denis Adam Zervos
Darsteller: Joe Convery (Skippy), William Sadler (Ringo), Allan Rich (Gordon Gates), Danny Trejo (Killer), Paget Brewster (Julia Fontaine), Timothy Patrick O'Brien (Larry)
Drehbuch: Joe Convery
Kamera: Goran Pavicevic
Musik: Mark Northam
Schnitt: Skip Spiro
Prod.: Planet Earth; USA 1997; 83 Min.
Vertrieb: e-m-s Video, 23.7.2002
FSK: ab 6 J.

Volltrottel zieht es nach Hollywood, um dort eine vergötterte Aktrice zu freien. Dumm, dümmer, Joe Convery – so lässt sich das »Konzept« dieser Idiotencomedy treffend beschreiben.

Slow Burn 740

SLOW BURN **
Video

Regie: Christian Ford
Darsteller: Minnie Driver (Trina McTeague), James Spader (Marcus), Josh Brolin (Duster), Chris Mulkey (Jacob McTeague), Jennifer Ann Evans (Paulina McTeague), Stuart Wilson (Frank Norris)
Kamera: Mark Vicente
Musik: Anthony Marinelli
Schnitt: Jack Hofstra, Troy Takaki
Prod.: Blue River/Morlaw Films; USA 2000; 93 Min.
Vertrieb: Highlight, 19.12.2002
FSK: ab 12 J.

Die Jagd nach der von einer alten Dame in der Wüste verlorenen Schachtel voller Diamanten. Action-Thriller-Komödie mit bekannten Namen, aber noch mehr bekannten Klischees.

Slow Surrender 741

POLAGANA PREDAJA □

Regie: Bruno Gamulin
Darsteller: Dragan Despot, Tarik Filipovic, Tamara Garbajs, Goran Grgic, Sven Medvesek, Jelena Miholjevic
Drehbuch: Bruno Gamulin, Goran Tribuson
Kamera: Enes Midzic
Schnitt: Martin Tomic
Prod.: Gama Studio/HRT; Kroatien 2001; 90 Min.
UA: Pula Filmfestival 2001
EA: 5.10.2001, Goethe-Forum München, »Neues aus Südost«

Petar Gorjan, 40, ist ein erfolgreicher Werbefachmann, der vor langer Zeit die rebellischen Ideale seiner Studentenjahre ad acta gelegt hat. Aber nach zwei Jahrzehnten Lethargie und Konformismus geht der geniale Manipulator von Menschen und Ideen seinen eigenen Tricks und Strategien auf den Leim und gerät in Konflikt mit sich selbst. *Katalog Goethe-Forum*

Snake Skin Jacket 742
SNAKE SKIN JACKET ***
Video

Regie: Norman Gerard
Darsteller: Nadine Montgomery (Margaret), Silas Cooper (Patrick), Jennifer Starr (Deena), Rupert Green (Zack), Patricia Place, Spencer Scofield (Albert)
Drehbuch: Norman Gerard, John Kane
Kamera: Robert Bennett
Musik: John Adair, Steve Hampton
Schnitt: Lewis Schoenbrun
Prod.: Gerard Films Prod.; USA 1997; 88 Min.
Vertrieb: VCL

Patrick, Einzelgänger und Bankangestellter, sammelt nicht nur Filmpretiosen, sondern hat sich mit Winz-Abbuchungen ein Millionenvermögen angehäuft. Als ein Gangsterpärchen seinen Weg kreuzt, droht alles aufzufliegen. Mit Filmzitaten gesättigter, sehenswerter Debütthriller mit talentierten Beteiligten.

Snow Dogs – Acht Helden auf vier Pfoten 743
SNOW DOGS ***+

Regie: Brian Levant
Darsteller: Cuba Gooding jr. (Ted Brooks), James Coburn (Thunder Jack), Sisqo (Dr. Brooks), Nichelle Nichols (Amelia Brooks), M. Emmet Walsh (George), Graham Greene (Peter Yellowbear)
Drehbuch: Jim Kouf, Tommy Swerdlow, Michael Goldberg, Mark Gibson, Philip Halprin, inspiriert von dem Buch »Winterdance: The fine Madness of Running the Iditarod« von Gary Paulsen
Kamera: Thomas Ackerman
Musik: John Debney
Schnitt: Roger Bondelli
Prod.: Jordan Kerner Prod. mit Galapagos Prods. für Walt Disney; USA 2001; 99 Min.
Verleih: Buena Vista, 17.10.2002

Kritik: Vom sonnigen Miami ins eisige Nirgendwo: Als der Starzahnarzt Ted von seiner Adoption erfährt, reist er nach Alaska. Dort trifft er auf die typisch skurrilen Hinterwäldler, das von seiner Mutter geerbte Huskierudel und seinen echten Vater, den grimmigen Thunder Jack. Die trotz ihrer Semioriginalität weitgehend unterhaltsame Familienkomödie »Snow Dogs« funktioniert vor allem bei einem Publikum unter zehn Jahren, das über herkömmliche Slapsticksituationen noch lachen und die simple Disney-Familienformel beiseite schieben kann. Ansonsten rettet ein selbstironischer Auftritt des Kickermattenschnulzisten Michael Bolton den Film vor dem sofortigen Vergessen.
Sascha Rettig, tip, 10.10.2002

So High 744
HOW HIGH *
Video

Regie: Jesse Dylan
Darsteller: Method Man (Silas P. Silas), Redman (Jamal King), Obba Babatunde (Dean Cain), Mike Epps (Baby Powder), Anna Maria Horsford (Frau King), Fred Willard (Kanzler Huntley)
Drehbuch: Dustin Lee Abraham
Kamera: Francis Kenny
Musik: DMX, Method Man, Redman, Rammstein, Rockwilder
Schnitt: Larry Bock
Prod.: Jersey Films/Native Pic.; USA 2001; 93 Min.
Vertrieb: Universal, 19.9.2002
FSK: ab 16 J.

Immer wenn sie ein bestimmtes Kraut rauchen, erscheint zwei Diplomkiffern der Geist ihres Freundes, mit dessen Hilfe sie auf der Uni landen. Noch eine Trottelklamotte.

So wie du ist keine 745
COME TE NESSUNO MAI ***+
TV

Regie: Gabriele Muccino
Darsteller: Silvio Muccino (Silvio), Giuseppe Sanfelice di Monteforte (Ponzi), Giulia Steigerwalt (Claudia), Giulia Carmignani (Valentina), Luca De Filippo (Silvios Vater), Anna Galiena (Silvios Mutter)
Drehbuch: Gabriele Muccino, Silvio Muccino, Adele Tulli, nach einer Idee von Marco Valerio Fusco

Kamera: Arnaldo Catinari
Musik: Paolo Buonvino
Schnitt: Claudio Di Mauro
Prod.: Fandango/Mikado mit RAI Radiotelevisione Italiana/RAI Cinema; Italien 1999; 88 Min.
EA: 24.6.2000, Filmfest München
TV: 22.5.2002, Arte

Der Film verfolgt drei Themenkreise: Der erste ist die Besetzung der Schule und die Sehnsucht nach der Revolution; der zweite und wichtigste ist die Liebe, die Entdeckung der Gefühle; und der dritte betrifft die Beziehungen zwischen Eltern und Kindern.

Gabriele Muccino, Katalog Filmfest München

Der Sohn der Braut 746

EL HIJO DE LA NOVIA ****

Regie: Juan José Campanella
Darsteller: Ricardo Darin (Rafael Belvedere), Héctor Alterio (Nino Belvedere), Norma Aleandro (Norma Belvedere), Eduardo Blanco (Juan Carlos), Natalie Verbeke (Naty), Gimena Nóbile (Vicky)
Drehbuch: Juan Jose Campanella, Fernando Custets
Kamera: Daniel Shulman
Musik: Angel Illaramendi
Schnitt: Camilo Antolini
Prod.: Jempsa/Potagonik/Tournasol mit Naya Films; Argentinien/Spanien 2001; 123 Min.
UA: Montréal World Film Festival 2001
EA: Filmfest München 2002, »Eröffnungsfilm«
Verleih: Movienet, OmU, 26.12.2002

Für den 42-jährigen Restaurantbesitzer Rafael Belvedere fließt das Leben irgendwie dahin. Obwohl ihm etwas Jungenhaftes, Schelmisches anhaftet, findet er keine wirkliche Beziehung zu den Dingen und Menschen um sich herum. Am liebsten zappt er sich durchs Fernsehprogramm und will eigentlich nur die Folgen seiner alten Lieblingssendung aus Kinderzeiten, »Zorro«, sehen.

Kritik: (…) Campanellas Geschichte über Neuanfänge, unerfüllte Wünsche und das Umlenken von einem vollen in ein erfülltes Leben bietet, besonders im teils autobiografischen Subplot, in dem Rafaels Vater seine demente Frau noch unbedingt kirchlich heiraten will, viel Raum für Sentimentalität. Doch sein oscarnominierter Film entfernt sich nicht zu weit von der Realität. Der Kitsch ist vorsichtig dosiert, und gegen Larmoyanz und Melancholie setzt er immer wieder pointierte Dialoge, Situationskomik und Zurückhaltung. (…)

Sascha Rettig, tip, 26/2002

Soldatenglück und Gottes Segen 747

***+

Regie: Ulrike Franke, Michael Loeken
Drehbuch: Ulrike Franke, Michael Loeken
Kamera: Jörg Adams
Musik: Gunter Gabriel, Amy-Jayne McCabe
Schnitt: Niko Remus
Prod.: Loeken Franke Filmprod./WDR/Arte; D 2002; 92 Min.
Verleih: Real Fiction, 25.7.2002
FSK: o. A., ffr. – **FBW:** Besonders wertvoll

Ein Einsatzkommando der Bundeswehr im Kosovo beim Kampf gegen die Langeweile. Da die Soldaten keine Schlachten zu bestehen haben, versuchen sie, mit Musik und Moorhuhnschießen die Zeit totzuschlagen. Der Dokumentarfilm wirft Fragen nach Sinn und Effektivität des deutschen Militäreinsatzes im Ausland auf – und macht mit seiner spannungslosen Dramaturgie die Monotonie des Dienstalltags auch für den Zuschauer spürbar. *Ralph Umard, tip, 15/2002*

Kritik: (…) Die Statements der deutschen, amerikanischen und britischen Soldaten bleiben bisweilen arg blass – man spürt den Genehmigungsstempel der militärischen Presseabteilungen. Ein wenig mehr riskante Nähe wünscht man sich da, hätte der Film schon versuchen sollen, sich ein wenig weiter heranzutasten… (…)

Rainer Gansera, SZ, 16.8.2002

Solino

748
****+

Regie: Fatih Akin
Darsteller: Barnaby Metschurat (Gigi Amato), Moritz Bleibtreu (Giancarlo Amato), Antonella Attili (Mutter Armato), Gigi Savoia (Vater Amato), Patrycia Ziolkowska, Lucas Gregorowicz
Drehbuch: Ruth Toma
Kamera: Rainer Klausmann
Musik: Jannos Eolon
Schnitt: Andrew Bird
Prod.: Wüste Film/Wüste Film West mit WDR/Arte/Bavaria/Multimedia; D 2002; 121 Min.
Verleih: X Verleih, 7.11.2002
FSK: ab 12 J., ffr.
FBW: Besonders wertvoll

1964 eröffnet die Gastarbeiterfamilie Amato die erste Pizzeria im Ruhrgebiet. Zehn Jahre später erfüllen sich auch die Träume des jüngsten Sohnes Gigi, als sein Debütfilm zu den Ruhrfilmtagen eingeladen wird. Doch dann erkrankt seine Mutter an Leukämie, und Gigi bringt sie heim nach Italien. Als sein Bruder Giancarlo Gigis Freundin verführt, kommt es zum Bruch zwischen den Brüdern.

Kritik: (...) »Solino« ist ein herzerwärmender Film vom Scheitern und Hoffen, von Sehnsucht und Erfül-

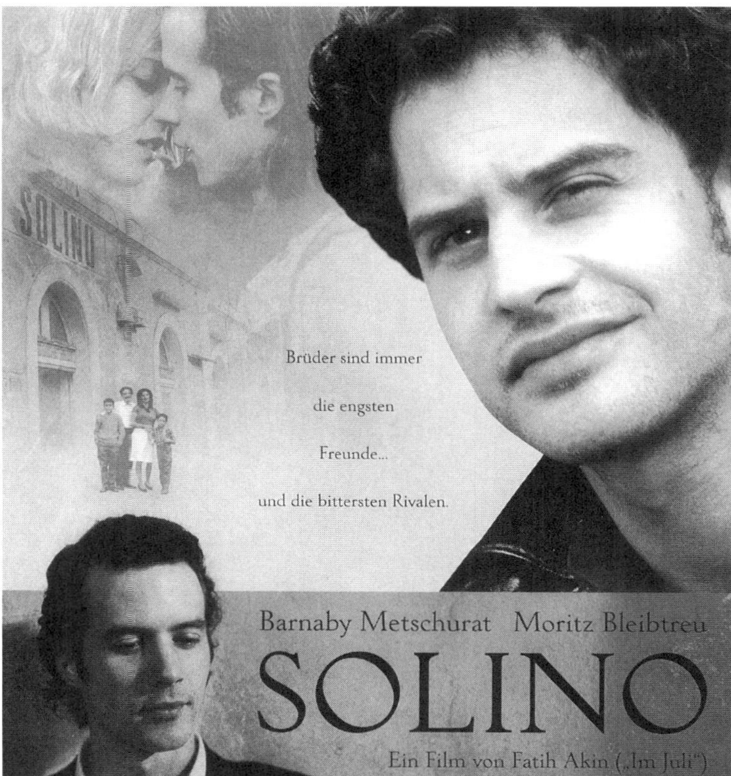

lung – voller Charme und mit nostalgischem Zeitkolorit.

Angie Dullinger, AZ, 7.11.2002

(…) Wenn der Film ein Problem hat, dann liegt es zum einen in der uninspiriert vor sich hin dudelnden Musik und zum anderen in der Geschichte des Jungen aus dem italienischen Dorf, der gerne Filmemacher werden will. In einem Film wie diesem, der aus seiner Unmittelbarkeit lebt, so deutlich auf einen anderen zu verweisen, tut der Sache nicht gut, kostet ein Stück Frische und Glaubhaftigkeit. Davon abgesehen ist auch hier das Alterungsproblem mal wieder nicht gelöst – die Eltern sehen am Ende aus wie am Anfang.
Doch all das ist zweitrangig, denn »Solino« ist einer jener seltenen Filme, bei denen man gar keine Lust mehr hat, kritisch zu sein und Einzelheiten zu bemäkeln. Und schließlich hat er den schönsten Zeitsprung zu bieten, an den ich mich im Kino überhaupt erinnern kann: Jemand rennt voller Übermut die Treppe hoch und kommt – zehn Jahre älter, aber genauso ausgelassen – oben an. Gäbe es ein schöneres und optimistischeres Bild für das Leben an sich?

Dietrich Brüggemann, Schnitt, 4/2002

(…) Spannungslos reiht sich all das aneinander, trotz gehörigem Konfliktpotenzial will nichts eskalieren. »Solino« gerinnt zu einem perfekt ausgestatteten Lehrstück über das Leben und Lieben ausländischer Mitbürger. Nicht ohne Komik gewiss, doch in seiner Beliebigkeit ist das Ganze zu lang.

Cristina Moles Kaupp, tip, 7.11.2002

(…) »Solino« ist wirklich der Pate ohne Mafia – nur leider auch ohne Brando, ohne Pacino, ohne Nino Rota, ohne ein gutes Drehbuch. Es ist ein Film, der loszieht, um die wirtschaftliche Lage der ersten Gastarbeiter in Deutschland zu erkunden und den Niedergang des Kohlenpotts – und sich später keine Sekunde lang fragt, wovon die eigene Hauptfigur eigentlich lebt. Ein Film, in dem der missratene Bruder, der später lügen und die Geliebte des Bruders vögeln und die Mutter nicht pflegen wird, schon als Kind in jeder Einstellung so verschlagen schaut, dass einem angst und bange wird. Ein Film, der den Künstler als jungen Mann porträtieren will, in seiner Spezialform als langhaariger, vergeistigt blickender Italiener, dann aber in einer reaktionären Feier des einfachen Dorflebens endet. (…)

Tobias Kniebe, SZ, 8.11.2002

(…) Warum funktioniert die Geschichte nicht? Das Drehbuch stammt diesmal nicht von Fatih Akin, sondern von Ruth Toma (unter anderem »Gloomy Sunday – Ein Lied von Liebe und Tod«), aber das ist sicher nicht der einzige Grund, Akin hat diese Vorlage ja akzeptiert und gewollt. Sie hat wohl seinen Ehrgeiz als Regisseur geweckt, sie fordert ihn mehr als die früheren Filme.
Die Handlung erstreckt sich über einen langen Zeitraum, die drei Episoden spielen 1964 (Gründung der Pizzeria), 1974 (die Konflikte in der Familie sind voll ausgebrochen) und 1984 (alle, mit Ausnahme des Vaters, treffen sich bei Gigis Hochzeit in Solino). Akins Stärke in seinen anderen Filmen lag darin, die innere und äußere Spannung allmählich aufzubauen, zu steigern, zu Höhepunkten zu führen. Hier nun werden durch die Episodenstruktur und die Vielzahl der angetippten Themen die Erzählstränge immer wieder gekappt, der Film findet keinen Rhythmus, es gibt nur kleine emotionale Aufschwünge, die schnell wieder in sich zusammenfallen. Kein Wunder, dass auch die Schauspieler, weil ihnen die Rolle zerstückelt wird, nicht recht überzeugen können. Um die weit auseinander gezogene Story zusammenzuhalten, verwendet der Film eine Reihe von meist banalen Symbolen und rettet sich am

Ende in einen vorhersehbar versöhnlichen Schluss. (…)

Wilhelm Roth, epd-Film, 11/2002

Somebody is Waiting 749

SOMEBODY IS WAITING **

Video

Regie: Martin Donovan
Darsteller: Gabriel Byrne (Roger Ellis), Nastassja Kinski (Charlotte Ellis), Johnny Whitworth (Leon), Brian Donovan (Clayton), Tyler Cole Malinger (Adlai), Lynn Fine (Jacqueline)
Drehbuch: Martin Donovan
Kamera: Greg Gardiner
Musik: Elia Cmiral
Schnitt: John Lafferty, Sean K. Lambert, Chip Masamitsu, Frank Mazzola
Prod.: Redhead Films; USA 1996; 86 Min.
Vertrieb: VCL Video, 21.2.2002
FSK: ab 12 J.

Die Ermordung der allein erziehenden fünffachen Mutter ruft deren seit Jahren verschollenen Exmann wieder auf den Plan. Verquastes Familiendrama mit ansehnlicher Besetzung.

Son – Das Ende 750

SON ***+

Regie: Levent Kirca
Darsteller: Oya Basar, Levent Kirca, Sümer Tilmac, Ali Sürmeli, Metin Serezli, Altacan Arseven
Drehbuch: Yasar Arak, Hüsnü Özcetin, Müfit Can Sacinti
Kamera: Ali Utku, Ertunc Senkay
Musik: Yannis Soulis
Schnitt: Eren Teoman, Serdar Oguz
Prod.: Hodri Meydan Prod.; Türkei 2001; 100 Min.
Verleih: Warner, OmU, 4.4.2002

Ein bankrotter Filmproduzent überredet eine abgetakelte Diva, in seinem neuesten Film mitzuspielen und ihn auch zu finanzieren, damit er wieder zu Geld kommt. Auf der Suche nach einem geeigneten Partner für die Hauptdarstellerin entdecken er und seine spleenigen Freunde einen Straßenmusikanten und machen ihn zum Star. Ohne Sinn für Timing inszenierte Schmierenkomödie, die ihren so genannten Humor hauptsächlich aus zweideutigen Dialogen und chargierenden Schauspielern schöpft.

Rolf-Ruediger Hamacher, Film-Dienst, 12/2002

Son de Mar 751

SON DE MAR ***

Regie: Bigas Luna
Darsteller: Leonor Watling (Martina), Jordi Mollà (Ulises), Eduard Fernandez (Sierra), Sergio Caballero (Xavier), Neus Agulló (Roseta), Pep Cortés (Basilio)
Drehbuch: Rafael Azcona, nach dem gleichnamigen Roman von Manuel Vincent
Kamera: José Luis Alcaine
Musik: Piano Magic
Schnitt: Ernesto Blasi
Prod.: Lola films/TVE/Via Digital; Spanien 2001; 96 Min.
Verleih: Arsenal, 26.9.2002

Der Spanier Bigas Luna hat stets Nachsicht bewiesen mit den erotischen Obsessionen seiner Landsleute. So dankbar man meist war, dass sein Blick auf Sinnlichkeit selten getrübt wird von bequemer Ironie – angesichts seiner fehlenden Scheu vor Prätention und naiver Symbolik konnte es einem doch immer ein wenig mulmig werden.
Sein neuer Film irrlichtert unbekümmert zwischen Homer'schem Epos und Telenovela: Seinen Helden hat er dreist Ulises getauft. Mit Gedichten und Erzählungen verzaubert er die Wirtstochter Martina, bei einem Schiffsunglück verschwindet er jedoch auf rätselhafte Weise. Als der Totgeglaubte Jahre später wieder auftaucht, ist Martina zwar verheiratet. Aber das Feuer der Leidenschaft ist bald erneut entfacht.

Gerhard Midding, tip, 26.9.2002

Kritik: (…) »Son de Mar« ist ein Film über das Wesen der Liebe – ihren Egoismus, ihre Rücksichtslosigkeit, über Liebe, die keine Moral anerkennt, aber auch über ihre Wärme und Zärtlichkeit.

Florian Boser, AZ, 27.9.2002

(...) Dabei scheut er weder das Plakative – sex sells, belegt auch dieser Film – noch das Poetische. Das Meer, das mehr ist als eine pittoreske Kulisse, wirkt mit als Spiegel der Gefühle und als Seismograf. Wenn der Himmel sich verdüstert und Gewitter drohen, erscheint die bewegte See als Menetekel. Dessen Botschaft lautet: Es kann, es wird böse enden. (...)

Dietmar Kanthak, epd-Film, 10/2002

Songs from the Second Floor 752

SANGER FRAN ANDRA VANINGEN ****

Regie: Roy Andersson
Darsteller: Lars Nordh (Kalle), Stefan Larsson (Stefan), Torbjörn Fahlström (Pelle), Sten Andersson (Lasse), Lucio Vucino (Magier), Hanna Eriksson (Mia)
Drehbuch: Roy Andersson
Kamera: Istvan Borbas, Jesper Klevenas
Musik: Benny Andersson
Schnitt: Roy Andersson
Prod.: Roy Andersson Filmprod. mit Sveringe TV/Danmarks Radio/Arte France Cinema/ZDF; Schweden/Frankreich/ Dänemark/D 2000; 100 Min.
UA: Int. Filmfestspiele Cannes 2000
Verleih: REM, Dezember 2001 (AU), 18.4.2002
FSK: ab 16 J., ffr.

Eines Abends, irgendwo in unserer Hemisphäre, begeben sich seltsame Ereignisse: Ein Angestellter wird in erniedrigender Art entlassen, und ein Immigrant wird brutal auf der Straße zusammengeschlagen. Aus dem Chaos sticht eine Figur heraus – Karl, dessen Gesicht mit Asche bedeckt ist. Er hat gerade seinen Möbelladen angezündet, um die Versicherungssumme zu kassieren. Ruhe findet keiner.

Kritik: (...) Würde Samuel Becket heute einen Film drehen, könnte er aussehen wie dieser: keine Kamerabewegungen, Perspektivenwechsel oder Montagetechniken. Stattdessen eine Aneinanderreihung gleichnishafter Tableaus, aufgezeichnet mit starrer Bildeinstellung. Die Szenen vermitteln ein Gefühl für das Absurde, entlarven das Leben als Theater, zeigen die Welt als Manege für traurige Clowns. Ein existenzialistisches, stilistisch radikales Lichtspiel, das unter die Haut geht.

Ralph Umard, tip, 13/2002

(...) An »Songs from the Second Floor«, seinem erst dritten Spielfilm in 30 Jahren, hat er fast vier Jahre getüftelt. Es ist, zweifellos, ein visionärer, monströser Film geworden, politisch und philosphisch, spirituell und sinnlich, irgendwo angesiedelt zwischen Größe und Größenwahn. In der namenlosen Stadt herrschen Arbeitslosigkeit und Einsamkeit, Tristesse und Wahnsinn. Der Faschismus erhebt wieder sein hässliches Haupt, und eine Religiosität macht sich breit ohne jegliche Hoffnung auf Erlösung. Die Postmoderne wird hier zum Fegefeuer des Ausverkaufs, zur Apokalypse der Durchschnittsmenschen. In einer unglaublichen Szene opfern die Stadtbewohner gar ein kleines Mädchen dem entschwundenen Gott des Erfolgs.
Man meint, einem Karneval der verlorenen Seelen beizuwohnen in einer »noir«-Stadt der Neuen Sachlichkeit, einem geheimnisvollen, schmutzigpastellfarbenen Wartesaal. Den Horror des Alltags, die absurden Rituale täglicher Demütigungen macht Andersson in seinen Panoramen der Groteske deutlich. (...)

Hans Schifferle, SZ, 17.5.2002

(...) Roy Andersson hat einen herausfordernden und in jeder Hinsicht beeindruckenden Film gemacht, der einen verletzenden und bitteren Blick auf das wirft, was unsere menschliche Existenz im Innersten ausmacht. Wer ihn gesehen hat, wird seine Bilder nicht wieder vergessen.

Thomas Waitz, Schnitt, 2/2002

(...) Es ist natürlich nicht seine persönliche Jugend, die er irgendwann

mal geopfert hat; es ist die Jugend dieser Gesellschft, welche die alten Männer jetzt opfern. In einem gespenstischen Ritual wird ein kleines Mädchen in weißes Kleidchen gesteckt und von einer Klippe gestoßen.
So viel Untergang, das könnte fast zu viel werden. Aber Andersson hat alle seine Bilder so sorgfältig inszeniert, so viel in sie hineingesteckt und sie dann so entschlossen komprimiert, dass sie immer wieder zum Ereignis werden. Und was machen in so einem Film eigentlich die Künstler? Die Künstler stecken in so einem Film natürlich in der Psychiatrie. *Rupert Koppold, Rheinische Post, 15.8.2002*

Le Souffle 753
LE SOUFFLE ***

Regie: Damien Odoul
Darsteller: Pierre-Louis Bonnetblanc, Dominique Chevalier, Maxime Dalbrut, Jean-Claude Lecante, Jean Milord, Stephane Terpereau
Drehbuch: Damien Odoul
Kamera: Pascale Granel
Schnitt: Gwenola Heaulme
Prod.: Morgane Prod.; Frankreich 2000; 77 Min.
UA: Int. Filmfestspiele Venedig 2001
Verleih: Academy Films, 19.9.2002

Ein Schüler aus der Stadt weilt zu Besuch bei zwei Onkeln auf einem alten Bauernhof. Nach einem Fress- und Saufgelage im Kreise kauziger Landmänner greift der hochpubertäre Teenager, berauscht vom Alkohol und der schwülen Sommerhitze, zum Gewehr und geht auf den Kriegspfad. Ein stimmungsvolles, recht stilsicheres Regiedebüt in der Tradition von Buñuel, das mit zuweilen surrealen Szenen ein pittoreskes, fast märchenhaftes Bild von der französischen Provinz entwirft. Die Schwarzweißfotografie und die verfallenen Gebäude des Gehöfts verleihen dem Film einen reizvollen, altmodischen Look.
Ralph Umard, tip, 19/2002

Kritik: (...) Die nihilistische Atmosphäre ist rein filmisch gesehen nicht uninteressant eingefangen: Dichte Schwarzweißbilder sind da manchmal gelungen. Mit der psychologischen Motivation hapert es allerdings gewaltig, es sei denn man wollte den sich bis zur Bewusstlosigkeit besaufenden Verwandten und Freunden des pubertierenden David eine – äußerst einseitige – Vorbildfunktion zuordnen. So sehen die einen den Film als Passionsgeschichte eines orientierungslosen jungen Menschen. Den anderen kommt solcher Naturalismus vor allem deshalb eher abstoßend vor, weil er nicht genügend begründet erscheint. *Thomas Engel, Der Gildendienst, 8–9/2002*

Soul Survivors 754
SOUL SURVIVORS **
Video

Regie: Stephen Carpenter
Darsteller: Melissa Sagemiller (Cassie), Casey Affleck (Sean), Wes Bentley (Matt), Eliza Dushku (Anabel), Angela Featherstone (Raven), Luke Wilson (Jude)
Drehbuch: Stephen Carpenter
Kamera: Fred Murphy
Musik: Daniel Licht
Schnitt: Janice Hampton, Todd C. Ramsay
Prod.: Lost Soul/Neal H. Moritz Prod.; USA 2001; 82 Min.
Vertrieb: Highlight, 18.7.2002
FSK: ab 18 J.

Als ihr Freund Sean bei einem von ihr verursachten Autounfall stirbt, wird Studentin Cassie von Seans Geist verfolgt. Der übliche Horror-Teenie-Schmarrn, nur schlechter.

Soulkeeper 755
SOULKEEPER **
Video

Regie: Darin Ferriola
Darsteller: Rodney Rowland (Corey Mahoney), Kevin Patrick Walls (Terrence Christian), Robert Davi (Mallion), Tom »Tiny« Lister jr. (Chad), Brad Dourif (Mr. Pascal), Karen Black (Martha)
Drehbuch: Darin Ferriola
Kamera: Gerry Liverly
Musik: Kevin Saunders Hayes
Schnitt: Randy Bricker
Prod.: USA 2001; 102 Min.
Vertrieb: Best Ent. (Video), 1.10.2002
FSK: ab 18 J.

Zwei Trickdiebe sollen den »Stein des Lazarus« finden, doch auch ein böser Dämon greift nach dem Juwel. Teeniecomedy plus Fantasyhorror ist Schund im Quadrat.

Soundman 756

SOUNDMAN **

Video

Regie: Steven Widi Ho
Darsteller: Wayne Père (Igby Walters), Eliane Chappuis (Juliet), William Forsythe (Frank Rosenfeld), Wes Studi (Terry Leonard), Nick Stahl (Tommy Pepin), John Koyama (Butch)
Drehbuch: Steven Widi Ho
Kamera: David Aubrey
Musik: Lanny Cordola, Matt Sorum, Michael Stearns
Schnitt: David Aubrey
Prod.: Mountainair Films Inc.; USA 1998; 105 Min.
Vertrieb: VCL Video, 19.12.2002
FSK: ab 12 J.

Um seiner Freundin ein Engagement als Violinistin zu verschaffen, greift Tontechniker Igby schließlich zur Waffe. Magerer Psychothriller mit mäßiger Spannung.

Southern Comfort 757

SOUTHERN COMFORT ***+

Regie: Kate Davis
Drehbuch: Kate Davis
Kamera: Kate Davis
Musik: Joel Harrion
Schnitt: Kate Davis
Prod.: Q-Ball; USA 2000; 90 Min.
Verleih: Salzgeber, OF, 23.5.2002

Kate Davis' Dokumentation erzählt von einer unwahrscheinlichen Gemeinschaft in Georgia, USA: Transsexuelle Männer und Frauen, die mit Hormontherapien und kosmetischen Operationen ins andere Geschlecht gewechselt sind, leben hier als Secondclass-Citizens. über ein kurzes, letztes Jahr begleitet der Film Robert Eads, der als Mädchen geboren wurde und nun, als Mann, an Eierstockkrebs sterben wird. Ein Porträt von minoritären Menschen mit hoch komplexen Identitäten, uneingeschränkt solidarisch, neugierig und doch nie spekulativ.

Robert Weixlbaumer, tip, 11/2002

Sowjetmacht plus Elektrifizierung 758

LES SOVJET PLUS L'ELECTRICITE ****

Regie: Nicolas Rey
Kamera: Nicolas Rey
Schnitt: Nicolas Rey
Prod.: L'Abomiable; Frankreich 2001; 175 Min.
UA: 24.4.2001, Paris
EA: 7.2.2002, Int. Forum des Jungen Films Berlin
Verleih: Freunde, OmU, Oktober 2002

Die Lenin-Formel »Sowjetmacht + Elektrifizierung = Kommunismus« stiftet den Titel dieses Reiseessays, der die Trümmer des sozialistischen Imperiums besichtigt. Mit öffentlichen Verkehrsmitteln durchquert der französische Experimentalfilmer die ehemalige Sowjetunion, die Amateurkamera zeichnet die Spuren der zerbrochenen Ideen auf: Das Reiseziel ist Magadan, Synonym für den sowjetischen Gulag. Seine wenigen Sviemacolor-Filmrollen dehnt Nicolas Reys Cinévoyage auf 175 Minuten, verlangsamt die Bilder, bringt sie zum Stehen, setzt Schwarzfilm dazwischen, Tonbandtagebücher, Texttafeln und Vissotzkis bitteres »Magadan«-Lied. Eine radikale, sperrige Expedition in Dokumentation, Fotografie und Avantgardekino.

Robert Weixlbaumer, tip, 11/2002

Space Station 3D 759

SPACE STATION 3D ***+

Regie: Toni Myers
Darsteller: Mit Tom Cruise (Erzähler)
Kamera: James Neilhouse
Musik: Mickey Erbe, Maribeth Solomon
Prod.: IMAX Copr.; USA 2002; 47 Min.
UA: 17.4.2002, Washington D. C.
EA: 6.5.2002, Int. Luft- und Rahmfahrtausstellung Berlin
Verleih: IMAX, 7.5.2002

Erzählt wird die Geschichte der ersten Internationalen Raumstation (ISS) und der Leute, die sie geschaffen haben. 44 Männer und Frauen, eingeteilt in einander ergänzende Teams, haben bereits erreicht, was viele für unmöglich hielten – sie haben dieses einmalige Forschungslabor, das um die Erde kreist, in der tödlichen Leere des Weltalls entstehen lassen.

Mit einer Geschwindigkeit von 28.000 Kilometer pro Stunde erlebt der Zuschauer 350 Kilometer über der Erde die faszinierende Welt der *Space Station 3D* und macht sich ein Bild vom Leben in der Schwerelosigkeit.

Spider-Man 760

SPIDER-MAN ****

Video

Regie: Sam Raimi
Darsteller: Tobey Maguire (Peter Parker), Willem Dafoe (Green Goblin/Norman Osborn), Kirsten Dunst (Mary Jane Watson), James Franco (Harry Osborn), Cliff Robertson (Ben Parker), Rosemary Harris (May Parker)
Drehbuch: David Koepp, nach dem Marvel-Comic von Stan Lee und Steve Ditko
Kamera: Don Burgess, Christopher Faloona (2nd unit)
Musik: Danny Elfman
Schnitt: Bob Murawski, Athur Coburn
Prod.: Marvel Ent./Laura Ziskin Prod.; USA 2002; 121 Min.
Vertrieb: Columbia TriStar, 6.6.2002
FSK: ab 12 J., ffr.

Die formal exzellente und inhaltlich originalgetreue Spielfilmadaption der amerikanischen Spider-Man-Comics. Durch den Biss einer genmanipulierten Spinne wird aus dem streberhaften Schüler Peter Parker ein geschmeidiger Superheld, der in den Häuserschluchten von New York einen rachsüchtigen Großindustriellen in der Gestalt des grünen Kobolds bekämpft und seine heimlich angebetete Mary Jane aus Schwindel erregenden Höhen errettet. Ein Film über die Albträume der Pubertät und gleichzeitig ein wahrhaftiges Stück Pop-Art mit dem naiven Charme eines Comicheftchens aus den frühen 60-ern. *Jörg Buttgereit, tip, 12/2002*

Kritik: (...) Ach ja. Dann gibt es im Film natürlich auch noch eine ganze Reihe trick- und stunttechnischer Entwicklungen zu bestaunen. Erinnern wird man sich aber in erster Linie an den zwischen Euphorie und unendlicher Einsamkeit hin- und hergeschubsten, unsicheren Heranwachsenden. Als wären nicht schon genug Eulen nach Athen getragen worden, zum Schluss noch dies: »Spider-Man« ist so rührend wie »Bambi«, so gut animiert wie »Matrix« und romantischer als »Titanic«.
Katja Lüthge, FR, 6.6.2002

Interview: *Sie haben Tobey Maguire als Spinnenmann gegen viele Konkurrenten durchgesetzt.*

Das war nicht ganz einfach, denn die Studiobosse konnten sich Tobey Maguire zwar gut als den etwas linkischen Schüler Peter Parker vorstellen, nicht aber als Superheld Spider-Man. Als wir ihnen dann aber Probeaufnahmen mit Tobey im Spider-Man-Kostüm gezeigt haben, waren auch sie überzeugt. Tobey hatte sich zu diesem Zeitpunkt schon fast sechs Monate mit einem Spezialtraining und einer sehr harten Diät gequält. Er war also topfit.

Stimmte denn auch die Chemie zwischen Tobey Maguire und Kirsten Dunst?

Absolut! Und das ist für den Film von essenzieller Bedeutung. Obwohl wir uns sehr eng an die Comicvorlage gehalten haben – der Film bezieht sich etwa auf die ersten 150 Hefte –, haben wir uns doch erlaubt, den romantischen Aspekt etwas hervorzuheben. Die erotisch angehauchte Beziehung zwischen Spider-Man und Mary Jane ist deshalb das Herzstück des Films. Sie haben sich vom Fleck weg sehr gut verstanden.
Sam Raimi im Interview mit Rufus Leu, Zitty, 12/2002

Artwork zu ›Spider-Man‹

Spider-Man – Das letzte Gefecht des Bösen

761

SPIDER MAN

*

Video

Regie: Yosi Cyatani, Eun Byung Kim, Eel Kim, Young-Duk Kim
Musik: Shuki Levy, Kussa Mahchi, Joe Perry
Prod.: Buena Vista Home Ent.; USA 2002; 79 Min.
Vertrieb: Buena Vista Video, Juli 2002
FSK: ab 12 J.

Vier aneinander geklebte, hyperbillig produzierte Episoden einer US-TV-

Zeichentrickserie, die im Zuge des Kinofilms das Licht der Vermarktung erblicken durften.

Spinnen des Todes 762

EARTH VS. THE SPIDER **

Video

Regie: Scott Ziehl
Darsteller: Devon Gummersall (Quentin), Dan Aykroyd (Jack Grillo), Theresa Russell (Trixie), Amelia Heinle (Stephanie Lewis), Christopher Cousins (Off. Williams), Mario Roccuzzo (Nick Bezis)
Drehbuch: Cary Solomon, Chuck Konzelman, Max Enscoe, Annie de Young
Kamera: Tom Callaway
Musik: David Reynolds
Schnitt: Gregg Featherman
Prod.: Creature Features; USA 2001; 86 Min.
Vertrieb: Columbia TriStar Video, 12.3.2002
FSK: ab 16 J.

Wachmann spritzt sich in Biolabor Experimentalserum und verwandelt sich zusehends in eine Menschen fressende Riesenspinne. Spannend nur die Frage, was Dan Aykroyd und Theresa Russell in diesem Tierhorror-Schmarrn zu suchen haben.

Spion wider Willen 763

TAKMO MAI S NG **

Video

Regie: Teddy Chan
Darsteller: Jackie Chan (Buck Yuen), Eric Tsang (Many Liu), Vivian Hsu (Yong), Min-jeong Kim (Carmen Wong), Hsing-kuo Wu (Mr. Zen) Alfred Cheung (Cheung)
Drehbuch: Ivy Ho
Kamera: Wing-Hung Wong
Musik: Peter Kam, Pui Tat Kam, Michael Wandmacher
Schnitt: Chi-Leung Kwong
Prod.: Golden Harvest; Hongkong 2001; 87 Min.
Vertrieb: Highlight Video, 29.8.2002
FSK: ab 16 J.

Harmloser Sportverkäufer schlittert in eine internationale Verschwörung. Viel Blut, wenig Sinn und schon gar kein Hirn – ein Jackie-Chan-Movie eben, diesmal sogar ohne Humor.

Spirit – Der wilde Mustang 764

SPIRIT: STALLION OF THE CIMARRON ****+

Regie: Kelly Asbury, Lorna Cook
Darsteller: Originalstimmen und ihre Charaktere: Matt Damon (Spirit), Bryan Adams (Spirit, Gesang), Daniel Studi (Little Creek), James Cromwell (Colonel)
Drehbuch: John Fusco
Musik: Hans Zimmer, Bryan Adams (Songs)
Schnitt: Nick Fletcher
Prod.: DreamWorks Pic.; USA 2001; 84 Min.
Verleih: UIP, 20.6.2002
Vertrieb: Universal Video (Video, DVD)
FSK: o. A., ffr. – **FBW:** Wertvoll

Ein stolzer junger Hengst genießt in den weiten Landschaften Amerikas seine Freiheit, bis Soldaten ihn einfangen und vergeblich zu zähmen versuchen.

Wildpferd Spirit wächst behütet in der Herde auf und zeigt sich im Laufe der Jahre immer etwas mutiger als seine Artgenossen. Die Neugier treibt es eines Nachts zum Lager von Soldaten, die das Tier einfangen und ins Fort zur Zähmung bringen. Doch der widerspenstige Hengst lässt seinen Willen nicht brechen, befreundet sich mit einem ebenfalls gefangenen jungen Indianer und entkommt mit ihm den Bösen. Und wie das in märchenhaften Animationsfilmen so ist, findet Spirit die Seelenverwandtschaft einer entzückenden Stute. Bis sie aber gen Heimat in die Freiheit traben, müssen sie noch einige gefährliche Abenteuer überstehen.
DreamWorks-Produktion, die zwar auf den ersten Blick ganz traditionell wirkt, aber durch Kombination von neuester 3-D-Computeranimation und Handzeichnung hergestellt wurde. »Spirit« ist vielleicht nicht so vielschichtig wie »Shrek«, rührt aber zutiefst durch Vermenschlichung, überzeugt trotz Vereinfachung und Schlichtheit des Handlungsfadens.

Margret Köhler

Kritik: (…) Die gewagteste Eigenart des bedrohten Pferdeparadieses aber

ist: Die Tiere können nicht sprechen. Jawohl. Das hat sich seit »Dumbo« und der ersten Hälfte von »Bambi« kein Trickfilm mehr getraut. Denn es bedeutet ja, dass die Mimik der Charaktere feiner und subtiler als üblich ausgearbeitet werden müssen, um die Emotionen deutlich zu machen – den »Spirit«-Zeichnern ist dies exzellent gelungen. Freilich muss auch die Geschichte stets klar und transparent, im Grunde wie ein Stummfilm ablaufen – das hat bei »Spirit« zuweilen zu überdeutlich inszenierten Momenten und manchem allzu dick aufgetragenen Song von Brian Adams geführt.
Bei vielen Zuschauern erreicht diese Verbindung aus Naturalismus, Schmalzattacken und Naturmoral gewiss die Obergrenze des Erträglichen. Einige werden aber vielleicht zu schätzen wissen, dass Jeffrey Katzenberg dem Medium neue Wege zu erschließen versucht – in zeichnerischer Hinsicht auf höchstem Niveau.

Ronald Bluhm, Die Welt, 20.6.2002

Spitzenträume 765

LES PETITES MAINS ☐ TV

Regie: Lou Jeunet
Darsteller: Mireille Perrier (Andrée Vanek), Patachou (Marguerite), Philippe Duclos (Michel Vanek), Geneviève Mnich (Mado), Catherine Hosmalin (Lulu), Cécile Richard (Roselyne)
Drehbuch: Lou Jeunet, Camille Taboulay
Musik: Cocteau Twins, Theo Hakola
Prod.: Frankreich 2000; 89 Min.
TV: 7.6.2002, Arte, 20.40

Andrée, Lulu und Solange sind plötzlich arbeitslos, als die Spitzenfabrik von Calais schließt. Doch ihre schwierige Situation versuchen sie nach Überwindung des Schocks, der mit Lebenskrisen verbunden war, gemeinsam mit Kreativität, Humor und einer ungewöhnlichen Idee zu meistern. (…) *AZ TV Journal*

Sprich mit ihr 766

HABLE CON ELLA *****+

Regie: Pedro Almodóvar
Darsteller: Javier Camara (Benigno), Dario Grandinetti (Marco), Rosario Flores (Lydia), Leonor Watling (Alicia), Geraldine Chaplin (Katerina), Mariola Fuentes (Schwester)
Drehbuch: Pedro Almodóvar
Kamera: Javier Aguirresarobe
Musik: Alberto Iglesias
Schnitt: José Salcedo
Prod.: El Deseo mit Antena 3/Via Digital; Spanien 2002; 113 Min.
EA: 2.7.2002, Filmfest München
Verleih: Tobis, 8.8.2002
FSK: ab 16 J., ffr.
FBW: Besonders wertvoll

Zwei Frauen, die im Koma liegen, und zwei Männer, die darum mit ihrer Liebessehnsucht auf sich selbst zurückgeworfen sind. Oder: eine Matadora, die zwischen zwei Männern steht und darum in der Arena todessehnsüchtig den Kampf mit den Stieren sucht. Oder: ein verlassener Mann, der unter Schmerzen den Weg ins Leben zurückfindet. Pedro Almodóvar erzählt in »Sprich mit ihr« viele Geschichten, die alle von der Einsamkeit handeln, von unerfülltem Verlangen und unendlicher Traurigkeit. Das Wunder dieses sehnsüchtigen Films ist, dass Almodóvar die Balance findet zwischen Verzweiflung und unverhofftem Glück, Hoffnungslosigkeit und Trost, Schwermut und Leichtigkeit. Almodóvar spielt inzwischen in seiner eigenen Liga, »Sprich mit ihr« ist ein Melodram voll schmerzhafter Schönheit geworden, ein Meisterwerk. *Volker Gunske, tip, 16/2002*

Kritik: (…) Pedro Almodóvar hat den schönsten Film des Jahres über die Macht der Liebe und Sehnsucht geschaffen.

Angie Dullinger, AZ, 8.8.2002

(…) Jenseits aller Grelle und Schrillheit früherer Jahre jongliert der Spanier hier brillant mit verschiedensten Motivverkettungen, biblischen Anspielungen, unterschiedlichsten Hand-

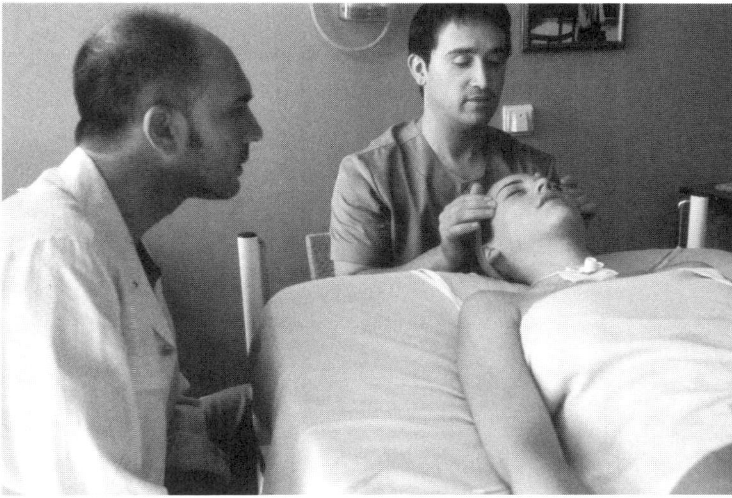

Dario Grandinetti und Javier Camara sprechen mit ihr

lungssträngen, integriert gekonnt eine Fülle in sich geschlossener Sequenzen und führt ein Darstellerensemble, dessen Leistung zum Besten gehört, was man seit langem auf der Leinwand gesehen hat. *Thomas Basgier, Stuttgarter Zeitung, 8.8.2002*

(...) Bei dieser unmöglichen Liebe sprengt Almodóvar Grenzen der Ethik, verknüpft in einer delikaten Geschichte voller Geheimnisse das Schicksal von vier Menschen, erzählt von unendlicher Einsamkeit, lässt dunkle Leidenschaften ahnen und führt in die Abgründe des Unterbewussten. Ein poetisches Melodram mit einem Schuss Surrealität. Die Nahtstelle zwischen Schuld und Unschuld verwischt sich.

Margret Köhler

Leonor Watling in ›Sprich mit ihr‹

Spring Break Lawyer 767

SPRING BREAK LAWYER **

Video

Regie: Alan Cohn
Darsteller: Brad Raider (Jay Garvey), Busy Phillipps (Jenny), Sean Murray (Nick Capper), Travis Wester (Leon), Adrienne Barbeau (Judge Stern), Gary Grubbs
Drehbuch: Adam »Tex« Davis

Kamera: Feliks Parnell
Musik: Roger Neill
Schnitt: Marcelo Sansevieri
Prod.: MTV/Paramount; USA 2001; 82 Min.
Vertrieb: Paramount, 10.1.2002
FSK: ab 12 J.

Geschasster Student ernennt sich zum Anwalt und verteidigt ferienfeierwütige Exkommilitonen, was bald Moralapostel auf den Plan ruft. Teeniecomedy nach dem Baukastenprinzip.

Spurwechsel 768
CHANGING LANES ****

Regie: Roger Michell
Darsteller: Ben Affleck (Gavin Banek), Samuel L. Jackson (Doyle Gibson), Toni Collette (Michelle), Sydney Pollack (Delano), William Hurt (Sponsor), Amanda Peet (Cynthia Banek)
Drehbuch: Chap Taylor, Michael Tolkin, nach einer Story von Chap Taylor
Kamera: Salvatore Totino, Ken Bates (2nd unit)
Musik: David Arnold
Schnitt: Christopher Tellefsen
Prod.: Scott Rudin Prod. für Paramount; USA 2002; 99 Min.
Verleih: UIP, 7.11.2002
FSK: ab 12 J., ffr. – **FBW:** Wertvoll

Ein Autounfall ist der Auslöser, die Schicksale zweier unterschiedlicher Männer an einem Tag miteinander zu verquicken, sodass sie eine Gemeinschaft wider Willen bilden.

Kritik: (...) Da hat Regisseur Roger Michell, der uns schon mit »Notting Hill« erfreute, einen kleinen Ausnahmefilm aus dem Hut gezaubert. Sein packendes Psychoduell um zwei Männer, deren Schicksale kollidieren und die sich einen gnadenlosen Kleinkrieg liefern, entpuppt sich als atmosphärisch dichtes wie aufrüttelndes Moraldrama, als präzise Großstadtstudie um Egoismus, Rücksichtslosigkeit und unterschiedliche soziale Schichten.
Nicht zuletzt ist »Spurenwechsel« ein Schauspielerfilm: Neben dem sich gut schlagenden »Pearl Harbor«-Piloten Ben Affleck brilliert einmal mehr Samuel L. Jackson als verkorkste Seele am Abgrund.
Albert Baer, Rheinische Post, 7.11.2002

(...) »Spurwechsel«, der sich mit seiner grobkörnigen Farbigkeit vor dem Frühwerk Sydney Pollacks verbeugt (der eine Nebenrolle spielt), zeichnet eine weitere Besonderheit aus: Banek und Gibson legen ihren Konflikt aus Einsicht in die Sinnlosigkeit ihres Privatkriegs bei, bevor das Äußerste Tatsache wird. In Zeiten wie diesen beharrt diese US-Produktion auf dem Konzept der Deeskalation. Das verschafft ihr einen singulären Status inmitten all jener Militärpropaganda, die uns sonst aus Hollywood heimsucht. *Thomas Basgier, Stuttgarter Zeitung, 7.11.2002*

Spy Game – Der finale Countdown 769
SPY GAME ***+

Regie: Tony Scott
Darsteller: Robert Redford (Nathan Muir), Brad Pitt (Tom Bishop), Catherine McCormack (Elizabeth Hadley), Stephen Dillane (Charles Harker), Larry Bryggman (Troy Folger), Marianne Jean-Baptiste (Gladys Jennip)
Drehbuch: Michael Frost Beckner, David Arata, nach einer Story von Michael Frost Beckner
Kamera: Dan Mindel
Musik: Harry Gregson-Williams
Schnitt: Christian Wagner
Prod.: Universal/Beacon Pic.; USA 2001; 127 Min.
Verleih: UIP, 14.3.2002
Vertrieb: Universal Video (Video, DVD)
FSK: ab 12 J., ffr. – **FBW:** Wertvoll

Waghalsiger CIA-Agent wird bei einer heiklen Mission in China enttarnt und von seinem ehemaligen Mentor mit den Mitteln, aber gegen den Willen der Zentrale befreit.

Kritik: (...) Dass Tony Scott nach dem perfekten »Enemy of the State« nun diesen konfusen, in sich vielfach gebrochenen Spionagefilm vorlegt, muss auf den ersten Blick irritieren – aber es ist die Defizienz des Genres und des Metiers, das er beschreibt. Als wäre, für Redford, die Zeit stehen geblieben, wenn er in »Three Days of the Condor« mit dem Verrat seiner CIA-Kollegen konfrontiert wird. Die CIA wirkt in »Spy Game« wie das Sammelbecken, in dem die »lone wolves« der verlorenen Zeit einen Unterschlupf finden, eine Aufgabe gar. Da dienen sie dann neben den Hip-Hop-Bürokraten und müssen zusehen, wie das alte Spiel seinen Sinn und seine Sinnlichkeit verliert. Ihre Träume sind geplatzt – verräterisches Signal! – wie ein kleiner Bubblegum, der im Mund zerkaut und hin und her geschoben wird. *Fritz Göttler, SZ, 14.3.2002*

Star Wars: Episode II – Angriff der Klonkrieger 770

STAR WARS: EPISODE II – ATTACK OF THE CLONES ****+

Regie: George Lucas
Darsteller: Ewan McGregor (Obi-Wan Kenobi), Natalie Portman (Padme), Hayden Christensen (Anakin Skywalker), Christopher Lee (Graf Dooku), Samuel L. Jackson (Mace Windu)
Drehbuch: George Lucas, Jonathan Hales, nach einer Story von George Lucas
Kamera: David Tattersall, Giles Nuttgens
Musik: John Williams
Schnitt: Ben Burtt
Prod.: Lucasfilm; USA 2002; 142 Min.
UA: 7.5.2002, Tribeca Film Festival, »Special Screenings«; Int. Filmfestspiele Cannes, »Außer Wettbewerb«
Verleih: 20th Century Fox, 16.5.2002
Vertrieb: Fox Video (Video, DVD)
FSK: ab 12 J., ffr. – **FBW:** Wertvoll

Der Jugendliche Anakin ist zu einem ernsten Jedi herangewachsen. Seine Unbeherrschtheit und seine Liebe zu der Senatorin Amidala sind eine Belastung für die Jedis im beginnenden Klonkrieg.

Kritik: (…) Denn immer klaffte in den Star-Wars-Filmen ein Fantasieloch zwischen den genialen Trickmonster-Meistern des Lucas-Teams und den simplen Moralverschrottern der Schlichtbotschaft von Gut und Böse im Menschen und von der dunklen Versuchung für alle. Zum poetischen Mythos reichte es nie – dafür aber für herrliche Kinderabenteuer aus dem Fundus der Spielzeugindustrie: Im digitalen Krawall-Experimentierladen des amerikanischen Infantilismus funktioniert alles perfekt. Nur die Magie der Geschichte ist halt aus dem Supermarkt. (…)

Ponkie, AZ, 16.5.2002

(…) Allein, der Spaß ist, wie schon in »Episode I«, auf der Strecke geblieben. Zwar treibt George Lucas die allmähliche Transformation des smarten Jünglings Anakin Skywalker in den Erzschurken Darth Vader konsequent voran. Doch leider weiß Lucas aus der sich abzeichnenden Tragödie kein emotionales Kapital und erst recht keinen Funken Humor zu schlagen. Stattdessen kapriziert sich das schwache Drehbuch über weite Strecken darauf, hölzernen Jedi-Darstellern sinnfreies Polit-Babble in den Mund zu legen und nebenbei einer Lovestory zwischen Jung-Anakin und Prinzessin Amidala zu behaupten, die in ihrer krachenden Peinlichkeit nicht einmal bei »Marienhof« durchgehen würde. Einziger Pluspunkt bei diesem pathetischen Kasperletheater sind die wie immer rasanten Spezialeffekte.

Sven S. Poser, tip, 11/2002

Starbuck – Holger Meins 771

****

Regie: Gerd Conradt
Darsteller: Christian Brückner (Sprecher)
Drehbuch: Hartmut Jahn, Gerd Conradt
Kamera: Armin Fausten, Hans Rombach, Steffen Grossmann, Phillip Virus
Musik: Lars Löhn
Schnitt: Nelia Iben
Prod.: Cameron Medial, Hartmut Jahn Filmprod.; D 2001; 93 Min.
Verleih: Neue Visionen, 23.5.2002
FSK: o. A. – **FBW:** Wertvoll

Aus Amateurfilmen, Bildern, Dokumenten und Interviews mit Zeitzeugen zusammengesetztes Porträt des RAF-Mitglieds Holger Meins (1941–1974).

Gerd Conradt, Filmemacher und einstiger Freund des 1974 nach einem Hungerstreik gestorbenen RAF-Mitglieds Holger Meins, folgt seiner Bildspur von den Selbstporträts des Schülers über die Arbeiten an der Kunsthochschule bis zu einer letzten Collage, die in der Haft entstand. Freunde, Weggefährten und selbst George Clooney kommen zu Wort und schaffen ein komplexes Gegenbild zu der offiziellen, von Steckbriefen und Verhaftungsfotos dominierten Erinnerung an den einstigen Topterroristen. Conradt ist ein außergewöhnliches Zeitdokument gelungen. *tip, 11/2002*

Kritik: (…) Insgesamt wirft Conradts Film viele Fragen auf, hält sich aber mit schnellen Antworten zurück und scheint damit geeignet, eine neue Diskussion über die Bewertung der damaligen Ereignisse und ihre bis heute andauernden Folgen anzuregen.

Reinhard Kleber,
Filmecho-Filmwoche, 20/2002

Interview: *Woher kommt dieser Trend, sich filmisch verstärkt mit 1968 und den Folgen zu beschäftigen? Es gibt Christian Petzolds »Die innere Sicherheit« und Andres Veiels »Black Box BRD«, demnächst Christopher Roths Berlinale-Beitrag »Baader«.*

Ich halte diesen Trend für verständlich. Es gibt viele interessante Biografien. Trotz ds Scheiterns haben einige dieser Berufsrevolutionäre etwas gewagt, wovon viele träumen. Untergrund, Undercover und Partisanentum wurden schon oft romantisiert. Es gibt eine lange Tradition von Rebellen.

Während die Teilnehmer an Holger Meins' Beerdigung 1974 noch hoffnungsvoll die »Internationale« intonieren, stellt Gretchen Dutschke vor diesem Videobild 27 Jahre später fest: »Jetzt haben wir eine internationale Welt mit Globalisierung, aber nicht, wie wir es damals gedacht haben.« Ein deprimierendes Fazit.

Ich würde sagen, ein ernüchterndes Fazit.

Gerd Conradt im Interview mit
Margret Köhler, AZ, 23.5.2002

Stardust – Entscheidung in Hollywood 772

STAND-INS ***

Video

Regie: Harvey Keith
Darsteller: Jordan Ladd (Monica), Daphne Zuniga (Shirley), Sammi Davis (Martha Anne), Charlotte Chatton (Peggy), Missi Crider (Rhonda), Katherine Heigl (Taffy)
Drehbuch: Harvey Keith, Ed Kelleher, nach einem Bühnenstück von Ed Kelleher
Kamera: Andrzej Sekula
Musik: Bill Elliott
Schnitt: Richard Trevor
Prod.: Overseas Filmgroup; USA 1997; 85 Min.
Vertrieb: VCL Video, 21.2.2002
FSK: ab 12 J.

1937 treffen sich sechs Frauen, alles Doubles prominenter Stars, in einer Bar zu einer Geburtstagsfeier, die anders enden wird als angenommen. Nettes, manchmal holpriges, manchmal berührendes Drama um Prominenz, Existenz, Klatsch, Tratsch und Tod.

Startup.com 773

STARTUP-DOT-COM ****

Regie: Jehane Noujaim, Chris Hegedus
Darsteller: Tom Herman, Kaleil Isaza Tuzman, Bill Clinton, Maynard Jackson
Kamera: Jehane Noujaim
Musik: Sherief El Katsha, Kit Pennebaker
Schnitt: Chris Hegedus, Erez Laufer, Jehane Noujaim
Prod.: Pennebaker Hegedus Films/Noujaim Films; USA 2000; 103 Min.
UA: 22.11.2001, Eröffnungsfilm beim IFDA Amsterdam
EA: 20.11.2001, Cinemaxx Hannover
Verleih: Oktober 2001 (AU), Founders United 21.8.2001

Auf dem Höhepunkt des Internetbooms gründen Kaleil Isaza Tuzman und sein Freund Tom Herman ein Startup-Unternehmen. Ihre Idee: ein Internetportal, das Bürgern Behördengänge abnimmt. Sie nennen ihre Firma GovWorks, begeistern potenzielle Geldgeber von der Idee, schwören die ersten Mitarbeiter auf die Firma ein und sind ein Jahr später Chefs eines millionenschweren Unternehmens. Und plötzlich läuft alles schief: Die Konkurrenz ist besser, der Internetboom ist am Ende. (…)

Jennifer Bleek, Zitty, 17/2002

State and Main 774

STATE AND MAIN ***

Video

Regie: David Mamet
Darsteller: Alec Baldwin (Bob Barrenger), Charles Durning (George Bailey), Philip Seymour Hoffman (White), William H. Macy (Walt Price), Sarah Jessica Parker (Welles-ley), David Paymer (Marty Rossen)
Drehbuch: David Mamet
Kamera: Oliver Stapleton
Musik: Theodore Shapiro
Schnitt: Barbara Tulliver
Prod.: Renzi/El Dorado/Hilltop; USA/Frankreich 2000; 102 Min.
UA: 26.8.2000, Montreal Film Festival
Vertrieb: Warner Home, 2.10.2002

Filmcrew gerät in US-Kleinstadt mit der Bevölkerung in Kollision, was zu allerlei Verwicklungen führt. Kein Meisterwerk, aber doch eine zuweilen köstliche Komödie.

Der Stellvertreter 775

AMEN. ***+

Regie: Constantin Costa-Gavras
Darsteller: Ulrich Tukur (Kurt Gerstein), Mathieu Kassovitz (Riccardo Fontana), Ulrich Mühe (der Doktor), Michel Duchaussoy (der Kardinal), Ion Caramitru (Graf Fontana), Marcel Iures (Der Papst)
Drehbuch: Constantin Costa-Gavras, Jean-Claude Grumberg, nach dem gleichnamigen Theaterstück von Rolf Hochhuth (1963)
Kamera: Patrick Blossier
Musik: Armand Amar
Schnitt: Yannick Kergoat
Prod.: Katharina/Renn Prod. mit TF1/Canal+/CP Medien; Frankreich/D 2002; 131 Min.
UA: 13.2.2002, Int. Filmfestspiele Berlin
Verleih: Concorde, 30.5.2002
Vertrieb: Euro Video (Video, DVD)
FSK: ab 12 J., ffr. – **FBW:** Wertvoll

Verfilmung des gleichnamigen Theaterstücks (1963) von Rolf Hochhuth über die Rolle des Vatikans während des Zweiten Weltkrieges (Holocaust).

Die Adaption von Huchhuths »Der Stellvertreter«, ein politisch korrekter und engagierter Film über den Kampf des Widerstandskämpfers in SS-Uniform, Kurt Gerstein, gegen die Nazis und die Ignoranz der katholischen Kirche, hinterlässt ein Gefühl von Frustration und Leere. Als ob es wieder einmal zu viel oder zu wenig gewesen wäre, um das Ausmaß dessen, was der Film darstellen möchte, fassbar zu machen. *tip, 11/2002*

Kritik: (…) Costa-Gavras hat, wie immer, gründlich recherchiert – und sich dennoch auf menschliche Hintergründe historischer Fakten konzentriert. Ihn interessieren weniger als Hochhuth das Versagen der katholischen Kirche, des Papstes und der Politik, sondern mehr die Tragik seines Hauptheldes Gerstein und die ewig aktuelle Brisanz moralischer Konflikte. Wo vedrängen wir selbst Unrecht aus Angst? Auf cinematografischen Ehrgeiz in der Schilderung des Horrors verzichtet Costa-Gavras klug. Trotz emotionaler Dichte bleibt aber auch ein Eindruck politisch korrekter Ehrenwertigkeit.

Angie Dullinger, AZ, 29.5.2002

(…) Eine Geschichte, die eigentlich stark genug wäre, für sich selbst zu stehen – aber daran glaubte schon Hochhuth nicht und Costa-Gavras noch weniger. Warum sonst muss der Vater dieselbe Rede ungefähr zehnmal halten (»Es ist Krieg, es gibt wichtigere Probleme, der Endsieg ist unser«)? Warum hat Ulrich Mühe, ein Ober-

Mathieu Kassovitz und Ulrich Tukur in ›Der Stellvertreter‹

schurke, nur ein Repertoire von ungefähr drei Zynismen, die er pausenlos wiederholt? Und warum bleiben selbst die Guten, Tukur und Kassovitz, erschreckend blass und eindimensional? Es ist, als würde uns der Holzhammer kraftvoll übergezogen, aber immer nur auf dieselbe Stelle am Hinterkopf. Wir fordern hiermit, auch mal von rechts und links und von vorn getroffen zu werden, und weisen die Costa-Gavras-Methode zurück – als ästhetische und intellektuelle Beleidigung. *Tobias Kniebe, SZ, 14.2.2002*

(...) Costa-Gavras hat seinen Film wie ein Schachspiel aufgebaut, in dem die arroganten und ignoranten Mächtigen die Mahner immer wieder schachmatt setzen. Ein Spiel, das auch heute immer noch gespielt wird und den Film somit zu einer zeitlosen Anklage macht. Dass diese so beeindruckend ausfällt, liegt nicht zuletzt an den bis in die Nebenrollen hinein hochkarätig besetzten Figuren, die vor allem von der präzisen Schauspielkunst der deutschen Darsteller künden, die sich hier nachdrücklich für internationale Aufgaben empfehlen.

Rolf-Ruediger Hamacher,
Filmecho-Filmwoche, 17/2002

(...) Das Problem ist: Alle Figuren agieren als Typen vom Reißbrett, ohne einen Hauch Luft um die Menschen, ohne privaten Atem, ohne jede überraschende Wendung. Bis auf einen kleinen Jungen, der im falschen Moment gerne »Heil« kräht und den Hitlergruß zum Kinderspiel macht, bleibt beispielsweise Gersteins Familie ein so totes Abziehbild wie der Vatikan mit flusskrebsfingernden oder erdbeerlutschenden Kardinälen vor einem Farbprospekt der Petersdomkuppel. Es ist ein Kostümstück, jede Uniform und jede Soutane frisch vom Schneider, und dabei herrscht die künstliche Halbauthentizität eines Mischmaschwerks. Deutsche Schauspieler reden Englisch in der französischen Produktion eines griechischen Regisseurs, gedreht überwiegend in Rumänien.
Aber dann ist da doch noch ein wirk-

liches Bild: Costa-Gavras, der uns auch nach Auschwitz mitnimmt, zeigt nie das Unzeigbare, die Sterbenden in der Gaskammer. Anfangs gibt es einen kurzen Blick auf die Opfer der sogenannten Euthanasie. Später, vor der Gaskammer, schauen allein die SS-Offiziere durch Spione: die Gesichter der Täter und ein Vibrieren hinter der eisernen Wand. Dazu immer häufiger die Kette der Viehwaggons und im Himmel die Rußfahnen der Lokomotiven – und die Gegenzüge: mit offenen Luken, leer, wie Löcher (wie die »voids« im jüdischen Museum), durch Europa fahrende Leerstellen. Das ist als wiederkehrendes Bild ein schlichter, ein großer Einfall. Er bleibt von diesem Film.

Peter von Becker, Der Tagesspiegel, 14.2.2002

Stephen Kings Haus der Verdammnis 776

ROSE RED **

Video

Regie: Craig R. Baxley
Darsteller: Nancy Travis (Dr. Joyce Reardon), Matt Keeslar (Steven »Steve« Rimbauer), Kimberly J. Brown (Annie Wheaton), David Dukes (Prof. Karl Miller), Judith Ivey (Cathy Kramer), Melanie Lynskey (Rachel »Sister/Sissy« Wheaton)
Drehbuch: Nach einem Roman von Stephen King
Kamera: David Connell
Musik: Gary Chang
Schnitt: Sonny Baskin
Prod.: Warner Bros. TV/Trimark; USA 2000; 244 Min.
Vertrieb: Warner, 8.8.2002
FSK: ab 12 J.

244 (!) Minuten Grusel à la King: Parapsychologin lädt medial begabte Menschen in Spukhaus zur Geisterparty. Angesichts der wenig originellen Grundidee führt dieser Maxi-Horrorthriller viel Langeweile mit im Gruselgepäck.

Storno 777

***

Regie: Elke Weber-Moore
Darsteller: Fanny Staffa (Stefanie), Paula Paul (Gabi), Cornelius Schwalm (Frank), Andreas Patton (Martin), Simon Schwarz (Thomas), Regina Vergeen (Elsbeth)
Drehbuch: Elke Weber-Moore
Kamera: Michael Hammon
Musik: Warner Poland
Schnitt: Monika Schindler
Prod.: Peter Rommel Prod. mit ZDF/Arte; D 2001; 87 Min.
Verleih: Piffl, 13.6.2002
FSK: o. A., ffr. – **FBW:** Wertvoll

Geschichte von zwei unterschiedlichen Freundinnen in einem hessischen Dorf. Beide arbeiten als Kassiererinnen in einem Großmarkt. Die eine, verheiratet, träumt von Amerika, die andere, allein erziehende Mutter, träumt von ihrer verflossenen Liebe.

Kritik: (…) Entstanden ist ein von bittersüßer Melancholie und von heiterem Sarkasmus geprägter Heimatfilm, gleich weit entfernt von allen Verklärungen wie von politisch überbewusster Pauschalverdammung ländlicher Rückständigkeit. Das alles kommt ganz ohne die bekannten Klischees vom bäuerlichen Dasein aus, ohne dick aufgetragenen Dialekt oder Dorftrottel oder anderes, was angeblich so zum Landleben gehört. (…)

Rüdiger Suchsland, FR, 14.6.2002

(…) Völlig ungeschönt schildert Regisseurin Elke Weber-Moore in ihrem Spielfilmdebüt das Leben in der hessischen Provinz. Authentizität ist angesagt, sowohl was den Dialekt als auch die Inszenierung mit der fast schon obligatorischen Handkamera betrifft. Die Darsteller fügen sich bestens in diese Szenerie ein. Doch alleine von »Echtheit« kann ein Spielfilm nicht leben, die Dramaturgie des Streifens lehnt sich leider zu sehr an die Einöde seines Schauplatzes an. Wie ein Provinzbächlein plätschert die Handlung ohne größere Strudel vor sich hin und verbreitet gediegene Langweile. Ein moderner Heimatfilm, so authentisch und öde wie das Landleben selbst.

Martin Schwarz, Zitty, 13/2002

Stuart Little 2 778
STUART LITTLE 2 ***

Regie: Rob Minkoff
Darsteller: Geena Davis (Mrs. Little), Hugh Laurie (Mr. Little), Jonathan Lipnicki (George Little), Anna Hoelck, Ashley Hoelck (Martha Little), Marc John Jefferies (Will)
Drehbuch: Bruce Joel Rubin, nach einer Story von Douglas Wick und Bruce Joel Rubin, nach den Charakteren des Kinderbuchs »Stuart Little« von E. B. White
Kamera: Steven Poster
Musik: Alan Silvestri
Schnitt: Priscilla Nedd/Friendly
Prod.: Douglas Wick-Lucy Fisher/Franklin-Waterman Prod.; USA 2002; 77 Min.
Verleih: Columbia TriStar, 29.8.2002
FSK: o. A., ffr.

Stuart, die computeranimierte Adoptivmaus der Familie Little, fühlt sich von seinen Eltern erneut ein wenig unverstanden und gegängelt. Um das Vogelmädchen Margalo vor einem fiesen Falken zu retten, muss er die gefährliche Stadt durchqueren. Eher eine Variation des Originals als eine tatsächliche Fortsetzung der Geschichte. Doch den Mangel an Originalität macht »Stuart Little 2« mit Charme und technischer Perfektion fast wieder wett. *tip, 18/2002*

Kritik: (...) Auf dem Weg zum Erwachsenwerden muss sich der einstige Außenseiter Stuart nicht mehr um familiäre Integration und soziale Anerkennung bemühen, sondern im Ringen um die »erste Liebe« Enttäuschungen überwinden, sich von der überfürsorglichen Mrs. Little abnabeln und Standfestigkeit beweisen. Der technische Fortschritt und die Erfahrung der Sony-Trickexperten lassen die Realaufnahmen und den digital erzeugten Stuart noch überzeugender verschmelzen.
Reinhard Kleber

Stumme Schreie 779
PEAU D'HOMME, COEUR DE BETE ☐ TV

Regie: Hélène Angel
Darsteller: Serge Riaboukine (Francky), Bernard Blancan (Coco), Pascal Cervo (Alex), Mareike Jansen (Marthe), Cathy Hinderchied (Aurélie), Virginie Guinand (Christelle)
Drehbuch: Hélène Angel, Jean-Claude Janer, Agnès de Sacy
Musik: Philippe Miller, Martin Wheeler
Prod.: Frankreich 2000; 93 Min.
TV: 18.7.2002, Arte, 20.45

Nach 15 Jahren in der Fremdenlegion kehrt Didier, genannt Coco, zurück in das Haus seiner Eltern. Er schleppt ein furchtbares Geheimnis mit sich herum, will aber nicht darüber sprechen. (...) Sie schweigen und steuern unaufhaltsam auf eine ungeheure Explosion der Gewalt zu. *Pressetext*

Stürmische Zeiten 780
WHAT GIRLS LEARN **
Video

Regie: Lee Rose
Darsteller: Elizabeth Perkins (Mama Francis), Scott Bakula (Nick), Alison Pill (Tilden), Margo Martindale (Lainey), Tamara Hope (Elizabeth), Kyle Schmid (Jamie Sanders)
Drehbuch: Karen Leigh Hopkins, nach einem Roman von Karin Cook
Kamera: Malcolm Cross
Musik: Velton Ray Bunch
Schnitt: Peter V. White
Prod.: Showtime/Paramount/BP1/Bakula Prod.; USA 2001; 110 Min.
Vertrieb: Paramount Video, 18.7.2002
FSK: ab 12 J.

Zwei pubertierende Schwestern werden vom Schicksal gebeutelt: Erst taucht ein Stiefvater auf, dann erkrankt die bisher allein erziehende Mutter. Höchst sentimentales US-TV-Drama mit geringen Schauwerten.

Suche impotenten Mann fürs Leben 781
☐

Regie: John Henderson
Darsteller: Katrin Weisser, Tim Williams, Sandra Leonhard, Gabriel Walsh, Dirk Bach, Wigald Boning
Drehbuch: Jürgen Wolff, Sharon von Wietersheim, nach dem Roman von Gaby Hauptmann
Prod.: Ziegler Film mit Degeto/ARD; D 2001; 98 Min.
UA: Mai 2002, Int. Filmfestspiele Cannes, »Markt«

Verleih: Senator, 27.3.2003 (geplant, nicht gestartet); neuer Termin 3.4.2003

Carmen hat eine unglücklich verlaufene Beziehung hinter sich. Per Kontaktanzeige sucht sie zwecks Harmonie einen impotenten Mann. Der Vermeintliche ist aber deutlich anders als er vorgibt.

Summer Catch 782

SUMMER CATCH **

Video

Regie: Michael Tollin
Darsteller: Freddie Prinze jr. (Ryan Dunne), Jessica Biel (Tenley Parrish), Matthew Lillard (Billy Brubaker), Brian Dennehy (John Schiffner), Fred Ward (Sean Dunne), Jason Gedrick (Mike Dunne)
Drehbuch: Kevin Falls, John Gatins, nach einer Story von Kevin Falls
Kamera: Tim Suhrstedt
Musik: George Fenton
Schnitt: Harvey Rosenstock
Prod.: USA 2001; 100 Min.
Vertrieb: Warner 12.9.2002
FSK: ab 12 J.

Baseball-Beau lässt es an der nötigen Disziplin mangeln und setzt damit seine Profikarriere aufs Spiel. Eine strikt aufs nicht allzu anspruchsvolle Teeniepublikum zugeschnittene Komödie ohne Stil.

Super süß und super sexy 783

THE SWEETEST THING **

Regie: Roger Kumble
Darsteller: Cameron Diaz (Christina Walters), Christina Applegate (Courtney), Selma Blair (Jane), Thomas Jane (Peter), Jason Bateman (Roger), Parker Posey (Judy)
Drehbuch: Nancy M. Pimenthal
Kamera: Anthony B. Richmond
Musik: Edward Shearmur
Schnitt: Wendy Greene Bricmont, David Rennie
Prod.: Konrad für Columbia; USA 2002; 84 Min.
Verleih: Columbia TriStar, 10.10.2002

Kritik: Drehbuchautorin Nancy M. Pimenthal, die einige Folgen von »South Park« geschrieben hat, klaut in ihrem ersten Kinodrehbuch jedoch nicht nur bei »Sex and the City«, sondern mindestens ebenso schamlos bei den Farrelly-Brüdern. Von durchgeknallten Tanzeinlagen à la »Shallow Hal« bis zu Genitalunfällen à la »There's Something About Mary« ist alles dabei – beinahe überflüssig zu erwähnen, dass alles, was bei den Farrellys brillant ist, weil es neben dem absurden Witz auch dazu beiträgt, die Charaktere zu formen, hier nur noch peinlich wirkt.

Kai Mihm, epd-Film, 10/2002

Super Troopers – Die Superbullen 784

SUPER TROOPERS **

Regie: Jay Chandrasekhar
Darsteller: Jay Chandrasekhar (Arco »Thorny« Ramathorn), Kevin Heffernan (Rodney Farva), Steve Lemme (MacIntyre Womack), Paul Soter (Foster), Erik Stolhanske (Rabbit), Brian Cox (Capt. John O'Hagan)
Drehbuch: Broken Lizard
Kamera: Joaquin Baca-Asay
Musik: 38 Special
Schnitt: Jacob Craycroft, Jumbulingam, Kevin Heffernan
Prod.: Jersey Shore/Cataland Films/Broken Lizard Prod.; USA 2000; 103 Min.
UA: 19.1.2001, Sundance Film Festival

Mit collegegestähltem Teenagerhumor und ein paar Anleihen bei den Jackass-Komikern von MTV unternimmt die Comedytruppe Broken Lizard ein Update des »Police Academy«-Genres. Der eingeschränkte Reiz der »Super Troopers« verdankt sich ihrem recht gelassen ausgespielten surrealen Humor: Als Highwaycops finden die hormongesteuerten Mannen um Regisseur und Hauptdarsteller Jay Chandrasekhar im stillen Vermont Spaß daran, bei Verkehrskontrollen laut zu miauen oder bekifften Teenagern ein unangenehmes Déjà-vu zu verschaffen. Nicht ohne Charme und mit einem wirklich schönen Eingangssketch ausgestattet. Aber die Witzdichte der Nummernrevue mit schlichtem Plot reicht unter erwachsenen Laborbedingungen keinesfalls für 100 Minuten.

Robert Weixlbaumer, tip, 7.11.2002

(…) »Super Troopers« bietet dumme Sprüche und krasse Witze: Der Film lebt von Situationskomik auf dem Niveau von simplem Slapstick und krudem Wortwitz – da werden Erinnerungen an »Police Academy« wach.
Markus Tschiedert, AZ, 14.11.2002

Der Super-Guru 785
THE GURU ****+

Regie: Daisy von Scherler Mayer
Darsteller: Jimi Mistry (Ramu Chandra Gupta), Heather Graham (Sharonna), Marisa Tomei (Lexi), Michael McKean (Dwain), Christine Baranski (Chantal), Rob Morrow (Josh)
Drehbuch: Tracey Jackson, nach einer Story von Shekhar Kapur
Kamera: John de Borman
Musik: David Carbonara
Schnitt: Cara Silverman, Bruce Green
Prod.: Working Title Prod. mit Studio Canal+ für Universal; USA/GB 2002; 95 Min.
UA: 24.6.2002, Edingburgh Film Festival, »Gala«
Verleih: UIP, 10.10.2002
FSK: ab 6 J., ffr. – **FBW:** Wertvoll

Ein indischer Tanzlehrer geht mit der festen Absicht nach N. Y., ein Star zu werden. Zwar schafft er den Sprung vom Pornodarsteller zum Sexguru, aber er entdeckt auch seine wahre Liebe.

Kritik: (…) Durch Zufall wird Ramu mit einem Guru verwechselt. Dass seine Rolle zwischen Callboy und Meditationslehrer schwankt, ist keine Schlüpfrigkeit, sondern Symbol für den ehernen Willen der begüterten Westler, östliche Philosophie zum Lustgewinn einzusetzen. Ramu hat keinen Schimmer vom Spirituellen, aber eine blonde US-Studentin und Pornokollegin erklärt ihm esoterische Konzepte, die er dann weitergibt: Die östliche Spiritualität ist westliche Projektion. In New York lernt der Inder, wie er authentisch und ursprünglich zu sein hat – für die künftige Arbeitswelt, in der die Produktion ganz in die Dritte Welt abwandert und die westlichen Länder sich allein auf Wissen und Forschung verlassen müssen, ist das ein interessantes Konzept.
Thomas Klingenmaier, Stuttgarter Zeitung, 10.10.2002

(…) Mit »Der Super-Guru« ist der Regisseurin Daisy von Scherler Mayer kein großer Wurf gelungen. Aber eine wirklich amüsante Geschichte, die weit weniger platt und voller erfrischender Ironie ist, als es die Vermarktung des Films als Blödelkomödie vermuten lassen würde.
Adrian Prechtel, AZ, 10.10.2002

Dem modischen Esoterikgeschwafel stellt der Film seine eigene Botschaft entgegen: Zu wahrer Liebe und Glück bedarf es Selbsterkenntnis und Mut. Dazu reflektiert das Multikulti-Lustspiel einen aktuellen Trend in der US-Filmindustrie, die durch Talent- und Kulturimporte aus aller Welt die eigene Kreativität beleben und ihren Produkten mehr internationalen Appeal verleihen will. Hier wird eine typisch amerikanische Erfolgsstory mit Stil- und Inhaltselementen aus dem indischen Revuekino verquickt: farbenprächtige Gesang- und Tanzeinlagen, chargierende Mimen, ein bisschen Hindu-Flair. Bollywood trifft Hollywood. *Ralph Umard, tip, 10.10.2002*

Süße Träume 786
SLADKE SANJE ***

Regie: Saso Podgorsek
Darsteller: Janko Mandic (Egon Vittori), Veronika Drolc (Mutter), Iva Zupancic (Großmutter), Josef Nadj (Onkel Vinko), Marinka Stern (Tant), Joze Hrovat
Drehbuch: Miha Mazzini
Kamera: Sven Pepeonik
Musik: Mitja Vrhovnik
Schnitt: Zlatkan Cutkor
Prod.: Arsmedia mit RTV Slowenien; Slowenien 2001; 110 Min.
UA: 30.8.2001, Montreal Film Festival »World Cinema«
EA: 31.11.2001, Slowenische Filmwoche München

Egon Vittori ist 13 und hat noch keinen Plattenspieler. Jugoslawien Anfang der 70er scheint aber wie ein Schlaraffenland zu sein. Luxusgüter, die amerikanische Musik, Filme und die neueste Mode werden importiert. Alle haben Plattenspieler, nur Egon hat keinen. Während der Verwirklichung seines Plans, wie man den Plattenspieler bekommen könnte, schlägt er sich durch aufgeregte Familienmitglieder, besorgten Plattenbesitzer, Mitschüler, Professoren, Kommunisten und Dissidenten. Am Ende bekommt er seinen Plattenspieler. Und erwachsen wird er auch noch dabei!

Programmheft

Sweet Home Alabama – Liebe auf Umwegen 787

SWEET HOME ALABAMA ***+

Regie: Andy Tennant
Darsteller: Reese Witherspoon (Melanie Carmichael), Josh Lucas (Jake), Patrick Dempsey (Andrew), Candice Bergen (Kate), Mary Kay Place (Peal Smooter), Fred Ward (Earl Smooter)
Drehbuch: C. Jay Cox, nach einer Story von Douglas J. Eboch
Kamera: Andrew Dunn
Musik: George Fenton
Schnitt: Troy T. Takaki, Tracey Wadmore-Smith
Prod.: Touchstone/Neal H. Moritz Prod.; USA 2002; 108 Min.
Verleih: Buena Vista, 19.12.2002

Da hat es die blonde Melanie endlich in New York geschafft. Beruflich läuft für die Designerin alles wie am Schnürchen und privat hat sie den samtäugigen Sohn der Bürgermeisterin an der Angel, der ihr bei Tiffany's einen Heiratsantrag macht und die Wohnung mit Rosen bestreut. Die Sache hat nur einen Haken. In Alabama hockt noch ein Ehemann und will sich nicht scheiden lassen. Also bringt das Mädel die Scheidungspapiere persönlich in die Provinz, wo die Menschen zwar rau, aber ehrlich sind, und alte Lieben plötzlich wieder attraktiv erscheinen. Herz oder Kopf, das ist die Frage.
In dieser zuckersüßen Romanze muss sich Shootingstar Reese Witherspoon nicht nur zwischen zwei hübschen Männern entscheiden, sondern auch zwischen dem Hype im großstädtischen Sündenbabel und dem Heimatgefühl für die Südstaaten. Das kitschige Ende ist voraussehbar und bedient die erfolgreiche Hollywoodformel vom einfachen Glück zu zweit und der Idealfrau, die trotz einiger – verzeihlicher – Karriereverirrungen dem Ruf des Herzens folgt. Zwar darf die Hauptpfigur etwas zweifeln, aber dann geht's mental zurück in die Fifties. Eskapismus in Reinkultur.

Margret Köhler

Reese Witherspoon

Kritik: (...) In der Tradition der Screwball-Comedy inszeniert Andy Tennant das Wiedersehen zwischen Melanie und Jake: Jeder Wortwechsel wütendes Stakkato, jede Atempause vorsichtige Annäherung. Melanie steht nicht nur zwischen zwei Männern, sondern auch zwei Welten. Um sich für eine zu entscheiden, muss sie sich erst von der versnobten Blondine in die kratzbürstige Landpomeranze zurückverwandeln. Eine Gratwanderung, die Reese Witherspoon mit witzigem Charme vollführt. Nicht zuletzt, weil Tennant das Südstaatenpathos immer wieder ironisch bricht. (...)

Sandra Buchta, AZ, 19.12.2002

Swing 788
SWING ***

Regie: Tony Gatlif
Darsteller: Oscar Copp (Max), Lou Rech (Swing), Tchavolo Schmitt (Miraldo), Ben Zimet (Cor. Liberman), Fabiene Mai (Max' Großmutter), Mandino Reinhardt
Drehbuch: Tony Gatlif
Kamera: Claude Garnier
Schnitt: Monique Dartonne
Prod.: Princes Film mit CNC/Nikkatsu/ Canal+; Frankreich 2001; 90 Min.
EA: 11.2.2002, Int. Filmfestspiele Berlin, »Panorama«
Verleih: Arsenal, OmU, 19.9.2002

Man spürt bei dieser Hommage an den Gitarrenswing in der Tradition von Django Reinhardt die Begeisterung des Regisseurs für die Musik und das Milieu der Zigeuner. Erzählt wird eine kindliche Liebesgeschichte zwischen dem Roma-Mädchen Swing und dem zehnjährigen Max, der bei dem Gitarrenvirtuosen Miraldo in Straßburg Unterricht erhält. Wie bei seinem Flamenco-Film »Vengo« gelingt Gatlif keine stimmige Verbindung der Musikdarbietungen mit der filmsprachlich unbeholfenen improvisierten Spielfilmhandlung.

Ralph Umard, tip, 29.6.2002

Kritik: (...) Nicht so gut steht es mit der Dramaturgie. Auf diesem Gebiet scheint Gatlif nicht gerade ein Meister zu sein. Eine innere Spannung besitzt die Handlung des weitgehend im Elsass entstandenen Films kaum. Zu vieles erscheint ziemlich willkürlich – um nicht zu sagen hilflos – aneinander gereiht worden zu sein. Das ist zweifellos ein schwerer Mangel. Gatlifs Anliegen könnte »Swing« gleichwohl erfüllen.

Thomas Engel, Der Gildendienst, 10/2002

(...) So impulsiv und eruptiv wie der Soundtrack, so gekonnt und elegant ist »Swing« stellenweise fotografiert. Da verwandelt sich die klaustrophobische Enge eines Wohnmobils plötzlich in die stimmungsvolle Raumatmosphäre eines überfüllten Konzertklubs, in dem 20 Musiker munter drauflosjammen. Man mag auch das für Verklärung halten, mitreißend ist es dennoch. *Thomas Basgier, Stuttgarter Zeitung, 31.10.2002*

T

Tag für Tag 789
YOM YOM ***+
TV

Regie: Amos Gitai
Darsteller: Moshe Ivgi (Moshe), Hanna Maron (Hanna), Juliano Merr (Jule), Dalit Kahan (Didi), Yussef Abu Warda (Yussef), Nataly Atiya (Grisha)
Drehbuch: Jacky Cukier, Amos Gitai
Kamera: Renato Berta
Musik: Philippe Eidel, Josef Bradanashvily
Schnitt: Nili Richter, Ruben Kornfeld
Prod.: Agav Films/Cinema; Israel/Frankreich 1998; 106 Min.
UA: 2.9.1998, World Film Festival, Montreal
EA: 12.2.1999, Int. Festival des Jungen Films Berlin
TV: 20.2.2002, Arte, 23.00

Moshes Dilemma ist, nicht zu wissen, wo er eigentlich hingehört – zu den Israelis oder den Arabern, zu seiner Frau oder seiner Geliebten. Sein Leben ist reich an absurden Situationen, und der Film, der ihn einige Tage und Nächte begleitet, ist es auch. Der Hypochonder und Muttersohn kann nicht verdecken, dass es hier auch um ein Stück israelische Lebensrealität geht.

Takashi Miikes Graveyard of Honor 790
SHIN JINGI NO HAKABA ***+

Regie: Takashi Miike
Darsteller: Goro Kishitani (Rikuo Ishimatsu), Narimi Arimori (Chieko Kikuta), Shingo Yamashiro (Shinobu Sawada), Ryôsuke Miki (Kôzô Imamura), Takashi Miike (Killer im Restaurant), Yoshiyuki Daichi, Hirotaro Honda
Drehbuch: Shigenori Takechi, nach der Vorlage von Goro Fujita
Kamera: Hideo Yamamoto
Musik: Koji Endo
Schnitt: Yasishi Shimamura
Prod.: Daiei/Toei Video; Japan 2002; 131 Min.
Verleih: REM, OmU, 19.12.2002

So rasant Ishimatsus Aufstieg in der Hierarchie der japanischen Unterwelt ist, so schnell folgt auch sein Fall. Seine Respektlosigkeit verursacht mehr Probleme, als er durch Gewalt lösen kann. Aus einem Missverständnis heraus schießt er auf seinen Boss – der Anfang vom Ende. Als ausgestoßener Yakuza, zum Tode verurteilt, fällt Ishimatsu tiefer und tiefer.

Kritik: (…) In »Graveyard of Honor« reicht ein kleiner Fehler, eigentlich ein lächerliches Missverständis, um den Helden auf eine Gewaltodyssee zu schicken, die selbst in der Geschichte des japanischen Gangsterfilms beispiellos ist – und natürlich nur auf dem Friedhof der Ehre enden kann. Die Bilder sind schlicht und kaum ausgeleuchtet, nur die Gewaltausbrüche stechen aus der sehr disziplinierten Noir-Ästhetik hervor. Nach seinen stilistischen Film-, Video- und Animationsexperimenten reduziert Miike alle filmischen Mittel auf einen pathologischen Nihilismus. Der einzige Lacher überkommt den Yakuza am Ende seines Lebens: »Was für ein Witz, 30 Jahre Hölle auf Erden.«
Andreas Busche, Die Zeit, 18.12.2002

Taking Sides – Der Fall Furtwängler 791
TAKING SIDES ****

Regie: István Szabó
Darsteller: Harvey Keitel (Maj. Steve Arnold), Stellan Skarsgard (Wilhelm Furtwängler), Moritz Bleibtreu (Lt. David Wills), Birgit Minichmayr (Emmi Straube), Oleg Tabakov (Col. Dymshits), Ulrich Tukur (Helmut Rode)
Drehbuch: Ronald Harwood, nach seinem gleichnamigen Theaterstück von 1995
Kamera: Lajos Koltai
Musik: Stücke von Beethoven, Bruckner, Schubert u. a.
Schnitt: Sylvie Landra
Prod.: Litte Big Bear für Maecenas mit Jeremy Isaacs Prods./Twanpix/Satel/France 2 Cinema/Canal+/MBP/MDR/ORF; D/Frankreich/GB 2001; 110 Min.
UA: 12.9.2001, Filmfestival Toronto
EA: Int. Filmfestspiele Berlin 2002
Verleih: Alamode, März 2002
Vertrieb: VCL Video (Video, DVD)

FSK: ab 12 J., ffr.
FBW: Besonders wertvoll

Der amerikanische Major Steve Arnold erhält nach dem Zweiten Weltkrieg einen unmissverständlichen Auftrag: Er soll den deutschen Stardirigenten Wilhelm Furtwängler in einem Entnazifizierungsverfahren der Kollaboration überführen. In einer schier endlosen Folge von theatralischen, gleichwohl eher undramatischen Verhören treffen die beiden Figuren aufeinander: Arnold bastelt in seiner Empörung über die Nazi-Verbrechen aus Vermutungen und Halbwahrheiten abenteuerliche Theorien zusammen; der Musiker Furtwängler beharrt auf der Trennung von Kunst und Politik, versteht nicht, was man von ihm will. »Taking Sides« ergreift keine Partei, der Film stellt Fragen, versucht aber nicht, die Welt zu erklären. Gleichzeitig wirft diese Konstruktion dramaturgische Probleme auf: Es entwickelt und bewegt sich nichts. *tip, 5/2002*

Kritik: (...) Mit der unprätentiösen, konzentrierten Filmadaption von Ronald Harwoods Theaterstück »Taking Sides« mit authentischen Furtwängler-Zitaten gelingt Szabó ein Politdrama von gültiger Brisanz. Er geriert sich nicht als Welterklärer, sondern er stellt Fragen – und animiert das Publikum, selbst Stellung zu beziehen. Wie überlebt man in einem totalitären Regime, wo sind die Grenzen von Toleranz, Mut, Angst oder Feigheit? (...)
Angie Dullinger, AZ, 7.3.2002

(...) Der Film ist kein bilderreiches Kinostück, sondern eine Art Gerichtsdrama, ein Lehrstück in Dialektik und Apologetik, eine hochinteressante Geschichtsstunde, ein Dokument der Klage und Anklage, ein ausgezeichnet gespieltes Drama. *Thomas Engel, Der Gildendienst, 2/2002*

Interview: *Gehört auch die Konzentration auf die Verhörszenen, die gewissermaßen nur in einem Raum stattfinden, auch zu künstlerischen Kompromissen?*

Im Gegensatz zur Bühne hat der Film die Möglichkeit zu Großaufnahmen. Er kann Intimität, lebendige Gesichter zeigen. Ich habe mich also gefragt, soll ich ein guter Regisseur sein, virtuose Einstellungen finden, die Kamera von hinten, von unten an die Szene heranfahren, Technik demonstrieren? Ich habe mich dann entschieden, ein schlechter, ein konservativer Regisseur zu sein. Weil ich Gesichter zeigen wollte, die Erregung, die Gefühle, den Glanz in den Augen. Menschen.
István Szabó im Interview mit Wolfgang Sandner, FAZ, 7.3.2002

Tangled 792
TANGLED ***
Video

Regie: Jay Lowi
Darsteller: Rachael Leigh Cook (Jenny), Shawn Hatosy (David Kline), Lorraine Bracco, Jonathan Rhys-Meyers (Alan), Dwayne Hill (Det. Denny Naglie), Estella Warren
Drehbuch: Jeffrey Lieber
Kamera: Bobby Bukowski
Musik: Johnny Klimek, Reinhold Heil
Schnitt: Emma E. Hickox
Prod.: Tapestry/Myriad Pic./Ben's Sister Prod./Unapix; USA 2001; 92 Min.
Vertrieb: Highlight Video, 10.1.2002
FSK: ab 16 J.

Unerwarteterweise mit gelegentlichen sensiblen Zwischentönen ausgestattetes, recht passables Teeniedrama um eine »ménage à trois« zwischen schüchternem Literaturstudenten, seiner Freundin und einem Frauenhelden.

Tanguy – Der Nesthocker 793
TANGUY ***+

Regie: Etienne Chatiliez
Darsteller: Sabine Azéma (Edith), André Dussollier (Paul), Eric Berger (Tanguy), Helene Duc (Großmutter), Aurore Clement (Carole), Jean-Paul Rouve (Bruno)
Drehbuch: Laurent Chouchant, Etienne

Chatiliez, nach einer Idee von Yolande Zauberman
Kamera: Philippe Welt
Musik: Pascal Andreacchio
Schnitt: Catherine Renault
Prod.: Telema/Le Productions du Champ Poirier mit TF1/TPS Cinema; Frankreich 2001; 108 Min.
Verleih: Prokino, 30.5.2002

Tanguy, erfolgreich, brav und Ende zwanzig, fühlt sich zu Hause bei seinen Eltern absolut wohl. Seine Eltern zunehmend weniger.

Kritik: (...) Lustvoll bricht Chatiliez sämtliche Tabus elterlicher Fürsorge und stiftet einen harmlosen häuslichen Kleinkrieg an, der zusehends eskaliert, da die zuvor toleranten Eltern ein ungeahntes Potenzial an autoritärer wie subversiver Energie entdecken. *Gerhard Midding*

(...) Chatiliez ist in Frankreich ein Kinoerfolg gelungen. Aber trotz des komödiantischen Talents der drei Hauptdarsteller erscheint die Geschichte an den Haaren herbeigezogen. Das würde bei dem Sujet nicht schaden, wenn sich Chatiliez entscheiden könnte zwischen glaubwürdigem Realismus oder karikierendem Witz. So bleibt der Film im durchaus amüsanten Mittelmaß stecken. (...)
Adrian Prechtel, AZ, 29.5.2002

(...) Azéma ist eine quietschende, stammelnde, fuchtelnde Hysterikerin, die mit Trippelschrittchen stets über die eigenen Füße stolpert. Dussollier ist nicht viel dezenter: Er trompetet, hüpft und stampft. Der wilde Aktionismus der Elterndarsteller wird unterstützt von einer permanent und ziemlich rasch schwenkenden Kamera, die einen ein wenig seekrank werden lässt. Was Chatiliez mit dieser Unruhe bezwecken wollte, bleibt unklar. Sie kann jedenfalls nicht verhindern, dass man irgendwann anfängt, sich zu langweilen. (...)
Daniela Sannwald, FR, 11.6.2002

Tanners letzte Chance 794

**
TV

Regie: Ernst Josef Lauscher
Darsteller: Robert Atzorn (Henry Tanner), Hanns Zischler (Karl Sedlag), Florian Martens (Moll), Katharina Müller-Elmau (Barbara), Ingo Naujoks, Jenny Gröllmann
Drehbuch: Ernst Josef Lauscher, nach dem gleichnamigen Roman von Gregor Edelmann
Kamera: Martin Stingl
Musik: Günther Fischer
Schnitt: Siegrun Jäger
Prod.: novafilm für NDR; D 2000; 90 Min.
TV: 18.4.2002, ARD, 21.00

Ein Thriller im luftleeren Raum von Baulöwen-Gangstern, die wie Mafia-Paten residieren und eine Horde von Dunkelbrillen-Killern befehligen für ihre Action-Turnübungen. (...) Ingo Naujoks gibt mit dreckiger Lache das Killerschwein, und am Ende werden sie alle vom Polizisten Moll reingelegt, der seinerseits den Polizeipräsidenten bestrafen will. Muss man das haben? Trotz Atzorns asketischer wölfischer Graukopf-Kälte: Eher nicht.
Ponkie, AZ, 20.4.2002

The Tao of Steve 795

THE TAO OF STEVE ***
Video

Regie: Jennipher Goodman
Darsteller: Donal Logue (Dex), Greer Goodmann (Syd), Kimo Wills (Dave), Ayelet Kaznelson (Beth), David Aaron Baker (Rick), Nina Jaroslaw (Maggie)
Drehbuch: Duncan North, Greer Goodman, Jennipher Goodman
Kamera: Theodoro Maniaci
Musik: Joe Delia
Schnitt: Sarah Gartner
Prod.: Good Machine mit Thunderhead Prods.; USA 2000; 87 Min.
UA: 26.1.2000, Sundance Film Festival
EA: 29.6.2000, Filmfest München
Vertrieb: BMG Video, 16.7.2002
FSK: ab 12 J., ffr.

Der dicke Dex hält's mit Steve McQueens Maxime, dass »Mann« Sex bekommt, wenn er jegliches Interesse daran verleugnet. Erstaunlich sensibel erdachtes und inszeniertes Komödiendrama.

Kritik: (…) Wie bei fast allen Debüts könnte es auch hier optisch ein wenig einfallsreicher zugehen, und nicht jede Figur leistet schauspielerisch überzeugende Arbeit.

Andreas Fuchs, Filmecho-Filmwoche, 35/2000

Target: Earth 796

TARGET: EARTH **

Video

Regie: Peter Markle
Darsteller: Christopher Meloni (Det. Samuel »Sam« Adams), Marcia Cross (Karen Mackaphe), John C. McGinley (Agent Vincent Naples), Chad Lowe (Kommandant Fauk), Dabney Coleman (Senator Ben Arnold), Melinda Culea (Allison)
Drehbuch: Michael Vickerman
Kamera: Levie Isaacks
Prod.: Patriot/Symphony; USA 1998; 89 Min.
Vertrieb: UAP, 15.12.2001
FSK: ab 12 J.

Außerirdische haben in diesem flachen Sciencefictionthriller des US-Fernsehens mal wieder höchste Regierungskreise unterwandert – und ein verwitweter Provinzpolizist muss allein gegen sie antreten.

Tart – Jet Set Kids 797

TART **

Video

Regie: Christina Wayne
Darsteller: Dominique Swain (Cat Storm), Brad Renfro (William Sellers), Bijou Phillips (Delilah Milford), Mischa Barton (Grace Bailey), Alberta Watson (Lilly), Myles Jeffrey (Peter Storm)
Drehbuch: Christina Wayne
Kamera: Stephen Kazmierski
Musik: Jeehun Hwang
Schnitt: Ray Hubley
Prod.: Green Moon/Interlight Prod.; USA 2001; 88 Min.
Vertrieb: Sunfilm Video, 8.5.2002
FSK: ab 16 J.

Vom Leiden einer sexuell unerfahrenen Schülerin, die zuerst von den Eltern, dann von ihrer Clique herb enttäuscht wird. Dürftiges Drama mit Krimielementen und einem ganzen Arsenal von Klischees.

Tarzan & Jane 798

TARZAN & JANE **

Video

Regie: Steve Loter, Don Mackinnon (Rahmenhandlung)
Drehbuch: Mirith Colao, John Behnke, Rob Humphrey, Jim Peterson, Jess Winfield
Musik: Don Harper, Dave Metzger
Schnitt: John Royer
Prod.: Walt Disney TV; USA 2002; 72 Min.
Vertrieb: Buena Vista Video, 8.8.2002
FSK: ab 6 J.

Bei den Beratungen über ein Hochzeitstagsgeschenk für Tarzan lassen Jane und ihre Freunde Abenteuer der Vergangenheit Revue passieren. Episodenhaft angelegter, sinnfreier Zeichentrick mit sichtlichem Magerbudget.

Tattoo 799

***+

Regie: Robert Schwentke
Darsteller: August Diehl (Marc Schrader), Christian Redl (Hauptkommissar Minks), Nadeshda Brennicke (Maya Kroner), Ilknur Bahadir (Meltem), Jasmin Schwiers (Marie Minks), Johan Leysen (Frank Schoubya)
Drehbuch: Robert Schwentke
Kamera: Jan Fehse
Musik: Martin Todsharow
Schnitt: Peter Przygodda
Prod.: Lounge Ent. mit Studio Canal+/B.A. Prod.; D 2001; 108 Min.
Verleih: Tobis, 4.4.2002
FSK: ab 16 J., ffr.

Kritik: (…) Den blutigen Krimiplot nutzt Schwentke als Folie für das düstere Sittengemälde einer Gesellschaft, in der die Haut des Menschen zur geldgierigen Verwertung freigegeben ist. Aus Versatzstücken von Berliner und Kölner Stadtlandschaften und stringent gestylten Innensets kreiert Schwentke eine eigene Filmwelt, die zerstörte Seelenstrukturen seiner Figuren spiegelt. (…)

Martin Schwickert, AZ, 4.4.2002

(…) Wer bereit ist, sich ganz der Atmosphäre hinzugeben, der kommt bei »Tattoo« auf seine Kosten. Noch nie hat Berlin so fremd ausgesehen: Schwentke und seinem Kameramann

Christian Redl auf der Suche nach der Wahrheit in ›Tattoo‹

Jan Fehse (»alaska.de«) gelingen verblüffende Bilder, die die kaputte Seele der Protagonisten widerspiegeln. Hervorragende Schauspieler wie Christian Redl als verbitterter Hauptkommissar und August Diehl als junger Assistent sorgen dafür, dass man den Film wenigstens vorübergehend ernst nehmen kann. Wenn da nur nicht diese logischen Fehler wären …

Frank Noack, Der Tagesspiegel, 4.4.2002

(…) Gewiss, man könnte »Tattoo« vorwerfen, dass er sich bisweilen noch ein wenig zu stark an amerikanischen Vorbildern orientiert. Man könnte sich aber auch einfach darüber freuen, dass die jungen deutschen Regisseure von Filmen wie »Anatomie« oder »Das Experiment« oder »Tattoo« das Genrekino für sich erobern.

Anke Sterneborg, SZ, 9.4.2002

(…) »Tattoo« nimmt man es nicht übel, wenn man den Fundus, aus dem der Film sich bedient, erkennt. Der fetischistische Umgang mit der Haut – gab es das nicht schon in »Das Schweigen der Lämmer« und ist Nadeshda Brennicke als schöne Galeristin mit dem 13. Tattoo auf dem Leib nicht eine einzige Kunstfigur? Aber Robert Schwentke gelingt es, dem Film trotz aller Anleihen ein eigenes Gepräge zu geben: ein Albtraum in Cinemascope, mit fahlen, fast monochromen Bildern und mit Schauplätzen, die Seelenlandschaften der Unwirtlichkeit sind. Wenn Schwentke sich manchmal verrennt, muss man sich vor Augen halten, dass der frühere Drehbuchautor für TV-Krimis mit »Tattoo« sein Debüt vorstellt und doch stilsicher und effektiv inszeniert. »Tattoo« bedeutet für den Krimi, was »Anatomie« für den Horrorfilm war: ein gelungenes Spiel auf der Klaviatur des Genres. Und das will bei uns was heißen.

Rudolf Worschech, epd-film, 4/2002

Taxi – Eine Nacht in Buenos Aires 800

TAXI – UN ENCUENTRO ****

Regie: Gabriela David
Darsteller: Diego Peretti (Esteban), Miguel Guerberof (Vater), Josefina Viton (Laura), Pochi Ducasse, Pablo Brichta, Ricardo Diaz Mourelle
Drehbuch: Gabriela David
Kamera: Miguel Abal

Musik: Mariano Nunez West
Schnitt: Enrique C. Angeleri
Prod.: Cofradia Noctuma mit Instituto Nacional de Cinematografia Prod.: Gabriela David; Argentinien 2001; 93 Min.
UA: 5.7.2001, 22.30 Uhr, Filmfest München
Verleih: Kairos, OmU, 30.5.2002

Eine Nacht in Buenos Aires. Aggression liegt in der Luft. Ein Melancholiker klaut ein Taxi, ein paar Häuser weiter erschießt jemand seine Familie. Ein verwundetes Mädchen wird sich in das Taxi des Diebes retten und ohnmächtig. Wird er es retten oder einfach nur am Straßenrand parken? Eine kleine Geschichte, doch packend bis zur letzten Sekunde. Denn Regisseurin David hat ihr Debüt vielschichtig angelegt, surft mit Zeitsprüngen durch die Schattenwelten der pulsierenden Metropole, will keinen Kitsch und findet Poesie neben den letzten Werten.

Cristina Moles Kaupp, tip, 11/2002

Kritik: (...) Regisseurin David hütet sich davor, aus dieser Samaritergeschichte ein rührseliges Märchen mit Happy End zu machen. Sie will ihren Film als »eine Art Allegorie auf die Unterschiede zwischen den Argentiniern und die Indifferenz, mit der sie einander begegnen« verstanden wissen. Wenn die Suche Esteban und die Unbekannte am Ende zueinander und auch wieder voneinander weg führt und beide sich ihre Erlebnisse jener Nacht erzählen, dann erscheint das wie der Beweis, dass auch im Dickicht der Städte so etwas wie Menschlichkeit und Solidarität existieren kann.

Raimund Gerz, epd-film, 6/2002

Teenage Caveman 801

TEENAGE CAVEMAN **

Video

Regie: Larry Clark
Darsteller: Andrew Keegan (David), Tara Subkoff (Sarah), Richard Hillman (Neil), Jeffrey Pritz (Hunter), Tiffany Limos (Judith), Stephen Jasso (Vincent)
Drehbuch: Christos N. Gage
Kamera: Steve Gainer
Musik: Zoe Poledouris
Schnitt: Daniel Cahn
Prod.: Creature Features Prod.; USA 2001; 86 Min.
Vertrieb: Columbia TriStar, 7.5.2002
FSK: ab 18 J.

Ein Jahrhundert nach der Nuklearkatastrophe schlägt sich eine Teenietruppe nach Seattle durch, wo es alles gibt, was seit langem verboten ist: Sex, Musik, Drogen. US-TV-SF-Action à la Larry Clark: um Satire, um Kritik bemüht, aber grobschlächtig und unreflektiert.

Temmink – The Ultimate Fight 802

TEMMINK – THE ULTIMATE FIGHT **

Video

Regie: Boris Paval Conen
Darsteller: Jack Wouterse (Temmink), Jacob Derwig (David), Ingrid Desmet, Herman Gilis, Will van Kralingen, Victor Löw
Drehbuch: Arend Steenbergen
Kamera: Danny Elsen
Musik: Maurits Overdulve Soundpalette
Prod.: Motel Films; Niederlande 1998; 90 Min.
Vertrieb: Sunfilm Video, 11.6.2002
FSK: ab 18 J.

Lebenslänglich oder in die Kampfarena – diese Wahl blüht Mördern im Holland der Zukunft. Einer, der sich für die zweite Variante entschied, beginnt zu rebellieren ... Mit dem Versuch zur Gesellschaftssatire angereicherter Kampfsport-Actioner, bei dem die Genre-Mischkalkulation nur selten aufgeht.

Ten Minutes Older: The Trumpet 803

TEN MINUTES OLDER: THE TRUMPET ***

Regie: Aki Kaurismäki »Dogs have no hell«, Victor Erice »Lifeline«, Lucki Stipetic »Ten Thousend Years Older«, Cecilia Kate Roque »Int. Trailer. Night«, Wim Wenders »Twelve Miles to Trona«, Spike Lee »We Wuz Robbed«, Chen Kaige »100 Flowers Hidden Deep«

Darsteller: Markku Peltola, Kati Outinen, Marko Haavisto, Ja Poutahaukat, Ana Sofia Liano, Pelayo Suarez, Celia Poo
Drehbuch: Aki Kaurismäki, Victor Erice, Werner Herzog, Jim Jarmusch, Wim Wenders, Zhang Tan
Kamera: Timo Salminen, Olli Varja, Angel Luis Fernandez, Vicente Rios, Frederick Elmes, Phedom Papamichael, Chris Norr, Yang Shu
Musik: Paul Englishby, gespielt von Hugh Masekela
Schnitt: Aki Kaurismäki, Julia Juaniz, Joe Rini, Jay Rabinowitz, Mathilde Bonnefoy, Barry Alexander Brown, Li Fang
Prod.: Odyssey/Matador/Road Movies mit Atom Films/wildlife Films Amazonas; D/GB 2002; 91 Min.
UA: 18.5.2002, Int. Filmfestspiele Cannes, »Un Certain Regard«
EA: Filmfest München 2002
Verleih: Ott Film, 19.12.2002

Kreativ völlig frei, bringen sieben Regisseure ihre persönliche Interpretation von »Zeit« in jeweils zehn Minuten auf die Leinwand. »Ten Minutes Older« spiegelt so fundamentale menschliche Erfahrungen: Geburt und Tod, Liebe und Sex, das Drama des Augenblicks, Geschichte und urzeitliche Mythen – an so unterschiedlichen Schauplätzen wie dem Dschungel Südamerikas und den Straßen von New York.

›Dogs have no hell‹:
Der Protagonist hat den Traum einer arbeitsreichen Zukunft auf den Ölfeldern von Sibirien. Da er auch ein Feigling ist, kann er nicht gehen, ohne ein Stück Vaterland mitzunehmen – seine zukünftige Frau.

›Lifeline‹:
Der spanische Regisseur von »El Sur« und »The Quince Tree Sun« wählt die ländliche Kulisse eines Sommerabends, jene des 28. Juni 1940. Es ist der Tag, an dem die deutsche Wehrmacht die französische Grenze überquerte und in Spanien einmarschierte.

›Ten Thousand Years Older‹:
Ein Besuch bei Ureinwohnern im brasilianischen Regenwald 20 Jahre nach deren erstem Kontakt mit der modernen Welt.

›Int. Trailer. Night‹:
Eine Schauspielerin wird vom Set in

Spike Lee Episode in ›Ten Minutes Older‹

ihren Trailer gebracht, in dem sie ihre zehnminütige Pause verbringt.

›*Twelve Miles to Trona*‹:
Der Film handelt von den »three R's, Rock 'n' Roll, Road und Relativity of Time« und basiert auf einer persönlichen Erfahrung.

›*We Wuz Robbed*‹:
Es geht um ein Stück moderne Zeitgeschichte in den USA: Die entscheidenden Minuten, in denen die jüngste Präsidentschaftswahl zwischen George W. Bush und Al Gore entschieden wurde.

›*100 Flowers Hidden Deep*‹:
Ein wehmütiges Gleichnis über das sich schnell verändernde Gesicht des heutigen Peking.

Kritik: (…) So werden denn in »Ten Minutes Older« die einzelnen Filme nicht hart voneinander getrennt, sondern auf dem Fluss der Zeit sanft dahingetragen, umspielt von den sehnsuchtsvoll-melancholischen Klängen von Hugh Masekelas Trompete. Im Gegensatz zu dem unter dem Schock der Anschläge vom 11. September entstandenen Episodenfim »11'09"01« ist hier eine gelassene Ruhe spürbar, mit der die Regisseure ans Werk gingen, und eine Lust am Bildermachen, mit neuen digitalen Farbexplosionen oder in traditionellem Schwarzweiß. Ein lyrischer Kinoessay also, über die individuelle Wahrnehmung von Zeit. Eine Reflexion, die natürlich kein Ende kennt. 14 Regisseure aus aller Welt sind der Einladung der drei Produzenten gefolgt, und der Folgefilm ist bereits fertig, »Ten Minutes Older – The Cello«, bei dem unter anderen Bernardo Bertolucci, Jean-Luc Godard und Volker Schlöndorff mit von der Partie sind.

Anke Sterneborg, SZ, 19.12.2002

Interview: *Wie kam es zu dem Projekt »Ten Minutes Older – The Trumpet«?*

Die Idee ist einem verrückten Engländer vor sechs Jahren gekommen, Nicholas McClintock. Ich war eines seiner ersten Opfer, aber ich muss sagen: Ich fand seine Idee gut.

Was hat Sie daran gereizt?

So einen »Omnibus-Film« mit vielen Regisseuren hat es schon lange nicht mehr gegeben. In den 60er-Jahren war das ja ein beliebtes Format. Und wann bekommt man heutzutage noch die Chance, einen Kurzfilm zu machen? Noch dazu in so illustrer Gesellschaft. Jedenfalls habe ich Nick McClintock damals geholfen, ein paar andere Opfer einzufangen. Dann hat es noch mal Jahre gedauert, bis die Finanzierung stand. Schließlich hat Ulrich Felsberg mit unserer Firma Road Movies hier aus Berlin den Film produziert. Plötzlich hatten alle jemals angesprochenen Regisseure Lust mitzumachen – womit man ja nicht hatte rechnen können –, und so wurden letztendlich zwei »Ten Minutes Older«-Filme daraus.

Was bedeutet »The Trumpet«?

Das Instrument, das die Musik spielt, welche die einzelnen Kurzfilme miteinander verbindet, ist im »Ten Minutes Older«-Film eine Trompete. Im zweiten Film, der im Frühjahr 2003 starten wird, ist es dann ein Cello.

Inwieweit waren Sie in das Konzept involviert?

Überhaupt nicht. Jeder der beteiligten Regisseure war einzig und allein für seinen eigenen zehnminütigen Film zuständig.

Ein durchgängiges Konzept ist ja nur schwer zu erkennen …

Das Konzept war ja auch nicht komplexer, als es der Titel selbst schon vorgibt: Wie definiert man zehn Minuten Zeit im Leben als Zeit im Film.

Hatten Sie Einfluss auf die Reihenfolge der Filme?

Nein, auch nicht. Ich habe erst im Kopierwerk festgestellt, dass ich zwischen Jim Jarmusch und Spike Lee lag. *Wim Wenders im Interview mit Heike Gläser, Zitty, 26/2002*

The One 804

THE ONE ***

Regie: James Wong
Darsteller: Jet Li (Gabe Law/Gabriel Yulaw/Lawless), Carla Gugino (T. K. Law/ Massie Walsh), Delroy Lindo (MVA-Agent Harry Roedecker), Jason Statham (Agent Evan Funsch), James Morrison (Aldrich), Dylan Bruno (Yates)
Drehbuch: Glen Morgan, James Wong
Kamera: Robert McLachlan
Musik: Trevor Rabin, Paul Linford
Schnitt: James Coblentz
Prod.: Revolution/Hard Eight; USA 2001; 87 Min.
Verleih: Senator, 14.11.2002

Ein von Allmachtsfantasien besessener Killer macht verschiedene parallel existierende Universen im All unsicher, bis ein ebenbürtiger Doppelgänger im Polizeidienst ihn in den Hades schickt. Kung-Fu-Star Jet Li verkörpert beide mit Superkräften kämpfenden Hauptfiguren in diesem utopischen Martial-Arts-Krimi, der einige sehenswerte Actionsequenzen, aber keine spannende Handlung zu bieten hat. Unbeholfen agierende Nebendarsteller und dämliche Dialoge sorgen für unfreiwillige Komik und Kopfschütteln beim Zuschauer.
Ralph Umard, tip, 7.11.2002

Kritik: (...) Wie zwei Martial-Arts-Krieger, die eigentlich dieselbe Person sind, hier versuchen, immer eine Spur schneller, eine Nuance gemeiner zu sein als der andere, der trotzdem jede Bewegung vorhersieht, das ist schon atemberaubend. Und auch die Zukunftsperspektive, die der Film entwirft, ist letztlich erfreulich. Denn wenn das Gesetz und gute Freunde dafür sorgen, dass einem »fighter« zum ewigen Kampf und einem »lover« zur ewigen Liebe verholfen wird, kann man mit dem Universum ganz zufrieden sein. Nur aus der angestrebten Vollkommenheit wird wieder mal nichts.
Doris Kuhn, SZ, 15.11.2002

Thelma 805

THELMA ***

Regie: Pierre-Alain Meier
Darsteller: Laurent Schilling (Vincent Fleury), Pascale Ourbih (Thelma), Nathalia Capo d'Istria (Fenia Gaitanides)
Drehbuch: Jacques Akchoti, Pierre-Alain Meier, Lou Inglebert, Barbara Sobeck
Kamera: Thomas Hardmeier
Musik: Calexico
Schnitt: Loredana Cristelli
Prod.: Thelma Film/Ciné Manufacture/ Ideefixe; Schweiz/Frankreich/Griechenland 2001; 95 Min.
Verleih: MOP, OmU, 28.11.2002

Dem desillusionierten Taxifahrer macht eines Abends eine geheimnisvolle Frau das Angebot, sie für 10.000 Franken nach Kreta zu fahren. Vincent willigt ein und verliebt sich in Thelma, die nicht nur unwiderstehlich, sondern auch ein Mann und Vater einer kleinen Tochter ist. Ein kleines Roadmovie, schön gespielt, aber Regisseur Pierre-Alain Meier macht wenig aus der komplexen, melodramatischen Ausgangssituation: Die Unmöglichkeit der Beziehung zwischen Vincent und Thelma führt Meier seinen Zuschauern zähe 90 Aufklärungsminuten lang vor Augen.
Marcus Weingärtner, tip, 24/2002

Thirteen 806

THIRTEEN ***

Regie: David Williams
Darsteller: Nina Dickens (Nina), Lillian Folley (Lillian), Don Semmens (Maler), Michael Aytes (Michael), Hermine Douglas (Sekretärin), Alan Douglas
Drehbuch: David Williams
Kamera: David Williams
Musik: Cecil Hooker, Shep Williams, Carlos Garza
Schnitt: David Williams
Prod.: Bellevue Films; USA 1997; 87 Min.
EA: 18.2.1998, Int. Forum des Jungen Films Berlin
Verleih: Freunde, OmU, ab Mai 2002

Nina hat Nerven: Mit ihren 13 Jahren steigt sie einfach so ins nächstbeste Auto, für einen Spontantrip ins Umland. Weder hat das Mädchen zu Hause irgendeine Nachricht hinterlassen, noch hat sie ihre Reise durchs herbstlich-ländliche Virginia groß geplant. Der Kindskopf will einfach ein bisschen mit sich allein sein und über den Sinn des Lebens nachgrübeln. Während Mama Lillian daheim eine gigantische Suchaktion startet, trifft die Ausreißerin größtenteils reizende Leute. Und nach ein paar Tagen steht Nina plötzlich wieder bei ihrer Mutter im Zimmer.
Die restliche Zeit des Films beobachtet Regisseur David Williams seine Hauptdarstellerin bei ihren Bemühungen, sich Geld für ein eigenes Auto zusammenzusparen. Sie steht einem Hobbymaler Modell, mäht Rasen, hütet Kinder und Tiere – und sieht schließlich ein, dass auch mit noch so viel Arbeit nicht jeder Wunsch innerhalb eines Jahres zu verwirklichen ist. Mit der Methode, seine Nachbarn für ein Langzeitfilmprojekt zu begeistern und sie mehr oder weniger sich selbst spielen zu lassen, gelingt Regisseur Williams ein stimmiges Porträt einer Pubertierenden und ihrer Familie – glaubwürdig, humorvoll, lebensprall, authentisch.

Horst E. Wegener, Zitty, 7/2002

Three Below Zero – Drei unter Null 807

THREE BELOW ZERO ***+

Regie: Simon Aeby
Darsteller: Kate Walsh (Moriat Greenberg), Judith Roberts (Nora Littman), Wes Bentley (Julian Fincher), Don Creech (Mark), José Raballo (José), Jack Williams (Walter)
Drehbuch: Simon Aeby
Kamera: Jamie Silverstein
Musik: Stephan Massimo, Frank Hoenninger
Schnitt: Markus Goller
Prod.: R. K. N. Y. Pic./Roman Kuhn Prod./SF DRS; USA/Schweiz/D 1998; 86 Min.
UA: Int. Filmfestspiele Cannes 2002
EA: Max-Ophüls-Filmfestival Saarbrücken 1999
Verleih: Knipp, 13.6.2002
FSK: ab 12 J., ffr.

Drei Mieter in einer Gewitternacht in der Waschküche eines New Yorker Mietshauses. Dann fällt die Tür ins Schloss. Julian, Moriat und Nora sind gefangen und haben genug Zeit, sich mit ihren Ängsten, Träumen und Neurosen in den Wahnsinn zu treiben. Dass es anders kommt, versteht sich. Das Kammerspiel des Schweizers Simon Aeby wurde mit dem Max-Ophüls-Preis ausgezeichnet und gefällt durch hervorragende Schauspieler. Die deutsche Synchronisation ist allerdings eine schlichte Katastrophe, der Film derart höchstens annehmbar.

tip, 12/2002

Kritik: (...) Simon Aeby gelingt es, aus einem eher fürs Theater geeigneten Stück eine reife cineastische Rarität zu machen. Die Kamera umkreist die Eingeschlossenen, Licht und Raum werden immer bedrohlicher. Und das Ende bietet noch eine Überraschung.

Angie Dullinger, AZ, 13.6.2002

Auch wenn der Handlungskern der Inhaltsangabe – drei Personen in einem Keller – manchen Zuschauer erst einmal skeptisch stimmen dürfte: »Three Below Zero« ist keine Sekunde langweilig. Dazu tragen überraschende Wendungen der Handlung ebenso bei wie psychologisch ausgefeilte Figurenzeichnungen und die präzisen, ja manchmal sogar witzigen Dialoge.
Überdies hat der Kameramann Jamie Silverstein die klaustrophobische Konstellation, die an frühe Filme von Roman Polanski erinnert, in faszinierend dichte Cinemascopebilder gebannt. Das Dreipersonenstück lebt natürlich von der Leinwandpräsenz der Schauspieler, denen die Reibungsflächen der »huis clos«-Konstellation jede Menge Gelegenheit zur Entfaltung ihrer Talente geben.

Reinhard Kleber, Filmecho-Filmwoche, 22/2002

Thugs 808
THUGS **
Video

Regie: Blake Calhoun
Darsteller: Roald Martinsen (Larry), Stephen A. Elkins (George), Keith D. Allgeier (Rance), Joette Rhodes (Kate), Lindsay L. Lee (Donna), Joe Saba (Hudson)
Drehbuch: Blake Calhoun
Kamera: Ian Wagner
Schnitt: Blake Calhoun
Prod.: USA 1998; 82 Min.
Vertrieb: e-m-s Video, 25.6.2002
FSK: ab 16 J.

Zwei Mafiosi wollen ihren Paten beklauen und türmen. Dialoglastiges Gangsterdrama mit großen Vorbildern, die freilich nicht einmal gestreift werden.

Thunderbirds! 809
MUNJE! □

Regie: Radivoje Andric
Darsteller: Boris Milivojevic (Mare), Sergej Trifunovic (Pop), Maja Mandzuka (Kata), Milica Vujovic (Lola), Zoran Cvijanovic (Deda Mraz), Nebojsa Glogovac (Pandur)
Drehbuch: Srdja Andjelic
Kamera: Dusan Joksimovic
Schnitt: Marko Glusac
Prod.: Yodi Movie; Jugoslawien 2001; 90 Min.
EA: 7.10.2001, Goethe-Forum München

Pop und Mare, seit der Grundschule die besten Kumpel, wollen die Musikszene erobern. Um ihren einzigen Song aufnehmen zu können, haben Mare heimlich die Bohrmaschine seines Vaters und Pop die Schallplatten seines Bruders verkauft. Aber der Besitzer des Klubs »The Bottom«, in dem sie den Song aufnehmen wollen, hat nicht vergessen, dass er von den beiden in der Schule gehänselt wurde, und beschließt, ihnen eins auszuwischen. *Katalog Goethe-Forum*

Tiexi District 810
TIEXI QU □
Video

Regie: Wang Bing
Drehbuch: Wang Bing
Kamera: Wang Bing
Schnitt: Wang Bing
Prod.: China 2002; 300 Min.
UA: 8.2.2002, Int. Forum des Jungen Films Berlin
Vertrieb: Freunde, ab September 2002

Der Kameramann Wang Bing ist in den »Tiexi District« gefahren, eins der größten Industriegebiete der Mandschurei. Seit der Staat das Prestigeprojekt 1998 aufgab, leben dort eine Million Arbeitslose. Zwei Jahre lang hat Wang Bing heimlich gedreht. Fünf von 300 Stunden Filmmaterial zeigt er nun in Berlin: erschütternde Bilder aus einer gigantischen Geisterstadt, von der selbst die meisten Chinesen nicht wissen, dass es sie gibt.

Tigermännchen sucht Tigerweibchen 811
***
TV

Regie: Michael Kreihsl
Darsteller: Aglaia Szyszkowitz (Marlene Singer), Richy Müller (Rüdiger Mauskopf), Ginger Wensky (Stella Singer), Stephan Dellgrün (Max Mauskopf), Johannes Silberschneider (Pauli), Felix Eitner (Susu)
Drehbuch: Eva Spreitzhofer-Wiesner
Kamera: Oliver Bokelberg
Musik: Uli Reuter
Prod.: D 2001; 85 Min.
TV: 14.8.2002, ARD, 20.15

Rüdiger, ein frustrierter Grafiker um die 40, illustriert Groschenromane und lebt mit seinem Sohn Max im Chaos. Marlene, allein erziehende Mutter um die 30, arbeitet als Lektorin und erlebt mit Männern nur Enttäuschungen. Als die beiden sich durch eine Kontaktanzeige kennen lernen, ist es Liebe auf den ersten Blick. Dummerweise verschweigen die beiden einander, dass sie Kinder haben. Das Chaos ist vorprogrammiert. *Pressetext*

Time Code 812
TIME CODE □

Regie: Mike Figgis
Darsteller: Xander Berkeley (Evan Watz), Golden Brooks (Onyx Richardson), Saffron Burrows (Emma), Viveka Davis (Viktoria

Cohen), Richard Edson (Lester Moore), Aimee Graham (Sik Nurse)
Drehbuch: Mike Figgis
Kamera: Patrick Alexander Stuart
Musik: Mike Figgis, Anthony Marinelli
Prod.: Red Mullet Prod.; USA 2000; 97 Min.

Ein Experimentalfilm, der vom Dogma übrig blieb: Mike Figgis versammelte eine Riege Schauspieler und ließ sie eine typische Hollywoodkonstellation spielen – Casting, Neurose, Betrug. Dazwischen vier digitale Kameras, die alles aufzeichneten. Ergebnis ist eine Videoinstallation, die sich ins Kino verirrt hat: Das Filmbild ist geviertelt, das Publikum gerät in ein Spiegelkabinett der Eitelkeiten, in dem alles und nichts von Interesse ist.

Bert Rebhandl, tip, 13/2002

Kritik: (…) Schon wenn der Film aus dem Dunkel auftaucht, blitzt ein Fadenkreuz auf, das die Leinwand in vier gleiche Flächen zerteilt. Dann sieht man Zeiger, Pegel, Ausschläge – und der Timecode beginnt zu laufen, auf allen vier Leinwandvierteln gleichzeitig. Und so bleibt es auch bis zum Ende: Man sieht vier Bilder gleichzeitig, vier Handlungsfäden, die aufeinander zulaufen, sich manchmal kreuzen und verknoten und doch stets ihrer eigenen Spur folgen. Ein logistischer Albtraum: vier Kameras gleichzeitig zu starten und so aneinander vorbeizudirigieren, dass sie sich nicht gegenseitig ins Bild kriegen; zwei Dutzend Schauspieler so agieren zu lassen, dass sie 90 Minuten lang nie aus der Rolle fallen und stets wissen, was sie zu tun haben. Aber am Ende ist »Time Code« ein Sieg der Risikofreude gegen jede Wahrscheinlichkeit.
Figgis' Herangehensweise ist eine musikalische, indem er mit den vier Bildern umgeht wie ein Dirigent mit seinem Orchester. Und den Blick lenkt er ohnehin mit dem Ton, sodass die Aufmerksamkeit sich ganz natürlich immer nur einem Bild zuwendet. Man sieht diesen Film also mit den Ohren.

Michael Althen, SZ, 10.8.2000

The Time Machine 813
THE TIME MACHINE ***

Regie: Simon Wells
Darsteller: Guy Pearce (Alexander Hartdegen), Samantha Mumba (Mara), Mark Addy (David Philby), Sienna Guillory (Emma), Phyllida Law (Frau Watchit), Omero Mumba (Kalen)
Drehbuch: John Logan, nach dem gleichnamigen Roman von H. G. Wells und dem Drehbuch von David Duncan
Kamera: Donald M. McAlpine
Musik: Klaus Badelt
Schnitt: Wayne Wahrman
Prod.: Parkes/MacDonald Prod. für DreamWorks/Warner; USA 2001; 96 Min.
Verleih: Warner, 21.3.2002
Vertrieb: Warner Video (Video, DVD)
FSK: ab 12 J., ffr. – **FBW:** Wertvoll

Aus Verzweiflung über den Tod seiner Verlobten versucht ein Wissenschaftler, mit seiner Zeitmaschine die Vergangenheit zurückzuholen, aber die Maschine katapultiert ihn in die Zukunft.

Kritik: (…) Äußerst mutlos ist der klassische Stoff modernisiert, sind die intellektuellen Zwischentöne des Originals konsequent herausgestrichen und die Lücken mit Genreklischees und Digitalgetöse gefüllt. Gute Zukunftsgeschichten erzählen auch immer etwas über die Gegenwart. Simon Wells »Time Machine« spiegelt die Ideenlosigkeit unserer Zeit.

Martin Schwickert, AZ, 21.3.2002

Time Shift 814
TOMORROW MAN **
Video

Regie: Douglas Campbell
Darsteller: Corbin Bernsen (Larry Mackey), Zachary Galligan (Spence), Stevie Johnson (Griffin), Beth Kennedy (Vick), Morgan Rusler (Mac), Elizabeth Sandifer
Drehbuch: Douglas Campbell
Kamera: M. David Mullen
Musik: Kubilay Uner
Prod.: Bedford Ent.; USA 2001; 90 Min.
Vertrieb: VCL Video, 31.7.2002
FSK: ab 16 J.

Bewaffnete Gangster entführen Familiendespoten samt Sohn von 1970 nach 2000. Sciencefictionthriller, der dem abgenudelten Thema »Zeitreise« ein paar wenige neue Facetten abringen kann.

Tinpis Run 815

TINPIS RUN ***

TV

Regie: Pengau Nengo
Darsteller: Rhoda Selan (Joanna), Leo Konga (Papa), Oscar Wanu (Naaki), David Asitore (Chauffeur), Gerard Gabud (Peter Subek), Stan Walker
Drehbuch: John Barre, Séverin Blanchet, Martin Maden, Pengau Nengo, Paul Frame
Kamera: Martin Maden
Musik: Séverin Blanchet, Mick Giani
Schnitt: Andrée Davanture, Murial Wolfers
Prod.: JBA/Tinpis/La Sept/RTBF/Femmis-Skul Bilong Wokim Piksa mit Channel4
Prod.: Jacques Bidou; Frankreich/Papua-Neuguinea/GB/Belgien 1990; 94 Min.
UA: 10.6.1991, Sydney Film Festival
TV: 1.8.2002, Arte, 23.45, OmU

Nach einem Unfall kann sich Taxifahrer Papa vom Versicherungsgeld sein eigenes Sammeltaxi (Tinpis) kaufen. (...) Bei seinem Unfall kam ihm Naaki, ein Papua aus der Stadt, zu Hilfe. Als Belohnung verspricht Papa ihm die Hand seiner Tochter Joanna und möchte ihn zu seinem Beifahrer machen. (...) *Pressetext*

Titus 816

TITUS ***+

Video

Regie: Julie Taymor
Darsteller: Anthony Hopkins (Titus Andronicus), Jessica Lange (Tamora), Alan Cumming (Saturninus), Colm Feore (Marcus), James Frain (Bassianus), Laura Fraser (Lavinia)
Drehbuch: Julie Taymor, nach dem Drama »Titus Andronicus« von William Shakespeare
Kamera: Luciano Tovoli
Musik: Elliot Goldenthal
Schnitt: Francoise Bonnot
Prod.: Clear Blue Sky/Overseas Group/NDF/Urania; USA 1999; 162 Min.
Vertrieb: e-m-s Video (Sunfilm), 15.10.2002
FSK: ab 16 J.

Die Hinrichtung des Gotenprinzen beschert dem römischen Feldherrn Titus Andronicus eine Reihe von Katastrophen. Eigenwillige, zuweilen gewöhnungsbedürftige Shakespeare-Verfilmung, die dennoch nicht einer Faszination entbehrt.

Bruderzwist und Blutschande; Krieg und Intrigen; Vergewaltigung, Verstümmelung, Kannibalismus, Ehebruch, Kindermord, Rassismus, Rache: Schlag nach bei Shakespeare, denn da steht was drin. Hätte ein heutiger Drehbuchautor dieses ebenso melodramatische wie exzessiv-brutale Familiendrama aufgegriffen und ein paar Actionstars angeheuert, würde es der Film sicher schwer haben, der Zensur zu entrinnen. Mit fester Hand inszenierte Theaterregisseurin Taymor – die den Broadway mit ihrer Vision von Disney's »Lion King« eroberte – als Kinodebüt ihre eigene Bühnenfassung des »Titus« aus dem Jahre 1994 an Originalschauplätzen in Rom und im kolossalen Amphitheater von Pula in Kroatien.

Andreas Fuchs,
Filmecho-Filmwoche, 4/2000

To End All Wars – Die wahre Hölle am River Kwai 817

TO END ALL WARS ***

Video

Regie: David L. Cunningham
Darsteller: Ciaran McMenamin (Ernest Gordon), Robert Carlyle (Campbell), Kiefer Sutherland (Reardon), Mark Strong (Dusty), Sakae Kimura (Ito), Masayuki Yui (Noguchi)
Drehbuch: Brian Godawa, nach dem Buch von Ernest Gordon
Kamera: Greg Gardiner
Musik: Maire Brennan, John Cameron, Trevor Jones
Schnitt: Tim Silano
Prod.: GB/USA/Thailand 2002; 108 Min.
Vertrieb: Starmedia Video, 30.11.2002
FSK: ab 16 J.

US-Strafgefangene in einem Höllencamp der Japaner im Zweiten Weltkrieg sollen eine Bahnlinie durch den Dschungel bauen. Das teilt die Soldaten in zwei Lager. Heftig an die Nieren gehender, um Authentizität bemühter Kriegsfilm.

Die Tochter des Kommissars 818

***+
TV

Regie: Christine Hartmann
Darsteller: Lisa Maria Potthoff (Leonie), Herbert Knaup (Harms), Joram Völklein (Steffen), David Winter (Tobi), Angela Roy (Maigold), Thomas Letocha
Drehbuch: Peter Petersen
Kamera: Volker Titter
Musik: Fabian Römer
Schnitt: Cosima Schell
Prod.: d. i. e. film für ZDF/Arte; D 2001; 86 Min.
TV: 2.11.2001, Arte, 20.45

Kommissar Harms entdeckt, dass seine 20-jährige Tochter Leonie drogenabhängig ist. Als er bei einer Razzia eine größere Menge Drogen sicherstellt, unterschlägt er den Fund, um seine Tochter selbst zu versorgen und sie damit unabhängig von Dealern zu machen.

Tod aus dem All 819

THE DAY THE WORLD ENDED **
Video

Regie: Terence Gross
Darsteller: Bobby Edner (Ben), Randy Quaid (Dr. Michael McCann), Nastassja Kinski (Dr. Jennifer Stillman), Kathryn Fiore (Maggie), Harry Groener (Sheriff), Stephen Tobolowski (Ed Turner)
Drehbuch: Max Enscoe, Annie de Young
Kamera: Mark Vargo
Musik: Charles Bernstein
Schnitt: Stephen Mark
Prod.: Creature Features; USA 2001; 91 Min.
Vertrieb: Columbia TriStar, 13.2.2002
FSK: ab 16 J.

New-York-gestresste Psychologin zieht in die finsterste US-Provinz, um dort mit der Waise Ben konfrontiert zu werden, die behauptet, Alienabkömmling zu sein. Um psychologische Dichte bemühter US-TV-SF-Thriller mit schlichter Botschaft.

Der Tod hat eine Postleitzahl 820

1732 HÖTTEN – MARERITTET HAR ET POST NUMMER ***+
TV

Regie: Karin Julsrud
Darsteller: Reidar Sörensen (Nicholas Ramm), Gaute Skjegstad (Niklas Hartmann), Jon Öigarden (Baste Hartmann), Trond Hövik (Holger), Stig Henrik Hoff (Dwayne), Laila Goody (Victoria)
Drehbuch: Finn Gjerdrum, Kjetil Indregard
Kamera: Philip Ögaard
Musik: Kjetil Bjerkestrand, Magne Furuholmen
Schnitt: Sophie Hesselberg
Prod.: Norsk Film; Norwegen 1998; 93 Min.
TV: 25.2.2002, ZDF, 22.15

Ein Kommissar aus Oslo wird in eine ländliche Gemeinde beordert, um den mysteriösen Mord an einem Teenager aufzuklären. Schnell stößt er hier auf eine Wand von Vorurteilen, Schweigen und Gewalt. Mit wachsender Wut vergräbt er sich immer stärker in diesen Fall, bis auch für ihn die Grenzen zwischen Wahrheit und Lüge, Recht und Rache ins Wanken geraten.
Pressetext

Der Tod ist kein Beweis 821

****
TV

Regie: Dagmar Hirtz
Darsteller: Monika Baumgartner (Irmgard Gruber), Peter Lerchbaumer (Jakob Gruber), Lisa Marie Potthoff (Maria), Florian Brückner (Matthias Gruber), Jürgen Tonkel (Uhlenbrock), Andreas Borcherding (Werner)
Drehbuch: Frauke Hunfeld, nach einer wahren Begebenheit
Kamera: Jo Heim
Musik: Annette Focks
Schnitt: Nicola Undritz
Prod.: MTM Medien für ZDF; D 2002; 89 Min.
UA: 30.6.2002, Filmfest München
TV: 21.10.2002, ZDF, 20.15

Die Selbstmordtragödie »Der Tod ist kein Beweis« hat im Spannungsfeld Stadt/Land, in den bayerischen Dorfhierarchien und in den »normalen« Feigheitsspielregeln der Polizisten-»Solidarität« ihre tieferen Auslöser. Das Mobbing gegen die »Neue« vom Land im Münchner Polizeirevier, gesteuert von einem primitiven Machtneurotiker mit Potenzkomplex, wird von der Behörde als Privatproblem kleingeredet. Die fragende Mutter wird eingeschüchtert. Dass der Film zum Lehrstück einer verweigerten Einschüchterung wird, verdankt er der großartigen Monika Baumgartner – als eine vom Dorf, die man schnell ducken kann, aber nicht dauerhaft.

Ponkie, AZ, 23.10.2002

Der Todesengel aus der Tiefe 822

MERMAID CHRONICLES PART 1: SHE CREATURE ***
Video

Regie: Sebastian Gutierrez
Darsteller: Rufus Sewell (Angus Shaw), Carla Gugino (Lilian), Jim Piddock (Capt. Dunn), Reno Wilson (Bailey), Mark Aiken (Gifford), Fintan McKeown (Skelly)
Drehbuch: Sebastian Gutierrez
Kamera: Thomas L. Callaway
Musik: David Reynolds
Schnitt: Daniel Cahn
Prod.: Columbia TriStar/HBO; USA 2001; 91 Min.
Vertrieb: Columbia TriStar Video, 22.1.2002
FSK: ab 16 J.

Eher ungewöhnlicher Fantasyhorror-Thriller mit interessanten Facetten: Anfang des letzten Jahrhunderts entführt irischer Schausteller eine veritable Nixe, um mit ihr nach USA zu fliehen. Doch schon unterwegs erlebt er eine böse Überraschung.

Ein tödlicher Blick der Liebe 823

THE DEADLY LOOK OF LOVE □
TV

Regie: Sollace Mitchell
Darsteller: Jordan Ladd (Janet Flanders), Vincent Spano (Brett Becker), Holland Taylor (Evelyn McGinnis), Roman Podhora (Jerry Singleton), Jayne Heitmeyer (Kathleen Murdock), Mimi Kuzyk
Drehbuch: Mark Frost, nach dem gleichnamigen Fernsehspiel von Sollace Mitchell
Kamera: James R. Bagdonas
Musik: Dennis McCarthy
Prod.: C. M. Two/Hearst Ent.; USA 2000; 87 Min.
TV: 12.10.2002, ZDF, 0.45

Janet Flanders ist besessen von dem Wunsch nach einer erfüllten Beziehung, gerät aber immer an die falschen Männer. Als sie ihren Traummann gefunden hat und der eine andere Frau heiraten will, sinnt sie enttäuscht auf Rache.

Tödlicher Tausch 824

THE SWAP ***
TV

Regie: David Drury
Darsteller: Jemma Redgrave (Jen), Michael Maloney (Tom), Jonathan Cake (Charles Anderson), Phyllida Law
Prod.: GB 2001; 116 Min.
TV: 21.11.2002, BR3, 21.45

Der Leisetreter-Thriller bot schleichenden Horror und verbarg hinter einem betrügerischen Ferienwohnungstausch eine bösartige Ehescheidungsfalle. Brillante Heimtücke!

Ponkie, AZ, 23.11.2002

Tödliches Rendezvous – Die Spur führt nach Palma 825

**
TV

Regie: Wolf Gremm
Darsteller: Heiner Lauterbach (Mike Hansen), Sandra Speichert (Coco Osthoff/Laura Witt), Heinz Hoenig (Hans Osthoff), Helmut Zierl (Rick Loewe), Marijam Agischewa (Sylvia Ebner), Cuco Wallraff (Oberkommissar Sanchez)
Drehbuch: Wolf Gremm, nach dem Roman »Endstation Palma« von Christoph Gottwald
Kamera: Eberhard Geick
Musik: Tamás Kahane
Schnitt: Claudia Fröhlich
Prod.: Ziegler Film für ZDF; D 2002; 87 Min.
TV: 7.10.2002, ZDF, 20.15

Spätestens bei Heiner Lauterbachs finsterem Männerblick, der sich mit Heinz Hoenigs blubbernder Mannsbilder-Kumpanei zur strategischen Halunkenjagd vereint, ahnt man, was das wird: ein Thriller-Schnulzen-Zuhälter-Reporter-Profikiller-Mädchenhändler-Puffabzocker-Vater-Tochter-Verfolgungsmelodram, verübt von Wolf Gremm und bar jeder Anheizerspannung, die so ein vordergründiger Ganovenkrimi braucht. (…)

Ponkie, AZ, 9.10.2002

Kritik: (…) Der vermeintliche Thriller erschöpft sich in touristischen Hochglanzfotos, die Psyche der Protagonisten bleibt durchsichtig, der Auflösung der Geschichte fehlt jegliche Überraschung.

Hans-Heinrich Obuch, FAZ, 7.10.2002

Tödliches Vertrauen 826
DOMESTIC DISTURBANCE ****+

Regie: Harold Becker
Darsteller: John Travolta (Frank Morrison), Vince Vaughn (Rick Barnes), Teri Polo (Susan), Matt O'Leary (Danny Morrison), Susan Floyd (Diane), Steve Buscemi (Ray Coleman)
Drehbuch: Lewis Colick, nach einer Story von William S. Comanor, Gary Drucker und Lewis Colick
Kamera: Michael Seresin
Musik: Mark Mancina
Schnitt: Peter Honess
Prod.: DeLine Pic./Krane Group für Paramount; USA 2001; 89 Min.
Verleih: UIP, 14.2.2002
Vertrieb: Warner Video (Video, DVD)
FSK: ab 16 J., ffr. – **FBW:** Wertvoll

Albtraumhafte Begegnung eines Zwölfjährigen mit dem zweiten Mann seiner Mutter, der ein kaltblütiger Mörder ist und ihn und den leiblichen Vater bedroht.

Kritik: (…) Dass manche Dinge so offensichtlich sind in diesem Film, ist schade. Schön aber ist die Unaufgeregtheit, mit der Harold Becker (der unter anderem »Sea of Love« inszeniert hat) seine altmodische Geschichte erzählt. Ricks Kampf um seinen Sohn gerät zunehmend zum wirren Albtraum, gleichzeitig ist »Tödliches Vertrauen« aber auch ganz »streight«. Eine Männersache: Vater und Sohn gegen einen Eindringling, den die Frau ins Haus gelassen hat.

Martina Knoben, SZ, 19.2.2002

(…) Grundsolider und schnörkelloser Suspensethriller mit einem grau melierten und ganz schön schwabbeligen John Travolta als guter Mesch von der Schiffsbauwerft.

Annette Kilzer, tip, 4/2002

Tödliches Vertrauen 827
****
TV

Regie: Johannes Grieser
Darsteller: Barbara Rudnik (Johanna Dorn), Christian Redl (Klaus Tönning), Otto Sander (Bernd Kortens), Thomas Sarbacher (Peter Markwart), Jule Gartzke (Katrin), Kai Lentrodt (Baumann)
Drehbuch: Timo Berndt
Kamera: Wulf Siegelmann
Prod.: Multimedia für ZDF; D 2002; 89 Min.
TV: 11.11.2002, ZDF, 20.15

Ein böser Thriller, der durch Mark und Bein geht. Die Serienmörderjagd im Stadtpark von Kassel nutzt alle Mystifikationstricks mit Täterprofil, Kommissarsfrust, romantisch-makabrem Schauplatz im Stadtwald und den Gefahren der verdeckten Ermittlung. (…) Ein Waldarbeiter und seine neue Hilfskraft, ein Rentner, der Kommissar, ein Psychopathenopfer in der Felsenhöhle – mit teuflischer Spannung und einem erstklassigen Ensemble wird ein Puzzle zusammengesetzt, das jeden »Tatort« übertrifft.

Ponkie, AZ, 13.11.2002

Total Blond 828
TOTALLY BLONDE **
Video

Regie: Andrew Van Slee
Darsteller: Krista Allen (Meg Peters), Maeve Quinlan (Liv Watson), Michael Buble (Van Martin), Brody Hutzler (Brad Wilson), Mindy Sterling (Ramona), Colin Mochrie
Drehbuch: Andrew Van Slee
Kamera: Jim Orr
Musik: Miles Hill, Ian Putz, Andrew Van Slee
Schnitt: Joyce Brand, John Rosenberg
Prod.: Extraordinary Films/Swingtime Prod.; USA 2001; 94 Min.
Vertrieb: Splendid (Warner) Video, 16.9.2002
FSK: ab 12 J.

Frisch blondiert scheitert die clevere Meg trotzdem mit dem Vorhaben, ihren tumben Exfreund zurückzuerobern. Mit Gesangsnummern aufgeplustertes Komödchen mit sanftem Dünnwitz.

Toter Mann 829
****
TV

Regie: Christian Petzold
Darsteller: Nina Hoss (Leyla), André Hennicke (Thomas Richter), Sven Pippig (Blum), Heinrich Schmieder (Richard), Kathrin Angerer (Sophie), Franziska Troegner

Nina Hoss und Sven Pippig in ›Toter Mann‹

Drehbuch: Christian Petzold
Kamera: Hans Fromm
Musik: Stephan Will
Schnitt: Bettina Böhler
Prod.: teamWorx für ZDF/Arte; D 2001; 88 Min.
UA: Int. Hofer Filmtage 2001
TV: 31.5.2002, Arte, 20.45

In einem Schwimmbad lässt sich eine junge Frau auf der Wasseroberfläche treiben, eine Figur, die man »Toter Mann« nennt. Thomas Richter, ein Rechtsanwalt, beobachtet sie dabei, trifft sie wieder und verliebt sich in die rätselhafte Leyla. Als er hinter ihr ungewöhnliches Geheimnis kommt, hat er sie schon fast verloren.

AZ TV Journal

Kritik: (…) »Toter Mann« ist gleich ein dreifaches Seelenporträt, und alle drei, Leyla, Blum und Thomas, phobienbehaftet und besessen, alle drei sind sie auf der Suche nach etwas. Sie sind überall auch fremd, wandern durch die Welten. Drei Wanderer in einem ganz merkwürdig anmutenden, bleiernen, fast gesichtslosen Deutschland, das er wie so ganz nebenbei kritisch beleuchtet. »Filme haben Fragen zu stellen«, sagt Petzold. So viel ist sicher: Die Filme dieses Regisseurs stellen jede Menge Fragen, lassen aufgewühlt zurück. »Toter Mann« ist ein leises Drama, eines, das ganz still in sich lebt, ohne technische Mätzchen daherkommt. Ein Drama der Askese.

Thilo Wydra,
Der Tagesspiegel, 31.5.2002

Interview: *Es ist etwas anderes, ob man fürs Fernsehen oder fürs Kino dreht. Beeinflusst Sie das beim Drehen?*

Bei den Produktionsverhältnissen sorge ich dafür, dass es keinen Unterschied gibt. Trotzdem gibt es natürlich diesen Unterschied: Man weiß einfach, dass man einen Film macht, der irgendwann zwischen »heute« und »heute-journal« läuft und damit eine Umgebung hat, in der es keine Kinofilme mehr gibt. Aber es war mir wichtig, dass es eine Kopie dieses Films gibt und ich ihn im Produktionsprozess auch behandeln konnte wie einen Kinofilm.

Wie hoch war bei »Toter Mann« das Budget?

Etwa 2,4 Millionen Mark.

Mussten Sie auch die fernsehüblichen 22 bis 23 Drehtage einhalten?

Es waren 28 oder 29 Drehtage. Ich fordere immer ein kleines Team und dafür aber mehr Drehtage, plus Probentage, plus Kinokopie. Dieses Herunterdrehen von Drehtagen hier in Deutschland finde ich entsetzlich.

Christian Petzold im Interview mit Thilo Wydra, Der Tagesspiegel, 5.10.2002

Der Traum der Rinaldis 830

LES RITALIENS ☐ TV

Regie: Natalie Carter, Philomène Esposito
Darsteller: Roland Giraud (Gisèle Moreau), Danièle Lebrun (Gisèle Moreau), Ennio Fantastichini (Francesco), Salomé Lelouch (Anna), Veronica Pivetti (Vittoria), Julia Maraval (Pasqualina)
Drehbuch: Natalie Carter, Philomène Esposito
Musik: Alexandre Desplat
Prod.: Frankreich 2000; 90 Min.
TV: 12.4.2002, Arte, 20.45

Der Italiener Francesco Rinaldi wandert mit seiner Familie von Kalabrien nach Frankreich aus, um seinen Töchtern Anna und Pasqualina ein besseres Leben zu bieten. Zwölf Jahre später haben sie sich hochgearbeitet und in ihrer neuen Heimat gut eingerichtet, reiben sich dann aber auf im Spannungsfeld von neuen Herausforderungen, Heimweh und Ausbeutung.

Tremors 3 – Die neue Brut 831

TREMORS 3 – BACK TO PERFECTION ** Video

Regie: Brent Maddock
Darsteller: Michael Gross (Burt Gummers), Shawn Christian (Jack Sanyer), Susan Chuang (Jodi Chang), Ariana Richards (Mindy Sterngood)
Drehbuch: John Whelpley
Kamera: Virgil L. Harper
Musik: Kevin Kiner
Schnitt: Drake Silliman
Prod.: Stampede Ent.; USA 2001; 104 Min.
Vertrieb: Universal, 23.5.2002
FSK: ab 12 J.

Nach 1989 und 1996 greifen die Erdwurmbestien nun zum dritten Mal harmlose US-Bürger an. Das war beim ersten Mal schon einmal zu viel. Trübes Horrorsüppchen für Gruseljunkies.

Das Tribunal 832

HART'S WAR ***

Regie: Gregory Hoblit
Darsteller: Bruce Willis (Col. William McNamara), Colin Farrell (Lt. Thomas Hart), Terrence Howard (Lt. Lincoln Scott), Cole Hauser (Staff Sgt. Vic Bedford), Marcel Iures (Col. Werner Visser), Linus Roache (Capt. Peter Ross)
Drehbuch: Billy Ray, Terry George, nach dem gleichnamigen Roman von John Katzenbach
Kamera: Alar Kivilo
Musik: Rachel Portman
Schnitt: David Rosenbloom
Prod.: Cheyenne Ent.; USA 2001; 125 Min.
Verleih: 20th Century Fox, 30.5.2003
Vertrieb: Fox Video (Video, DVD)
FSK: ab 12 J., ffr.
FBW: Besonders wertvoll

In einem deutschen Kriegsgefangenenlager führt der Mord an einen GI zu einem Militärgerichtsverfahren, bei dem ein unerfahrener Lieutenant einen farbigen Offizier verteidigen muss, der massiven rassistischen Anfeindungen ausgesetzt ist.

Kritik: (...) Den Helden dieses lauen Kriegs- und Gerichtsdramas spielt Colin Farrell, der als gut geföhnter und immer frisch rasierter Lieutenant Thomas Hart den Angeklagten verteidigt. Ein schwerfälliges juristisches Prozedere hebt an, das noch die bestversteckten Paragrafen des US-Militärrechts auskundschaftet. Am Ende dürfen sich – bis auf die Nazis – alle als wahre amerikanische Patrioten erweisen, schwelende Rassenkonflikte werden dabei mit entrücktem Blick auf die Nationalflagge überwunden, während Bruce Willis (in einer fast stummen Nebenrolle) einen moralisch erhebenden Heldentod stirbt.

Volker Gunske, tip, 12/2002

(…) Unter den in die Jahre gekommenen US-Actionrecken, die versuchen, ins Charakterfach zu wechseln, erscheinen Willis' Ambitionen am erfolgversprechendsten. Mit bekannter mimischer Zurückhaltung, aber hoher Intensität formt er hier wieder einen Charakter mit Haken und Ösen, der sich in seiner Stoik erst allmählich auf der Leinwand entfaltet.
Regisseur Gregory Hoblit versteht es gekonnt, plakativem Pathos und überbordender Sentimentalität eine Absage zu erteilen – zugunsten einer vielschichtigen Erzählung, die mit unvermuteten Wendungen aufwarten kann. *W. O. P. Kistner, AZ, 29.5.2002*

(…) Was Regisseur Hoblit mit diesem müden und mitunter wirren Mix aus Stalag-Studie, Gerichtsfilm und Rassenkonfliktdrama beabsichtigt hat, wird hingegen schnell offensichtlich. Trotz einiger spannender Momente ist »Das Tribunal« nichts mehr als ein penetranter Propagandafilm, der mal wieder soldatische Tugenden wie Disziplin, Opferbereitschaft und Pflichtbewusstsein abfeiert und dabei die patriotische Fahne so hochhält wie die Freiheitsstatue die Flamme. In den Staaten floppte der Film an den Kinokassen.

Albert Baer, Rheinische Post, 1.6.2002

True Blue – Perversion, Erpressung, Mord 833
TRUE BLUE **
Video

Regie: J. S. Cardone
Darsteller: Tom Berenger (Rem Macy), Pamela Gidley (Beck), Lori Heuring (Nicki), Barry Newman (Monty), Soon-Tek On (Tiger), Leo Lee (Benny Lee)
Drehbuch: J. S Cardone
Kamera: Darko Suvak
Musik: Tim Jones
Schnitt: Matthew Ramsey
Prod.: Sandstorm Ent.; USA 2001; 97 Min.
Vertrieb: Columbia TriStar, 23.4.2002
FSK: ab 16 J.

Das Wort »Perversion« im Titel lockt ungefähr genauso viel Kundschaft an wie das Wort »Sex«. Ob dieser düstere Cop-Krimi um einen (wieder mal suizidgefährdeten und alkoholabhängigen) Polizisten, der im Rotlichtmilieu ermittelt, diese Klientel befriedigen kann, ist fraglich.

Trust Nobody 834
PARTNERS **
Video

Regie: Joey Travolta
Darsteller: Casper van Dien (Drifter), Vanessa Angel (Angel), Seiko Matsuda (Lin), Jennifer Lewis (Privatdetektiv Lancy), David Paymer (Bob), Yuji Okumoto (One Eye)
Drehbuch: Jeff Ferrell
Kamera: Kristian Bernier
Musik: Jeff Lass
Schnitt: Tom Walls
Prod.: Cinerenta/Drifter/EternityCinelake; USA/D 1999; 88 Min.
Vertrieb: VCL, 22.5.2002
FSK: ab 12 J.

Wieder einmal spielt eine Diskette mit hoch wertvollen Daten die Hauptrolle: Programmierer Drifter klaut sie, Taschendieb Bob klaut sie ihm. Actionthrillerkomödie mit mäßigem Entertainmentpotenzial.

Tsatsiki – Freunde für immer 835
TSATSIKI – VÄNNER FOR ALLTID ***

Regie: Eddie Thomas Petersen
Darsteller: Samuel Haus (Tsatsiki), Sara Sommerfeld (Tina, eine Mutter), Krister Henriksson, Eric Ericsson (Göran), Joakim Natterqvist
Drehbuch: Eddie Thomas Petersen
Kamera: Svein Krovel
Musik: Anders Melander
Schnitt: Leif Axel Kjeldsen
Prod.: Felicia Film/Film i Vast/Northern Lights/Nordisk Film/R mit TV4/TV2/TV1000; Schweden/Norwegen/Dänemark 2002; 84 Min.
Verleih: Arsenal, 31.10.2002

Zweiter Film um den schwedischen Jungen mit griechischem Namen, der diesmal seine besten Freunde verliert und während der Sommerferien auch nicht zu seinem leiblichen Vater nach Griechenland fahren soll, bis er in seinem Großvater einen verständnisvollen Helfer findet. Ein überladenes Drehbuch, das keinen seiner vielen Handlungsstränge zu Ende erzählt, und eine einfallslose Regie lassen wenig Anteilnahme an einem Film zu, der sich auch durch die Umbesetzung wichtiger Hauptrollen seiner Glaubwürdigkeit beraubt.

Rolf-Ruediger Hamacher, Film-Dienst, 21/2002

Kritik: (..) Egal, ob man das Ensemble aus dem ersten Teil »Tsatsiki – Tintenfische und erste Küsse« kennt oder nicht, der neue Film hat ein großes Manko: Ihm fehlt eine richtige Geschichte. Die lobens- und lebenswerte These, dass man ohne Freunde einsam ist und keinen Spaß hat, wird in mal witzigen, mal ernsthaften Episoden bebildert: Da kocht Tina Marmelade und vergisst den Zucker, da veranstalten Tsatsiki und Per eine Party, um das Küssen zu üben – und während es in Griechenland um Tod und Trauer geht, erblickt in Schweden Tsatsikis Schwesterchen Retsina das Licht der Welt. Unterhaltsam dahinplätschernder Kinderfilm.

Manfred Hobsch, Zitty, 23/2002

Tunten lügen nicht 836

***

Regie: Rosa von Praunheim
Darsteller: Ichgola Androgyn, Bev Stroganov, Tima die Göttliche, Ovo Maltine (= Künstlername)
Drehbuch: Rosa von Praunheim
Kamera: Lorenz Haarmann
Schnitt: Mike Shephard, Bettina Reiser
Prod.: Rosa von Praunheim Filmprod. mit NDR; D 2001; 92 Min.
UA: Int. Filmfestspiele Berlin 2002, »Perspektiven Deutsches Kino«
Verleih: Eigenverleih, 6.6.2002

(...) Rosa von Praunheim führt nur die Tuntenklischees erst einmal vor, bevor er sie bekämpft. Bis auf die Münchnerin Tima kommen alle vom Land und sind nach Berlin gezogen, um sich in der hiesigen Subkultur auszutoben. Tima entstammt als Einzige einer dysfunktionalen Familie; die anderen sind eher vor der Langeweile geflohen. Wir erfahren etwas über den ersten Auftritt im Fummel, die erste Liebe, die Berufsausbildung, den Aktivismus in der Schwulenszene. Anders aber als in der köstlichen Arte-Dokumentation »Für mich gab's nur noch Fassbinder« ist Praunheims Blick auf das Quartett im Ganzen unkritisch. Nur: Was soll dann am Tuntendasein so subversiv sein – jedenfalls in einer Stadt wie Berlin?
Allein Ichgola Androgyn kann als politischer Kämpfer bezeichnet werden. Empört über die nachlässige Behandlung von Aidskranken hat er Patienten entführt, um selbst für ihre Pflege aufzukommen. Diese Heldentat hätte einen eigenen Film verdient. Denn das Übrige ist zwar mitunter amüsant und sympathisch, bleibt als Filmstoff aber ein wenig unbedeutend.

Frank Noack, Der Tagesspiegel, 6.6.2002

Turn It Up 837

TURN IT UP

**

Video

Regie: Robert Adetuyi
Darsteller: Pras Michel (Denzel/Diamond), Ja Rule (David »Gage« Williams), Jason Statham (Mr. B.), Vondie Curtis-Hall (Cliff), Tamala Jones (Kia), John Ralston (Mr. White)
Drehbuch: Robert Adetuyi nach einer Story von Ray »Cory« Daniels, Chris Hudson und Kelly Hilaire
Kamera: Hubert Taczanowski
Musik: Frank Fitzpatrick, Ja Rule (Song)
Schnitt: Jeff Freeman
Prod.: Mad Guy Films/New Line/Paris Brothers; USA 1999; 83 Min.
Vertrieb: Kinowelt, 8.1.2002
FSK: ab 16 J.

Exgangster bastelt an Musikerkarriere, droht aber von den Schatten der Vergangenheit eingeholt zu werden. Wieder mal von allem etwas und nichts richtig: Musikerfilm, Thriller, Drama – alles in konfuser Kombination.

The Tuxedo – Gefahr im Anzug 838

THE TUXEDO ***

Regie: Kevin Donovan
Darsteller: Jackie Chan (Jimmy Tong), Jennifer Love Hewitt (Del Blaine), Jason Isaacs (Clark Devlin), Debi Mazar (Steena), Ritchie Coster (Diedrich Banning), Peter Stormare (Dr. Simms)
Drehbuch: Michael J. Wilson, Michael Leeson, nach der gleichnamigen Story von Phil Hay, Matt Manfredi und Michael J. Wilson
Kamera: Stephen F. Windon
Musik: John Debney, Christophe Beck
Schnitt: Craig P. Herring
Prod.: Blue Train Prod./Vanguard für DreamWorks; USA 2002; 99 Min.
UA: 27.9.2002, N. Y.
Verleih: UIP, 5.12.2002
FSK: ab 12 J., ffr. – **FBW:** Wertvoll

Wieder mal spielt Jackie Chan einen gutmütigen Underdog, der ohne sein Zutun in turbulente Situationen gerät. Jackie wird zu einer wirbelnden Kampfmaschine mutiert, denn ein garstiger Bösewicht giert nach der Kontrolle des Trinkwassers auf unserer Erde. Man ist ja gerne bereit, diese bekloppten Storys in Kauf zu nehmen, wenn die Actionszenen mitreißen. Doch die Kampfszenen sind zu harmlos und wirken abgesprochen. Man hat den Eindruck, man würde einer Zirkustruppe beim Abspulen einer oft vorgeführten Akrobatiknummer zuschauen. *Jörg Buttgereit, tip, 25/2002*

Kritik: (...) So bizarr die Idee, so schlampig die Durchführung: Die meisten Szenen wirken wie von Sturzbetrunkenen ausgedacht, die nüchtern auch nicht mehr darüber kichern können. So geht es nicht weiter mit Chan. Der Mann muss sich endlich ans Stillsitzen gewöhnen, um die Drehbücher auch zu lesen, denen er sein Okay gibt. *Thomas Klingenmaier, Stuttgarter Zeitung, 6.12.2002*

Twin Falls 839

TWIN FALLS IDAHO ***

Video

Regie: Michael Polish
Darsteller: Michael Polish (Francis Falls), Mark Polish (Blake Falls), Michele Hicks (Penny), Jon Gries (Jay), Patrick Bauchau (Miles), Garett Morris (Jesus)
Drehbuch: Mark Polish, Michael Polish
Kamera: M. David Mullen
Musik: Stewart Matthewman
Schnitt: Leo Trombetta
Prod.: Seattle Pacific/Fresh Produce/Sneak Preview; USA 1998; 110 Min.
UA: Sundance Film Festival, 12.1.1999
Vertrieb: VCL Video, 22.1.2002
FSK: ab 16 J.

Im Zentrum stehen die eineiigen Zwillinge Mark und Michael Polish, und zwar als kenntnisreiche Autoren, talentierte Filmemacher, doppelte Hauptdarsteller und absolute Sympathieträger in einer selten komplexen Liebes- und Lebensgeschichte.
Das junge, desillusionierte Callgirl Penny (Exmodel Michele Hicks) kommt in ein schäbiges Hotel. Blake Falls hat sie zu einer Geburtstagsfeier mit seinem Bruder Francis bestellt. Dass die Betten dicht beieinander stehen, hat einen Grund. Schüchtern und vorsichtig enthüllen sie ihr Geheimnis, die Zwillinge sind zusammengewachsen: drei Beine, zwei Arme, ein Torso, zwei Herzen und eine Seele. Penny ist natürlich erst einmal entsetzt, fühlt sich jedoch bald vom Charme und der Offenheit der beiden angezogen. Blake geht es seit längerem nicht mehr so gut, sodass Penny ihre Hilfe anbietet. Mitleid ist es dabei nicht, was sie zu ihren Handlungen treibt, ebenso wie es die Filmemacher effektiv vermeiden, solche Gefühle aufkommen zu lassen. Stattdessen entfaltet sich eine ungewöhnliche Dreierbeziehung von delikater Balance, die Einblicke in zwischenmenschliche Verhaltensweisen bringt. Abhängigkeit und Symbiose, Wut und Frustrationen sind dabei Themen, mit denen sich ein jeder identifizieren kann. (...) *Andreas Fuchs, Filmecho-Filmwoche, 34/1999*

U Can't Touch This 840

TOO LEGIT: THE MC HAMMER STORY **

Video

Regie: Artie Mandelberg
Darsteller: Romany Malco jr. (M. C. Hammer), Robert Bailey jr. (M. C. Hammer, jung), Jesse Adams (Chris), Tangi Miller (Stephanie), Brazil Joseph Grisaffi
Drehbuch: Eugene Corr, John Wierick
Kamera: Paul Maibaum
Musik: Jay Ferguson
Schnitt: Lance Luckey
Prod.: Wilshire Court Productions; USA 2001; 85 Min.
Vertrieb: Paramount Video, 12.12.2002
FSK: ab 12 J.

Die keineswegs interessante Biografie des Hip-Hop-Musikers M. C. Hammer, die weder zu Rhythmus noch zu Dramaturgie, noch gar zu einer inneren Spannung findet.

Über Wasser 841

□

TV

Regie: Kirsten Peters
Darsteller: Ulrike Arnold (Marie), Karen Böhne (Johanna), Hermann Beyer (Hugo), Hubertus Gertzen (Rolf), Gottfried Breitfuß (Eckbert)
Drehbuch: Liane Swic, Thomas Frydetzki
Kamera: Stefan Ditner
Musik: Jürgen Kramlofsky, Thomas Mehlhorn
Prod.: D 2001; 50 Min.
TV: 31.10.2002, ARD, 23.00

Johanna und Marie, die seit ihrer Geburt zusammenleben, verdienen ihr Geld, indem Johanna mit wohlhabenden Männern anbändelt, während Marie den Betrug durchführt. Marie hat große Angst, dass sich Johanna in eines ihrer Opfer verliebt und sie allein zurücklässt, aber es kommt genau umgekehrt.

Uckermark 842

****

Regie: Volker Koepp
Drehbuch: Volker Koepp
Kamera: Thomas Plenert
Musik: Rainer Böhm
Schnitt: Angelika Arnold
Prod.: Vineta mit SWR/WDR/ORB; D 2002; 109 Min.
UA: 9.2.2002, Int. Forum des Jungen Films Berlin
Verleih: Salzgeber, 12.12.2002

Die Uckermark bildet die Bühne für Koepps jüngste Wanderung durch deutsche Geschichte: Gemeinsam mit seinem Kameramann Thomas Plenert erzählt Koepp in seinem Dokumentaressay von Alt und Jung, vom Oben und Unten, von Menschen, die nach der Wende von der ratlosen Politik im zweiten Arbeitsmarkt geparkt wurden, und von den Adeligen, die wider alle Vernunft und mit dem fröhlichen Willen zur Selbstausbeutung in ihre Gutshäuser zurückgekehrt sind. Auch dieser Koepp'sche Landschaftsfilm bezaubert mit seiner Langsamkeit, seinem Interesse für Erfahrungsgeschichte, für die Rolle der Landschaft mit Empfinden und Leben der Menschen in ihr.

Robert Weixlbaumer, tip, 10/2002

Kritik: Die Geschichte präsentiert sich mal als Komödie, mal als Tragödie, dann wieder als Tragikomödie, heißt es im neuen Film von Volker Koepp »Uckermark«, der diese Balance aus Konflikt und Ernst selbst wunderbar hinkriegt. (…) »Uckermark« ist deshalb auch ein Film über die Wiedervereinigung geworden, und den Riss, der durch diese Heimat geht. Eine Tragikomödie eben.

Martina Knoben, SZ, 14.2.2002

Interview: *Entfernen Sie sich beim Dreh weit von der Konzeption?*

Wenn man das Ergebnis hinterher sieht, ergibt sich doch eine ziemliche Deckungsgleichheit zu dem, was man sich vorher ausgedacht hat. Wenn man fürs Kino auf 35 Millimeter dreht und ein Drehverhältnis von 1:6 kalkuliert, dann wird man ständig daran erinnert, wie kostbar das Material ist, und entgeht so der Gefahr, geschwätzig zu werden. Es stimmt auch nicht, dass man mehr von den Leuten erfährt, wenn man sie besonders lange »ausquetscht«.

Volker Koepp im Interview mit Katharina Dockhorn, Zitty, 11/2002

Der Unbezwingliche 843

INVINCIBLE ***

Regie: Werner Herzog
Darsteller: Tim Roth (Hanussen), Jouko Ahola (Zishe), Anna Gourari (Marta Farra), Max Raabe (Conferencier), Jacob Wein (Benjamin), Tina Bordhin (Hedda Christiansen)
Drehbuch: Werner Herzog
Kamera: Peter Zeitlinger
Musik: Hans Zimmer, Klaus Badelt
Schnitt: Joe Bini
Prod.: Werner Herzog Filmprod./Tatfilm/ Film Four mit Little Bird & Jan Bart Prods. mit WDR/BR/Arte; D/GB 2001; 130 Min.
UA: 2.9.2001, Int. Filmfestspiele Venedig, »Cinema of the Present«
Verleih: Zephir, 17.1.2002
FSK: ab 6 J., ffr.

Eine wahre Geschichte: Der jüdische Schmiedegeselle Zishe Breitbart geht in den 30er-Jahren nach Berlin zum Varieté, um als stärkster Mann der Welt Furore zu machen. Er wird zur Attraktion in Hanussens, vor allem im von NSDAP-Mitgliedern frequentierten »Haus des Okkulten«. Als Zishe seine Siegfriednummer zum Samson umgestaltet, kommt es zum Eklat im Publikum. So oder ähnlich soll es tatsächlich passiert sein.

Kritik: (...) Wie steht es um die visionäre Kraft Werner Herzogs bei seinem neuen Film »Invincible«, der in der Reihe »Cinema del presente« uraufgeführt wurde? Sehr bescheiden. Dabei kapriziert sich die Story durchaus aufs Visionäre, handelt von Hypnosen und scharlatanischer Magie, vom Zauber der Musik und von wahrer Prophetie. In seinen besten Momenten erinnert Herzogs Exkursion in die Welt des osteuropäischen Judentums an Chagall-Gemälde: Musik, Traum, schwerelose Körper. Aber diese Momente sind selten. »Invincible« sieht vor allem aus wie ein ausgebleichter Defa-Märchenfilm – hölzern, betulich, plump-pathetisch. (...)

Rainer Gansera, SZ, 4.9.2001

(...) Herzogs erster Spielfilm seit mehr als zehn Jahren ist von so erschütternder Schlichtheit, dass er die Fundamente seines Ruhms ins Wackeln bringt. Die Geschichte vom jüdischen Muskelmann Zishe Breitbart, der 1932 für einige Monate aus Polen nach Berlin geht, um beim Hypnotiseur Hanussen aufzutreten, bis er mit den Nazis in Konflikt gerät, mag ja »auf wahren Begebenheiten« basieren. Aber der Film sieht aus, als hätte Herzog seine Welt am Abgrund, zwischen Mabuse und Massenhysterie, mithilfe des Kinderbausatzes »Der kleine Magier« heraufbeschworen. Und nebenbei lässt er die Nazis durchs Bild toben, als hätten sie längst die Macht ergriffen. Übrigens sprechen alle fließend Englisch – auch die Juden im polnischen Schterl. Vielleicht lief »Invincible« deshalb in der Reihe Cinema del presente: Die verkäuflichste Sprache der Jetztzeit übers Drama von damals zu kippen ist noch das Gegenwärtigste an Herzogs Film. (...)

Merten Wortmann, Die Zeit, 6.9.2001

Interview: *Wie schafft man das? Ihre Filme wirken sehr aufwändig bei einem vergleichsweise geringem Budget. Das galt für »Aguirre«, später für »Fitzcarraldo« und jetzt wieder.*

Es gibt den Begriff des Production-Value, des Produktionswerts, der oft anders aussieht als der effektive Wert. Es gibt in den großen Szenen im »Palast des Okkulten« keine Szene, in der nicht mindestens 300 Statisten anwesend sind; genauso ist es in »Invincible« mit den Autos, den Kostümen und anderem. Und dann gibt es Glücksfälle wie etwa die Mitwirkung von Hans Zimmer, einem der besten Filmkomponisten heute, der Millionen Dollar für seine großen Filme wie »Lion King« oder »Pearl Harbor« kriegt. Der war so begeistert von dem Buch, dass er seine Musik dem Film geschenkt hat – für einen Dollar. Der Film hat zudem große Talente angezogen wie auch Tim Roth, der in einem amerikanischen Film mindestens dreimal so viel Gage bekommt.

Die Kostenexplosion im Film ist ja heute kaum noch verständlich.

Schauen wir doch nur mal auf die Iraner, die für 100.000 Dollar Filme machen, die einen zutiefst bewegen. Also, ich glaube, die Größe des Budgets ist nicht so das Entscheidende. Ich glaube, es zählt noch immer, was für eine Geschichte man zu erzählen hat. Die Kostenexplosion hat auch in gewisser Weise das Geschichtenerzählen ausgedünnt. Man setzt zu sehr auf Special Effects und Stars, und man empfindet es fast als Defizit, dass zu wenig wirklich große Kinogeschichten da sind. Das ist ein bisschen ins Hintertreffen geraten, und vielleicht ist damit auch mein langzeitiges Überleben zu erklären.

Werner Herzog im Interview mit Heiko R. Blum, Rheinische Post, 17.1.2002

Als Produzent arbeiten Sie wieder mit Tatfilm zusammen. Dazu kamen ja noch Little Bird und Film Four.

Es war nicht einfach. Nicht, weil die andere Wünsche hatten, sondern da ich dadurch die Produktion auf verschiedene Schauplätze verlagern musste, wie beispielsweise die gesamte Sound-Postproduktion von Ton, Mischung und Synchronisation nach England, das Kopierwerk war in Nordrhein-Westfalen – wegen der Förderung. Geschnitten wurde in San Francisco, die Musik in Los Angeles komponiert, während wir in London arbeiteten. Und die Dreharbeiten fanden auf Christmas Island im Indischen Ozean, in Lettland und Litauen statt – keine einfache, sondern vielmehr eine generalstabsmäßige Koordination.

Werner Herzog im Interview mit Margret Köhler, Blickpunkt Film, 36/2001

Und die Braut wusste von nichts 844

**
TV

Regie: Rainer Kaufmann
Darsteller: Julia Jentsch (Caroline Mierendorff), Hans Kremer (Carl Mierendorff), Thomas Schmauser (Alexander Reutermann), Giulio Ricciarelli (Mariano Fuentes), Nicolas Solar Lozier (Raffael Fuentes), Friderikke-Maria Weber (Saskia Selmer)
Drehbuch: Viktoria Voigt, Helmut Verdenhalven
Kamera: Klaus Eichhammer
Musik: Ludwig Eckmann
Schnitt: Ueli Christen
Prod.: UFA Fernsehprod.; D 2002; 89 Min.
TV: 18.11.2002, ZDF, 20.15

Die elegante, treffsichere Leichtigkeit, die man von dem Regisseur in Erinnerung hatte, ist ihm bei diesem Flohhupferl leider völlig abhanden gekommen. Auf irgendeiner weltfremden Sentimentalwolke lässt er seine deutsch-mexikanischen Scheinehe-Marionetten über dem Standesamt baumeln und suggeriert ihnen einen Charme, den sie nicht haben. Der traurige Fall einer fad missglückten Liebeskomödie um vorgetäuschte Identitäten. *Ponkie, AZ, 20.11.2002*

Die unendliche Geschichte 845

TALES FROM THE NEVERENDING STORY **
Video

Regie: Giles Walker, Adam Weissman
Darsteller: Mark Rendall (Bastian Balthasar Bux), Victoria Sanchez (Xayide), Tyler Hynes (Atreyu), Tyyrone Benskin (Cairon), John Dunn-Hill (Coreander), Noel Burton (Michael Bux)
Drehbuch: Leila Basen, Karin Howard
Kamera: Daniel Villeneuve
Musik: David Bergeaud, Nils Bye Nielsen
Schnitt: Jean Beaudoin, Benjamin Duffield, Annie Ilkow

Prod.: Muse Entertainment Enterprises; Kanada/USA/D 2001; 90 Min.
Vertrieb: VCL, 24.10.2002
FSK: ab 6 J.

Gänzlich überflüssige, ärmliche US-TV-Verfilmung des Michael-Ende-Klassikers über den vom Schicksal gebeutelten Bastian Balthasar Bux, der via Buch aus der Realität flieht.

Der ungebetene Gast 846

LA DETTE □ TV

Regie: Fabrice Cazeneuve
Darsteller: Andre Dussolier (Präfekt), Damien Dorsaz (Marc), James Campbell (Afrikaner), Jacques Mathou (Michaux), Sylvie Granotier (Frau des Präfekten), Dinara Droukarova (Helen)
Drehbuch: Erik Orsenna, Jacques Forgeas
Kamera: Pierre Novion
Musik: Michel Portal
Schnitt: Jean-Pierre Bloc
Prod.: Frankreich 2000; 86 Min.
TV: 18.1.2002, Arte, 20.45

Ende der 70er-Jahre wird der ENA-Student Marc nach Laon geschickt, um dort an der Präfektur von Aisne ein Praktikum zu absolvieren. Er wird mit der verantwortungsvollen Aufgabe betraut, die Gedenkfeier für die Schlacht am Chemin des Dames zu organisieren, bei der im Ersten Weltkrieg Franzosen wie Deutsche hohe Verluste erlitten. Aber ein alter Mann aus dem Senegal droht die Gedenkfeier durch eine unangenehme Erinnerung zu stören. *AZ TV Journal*

Die Unicorn und der Aufstand der Elfen 847

VOYAGE OF THE UNICORN ***+ TV

Regie: Philip Spink
Darsteller: Beau Bridges (Prof. Alan Aisling), Ocean Hellman (Elfenkönigin Titania), Mark Gibbon (Minotaur), Chantal Conlin (Cassie Aisling), Heather McEwen (Miranda Aisling), Adrien Dorval (Mog)
Drehbuch: Dan Levine, nach dem Roman »Voyage of the Basset« von James C. Christensen
Kamera: John Spooner
Musik: Daryl Bennett, Jim Guttridge
Schnitt: Ron Yoshida
Prod.: Hallmark/Basset Prod.; USA 2000; 105 Min.
TV: 22./23.6.2002, RTL, jeweils 20.15

Hier wurden Versatzstücke der antiken Mythologie wie der Minotaurus und das Gorgonenhaupt der Medusa in eine Seeschlacht zwischen Elfenland und Troll-Unterwelt verwickelt. Beau Bridges als Mythenprofessor befehligte zwei übersinnliche Töchter, und die Texte waren, wie alles Übrige, arg einfältig: ein naiver Hackbraten aus abendländischen Monstervorräten. *Ponkie, AZ, 24.6.2002*

Unloved 848

UNLOVED ***+

Regie: Kunitoshi Manda
Darsteller: Yoko Moriguchi (Mitsuko Kageyama), Toru Nakamura (Eiji), Shunsuke Matusoka (Hiroshi)
Drehbuch: Kunitoshi Manda, Manda Tamami
Kamera: Akiko Ashizawa
Musik: Kenji Kawai
Schnitt: Syuichi Kakesku
Prod.: Suncent Cinema Works; Japan 2001; 117 Min.
UA: Int. Filmfestspiele Cannes 2001
Verleih: Pegasos, 31.10.2002

Eine junge Japanerin, die mit sich und der Welt in stillem Einklang lebt, lässt sich auf das Werben eines dynamischen Jungunternehmers ein, erteilt ihm aber nach eingehender Prüfung eine Absage und liiert sich mit einem wortkargen Hilfsarbeiter. Radikale Studie über einen unzeitgemäßen Charakter, die durch ihre extrem reduzierte, kontemplative Bildsprache fasziniert. Psychologisch fein gesponnen und als Gegenentwurf zum Entwicklungsparadigma der Moderne nicht ohne kulturkritische Untertöne, besticht der Film vor allem durch seine filmischen Qualitäten.

Josef Lederle, Film-Dienst, 23/2002

Kritik: Langsames Erzählen in Plansequenzen, lange Einstellungen und Dialoge ohne Schnitt und Kamerabewegungen: Wie in einem Theaterraum setzt der japanische Regisseur Kunitoshi Manda seinen Erstlingsspielfilm »Unloved« in Szene, der vom Schein und Sein und von den Rollenerwartungen in der mordernen Gesellschaft handelt. »Unloved« entfaltet in sehr ruhigen, fast schon statischen Bildern eine Dreiecksgeschichte, in der die Frau es ist, die ihren eigenen Lebensweg gefunden hat und konsequent zu verfolgen weiß.

Bernd Jetschin, Filmecho-Filmwoche, 42/2002

(...) Regisseur Kunitoshi Manda zeichnet seine Hauptdarstellerin selbstbewusst, sympathisch und vielschichtig genug, um unser Interesse an ihr wach zu halten. Doch sosehr einem Mitsukos Radikalkunst der Karriereverweigerung zu denken gibt, das meditative Erzähltempo sowie die Dialoglastigkeit wirken auf die Dauer einschläfernd. Vom ehemaligen Regieassistenten von Akira Kurosawa hätte man mehr Drive erwartet.

Horst E. Wegener, Zitty, 23/2002

The Unsaid – Stumme Schreie 849

THE UNSAID **

Video

Regie: Tom McLoughlin
Darsteller: Andy Garcia (Michael Hunter), Vincent Kartheiser (Thomas Caffey), Linda Cardellini (Shelly Hunter), Sam Bottoms (Joseph Caffey), Chelsea Field (Penny Hunter), Brendan Fletcher (Troy Pasternak)
Drehbuch: Miguel Tejada-Flores, Scott Williams, nach einer Story von Christopher Murphey
Kamera: Lloyd Ahern
Schnitt: Charles Bornstein
Prod.: CineSon/Eagle/Kandu/Minds Eye/New Legend/Reynolds Ent.; USA/Kanada 2001; 105 Min.
Vertrieb: mediacs (BMG Video), 29.10.2002
FSK: ab 16 J.

Patient löst in Psychologen alte Schuldgefühle neu aus, am Tod seines Sohnes schuld zu sein. Für Kenner von A bis Z vorhersehbarer Psychothriller ohne nennenswerte Qualität.

Unser Papa, das Genie 850

***+

TV

Regie: Sabine Landgraeber
Darsteller: Friedrich von Thun (Julius Stern), Simone Thomalla (Ulrike Stern), Lars Steinhöfel (Paul Stern), Ingo Naujoks (Zacharias Stern), Ruth Maria Kubitschek (Charlotte), Isabel Bongard
Drehbuch: Gabriel Herzog, Scarlett Kleint, Regine Sylvester
Kamera: Uli Kudicke
Musik: Günther Fischer, Rainer Oleak
Schnitt: Eva Will
Prod.: nova film für ARD/Degeto; D 2001; 90 Min.
TV: 21.6.2002, ARD, 20.20

Ein Physikprofessor, der dem Beamen auf der Spur ist: So was wollten wir doch immer schon wissen. Die harmlos-fröhliche Fantasykomödie baut das Schrullenpotenzial »zerstreuter Professor« aus. (...) Der Stoff hätte mehr hergegeben. Aber gut gebeamt ist immer besser als U-Bahn.

Ponkie, AZ, 24.6.2002

Unterwegs mit Jungs 851

RIDING IN CARS WITH BOYS ***

Regie: Penny Marshall
Darsteller: Drew Barrymore (Beverly Donofrio), Steve Zahn (Ray), Brittany Murphy (Fay Forrester), Adam Garcia (Jason mit 20), Lorraine Bracco (Mrs. Donofrio), James Woods (Mr. Donofio)
Drehbuch: Morgan Upton Ward, nach dem gleichnamigen Roman von Beverly Donofrio
Kamera: Miroslav Ondricek
Musik: Hans Zimmer, Heitor Pereira
Schnitt: Richard Marks, Lawrence Jordan
Prod.: Gracie Films; USA 2001; 130 Min.
Verleih: Columbia TriStar, 7.3.2002
Vertrieb: Columbia TriStar Video (Video, DVD)
FSK: ab 6 J., ffr.

Der Film erzählt nach den Memoiren der Schriftstellerin Beverly Donofrio die Geschichte einer jungen Frau, die nach einer ungewollten Schwangerschaft mit Kind und Losergatten in einem Slum landet, sich jedoch im Verlauf der nächsten 20 Jahre weiterbildet und schließlich zur erfolgreichen Autorin wird. Nach verhal-

Drew Barrymore

tenwitzigem Beginn versinkt das Frauenporträt schnell in Larmoyanz.

tip, 4/2002

Kritik: (...) Schuld haben immer die anderen – der repressive Vater, der Beverly in die Ehe zwingt, der dusselige Gatte, der ihr die Zukunft verbaut, der ständig Zuwendung fordernde Sohn. Gemäß der Botschaft des American Dream kriegt die geplante Heldin auch hier die klischeereiche Kurve auf dem Weg nach oben.
Drew Barrymore bemüht sich, über einen Zeitraum von 20 Jahren ambitioniert zu spielen, was ihr viel abverlangt. Wenn Beverly ihrer Freundin anvertraut, dass sie manchmal daran zweifelt, ob sie ihren Sohn wirklich liebt, dann gewinnt diese Mixtur aus Drama und Komödie aber Tiefgang und Stärke, spürt man die Unsicherheit einer Frau, die zu früh Verantwortung übernehmen und erwachsen sein musste. Und die leise Trauer über ein vermurkstes Leben.

Margret Köhler, AZ, 7.3.2002

Unterwegs zur nächsten Dimension 852

***

Regie: Clemens Kuby
Drehbuch: Clemens Kuby
Kamera: Gerhard Milsztein, Liane Theurkauf, Dimutri Plushin
Musik: Manfred Hochholzer
Schnitt: Peter Gardner, Clemens Kuby
Prod.: Kuby Film TV; D 2001; 95 Min.
UA: 30.6.2001, Filmfest München
Verleih: Ott Film, 24.1.2002
FSK: ab 6 J., ffr. – **FBW:** Wertvoll

Sechs Filmberichte über Schamanen in Asien, Russland und Südamerika, die angeblich sogar Krebs oder Aids heilen können. Hinterfragt werden ihre Fähigkeiten nicht, Verständnis für ihre spirituelle Welt wird ebenso wenig vermittelt – es bleibt dem Zuschauer überlassen, was er davon hält.

Ralph Umard, tip, 2/2002

Kritik: (...) Weil Kuby weder Gegenbeispiele noch Vergleichsfälle recherchiert, bleibt die Heilung ohne Aussagekraft. Aber eine gewisse gutmütige Naivität könnte man ihm da noch unterstellen. Das will man spätestens dann nicht mehr, wenn Kuby den sattsam bekannten philippinischen Wunderoperateuren eine Plattform bietet und die Jahrmarktsblender, die angeblich mit bloßen Händen Krankheiten aus dem Körper schneiden, als Alternativmediziner präsentiert. Die Ausbeuter der Verzweiflung als weise Männer: Da soll lachen, wer noch kann.

Stuttgarter Zeitung, 24.1.2002

(...) Kuby legt sich ab und zu selber hin und lässt sich von Chirurgen ohne Messer oder alten Frauen in Trance malträtieren, als Mittel gegen einen Schmerz da und ein Wehwechen dort – und siehe da, schnell ist der Kummer verflogen gemäß dem schönen Motto, das im Volksmund »Wer's glaubt, wird selig« heißt. *Heinz Holzapfel, Rheinische Post, 26.1.2002*

The Untold – Blutrache der Bestie 853

THE UNTOLD **

Video

Regie: Jonas Quastel
Darsteller: Lance Henriksen (Harlan Knowles), Andrea Roth (Maria Lawson), Russell Ferrier (Clayton Tyne), Philip Granger (Winston Burg), Jeremy Radick (Plazz), Mary Mancini (Nikki Simmons)
Drehbuch: Chris Lanning, Jonas Quastel
Kamera: Shaun Lawless
Musik: Larry Seymour
Schnitt: Crace Yuen
Prod.: Bergman Lustig/Wild Ent./Wilderness Prod.; Kanada/USA 2001; 86 Min.
Vertrieb: MC One (Sunfilm), 13.11.2002
FSK: ab 18 J.

Nach dem Absturz eines Flugzeugs in unwegsamem Waldgelände stößt Rettungsexpedition dort auf Ungeheuerliches. Horror-Schockerchen für Schreckhafte.

Untreu 854

UNFAITHFUL ***+

Regie: Adrian Lyne
Darsteller: Richard Gere (Edward Sumner), Diane Lane (Connie Sumner), Olivier Martinez (Paul Martel), Erik Per Sullivan (Charlie Sumner), Zeljko Ivanek (Det. Dean), Dominic Chianese (Frank Wilson)
Drehbuch: Alvin Sargent, William Broyles jr., nach dem Film »La Femme Infidele« von Claude Chabrol
Kamera: Peter Biziou, Richard Rutkowski (2nd unit)
Musik: Jan A. P. Kaczmarek
Schnitt: Anne V. Coates
Prod.: Fox 2000/Regency/Epsilon Motion Pic.; USA 2002; 123 Min.
Verleih: 20th Century Fox, 13.6.2002
Vertrieb: Fox Video (Video, DVD)
FSK: ab 16 J., ffr.
FBW: Besonders wertvoll

Eine Bilderbuchfamilie: Edward und Connie Sumner leben mit achtjährigem Sohn in einem Vorort von New York, sind materiell abgesichert und lieben sich. Doch als die Ehefrau durch Zufall bei einem Stadtbummel den französischen Luftikus Paul kennen lernt, taucht sie ein in eine neue Welt körperlicher Leidenschaft, stellt ihr geordnetes Dasein infrage. Ihr misstrauischer Mann lässt sie beschatten und besucht den Rivalen. Es kommt zur Katastrophe.
Adrian Lynes Drama basiert auf Claude Chabrols Meisterwerk »Die untreue Frau« aus dem Jahr 1968. Den emotionalen Erosionsprozess zeichnet Lyne zwar nicht ganz so filigran wie Chabrol, aber dennoch packt die Geschichte durch psychologische Spannung und atmosphärische Dichte. Dabei geht er weiter als sein Vorbild, indem das Paar über die gemeinsame Schuld spricht und mit ihr weiterleben muss – wie auch immer.
Margret Köhler

Kritik: (…) Am Ende halten Connie und Edward nachts an einer Kreuzung und beginnen sich verzweifelt zu küssen. Die Ampel springt von Rot über Grün wieder auf Rot – Endstation Sehnsucht. Und gleich am Eckhaus leuchtet das blaue Schild einer Polizeistation.
Adrian Lyne ist nicht der intellektuellste Analytiker der weißen amerikanischen Mittelschicht, aber einer der intelligentesten und in seinen Bildern auch einfallsreichsten. Dass er dabei noch Filme im Hollywoodformat schafft, macht ihn unschlagbar.
Adrian Prechtel, AZ, 13.6.2002

(…) Dies ist ein Remake von Claude Chabrols »Eine untreue Frau«, das eine Paraphrase auf »Madame Bovary« war. Doch »Unfaithful« erzählt, und daran krankt es, das Gesellschaftliche nicht konsequent mit, der Film will also kein Sittenbild sein, sondern ein Charakterdrama. Doch dafür dringt er auf die Dauer nicht tief genug in die Psyche seiner Figuren ein. Der Film wird hohl, ihm fehlt mehr und mehr ein Kern des Erzählenswerten. Lyne glaubt, die Eifersucht des Ehemannes könne die zweite Hälfte der Geschichte tragen, aber genau sie wandelt sich vom Persönlichen zum Typischen und macht aus »Untreu« nun doch ein Sittenbild wider Willen. (…)

Thomas Klingenmaier, Stuttgarter Zeitung, 13.6.2002

(…) Sicherlich, mit Chabrols doppelbödigem Original, das menschliches Verhalten tiefgründig sezierte, kann sich das amerikanische »Untreu« natürlich nicht messen. Aber auch Lynes Neuverfilmung hat ihre Reize. Was nicht nur an den attraktiv inszenierten Erotikszenen liegt, sondern auch am überzeugenden Darstellerensemble, aus dem vor allem die appetitliche Diane Lane herausragt.

Albert Baer, Rheinische Post, 15.6.2002

Die Unzertrennlichen 855

INSEPARABLES □

TV

Regie: Michel Couvelard
Darsteller: Jean-Pierre Darroussin (Robert), Catherine Frot (Gisèle), Fabienne Babe (Loulou), Sami Bouajila (Boris), Hervé Pierre (Jean), Brigitte Rouan (Martine)
Drehbuch: Michel Couvelard
Kamera: Antoine Roch
Musik: Arthur H.
Schnitt: Frederic Viger
Prod.: Les Films Balenciaga/Cercle Bleu/Arte France Cinema/Telfrance/RFK/CRRAV/RennCn mit Canal+/Sofica Gimages 2; Frankreich 1999; 90 Min.
TV: 11.7.2002, Arte, 20.45

(…) Robert ist in voller Midlifecrisis. Mit der Schauspielerei geht's lange nicht so, wie es soll. Robert schmeißt alles hin und fährt zu seiner Schwester nach Boulogne-sur-Mer. Der Besuch verändert beider Einstellung zum Leben. *AZ TV Journal*

Uprising – Der Aufstand 856

UPRISING ***

Video

Regie: Jon Avnet
Darsteller: LeeLee Sobieski (Tosia Altman), Hank Azaria (Mordechai Anielewicz), David Schwimmer (Yitzhak Zuckerman), Jon Voight (Maj.-Gen. Jürgen Stroop), Donald Sutherland (Adam Czerniakow), Cary Elwes (Dr. Fritz Hippler)
Drehbuch: Paul Brickman, Jon Avnet
Kamera: Denis Lenoir
Musik: Maurice Jarre
Schnitt: Sabrina Plisco
Prod.: USA 2001; 153 Min.
Vertrieb: Warner, 10.10.2002
FSK: ab 12 J.

Mini-TV-Serie über den Widerstand im Warschauer Ghetto 1939 gegen SS und Wehrmacht. Hochkarätig besetzt, zuweilen episch breit und dialoglastig, aber insgesamt zumeist bewegend.

fVa Savoir 857
VA SAVOIR ****

Regie: Jacques Rivette
Darsteller: Jeanne Balibar (Camille), Marianne Basler (Sonia), Hélène de Fougerolles (Do), Sergio Castellitto (Ugo), Catherine Rouvel (Mme. Desprez), Jacques Bonaffe (Pierre)
Drehbuch: Christine Laurent, Pascal Bonitzer, Jacques Rivette
Kamera: William Lubtchansky
Musik: »Senza fine« von Gino Paoli, Alec Wilder, interpretiert von Peggy Lee
Schnitt: Nicole Lubtchansky
Prod.: Pierre Grise Prod./France 2 Cinéma/ Mikado Films; Frankreich 2001; 154 Min.
UA: Int. Filmfestspiele Cannes 2001
Verleih: Kinowelt, 27.6.2002
FSK: ab 6 J., ffr.

Drei Jahre nachdem sie ihren Geliebten verlassen hat, kommt die Schauspielerin Camille mit ihrer italienischen Theatertruppe zum ersten Mal wieder nach Paris, unsicher, welche Rolle sie im Leben weiterspielen soll. An ihrer Seite steht Ugo, der Theaterregisseur. Gegen alle grauen Regeln der Wahrscheinlichkeit kombiniert Rivette diese beiden mit zwei weiteren Paaren zu immer neuen Konstellationen. Aus dem Drama der unmöglichen und abgebrochenen Beziehungen entsteht eine ausgelassene Komödie mit besten Manieren und einem enzückend naiven Happy End. Unser Theater ist Realität, die Realität unser Theater.

Robert Weixlbaumer, tip, 13/2002

Kritik: (...) »Va savoir« ist eine leicht groteske Komödie. Sie könnte immer auch eine Tragödie werden, läge über allem nicht eine gewisse Leichtigkeit, wie sie eben die Italiener kennen – und der französische Film.

Adrian Prechtel, AZ, 27.6.2002

(...) Mit klugen Sentenzen und einer sich langsam, aber schlüssig entwickelnden dramatischen Konstruktion gelingt es Rivette, einen durchgängig spannenden Schwebezustand herzustellen zwischen Realität und Sehnsucht, zwischen Ernst und Spiel, zwischen Komödie und Drama, zwischen Humor und Philosophie, zwischen Gegenwart und Erinnerung, zwischen Echtheit und Täuschung, zwischen Treue und Versuchung.

Thomas Engel, Der Gildendienst, 6/2002

(...) Rivette betrachtet seine Geschichte so konsequent als Spiel, dass sie nur auf der Bühne enden kann. Jeder bekommt, was er gewollt hat – egal ob bewusst oder unbewusst. Und gleichgültig, ob das Glück dieses Augenblicks anhalten wird oder nicht. Rivette liebt seine Figuren viel zu sehr, um sie dem Schicksal opfern zu wollen. Und er liebt das Theater. Selbst Ugos in finanzielle Schwierigkeiten geratene Truppe wird auf wundersame Weise gerettet.

H. G. Pflaum, SZ, 27.6.2002

Interview: *Dem französischen Film geht es ausgesprochen gut. Worauf führen Sie das zurück?*

Der französische Staat hat viel getan: den Film als Kulturgut definiert und ihn damit eben nicht dem freien Spiel der Marktkräfte überlassen, wo sich ja fast immer nur Kommerz durchsetzen kann. Dann wurden die Fernsehanstalten zu einer französischen Quote verpflichtet und haben daher viel Geld in französische Produktionen stecken müssen. Das stimuliert die ganze Branche wie ein Schneeballsystem: Wenn viel produziert werden muss, gibt es zwar viel Unsinn, aber in der großen Auswahl findet man eben auch viele Talente, gute Stoffe und gute Filme.

Jacques Rivette im Interview mit Adrian Prechtel, AZ, 27.6.2002

Vanilla Sky 858
VANILLA SKY ****+

Regie: Cameron Crowe
Darsteller: Tom Cruise (David Aames), Penélope Cruz (Sofia), Kurt Russell (Dr. Curtis McCabe), Cameron Diaz (Julie), Jason Lee (Brian), Noah Taylor (Edmund Ventura)
Drehbuch: Cameron Crowe, nach dem Drehbuch »Abre los ojos« von Alejandro Armenábar
Kamera: John Toll
Musik: Nancy Wilson
Schnitt: Joe Hutshing
Prod.: USA 2001; 130 Min.
Verleih: UIP, 24.1.2002
Vertrieb: Paramount Video (Video, DVD)
FSK: ab 16 J., ffr.

Obwohl sich das amerikanische Remake von »Open Your Eyes« strikt an der Szenenfolge des Originals orientiert, entstand ein völlig anderer Film: Regisseur Cameron Crowe sucht in der rätselhaften, auf verschiedenen Realitätsebenen erzählten Geschichte vom reichen, attraktiven Verleger David Aames, der durch einen Unfall sein Gesicht und sein Selbstbewusstsein verliert, weniger die Brüche als vielmehr die Kontinuität – der Film verliebt sich in seine Figuren und findet eine mögliche Liebesgeschichte. Das macht »Vanilla Sky« zwar menschlicher als Amenábars Original, aber auch glatter und oberflächlicher.

tip, 2/2002

Kritik: (...) Als David nach einem Unfall mit verunstaltetem Gesicht wieder aufwacht, ist dies daher einerseits ein irritierendes Spiel mit Cruise' Image, zugleich aber auch ein starkes Bild für innere Irritation und Verwundung. Hier kann einer sich nicht mehr in die Augen sehen, entgleitet ihm sein Selbst. Mehr und mehr verwandeln sich beide Filme nun in ein hitchcockhaftes Puzzle.
Besonders »Vanilla Sky« erinnert in seiner Suche nach Erinnerungsspuren, in der Verdoppelung einer Frauenfigur, an »Vertigo«, und über alldem droht auch Crowe mitunter die vorherige Aufmerksameit für Emotionen verloren zu gehen, die Amenábars Fantasystück nie hatte. Es wird auch für den Zuschauer unklar, wo er sich gerade befindet, und insofern lässt sich alles auch als Traum verstehen. Über den ganzen Film verstreut sind Spuren des Erwachens, Aufwachens – »Wake up man« heißt es öfters. (...)

Rüdiger Suchsland, FR, 24.1.2002

Interview: *Haben Sie »Vanilla Sky« schon gesehen?*

Ja, letzte Woche. Das war eine sehr schräge Erfahrung, einen Film zu sehen, der auf meinem Film basiert. »Vanilla Sky« ist sehr clever geworden, eher eine Coverversion als ein Remake. Er versucht nicht einfacher zu werden, Handlung und Charaktere sind immer noch sehr komplex. Andererseits versucht Crowe, die Geschichte ganz anders zu erzählen, aus einem vollkommen anderen Blickwinkel. Es ist ganz zu seinem Film geworden.

Alejandro Amenábar im Interview mit Lutz Göllner, Zitty, 2002

Väter 859
***

Regie: Dani Levy
Darsteller: Sebastian Blomberg (Marco Krieger), Maria Schrader (Melanie Krieger), Ezra Valentin Lenz (Benny Krieger), Christiane Paul (Ilona), Ulrich Noethen (Nico Ellermann), Rolf Zacher (Peter Krieger)
Drehbuch: Rona Munro, Dani Levy, nach einer Idee von Matthias Matussek und Günther Rohrbach
Kamera: Carsten Thiele
Musik: Niki Reiser
Schnitt: Elena Bromund
Prod.: X Filme; D 2002; 103 Min.
UA: 4.7.2002, Filmfest München
Verleih: X Verleih, 26.9.2002
FSK: ab 12 J., ffr.
FBW: Besonders wertvoll

Beschreibung eines ganz normalen Berufs- und Ehealltags, der beide Partner überfordert. Die Krise eskaliert, die Frau zieht aus, der Mann kämpft um den gemeinsamen Sohn.

Marco, Melanie und ihr sechsjähriger Sohn Benny könnten eine glückliche Familie sein. Doch weil Marco um der Karriere willen für einige Monate zu sehr seine Ehepflichten vernachlässigte, verlässt Melanie plötzlich mit ihrem Sohn den Mann. Als sie ihm dann auch noch gerichtlich den Umgang mit dem Sohn verbietet, kidnappt der Vater sein Kind aus dem Kindergarten und fährt mit ihm schnurstracks in eine trostlose Wüstenlandschaft. Dort erkennt er immerhin, dass sein Sohn andere Bedürfnisse als er selbst hat. Noch rechtzeitig vor der endgültigen Eskalation ihres angezettelten Rosenkriegs entdecken die Ehepartner, dass sie für ihr Kind gemeinsame Verantwortung tragen und ihm das Recht auf beide Elternteile nicht einfach absprechen können.

Levy seziert deutsche Familienbefindlichkeiten zwischen Karriere, Küche und Scheidungsalltag mit überzeugenden Schauspielern und in stimmigen Szenen, zumindest solange sie für sich stehen. Lediglich im Gesamtentwurf wirken die Entwicklung der Figuren und einige Details doch etwas konstruiert, beispielsweise in der Metapher der Wüstenlandschaft mit integrierter Telefonzelle oder im allzu raschen Wechsel der Kommunikationsbereitschaft, auf den anderen zuzugehen oder abzublocken. Ob die Besetzung der weiblichen Hauptrolle mit Levys einstiger Lebensgefährtin dem Film wirklich zuträglich war, sei dahingestellt. Man muss es Levy aber lassen, offen aufgegriffen zu haben, dass im Zeitalter allein erziehender Mütter auch Väter manchmal unter Doppelbelastung und Gewissenskonflikten leiden, wenn es um ihre Kinder geht. *Holger Twele*

Kritik: (...) Statt den Figuren wirklich Leidenschaften und Abgründe zuzugestehen, regiert das Prinzip des Sowohl-als-auch. Übertreibung und Zuspitzung finden bei Levy nur auf einer oberflächigen, melodramatischen Ebene statt, etwa wenn der entnervte Vater seinen Sohn kurzerhand entführt, um endlich einmal zu seinem Recht zu kommen.

Das Einzige, was die anschließende Odyssee zutage bringt, ist Papas dem Sohn gegenüber geäußerte Klage, dass es ungerecht sei, dass Mama viel mehr Tage mit dem kleinen Benny verbringen dürfe als er. Dem verwirrten, von Heimweh geplagten Sohn bleibt da nicht viel übrig, als zuzustimmen. Die seelischen Innenwelten der Charaktere – das gilt am stärksten für die Figur der Melanie Krieger – bleiben bis zum Ende relativ unterbelichtet. Auch wenn mit einer handlichen digitalen Videokamera gedreht wurde, wirken die Akteure in ihrem Bewegungsspielraum nicht befreit, sondern zusehends eingeengt. Als müssten sie Levys politisch korrekter Didaktik gehorchen. Fast könnte man glauben, es gehe hier darum aufzuzeigen, welche Fehler junge Eheleute möglichst zu vermeiden haben. Selbstverständlich verbietet sich damit auch die Portion Ironie, mit der etwa Regisseure wie Ken Loach einen ernsten Stoff zu versüßen wissen.

Letzendlich reiht sich »Väter« so ganz wunderbar in die Tradition der nüchternen und genussfeindlichen deutschen Problemfilme ein, die viel ansprechen und bewegen wollen, dabei aber meilenweit von dem entfernt bleiben, was allgemein unter großem Kino verstanden wird.

Lasse Ole Hempel, FR, 25.9.2002

(...) »Väter« hat einen Hang zu jener Sorte von Klischees, die sich immer mit dem Hinweis auf die Wirklichkeit rechtfertigen lassen; der vom Ehemann vergessene Hochzeitstag und die darüber unglückliche Ehefrau sind dafür ein Musterbeispiel. Die Dramaturgie spielt mit ähnlich billigen Mitteln: Immer wieder sehen zum Beispiel gute Nachrichten – der Beifall für Marcos Entwurf, die Festanstellung seiner Kollegin Ilona – erst mal wie unangenehme Meldungen aus. (...) »Väter« soll und wird sein Publikum finden – wegen des aktuellen Familienthemas, als Diskussionsstoff. Aber man hätte dem in DV-Technik gedrehten Film gewünscht, er wäre auf größere Distanz zum gängigen Fernsehspiel gegangen.

H. G. Pflaum, SZ, 25.9.2002

(...) Zwar gelingen dem Film durch den Einsatz der Digitalkamera intensive Szenen, etwa, wenn eine gesprächsbereite Melanie auf Marco trifft, der gerade ein Rendezvous hat und die Gelegenheit nutzt, um sie vor Zeugen zu erniedrigen. Aber letztlich ist »Väter« wenig mehr als eine modische Version von »Kramer gegen Kramer«. Der Film geht damit hausieren, dass die Gremien ihn für nicht kinotauglich hielten und deshalb kein Geld gaben. Ausnahmsweise gilt: Auch Filmfördergremien können richtig liegen. *Ulrich Kriest, Stuttgarter Zeitung, 26.5.2002*

Interview: *Sie haben auf Digitalvideo gedreht, werden Sie weiter damit arbeiten?*

Das hängt vom Projekt ab. Gerade am Anfang, bei den sehr nervösen Szenen, war die Digi-Kamera hilfreich. Man hat viel mehr Möglichkeiten in der Bildgestaltung. Der Vorteil liegt darin, dass man den Film schon mal im Rechner hat und den Look bestimmen kann, was Farben und Lichtbestimmung betrifft. Mit dieser Technik kann ich ein Bild herstellen, das voll cinemascopetauglich ist, knackig aussieht. Man hat nicht das Gefühl von Homevideo, sondern das eines großen Kinofilms auch mit Dolby-Digitalsound. Dazu kommt die Kostenfrage. Wir hatten keine Projektfördermittel und offiziell nur 1,5 Millionen Euro zur Verfügung, mit Rückstellungen vielleicht 2,2 Millionen Euro. Da kann man das Geld nicht zum Fenster rauswerfen.

Eigentlich erstaunlich, dass das Thema nicht auf Förderresonanz stieß.

Er wurde überall abgelehnt. Deshalb plädiere ich für mehr Toleranz in den Gremien. Das Beispiel »Väter« zeigt, dass die Leute weder über eine Form von Fantasie noch über eine Vision verfügen oder auch nur bedingt ahnen, was es bedeutet, diesen Film in Deutschland zu machen. Für mich ein Beweis, wie festgefahren die Klischees in den Köpfen sind. Ich wünsche mir kontrovers diskutierende und professionelle Entscheider. Ich bin nicht der Einzige, der mit Schwierigkeiten kämpft, um einen Film auf die Beine zu stellen. Dominik Graf oder Oskar Roehler geht es doch ähnlich. Man schaut hierzulande mit einem gierigen Auge auf die Kommerzialität. Da bleibt eine Menge inhaltlicher und formaler Lebendigkeit auf der Strecke, bei einer Reduzierung auf Erfolgsförderung fliegt alles Sperrige und nicht Stromlinienförmige raus. Allerdings sollte man nicht nur den Förderinstitutionen den schwarzen Peter zuschieben. Nicht jeder von uns hat die tollen Bücher in der Schublade liegen, die man uns nicht realisieren lässt. *Dani Levy im Interview mit Margret Köhler, AZ, 26.9.2002*

Vaya con dios 860

****

Regie: Zoltan Spirandelli
Darsteller: Chiara Schoras (Chiara), Daniel Brühl (Arbo), Matthias Brenner (Tassilo), Michael Gwisdek (Benno), Heinz Trixner (Pater Claudius), Traugott Auhre (Abt Stefan)
Drehbuch: Zoltan Spirandelli
Kamera: Dieter Deventer
Musik: Detlef Friedrich Petersen
Schnitt: Magdolna Rokob
Prod.: d. i. e. Film/a. pic.; D 2001; 106 Min.
UA: 26.3.2002, Freiburg
Verleih: Senator, 28.3.2002
Vertrieb: Universal Video (Video, DVD)
FSK: o. A., ffr.
FBW: Besonders wertvoll

Drei Mönche des Ordens der Cantorianer machen sich auf den beschwer-

Drei auf gleichem Weg: Michael Gwisdek, Daniel Brühl und Matthias Brenner in ›Vaya con Dios‹

lichen Weg nach Italien, um ihre von den Jesuiten bekämpften Ordensregeln in ein anderes Kloster zu bringen.

Kritik: (…) Voller Sympathie für seine Hauptfiguren schickt er drei Mönche auf eine tragikomische Odyssee durch das Deutschland des 21. Jahrhunderts. Die Gags gehen aber Gott sei Dank nie auf Kosten der Mönche. Stattdessen leiden und lachen wir mit ihnen und hoffen insgeheim sogar, dass die Cantorianer ihren altertümlichen Vorsätzen treu bleiben. Gerade die erste Hälfte des Films in der freien Natur kann mit richtig tollen Cinemascopebildern überzeugen, während die Enge der Stadt den Bildern und auch der Dramaturgie nicht sonderlich gut bekommt. Aber da sind ja noch die Schauspieler: Shootingstar Daniel Brühl, Routinier Michael Gwisdek und die bisher im Kino kaum aufgefallenen Matthias Brenner und Chiara Schoras – sie alle glänzen in einem Genre, das hierzulande selten ist: das Roadmovie. Und wenn die Cantorianer singen, dann möchte man vor Wonne zerfließen. Sehenswertes Mönchs-Roadmovie mit Idealbesetzung. *Martin Schwarz, Zitty, 7/2002*

Venedig – Als hätten wir geträumt 861

****

Regie: Wolfgang Ettlich
Darsteller: Die Venezianer
Drehbuch: Wolfgang Ettlich, nach der Idee von Hans-Albrecht Lusznat
Kamera: Hans-Albrecht Lusznat
Schnitt: Henry Hauck
Prod.: MGS; D 2000; 90 Min.
UA: 24.6.2000, Filmfest München
Verleih: MGS, Februar 2002

Zwei Stunden Venedig im Langsamdurchlauf, beinahe in Echtzeit genießen: Vier Schnitte genügen diesem Dokumentaressay für Bildungsbeflissene. Cees Nooteboom liefert Off-Text und Programm (die »Geschwindigkeit gehender Menschen, der eigene Rhythmus der Stadt«) zu den nur scheinbar geduldigen Betrachtungen der geschmeidigen Kamera. Venedig in der Totale und im Detail, an einem bedeckten Tag mit gelegentlicher Musikbegleitung eingefangen. Gänge durch die Stadt, Fahrten durch die Kanäle, Passagen und Eindrücke der Flaneure auf dem Weg durch die Geschichte. Ein am Ende nur technisch erfolgreiches Experiment mit nur einer Idee.

Robert Weixlbaumer, tip, 5/2002

Venus Boyz 862

***

Regie: Gabriel Baur
Darsteller: Del LaGrace Volcano, Diane Torr, Dréd Gerestant, Bridge Markland, Mo Fischer, Storme Webber
Drehbuch: Gabriel Baur
Kamera: Sophie Maintigneux
Musik: David Shiller
Schnitt: Salome Pitscher, Jean Vites, Daniela Roderer
Prod.: Onix/Clock Wise Prod. mit WDR/Teleclub; Schweiz/USA 2001; 104 Min.
UA: Int. Filmfestspiele Locarno 2001
EA: Dokumentarfilmfest München 2002
Verleih: Movienet, 4.7.2002

»Drag-Kings« nennen sich – in Anlehnung wie in Unterscheidung zu den bereits begrifflich etablierten Drag-Queens – jene Gendernauts, die ihr Geschlecht aus eigenem Entschluss vom Femininen zum Maskulinen wandeln. Die Schweizer Dokumentaristin Gabriel Baur hat mit »Venus Boyz« nun eine erste Bestandsaufnahme dieser speziellen Szene vorgenommen. Ihr Film verfährt im Staffellaufprinzip, hangelt sich, ausgehend von einer Show im New Yorker Casanova-Club, von Person zu Person, pendelt zwischen verschiedenen Schauplätzen und Biografien. Momente diskursiven Innehaltens geraten zwangsläufig ins Hintertreffen. *Claus Löser, tip, 14/2002*

Kritik: (…) »Venus Boyz« ist ein erhellender und zugleich verwirrender Trip, eine sinnliche und zugleich traumhafte Reise ins Reich der Drag-Kings, der sexuellen Outlaws. Sie mögen Außenseiter sein, auf der imaginären Geschlechterskala zwischen männlich und weiblich liegen sie jedoch genau im Zentrum.

Hans Schifferle, epd-Film, 7/2002

Venus.de – Die bewegte Frau / Venus talking 863

****

Regie: Rudolf Thome
Darsteller: Sabine Bach (Venus Siebenberg), Roger Tebb (Max Weaver), Vladimir Weigl (Hans Neumann/Pluto), Guntram Brattia (Fabrizio), André Meyer (Bernhard Zickzack), Rolf-Peter Kahl (Herbert)
Drehbuch: Rudolf Thome
Kamera: Carsten Thiele
Musik: Wolfgang Böhmer
Schnitt: Karin Nowarra
Prod.: Moana-Film mit ARD/Degeto; D 2000; 95 Min.
UA: Int. Filmfestspiele Berlin 2001
Verleih: Rekord, Mai 2002

Schriftstellerin Venus lebt mit ihrem langweilig-lieben Mann und den halb erwachsenen Kindern auf einem schicken Bauernhof vor den Toren Berlins. Um ein Buch zu schreiben, das verfilmt werden soll, geht sie für sechs Wochen in die Hauptstadt. Jeder kann ihr via Webcam im Internet bei der Arbeit zuschauen. Die Kontrolle des Schlafzimmers durch eine zweite Webcam ahnt sie nicht.

Dass sein Film »Paradiso«, das Porträt eines älteren Mannes, der sich mit diversen Damen umgibt, den Vorwurf des Machismo einheimste, muss Rudolf Thome schwer getroffen haben. Jedenfalls versucht er hier eine Kehrtwendung. Die Männer sind quengelig oder mal in Maßen viril, aber immer leicht um den Finger zu wickeln. Parallel zu der Liebesaffäre der Mutter wird von der ersten Liebe des Sohnes erzählt. Die Figuren bewegen sich wie in einer Versuchsanordnung über Beziehungs-, Familien- und Arbeitsweltfragen. Eine leichte und hintergründige Komödie über den Raum von der freien Liebe. *Margret Köhler*

Kritik: (...) Und nicht nur das, Thome setzt die Protagonistin in einen gläsernen Turm mit Blick auf Spree und Oberbaumbrücke – alles wird einsichtig, und dennoch ist »Venus.de« ein sehr diskreter Film. Die Liebesaugenblicke seiner Helden stehen ganz für sich, erst in der vermittelten Form der Schrift werden sie zu reflektierten Ausbruchsversuchen aus einer Beziehung. »Venus.de« ist wieder eine dieser hemmungslos-romantischen Thome'schen Versuchsanordnungen in Sachen Liebe.

Anke Leweke, tip, 13/2002

Verbrechen verführt 864

HIGH HEELS AND LOW LIFES ****

Regie: Mel Smith
Darsteller: Minnie Driver (Shannon), Mary McCormack (Frances), Kevin McNally (Mason), Mark Williams (Tremaine), Danny Dyer (Danny), Kevin Eldon (McGill)
Drehbuch: Kim Fuller, Georgia Pritchett, nach der gleichnamigen Story von Kim Fuller
Kamera: Steven Chivers
Musik: Charlie Mole
Schnitt: Christopher Blunden
Prod.: Touchstone/Fragile Films; GB/USA 2001; 86 Min.
EA: Int. Hofer Filmtage 2001
Verleih: Buena Vista, 30.5.2002
Vertrieb: Touchstone (Buena Vista) Video (Video, DVD)
FSK: ab 12 J., ffr. – **FBW:** Wertvoll

Shannon und Frances hören in einer besoffenen Nacht über eine Abhöranlage zufällig mit, wie ein paar Gangster in der Nähe eine Bank überfallen. Und beschließen, sich erpressermäßig in die Gaunerszenerie einzumischen. Natürlich finden die Bankräuber das indiskutabel, und so tänzeln die London Chicks zwischen Verbrechern, Polizei und eigener Courage in dieser britischen Slapstick-und-Sprüche-Komödie hin und her. »Verbrechen verführt« geht runter wie eine große Müslischale voll Schokoladenpudding und hinterlässt gar nichts außer dem diffusen Bauchgefühl von Fülle durch Stärke mit Zucker.

Jenni Zylka, tip, 11/2002

Kritik: (...) Wie zwei liebe Ladys aus London zu »Thelma und Louise« an der Themse mutieren und dabei die Unterwelt mächtig durcheinander wirbeln, das schildert Regisseur Smith mit leichter Hand in gelungener Mischung aus Crime und Comedy und in einer Gewitztheit, die nur sehr selten im Kino anzutreffen ist.
Vor allem die zwei Hauptdarstellerinnen verleihen dieser köstlichen Krimikomödie knackigen Glanz: Wie zwei Schwestern der schrillen »Ally McBeal« lügen und tricksen, rennen und schießen sich Minnie Driver und Mary McCormack durch die Gegend, und das immer modisch gekleidet und auf kriminell hohen Schuhen. Gegen diese zwei weiblichen Hobbygangster auf sexy Stöckelschuhen kamen die Starganoven im Kinohit »Oceans Eleven« daher, als hätten sie von der Stange gekauft.

Albert Baer, Rheinische Post, 1.6.2002

Verdammte Gefühle 865

☐
TV

Regie: Peter Lichtefeld
Darsteller: Barbara Rudnik (Jette Glücklich), Thomas Sarbacher (Mario), Nina Petri (Doro), Maximilian Haas (Bennie), Daniela Preuß (Maria), Theresa Harder (Camilla)
Drehbuch: Evelyn Holst
Kamera/Schnitt/Musik: Weder im Internet noch telefonisch bei der Produktionsfirma war es möglich, innerhalb 2 Tagen die Angaben zu bekommen.
Prod.: Filmpool für SAT.1; D 2001; 90 Min.
TV: 17.9.2002, SAT.1, 20.15

Gäbe es da nicht die Kinder, die Halbgeschwister sind, hätte Jette ihrem »Ehemaligen« niemals gestanden, dass sie einen Sohn von ihm hat, den sie ihm 20 Jahre lang verschwiegen hat. Nun ist Mario verheiratet. Eigentlich will sie dessen Ehe nicht zerstören, doch weil sich seine Tochter Maria und ihr Sohn Bennie ineinander verliebt haben, muss sie es ihm gestehen. *AZ TV Journal*

Das verflixte 17. Jahr 866

****+

TV

Regie: Hermine Huntgeburth
Darsteller: Florian Martens (Hannes Melker), Andrea Sawatzki (Britta Melker), Peter Lohmeyer (Tom), Florian Riedl (Marki), Nadja Bobyleva (Katinka), Peter Jordan (Schlonze)
Drehbuch: Volker Einrauch
Kamera: Sebastian Edschmid
Musik: Biber Gullatz, Eckes Malz
Schnitt: Eva Schnare
Prod.: Josefine Filmprod. für NDR; D 2001; 88 Min.
TV: 15.2.2002, Arte, 20.45

Am Hochzeitstag des 17. Ehejahres erfährt der Fernmeldetechniker Hannes, Familienvater von zwei Kindern, dass seine Frau Britta sich in ihren Jugendfreund Tom neu verliebt hat. Hannes will mit allen Mitteln um seine Frau kämpfen. (…)

(…) Ein Familienporträt der etwas anderen Art: Die Handlung ist überspannt, der Witz derb, aber die Beobachtungen des porösen Personengefüges sind präzise bis ins Detail.

Christian Buss, taz, 15.2.2002

Verhängnisvolle Vergangenheit 867

A MURDER ON SHADOW MOUNTAIN

**

Video

Regie: Dick Lowry
Darsteller: Michele Lee (Barbara Traynor), Peter Coyote (Denny Traynor), Rex Linn, Joshua Keaton, Tim Kelleher
Drehbuch: Dan Levine, nach dem Buch »Mountain Madness« von Jimmy Dale Taylor und Donald G. Bross
Kamera: Laszlo George
Musik: Patrick Williams
Schnitt: Anita Brandt-Burgoyne
Prod.: Frank und Bob Films II; USA 1999; 87 Min.
Vertrieb: EuroVideo, 11.4.2002
FSK: ab 12 J.

In die traute US-Familie (Vater, Mutter und zwei Kinder) platzt unvermittelt die Polizei, die den Ernährer der Sippe des Mordes bezichtigt. Da macht sich Mama auf, den 27 Jahre alten Fall auf eigene Faust zu lösen. Ausgesprochen langweiliger TV-Krimi.

Verliebt auf Bermuda 868

**

TV

Regie: Gero Erhardt
Darsteller: Helmut Zierl (Michael Wagner), Sophie Schütt (Stefanie), Christina Plate (Floriane), Miroslav Nemec (Jack), Krystian Martinek (Roland), Gunter Berger (Dieter Bendt)
Drehbuch: Barbara Engelke
Kamera: Holger Greiß
Musik: Hans Günter Wagener
Prod.: Polyphon; D 2002; 86 Min.
TV: 6.10.2002, ZDF, 20.15

Die Schönheit von Sommer, Sonne, Meer in feinen Hotels ist die halbe Miete. Dazu schöne Damen auf der Suche nach Lovern, Kindermund für den Humor und olle Verwechslungskamellen zur Aufrechterhaltung einer Handlung. Fehlt nur noch Helmut Zierl in der Hauptrolle als Hotelmanager und verlassener Kleinkind-Papi. Der Film folgt als Fließbandprodukt den Vorgaben des Genres: gnadenlos platt.

Ponkie, AZ, 8.10.2002

Verlorenes Land 869

****

TV

Regie: Jo Baier
Darsteller: Martina Gedeck (Maria), Merab Ninidze (Jean-Pierre), Monica Bleibtreu (Großmutter), Rüdiger Hacker (Großvater), Michael Goldberg (Hans), Tristano Casanova (Karl)
Drehbuch: Jo Baier, nach dem gleichnamigen Roman von Bernd Schroeder
Kamera: Peter von Haller
Prod.: NDF für BR; D 2001; 90 Min.
TV: 5.4.2002, Arte, 20.40; 21.8.2002, ARD, 20.15

Mag sein, dass eine niederbayerische Nachkriegsbauerntragödie ein Quotenschreck ist. Doch wenn sie so großartig einfach und kraftvoll inszeniert ist wie dieser Film, dann lohnt sich der Abend mit dem Generationenepos, in dem Martina Gedeck und Monica Bleibtreu wie zwei antike Statuen des Unglücks niedergewalzt werden vom Nachkriegsschicksal. An drei Söhnen leidet die Altbäuerin: einer gefallen, einer verschollen, der dritte ein ewig scheiternder Erfinder. Die Schwiegertochter führt mit dem Kriegsgefangenen Jean-Pierre den Hof – und auch ihr stumm von der Alten geduldetes Liebesglück scheint Zukunft zu haben. Doch als nach vielen Jahren ihr Mann aus Russland heimkommt, ein Wrack an Leib und Seele und erbarmungswürdiger Pflegefall, geht Jean-Pierre heim nach Frankreich. (…)

Ponkie, AZ, 8.4.2002

Verrückt nach Paris 870

***

Regie: Eike Besuden, Pago Balke
Darsteller: Paula Kleine (Hilde), Frank Grabski (Philip), Wolfgang Göttsch (Karl), Dominique Horwitz (Enno), Martin Lüttge (Kollakowski), Corinna Harfouch (Frau Hermann)
Drehbuch: Eike Besuden, Pago Balke
Kamera: Piotr Lenar
Musik: Karsten Gundermann
Schnitt: Margot Neubert-Maric, Birgit Hemmerling
Prod.: Geisberg Studios/Eike Besuden Prod. mit Radio Bremen/NDR/Arte; D 2001; 90 Min.
EA: Int. Filmfestspiele Berlin 2002, »Perspektive Deutsches Kino«
Verleih: Neue Visionen, 12.9.2002
FSK: o. A., ffr. – **FBW:** Besonders wertvoll

Eine Zugfahrt, die ist lustig – denkt sich Oma Hilde und büxt mit zwei Freunden aus ihrem Bremer Behindertenheim aus. Doch dann wird ein Trip nach Paris daraus mit vielen Hindernissen und Abenteuern. Der Spielfilm über den Alltag von geistig und körperlich Behinderten ist leider ein bisschen arg konventionell erzählt. Dafür jedoch spielen die gehandikapten Hauptakteure die Profis Dominique Horwitz und Corinna Harfouch glatt an die Wand.

Cristina Moles Kaupp, tip, 19/2002

Kritik: (…) Was jedoch an »Verrückt nach Paris« wirklich unangenehm aufstößt, was den Film schließlich unentschuldbar ruiniert, das ist die erzählerische Dürftigkeit in Kombination mit der Ursprünglichkeit der behinderten Darsteller. In der Tat funktionieren Hilde, Philip und Karl als absolute Sympathieträger, sind ein Ausbund an Spitzbübigkeit, was das scheinbar gut meinende Regieduo Eike Besuden und Pago Balke im Grunde nur gnadenlos ausnutzt, weil es sonst nichts zu sagen hat. (…)

Stuttgarter Zeitung, 6.12.2002

(…) Die Regisseure hätten besser daran getan, sich auf die Fähigkeiten ihrer drei Hauptdarsteller zu verlassen, die lange Theatererfahrungen in dem Bremer Projekt »Kunst und Psychiatrie« sammeln konnten. Sie stehen erkennbar nicht unter dem Druck, partout witzig sein zu müssen, und vermitteln durch ihre Präsenz eine Authentizität und Glaubwürdigkeit, die durch Hildes sporadische Kommentare aus dem Off noch verstärkt werden. Die drei hätten einen besseren Film verdient.

Raimund Gerz, epd-Film, 9/2002

Verrückt nach Sam 871

TESTING SAM / RULES OF THREE **
Video

Regie: Fred Calvert
Darsteller: William Forsythe (Mitch), Douglas Weston (Roger), Audie England (Sam), Anita Finlay (Carol), Michael Nicolosi (Freddie), Justine Slater (Linda)
Drehbuch: Fred Calvert, Douglas Weston
Kamera: Irv Goodhoff
Musik: Robert Folk
Schnitt: Joel Negron
Prod.: Knightsbridge/Moonstone Ent.; USA 1996; 94 Min.
Vertrieb: VCL, 21.3.2002
FSK: ab 12 J.

Femme fatale bricht in Männerfreundschaft zwischen Frauenheld und Künstler-Sensibelchen ein – und führt Böses im Schilde. Geschwätziges Eifersuchtsdrama, leicht angejahrt.

Versus 872

VERSUS *
Video

Regie: Ryuhei Kitamura
Darsteller: Tak Sakaguchi (Gefangener

KSC2-303), Yuichiro Arai, Hoshimi Asai, Toshiro Kamiaka, Takehiro Katayama, Motonari Komiya
Drehbuch: Ryuhei Kitamura, Yudai Yamaguchi
Kamera: Takumi Furuya
Musik: Nobuhiko Morino
Schnitt: Shuichi Kakesu
Prod.: Wevco/Napalm Films/KSS/Suplex; Japan/USA 2001; 115 Min.
Vertrieb: Sunfilm Video, 30.7.2002
FSK: ab 18 J.

Zwei entflohene Häftlinge landen auf einem von Untoten bevölkerten Friedhof. Überbordende Hämoglobinorgie in einem höchst fragwürdigen Horror-Action-Verschnitt.

Vidocq 873

VIDOCQ ***
Video

Regie: Pitof
Darsteller: Gérard Depardieu (Vidocq), Guillaume Canet (Etienne), Ines Sastre (Preah), André Dussollier (Lautrennes), Edith Scob (Sylvia), Moussa Maaskri (Nimier)
Drehbuch: Jean-Christophe Grange, Pitof
Kamera: Jean-Claude Thibault
Musik: Bruno Coulais
Schnitt: Thierry Hoss
Prod.: Frankreich 2001; 94 Min.
Vertrieb: Sunfilm Video, 13.1.2003
FSK: ab 16 J.

Lange nach dem Tod des Detektivs Vidocq stößt sein Biograf auf die Gründe seines mysteriösen Tods. Aufwändige Fantasy-Horror-Historien-Mixtur, die Unterhaltung auf hohem Niveau bietet.

Viel passiert – Der BAP-Film 874

VIEL PASSIERT – DER BAP-FILM ***

Regie: Wim Wenders
Darsteller: BAP (Sheryl Hackett, Werner Kopal, Helmut Krumminga, Michael Nass, Wolfgang Niedecken, Jens Streifling)
Drehbuch: Wim Wenders
Kamera: Phedon Papamichael; Jörg Widmer, Jan Kerhart (Steady-Cam)
Musik: BAP
Schnitt: Moritz Laube, Igor Patalas
Prod.: Screen:Works/Travelling Tunes mit WDR; D 2000; 101 Min.
UA: 13.2.2002, Int. Filmfestspiele Berlin 2002, »Außer Konkurrenz«
Verleih: Ott Film, 7.3.2002
FSK: o. A., ffr.
FBW: Wertvoll

Der Zusatztitel »BAP-Film« führt in die Irre. »Der Wolfgang-Niedecken-Film« wäre treffender gewesen. In Wim Wenders' Dokumentarfilm über Kölns berühmteste Deutschrockband schwadroniert der BAP-Sänger und -Dichter Wolfgang Niedecken mit weihevoller Stimme über Wolfgang Niedecken. Jeder Niedecken-Satz ächzt unter der erdrückenden Last, eine bedeutende Lichtgestalt zu sein und trotzdem Mensch zu bleiben. Dazwischen gibt es die üblichen Konzertmitschnitte. Nur für BAP-Hardcorefans, Berufskölner und Freunde des altertümlichen Altherrenrocks.

Volker Gunske, tip, 5/2002

Kritik: (...) Drei Jahre nach »Buena Vista Social Club« hat Wenders mit seiner Musikdokumentation »Viel passiert – Der BAP-Film« eine ebenso nostalgische wie vitale Niedecken-Hommage geschaffen, eine Art Heimatfilm. Die Spielfilmklammerung hat allerdings dramaturgische Längen: Im plüschigen Essener Filmpalast Lichtburg erinnert sich Niedecken als verträumter Zuschauer an einen BAP-Auftritt und deutsch-deutsche Nachkriegsgeschichte, während Joachim Król als Filmvorführer und Marie Bäumer als sexy Zigarettenmädchen (wie einem Edward-Hopper-Gemälde entsprungen) fungieren. Hinreißend dagegen die Kollage von legendären und aktuellen Konzertmitschnitten und rarem Archivmaterial. (...)

Angie Dullinger, AZ, 7.3.2002

Viel zu jung 875

CLEMENT □
TV

Regie: Emmanuelle Bercot
Darsteller: Olivier Guéritée (Clément), Emmanuelle Bercot (Marion), Kevin Goffette (Benoît), Rémi Martin (Franck), Lou Castel (Francois), Catherine Vinatier (Aurore)

Drehbuch: Emmanuelle Bercot, Virginie Boda
Prod.: Frankreich 2001; 139 Min.
TV: 6.9.2002, Arte, 20.45

Marion wird neugierig, als der erst 13-jährige Clément ihr schmeichelt und sie provoziert. Schließlich gibt sie seinem Werben nach. Die Wahl des Themas sowie die unverklärte, direkte Art, in der die Liebe zwischen einer erwachsenen Frau und einem Heranwachsenden gezeichnet ist, sind mutig und provokant. *Pressetext*

Vienna 876

***

Regie: Peter Gersina
Darsteller: Elke Winkens, Erika Marozsan, Axel Milberg, Roman Knizka, Max Tidof, Kirk Kirchberger
Drehbuch: Peter Gersina
Kamera: Zivko Zalar
Musik: Thomas Rabitsch
Schnitt: Moune Barins
Prod.: Kinofilm München mit DoRo/Helkom Media/ORF; D/Österreich 2000; 104 Min.
Verleih: Solo Film, 12.9.2002
FSK: ab 12 J., ffr. – **FBW:** Wertvoll

Als Ludwig von seiner Kirchengemeinde verstoßen wird, steht der weltfremde Kauz verloren in Wien herum. Und landet in der Obhut von Bruno und Anatol. Ersterer ist blind, betätigt sich dennoch als Kunstkritiker. Anatol dagegen ist hauptberuflich Alkoholiker. Die beiden Lebenskünstler möchten Ludwig als Ersatzmessias verkaufen. Was die beiden übersehen: Der Bub kann wirklich in die Zukunft sehen. *Zitty, 18/2002*

Kritik: (…) Gersinas Regiedebüt ist bemüht skurril, bemüht poetisch und gewinnt auch in seinen augenzwinkernden Kinoreminiszenzen kaum den anvisierten bizarren Witz. (…)
Rainer Gansera, SZ, 19.9.2002

(…) »Vienna« ist eine kleine schwarze Komödie mit einer gesunden Portion Nostalgie über Freundschaft, Liebe, Sex und Tod, über Randexistenzen, die dem Schicksal trotzen. Gersinas gescheiterte Helden sind chaotisch, unausstehlich und mit scharfem Sarkasmus gesegnet. Im Wartesaal zum großen Glück ist es ihnen zu gemütlich. Sie pfeifen auf die Norm, gewinnen ein Stück Freiheit, wenn auch nur für den Moment. (…)
Margret Köhler, AZ, 12.9.2002

(…) Überhaupt steckt »Vienna« voller mehr oder weniger gelungener Anspielungen auf Filme und Genres; und eine ausgeklügelte Beleuchtungsstrategie lässt ganze Dekaden wieder auferstehen: Blass und ausgewaschen wirken etwa die Farben in einer Freibadszene – ein wenig rotstichig, wie heutzutage die Urlaubsfotos aus den 70ern; eine verrauchte Nachtklubszene erinnert ans Hollywoodkino der 40er-Jahre; dann wiederum ergießt sich bonbonfarbenes Neonlicht über die Leinwand, und man ist mitten in den 50ern. Dass er ein bisschen viel und ein bisschen beliebig zitiert, ist aber auch das Einzige, was man diesem Film vorwerfen kann.
Daniela Sannwald, Der Tagesspiegel, 12.9.2002

Die vier Federn 877

THE FOUR FEATHERS ***

Regie: Shekhar Kapur
Darsteller: Heath Ledger (Harry Feversham), Wes Bentley (Lt. Jack Durrance), Kate Hudson (Ethne), Djimon Jounsou (Abou), Michael Sheen (Trench), Laila Ruass
Drehbuch: Michael Schiffer, Hossein Amini, nach dem gleichnamigen Roman von A. E. W. Mason
Kamera: Robert Richardson
Musik: James Horner
Schnitt: Steven Rosenblum
Prod.: Belhaven/Jaffilms; USA 2002; 131 Min.
UA: Int. Filmfestival Toronto 2002
Verleih: Concorde, 21.11.2002
FSK: ab 12 J., ffr.

Kolonialkrieg in Afrika. Als der britische Harry Feversham sein Land im Sudan verteidigen soll, beschließt er, seinen Dienst in der Armee zu quittieren. Seine drei besten Freunde und seine Verlobte schicken ihm daraufhin vier Federn, als Symbole für seine Feigheit und seinen Verrat. Dieser Vorwurf verletzt Feversham zutiefst, und so zieht er in die Wüste Sudans.

Kritik: (...) Shekhar Kapur und sein Kameramann Robert Richardson finden berauschende Bilder von manchmal surrealer Qualität. Dennoch verlangt das Monumentalwerk dem Zuschauer einiges an Geduld ab. Im Mittelpunkt der Geschichte um falschen Stolz und Grausamkeit, Loyalität und Freundschaft steht der Gewissenskonflikt eines jungen Mannes, der in extremsten Situationen zum Helden reift. (...)

Angie Dullinger, AZ, 21.11.2002

(...) Seltsamerweise macht Shekhar Kapur, der selbst aus Indien stammt, keinen Versuch, die tief im Kolonialismus verwurzelte Geschichte auf ihre Gültigkeit zu befragen. Im Gegenteil setzt er den Ehrenkodex des Empire einfach voraus, konfrontiert ihn mit den extremen Erfahrungen der Grausamkeit im Krieg und lässt ihn durch den Schmerzensmann Harry Feversham auf eine fast absurde Weise noch überbieten. »Die vier Federn« wird dadurch zu einem Epos mit vielen Schauwerten und opernhaften Posen, das allerdings ständig Gefahr läuft, lächerlich zu werden: Weltanschauliche Fragen werden auf dem Niveau von Karl May verhandelt.

Bert Rebhandl, tip, 24/2002

Der vierte Engel 878

THE FOURTH ANGEL ***

Video

Regie: John Irvin
Darsteller: Jeremy Irons (Jack Elgin), Forest Whitaker (Agent Jules Bernard), Charlotte Rampling (Kate Stockton), Lois Maxwell (Olivia), Timothy West (Jones), Joel Pitts (Andrew Elgin)
Drehbuch: Allan Scott, nach einer Story von Robin Hunter
Kamera: Mike Molloy
Musik: Paul Zaza
Schnitt: Nick Rotundo
Prod.: New Legend/Worstar/Rafford/Sky Pic.; GB/Kanada 2001; 92 Min.
Vertrieb: Sunfilm, 4.6.2002
FSK: ab 16 J.

Weil die Mörder seiner Familie freigesprochen werden, ersinnt britischer Verleger eine Methode, sie nacheinander raffiniert zur Strecke zu bringen. Relativ intelligenter Rache- und Politthriller.

24/7 Sunset Boulevard 879

***

Regie: Eckhart Schmidt
Darsteller: Colette Divine (Laura)
Drehbuch: Eckhart Schmidt
Kamera: Steve Elkins, Joe Walsh
Musik: Studio F/S
Schnitt: Raoul Sternberg (= Eckhart Schmidt)
Prod.: Raphaela Film/Palm Prod.; D 2001; 90 Min.
UA: 1.7.2001, Filmfest München
Verleih: Preview Release, OmU, 1.7.2001/14.2.2002

Eine junge Frau steht am Sunset Boulevard in Los Angeles und berichtet direkt in die Kamera von ihrer schönen und traurigen Liebesgeschichte mit einem Mann, den sie noch immer liebt, obwohl er sie betrogen und bestohlen hat. Ein quasidokumentarisches Spiel mit den Wirklichkeitsebenen, wobei es die großartige, äußerst lebensecht wirkende Leistung der Hauptdarstellerin dem Zuschauer ermöglicht, die Geschichte im Kopf (nach) zu erleben. Ein gelungenes Experiment jenseits üblicher Erzählstrukturen.

Oliver Rahayel, Film-Dienst, 7/2002

Kritik: (...) Dokumentarisch, beinahe reportagenhaft filmt Schmidt auf Digi-Beta die Bekenntnisse von Laura. Dabei ist jeder Satz, den Colette Divine spricht, von Schmidt geschrieben. Diese Herangehensweise passt vorzüglich zu L. A., zum Sunset, wo fast jeder ein Schauspieler ist, ein Schauspieler des Lebens. Schmidts Film ist Realitykino über die Erinnerungen, die uns am Leben erhalten, und die Träume und Illusionen, die uns vorantreiben. (...)

Hans Schifferle, SZ, 24.3.2002

40 Tage und 40 Nächte 880

40 DAYS AND 40 NITGHTS ***

Regie: Michael Lehmann
Darsteller: Josh Hartnett (Matt), Shannyn Sossamon (Erica Sutton), Vinessa Shaw (Nicole), Paulo Costanzo (Ryan), Maggie Gyllenhaal (Sam), Michael Maronna (Bagel Guy)
Drehbuch: Robert Perez
Kamera: Elliot Davis
Musik: Rolfe Kent
Schnitt: Nicholas C. Smith
Prod.: Working Title mit Milo Prods.; USA 2001; 94 Min.
Verleih: UIP, 30.5.2002
Vertrieb: Universal Video (Video, DVD)

Der junge Matt ist als Webdesigner und bei Frauen gleichermaßen erfolgreich. Umso härter trifft es ihn, als eine wichtige Beziehung in die Brüche geht und er deshalb von Albträumen geplagt wird. Nur ein wirkliches Opfer, glaubt er, könne ihm nach dieser tiefen Erschütterung seines Macho-Wertesystems noch helfen, und so beschließt er, 40 Tage und Nächte keinen Sex zu haben, in keinerlei Form! Zunächst läuft für ihn alles wie am Schnürchen, bis seine Freunde hohe Wetten darauf abschließen, dass er seinen Schwur nicht »durchhalten« wird. Dann begegnet er auch noch der Frau seiner Träume, deren Geduld er auf eine harte Probe stellt.

Was sich zunächst wie eine spätpubertäre Klamotte mit gängigen Versatzstücken cooler Sexkomödien im mondänen Singleambiente anlässt, entwickelt sich schnell zu einem gleichermaßen witzigen und nachdenklichen Film, der mit seiner umgedrehten Perspektive typische Rollenmuster und Erwartungshaltungen in puncto Liebe und Sexualität erfrischend unkompliziert hinterfragt und in einem neuen Licht erscheinen lässt.

Holger Twele

Kritik: (...) Doch auch das bietet keine Überraschung, denn alles, was hier in 95 Minuten abläuft, ist vorhersehbar und im Grunde belanglos. Hauptmangel in Michael Lehmanns Film aber ist das Fehlen jeder Perspektive. Auch findet der Zuschauer keine Welt vor, die er als seine eigene empfinden könnte. Das Ganze ist altbacken, und die gelegentlichen Versuche der Story, Witz zu mobilisieren, schlagen vor allem deshalb fehl, weil die Darsteller damit so gar nichts anfangen können. *Heiko R. Blum, Rheinische Post, 3.6.2002*

(...) Aber selbst wenn man so schmuck wie Hartnett aussieht und die Welt einzig von silikonbewehrten Sirenen bevölkert scheint, bleibt das Leidens- und somit das komische Potenzial dieses Zölibats doch sehr begrenzt. Das Delirium seines Helden inspiriert Lehmann dann auch zu wenig mehr als den handelsüblichen Slapstickeinlagen – und der Erkenntnis, dass in jeder amerikanischen Sexkomödie gefälligst ein romantisches Herz zu schlagen hat.

Gerhard Midding, tip, 11/2002

Visiting Desire 881

VISITING DESIRE

Regie: Beth B.
Darsteller: Lydia Lunch, Kembra Pfahler, Shannon O'Kelley, Chloe Dzubilo, Ned Ambler, Cyrus Khambatta
Kamera: Beth B.
Musik: Jim Filer Coleman
Schnitt: Melody London
Prod.: B Prod.; USA 1996; 70 Min.
EA: 14.2.1997, Int. Filmfestspiele Berlin, »Panorama: Dokumente«
Verleih: GM films, Dezember 2002

Dokumentarfilm über eine inszenierte Versuchsanordnung: Zwölf Personen zwischen 20 und 40 Jahren, die sich vorher nicht kennen, sollen paarweise ihre sexuellen Fantasien benennen und ausleben. Aus Letzterem wird nichts, da die meisten lieber Kind spielen wollen. Gedreht im starren Stil der

Low-Budget-Undergroundfilme der 70er-Jahre, erweisen sich vorangestellte Aussagen von Straßenpassanten und Psychoanalytikern über sexuelle Fantasien noch am interessantesten in einem Werk, das ansonsten weder provoziert noch Interesse weckt.

Andrea Dittgen, Film-Dienst, 26/02

Vittorio – Momente des Glücks 882

**
TV

Regie: Bodo Fürneisen
Darsteller: Susanna Simon (Bea Rossi), Giulio Ricciarelli (Alessandro Rossi), Timothy Peach (Moritz Wiesner), Lily Tirinnanzi (Teresa), Andrea Tidona, Nina Soldano
Drehbuch: Brigitte Blobel
Kamera: Sebastian Richter
Musik: Rainer Oleak
Prod.: NFP für ARD/Degeto; D 2001; 90 Min.
TV: 27.9.2002, ARD, 20.15

Das Melodram eines Schwangerschaftstraumas mit Fehlgeburt und anschließender Kindesentführung bediente alle Banalklischees aus dem Psychosack: Italienische Väter wollen Söhne; italienische Großfamilien sind Harmonietümpel; klammernde Tochtermütter sind neurosenfördernd; Nato-Offiziere sind Pflichtbolzen und haben nie Zeit. So nimmt das Psycho-Unheil seinen Lauf, und Susanna Simon grämt sich großäugig durch vielfaches Mutterleid.

Ponkie, AZ, 30.9.2002

Voll korrekte Jungs 883

**+
TV

Regie: Rolf Silber
Darsteller: Niki Jondral (Frank), Fatih Alas (Burhan), Sebastian Kroehnert (Wolle), Carin C. Tietze (Christine), Anna Bertheau (Marion), Jana Straulino (Vanessa)
Drehbuch: Carolin Hecht, Jochen Pahl, Rolf Silber
Kamera: Stefan Wagner
Musik: Peter W. Schmitt
Schnitt: Raimund Barthelemes
Prod.: U5 Filmprod. für Pro7; D 2002; 94 Min.
UA: 6.7.2002, Filmfest München
TV: 4.11.2002, Pro7, 20.15

Angeber Frank bekommt von seiner drogensüchtigen One-Night-Stand-Tussi am Weihnachtsabend Baby Lilli aufs Auge gedrückt und muss mit seinen Freunden Burhan und Wolle das Babyleben organisieren. Mit Gastspiel im Frauenhaus, Austricksen eines Jugendamttrottels und tatkräftiger Hilfe von Franks Mama. Ein braver kleiner Langweiler aus dem Nikolaussortiment.

Vollgas 884

***+

Regie: Sabine Derflinger
Darsteller: Henriette Heinze (Evi), Philomena Wolflingseder, Carmen Gratl, Sibylle Gogg, Simon Schwarz
Drehbuch: Sabine Derflinger, Maria Scheibelhofer
Kamera: Bernhard Pötscher
Musik: Johannes Konecny
Schnitt: Karina Ressler
Prod.: Prisma; Österreich 2002; 96 Min.
Verleih: filmladen, März 2002 (Österreich)

Während der Wintersaison arbeitet Evi als Kellnerin in einem Skihotel. Mit Nachtschichten in der dazugehörigen Bar kann sie ihr Einkommen verbessern. Die Spannungen, die in der wenigen Zeit auftreten, welche sie mit ihrer sechsjährigen Tochter verbringen kann, bringen ihr die Situation zu Bewusstsein, ohne dass sie sich in der Lage sähe, etwas daran ändern zu können. Zunehmend gerät sie an die Grenzen ihrer physischen und psychischen Belastbarkeit. Ein insgesamt bemerkenswerter österreichischer Erstlingsfilm.

Cai Mosich, Filmschau

Vollweib sucht Halbtagsmann 885

***
TV

Regie: Helmut Metzger
Darsteller: Christine Neubauer (Anna), Markus Knüfken (Thomas), Paul Metzger (Tobi), Ralf Wolter (Onkel Jakob), Florian Fitz (Peter), Amalie Bizer (Barbara)
Drehbuch: Kerstin Oesterlin, Jessica Schellack, nach dem gleichnamigen Roman von Eva Völler

Kamera: Helge Peyker
Musik: Stefan Traub
Prod.: D 2001; 89 Min.
TV: 19.4.2002, ARD, 20.15

(...) Im ARD-Sonderangebot wurde diesmal ein dreister Lackaffe von Erfolgsmann von seiner einst sitzen gelassenen und als Partyservice-Unternehmerin schuftenden Ex endgültig abserviert zugunsten eines brav-biederen Landpolizisten. Idylle siegt über Karriere im Beziehungsloch: Gutmensch schlägt Geldsack.

Ponkie, AZ, 22.4.2002

Voltaire ist schuld 886

LA FAULTE A VOLTAIRE ***

Regie: Abdel Kechiche
Darsteller: Sami Bouajila (Jallel), Elodie Bouchez (Lucie), Aure Atika (Nassera), Bruno Lochet (Franck), Olivier Loustau (Antonio), Virginie Darmon (Leila)
Drehbuch: Abdel Kechiche
Kamera: Dominique Brenguier, Marie-Emmanuelle Spencer
Schnitt: Tina Baz-Le Gal, Annick Baly, Amina Mazani
Prod.: Flach Film; Frankreich 2000; 129 Min.
UA: Int. Filmfestspiele Venedig 2000
Verleih: Kool, 6.6.2002

Kritik: (...) Das Leben ohne Papiere ist eine Baustelle: Abdel Kechiche spielt die Vitalität der bedrängten Klasse gegen die Kälte der Behörden aus – und denkt insgesamt zu sentimental und schematisch, um mehr als nur einen Thesenfilm über die Existenzen in den Nischen der Legalität zu erreichen. *Bert Rebhandl, tip, 12/2002*

Jallel kommt aus Tunesien nach Paris, um Geld zu verdienen. Seine Freunde raten ihm, sich auf dem Amt als politisch verfolgten Algerier auszugeben. Er kriegt eine befristete Aufenthaltsgenehmigung und ein Bett in einem Männerwohnheim. Durch Schwarzarbeit bessert er die Kasse auf und verliebt sich in eine »Beurette«, eine allein erziehende Kellnerin maghrebinischer Herkunft. Die will ihn sogar pro forma heiraten, damit er im Land bleiben kann. Auf dem Standesamt verschwindet die Braut in Weiß jedoch plötzlich. Für den Mann bricht eine Welt zusammen.

Abdel Kechiche erzählt vom Leben der »sans papiers« (Ausweislosen) und ihrer permanenten Angst vor Polizeikontrollen, aber auch von ihren Sehnsüchten, Träumen und glücklichen Momenten. Seine Protagonisten sind keine Opfer, sondern Persönlichkeiten mit eigener Identität. Soziales Kino, nicht larmoyant, sondern mit arabischer Fabulierkunst unterhaltend präsentiert, das trotz Tristesse Poesie, Humor und Witz aufblitzen lässt.

Margret Köhler

Kritik: (...) Das Leben ohne Papiere ist eine Baustelle: Abdel Kechiche spielt die Vitalität der bedrängten Klasse gegen die Kälte der Behörden aus – und denkt insgesamt zu sentimental und schematisch, um mehr als nur einen Thesenfilm über die Existenzen in den Nischen der Legalität zu erreichen. *Bert Rebhandl, tip, 12/2002*

(...) Abdel Kechiche versucht, dies ohne Hast und ohne Prätention aufzuzeigen. Doch ist ihm sein Film mit 130 Minuten viel zu lang geraten, verliert sich die Erzählung oftmals in etlichen Nebensächlichkeiten und taucht sein »Star« Elodie Bouchez auch erst in der zweiten Hälfte auf. Sein Porträt eines »Anderen« hätte bei zeitlicher Straffung auf 90 Minuten intensiver ausfallen können. *Thilo Wydra, Filmecho-Filmwoche, 22/2002*

Vor meiner Zeit 887

***

TV

Regie: Manfred Stelzer
Darsteller: Ingo Naujoks (Walter), Nadeshda Brennicke (Anne), Katharina Meinecke (Barbara), Jan-Gregor Kremp (Jack), Claudia Balawender (Leonie), Sharon Brauner (Vera)
Drehbuch: Niklas Becker, nach dem gleichnamigen Roman von Julian Barnes

Kamera: Michael Wiesweg
Schnitt: Bernard Schriever
Prod.: Allmedia für NDR; D 2001; 90 Min.
TV: 20.3.2002, ARD, 20.15

Blässlich-linkischer, obendrein verheirateter Professor und attraktive Schauspielerin werden ein Paar. Damit lockte uns der Regisseur zunächst auf die Fährte einer lakonisch, aber nicht lapidar erzählten Romanze mit komischen Aspekten, bis er diese etwas unvermittelt in ein Psychodrama stürzen ließ. Der hoch verliebte Akademiker traut seinem Glück nämlich nicht und entwickelt eine sehr spezielle Form von Eifersucht – in Ermangelung aktuell-akuter Anlässe die Retrospektive. Und die treibt bald Blüten des Wahnsinns. (...) In jeder Hinsicht eine positive Ausnahmeerscheinung im TV-Alltag

W. O. P. Kistner, AZ, 22.3.2002

Vulcan Junction 888

TZOMET VULCAN □

Regie: Eran Riklis
Darsteller: Oren Shabo (Michael Sheli), Tomer Sharon (Danny Raphaeli), Yael Hadar (Dalia Ankri), Sammy Ori (Avi Elbaz), Danny Shteg (Yigal Yidgar), Gilli Shoshan (Eli Kahana)
Drehbuch: Moshe Zonder, Amir Ben David
Kamera: Amnon Zalait
Musik: Haim Romano, Amir Ben David
Schnitt: Naomi Press-Aviram
Prod.: Eran Riklis Prod.; Israel 1999; 102 Min.
Verleih: Kommunales Kino, OmU, ab Oktober 2001

Neun Tage im Leben von sechs jungen Israelis, fünf Männern und einer Frau, jeder von ihnen vor Entscheidungen mit großer Tragweite, an einer Gabelung des Lebensweges. Die letzten neun Tage vor dem 6. Oktober 1973: Jom Kippur, der höchste Feiertag, an dem Syrien und Ägypten Israel den Krieg erklärten.

Wach auf, Geliebter! 889
DESPABILATE AMOR ****

Regie: Eliseo Subiela
Darsteller: Dario Grandinetti (Ernesto), Soledad Silveyra (Ana), Juan Leyrado (Ricardo), Marilyn Solaya (Vera), Laura Azcurra (Ana, jung), Valentina Bassi (Liliana)
Drehbuch: Eliseo Subiela
Kamera: Daniel Rodriguez Maseda
Musik: Martin Bianchedi, J. S. Bach
Schnitt: Marcela Saenz
Prod.: Artear Argentina/CQ3 Films; Argentinien 1996; 98 Min.
UA: 3.10.1996, Argentinien
Verleih: September 1997 (AU/CH), 29.8.2002, Kairos, OmU

Midlifecrisis auf Argentinisch: Der alternde Elvisfan Ricardo macht sich auf die Suche nach seinen Jugendfreunden. Die Freude ist groß, doch der Frust noch viel größer. Die Haare sind ausgefallen oder gefärbt und die Jugend verblichen. Nie gelebte Träume lösen sich in Luft auf. Der argentinische Regisseur Eliseo Subiela beschreibt in ruhigen Bildern und nostalgisch gefärbten Rückblenden, dass es nie zu spät ist, seinen Träumen eine zweite Chance zu geben und sich neu zu entscheiden. Am Ende bleibt zwar alles beim Alten, aber jeder ist ein bisschen glücklicher geworden.
tip, 18/2002

Kritik: (...) Eliseo Subielas Film hat aber keine resignierte Perspektive. Die nostalgischen Erinnerungen mit lustigen Rückblenden in die goldene Jugendzeit kontrastiert er mit dem gegenwärtigen Habitus seiner gereiften Figuren. Etwas zu lyrisch verklärt mitunter, etwas symbolisch überfrachtet (etwa in der merkwürdigen Figur der kubanischen Cellisten Vera), aber stets liebevoll, führt er uns Personen nahe, deren Wege aus der Vergangenheit ins Jetzt weisen. Das ist tatsächlich ein Grund zu feiern. Ein weiser Film über die Kraft der Erinnerung.
Zitty, 18/2002

Weitere Kritiken im Heyne Filmjahrbuch 1998

Wahnsinnig verliebt 890
A LA FOLIE, PAS DU TOUT! ***

Regie: Laetitia Colombani
Darsteller: Audrey Tautou (Angélique), Samuel Le Bihan (Loic), Isabelle Carre (Rachel), Sophie Guillemin (Héloise), Clement Sibony (David), Eric Savin (Julien)
Drehbuch: Laetitia Colombani, Caroline Thivel
Kamera: Pierre Aim
Musik: Jerome Coillet
Schnitt: Veronique Parnet
Prod.: Telema/TF1 mit TPS Cinéma/ Cofimage 12; Frankreich 2001; 92 Min.
EA: 2.7.2002, Filmfest München
Verleih: Prokino, 29.8.2002
FSK: ab 12 J., ffr.

Angélique ist leidenschaftlich in den verheirateten Herzchirurgen Loic verliebt. Freundinnen erzählt sie hoffnungsvoll, dass seine Ehe bald auseinander brechen werde, sodass die Heimlichkeiten ein Ende haben. Tatsächlich verlässt die Frau des Arztes nach einer Fehlgeburt Mann und Haus. Doch Angéliques Träume platzen. Stattdessen gehen seltsame Dinge vor sich: Obwohl nunmehr ein »freier« Mann, will der Kardiologe von Angélique nichts mehr wissen, gleichzeitig wird eine Patientin tot aufgefunden. Doch dann erzählt der Film die Geschichte noch einmal aus Sicht des Mediziners und enthüllt ein frappierendes Geheimnis.

Kritik: (...) Der Originaltitel des Films lautet »À la folie ... pas du tout!« und ist dem bekannten Spiel junger Mädchen entlehnt, bei dem es darum geht, langsam Blatt für Blatt einer Blume zu rupfen. »Er liebt mich, er liebt mich nicht« hätte der Film also streng genommen in Deutschland heißen müssen. Und im Grunde geht es in »Wahnsinnig verliebt« gerade um dieses kindlich-verträumte Spiel, dem freilich seine Unschuld genommen wird. Die gerade einmal 26-jährige Regisseurin Laetitia Colombani hat sich einer Mädchenfantasie angenommen und diese mit Ironie und Leichtigkeit bis zum bitterbösen Ende durchgespielt.

Lasse Ole Hempel, FR, 28.8.2002

(...) »Wahnsinnig verliebt« ist ein Spiel mit den verschiedenen Möglichkeiten des Blicks oder besser: unterschiedlichen Wahrnehmungen. Stimmt es, was wir sehen? Ist immer das richtig, was uns erzählt wird? Sollen wir alles akzeptieren? Film ist ein Medium von großer Bildgewalt und Überredungskraft. Dass es ein Fehler ist, sich ihm allzu bereitwillig auszuliefern, führt uns Laetitia Colombani mit ihrem gelungenen Erstling prägnant vor. *Katrin Hoffmann, epd-Film, 8/03*

Waking Life 891

WAKING LIFE ***

Regie: Richard Linklater
Darsteller: Wiley Wiggins, Trevor Jack Brooks, Ethan Hawke, Julie Delpy, Loreley Linklater, Glover Gill
Drehbuch: Richard Linklater
Kamera: Richard Linklater, Tommy Pallotta
Musik: Tosca, Tango Orchester Glover Gill
Schnitt: Sandra Adair
Prod.: Detour Film/The Independent Film Channel/Thousand Words; USA 2001; 101 Min.
UA: 23.1.2001, Sundance Film Festival
EA: Int. Hofer Filmtage 2001
Verleih: 20th Century Fox, 4.7.2002
FSK: ab 12 J., ffr.
FBW: Besonders wertvoll

Ein junger Mann unternimmt eine lange surreale Reise durch die Nacht und seine Träume, die ihn mit Meinungen, Einsichten, Widersprüchen und Deutungsmöglichkeiten konfrontiert.

Eine verspielte Formidee stand am Anfang des Projekts, das Ergebnis ist spektakulär. Richard Linklater (»Slacker«) hat einen fertig montierten Realfilm einem Animatorenteam übergeben, das ihn Bild für Bild mit einer speziellen Computersoftware überarbeitet hat. »Waking Life« sieht aus wie mit einem breiten Pinsel auf die Leinwand gemalt, ein pastellfarbener Realcartoon, der mit seinen Figuren durch die Traumwelt des jungen Helden schlingert. Julie Delpy, Ethan Hawke, Steven Soderbergh und Linklater selbst begegnen einem darin, dazu Collegeprofessoren bei Existenzialismusvorlesungen, texanische Anarchisten oder drepressive Selbstmörder. Die Ideen und Körper sind dabei vor schlingernden, schwimmenden Bildhintergründen ständigen Metamorphosen unterworfen, bis dieses seltsam ortlose Amerika insgesamt als eine freundliche Nation von philosophierenden Dissidenten erscheint.

Robert Weixlbaumer, tip, 14/2002

Kritik: (...) Linklater versammelt Freunde, Lehrer und Weggefährten, um mit ihnen seinen autobiografischen Bildungsroman in ein kluges, witziges, zauberhaft inspiriertes Bilderpanorama zu verwandeln. Steven Soderbergh erzählt die hübsche Anekdote von einer Begegnung zwischen Billy Wilder und Louis Malle, deren Fazit lautet: Filme über Träume können niemals funktionieren. Man darf dem Filmtitel Glauben schenken. Bei all seinen Traumerkundungen ist »Waking Life« doch vor allem eine Hommage an den wachen Verstand, an das Immer-weiter-Fragen, an die jugendliche Suche nach Welterklärungen, die sich mit keiner Antwort zufrieden gibt.
Heidegger hätte aus dem Film eines lernen können: Seine Philosophie war sein Traum.

Rainer Gansera, SZ, 6.7.2002

Bemerkungen: (...) Eine Juxcollage, wort- und krikelkrakellastig. Allein, die Zeichnungen mögen vergnüglich sein, nur sind sie mitnichten so ingeniös, dass sie vom eitlen Unfug dieses Schwadronierens über die großen

Menschheitsprobleme erfolgreich ablenken könnten. So lernt man am Ende, dass, wenn schon das Leben kein Traum, jedenfalls »Waking Life« reine Belämmerung ist.

Ruprecht Skasa-Weiß, Stuttgarter Zeitung, 25.7.2002

Interview: *Wie konnten Sie Schauspieler wie Julie Delpy oder Ethan Hawke gewinnen?*

Alle Schauspieler und Laien fanden das Ganze spannend und waren wild darauf, Cartoonfiguren zu sein. Neu für mich war es, mit Professoren zu arbeiten, die quasi kleine Vorlesungen hielten zu Themenbereichen. Aber auch ganz normale Leute philosophieren an einer Straßenecke oder in einem Café. Eine wahnsinnige Energie.

Was war das Schwierigste?

Die einzelnen Themenstränge, die fundamentalen Fragen zu koordinieren, Wiederholungen zu vermeiden und nicht zu langweilen.

Für wen haben Sie den Film gemacht?

Für Leute, die ihren Kopf nicht an der Garderobe abgeben. Die narrative Struktur des Filmes verlangt viel Aufmerksamkeit. Man muss zuhören können, keine leichte Übung. Ich erzähle von Dingen, die jeder kennt, sich aber nicht so bewusst macht. Deshalb sollten wir nie die intellektuelle Suche aufgeben, sondern immer weiter in die Tiefe gehen. Vielleicht ändern sich Prioritäten auch mit dem Alter. Irgendwann geht es eben nicht mehr um materielle Dinge, sondern um substanzielle.

Richard Linklater im Interview mit Margret Köhler, AZ, 6.7.2002

Walk don't walk 892

***

Regie: Thomas Struck
Drehbuch: Thomas Struck
Kamera: Thomas Struck, Christoph Köster
Musik: Don Byron
Schnitt: Michèle Barbin
Prod.: Peter Stockhaus Filmprod./Arte/NDR; D 2000; 60 Min.
Verleih: Real Fiction, 24.1.2002

Dem 60-minütigen Dokumentarfilm gelingt es, das Vergnügen des Zu-Fuß-Gehens anhand der enorm effektiven New Yorker Gangart, die Geschwindigkeit mit Wendigkeit verbindet, einzufangen. Die Eloge auf das Gehen wird unterbrochen von Passantenaussagen zum Thema »pursuit of happiness by foot« und Exkursen in die weite Welt des Fußfetischismus. Die Musik zu den Bildern, die von einer in Fußhöhe an einem Stock befestigten Digitalkamera stammen, steuert der experimentierfreudige Jazzklarinettist Don Byron bei. *tip, 2/2002*

Wann ist der Mann ein Mann? 893

**

TV

Regie: Dietmar Klein
Darsteller: Heio von Stetten (Jan Weber), Julia Bremermann (Linda Weber), Esther Schweins (Sophie Berger), Florian Fitz (Marc)
Drehbuch: Jochen Bitzer
Kamera: Thomas Etzold
Schnitt: Klaus Handorf
Prod.: Hager Moss Film für ARD/Degeto; D 2001; 90 Min.
TV: 4.10.2002, ARD, 20.15

Als arbeitsloser Architekt, der daheim das Kind hütet und den Hauskram erledigt, muss man mindestens mit einer karrierebewussten Pilotin verheiratet sein. Und dann gerät Architekt Jan in eine Jobvertretung für Freund Marc, der als Callboy arbeitet und seine Kundin, die Boutiquenbesitzerin Sophie, vergessen hat. (...)

Ponkie, AZ, 7.10.2002

War Photographer 894

WAR PHOTOGRAPHER ****

Regie: Christian Frei
Darsteller: James Nachtwey, Christiane Amanpour, Hans-Hermann Klare, Christiane Breustedt, Des Wright, Denis O'Neill

Anzeige zu ›War Photographer‹

Drehbuch: Christian Frei
Kamera: Peter Indergand, James Nachtwey
Musik: Eleni Karaindrou, Arvo Part, David Darling; Manfred Eicher (Produktion)
Schnitt: Christian Frei, Barbara Müller
Prod.: Christian Frei Filmprod. mit SNTV/ Suissimage; Schweiz 2001; 96 Min.
UA: 30.3.2002, Int. Filmfestspiele Cannes
Verleih: Kool, 11.7.2002

Über zwei Jahre hinweg hat der Schweizer Dokumentarfilmer den berühmten Fotografen James Nachtwey in zahlreiche Krisengebiete, darunter Kosovo und Palästina, begleitet. Der oscarnominierte Film gewährt packende Einblicke in das Berufsethos und die Arbeitsweise des Kriegsberichterstatters. Freis Kamera tut Recht daran, den reservierten, nachdenklichen Nachtwey zu lieben. Da stört es nur gelegentlich, dass sich der Film der Rechtschaffenheit der eigenen Intentionen eine Spur zu gewiss ist. *Gerhard Midding, tip, 14/2002*

Kritik: (…) Frei erinnert uns, dass die Person des Fotografen zwischen uns und der Welt steht. Dass die Nachforschung nach der Person also beim Lesen der Bilder hilfreich sein könnte. Warum setzt er sich einem beständigen Grauen und der Lebensgefahr aus? Frei gibt nicht vor, eine Antwort zu finden. Er montiert nur behutsam die Widersprüche, die er findet. So erklärt Nachtwey etwa, er sehe seine Arbeit als Reportage, nicht als Kunst. Und dann erleben wir, wie er für eine Ausstellung perfektionistisch an einem Großabzug feilt und den wie ein ästhetisches Gebilde für die Ewigkeit behandelt. (…) *Thomas Klingenmaier, Stuttgarter Zeitung, 11.7.2002*

Was nicht passt, wird passend gemacht 895

***+

Regie: Peter Thorwarth
Darsteller: Willy Thomczyk (Horst), Dietmar Bär (Werner Wiesenkamp), Ralf Richter (Kalle), Hilmi Sözer (Kümmel), Alexandra Maria Lara (Astrid), Peter Thorwarth (Philipp)
Drehbuch: Mathias Dinter, Martin Ritzenhoff, Peter Thorwarth

Die sechs von der Baustelle mit Regisseur und Hauptdarsteller (2. v. l.)

Kamera: Eckhard Jansen
Musik: Rainer Kühn, Stoppok
Schnitt: Anja Pohl
Prod.: Becker & Häberle mit Senator; D 2002; 97 Min.
Verleih: Senator, 7.3.2002
Vertrieb: Universal Video (Video, DVD)
FSK: ab 12 J., ffr.

Auf der Baustelle der Ruhrpottmalocher Horst, Kalle und Kümmel gibt's keinen Schnickschnack. Egal ob Bretter, Kellerverschalung oder der tote polnische Schwarzarbeiter, der in einer Zementgrube verschwinden soll: Was nicht passt, wird mit der Kreissäge ganz schnell passend gemacht. Alles easy! Doch dann steht plötzlich doppelter Ärger an: Ihr Boss steht vor der Pleite, und Horsts Tochter Astrid verliebt sich ausgerechnet in einen schnöseligen Architekturstudenten. Die Helden dieser Low-Life-Komödie sind Brüder im Geiste von Thorwarths Erfolg »Bang Boom Bang«: Statt kiffend auf dem Sofa sitzen sie saufend im Bauwagen, sind aber genauso skurril, lustig und liebenswert. *Annette Kilzer, tip, 4/2002*

Kritik: (...) Peter Thorwarths Spielfilm »Was nicht passt, wird passend gemacht« sieht so aus, als habe er sich den Filmtitel bei der Arbeit zu Herzen genommen – das Resultat ist eine schöne kleine Komödie. Sein Hauptdarsteller Willy Thomczyk ist vieleicht kein großer Star, aber in der Rolle des Baustellenproleten Horst ist er verdammt gut; die Idee, Thorwarths Kurzfilm gleichen Namens entnommen, ist auch für 90 Minuten Komödie witzig genug – und Thorwarth erzählt von einem Milieu, das er wirklich kennt: Kleinbürgertum in Unna. Damit hat er das Kino nicht neu erfunden, aber er hat in den Details mehr boshafte kleine Wahrheiten über die deutsche Wohlstandsrepublik herausgefunden als die meisten Filmemacher, die sich dem Thema ernsthaft nähern. (...)

Susan Vahabzadeh, SZ, 12.3.2002

Was tun, wenn's brennt? 896

***+

Regie: Gregor Schnitzler
Darsteller: Til Schweiger (Tim), Doris Schretzmayer (Flo), Martin Feifel (Hotte), Nadja Uhl (Nele), Sebastian Blomberg (Maik), Matthias Matschke (Terror)
Drehbuch: Stefan Dähnert, Anne Wild
Kamera: Andreas Berger
Musik: Stephan Zacharias, Stephan Gade
Schnitt: Hansjörg Weißbrich
Prod.: Clausen + Wöbke Filmprod. für Columbia; D 2000; 100 Min.
UA: Filmfest Lünen 2001
Verleih: Columbia TriStar, 31.1.2002
Vertrieb: Columbia TriStar Video (Video, DVD)
FSK: ab 12 J., ffr.

(...) Die eigentliche Leistung des jungen Regisseurs Gregor Schnitzler besteht nicht nur darin, aus den Themen Hausbesetzung und linke Vergangenheit einen massenkompatiblen Unterhaltungsfilm fabriziert zu haben. Es gelingt ihm auch, Lebensentwürfe aus den 80ern mit der Realität im 21. Jahrhundert zu verknüpfen und die Figuren dennoch glaubwürdig erscheinen zu lassen. (...)

Martin Schwarz, Zitty, 3/2002

Kritik: (...) Musicclipregisseur Gregor Schnitzler setzt auf rasantes Tempo und Gefühle, weniger auf realistische Konflikte. Er kümmert sich nicht um Gesetze der Logik, lässt das Sextett über die geballte Staatsmacht siegen – lustig ist das Rebellenleben. Am Ende läuft ihm die Dramaturgie aus dem Ruder, wenn Löwitsch sich vom Recht-und-Ordnungs-Fanatiker zum durchgeknallten Chaoten wandelt und wie Rumpelstilzchen vor der Kamera herumhüpfen muss. Die Sehnsucht nach den Jahren, als alles möglich schien, bestimmt den Ton – Berlinathmosphäre satt. Und bei einem Joint lassen die Thirthysomething nostalgisch Erinnerungen aufleben, ziehen Bilanz. Die Lösung heißt »forever young«.

Margret Köhler, AZ, 31.1.2002

Artwork zu ›Was tun, wenn's brennt?‹

(…) Auf der anderen Seite stehen die differenziert gezeichneten Figuren der Polizisten, wo es zum Konflikt zwischen dem alten Ermittlerhaudegen Manowski, der gerne in Schimanski-Manier agiert, und seinem aalglatten Vorgesetzten kommt. Neben einer persönlichen Ebene, dem der Altersunterschied zugrunde liegt, hat diese Auseinandersetzung auch eine ideologische Dimension. Das Ausreizen dieses Konflikts auf der Gegenseite gibt dem komplexen Ensemblefilm eine zusätzliche Portion Glaubwürdigkeit. Doch bei allem Anliegen verliert der junge Regisseur nie aus dem Auge, was Kino vor allem sollte: Spannend und kurzweilig den Zuschauer fesseln. *Katharina Dockhorn, Filmecho-Filmwoche, 3/2002*

Interview: *Eignet sich das Thema Hausbesetzung für einen Unterhaltungsfilm?*

Ich denke, das Medium Film ist eine adäquate Möglichkeit, dieses Thema einem breiten Publikum nahe zu bringen und Tragik mit Ironie und Witz zu kombinieren. Der Film handelt von einer Gruppe von Leuten, die in der Mitte ihres Lebens stehen und ihre Utopien, Ideale und Träume von früher Stück für Stück aufgegeben haben. Doch keiner der sechs ist wirklich glücklich, egal welcher Weg gewählt wurde. Im Film machen sie jene Entwicklung zu dem Punkt durch, an dem sie erkennen, dass sie noch immer die Chance haben, ihr Leben zu ändern.

Gregor Schnitzler im Interview mit Thomas Steiger, Zitty, 3/2002

Watchtower 897

CRUEL AND UNUSUAL **

Video

Regie: George Mihalka
Darsteller: Tom Berenger (Art Stoner), Rachel Hayward (Kate O'Conner), Tygh Runyan (Mike O'Conner), Elizabeth Carol Savenkoff (Cindy), Eli Gabay (Adam Terrell), Ralph J. Alderman (Jack)
Drehbuch: Rod Browning, Robert Geoffrion, Dan Witt
Kamera: Peter Benison
Musik: Michel Cusson
Schnitt: Glen Berman
Prod.: Allicance Atlantis/Le Monde; Kanada 2001; 96 Min.
Vertrieb: Columbia TriStar Video, 9.7.2002
FSK: ab 12 J.

Zwecks Resozialisierung beordert Kate ihren Bruder Mike zurück ins heimatliche Fischerdorf. Dort jedoch lauert ein Serienkiller …

Water easy reach 898

EN DAG TIL IL SOLEN □

TV

Regie: Bent Hamer
Darsteller: Eric Magnusson (Almar), Ingrid Rubio (Marta), Nicholas Hope (Windy), Jorge Ahln (Zoltan), Luis Cuenca (Uhrmacher), Josep Lluís Fonoll (alter Uhrmacher)
Drehbuch: Bent Hamer
Musik: The Flesh Quartet
Prod.: Norwegen/Spanien 1998; 92 Min.
TV: 31.1.2002, Arte, 22.35, OmU

Drama über einen norwegischen jungen Matrosen, der in einer nordspanischen Stadt gestrandet ist, sich verliebt und in kriminelle Handlungen verwickelt wird.

The Way She Moves 899

THE WAY SHE MOVES **

Video

Regie: Ron Lagomarsino
Darsteller: Annabeth Gish (Amie), Nelson Vasquez (Armand), Kerry Beyer (Steve), Bro Brinkman (Danny), Kamar De Los Reyes (Nicholas), Daniel Cosgrove (Jason)
Drehbuch: Duane Adler
Musik: Guy Moon
Prod.: VH 1 TV; USA 2001; 85 Min.
Vertrieb: Paramount Video, 15.8.2002
FSK: ab 6 J.

Mädel, aus gutem Hause und verlobt, verliebt sich in ihren Tanzlehrer. Musik-Komödiendrama nach spekulativem Muster.

Weg! 900

***

TV

Regie: Michael Baumann
Darsteller: Jonas Jägermeyr (Matthias), Labina Mitevska (Iva), Paul Fassnacht (Vater), Michael Kind (Cord), Pavel Necas, Nadja Engel
Drehbuch: Michael Baumann, Derek Meister
Kamera: Volker Gerling
Musik: Paul Lemp, Steven Keusch, Eike Hosenfeld
Schnitt: Flo Köhler
Prod.: Flying Moon Filmprod. für ZDF, »Das kleine Fernsehspiel«; D 2001; 83 Min.
UA: Int. Hofer Filmtage 2001
TV: 9.8.2002, ZDF, 22.50

Weg! wollen sie beide, der 16-jährige Matthias und die knapp zehn Jahre ältere Iva. Sie ist auf der Flucht vor ihrem Freund, er vor seinem nervigen Vater. Durch Zufall und eher unfreiwillig werden sie zur Reise- und Schicksalsgemeinschaft und fahren plan- und ziellos durch Tschechien und den Osten Deutschlands. Sie gehen sich auf die Nerven, kommen sich näher, doch ein Happy End gibt es nicht – das gibt es so gut wie nie in Roadmovies, auch nicht in Michael

Baumanns erstem Langfilm, mit dem er die HFF in Potsdam abgeschlossen hat.

Weihnachten 901

***
TV

Regie: Marc-Andreas Bochert
Darsteller: Fabian Busch (Wolfgang Bruhmann), Eva Mende (Mirjam), Eva Hassmann (Esther), Sylvie Rohrer (Katharina), Harald Schrott (Peter), Harald Koch (Kai)
Drehbuch: Michael Lewinsky
Kamera: Eva Fleig
Musik: Michael Schenk
Schnitt: Antonia Bergmiller-Fenn
Prod.: Boje Buck/Lang Film für WDR/SF DRS; D/Schweiz 2002; 90 Min.
TV: 12.12.2002, ARD, 23.00

Da häufen sich in der Bitterkomödie zum frohen Fest alle Schrecken der zwanghaften Rituale. Und die Satire ist nicht fern, wenn sich der Muttersohn nicht traut, seiner dominanten Schweinsbraten-Mama zu sagen, dass er zum Judentum konvertiert ist. Wenn es Yuppie-Krach gibt, weil er seine dämliche Ex zur protzigen Weihnachtsparty einlädt. (...) Starker Tobak zum Harmoniewahn.

Ponkie, AZ, 14.12.2002

Weihnachtsmann gesucht 902

***
TV

Regie: Uwe Janson
Darsteller: Christoph Waltz (Johannes), Barbara Auer (Marion), Nikita Wokurka (Sascha), Pasquale Aleardi (Phillip), Julia Stinshoff (Ellen), Nils Nelleßen (Konstantin)
Drehbuch: Sophia Krapoth, nach der Idee von Kilian Riedhof, Sophia Krapoth und Peter Hinderthür
Kamera: Philipp Timme
Musik: Oliver Biehler
Schnitt: Marcel Peragine
Prod.: Studio Hamburg Letterbox für ARD/Degeto; D 2002; 87 Min.
TV: 6.12.2002, ARD, 20.15

Die skurrile Ehescheidungskomödie bedient die Weihnachtsbedürfnisse mit Puderzuckerromantik und ein bisserl ironischer Spinnerkomik – und manchmal funktioniert das Simsalabim auch, weil die Schauspieler ihr Handwerk verstehen. Christoph Waltz will als muffig-grantiger Zoohändler seine Geschiedene (Barbara Auer als selig Krapfen fressende, steuerkundige Erotikbombe) wiederhaben – wozu er aber der Läuterung durch ein rabiat hartnäckiges, elterngeschädigtes Kind bedarf. Putziges Träumermärchen.

Ponkie, AZ, 9.12.2002

Weil ich gut bin 903

***
TV

Regie: Miguel Alexandre
Darsteller: Tom Schilling (Mücke), Julia Hummer (Sweta), Dieter Landuris (Bethke), Nina Petri (Olga), Nele Hippe Davies (Julia), Jule Böwe (Vera)
Drehbuch: Klaus-Peter Wolf
Kamera: Jörg Widmer
Prod.: D 2001; 90 Min.
TV: 13.3.2002, ARD, 20.15

(...) Dann aber bog die Story flugs von der Proll-, Suff- und Verwahrlosungstristesse in die schillernden Loftgefilde eines durch Zocken zu Zaster gekommenen Autohändlers ab, verharrte eine Weile im Genre der betrüblich exaltierten Gaunerklamotte (Optik-Gimmick: blitzende Oldtimer) und mühte sich vergebens, die ernsthaften Aspekte des Plots immer wieder einzuflechten. Das gipfelte schließlich in einem märchennebulösen Schluss, bei dem sich die Jugendamtsangestellte vom führerscheinlosen Schützling in den Abspann chauffieren lässt.

W. O. P. Kistner, AZ, 15.3.2002

Das weiße Rauschen 904

****

Regie: Hans Weingartner, Tobias Amann
Darsteller: Daniel Brühl (Lukas), Anabelle Lachatte (Kati), Patrick Joswig (Jochen), Katharina Schüttler, Ilse Strambowski, Michael Schütz
Drehbuch: Hans Weingartner, Tobias Amann, Matthias Schellenberg, Katrin Blum
Kamera: Hans Weingartner, Tobias Amann, Matthias Schellenberg
Schnitt: Dirk Oetelshoven, Andreas Wodraschke, Hans Weingartner

Prod.: Cameo/Kunsthochschule für Medien; D 1999; 103 Min.
UA: Max-Ophüls-Festival Saabrücken 2001
Verleih: X Verleih, 31.1.2002
Vertrieb: X Filme (Warner) Video (Video, DVD)
FSK: ab 12 J., ffr.
FBW: Besonders wertvoll

Lukas zieht mit 21 Jahren in die Großstadt. Er hat das sichere Gefühl: Jetzt fängt das Leben an. Sofort stürzt er sich ins Nachtleben. Nach einem Drogentrip beginnt er plötzlich Stimmen zu hören. Diese beschimpfen ihn, und er fühlt sich verfolgt. Die Diagnose der Ärzte lautet: paranoide Schizophrenie. Nun beginnt für Lukas der Kampf gegen das Chaos in seinem Kopf.

Kritik: (...) »Das weiße Rauschen« bebildert und intoniert sein großes und zugleich enges Thema perfekt. Ein bisschen umständlich und ein bisschen lange, das wird man Weingärtner vorwerfen dürfen, berauscht sich sein Film an den furiosen Tonspurspielereien, an den immer leicht wackelnden Untersichten der Kamera, als stolpere da ein altes Kind allein durch die Welt. Andererseits macht er es sich und uns nicht einfach: keine Heilung, keine Moral von der Geschicht' und ein sehr, sehr seltsames Happy End. (...) *Jan Schulz-Ojala, Der Tagesspiegel, 3.1.2002*

(...) Hans Weingartners Studentenfilm ist auch deshalb ein kleines Meisterwerk, weil er die Besessenheit nicht einfach zeigt, sondern selbst von ihr angegriffen ist: »Das weiße Rauschen« ist ein wahnsinniges Kunststück der Montage. Eine Verschwörung der Sinne. *Christiane Peitz, Der Tagesspiegel*

(...) Gegen Ende des Films gibt es dann einen Bruch, der kaum zu rechtfertigen ist. Plötzlich ist man in einem Märchen, auf der Suche nach dem weißen Rauschen, das wie die blaue Blume der Romantik die Vereinigung mit dem Unendlichen, die Erlösung

Daniel Brühl und ›Das weiße Rauschen‹

verspricht. Was nicht unbedint ein Anfängerfehler ist – man muss sich nur die »realistischen« Alternativen vor Augen halten, um den Wunschtraum vorzuziehen.
Martina Knoben, SZ, 2.2.2002

(...) Erst zum Ende, wenn Lukas Zuflucht bei Hippies auf dem Weg nach San Sebastian findet, entwickelt sich überhaupt eine freiere, vom Abbildhaften gelöste erzählerische Form. Zugleich aber verstrickt sich das Drehbuch in die Konventionalität jener einfachen Roadmovie-Bewegung, die unweigerlich zu einem Finale am Meer führt.
Als erster Langfilm feiert die Kölner Schule diese Abschlussarbeit, doch genau genommen wäre dies ein typischer, auf ein einziges Thema konzentrierter – und darin überaus überzeugender Kurzfilm gewesen. Abgesehen vom wahrhaft kunstvollen Spiel Daniel Brühls gäbe es also keinen künstlerischen oder wenigstens narrativen

Mehrwert, der dem Zuschauer über die 100 Minuten hülfe oder gar das vom Verleih aus der Saarbrücker Laudation übernommene Label »Psychothriller« rechtfertigte. Wäre da nicht eine weitere, ganz selten zu solcher Qualität entwickelte Gestaltungsebene – der Ton. Außer Godard und David Lynch gibt es nur wenige Filmemacher, die erkannt haben, welches Potenzial im Fünfkanalton des Dolbysystems liegt.
So entwickeln sich die Stimmen in Lukas' Kopf zum eigentlichen Ensemble und das Sounddesign zum dringend nötigen Widerpart innerhalb des naiven realistischen Konzepts. Erstaunlicherweise hält man diese Nachschöpfung der schizophrenen Wahrnehmung für absolut glaubhaft. Und bemerkt, welchen Wert man in der Kölner Hochschule der akustischen Kunst beimisst.

Daniel Kothenschulte, FR, 2.2.2002

Weit weg 905

LOIN ****+

Regie: André Téchiné
Darsteller: Stéphane Rideau (Serge), Lubna Azabal (Sarah), Mohamed Hamaidi (Said), Yasmina Reza (Emily), Jack Taylor (James), Gael Morel (Francois)
Drehbuch: André Téchiné, Mehdi Ben Attia, Faouzi Bensaidi
Kamera: Germain Desmoulins
Musik: Juliette Garrgiues
Schnitt: Hervé de Luze
Prod.: Canal+/TPS/UGC Images Vertigo mit CNC, Cine B; Frankreich/Spanien 2001; 120 Min.
Verleih: Alamode, OmU, 12.9.2002

Drei Tage in Tanger, Marokko. In Sichtweite liegt Europa, die Zukunft vielleicht. Serge, der Lkw-Fahrer, lässt sich für ein besseres Leben mit der Drogenmafia ein; Sarah, seine Geliebte, muss sich für ein Dasein mit oder ohne ihn entscheiden; Said, ein Freund, will hinüber nach Spanien, koste es, was es wolle. Luftige, lebendige DV-Bilder, plausible Figuren, Spannung in der verdichteten Geschichte. Ein Film über Europa im Spiegel Arabiens, über Fernweh und Heimatgefühl, Liebe und Abschied – klug und einfühlsam erzählt.

Robert Weixlbaumer, tip, 19/2002

Kritik: (...) Die innere Entwicklung legt Téchiné durchaus spannend an, doch ist es der äußere Rahmen, der nicht immer stimmt: Der Roadmovie-Charakter seines sehr langsam erzählten Films lässt partiell Langatmigkeit aufkommen, ohnehin ist Téchiné seine nunmehr 14. Arbeit mit 120 Minuten deutlich zu lang geraten. So versandet die (An-)Spannung zumindest stellenweise buchstäblich im roten, nordafrikanischen Staub. Vielleicht hätte Téchiné mit dieser Koproduktion nicht so »weit weg« von seinem originären Terrain gehen sollen?

Thilo Wydra, Filmecho-Filmwoche, 33/2002

Wendigo 906

WENDIGO **
Video

Regie: Larry Fessenden
Darsteller: Jake Weber (George), Patricia Clarkson (Kim), Erik Per Sullivan (Miles), John Speredakos (Otis), Christopher Wynkoop (Sheriff), Lloyd Oxendine (Elder)
Drehbuch: Larry Fessenden
Kamera: Gerry Stacey
Musik: Michelle DiBucci
Schnitt: Larry Fessenden
Prod.: Antidote/Glass Eye; USA 2000; 92 Min.
UA: 23.1.2001, Sundance Film Festival
Vertrieb: MD One (Sunfilm), 2.12.2002
FSK: ab 16 J.

Dreiköpfige Großstadtfamilie in abgelegenem Waldhaus – was passiert? Unerklärliche Phänomene häufen sich. Formelhafter Horrorfilm mit raren Spannungsmomenten.

Wenn die Liebe verloren geht 907

***
TV

Regie: Tom Toelle
Darsteller: Ulli Philipp (Luise), Hanns

Zischler (Georg), Mario Irrek (Jo), Doris Kunstmann (Nellie), Stephanie Bothor (Mady), Laurenz Walter (Max)
Drehbuch: Tom Toelle
Kamera: Klaus Merkel
Musik: Nick Glowna
Schnitt: Margret Borsche
Prod.: TV60Film für ZDF; D 2001; 87 Min.
UA: 3.7.2002, Filmfest München
TV: 16.9.2002, ZDF, 20.15

(...) Dieser Einbruch einer Ehe hat oft einen schalen Beigeschmack durch das abgefummelte Modedesignermilieu: Luise ist erfolgreiche Fotografin – ihr Mann ein Konkursmanager mit Ego-Problem. Das Zentrum dieser emotionalen Demontage ist Ulli Philipp als Luise: Sie lässt sich fallen im Schmerz der Gefühlsverletzung, den der Ehemann nur wie eine Panne wahrnimmt. Und dass Luise ausgerechnet bei einem jungen halbkriminellen Taxifahrer Trost sucht, wird durch den lapidaren Spontanwitz der Galgenhumor-Dialoge aufgefangen. (...) Ein virtuoses Schauspielersolo für Ulli Philipp: Grimmiger Seelenstriptease kaputter Gefühle, miterlebt von zwei eifersüchtigen Hunden. Verrückt, aber reizvoll.
Ponkie, AZ, 18.9.2002

Wer liebt, hat Recht 908

***
TV

Regie: Matti Geschonnek
Darsteller: Iris Berben (Maja), Robert Atzorn (Helmut), Sibylle Canonica (Claire), Ulrike Kriener (Christine), Michael Gwisdek (Bert), Christian Näthe (Andrej)
Drehbuch: Hannah Hollinger, nach dem gleichnamigen Roman von Anita Lenz
Kamera: Rudolf Blahacek
Musik: Stefan Zacharias
Schnitt: Petra Heymann
Prod.: Moovie the art of entertainment für ZDF/Arte/Kirch Media; D 2002; 88 Min.
UA: 4.7.2002, Filmfest München
TV: 13.7, Arte, 22.40; 30.12.2002, ZDF, 20.15

(...) Trotzdem macht ein Regisseur wie Matti Geschonnek einen Film, der weit über die Standards hinaus wirkt – ohne den großen emotionalen Pomp und, dank erstklassiger Schauspieler, von jener Tiefschlag-Beiläufigkeit, in der solche Einbrüche stattfinden: Das Beziehungsdrama setzt die Zwischentöne der Nebenbei-Verletzungen und des Ungesagten genau. Das ist wie aus dem Bildungsbürger-Bilderbuch: ER Literaturprofessor in Tübingen, SIE Übersetzerin mit Wohnung in Berlin und Haus in der Toskana. Und die Kollegin in Tübingen, die ein Kind von ihm zur Welt bringt – just in dem Augenblick, da sein erwachsener Sohn ihn zum Großvater macht. Alle Klischees des liberalen bürgerlichen Lebens bündeln sich zum läppischen Ehebruch-Dutzendmodell aus Akademikerkreisen. (...) *Ponkie, AZ, 15.7.2002*

Die Westentaschenvenus 909

**+
TV

Regie: Kirsten Peters
Darsteller: Jeanette Hain (Sophie Dukakis), Jochen Horst (Philipp Weiße), Saskia Vester, Leon Boden
Drehbuch: Daniel Maximilian, Thomas Pauli, nach dem gleichnamigen Roman von Verena C. Harksen
Kamera: Michael Wiesweg
Schnitt: Melanie Werwie
Prod.: Ziegler Film für ARD/Degeto; D 2001; 85 Min.
TV: 26.4.2002, ARD, 20.15

Das brave kleine Spinnerfilmchen folgt einer schüchternen Buchladenfee durch die böse Mobbingwelt. Hübsches Detail: Als sich eine Riesendogge neben das hilflose Bücherfrauchen aufs Sofa lümmelt und sich mit liebender Hundezunge anwanzt. Der Rest: arg fad. *Ponkie, AZ, 29.4.2002*

Wet Hot American Summer 910

WET HOT AMERICAN SUMMER **
Video

Regie: David Wain
Darsteller: Janeane Garofalo (Beth), David Hyde Pierce (Henry), Michael Showalter (Coop/Alan Shemper), Marguerite Moreau (Katie), Paul Rudd (Andy), Zak Orth (J. J.)
Drehbuch: Michael Showalter, David Wain

Kamera: Ben Weinstein
Musik: Theodore Shapiro Craig Wedren, Peter Salett
Schnitt: Meg Reticker
Prod.: eureka Pic. mit North Coast Group; USA 2001; 97 Min.
UA: 23.1.2001, Sundance Film Festival
Vertrieb: Kinowelt Video, 22.10.2002
FSK: ab 12 J.

Liebesturbulenzen in US-Feriencamp. Super flaue Komödie mit Uraltwitzen und Uraltfiguren.

What Price Survival 911

'94 DU BI DAO ZHI QING **

Video

Regie: Daniel Lee
Darsteller: David Chiang (Pai Fu-Kuo), Norman Chu (Wang Ching-Kuo), Jack Kao (Jie), Lau Chun Yan Ng Hing Kwok, Dimian Lau, Hsing-kuo Wu
Kamera: Tony Cheung
Prod.: Hongkong 1994; 94 Min.
Vertrieb: Cultmovies, 24.10.2002
FSK: ab 18 J.

Sich bekämpfende Triadenpaten rauben einander den Nachwuchs und erhalten Jahre später die Rechnung. Abermals durchmischtes Altmotivsortiment zum Actionrecycling missbraucht.

Whitmans Rückkehr 912

BLOWBACK **

Video

Regie: Mark Lester
Darsteller: Mario van Peebles (Insp. Don Morell), James Remar (Whitman/Schmidt), Sharisse Baker-Bernard (Det. Monica Ricci), Gladys Jimenez (Charlotte Hart-Morrell), David Groh (Capt. Barnett)
Drehbuch: Jeffrey Goldenberg, Bob Held, Randall Frakes
Kamera: Jacques Haitkin
Musik: Sean Callery
Schnitt: Christopher Roth
Prod.: American World/Lions Gate; Kanada/USA 1999; 88 Min.
Vertrieb: Columbia TriStar Video, 7.5.2002
FSK: ab 18 J.

Geheimdienste modeln Serienmörder – statt ihn hinzurichten – zum Killer auf Abruf um. Mit fatalen Folgen. Nur die beiden Hauptdarsteller verleihen diesem absolut absurden Thrillernonsens ein wenig Farbe.

Wie die Karnickel 913

***+

Regie: Sven Unterwaldt
Darsteller: Michael Lott (Horst Bömmelburg), Sven Walser (Sigi Purzmann), Anna Böttcher (Vera Malkowski), Heinrich Schmieder (Hubert), Heinrich Schafmeister (Günter Bienentreu), Andreja Schneider (Kriemhild Nastrowa)
Drehbuch: Ralf König
Kamera: Klaus Liebertz
Musik: Marius Ruhland
Schnitt: Christel Suckow, Stefan Essl
Prod.: Achterbahn mit Constantin Film/ Boje Buck Prod.; D 2002; 84 Min.
Verleih: Constantin, 12.9.2002
FSK: ab 16 J., ffr.

Meet Sigi und Horst, der eine schwul, der andere nicht, der eine noch in seinen Ex verliebt, der andere gerade wegen Pornokonsums von seiner Freundin verlassen. Im Comic, den Ralf König erst nach Fertigstellung des Films quasi hinterhergemalt hat, funktioniert das ab und an. Im Film ärgert man sich trotz angenehm ulkiger, genau im richtigen Maß übertriebener Darstellung vor allem über das typisch König'sche bekloppte Frauenbild: entweder hässliche, lustfeindliche Zicken, Schnipp-schnapp-Schwanz-ab-Lesben oder Erotik-Dreamgirls. Die Kerle kommen besser weg: Horst steht am Ende in einer überflüssigen TV-Talkshow-Szene zu seinem Exfreund, und alles löst sich in einer No-problem-Blase auf. *Jenni Zylka, tip, 19/2002*

Kritik: (...) Bildungsbürgerlich brav ist »Wie die Karnickel« streckenweise, die Witze über kiffende Spießer sind von geradezu wirtschaftswunderdeutscher Biederkeit. Familienunterhaltung, so subversiv wie in den 50ern. (...) *Florian Boser, AZ, 12.9.2002*

Wild Iris – Der Traum vom Leben 914

WILD IRIS ***

Video

Regie: Daniel Petrie
Darsteller: Laura Linney (Iris), Gena Rowlands (Minnie), Emile Hirsch (Lonnie),

Miguel Sandoval (Ramando), Lee Tergesen (Lud), Fred Ward (Errol Podubney)
Drehbuch: Kent Broadhurst
Kamera: René Ohashi
Musik: Laurence Rosenthal
Schnitt: Highes Winborne
Prod.: Paramount Network/TV Showtime Networks; USA 2001; 84 Min.
Vertrieb: Paramount Video, 18.4.2002
FSK: ab 12 J.

Die Feindschaft zwischen Mutter Minnie und Tochter Iris spitzt sich dramatisch zu, als nach dem Tod ihres Mannes Iris mit ihrem Sohn zu Minnie ziehen muss. Dieses durchschnittliche TV-Familiendrama wird vom Solo der Rowlands zum Juwel veredelt.

Wilder Kaiser – Der Meineid 915

***
TV

Regie: Peter Weissflog
Darsteller: Udo Thomer (Franz Gruber), Sascha Hehn (Wolfgang), Tine Voggesser (Katrin), Maximilian Krückl (Pfarrer), Karin Thaler, Enzi Fuchs
Drehbuch: Maximilian Krückl, Hannes Meyr, Peter Weissflog, Tobias Siebert
Kamera: Rainer Gutjahr
Prod.: Mecom für ZDF; D/Österreich 2001; 88 Min.
TV: 5.5.2002, ZDF, 20.15

Deutsch-österreichische Gottesfurcht siegt über die Geldgier (meint Mitautor und Pfarrerdarsteller Maximilian Krückl) in diesem Alpenmelodram: Hier werden Forstfrevler entlarvt, Hochstapler bestraft und sture Väter mit gescheiten Töchtern versöhnt. Amen. *Ponkie, AZ, 7.5.2002*

Windtalkers 916

WINDTALKERS ***

Regie: John Woo
Darsteller: Nicolas Cage (Joe Enders), Adam Beach (Ben Yahzee), Peter Stormare (Hjelmstad), Noah Emmerich (Chick), Mark Ruffalo (Pappas), Brian van Holt (Harrigan)
Drehbuch: John Rice, Joe Batteer
Kamera: Jeffrey Kimball
Musik: James Horner
Schnitt: Steven Kemper, Jeff Gullo, Tom Rolf
Prod.: Lion Rock Prod.; USA 2002; 134 Min.
FSK: ab 18 J., ffr.

Die Sprache der Navajos wurde im Zweiten Weltkrieg als Geheimcode verwendet: »Windtalkers« hießen die Funker, denen im Gefecht ein regulärer Soldat zur Seite stand. In John Woos Kriegsfilm heißt die Paarung Ben Yahzee und Joe Enders. In den Ruhepausen zwischen den Kämpfen auf der pazifischen Insel Saipan im Jahr 1943 wird der Navajo immer mehr zum Schamanen für den traumatisierten Katholiken Enders. Das groteske Pathos von Nicolas Cage passt gut zu den ethnischen Klischees, die Woo, der Hongkongchinese in Hollywood, kolportiert, während er sich in den Gefechtsszenen als braver amerikanischer Patriot erweist.

Bert Rebhandl, tip, 16/2002

Kritik: (...) Natürlich ist John Woo immer noch John Woo und beherrscht die Poesie der Raserei wie kein Zweiter. Er schafft aufwühlende Momente, er inszeniert perfekt. »Windtalkers« ist sicher besser als die meisten Kriegsfilme der letzten Jahre, doch allzu oft verliert er sich im Gemetzel und ist nur noch abstoßend. Und sein Patriotenpathos macht ihn endgültig unmöglich, so respektabel er in Teilen sein mag.

Dietrich Brüggemann, Schnitt, 3/2002

(...) Keinem anderen würde man den Kitsch durchgehen lassen, mit dem Woo schließlich ein Bild multikultureller Harmonie entwirft: Da sitzen ein indianischer Codesprecher und sein weißer Aufpasser beisammen und stimmen gemeinsam eine Melodie an, der eine auf einer indianischen Flöte, der andere auf einer Mundharmonika, dem traditionellen Cowboyinstrument der Hollywoodwestern. Und damit die Aussöhnung mit dem Kriegsgegner gleich symbolisch vorweggenommen ist, wird das Duett einfach vor einer Buddhastatue wiederholt. *Holger Römers, FR, 2.8.2002*

Winter Stories 917
HISTOIRES D'HIVER ***
TV

Regie: Francois Bouvier
Darsteller: Joel Drapeau-Dalpe (Martin), Denis Bouchard (Maurice), Luc Guerin (Herve), Diane Lavallee (Jacqueline), Suzanne Champagne (Miss Chouinard), Sylvie Legault (Corinne)
Drehbuch: Bouvier, Marc Robitaille nach dem Roman »Des histories d'hiver, avec des rues, des ecoleset du hockey« von Robitaille
Kamera: Allen Smith
Musik: Michel Rivard
Schnitt: André Corriveau
Prod.: Aska Film mit Canada TV/Telefilm Canada/Sodec/Super Ecran; Kanada 1999; 105 Min.
TV: 5.1.2002, Arte, 22.35

Im Leben des zwölfjährigen Martin dreht sich alles um Eishockey. Zu gerne möchte er seinen Star Henri Richard einmal persönlich treffen. Doch dann passieren unvorhersehbare Dinge, und Martin begreift, dass es noch andere Inhalte im Leben gibt.
Arte TV-Magazin

Wir müssen zusammenhalten 918
MUSIME SI POMAHAT ****

Regie: Jan Hrebejk
Darsteller: Boleslav Polivka (Josef Cizek), Anna Siskova (Marie Cizkova), Jaroslav Dusek (Horst Prohazka), Csongor Kassai (David Wiener), Jiri Pecha (Frantisek Simacek), Simona Stasova (Eva Simackova)
Drehbuch: Petr Jarchovsky
Kamera: Jan Malir
Musik: Ales Brezina
Schnitt: Vladimir Barák
Prod.: Total Helpart/Ceska Televize; Tschechische Republik 2000; 124 Min.
Verleih: movienet, 21.3.2002
FSK: ab 6 J., ffr.

Chaos herrscht in einer tschechischen Kleinstadt während der Okkupation durch die Deutschen: Der jüdische Industrielle wird zum Verfolgten, sein Fahrer zum Nazi-Kollaborateur, ein Patriot zum Helden wider Willen und dessen Frau schließlich doch schwanger. Als die russischen Befreier kommen, müssen sie sich noch einmal wenden.

Kritik: (...) Mit wenigen Sequenzen am Anfang zeigt er, wie fragil die Verhältnisse sind, wie schnell sich die Fronten verschieben können, wie schnell aus Freunden und Kollegen Feinde werden können. 1937 sind der Sohn des jüdischen Arbeitgebers David Wiener, der sudetendeutsche Fahrer Horst Prohazka und der tschechische leitende Angestellte Josef Cizek noch Kumpels, die bei der gemeinsamen Pinkelpause in der Natur herumflachsen. Zwei Jahre später hat sich das Klima radikal verändert, Horst überwacht jetzt die Vertreibung der Wieners aus ihrer Villa, noch mal zwei Jahre später die Deportation nach Theresienstadt, während aus Josef ein stiller Verweigerer geworden ist, der sich aus dem Geschehen herauszuhalten versucht. Bis zum Kriegsende und den Entnazifizierungsaktionen werden sich die Konstellationen noch unzählige Male mehr oder weniger drastisch verändern, und Hrebejk nutzt den Wandel, um alle Nuancen des zwischenmenschlichen Verhaltens durchzuspielen. Zwischen Hilfsbereitschaft und Überlebenstrieb, zwischen Heldentum und Feigheit, zwischen Zivilcourage und Opportunismus liegt da oft nur ein Zufallsmoment. So zelebriert der Film, im wahrsten Sinne, die Geburt der solidarischen Komödie aus der Geisterhaftigkeit der opportunistischen Tragödie.
Anke Sterneborg, SZ, 21.3.2002

Wir waren Helden 919
WE WERE SOLDIERS **+

Regie: Randall Wallace
Darsteller: Mel Gibson (Lt. Col. Hal Moore), Madeleine Stowe (Julie Moore), Greg Kinnear (Maj. Bruce Crandall), Sam Elliott (Sgt. Maj. Basil Plumley), Chris Klein (2nd Ltd. Jack Georghegan), Keri Russell (Barbara Georghegan)
Drehbuch: Randall Wallace, nach dem

Buch »We Were Soldiers Once … and Young« von Lt. Gen. Harold G. Moore und Joseph L. Galloway
Kamera: Dean Semler
Musik: Nick Glennie-Smith
Schnitt: Wiliam Hoy
Prod.: Icon/Wheelhouse Prod. für Paramount; USA 2001; 137 Min.
UA: 1.3.2002, Paramount
Verleih: Concorde, 4.7.2002
Vertrieb: Euro Video (Video, DVD)
FSK: ab 16 J., ffr.

Eine wahre Geschichte aus dem Vietnamkrieg. 1965 muss eine amerikanische Einheit bei Ia Drang ein Gefecht führen, das zum Auftakt für alle späteren Gräuel wird. Mel Gibson spielt den Colonel Moore, der mit seinen Jungs (und den Frauen an der Heimatfront) eine spirituelle Gemeinschaft bildet, deren Pilgerziel das Vietnammemorial in Washington ist. Randall Wallace erzählt politisch korrekt, also so objektiv, als wäre Hollywood der Weltgeist: Am Ende gibt es nur Opfer, keine Täter, und für jede Leiche ein Souvenir.

Bert Rebhandl, tip, 14/2002

Kritik: (…) Mit Ideologie aber hat das nichts zu tun, nur mit pragmatischer Einsicht in das, was derzeit in US-Multiplexen am besten ankommt. Wie bei »Pearl Harbor«, dessen Drehbuch nicht zufällig ebenfalls von Randall Wallace stammt, könnte man sich eine Asia-Schnittfassung vorstellen, in der die Amerikaner weniger und die Vietnamesen mehr Raum bekommen. Man könnte sich auch den völligen Retortenfilm ausmalen, in dem ganz die Seiten gewechselt werden und ein pflichtbewusster Kommandeur seine Rekruten in den Kampf gegen die Amerikaner führt. Denn dies ist im Kern kein Film für oder gegen eine Nation, einen Machtanspruch, ein Gesellschafts- oder ein Wirtschaftssystem. Dies ist schlicht und einfach ein Film für den Krieg.

Thomas Klingenmaier, Stuttgarter Zeitung, 4.7.2002

Wishmaster 3 – Der Höllenstein 920

WISHMASTER 3: BEYOND THE GATES OF HELL *
Video

Regie: Chris Angel
Darsteller: Jason Connery (Prof. Joel Barash), A. J. Cook (Diana Collins), Tobias Mehler (Greg Janson/Michael), Emmanuelle Vaugier (Elinor Smith), Louisette Geiss (Katie York), Aaron Smolinski (Billy Matthews)
Drehbuch: Alex Wright, nach den Charakterbildern von Peter Atkins
Kamera: Curtis Petersen
Musik: Daryl Bennett, Jim Guttridge
Schnitt: Marcus Manton
Prod.: Pendle View Prod.; USA/Kanada 2001; 88 Min.
Vertrieb: Sunfilm Video, 14.5.2002
FSK: ab 16 J.

Einem verwunschenen Rubin entsteigt ein böser Geist, der fortan eine Studentin verfolgt. Schlitzerhorror ohne einen Funken Fantasie oder Verstand.

Wolfgirl 921

WOLFGIRL **
Video

Regie: Thom Fitzgerald
Darsteller: Victoria Sanchez (Tara), Tim Curry (Harley Dune), Lesley Ann Warren (Dr. Klein), Darlene Cates (Athena), Grace Jones (Christoph/Christine)
Drehbuch: Lori Lansens
Kamera: Chris Manley
Musik: Christoph Beck
Schnitt: Joe Rabig
Prod.: Kushner-Locke; USA 2000; 93 Min.
Vertrieb: Sunfilm Video, Nov. 2002
FSK: ab 12 J.

Die Möglichkeit, ihre Ganzkörperbehaarung loszuwerden, birgt für die pubertierende Tara unwägbare Gefahren. Romantisch gefärbtes Horrordrama mit spekulativen Elementen.

Wolken – Briefe an meinen Sohn 922

NUAGES – LETTRES A MON FILS ***

Regie: Marion Hänsel
Darsteller: Barbara Auer; Briefe gelesen von Barbara Auer (deutsche Fassung), Catherine Deneuve (französische Fassung), Charlotte Rampling (englische Fassung), Carmen

Maura (spanische Fassung) und Antje de Boeck (holländische Fassung)
Drehbuch: Marion Hänsel
Kamera: Didier Frateur, Pio Corradi
Musik: Michael Galasso
Schnitt: Michaèle Hubinon
Prod.: Man's Films/Pegasos mit ZDF/Arte; Belgien/D 2001; 76 Min.
Verleih: Pegasos, 21.2.2002
FSK: o. A., ffr.

Ein Film, getarnt als Liebesbrief. Die Kamera heftet sich an die unterschiedlichsten Wolkenformationen über Wüsten und Meeren, folgt ihnen durch dampfende Geysire, Feuersbrünste und versmogte Städte. Für die belgische Regisseurin Marion Hänsel sind die flüchtigen Gebilde Chiffren der Veränderung. Und da ihr erwachsener Sohn sie demnächst verlassen wird, streut sie an ihn gerichtete Briefpassagen in den Himmel. Sehr privat und mutig, wenn auch bisweilen störend. Denn Hänsels herrliche Horizonte öffnen jedem eigene Räume – doch wer will darin gestört werden von den Ängsten, Zweifeln und der bedingungslosen Liebe einer Mutter?

Cristina Moles Kaupp, tip, 4/2002

Kritik: (…) Und doch hat Marion Hänsels Film in ihren Reflexionen zu viel Subjektiv-Beliebiges und formal zu wenig Konzept. Ein Schmalfilm-Privatissimum dieser Güte, und sei es noch so persönlich-aufrichtig und für manche »Wahlverwandte« gut eingängig, erfüllt nicht von vornherein hohen künstlerischen Anspruch.

Thomas Engel, Der Gildendienst, 6/2002

Die Wunde 923

**+
TV

Regie: Thomas Stiller
Darsteller: Alexandra Schalaudek (Julia), Horst-Günter Marx (Robert Dauner), Marek Harloff (Hendrik), Sabine Vitua (Alexandra), Tatjana Blacher (Lea), Annett Renneberg (Betty)
Drehbuch: Thomas Stiller
Kamera: Immo Rentz
Schnitt: Petar Markovic
Prod.: SWR; D 2001; 91 Min.
UA: Int. Hofer Filmtage 2001
TV: 12.6.2002, ARD

Die Mutter, Lea, nach einem Unfall querschnittsgelähmt und vom Vater, Robert, verlassen. Die Tochter, Julia, stöbert ihn nach vielen Jahren von Hass getrieben mithilfe eines Privatdetektivs auf, verdingt sich als Kellnerin in einem Stripschuppen, den Robert häufig frequentiert, um dort dessen Aufmerksamkeit zu erwecken. Bevor sie jedoch mit ihrem Erzeuger eine absurde Fast-Affäre beginnen kann, lernt Julia den Matrosen Hendrik kennen, der sie hartnäckig umwirbt und ihren Gefühlshaushalt durcheinander bringt. Bis sich diese seltsamen 90 Minuten ihrem Ende zuneigten, ereilte Roberts Ehefrau noch die Diagnose, unheilbar an Krebs erkrankt zu sein, und Julia die Hiobsbotschaft, dass Hendrik ihr Halbbruder ist. (…)
Dieses mit Sandkastenpsychologie (»Ich hatte Angst davor, meiner eigenen Hässlichkeit zu begegnen«) voll gestopfte, arg ausgedacht anmutende Melodram lebte von der Suggestivkraft seiner Bilder und von den Darstellern, die sich redlich mühten, einen Rest von Glaubwürdigkeit zu erspielen. *W. O. P. Kistner, AZ, 14.6.2002*

X Change 924

X CHANGE / X-CHANGE ***+

Video

Regie: Allan Moyle
Darsteller: Stephen Baldwin (Toffler Nr. 3/GEF-Clon), Pascale Bussières (Madeleine Reynard), Kim Coates (Toffler Nr. 1/Fisk Nr. 2), Kyle MacLachlan (Fisk Nr. 1/Toffler Nr. 2), Tom Rack (Mr. Finerman), Arnold Pinnock (Dickerson)
Drehbuch: Christopher Petham
Kamera: Pierre Gill
Musik: Andrew Lockington
Schnitt: Dean Balser
Prod.: Coolbrook/Locomotion; Kanada 2000; 105 Min.
EA: Fantasy Filmfest 2001
Vertrieb: Sunfilm Video, 20.2.2002
FSK: ab 16 J.

Bald, bald ist es so weit, da verreisen wir nicht mehr wirklich, sondern lassen unseren Geist in einen Körper am Zielort transferieren. Was dabei schief laufen kann, erzählt dieser ungeschickt konstruierte Sciencefictionthriller leider ziemlich lustlos und uninspiriert.

xXx – Triple X 925

XXX ***+

Regie: Rob Cohen
Darsteller: Vin Diesel (Xander Cage), Asia Argento (Yelena), Márton Csokas (Yorgi), Samuel L. Jackson (Ag. Augustus Gibbons), Danny Trejo (El Jefe), Michael Roof (Toby Lee Shavers)
Drehbuch: Rich Wilkes
Kamera: Dean Semler
Musik: Randy Edelman
Schnitt: Chris Lebenzon, Paul Rubell, Joel Negron
Prod.: Revolution Studios; USA 2002; 124 Min.
UA: 9.8.2002
Verleih: Columbia TriStar, 17.10.2002

Eine Untergrundorganisation will die Welt zerstören, Geheimdienstmann xXx verhindert das. »xXx« möchte der größte Agentenfilm aller Zeiten sein. Darum gibt es wahnsinnig viele Fortbewegungsmittel, die bei wahnsinnig vielen Duellen wahnsinnig viel Krach machen. Wenn es mal keine Verfolgungsjagd gibt, dürfen Schlampen mit wahnsinnig wenig an durch verruchte Kulissen wackeln. Spannung, Witz oder Stil haben keine Chance auf diesem aufgemotzten Kindergeburtstag. Es reicht noch nicht mal zu einer charmant-debilen Trashnummer, dazu wäre ein Minimum an Selbstironie nötig. Eine Mädchen- und Motorenrevue für Jungs, die nur zwei Dinge im Kopf haben: flach legen und tiefer legen. *Volker Gunske, tip, 10.10.2002*

Y tu mamá también – Lust for Life! 926

Y TU MAMA TAMBIEN ****

Regie: Alfonso Cuarón
Darsteller: Diego Luna (Tenoch), Gael Garcia Bernal (Julio), Maribel Verdú (Luisa), Diana Bracho (Silvia), Emilio Eckevarria (Miguel Iturbide)
Drehbuch: Carlos Cuarón
Kamera: Emmanuel Lubezki
Musik: Lizia Richardson, Annette Fradera
Schnitt: Alfonso Cuarón, Alex Rodriguez
Prod.: Prod. Anhelo; Mexiko 2001; 106 Min.
UA: Int. Filmfestspiele Venedig 2001
Verleih: 20th Century Fox, 2.5.2002
Vertrieb: Fox Video (Video, DVD)
FSK: ab 16 J., ffr. – **FBW:** Wertvoll

Zwei gelangweilte Jugendliche, für die Sex und Joints Statussymbole sind, fahren mit einer attraktiven, zehn Jahre älteren und verheirateten Verwandten durch das mexikanische Hochland ans Meer.

Mit der elf Jahre älteren Luisa scheinen die beiden 17-jährigen Freunde Tenoch und Julio ihre Meisterin gefunden zu haben. Die Quickies, die sie bislang für die Krönung ihres sexuellen Lebens gehalten haben, verblassen neben den Erfahrungen, an denen Luisa sie auf einer Reise durch Mexiko teilhaben lässt. Dass die beiden Freunde nicht nur intime Kenntnisse vertiefen, sondern auch die Einsicht in die Schrecken der Eifersucht und der

Liebe, spricht für Alfonso Cuaróns Film, der Not und Lust aller erotischer Anfänge noch einmal neu erfindet: Bedauerlicherweise aber auch eine Form der gefühlsheischenden Bigotterie, die weit hinter Buñuels Radikalität zurückfällt. *tip, 9/2002*

Kritik: (...) Je weiter die Reise geht, umso mehr wird die melodramatische Schicht unter der komödiantischen Oberfläche sichtbar. Es kommt zu intimen Begegnungen zwischen den dreien, körperlichen und seelischen, die Cuarón und sein Kameramann Emmanuel Lubezki in langen Einstellungen sinnlich spürbar machen. Luisa deckt auch die latente Homosexualität der zwei Jungs auf, und in einem schönen, lyrischen Bild fängt Cuarón das ganze Durcheinander der Gefühle ein: Da tauchen die zwei durch einen Pool, der ganz mit Laub bedeckt ist. Alle Themen des Films scheinen darin angetippt: Klarheit und Geheimnis, Stillstand und Veränderung und Vergänglichkeit. Die Kritik, die Cuarón an sein Land richtet, ist eine Kunst der Liebe.

Hans Schifferle, SZ, 2.5.2002

Interview: *Nach zehn Jahren drehten Sie erstmals wieder einen spanischsprachigen Film. Was bietet Mexiko einem erfolgreichen Regisseur?*

Seit Jahrzehnten gibt es endlich wieder eine Art von Kontinuität in Produktion, Verleih und Abspiel. »Amores Perros« oder »Y tu mamá también« waren Blockbuster in meiner Heimat, auch auf Festivals gewinnen wir Aufmerksamkeit. Private Investoren haben Vertrauen und investieren in die mexikanische Filmwirtschaft – ein großer Sprung nach vorn.

Heißt es für Sie jetzt »back to the roots«?

Dass ich auch als Independent in Amerika arbeite, heißt ja nicht, dass ich mich je von meinen mexikanischen Wurzeln getrennt habe. Man darf nicht in Schwarzweißmalerei verfallen. Es kommt nicht darauf an, wo das Geld herkommt, sondern wo das Herz schlägt. Und das schlug auch bei US-Produktionen wie »Little Princess«, meinem bisher persönlichsten Film, und bei »Große Erwartungen«.

Maribel Verdu und ihre jugendlichen Möchtegern-Liebhaber in ›Y tu mamá también‹

Regisseure wie Scorsese oder die Coen-Brüder machen in Hollywood Filme, ohne ihre Handschrift zu verlieren.

Arbeiten Sie in Zukunft mehr in Mexiko oder in Hollywood?

Sowohl als auch. Ich habe eine Produktionsfirma in Hollywood und eine mit Jorge Vergara in Mexiko. Die in Mexiko wird primär den spanischsprachigen Markt bedienen, die in Hollywood den internationalen. Ich sehe diesen Spagat ziemlich locker. »Y tu mamá también« wurde nach Südamerika ebenso gut verkauft wie in die USA und nach Europa. Mein nächstes Projekt ist eine Studioproduktion, gleichzeitig versuche ich ein Projekt für unsere mexikanische Produktionsfirma zu entwickeln. Gern würde ich auch einmal in Europa drehen.

Alfonso Cuarón im Interview mit Margret Köhler, Blickpunkt Film, 17/02

Yamakasi – Die Samurai der Moderne 927

YAMAKASI – LES SAMOURAI DES TEMPS MODERNES **

Regie: Ariel Zeitoun
Darsteller: Châu Belle Dinh (Baseball), Williams Belle (L'Araignée), Malik Diouf (La Belette), Yann Hnautra (Zicmu), Guylain N'guba-Boyeke (Rocket), Charles Perrière (Sitting Bull)
Drehbuch: Luc Besson
Kamera: Philippe Piffeteau
Musik: DJ Spank, Joey Starr
Schnitt: Yohann Costedoat, Yann Hervé
Prod.: Europa/Le eloo/TF1/Canal+; Frankreich/Spanien 2001; 87 Min.
Verleih: Tobis (nicht gestartet), 4.6.2002
Vertrieb: BMG Video (Video, DVD)
FSK: ab 12 J.

Sieben Asienmafiosi setzen sämtliche ungesetzlichen Mittel ein, um das Geld für die Herztransplantation eines kleinen Jungen aufzutreiben. Substanzlose Actionware mit Sozio-Ambitionen.

Yanas Freunde 928

HACHAVERIM SHEL YANA □

Regie: Arik Kaplun
Darsteller: Evelyn Kaplun (Yana), Nir Levi (Eli), Shmil Ben-Ari (Yuri), Moscu Alkalay (Yitzhak), Dalia Friedland (Rosa), Vladimir Friedman (Elik)
Drehbuch: Arik Kaplun, Simeon Vinokur
Kamera: Valentin Belonogov
Musik: Avi Binyamin
Schnitt: Tali Halter, Einat Glazer-Zarchin
Prod.: Transfax Film; Israel 1999; 90 Min.
Verleih: Kommunales Kino, OmU, ab Oktober 2001

Eine Geschichte von der Ankunft russischer Immigranten in Tel Aviv in der Zeit des Golfkriegs. Während irakische Scudraketen über ihren Köpfen herumfliegen und ein ganzes Land sich in luftdicht verschlossenen Räumen verbarrikadiert, kämpfen Yana und ihre Freunde vor allem mit jenen Problemen, die Immigranten überall auf der Welt haben: Sprache, Kultur, Geld, Arbeit, Liebe …

Yesil Isik – Das grüne Leuchten 929

YESIL ISIK ***

Regie: Faruk Aksoy
Darsteller: Hülya Avsar (Elif), Kenan Isik (Ali), Haldun Dormen (Yakup), Deniz Akkaya, Sema Atalay, Colpan Ilhan
Drehbuch: Faruk Aksoy
Kamera: Ertunc Senkay
Musik: Süleyman Alnitemiz
Prod.: United Film Prod.; Türkei 2002; 102 Min.
Verleih: Maxximum, 2.5.2002
FSK: ab 6 J., ffr.

Ali kommt viel zu früh in den Himmel. Als er sich bei Gott beschwert, erkennt dieser seinen Irrtum und lässt Ali noch einmal auf die Erde zurück. Doch Ali hat ein Problem: Er muss seine bereits gespendeten Organe wieder finden und sein Herz hat er im wahrsten Sinne des Wortes an eine schöne Frau verloren.

You're Killing Me ... 930

YOU'RE KILLING ME ... ***

Video

Regie: Antoni Stutz
Darsteller: Julie Bowen (Jamie Quinn), Traci Lords (Laura Engles), Dawn Maxey (Arlene), Neal McDonough (Peter Gish), David Packer (Al), Scott Trost (Larry)
Drehbuch: Amy Kiehl
Kamera: James Lawrence Spencer
Musik: Tom Hiel
Schnitt: Briton J. Petrucelly
Prod.: Automatic Media; USA 1999; 90 Min.
Vertrieb: marketing-film (Kinowelt), 15.11.2002
FSK: ab 16 J.

Nach dem unabsichtlich verschuldeten Tod ihres Freundes entwickelt Autorin Jamie kriminelle Energie in der Beseitigung lästiger Männer. Sympathische, schwarze Komödie mit Temposchwankungen und Glaubwürdigkeitslücken.

Z

Zauberfelsen 931

****+

Regie: Peter Ammann
Drehbuch: Peter Ammann
Kamera: Axel Brandt
Musik: Richard Wolfson
Schnitt: Lilo Gerber
Prod.: Triluna/Dialog mit TSR; Schweiz 2002; 90 Min.
UA: September 2002
Verleih: Frenetic, November 2002

Vier Landschaften im südlichen Afrika sind es, in denen der Filmemacher Peter Ammann Spuren der Buschleute nachgegangen ist, ihren phänomenalen Felsmalereien und ihren heutigen Lebensbedingungen. Der Brandberg in Namibia, die Drakensberge in Südafrika und die Tsodilo Hills in Botswana enthalten einzigartige Zeugnisse einer Kunst, die spätestens vor 100 Jahren gänzlich erloschen ist. Wie sehr diese Tier- und Menschendarstellungen in magische Zusammenhänge eingebettet, wie wichtig sie für heilerische Zwecke waren, erläutern führende Autoritäten der Forschung – und zeigen die eindrücklichen Aufnahmen eines nächtlichen Trancetanzes im Nordosten Namibias. *Christoph Egger, Neue Zürcher Zeitung Online*

Zé – Heilung in den unsichtbaren Welten 932

***+

Regie: Kamal Musale
Drehbuch: Kamal Musale, Sebastian Elsaesser
Kamera: Kamal Musale, Hans Meier, Sylvain Reymond
Musik: Roger Baudet, Eric Ghersinu
Schnitt: Kamal Musale, Loredana Christelli, Daniel Gibel, Petra Hölge
Prod.: Schweiz/Brasilien/D 2002; 90 Min.
Verleih: Filmwelt, 19.9.2002

Dokumentarische Ich-Reportage eines deutschen Psychotherapeuten, der sieben Jahre lang brasilianische Geistheiler beobachtete und die Zuschauer an eine »spirituelle Medizin« heranführen möchte. Mehr ein Dokument esoterischen Weltverständnisses als konkrete Studie über eine verbreitete Form der Elendsmedizin, das mit dem Verzicht auf rationale Durchdringung der Phänomene jeden Wahrheits- und Erkenntnisanspruch preisgibt.

Josef Lederle, Film-Dienst, 20/2002

Zebra Lounge 933

ZEBRA LOUNGE

**

Video

Regie: Kari Skogland
Darsteller: Stephen Baldwin (Jack Bauer), Kristy Swanson (Louise Bauer), Cameron Daddo (Alan Barnet), Brandy Ledford (Wendy Barnet), Daniel Magder (Daniel Barnet), Dara Perlmutter (Brooke Barnet)
Drehbuch: Claire Montgomery, Monte Montgomery
Kamera: Barry Parrell
Musik: John McCarthy
Schnitt: George Roulston
Prod.: Alliance Atlantis; Kanada 2001; 85 Min.
Vertrieb: Sunfilm Video, 2.6.2002
FSK: ab 16 J.

Die Bekanntschaft aus dem (einmaligen Besuch) im Swingerclub beginnt jungem Ehepaar zunächst lästig, dann gefährlich zu werden. Prüdes US-TV-Sexdrama mit typischem Moral-Zeigefinger.

Die 10 Regeln der Liebe 934

TWO CAN PLAY THAT GAME

**

Video

Regie: Mark Brown
Darsteller: Vivica A. Fox (Chanté Smith), Moarris Chestnut (Keith Fenton), Anthony Anderson (Tony), Wendy Raquel Robinson (Karen), Tamala Jones (Tracey Johnson), Bobby Brown (Michael)
Drehbuch: Mark Brown
Kamera: Alexander Gruszynski
Musik: Marcus Miller, Johnny Gill
Schnitt: Earl Watson
Prod.: C4 Pictures/Doug McHenry/RH2C; USA 2001; 87 Min.
Vertrieb: Columbia TriStar Video, 22.10.2002
FSK: ab 12 J.

Die clevere Chanté weiß, wie man mit untreuen oder nur unbotmäßigen Männern umgeht – auch als ihr eigener fremdgeht. Arg harmloses Lustspiel als Feuerpause im Geschlechterkampf.

Zeit der Rückkehr 935

CUANDO VUELVAS A MI LADO ****+

TV

Regie: Gracia Querejeta
Darsteller: Mercedes Sampietro (Gloria), Jorge Perugorria (Joao), Julieta Serrano (Rafaela), Marta Belaustegui (Adela), Adriana Ozores (Ana), Rosa Mariscal (Lidia)
Drehbuch: Gracia Querejeta, Elias Querejeta, Manuel Gutiérrez Aragón
Kamera: Alfredo Mayo
Musik: Angel Illarramendi
Schnitt: Nacho Ruiz-Capillas
Prod.: Sogetel/Elias Querejeta/Albares Prods./Blue Cinematografica Prod. mit Esicma/Continental/TVE/Canal+/Tele Plus/TVG; Spanien/Frankreich/Italien 1999; 97 Min.
EA: 29.6.2000, Filmfest München
TV: 3.4.2002, WDR, 23.00

Die Familie als Schauplatz eines Psychodramas, als Keimzelle schmerzlicher Liebes- und Ehegeschichten, als individuelles Refugium dunkler Geheimnisse.

»Es ist die Geschichte sehr differenzierter Gefühlsbeziehungen: der Rivalität, der Zärtlichkeit, der Faszination und der Eifersucht.«

Gracia Querejeta

Zirkus Palästina 936

KIRKAS PALESTINA ☐

Regie: Eyal Halfon
Darsteller: Yoram Hatav (Shimshon Bleiberg), Evgenia Dudina (Mariana), Amos Lavi (Col. Oz), Basaam Zuamot, Vladimir Friedman, Shragit Bikuvsky
Drehbuch: Eyal Halfon
Kamera: Valentin Belonogov
Musik: Shlomo Gronich
Schnitt: Tova Asher
Prod.: Transfax Film; Israel 1998; 90 Min.
Verleih: Kommunales Kino, OmU, ab Oktober 2001

Eines Tages kommt ein kleiner Zirkus aus Osteuropa ins Heilige Land und schlägt sein Lager in einem kleinen, pittoresken, heruntergekommenen Dorf in der Westbank auf. Kaum stehen die Zelte, geschieht etwas. Der alt gewordene Zirkuslöwe Schwejk hat sein Manegeleben satt: Er bricht aus, wenige Minuten vor seinem Auftritt in der Eröffnungsgala. Der israelische Soldat Shimshon Bleiberg, die russische Löwenbändigerin Mariana und der kleine arabische Junge Fathi »Dayan« machen sich auf die Suche nach ihm.

Zu nah am Feuer 937

***

TV

Regie: Dietmar Klein
Darsteller: Maria Furtwängler (Eva Thomé), Michael Mendl (Richard Thomé), Pierre Besson (Alexander Festenberg), Walter Kreye (Niko Hansen), Christoph Emanuel Oehme (Felix Thomé), Elodie Carstensen
Drehbuch: Olaf Krämer
Kamera: Johannes Geyer
Musik: Robert Schulte-Henning
Schnitt: Dagmar Lichius
Prod.: teamWorx für NDR; D 2002; 90 Min.
UA: 5.7.2002, Filmfest München
TV: 9.10.2002, ARD, 20.15

Ehefrau, Mutter, Anwältin – und in allen Disziplinen erfolgreich: Die total patente Powerfrau Eva (mit unangestrengter Kühle: Maria Furtwängler) lässt den arbeitswütigen Mann Richard in Hamburg zurück und schippert zu Enya-Klängen gen Anrum. Dort fällt die letzte Fähre aus, und sie begegnet – welch Zufall – dem netten Jungjuristen Alexander, dem sie vor kurzem den Parkplatz gemopst und vor Gericht die Hosen ausgezogen hat. Das tut sie, bedudelt von »Küstengeist«, in einer Schicksalsnacht voller Leidenschaft abermals, allerdings nicht mehr im übertragenen Sinn. Als Alexander – welch Zufall! – Kanzleikollege wird und Richard Lunte riecht, gibt's Zoff im einst so heilen Eheidyll. Die Story ein alter Hut, die Inszenierung passabel, der Unterhaltungswert sehr begrenzt.

W. O. P. Kistner, AZ, 11.10.2002

Zwei Affären und eine Hochzeit 938

☐
TV

Regie: Michael Keusch
Darsteller: Katja Flint (Katharina Schön), Axel Milberg (Wolfgang Schön), Gedeon Burkhard (Jan Richter), Ivonne Schönherr (Lena Schön), Ina Weisse (Annette Kramer), Rosel Zech (Rosa Richter)
Drehbuch: Barbara Jargo
Kamera: Peter Przybylski
Musik: Stephen Keusch
Prod.: Polyphon; D 2002; 90 Min.
TV: 13.10.2002, ZDF, 20.15

Die Professorengattin Katharina wird mit 40 unerwartet schwanger, aber Ehemann Wolfgang und die 20-jährige Tochter Lena zeigen kein Verständnis. Sie fühlt sich allein gelassen, bis sie zufällig den Literaturdozenten Jan kennen lernt, der sich in Katharina verliebt. Sie widersetzt sich zunächst, bis sie entdeckt, dass Wolfgang sie betrügt.

Zwei Affären und noch mehr Kinder 939

***+
TV

Regie: Wolfram Paulus
Darsteller: Udo Wachtveitl (Hubert), Marion Mitterhammer (Monica), Sissy Höfferer (Rosemarie), Hans Sigl (Bernd Lahoda), Louise Martini, Johannes Silberschneider
Drehbuch: Klaus Pieber, Michael Glawogger, nach der Idee von Wolfram Paulus
Kamera: Helmut Wimmer
Schnitt: Michou Hutter
Prod.: Dor Film für BR/ORF; D/Österreich 2002; 90 Min.
TV: 26.6.2002, ARD, 20.20

Der Film sieht auf den ersten Blick nur nach dem obligaten Ehekrisen-Zirkus im Vater-Mutter-Kind-Chaos aus (Papi geht fremd, Mami schaut verhärmt, Bälger nerven). Aber Wolfram Paulus entwirft in diesem Standardpanorama eine Situations-Tragikomödie, in der alle Zwischentöne der Realität enthalten sind. (…) Ehebrüche, Vertrauensbrüche, Lebensbrüche. Ein Film ohne Melodramatik, hautnah. *Ponkie, AZ, 28.6.2002*

Zwei alte Gauner 940

☐
TV

Regie: Sabine Landgraeber
Darsteller: Peter Weck (»Eddie« von Zythen), Jaecki Schwarz (»Schorsch« Ranke), Stefan Wigger (Barrack), Gila von Weitershausen (Dorothee von Zythen), Gundi Ellert (Hilde Ranke), Sharon Brauner (Sophie)
Drehbuch: Gabriele Stave
Kamera: Andreas Amsüss
Musik: Andreas Dicke
Prod.: D 2001; 90 Min.
TV: 16.1.2002, ARD, 20.15

Das alte Gaunerpaar Eddi und Schorsch hat sich längst zur Ruhe gesetzt. Als sie Zeugen eines dilettantischen Raubüberfalls am Hamburger Flughafen werden, wollen sie noch einmal zeigen, wie man so etwas mit Stil erledigt, und stehlen den Diamanten eines Scheichs.

Zwei Herzen gegen die Krone 941

****
TV

Regie: Gernot Roll
Darsteller: Ben Becker (Friedrich Freiherr von der Trenck), August Zirner (König Friedrich II.), Alexandra Maria Lara (Prinzessin Amelie), Hannes Jaenicke (Graf von Jaschinsky), Rüdiger Klink (Nicolai), Henriette Richter-Röhl (Hofdame Marie)
Drehbuch: Walter Kärger
Kamera: Gernot Roll
Musik: Hans P. Ströer
Prod.: Bavaria Film; D 2002; 90 Min.
TV: 25.12.2002, Arte, 20.40, 22.10; 9./10.2.2003, ZDF

Preußen im 18. Jahrhundert: Freiherr von der Trenck verliebt sich in Amelie, die Schwester des Preußenkönigs Friedrich II. Als der König von der nicht standesgemäßen Liaison erfährt, lässt er Trenck einkerkern und glaubt, damit die Affäre beendet zu haben.

Zwei Seiten der Liebe 942

☐
TV

Regie: Bodo Fürneisen
Darsteller: Thekla Carola Wied (Carola

Martin), Heikko Deutschmann (Tobias Volperius), Fritz Karl (Viktor Lipinski), Hanns Zischler (Rolf Wagner), Valerie Koch (Simone Martin), Miguel Herz-Kestranek
Drehbuch: Marlies Erwald
Kamera: Dieter Chill
Musik: Stefan Traub
Schnitt: Matthias Behrens
Prod.: Ziegler Film für ARD/Degeto; D 2002; 90 Min.
UA: 3.7.2002, Filmfest München
TV: 13.9.2002, ARD, 20.15

Die Lektorin Carola Martin, Ehefrau eines Möbelunternehmers und Mutter einer erwachsenen Tochter, erfährt nach dem tragischen Unfalltod ihres Mannes, dass er homosexuell war und eine heimliche Beziehung mit dem Anwalt Tobias hatte. Das führt zur Verunsicherung.

Zweikampf 943

***
TV

Regie: Gert Steinheimer
Darsteller: Gerd Baltus (Thomas Wünsche), Hilmar Thate (Otto Konrad), Hedi Kriegeskotte (Beate Wünsche), Barbara Schöne (Helene Wildbach), Walter Kreye (Erich Weigel), Jürgen Schornagel (Königer)
Drehbuch: Gert Steinheimer
Kamera: Johannes Geyer
Musik: Robert Schulte Hemming, Jens Langbein
Schnitt: Marcel Peragine
Prod.: Allmedia für SWR/BR; D 2001; 90 Min.
TV: 3.7.2002, ARD, 20.15

(…) Denn der amüsante »Zweikampf« zwischen Exkommissar Konrad und Herrn Wünsche, den er, zu Recht, des mehrfachen Mordes verdächtigt, weckt sträfliche asoziale Sympathien. Ist doch die putzteufelig porentief reine Meckergattin, die Herr Wünsche nach sadistischem Hausputz und Rauchverbot vom Balkon schubst, ein satirisches Lustobjekt erster Klasse für genüssliche Gewalttaten. (…) Ein fetter Fall für den Exkollegen: die kleinen Psychofreuden für die Gruselprofis.
Ponkie, AZ, 5.7.2002

Kritik: (…) Gert Steinheimer hat dieses mörderische Katz-und-Maus-Spiel schon 1986 verfilmt, damals für die Reihe »Debüt im Dritten«. Im letzten Jahr drehte er die Geschichte noch einmal neu, diesmal unter besseren Bedingungen. Gelohnt hat sich der Aufwand allemal: »Zweikampf« ist eine hinterfotzige Komödie, die – ebenso wie die beiden beeindruckenden Hauptdarsteller – stets stoisch die Ruhe bewahrt, wenn der Aberwitz zuschlägt. *Christine Dössel, SZ, 3.7.2002*

2002 – Durchgeknallt im Weltall 944

2002: A SPACE TRAVESTY **+

Regie: Allan A. Goldstein
Darsteller: Leslie Nielsen (U. S. Marshal Richard »Dick« Dix), Ophélie Winter (Cassandra Menage), Ezio Greggio (Capt. Valentino Di Pasquale), Peter Egan (Dr. Griffin Pratt), Alexandra Kamp (Dr. Uschi Künstler), Dimian Mason (der Präsident)
Drehbuch: Alan Shearman, Leslie Nielsen
Kamera: Sylvain Brault
Musik: Claude Foisy
Schnitt: Gaetan Huot
Prod.: Helkon/2001 Prod./Galvin/Cinevent Prod. mit Das Werk; D/Frankreich/Kanada/USA 2000; 99 Min.
Verleih: Helkon, 9.5.2002
FSK: ab 6 J.

Der »Nackte Kanone«-Star Leslie Nielsen rettet diesmal die Welt vor Aliens und geklonten US-Präsidenten – wie immer mit den eingeübten Mitteln des Katastrophenklamauks und des geschmacklosen Witzes. Was in den 80er-Jahren mit genialischen Genreparodien wie »Police Squad« und »Die Nackte Kanone« begann und mit Ulknummern wie »Dracula – Tot aber glücklich« und »Agent 00« zur Routine verkam, ist mit diesem deutsch-französisch-kanadischen Produktionspudding auf dem Nullpunkt angekommen: null Witz, null Lacher: »2002« ist nicht außerirdisch durchgeknallt, sondern unterirdisch langweilig. *Volker Gunske, tip, 10/2002*

Kritik: (...) Die Anspielungen reichen von »Men in Black« über »Star Wars« bis zu »Austin Powers« und etlichen anderen – was mal mehr, mal weniger witzig ist. Im Vergleich zu den fast schon klassischen Persiflagen wie »Airplane« schneidet dieses Werk jedoch schlecht ab, da es sich allzu sehr auf Fäkalwitze und schlüpfrige Späße verlässt, ohne auch nur ansatzweise die Selbstreflexivität von modernen Persiflagen wie der Screamtrilogie zu erreichen. Mäßig komisch.
Michael Meyns, Zitty, 10/2002

Zwischen den Sternen 945

***
TV

Regie: Seyhan Derin
Darsteller: Arzu Bazmann (Deniz), Fatih Alas (Umut), Dennis Grabosch (Chris), Volker Büdts (Mike), Sigo Lorfeo (Deniz' Vater), Dinah Maria Helal (Deniz' Mutter)
Drehbuch: Seyhan Derin
Kamera: Markus Farkas
Musik: Georg Schaller
Prod.: D 2001; 85 Min.
TV: 10.10.2002, ARD, 23.00

Romeo und Julia in der Zweizimmerwohnung: Schülerin türkischer Abstammung, mitten im Abitur, will gleichzeitig große Liebe leben mit jungem türkischem Asylbewerber. Die Kultur-Zerreißprobe gönnt sich, trotz Alltagsrealismus, die Happy-End-Illusion. *Ponkie, AZ, 13.10.2002*

Zwischenland 946

TUSSENLAND ****+

Regie: Eugenie Jansen
Darsteller: John Kon Kelei (Majok), Jan Munter (Jakob), Willem Schmit (Koos), Ingeborg Uyt den Bogaard (Frau Koos), Miep Bos (Freundin Jakob), Rok Rok
Drehbuch: Helena van der Meulen

Jan Munter und John Kon Kelei beim Betrachten der Kühe

Kamera: Adri Schrover
Musik: Marcel Wierckx
Schnitt: Danniel Danniel, Jessica de Koning
Prod.: Waterland Film; NL 2001; 84 Min.
Verleih: Pegasos, 12.12.2002

Zwei Menschen aus gänzlich verschiedenen Welten begegnen sich und beginnen eine äußerst ungewöhnliche Freundschaft. Majok, ein junger illegaler Immigrant aus dem Sudan, fühlt sich nur unter den Kühen auf den niederländischen Weiden so richtig wohl. Jakob, ein 80-jähriger Witwer und Kriegsveteran, ist desillusioniert vom Leben.

Kritik: (...) »Zwischenland« ist ein warmherziger, niemals larmoyanter Film mit wunderbar geführten und in ihrer Intensität und Authentizität manchmal fast körperliches Unbehagen provozierenden Laiendarstellern. Man hofft und bangt um diese fragile Freundschaft. Meist schweigen beide, reden nicht viel – was es dem Zuschauer allerdings streckenweise nicht leicht macht, sich in sie einzufühlen. Sie sind die einsamsten Menschen der Welt. Mitten in Holland.
Annette Kilzer, tip, 25/2002

X-MEN 2

Deutsche Filmpreise und Auszeichnungen

23. Bayerischer Filmpreis

400.000 Euro stellte die Bayerische Staatskanzlei zur Verfügung – 250.000 davon waren allein für den Produzentenpreis vorgesehen. Und den gewann die Münchner Produktionsgesellschaft MTM Medien & Television für die Filme ***Nirgendwo in Afrika*** von Caroline Link und ***Der Felsen*** von Dominik Graf. Letzteren kannte allerdings noch niemand, denn er erlebte erst ein paar Wochen später seine Premiere bei der Berlinale.

Regie: Peter Sehr für ***Love the Hard Way.***
Nachwuchsregie: Zoltan Spirandelli für ***Vaya Con Dios.***
Hauptdarsteller: Caroline Eichhorn in ***Der Felsen.***
Ulrich Noethen in ***Das Sams.***
Nachwuchsdarsteller: Chiraa Schoras in ***Vaya Con Dios.***
Daniel Brühl in ***Das weiße Rauschen, Nichts bereuen*** und ***Vaya Con Dios.***
Bester Kinderfilm: ***Das Sams*** von *Ben Verbong.*
Bestes Drehbuch: Franziska Buch für ***Emil und die Detektive.***
Bester Dokumentarfilm: ***Black Box BRD*** von *Andres Veiel.*
Publikumspreis: ***Der Schuh des Manitu.***
Ehrenpreis: Hardy Krüger.
VGF-Preis: Dieter Aselmann für ***Vaya Con Dios.***

Deutscher Drehbuchpreis

Der Drehbuchpreis 2002 ging an **Thomas Wendrich** für ***Nimm Dir Dein Leben*** sowie an **Bernd Lichtenberg** und **Wolfgang Becker** für ***Good bye Lenin.*** Die Auszeichnung ist mit jeweils 30.000 Euro dotiert. Der Jury gehören an: Uta Ganschow, Frank Göhre, Dorothea Neukirchen, Walter Schobert und Waltraud Schoppe.

Deutscher Fernsehpreis

Ausgezeichnet wurden **Kategorie Bester Fernsehfilm:** ***Der Tanz mit dem Teufel*** von **Peter Keglevic** (Prod.: teamWorx, Nico Hofmann).
Beste Regie: Christian Petzold in ***Toter Mann*** **(Produktion: teamWorx für ZDF).**
Bestes Drehbuch: ***Hat der Arbeit?*** von **Beate Langmaack.**
Bester Schauspieler: André Hennicke in ***Toter Mann*** von **Christan Petzold.**
Beste Schauspielerin: Anneke Kim Sarnau in ***Die Hoffnung stirbt zuletzt*** von **Marc Rothemund.**
Ehrenpreis der Stifter: an den Autor **Wolfgang Menge.**

52. Deutscher Filmpreis 2002

Mit insgesamt fünf Preisen war ***Nirgendwo in Afrika*** der große Gewinner bei der Verleihung in Berlin. Er gewann auch den mit 500.000 Euro ausgestatteten Filmpreis in Gold. Mit dem Filmpreis in Silber (400.000 Euro) wurden ***Halbe Treppe*** von Andreas Dresen und ***Heaven*** von Tom Tykwer ausgezeichnet. Um ***Der Schuh des Manitu*** nicht zu übergehen, entschloss sich die Jury, einen **Sonderpreis** an **Michael »Bully« Herbig** zu vergeben. Filmpreis in Gold für den besten Dokumentarfilm (200.000 Euro): ***Black Box BRD*** von Andres Veiel.

Filmpreis in Gold für den besten Kinder- und Jugendfilm:
Das Sams von *Ben Verbong.*
Einzelpreise (dotiert mit jeweils 10.000 Euro):
Beste Regie: Caroline Link für ***Nirgendwo in Afrika.***
Beste Hauptdarstellerin: Martina Gedeck in ***Bella Martha.***
Bester Hauptdarsteller: Daniel Brühl in ***Nichts bereuen, Das weiße Rauschen*** und ***Vaya Con Dios.***
Beste Nebendarstellerin: Eva Mattes in ***Das Sams.***
Bester Nebendarsteller: Mathias Habich in ***Nirgendwo in Afrika.***

Schnitt: Hana Müller für ***Der Felsen.***
Musik: Niki Reiser für ***Nirgendwo in Afrika.***
Kamera: Gernot Roll für ***Nirgendwo in Afrika.***
Ehrenpreis (undotiert): **Ottokar Runze.**
Bester ausländischer Film: ***Die Klavierspielerin*** von *Michael Haneke.*
Sonderpreis für eine hervorragende Einzelleistung (10.000 Euro): **Michael »Bully« Herbig** für Drehbuch, Produktion, Regie und als Darsteller in ***Der Schuh des Manitu.***

Nominiert waren in der Kategorie »Bester Film«, verbunden mit einer Prämie von jeweils 250.000 Euro: Cameo Filmproduktion/Hans Weingartner/KHM Köln für ***Das weiße Rauschen*** von **Hans Weingartner;** Pandora Filmproduktion u. a. für ***Bella Martha*** von **Sandra Nettelbeck;** X Filme Creative Pool für ***Wie Feuer und Flamme*** von **Connie Walther.**

Nominierung in der Kategorie »Bester Kinder- und Jugendfilm«, verbunden mit einer Prämie von 125.000 Euro: Munich Animation Film/Kinowelt Medien für ***Hilfe! Ich bin ein Fisch*** von **Michael Hegner** und **Stefan Fjeldmark.**

Nominierungen in der Kategorie »Bester Dokumentarfilm«, verbunden mit einer Prämie von jeweils 100.000 Euro:
Lounge Entertainment für ***A Woman and a Half – Hildegard Knef*** von **Clarissa Ruge.**

Deutscher Kurzfilmpreis 2002

Viermal gab es Gold: Die mit jeweils 30.000 Euro dotierten Auszeichnungen gingen in der Kategorie Spielfilm an ***Fetisch*** von *Richard Lehun* und ***Fremdkörper*** von *Katja Pratschke.* Den **Kurzfilmpreis** in Gold für Animationsfilme erhielt **Kirsten Winter** für ***Escape.*** Der aus Hongkong stammende **Bin Chuen Choi** nahm für ***Old Choi's Film*** die Auszeichnung in Gold für den besten **Kurzdokumentarfilm** entgegen.

Duisburger Filmwoche

Der 3 sat-Dokumentarfilmpreis, dotiert mit 6.000 Euro, für den besten deutschsprachigen Dokumentarfilm ging an ***Gambling, Gods and LSD*** von **Peter Mettle;** ARTE-Dokumentarfilmpreis, dotiert mit 6.000 Euro, für den besten deutschen Dokumentarfilm an ***Schlittenschenken*** von **Erwin Michelberger** und **Oleg Tcherny;** der Förderpreis der Stadt Duisburg, dotiert mit 5.000 Euro an ***Teheran*** von **Solmaz Shahbazi** und **Tirdad Zolghadr.**

FFA-Kurzfilmpreis »Short Tiger 2002«

Der Hauptpreis in Höhe von 25.000 Euro an ***Am See*** von **Ulrike von Ribbeck** (P: DFFB/Ulrike von Ribbeck) und an ***Björn oder Die Hürden der Behörden*** von **Andi Niessner** (P: HFF München/Andi Niessner).
Förderpreise für die Nominierung in Höhe von 15.000 Euro:
an ***Fenster mit Aussicht*** von **Vera Lalyko** (P: Kunsthochschule für Medien Köln/Vera Lalyko; ***Abendstimmung*** von **Peter Bösenberg** (P: Kunsthochschule für Medien Köln/Colonia Media/Bösenberg); ***Dufte*** von **Ingo Rasper** (P: Filmakademie Baden-Württemberg); ***Letzte Bahn*** von **Tom Uhlenbruck** (P: Kunsthochschule für Medien Köln/Kai Künnemann Filmprod.); ***Wenn es regnet*** von **Gudrun Falke** (P: Hamburger Filmwerkstatt/ Susanne Spellitz).

First Steps Awards

Zum dritten Mal wurden die Preise, insgesamt 72.000 Euro, gestiftet von Bernd Eichingers Constantin, Nico Hoffmanns Produktionsfirma teamWorx, Mercedes Benz, SAT.1 und Spiegel TV, in diesem Jahr verliehen, in einer gelungenen, perfekt abgelaufenen Gala. Die Qualität der Debüts konnte sich sehen lassen, sagte der Laudator Detlev Buck. In der Kategorie **Werbefilme** gewann der Coca-Cola-Spot ***First Love*** von *Marc Lutz.* Den **Kurzfilmpreis** erhielt **Ina Weisse** für ihren ***Alles anders,*** den **Dokumentarfilmpreis Dirk Böll** für sein eigenwilliges Indien-Feature ***Die Perle in der Kacke*** und den Preis für einen **abendfüllenden Spielfilm Isabelle Stever** für ihr Drama ***Erste Ehe***. Als besten **mittellangen Spielfilm**, ein bei der Kinoauswertung sehr undankbares Format, zeichnete die Jury den österreichischen Beitrag ***Richtung Zukunft durch die Nacht*** von *Jörg Kalt* aus.

Hessischer Filmpreis 2002

Der Hauptpreis in der Kategorie **Spielfilm** ging an **Ulrich Köhler** für ***Bungalow,*** als bester **Dokumentarfilm** wurde ***Dumela Ladies*** von *Eva Heldmann* ausgezeichnet; beide Preise sind mit 30.000 Euro dotiert. Den **Kurzfilmpreis** (15.000 Euro) erhielt ***»Q«*** von *Oliver Husains,* den **Hochschulfilmpreis** (7.500 Euro) *Ralph Mann* für ***Offenbacher Jungs*** und den **Drehbuchpreis Rolf Silber** für ***Alles ist perfekt!.***

Kinofest Lünen

Der Filmpreis der Stadt Lünen ging an ***Jeans*** von **Nicolette Krebitz;** der Berndt-Media-Preis für den besten Filmtitel an ***Ein Leben lang kurze Hosen tragen*** von **Kai S. Pieck;** der Publikums- und FFA-Kurzfilmpreis an ***Lassie*** von **Sinan Akkus;** der Melitta-Kurzfilmpreis an ***Mehmet*** von **Philipp Fleischmann.**

Kurzfilmpreise der Friedrich-Wilhelm-Murnau-Stiftung

Zehn Filme nominierte die Stiftung als beste **Kurzfilme** des Jahres: ***Weihnachtsbier*** von *Burkhard Feige,* ***Staplerfahrer Klaus*** von *Jörg Wagner* und *Stefan Prehn,* ***The Shark and the Piano*** von *Gabriele Pennacchioli,* ***Schneckentraum*** von *Iván Sáinz-Pado,* ***Björn oder Die Hürden der Behörden*** von *Andi Niessner,* ***Die Liebenden vom Hotel Osman*** von *Idil Üner,* ***Fuck the Pigs*** von *Caroline Otterbach,* ***Wahlverwandtschaften*** von *Nils Loof* und ***Handstand*** von *Ruth Olshan.*

Lubitsch-Preis

Der Preis ging an **Christiane Hörbiger** für ihre Rolle in ***Die Gottesanbeterin.***

Preis der deutschen Filmkritik 2002

Die im Verband der deutschen Filmkritik zusammengeschlossenen Filmjournalisten wählten ***Halbe Treppe*** von *Andreas Dresen* zum **besten Spielfilm** des Jahres 2002. Als **bestes Spielfilmdebut** wurde ***Das weiße Rauschen*** von *Hans Weingartner* ausgezeichnet, als **beste Darsteller Daniel Brühl *(Das weiße Rauschen)*** und **Martina Gedeck *(Bella Martha).*** Weitere Preise gingen an **Almut Getto (bestes Drehbuch** für ***Fickende Fische*), Frank Griebe (beste Kamera** für ***Heaven*), Hanna Müller (bester Schnitt** für ***Der Felsen*), Dieter Schleip (beste Musik** für ***Der Felsen*), Thomas Riedelsheimer (bester Dokumentarfilm** für ***Rivers And Tides*), Jochen Kuhn (bester Kurzfilm** für ***Neulich 3*)** und **Corinna Schnitt (bester Experimentalfilm** für ***Das schlafende Mädchen*).**

Preis für die visuelle Filmkritik

Der Preis, vergeben vom Bundesverband Kamera (BVK) und der Zeitschrift Film & TV Kameramann, ging an die Publikationen **epd-Medien** und **Stern TV Magazin** für die Beachtung der Kameraarbeit in Filmbesprechungen.

Regensburger Kurzfilmfestival

Die Preise des Festivals:
Der BMW-Kurzfilmpreis ging an ***Wie ich ein Höhlenmaler wurde*** von **Jan**

Peters; der Preis für einen politisch relevanten Film an ***Old Choi's Film*** von **Bin Chuen Choi;** Special Mention an ***Von der Hingabe*** von **Maike Mia Höhne;** der Publikumspreis an ***Alles für den Hund*** von **Birgit Lehmann;** der VDO-Regionalpreis an ***Metahuman*** von **Daniel Wagner; Special Mention** an ***Blühende Sahara*** von **Lola Randl;** der **Förderpreis des FilmFernsehFonds Bayern** an ***Omnibus*** von **Jonas Rejman,** Special Mentions an ***Blühende Sahara*** von **Lola Randl** und an ***Geschichten aus Kanada*** von **Erik Grun.**

Schnitt-Preis

Der von der Zeitschrift »Schnitt« vergebene Preis für »Filmschnitt« ging an **Martina Mauschewski** für ***Engel und Joe*** von **Vanessa Jopp.**

Starter-Filmpreis

Der Nachwuchspreis der **Stadt München** ging an **Stefanie Sycholt** für ***Malunde.***

William-Dieterle-Preis

Der Hauptpreis ging an **Andreas Dresen** für ***Halbe Treppe;*** der Sonderpreis ex aequo an **Christian Bauer** für ***Missing Allen,*** an **Marion Kainz** für ***Der Tag, der in der Handtasche verschwand*** und an **Marc Rothemund** für ***Die Hoffnung stirbt zuletzt.***

Internationale Filmpreise

74. Academy Awards – Oscars 2002

Nach Bekanntgabe der Nominierungen bricht in Hollywood normalerweise Hektik aus. Da werden in den Branchenblättern ganzseitige Anzeigen geschaltet und auch sonst alles getan, um die Mitglieder der Academy zu beeinflussen. Nach den Nominierungen für die beiden Afroamerikaner Halle Berry, die für *Monster's Ball* schon bei der Berlinale den Silbernen Bären gewonnen hatte, setzte in Hollywood ein eher ungewöhnlicher Solidaritätssturm ein. Julia Roberts erklärte, dass sie in einer Welt, in der sie einen Oscar erhielte und ihr Freund Denzel leer ausginge, nicht mehr leben möchte. Berry und Washington erhielten denn auch ihren Oscar, eine kleine Sensation: Nur Sidney Poitier konnte bisher als Afroamerikaner den Oscar für die beste Hauptrolle entgegennehmen (1963, für *Lilien im Feld*), eine Frau war damit noch nie ausgezeichnet worden.
Ansonsten war *A Beautiful Mind* der Gewinner des Abends: Achtmal nominiert, konnte er immerhin vier Oscars einheimsen. Leer ging aber der Star dieses Films aus, Russell Crowe, der gerne seinen Triumph mit *Gladiator* wiederholt hätte. Ein weiterer Verlierer war Peter Jacksons *Der Herr der Ringe*, der auf den zentralen Plätzen nicht punkten konnte und nur für vier technische Kategorien ausgezeichnet wurde.
»Alle Befürchtungen, die Academy Awards könnten den 11. September auf ihre Art überstrapazieren, wurden zerstreut, als die Gastgeberin Whoopi Goldberg schon eingangs witzelte: Dass sich Amerika von dem Schock erholt habe, könne man schon dran sehen, dass Mariah Carey wieder einen neuen Film gemacht habe. Von da an konnte man sich entspannt zurücklehnen und sich umso mehr über Woody Allens allerersten Oscar-Auftritt freuen, den er einzig und allein zu Ehren seiner Heimatstadt New York absolvierte. Zwanzigmal war er nominiert, dreimal hat er gewonnen, aber nie hat er Hollywood die Ehre erwiesen, dort persönlich zu erscheinen, sondern es am Oscar-Abend vorgezogen, in seinem New Yorker Jazz-Club Klarinette zu spielen. Als er nun tatsächlich auf die Bühne kam, erhob sich das Publikum zur stehenden Ovation – und die vierundsiebzigsten Academy Awards hatten ihren ersten Höhepunkt. Und auch die Schweigeminute, zu der Kevin Spacey später aufrief, war eine sympathische Geste, die frei war von falschem Pathos. (...)
Natürlich war der Doppelsieg der afroamerikanischen Schauspieler Denzel Washington und Halle Berry das große Ereignis des Abends, das durch den Ehren-Oscar für Sidney Poitier sozusagen noch eine weitere historische Dimension bekam. Dass solche Auszeichnungen für Schwarze noch alles andere als eine Selbstverständlichkeit sind, wurde durch die tränenreiche Erschütterung von Halle Berry beglaubigt, die tatsächlich tiefer empfunden schien, als man Schauspielern gemeinhin zutraut.« (Michael Althen, FAZ)

Die Nominierten und **Gewinner**:

Bester Film (Produzenten): ***A Beautiful Mind* (Brian Grazer, Ron Howard)**, *Gosford Park* (Robert Altman, Bob Balaban, David Levy), *In the Bedroom* (Graham Leader, Ross Katz, Todd Field), *Der Herr der Ringe: Die Gefährten* (*The Lord of the Rings: The Fellowship of the Ring,* Peter Jackson, Fran Walsh, Barrie M. Osborne), *Moulin Rouge* (Martin Brown, Baz Luhrmann, Fred Baron).

Regie: Ron Howard für *A Beautiful Mind*, Ridley Scott für *Black Hawk Down*, Robert Altman für *Gosford Park,* Peter Jackson für *Der Herr der Ringe: Die Gefährten (The Lord of the Rings: The Fellowship of the Ring)*, David Lynch für *Mulholland Drive.*

Hauptdarstellerin: Halle Berry in *Monster's Ball*, Judi Dench in *Iris*, Nicole Kidman in *Moulin Rouge,* Sissy Spacek in *In the Bedroom,* Renée Zellweger in *Bridget Jones's Diary.*

Nebendarstellerin: Jennifer Connelly in *A Beautiful Mind,* Helen Mirren in *Gosford Park,* Maggie Smith in *Gosford Park*, Marisa Tomei in *In the Bedroom*, Kate Winslet in *Iris.*

Hauptdarsteller: Russell Crowe in *A Beautiful Mind*, Sean Penn in *I Am Sam*, Will Smith in *Ali,* **Denzel Washington** in *Training Day*, Tom Wilkinson in *In the Bedroom*.

Nebendarsteller: Jim Broadbent in *Iris,* Ethan Hawke in *Training Day«,* Ben Kingsley in *Sexy Beast*, Ian McKellen in *Der Herr der Ringe: Die Gefährten,* Jon Voight in *Ali.*

Bester fremdsprachiger Film: *Amélie* (Frankreich*),* Elling (Norwegen), *Lagaan (Indien),* ***No Man's Land*** (Bosnien/Herzegovina), *Der Sohn der Braut* (Argentinien).

Produktionsdesign: *Moulin Rouge* – Catherine Martin und Brigitte Broch. *Amélie* – Aline Bonetto und Marie-Laure Valla, *Gosford Park* – Stephen Altman und Anna Pinnock, *Harry Potter und der Stein der Weisen* – Stuart Craig und Stephenie McMillan, *Der Herr der Ringe: Die Gefährten* – Grant Major und Dan Hennah, **Kamera:** *Amélie* – Bruno Delbonnel, *Black Hawk Down* – Slawomir Idziak, **Der Herr der Ringe: Die Gefährten – Andrew Lesnie,** *The Man Who Wasn't There* – Roger Deakins, *Moulin Rouge* – Donald M. McAlpine.

Adaptiertes Drehbuch: *A Beautiful Mind* – Akiva Goldsman, *Ghost World* – Daniel Clowes und Terry Zwigoff, *In the Bedroom* – Rob Festinger und Todd Field, *Der Herr der Ringe: Die Gefährten* – Fran Walsh und Philippa Boyens, Peter Jackson, *Shrek* – Ted Elliott, Terry Rossio, Joe Stillman und Roger S. H. Schulman.

Originaldrehbuch: *Amélie* von Guillaume Laurant und Jean-Pierre Jeunet, ***Gosford Park*** von **Julian Fellowes,** *Memento* von Christopher Nolan, *Monster's Ball* von Milo Addica und Will Rokos, *The Royal Tenenbaums* von Wes Anderson und Owen Wilson.

Kostüme: *The Affair of the Necklace* – Milena Canonero, *Gosford Park* – Jenny Beavan, *Harry Potter und der Stein der Weisen* – Judianna Makovsky, *Der Herr der Ringe: Die Gefährten* – Ngila Dickson und Richard Taylor, ***Moulin Rouge* – Catherine Martin und Angus Strathie**.

Dokumentarfilm: *Children Underground* von Edet Belzberg, *LaLee's Kin: The Legacy of Cotton* von Susan Froemke und Deborah Dickson, ***Murder on a Sunday Morning*** von **Jean-Xavier de Lestrade und Denis Poncet**, *Promises* von Justine Shapiro und B. Z. Goldberg, *War Photographer* von Christian Frei.

Kurzdokumentarfilm: *Artists and Orphans: A True Drama* von Lianne Klapper McNally, *Sing!* von Freida Lee Mock und Jessica Sanders, ***Thoth*** von **Sarah Kernochan and Lynn Appelle.**

Schnitt: ***A Beautiful Mind*** – Mike Hill and Dan Hanley, ***Black Hawk Down* – Pietro Scalia**, *Der Herr der Ringe: Die Gefährten* – John Gilbert, *Memento* – Dody Dorn, *Moulin Rouge* – Jill Bilcock.

Maske: *A Beautiful Mind* – Greg Cannom und Colleen Callaghan, ***Der Herr der Ringe: Die Gefährten* – Peter Owen und Richard Taylor,** *Moulin Rouge* – Maurizio Silvi und Aldo Signoretti.

Originalmusik: *A. I.: Artificial Intelligence* – John Williams, *A Beautiful Mind* – James Horner, *Harry Potter und der Stein der Weisen* – John Williams, **Der Herr der Ringe: Die Gefährten – Howard Shore,** *Monsters, Inc.* – Randy Newman.

Originalsong: ***Monsters, Inc.*** **– »If I Didn't Have You« von Randy Newman,** *Der Herr der Ringe: Die Gefährten* – »May It Be« von Enya, Nicky Ryan and Roma Ryan, *Pearl Harbor* – »There You'll Be« von Diane Warren, *Kate & Leopold* – »Until« von Sting, ***Vanilla Sky*** – »Vanilla Sky« von Paul McCartney.
Ton: *Amélie* – Vincent Arnardi, Guillaume Leriche and Jean Umansky, ***Black Hawk Down*** **– Mike Minkler, Myron Nettinga and Chris Munro**, *Der Herr der Ringe: Die Gefährten* – Christopher Boyes, Michael Semanick, *Moulin Rouge* – Andy Nelson, Anna Behlmer, Roger Savage und Guntis Sics, *Pearl* – Kevin O'Connell, Greg P. Russell und Peter J. Devlin.
Tonschnitt: *Monsters, Inc.* – Gary Rydstrom and Michael Silvers, ***Pearl Harbor*** **– George Watters II und Christopher Boyes.**
Kurzfilm (Animation): *Fifty Percent Grey* – Ruairi Robinson und Seamus Byrne, ***For the Birds*** **– Ralph Eggleston,** *Give Up Yer Aul Sins* – Cathal Gaffney and Darragh O'Connell, *Strange Invaders* – Cordell Barker, *Stubble Trouble* – Joseph E. Merideth.
Kurzfilm: ***The accountant*** **– Ray McKinnon and Lisa Blount**, *Copy Shop* – Virgil Widrich, *Gregors größte Erfindung* – Johannes Kiefer, *A Man Thing (Meska Sprawa)* – Slawomir Fabicki and Bogumil Godfrejow, *Speed for Thespians* – Kalman Apple und Shameela Bakhsh.
Spezialeffekte: *A. I.: Artificial Intelligence* – Dennis Muren, Scott Farrar, Stan Winston und Michael Lantieri, ***Der Herr der Ringe: Die Gefährten*** **– Jim Rygiel, Randall William Cook, Richard Taylor und Mark Stetson**, *Pearl Harbor* – Eric Brevig, John Frazier, Ed Hirsh und Ben Snow.

AFI Awards

Zum ersten Mal vergab das American Film Institute Preise für die Jahresproduktion. Eine Jury aus Filmkritikern, Produzenten, Regisseuren und anderen Filmschaffenden, darunter Sidney Lumet, Steven Spielberg, Nora Ephron, Eva Marie Saint, Rod Steiger und Hans Zimmer, kürte ***Der Herr der Ringe: Die Gefährten*** zum besten Film. Die Awards für die besten Hauptdarsteller erhielten **Sissy Spacek** *(In the Bedroom)* und **Denzel Washington** *(Training Day),* als beste Nebendarsteller wurden **Jennifer Connelly** *(A Beautiful Mind)* und **Gene Hackman** *(The Royal Tenenbaums)* ausgezeichnet. Zum besten Regisseur wählte die Jury **Robert Altman** *(Gosford Park)*, für das beste Drehbuch erhielt **Christopher Nolan** den AFI Award.

54. Britischer Filmpreis der BAFTA

Die Britische Akademie für Film- und Fernsehkünste zeichnete 2002 das Fantasy-Epos ***Der Herr der Ringe: Die Gefährten*** fünfmal aus, u. a. als bester Film, und Peter Jackson als besten Regisseur. Als bester Schauspieler gewann **Russell Crowe** für seine Rolle als schizophrener Wissenschaftler in *A Beautiful Mind*; beste Hauptdarstellerin wurde **Judi Dench**, die in *Iris* die an Alzheimer erkrankte Schriftstellerin Iris Murdoch verkörpert. Der Preis für den besten ausländischen Film ging an ***Amores Perros***, der Ehrenpreis an den Schauspieler und Regisseur **Warren Beatty**. Keinen Preis erhielt dagegen der achtfach nominierte Publikumserfolg *Harry Potter und der Stein der Weisen*.

Europäischer Filmpreis 2002

»Ich liebe Rom«, rief Pedro Almodóvar begeistert und warf Handküsschen ins Publikum. Mit *Sprich mit ihr* war der Spanier der große Gewinner der 15. Verleihung des Europäischen Filmpreises: Der Film gewann in den Kategorien »bester europäi-

scher Film«, »beste Regie«, »bestes Drehbuch« und erhielt den Publikumspreis als bester Regisseur und Javier Cámara als bester Hauptdarsteller.
Mit der Veranstaltung in der italienischen Hauptstadt selbst waren nicht alle zufrieden. »Trotz 1.500 internationaler Gäste wirkt die Verleihung glanzlos und provinziell, die Chemie zwischen den Moderatoren Mel Smith und Asia Argento unterkühlt, die Gags abgenutzt«, schrieb die »Welt«. In der »SZ« warb Anke Sterneborg dagegen für Verständnis: »Anders als der Oscar, der große amerikanische Bruder, muss der Europäische Filmpreis immer noch kämpfen – um Aufmerksamkeit und Anerkennung, um Glanz und Würde. Noch immer ist es unvorstellbar, dass ein Preisträger hier vor Ergriffenheit so außer sich gerät, dass er in Tränen ausbricht wie Gwyneth Paltrow oder Halle Berry. Hier schlagen die Wogen der Freude einfach nicht so hoch wie drüben, das spürt man auch im manchmal ein wenig schleppenden Ablauf des Preisereigens. Der ewig gleichen Abfolge von Ankündigen, Verlesen, Vergeben und Bedanken wohnt eine gewisse Langeweile inne – womit selbst die Oscars durchaus zu kämpfen haben. Daran wird es wohl auch gelegen haben, dass sich in Deutschland und Frankreich dieses Mal kein Fernsehsender finden wollte, der die Verleihung überträgt – ein arges Armutszeugnis, ausgerechnet im ersten Jahr, in dem es in einigen Ländern sogar Live-Ausstrahlungen gab und die Gala unter anderem auch in Australien und Südafrika, in Kanada und den USA gesendet wird. Mit dem Aufgebot lässt sich durchaus Staat machen, den Stars vor der Kamera, Jeanne Moreau und Johnny Halliday, Alan Rickman, Jeremy Irons und Victoria Abril, und denen dahinter, Roman Polanski und Francesco Rosi, Mike Leigh, Jeremy Thomas und Wim Wenders. Mel Smith wirkte als Conférencier in diesem Jahr nicht ganz so scharfsinnig wie in den letzten Jahren, hat aber jetzt mit der jungen Asia Argento eine glamouröse Partnerin, die die nicht immer dankbare Aufgabe des Co-Conférenciers mit ironischem Charme erfüllte – fast so, als wäre es eine Kinorolle, kokett schäkernd, charismatisch und ganz ohne Mädchenalbernheit und peinlich aufgesetzter Euphorie.

Die Nominierten und **Gewinner**:

Bester Film: *8 Frauen (8 Femmes)* von François Ozon (Frankreich), *Bend It Like Beckham* von Gurinder Chadha (Großbritannien), *Bloody Sunday* von Paul Greengrass (Großbritannien, Irland), ***Sprich mit ihr (Habla con ella)*** von Pedro Almodóvar (Spanien), *Lilja 4-Ever* von Lukas Moodysson (Schweden), *Der Mann ohne Vergangenheit (Mies vailla menneisyyttää)* von Aki Kaurismäki (Finnland, Deutschland, Frankreich), *Die unbarmherzigen Schwestern (The Magdalene Sisters)* von Peter Mullan (Großbritannien), *Der Pianist (The Pianist)* von Roman Polanski (Frankreich, Polen, Deutschland, Großbritannien).
Bester Regisseur: Pedro Almódovar für *Habla con ella (Sprich mit ihr)*, Marco Bellocchio für *L'Ora di religione*, Andreas Dresen für *Halbe Treppe*, Aki Kaurismäki für *Mies vailla menneisyyttää (Der Mann ohne Vergangenheit)*, Mike Leigh für *All Or Nothing*, Ken Loach für *Sweet Sixteen*, Roman Polanski für *The Pianist*, Aleksander Sokurov für *Russkij kovcheg (Russische Arche)*.
Schauspieler: Javier Bardem in *Los lunes al sol*, Javier Camara in *Habla con ella*, **Sergio Castellito** in *Bella Martha & L'Ora di religione*, Martin Compton in *Sweet Sixteen*, Oliver Gourmet in *Le Fils*, Markku Peltola in *Mies vailla menneisyyttää (Der Mann ohne Vergangenheit)*, Timothy Spall in *All Or Nothing*.
Schauspielerin: Oksana Akinsina in

Lilja 4-ever, Emmanuelle Devos in *Sur mes lèvres*, Martina Gedeck in *Bella Martha*, Laura Morante in *Un viaggio chiamato amore*, Samantha Morton in *Morvern Callar*, Kati Outinen in *Der Mann ohne Vergangenheit (Mies vailla menneisyyttää)*, Das Ensemble aus *8 Frauen*: **Catherine Deneuve, Isabelle Huppert, Emmanuelle Béart, Fanny Ardant, Virginie Ledoyen, Danielle Darrieux, Ludivine Sagnier, Firmine Richard.**

Drehbuch: Pedro Almodóvar für *Sprich mit ihr*, Tilmann Büttner für *Russkij kovcheg (Russische Arche)*, Pawel Edelman für *Der Pianist*, Aki Kaurismäki für *Der Mann ohne Vergangenheit (Mies vailla menneisyyttää)*, Krzysztof Kieslowski & Krzysztof Piesewicz für *Heaven*, Paul Laverty für *Sweet Sixteen*, François Ozon für *8 Frauen*.

Kamera: Javier Aguirresarobe für *Sprich mit ihr*, Tilmann Büttner für *Russische Arche*, **Pawel Edelman** für *Der Pianist*, Frank Griebe für *Heaven*, Alwin Küchler für *Morvern Cellar*, Timo Salminen für *Der Mann ohne Vergangenheit*, Ivan Strasburg für *Bloody Sunday*.

Dokumentarfilm – Prix Arte: *Alt om min far* (Norwegen/Dänemark) – Even Benestad, *Clown in'Kabul* (Italien) – Enzo Balestrieri, Stefano Koser). ***Haben und Sein*** (Frankreich) – Nicolas Philibert, *Federico Fellini – sono un gran bugiardo* (Frankreich/Italien/UK) – Damian Pettigrew, *Im Toten Winkel – Hitlers Sekretärin* (Österreich) – André Heller, Othmar Schmiederer, *Le peuple migrateur* (Frankreich/Deutschland/CH/Spanien/Italien) – Jacques Perrin, Jacques Cluzaud, Michael Debats, *Lost in la Mancha* (Brasilien) – Fernando Meirelles, *Missing Allen – The Man Who Became a Camera* (Deutschland/Frankreich) – Christian Bauer, *Muraren* (Schweden) – Stefan Jarl.

Kurzfilm – Prix UIP: *10 Minuta* von Ahmed Imammovic (Bosnien-Herzegovina).

Screen International Award (für einen nichteuropäischen Film): ***Divine Intervention*** von Elia Seuleiman (Palästina).

Europäischer Kritikerpreis (FIPRESCI): ***Sweet Sixteen*** von Ken Loach (UK).

Fassbinder-Preis (Europäische Entdeckung): ***Hukkle*** von György Palfi (Ungarn).

Europäischer Beitrag zum Weltkino: Victoria Abril (Spanien).

European Film Academy Lifetime Achievement Award: Tonino Guerra (Italien).

Publikumspreise: Regie: Pedro Almodóvar für *Sprich mit ihr*.

Schauspieler: Javier Camara für *Sprich mit ihr*.

Schauspielerin: Kate Winslet für *Iris*.

27. Französischer Filmpreis César

Erwartungsgemäß siegte der große Favorit *Die fabelhafte Welt der Amelie* in den beiden zentralen Kategorien »bester Film« und »bester Regisseur«.

Bester Film: *Die fabelhafte Welt der Amélie* *(Le Fabuleux destin d'Amélie Pulain)* von Jean-Pierre Jeunet.

Regie: Jean-Pierre Jeunet für *Die fabelhafte Welt der Amélie*.

Darstellerin: Emanuelle Devos für *Sur mes lèvres*.

Darsteller: Michel Bouquet für *Comment j'ai tué mon père*.

Nebendarstellerin: Annie Girardot in *Der Pianist*.

Nebendarsteller: André Dussollier in *La Chambre des officers*.

Kamera: Tetsuo Nagata für *La Chambre des officers*.

Musik: Yann Tiersen für *Die fabelhafte Welt der Amélie*.

Drehbuch: Jacques Audiard, Tonino Benacquista für *Sur mes lèvres*.

Ausstattung: Aline Bonetto für *Die fabelhafte Welt der Amélie*.

Ton: Marc-Antoine Beldent, Pascal Villard Cyril Holtz für *Sur mes lèvres*.

Kostüme: Dominique Borg für *Der Pakt der Wölfe*.

Nachwuchspreis: Rachida Brakini für *Chaos*, **Robinson Stevenin** für *Mauvais genre*.
Bester ausländischer Film: ***Mulholand Drive*** von David Lynch.
Ehren-Césars: Claude Rich, Anouk Aimée und **Jeremy Irons**.

59. Golden Globe

Immer noch sind die Golden Globes eine zuverlässige Prognose für die spätere Oscar-Vergabe – wenn auch die Academy nicht in allen Kategorien der Auslandspresse folgt. Bei den Golden Globes war, wie später bei den Oscars, *A Beautiful Mind* der große Gewinner mit vier Auszeichnungen: bester Film, bestes Drehbuch, beste Nebendarstellerin und Russell Crowe als bester Hauptdarsteller – den Oscar in dieser Kategorie sollte ihm allerdings Denzel Washington abspenstig machen.

Bester Film – Kategorie Drama: *A Beautiful Mind* (Brian Grazer, Ron Howard), *In the Bedroom* (Todd Field, Ross Katz, Graham Leader), *Der Herr der Ringe: Die Gefährten* (Peter Jackson, Barrie M. Osborne, Tim Sanders, Frank Walsh), *The Man Who Wasn't There* (Ethan Coen), *Mulholland Drive* (Neal Edelstein, Tony Krantz, Michael Polaire, Alain Sarde, Mary Sweeney).
Schauspielerin – Kategorie Drama: Halle Berry in *Monster's Ball*, Judi Dench in *Iris*, Nicole Kidman in *The Others*, **Sissy Spacek** in *In the Bedroom*, Tilda Swinton in *The Deep End*.
Schauspieler – Kategorie Drama: Russell Crowe in *A Beautiful Mind,* Kevin Spacey in *The Shipping News*, Will Smith in *Ali*, Billy Bob Thornton in *The Man Who Wasn't There*, Denzel Washington in *Training Day.*
Bester Film – Kategorie Musical/ Komödie: *Bridget Jones's Diary* (Tim Bevan, Jonathan Cavendish, Eric Fellner), *Gosford Park* (Robert Altman, Bob Balaban, David Levy), *Legally Blonde* (Ric Kidney, Marc Platt), ***Moulin Rouge!*** (Fred Baron, Martin Brown, Baz Luhrmann), *Shrek* (Jeffrey Katzenberg, Aron Warner, John H. Williams).
Schauspielerin – Kategorie Musical/Komödie: Thora Birch in *Ghost World,* Cate Blanchett in *Bandits,* **Nicole Kidman** in *Moulin Rouge!,* Reese Witherspoon in *Legally Blonde,* Renée Zellweger in *Bridget Jones's Diary*.
Schauspieler – Kategorie Musical/ Komödie: Gene Hackman in *The Royal Tenenbaums,* Hugh Jackman in *Kate & Leopold,* Ewan McGregor in *Moulin Rouge!,* John Cameron Mitchell in *Hedwig and the Angry Inch,* Billy Bob Thornton in *Bandits.*
Bester fremdsprachiger Film: *Amélie* (Frankreich), *And Your Mother, Too!* (Mexico), *Behind the Sun* (Brasilien), *Monsoon Wedding* (Indien), *No Man's Land* (Bosnien-Herzegowina).
Nebendarstellerin: Jennifer Connelly in *A Beautiful Mind,* Cameron Diaz in *Vanilla Sky,* Helen Mirren in *Gosford Park,* Maggie Smith in *Gosford Park,* Marisa Tomei in *In the Bedroom,* Kate Winslet in *Iris.*
Nebendarsteller: Jim Broadbent in *Iris,* Steve Buscemi in *Ghost World*, Hayden Christensen in *Life As a House,* Ben Kingsley in *Sexy Beast,* Jude Law in *A. I.: Artificial Intelligence,* Jon Voight in *Ali.*
Regie: Robert Altman für *Gosford Park,* Ron Howard für *A Beautiful Mind,* Peter Jackson für *Der Herr der Ringe: Die Gefährten,* Baz Luhrmann für *Moulin Rouge!,* David Lynch für *Mulholland Drive,* Steven Spielberg für *A. I.: Artificial Intelligence.*
Drehbuch: Akiva Goldsman *(A Beautiful Mind)*, Julian Fellowes *(Gosford Park)*, Ethan und Joel Coen *(The Man Who Wasn't There)*, Christopher Nolan *(Memento),* David Lynch *(Mulholland Drive)*.
Originalmusik: John Williams *(A. I.: Artificial Intelligence)*, Pieter Bourke, Lisa Gerrard *(Ali),* James Horner *(A*

Beautiful Mind), Howard Shore *(Der Herr der Ringe: Die Gefährten),* **Craig Armstrong** *(Moulin Rouge!),* Angelo Badalamenti *(Mulholland Drive),* Hans Zimmer *(Pearl Harbor),* Christopher Young *(The Shipping News).*
Bester Song: Come What May *(Moulin Rouge!* – David Baerwald), May It Be *(Der Herr der Ringe: Die Gefährten* – Enya, Nicky Ryan, Roma Ryan), There You'll Be *(Pearl Harbor* – Diane Warren), **Until ...** *(Kate & Leopold* – Sting), Vanilla Sky *(Vanilla Sky* – Paul McCartney).
Cecil B. DeMille Award: Harrison Ford.

NICHOLSON
SANDLER
DIE WUT PROBE
ANGER MANAGEMENT
SPÜRT DIE LIEBE
AB 08.05.03 IM KINO!
REVOLUTION STUDIOS PRÄSENTIERT EINE HAPPY MADISON PRODUKTION EIN FILM VON PETER SEGAL MIT: JACK NICHOLSON ADAM SANDLER "ANGER MANAGEMENT"
MARISA TOMEI LUIS GUZMAN MIT WOODY HARRELSON UND JOHN TURTURRO KO-PRODUZENT MICHAEL EWING MUSIK TEDDY CASTELLUCCI
MUSIK SUPERVISION MICHAEL DILBECK SCHNITT JEFF GOURSON PRODUKTIONS-DESIGN ALAN AU KAMERA DONALD M. McALPINE, ACS, ASC AUSFÜHRENDE PRODUZENTEN ADAM SANDLER ALLEN COVERT TIM HERLIHY
AUSFÜHRENDE PRODUZENTEN TODD GARNER JOHN JACOBS BUCH DAVID DORFMAN PRODUZENTEN JACK GIARRAPUTO BARRY BERNARDI REGIE PETER SEGAL
REVOLUTION STUDIOS
www.die-wutprobe.de
IM VERLEIH DER COLUMBIA TRISTAR FILM

Internationale Filmfestivals

53. Berlinale – Internationale Filmfestspiele Berlin

Bei der alten Dame Berlinale tat sich etwas. Nach der etwas unschönen Kündigung des zwei Jahrzehnte amtierenden Leiters *Moritz de Hadeln* im April 2001 wurde im Juli *Dieter Kosslick*, bis dato Geschäftsführer der Filmstiftung NRW, zu dessen Nachfolger ernannt. Es scheint, dass es dem genialen Kommunikator Kosslick schon im Vorfeld gelang, die fast schon traditionellen Rivalitäten zwischen den einzelnen Sektionen auszuräumen. Er besetzte das Auswahlgremium des Wettbewerbs neu und holte *Wieland Speck* (Panorama-Chef) und *Christoph Terhechte* (Forum) hinzu. Ein gewisses Aufbruchsgefühl schien sich breit zu machen. »Wenn man in diesen Tagen die Berlinale-Büros in der Potsdamer Straße aufsucht, spürt man tatsächlich etwas Neues: übergreifenden Teamgeist, Kooperationsfähigkeit, Offenheit. Fast möchte man bei so viel Harmonie sofort misstrauisch werden und reflexartig die ganze Sache für eine gut einstudierte PR-Nummer halten. Haben die sich wirklich alle lieb? Aber selbst hinter vorgehaltener Hand und von den gewöhnlich recht gut unterrichteten Kreisen hört man nichts anderes.« *(Volker Gunske, Tip)*

Mit viel Spannung war deshalb auch der von Kosslick verantwortete Wettbewerb erwartet worden. Kosslick hat den Wettbewerb nicht grundlegend anders ausgerichtet, aber er hat Ak-

Berlinale 2002: Festivalleiter Dieter Kosslick begrüßt Robert Altman.

zente anders gesetzt. Amerikanische Filme, deren starke Präsenz unter Kosslicks Vorgänger immer wieder beklagt wurde, waren beileibe nicht verschwunden, aber der Schwerpunkt lag eher auf dem Independentkino mit Filmen wie *Marc Forsters* MONSTER'S BALL, der verhaltenen Familienkomödie THE ROYAL TENENBAUMS oder *Robert Altmans* spätviktorianischem Gesellschaftspanorama GOSFORD PARK. Und Kosslick hat versucht, die politische Ausrichtung des Wettbewerbs zu schärfen, mit einem Beitrag über den irischen Blutsonntag (BLOODY SUNDAY von *Paul Greengrass*) oder der Auseinandersetzung mit dem Faschismus (TAKING SIDES von *Istvan Szabó*, LAISSEZ-PASSER von *Bertrand Tavernier* und AMEN von *Costa-Gavras*).

Die größte Neuerung von Kosslick war aber sicherlich die stärkere Präsenz des deutschen Kinos im Wettbewerb wie überhaupt auf der Berlinale. Vier heimische Produktionen liefen allein im Wettbewerb, und mit *Tom Tykwers* HEAVEN und *Andreas Dresens* Ehebruchgeschichte aus Frankfurt/Oder, HALBE TREPPE, hat er zwei der besten deutschen Filme des Jahres 2002 ins Wettbewerbsprogramm aufgenommen. Umstritten war dagegen *Dominik Grafs* DER FELSEN, der die Zuschauer und die Presse in zwei Lager spaltete, sowie *Christopher Roths* freche Terroristenfiktion BAADER, in der er die Aktionen der Baader-Meinhof-Gruppe mit radical chic als Abfolge von Posen und Ritualen schildert.

Der Versuch des neuen Teams, den deutschen Film zu stärken, führte auch zu einer neuen Reihe, genannt »Perspektive Deutsches Kino« und zusammengestellt von *Alfred Holighaus*. »Nach jahrelangem Jammern über die disparate Filmsituation in Deutschland präsentiert der ehemalige Filmjournalist und Produzent Holighaus die hiesige Filmszene endlich einmal nicht als missglückten Versuch, großes Hollywoodkino mit zu wenig Mitteln zu erreichen, sondern als risikofreudiges Labor, wo Scheitern keine öffentliche Hinrichtung bedeutet und ein Erfolg treue Freunde fürs Leben gewinnt. Es war offensichtlich die richtige Entscheidung, nicht auf große Namen zu setzen: Die haben im Wettbewerb ihren Platz und dort mehr oder weniger reüssiert. Die ›Perspektive Deutsches Kino‹ zeigte stattdessen die Nebenwege, die Schmuddel- oder Kuschelecken, die Abwege oder manchmal auch Sackgassen des deutschen Films. Vom Charakter her eher Forum als Wettbewerb, versammelt die Reihe kaum je den Mainstream, sondern viele Koproduktionen mit NDR, WDR oder dem ›Kleinen Fernsehspiel‹ und Dokumentarfilme, die, wenn überhaupt, in einzelnen Programmkinos eine Chance haben werden. Kleine Filme mit kleinen, ehrlichen Geschichten.« *(Christian Tillmanns, Der Tagesspiegel)*

Der Wettbewerb der Berlinale endete mit einer Überraschung: Die Jury präsentierte ex aequo zwei Goldene Bären. »SPIRITED AWAY heißt der eine der beiden Siegerfilme, ein fantastisches Zeichentrickfilmmärchen von *Hayao Miyazaki* – dem Vater von »Prinzessin Mononoke«, die im vorigen Jahr auch das deutsche Kinopublikum faszinierte –, die Geschichte eines Waisenmädchens, einer japanischen Alice in einem Kobold- und Geisterland. BLOODY SUNDAY ist der andere Film, in dem *Paul Greengrass* von blutigen Ereignissen erzählt, als am 30. Januar 1972 in der Stadt Derry britische Fallschirmjäger das Feuer auf Demonstranten eröffneten.« *(Fritz Göttler, SZ)*

»Mit dem japanischen Zeichentrickfilm SPIRITED AWAY, dem ersten animierten Wettbewerbsteilnehmer seit Disneys Bärengewinner ›Cinderella‹ im ersten Festival 1951, zeigte die Jury allen Mut des Aufbruchs. (...) In der völligen Freiheit einer filmischen

Traumlogik, wie sie seit den Tagen der Surrealisten nur noch Luis Buñuel oder David Lynch gewagt haben, abgesehen natürlich von Disney selbst, erreicht Miyazaki einen unverwechselbaren Stil.« *(Daniel Kothenschulte, FR)*

Sicherlich hat der Wettbewerb die Aufmerksamkeit der Presse von den anderen Sektionen weggelenkt. Das dem innovativen und jungen Kino zugetane Forum präsentierte eine Reihe mit chinesischen Filmen. »Manche der chinesischen Filme im Forum-Schwerpunkt der Berlinale belehren uns, durchaus überraschend, über die Widersprüche in einer angeblich von Widersprüchen befreiten totalitären Gesellschaft – einmal thematisch und dann dadurch, dass sie, düster, kritisch und nichts weniger als propagandistisch, überhaupt entstehen konnten. Vieles wagt sich da weiter als der sowjetische Film in den Jahren der Glasnost. Fühlt sich die chinesische Führung so sicher, dass sie das zulassen kann, oder vertraut sie darauf, dass sich derlei im Inland verläuft? Ästhetisch freilich bleiben die meisten Filme weit zurück hinter den Meisterwerken, die uns in den vergangenen Jahren aus China erreichten. Das Forum überzeugt uns wieder einmal von der Notwendigkeit, das euro- und mehr noch US-zentristische Weltbild zu durchbrechen und die Kultur im Rest der Welt zu (be)achten.« *(Thomas Rothschild, Stuttgarter Zeitung)*

Auch während der Berlinale-Tage war Kosslick eine der Attraktionen der Schau. »Mit Kosslick hat dieses größte Ereignis des deutschen Kulturkalenders an Lockerheit gewonnen, an Spontaneität, an Witz. Der Neue war ständig präsent, unerschütterlich guter Laune und nie um einen Gag verlegen. Er grinste über sein eigenwilliges Englisch (›protocol pan‹ für die leicht protokollwidrige Begrüßung von Ehrengästen wird in die Sprachgeschichte eingehen), stieg als Gitarrist bei der BAP-Party mit Wolfgang Niedecken auf die Bühne und reagierte schnell auf Unerwartetes – zwei Tage nach Hildegard Knefs Tod stand bereits ein Zusatzprogramm mit einem Dutzend ihrer Filme.« *(Hans-Georg Rodek, Die Welt)*

Die Internationale Jury unter der Leitung der indischen Regisseurin *Mira Nair*, unter anderem besetzt mit *Nicoletta Braschi, Raoul Peck* und *Oskar Roehler*, kürte folgende PREISTRÄGER:

Goldener Bär ex aequo an: ***Sen to chihiro no kamikakushi (Spirited Away)*** von *Hayao Miyazaki* und ***Bloody Sunday*** von *Paul Greengrass*.
Großer Preis der Jury, Silberner Bär: ***Halbe Treppe*** von *Andreas Dresen*.
Beste Regie: Otar Iosseliani für ***Lundi Matin***.
Beste Darstellerin: Halle Berry für ***Monster's Ball***.
Bester Darsteller: Jacques Gamblin für ***Laissez-passer***.
Silberner Bär für eine herausragende künstlerische Leistung: das Schauspielerinnenensemble von ***8 Femmes*** von *François Ozon*.
Goldener Bär (Kurzfilm): ***At Dawning*** von *Martin Jones*.
Silberner Bär (Kurzfilm): ***Bror min*** von *Jens Jonsson*.

Der **AGICOA-Preis »Der Blaue Engel«** für den besten europäischen Film, dotiert mit 25.000 Euro, ging an das künstlerische Ensemble des Films ***Sma Ulykker (Minor Mishaps)*** von *Annette K. Olesen*.
Alfred-Bauer-Preis für einen Film, der neue Perspektiven der Filmkunst eröffnet, an ***Baader*** von *Christopher Roth*.

Preis der ökumenischen Jury: im Wettbewerb ***Bloody Sunday*** von *Paul Greengrass*, im Forum ***L'Ange de goudron*** von *Denis Chouinard*, im Panorama ***E minha cara*** von *Thomas Allen Harris*.

FIPRESCI-Preis (Internationaler Verband der Filmkritik): im Wettbewerb ***Lundi matin***, im Forum ***Les Soviets plus électricité*** von *Nicolas Rey*.
Preis der Gilde deutscher Filmkunsttheater: ***Halbe Treppe*** von *Andreas Dresen*.
Leserpreis der Berliner Morgenpost: ***8 Femmes*** von *François Ozon*.
C.I.C.A.E.-Preis (Internationaler Verband der Filmkunsttheater): im Panorama ***Pinero*** von *Leon Ichaso*, im Forum ***Elämän Äidit*** von *Anastasia Lapsui* und *Markku Lehmuskallio*.
Manfred-Salzgeber-Preis: ex aequo an ***Good Hands*** von *Peter Simm* und ***Varuh Meje*** von *Maja Weiss*.

Gläserner Bär der Kinderjury:
Spielfilm: ***Einschnitte*** von *Lars Berg*.
Kurzfilm: ***Die Sintflut*** von *Guy Nattiv*.
Friedensfilmpreis: ***August – A Moment Before the Eruption*** von *Avi Mograbi*.

Teddy:
Spielfilm: ***Walking on Water*** von *Tony Ayres*.
Dokumentarfilm: ***Alles über meinen Vater*** von *Even Benestad*.
Kurzfilm: ***Just une femme*** von *Mirta Farahani*.

Wolfgang-Staudte-Preis: ***Wesh Wesh, qu'est-ce qui se passe?*** von *Rabah Ameur-Zaimeche*.
Caligari-Filmpreis: ***Ein Glückstag*** von *Sandra Gugliotta*.
Leserpreis der Berliner Zeitung: ***Alexej und der Brunnen*** von *Motohasi Seiichi*.

55. Internationale Filmfestspiele Cannes

Fertig geworden ist er nicht. Schon lange warten seine Fans auf das neue Werk von *Martin Scorsese*. Schon für Venedig 2001 im Gespräch, lief in Cannes nur eine 20-minütige Preview seines damals in der Endproduktion befindlichen GANGS OF NEW YORK, seiner Geschichte der Bandenkriege in New York in der Mitte des 19. Jahrhunderts. Zwei Filme waren es, die 2002 den Wettbewerb von Cannes bestimmten: *Aki Kaurismäkis* DER MANN OHNE VERGANGENHEIT und DER PIANIST von *Roman Polanski*. Die Goldene Palme hat dann aber der Film von Polanski erhalten. Vielleicht hat die Jury »DER PIANIST von Anfang an geliebt, nicht aufgrund komplizierter ästhetischer Erwägungen, sondern wegen der filmischen Demut und schlichten Menschlichkeit, mit der hier die Geschichte eines Überlebenden des Warschauer Ghettos erzählt wird. Tatsächlich gibt es an Polanskis Film nichts auszusetzen, jedenfalls nichts, was sich auf Jurysitzungen diskutieren ließe. Der polnische Regisseur hat sich auf eine Weise in den Dienst des Stoffes gestellt, die man bewundern muss, zumal wenn man bedenkt, dass das Schicksal des Musikers Wladislaw Szpilman, das der Film schildert, Elemente aus Polanskis eigener Lebensgeschichte enthält, Augenblicke, die der Sohn einer polnisch-jüdischen Familie aus eigener schrecklicher Anschauung kennt. (…)
Ganz sicher aber hätte Aki Kaurismäki die Palme diesmal genauso verdient gehabt wie Polanski. Der Große Jurypreis für seinen Mann ohne Vergangenheit ist Kaurismäkis erste wirklich wichtige Festivalauszeichnung, und wenn man sich überlegt, wie lange er darauf warten musste und wie viele Meisterwerke des Kinos er schon gedreht hat, dann wird einem die ganze Absurdität solcher Leistungsschauen wie der von Cannes bewusst«. *(Andreas Kilb, FAZ)*

Dabei setzte Festivalleiter *Gilles Jacob* auf bekannte Namen, hatte die Auswahl des Wettbewerbs etwas Altmeisterliches. Es liefen u. a. Filme von *David Cronenberg* (SPIDER), *Mike Leigh* (ALL OR NOTHING), *Michael Winterbottom* (24 HOURS PARTY PEOPLE), *Marco Bellocchio* (L'ORA DI RELIGIONE), *Ken Loach* (SWEET SIXTEEN) und *Manoel de Oliveira*

(O PRINCIPIO DA INCERTEZA). Aus dem Nahen Osten kamen KEDMA von *Amos Gitai* (Israel) und vor allem der viel beachtete palästinensische Film INTERVENTION DIVINE von *Elia Suleiman*. INTERVENTION DIVINE »ist eine Groteske über das Zusammen- und Gegeneinanderleben im heutigen Israel, zwischen Nazareth, Ramallah und Jerusalem. Suleiman entwickelt die Gewalt, die Israelis und Araber trennt und vereint, aus einem Raunen, einem Nachbarschaftsgezänk, leise sich steigernden Missachtungen, Prügeleien bis hin zu Anschlägen, die hier zum Glück immer nur Sachen treffen, nicht Menschen – in einer tieftraurigen Komödie, die irgendwo zwischen den Universen Otar Iosselianis und Aki Kaurismäkis siedelt. Seine Protagonisten sind ein palästinensisches Paar, das sich immer nur im Auto an einem israelischen Checkpoint treffen kann. Von dort träumt es sich davon: Es lässt einen mit Arafat bemalten Luftballon auf dem Felsendom landen, sie imaginiert Lara Croft und erscheint den israelischen Scharfschützen beim Training mal als Jesus mit Patronen-Heiligenschein, mal als weiblicher David mit der Steinschleuder. Palästinensischer Agitprop Humor killt jeden Agitprop«. *(Jan Schulze-Ojala, Der Tagesspiegel)*

Jedes Festival braucht auch seinen Skandal. In Cannes sollte das offenbar IRRÉVERSIBLE von *Gapar Noé* werden, ein Film, von dem der Festivaldirektor lancieren ließ, dass er selbst die Augen abwenden musste. »Noé, ein Exilargentinier in Frankreich, ist bereits seit ›Seul entre tous‹ (1989) als Nihilist mit Hang zu brutalen Bildern bekannt – und den Pferdemetzger, der damals hasserfüllt und mordend durch Frankreich zog, sehen wir gleich am Anfang wieder, wo er sagt: ›Die Zeit zerstört alles.‹ Da aber liegt das Beste schon hinter uns – die Creditsequenz dieses Films ist wahrhaft elektrisierend, mit Sounds von Daft-Punk-Genie *Thomas Bangalter;* die ersten Kamerabewegungen nehmen einem den Atem. Dann sehen wir, wie ein Schädel mit einem Feuerlöscher zermatscht wird, und nähern uns, Sequenz um Sequenz zurückerzählend, der unerträglichen, ungeschnitten gezeigten Vergewaltigung, die diese Rache heraufbeschworen hat. IRRÉVERSIBLE öffnet eine Folterkammer, die zuletzt Pasolini mit ›Saló‹ betreten hat. Noé hat zwar die visuelle Brillanz, sie zu zeigen, aber nicht das philosophische Format, darin zu überleben. Er verstrickt sich in Konnotationen, von denen schwulenfeindlich und faschistisch noch die harmlosesten sind – aber wer das skandaliert, spielt sein Spiel bereits mit.« *(Tobias Kniebe, SZ)*

»Während Kaurismäkis Film es in den Wettbewerb schaffte, lagen die anderen Ereignisse von Cannes mehr an den Randzonen (die auch hier, wie auf den meisten anderen Festivals, das eigentliche Zentrum angeben). So ein Film war z. B. *Alexander Sokurovs* RUSSIAN ARK (RUSSKIJ KOVTSCHEG). Sokurov besiedelt das weitläufige Gelände der Eremitage in St. Petersburg mit historischen Figuren aus vergangenen Jahrhunderten, die er in verschiedenen, teils theatralischen, teils zufälligen Arrangements vorführt und die einen Querschnitt durch russische Lebensart, Geschichte, Traditionen, soziale und politische Zustände des Zarentums ergeben. Die verbindende Klammer und gleichzeitig das Strukturprinzip des Films ist eine einzige ununterbrochene Kamerafahrt von 90 Minuten Dauer, die der deutsche Kameramann *Thomas Büttner* vollbrachte. (...) Ein kristallklares Meisterwerk ist *Nicolas Philiberts* Dokumentarfilm ETRE ET AVOIR (SEIN UND HABEN). Philiberts Kamera verfolgt den Alltag eines Lehrers im Umgang mit seinen Schülern in einer Zwergschule der französischen Provinz. Der Lehrer hat es mit einer geringen Zahl von Kindern unterschiedlichen Alters zu tun, viele davon sind noch Anfänger oder ABC-Schützen. Wie hier die Mikroschritte des Lernens und der Bewusstseinsbildung sichtbar gemacht werden, wie hier auch kleine Vorgänge des Alltags als psychologische Dramen erscheinen, wie überhaupt der Film gebaut und konstruiert ist, das ist von einer seltenen Präzision und bewegenden Kraft. (…) Ins dokumentarische Genre gehört auch BOWLING FOR COLUMBINE von *Michael Moore* (USA). Moore ist ein Publizist und aktiver sozialer Kämpfer mit den Mitteln des Films, der durch seinen Humor, aber auch durch seine Aggressivität hervortritt. In seinem neuen Werk beschäftigt er sich mit dem Waffenkult in den USA und geht dessen Ursachen und Auswirkungen nach. Dabei gelingen ihm überraschende Beobachtungen und Einsichten, er erzeugt teilweise auch Situationen und Konfrontationen, in denen sich die Protagonisten selbst entlarven.« *(Ulrich Gregor, epd-Film)*

Ein deutscher Beitrag lief im Wettbewerb von Cannes nicht – und das Festival setzte damit die Tradition der letzten Jahre fort. Neben dem deutschen Kino scheint die Festivalleitung aber auch etwas anderes nicht zu mögen: Innovationen. »Leigh, Loach, Kiarostami und Kaurismäki, Oliveira und Polanski, Allen und Egoyan – nominell gehorcht der Wettbewerb von Cannes den Regeln eines englischen Herrenclubs unter Vorsitz von Gilles Jacob. In diesem Jahr schienen die Meister in ihren prachtvollen Ohrensesseln allerdings ein wenig dahinzudämmern, nahm sich Cannes wie ein kollektives Nickerchen von Regisseuren aus, deren Arbeiten eher auf Routine und bekannten Reflexen beruhen. Dass das bedeutendste Filmfest der Welt nicht die Chuzpe besitzt, den großen Namen, die es selbst gezüchtet hat, den einen oder anderen Newcomer beizumischen, spricht nicht gerade für den Innovationsgeist des über 70-jährigen künstlerischen Leiters.« *(Katja Nicodemus, Die Zeit)*

DIE PREISTRÄGER:

Goldene Palme: ***Der Pianist*** von *Roman Polanski.*

Großer Preis der Jury: ***Der Mann ohne Vergangenheit*** von *Aki Kaurismäki* (Finnland).

Spezial-Jubiläumspreis des 55. Festivals: ***Bowling For Columbine*** von *Michael Moore* (USA).

Beste Darstellerin: Kati Outinen in ***Der Mann ohne Vergangenheit***.

Bester Darsteller: Olivier Gourmet in ***Le Fils*** von *Luc* und *Jean-Pierre Dardenne.*

Beste Regie: Paul Thomas Anderson für ***Punch-Drunk Love*** und *Im Kwontaek* (Südkorea) für ***Chihwaseon***.

Bestes Drehbuch: Paul Laverty für ***Sweet Sixteen*** von *Ken Loach* (Großbritannien).

Preis der Jury: ***Divine Intervention*** von *Elia Suleiman* (Palästina).

Camera d'or für den besten Debutfilm: Julie Lopes-Curval (Frankreich) für ***Bord de mer***.

Bester Kurzfilm: ***Eso Utan*** von *Peter Meszaros* (Ungarn).

FIPRESCI-Preis: ***Divine Intervention.***

Preis der ökumenischen Jury: ***Der Mann ohne Vergangenheit***.

37. Internationales Filmfestival Karlovy Vary

Rund 140.000 Besucher konnte das kleinste Festival der A-Kategorie im Jahr 2002 verzeichnen – ein neuer Rekord in der böhmischen Kurstadt. Dass *Sean Connery* wegen einer Erkältung nicht nach Karlsbad kommen konnte, um den Preis für sein Lebenswerk entgegenzunehmen, dürften die Veranstalter deshalb verschmerzen können. »Im Wettbewerbsprogramm setzten die Veranstalter verstärkt auf junge Regisseure mit ganz unterschiedlichen Ergebnissen. Euphorisch gefeiert und ein Dutzend Mal von fre-

netischem Zwischenapplaus unterbrochen wurde der neue Film des Franzosen *Cédric Klapisch* (»... und jeder sucht sein Kätzchen«).
L'AUBERGE ESPAGNOLE begleitet eine Gruppe Studenten aus ganz Europa, die in Barcelona in einer WG zusammen wohnen. Mit viel Bild- und Wortwitz inszeniert, traf der auf Spanisch, Katalanisch, Französisch und Englisch gedrehte Film mit u. a. *Romain Duris* (GADJO DILO) und *Audrey Tautou* (DIE FABELHAFTE WELT DER AMÉLIE) den Nerv der über 1300 Zuschauer im großen Kinosaal des realsozialistischen Thermal Hotel. Es ist ein Film über die Selbstfindung einer Generation Anfang 20 auf den verschiedenen Wegen in die Karriere. (...)
Es waren neben *Caroline Links* Bundesfilmpreisgewinner NIRGENDWO IN AFRIKA zwei mit deutschen Geldern entstandene Produktionen, die vor allem auf sprachlicher Ebene auf die berüchtigten Untugenden der Europuddings setzten. (...) *Heino Ferch* spielte einen perfekt Isländisch sprechenden ›Eingeborenen‹ in THE SEAGULLS LAUGHTER, und der Pole *Daniel Olbrychski* mimte im österreichischen GEBÜRTIG mit den falschen Mundbewegungen einen deutschen Starjournalisten, der als Sohn eines berühmten KZ-Arztes in Auschwitz in eine schwere Lebenskrise gerät. (...)
Multikulturell, fünfsprachig, unsynchronisiert und dennoch sehr tschechisch war der Eröffnungs- und Siegerfilm ROK DAVLA / DAS JAHR DES TEUFELS von *Petr Zelenka*. Der 35-jährige Regisseur ist der innovativste und witzigste Filmemacher in Tschechien. In seinem neuen Werk, in seiner Heimat seit März in den Kinos und bisher von über 150.000 Zuschauern gesehen, fügt Zelenka dem Genre der ›Mockumentary‹, des gefälschten Dokumentarfilms, ein neues kleines Meisterwerk hinzu.
Um den in Tschechien real existierenden *Jaromir Nohavica*, laut Zelenka ›unser Bob Dylan‹, und die erdige Folkrockband Cechomor hat sich der Regisseur eine aberwitzige Geschichte ausgedacht. Da dreht ein holländischer Dokumentarist auf der Suche nach Gott und Spiritualität einen Film mit dem schönen Titel LAND DER STILLE UND DES ALKOHOLS und trifft auf Livemusik in Fahrstühlen und gestandene Männer, die zu Engeln werden. Gewürzt mit viel schwarzem Humor und jeder Menge mitreißender Musik war dieses JAHR DES TEUFELS der herausragende Film im Wettbewerb.« *(Jörg Taszman, Frankfurter Rundschau)*

DIE PREISTRÄGER:

Grand Prix – Crystal Globe: *Rok davla (Das Jahr des Teufels)* von *Petr Zelenka*, Tschechische Republik.
Preis der Jury: *Nirgendwo in Afrika* von *Caroline Link*, Deutschland.
Beste Regie: Asghar Massombagi für ***Khaled***, Kanada.
Beste Schauspielerin: Ugla Egilsdóttir für ***Mávahltur (The Seagulls Laughter)*** von *Agúst Gudmundsson*, Island.
Bester Schauspieler: William H. Macy in ***Focus*** von *Neal Slavin*, USA.

55. Internationales Filmfestival von Locarno

Im zweiten Jahr verantwortete die künstlerische Direktorin Irene Bigardi, eine ehemalige Filmjournalistin, das Programm. Das Festival ist zu A-Status gelangt: Erstmals liefen hier nicht ausschließlich Filme von Nachwuchsfilmemachern, sondern auch von erfahrenen Regisseuren mit langer Karriere. Auch wenn das Wetter so mancher Publikumsvorstellung auf der Piazza Grande dem Geschehen einen Streich spielte – dem Programm bescheinigte die Presse ein hohes Niveau. Neben dem Wettbewerb gab es in diesem Jahr eine Retrospektive der Filme von *Allan Dwan* (1895–1981), eine Reihe mit indischen Mainstramproduktionen (INDIAN SUMMER) und den AFGHANISTAN-DAY, an dem das Festival vor den Taliban gerettete afghanische Filme zeigte.

»Aus den insgesamt 22 Beiträgen des internationalen Wettbewerbs drang in dichter und kohärenter Weise vor allem ein Thema hervor: schwierige, unentschiedene, verlorene Familiengeschichten, deren dramaturgische Konflikte sich oft in auffallend langen Einstellungen wie unter dem Vergrößerungsglas entfalten. Es war ein Wettbewerb der Tränen und der langen Einstellungen. In *Jacob Bergers* AIME TON PÈRE sind es vor allem Vater und Sohn Depardieu, die nicht nur Gefechte schwärzesten Hasses auszutragen haben, sondern auch das Interesse am Film wach halten. *Rolando Collas* schwer rhythmischer OLTRO IL CONFINE verknüpft die Odyssee einer bosnischen Flüchtlingsfamilie mit den Erinnerungen einer Turiner Architektin an den Zweiten Weltkrieg, wobei im Kreuzpunkt der Geschichten die Sorge der im Krieg versehrten Väter um ihre Kinder liegt. Das ist gut erzählt, etwas konventionell und manchmal auch rührselig, bis auf den abrupten Schluss.
Überraschend war CHICKEN POETS von *Meng Jing-Hu*, der die Geschichte des gestrandeten Dichters Yun Fei erzählt. Yun Feis ehrgeiziger Wunsch, ein wirklich großer Poet wie Majakowski zu werden, löst in ihm – je länger, desto heftiger – eine Schreibkrise aus, aus der ihn letztlich auch die zart erblühende Liebe zu Fang Fang nicht retten kann. Mengs Erstlingswerk wartet mit poetischen Inszenierungsideen auf, etwa, wenn er das kommunistische Prinzip der Gleichheit als eine Art stumme Kulisse braucht, indem die Bilder zuweilen von skurrilen Zwillingspaaren bevölkert werden, die wie Spiegelbilder identische Handlungen ausführen. Einen tiefen Eindruck hinterlassen hat SCHWERER ABSCHIED: MEIN VATER (DISKOLI APOCHERTEISMI: O BABAS MOU) von *Penny Panayotopoulos.*
Die Ende der 60er-Jahre angesiedelte Geschichte handelt vom zehnjährigen Elias, der den geliebten Vater bei einem Verkehrsunfall verliert. Elias kann nicht glauben, dass der Vater, der versprochen hatte, mit der Familie die Landung der Amerikaner auf dem Mond zu verfolgen, sein Versprechen nicht gehalten hat. Während Wochen fantasiert er sich über den Verlust hinweg, indem er selbst die Rolle des Vaters zu spielen beginnt – bis er begreift, dass der Vater nicht mehr wiederkommt. Es ist der Beginn des Erwachsenwerdens, ein kleiner Schritt für die Menschheit, aber ein großer für Elias, mit viel Wärme inszeniert, wobei die Reise zu den Sternen eine Metapher für menschlichen Fortschritt und die Kraft der (filmischen) Imagination zugleich wird. ICH, TANAREH, 15 JAHRE ALT (MAN, TANAREH, PANZDAH SAL DARAM) des iranischen Regisseurs *Rassul Sadr-Ameli* erzählt von Tanareh, die schwanger wird, während ihr Vater – einziger Bezugspunkt in einem einsam organisierten Schülerinnenleben – im Gefängnis sitzt. Die selbstbewusste Frau beschließt, das Kind zu behalten, und versucht, sich gegen die Widrigkeiten einer patriarchalischen Bürokratie durchzusetzen.« *(Alexandra Stäheli, Neue Zürcher Zeitung).*

Die Vergabe des Goldenen Leoparden an den an der Ludwigsburger Filmakademie entstandenen deutschen Beitrag DAS VERLANGEN von *Iain Dilthey* sorgte für Überraschung und Kontroversen. »Iain Dilthey unternimmt Erkundungen ins gesellschaftliche Abseits, auf jenes Terrain der bürgerlichen Gesellschaft, das geprägt wird von grotesker, grausamer Stagnation. Das Verlangen spielt im Pfarrhaus eines kleinen Dorfes, wo die einsame Lena, eine stille, unscheinbare Bürgersfrau, auf Zeichen wartet, ob es eine lebendige Zukunft geben könnte für sie. Ein Mord geschieht, ein

Mann scheint sich durch sein eigensinniges Verhalten zu verraten, eine Frau findet die Möglichkeit zu abweichendem, zu erfüllendem Verhalten. Iain Dilthey lässt die Zeit einfrieren, er macht die Monotonie zu einer Art ›production value‹ und filmt mit einer Unerbittlichkeit, mit einer kühlen Objektivität, die manche an Buñuel, manche an Brecht oder Dreyer erinnern mag.« *(Fritz Göttler, SZ)*

»Das Verlangen von unerbittlicher Nüchternheit, genährt vom veristischen Filmstil und lehrstückhaftem Erzählton, findet schnell ein Ende. Es ist die Sorte Film, bei der zwar die Ausstattung vom Sperrmüll kommt, dafür aber die hölzernen Dialoge handgeschnitzt sind. Unstimmigkeiten in den sorgsam gezeigten Ritualen erhalten eine peinliche Prominenz: Man muss nicht viel von Krankenpflege oder nur der Handhabung eines einfachen Gasherds verstehen, um von der Weltfremdheit, ja der sozialen Anmaßung dieser Elendsästhetik befremdet zu sein.« *(Daniel Kothenschulte, FR)*

DIE PREISTRÄGER:

Goldener Leopard: *Das Verlangen* von *Iain Dilthey.*

Silberner Leopard: *Tan de repente* von *Diege Lerman.*

Silberner Leopard für das beste Erstlings- oder Zweitlingswerk: *Pleasant Days* von *Kornèl Mundrczò.*

Spezialpreis der Jury: *I'm Taraneh, 15* von *Rassul Sadr-Ameli.*

Leopard für die beste Schauspielerin: Taraneh Allidousti in ***I'm Taraneh, 15.***

Leopard für den besten Schauspieler: Giorgos Karayannis in ***Hard Goodbye: My Father*** von *Penny Panayotopoulos.*

Publikumspreis: *Bend it like Beckham* von *Gurinder Chadha.*

FIPRESCI-Preis: *La Cage* von *Alain Raoust.*

26. World Film Festival Montreal

Anders als Cannes ist Montreal traditionell ein Platz für deutsche Filme. 20 deutsche Produktionen liefen im Jahr 2002 in Montreal, zwei davon im offiziellen Wettbewerb: VÄTER von *Dani Levy* und MEIN ERSTES WUNDER von *Anne Wild.* Montreal, das einzige A-Festival Nordamerikas, ist eine ausufernde Veranstaltung, mit 400 Filmen in zwölf Sektionen. Und obwohl Jean-Luc Godard absagte, konnte sich das Festival mit Robert DeNiro und Gérard Depardieu doch über Starprominenz freuen.

»Am Kostümfilm scheiden sich die Geister. Beim breiten Publikum hat er seit Beginn der Filmgeschichte Erfolg. Die ernsthafte Kritik verdächtigt ihn oft der Spekulation mit Äußerlichkeiten. Die Bezeichnung legt solchen Verdacht nahe. Das englische Äquivalent ›period picture‹ verschiebt den Fokus. Im besten Fall liefern Kostümfilme das Bild einer vergangenen Epoche, sinnlicher, lebhafter, als jede verbale Geschichtsdarstellung es vermag. CAROLS REISE von *Imanol Uribe* spielt im Hinterland des Spanischen Bürgerkriegs, behutsam, unspektakulär, technisch konventionell. Die Titelheldin, Tochter einer spanischen Mutter und eines amerikanischen Vaters und Enkelin eines idealen Großvaters, ist ein starrköpfig liebenswertes Mädchen in der Pubertät, dessen individuelle Geschichte, eingebettet in die Lebensgeschichten der anderen typenmäßig besetzten Charaktere, so organisch mit den Zeitumständen verwoben wird, dass tatsächlich ein differenziertes und zugleich ergreifendes Bild der Epoche entsteht: ›period picture‹ ohne romantisierende Klischees.
Stark, stur und rebellisch gegenüber tradierten Geschlechterrollen wie Carol ist auch die Titelfigur der skandinavisch-deutsch-französischen Koproduktion ICH BIN DINA von *Ole Bornedal.* Für den Unfalltod ihrer

Mutter verantwortlich gemacht, nimmt sie später die Geschicke der sie umgebenden Männer resolut in die Hand. Die unverkennbar auf einer literarischen Vorlage beruhende Verfilmung zeichnet das Panorama aus der zweiten Hälfte des 19. Jahrhunderts mit kräftigen, selbstbewussten Strichen, als Legende mit transzendenten Dimensionen im Windschatten von Lars von Triers ›Breaking the Waves‹. (…)
Überhaupt fielen in diesem Jahr die zahlreichen Familienprobleme auf und ein Genre, für das wiederum das Englische den treffenden Begriff bereithält: ›Coming of Age Stories‹. Manchmal trifft beides zusammen, das Erwachsenwerden und der Opferstatus der Frau. BLUE CAR von *Karen Moncrieff* warnt Mütter von Mädchen, die ohne Vater aufwachsen, vor jenen Ersatzvätern, hinter deren fürsorglicher Fassade sich der ewige lüsterne Bock verbirgt. Das ist pädagogisch gemeint und moralisch bieder wie die Aufklärungsfilme der 50er-Jahre. Auf der Strecke bleibt die Filmkunst. Solch eine verstaubte Dramaturgie, solch eine uninspirierte Kamera hat man seit ebenjenen Aufklärungsfilmen kaum mehr erlebt. (…)
Bemerkenswerte Schauspielkunst und ein Mangel an Regietalent, so lässt sich der Wettbewerb resümieren. Im Film herrscht keine Postmoderne, sondern eine Rückkehr zu den Anfängen vor der Avantgarde.« *(Thomas Rothschild, FAZ)*

24. Filmfestival Moskau

8 FEMMES von *François Ozon* hieß der Eröffnungsfilm des Festivals, und auf der Abschlussveranstaltung sagte der Regisseur und Festivalpräsident Nikita Michalkow: »Die Krise des russischen Films ist vorbei.« Wahrscheinlich war es diese Aufbruchstimmung, die drei russischen Produktionen den Weg in den Wettbewerb ermöglichte – im Jahr davor lief kein einziger –, insgesamt liefen 75 russische Filme in den verschiedensten Sektionen.

»Von einem Qualitätssprung aber konnte nicht die Rede sein. (…) Thematisch ist die Welle der Killer-, Gangster- und Mafiafilme im Abebben – eine Diskussionsrunde unter dem Motto ›Farewell to Arms‹ machte das sogar zum Thema. (…) Im Visier vor allem junger Filmemacher sind aber zunehmend die schönen und reichen ›neuen Russen‹. Sie logieren in Luxusappartements im ›Schöner Wohnen‹-Stil, trinken Whisky, und die attraktiven jungen Frauen mit Modelmaßen tragen stets teure Moden und langweilen sich in ihren goldenen Käfigen zu Tode.
Die russische Filmkritik verlieh ihren Preis einer Koproduktion mit der Ukraine, Tschechows Motive, in der Kira Muratowa zwei wenig bekannte Stücke des Autors kombiniert und als schwarzweiß gedrehte Momentaufnahme einer Familie in der russischen Provinz in die Gegenwart transponiert. (…) *Alexander Rogoschkins* ***Kuckuck*** avancierte sogar zum meistprämierten Festivalfilm. Außer dem **Regiepreis** erhielt er den **Publikumspreis**, den **Preis der russischen Filmclubs** und eine Hälfte des Preises des internationalen Filmkritikerverbands **FIPRESCI** – ex aequo mit Krzysztof Zanussis Ergänzung. (…) Rogoschkins KUCKUCK erzählt eine menschlich anrührende Geschichte aus den Septembertagen 1944, als sich Finnland aus dem Krieg an der Seite Deutschlands zurückzog. In Karelien gelingt es einem von der SS zum Tode verurteilten finnischen Scharfschützen und einem auch von den eigenen Leuten arretierten Offizier der Roten Armee, sich zu befreien und bei einer lappischen Bäuerin Unterschlupf zu finden. Dass die beiden Krieger gern den fleischlichen Bedürfnissen ihrer seit vier Jahren ohne Mann lebenden Wirtin entgegenkommen und keiner des anderen Sprache versteht, sorgt auch für humorvolle Untertöne.

Der **Große Preis** würdigte eine Reverenz der *Brüder Taviani* an die russische Literatur: Mit ***Auferstehung*** verfilmten sie schon zum dritten Mal und ohne Klischees einen Tolstoi-Stoff, eine dreistündige Hommage an das alte Russsland und seine christlichen Traditionen.« *(Heinz Kersten, Neue Zürcher Zeitung)*

18. Sundance Filmfestival in Park City

2002 gab es ein Jubiläum zu feiern: Vor 20 Jahren gründete *Robert Redford* sein Sundance Institute, das sich zusammen mit dem Festival als Mittler zwischen dem unabhängigen Film und der Unterhaltungsindustrie versteht.

»Dass Hollywood seit langem hier sucht und manchmal auch findet, wonach es am meisten giert, den anspruchsvollen, billigen Hit, ist weithin bekannt. (…) In diesem Jahr nun hat Sundance getan, was es bisher trotzig vermieden hatte: Es hat den ersten Schritt hin zu einem offiziellen Markt gemacht und ein Verkaufsbüro eingerichtet, das Einkäufern aus aller Welt behilflich sein will, wenigstens Eintritt zu den Vorführungen der Filme zu bekommen, die sie interessieren. (…) Im vergangenen Jahr hat Robert Redford eine weitere Markierung gesetzt und das ›House of Docs‹ gegründet, eine Festivalabteilung für den Dokumentarfilm, eines der Stiefkinder im kommerziellen Kino. In diesem Jahr ist die Dokumentarfilmabteilung entsprechend aufgewertet; außerdem hat Redford die Einrichtung eines Dokumentarfilmsenders bekannt gegeben, der diese Filme vors Fernsehpublikum bringen soll, ähnlich wie es der Sundance Channel mit unabhängig produzierten Spielfilmen seit einigen Jahren tut.« *(Verena Lueken, FAZ)*

Den **Grand-Jury-Preis** des Festivals gewann ***Personal Velocity*** von *Rebecca Miller*, ein Film über drei Frauenschicksale, den Preis als **bester Dokumentarfilm** errang ***Daughter From Danang*** über die Suche eines amerikanisch-vietnamesischen Kindes nach seiner Mutter. Der **Zuschauerpreis** für das beste Drama ging an das US-Teenagerdrama ***Real Women Have Curves***.

31. Internationales Filmfestival Rotterdam

»Im Konkurrenzkampf der Festivals profiliert sich Rotterdam mit einem Netzwerk verschiedener Instrumente zur Förderung des unabhängigen Films. (…) So dient der ›Hubert-Bals-Fund‹ der Unterstützung von Filmemachern, denen aus wirtschaftlichen oder politischen Gründen die Arbeit erschwert wird oder unmöglich ist. Seit ihrer Gründung wurden auf diese Weise über 350 Filme gefördert und in Rotterdam gezeigt, in diesem Jahr etwa 20 Filme aus Lateinamerika, Osteuropa und dem Iran. Mit dem Akzent auf solchen Ländern, die nicht nur filmwirtschaftliche, sondern auch politische Krisenregionen sind, erzählt das Festival eine politische Note.« *(Tobias Hering, Der Tagesspiegel)*

»Jährlich werden einige Arbeiten als ›work in progress‹ vorgestellt, um die Aufmerksamkeit europäischer Koproduzenten zu wecken. Einer der dabei realisierten Filme war auch einer der überraschendsten Filme des Festivals, der spanisch-mexikanische Film JAPÒN von *Carlos Reygades*, ein existenzialistisches Drama über Tod und Sex, Liebe und Religion. Ein Mann verlässt die Großstadt, um in einem abgelegenen Bergdorf seinen Selbstmord vorzubereiten. Dort wohnt er bei einer alten Witwe, deren Welt er zuerst mit Verachtung begegnet – dann aber ergreift er für sie Partei, um gegen ihren rücksichtslos habgierigen Cousin vorzugehen. Als auch seine sexuellen Instinkte aufs Neue geweckt werden, schläft er, in einem anrührenden Akt der Hingabe, mit der alten

Frau. Die Cinemascopebilder von *Diego Martinez Vignatti* schaffen einen dichten Raum für Gefühle und einen weiten Blick für die Magie der Landschaft, wie man das sonst nur aus dem japanischen Kino kennt.
Einem Schauplatz kommerzieller Interessen hat sich überraschenderweise *Henry Jaglom* genähert, der letzte amerikanische Autorenfilmer. In FESTIVAL IN CANNES gerät Greta Scacchi als Schauspielerin Alice Palmer, die ihr erstes eigenes Projekt auf die Beine stellen möchte, zusehends in einen Reigen gegenseitiger Abhängigkeiten. Im Haifischbecken der Eitelkeiten und Defekte erscheint Maximilian Schell als einst gefeierter Regisseur Viktor Kovner wie ein ruhender Pol, der am Ende mit seiner (Ex-)Frau Anouk Aimée Alices Film realisieren soll. Die hingegen tanzt mit dem Produzenten Rick Yorkin (Ron Silver), der eigentlich all das verkörpert, was ihr zuwider ist, versunken am Strand.
MAIMIL (DER AFFE), *Aktan Abdykalikovs* abschließender Film seiner Trilogie über das Heranwachsen, nach Selkincek und Beshkempir, ist ein wehmütiger Abschied von der Jugend. Ein paar Freunde warten auf ihren Einberufungsbescheid, machen ihre ersten Erfahrungen mit Liebe und schmerzhafter Enttäuschung. Ansonsten geschieht nicht viel in dem kleinen kirgisischen Dorf. Die Männer geben sich dem Alkohol und Kartenspiel hin, die Frauen schimpfen über ihre Männer. Abdykalikov gelingen magische Augenblicke – da wird das Drehen einer Zigarette zum großen Abenteuer.« *(Bernd Brehmer, SZ)*

50. Internationales Filmfestival San Sebastián

»Es gibt von allem etwas beim diesjährigen Filmfestival von San Sebastián, und das ist nicht wenig. Es gibt iranisches Kino, das mit großem existenziellem Ernst von einer Lehrerin erzählt, die es in ein abgelegenes Bergdorf verschlägt, und wenn DAS WINTERLIED von *Farhad Mehranfar* aus ist, hat man etwas gelernt und das diskrete Gähnen zwischendurch fast schon vergessen. Es gibt eine russische Groteske, gewissermaßen einen frühen Dostojewski über einen Moskauer Akademiker, der nach dem plötzlichen Tod seiner Frau herausfindet, dass diese seit über zehn Jahren ein Verhältnis mit einem Militär hatte (DER LIEBHABER von *Valeri Todorowski*). Und aus Dänemark kommt ELSKER DIGT FOR EVIGT (OPEN HEARTS) von der jungen Regisseurin *Susanne Bier*, ein intelligentes und glaubhaft gespieltes Drama über die Macht des Zufalls in der Liebe – ein weiteres Werk der ›Dogma‹-Schule.
Auch *Neil Jordan* hat wieder einen Film gemacht, THE GOOD THIEF, der schneller und greller ist als die drei eben genannten. Aber wo der Iraner, der Russe und die Dänin etwas zu erzählen haben, bleibt bei Neil Jordan die Mitte leer: Der Ire hat nur einen gut aufgelegten Nick Nolte, der mit Tom-Waits-Stimme den Gauner mit dem goldenen Herzen gibt, doch was der Film soll, ist bis zum Ende schleierhaft.
Bei dem japanischen Film UMI WA MITEITA (THE SEA WATCHES) waren die Erwartungen hoch, schließlich beruht er auf einem nachgelassenen Drehbuch von *Kurosawa*. Hätte der Regisseur länger gelebt, hätten wir wohl einen anderen Film gesehen als das stark beginnende und in der zweiten Hälfte ziemlich zerfasernde Werk von *Ken Kumai*.« *(Paul Ingendaay, FAZ)*

»Unumstrittener Gewinner des Hauptpreises des Festivals, und ebenso des SIGNIS- und des FIRPRESCI-Preises, war LOS LUNES AL SOL (MONTAGS IN DER SONNE) des Madrilenen *Fernando León de Aranda*, mit dem wunderbaren Javier Bardem in der Hauptrolle. Was der junge Regisseur aus der simplen Grundkonstellation macht,

eine Hand voll Arbeitsloser regelmäßig in einer Bar zu versammeln und sie bei ihrer verzweifelten Suche nach Arbeit und einem würdevollen Weiterleben zu zeigen, ist bestechend: im Realismus der Dialoge, der Zuneigung zu den Figuren, der ernsthaften, aber nicht larmoyanten, sondern auch humorvollen Auseinandersetzung mit dem Thema. De Aranda schätzt seine Helden und ihre Schicksale als wenig attraktiv ein, dabei gelang ihm das Gegenteil, den sozial Ausgegrenzten ein kinotaugliches Forum zu bieten.
Neben den zahlreichen jungen Regisseuren im Wettbewerb standen nur wenige große Namen. *Chen Kaige* wurde für HAN NI ZAI YIKI (TOGETHER) ausgezeichnet. Sein Film erzählt von einem jungen Geigenvirtuosen und dessen gutherzigem Vater, der seinen Sohn im fernen Peking bekannt machen will – kein großer Wurf, eher ein sympathischer Ausflug ins tragikomische Fach. *Paul Schrader* setzt seine Reihe mit Rebellen, die tragisch enden, ein weiteres Mal mit einer authentischen Figur fort. In AUTO FOCUS ist Greg Kinnear in der Rolle des Fernsehstars Bob Crane zu sehen, der in den 60er-Jahren in der parodistischen Nazi-Serie ›Hogan's Heroes‹ (bei uns: EIN KÄFIG VOLLER HELDEN) bekannt wurde und sich daraufhin Ausschweifungen aller Art hingab. Schrader schuf das virtuose, ästhetisch glatte Porträt eines Besessenen, der sich und seine Umgebung zerstört.« *(Oliver Rahayel, film-dienst)*

DIE PREISTRÄGER:

Goldene Muschel für den besten Film: ***Los lunes als sol*** von *Fernando León de Aranda.*
Silberne Muschel für die beste Regie: Chen Kaige für ***Together***.
Silberne Muschel für die beste Schauspielerin: Mercedes Sampietro in ***Lugares communes (Gewöhnliche Orte)*** von *Adolfo Aristaráin.*
Silberne Muschel für den besten Schauspieler: Liu Peiqi in ***Together***.
Preis der Jury für das beste Drehbuch: ex aequo an **Adolfo Aristaráin** ***(Lugares communes)*** und **Gennadi Ostrowski** ***(The Lover)***.
New Directors Award: ***Vylet (Einige Geheimnisse)*** von *Alice Ellis.*
Publikumspreis: ***Bowling For Columbine*** von *Michael Moore.*

59. Mostra – Internationale Filmfestpiele von Venedig

In Venedig gibt es beim Festival einen beliebten Zeitvertreib: den Blick auf die Wertungslisten der Kritiker für den Wettbewerb in den Tageszeitungen und den Festival-Sonderheften. Von Anfang an führte dort ein Film: THE MAGDALENE SISTERS, in Szene gesetzt von dem irischen Schauspieler *Peter Mullan*. Er hat dann dafür auch den Goldenen Löwen gewonnen. Wie in dem in den 50er-Jahren in den USA situierten FAR FROM HEAVEN von *Todd Haynes* setzt sich auch dieser Film mit den Schranken der Konvention auseinander – diesmal allerdings moralisch-religiösen im katholischen Irland der 60er-Jahre. THE MAGDALENE SISTERS verfolgt die Schicksale von vier Frauen in einem von Schwestern geleiteten Konvent, einer Besserungsanstalt, die aus unserer heutigen Perspektive mehr Ähnlichkeiten mit dem Gulag hat als mit pädagogischen Absichten. Auch wenn Mullans Film eine Polemik gegen Bigotterie und Ausbeutung im Dienst der Kirche ist: Nie stellt der Film die emotionale wie physische Gewalt als Selbstzweck aus. Schon vor der Preisverleihung hatte der Vatikan den Film als eine »gemeine Provokation« bezeichnet und damit Thema und Haltung verwechselt.

Der Hauptpreis des Festivals an THE MAGDALENE SISTERS – das war auch ein Plädoyer für ein politisches, engagiertes Kino. Auch *Stephen Frears'* DIRTY PRETTY THINGS steht ganz in der Tradition des sozial orientierten britischen Kinos und geht gewissermaßen zu den Wurzeln des Regisseurs zurück. Er erzählt die Geschichte des illegalen Einwanderer Okwe, der in der Nacht in einem Hotel als Portier arbeitet und tagsüber Taxi fährt. Er, selbst ausgebildeter Mediziner, kommt dahinter, dass in dem Hotel ein schwunghafter Handel mit Organen stattfindet, organisiert von seinem spanischen Chef. Die einzigen »echten« Briten in diesem Film sind die beiden Beamten der Einwanderungsbehörde, die Okwes Wohngenossin hinterherspionieren, ansonsten spielt DIRTY PRETTY THINGS ausschließlich in dem multikulturellen Milieu der Immigranten aus Afrika, der Türkei oder Indien. Dennoch ist DIRTY PRETTY THINGS kein Mitleid heischendes Betroffenheitskino, sondern eine warmherzige und gegen Ende sogar turbulente Komödie. Der in Australien lebende Holländer *Rolf De Heer* verfolgt in seinem wie einen Western inszenierten THE TRACKER (DER SPURENSUCHER) eine von einem Aborigine geführte Polizeitruppe auf der Suche nach einem Flüchtling im australischen Outback. In dem im Jahr 1922 angesiedelten Film wechseln hypnotisch schöne Landschaftsaufnahmen mit den Massakern, die die Weißen unter den Buschleuten anrichten.

Mit Spannung erwartete man auch den Kompilationsfilm 11'09"01 – SEPTEMBER 11, Reflexionen von elf Filmemachern nach dem Terroranschlag, in dem besonders die von *Ken Loach* inszenierte, dezidiert politische Episode beeidruckte.

Lebensgeschichte als exemplarische Biografie: Das versucht auch der deutsche Wettbewerbsbeitrag FÜHRER EX von *Winfried Bonengel.* Vor mittlerweile sieben Jahren sorgte Bonengels Dokumentarfilm BERUF: NEONAZI für mitunter handgreifliche Proteste, und in seinem ersten Spielfilm hat er sich erneut mit diesem Thema beschäftigt, diesmal orientiert an der Biografie des Neonazi-Aussteigers Ingo Hasselbach. Zwei Freunde in Ostberlin, Heiko und Tommy, versuchen 1986 in den Westen zu fliehen, werden erwischt und landen im Knast. Als Heiko von einem schwulen Kapo vergewaltigt wird, sucht er Schutz bei der einsitzenden Neonazi-Truppe und avanciert nach dem Fall der Mauer zu einer ihrer Führerfiguren.
Man merkt FÜHRER EX den Versuch an, sich um Authentizität zu bemühen; Bonengel spürt ohne Scheu auch vor ausufernden Gewaltszenen der im Gefängnis keimenden rechtsradikalen Szene nach. In der Inszenierung dieses Milieus hat FÜHRER EX seine starken Momente, er versagt aber an einem zentralen Punkt: Er kann nicht die entscheidende Frage beantworten, wieso aus einem zögerlichen jungen Mann ein Sprechblasen absondernder Neonazi wird. Aber auch wenn man viel gegen diesen Film einwenden kann – dass Bonengel einer der wenigen ist, die sich im deutschen Film überhaupt für dieses Thema interessieren, steht genauso dagegen.

Seit April ist *Moritz de Hadeln*, Berlinale-Chef über zwei Jahrzehnte und dort unsanft aus dem Amt enthoben, für die Mostra Internazionale d'Arte Cinematografica verantwortlich. Als sichtbares Zeichen der neuen Regentschaft ist der Laufsteg, auf dem die Stars vom Hotel Excelsior in den Palazzo del Cinema schritten, verbannt. Stattdessen kommen sie im Auto an – wie weiland vor dem Zoopalast. Dass das Zelebrieren von Auftritten nicht zu seinen starken Seiten gehört, hat de Hadeln schon als Festivalleiter in Berlin bewiesen. Auch wenn er die Presse mit markigen Ausfällen gegen die Kunst (schon im Festivalnamen enthalten) gegen sich aufbrachte, hat er sich festivalpolitisch geschickt verhalten. Dass er kein Berlusconi-Mann ist, weiß man (und er hat es auch während des Festivals immer wieder betont);

gleichzeitig versucht er sich mit der italienischen Branche zu arrangieren. Dass die italienischen Wettbewerbsfilme (drei in diesem Jahr) nicht zu den Highlights zählten – das war in vergangenen Jahren auch nicht anders. Und dennoch hat de Hadeln einen soliden Wettbewerb zustande gebracht. Zu dessen Höhepunkten zählten noch *Patrice Lecontes* L'HOMME DU TRAIN, ein lakonisches Zweipersonenstück mit Johnny Hallyday und Jean Rochefort, und, vor allem, *Takeshi Kitanos* DOLLS und OASIS des Koreaners *Lee Chang-Dong* (Regiepreis des Festivals).

»DOLLS erwies sich als der einzige Wettbewerbsbeitrag, der sich zunächst den Ansprüchen eines Antonioni gewachsen zeigt. Zunächst sieht man Überraschendes: Zehn Minuten lang schaut der Film einer Aufführung des traditionellen Bunraku-Theaters zu. Zwei schwere Holzpuppen werden von jeweils drei Spielern bewegt, gespielt wird eine herzzerreißende Liebesszene: ›Kirschblüten baden in Tränen!‹ Danach geht ein rosa Kirschblütenregen auf der Leinwand nieder, ein junges Paar schreitet langsam, mit puppenstarren Gesichtern, durch einen Park. Miteinander wie eine riesige Nabelschnur verbindet sie ein knallrotes Band. Später fährt ein quietschgelbes Auto durch eine Sommerlandschaft, tiefrote Herbstblätter hängen an den Bäumen, weißer Schnee blendet. Allein seine Farbdramaturgie macht DOLLS zu einem Erlebnis: ein bildersatter, in seiner Zärtlichkeit und Poesie unmittelbar berührender Film. (…) Geschildert wird eine intensive, stille Liebesgeschichte. Amour Fou ohne Zweifel, aber eine der erstickten Art, in der sich Ekstase nach innen wendet, sich nur – wie im Bunraki-Theater – in den kleinsten Akzentverschiebungen der Gestik und der Sprache abzeichnet. (…)
Den Erniedrigten und Beleidigten widmet sich auch OASIS vom Koreaner *Lee Chang-Dong*. Im Zentrum dieses Films steht Jong-Du, ein leicht beschränkter Mann, der nach einer Haftstrafe entlassen wird. Doch niemand will etwas von ihm wissen, selbst seiner Familie geht er auf die Nerven, und zunehmend auch dem Zuschauer. Aber dieser sachte wachsende Widerwille ist vom Regisseur beabsichtigt, er schärft Aufmerksamkeit und zunehmend auch die Anteilnahme für diese Figur. Nur eine schwer behinderte Spastikerin begegnet Jong-Du freundlich, und zaghaft wächst die Liebe zwischen beiden. Doch als beide eines Tages beim Sex überrascht werden, wird er wegen Vergewaltigung angeklagt – harte Kinokost, auch weil der Film allzu deutlich moralisiert.« *(Rüdiger Suchsland, FR)*

Ob es richtig war, innovative Filme in den Parallelwettbewerb »Controcorrente« zu verbannen, ist fraglich. Die zwei besten Filme, von *Claire Denis* und *Lukas Moodysson*, gingen dort jedenfalls bei der Preisvergabe leer aus. Beide erzählen Geschichten, die sich in einem Satz zusammenfassen lassen und die doch kleine Meisterwerke in Präzision und Atmosphäre sind. Ein Mann und eine Frau, ein Stau in Paris und eine Nacht in einem Hotel, mehr braucht *Claire Denis* in ihrem wunderbaren VENDREDI SOIR nicht, um ohne große Worte von einem erotischen Abenteuer zu erzählen. Die Handlung von *Moodyssons* LILJA 4-EVER wirkt wie eine Zeitungsmeldung: wie ein 16-jähriges Mädchen aus der ehemaligen Sowjetunion an einen in Schweden operierenden Zuhälter gerät – und dennoch ist der neue Film des Regisseurs von TOGETHER ein Musterbeispiel authentischer Milieuschilderung, ohne Klischee und mit Liebe zu den Figuren.

DIE PREISTRÄGER:

Goldener Löwe für den besten Film: ***The Magdalene Sisters*** von *Peter Mullan.*

Großer Preis der Jury: ***Dom Durakov – La maison de fous*** von *Andrej Konchalowski.*
Spezialpreis für die beste Regie: ***Oasis*** von *Lee Chang-Dong.*
Coppa Volpi für die beste Schauspielerin: Julian Moore in ***Far From Heaven.***
Coppa Volpi für den besten Schauspieler: Stefano Accorsi in ***Un viaggio chiamato amore.***
Marcello-Mastroianni-Preis für die beste schauspielerische Nachwuchsleistung: **Moon So-ri** in ***Oasis.***
Silberner Löwe für den besten Kurzfilm: ***Clown*** von *Irina Efteeva.*
San-Marco-Preis im Nebenwettbewerb »Controcorrente«: ***Springtime in a Small Town*** von *Tian Zhuang Zhuang.*
Spezialpreis der Jury im Nebenwettbewerb »Controcorrente«: ***A Snake of June*** von *Shinya Tsukamoto.*

›The Magdalene Sisters‹: Die drei »Sünderinnen« werden von einer Nonne zur gefürchteten Schwester Bridget geführt: Patricia Rose (zweite von links)

Filmfestivals und Filmtage in Deutschland/Österreich/Schweiz

12. Filmfestival Cottbus

»Ein Ort will sich üblicherweise mit seinen Veranstaltungen schmücken und identifizieren. Als Austragungsort des Festivals des osteuropäischen Films zeigt die Stadt Cottbus in mancherlei Hinsicht jedoch eine eher traurige Übereinstimmung mit der akuten Krise des Kinos in den betreffenden Ländern. Jahr für Jahr wird ein Kinoneubau als Festivalstandort versprochen, und Jahr für Jahr öffnet stattdessen wieder das alte stillgelegte ›Weltspiegel‹-Kino für fünf Tage seine Pforten. (...)
Mit den Cottbusser Kinosälen hat man so die drei wesentlichen Themen des osteuropäischen Kinos von heute zusammen: Da ist zum einen die Nostalgie nach der Vergangenheit, da gibt es zum anderen das resigniert-pragmatische Einrichten im Übergangsstadium und zum Dritten schließlich die schwer zu stillende Sehnsucht nach den westlichen Konsum- und Wohlstandsverhältnissen.
Tapfer versucht das Cottbusser Festival nun Jahr um Jahr, sich von der Krise des osteuropäischen Kinos nicht anstecken zu lassen, den schlechten Verhältnissen hier wie dort etwas entgegenzusetzen und neue Besucherrekorde zu vermelden. (...)
Wilde Bienen von *Bohjdan Slama*, der den **Hauptpreis** des diesjährigen Festivals erhielt, setzt in frischer und zugleich bewährter Weise fort, was vor vielen Jahren die tschechische Nouvelle Vague begonnen hat: Mit verblüffender Beweglichkeit verfolgt die Kamera einen kleinstädtischen Zusammenhang, in dem der grüne Pfefferminzlikör eine verbindende Rolle spielt. Auch hier träumt man vom Weggehen, bleibt aber am Ende doch besser da.«

(Barbara Schweizerhof, Freitag).

14. Filmfest Dresden

Traditionell liegt der Schwerpunkt des Dresdner Filmfests auf dem Animationsfilm. Leider war im Jahr 2002 das Angebot an diesem Genre rein quantitativ eher schwächer als in den vergangenen Jahren. Dafür gab es aber, gerade im nationalen Programm, genügend Kompensation, vor allem durch die hervorragenden Kurzdokumentarfilme.
Dieses Genre gilt ja gewissermaßen als ausgestorben, ausgedünnt durch den Wegfall der osteuropäischen Kinematografien und verdrängt von den Reportagen und Features der Fernsehsender. In Dresden konnte man sich aber dennoch von der Lebendigkeit der kurzen dokumentarischen Form überzeugen: Viel stärker noch als der Langfilm kann sie zuspitzen und pointieren, strebt sie auf den Augenblick zu, in dem so etwas wie Wahrhaftigkeit auftritt, in dem Sehen in Erkenntnis umschlägt.

Den **Hauptpreis** des internationalen Wettbewerbs für den besten narrativen Kurzfilm gewann mit ***Männersache (Meskwa Sprawa)*** auch ein Beitrag mit dokumentarischen Qualitäten.
Dem polnischen Regisseur *Slawomir Fabicki* gelang eine sensible Beobachtung eines Jungen und des Drucks, der auf ihm lastet: Vom Vater verprügelt, von seinem autoritären Sportlehrer gegängelt, bleibt als Freund nur ein kranker, alter Hund in einem Tierheim. Mehr als die doch schablonenhafte Geschichte fasziniert der Blick des Regisseurs, ganz in der Tradition der polnischen Schule, für die triste Realität der engen Wohnung und der Schulhöfe, die wie Kriegsschauplätze wirken.

1. Internationales Frankfurter Filmfestival

Nicht dass es in Frankfurt bislang kein Filmfestival gegeben hätte, alle zwei Jahre lockt etwa das internationale Kinderfilmfestival Kinder, Jugendliche und Fachpublikum ins Kino im Deutschen Filmmuseum.
Aber auf ein Festival, das internationale Autorenfilme nachspielt und auch so manche schräge Entdeckung präsentiert, schien die Stadt gewartet zu haben. Mehr als 100 nationale und internationale Produktionen zeigten die Veranstalter in oftmals ausverkauften Sälen.
Die »16. Frankfurter Filmschau«, die traditionelle Leistungsschau des hessischen Films, wurde in das Programm des Festivals integriert. Und die Veranstalter schafften es auch, den neuesten Film von *Martin Scorsese*, die vierstündige Dokumentation IL MIO VIAGGIO IN ITALIA über den italienischen Neorealismus, als deutsche Premiere an den Main zu holen.

»Scorsese erzählt darin von seinen Begegnungen mit dem italienischen Kino. Er berichtet, wie er Ende der 40er-Jahre als kleines Kind in New Yorks Little Italy mit der Familie, die aus Sizilien stammte, im Fernsehen die neorealistischen Filme sah von Rosselini und De Sica, aber auch die Fantasien eines Blasetti. Und wie er später im Kino Fellini, Visconti und Antonioni entdeckte. Wenn er Ausschnitte zeigt aus ›Rom, offene Stadt‹ oder ›Senso‹ und die Bilder kommentiert, ihre Wirkung und Schönheit beschreibt, dann wird Filmkritik zu einer Kunst der Liebe.«
(Hans Schifferle, SZ)

Dass die Veranstalter sich mit ihrem ambitionierten Programm bei einem minimalen Etat übernommen hatten, machte schon während des Festivals die Runde: 2003 muss das Festival erst einmal ausfallen, weil keine Finanzierung zustande kam.

26. Internationales Kinderfilmfestival Frankfurt

»Das Frankfurter A-Festival widmete sich in diesem Jahr erstmals wieder ganz dem Kinderfilm, also Filmen für die Altersgruppe der Fünf- bis Zwölfjährigen. Eine solche Beschränkung freilich macht die Auswahl geeigneter Filme nicht leichter. Was macht einen Kinderfilm aus? Das, was die Jungcineasten lieben? Oder das, was die Erwachsenen für altersgruppengemäß erachten? Oder wäre es nicht ehrlicher, wie eine Kollegin meinte, den Begriff ›Kinderfilm‹ ganz zu meiden und von ›Filmen mit Kindern‹ zu sprechen? Das Spektrum der ausgewählten Wettbewerbsbeiträge spiegelte diese Abgrenzungsprobleme.
Von den 15 Wettbewerbsfilmen aus 13 Ländern basierten fünf auf Märchen- und Fantasymotiven; Hexen vor allem scheinen derzeit hoch im Kurs zu stehen, was in der Post-Harry-Potter-Ära wohl kein Zufall ist. ***Bibi Blocksberg*** von *Hermine Huntgeburth* eröffnete denn auch das Kinderfilmfestival.
Auf der anderen Seite des Spektrums fanden sich Filme, die ihre Themen vor komplexen gesellschaftlichen Umbrüchen verhandeln und die Grenze zum Jugend- oder gar Erwachsenenfilm durchbrechen. So erzählt die isländisch-dänisch-türkische Produktion HAUS DER HERZEN *(Elisabeth Rygard)* von den Konflikten in der Familie des siebenjährigen Türken Osman. Dessen Eltern wollen nach Dänemark auswandern, doch Osman will nicht mit, bevor er gelernt hat, die Saz zu spielen, ein türkisches Saiteninstrument.« *(Raimund Gerz, epd-Film)*

Diagonale 2002 – Festival des österreichischen Films in Graz

Die Preisverleihung geriet zu einem Tumult. Die Jury hatte den **Großen Diagonale-Preis 2002**, immerhin mit 14.500 Euro dotiert, dem Film ***Jedermanns Fest*** von *Fritz Lehner* zugedacht, 1996 begonnen und erst kurz vor dem Festival, begleitet von gerichtlichen Auseinandersetzungen, fertiggestellt. Klaus Maria Brandauer spielt den modernisierten Jedermann, der nun als erfolgreicher Modedesigner vom Sprung nach Paris träumt. Sahen die einen in dem Film ein »barockes Filmgedicht, wie man es in dieser optischen Opulenz und Bildfantasie lange nicht mehr sah« *(Heinz Kersten, Freitag)*, so die anderen »ein so gekonnt gigantomanisch fotografiertes wie gnadenlos peinliches und dramaturgisch missglücktes Epos« *(Eva Menasse, FAZ)*. Fest stand auf alle Fälle: Mit den aktuellen Tendenzen im österreichischen Film hatte dieser Film nichts zu tun.

VOLLGAS zum Beispiel, »ein Heimatfilm der etwas anderen Art, ist der erste Spielfilm der bislang nur als Dokumentaristin hervorgetretenen *Sabine Derflinger:* eine beklemmende Fallstudie aus dem Leben in der Spaßgesellschaft, das in Wahrheit natürlich alles andere als spaßig ist. (...) VOLLGAS zählt neben *Michael Hanekes* KLAVIERSPIELERIN, *Ulrich Seidls* HUNDSTAGE, *Barbara Gräftners* MEIN RUSSLAND und *Nikolaus Geyrhalters* vierstündigem Dokumentarepos ELSEWHERE zu jener Hand voll von Produktionen, mit denen das österreichische Filmschaffen während der letzten zehn Monate international reüssiert hat wie nie zuvor. Dieser außergewöhnlichen Bilanz steht weiterhin eine mehr als indifferente ›Kulturpolitik‹ der rechtskonservativen Bundesregierung gegenüber, die zugunsten vermeintlicher Spareffekte die aktuelle Filmproduktion ebenso abzuwürgen droht wie die als Vermittler zwischen Theorie und Praxis engagierten Vereine und Institutionen.
Mithin fiel dem Festival des österreichischen Films, der Diagonale, heuer eine besonders heikle Aufgabe zu. Die großen Erfolge der letzten Zeit mit dem Respektablen und dem gerade noch Vertretbaren unter einen Hut zu bekommen, um der Filmproduktion generell jenen Rückhalt zu bieten, den ihr die Politik verweigert. Mit deutlich über 25.000 Besuchern wird diese fünfte – vom Intendantenduo *Christine Dollhofer* und *Constantin Wulff* verantwortete – Ausgabe der ›nationalen Leistungsschau‹ in Graz jedenfalls die erfolgreichste in der Geschichte des Festivals.« *(Michael Omasta, epd-Film)*

36. Internationale Hofer Filmtage

Hof ist wohl das wichtigste Schaufenster des deutschen Films, und im Herbst blickt die Branche auf das kleine Städtchen im Fränkischen: Welche Entdeckungen gibt es, und welche Tendenzen deuten sich an? Im 36. Jahrgang war es vor allem die Videoästhetik, die viele Kritiker erschreckte. 30 deutsche Filme hatte *Heinz Badewitz* in sein Programm aufgenommen, und die meisten waren auf Video gedreht und für die große Leinwand auf Zelluloid übertragen.
Es gibt Geschichten, da drängt sich die Intimität der Handkamera und der wackeligen Bilder förmlich auf, und es gibt Sujets, da sollte man es lieber bleiben lassen. DIE DATSCHE von *Carsten Fiebeler* ist so ein Fall: ein Paar, mittelalt, in einem Wochenendhaus im tristen November-Nirgendwo der Ex-DDR, zwei Geiselnehmer. Ein deutscher Genrefilm, selten genug im deutschen Kino und selten gelungen. In anderen Ländern machen solche Filme das Gros der Produktion aus, und sie leben von der Variante: von den plötzlichen Wendungen der Story, von der Eigendynamik der Figuren. Fiebeler versteht es, seine Zuschauer immer wieder zu überraschen, und er arbeitet mit ruhigen, im Verhältnis zu anderen digital gedrehten Produktionen fast statischen Cinemascopebildern. Was hätte dagegengesprochen, diesen Film auf 35 Millimeter zu drehen?

Filmpreis der Stadt Hof für die engagierte BR-Redaktion Kino, Kino*: Bürgermeister Eberhard Siller, Redaktionsleiter Thomas Sessner, Carlos Gerstenhauer, Angelika Wittlich und Klaus Kirschner mit Festivalchef Heinz Badewitz*

Die Nähe zu ihren Figuren: Die suchten in Hof vor allem zwei Filme, *Eoin Moores* PIGS WILL FLY und *Dominik Grafs* HOTTE IM PARADIES. PIGS WILL FLY knüpft ästhetisch wieder an Moores bravourösen Erstling »plusminus-null« an: die Geschichte eines prügelnden Polizisten, der sich zu seinem Bruder nach San Francisco aufmacht, aber auch dort wieder an sich scheitert. Moore versucht das Porträt eines Mannes, der nicht mit seinen Emotionen umgehen kann, aber nie als Monster erscheint. Eine Tätergeschichte gewissermaßen wie *Winfried Bonengels* FÜHRER EX, der auch in Hof lief, und aus dieser Perspektive erzählt auch *Dominik Graf* seinen HOTTE IM PARADIES, eine Fernsehproduktion, in Hof auch digital projiziert. Hotte ist ein kleiner Zuhälter in Berlin, der nach oben will, sich eine dritte Prostituierte, Jenny, kauft und sich mit der Russenmafia anlegt. Man hätte diese Geschichte auch als stilisiertes Melodram entwickeln können oder als Lehrstück, aber Graf verzichtet auf jede Distanz. Er lotet eine Beziehung aus, die auf den Kreislauf des Geldes gegründet ist und dennoch ohne Emotionen nicht auskommt. Die Faszination, die dieses Milieu zumindest auf Hotte ausübt, das ist das Thema dieses Films, der Mythos vom schnellen Geld und vom schnellen Leben – zumindest für den Zuhälter.

Einen Film wie »Toter Mann« von *Christian Petzold*, der im Jahr 2001 die in Hof gezeigten deutschen Filme bei weitem überragte (und dennoch nicht ins Kino kam), konnte Heinz Badewitz in diesem Jahr nicht herbeizaubern. Aber manchmal wunderte man sich über Lichtblicke, wo man sie gar nicht vermutet hätte. *Annette Ernst* gelang mit KISS AND RUN eine frische und turbulente Paarkomödie und wurde der Publikumsliebling des Festivals. ***Geht nicht, gibt's nicht,*** sieht auf den ersten Blick wie die Illustrierung eines Zeitungsartikels zum Thema Überschuldung junger Paare aus und besitzt doch Passagen großer Wahrhaftigkeit und Atmosphäre – und die beste missglückte Liebesszene im deutschen Film der letzten Jahre. Es hat in Hof alles andere als großes Kino gegeben, aber einige Filme mit großen Momenten. Und wahrscheinlich ist das im deutschen Film insgesamt zurzeit nicht anders.

45. Internationales Leipziger Festival für Dokumentar- und Animationsfilm

»Mit 20.500 Besuchern in sechs Tagen hat das Festival einen Rekord seit 1991 erreicht, hat seine Programmatik weiter verschlankt, ein modernes und seine Traditionen weiterführendes Profil gefunden. Zu Recht leistet es sich noch immer noble Retrospektiven und Sonderreihen, die gottlob als Beihelfer dem Wettbewerb zugeordnet werden.
Vor allem hat Leipzig eine seiner bewährten Programmachsen befestigt: die Spurensuchen in europäischer und besonders deutscher Vergangenheit. Schon zu DDR-Zeiten konnte man hier die interessantesten Filme sehen, auch wenn deren Auskünfte tief unter Schichten von Ideologisierung und Tabus verschüttet waren. Die neuen Zugänglichkeiten in Archiven und die Frische nachwachsender Filmemacher haben einen enormen Schub neuer Sichtweisen bewirkt.« *(Günter Agde, Die Welt)*

»Immer wieder ging es einerseits um schwierige Familiengeschichten und andererseits um das Leben jenseits der Städte. So gesehen ergänzten sich die Filme als Dokumente zweier einander entgegengesetzter Richtungen der Suche nach den Konflikten der Gegenwart, wobei die Schwerpunktbildung zugleich die Gelegenheit zum kritischen Methodenvergleich bot: Während die einen *Sergej Loznicas* Herangehensweise in PORTRÄT aufregend und neu empfanden – für jeweils 20 Sekunden filmte er die Bewohner eines Dorfes bei St. Petersburg in bewegungslosen schwarzweißen Einzelaufnahmen –, lobten die anderen *Thomas Heises* stoische Geduld beim Ausharren in der Provinz; alles andere als stillhaltend reden sich seine Protagonisten im Vaterland um Kopf und Kragen. Heise wurde für seinen Film, der irritierend zwischen Pessimismus und Frohsinn hin und her schwankt, mit der Silbernen Taube ausgezeichnet und Loznica mit einer lobenden Erwähnung bedacht. In gleich fünf von 16 Filmen nahmen sich die Regisseure die eigene Familie vor; in jedem davon ließ sich ein anderer Umgang mit dem Problem der Veröffentlichung von Privatem beobachten.« *(Barbara Schweizerhof, Freitag)*

DIE PREISTRÄGER:

Goldene Taube für Dokumentarfilme und -videos: ***Hirtenreise ins dritte Jahrtausend*** von *Erich Langjahr.*
Silberne Taube Langfilm: ***Vaterland*** von *Thomas Heise.*
Goldene Taube Kurzfilme: ***Boogie Woogie Daddy*** von *Erik Bäfving.*
Silberne Taube Kurzfilme: ***Porträt*** von *Sergej Loznica.*

44. Nordische Filmtage Lübeck

»Nach dem Ende von Ingmar Bergmans intensiver Schaffensperiode (1953–1978) fand der skaninavische Film hierzulande kaum noch statt. Erst die ›Dogma‹-Bewegung Ende der 90er-Jahre verankerte ihn wieder im hiesigen Bewusstsein, und zurzeit erlebt man sogar eine kleine Renaissance des nordischen Films, entwickeln sich Filme wie ELLING oder ITALIENISCH FÜR ANFÄNGER zu Kassenerfolgen. (…)

Als üppige Koproduktion mit einem internationalen Star (Gérard Depardieu) kommt *Ole Bornedals* JEG ER DINA (ICH BIN DINA) daher, der, nicht frei von geschmäcklerischen Anwandlungen, die Lebens- und Liebesgeschichte einer seit ihrer Kindheit traumatisierten Frau Mitte des 19. Jahrhunderts erzählt. Ebenfalls in der Vergangenheit schwelgt *Agúst Gudmundsson* in MÁVAHLÁTUR (MÖVENGELÄCHTER), in dem eine mysteriöse Witwe die bigotte Gesellschaft eines isländischen Provinznests aufmischt. Erzählt aus der Perspektive ihrer 14-jährigen Nichte (eine Entdeckung: Ugla Egilsdottir), entfaltet sich die Geschichte vor allem durch die liebevolle Rekonstruktion der 50er-Jahre als hintergründige Komödie. Nicht so bildgewaltig, aber ausgesprochen unterhaltsam ist die finnische Komödie KUUTAMOLLA (LOVERS & LEAVERS) um eine verträumte junge Frau, die vor lauter Filmleidenschaft beinahe das wirkliche Leben verpasst. *Aku Louhimies* betritt zwar weder inhaltlich noch formal Neuland, mischt sein cineastisches Verweisspiel aber so charmant, dass man selbst daran glauben mag, dass das Kino besser ist als das Leben.« *(Rolf-Rüdiger Hamacher, film-dienst)*

51. Internationales Filmfestival Mannheim-Heidelberg

Mannheim-Heidelberg ist ein Festival der Neulinge und Karriereanfänger, den ersten und zweiten Filmen gewidmet. Stargast in diesem Jahr war der chinesische Regisseur *Zhang Yimou*, dem das Festival eine Werkschau ausgerichtet hatte.

»Eines, immerhin, kann man dem zweitältesten deutschen Filmfestival attestieren: Es reflektiert und provoziert Neugier. Es mag im Einzelnen enttäuschen, aber es irrt insgesamt immer noch interessanter, als andere Recht behalten. Wir vermelden es mit Vergnügen: Dies war ein gutes Jahr für den oft totgesagten Nachwuchsfilm. Einige wenige Beispiele seien genannt. Während Roman Polanski inzwischen bei Steven Spielberg angelangt ist, schließt der Pole *Andrzej Jakimowski* mit seinem existenzialistischen Spielfilmdebüt Wahrheiten und Augenzwinkern dort an, wo Polanski vor 40 Jahren mit seinen »Katlbach‹-Filmen, mit ›Messer im Wasser‹ aufgehört hat.

Die besondere Qualität des dänischen Beitrags CHARLIE BUTTERFLY von *Dariusz Steiness* liegt dagegen in der Verweigerung einer platt realistischen Darstellung und in der Konsequenz, mit der er Klischees ver meidet. Der Feuerwehrmann, der, erblindet, als Musiker Karriere macht, ist ein Egozentriker wie einst der Professor in Ingmar Bergmans ›Wilde Erdbeeren‹ und ein Träumer wie Peer Gynt. Immer wenn der Zuschauer meint, erkannt zu haben, wohin eine Geschichte läuft, überrascht sie durch eine Kehrtwende. Das ist Kino für Leute, die nicht nur Vertrautem begegnen wollen, ein Festivalfilm par excellence.

Die Probleme von Frauen in der islamischen Gesellschaft gehören zu den zentralen Themen des iranischen Films. EMTEHAN (HUNDERT FRAUEN) von *Nasser Refaie* ist auch deshalb so lehrreich, weil hier, wiewohl von einem Mann, eine Innensicht auf diese Probleme vermittelt wird statt der besserwisserischen westlichen Empörung, die hinter Menschenrechtsphrasen häufig nur die kolonialistische Arroganz verbirgt. Dem Genre des experimentellen Dokumentar- oder Essayfilms lässt sich TOKYO NOISE aus Schweden zuordnen. So etwa muss wohl die Sinfonie der Großstadt im Zeitalter des Cyberspace aussehen.« *(Thomas Rothschild, FAZ)*

»Der fesselndste Film gewann am Ende auch den Wettbewerb. ›Nur ein paar Sekunden‹, so die Jury, habe man gebraucht, um sich zu verständigen: LES DIABLES heißt *Christopher Ruggias* Reise à la Rousseau in die Seelen zweier Kinder. (...) Ganz dicht an seinen Figuren, den Blick dann wieder erweiternd, in epischen, manchmal schmerzhaften, aber immer ökonomisch eingesetzten Bildern erzählt Ruggia von Flucht und zögernden Befreiungsakten; ein Film, der formal wie inhaltlich unter die Haut geht, über die Schmerzgrenze hinaus, aber nie zu weit. Wenn sich die Welt der Erwachsenen im Kinderblick in ein Kabinett aus Lieblosigkeit, Leid und Unverständnis, manchmal reinen Horror verwandelt, erinnert LES DIABLES in seiner traurigen Märchenhaftigkeit an Charles Laughtons ›The Night of the Hunter‹.« *(Rüdiger Suchsland, FR)*

DIE PREISTRÄGER:

Bester Spielfilm: ***Les Diables.***
Rainer-Werner-Fassbinder-Preis und **FIPRESCI-Preis:** ***Die meisten Menschen lieben in China.***
Spezialpreis der Jury: ***Emtehan.***
Bester Kurzfilm: ***Morgen.***
Publikumspreis: ***Charlie Butterfly*** und ***Die schöne Spanierin.***
Preis der ökumenischen Jury: ***Tussenland.***

19. Filmfest München

Das Filmfest München mit seinem überbordenden Angebot ist ein Film-Supermarkt – für die einen ein Ort zum Flanieren zwischen den Genres und Ländern, für die anderen ein oft beliebiger Mischmasch aus deutschen Premieren international aufgefallener Filme, dem beinahe schon klassischen Schwerpunkt American Independents und Retrospektiven (wie in diesem Jahr Goran Paskaljevic). Das Publikum nimmt diese Mischung jedenfalls an. »Schon morgens sind die Kinokassen bevölkert. Selbst bei den sperrigsten, sprödesten, befremdlichsten Werken, samstagabends ab halb elf, bei *Manoel de Oliveiras* zweieinhalbstündig großbourgeois-sophistischem Beinahe-Kammerspiel DAS PRINZIP DER UNGEWISSHEIT etwa, ist der große Saal so gut wie voll. München ist dankbar. Die Kinogänger wissen mittlerweile: Der Reiz des Filmfests ist sein Manko. Es ist kein Wettbewerbsfestival.« *(Christian Schüle, Stuttgarter Zeitung)*

München versteht sich auch als ein Schaufenster des deutschen Films und seines Nachwuchses und sucht so die bewusste Konkurrenz zu Festivals wie Hof oder Saarbrücken. In diesem Jahr wurde der »Förderpreis deutscher Film«, der einmal »Hypo-Preis« hieß, noch einmal aufgestockt. »Wenn man das gute Dutzend Spielfilme, die um den Förderpreis konkurrieren, auf einen Nenner bringen müsste, dann ließe sich vielleicht sagen, dass sie die Lust eint, mit dem Feuer zu spielen, Verbotenes zu tun, als gebe es einen ungeheuren Nachholbedarf in Sachen Gewalt und Leidenschaft. Die Ergebnisse sind natürlich so unterschiedlich, wie es das Kino nur sein kann. Da gibt es ERSTE EHE von *Isabell Stever*, irgendwo zwischen La Notte auf Koks und Fassbinder für die Designergeneration. Oder SCHERBENTANZ von *Chris Kraus*, ein Familienmelodram zwischen Veit Harlan und Luchino Visconti. Oder MEIN ERSTES WUNDER von *Anne Wild*, eine Lolita-Geschichte, die sich in ihren lyrischen Ambitionen verfängt, aber dabei Momente einer Verwirrung der Gefühle einfängt, die zwischen einer Elfjährigen (Henriette Coffurius) und einem 30 Jahre älteren Mann (Leonard Lansink) entstehen. Ähnliches passiert in BABY zwischen der jungen Alice Dwyer und Lars Rudolph, aber Regisseur *Stölzl* will gleichzeitig so cool und lakonisch sein, dass sich irgendwann der Ernst der Lage verspielt. Vielleicht sehen wir diese Filme im Kino wieder, wahrscheinlich nicht.« *(Michael Althen, FAZ)*

Preisträger beim ersten Förderpreis Deutscher Film von HypoVereinsbank, Bavaria Film und Bayerischer Rundfunk (v. l. n. r.): Michael Hoffmann (Regiepreis für ›Sophiiiie!‹, Katharina Schüttler (Schauspielpreis für ›Sophiiiie!‹), Detlef Bothe (Sonderpreis der Jury für ›Feiertag‹) und Chris Kraus (Drehbuchpreis für ›Scherbentanz‹)

DIE PREISTRÄGER:

Förderpreis Deutscher Film:
Kategorie Regie: Michael Hoffmann für ***Sophiiiie!***
Kategorie Schauspiel: Katharina Schüttler in ***Sophiiiie!***
Kategorie Drehbuch: Chris Kraus für ***Scherbentanz.***
High Hopes Award: ***Human Nature – Das wilde Leben*** von *Michael Gondry.*

17. Internationales Dokumentarfilmfestival München

»Die Reduzierung auf die Dimensionen der Fernsehröhre ist ein Schicksal, das den meisten Dokumentarfilmen beschieden ist. Umso beglückender, im Rahmen eines Festivals wieder einmal in großformatig präsentierten Dokumentationen zu schwelgen. Und die Leute kommen in Scharen (…). *Nikolaus Geyrhalter* hat mit seinem ethnologischen Epos sicher nicht den Fernsehzuschauer im Blick gehabt: Vier Stunden dauert sein Episodenfilm ELSEWHERE. Zwölf Monate ist er kreuz und quer auf dem Erdball gereist und hat an zwölf, zumeist unwirtlichen Orten gedreht; eine fragmentarische Bestandsaufnahme der Welt im Millenniumsjahr. Gelassene Momentaufnahmen aus anderen Welten, von den Eiswüsten Grönlands bis in die paradiesische Inselwelt Mikronesiens. Zwölf menschliche Schicksale, auf je 20 Minuten komprimiert. Ein Marathon in Zeitlupe. (…)
Das Münchner Dokumentarfilmfest ist auch in seinem 17. Jahr nicht in die Riege der großen internationalen Festivals aufgestiegen; die besten Filme liefen meist schon anderswo. Doch die Liebe zum Dokumentarfilm eint auch in diesem Frühling Organisatoren, Pu-

blikum und Regisseur und lässt das Festival trotz chronischen Geldmangels zu einem Höhepunkt des Münchner Kulturjahres werden.« *(Naini Fux, artechock)*

DIE PREISTRÄGER:

Dokumentarfilmpreis des Bayrischen Rundfunks: *Family* von *Sami Martin Saif* und ***Phie Ambo*** und ***Mein kleines Kind*** von *Katja Baumgarten.*
Der besondere Dokumentarfilm: *Alt om min far* von *Even Benestad.*
Förderpreis Dokumentarfilm des FFF Bayern: *En passant – Ortszeit München* von *Thomas Koerner* und *Albrecht Lusznat* und ***Otzenrather Sprung*** von *Jens Schanze.*

33. Visions du Réel – Internationales Dokumentarfilmfestival Nyon

»Die erklärte Absicht des kleinen Festivals mit großer Ausstrahlung liegt nicht darin, ›die Wirklichkeit‹, wie sie nun einmal ist, mit analytischem Anspruch einfach zu erkunden, sondern sie zu reflektieren und mit einer bunten Hoffnungsflagge zu bestücken. Die Tendenz geht zum Essay, das dem gesprochenen oder ungesprochenen, umso mehr aber bildlich vermittelten Wort des Regisseurs viel Raum gibt. (…)
Das Ergebnis dieser Auswahl ist schön und zwiespältig zugleich. Während der sieben Tage in der Nachbarschaft römischer Ausgrabungen muss der Besucher kaum befürchten, mit Darstellungen vom Elend der Welt überschüttet zu werden, wie es auf den meisten Dokumentarfilmfestivals unweigerlich der Fall ist. Den angenehmen Ton gab schon der dänische Eröffnungsbeitrag ***Familie*** vor, ein Debüt von *Sami Martin Saif.* Saif erzählt und zeigt, wie er sich auf die Suche nach seinem jemenitischen Vater begibt, der die dänische Lebensgefährtin vor vielen Jahren mit den gemeinsamen Söhnen sitzen ließ.
Mutiger, mit viel Wut im Bauch, wagt sich der israelische Filmemacher *Avi Mograbi* auf die Straße, wo die Leute den Mann mit der Kamera misstrauisch mustern. Er fängt eine Welle von Aggressivität auf, sei es nun bei einer Demonstration oder im Fußballstadion. An der libanesischen Grenze muss Mograbi aufpassen, dass ihm ein Halbwüchsiger von jenseits des Zaunes nicht mit einem Steinwurf den Apparat zertrümmert.« *(Hans-Jörg Rother, FAZ)*

48. Internationale Kurzfilmtage Oberhausen

Auf der Postkarte rast ein Flugzeug durch die Luft. »Katastrophe« hieß das Sonderthema der Kurzfilmtage 2002, das schon vor den Terroranschlägen des 11. September 2001 feststand, aber dadurch eine unerwartete Aktualität erhielt. »Gerade die Filme zum 11. September zeigten ausgesprochen gut den Wert des Oberhausener Sonderprogramms, das einem auf den ersten Blick gleichzeitig zu allgemein und zu beliebig vorkommen könnte. War nicht gerade zu diesem Thema längst alles gesagt, und schien nicht jeder weitere Beitrag nur noch der persönlichen Profilierungssucht geschuldet? Doch dann überzeugte die Bandbreite der Filme nahtlos, denn allesamt waren sie dazu angetan, dem Anschlag nochmals eine neue Perspektive abzugewinnen. Und selbst wenn sie dabei nur zynische Stammtischphilosophie verbreiteten wie in GREAT BALLS OF FIRE, belegten sie, dass die Reaktion der Amerikaner längst nicht so homogen und unbedingt patriotisch ausgefallen ist, wie es in den europäischen Medien überwiegend den Anschein hatte. Die Vielzahl der Beiträge, die sich gegeneitig kommentieren konnten, sowie der Reichtum der Ansätze waren typisch für ein Gesamtprogramm, das dem Publikum auch vergessene und ignorierte Katastrophen des letzten Jahrhunderts aufschlüsseln konnte, bevor es aktuell in Kommentare eben zum 11. September oder zum Konflikt im Nahen Osten mündete.« *(Mathias Heybrock, Freitag)*

»Aber immer wieder dringt die Wirklichkeit auf persönlich motivierte, am Einzelnen orientierte Geschichten ein. Die Russin *Tania Detkina* erschafft in dem düsteren Familienroman SITZEN IM SCHRANK einen Neoexistenzialismus, der mit nervösem Jazz den Sound of lost souls instrumentiert. DREAM WORK von *Peter Tscherkassky* (Österreich), ausgezeichnet mit dem Großen Preis, kreiert eine surreale, Man Ray verpflichtete Fantasie, die in einem Strom des Unbewussten Schreie und Flüstern mischt und Gesichter wie aus einem Roman Dostojewskis auftauchen lässt. Im einzigen deutschen Beitrag des Internationalen Wettbewerbs (79 Filme aus 43 Ländern), *Claude Aravenas* 11, DE SEPTEMBRE, bildet der Anschlag auf die New Yorker Twin Towers eine wie ein Altarbild sich öffnende Projektionsfläche für die Reflexion eigenen Körperempfindens. Eine flüsternde Gebetsstimme zitiert Marguerite Duras' ›Hiroshima mon amour‹. Die Reaktion auf das katastrophale Ereignis, das als ›Erinnerung aus Schatten und Stein‹ unsere Wahrnehmung dominiert und deformiert, kann nur mehr privat sein.« *(Andreas Wilink, SZ)*

DIE PREISTRÄGER:

Großer Preis der Stadt Oberhausen: ***Dream Work*** von *Peter Tscherkassy.*
Hauptpreise: ***Je m'apelle*** von *Stéphane Elmadjan* und ***Los zapatos de Zapata*** von *Luciano Larobina.*
Arte-Preis: ***Cargo*** von *Laura Waddington.*
Preis der Jury des Kultusministeriums NRW: ***Camouflage*** von *Jonathan Hodgson.*
FIPRESCI-Preis: ***The Father, The Ram, My Dad And Me*** von *Becelis Brdoskis.*
Preis der ökumenischen Jury: ***Suka*** von *Igor Voloshin.*

23. Filmfestival Max-Ophüls-Preis, Saarbrücken

Das Kino ist ein Ort der Leidenschaft, ein Raum der Träume, ein Platz für Helden und für die Liebe. Das Kino ist ein Ort für Menschen, die nach der verlorenen Zeit suchen, nach ihrer Jugend, die ihren Hoffnungen hinterherspüren. Schon mit dem außer Konkurrenz gezeigten Eröffnungsfilm setzte der Max-Ophüls-Preis Akzente: *Douglas Wolfsperger* gelang mit BELLARIA – SO LANGE WIR LEBEN eine Hommage an das Kino. »Bellaria«, so heißt ein Kino in Wien, in dessen Vorstellungen sich eine verschworene Gemeinschaft von Cineasten jenseits der 60 an den »großen« Filmen, wie sie meinen, der 30er- und 40er-Jahre berauscht. Wolfsperger hat sie liebevoll, aber mit Distanz porträtiert, jene Menschen mit »Vorkriegscharakter«, wie sich einer von ihnen vorstellt, die in einer letzten Apotheose den Ufa-Star Karl Schönböck in einer Autogrammstunde erleben dürfen. In BELLARIA ist das Kino auch ein Monument des Untergegangenen – und wahrscheinlich ist deshalb ein solches Kino auch nur in Österreich möglich.

Kino ist nicht Realität, sagt einer von ihnen einmal in BELLARIA, und deshalb mögen sie auch die modernen Filme nicht. Aber in diesem Jahr waren die interessantesten Beiträge im Wettbewerb um den besten deutschsprachigen Nachwuchsfilm in Saarbrücken diejenigen, die nahe an der Realität blieben, die sie aber auch überzeichneten und so hinterfragten. *Nino Jacusso* folgt in ESCAPE TO PARADISE einer kurdischen Familie in eine Unterkunft im Schweizer Städtchen Solothurn, in der sie auf die Genehmigung ihres Asylantrags warten müssen. Auch wenn ESCAPE auf einen Plot verzichtet und an manchen Stellen ein bisschen zu gut gemeint daherkommt, beeindruckt er durch eine fast dokumentarische Intensität. Diese quasidokumentarische Haltung verbindet ihn mit LOVELY RITA von *Jessica Hausner* (Österreich), der Geschichte einer 14-jährigen Außenseiterin, die es schwer hat, sich im Leben und auch mit sich selbst zurechtzufinden. Ganz unspektakulär erzählt Hausner davon, wie fremd ihr ihre Eltern werden, wie sie ihre Sexualität einem älteren Busfahrer aufdrängt, wie sie einen jüngeren Freund fast umbringt. Gerade weil LOVELY RITA ohne Schuldzuweisungen auskommt, irritiert sein plötzlicher, gewalttätiger Schluss.

LOVELY RITA gehörte zu einem wichtigen Strang im Nachwuchsfilm, der auch in in vergangenen Jahren immer wieder zu beobachten war, aber in diesem Jahr das Festival bestimmte: die Beschäftigung mit Jugendlichen, mit ihren Träumen und Ausbruchsversuchen, mit der Suche nach der ersten Liebe und ihren Rebellionen gegen die Instanz der Familie. Auch im Mittelpunkt von UTOPIA BLUES von *Stefan Haupt* (Schweiz) steht ein Außenseiter. Der 18-jährige Rafael träumt davon, Musiker in einer Schweizer Hip-Hop-Band zu werden. Er ist ungeduldig, vernachlässigt die Schule – und legt es auch darauf an anzuecken. Der Film erinnert in seiner Ambivalenz an den Preisträgerfilm des letzten Jahres, »Das weisse Rauschen«, aber ihm kommt es nicht so sehr auf die innere Sicht des Jungen an, bei dem die Psychologen bald eine manisch depressive Störung konstatieren, sondern Haupt zeichnet nach, wie die Umgebung mit ihm fertig wird. Hat in UTOPIA BLUES die Figur der Mutter eine große emotionale Wichtigkeit, so besitzt in FICKENDE FISCHE von *Almut Getto* (Deutschland) die Instanz der Eltern eigentlich keine Bedeutung mehr. FICKENDE FISCHE ist eine Liebesgeschichte zwischen einem 16-Jährigen und einer 15-Jährigen, einfühlsam beschrieben und mit einer tragischen Note: Denn Jan hat Aids und fürchtet sich davor, es beim Sex zu übertragen. Getto erzählt davon, wie die beiden sich ihre eigene Welt schaffen, in die immer wieder die Lebensbedrohung einbricht. Getto hat für FICKENDE FISCHE den zweitwichtigsten Preis des Festivals erhalten: den Filmpreis des saarländischen Ministerpräsidenten. Aber auch der mit dem Hauptpreis, dem Max-Ophüls-Preis, ausgezeichnete MEIN RUSSLAND von *Barbara Gräftner* (Österreich) kommt als eine Familiengeschichte daher – allerdings aus einer anderen Perspektive. Er beschreibt die Verlustängste und Machtansprüche einer 46-jährigen Bankangestellten, hervorgerufen durch die Heirat ihres Sohnes mit einer Russin.

Familiengeschichten, das waren auch der rasante und opulente MEIN BRUDER, DER VAMPIR von *Sven Taddicken* und DIE FRAU, DIE AN DR. FABIAN ZWEIFELTE von *Andi Rogenhagen* (Deutschland), der die starken und witzigen Momente zwischen Vater und Sohn leider durch eine dämliche Rahmengeschichte um zwei Killer verwässert. Furios hat *Züli Aladag* aus seinem familiären Drama so etwas wie Genrekino gemacht. Sein ELEFANTENHERZ ist ein Boxerfilm, und wie Rocky Balboa immer auf das Capitol joggt, so trainiert Marco, wieder einmal großartig von Daniel Brühl dargestellt, auf dem Dach eines Hochhauses mit Blick auf die industrielle Wüstenei des Ruhrgebiets. Sein Vater (Jochen Nickel) ist ein Trinker, und Boxen wirkt wie der natürliche Ausweg aus der auch physischen Gewalt der Familie. Er gibt sich in die Hände eines windigen Boxpromoters und Spekulanten (Manfred Zapatka), versagt beim entscheidenden Kampf und muss sich dann auch mit den Geschäften seines Gönners herumschlagen: Schutzgelderpressung. Und dennoch gelingt es Aladag, den Promoter wie eine Vaterfigur für Marco erscheinen zu lassen. Dass er sich dann auch tatsächlich als richtiger Vater entpuppt, ist einer wenig subtilen Wendung des Drehbuchs geschuldet, das auch mit einem sehr plötzlichen Schluss patzt. ELEFANTENHERZ hat seine stärksten Momente in der Atmosphäre, in den authentisch wirkenden, grobkörnigen Bildern mit ihren blassen Farben.

»Wenn man nachts während des Ophüls-Festivals in den Treffpunkt ›Lolas Bistro‹ ging, gab es zumindest am Anfang nur ein Thema: den Rauswurf der Festivalchefin *Christel Drawer*. Schon im letzten Jahr tauchten Gerüchte auf, dass die Stadt ihren Vertrag nicht verlängern will. Zehn Jahre hat Drawer das Festival geleitet, hat es aus der Pusseligkeit der Anfangsjahre herausgeführt und zum wichtigsten Forum des deutschsprachigen Nachwuchsfilms gemacht, mit großer Resonanz vonseiten des Publikums, der Branche und der Presse; auch in diesem Jahr waren die Kinos wieder randvoll. Eine Erfolgsbilanz, sollte man meinen, und Drawer hat es geschafft, dabei auch für eine gleichzeitig professionelle wie herzliche Atmosphäre zu sorgen. Festivals leben auch von der Persönlichkeit ihrer Leiter, nach außen wie nach innen. Ihre Leistungen erkennt Kulturdezernent Silkenbeumer (SPD) durchaus an und bestätigt, dass es ›keine Kritik an der inhaltlichen Arbeit‹ gebe. Warum also ihr den Stuhl vor die Türe setzen?« *(epd-Film)*

Schon im April – das Festival findet traditionell im Januar statt – wurde dann der Nachfolger für Drawer gefunden: *Boris Penth*, ein in Hamburg lebender, aber gebürtiger Saarbrücker Regisseur und Medienberater.

DIE PREISTRÄGER:

Max-Ophüls-Preis: Barbara Gräftner für ***Mein Russland.***
Preis des saarländischen Ministerpräsidenten: Almut Getto für ***Fickende Fische***.
Darstellerpreise: Marie Luise Schramm in ***Mein Bruder, der Vampir*** und **Michael Finger** in ***Utopia Blues***.
Drehbuchpreis: Stefan Haupt für ***Utopia Blues***.
Förderpreis der Jury: ***Vollgas*** von *Sabine Derflinger.*
Sonderpreis der Jury: ***Richtung Zukunft durch die Nacht*** von *Jörg Kalt.*

12. Schweriner FilmKunstFest

»*Frank Beyer* staunte nicht schlecht, als in Schwerin selbst seine bekannten DEFA-Produktionen (KÖNIGSKINDER, DER BRUCH) ausverkauft waren. Die Retrospektive zu seinem Geburtstag erwies sich als voller Erfolg, so wie das ganze 12. FilmKunstFest über Besucher- und Diskussionsmangel nicht zu klagen brauchte: An fünf Tagen kamen rund 14.000 Zuschauer. Hatte es damit zu tun, dass die Schweriner sonst eher mit kärglicher Kinokost, sprich vorwiegend leichter Unterhaltung, abgespeist werden? Oder lag generell eine Stimmung in der Luft, in der Filme über das eigene Leben, den derzeitigen Zustand von Moral, Gesellschaft, Welt sehnsüchtig erwartet werden? (…)
Die u. a. mit *Christian Petzold*, *Georg Seeßlen* und *Wolfgang Kohlhase* besetzte Jury verlieh ihren **Hauptpreis** an ***Bungalow*** (Regie: *Ulrich Köhler*), eine Entscheidung, die das Schweriner Publikum zumindest am Abschlussabend nur partiell zu teilen bereit war. Die langen Einstellungen, in denen scheinbar nichts passiert, zwingen zu einer Konzentration, die im Zeitalter schneller Schnitte mit Gedankenarbeit verbunden ist.« *(Ralf Schenk, film-dienst)*

37. Solothurner Filmtage

Die Schweizer Filmtage in Solothurn sind mehr als ein Festival: ein Familientreffen des Schweizer Films. Im Rahmen des Festivals wurden zum ersten Mal die Schweizer Filmpreise vergeben, und deshalb gaben die

Filmtage denn auch Anlass, Bilanz zu ziehen. »So viele Uraufführungen und Premieren abendfüllender Filme wie dieses Jahr hat Solothurn schon seit langem nicht gesehen. Ein beeindruckendes Zeugnis stellt EPSTEINS NACHT *Urs Eggers* Fähigkeit aus, große Schauspieler zu intensiven Darstellungen zu führen. Wie hier Mario Adorf, Otto Tausig und insbesondere Bruno Ganz als jüdische Überlebende ihrem Peiniger aus dem KZ begegnen, dem Günther Lamprecht präzise Gestalt verleiht, das ist dramaturgisch gekonnt angelegt und im Detail nuanciert inszeniert. Noch weiter zurückgenommen – vielleicht sogar ganz weggelassen – hätten wohl die KZ-Szenen werden dürfen; die ›realistische‹ Darstellung dieser Wirklichkeit entzieht sich dem Erfahrungshorizont eines nach dem Krieg geborenen Westeuropäers. Nichts von Horror, aber aufschlussreiche kleine Hinweise zur peniblen Situation jüdischer Bürger in der Schweiz Ende der 30er-Jahre vermittelt Leo Sternbach in EINE LIEBE ZUR CHANCE, *Rolf Lyssys* schön gearbeitetes Porträt des Erfinders von Valium.

Krieg, soziales Elend und wahrhaft unmenschliche Arbeitsbedingungen: Das sind die Themen von *James Nachtweys* FOTOGRAFIE. Der Amerikaner stellt sie dar in Aufnahmen von atemberaubender Schönheit, die von der Gefahr der Ästhetisierung des Schreckens wissen. Mit einer behutsamen, unaufdringlichen Annäherung an den Fotografen reflektiert Christian Frei in WAR PHOTOGRAPHER dessen Arbeitsweise und zutiefst humane Weltsicht. Auch in MOUNTED BY THE GODS von *Alberto Venzago* ist die Kamera intime Zeugin. Der Zürcher Fotograf hat – in hervorragenden Aufnahmen, zum Teil digital nachbearbeitet – gleichsam eine Darstellung des Voodoo-Kults von innen versucht, so wie er ihn über Jahre hinweg in Benin kennen lernen konnte.« *(Christoph Egger, Neue Zürcher Zeitung)*

»Interessant, wie eigentlich immer, die Dokumentarfilme. *Richard Dindo* rollt in VERHÖR & TOD IN WINTERTHUR einen alten Fall wieder auf: 1984 wurden 27 Jugendliche in Winterthur verhaftet, die Randale gemacht hatten. Eine junge Frau brachte sich in der Untersuchungshaft um.
Warum erst heute dieser Film, zumal er auf einem Buch von Erich Schmid beruht, das schon 1986 erschien? Aktuell aber bleibt die Frage, wie eine Gesellschaft mit ihren Außenseitern umgeht.

Franz von Werra war einer der berühmtesten deutschen Jagdflieger des Zweiten Weltkriegs, spektakulär 1941 seine Flucht aus der kanadischen Kriegsgefangenschaft durch die USA nach Südamerika und von dort zurück nach Berlin. Aber schon kurz danach kam er bei einem mysteriösen Flugzeugabsturz ums Leben. 1958 spielte *Hardy Krüger* in dem britischen Film THE ONE THAT GOT AWAY den Abenteurer und Hitler-Liebling, der eigentlich Schweizer war.
Ein spannendes Thema, in dem sich politische Geschichte und Filmgeschichte verbinden und die Biografien von Werra und Hardy Krüger ineinander spiegeln.
Angeregt wurde *Werner Schweizer* zu seinem Film VON WERRA durch zwei Bücher des Historikers Wilfried Meichtry über die Walliser Adelsfamilie von Werra.« *(Wilhelm Roth, epd-Film)*

DIE SCHWEIZER FILMPREISE:

Bester Spielfilm: ***Utopia Blues*** von *Stefan Haupt.*

Bester Dokumentarfilm: ***Bashkim*** von *Vadim Jendreyko.*

Bester Kurzfilm: ***La jeune fille et les nuages*** von *Georges Schwizgibel.*

Beste Darstellerin: Andrea Guyer und **Carol Schuler** für ***Lieber Brad*** von *Lutz Konerman.*

Bester Darsteller: Michael Finger für ***Utopia Blues.***

11. Internationales Trickfilm-Festival Stuttgart

Mit vielen ausverkauften Veranstaltungen schon am Nachmittag und auch in den Nebenreihen, mit immer ausverkauften Vorstellungen im Internationalen Wettbewerb geriet die 11. Ausgabe des Stuttgarter Trickfilmfests zu einem vollen Erfolg – auch wenn es den Veranstaltern nicht gelang, den bei der Berlinale mit einem Goldenen Bären bedachten japanischen Animationsfilm SPIRITED AWAY zu zeigen.

»In einem primär auf ästhetischer Neugier basierenden Liebhaber- und Highlightprogramm feiert man in Baden-Württemberg ein Medium, das der deutschen Filmkultur international weit mehr Anerkennung verschafft als der hoch subventionierte Langfilm. Und lädt sich dazu die internationale Gesellschaft ein, in die man sich in der oscarverwöhnten Talentschmiede Luxemburg so mühsam emporgekämpft hat. Das Prinzip ist die Vielfalt, wobei man allerdings immer noch einen Kanon klassischer Animantionsformen pflegt.« *(Daniel Kothenschulte, FR)*

Der Amerikaner Dwight Hokum »allein weiß, dass die Vereinigten Staaten von Aliens unterwandert sind und dass sogar zwischen den Schultern des Präsidenten, wenn man ihm den aufgesetzten Menschenkopf wegschießt, ein Penis herausragt. In *Phil Mulloys* böser Satire THE INVASION, die den Preis der Stadt Stuttgart erhielt, macht sich der Hinterwäldler Hokum auf, die Welt von allem Alien-Übel zu befreien. Der in einfacher, aber ungemein effektiver Legetricktechnik gefertigte Film schildert die Mission seines Helden als eine Übung in Fanatismus und Bigotterie, bei der Hokum immer nur nach außen blickt und dort immer nur das feindliche Fremde erkennt. Bis er am Ende schließlich mit sich selbst konfrontiert wird.

Man hätte beim internationalen Wettbewerb auch andere Filme mit den beiden Hauptpreisen auszeichnen können, vielleicht sogar sollen. Im eher experimentellen Bereich hätte sich etwa der Film IN ABSENTIA von den britischen *Quay Brothers* angeboten, die suggestive Studie eine Wahnsinnigen, durchbohrt, durchknarrt, durchklingelt und durchgrummelt von einer Komposition *Karlheinz Stockhausens.* (...)
Ein bisschen herummäkeln muss man auch an der Entscheidung, den mit 15.000 Euro relativ hoch dotierten Förderpreis für den besten Abschlussfilm an einer Hochschule an den russischen Regisseur *Dimitri Geller* für sein allzu frei schwebendes Werk PRIVET IS KISLODOVSKA – HELLO FROM KISLODOVSK zu vergeben. (...) Szenen aus anderen Filmen, die in Stuttgart gezeigt wurden, werden jedenfalls mehr in Erinnerung bleiben als solche aus Kislodovsk. Szenen aus Filmen von *Georges Schwizgibel* (LA JEUNE FILLE ET LES NUAGES), *Daniel Nocke* (DER MODERNE ZYKLOP), *Jochen Kuhn* (NEULICH 2), *Barry J. C. Purves* (HAMILTON MATTRESS), *Paul Driessen* (THE BOY WHO SAW THE ICEBERG), *Piotr Dumal* (ZBRODNIA I KARA), *Daniele Lunghini* (LE FOTO DELLO SCANDOLO) oder *Alain Escalles* (LE CONTE DU MONDE FLOTTANT)«. *(Rupert Koppold, Stuttgarter Zeitung)*

DIE PREISTRÄGER:

Preis des Landes Baden-Württemberg: ***Strojenje instrumentow*** von *Jerzy Kucia.*
Preis der Stadt Stuttgart: ***The Invasion*** von *Phil Mulloy.*
Förderpreis für den besten Hochschulabschlussfilm: ***Privet is Kislodovska*** von *Dimitri Geller.*
Preis für den witzigsten Film: ***Hasta los huesos – Down to the Bone*** von *René Castillo.*
Wettbewerb Young Animation: ***Hungboga*** von *Semi Ryu.*
Wettbewerb Feature Animation: ***Mutant Aliens*** von *Bill Plympton.*

Wettbewerb Tricks for Kids: ***Les balolons ne reviennemt »jam, ais«*** von *Cecilia Marreiros-Marum.*
Publikumspreis des SWR: ***Father and Daughter*** von *Michael Dudok De Wit.*

40. Viennale – Internationale Filmfestwochen in Wien

»Es steht inzwischen auf selbstbewussten und gut finanzierten Füßen: das erklärte Stadtfestival ohne Wettbewerbsallüren unter der Leitung von *Hans Hurch*, der sein Programm ›jenseits von Hollywood‹ mit jedem Filmtitel und mit seinem Anspruch auf ein Kino mit ›Weltgehalt‹ verteidigen kann und dabei nicht auf die Zuschauerzahlen zu schielen braucht. Der jährlich wachsende Zuspruch in einer Stadt mit einem geradezu beängstigenden Multiplexangebot gibt ihm dabei Recht. Die diesjährige Jubiläumsausgabe mit einer Retrospektive zu Ehren von *Jacques Rivette* erinnerte auch an den Zufall, dass der Geburtstag der Viennale beinahe mit dem Beginn der ›Nouvelle Vague‹ zusammenfiel. Eröffnungsfilm war damals LES QUATRE CENT COUPS von *François Truffaut*. Inzwischen präsentiert sich das Festival mit seinen rund 200 Spiel-, Dokumentar- und Kurzfilmen – überwiegend ›the best of‹, eine Festivalnachlese des Jahres – als Kulturereignis ersten Ranges, gestützt nicht zuletzt durch ein umfangreiches Rahmenprogramm, welches dieses Jahr Ausstellungen von und mit *Yoko Ono*, *Antonin Artaud* oder dem Wiener Experimentalfilmer *Martin Arnold* präsentierte.« *(Marli Feldvoss, Neue Zürcher Zeitung)*

»Die Viennale ist eines der schönsten Stadtfestivals der Welt, weil sie immer auch viel mit Wien als Schauplatz zu tun hat, mit Wien als kinematografischem Ort. DER DRITTE MANN, *Carol Reeds* Klassiker des ›Vienna noir‹ von 1949, wurde dieses Jahr wieder aufgeführt, im fast 800 Plätze fassenden Gartenbaukino, mit einer ganz neuen Kopie. Die Gassen der Stadt mit ihren vielen Nischen, durch die Orson Welles als Harry Lime wie ein Phantom huscht, das Labyrinth der Kanäle, durch das er immer wieder entschwindet: Das ergibt eine Topografie der Ängste und des Begehrens. (…)
Ein Geflecht von mehr oder weniger offensichtlichen, starken Beziehungen und Anspielungen entfaltete sich von diesem Film aus über das ganze Festival. Als DER DRITTE MANN in Wien gedreht wurde, da hatte ein junger Wiener seine Karriere im fernen Hollywood fast schon hinter sich. *Turhan Bey*, 1922 in Wien geboren als Sohn einer österreichisch-jüdischen Mutter und eines türkischen Vaters, war Ende der 30er-Jahre in die USA emigriert. In den 40ern perfektionierte er als exotischer Schurke oder glamouröser Fremder in Hollywoods Märchen- und Abenteuerfilmen den Stil des ›High Camp‹, der in der Lüge oft die Wahrheit sagt. Seit den frühen 50ern lebt Turhan Bey wieder hauptsächlich in Wien ein zurückgezogenes Leben als Fotograf. In dem kleinen, feinen Filmporträt TURHAN BEY – VOM GLÜCK VERFOLGT beschreibt *Andrea Eckert* Beys erstaunlichen Trip von Wien nach Hollywood und retour. Sie dokumentiert damit ein verborgenes, beinahe vergessenes Stück österreichisch-amerikanischer Filmgeschichte. (…)
Eine Tradition der Cinephilie setzt die Viennale fort in einer subtilen Programmierung, die Altes und Neues, Experimentelles und Populäres kombiniert, und in der programmatischen Auswahl von Filmautoren, die seit Jahren an neuen Bilderwelten basteln, die neue Blickweisen herausfordern. So ist der Viennale-Trailer in diesem Jahr von *Stan Brakhage* gestaltet worden als essenzielles Kino-Farbspiel, das auf der großen Leinwand manchen Besucher verunsichert hat. So ist auch dem unterschätzten deutschen Filmemacher *Klaus Wyborny* ein Spezialprogramm

gewidmet worden, in dessen Rahmen sein neues Werk, der Antikenfilm SULLA, aufgeführt wurde. Hans Zischler spielt darin den Titelhelden, einen römischen Konsul, der über Macht und Begierde sinniert. (...)
Männliche Obsessionen beschreibt auch *Paul Schrader* in seinem neuen Film AUTO FOCUS, einer tragischen amerikanischen Burleske. Ein Clown steht im Mittelpunkt dieser auf Tatsachen beruhenden Geschichte, ein Komödiant, der zusammen mit seinem diabolischen Kumpel in wüsten Sexorgien eine Art Transzendenz finden wollte. Vom uramerikanischen Vaudeville über die Pin-up-Kultur bis zu Michael Powells ›Peeping Tom‹ reichen die Anspielungen, die Schrader in dieser Beschreibung der unterdrückten karnevalesken Elemente des Showbiz hervorruft.« *(Hans Schifferle, SZ)*

2. goEast – Festival des mittel- und osteuropäischen Films, Wiesbaden

127 Filme aus 22 Ländern, von Slowenien bis Kasachstan, zeigte goEast in seinem zweiten Jahr. Zum Programm gehören als fester Bestandteil der Wettbewerb um den besten Hochschulfilm sowie das filmhistorische Symposium, das 2002 den »Subversionen des Surrealen«, der Tradition des Surrealismus in den Kinematografien Osteuropas, gewidmet war. Die Retrospektive zeigte Dostojewski-Verfilmungen.

Im Mittelpunkt stand aber der Spiel- und Dokumentarfilmwettbewerb. »Ein osteuropäisches Filmfest tief im Westen stellt sich bewusst kulturellen und sozialen Unterschieden. Sich auf die harte Lebenswirklichkeit Osteuropas einzustellen ist kaum möglich, ohne ›Grenzen im Kopf‹ zu überschreiten, wie Festivalleiterin *Claudia Dillmann* zur Eröffnung des zweiten Wiesbadener ›goEast‹ anspornte.
Angesichts der verheerenden Folgen von Krieg, Armut und politischen Umbrüchen steht den Menschen das Wasser bis zum Hals. Ihre hoffnungslose Lage spiegelt sich im jungen osteuropäischen Kino, ohne dass die Filmemacher in Larmoyanz verfielen. Nach dem Vorbild von *Jan Hrebejks* preisgekrönter Tragikomödie – WIR MÜSSEN ZUSAMMENHALTEN, eine der wenigen tschechischen Produktionen, die ins deutsche Kino kamen – verarbeiten sie existenzielle Nöte mit erfrischender Selbstironie und schwarzem Humor.
Ob Arbeitslose, Prostituierte, Alkoholiker oder Behinderte: Alle haben sich eine Portion Galgenhumor bewahrt. Am ausgeprägtesten zeigt sich dieser Trend in der slowenischen Groteske DAS LETZTE ABENDMAHL. *Vojko Anzeljic* spickt sie mit makabrem Witz und einer Ästhetik semidokumentarischer Handkamerafilme vor dem Hintergrund der hohen Selbstmordrate in seiner Heimat. Von ihrem Zuhälter erniedrigt und gepeinigt, sieht eine Prostituierte keinen anderen Ausweg als den Tod. Das bedeutet für zwei Behinderte, die ihr helfen wollen, sich in ihre Dienste als Henker und Totengräber zu stellen.
An ihrem Elend gemessen, geht es den Bettlern in Rumänien noch gut. Zumindest denen, die sich daraus einen Sport machen. Dass es tatsächlich dubiose Agenturen gibt wie in *Nae Caranfils* brillanter Komödie PHILANTHROP, in der ein Vermeintlicher solche Menschen ohne Hoffnung betteln schickt und sich daran eine goldene Nase verdient, ist gar nicht so abwegig, wenn auch mit Augenzwinkern übersteigert.« *(Kirsten Liese, Die Welt)*

DIE PREISE:

Goldene Lilie (bester Film): ***Hi, Tereska*** von *Robert Glinski.*
Preis für die beste Regie: Vojko Anzeljic für ***Das letzte Abendmahl***.
Spezialpreis der Jury: Nae Caranfil für ***Philantrop***.
Bester Dokumentarfilm: ***Joy of Life*** von *Svetozar Ristovski.*

Festivalkalender 2003

Januar

09.01.–12.01. Bamberg
13. Bamberger Kurzfilmtage
Obere Königstr. 15, 96052 Bamberg
Tel.: 09 51/5 29 36, Fax: 5 72 08
www.bambergerkurzfilmtage.de

13.01.–19.01. Saarbrücken
24. Filmfestival zum Max-Ophüls-Preis
Filmbüro Saarbrücken
Mainzer Str. 8, 66111 Saarbrücken
Tel.: 06 81/9 06 89-0, Fax: 9 06 89-20
www.max-ophuels-preis.de
Deutschsprachiger Nachwuchsfilm. Kurzfilme, Sonderprogramme, Retrospektive.

20.01.–26.01. Solothurn
38. Solothurner Filmtage
Postfach 140, CH-4504 Solothurn
Tel.: 00 41/32/6 25 80 80, Fax: 6 23 64 10
www.solothurnerfilmtage.ch
Schweizer Filmproduktion des Vorjahres.

22.01.–02.02. Rotterdam
International Film Festival Rotterdam
P. O. Box 21696, AR Rotterdam, Niederlande
Tel.: 00 31/10/8 90 90 90, Fax: 8 90 90 91
www.filmfestivalrotterdam.com

23.01.–26.01. Würzburg
29. Internationales Filmwochenende Würzburg
Filminitiative Würzburg e.V.
Gosbertsteige 2, 97082 Würzburg
Tel.: 09 31/41 40 98, Fax: 41 62 79
www.filmwochenende-wuerzburg.de

Februar

06.02.–16.02. Berlin
53. Internationale Filmfestspiele Berlin »Berlinale«
Potsdamer Straße 5, 10785 Berlin
Tel. 0 30/2 59 20-0, Fax: 2 59 20-2 99
www.berlinale.de
Internationaler Wettbewerb, Internationales Forum des jungen Films, Panorama, Kinderfilmfest, Neue deutsche Filme.

März

05.03.–09.03. Tampere
33. International Short Film Festival Tampere
Tullikamarnaukio 2, 33100 Tampere; Box 305, FIN-33101 Tampere
Tel.: 0 03 58/3/2 13 00 34
Fax: 2 23 01 21
www.tamperefilmfestival.fi
Schwerpunkt: Nord- und osteuropäische sowie finnische Produktionen.

20.03.–23.03. Landshut
4. Kurzfilmfestival Dynamo
Dynamo Kurzfilm, Michael Orth
Karwendelweg 4, 84034 Landshut
Tel./Fax: 08 71/6 26 56
www.dynamo-kurzfilm.de
Kurzfilme von Profis und Amateuren.

21.03.–30.03. Créteil
25è Festival International de Films de Femmes
Maison des Arts, Place Salvador Allende, F-94000 Créteil, Frankreich
Tel.: 00 33/1/49 80 38 98
Fax: 43 99 04 10
www.filmsdefemmes.com
Filme von Regisseurinnen, Retrospektive, Wettbewerb.

24.03.–30.03. Graz
5. »Diagonale« – Festival des österreichischen Films
Mariahilfer Str. 113/43, A-1060 Wien
Tel.: 00 43/1/5 95 45 56
Fax: 5 95 45 56-20, www.diagonale.at

26.03.–02.04.Wiesbaden
3. goEast – Festival des mittel- und osteuropäischen Films
Deutsches Filminstitut DIF
Schaumainkai 41
60596 Frankfurt a. M.
Tel.: 0 69/66 37 29 46, Fax: 66 37 29 47
www.filmfestival-goEast.de

April

02.04.–06.04. Dortmund
9. Internationales Filmfestival Dortmund – femme totale
c/o Kulturbüro der Stadt Dortmund
Küpferstr. 3, 44122 Dortmund
Tel.: 02 31/50 25-1 62, Fax: 50 25-7 34
www.femmetotale.de/home.html

02.04.–11.04. Gera/Erfurt
Goldener Spatz – Deutsches Kinder-Film & Fernseh-Festival
Stiftung Goldener Spatz
Heinrichstr. 47, 07545 Gera
Tel.: 03 65/8 00 48 74
www.goldenerspatz.gera.de

07.04.–14.05. Tübingen
11. Cine Latino
Filmtage Tübingen
Österbergstr. 9, 72074 Tübingen
Tel.: 0 70 71/56 96-0, Fax: 56 96-96
www.filmtage-tuebingen.de

15.04.–20.04. Dresden
15. Filmfest Dresden
Filminitiative Dresden
Alaunstr. 62, 01099 Dresden
Tel.: 03 51/82 94 70, Fax: 8 29 47 19
www.filmfest-dresden.de
Internationales Kurzfilmfestival.

22.04.–04.05. Brüssel
30. Brussel-Europe Film Festival
Ch. de Louvain 30, B-1210 Bruxelles
Tel.: 00 32/2/2 27 39 80, Fax: 2 18 18 60
www.brusselsfestival.be

23.04.–27.04. Osnabrück
European Media Art Festival (EMAF).
Lohstr. 45 a, Postfach 1861
49074 Osnabrück
Tel.: 05 41/2 16 58, Fax: 2 83 27
www. emaf.de
Experimentelle Filme, Videos und Digitales

24.04.–27.04. Selb
26. Internationale Grenzland-Filmtage
Postfach 307, 95622 Wunsiedel
Tel.: 0 92 32/47 70, Fax: 47 10
www.grenzland-filmtage.de

26.04.–05.05. Nyon
34. Internationales Dokumentar-filmfestival Visions du Réel
Festival International du
Cinéma Documentaire
18, rue Juste-Olivier, CH-1260 Nyon 1
Tel.: 00 41/22/3 65-44 55
Fax: 3 65-44 50
www.visionsdureel.ch

29.04.– 04.05. Potsdam
32. Internationale Studentenfilmtage »Sehsüchte«
HFF Potsdam, Marlene-Dietrich-Allee 11, 14482 Potsdam
Tel. 03 31/62 02-7 80, Fax: 62 02-7 81
www.sehsuechte.de
Internationales Studentenfilm-festival.

Mai

01.05.–06.05. Oberhausen
49. Internationale Kurzfilmtage Oberhausen
Grillostr. 34, 46042 Oberhausen
Tel.: 02 08/8 25-26 52, Fax: 8 25-54 13
www. kurzfilmtage.de
Das älteste deutsche Kurzfilmfestival bietet einen deutschen und internationalen Wettbewerb, Retrospektiven, Kinderfilme.

03.05.–10.05. München
18. Internationales Dokumentarfilm-festival München
Filmmuseum München,
St. Jakobsplatz 1, 81245 München
Tel.: 0 89/2 33-2 03 99, Fax: 2 33-2 39 31
www.dokfestival-muenchen.de

07.05.–11.05. Schwerin
13. Film-Kunst-Fest Schwerin
Wismarsche Str. 126, 19053 Schwerin
Tel.: 03 85/58 11-3 64, Fax: 58 11-3 65
www.filmkunstfest-schwerin.de
Spiel- und Kurzfilme, Länderreihe, Filmnächte, Retrospektive.

14.05.–25.05. Cannes
55. Festival International du Film Cannes
99, Boul. Malesherbes, F-75008 Paris
Tel.: 00 33/1/45 61 66 00
Fax: 45 61 97 60
www.festival-cannes.org
Wettbewerb, Sonderreihen, Markt.

Juni

02.06.– 07.06. Annecy
27. Internationales Animationsfilm Festival
6 Avenue de Iles, BP 399
F-74013 Annecy Cedex
Tel.: 00 33/4/50 10 09 00
Fax: 50 10 09 70
www.annecy.org
Eines der bedeutendsten europäischen Festivals für Animationsfilm.

04.06.– 09.06. Hamburg
19. Internationales Hamburger Kurzfilmfestival
KurzFilmAgentur Hamburg,
Friedensallee 7, R. 10
22765 Hamburg
Tel.: 0 40/39 10 63-23, Fax: 39 10 63-20
www.shortfilm.com

11.06.–18.06. Emden/Aurich/ Norderney
14. Filmfest Emden/Aurich/ Norderney
Filmfest Emden
An der Berufsschule 3, 26721 Emden
Tel.: 0 49 21/91 55-33, -35, -41
Fax: 91 55-91
www. filmfest-emden.de
Europäische und aktuelle deutsche Filme.

18.06.–22.06. Innsbruck
12. Internationales Film Festival Innsbruck
Cine Vision
Museumsstr. 31, A–6020 Innsbruck
Tel.: 00 43/5 12/6 04 70-14
Fax: 57 85 00-13, www.iffi.at
Filme aus Lateinamerika, Afrika und Asien.

28.06.– 05.07. München
Filmfest München
Sonnenstr. 21, 80331 München
Tel.: 0 89/38 19 04-0, Fax: 38 19 04-26
www.filmfest-muenchen.de
Internationales Programm, Retrospektive, Hommagen, Kinderfilme.

Juli

04.07.–12.07. Karlovy Vary
38. Internationales Filmfestival Karlovy Vary
Film Servis Festival Karlovy Vary
Panskà 1, 11000 Prag 1, Tschechien
Tel.: 00 42/2/24 23-54 12
Fax: 24 23-34 08, www.kviff.cz
Wettbewerb, neue tschechische Filme.

10.07.–15.07. Stuttgart
3. Europäisches Filmfest Stuttgart Ludwigsburg – Cinema Europa
Film- und Medienfestival GmbH,
Bosch Areal
Breitscheidstr. 4, 70174 Stuttgart
Tel.: 07 11/9 25 46-1 00
Fax: 9 25 46-1 50, www.filmfest-s-lb.de

23.07.–20.08. München, Stuttgart, Köln, Frankfurt, Berlin, Hamburg
17. Fantasy Filmfest
Rosebud Entertainment
Fregestr. 36, 12161 Berlin
Tel.: 0 30/8 61 45-32, Fax: 8 61 45-39
www. fantasyfilmfest.com
Thriller, Horror-, Sciencefictionfilme.

Ende Juli Regensburg
21. Regensburger Stummfilmwoche
Arbeitskreis Film
Bertoldstr. 9, 93047 Regensburg

Tel.: 09 41/56 09 01, Fax: 56 07 16
www.filmgalerie.de
Stummfilme mit Livemusikbegleitung.

August

06.08.–16.08. Locarno
56. Festival Internazionale del Film
Via Luini 3 a, CH-6601 Locarno
Tel.: 00 41/91/7 56 21 21
Fax: 7 56 21 49, www.pardo.ch
Internationaler Wettbewerb, Neue Schweizer Filme, Retrospektive und Hommagen.

07.08.–17.08. Bonn
18. Bonner Sommerkino
Förderverein Filmkultur
Kreuzstr. 16, 53225 Bonn
Tel.: 02 28/47 85 68, Fax: 47 46 76
www.bonnerkinemathek.de
Restaurierte Stummfilme mit Livemusik.

13.08.–24.08. Edinburgh
57th International Filmfestival
88 Lothian Road
GB-Edinburgh EH39BZ
Tel.: 00 44/1 31/2 28 40 51
Fax: 2 29 55 01, www.edfilmfest.org.uk

15.08.–20.08. Bludenz
18. Alpinale/11. Alpinale-Kinderfest
Alpinale Vorarlberg
Sturnengasse 4, A-6700 Bludenz
Tel./Fax: 00 43/55 52/3 02 90
www.vol.at/alpinale-filmfestival
Fokus: Alpenländische Filme.

27.08.– 06.09. Venedig
60. Mostra Internazionale d'Arte Cinematografica
La Biennale di Venezia
Ca Giustinian San Marco
30124 Venezia
Tel.: 0 03 90/41/52 18 78 78
Fax: 5 22 76 39, www.labiennale.org
A-Festival mit internationalem Wettbewerb, Sonderreihen und Specials.

September

03.09.–07.09. Oldenburg
10. Internationales Filmfest
Bahnhofstr. 15, 26122 Oldenburg
Tel.: 04 41/9 25 08-55, Fax: 9 25 08-56
www.filmfest-oldenburg.de

10.09.–15.09. Ludwigsburg
3. Europäisches Filmfest Stuttgart Ludwigsburg – European Short Film
Film- und Medienfestival GmbH
Bosch Areal
Breitscheidstr. 4, 70174 Stuttgart
Tel.: 07 11/9 25 46-1 00
Fax: 9 25 46-1 50, www.filmfest-s-lb.de

18.09.–22.09. Osnabrück
17. Unabhängiges Filmfest
Lohstr. 45 a, 49074 Osnabrück
Tel.: 05 41/2 02 02 99, Fax: 2 83 27
www.osnabrueck-net.de/ufos
Internationale Spiel- und Dokumentarfilme.

18.09.–27.09. San Sebastian
51. Festival internazional del cine de San Sebastian
P. O. Box 397, E-20080 San Sebastian
Tel.: 00 34/43/48 12 12, Fax: 48 12 18
www.sansebastianfilmfestival.ya.com
Internationaler Wettbewerb, Retrospektive und Hommagen.

23.09.–29.09. Hamburg
11. Filmfest Hamburg
Postfach 500 480, 22704 Hamburg
Tel.: 0 40/3 99 19 00-0
Fax: 3 99 19 00-10
www.filmfesthamburg.de
Mainstream, europäische und amerikanische Independents, Spezialreihen.

24.09.–28.09. Nürnberg
3. Nürnberger Filmfestival für Menschenrechte
c/o Filmhaus
Königstr. 93, 90402 Nürnberg
Tel.: 09 11/23 18 73 29
www.humanrightsfilmfestival.org

Oktober

07.10.–12.10. Neubrandenburg
12. Dokument Art – Europäische Filmwerkstatt
Große Krauthöferstr. 16
17033 Neubrandenburg
Tel.: 03 95/5 66 61 09, Fax: 5 66 66 12
www.latuecht.de/dokart
Dokumentarfilme, Sonderprogramm Filme aus Osteuropa.

08.10.–12.10. Osnabrück
18. Unabhängiges Filmfest
Osnabrücker Film-Forum,
Birgit Müller
Lohstr. 45a, 49074 Osnabrück
Tel.: 0541/29824, www.filmfest-os.de

14.10.–19.10. Hamburg
14. Lesbisch Schwule Filmtage
Querbild
Schanzenstr. 45, 20357 Hamburg
Tel.: 0 40/3 48 06 70, Fax: 34 05 22
www.LSF-hamburg.de
Queer Cinema aus aller Welt.

14.10.–19.10. Leipzig
46. Internationales Leipziger Festival für Dokumentar- und Animationsfilm
DOK-Filmwoche GmbH
Gr. Fleischergasse 11, 04109 Leipzig
Tel.: 03 41/9 80 39 21, Fax: 9 80 61 41
www.dokfestival-leipzig.de

17.10.–25.10.Tübingen/Stuttgart
20. Französische Filmtage
Filmtage Tübingen
Österbergstraße 9, 72074 Tübingen
Tel.: 0 70 71/56 96-0, Fax: 56 96-96
www.filmtage-tuebingen.de
Filme aus Frankreich und französischsprachigen Staaten Afrikas.

17.10.–29.10. Wien
41. Internationale Filmfestwochen »Viennale«
Stiftgasse 6, A-1070 Wien
Tel.: 00 43/1/5 26 59 47, Fax: 5 23 41 72
www.viennale.at
Internationales Programm, Retrospektive.

22.10.–26.10. Hof
37. Internationale Hofer Filmtage
Altstadt 8, 95028 Hof
Tel.: 0 92 81/8 54 40, Fax: 1 88 16
www.hofer-filmtage.de
Internationale und deutsche Spielfilme, Erstaufführungen.

30.10.– 02.11. Biberach
25. Biberacher Filmfestspiele
Filmtheaterbetriebe Adrian Kutter
Waldseer Str. 3, 88400 Biberach/Riss
Tel.: 0 73 51/7 23 31, Fax: 1 37 64
www.filmfest-biberach.de
Neue deutsche Spiel-, Dokumentar- und Kurzfilme.

30.10.–02.11. Lübeck
45. Nordische Filmtage Lübeck/ 16. Filmforum Schleswig-Holstein
Schildstr. 12, 23539 Lübeck
Tel.: 04 51/1 22 41-05, -09
Fax: 12 24 10-6
www.filmtage.luebeck.de
Skandinavische Spiel- und Dokumentarfilme, Schleswig-Holstein-Forum, Kinderfilme, Retrospektive.

31.10.–04.11. Hannover
up-and-coming Film Festival Hannover
Bundesweites Schülerfilm- und Videozentrum, up-and-coming
Postfach 1967, 30019 Hannover
Tel.: 05 11/66 11 02, Fax: 39 30 25
www.up-and-coming.de

Ende Oktober Cottbus
13. FilmFestival Cottbus
Filmbüro Cottbus
Bautzener Str. 91, 03050 Cottbus
Tel.: 03 55/43 10 70, Fax: 4 31 07 20
www.filmfestivalcottbus.de
Spiel- und Dokumentarfilme aus Polen, Tschechien, Russland und anderen osteuropäischen Staaten.

Ende Oktober Freiburg
20. Ökomedia, Internationales Festival des ökologischen Films
Ökomedia Institut
Nussmannstr. 14, 79098 Freiburg
Tel.: 07 61/5 20 24, Fax: 55 57 24
www.oekomedia-institut.de

November

im November Basel
VIPER – 22. Internationales Festival für Film, Video und Neue Medien
Postfach, 4002 Basel
Tel.: 00 41/61/2 83 27-00
Fax: 2 83 27-05, www.viper.ch
Avantgardefilm- und -video, Multimedia, Installationen, Performances, thematisches Forum, Symposium, Retrospektiven.

03.11.–09.11. Duisburg
27. Duisburger Filmwoche – Festival des deutschsprachigen Dokumentarfilms
c/o VHS Duisburg
Am König-Heinrich-Platz
47049 Duisburg
Tel.: 02 03/2 83 41-87, -71
Fax: 2 83 41 30
www.duisburg.de/filmwoche
Dokumentarfilme aus Österreich, der Schweiz und Deutschland.

04.11.–09.11. Braunschweig
16. Filmfest Braunschweig
Hochstr. 21, 38102 Braunschweig
Tel.: 05 31/7 55 97, Fax: 7 55 23
www.filmfest-braunschweig.de
Europäische und deutsche Filme, Spezialprogramme, Retrospektive.

12.11.–16.11. Kassel
20. Kasseler Dokumentarfilm- und Videofest
c/o Filmladen Kassel
Goethestr. 31, 34119 Kassel
Tel.: 05 61/7 07 64-21
www.filmladen.de/dokfest
Dokumentarfilme und Videos, DVD, Videokunst, Medieninstallationen.

13.11.–15.11. Graz
15. Internationales Berg & Abenteuerfilmfestival
Robert Schauer Filmproduktion
Schönaugasse 3, A–8010 Graz
Tel.: 00 43/3 16/81 42 23-0
Fax: 81 42 23-4
www.mountainfilm.com

14.11.–23.11. Wiesbaden
16. exground on screen
exground filmfest
Ernst-Göbel-Str. 27, 65207 Wiesbaden
Tel.: 06 11/1 74 82-27, Fax: 1 74 82-28
www.exground.com
Internationale Independents und Kurzfilme.

Mitte November Regensburg
10. Regensburger Kurzfilmwoche
Arbeitskreis Film
Bertoldstr. 9, 93047 Regensburg
Tel.: 09 41/56 09 01, Fax: 56 07 16
www.regensburger-kurzfilmwoche.de
Internationaler Kurzfilmwettbewerb.

19.11.–10.12. München, Köln, Frankfurt, Berlin, Hamburg
»Verzaubert 2003« – 13. International Queer Filmfestival
Rosebud Entertainment
Fregestr. 36, 12161 Berlin
Tel.: 0 30/8 61 45-32, Fax: 8 61 45 39
www.verzaubertfilmfestival.com
Zusammengestellt von der Filmzeitschrift epd Film.

26.11.–30.11. Münster
10. Filmfestival Münster
Filmwerkstatt Münster
Gartenstr. 123, 48147 Münster
Tel.: 02 51/2 30 36 21
www.filmfestival.muenster.de

30.11.–06.12. Augsburg
Augsburger Filmtage – 23. Kinderfilmfest / 12. Kurzfilmwochenende / 16. Tage des unabhängigen Films
Filmbüro Augsburg
Schroeckstr. 6, 81652 Augsburg
Tel.: 08 21/3 49-10 60, Fax: 3 49-52 18
www.filmfest-augsburg.de

Ende November Mannheim/Heidelberg
52. Internationales Filmfestival Mannheim-Heidelberg
Collini Center
Galerie, 68161 Mannheim
Tel.: 06 21/10 29 43 oder 15 23 16
Fax: 29 15 64
www.mannheim-filmfestival.com
Wettbewerb für Independents, junge Autorenfilme aus aller Welt, Markt.

Filmwirtschaft in Deutschland

Die Top 100 Deutschland
(1. Januar bis 30. Dezember 2002)

Platz	Titel	Verleih	Besucher	Start
1	**Harry Potter 2**	Warner	8.913.204	14.11.2002
2	**Ice Age**	Fox	7.136.973	21.03.2002
3	**Herr der Ringe 2**	Warner	6.323.324	18.12.2002
4	**Star Wars: Episode II**	Fox	5.699.678	16.05.2002
5	**Herr der Ringe 1**	Warner	5.634.171	20.12.2001
6	**Spider-Man**	Col. TriStar	5.186.528	06.06.2002
7	**Men in Black 2**	Col. TriStar	5.147.759	18.07.2002
8	**Ocean's Eleven**	Warner	4.418.112	10.01.2002
9	**James B. – Stirb an einem and. Tag**	Fox	4.405.609	28.11.2002
10	**Die Monster AG**	Buena Vista	3.314.731	31.01.2002
11	**Minority Report**	Fox	2.623.768	03.10.2002
12	**A Beautiful Mind**	UIP	2.465.273	28.02.2002
13	**Signs – Zeichen**	Buena Vista	2.455.368	12.09.2002
14	**40 Tage und 40 Nächte**	UIP	2.450.832	30.05.2002
15	**About a Boy**	UIP	2.206.352	22.08.2002
16	**xXx – Triple X**	Col. TriStar	2.205.273	17.10.2002
17	**Bibi Blocksberg**	Constantin	2.054.615	26.09.2002
18	**Roter Drache**	UIP	2.051.439	31.10.2002
19	**Rush Hour 2**	Warner	2.049.756	07.02.2002
20	**Harry Potter 1**	Warner	1.891.306	22.11.2001
21	**Lilo und Stitch**	Buena Vista	1.860.343	04.07.2002
22	**Plötzlich Prinzessin!**	Buena Vista	1.843.558	20.12.2001
23	**Blade 2**	Warner	1.807.276	02.05.2002
24	**Stuart Little 2**	Col. TriStar	1.740.121	29.08.2002
25	**Panic Room**	Col. TriStar	1.673.035	18.04.2002
26	**Schwer verliebt**	Fox	1.640.825	14.02.2002
27	**Asterix & Obelix: M. C.**	Tobis Film	1.614.311	07.03.2002
28	**Die Bourne Identität**	UIP	1.569.497	26.09.2002
29	**Spirit – Der wilde Mustang**	UIP	1.536.617	20.06.2002
30	**Untreu**	Fox	1.467.048	13.06.2002
31	**Vanilla Sky**	UIP	1.430.629	24.01.2002
32	**8 Frauen**	Constantin	1.355.781	11.07.2002
33	**Mr. Deeds**	Col. TriStar	1.284.967	15.08.2002
34	**Nirgendwo in Afrika**	Constantin	1.274.840	27.12.2001
35	**Der Anschlag**	UIP	1.243.394	08.08.2002
36	**Super süß und super sexy**	Col. TriStar	1.171.424	10.10.2002
37	**Nicht noch ein Teenie-Film!**	Col. TriStar	1.147.806	04.04.2002
38	**Scooby Doo**	Warner	1.100.082	01.08.2002
39	**Spy Game**	UIP	1.080.228	14.03.2002
40	**Knallharte Jungs**	Constantin	1.008.268	14.03.2002
41	**Party Animals**	Constantin	984.613	25.07.2002
42	**The Scorpion King**	UIP	975.078	25.04.2002
43	**Road to Perdition**	Fox	963.104	05.09.2002

Platz	Titel	Verleih	Besucher	Start
44	**Snowdogs**	Buena Vista	955.841	17.10.2002
45	**Resident Evil**	Constantin	949.247	21.03.2002
46	**Nackt**	Constantin	917.648	19.09.2002
47	**Pakt der Wölfe**	Helkon/BVI	891.754	14.02.2002
48	**Santa Clause 2**	Buena Vista	847.948	21.11.2002
49	**Kate & Leopold**	Fox	835.759	25.04.2002
50	**Sweet Home Alabama**	Buena Vista	816.988	19.12.2002
51	**Mord nach Plan**	Warner	794.540	27.06.2002
52	**Der Schatzplanet**	Buena Vista	780.694	05.12.2002
53	**Nomaden der Lüfte***	Kinowelt	769.573	04.04.2002
54	**From Hell**	Fox	755.805	28.02.2002
55	**Italienisch für Anfänger***	Kinowelt	754.313	17.01.2002
56	**Showtime**	Warner	728.319	11.04.2002
57	**Atlantis**	Buena Vista	717.425	06.12.2001
58	**Austin Powers in Goldständer**	Warner	712.254	24.10.2002
59	**The Others**	Senator	705.065	10.01.2002
60	**Erkan & Stefan 2**	Constantin	686.067	20.06.2002
61	**Was nicht passt, …**	Senator	674.418	07.03.2002
62	**Peter Pan: Neue Abenteuer …**	Buena Vista	659.685	19.09.2002
63	**Not a Girl**	Constantin	648.351	28.03.2002
64	**Rat Race**	Senator	629.711	29.08.2002
65	**Die fabelhafte Welt der Amélie**	Prokino/Fox	610.832	28.03.2002
66	**Wir waren Helden**	Concorde	609.191	04.07.2002
67	**666 – Traue keinem, mit …**	Constantin	584.273	21.02.2002
68	**Feuer, Eis und Dosenbier**	Warner	580.091	21.02.2002
69	**Der Pianist**	Tobis Film	563.997	24.10.2002
70	**Neues von Pettersson …**	MFA	552.069	03.10.2002
71	**Arac Attack**	Warner	551.639	15.08.2002
72	**Time Machine**	Warner	536.917	21.03.2002
73	**Der Schuh des Manitu (WA)**	Constantin	529.811	11.07.2002
74	**Kick it like Beckham**	Highlight	485.873	03.10.2002
75	**Schiffsmeldungen**	Concorde	481.683	28.03.2002
76	**Ali G Indahouse**	UIP	479.384	05.09.2002
77	**Elling**	Arsenal	469.429	02.05.2002
78	**Gosford Park**	UIP	467.455	13.06.2002
79	**Bella Martha**	Ottfilm/UIP	463.910	18.04.2002
80	**13 Geister**	Col. TriStar	463.504	17.01.2002
81	**The Tuxedo**	UIP	453.974	05.12.2002
82	**Heaven**	X Verleih	446.480	21.02.2002
83	**E.T. – Der Außerirdische**	UIP	445.650	28.03.2002
84	**Solino**	X Verleih	442.387	07.11.2002
85	**Sag' kein Wort**	Fox	435.732	17.01.2002
86	**Zoolander**	UIP	428.178	27.12.2001
87	**Spurwechsel**	UIP	421.231	07.11.2002
88	**Bad Company**	Buena Vista	407.452	22.08.2002
89	**Was tun, wenn's brennt?**	Col. TriStar	403.382	31.01.2002
90	**Collateral Damage**	Tobis Film	398.182	21.02.2002
91	**Black Hawk Down**	Senator	395.291	10.10.2002
92	**Sprich mit ihr**	Tobis Film	385.730	08.08.2002
93	**Wie die Karnickel**	Constantin	355.100	12.09.2002

Platz	Titel	Verleih	Besucher	Start
94	**Die Royal Tenenbaums**	Buena Vista	353.266	14.03.2002
95	**Ali**	Fox	338.789	15.08.2002
96	**Insomnia**	Warner	334.861	10.10.2002
97	**Genug**	Col. TriStar	332.111	19.09.2002
98	**Halbe Treppe**	Delphi	330.882	03.10.2002
99	**Mulholland Drive**	Concorde	324.227	03.01.2002
100	**Im Zeichen der Libelle**	Buena Vista	316.783	11.04.2002

Die Rangfolge der Filme ergibt sich aus den vom Verleih gemeldeten Besucherzahlen. Zeitraum: 3. Januar 2002 bis 1. Januar 2003. Für Filme, die nicht mehr in den aktuellen Listen des Verleiher-Verbandes aufgeführt sind, wurden die Besucherzahlen mit Stand 1. Januar 2003 aktualisiert.
* keine Aktualisierung durch Verleih.
Mit freundlicher Genehmigung von Filmecho-Filmwoche.

Goldene Leinwand 2002

Filmtitel	Verleih	Erreicht am
Für mehr als 12 Mio. Besucher		
Harry Potter und der Stein der Weisen	Warner	04.02.2002
Für mehr als 9 Mio. Besucher		
Der Herr der Ringe – Die Gefährten	Warner	21.01.2002
Für mehr als 6 Mio. Besucher		
Ice Age	Fox	29.01.2002
Für mehr als 3 Mio. Besucher		
Ocean's Eleven	Warner	03.02.2002
Monster AG	BVI	17.03.2002
Star Wars Episode II – Angriff der Klonkrieger	Fox	24.05.2002
Spider-Man	Col. TriStar	21.06.2002
Men in Black II	Col. TriStar	26.07.2002
Die fabelhafte Welt der Amélie	Prokino	16.08.2002
James Bond – Stirb an einem anderen Tag	Fox	14.12.2002

Die »Goldene Leinwand« ist eine Auszeichnung für die erfolgreichsten Filme in Deutschland. Sie wird vergeben vom Hauptverband Deutscher Filmtheater (HDF) und vom Filmfachblatt Filmecho-Filmwoche. Die Goldene Leinwand für mehr als 3 Mio. Besucher muss innerhalb von 18 Monaten erreicht werden.

Hitliste Deutsche Kinofilme 2002

Titel	Start	Besucher
Bibi Blocksberg	26.09.02	2.050.214
Nirgendwo in Afrika	27.12.01	1.290.694
Knallharte Jungs	14.03.02	1.006.336
Resident Evil (D/GB)	21.03.02	948.570
Nackt	19.09.02	914.366
Nomaden der Lüfte (D/E/F)	04.04.02	756.026
Erkan & Stefan und die Macht der Finsternis	20.06.02	684.484
Was nicht passt, wird passend gemacht	07.03.02	671.529
666 – Trau keinem, mit dem du schläfst	21.02.02	581.741
Der Pianist (D/F/P)	24.10.02	578.438
Feuer, Eis und Dosenbier	21.02.02	576.862
Neues von Petterson und Findus (D/S)	03.10.02	552.069
Der Schuh des Manitu (WA)	11.07.02	547.390
Solino	07.11.02	456.599
Bella Martha	18.04.02	456.599
Heaven	21.02.02	444.177
Was tun, wenn's brennt	31.01.02	424.790
Wie die Karnickel	12.09.02	351.473
Halbe Treppe	03.10.02	328.613
Tattoo	04.04.02	215.115
Vaya con Dios	28.03.02	205.958
Soweit die Füße tragen	27.12.02	196.544
Die Scheinheiligen	11.04.02	153.569
Der Stellvertreter	30.05.02	97.304
Momo	03.01.02	84.541
Verrück nach Paris	12.09.02	83.933
Das weiße Rauschen	31.01.02	82.705
Große Mädchen weinen nicht	24.10.02	73.393
Rivers and Tides	07.03.02	68.893
Fickende Fische	15.08.02	54.942
Taking Sides – Der Fall Furtwängler	07.03.02	50.888
Unterwegs in die nächste Dimension	24.01.02	44.266
Leo und Claire	18.04.02	43.712
Der Felsen	25.07.02	42.943
Herz im Kopf	06.06.02	42.697
Auf Herz und Nieren	29.08.02	41.646
Heidi	21.02.02	39.642
Väter	26.09.02	37.097
Hilfe, ich bin ein Junge	17.10.02	27.259
Scherbentanz	31.10.02	24.593
Baader	17.10.02	24.563
Führer Ex	05.12.02	20.756
Viel passiert – Der BAP Film	07.03.02	20.054
Anan	25.04.02	15.080
Starbuck – Holger Meins	23.05.02	11.479
Jazz seen	25.04.02	10.191
Der Glanz von Berlin	16.05.02	10.025
Mortal Transfer	31.01.02	9.391
Epsteins Nacht	07.11.02	8.313

Titel	Start	Besucher
Jeans	05.12.02	7.934
Bellaria – Solange wir leben (Ö/D)	07.11.02	5.596
99 Euro Films	02.05.03	3.364
Vienna	12.09.02	3.235
Storno	13.06.02	2.788

Quelle: Verband der deutschen Filmverleiher VdF, 23.01.03; FFA Hitlisten Januar bis November 2002. *Der Schuh des Manitu* seit Start (19.07.2001): 11.657.591 Besucher insgesamt. Zusammenstellung: Informationsbüro Film des FFF Bayern

Die Erfolgreichen im Fernsehen

Top 10 Kinofilme im Fernsehen
(1. Januar bis 15. Dezember 2002)

Platz	Sendung	Sender	Datum	Zusch. in Mio.
1	**Independence Day**	Pro7	13.01.	8,07
2	**Notting Hill**	ZDF	14.04.	7,89
3	**Men in Black**	Pro7	03.02.	7,40
4	**The Green Mile**	RTL	03.10.	7,38
5	**Star Wars: Episode 1**	Pro7	21.04.	7,36
6	**Die Mumie**	RTL	01.04.	7,26
7	**The Sixth Sense**	Pro7	03.11.	6,98
8	**Asterix & Obelix gegen Cäsar**	Sat.1	30.03.	6,90
9	**Pretty Woman**	ZDF	01.01.	6,69
10	**Verrückt nach Mary**	RTL	01.01.	6,53

Spielfilme (gemäß Vercodung der Sender), nicht berücksichtigt wurden TV-Movies.

Top 10 TV-Movies
(1. Januar bis 15. Dezember 2002)

Platz	Sendung	Sender	Datum	Zusch. in Mio.
1	**Tatort: Lastrumer Mischung (NDR)**	ARD	07.04.	10,20
2	**R. Pilcher: Kinder des Glücks**	ZDF	27.01.	9,23
3	**Entscheidung auf Mauritius**	ZDF	17.02.	8,75
4	**Das Traumschiff: Chile**	ZDF	01.01.	8,38
5	**Polizeiruf 110: Der Spieler (MDR)**	ARD	12.05.	8,16
6	**Liebe ist die halbe Miete**	ARD	27.02.	7,68
7	**Die Affäre Semmeling (Teil 1)**	ZDF	02.01.	7,48
8	**Bobby**	ARD	30.01.	6,62
9	**Ein Dorf sucht seinen Mörder**	ZDF	15.04.	6,43
10	**Stahlnetz: PSI**	ARD	05.05.	6,56

Fernsehfilme (gemäß Vercodung der Sender), darin enthalten Mehrteiler und 90-minütige Reihen, bei Mehrteilern nur bestes Ergebnis. Zuschauer ab 3 J., BRD gesamt, Fernsehpanel (D), alle Sender.
Quelle: AGF/GfK-Fernsehforschung/PC/TV/Media Control.

Filmwirtschaft in Österreich

Die Top Ten

Platz	Titel	Verleih	Besucher
1	**Herr der Ringe – Die Gefährten**	Warner	1.019.500
2	**Ice Age**	Fox	722.774
3	**Harry Potter und die Kammer des …**	Warner	719.945
4	**Herr der Ringe – Die zwei Türme**	Warner	647.301
5	**Spider-Man**	Col. TriStar	589.903
6	**Men in Black 2**	Col. TriStar	535.136
7	**Starwars: Episode 2**	Fox	503.314
8	**Ocean's Eleven**	Warner	490.711
9	**Die Monster AG**	Buena Vista	489.659
10	**James B. – Stirb an einem anderen Tag**	Fox	440.389

Die 10 erfolgreichsten österreichischen Filme

Platz	Titel	Produktionsfirma	Besucher
1	**Poppitz**	Dor Film	440.000
2	**Hundstage**	Allegro Film	100.551
3	**Die Klavierspielerin**	Wega Film	83.592
4	**Andreas Hofer**	Satel Film/ORF	28.147
5	**Blue Moon**	Lotus Film	25.324
6	**Im toten Winkel**	Dor Film	13.579
7	**Elsewhere**	Nikolaus Geyrhalter Film	11.335
8	**Meine Schwester, das Biest**	Star Film	10.129
9	**Gebürtig**	Cult Film	8.377
10	**Vollgas**	Prisma Film	6.000

Quelle: Österreichischer Fachverband der Lichtspieltheater und Audiovisionsveranstalter. Mit freundlicher Genehmigung von Blickpunkt Film.

Filmwirtschaft in der Schweiz

Die 10 erfolgreichsten schweizerischen Filme*

Platz	Titel	Besucher
1	**Ernstfall in Havanna**	296.646
2	**Mani Matter – warum syt dir so truurig?**	52.548
3	**War Photographer**	16.179
4	**Hirtenreise ins dritte Jahrtausend**	14.686
5	**Les Petites Couleurs**	13.402
6	**B comme Bejart**	13.242
7	**Martha Argerich, Conversation Nocturne**	10.416
8	**Brennen im Wind**	9.454
9	**Stille Liebe**	8.967
10	**L'Adversaire**	6.741

* Auch Filme, die mit schweizerischer Beteiligung entstanden sind.
Quelle: Pro Cinema.

›Hundstage‹ in Österreich erfolgreich im Kino und ein internationaler Festivalerfolg

Filmwirtschaft in England

Die Top Ten in England
(2. Januar bis 15. Dezember 2002)

Platz	Titel	Verleih	Einspiel in $
1	**Harry Potter 2**	Warner	43.719.479
2	**Herr der Ringe 1**	Entertainment	39.060.397
3	**Die Monster AG**	Buena Vista	37.687.829
4	**Star Wars: Episode 2**	Fox	37.427.990
5	**Spider-Man**	Col. TriStar	28.729.833
6	**James B. – Stirb an einem anderen Tag**	Fox	27.078.158
7	**Ocean's Eleven**	Warner	26.361.443
8	**Austin Powers in Goldständer**	Entertainment	23.428.992
9	**Men in Black 2**	Col. TriStar	22.164.244
10	**Scooby-Doo**	Warner	21.552.784

Quelle: Nielsen EDI.

Filmwirtschaft in Frankreich

Die Top Ten in Frankreich
(2. Januar bis 15. Dezember 2002)

Platz	Titel	Verleih	Besucher
1	**Asterix & Obelix: Mission Kleopatra**	Pathé	14.554.618
2	**Spider-Man**	Col. TriStar	6.447.157
3	**Star Wars: Episode 2**	UFD	5.707.513
4	**Men in Black 2**	Col. TriStar	4.684.319
5	**Ocean's Eleven**	Warner	4.657.279
6	**Harry Potter 2**	Warner	4.193.898
7	**8 Frauen**	Mars	3.676.207
8	**Minority Report**	Fox	3.596.912
9	**Die Monster AG**	Buena Vista	3.522.589
10	**Le boulet**	Warner	3.141.724

Quelle: Nielsen EDI

Die 10 erfolgreichsten französischen Filme des Jahres

Platz	Titel	Besucher
1	**Asterix und Obelix …**	14,48 Mio.
2	**8 Frauen**	3,69 Mio.
3	**L'Auberge espagnole**	2,91 Mio.
4	**Nomaden der Lüfte**	2,73 Mio.
5	**Les Rois mages**	2,29 Mio.
6	**Monsieur Batignole**	1,71 Mio.
7	**Les Autres**	1,56 Mio.
8	**Embrassez qui vous voudrez**	1,45 Mio.
9	**Être et avoir – Sein und Haben**	1,44 Mio.
10	**Der Pianist**	1,43 Mio.

Stand: 7. Dezember 2002.
Quelle: Le Film Français.

Filmwirtschaft in den USA

Die Top 100 in den USA
(2. Januar 2002 bis 2. Januar 2003)

Platz	Titel	Verleih	Start	Einspiel in $
1	**Spider-Man**	Sony	03.05.2002	403.706.375
2	**Star Wars: Episode 2**	Fox	16.05.2002	310.214.337
3	**Harry Potter und die …**	Warner	15.11.2002	247.444.556
4	**Herr der Ringe – Die zwei …**	New Line	18.12.2002	236.014.322
5	**Signs**	Buena Vista	Aug. 2002	227.647.707
6	**My Big Fat Greek Wedding**	Ifc Films	19.04.2002	225.237.399
7	**Austin Powers in Goldständer**	New Line	26.07.2002	213.117.789
8	**Men in Black 2**	Sony	03.07.2002	190.418.803
9	**Ice Age**	Fox	15.03.2002	176.387.405
10	**Scooby-Doo**	Warner	14.06.2002	153.294.164
11	**A Beautiful Mind***	Universal	12.12.2001	152.182.795
12	**Die Another Day**	MGM/UA	22.11.2002	150.822.926
13	**Lilo & Stitch**	Buena Vista	21.06.2002	145.771.527
14	**xXx – Triple X**	Sony Pictures	09.08.2002	141.204.016
15	**Herr der Ringe – Die Gef. …***	New Line	19.12.2001	139.244.615
16	**Santa Clause 2**	Buena Vista	01.11.2002	137.461.659
17	**Minority Report**	Fox	21.06.2002	132.024.714
18	**The Ring**	Dreamworks	18.10.2002	126.995.148
19	**Mr. Deeds**	Sony	28.06.2002	126.203.320
20	**Sweet Home Alabama**	Buena Vista	27.09.2002	125.753.554
21	**Die Bourne Identität**	Universal	04.06.2002	121.496.295
22	**Der Anschlag**	Paramount	31.05.2002	118.501.173
23	**8 Mile**	Universal	08.11.2002	114.965.500
24	**Black Hawk Down***	Sony Pictures	28.12.2001	108.364.398
25	**Road to Perdition**	Dreamworks	12.07.2002	104.117.482
26	**Panic Room**	Sony	29.03.2002	95.308.367
27	**Roter Drache**	Universal	04.10.2002	92.955.420
28	**The Scorpion King**	Universal	19.04.2002	90.450.350
29	**Spy Kids 2**	Miramax	07.08.2002	85.585.083
30	**Blade 2**	New Line	22.03.2002	81.676.888
31	**Snow Dogs**	Buena Vista	18.01.2002	81.158.761
32	**Wir waren Helden**	Paramount	01.03.2002	78.122.718
33	**Catch Me If You Can**	Dreamworks	25.12.2002	76.295.187
34	**The Rookie**	Buena Vista	29.03.2002	75.600.072
35	**Barbershop**	MGM/UA	13.09.2002	75.594.333
36	**Spirit – Der wilde Mustang**	Dreamworks	24.05.2002	73.234.259
37	**John Q.**	New Line	15.02.2002	71.062.935
38	**D. göttl. Geheimnisse d. …**	Warner	07.06.2002	69.599.016
39	**Manhattan Love Story**	Sony	13.12.2002	67.706.856
40	**Insomnia**	Warner	24.05.2002	67.275.738
41	**Spurwechsel**	Paramount	12.04.2002	66.802.000
42	**Stuart Little 2**	Sony	19.07.2002	64.736.114
43	**Jackass: The Movie**	Paramount	25.10.2002	64.160.063
44	**Ein Chef zum Verlieben**	Warner	20.12.2002	57.683.682
45	**The Time Machine**	Dreamworks	08.03.2002	56.712.457
46	**Der Graf v. Monte Cristo**	Buena Vista	25.01.2002	54.234.062
47	**Untreu**	Fox	08.05.2002	52.756.933
48	**Like Mike**	Fox	03.07.2002	51.432.760

Platz	Titel	Verleih	Start	Einspiel in $
49	**The Tuxedo**	Dreamworks	27.09.2002	50.222.103
50	**Peter Pan: Neue Abenteuer …**	Buena Vista	15.02.2002	48.430.258
51	**Big Fat Liar**	Universal	08.02.2002	47.835.810
52	**Ocean's Eleven***	Warner	07.12.2001	46.420.976
53	**Die Herrschaft des Feuers**	Buena Vista	12.07.2002	43.061.982
54	**Drumline**	Fox	13.12.2002	42.236.216
55	**The Royal Tenenbaums***	Buena Vista	14.12.2001	41.573.809
56	**High Crimes – im Netz der …**	Fox	05.04.2002	41.543.207
57	**Nur mit dir**	Warner	25.01.2002	41.239.940
58	**Nix wie raus aus Orange C. …**	Paramount	11.01.2002	41.059.716
59	**Windtalkers**	MGM/UA	14.06.2002	40.913.941
60	**Gosford Park***	Focus Features	26.12.2001	40.784.230
61	**About A Boy**	Universal	17.05.2002	40.683.240
62	**The Master of Disguise**	Sony	02.08.2002	40.363.530
63	**Ich bin Sam***	New Line	28.12.2001	40.244.434
64	**Blue Crush**	Universal	16.08.2002	40.161.155
65	**Collateral Damage**	Warner	08.02.2002	40.063.538
66	**Gangs of New York**	Miramax	20.12.2002	39.754.882
67	**Genug**	Sony	24.05.2002	39.707.995
68	**Resident Evil**	Sony	15.03.2002	39.642.350
69	**Undercover Brother**	Universal	31.05.2002	38.300.089
70	**Showtime**	Warner	15.03.2002	37.954.898
71	**40 Tage und 40 Nächte**	Miramax	01.03.2002	37.950.822
72	**Not a Girl**	Paramount	15.02.2002	37.191.304
73	**Stark Trek: Nemesis**	Paramount	13.12.2002	37.184.986
74	**Clockstoppers**	Paramount	29.03.2002	36.989.956
75	**D. Mothman Prophezeiungen**	Sony	25.01.2002	35.228.696
76	**E.T. – Der A. …(20th Anniv.)**	Universal	22.03.2002	35.170.040
77	**K-19: Showdown i. d. Tiefe**	Paramount	19.07.2002	35.168.966
78	**Der Schatzplanet**	Buena Vista	27.11.2002	34.664.894
79	**In the Bedroom***	Miramax	23.11.2001	33.549.209
80	**I Spy**	Sony	01.11.2002	33.105.600
81	**Friday After Next**	New Line	22.11.2002	32.382.388
82	**Mord nach Plan**	Warner	19.04.2002	31.897.985
83	**One Hour Photo**	Fox Searchlight	21.08.2002	31.591.540
84	**Jimmy Neutron – Der …***	Paramount	21.12.2001	31.471.958
85	**Monster's Ball***	Lions Gate	26.12.2001	31.056.370
86	**Die Königin d. Verdammten**	Warner	22.02.2002	30.320.297
87	**Groupies Forever**	Fox Searchlight	20.09.2002	30.307.416
88	**Halloween: Resurrection**	Miramax	12.07.2002	30.305.912
89	**Space Station 3D**	Imax Film	19.04.2002	30.299.977
90	**Bad Company**	Buena Vista	07.06.2002	30.160.161
91	**Dragonfly**	Universal	22.02.2002	30.096.915
92	**The New Guy**	Sony	10.05.2002	29.738.151
93	**Ghost Ship**	Warner	25.10.2002	29.730.248
94	**Reine Nervensache 2**	Warner	06.12.2002	29.665.339
95	**Vanilly Sky***	Paramount	14.12.2001	29.222.575
96	**Swimfan**	Fox	06.09.2002	28.564.995
97	**Crocodile Hunter – Auf …**	MGM/UA	12.07.2002	28.436.931
98	**Brown Sugar**	Fox Searchlight	11.10.2002	27.284.213
99	**The Hot Chick**	Buena Vista	13.12.2002	26.220.635
100	**Blood Work**	Warner	09.08.2002	26.218.081

* Umsatz nur für 2002 berücksichtigt. Quelle: Nielsen EDI.
Mit freundlicher Genehmigung von Blickpunkt Film.

Verstorbene Filmschaffende 2002

A

Agar, John (82)
Geb. 31.1.1921, Chicago/Illinois.
Gest. 7.4.2002, Los Angeles.
Der amerikanische Schauspieler war ein beliebter B-Film-Held in Klassikern wie *Der Schrecken vom Amazonas* (1954) und *Tarantula* (1955). Der Ex-Ehemann von Shirley Temple schlug sich außerdem edel und wacker als Westernheld in *Den Hals in der Schlinge* (1951) und in *Der Teufelshauptmann* (1949) an der Seite von John Wayne.

Akay, Izzet
Gest. 12.1.2002.
Der türkische Kameramann filmte *40 Quadratmeter Deutschland* (1986) und *Abschied vom falschen Paradies* (1989).

Anholt, Tony (61)
Geb. 19.1.1941, Singapur.
Gest. 26.7.2002, London.
Der britische Schauspieler spielte in der beliebten 70er-Jahre-TV-Serie *Mondbasis Alpha 1* den Charakter Tony Verdeschi.

B

Bachelor, Amelia (96)
Geb. 2.2.1908.
Gest. 15.4.2002, Santa Monica/ Kalifornien.
Bachelor verewigte sich als Leinwandgöttin der besonderen Art: Als Fackel tragende Frau im Columbia Pictures-Logo eröffnet sie jeden Film des Majors.

Bahs, Henning (74)
Geb. 12.3.1928.
Gest. 29.3.2002, Kopenhagen.
Der dänische Produktionsdesigner schuf die Ausstattung für die *Olsen*-Filme der 70er und *Europa* (1991).

Baker, Buddy (74)
Geb. 4.1.1918, Springfield/Missouri.
Gest. 26.7.2002, Sherman Oaks/ Kalifornien.
Der amerikanische Komponist schrieb u. a. die Soundtracks zu den Disney-Filmen *König der Grizzlies* (1970) und *Cap & Capper* (1981).

Band, Albert (78)
Geb. 7.5.1924, Paris.
Gest. 14.6.2002, Los Angeles.
Der italienische C-Filmemacher bescherte hartgesottenen Fans des fantastischen Films die *Trancers*-Serie, den 3-D-Streifen *Metalstorm* (1983), *From Beyond* (1986) und *Robot Jox* (1990). In enger Zusammenarbeit mit seinem Sohn Charles und mit Stuart Gordon, unter dessen Regie einige B-Klassiker entstanden, lieferte Band nach typischen *Hercules*-Filmen der 50er-Jahre dutzendweise unterirdischste Stoffe mit abstrusen Geschichten wie *Troll* (1986), *Terrorvision* (1986) und *Ghoulies* (1987).

Bardem, Juan Antonio (80)
Geb. 1922, Madrid.
Gest. 30.10.2002.
Der spanische Regisseur inszenierte *Fünf Tage im Januar* (1977) und *Die Warnung* (1982); seine Kunst, während des Franco-Regimes in unverfänglichen Geschichten die politischen und gesellschaftlichen Dimensionen zu ergreifen, zeichnete ihn aus. Über 20 Filme und 25 Drehbücher dokumentieren sein Lebenswerk, für das er den ›Goya‹ erhielt. Zuletzt inszenierte Bardem *Endresultat* (1997), der die politische Korruption in Spanien thematisierte.

Barkowsky, Helmut (85)
Geb. 25.3.1917, Herzberg.
Gest. 8.9.2002, Dresden.

Der DEFA-Zeichentrickfilmkünstler schuf als Chefzeichner, Animator und Regisseur Filme wie *Die Schatzinsel* (1969) und *Der arme Müllerbursche und das Kätzchen* (1971). Berkowsky war einer der »Wir Fünf«-Gründerväter des DEFA-Zeichentrickfilms.

Barrie, George (90)
Geb. 9.2.1912, Brooklyn/New York.
Gest. 23.11.2002, Aventura/Florida.
Der Produzent schrieb die jeweils ›Oscar‹-nominierten Lieder für die von ihm produzierten Filme *Mann, bist du Klasse!* (1973) und *W.H.I.F.F.S.*(1975).

Berle, Milton (93)
(geb. Mendel Berlinger)
Geb. 12.7.1908, New York.
Gest. 27.3.2002, Los Angeles.
Der amerikanische Komiker und Show-Tausendsassa stand bereits als Kind vor der Kamera und spielte u. a. in *Eine total, total verrückte Welt* (1962) und *Broadway Danny Rose* (1984).

Bertrand, Robert B. (96)
Geb. 12.2.1906.
Gest. 4.5.2002, Wildomar/Kalifornien.
Der amerikanische Tontechniker schuf u. a. den Sound für *Die Gewaltigen* (1967) und *Der Clou* (1973).

Bieler, Manfred (67)
Geb. 3.7.1934, Zerbst.
Gest. 23.4.2002, München.
Der deutsche Drehbuchautor schrieb *Das Kaninchen bin ich* (1965) und *Väter und Söhne* (1978).

Black, Stanley (89)
Geb. 14.6.1913, London.
Gest. 26.11.2002, London.
Der englische Komponist schrieb u. a. die Soundtracks zu *Der Tag, an dem die Erde Feuer fing* (1961) und *Die Ausgekochten* (1963).

Boisrond, Michel (81)
Geb. 9.10.1921,
Chateauneuf-en-Thymerais.
Gest. 10.11.2002,
La-Celle-Saint-Cloud.
Der französische Filmemacher schrieb und inszenierte die Agententhriller *OSS 117 – Teufelstanz in Tokio* (1966) und *Der goldene Schlüssel* (1967).

Booth, Margaret (104)
Geb. 14.1.1898, Los Angeles.
Gest. 28.10.2002, Los Angeles.
Das amerikanische Editor-Urgestein schnitt u. a. *Meuterei auf der Bounty* und *Romeo & Julia* (beide 1935) und betreute z. B. *Cherie Bitter* (1973) und *Annie* (1982).

Bracken, Eddie (82)
Geb. 7.2.1920, New York.
Gest. 14.11.2002, Montclair/
New Jersey.
Der amerikanische Schauspieler war der vermeintliche Kriegsheld in *Heil dem siegreichen Helden* (1944) und der Ersatzvater in *Sensation in Morgans Creek* (1944). Der kleingewachsene sympathische Bracken war zuletzt in *Kevin allein in New York* (1991) als Spielzeugverkäufer zu sehen.

Brian, Mary (96)
(geb. Louise Byrdie Dantzler)
Geb. 17.2.1906, Corsicana/Texas.
Gest. 30.12.2002, Del Mar/
Kalifornien.
Die US-Filmdiva war eine der letzten Topstars der 20er- und 30er-Jahre in Filmen wie *Trampas – Der Viehdieb* (1929) und *The Royal Family of Broadway* (1931) mit Stars wie Gary Cooper, James Cagney und Cary Grant. Paramount entdeckte die texanische Schönheitskönigin, die als Wendy ihr Debüt in *Peter Pan* (1926) gab. Im Zweiten Weltkrieg spielte sie für die US-Truppen in Europa und beendete ihre Karriere.

Brodský, Vlastimil (81)
Geb. 15.12.1920, Hrnsov nad Odrou
Gest. 19.4.2002, Wochenendhaus bei Prag
Der tschechische Schauspieler verkörperte die preisgekrönte Hauptrol-

Vlastimil Brodský

le in *Jakob der Lügner* (1975). Brodský war einer der bedeutendsten Schauspieler seines Landes – in Deutschland kannte man ihn als Inspektor Málek in *Pan Tau.*

Brumby, Eva (79)
Gest. 14.5.2002, Hamburg.
Die deutsche Schauspielerin hatte in *Ein Polterabend* (1955) die Hauptrolle der couragierten Garderobenfrau Rieke und war das Zimmermädchen in *Die seltsame Gräfin* (1961). Zumeist trat Brumby im Fernsehen in einschlägiger Kost wie den Serien *Der Kommissar* und *Liebling Kreuzberg* auf.

C

Calvert, Phyllis (87)
Geb. 18.2.1915, London.
Gest. 8.10.2002, London.
Die englische Schauspielerin war in *Indiskret* (1958) als Schwester von Ingrid Bergman zu sehen. Die elegante »typisch britische« Darstellerin hatte zuvor eine erfolgreiche Karriere u. a. mit Hauptrollen in *Kipps, Roman eines einfachen Mordes* (1941), *Gaslicht und Schatten* (1945) und *Notlandung* (1948). Zuletzt war Calvert in *Mrs. Dalloway* (1987) zu sehen.

Cartlidge, Katrin (41)
Geb. 15.5.1961, London.
Gest. 7.9.2002.
Die englische Charaktermimin brillierte in Mike-Leigh-Filmen wie *Nackt* (1993) als Sophie und in *Vor dem Regen* (1994) als Anne sowie in *Breaking the Waves* (1996) als Dodo McNeil und in *No Man's Land* (2001) als Journalistin Livingstone. Die Theaterdarstellerin mit scharf geschnittenem Gesicht spielte außerdem in den US-Produktionen *The Weight of Water* (2000) und *From Hell* (2001).

Chang, Cheh (69)
Geb. 1933, China.
Gest. 22.6.2002, Hongkong.
Der chinesische Martial-Arts-Regisseur wurde mit dem eigenwillig- wie rasant-revolutionären *Das goldene Schwert des Königstigers* (1967) der wegweisende Actionregisseur im Hongkong-Kino. Der Ex-Filmkritiker arbeitete für die legendären Shaw Brothers und drehte vielfach mit dem Schauspieler Wang Yu Genreklassiker wie *Zehn gelbe Fäuste für die Rache* (1972), *Aufstand in Peking* (1975) und *Der Schwur des Karateka* (1977). Chang drehte gut 100 Filme und wurde Förderer von John Woo, Alexander Fu Sheng und Ti Lung.

Clooney, Rosemary (74)
Geb. 23.5.1928, Maysville/Kentucky.
Gest. 29.6.2002, Beverly Hills/Kalifornien.
Die amerikanische Sängerin und Tante von George Clooney spielte die Hauptrolle in *White Christmas* (1954). Der Kindergesangstar konnte als Erwachsene seine Karriere nur schwer fortsetzen, private Krisen führten zur längeren Einweisung in die Psychiatrie – ein persönliches Drama, das von der Traumfabrik mehrfach in Filmen aufgegriffen wurde.

Cobb, Joe (84)
Geb. 7.11.1917, Shawnee/Oklahoma.
Gest. 21.5.2002, Santa Ana/
Kalifornien.
Der amerikanische Kinderstar gehörte zur Stummfilm-Slapstick-Truppe der *Kleinen Strolche.* Nach Filmen mit Harold Lloyd spielte Cobb als der »Dicke« der »Rascals« in fast 100 Filmen und zog sich in den 30ern weitgehend aus dem Geschäft zurück.

Coburn, James (74)
Geb. 31.8.1928, Laurel/Nebraska.
Gest. 18.11.2002, Beverly Hills/
Kalifornien.
Die amerikanische Charaktertype brillierte als Messerwerfer in *Die glorreichen Sieben* (1960), als desillusionierter Jäger und Gejagter in *Pat Garrett jagt Billy the Kid* (193), *Steiner* (1977) und *Der Gejagte* (1999). »Ich wollte einen hoch gewachsenen Typen, der eine Generation von Hollywood-Männlichkeit verkörperte«, sagte Paul Schrader über *Der Gejagte*, für den Coburn den ›Oscar‹ erhielt. Coburn soll vor der Schauspielkarriere jahrelang in Hollywood als Sargträger gearbeitet haben. Oftmals spielte er in niveaulosesten Streifen wie *Der verrückte Professor* (1996) mit. Doch große Filmemacher wie Sam Peckinpah setzten ihn für Geschichten ein, in denen er allein durch seine rohe Präsenz wirkte. Seine Schauspielerleistung prägte explosive Stoffe wie *Gesprengte Ketten* (1963) und *Todesmelodie* (1971).

James Coburn

Cohen, Herman (74)
Geb. 27.8.1927, Detroit/Michigan.
Gest. 2.6.2002, Los Angeles.
Der amerikanische Produzent schrieb und produzierte den Gruselklassiker *Der Tod hat schwarze Krallen* (1957) sowie die Joan-Crawford-Filme *Zirkus des Todes* (1968) und *Das Ungeheuer* (1970). Cohen lernte das Kinogeschäft von der Pike an (nicht auf?) und produzierte C-Filme wie *Bela Lugosi Meets A Brooklyn Gorilla* (1952) und *I Was A Teenage Frankenstein* (1957).

Corey, Jeff (88)
Geb. 10.8.1914, Brooklyn/New York.
Gest. 16.8.2002, Santa Monica/
Kalifornien.
Der amerikanische Nebendarsteller spielte in *Zwei Banditen* (1969) und *Butch & Sundance – Die frühen Jahre* (1978) den Sheriff Bledsoe sowie in *Little Big Man* (1970) den Wild Bill Hickok. Das McCarthy-Opfer Corey war außerdem in *Der Mann, der zweimal lebte* (1966) und *Ein Vogel auf dem Drahtseil* (1990) zu sehen.

D

Dawson, Anthony M. (72)
(geb. Antonio Margheriti)
Geb. 19.9.1930, Rom.
Gest. 4.11.1972, Monerosi.
Der italienische Filmemacher lieferte vom Spezialeffekt bis zur Regie über 40 Jahre brachialste Genrestreifen wie den Vietnamfilm *Jäger der Apokalypse* (1980) und die 80er-Jahre-Söldner-

Serie der *Wildgänse*. Der ehemalige Dokumentarfilmer drehte seit den 60ern den üblichen Mix aus Agenten-, Western-, Horror- und Sandalettenfilmen – in italienischer Manier gab es passend zum US-Hit die C-Versionen wie *Einer gegen das Imperium* (1983), *Indio* (1988) und *Das Alien aus der Tiefe* (1989). Dabei präsentierte er auch obskure Szenen wie ein lesbisches Zwischenspiel von Helga Anders und Marianne Koch in *Schreie in der Nacht* (1968). Mit ihm starb eine weitere C-Film-Legende, aus der Zeit, als im Kino noch kernige Kerle kehrten.

De Toth, André (92)
Geb. 15.5.1910, Mako.
Gest. 27.10.2002, Los Angeles.
Der ungarische Filmemacher inszenierte im US-Exil den 3-D-Genreklassiker *Das Kabinett des Professor Bondi* (1953) sowie Agentenreißer und Western wie *Gegenspionage* (1952) mit Gary Cooper, *Zwischen den Feuern* (1955) mit Kirk Douglas und *Tag der Gesetzlosen* (1959) mit Robert Ryan.

Del Real, Alfonso (85)
Geb. 27.12.1916, Havanna.
Gest. 16.1.2002, Palma de Mallorca.
Der Theaterschauspieler wurde in spanischen Komödien wie *Eine Nonne für Don Juan* (1973) und *Spanische Männlichkeit* (1975) zum Prototyp des Kleinbürgers.

Delvaux, André (76)
Geb. 21.3.1926, Leuwen.
Gest. 5.10.2002, Valencia.
Der belgische Filmemacher inszenierte die teils irreal wirkendenden *Ein Abend … ein Zug* (1968) und *Rendezvouz in Bray* (1971), in denen je eine Zugfahrt zu einer mysteriösen Traumreise wird. Delvaux verschachtelte die Filmebenen zu Spielen zwischen Leben und Tod, wie z. B. in *Eine Frau zwischen Hund und Wolf* (1978) zu sehen, und setzte sich so mit dem Faschismus des Zweiten Weltkriegs auseinander.

Demme, Ted (38)
Geb. 26.10.1963, New York.
Gest. 14.1.2002, Santa Monica/Kalifornien.
Der amerikanische Regisseur inszenierte *Beautiful Girls* (1996) und *Blow* (2001). Der Neffe von Starregisseur Jonathan Demme lernte sein Handwerk bei MTV, wo er mit dem Pop-Kultur-Komiker Denis Leary sarkastische Spots drehte. Demme gelang im Kino der Spagat zwischen Independent und Mainstream. Er starb nach einem Basketball-Benefizspiel an einem Herzinfarkt.

Denham, Maurice (92)
Geb. 23.12.1909, Beckenham.
Gest. 24.7.2002, Northwood.
Der englische Nebendarsteller war in dem Horrorklassiker *Der Fluch des Dämonen* (1957) als Professor Harrington zu sehen. Denham hatte außerdem viele prägnante Parts wie u. a. in *Die letzte Fahrt der Bismarck* (1960), *Der Schakal* (1973) und *Julia* (1977).

Denton, Charles (78)
Geb. 1924, Glendale/Kalifornien.
Gest. 15.9.2002, Tiburon/Kalifornien.
Denton schrieb das Drehbuch zu Jerry Lewis' legendärem unvollendetem KZ-Drama *The Day The Clown Cried* (1972).

Desalm, Brigitte (61)
Geb. 23.4.1941, Remscheid.
Gest. 12.12.2002, Köln.
Die deutsche Filmkritikerin arbeitete 20 Jahre für den ›Kölner Stadt Anzeiger‹ und prägte außerdem das filmjournalistische Bild durch Artikel in ›Steady Cam‹ und Bücher wie über Jean Moreau. Tom Tykwer schrieb: »Wie gut, dass Brigitte Desalm so viele Texte geschrieben hat. So bleiben sie unter uns, die Fundamentierer der schönsten aller Künste.«

Desny, Ivan (79)
geb. Ivan Nikolai Desnitskij)
Geb. 28.12.1922, Peking.
Gest. 13.4.2002, Ascona.
Der französische Schauspieler spielte in internationalen Filmen wie *Lola Montez* (1955), *Anastasia* (1956) und *Die Ehe der Maria Braun* (1978) und vielfach in deutschen Fernsehproduktionen wie z. B. *Das Traumschiff.*

Dexter, Brad (85)
Geb. 9.4.1917, Goldfield/Nevada.
Gest. 12.12.2002, Rancho Mirage/ Kalifornien.
Der amerikanische Schauspieler war in *Die glorreichen Sieben* (1960) der Gunman Harry, der eine Menge Gold hinter dem Auftrag vermutet. Dexter war zumeist als Schurke in Filmen wie in *Asphalt-Dschungel* (1950), *Der tanzende Gangster* (1961) und *Shampoo* (1975) zu sehen.

Dobkin, Lawrence (83)
Geb. 16.9.1919, New York.
Gest. 28.10.2002, Los Angeles.
Der amerikanische Filmemacher inszenierte TV-Serien wie *Wild Wild West* (1965) und *Shaft* (1973) und trat als Schauspieler in *Opfer der Unterwelt* (1950), *Formicula* (1954) und *Patton* (1970) auf.

Ivan Desny

Heinz Drache

Drache, Heinz (79)
Geb. 9.2.1923, Essen.
Gest. 3.4.2002, Berlin.
Der deutsche Schauspieler gehörte zum legendären Stammpersonal der Edgar-Wallace-Filme wie *Das indische Halstuch* (1963) und *Der Hexer* (1964), in denen er als schnoddrig-ironischer Scotland-Yard-Kommissar oder Privatermittler zu sehen war. Ebenso spielte der Gründgens-Schüler in 60er-Jahre-Produktionen wie *Die 13 Sklavinnen des Dr. Fu-Man-Chu* (1964), war regelmäßig als Stimme von Richard Widmark zu hören und in *Tatort* als Fernsehkommissar Bülow zu sehen.

E

Eggleston, Colin (61)
Geb. 1941, Melbourne.
Gest. 10.8.2002, Genf.
Der australische Regisseur inszenierte B-Genre-Filme wie *Cassandra* (1986) und *Dakota Harris* (1986).

Elphick, Michael (55)
Geb. 19.9.1946, Chichester.
Gest. 7.9.2002, London.
Der englische Nebendarsteller spielte in *Quadrophenia* (1979) den Vater des jungen Helden, in *Gorky Park* (1983) Pasha und in *Piraten* (1986) Sentry.

F

Félix, María (88)
Geb. 8.4.1914, Alamos.
Gest. 8.4.2002, Mexiko-City.
Der mexikanische Weltstar brillierte als temperamentvolle Sirene in *Messalina* (1951), *Die grausame Schöne* (1951), *Für ihn verkaufe ich mich* (1959) und *Sturm über Mexiko* (1959).

Field, Roy (69)
Geb. 19.8.1932.
Gest. 23.5.2002.
Der amerikanische F/X-Spezialist sorgte für den Trickzauber in Filmen wie *Superman* (1978), *Der Drachentöter* (1981) und *Die Reise ins Labyrinth* (1986).

Foster, Barry (70)
Geb. 21.8.1931, Beeston.
Gest. 11.2.2002, Guildford.
Der britische Schauspieler war in *Frenzy* (1972) der pervers-brutale Frauenmörder Robert Rusk. Das Psycho-Image legte Foster schnell als TV-Kommissar *Van der Falk* ab und spielte außerdem in *Ryans Tochter* (1970), *Die Wildgänse kommen* (1979) und in *Maurice* (1987).

Frankenheimer, John (72)
Geb. 19.2.1930, New York.
Gest. 6.7.2002, Los Angeles.
Der große amerikanische Filmemacher schuf energiegeladen und engagiert mit *Botschafter der Angst* (1962) und *Grand Prix* (1962) ein schnörkelloses und hautnah verstörendes Kino. Frankenheimer lernte beim Fernsehen und inszenierte für das Kino *Der Gefangene von Alcatraz* (1963), *Sieben Tage im Mai* (1964) und *Der Zug* (1964). Auf dem Höhepunkt seiner Karriere erlebte er fast unmittelbar die Ermordung seines Freundes Robert Kennedy und stürzte in eine tiefe Krise. Er lieferte weiterhin kraftvolle Actionfilme wie *French Connection II* (1974), *Schwarzer Sonntag* (1977) und *Dead Bang* (1989), fand jedoch erst beim Fernsehen mit dem preisgekrönten *Against the Wall* (1994) zu alter Form zurück. Mit *Ronin* (1998) feierte er im Kino ein furioses opulentes Action-Comeback. Nur die tödlichen Folgen einer Operation konnten den leidenschaftlichen Rennfahrer stoppen.

John Frankenheimer

Fresson, Bernard (71)
Geb. 27.5.1931, Reims.
Gest. 20.10.2002, Paris.
Der französische Schauspieler spielte in *French Connection II* (1975) Inspector Barthelemy und in *Garcon!* (1983) Francis. Fresson war mit über 140 Filmen einer der profiliertesten Nebendarsteller: Er spielte in den Erfolgen *Belle de Jour* (1967), *Z* (1969), *Der Mieter* (1976), den Spätwerken von Sam Fuller und zuletzt in *Der Pakt der Wölfe* (2001) als Mercier.

G

Gayle, Jackie (76)
Geb. 1926, Brooklyn/New York.
Gest. 23.11.2002, Miami Beach/Florida.
Der amerikanische Komödien-Nebendarsteller war Danny DeVitos Partner in *Tin Men* (1987) und war in *Broadway Danny Rose* (1984) und *Der letzte Komödiant* (1992) zu sehen.

Geldart, Ed (77)
Geb. 7.5.1925, Los Angeles.
Gest. 21.8.2002, Houston/Texas.
Der amerikanische Kleindarsteller spielte in Genrefilmen wie *Futureworld* (1976), *Mississippi Burning* (1988) und *Perfect World* (1993).

Gélin, Daniel (81)
Geb. 19.5.1921, Angers.
Gest. 29.11.2002, Paris.
Der französische Schauspieler war in *Der Reigen* (1950) als junger Verführer und in *Napoleon* (1954) als gleichnamiger Feldherr zu sehen. Der distinguierte Gélin gehörte neben Yves Montand zu Frankreichs Nachwuchsstars und spielte in rund 170 Filmen oft Nebenrollen, wie in *Der Mann, der zuviel wusste* (1956) den Lou Bernard, *Karthago in Flammen* (1960) den Phegor, *Brennt Paris?* (1966) den Bayet und *Das Leben ist ein langer ruhiger Fluß* (1988) den Dr. Mavial. Als Regisseur überzeugte Gélin mit *Von Sensationen gehetzt* (1952).

Gérôme, Raymond
Gest. 2.2.2002, Paris.
Der französische Nebendarsteller war in *Der Schakal* (1973) als Flavigny, in *Magnifique* (1971) als General Pontaubert und in *Sade* (2000) als Président de Maussane zu sehen.

Gerstad, Harry W.
Geb. 1909.
Gest. 17.7.2002, Palm Springs/CA.
Der amerikanische Cutter erhielt für *Champion* (1949) und *Zwölf Uhr Mittags* (1952) den ›Oscar‹. Gerstad schnitt außerdem *Die Gewaltigen* (1967) und *Ben* (1972).

Glazier, Sidney (84)
Geb. 29.5.1916, Philadelphia.
Gest. 14.12.2002, Bennington/Vermont.
Der amerikanische Produzent produzierte u. a. *Frühling für Hitler* (1968) und *Woody, der Unglücksrabe* (1969).

Gorenshtein, Fridrikh (69)
Geb. 18.3.1932, Kiew.
Gest. 3.3.2002, Berlin.
Der russische Drehbuchautor schrieb das Drehbuch zu *Solaris* (1972) und *Sklavin der Liebe* (1976). Gorenshtein emigrierte später nach Deutschland.

Gouze-Rénal, Christine
Geb. 1915.
Gest. 25.10.2002, Neuilly-sur-Seine.
Die französische Produzentin schuf *Affäre einer Nacht* (1960), *Bruno, das Sonntagskind* (1969) und *38 – Auch das war Wien* (1986).

Grafe, Frieda (68)
Geb. 20.8.1934.
Gest. 10.7.2002, München.
Frieda Grafe war die anregendste deutsche Filmkritikerin der letzten Jahrzehnte. Seit sie 1962 bei der Zeitschrift »Filmkritik« zu schreiben begann, wurde sie für viele zum Vorbild. Ihre berühmten Filmtipps für die »SZ«, erschienen 1993 als Buch, ein Teil ihrer Essays aus der »Filmkritik«, der »Zeit« und der »SZ« sind (zusammen mit Aufsätzen ihres Mannes Enno Patalas) schon 1974 unter dem Titel »Im Off« im Hanser Verlag herausgekommen, mit Aufsätzen über Godard, Ophüls, Hawks, Ozu oder Renoir. (Wilhelm Roth, epd-Film, 8/2002, leicht gekürzt)

Green, Adolph (87)
Geb. 2.12.1914, Bronx/New York.
Gest. 24.10.2002, New York.
Der amerikanische Hollywood-Musicalautor schrieb zusammen mit Betty Comden *Du sollst mein Glücksstern*

sein (1952) und *Heut' gehen wir bummeln* (1949). Green und Comden wurden für *Vorhang auf* (1952) und *Vorwiegend heiter* (1954) ›oscar‹-nominiert – sie waren das Erfolgsteam der großen Musical-Ära, dessen »Singin' in the Rain« sie unvergesslich macht.

Greenberg, Stanley R.
Geb. 1928, Chicago/Illinois.
Gest. 25.8.2002, Kensington/CA.
Der amerikanische Autor schrieb u. a. das Drehbuch zu *Jahr 2022 … Die, die überleben wollen* (1973).

Guggenheim, Charles
Geb. 1924, Cincinnati/Ohio.
Gest. 9.10.2002, Washington/D. C.
Der preisgekrönte amerikanische Dokumentarfilmmacher inszenierte die ›Oscar‹-prämierten *Robert Kennedy Remembered* (1968), *The Johnstown Flood* (1989) und *A Time For Justice* (1993) sowie die heimatkritischen *The Clan: A Legacy Of Hate In America* (1982) und *D-Day Remembered* (1994).

H

Hanck, Frauke (66)
Geb. 28.11.1936, Meseritz
Gest. 15.7.2002, München
Frauke Hanck war eine engagierte und kämpferische Filmliebhaberin und dann erst unbestechliche Kritikerin und Autorin. Sie mochte die Menschen, die beim und mit Film arbeiteten und vorurteilslos wusste sie die Leistungen zu würdigen, gleich ob Cutter, Regisseur, Produzent oder Schauspieler. Sie war eine hochgeschätzte Interviewerin, denn ihre Fragen rekrutierten aus profundem Wissen. Ihre besondere Liebe galt dem polnischen Film, ihr kritisches Interesse dem jungen Deutschen.

Harris, Richard (72)
Geb. 1.10.1930, Limerick.
Gest. 25.10.2002, London.
Das irische Schauspiel-Urgestein brillierte als *Der Mann, den sie Pferd*

Richard Harris

nannten, in *Das Feld* (1991) als unbeirrbarer irischer Bauer und zuletzt in *Gladiator* (2000) als Cäsar und in *Harry Potter* (2001, 2002) als Zaubermeister. Harris war im Kino ein »richtiger Kerl« und gab sich gern als High-Society-Rabauke, der nur Verachtung für das Geschäft und seinen Ruhm hatte. Seinem Psychogram in *Lockender Lorbeer* (1963) folgten prägnante Nebenparts in großteils reißerischen und gewaltigen Männerabenteuern wie *Meuterei auf der Bounty* (1962), *Sierra Chariba* (1965), *Robin und Marian* (1976), *Erbarmungslos* (1992) und *Der Barbier von Sibirien* (1998) sowie Hauptrollen in *Camelot* (1967), *Cromwell* (1970) und *18 Stunden bis zur Ewigkeit* (1975). Dabei geriet der leidenschaftliche Trinker und Saufkumpan von Peter O'Toole und Richard Burton auch in Filme wie *Tarzan, Herr des Urwalds* (1981), in dem er wie betrunken spielte. Sein Sohn Jared trat bislang erfolgreich sein schauspielerisches Erbe an.

Hasso, Signe (91)
Geb. 15.8.1910, Stockholm.
Gest. 7.6.2002, Los Angeles.
Die schwedische Schauspielerin hatte packende Hauptrollen in *Das siebte*

Kreuz (1944) als Kellnerin Toni und in *Ein Doppelleben* (1947) als Britta. Danach kam Hasso als neue »Garbo« in die USA und spielte in *Der Himmel soll warten* (1943) und in *Ein himmlischer Sünder* (1943) sowie zuletzt in *Ich hab dir nie einen Rosengarten versprochen* (1977).

Hein, Christiane (58)
Die DEFA-Dokumentarfilmerin verschrieb sich mit *Ich bin ein Theater* (1986) und *Weil ich ein Dicker bin* (1989) dem Kinder-Dokumentarfilm. Zuletzt entstand das Porträt der im KZ ermordeten jüdischen Malerin Käthe Loewenthal in *Verwehte Spuren* (1996).

Henning-Jensen, Astrid (87)
Geb. 10.12.1914, Kopenhagen.
Gest. 8.1.2002.
Die dänische Filmemacherin inszenierte die preisgekrönten *Pao aus dem Dschungel* (1959) und *Winterkinder* (1978). Henning-Jensen war in *Element of Crime* (1990) als die Haushälterin zu sehen.

Heyward, Louis M. (81)
Geb. 1921, New York.
Gest. 26.3.2002, Los Angeles.
Der amerikanische Produzent und Drehbuchautor schuf *Die Stadt unter dem Meer* (1965), *Das Haus der 1000 Freuden* (1967) und *Das ausschweifende Leben des Marquis de Sade* (1969).

Hill, George Roy (80)
Geb. 20.12.1922, Minneapolis/
Minnesota.
Gest. 27.12.2002, New York.
Der ›Oscar‹-gekrönte amerikanische Meisterregisseur inszenierte die unsterblichen Erfolgsklassiker *Zwei Banditen* (1969) und *Der Clou* (1973) und machte damit Paul Newman und Robert Redford zum Hollywood-Traumpaar. Hill bestach darin, den Genres völlig neue Seiten abzugewinnen. Er kreierte trotz märchenhafter Untertöne oftmals antiamerikanische Mißtöne, wodurch sein Werk stets umstritten war. Allerdings hauchte er durch diese Stiltreue z. B. dem Western neues Leben ein, indem er in *Zwei Banditen* die Helden als Freigeister denn als schießwütige Gangster darstellte.
Der Musikwissenschaftler und Kriegspilot kam vom Theater zum Fernsehen. Mit besagten Hits etablierte er sich schnell als Kinogröße, doch die späteren Klassiker *Schlachthof 5* (1972), *Tollkühne Flieger* (1975), *Schlappschuß* (1977) und *Garp und wie er die Welt sah* (1982), in denen Hill die US-Politik und das US-Showbiz angriff, blieben kommerziell enttäuschend. Hill verabschiedete sich frühzeitig mit der sarkastisch-freundlichen Landbürger-Komödie *Funny Farm* (1987). »Er war der beste Freund, den man haben konnte«, sagte Newman, »Er war Freund, Mentor und Feind.«

Hippler, Fritz (92)
Geb. 17.81909, Berlin.
Gest. 22.5.2002, Berchtesgaden.
Der deutsche Regisseur und Reichsfilmintendant inszenierte die Dokumentarfilme *Der Westwall* (1939) und das Hetzwerk *Der ewige Jude* (1940) – von diesem Werk distanzierte sich Hippler, der zuvor für »entartete Kunst« eingetreten war, deutlich und meinte, sein Name wäre eingefügt worden. Vor Ende des Krieges fiel Hippler in Ungnade, nach dem Krieg arbeitete er u. a. als FDP-Werbeleiter und zuletzt in einem Reisebüro.

Hoppe, Marianne (93)
Geb. 26.4.1909, Rostock.
Gest. 23.10.2002, Siegsdorf.
Die große deutsche Schauspielerin spielte in allen Epochen des deutschen Kinos. Sie war eine Theater-Titanin und spielte auf der Bühne und vor der Kamera »offen, aufrichtig, wahrhaftig, verantwortungsvoll in ihren künstlerischen Mitteln, immer

Marianne Hoppe

aufgeschlossen für das Neue und dennoch stets sich selbst treu« (Rainer Heinz; ›film-dienst‹). Die Gründgens-Schülerin hatte ihre meisten und glorreichsten Auftritte in der Ufa-Zeit wie in *Eine Frau ohne Bedeutung* (1936), *Der Schritt vom Wege* (1939) und *Romanze in Moll* (1943). Würdevoll-resolut gab sich Hoppe in typisch deutscher Rollenkost bei »Edgar Wallace« in *Die seltsame Gräfin* (1961), »Karl May« in *Der Schatz im Silbersee* (1962), dem neuen deutschen Film in *Falsche Bewegung* (1974) und in zahlreichen Krimiserien. Zuletzt entstand das Porträt *Die Königin – Marianne Hoppe* (1999).

Hubschmid, Paul (84)
Geb. 20.7.1917, Aarau.
Gest. 1.1.2002, Berlin.
Der Schweizer Schauspieler galt als der schönste Mann des deutschen Nachkriegsfilms. Hubschmid war der coole Liebhaber Roberto Costa in *Scampolo* (1957), der edle Dr. Jean Berger in *Die Züricher Verlobung* (1957) und unvergesslich als der noble Held Harald Berger in *Der Tiger von Eschnapur* und *Das indische Grabmal* (1958). Die Ufa formte das Image eines »Gary Cooper«. Als distinguierter Lebemann überzeugte er in *Playgirl* (1966) und als Baron von Bernried in *Forsthaus Falkenau* (1989).

Hunt, Peter R. (77)
Geb. 11.3.1925, London.
Gest. 14.8.2002, Los Angeles.
Der englische Cutter und Regisseur sorgte mit rasanten Schnitten für die James-Bond-007-Abenteuer der ersten Stunden. Für *Im Geheimdienst Ihrer Majestät* (1969) wechselte er zur Regie und schuf die besten Verfolgungsjagden der Serie. Hunts Schnitttechnik etablierte den »Jump Cut« im Mainstream-Kino. Nach seiner *007*-Karriere inszenierte er B-Reißer wie *Gold* (1974) und *Wildgänse II* (1985).

Hunter, Kim (79)
Geb. 12.11.1922, Detroit/Michigan.
Gest. 11.9.2002, Greenwich Village/New York.
Die amerikanische Schauspielerin debütierte ›oscar‹-prämiert in *Endstation Sehnsucht* (1951) als Marlon Brandos geschundene Ehefrau Stella Kowalski. Elia Kazans Entdeckung fiel abrupt in das »McCarthy-Karriereloch«. Die passionierte Bühnendarstellerin trat in den 60ern in der *Planet der Affen*-Serie als Zira und zuletzt in *Mitternacht im Garten von Gut und Böse* (1997) als Betty Harty auf.

J

Jaenicke, Käte (78)
Geb. 22.3.1923, Danzig.
Gest. 1.11.2002, München.
Die deutsche Schauspielerin war in der TV-Miniserie *Holocaust* (1978) als Frau Löwy und in *Die Blechtrommel* (1979) als Nachbarin Truczinski zu sehen. Bekannt geworden war Jaenicke in der 60er-Jahre-TV-Serie *Alle meine Tiere* als liebenswertes wie hilfreiches Lenchen.

Jones, Chuck (89)
Geb. 21.9.1912, Spokane/Washington.
Gest. 22.2.2002, Cororna Del Mar/ Kalifornien.
Der amerikanische Trickfilmmeister erschuf die legendären Warner-Bros.-Cartoonfiguren-Teams Wile E. Coyote und Road Runner und verhalf außerdem Figuren wie Duffy Duck und Bugs Bunny zum Laufen.
Jones führte seit den 30er-Jahren in rund 300 Filmen Regie, darunter der Klassiker *How The Grinch Stole Chrismas* (1966). Er stürzte seine Figuren in absurdeste Situationen – für *Stirb langsam*-Regisseur John McTiernan gelten die Verfolgungsjagden Wile E. Coyote als Ursprung des modernen Actionkinos. Auch mit fortgeschrittenem Alter half das Urgestein in überdrehten Actionfilmen wie *1941* (1979) und *Falsches Spiel mit Roger Rabbit* (1988) als Berater.

Joseph, Robert L. (79)
Geb. 1923.
Gest. 27.4.2002, East Chatham/ New York.
Der amerikanische Drehbuchautor schrieb *Jonny schießt nur links* (1958), *Liebesspiel im Schnee* (1967) mit Tony Sailer und *Der Diamantenprinz* (1967).

Jurado, Katy (78)
Geb. 16.1.1924, Guadalajara.
Gest. 5.7.2002, Cuernavaca.
Die mexikanische Schauspielerin brillierte in *Zwölf Uhr Mittags* (1952) als Exgeliebte von Gary Cooper. Ihr langjähriger Ehemann Ernest Borgnine sagte, sie sei wunderschön, aber ein Tiger. Die exotische Schönheit war am engsten mit dem Western verbunden und spielte starke Figuren in *The Bullfighter And The Lady* (1951), *Die gebrochene Lanze* (1954), *Der Besessene* (1959), *Pat Garrett jagt Billy the Kid* (1973) und zuletzt in *Hi-Lo Country* (1998). Eine wunderschöne Altersrolle hatte Jurado in *Unter dem Vulkan* (1984).

Katy Jurado

Juran, Nathan (95)
Geb. 1907, Galizien.
Gest. 16.10.2002, Palos Verdes/ Kalifornien.
Der Regisseur inszenierte die Ray-Harryhausen-Filme *Sindbads 7. Reise* (1957) und *Die Bestie aus dem Weltraum* (1957) sowie *Der Herrscher von Cornwall* (1960).
Juran erhielt den ›Oscar‹ für die Ausstattung *Schlagende Wetter* (1941) und stattete *Mein Freund Harvey* und *Winchester 73* (beide 1950) aus, schließlich übernahm er die Regie für opulente Abenteuerfilme wie *Das goldene Schwert* (1952) und *Die erste Reise zum Mond* (1963).

K

Kasket, Harold (75)
Geb. 26.7.1926.
Gest. 20.1.2002, London.
Der englische Nebendarsteller war u. a. in *Sindbads 7. Reise* (1957) als Sultan und in *Arabesque* (1966) als Scheich zu sehen.

Kimball, Ward (88)
Geb. 4.3.1914 Minneapolis/ Minnesota.
Gest. 8.7.2002, Arcadia/Kalifornien.
Der amerikanische Trickfilmanimator galt als Disneys genialer Schatten, er war in der Firma der intellektuelle Zyniker und Modernist.
Kimball arbeitete an Disneys wichtigsten Filmen von *Schneewittchen* (1937) bis *Mary Poppins* (1964). Er schuf die Beethoven-Sequenz in *Fantasia* (1940) und witzig-surrealistische Figuren wie Tweedle-Dee & Tweedle-Dum in *Alice im Wunderland* (1951). Speziell in Kurzfilmen zeigte Kimball sein ganze Kunst und sorgte für überdrehte Zeichentricknummern, die mit dem ›Oscar‹ gekrönt wurden.

Klein, Erik S. (75)
Geb. 6.12.1926, Radebeul.
Gest. 22.10.2002, Eichwalde.
Der beliebte DDR-Fernsehschauspieler (*Wege übers Land* [1968]) war im Kino in *Sterne* (1959) und in *Nackt unter Wölfen* (1963) als Nazi zu sehen. Komödiantische Fähigkeiten zeigte Klein als trotteliger Sachsenkönig neben Manfred Krug in *Mir nach, Canaillen!* (1964).

Knef, Hildegard (76)
Geb. 28.12.1925, Ulm.
Gest. 1.2.2002, Berlin.
Die deutsche Schauspielerin und Sängerin brillierte in *Die Mörder sind unter uns* (1946) als Susanne Wallner und sorgte mit einem sekundenlangen Aktauftritt in *Die Sünderin* (1951) für einen handfesten Skandal. Sie kommentierte: »Ich kann diesen Tumult nicht verstehen – fünf Jahre nach Auschwitz.« Nach ihrer Rolle als Baroness in *Schnee am Kilimandscharo* (1952) kehrte sie Hollywood schnell wieder den Rücken, *Fedora* (1978) und der Horror-Trash *Witchcraft* (1988) gehörten zu den wenigen späteren Filmen. Unvergesslich bleibt Knef als Sängerin zahlreicher Lieder wie »Für mich soll es rote Rosen regnen«.

Konradi, Inge (77)
Geb. 27.7.1924, Wien.
Gest. 4.2.2002, Wien.
Die österreichische Schauspielerin bildete mit Josef Meinrad ein Kino-Traumpaar in Filmen wie *Rendezvous im Salzkammergut* (1948) und *Mein Freund, der nicht nein sagen kann* (1949). Sehenswerte Rollen hatte die große alte Dame des Theaters außerdem in *Großstadtnacht* (1949) und *Der alte Sünder* (1951).

Koster, Peggy Moran (84)
Geb. 23.10.1918, Clinton/Iowa.
Gest. 24.10.2002, Camarillo/ Kalifornien.
Die amerikanische Schauspielerin galt durch eine Vielzahl Universal-Horrorfilme als »Queen of the B's«. Koster durchlebte eine klassische Ausbildung bei Warner und war als Zigarettenmädchen in *Ninotschka* (1939) zu sehen. Ihre Karriere opferte sie ihrem

Hildegard Knef

Ehemann und Regisseur Henry Koster, den sich jedoch stets als Beraterin zu seinen Drehs begleitete – er verewigte sie in all seinen Filmen in Form einer Büste. Zudem half sie zusammen mit ihrem Ehemann deutschen Exilanten, in Hollywood Fuß zu fassen.

Krapp, Helmut (72)
Geb. 24.11.1929, Darmstadt.
Gest. 2.7.2002.
Der deutsche Produzent produzierte die TV-Serien-Hits *Raumpatrouille Orion* (1966) und *Väter und Söhne* (1986).

Kreienbaum, Karl Heinz (87)
Geb. 29.4.1915, Hamburg.
Gest. 16.10.2002, Schleswig.
Der deutsche Schauspieler war neben zahlreichen TV-Auftritten in *Nacht fiel über Gotenhafen* (1959) als Funker der Gusloff zu sehen.

Kruschen, Jack (80)
Geb. 20.3.1922, Winnipeg.
Gest. 2.4.2002.
Der kanadische Nebendarsteller hatte seine größte Rolle als Dr. Dreyfuß in *Das Appartement* (1960) und wurde für den ›Oscar‹ nominiert. Weitere sehenswerte Auftritte hatte der bullige Darsteller in *Weltraumschiff MR1 gibt keine Antwort* (1959) als Officer Sam Jacobs, in *Ein Köder für die Bestie* (1962) als Dave Grafton und in *Die Welt der Jean Harlow* (1965) als Louis B. Mayer.

L

Lauenstein, Tilly (85)
Geb. 28.7.1916, Bad Homburg.
Gest. 8.5.2002, Potsdam.
Die deutsche Schauspielerin war die Mädchenpensionatleiterin in *Der Mönch mit der Peitsche* (1967) und die nervige Großmutter in *Otto – Der Katastrophenfilm* (2000). Zu hören war Lauenstein in alten Hollywoodklassikern als Stimme von Olivia DeHavilland, Ava Gardner und Marlene Dietrich.

Lee, Jack (89)
Geb. 27.1.1913, Stoud.
Gest. 15.10.2002, Sydney.
Der englische Filmemacher schrieb und inszenierte *Die Schwindlerin* (1941) und *Wettfahrt mit dem Tod* (1949).

Lee, Peggy (81)
(geb. Norma Enstrom)
Geb. 26.5.1920, Jamestown/North Dakota.
Gest. 21.1.2002, Bel Air/Kalifornien.
Die amerikanische Sängerin schrieb und intonierte kühl und lasziv »Johnny Guitar« aus *Wenn Frauen hassen* (1954) und wurde in *Es geschah in einer Nacht* (1955) als trinkende Jazzsängerin Rose Hopkins ›Oscar‹-nominiert.

Leroi, Francis (60)
Geb. 5.9.1942, Paris.
Gest. 21.3.2002, Mauritius.
Der französische Regisseur schrieb und inszenierte eine Reihe Erotikfilme wie *Emanuelle 4* (1983) und *Emanuelle in Tibet* (1993). Leroi, der bei Chabrol in die Schule ging, galt als »Intellektueller des Sexfilms«.

Lindgren, Astrid (94)
Geb. 14.11.1907, Vimerby.
Gest. 28.1.2002, Stockholm.
Die weltberühmte schwedische Schriftstellerin und Drehbuchautorin ihrer eigenen Stoffe schuf mit *Die Gebrüder Löwenherz* (1977) einen der zauberhaftesten Fantasyfilme aller Zeiten. Lindgren lieferte mit ihren Romanfiguren wie Karlsson vom Dach, Pippi Langstrumpf, Ronja Räubertochter, Kalle Blomquist, Michel aus Lönneberga, Mio oder den Kindern aus Bullerbü eine Reihe von Vorbildern für erfolgreiche TV- und Kinoadaptionen. Mit ihrem teils anarchistischen Umgang mit Kinderthemen besorgte sie Jugendschützer und eroberte Herzen von Jung und Alt.

Klaus Löwitsch

Löwitsch, Klaus (66)
Geb. 8.4.1936, Berlin.
Gest. 3.12.2002, München.
Der deutsche Schauspieler bediente als harter TV-Detektiv *Peter Strohm* das Image des Skandal-Machos der Nation und zeigte seine Charakterseite in dem preisgekrönten Hollocaust-Drama *Das Urteil* (1998). Fassbinder entdeckte Löwitsch als Charakterdarsteller für *Welt am Draht* (1973) und *Despair* (1977). Zur gleichen Zeit spielte er im US-Kino kantige Deutsche wie in *Unternehmen Rosebud* (1972), *Steiner* (1976) und *Gotcha* (1985). Für das Fernsehen füllte er in den 80ern und 90ern *Peter Strohm* und *Peter Zorc* – Rollen die er kaum schätzte. Zuletzt war er als bärbeißiger Ermittler in *Was tun, wenn's brennt?* (2002) zu sehen.

Lovelace, Linda (53)
(geb. Linda Susan Boremanf)
Geb. 10.1.1949, Bronx/New York.
Gest. 22.4.2002, Denver/Colorado.
Die amerikanische Schauspielerin wurde durch den Hardcoreklassiker *Deep Throat* (1972) zum ersten Pornostar. Später wandte sie sich »geläutert« vom Genre ab – sie starb an den Folgen eines Autounfalls.

Lucas, John Meredyth (83)
Geb. 1919.
Gest. 19.10.2002, Los Angeles.
Der amerikanische Filmemacher schrieb die Kinofilme *Stadt im Dunkel* (1950) und *Zorro räumt auf* (1958). Für das Fernsehen schrieb und inszenierte der Stiefsohn von Michael Curtiz Stoffe wie *Dr. Kimble* und *Raumschiff Enterprise.*

M

Markus, Winnie (80)
Geb. 16.5.1921, Prag.
Gest. 8.3.2002, München.
Die tschechische Schauspielerin spielte als klassische Blondine in Ufa- und Nachkriegs-Heimatfilmen noble anmutige Damen und Fräuleins: *Wen die Götter lieben* (1942), *Fahrt ins Abenteuer* (1943), *Kaiserwalzer* (1952) und *Roman eines Frauenarztes* (1954). Neben dieser leichten Unterhaltung war Markus auch in *Morituri* (1948) als Maria Bronek und zuletzt in *Rosamunde Pilcher – Blumen im Regen* (2001) zu sehen.

Mattes, Willy (86)
Geb. 4.1.1916, Wien.
Gest. 30.7.2002, Salzburg.
Der österreichische Komponist schrieb u. a. die Soundtracks zu *Der Frosch mit der Maske* (1959), *Strafbataillon 999* (1959) und *Flußpiraten vom Mississippi* (1963).

Matz, Peter (74)
Geb. 6.11.1928, Pittsburgh/Pennsylvania.
Gest. 9.8.2002, Los Angeles.
Der amerikanische Komponist schrieb den ›Oscar‹-nominierten Song zu *Funny Lady* (1975) und zahlreiche Songs für TV-Produktionen.

McGarth, John (66)
Geb. 1.6.1935, Birkenhead.
Gest. 22.1.2002, Edinburgh.
Der englische Drehbuchautor schrieb u. a. das Skript für *Robin Hood – ein Leben für Richard Löwenherz* (1991).

McKern, Leo (82)
Geb. 16.5.1920, Sydney.
Gest. 23.7.2002, Bath.
Der australische Charaktermime spielte in *Ein Mann zu jeder Jahreszeit* (1966) Thomas Cromwell und in *Ryans Tochter* (1970) Tommy Ryan. Denkwürdige Auftritte hatte McKern in *Der Tag, an dem die Erde Feuer fing* (1961) als desillusionierter Zeitungsredakteur, in *Hi Hi Hilfe!* (1965) als Clang sowie später in *Die blaue Lagune* (1980) als Paddy Bulton und in *Der Tag des Falken* (1985) als listiger Vater Imperius.

Milligan, Spike (83)
Geb. 16.4.1918, Ahmed Nagar.
Gest. 27.2.2002, East Sussex.
Der englische Komödiant spielte in den 50ern mit Peter Sellers in der TV-Show ›The Gon Show‹ und gilt als ein Vorbild der Monty Pythons. Er schrieb und spielte die Landpostboten-Krimikomödie *Armleuchter in Uniform* (1961), in *Die drei Musketiere* (1973) war er als M. Bonancieux zu sehen. Für die Monty Pythons trat Milligan u. a. in *Das Leben des Brian* (1979) auf.

Mirisch, Marvin (84)
Geb. 19.3.1918, New York.
Gest. 17.11.2002, Los Angeles.
Der amerikanische Produzent war »Executive« für *Dracula* (1979) und *Jason, die Flasche* (1983).

Moffat, Ivan (84)
Geb. 1918, Kuba.
Gest. 4.7.2002, Los Angeles.
Der Drehbuchautor schrieb die Skripts zu *Giganten* (1956) und *Schwarzer Sonntag* (1977).

Moik, Lutz (71)
Geb. 10.11.1930, Berlin.
Gest. 4.7.2002, Berlin.
Der deutsche Schauspieler war in den 80ern in der *Tatort*-Serie Kommissar Begmann. Zu Karrierebeginn spielte Moik die Hauptrolle des Peter Munk in *Das kalte Herz* (1950) und war in *Fabrik der Offiziere* (1960) zu sehen. Im Fernsehen spielte Moik in Serien wie *Timm Thaler* und *Gute Zeiten – schlechte Zeiten*.

Moore, Dudley (66)
Geb. 19.4.1935, London.
Gest. 27.3.2002, Plainfield/New Jersey.
Der britische Komödiant brillierte als Hals-über-Kopf-Verliebter in *10 – Die Traumfrau* (1979) und alkoholisierter Millionärserbe in *Arthur* (1981). Die große Kunst des kleinen Bühnenkomikers und -autors war es, innerhalb eines Films in verschiedene Rollen zu schlüpfen: in *Mephisto 68* (1967) als multipler Playboy, in *Micki & Maude* (1984) als Bigamist in spe und in *Wie der Vater, so der Sohn* (1987) als Vater im Körper des Sohnes. Nach mehreren Flops kehrte er weitgehend der Leinwand den Rücken zu und blieb als Autor und Komponist tätig.

Morcillo, Fernando Garcá
Gest. 10.12.2002, Madrid.
Der spanische Komponist schrieb u. a. die Soundtrack zu *Ursus, Rächer der Sklaven* (1961) und *Die Hexen ohne Besen* (1967).

Mouat, Colin C. (64)
Geb. 15.8.1936.
Gest. 15.9.2002.
Der amerikanische Sound-Editor sorgte für Schrecken in *Der weiße Hai* (1975) und *Das Ding aus einer anderen Welt* (1982).

N

Nader, George (80)
Gest. Woodland Hills/Kalifornien.
Der US-B-Film-Star war Jerry Cotton: Mit rotem Jaguar und 38er Smith & Wesson und jeder Menge Stil sorg-

te Nader als die Kultfigur aus rund 2500 Groschenromanen in *Schüsse aus dem Geigenkasten* (1965) und *der Tod im roten Jaguar* (1968) für Spannung im bundesdeutschen Kino. Nach dieser Karriere kehrte der Lebensgefährte von Rock Hudson in die USA zurück, ein Augenleiden beendete seine Karriere frühzeitig.

Nascimbene, Mario (88)
Geb. 28.11.1913, Milan.
Gest. 6.1.2002, Rom.
Der italienische Komponist schrieb rund 80 Soundtracks wie für die Klassiker *Es geschah Punkt 11* (1952), *Die Wikinger* (1958), *Barabbas* (1961) und *Als die Dinosaurier die Welt beherrschten* (1969).

Nestler, Joachim (65)
Geb. 3.5.1936, Wittgensdorf.
Gest. 17.3.2002, Berlin.
Der DEFA-Autor schrieb zusammen mit Manfred Freitag den verbotenen Gymnasistenfilm *Denk bloß nicht ich heule* (1965). Das Team wurde »kaltgestellt«, konnte aber später mit gelungenen Kinder- und Märchenfilmen wie *Max und siebeneinhalb Jungen* (1980) überzeugen.

Noelte, Rudolf (81)
Geb. 20.3.1921, Berlin.
Gest. 7.11.2002, Garmisch-Partenkirchen.
Der deutsche Regisseur inszenierte u. a. *Der zerbrochene Krug* (1967) und *Dantons Tod* (1981).

P

Paetsch, Hans (92)
Geb. 7.12.1909, Montreux.
Gest. 3.2.2002, Hamburg.
Der Schweizer Schauspieler mimte in *Natürlich die Autofahrer* (1959) den Polizeipräsidenten und in *Die toten Augen von London* (1962) den Wirt, in *Lola rennt* (1998) war er die Erzählerstimme.

Paltrow, Bruce (58)
Geb. 26.10.1943, Brooklyn/New York.
Gest. 3.10.2002, Rom.
Der amerikanische TV-Regisseur inszenierte *Traumpaare* (2000) mit seiner Tochter Gwyneth Paltrow.

Parker, Arthur Jeph
Gest. 15.12.2002.
Der amerikanische Set Decorator sorgte für die Ausstattung in *Der letzte Scharfschütze* (1976) und *Das China Syndrom* (1979).

Peet, Bill (87)
Geb. 29.1.1915, Grandview/Indiana.
Gest. 11.5.2002, Studio City/Kalifornien.
Der amerikanische Filmautor schrieb die Story für viele Disney-Klassiker wie *Dumbo* (1941), *Cinderella* (1950) und *Peter Pan* (1953).

Pehlke, Heinz (79)
Geb. 8.10.1922, Berlin.
Gest. 12.3.2002, Berlin.
Der deutsche Kameramann fotografierte *Die Halbstarken* (1956) und *Die Züricher Verlobung* (1957). Zu Pehlkes letzten Arbeiten gehörte *Nessie, das Monster von Loch Ness* (1985).

Périer, Francois (82)
Geb. 10.11.1919, Paris.
Gest. 28.6.2002, Paris.
Der französische Schauspieler jagte als Polizist unerbittlich in *Der eiskalte Engel* (1967) und *Das Mädchen und der Kommissar* (1970). Périer war einer von Frankreichs besten »Supporting Actors«: als der Chauffeur in *Orphée* (1949), als kleiner Buchhalter in *Die Nächte der Cabiria* (1956) und als dubioser Anwalt in *Allein gegen die Mafia.*

Phillips, Julia (57)
Geb. 7.4.1944, New York.
Gest. 1.1.2002.
Die amerikanische Produzentin schuf *Der Clou* (1973) und *Taxi Driver* (1976). Mit dem ›Oscar‹ für *Der Clou*

war Phillips die erste Frau, die diese Auszeichnung erhielt. Später rechnete sie in ihrem Skandalbuch »You'll Never eat Lunch In This Town Again« mit der Hölle Hollywood ab.

Plank, Scott (43)
Geb. 11.11.1958, Washington/ Columbia.
Gest. 23.10.2002, Hollywood/ Kalifornien.
Der amerikanische TV-Darsteller spielte in der *Heat*-Vorlage *Showdown in L. A.* (1989) den Cop Vincent Hanna.

Posegga, Hans (85)
Geb. 31.1.1917, Berlin.
Gest. 19.5.2002, Wien.
Der deutsche Filmkomponist schrieb die preisgekrönten experimentierfreudigen Soundtracks zu *Galapagos* (1963) und *Schonzeit für Füchse* (1966). Zu seinen späteren Arbeiten des ausgebildeten Pianistentalents und Mitunterzeichners des »Oberhausener Manifests« gehörte die bedrohliche Musik zu *Der Seewolf* (1971) und die Neukomposition für *Nosferatu* (1922). In *Es* (1965) war Posegga als Abtreibungsarzt zu sehen.

Preiss, Wolfgang (92)
Geb. 27.2.1910, Nürnberg.
Gest. 27.11.2001, Bühl.
Der deutsche Schauspieler war Dr. Mabuse in der Filmreihe der 60er und spielte den gefühlskalten Parade-Preuße in *Der 20. Juli* (1956) als General von Stauffenberg, *Rosen für den Staatsanwalt* (1959) als Generalstaatsanwalt und *Im Morgengrauen brach die Hölle los* (1971) als Rommel. »Man muss seinen Typ pflegen, mit allen Vorzügen, Besonderheiten und ruhig auch Unarten«, meinte Preiss über sich selbst und umschiffte dabei galant die Klischees seines Images.
Der Theaterwissenschaftler und Schauspieler war in über 100 deutschen und internationalen Produktionen zu sehen, immer wieder in Kriegsfilmen wie *Haie und kleine Fische* (1957) und *Die Brücke von Arnheim* (1977). Zuletzt war Preiss im TV-Vierteiler *Der Feuersturm* (1986) als Generalfeldmarschall von Brauchitsch und in der Hauptrolle von *Albert Schweitzer* (1987) zu sehen.

R

Reisz, Karel (76)
Geb. 21.7.1926, Ostrava.
Gest. 25.11.2002, London.
Der tschechoslowakische Regisseur begründete mit Tony Richardson und Lindsay Anderson das britische sozialkritische »Free Cinema« und inszenierte die preisgekrönten *Samstagnacht bis Sonntagmorgen* (1960) und *Protest* (1966). Dem ehemaligen Filmkritiker und Dokumentarfilmer gelangen später die anspruchsvollen Dramen *Die Geliebte des französischen Leutnants* (1981) und *Everybody wins* (1990). Dass er nur zehn Filme gedreht hat, begründete Reisz damit, dass er sehr faul sei.

Riesner, Dean (83)
Geb. 3.11.1918, New York.
Gest. 18.8.2002, Encino/Kalifornien.
Der amerikanische Drehbuchautor schrieb die Skripts zu *Coogans großer Bluff* (1968) und *Dirty Harry* (1971). Riesners Karriere begann als Kinderstar in Stummfilmen an der Seite von Charlie Chaplin und Buster Keaton. Die Teenagerjahre verbrachte er als »normaler« Junge, kehrte als Drehbuchautor nach Hollywood zurück und arbeitete hier vielfach für Clint Eastwood und als Script-»Doctor«.

Ripploh, Frank (52)
Geb. 2.9.1949, Rheine.
Gest. 24.6.2002.
Der deutsche Regisseur inszenierte die Schwulenkomödie *Taxi zum Klo* (1980) und *Miko – aus der Gosse zu den Sternen* (1986). Ripploh war auch unter dem Pseudonym »Peggy von Schnottgenberg« zu sehen und spielte

Yves Robert

z. B. für Ulrike Ottinger die »griechische Gott-Tunte.«. Ende der 80er zog sich Ripploh vom Filmemachen zurück und produzierte Wrestling-Videos.

Robert, Yves (81)
Geb. 19.6.1920, Saumur.
Gest. 10.5.2002, Paris.
Der französische Filmemacher schuf sowohl die herrlichen Erwachsenen-Kinderfilme *Der Krieg der Knöpfe* (1962) und *Der Ruhm meines Vaters* (1989) als auch die Serie um den »Großen Blonden« mit Pierre Richard in den 70ern.
Während des Kriegs stand der gelernte Handwerker das erste Mal auf der Bühne – das filmische Allroundtalent blieb auch dem Schauspiel in leichten Filmen treu, während er sich auf das Filmemachen konzentrierte. Zuletzt produzierte Robert den preisgekrönten *Nomaden der Lüfte* (2001).

Rose, Kay (80)
Geb. 1922, New York.
Gest. 11.12.2002, Burbank/Kalifornien.
Die amerikanische Soundkünstlerin schuf den Toneffekt-Schnitt für Filme wie *Das Pendel des Todes* (1961), *Menschen am Fluß* (1984) und *Black Rain* (1989).

Rose, Reginald (81)
Geb. 10.12.1920, New York.
Gest. 19.4.2002, Norwalk/Connecticut.
Der amerikanische Drehbuchautor schrieb das »Oscar«-prämierte Skript zu *Die 12 Geschworenen* (1957) sowie *Rendezvous mit einer Leiche* (1978), *Die Wildgänse kommen* (1978) und *Sobibor* (1987).

Rosenberg, Frank P. (88)
Geb. 1914, Brooklyn/New York.
Gest. 18.10.2002, Thousand Oaks/Kalifornien.
Als Produzent realisierte er unter anderem *Der Besessene* (1961) von und mit Marlon Brando und *Nur noch 72 Stunden* (1968) von Don Siegel.

Russell, Harold (88)
Geb. 14.1.1914, Sydney/Kanada.
Gest. 29.1.2002, Needham/Massachusetts.
Der kriegsversehrte Fallschirmspringer erhielt für seine Rolle als Homer in *Die besten Jahre unseres Lebens* (1946) den ›Oscar‹. Erschütternd und unsentimental verkörperte Russell den Soldaten, der im Krieg beide Hände verloren hatte, ein Schicksal, das ihm tatsächlich widerfahren war und wofür er außerdem noch einen Ehren-›Oscar‹ erhielt. Jahre später konnte er noch einmal für das Kleinstadtdrama *Dogtown* (1997) für die Kamera gewonnen werden.

Russell, Shirley (66)
Geb. 11.3.1935.
Gest. 4.3.2002.
Die englische Ausstatterin arbeitete für Ken Russells prunkvolle Exzesse *Die Teufel* (1971) und *Tommy* (1975). Russell sorgte ebenfalls für das Dekor der Historienfilme *Reds* (1981), *Hope and Glory* (1987) und *Enigma* (2001).

S

Sala, Oskar (91)
Geb. 18.7.1920, Greiz.
Gest. 26.2.2002, Berlin.
Mit schrillsten Tönen schenkte der deutsche Komponist dem Kinogänger mit *Die Vögel* (1963) ein unvergessliches Ereignis. Klassische Soundtracks mit experimentellem Charakter schrieb Sala für *Die Todesstrahlen des Dr. Mabuse* (1964) und *Das letzte U-Boot* (1992).

Samsonow, Samson (81)
Geb. 23.2.1921, Novozybkov.
Gest. 31.8.2002, Moskau.
Der russische Filmemacher inszenierte den preisgekrönten Film *Die Grille* (1955) sowie *Dreißig Jahre und ein Tag* (1960) und *Der Tanzplatz* (1986).

Saracino, William (89)
Geb. 1913.
Gest. 17.7.2002, Canyon Country/Kalifornien.
Der amerikanische Music-Editor arbeitete für *Flucht aus dem 23. Jahrhundert* (1976), *Die durch die Hölle gehen* (1978) und *2010* (1984).

Schellhardt, Helmut (73)
Geb. 18.1.1929, Berlin.
Gest. 16.5.2002, Wismar.
Der deutsche Schauspieler war in *Jakob der Lügner* (1974) als Eisenbahner und in dem TV-Zweiteiler *Ernst Thälmann* (1986) als Titel gebender Kommunistenführer sowie regelmäßig in TV-Serien wie *Polizeiruf 110* zu sehen.

Scherick, Edgar J. (78)
Geb. 16.10.1924, New York.
Gest. 2.12.2002, Los Angeles.
Der amerikanische Produzent schuf die Dramen *Ich hab' dir nie einen Rosengarten versprochen* (1977), *Du oder beide* (1982) und *Flucht zu dritt* (1984) sowie *Der weiße Hund von Beverly Hills* (1982).

Schollwer, Edith (98)
Geb. 12.2.1904, Berlin.
Gest. 1.10.2002, Berlin.
Die deutsche Kabarettistin spielte kumpelhaft-schlagfertige Frauenfiguren in *Pension Schöller* (1952) als Schwägerin und in *Zum Teufel mit der Penne* (1968) als Schwester Oberin. Die Dame mit dem Herz auf dem rechten Fleck spielte neben zahlreichen TV-Auftritten zuletzt als Großmutter in *Die Wicherts von nebenan* (1986).

Schreiber, Avery (66)
Geb. 9.4.1935, Chicago/Illinois.
Gest. 7.1.2002, Los Angeles.
Der amerikanische Schauspieler hatte eine seiner wenigen Hauptrollen als Captain Cornelius Butt in *Galaxina* (1980).

Schultze, Norbert (90)
Geb. 26.11.1911, Braunschweig.
Gest. 14.10.2002, Bad Tölz.
Der deutsche Komponist schrieb 1941 das unvergessliche Lied »Lili Marleen«, das noch während des Zweiten Weltkriegs verboten wurde. Als Filmmusikkomponist schrieb Schultze die Musik von »Bomben auf Engelland« für *Feuertaufe* (1941) und von *Kolberg* (1945). Schultze galt eher als harmloser Mitläufer und schrieb nach dem Krieg die Musik für *Das Mädchen Rosemarie* (1958) und *U47 – Kapitänleutnant Prien* (1958).

Searle, Francis (93)
Geb. 1909, Putney.
Gest. 31.7.2002, Wimbeldon.
Der englische Filmemacher inszenierte, schrieb und produzierte u. a. *Cloudburst* (1951) und *Der Gezeichnete* (1963).

Sidney, George (85)
Geb. 4.10.1916, Long Island/New York.
Gest. 5.5.2002, Las Vegas/Nevada.
Der amerikanische Regisseur inszenierte prachtvolle Hollywood-Musicalklassiker wie *Badende Venus* (1944), *Urlaub in Hollywood* (1945) und *Mississippi-Melodie* (1951). Der ehema-

lige Kinderstar erwies sich als souveräner Regisseur des Genres und schuf auch elegante Abenteuerstreifen wie *Scaramouche, der galante Marquis* (1951) und inszenierte den »King« in *Tolle Nächte in Las Vegas* (1964).

Slivka, Martin (72)
Geb. 1.11.1929.
Gest. 23.9.2002, Bratislava-Vajnory.
Der slowakische Dokumentarfilmer inszenierte u. a. die Begräbnisriten-Doku *Ein Mensch verlässt uns* (1990).

Sohl, Jerry (88)
Geb. 2.12.1913, Los Angeles.
Gest. 4.11.2002, Thousands Oaks/Kalifornien.
Der amerikanische Drehbuchautor schrieb *Frankenstein – Der Schrecken mit dem Affengesicht* (1966) und *Die Hexe des Grafen Dracula* (1968).

Solomon, Jack (89)
Geb. 1913.
Gest. 8.11.2002, Los Angeles.
Der amerikanische ›Oscar‹-prämierte Soundkünstler sorgte für den Ton in *Hello, Dolly* (1969), *King Kong* (1976) und *Meteor* (1979).

Sommerlatte, Ulrich (88)
Geb. 21.10.1914.
Gest. 11.11.2002, Tegernsee.
Der deutsche Komponist schrieb u. a. die Soundtracks zu *Rübezahl, Herr der Berge* (1957) und *Die Sklavenkarawane* (1958).

Speirs, Rod (86)
Geb. 1916, Cox Mills/West Virginia.
Gest. 29.11.2002, Lake Sherwood/Kalifornien.
Der amerikanische Drehbuchautor schrieb die Skripte zu Disneys *Der einsame Puma* (1967) und *König der Grizzlies* (1970).

Steiger, Rod (77)
Geb. 14.4.1925, Westhapton/New York.
Gest. 9.7.2002, Los Angeles.
Das US-Schauspiel-Urgestein lieferte

Rod Steiger

seine Lebensrollen in *Die Faust im Nacken* (1954) und – im ›Oscar‹-prämierten *In der Hitze der Nacht* (1966) als rassistischer Cop.
Steiger war Meister des chamäleonartigen »method acting«, das er unter Elia Kazan ausleben konnte. Er spielte in Hollywood und in Europa in *Dr. Schiwago* (1965) und *Todesmelodie* (1971). Oftmals »nur« als Nebendarsteller war er jedoch als Al Capone, Mussolini, Rasputin Napoleon, Rudolf Heß, Pontius Pilatus und Papst Johannes XXIII. zu sehen. Letzte Auftritte hatte er als kriegstreibender General in *Mars Attacks!* (1995) und in *Der Himmel über Hollywood* (2001). Sein Wunsch, vor der Kamera zu sterben, ging nicht in Erfüllung.

Stilwell, Dick (59)
Geb. 1943, Buffalo/New York.
Gest. 23.11.2002, Los Angeles.
Der amerikanische Schauspieler war jeweils als Ordnungshüter in *Die Akte* (1993), *Forrest Gump* (1994) und *L.A. Confidential* (1996) zu sehen.

Stockwell, Guy (67)
Geb. 16.11.1934, Hollywood/Kalifornien.
Gest. 7.2.2002, Prescot/Arizona.
Der amerikanische Nebendarsteller und Bruder von Dean Stockwell spielte in *Der Pirat des Königs* (1967) John

Avery und in *Die Wiege des Bösen* (1975) Bob Clayton.

Stratford, Johns (76)
Geb. 22.2.1925, Südafrika.
Gest. 29.1.2002, Heveningham.
Der britische Schauspieler hatte seine größte Rolle als Herod in *Salomes letzter Tanz* (1988).

Strummer, Joe (50)
Geb. 21.8.1952, Ankara.
Gest. 22.12.2002, Broomfield.
Der britische Frontmann der Punk-Kultband »The Clash« schrieb Lieder und Musik u. a. für *Walker* (1987) und war als Schauspieler in *Mystery Train* (1989) als Elvis zu sehen.

Sylbert, Richard (74)
Geb. 1928, New York.
Gest. 23.3.2002, Woodland Hills/Kalifornien.
Der mehrfach ›Oscar‹-ausgezeichnete amerikanische Produktionsdesigner schuf die Sets für Warren Beatty in *Shampoo* (1976), *Reds* (1981) und *Dick Tracy* (1991) sowie für prunkvolle Klassiker wie *Chinatown* (1975) und *Cotton Club* (1985).

T

Tannebaum, Ted
Gest. 7.3.2002, Chicago/Illinois.
Der amerikanische Produzent war »Executive« für *Arlington Road* (1999), *Die Braut, die sich nicht traut* (1999) und *The Gift* (2000).

Tanner, Peter (88)
Geb. 13.9.1914, Tilford.
Gest. 10.12.2002, Stoke Poges.
Der britische Cutter schnitt Klassiker wie *Adel verpflichtet* (1949) und *Mit Schirm, Charme und Melone* (1961). Er pflegte eine enge Zusammenarbeit mit John Irvin, für den er *Ozeanische Gefühle* (1985) und *Hamburger Hill* (1987) schnitt.

Thaw, John (60)
Geb. 3.1.1942, Manchester.
Gest. 21.2.2002, Wiltshire.
Der englische Schauspieler spielte seine Paraderolle in der Hauptrolle der 80er-Jahre-TV-Serie *Inspector Morse.* Thaw hatte sehenswerte Kinoauftritte u. a. in *Schrei nach Freiheit* (1987) als Kruger.

Thompson, J. Lee (88)
Geb. 1.8.1914, Bristol.
Gest. 30.8.2002, Vancouver.
Der englische Regisseur inszenierte die knallharten Klassiker *Die Kanonen von Navarone* (1960) und *Ein Köder für die Bestie* (1962). In rund 50 Filmen inszenierte er Männerabenteuer voller Action wie *Brennendes Indien* (1959), *Taras Bulba* (1961) und *Mackennas Gold* (1967). Zum Ende seiner Karriere inszenierte Thompson für Canon B-Streifen wie *Quatermain* (1985) und Charles-Bronson-Selbstjustiz-Thriller, mit dem er das gelungene Alterswerk *Murphys Gesetz* (1985) schuf.

Tierney, Lawrence (82)
Geb. 15.3.1919, New York.
Gest. 26.2.2002, Los Angeles.
Der amerikanische Schauspieler galt seit seiner Hauptrolle in *Jagd auf Dillinger* (1946) als brutaler Schurke vom Dienst, was er in *Born to Kill* (1947) und *Midnight* (1973) unterstrich. »Er war ein Macho ohne Sexappeal, ein Chauvinist, der die Frauen hasst und im Bedarfsfall auch tötet.« (Rainer Heinz, ›film-dienst‹) Der raubeinige Tierney füllte immer wieder prägnante Nebenrollen in *Gloria* (1980), *Die Ehre der Prizzis* (1985) und in *Reservoir Dogs* (1992) als Gangsterchef.

Tilden, Jane (91)
Geb. 16.11.1910, Aussig.
Gest. 27.8.2002, St. Johann.
Die deutsche Schauspielerin war als komödiantisch-ironischer »Sidekick« in *Der Blaufuchs* (1938) als Nebenbuhlerin von Zarah Leander und in

Oh, diese Männer (1941) als Ehefrau von Paul Hörbiger zu sehen. Zuletzt spielte Tilden *Die tollen Tanten schlagen zu* (1971) und *Geschichten aus dem Wienerwald* (1979) sowie im Fernsehen die Freundin von Oma Drombusch in *Die Drombuschs.*

Tobey, Kenneth (83)
Geb. 23.3.1919, Oakland/Kalifornien.
Gest. 22.12.2002, Rancho Mirage/ Kalifornien.
Der amerikanische Nebendarsteller spielte seit den 40er-Jahren in einer Unzahl TV-Serien und Western, SciFi und Horrorfilmen, wobei er speziell zum Stammpersonal von Joe Dantes Filmen wie *Gremlins* (1984) gehörte.

U

Urich, Robert (55)
Geb. 19.12.1946, Toronto/Ohio.
Gest. 16.4.2002, Thousand Oaks/ Kalifornien.
Der amerikanische TV-Star mit Errol-Flynn-Flair war der Star in *Lazarus Man* und in *Love Boat* als Captain Jim Kennedy. Urich spielte auch in der TV-Miniserie *Amerika* (1987) und im Kino in *Krieg der Eispiraten* (1984) und *Das Schlitzohr* (1985).

V

Valentin, Barbara (61)
(geb. Uschi Ledersteger)
Geb. 15.12.1940, Wien.
Gest. 22.2.2002, München.
Die »deutsche Jayne Mansfield« wurde von Rainer Werner Fassbinder als ernsthafte Schauspielerin entdeckt. *Angst essen Seele auf* (1974) und *Effi Briest* (1974) folgten selbstparodistische Possenrollen in *Geld oder Leber!* (1988) als Gräfin von Schlemmer, in denen Valentin ihr Blondinenimage pflegte. Zudem pflegte sie eine enge Freundschaft zu dem verstorbenen Freddy Mercury und gilt als Ikone der Schwulenszene.

Valone, Raf (86)
Geb. 17.2.1916, Tropea.
Gest. 31.10.2002, Rom.
Der italienische Schauspieler spielte in *Bitterer Reis* (1949) den Polizisten Marco und in *El Cid* (1961) Graf Oronez. Durch *Vendetta* (1949), *Weg der Hoffnung* (1950) galt der »Latin Lover« als »schönster Mann des italienischen Films«, doch seine Verführertypen war nicht nur glutvoll, sondern auch widersprüchlich angelegt. Zuletzt war Valone als Papst in *Der Pate III* (1990) und als Verbindungsmann in dem Mafiakrimi *Männer ohne Ehre* (1998) zu sehen.

Verneuil, Henri (81)
(geb. Achod Malakian)
Geb. 15.10.1920, Rodosto/Türkei.
Gest. 11.1.2002, Paris.
Der französische Erfolgregisseur inszenierte die großen Klassiker *Der Clan der Sizilianer* (1969), *I wie Ikarus* (1979). Verneuil war ein sehr amerikanischer Regisseur im Stil eines John

Henri Verneuil

Huston. Der hoch gebildete ›Oscar‹-nominierte Sohn einer armenischen Flüchtlingsfamilie »verabscheute jede Form von Intellektualismus. Er setzte vielmehr auf Stars (wie Belmondo, Quinn, Delon, Ventura, Fernandel), Action – und Sozialkritik« (›film-dienst‹) und inszenierte hautnah packende Abenteuerfilme und Großstadtthriller wie *Angst über der Stadt* (1975) und zuletzt das armenische Historiendrama *Mayrig* (1991).

Vesely, Herbert (71)
Geb. 31.3.1931, Wien.
Gest. 13.7.2002, München.
Der österreichische Filmemacher inszenierte den Böll-Roman *Das Brot der jungen Jahre* (1961) und die Handke-Adaption *Der kurze Brief zum langen Abschied* (1977). Die »Hoffnung« des neuen deutschen Films war mit seinen surrealitischen puzzleartigen Filmen sehr umstritten, wodurch seine Karriere immer wieder stagnierte.

Von Reichlin, Fee (90)
Geb. 1912, Wiesbaden.
Gest. 24.10.2002, München.
Die deutsche Schauspielerin gehörte zum preisgekrönten Ensemble in *Schloß Königswald* (1988).

Von Stroheim, Josef (80)
Geb. 1922, Los Angeles.
Gest. 22.3.2002, Van Nuys/Kalifornien.
Der amerikanische Soundtechniker und Sohn Erich von Stroheims war Sound-Editor für *Getaway* (1972) und *Die drei Tage des Condors* (1975).

W

Wasserman, Lew
Gest. 3.6.2002, Beverly Hills/Kalifornien.
Der amerikanische Filmindustrieveteran leitete seit den 70er-Jahren das Hollywood-Ur-Majorstudio »Universal«, unter seiner Ägide entstanden eine Vielzahl von Steven Spielbergs Erfolgsfilmen und ›Oscar‹-prämierte Filme wie *Der Clou* (1973) und *Jenseits von Afrika* (1985).

Wendlandt, Horst (80)
Geb. 15.3.1922, Berlin.
Gest. 30.8.2002, Berlin.
Die ganz großen Namen stehen mit Deutschlands größtem Produzenten in Verbindung: Winnetou, Edgar Wallace, Jean-Paul Belmondo, Bud Spencer/Terence Hill, Rainer Werner Fassbinder, Ingmar Bergmann, Heinz Erhardt, Otto und Loriot. Jenseits des deutschen Autorenfilms bot Wendlandt ein Kino der Abenteuer und großen Gefühle. Waren seine Filme oft auch umstritten, beeinflussten sie doch nahezu jeden.
Wendlandt lernte zunächst bei Arthur Brauner, später übernahm er die Rialto-Film-Produktion, mit denen er die *Winnetou-* und *Wallace*-Welle begründete. Neben den kommerziell orientierten *Lümmel-* und *Pauker*-Filmen fanden aber auch Filmemacher wie Wolfgang Staudte (*Die Herren mit der weißen Weste* [1969]) und Helmut Käutner sowie Außenseiter wie Maran Gosow und Will Tremper ein Zuhause.
Um erneut die günstig erworbenen Charlie-Chaplin-Filme ins Kino bringen zu können, gründete er in den 70ern erfolgreich den Tobis-Filmverleih. Wendlandt gelang bei seinen rund 90 Filmen mehrfach der Spagat zwischen Kommerz und Kunst, wie bei *Lola* (1981), *Das As der Asse* (1982) und *Momo* (1986). Sein Traumprojekt über Hitlers letzte Tage vor Beginn des Zweiten Weltkriegs konnte er nicht mehr erfüllen.

Wester, Keith A. (62)
Geb. 1940, Seattle/Washington.
Gest. 1.11.2002, Studio City/Kalifornien.
Der amerikanische ›Oscar‹-nominierte Soundgestalter arbeitete vielfach für Wolfgang Petersen und Ridley

Billy Wilder

Scott und Megaproduktionen wie *Waterworld* (1995), *The Rock* (1996) und *Armageddon* (1998).

Wilder, Billy (95)
Geb. 22.6.1906, Gazilien.
Gest. 27.3.2002, Beverly Hills/ Kalifornien.
Sein Leben umfasst Meisterwerke von *Menschen am Sonntag* (1929), *Ninotaschka* (1939), *Frau ohne Gewissen* (1944), *Boulevard der Dämmerung* (1950) und natürlich *Manche mögen's heiß* (1959) und natürlich *Eins, zwei, drei* (1961) und natürlich viele mehr. Wilder war ein begnadeter Geschichtenerzähler mit grandiosen Pointen: Als Journalist kam er in Berlin zum Film, schuf deutsche Filmgeschichte, emigrierte nach Hollywood und schrieb für den Meister der Komödie Ernst Lubitsch und wurde schließlich selbst Regisseur. Sein Feuerwerk heiß geliebter Komödien wie *Sabrina* (1954), *Das verflixte 7. Jahr* (1955) und *Das Appartement* (1960) drohten dabei die hoch geschätzten Dramen *Das verlorene Wochenende* (1945), *Reporter des Satans* (1951) zu überschatten. Der »King of Comedy« schuf Meilensteine in den meisten Genres. Sie zeigen das traumwandlerische Gespür des vielfachen ›Oscar‹-Preisträgers für alle Situationen, in denen seine Stars von Jack Lemmon, Marilyn Monroe, Kirk Douglas, Tony Curtis, bis hin zu Marlene Dietrich, Charles Laughton, Gloria Swanson und Klaus Kinski hinreißend waren. »Langweile dich nicht und langweile nicht andere«, war sein Kredo. Zuletzt unterhielt er in dem Interviewband »Wie haben Sie das gemacht, Mr. Wilder?« mit Geschichten aus seinem Leben.

Wishman, Doris (82)
Gest. 10.8.2002, Florida.
Die amerikanische Avantgarde-Porno-Filmerin inszenierte *Nackter Reigen* (1961), *Zauberstab zur Selbstmassage* (1967) und *Teuflische Brüste* (1973). Wishman nutzte die Erlaubnis für Drehs an FKK-Stränden für ihre Filme, später folgten wilde Agentenstreifen mit Oberweiten eines Russ Meyers, dabei vermied sie wie Ed Wood oft eine stringente Struktur und verweilte regelmäßig in lang gezogenen Momentaufnahmen. *Nackt auf dem Mond* wurde in den USA verboten, da die Behörde Nudistencamps auf dem Mond für unrealistisch hielt, mit Aufkommen des Hardcore-Pornos legte sie ihre Arbeit nieder.

Witney, William (86)
Geb. 15.5.1915, Lawton/Oklahoma.
Gest. 17.3.2002, Pioneer/Kalifornien.
Der amerikanische Regisseur inszenierte über 100 einschlägige C- und B-Pictures wie *Zorros Geisterreiter* (1939), *Dr. Fu Man Chu* (1943) und *Goldtransport durch Arizona* (1964), mit denen er als Pionier des Actionfilms gilt.

Fremdsprachige Originaltitel

A

B

C

D

E

F

G

H

I

J

N

O

P/Q

R

S

T

U

V

W

X

Y

Z

Personenregister

Regie, Darsteller, Drehbuch

A

B

C

D

E

F

G

H

I

J

L

M

O

P

Q

R

S

U

V

W

FRIEDRICH WILHELM MURNAU STIFTUNG
DIE MURNAU-STIFTUNG PFLEGT UND ERHÄLT DAS ERBE DES DEUTSCHEN FILMS
www.murnau-stiftung.de